赵晓勇　1951年9月生，湖北云梦人。第十一届至第十二届全国政协常务委员。金属材料及热处理高级工程师，管理学硕士。湖北省工商联第十届至第十一届主席，全国工商联第十届至第十一届常务委员、法律委员会副主任；受聘担任全国工商联智库委员会委员和华中师范大学中国商会研究院研究员。

在工程技术方面，是中国机械工程学会会员，是国家标准GB/T 18592《金属覆盖层钢铁制品热浸镀铝技术条件》主要起草人、项目负责人，是《金属热处理标准应用手册》参与编写者，著有《钢铁热浸镀铝》并发表系列文章。一次获全国机械系统专业技术评比奖，两次获湖北省科学技术进步奖，四次获优秀论文奖。

在民营经济、民营企业、民间商会研究方面，著有《从民间草根经济到国家经济支柱》并发表系列文章。

在参政议政方面，共3次在全国政协大会和全国政协常委会上作大会发言，共提出58件提案、建议、协商建言，反映社情民意，著有《政协委员履职风采/赵晓勇》并发表系列文章。

中国当代商会

Contemporary Chamber of Commerce in China

赵晓勇 ◎ 著

中国文史出版社

图书在版编目（CIP）数据

中国当代商会 / 赵晓勇著 . -- 北京：中国文史出

版社，2023.10

　　ISBN 978-7-5205-4124-4

　　Ⅰ.①中…　Ⅱ.①赵…　Ⅲ.①商会—研究—中国

Ⅳ.① F721

中国国家版本馆 CIP 数据核字（2023）第 104755 号

责任编辑：程　凤

出版发行：**中国文史出版社**

社　　址：北京市海淀区西八里庄路 69 号　　邮编：100142

电　　话：010–81136606　81136602　81136603（发行部）

传　　真：010–81136655

印　　装：北京新华印刷有限公司

经　　销：全国新华书店

开　　本：1/16

印　　张：63.25

字　　数：1123 千字

版　　次：2024 年 5 月北京第 1 版

印　　次：2024 年 5 月第 1 次印刷

定　　价：328.00 元

序　言

　　商会是商品经济的产物。商会是商人和企业的组织。商会是商人和企业的一致性行动组织；是商人和企业的个体意识与行为集合为群体意识与行为，且包容个体意识与行为差异性，但谋求群体意识与行为一致性的组织化表现形式。商会是以维护会员权益、服务会员发展、集中会员力量办大事、促进工商业繁荣为宗旨，并助力协调市场主体行为与市场经济秩序相互关系的非政府组织。

　　组织化管理是人类社会进步的表征。组织化管理主要表现在物和人两个方面：物的组织化管理，表现在大千世界之万物，其中商品是重要方面之一，商品生产与经营通过工厂化和市场化管理提高了效率和效益；人的组织化管理，表现在社会各个阶层各类群体，其中工商从业者是重要群体之一，从个体工商户到工商企业到特指的经济人士（以民营经济人士为主体）通过商会组织起来，有利于维护市场经济秩序并促进社会管理效率的提高。这是历史经验，也是客观现实，是商会产生与发展的原因所在，也是为什么能有民间办商会与官方管商会两个积极性的原因所在，也是商会组织发展与商品经济发展的正相关关系所在。

　　中国当代商会，是在改造中国近代商会的基础上组建并发展起来的，是对中国近代商会取其精华、去其糟粕，推陈出新、改造创新的结果。中国当代商会组织体系，主要包括中国工商业联合会及其所属商会、中国个体劳动者协会、中国国际商会、中国港澳台商会和在华外国商会五大组成部分。

　　关于中国工商业联合会（简称中国工商联）。中国工商联是中国共产党领导的以民营企业和民营经济人士为主体，具有统战性、经济性、民间性有机统一基本特征的人民团体和商会组织，是党和政府联系民营经济人士的桥梁纽带，是政府管理和服务民营经济的助手，是中国人民政治协商会议的重要组成部分。工商联工作是党的统一战线工作和经济工作的重要内容。工商联事业是中国特色社会主义事业的重要组成部分。中国工商联设全国组织和地方组织，包括全国工商联（全称中华全国工商业联合会，成立于 1953 年）、省（市、区）工商联、市（州）工商联、县（市、区）工商联共四个组织层级。至 2022 年 7 月底，全国县级以上工商联组织共有 3252 个，各级工商联所属和所联系的商会共有 54589 个，已形成覆盖全国的组织网络。全国工商联同世界上 100 多个国家和地区的 400 多个组织、机构、商会建立了广泛联系和友好合作关系。中国工商联组织目标在成立之初就明确为：将逐渐成为全体工商界的，即包括各城市、各阶层和各行各业的，并使中小工商业者享有平等权利的组织。这样的组织目标，符合中国国情，是中国当代商会组织改革与发展的方向。因为工商联是人民团体，免于民政登记；因为工商联所属商会是社会团体，均依法进行民政登记。工商联及其所属商会组织是中国当代最大规模、最多层级、最具特色、最具影响力的商会组织系统，是本书论述的重点。

中国工商联所属商会，包括全国工商联所属商会、省（市、区）工商联所属商会、市（州）工商联所属商会、县（市、区）工商联所属商会、乡镇/街道商会、村/社区商会共六个组织层级，各级工商联所属商会主要包括行业商会、异地商会、园区商会、市场商会等组织形式。各级工商联所属商会组织均为社会团体，由工商联实行业务主管并接受民政部门登记管理。

关于中国个体劳动者协会（简称中国个私协会）。中国个私协会成立于 1986 年，是由个体工商户、个人独资企业、合伙企业等组织和个人依法自愿组成的全国性、联合性、非营利性社会团体；是党和政府联系广大个体劳动者和相关组织的桥梁纽带；是面向广大个体劳动者和相关组织的"政策法规的普及者、深化改革的推动者、能力素质的提升者、党的建设的组织者"；在助推个体私营经济稳定增长、促进创业、增加就业、改善民生等方面发挥重要作用。中国个私协会按照行政区划设置，分为全国组织和省（市、区）、市（州）、县（市、区）地方组织，并在县（市、区）以下设立基层组织。下一级组织均为上一级组织的团体会员，由此形成覆盖全国的、较健全的组织网络。至 2022 年，全国县级以上协会组织共有 3875 个，县级以下基层组织共有 90188 个；加入各级组织的会员共有 4681.85 万户，涉及从业人员 1.87 亿人。中国个私协会会员队伍庞大、行业分布广泛、社会作用明显、组织体系较为完备，是具有广泛群众性和代表性的社会团体。中国个私协会由国家市场监管总局实行业务主管并接受民政部门登记管理。

关于中国国际商会。中国国际商会（CCOIC）是 1988 年经国务院批准成立，由在中国从事国际商事活动的企业、团体和其他组织组成的全国性商会组织，是代表中国参与国际商会（ICC）工作的国家商会，又称国际商会中国国家委员会（ICC China）。中国国际商会实行会员制，主要职责是促进中外经贸交流与合作，代表中国工商界向国际组织和中外政府部门反映利益诉求，参与国际经贸规则的制定和推广，在企业界积极倡导社会责任与公益事业。至2022年，中国国际商会会员数量已达35.1万家，其中包括国有企业、全国性金融机构以及一大批知名民营企业和外资企业。中国国际商会是我国会员最多、国际影响力最大的涉外商会组织之一。中国国际商会接受中国国际贸易促进委员会业务主管，并接受民政部门登记管理。

关于中国港澳台商会。香港商会、澳门商会、台湾商会是中国当代商会组织体系的重要组成部分。三者共性特点主要包括：1. 商会组织，涉及行业门类齐全，会员覆盖面较广。2. 商会文化，融合传统与现代、东方与西方商会组织特色。3. 商会宗旨，服务会员发展，服务经济发展，增进共同利益。4. 商会功能，注重发挥为会员提供国际化、中国化、本地化商务合作发展的桥梁作用。5. 商会服务，注重维护会员权益，服务会员需求，会员满意度较高。6. 商会地位，大都融入当地经济中心和主流社会。7. 商人情怀，绝大多数商会会员都是拥护祖国统一的爱国者。8. 商会性质，大都为非政府组织、非营利性组织、社会法人团体。

关于在华外国商会。当今在华外国商会与中国近代在华洋商会根本不同：中国近代在华洋商会是外国列强军事侵略的副产品、经济侵略的急先锋，它们大都没有依照中国法律并经过中国政府批准登记成立，是法外特权组织；当今在华外国商会都依照中国法律并经过中国政府批准注册登记成立，在中国具有社会团体法人地位，并接受中国有关主管机关的监督和登记机关的管理。当今在华外国商会与当今中国各类商会相比，其组织性质、组织功能、组织作用基本相同。不同之处在于：其会员，以外国在中国境内的商业机构及人员为主体；其职能，注重服务会员在中国发展的同时，并注重服务会员发展国际贸易和经济技术交往。当今在华外国商会，其会员经济活动已融入中国经济活动体系，成为一支有利于中国和国际经济发展的商业群体力量；当今在华外国商会，成为中国当代商会组织体系的组成部分。

中国当代商会组织体系结构示意图见序图1。

从中华人民共和国成立至今，中国当代商会发展历程与中国当代经济发展历程紧密相关，大致可划分为四个时期。

第一，新民主主义经济时期（1949—1956）：中国当代商会兴起与发展

在这一时期，中国工商联及其所属商会在改造旧中国的商会和工商同业公会的基

础上建立并发展。1949年8月，中共中央发出《关于组织工商业联合会的指示》，指出："工商业以合并成立工商业联合会为好。"1950年起，天津、上海、北京、湖北等省（市）工商联相继建立；全国工商联于1953年正式建立；至1956年，全国各级工商联及其所属商会基本建立起来、迅速发展并形成组织系统。在这一时期，中国工商联及其所属商会团结广大工商业者，在中国共产党和人民政府的领导下，贯彻执行"公私兼顾、劳资两利、城乡互助、内外交流"的政策，参与恢复发展国民经济，促进发展新民主主义经济，协助人民政府对资本主义工商业实行社会主义改造，包括：企业的改造——把私人资本主义性质的工商企业改造成为国家资本主义性质的公私合营企业；人的改造——把资产阶级工商业者改造成为名副其实的劳动者。

在这一时期，工商联组织性质是人民团体；会员结构包括各类工商业者；组织特征具有统战性、经济性、民间性。在这一时期，同业公会或行业商会为工商联主管的专业性组织。

第二，社会主义计划经济时期（1956—1978）：中国当代商会转型与波折

在这一时期，伴随着对资本主义工商业的社会主义改造基本完成，伴随着社会主义计划经济体制建立和发展，中国当代商会组织出现转型。各级工商联及其所属商会主要任务：组织工商业者参加社会主义劳动竞赛和增产节约运动，为社会主义建设贡献力量，协助人民政府完成对资本主义工商业的社会主义改造，包括：企业的改造——将国家资本主义性质的公私合营企业通过和平赎买（由国家按照公私合营企业中的私股股额向资本家支付定息）方式进一步转变成为社会主义性质的国营企业；人的改造——把工商业者进一步改造成为社会主义劳动者。

在这一时期，工商联组织性质是人民团体；会员结构包括各类工商业者；组织特征，统战性突出，经济性弱化，民间性保持。在这一时期，工商联主管的同业公会或行业商会逐渐消失，政府部门主管的行业协会开始兴起。

"文化大革命"期间，全国工商联和各地工商联及其所属行业商会基本上都停止了组织活动。全国工商联停止组织活动的时间长度为1966年8月24日至1977年12月23日；各地工商联停止组织活动的时间长度不一，与全国工商联停止组织活动的时间长度大致相近。

第三，公有制基础上的有计划的商品经济时期（1978—1992）：中国当代商会恢复与发展

在这一时期，伴随着"文化大革命"结束，伴随着国家实行改革开放，伴随着党

和国家的工作中心逐步转移到经济建设上来，全国各级工商联逐步恢复了组织活动。1992 年 10 月 12 日，中国共产党第十四次全国代表大会召开，会议明确"我国经济体制改革的目标是建立社会主义市场经济体制"，为中国当代各类商会改革发展增添了动力与活力。

在这一时期，由全国个体工商户、个人独资企业、合伙企业等组织和个人依法自愿组成的全国性、联合性、非营利性社会团体——中国个私协会于 1986 年正式成立。

在这一时期，由在中国依法设立的从事国际经贸、投资、合作和相关业务的企业、事业单位、社会团体和其他组织自愿结成的全国性、联合性的非营利性社会组织——中国国际商会于 1988 年 6 月 28 日经国务院批准成立。

在这一时期，在华外国商会开始出现并迅速发展。国务院于 1989 年 6 月 14 日颁布了《外国商会管理暂行规定》，指出："外国商会是指外国在中国境内的商业机构及人员依照本规定在中国境内成立，不从事任何商业活动的非营利性团体。外国商会的活动应当以促进其会员同中国发展贸易和经济技术交往为宗旨，为其会员在研究和讨论促进国际贸易和经济技术交往方面提供便利。"

在这一时期，工商联组织性质是人民团体，其"主要工作对象是私营企业、个体工商户、'三胞'投资企业和部分乡镇企业，而不是国营企业"；其组织特征"以统战性为主，兼有经济性、民间性"。在这一时期，工商联主管的同业公会或行业商会再度兴起，与政府部门主管的行业协会并行发展。

第四，社会主义市场经济时期（1992 年至今）：中国当代商会改革与发展

以 1992 年 10 月 12 日中共十四大作出建立社会主义市场经济体制的重大决策为标志，中国进入社会主义市场经济时期。社会主义市场经济体制下的中国当代商会进入改革发展、快速发展、健康发展时期。这一时期是各级各地各类商会组织发展最快、最多、最活跃的时期。

在这一时期，中国工商联全国组织、地方组织、基层组织进一步健康发展；工商联所属新型行业商会快速发展、异地商会兴起发展。1993 年 10 月起，"中华全国工商业联合会"同时又称"中国民间商会"；随后，地方各级工商联同时又称地方商会。

在这一时期，中国个私协会发展成为会员队伍庞大、行业分布广泛、社会作用明显、组织体系较为完备，具有广泛群众性和代表性的社会团体。

在这一时期，1994 年 11 月 8 日，国际商会理事会正式通过决议，接纳由中国国际商会牵头，由全国工商联等 171 家单位组成的国际商会中国国家委员会（ICC China）。

在这一时期，地方性、全国性的农业、林业、水产业类商会开始兴起并快速发展，以至于有人建议，中国当代商会的组织名称也应当体现农业特色。

在这一时期，工商联是具有"统战性、经济性、民间性有机统一"基本特征的人民团体；会员结构以非公有制企业和非公有制经济人士为主体。在这一时期，工商联主管的行业商会和异地商会进一步发展，政府部门主管的行业协会商会实行去行政化改革。

从中华人民共和国成立至今，70 多年来，中国当代商会组织体系与结构经过持续不断地改革与调整，保持着健康发展态势，并朝着规范化、科学化方向发展。70 多年来，中国当代各类商会组织为促进中国经济发展、促进世界经济合作发展发挥了重要作用，作出了重要贡献。

商会，自有史以来，与商战、商学、商论密切相关。关于商会与商战、商学的关系，晚清洋务运动代表人物之一盛宣怀有一句名言：欲"振起商战"，必须"广商学以植人材，联商会以通其气"。只言片语，沟通了三者关系，并诠释了其中道理。关于商论，在中国近代晚清时期有过第一次高潮；民国初年有过第二次高潮；当今，以中国当代商会研究为重点的以中国近代商会与中国当代商会接续研究和以中国商会与国外商会比较研究为特色的新的商论高潮正在掀起，其参与人数之多、议题之广泛、工作之深入、成果之丰硕都是喜人的。中国当代商会研究力量主要来自商界、学界、政界三个方面。

第一个方面：商界研究。主要包括商会组织研究、商家个体研究和第三方研究。

其一，商会组织研究，系指各级工商联及各类商会组织开展的商会研究工作，以服务经济发展、服务会员发展为主旨，属于供给侧商会研究。其特点是理论研究与实际工作同步进行，并与时俱进地将理论研究成果应用到工作实践。例如，各级工商联都设置有专门研究机构，是商会研究的基础力量；全国工商联及部分省（市）工商联成立包括商界、学界、政界成员在内的工商联智库，是商会研究的重要推手。其研究成果主要体现在三个方面：一是为党和政府提供有关促进非公有制经济健康发展和非公有制经济人士健康成长的政策建议；二是《中国工商业联合会章程》内容每届都根据新的实践经验和研究成果修改更新；二是全国工商联编辑出版了一系列颇具影响的体现中国当代商会组织特色的重要刊物和书籍，如《中国民营经济发展年度报告》《民营经济内参》《工商史苑》《中华全国工商业联合会 50 年大事记（1953—2003）》《中华全国工商业联合会简史（1953—2013）》《中国民营经济史·大事记》《中国工商业联合会 50 年概览》《〈中共中央国务院关于加强和改进新形势下工商联工作的意见〉学习问答》等。各级工商联及其所属商会系统共同构成中国当代商会研究的主力军。地方商会发展史研究已形成传统，沪商、津商、粤商、晋商、浙商、闽商、苏商、徽商、楚商、湘商、豫商、川商、渝商、鲁商等区域商会研究形成热潮。其中，由福建省统战部和福建省工商联支持、由苏文菁担任总主编的《闽商发展史》十五卷本系列丛书，汇聚了闽商文化研究的优秀成果，全方位展示了闽商从远古至现代的萌芽、形成、发展、转型、复苏、再扩展的过程，多角度呈现了闽商在世界商会文明史上的贡献，得到商会内外及社会各界的好评。

其二，商家个体研究，系指具有商会会员或非会员身份的企业或商人个体对加入商会利益得失的分析，对商会组织意识与行为的观察与思考，属于需求侧商会研究。他们注重研究商会组织服务效能和组织影响力，注重研究加入商会是否对企业和个人的政治诉求、经济利益和社会地位带来有益帮助（因为我国各类商会都实行会员入会、退会自由）。

其三，第三方研究，又称利益相关者研究，系指第三方组织或个人通过对商会组织意识和行为与商业意识和行为的关系进行分析，得出商会组织效能与商务活动效率之间的关系等方面评估意见，属于中介服务型商会研究。在商务活动中，第三方组织和个人注重利用商会组织信誉和会员身份评估商业诚信和商业价值等。可能有人认为，文中所论述的商家个体研究和第三方研究算不上强有力的研究力量，实际上，商家个体和第三方对商会职能和作用的研究极其深刻、务实，是检验商会组织意识和行为合理性、适用性、实效性，评价商会组织作用力、吸引力、影响力的重要方面。

第二个方面：学界研究。主要指历史学者、哲学学者、社会科学学者组织开展的商会研究工作。

华中师范大学所属中国近代史研究所、中国商会发展协同创新中心、中国商会研究院三大机构，汇聚众多学者、专家和商会工作者组成研究团队，研究范围纵贯中国近代商会和中国当代商会，形成了一大批研究成果。其中由马敏主编，马敏、付海晏、虞和平、朱英、郑成林、魏文享、李勇军合著的《中国近代商会通史（全四卷）》，影响较大。该著作记录的时间长度从"晚清商会的兴起"到"改革开放初期工商联组织的恢复演进"，史料翔实，难能可贵；华中师范大学中国近代史研究所与苏州市档案馆通力合编的《苏州商会档案续编（1949—1954）》，全面、深入、细致入微地记录并剖析了一个地区商会——苏州商会在苏州解放、抗美援朝、城乡物资交流、私营工商业改造等重大政治、经济、社会事件中的组织意识与行为，同样难能可贵。2019年9月28日，聚合校内外研究力量，成立了华中师范大学中国商会研究院，展开了全视野的中国近代商会与中国当代商会接续研究、中国商会和外国商会比较研究。

浙江大学公共管理学院是中国当代商会研究的成果大户，包括郁建兴团队所著《在政府与企业之间：以温州商会为研究对象》《民间商会与地方政府——基于浙江省温州市的研究》《在参与中成长的中国公民社会——基于浙江温州商会的研究》；沈永东著《中国行业协会商会政策参与——国家与社会关系视角的考察》；郁建兴、周俊、张建民等著《全面深化改革时代的行业协会商会发展》；等等。他们的研究领域集中在中国当代行业协会商会，从国家视野到社会层面、从政府政策到商会行为，多角度、多视野探究商会理论与商会实践的关系。

上海市工商联、华东师范大学和上海市民营经济研究会共同组建的中国特色商会研究中心成立于2012年。多年来，该中心汇聚了一大批从事商会研究和实际工作的专家、学者、工作者，坚持举办中国特色商会高峰论坛，实时研讨商会改革发展动态及发展趋势，在学界、商界、政界影响深远。2016年，该中心季晓东主编的《当代大趋势与特色商会》一书以中国特色、组织特征、时代特征为视觉汇聚了中国商会理论研究成果。

中国社会科学院近代史研究所虞和平所著的《商会史话》一书，兼有研究价值和科普价值，其影响深入广泛。上海社会科学院绩效评估中心研究员汤蕴懿所著、由上海社会科学院出版社出版的《中国特色商会组织体系构建——以上海为视角》，对某一地方商会组织体系结构和工作运行机制及功能作用作了透彻的分析研究，并对当代商会制度设计进行了探索性思考。

无锡市市场协会会长、无锡市社会经济比较研究所浦文昌、荣敬本、王安岭、汤可可、高新军、赖海榕、陆南屏合著的《市场经济与民间商会——培育发展民间商会的比较研究》，在回顾无锡商会发展历史及在对中外商会体制作比较分析的基础上，根据深化市场改革和建设社会主义民主政治的要求，对中国商会的性质、地位、功能及相关问题作了较全面的研究，并提出了一系列政策性建议。

暨南大学公共管理学院胡辉华等著的《行业协会商会成长的内在机制》，以广东全省性行业协会商会为案例，分析了行业协会商会的外部环境、内部运作及行业协会商会组织与会员之间的关系。浙江理工大学魏静所著的《商会法律制度研究——以商会自治为视角》，就"商会的自制规章具有专业性、针对性和效率性，是国家法的基础和必要的补充"的观点，作了深入细致的说理分析。广东外语外贸大学区域一体化法治研究中心谈萧所著的《近代中国商会法——制度演化与转型秩序》，说理并说明了挖掘近代中国商会法律制度转型秩序，用以推动当代中国商会治理现代化具有重要作用。大成企业研究院编著的《中国民营经济70年大事记》，不仅较系统地记录了中国民营经济发展史，而且较系统地记录了中国当代商会兴起与发展的政治和经济环境。

参与中国当代商会研究的高等院校和研究机构众多，产出的案例集成、学术观点、争论焦点较多，有必要归纳整理、比较鉴别、系统推介，有必要进一步汇聚智慧和力量，把商会研究引向深入、推至广泛、集成创新，这也是笔者参与其中的华中师范大学中国商会研究院的工作任务之一。

第三个方面：政界研究。主要指各级党委和政府围绕出台有关工商联和各类商会的政策措施与工作措施及审阅答复有关提案、建议和诉求时开展的研究工作。政界研究多基于商界研究和学界研究，多为综合性、平衡性、协调性、决策性、政策性研究。

例如，工商联组织性质的定位是一个重大的理论和实践问题。《工商业联合会组织通则（1952）》表述为：工商联是"各类工商业者联合组成的人民团体"；中发〔1991〕15号文件表述为：工商联是中国共产党领导的"以统战性为主，兼有经济性、民间性的人民团体"；中发〔2010〕16号文件表述为："工商联是中国共产党领导的以非公有制企业和非公有制经济人士为主体的人民团体和商会组织""统战性、经济性、民间性有机统一，是工商联的基本特征"。以上三个不同时期，对工商联人民团体组织性质定位完全相同，对工商联"三性"组织特征的定位大体相同，但有所不同，并体现与时俱进。这类政策性意见，基于社会各界研究成果，并形成各界研究成果之上的政界研究成果。

又如，1995年，国家经贸委经济法规司在得到全国人大财经委、国内贸易部、外经贸部、民政部、国务院法制局、贸促会、全国工商联的部分同志及中国社科院工业经济研究所、法学研究所和北京商学院部分专家的大力支持和配合下开展商会问题研究，取得了重要研究成果。该研究成果汇集于由陈清泰担任主编，黄淑和、连一民担任副主编，由中国经济出版社出版的《商会发展与制度规范》一书中。该书较系统地介绍了中外商会组织特点和立法状况，并论述了商会在社会经济生活和资源配置中的功能作用，对于探索我国商会改革发展对策和立法对策具有重要参考作用。

再如，2005年，中共湖北省委、省政府在出台全国首例《关于进一步加强工商联工作的意见》（鄂发〔2005〕16号）时，安排专班专人负责，在充分听取各方面意见和建议的基础上，逐项研究政策意见和工作意见，出台了一系列创新举措，包括工商联作为非公有制经济领域内行业商会（协会）、同业公会、异地商会的业务主管单位；工商联配合组织、人事、政法、金融部门建立工作协调机制和部门联席会议机制；开展百家民营企业评行风；等等。2009年，中共湖北省委办公厅派出专人会同工商联人员深入基层调查，奔赴外省考察学习，广泛听取意见和建议，开展专题研究，出台全国首例《关于加强县级工商联工作的意见》（鄂办发〔2009〕40号）。2010年，中共湖北省委办公厅、省政府办公厅发出《关于建立省领导联系省外湖北商会制度的通知》（鄂办文〔2010〕39号）之前，广泛吸收并采纳了来自28个省（市）的省外湖北商会的意见和建议。三个重要文件的出台，充分体现了以工商联和商会为主题的政界研究，特别注重规范、严谨、适用、实效，特别注重把握大政方针，体察实际需求，遵循工作规律，积极改革创新。

《中国当代商会》一书，以年代为纵轴，以重大历史事件为节点，以中国各级各地各类商会组织意识与行为记叙为重点，以民间商会与民营企业、民营经济、民营经济人士之间的相互关系论述为结合点，以典型案例和生动故事作例证说明，以笔者亲见、亲闻、亲力、亲为所得到的商会工作体会与感悟形成个人观点。在写作过程中，致力于集合商界、学界、政界等多方资料，致力于读旧卷、觅新知，明政策、知时事，访商会、查实情，力求客观反映中国当代商会现实状况及发展趋势，并探讨改革对策及发展方向。

《中国当代商会》一书，注重商会经济学理论分析与实践探讨；注重从商会与经济关联发展的角度论述商会依存的经济环境及经济环境对商会生存、兴衰、转型、改革、发展的影响；注重以时间为顺序，以事实为依据，按照大事不漏掉、小事有特色的原则选取并记录各个时期的主要历史事件；并注重从多角度、多视野，史料与分析相结合，客观评价商会的历史和现实作用。

《中国当代商会》一书，论述了中国当代商会十大关系，包括：商会与政府的关系、商会与会员的关系、商会与行业的关系、商会与商会的关系、工商联与民间商会（总商会）的关系、工商联上下级组织关系、工商联所属商会各层级组织关系、异地商会的外部关系、行业商会协会的外部关系、行业商会与行业协会的关系；并围绕商会共性组织特征、工商联会员结构、工商联人民团体组织地位、工商联统战性组织特征、工商联组织包容性和服务延展性、小微企业会员代表参与工商联领导班子、工商联"两个健康"工作主题等商会改革发展相关论题进行了分析探讨并提出了笔者个人思路和见解。

《中国当代商会》一书，收入了笔者持续 22 年坚持不懈收集整理的三个年表，即中国民营经济记事年表、中国民营企业记事年表和中国民间商会记事年表，旨在便于读者快速浏览三者简史及对照分析三者之间的相互关系。

《中国当代商会》一书，通过简要介绍世界上主要工业国家商会发展史，简要介绍中国近代商会发展史，重点介绍中国当代商会发展史，希望给读者留下一个简明扼要的比较清晰的具有历史演变轨迹的较完整的人类商会发展史印象。

《中国当代商会》一书，借鉴了来自商界、学界、政界工作者关于中外商会历史的研究成果，记录了笔者持续 22 年从事商会工作和研究得出的认知和感悟，供商会工作者、学者、研究者、关注者参考。书中错误之处，敬请批评指正。

赵晓勇

2024 年 5 月

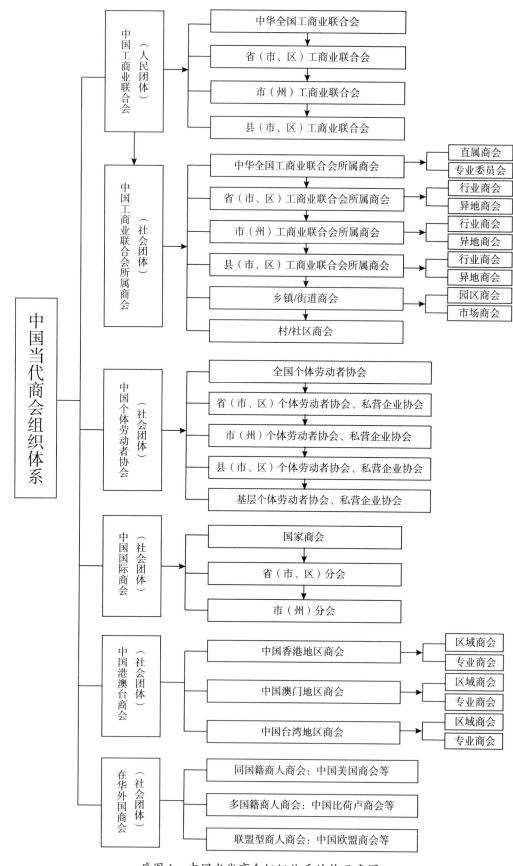

序图 1　中国当代商会组织体系结构示意图

目　　录

第一编
新民主主义经济时期中国当代商会兴起与发展
（1949—1956）

第三编
公有制基础上的有计划的商品经济时期
中国当代商会恢复与发展
（1978—1992）

第四编
社会主义市场经济时期中国当代商会改革与发展
（1992 年至今）

附　录

引言：商会起源与演变

　　商会，伴随商品交换产生，伴随市场竞争发展。在中国古代封建社会，商会的雏形是"行会""会馆""公会"及"会所""公所""团行""商行""商团""行帮""商帮"等，是商人为维护个体利益、追求共同利益聚合在一起的伙伴团体。在国外资本主义社会，商会是工商业资本家为维护其利益而组织的"社会团体"，[1]或称"公法团体"[2]"公立公益组织"[3]"法人团体"[4-5]"民间社会团体"[6]"非营利法人社会团体"[7]或"非法人非营利社会团体"[7]等。在中国近代半殖民地半封建社会，商会是洋为中用、振兴商务，"以图谋工商业及对外贸易之发展，增进工商业公共之福利为宗旨"的"法人"[8-10]团体。在中国当代社会主义社会，商会是由工商企业和工商业者组成的以维护会员权益、服务会员发展、集中会员力量办大事、促进工商业繁荣为宗旨的人民团体和社会团体。中国当代商会组织包括中国工商联和其他各类商会，中国工商联组织性质为人民团体，其他各类商会组织性质为社会团体。

　　中国商会组织，起源于中国古代封建社会经济环境中的"行会""会馆"等同业、

---

［1］《辞海》编辑委员会.辞海［M］.上海：上海辞书出版社，2000：436.

［2］《德国工商会法（1956）》第十一条.

［3］《法国工商会法（1960）》第一条.

［4］《日本商工会议所法（1981）》第二条.

［5］《大韩商工会议所法（1976）》第二条.

［6］《俄罗斯联邦工商会法（1993）》第一条.

［7］《美国非营利法人示范法（1987）》和《美国统一非法人非营利社团法（1996）》.魏静.商会法律制度研究——以商会自治为视角［M］.北京：法律出版社，2012：16.

［8］《中华民国商会法（1915）》第二条.

［9］《中华民国商会法（1929）》第二条.

［10］《中华民国商会法（1938）》第二条.

同籍商人组织，借鉴于国外资本主义社会经济环境中的"商会""工商会"等模式，演变发展为中国近代半殖民地半封建社会经济环境中的商会和工商同业公会等组织，改造、发展成为中国当代社会主义经济环境中的工商联和各类商会组织。

一、中国封建社会经济环境中的商人组织

在中国封建社会，具有商会性质的商人组织类型与名称较多，最具代表性的当数商人行会、商人公行和商人会馆。

（一）中国封建社会经济环境中的商人行会

中国商人行会历史悠久，到底何时产生一直存在争论，综合多方资料，带共性的观点认为：[1-2]

中国"行"（háng）的存在，最早可远溯至春秋战国时期；"行会"则始于唐，兴盛于宋，发展于明清。

中国封建社会经济环境中的商人行会大都为同行业商人组织，其发展史经历了"行→行市→行会"，即"商人个体行为→商人集合行为→商人组织行为"的演变发展过程。中国商人行会起始于"行"，即"买卖交易的营业处，如拍卖行、商行"等，大都为商人个体经营；聚合"行"的街市为"行市"，大都为同行业的个体商人集合一处形成规模经营；聚合"行"的组织则为"行会"，同行业规模经营产生的共同利益及相关问题催生了商人组织意识与行为，催生了行会。

中国封建社会经济环境中的商人行会多为同业商人组成，"是官府为敛派徭役，同行为维护本身利益、防止竞争而产生"的以协议、联盟方式建立起来的同行业商人组织，故又称同业商人行会。其组织动力，来自"官督商办"和"商办官管"两个方面。其组织作用包括积极和消极两个方面，主要表现在：1. 以行规行约维护同业利益；2. 在价格管理等方面限制行业竞争；3. 通过团结一致、相互支援甚至武装自卫保护营商安全；4. 利己排外，实行地方市场保护；5. 同业约束，维护行业信誉和商品质量；6. 同业救助，互相帮扶；7. 共同组织祭祀和慈善活动；等等。其组织特征，与起

---

［1］朱英. 近代中国商会、行会及商团新论［M］. 北京：中国人民大学出版社，2008：224-225.

［2］《辞海》编辑委员会. 辞海［M］. 上海：上海辞书出版社，2000：958.

源于9—11世纪的欧洲商人行会组织基本相类似，但差别在于：中国商人行会组织意识与行为主要集中在经济、社会事务方面，欧洲商人行会组织意识与行为除涉及经济、社会事务之外，还谋求政治、行政事务上的行会特权，如争取组织自治、代理行政事务、自行规定税收等。

中国封建社会经济环境中的商人行会在反对封建领主压迫和促进工商业发展方面具有积极作用，但因其本身具有封建垄断性质，在商品交换范围扩大后，就成为生产力发展的障碍。其积极作用主要表现在：个体经营的商人开始有了组织意识与行为，有了团体利益的观念；行规行约一定程度地约束了"假冒伪劣、坑蒙拐骗"等不正当商业行为；集合众商力量保护安全经营、保护合法权益；维护、稳定区域商业秩序等。其负面作用主要表现在：受封建封闭观念的影响，局限于个体利益和小团体利益；限制了自由竞争；限制了外来竞争；限制了交流合作；限制了创新发展；不利于激发商品市场活力并激发工农产业发展动力。到鸦片战争以后，中国封建社会经济环境中的商人行会逐渐衰弱，随着时代发展，为中国近代半殖民地半封建社会经济环境中兴起的商人同业公会组织所取代。

行会，又俗称行帮，以及由行帮引申并扩大至多业性、地域性、籍贯性、联合性商人组织的别名商帮。行帮与商帮多为他称，多为民间用语，并非规范性用语。纵览史上各商会章程、政府商律等规范性文件，商人组织名称和官方用语均未见使用行帮与商帮字样。

（二）中国封建社会经济环境中的商人公行

公行，是行会的特殊组织形式，具有行会的基本特征，其特殊之处在于有一定的"公共性"或"联合性"特征，某种程度上可以理解为公立行会或公共行会或多个行会的联合会。历史上存在的商人公行组织可分为两类：第一类为官方性公行，其组织或因官方特许成立，具有官方背景，承担一定的政府授权职能；第二类为民间性公行，根据"一人为私、二人为公、三人为众"的理念，由多个行会组成的民间性联合组织，涉及多方利益，图谋其会员公共利益。

中国历史上最著名的官方性商人公行案例，当数一度存在的"广州十三行"商人联合建立的行会组织——"广州十三行公行"。

关于广州十三行

广州十三行[1-2]，是清代设立于广州的清政府指定专营对外贸易的专业商行和垄断机构。1686年，清政府出于"开放海禁不仅有利于沿海的民生，有利于中外交流，更有利于政府财政增收"的目的，令粤海关官府招募了十三家较有实力的商行代理海外贸易业务，广州十三行成为这个商人团体约定俗成的称谓。广州十三行包括洋货行、洋行、外洋行等，其经营范围实际上是清政府的外贸特区。广州十三行的商人，负责对外进出口贸易、协调交涉中外商务等。广州十三行的商人成为官方指定的外贸经手人，具有半官半商的性质，当时人们称其为官商。1757年，乾隆皇帝下令，四大海关仅留广东的粤海关一处，一口通商，广州十三行一跃成为垄断全国对外贸易的组织，来华的亚洲、欧洲、美洲主要国家和地区的商人，都与广州十三行发生过直接的贸易关系，中国大量的茶叶、丝绸、陶瓷等商品从广州运往世界各地。此后近百年间，广州十三行向清朝政府提供的关税收入约占总关税的40%。1842年，第一次鸦片战争结束，英国侵略者以坚船利炮逼迫清政府签订了《南京条约》，规定开放五口通商，废止广州十三行独揽中国对外贸易的特权，广州十三行遂日趋没落。1856年，广州十三行因商埠彻底毁于一场大火，不复存在。

关于广州十三行公行

广州十三行公行[1-2]，又称"洋行会馆"，是广州十三行商人为统一贸易规程，减少内部竞争，限制行外散商，保护自身利益，在政府支持下成立的垄断性组织。它既具有中外商人的沟通职能，也具有清政府与外商联系的中介职能；既具有商业管理职能，又具有一定的经济外交职能，是一个极其特殊的组织。广州十三行公行，经历了各行商自行组织成立和官府批准设立两个阶段。

第一个阶段，各行商自行组织成立。1720年，广州十三行各行商从自身利益出发，联合组织起来，成立一个行会团体，即所谓的"公行"。史料记载：1720年11月26日，由广州十三行商人组织起来的公行众商盟誓并订下13条行规：包括共议货价、保证货质，管制交易，新入公行者应纳银、部分商品应按货价纳银作为公行公共开支经费等。公行议定行规，表面是为约束不当行为，扶持对外贸易，实际上是为了公行利益增加了不少禁约，维护货物垄断经营。广州十三行公行的组织意识与行为遭到"洋商"和"散商"的强烈反对，难以生存、难以为继、时存时散。

［1］《中国近现代史》纪录片第五集：广州十三行和公行制度.

［2］广州十三行［EB/OL］.（2017-11-08）［2021-11-18］. https://baike.baidu.com.

第二个阶段，官府批准设立。广州十三行公行，从 1760 年正式奉准成立，到 1771 年即被解散（行商之间及行商和散商之间，为争夺商业利润互相倾轧，外商乘机利用外贸价格战打压，遂造成公行的亏损和债务）；从 1782 年再度恢复（利用行佣积累公行基金，维护公行稳定），直至 1842 年第一次鸦片战争结束，英国侵略者以坚船利炮逼迫清政府签订了《南京条约》，规定开放五口通商，废止广州十三行独揽中国对外贸易的特权，对外贸易中的公行制度随之废除，成为一段历史。

关于广州七十二行

广州七十二行[1-2]，没有章程或条例，没有固定的办公场所，而是一个非正式的公行组织（即行会联合组织）。该组织由各行"行首"和"公认代表人"构成组织协调机构，由各行"行首"轮值，集合商议有关事项，形成集体认同，"决定共同的进退行止"。该组织是各行会之间的"行首"和商人们之间"联络商情、启发见闻、开通商智、扩大商权、调解纠纷、调查实业、研究商学"的一个联络处。该组织创办的《七十二行商报》，成为联络商情的喉舌。1904 年，为抗议清政府与美国续签《限制华工法案》，由广州七十二行和九大善堂发动广州全城抵制美货大行动。商人们互相约束，不卖美国货，不吸美国烟，不吃美国面粉。在惊涛怒浪的反美潮面前，美国政府终于软化，同意对法案条款进行修改。1906 年春，广州七十二行参与发起筹建粤路公司，集体抵制粤督岑春煊因为广东自办粤汉铁路而采取加捐税以筹路款的行为，并大造舆论，抨击岑春煊，促使岑春煊妥协，转而支持铁路商办。事后，广州七十二行致电清廷外务部，盛赞岑春煊的各项政绩，这一事件成为商会佳话。

（三）中国封建社会经济环境中的商人会馆

中国封建社会经济环境中的商人会馆产生于明初，盛行于明清和民国时期。会馆是以地缘关系为基础，以人缘关系为纽带，以沟通客居地社会关系为要务，以维护并发展同乡人共同利益为宗旨，由同乡人在客居地建立的一种特殊的社会组织形式和社会活动场所。

会馆功能，经历了由"学人会馆"（又称"试馆"，以服务同乡学人"公车谒选"为主）和"官人会馆"（又称"绅馆"，以服务同乡官绅聚会为主）向"商人会馆"

---

［1］邱捷. 清末广州的"七十二行"［J］. 中山大学学报，2004（6）.

［2］徐鼎新. 旧中国商会索源［J］. 工商史苑，1991（3）.

（又称"商馆"，以服务同乡商人活动为主）演变的过程；经历了由社会活动场所单一功能向社会活动场所和社会组织形式双重功能演变的过程。

中国封建社会经济环境中的商人会馆，大都为同乡商人团体（亦有少数为联乡商人团体，如重庆的湖广会馆、汉口的山陕会馆等），又称同乡商人会馆。商人会馆是指同乡商人在异地组建的以同乡互助、合力推进商务发展为主旨的同乡商人团体和同乡人士聚会活动的场所。商人会馆的特别之处在于既是团体（由同在客居地经商的同乡商人组建形成，类似于当今之异地商会），又是场所（由同在客居地为商为官为学等同乡人士聚会之处所，类似于当今之驻外办事处），团体与场所相伴相随、相辅相成、结合一体。其团体功能：包括同乡商人团体和同乡会团体双重功能；其场所功能：包括同乡商人聚会、同乡官人聚会、同乡学人聚会、各界同乡人士聚会四重功能。商人会馆由于具有较稳定的筹资机制和较健全的管理办法，得以持续存在并长远发展。

北京是会馆起源地，中国最早的会馆当数明永乐年间建立的"京都芜湖会馆"。[1-3]京都芜湖会馆建立后，各州县在京官商纷纷效仿，以至北京成为会馆最多之地。据1949年统计，北京全市有会馆550余个。

会馆，大都兼有经济、政治、文化、社会等多重功能。北京的会馆较多地体现政治和文化特色，留下了许多名人的足迹。例如，1912年5月，鲁迅先生来北京后，即住进南半截胡同的绍兴会馆达8年之久，在这里写下了《狂人日记》《孔乙己》《药》等许多不朽著作。1912年8月，孙中山先生北上来到北京，京城各界人士在虎坊桥湖广会馆举行了隆重的欢迎仪式。北京湖广会馆还留下了张居正、纪晓岚、曾国藩、梁启超、章太炎及梨园泰斗谭鑫培、余叔岩、梅兰芳等名人的足迹。[1-2]

北京会馆热逐渐演变成全国会馆热。继北京会馆热之后，中国各地商人相继在客居地建立商人会馆，据不完全统计，在明清时期，仅福建商人在京城及各地省城、县城所建会馆达到126个[3]。在清代，汉口共有会馆114个，是会馆林立之地，有诗证言："一镇商人各省通，各帮会馆竞豪雄"，较著名的有山陕会馆、江西会馆、徽州

［1］中国历史上第一家会馆诞生在菜市口［EB/OL］.（2018-03-31）［2023-05-01］. https://www.sohu.com.

［2］明永乐年间，"京都芜湖会馆"在皇城根下的前门外长巷上三条胡同内挂牌面世，创建者是一个芜湖人，名俞谟，字克端（明永乐元年选贡，任南京户部主事，迁都后转任北京工部主事）。

［3］苏文菁主编.闽商发展史·异地商会卷［M］.厦门：厦门大学出版社，2016：7-8、26-30.

会馆、广东会馆等。[1]商业性会馆对商业秩序的追求和商业社会的构建发挥了一定的促进作用。一些会馆的"行规""条规""章程""俗例"等，往往经同行议定，有的还报官立案，在发生商务纠纷时作为内部调处和官方裁判的准则。其内容涉及从业资格、入会费用、商品质量和计价标准、原料分配与生产规模、招工工价及人数、开业选址、违规罚则等方面。例如，位于重庆的浙江会馆定有以下馆规：[2]13"议公信"，"避独行病商之弊"；"议别帮"，凡瓷帮公事"无分江浙，合而为一，永以修好"；"议公所"，如有盈余，"以作修葺置业守成之举"；"议过江"，水客无论粗细瓷器仍纳厘金；"议阳奉"，凡阳奉阴违者一经查出，则处罚金。又如，位于汉口的江西会馆规定：[2]32凡新开店者，当出钱一串二百文；新来汉口为店员者，当出入会钱四百文；自他帮雇入之徒弟，当出钱五百文；徒弟入会者，当出钱五百文；新来汉口贸易者，一年之内应当入会，若延迟一月者，共同议罚；目下不明身份者，查出后当遵规约入会。这类规约，一定程度地抑制了经商不良行为，同时表现出不良的地域或行业垄断行为，此外，还加重了商人或帮工的额外负担。这类规约，也一定程度地反映出"会馆"的商业组织管理功能及商业性会馆的筹资方法。

商人会馆，除了经济功能之外，大都兼有政治、文化、社会等多重功能，包括："联乡梓、固乡谊、祭神明、重民俗、资贫困、助发展、相互保护、协同竞争、沟通外部关系、维护营商环境"等方面。北京的会馆较多地体现政治特色，其他地区如汉口、苏州、杭州、上海、广州等工商业城市的会馆多体现经济特色，四川、重庆的会馆则多体现移民特色。

如重庆湖广会馆，是由来自湖北、湖南、广东、广西等地移民共建的"移民会馆"，记录了"湖广填四川"的人口迁移历史。重庆湖广会馆，始建于1759年，1846年扩建，总占地面积达8561平方米，是以移民商人投资为主，集社会各界之力建设的当今保存完好并持续修缮复新的会馆馆址（全国重点文物保护单位）。重庆湖广会馆是清代重庆作为繁华商埠的历史见证，也是清代前期到民国初年重庆的移民文化、商业文化和建筑文化的重要标志。[3]

会馆历史近600年，在中国古代封建社会，为组织服务同乡商人在客居地经商发展，为促进地域之间经济社会文化交流合作发挥了积极作用；在中国近代半殖民地半

［1］阎志主编.汉口商业简史［M］.武汉：长江出版传媒、湖北人民出版社，2017：89-91.

［2］苏文菁主编.闽商发展史·异地商会卷［M］.厦门：厦门大学出版社，2016.

［3］重庆湖广会馆［EB/OL］.（2021-01-30）［2023-05-01］.https:// baike.so.com.

封建社会，随着清末商会的兴起，会馆组织大都消亡或转变，其商人团体功能逐步被商会所取代。

二、西欧封建社会经济环境中的行会组织

关于西欧封建社会经济环境中的行会组织，许多中文文献称其为"基尔特"[1]组织。多种行会组织中，以商人行会和手工业行会数量最多，最具特色，组织规模及影响力最大。

（一）西欧封建社会经济环境中的行会制度（即所谓基尔特制度）

一般认为[2-3]，西欧行会组织出现于公元 9 世纪，发展于 11 世纪，繁荣于 13—16世纪。也有资料反映，12 世纪时，英国、意大利行会已相当发达；13 世纪时，法国巴黎有 100 多个行会；到 14 世纪中叶，法国巴黎行会数增至 350 个左右。当时，西欧行会在一些 1 万多人口的中等城市普遍存在；而在万人以下人口的小城市及对外贸易发达的口岸大城市，行会存在则不普遍。西欧封建社会经济环境中的行会组织，多为同一行业的商人或手工业者，为保障本行业及其成员的利益，在协议、联盟的基础上建立的具有封建社会经济关系的同业组织。

关于西欧手工业行会和商人行会组织产生的原因，一般认为："在整个中世纪，农奴不断地逃入城市。这些在乡村遭到自己主人迫害的农奴是只身流入城市"，在"城市里，每个人的唯一财产，除开他随身带着的几乎全是最必需的手工劳动工具构成的那一点点资本之外，就只有他特殊的劳动"。[4]他们依靠手中简单的工具从事劳动谋生，为了维护生存和自身的利益，组织起来，成立手工业行会，其成员主要分为"行

---

[1] 所谓"基尔特"，为英文 Guild 或 Gild 的译音。中文释义：行会 / 见《辞海》（1999 年缩印本）第 661 页；英文释义：an organization of people who do the same job or who have the same interests or aims/ 见《牛津词典》，意为：由从事相同工作或由相同兴趣或目标的人组成的组织.

[2] 陈清泰主编. 商会发展与制度规范 [M]. 北京：中国经济出版社，1995：4.

[3] 中国大百科编者. Guild system in Medieval Western Europe/ 西欧行会制度 [EB/OL]. (2021-03-27) [2023-05-01]. http://www.baiven.com/baike/224/284013.html.

[4] 马克思，恩格斯. 德意志意识形态 [M] // 马克思恩格斯选集：第 1 卷. 北京：人民出版社，2021：185.

会师傅和帮工"。[1]城市商人为了商业利益组织起来，成立商人行会，其成员主要包括：商人；部分行会师傅和帮工中因为资本积累产生的工商业者；其他不从事手工业劳动的资本持有者和投资者。一般认为，先有手工业行会，后有商人行会。一般认为，西欧手工业行会和商人行会组织是伴随手工业和商品经济发展而产生并逐步发展起来的。在商品经济兴起发展但尚不发达，手工业普遍发展并形成规模的经济环境中，手工业者和商人有了组织起来壮大力量的结盟意识；同时，面对日益激烈的市场竞争，面对各种经济团体的利益冲突，面对封建领主的压迫，面对盗匪的抢劫，需要团结一致相互帮助甚至武装自卫，促使商人和手工业者有了组织起来壮大力量的结盟行动。

西欧封建社会经济环境中的行会制度，主要包括：1.行会成员等级制度，可细分为行首（会长）、师傅（或称行东、匠师、业主）、帮工和学徒四个等级（有的文献如《共产党宣言》中分为行会师傅和帮工两个等级）。2.行会内部管理制度，主要包括行会会员大会决定行会章程和行首，行会章程规定行会会员责任和义务，以及管理行会内部事务、协调会员关系的各种清规戒律。3.行会外部管理制度，如一些行会必须经过当地城市政府许可方可成立；行会行首选出后，还要经过当地城市政府批准，并向城市市长宣誓就职；还有王权通过城市政府对行会加以控制。例如，1437年，英国国王颁布法令，肯定城市政府管理行会的权利，指令行会服从政府管理，甚至直接干预行会组织行为。行会与政府与王权的关系复杂，一方面，政府和王权通过强权管理行会、利用行会；另一方面，行会则通过服从强权，以便获得授权垄断某一地区某一行业的生产经营。[2]

（二）西欧封建社会经济环境中的手工业行会组织（即所谓手工业基尔特）

手工业者，有的只有普通劳动者单一身份，他们是手工产品或劳务服务的提供者；有的具有普通劳动者和工商业者双重身份，他们既是手工产品或劳务服务的提供者，又是自我提供手工产品或劳务服务的经营者，但以提供手工产品或劳务服务为主。手工业者与手工业行会的关系，"像蜗牛和自己的贝壳一样"相互依存，旨在联合起来反对强权贵族，谋求生存。

---

[1]马克思，恩格斯.共产党宣言［M］//马克思恩格斯选集：第1卷.北京：人民出版社，2021：400.

[2]张水修，吕娜.利普逊笔下的英国行会制度［EB/OL］.（2000-01-02）［2023-05-01］.http://www.doc88.com/p-1806946156927.html.

手工业行会，其成员大都是独立的自由劳动者，大都具有一定的劳动技艺，他们为了满足封建领主割据下的地方小市场的需要组织生产小商品，生产方式基本是作坊式简单生产。由于手工业行会大都集中在大小城市，又称"城市手工业行会"（其前身可追溯到"业主行会"和"帮工行会"）。

中世纪的欧洲，市场狭小且地方保护色彩浓厚，城市手工业者为了抵制封建领主的压榨勒索，为了抵抗城市商人及商人行会的商业利益盘剥，为了联合起来加强自己的力量与地位，他们袭用"农村公社"[1]的传统，按照不同行业分别组织手工业行会。手工业行会规章制度带共性的内容主要包括：1.控制原料供应，即由行会统一购买原料分配给各师傅；2.规定各师傅的帮工和学徒人数；3.规定产品要求和生产方法；4.控制每个会员的产品数量与质量；5.禁止会员竞价销售。此外，为了维护行会自身的垄断地位，要求本地本行业师傅必须入会；要求本行业相关技术管辖权掌握在行会手里；要求掌握产品定价权；要求市政事务保护行会及其会员利益。

手工业行会制度的建立，有其积极意义与进步作用，一定程度地保护了城市手工业的存在与发展。但其内外矛盾重重：包括行会内部行首与师傅之间，师傅与师傅之间，师傅与帮工、学徒之间的矛盾；包括行会外部与封建领主、城市贵族、商人、农村手工业者之间的矛盾；等等。这些矛盾发展到一定程度，行会制度也就难以为继。坚决抗拒商人资本侵入的保守的手工业行会制度，在自行分化的过程中被商品生产与市场发展的冲击力量攻破，其会员一小部分富有者转变为工商业资本家，大部分则转变为城市无产者，其组织逐渐消失。至16世纪，具有封建社会经济特征的行会手工业逐渐被具有资本主义社会经济特征的工场手工业取代。

（三）西欧封建社会经济环境中的商人行会组织（即所谓商人基尔特）

西欧封建社会环境中的商人行会是城市商人为了共同利益、为了集体自卫、为了垄断某一地方商业市场而成立的组织。在中世纪，欧洲大陆及海上盗匪横行，社会秩序不宁，经商要冒很大风险。因为商旅商品常遭盗匪抢劫或封建领主截留，商人们联合起来相互支援，实行集体护商，有的甚至武装护商。他们或合伙成立商人行会，或发展成立城市商人联盟等团体组织。他们还以团体组织名义向国王请求给予贸易垄断特权达到保护行业及其成员利益的目的。商人行会势力壮大以后，实行区域性商业

---

[1]注：原始社会公有制向资本主义私有制演进过程中的具有公社制残留或次生存在特征的经济组织。

垄断：对外，限制非会员者的经商行为；对内，要求会员必须遵守行规，按指定时间、地点、价格进行买卖。由于商人行会大都集中在大小城市，又称"城市商人行会"。

（四）西欧封建社会经济环境中的商人行会与手工业行会的关系

在中世纪，商人不过是行会手工业者或农民所生产商品的"包买商"[1]。至中世纪晚期，西欧商人及商人行会依仗他们手中的资本，通过不同的途径来影响和控制手工业生产。最通常的方式是商人向手工业者提供原料、付给加工费，换回成品或半成品；另一种方式是商人将所需设备出租给手工业者为其生产。商人为了自身利益千方百计地阻止手工业者联合，当手工业行会普遍建立并逐步强大以后，商人行会或者通过游说市政当局干预手工业行会，或者转而控制分散的农村家庭手工业而旁落城市手工业行会。手工业者及手工业行会则努力通过组织行为，只提供商品，不提供加工服务，限制商人行会及商人资本剥削手工业劳动利权。

马克思在《资本论》一书中论及手工业行会：行会的规章严格地限制一个行会师傅所能雇用的帮工人数，有计划地阻止了行会师傅转变成资本家。行会竭力抵制商人资本以任何形式的侵入，商人可以购买任何商品，但是不能购买作为商品的劳动，他只许充当手工产品的订购人。[2] 这其中含义，说明手工业行会内部组织行为的同时，也阐明了手工业行会与商人行会的外部关系。

手工业行会抵制商人资本入侵，甚至与商人行会对立的现象，直至资本主义工商业生产经营模式的兴起与发展逐步发生变化。这种变化，马克思在《资本论》一书中总结为"三重过渡"："第一，商人直接成为工业家，在各种以商业为基础的行业，特别是奢侈品工业中情形就是这样；这种工业连同原料和工人一起都是由商人从外国输入的，例如在 15 世纪，从君士坦丁堡向意大利输入。第二，商人把小老板变成自己的中介人，或者也直接向独立生产者购买；他在名义上使这种生产者独立，并且使他的生产方式保持不变。第三，工业家成为商人，并直接为商业进行大规模生产。"[1] 一方面，商人直接支配生产，让那些手工业性质的小工业，特别是农村小工业为他劳动。另一方面，生产者变成了商人和资本家，例如，呢绒织造业老板现在已经不是一小批一小批地从商人那里获得羊毛，然后同帮工一起为商人劳动，而是自己购买羊毛或毛纱，生产呢绒出售给商人。

---

[1] 马克思.资本论：第3卷［M］.北京：人民出版社，2021：374.

[2] 马克思.资本论：第1卷［M］.北京：人民出版社，2021：415.

（五）西欧封建社会经济环境中的行会制度消亡，被资本主义社会经济环境中的商会制度取代

西欧国家在由封建社会向资本主义社会转变的过程中，就生产方式而言，经历了城镇手工业代替乡村手工业、工场手工业代替行会手工业、现代大工业代替工场手工业的转变过程；就主要的生产资料所有制形式而言，经历了由封建土地所有制和工具所有制向资本所有制转变的过程；就资本与劳动的关系而言，经历了从资本与劳动利益竞争向资本统治劳动演变的过程。

15—16世纪，因为"羊吃人的圈地运动"[1]等原因，迫使大量农民进城，进城农民只能依靠简单工具从事手工业谋生，因而促进了城市手工业和手工业行会组织发展。

封建社会生产关系以封建土地所有制、个体劳动所有制和工具所有制为基础，当其生产力水平发展到一定阶段，作为"第一种资本主义的生产方式"的工场手工业兴盛起来，创造了"工场手工业内部的分工"，并促进了"社会内部的分工"，"产生了资本统治劳动的新条件"。[2]工场手工业逐步战胜并排挤封建行会手工业，资本所有制逐步战胜封建工具所有制和土地所有制成为主要形式。伴随着资本社会经济体系逐渐兴起与发展，封建社会经济体系逐渐衰落直至解体；伴随着新的商会制度建立起来，旧的行会制度逐渐消亡。

认识西欧商人行会和手工业行会的组织特征与功能作用，应该一分为二：一方面，它们的封建、保守、排外、行业垄断意识与行为及不公平的会员等级制度等方面是其糟粕；另一方面，它们在组织会员并联合起来反对封建领主的剥削和压迫，保护中小工商业者和手工劳动群众的利益，帮助会员解决生产经营困难等方面是其精华。西欧商人行会和手工业行会在封建社会经济环境中，为服务与促进生产力发展和社会进步作出了历史性贡献，为资本主义生产关系的建立、资本的积累和资本主义经济制度的建立发挥了促进作用，为近代资本主义社会经济环境中新型商人组织——商会的建立，提供了可供去其糟粕、取其精华的有益借鉴。

1846年12月28日，马克思在给俄国作家帕·瓦·安年科夫（1812—1887）的回信中，他谈及自己对行会制度的看法："各种特权、行会和公会的制度、中世纪的

---

[1]封建领主把佃农从土地上赶走圈地养羊——笔者注。

[2]马克思.资本论［M］//马克思恩格斯选集：第2卷.北京：人民出版社，2021：216.

全部规则，曾是唯一适应于既得的生产力和产生这些制度的先前存在的社会状况的社会关系。在行会制度及各种规则的保护下积累了资本，发展了海上贸易，建立了殖民地，而人们如果想把这些果实赖以成熟起来的那些形式保存下去，他们就会失去这一切果实。于是就爆发了两次霹雳般的震动，即1640年和1688年的革命。一切旧的经济形式、一切和这些形式相适应的社会关系、曾经是旧市民社会的正式表现的政治国家，当时在英国都被破坏了。可见，人们借以进行生产、消费和交换的经济形式是暂时的和历史性的形式。随着新的生产力的获得，人们便改变自己的生产方式，而随着生产方式的改变，他们便改变所有不过是这一特定生产方式的必然关系的经济关系。"[1]

西欧封建社会经济环境中的行会组织，一定程度地沿袭农村公社的合作组织形式，一定程度地保留原始社会的共有制经济基因，一定程度地表现出维护行会集体利益和成员共同利益的组织意识和行为，对日后城乡合作社组织诞生、合作社经济发展产生了重要影响。1844年，人们公认的世界上第一个合作社组织——"公平先锋社"，由英国罗奇代尔镇28个失业纺织工人自发组织成立。此后，德国的信用合作社、美国的农业合作社等世界上许多国家的合作社组织相继成立。1895年，国际合作社联盟（ICA）在英国伦敦成立，推动了全世界合作社运动发展。其后，有的国家的合作社组织加入商会或工商会组织体系，其成员成为商会或工商会会员结构的重要组成部分。

伴随着工业生产方式由个体手工业→工场手工业→工厂机器工业转变，伴随着资本主义生产方式的诞生、资本主义生产关系的形成、资本主义新型市场的出现；伴随着以生产主导经济发展（封建社会的主要经济特征）向以资本主导经济发展（资本主义社会的主要经济特征）方式的转变；伴随着行会师傅与帮工的劳动关系被资本家与工人的劳动关系所替代，封建社会经济环境中的行会组织及行会制度逐渐落伍，成为资本主义经济自由发展、竞争发展、高效发展、开放发展、极端私利性发展意识与行为的桎梏和羁绊，封建社会经济环境中的行会组织及行会制度逐渐被资本主义社会经济环境中的商会组织和商会制度所取代。

在西欧社会经济环境中，社会、产业、资本、行会、商会联系发展轨迹见引图1。

---

[1]马克思.致帕维尔·瓦西里耶维奇·安年科夫[M]//马克思恩格斯选集：第4卷.北京：人民出版社，
　　2021：409-410.

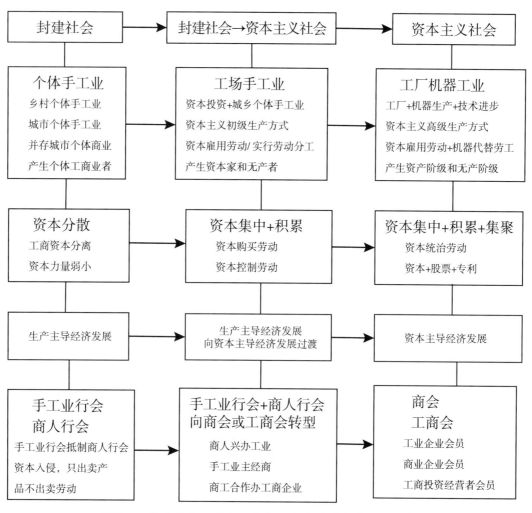

引图 1 西欧社会、产业、资本、商会联系发展轨迹示意图

三、国外资本主义社会经济环境中的商会模式

一些国家，特别是欧洲国家，较早摆脱封建社会的束缚，进入资本主义社会。资本主义社会经济的土壤催生了商会，资本主义社会经济制度下的工商业环境促进了商会发展。

商会，追溯其历史，最早发端于欧洲。一般认为，世界上第一个符合当今商会含义的商会组织是法国马赛商会，1599 年建立，1650 年获书面特许。[1]现代英语称商会为"chamber of commerce"，其中"chamber"和"commerce"两个单词源于法语。也有人认为，在 1599 年之前世界范围内就出现了商会，但无具体、准确、公认的例证。

---

[1]《辞海》编辑委员会.辞海［M］.上海：上海辞书出版社，2000：436.

继法国马赛商会诞生之后，1665 年，德国汉堡商会建立；1750 年，加拿大首个商会在哈利法克斯建立；1760 年，英国利物浦商会建立；1768 年，美国纽约商会建立；1780 年，英国诺丁汉郡商会建立；1803 年，法国巴黎建立工商会；1803 年，荷兰在阿姆斯特丹建立商会；1878 年，日本的东京商工会议所、大阪商工会议所、神户商工会议所相继建立；1881 年，英国伦敦工商会建立；1944 年，意大利在解散法西斯时代旧商会之后成立新商会。18—20 世纪初是世界各国商会大发展时期。[1-3]

世界各国商会，因国情不同，其组织名称、概念与性质大体相同但不尽相同。例如，法国工商会为"公立公益组织"；德国工商会为"公法团体"；日本商工会议所为"法人"组织；韩国商工会议所和大韩商工会议所为"法人"；俄罗斯联邦工商会为"有联合的非商业性的民间社会团体"等。其共同点主要表现在以下三个方面：1. 非政府非政党组织，商会独立于政府与政党之外，如日本《商工会议所法（1981）》规定："商工会议所不得为特定的政党利用。"2. 非营利性组织，商会活动不以营利为目的，如在英国，商会是"非营利法人"；日本《商工会议所法（1981）》明确规定："商工会议所不得以营利为目的。"3. 自律性组织，实行自愿入会制，商会大多由会员自主建立、自主管理、自我约束、自我发展。

就国外商会组织模式而言，大致可分为三种类型。

第一种类型，以法国和德国为代表的欧洲商会模式[3-4]

商会作为工商业者的公共代表机构，并作为政府辅助机构，服务工商业发展，其主要特点：1. 在商会设立方面，有规范性要求，一般一个地区（或一个城市）一个商会，较大的地区下设分会。2. 在商会会员制方面，会员普及率高。例如，《德国工商会法（1956）》第六至八条规定："支付工商税、在工商会区域内拥有工商业机构、工厂及销售点的自然人、贸易公司""从事自由职业、农业和林业及与此相关的副业、经登记注册的自然人和公司"等"均是工商会会员"；从事手工业的自然人和法人"有权加入工商会，但并非是必须的义务"；农业合作社、农业信贷合作社和合

———————————

［1］马敏主编. 中国近代商会通史［M］. 北京：社会科学文献出版社，2015：97-106.

［2］浦文昌等. 市场经济与民间商会——培育发展民间商会的比较研究［M］. 北京：中央编译出版社，2003：50-51.

［3］陈清泰主编. 商会发展与制度规范［M］. 北京：中国经济出版社，1995：36-82，162-167，180-185.

［4］赵晓勇 2014 年 5 月赴德国法国考察商会工作笔记。

作社联合体可以加入工商会，但并非是必须的义务。3. 在商会组织性质方面，强调公益性。例如，《法国工商会法（1959）》规定：商会是"公立公益组织"；《德国工商会法（1956）》规定："工商会是公法团体"。4. 在商会承担政府职能方面，商会应政府要求提供有关工商业问题的意见和情况，并一定程度地承担政府委托或特许的职能工作。例如，德国工商会承担并行使政府授权的企业注册管理职能；又如，《法国工商会法（1898）》第十六条规定："商会出具法国出口商品产地证书，并签发和认证对外贸易文件"；《德国工商会法（1956）》第三条也有类似规定："工商会负责出具产地证书以及其它有关经济往来的证明。"5. 在商会外部关系方面，具有重要的商事主体地位。例如，《法国工商会法（1898）》第十七条规定："商户可就其管理部门职能上的任何问题与商业部长磋商，商会每年向商业部长递交工作报告"。6. 在商会经费方面，政府一定程度地提供支持。例如，《法国工商会法（1898）》第二十一条规定："从营业税中征收附加税以支持商会和商品交易所的日常费用"。7. 在商会为会员服务职能方面（以法国为例），通过设立"宣传资料中心""专门图书馆"并发行"商会会报"等方式为会员提供信息与宣传服务；通过举办长期和短期培训为会员提供职业教育培训。在法国，全国各地的商会共拥有420所培训学校，其中由巴黎工商会于1881年创立的巴黎高等商学院（HEC Paris）是欧洲乃至全球最著名的商学院之一。该校设立的工商管理硕士、高级管理人员工商管理硕士和博士学位等教学项目面向全球招生，广受欢迎。8. 商会与政府的关系紧密，具有半官方半民间组织特点。

第二种类型，以英国和美国为代表的英美商会模式[1-2]

英国的商会组织历史悠久，起源于1760年（利物浦商会成立），在英国社会经济组织体系中具有重要地位，至20世纪末，全国范围内共有区域性商会500多个和行业性商会500多个。英国的商会组织大致可分为四种类型：1. 英国商会联合会（ABCC），联络、协调各地方商会的全国组织，由250多家地方商会组成。2. 英国贸易商会（NCT），主要以小规模零售商为会员的300多家小商会组成的全国组织。3. 地区性商会联合会，联络、协调地区内商会关系，每个行政区都有一个。4. 各类行业性商会约有500个，在某一行业或领域发挥中介、协调作用。

［1］浦文昌等. 市场经济与民间商会——培育发展民间商会的比较研究［M］. 北京：中央编译出版社，2003：51-57.

［2］陈清泰主编. 商会发展与制度规范［M］. 北京：中国经济出版社，1995：41-50.

美国的商会组织起源于 1768 年（1768 年，美国纽约市的 20 名商人组织成立了与殖民地政府没有联系的纽约市商会）。在美国，因为商会设立如同企业设立一样，几乎没有门槛，至第二次世界大战结束时，全国共有大小商会 5000 多个，是全球商会数量最多的国家之一。

美国的商会组织大致可分为五种类型：1. 全国性商会团体，如 1912 年成立的"美国商会"，总部设在华盛顿，在各州设有 3000 多个分支机构，在国外设立了 92 个分支机构。2. 地区性商会团体，包括州、市、区、镇的商会组织，如"芝加哥工商会""旧金山商会"等。3. 行业性商会团体，按行业分类组织，如成立于 1895 年的"美国制造商协会"等。4. 产业性商会团体，按产品或商品分类组织，如大到飞机、火车，小到弹簧、信封。5. 国际性商会团体，以从事国际商贸活动的企业或个人为会员主体，如"美中贸易全国委员会"等。

英美两国对商会的设立、宗旨、职责、会员结构及行为规范没有作出特别的法律性规定。英国商会大都是依据《公司法》成立的非营利法人组织（规模大的商会为非营利法人组织，规模小的商会以非法人化的任意团体居多）。美国商会制度与英国基本相同。英美两国商会组织的共同点旨在维护会员权益，促进工商业者自由发展。其主要特点：1. 建会自由，建立商会如同设立企业一样，只需到相关部门办理注册登记手续就可。2. 数量不限，商会数量不受一地区一商会、一业一商会的限制。3. 入会自愿，工商企业及商人是否入会，全凭自愿。4. 管理宽松，商会与政府的关系如同企业与政府的关系，政府对商会，基本无授权职能，无特别的监管措施，无统一的商会法规。5. 商会自主办会，自筹经费、自主管理。6. 商会与政府的关系松散。英美商会具有外部环境宽松、内部管理灵活，组织自主程度和会员自由程度较高的特点，为一部分市场经济国家的商会组织效仿，形成一种模式，即英美商会模式。

第三种类型，以日本和韩国为代表的亚洲商会模式[1-3]

日本和韩国商会组织的主要特点，根据《日本商工会议所法（1981）》和《韩国商工会议所法（1976）》所规定的条文和相关资料综述如下：1. 商会名称：两国"商工会议所"为各类商会的统一名称，分地方组织和全国组织。2. 商会性质：商工会议所的地方组织和全国组织都为民间性的特别认可的法人组织。3. 商会成立："商

［1］陈清泰主编．商会发展与制度规范［M］．北京：中国经济出版社，1995：37-82，186-223．

［2］赵晓勇 2007 年 9 月赴日本考察商会工作笔记。

［3］魏静．商会法律制度研究——以商会自治为视角［M］．北京：法律出版社，2012：207-267．

工会议所"以属地为单位，一个城市只建立一个，"须依政令规定进行登记"。4. 商会目的：以日本为例，地方组织——各地商工会议所"谋求其所在地区的商工业的全面改善与发展，从而增进社会一般福利事业"；全国组织——日本商工会议所"综合协调全国各地的商工会议所，代表其意见，通过帮助国内外经济团体，谋求商工会议所的健全发展，以利于国家商工业振兴"。5. 商会原则："商工会议所不得以营利为目的，不得以特定的个人或法人及其他团体的利益为目的从事其事业，不得为特定的政党利用"。6. 商会会员：入会、退会自由，具备会员资格且要求入会者，商工会议所无正当理由，不得拒绝或附加不当条件。7. 特定商工业者：在日本，商工会议所设立会员以外的"特定商工业者"制度，并赋予其特别权利（特定商工业者拥有商工会议所议员选举权，商工会议所设立须征得特定商工业者过半数同意）；实行特别管理（根据《商工会议所章程》规定，特定商工业者须履行其义务并缴纳负担金）。8. 商会职责：包括建议咨询、扶持中小企业、技能鉴定、信息沟通、培训人才、出具证明、举办展览、公益活动、产业振兴、地域振兴、国际交流、承担政府委托工作事项等。9. 商会管理：日本通商产业大臣负责对"商工会议所"监督管理。10. 商会关系：在日本和韩国，商会与政府的关系不像欧洲商会那样紧密，也不像英美商会那样松散。

就国外商会组织宗旨而言，其共同点：1. 促进区域工商业和国家经济发展。2. 服务会员经济发展。3. 促进会员之间经营合作。4. 协调会员与社会各界的关系。5. 加强会员与政府的联系。6. 服务会员参与国内、国际经贸与科技联系。

就国外商会组织功能而言，其共同点：1. 联结众商自治，相互帮助、以利会员安全经营。2. 服务会员所需并助力排忧解难。3. 促进区域工商业进步发展。4. 传授经济政策和经营方略。5. 传播工商业科学知识。6. 向政府部门提供咨询建议。

就国外商会法律制度而言，《法国工商会法（1898）》《德国工商会法（1956）》《韩国商工会议所法（1976）》《日本商工会议所法（1981）》《俄罗斯联邦工商会法（1993）》等，具有一定代表性。其共同点：1. 工业商业一体化，联合成立"工商会"或"商工会议所"组织，并以"工商会法"或"商工会议所法"统一规范其组织行为。2. 商会组织性质为法人和非政府组织，如"非商业性组织""非营利性组织""民间社会团体""公法团体""公益组织"等。3. 商会经过政府批准设立或登记成立。4. 欧洲和亚洲国家大都对商会组织行为作出了规范化的法律要求，英美等国对商会组织行为没有作出规范化的法律要求。5. 立法目的，谋求促进区域经济、国家经济发展，并谋求推动国际贸易与经济发展。

部分国家商会组织及职能见引表 1。

引表 1　部分国家商会组织及职能

序号	国家 / 商会名称	商会历史 / 首家商会	商会法 / 商会性质	商会组织及职能
1.1	法国 工商会	1599—— 马赛商会	《法国工商会法（1898）》 公立公益组织	商会组织层级：a. 每个省至少一个工商会；b. 可几个省共设一个工商会。 商会主要职能：a. 信息服务；b. 咨询指导；c. 教育培训；d. 公共设施运营管理；e. 支援中小企业开展国际活动。
1.2	德国 工商会	1830—— 埃尔珀菲尔德—巴门商会	《德国工商会法（1956）》 公法团体	商会组织层级：a. 全国联合会 / 德国工商大会；b. 地方工商会；c. 辖区工商会。 商会主要职能：a. 代表区域内全部工商经营者的利益；b. 促进工商经济发展；c. 支持政府工作并提出建议、报告和评估意见；d. 维护商人诚信、规矩和习惯。
1.3	意大利 商会	1944——	公法团体兼有行政工商管理和商会组织双重功能	商会组织层级：a. 全国商会联合会；b. 地方商会联合会；c. 地方专业商会。 商会主要职能：a. 管理职能，包括企业及商人注册管理，对商品证券交易市场管理，分析监测生产经营状况，仲裁商业纠纷；b. 服务职能，包括为企业开展教育培训，提供信息服务，进行技术援助，促进市场交易和经济合作。
1.4	荷兰 商会	1803—— 阿姆斯特丹商会	公法团体兼有行政工商管理和商会组织双重功能	商会组织层级：a. 全国商会联合会；b. 地方商会联合会；c. 地方商会分会。 商会主要职能：a. 管理职能，包括办理营业许可证，维持管理商业经营，发放商品原产地证明书等；b. 服务职能，包括提供工商信息、教育培训、商业纠纷仲裁等；c. 向法院推荐宣誓见证人。
1.5	奥地利 联邦商会	1946——	公法团体	商会组织层级：a. 奥地利联邦商会；b. 地方（9 个邦省）商会。 商会主要特点：a. 为商业集团利益服务；b. 促进对外贸易；c. 开展国家生产与外贸统计；d. 出版制造商、进出口商名录；e. 提供博览会、交易会及贸易机会信息等。
1.6	俄罗斯联邦工商会	1992——	《俄罗斯联邦工商会法（1993）》 非商业性的民间法人社会团体	商会组织层级：a. 俄联邦工商会；b. 地方工商会。 商会宗旨任务：a. 促进俄联邦经济发展；b. 代表维护企业和企业家利益；c. 协助企业创造良好的经营条件；d. 协助调节企业家与社会各界的伙伴关系；e. 加强国内外企业家之间的经贸科技联系；f. 为外国公司和机构从事商务活动提供必要的服务。

序号	国家/商会名称	商会历史/首家商会	商会法/商会性质	商会组织及职能
2.1	英国商会	1760——利物浦商会	私法团体设立自愿、活动自主、经费自理的非营利法人团体	商会组织层级：a.全国商会联合会；b.地方商会联合会；c.各自独立的商会。 商会主要职能：a.建言职能，向政府、议会陈述商界意见；b.促进职能，以促进出口为重点举办海外展览、市场调查、培训讲座等；c.服务职能，发挥中介作用，维护会员权益，服务会员发展。
2.2	美国商会	1768——纽约商会	私法团体设立自愿、活动自主、经费自理的非营利法人团体	商会组织目标：a.加强并改进竞争性企业制度；b.创造工作机会，保持经济发展活力；c.评估政府政策并限制其权力；d.通过企业自愿行动和商会组织活动解决问题，减少政府干预；e.帮助商人信息更加灵通、更加富有责任心；f.促进美国在世界事务中的经济政治利益。 商会主要职能：a.主张国际自由贸易、开放国际市场；b.通过商会行为影响立法和公共政策制定；c.协助企业界人士参与国会议员竞选；d.开展商事诉讼服务；e.为小企业服务。
3.1	日本商工会议所	1878——东京商工会议所	《日本商工会议所法（1981）》法人团体不以营利为目的	商会组织层级：a.日本商工会议所；b.地方商工会议所；c.区域商工会议所。 商会主要职能：a.商工业调查研究；b.接受行政机构咨询并呈报建议；c.商事斡旋、调停与仲裁；d.协助商工业者信用调查；e.服务会员需求。 商会组织特色：会员以外的特定商工业者（大企业）制度：商工会所创立必须征得特定商工业者的过半数同意；特定商工业者具有商工会议所议员选举权。
3.2	韩国商工会议所	1884——韩城商工会议所	《韩国商工会议所法（1976）》法人团体	商会组织层级：a.大韩商工会议所；b.地方商工会议所；c.区域商工会议所。 商会主要职能：a.商工业调查统计和研究；b.商工业宣传指导和斡旋；c.商工业技术技能鉴定；d.协调企业关系和国内外贸易纠纷；e.确立经济规则和职业道德；f.谋求国内外经济交流合作。

注：1类商会为欧洲模式；2类商会为美英模式；3类商会为亚洲模式。

四、国际商会及其组织特征

1920年6月，覆盖世界范围的商会组织——国际商会正式成立，总部设在法国巴黎。国际商会又称"世界商会组织"（International Chamber of Commerce，简称ICC）。

国际商会组织性质：国际民间经济团体，非政府组织。

国际商会组织层级：1. 世界商会组织。2. 在全球 130 多个国家和地区设有分支机构。

国际商会组织覆盖面：拥有来自 130 多个国家和地区的 600 多万家企业会员。

国际商会组织宗旨：1. 促进世界经济开放发展。2. 促进发展无障碍国际贸易、服务和投资。3. 促进建立以商业企业自由平等竞争为基础的市场经济体系。4. 促进世界各国经济增长并更加紧密地结合在世界经济体系之中。

国际商会组织目的：1. 促进开放的世界经济发展，坚信国际商业交流将导致全球更大的繁荣和国家之间的平衡。2. 促进国际贸易、服务和投资，同时消除国际商业的各种障碍及不正当行为。3. 促进以商业企业自由平等竞争为基础的市场体系发展。4. 促进发达国家和发展中国家的经济增长，尤其是将各国更加紧密地结合在世界经济体系之中。5. 反对各种形式的保护主义，努力扩大货物、服务、资本和技术的国际交流，对广泛的国际商业问题提供政策建议，提供促进国际商业交流的具体服务。6. 在国际商业关系中尊重并倡导公正和信誉的必要性。[1]

五、半殖民地半封建社会经济环境中的在华洋商会

在中国近代，在半殖民地半封建社会经济环境中，一度存在的在华洋商会是外国列强军事侵华的副产物，是经济侵华的急先锋。这类商会大都在中国通商口岸组建，大都没有按照中国法律经过中国政府批准登记，是法外特权组织。

在中国近代，在华洋商会存在的时间长度为 1834 年（广州英国商会成立）至 1949 年初（上海美国商会停止活动）。其间，可分为三个时间段。

第一个时间段：1834—1840 年

在中国近代，在华洋商会的历史可以追溯至 1834 年，源起广州。1834 年 8 月，在广州经商的英国商人组建了英国商会；1836 年，在广州经商的各国外商聚集组建了洋商总会。他们成立商会的目的，旨在维护其在华商业个体利益和群体利益，并力图采取商人一致性行动谋求对华贸易最大利益。1840 年，因鸦片战争爆发，在广州的洋商会一度解散。[2]

---

[1]《国际商会章程（1992）》中文版.

[2] 马敏主编. 中国近代商会通史 [M]. 北京：社会科学文献出版社，2015：102–103.

第二个时间段：1840—1895 年

鸦片战争以后，帝国主义列强在中国广州、福州、厦门、宁波、上海等地设立通商口岸，不仅扩大对华商品倾销，而且获取在华设立洋银行、洋商行、洋工厂等利权。在设立洋银行方面，从 1845 年英国丽如银行在我国香港和广州设立分支机构开始，至 19 世纪 60 年代末，已有汇隆、呵加剌、有利、麦加利、法兰西等 6 家外资银行在中国各通商口岸设立分支机构 42 个；70 年代到 90 年代初，又有德意志、东方汇理、德丰、大东惠通、中华汇理等外资银行在各通商口岸设立分支机构 45 个。[1]103 在设立洋商行方面，至 1872 年，在华洋商行总数达到 343 家，洋商人 3673 人；至 1892 年，在华洋商行总数增加到 579 家。[1]102 在设立洋工厂方面，至 1895 年，在华洋工厂总数有 190 多家[1]102。因为在华洋银行、洋商行、洋工厂、洋商人数量增多，其大都聚集在通商口岸，促进在华洋商会和洋商总会再度兴起。

第三个时间段：1895—1949 年初

中日甲午战争和八国联军侵华战争以后，帝国主义列强侵华的重点由军事转向经济。在 1895—1905 年的十年间，帝国主义列强在中国开辟的通商口岸，从 34 个增加到 50 个；各国商人在华设立的从事商业贸易的洋商行，从 603 家增加到 1693 家；中外贸易总值，从 31499 万两白银增加到 67499 万两白银；外国商人在华投资总额，从 3 亿美元增加到 15 亿美元（1902 年数）。[2]3-4 由于清政府与日本签订的《马关条约》允许外国资本在中国内地开设工厂，帝国主义资本争先恐后地涌向中国投资；1895—1913 年间，英、日、德、俄、美、法等国资本在中国开设的洋工厂达到 130 多家。[1]102 帝国主义列强，实行官（驻华使节）商（在华洋商）密切配合，把经济势力渗透到中国各经济领域，甚至控制中国的经济命脉。外国资本逐步渗透到中国的金融、铁路、航运、机械、矿冶、纺织等行业，甚至政府财政。遍及各个通商口岸的外国洋商行，不仅向中国各地倾销洋货，甚至垄断控制了中国的对外贸易，中国商品进出口大都离不开洋商行。如当时的中国绅商所说："无论是洋货进口或土货出口都离不开洋行。凡涉及商务事端，都以西商为主，而华商听其调度；凡市面行情，银价一概操纵于西人；所办工厂，皆因产品不能畅销，困惫而闭歇；抵制洋货，则因本国缺少替代之物而难收实效。"[2]6 这一时期，各通商口岸的在华洋商会和洋商总会进一步发展，它们集合商业力量维护其会员经济利益并加强对华经济扩张。

[1] 马敏主编.中国近代商会通史［M］.北京：社会科学文献出版社，2015.

[2] 虞和平.商会史话［M］.北京：社会科学文献出版社，2011.

帝国主义列强在三次侵华战争以后，其侵华重点由军事转向经济，利用军事强权牟取商业利权，即以"兵战"支持"商战"，"形成一个以侵华特权为依托，以通商口岸为基地，以外商洋行和洋工厂为堡垒，以外国商人为战斗部队，以输华商品和在华制造洋货为炮弹的对华商战阵营"。[1]"商战"策略之一，就是组建洋商会，通过洋商会集合洋商人、洋商行、洋工厂、洋商品等商业力量，大力开展对华经济扩张。以洋商会为"中心联络站"，组织开展"商人一致行动"，维护与扩展其商业个体和群体利益；并密切配合其母体国驻华使馆或使节，共同进行对华经济、政治、文化渗透与扩张。

由在华洋银行、洋商行、洋工厂、洋商人聚合起来的洋商群体，在经济、政治、文化利益的驱使下，在中国多地组建洋商会或洋商总会。继1834年英国商人组建广州英国商会，1836年各国商人联合组建广州洋商总会之后；1847年，在上海的外国商人联合组建了上海洋商总会；1861年，香港的60家外商行号在英国驻华公使的直接支持下组建了香港洋商总会；1887年，在天津的各国商人组建了天津洋商总会。此后，各通商口岸的外国商人相继组建洋商会，至1904年，广州、上海、香港、天津组建了6个洋商会或洋商总会。[2]103 1915年，上海美国商会成立。[3]至1923年，在中国各通商口岸组建的洋商会和洋商总会约计61个。[2]103

在中国近代，在华外国商会组织类型大致分为三种：

第一种，由同一通商口岸的多国在华商人联合组成的洋商会，称为某地洋商总会。这类商会集合同一经商地的各国商人，以"在华商业利益一致性"和"商人行动一致性"形成纽带，既协调商会组织成员（各国商人）之间的利益关系，又联合对付中国政府和中国商人。

第二种，由同一通商口岸的一国在华商人组建的洋商会，称为某地洋商会。这类商会，大都体现商人母体国商会组织特色，其"在华商业利益一致性"和"商人行动一致性"行为能力强烈。

第三种，由多个通商口岸的同国籍的外国商人联合组成的洋商联合会，称为在华某国商会联合会。

在中国近代，在华洋商会"以商会为中心联络站并组织开展商人一致性行动"的

[1]虞和平.商会史话［M］.北京：社会科学文献出版社，2011：4.

[2]马敏主编.中国近代商会通史［M］.北京：社会科学文献出版社，2015.

[3]汤蕴懿.中国特色商会组织体系构建——以上海为视角［M］.上海：上海社会科学院出版社，2016：75.

组织意识与行为，影响并促进了中国商人对商会重要性的认识："华商欲战胜外商，必须沟通官商，联结众商，其根本之法在于设立中国的商会。"[1]这样的认识，影响并促进了中国近代商会产生与发展。

六、半殖民地半封建社会经济环境中的中国近代商会

中国近代商会产生与发展历程大致可分为三个阶段。

第一个阶段（1862—1902）：清朝晚期，商会意识在经济上反侵略的中外商战中形成

面对在华洋行、洋商会的"商战""商侵"意识与行为，中国商人及有识之士关于经济上反侵略的"商战""商权""商民""商学""商论""商会"思潮兴起。

1862年，曾国藩（1811—1872）致湖南巡抚毛鸿宾的一封信函中提及"商战"：[2]69

至秦用商鞅以耕战二字为国，法令如毛，国祚不永；今之西洋以商战二字为国，法令更密于牛毛，断无能久之理。然彼自横其征，而亦不禁中国之榷税；彼自密其法，而亦不禁中国之稽查。则犹有恕道焉。

1895年以后，中国一批有识之士主张动员国家经济力量，与列强展开经济角逐。著名绅商、维新思想家郑观应（1842—1921）提出"商战"口号，他说，列强对中国的军事吞并，其祸害显而易见，商业侵占则使中国在不知不觉中衰败，我当"初学商战于外人，继而与外人商战"；他在《商战下》中论及"商战"：[2]70

西人以商为战，士农工为商助也，公使为商遣也，领事为商立也，兵船为商置也。国家不惜巨资，倍加保护商务者，非但有益民生，且能为国拓土开疆也。

彼既以商来，我亦当以商往。

改革思想家何启（1859—1914）、胡礼垣（1848—1916）认为："商务不兴，则不能与敌国并立"，"振兴中国，要依靠商民""今之中国若有十万之豪商，则胜百万之劲卒"。[2]77

维新派人士汪康年（1860—1911）对"兵战"与"商战"的特点做了对比：[2]71

且商之为事常，兵之为事暂；商之为事繁，兵之为事寡；商所赴之地多，兵所赴

---

[1]虞和平.商会史话[M].北京：社会科学文献出版社，2011：7.

[2]马敏主编.中国近代商会通史[M].北京：社会科学文献出版社，2015.

之地少。兵者，备而不必用者也；商者，无日而不用者也。然则国家当加意于商，岂不甚矣哉！

商战论者还主张处理好商战与兵战、心战、学战等方面的关系，主张"商战求富、兵战求强""心战为体，商战为用""商借资于学""学为商之用""商战以学战为其基"。[1] 73

在商战思想的影响下，对传统的士农工商地位的认识起了变化：中国清代贤才薛福臣（1838—1894）提出"握四民之纲者，商也"。[1] 78郑观应认为："古有四民，商居其末……不知商贾虽为四民之殿，实握四民之纲。士有商则行其学，而学益精；农有商则通其所植，而植益盛；工有商则售其作，而作益精。商足以富国，岂可视为末务！"[1] 78清末改良主义政论家王韬（1828—1897）认为："士农工商，四大营业者，皆平等也，无轻重贵贱之殊。"[1] 79在商战思想的影响下，对士农工商的地位逐步有了理性认识，逐渐重视商的重要地位，这对于晚清重商思想形成起到了促进作用。

在商战思想的指导下，中国商人开始行动起来，或改良旧的商业经营方法，或设立新的行号与洋商争夺国内市场，或开辟外贸途径与洋商争夺外贸主动权，或开办新式工厂与外资争夺利源，或开展提倡国货运动抵制洋货倾销。但是，中国商人各自为政，势单力薄，难收实效，往往在激烈的商战中败下阵来。

面对商战中"外商着着取胜，华商步步败北"的客观现实，中国商人及有识之士意识到，如果中国商人长期处于涣散无力的状态，难以承担起商战使命。在调查研究并总结经验教训的基础上，得出这样的结论：洋商所以能在商战中取胜，主要得力于商会，因为商会的作用，使列强官商一气，众商一心；华商所以在商战中失败，则由于官商隔阂，众商涣散。华商欲战胜洋商，必须沟通官商，联结众商，其根本之法在于设立商会。中国清末官员、洋务运动代表人物之一盛宣怀从涉外商约谈判中感受到商会作用重大，深刻分析："中国商业不振，大概由于商学不讲，商律不谙，商会不举"，提出应对商战，应该"广商学以植人才，联商会以通其气"。[1] 106

1895年，戊戌维新运动的倡导者康有为（1858—1927）等在联名给光绪皇帝的《公车上书》[2]中建议设立商会、商学，并论及商学、商会：

商学者何？地球各国贸易条例繁多，商人愚陋，不能周识，宜译外国商学之书，选人学习，遍教直省，知识乃开，然后可收外国之利；商会者何？一人之识未周，不

---

［1］马敏主编.中国近代商会通史［M］.北京：社会科学文献出版社，2015.

［2］康有为呈奏光绪皇帝《公车上书》全文［EB/OL］.（2023-02-23）［2023-12-30］.https://wk.baidu.com.

若合众议；一人之力有限，不若合公股；故有大会、大公司。国家助之，力量易厚，商务可远及四洲。

1896年，状元出身的江苏南通绅商张謇（1853—1926）撰写了《商会论》，较详细地论述了设立商会的必要性、组建方式及其职能。他指出：不设商会，商人就无用武之地。因此，各省应设立总会，各府应设立分会。各分会会长的职责是考察所属各县的物产、风俗、民情、生产、市情，向总会提出哪些应该兴办、哪些需要改革、哪些需要改变，说明原因，提出实施办法。各总会的督办，责在考核各分会会长提出的报告，决定其行止，并上报总督、巡抚等省政府长官。同年，清朝政府总理衙门在提交的《奏复请讲求商务折》中，明确表示赞同在沿海各省会和通商大埠设立商务局，从而能够维护华商之利益，渐收已失之利权，实为当务之急，并将绅商们提出的主张详加陈述，建议朝廷从速实施。1898年6月12日，力行新政的光绪皇帝，发出第一道筹办商务局的谕旨，接着又于7月和8月两次传旨刘坤一（1830—1902）和张之洞（1837—1909）等各省大吏抓紧建立商务局。从此，各省商务局（商务行政机构）陆续建立起来。[1]商务局的建立，为中国近代商会产生与发展发挥了促进作用。

第二个阶段（1902—1911）：清朝末期，中国近代商会在中外商战中产生并形成第一次发展高潮

1902年初，清朝商务大臣吕海寰和盛宣怀代表清政府与英国、美国、日本、葡萄牙等国代表在上海谈判修订商约，以此作为《辛丑各国和约》的补充。

英方首席代表James L.Mackay为了争取谈判主动权，充分发挥商会的参谋作用，在谈判开始之前先后征求英国本土商会、香港英国商会、上海洋商商会的意见。上海洋商商会成员"日夕聚议，讨论研求，不遗余力""各处调查，互陈节略，聚论未已，条理尤繁"，为谈判出谋献策，帮助英方首席代表James L.Mackay在谈判正式开始之前就向中方代表提出24条一揽子方案，先发制人。[1-2]

而华商方面，虽有各行帮会所公馆，但这些组织之间"互分畛域、涣散不群，每与洋商交易，往来其势，恒不能敌"，令中方代表感到孤立无援，难以措手；且"彼谙习而我生疏，彼萃聚而我涣散，彼措置已周而我考察未备"，以致谈判中受制于人，处处被动。[2]盛宣怀意识到商会作为谈判后援的重要性，立即上奏朝廷，提出以创设商会为入手要端。获准后，他指令上海江海关道台袁树勋会同绅商领袖严信厚立即召

［1］虞和平.商会史话［M］.北京：社会科学文献出版社，2011：8-9.

［2］马敏主编.中国近代商会通史［M］.北京：社会科学文献出版社，2015：104-106.

集各大商帮董事议设商会，并对谈判有关事项详加讨论，提出方案，以备采用。上海各业商帮人士意识到此次谈判事关商人命脉，是中国商务进退之关键，因此积极赞成并迅速行动，应商战之需，仿照日本商会的模式，联合各业商帮组织和某些大企业的代表组建商会。于是，素称"中国大陆第一商会"的上海商业会议公所于1902年2月22日正式成立[1]108。此前，受在华外国商会组织意识与行为的影响，华人商会或华人参与的商会组织：香港总商会于1861年成立，澳门华商总会于1881年成立，香港中华总商会于1900年成立。

上海商业会议公所示范带头成立并积极发挥作用，推动了中国近代商会蓬勃兴起并形成第一次发展高潮。中国近代商会系指按照"官方法令"设立或按照"官方许可"组建的中国商人社团组织体系。

中国近代商会有别于"商人会馆""商人会所""行会""行帮""商帮""公所"等传统的民间商人团体。

1902年，上海商业会议公所成立后，迅速影响到全国各主要商业城市。1903年以后，天津、汉口、广州、厦门、苏州、杭州、重庆等地相继成立"商业会议公所"或"商务公所"。

1904年，清廷商部颁布《奏定商会简明章程》，其中指出：制定该章程以"保护商业，开通商情"为宗旨，要求"在各省各埠设立商会，以为众商之脉络"。并要求："凡各省各埠，如前经各行众商公立有商业公所及商务公会等名目者，应即遵照现定部章，一律改为商会，以归划一。""凡属商务繁富之区，不论系会垣，系城埠，宜设立商务总会。而于商务稍次之地，设立分会。"[1]117-118

1904年5月，上海商业会议公所改组为上海商务总会，紧接着，各地"商业会议公所"或"商务公所"相继改组为"商务总会"。

1904—1913年，全国除西藏外，各省共设立商会1079个，其中商务总会52个，商务分会1027个。[1]129 据1912年统计，全国加入商会的商号有19.6万家，商会会员近20万人。[1]88

第三个阶段（1911—1948）：民国时期，中国近代商会接续发展并形成第二次发展高潮

从1907年"决定发起筹办"，1912年"重提、决议、获准"，1913年"任职启印"，

---

[1]马敏主编.中国近代商会通史[M].北京：社会科学文献出版社，2015.

到 1914 年召开代表大会，全国性商会组织"中华全国商会联合会"成立。[1]156-158
1914 年，民国北洋政府农商部发文，规定将"工业会"并入"商会"之中，从而使商会明确成为工商两界的组织。

1931 年，中国国际贸易协会成立。2 月 7 日，国际商会中国分会正式成立，报请国民政府备案。5 月 3 日，经国际商会理事会会议通过照准，国际商会中国分会正式成为国际商会成员之一。[1]1188

国际商会中国分会以"联络国际工商、促进国际商务"为宗旨，其具体职责包括五个方面：1. 代表中国工商业及经济团体谋国际商务之改良与发展。2. 征集中国关于国际商务发展的意见，向国际商会提出建议。3. 酌行国际商会议决案。4. 应国际商会之咨询及对于国际商会之提案，予以书面表决。5. 协助中国政府增进各国之友谊，维持世界和平。[1]1188

国际商会中国分会，是中国近代商会组织体系的重要组成部分，其意义与作用表现在以下方面：1. 以分会方式加入国际商会，使中国商会首次登上国际商会舞台。2. 向国际工商界展示中国工商界的风貌，并表达要求与愿望。3. 表示中国希望与世界各国合作，共同促进国际商业贸易发展。4. 阐明了欢迎外商来中国投资，但以不损害中国主权和利权为基本前提的原则立场。5. 对中国工商业发展和对外贸易拓展产生了积极影响。[1]1195-1201

在中国近代，重视立规立法规范商会组织意识与行为。商会立规立法伴随着商会组织的建立开始，大致经历了四个阶段。

第一个阶段：上海商工会议所立规

1902 年，素称"中国大陆商会第一份章程"的《上海商业会议公所章程（1902）》，明确了商会的组织追求及工作任务：其一，"明宗旨"，振兴商务；其二，"通上下"，"上传官府之德意，下达商贾之隐情"；其三，"联群情"，联结群体，形成合力，解除商人涣散和不合群对中国商务的危害；其四，"陈利弊"，所谓"应商、应陈、应改、应争诸大端，尤应各抒所见，按事详陈"，使之"采入约章，以杜欺凌而收利权"；其五，"定规则"，明确会议制度和工作规则；其六，"追逋负"，代理商务纠纷与欠债，"省事息争"。这些职责，体现了商会以沟通官商、团结会员、服务会员、革除陋习、和谐商情、振兴商会为主旨。[2]

---

［1］马敏主编. 中国近代商会通史［M］. 北京：社会科学文献出版社，2015.
［2］谈萧. 近代中国商会法——制度演化与转型秩序［M］. 北京：法律出版社，2017：225-227.

第二个阶段：清末时期的商会立法

清朝末年，清政府制定素称"第一部商会法律"的《清商部奏定商会简明章程（1904）》第一款规定：商部"以保护商业，开通商情为一定之宗旨"；第二款规定："凡各省各埠，如前经各行众商公立有商业公所及商务公所等名目者，应即遵照现定部章，一律改为商会，以归划一"；第三款规定："凡属商务繁富之区，不论系会垣、系城埠，宜设立商务总会。而于商务稍次之地，设立分会"。第二十四条规定："商会之设，责在保商。"[1]227-231

第三个阶段：中华民国北洋政府时期的商会立法

北洋政府颁布的《中华民国商会法（1915）》第一至四条指出："本法所谓商会者指总商会及商会而言"；"总商会及商会均为法人"；"各地方行政长官所在地或所属地工商业繁盛者得设立商会"；"各地最高行政长官所在地及工商业总汇之各大商埠得设立总商会"。第十六条明确商会首要之责任："筹议工商业改良事项。"[1]244-248

第四个阶段：中华民国国民政府时期的商会立法

国民政府颁布的《中华民国商会法（1929）》第一条规定："商会以图谋工商业及对外贸易之发展，增进工商业公共之福利为宗旨"；第二条规定："商会为法人"，正式确立商会的法人地位；第三十六条规定："为图谋增进工商业公共福利起见，同一省区域内之商会得联合组织全省商会联合会，各省商会联合会及特别市商会得联合组织中华民国商会联合会"。第四十一条规定："旅外华商商会得准用本法各章之规定设立之。"[1]248-253

国民政府颁布的《中华民国工商同业公会法（1929）》第一条规定："凡在同一区域内经营各种正当之工业或商业者，均得依本法设立同业公会"；第二条规定："工商同业公会，以维持增进同业之公共利益及矫正营业之弊害为宗旨"。这是中国历史上第一次以政府法律对工商同业组织规则正式作出制度安排。[1]253-254

国民政府同时颁布《中华民国商会法（1938）》和《中华民国商业同业公会法（1938）》，进一步放宽了商会设立条件：商会之设立由五个以上同业公会发起，改为"三个以上之同业公会发起之"；并明确"商业同业公会为法人"。[1]265-277

1942年7月（抗日战争时期），国民政府行政院核准颁行《收复区人民团体调整办法》，[2]作为战后商会和同业公会整理和改组的重要依据。抗日战争胜利后，各地商

［1］谈萧.近代中国商会法——制度演化与转型秩序［M］.北京：法律出版社，2017.
［2］马敏主编.中国近代商会通史［M］.北京：社会科学文献出版社，2015：1659.

会组织经过整理后恢复运行。

1947 年 10 月，国民政府颁布《中华民国工业会法（1947）》，将工业企业会员从商会中分出，另成立工业会，"工业会以谋划工业之改良发展、增进同业之公共利益为宗旨"。[1]

在中国近代，伴随商会组织的建立，关于"商权""商战""商学"思想的讨论，关于对商会地位、性质、作用的理解，关于认识上为何办商会、组织上如何办商会、管理上如何办好商会等方面，商界、政界、学界进行了深入广泛的探索与实践。

在中国近代，1902—1948 年间，从中国大陆第一个具有现代意义的商会——上海商业会议公所率先建立，到全国各地各级各类商会普遍建立，逐渐形成网络并构成组织体系。

中国近代商会，其功效之处，主要表现在：为维护民族工商业利权，探索民族工商业参与国际交往，促进民族工商业发展，促进民主主义经济发展作出了贡献；不足之处，主要表现在：没有摆脱"半封建社会旧习"，没有洗刷"半殖民地经济痕迹"；同时染上"资本主义商会新病"。

中国近代商会，为中国当代商会组织体系建立与发展奠定了重要的组织基础。随着时代进步与发展，中国近代商会被贴上了"旧"的标签，且因为"三大疾病"的存在，成为需要改造、需要重组、需要更新发展的重要原因。

1949 年 10 月 1 日，中华人民共和国成立，从此揭开了中国当代商会建立与发展的新篇章，中国当代商会在改造中国近代商会的基础上创新发展、进步发展、科学发展，展现出新的时代活力与蓬勃朝气。

---

[1] 谈萧 . 近代中国商会法——制度演化与转型秩序 [M] . 北京：法律出版社，2017：277.

第一编

新民主主义经济时期中国当代商会兴起与发展

（1949—1956）

提　要

1949 年 10 月 1 日，是中华人民共和国成立的日子，也是划分中国当代商会与中国近代商会的时段线。

1949—1956 年，从中华人民共和国成立到社会主义改造基本完成，这是一个过渡时期，是由新民主主义社会向社会主义社会过渡的时期。这一时期，整个国民经济还是新民主主义经济，即社会主义经济领导之下的经济体系。因此，一般称之为新民主主义经济时期。

在这一时期，我国采取的调剂国营经济、合作社经济、农民和手工业者的个体经济、私人资本主义经济、国家资本主义经济，在国营经济的领导下，分工合作，各得其所，以促进整个社会经济发展的经济发展方针，是符合中国国情的科学的合理的高效的，取得的经济成就是显著的。

在这一时期，中国共产党领导中国人民在恢复国民经济的基础上，基本实现了国家初步工业化，基本实现了国家对农业、手工业和资本主义工商业的社会主义改造。从此，我国经济发展水平实现了从量的积累到质的飞跃，社会主义的经济制度已经建立起来，为我国由农业国家向工业国家转变，由新民主主义社会向社会主义社会转变奠定了基础。至 1956 年底，"社会主义的社会制度在我国已经基本上建立起来了"。

在这一时期，中国当代最大的商会组织——工商联在改造中国近代商会的基础上兴起并发展。中国工商联组织系统包括：全国工商联和省级、市级、县级工商联及其所属同业组织（同业公会或同业委员会）和基层组织（县级工商联集镇分会或办事处）等。中国工商联组织体系逐步建立健全后，展现出前所未有的组织特色和蓬勃朝气。

中国当代工商联与中国近代商会相比，其根本不同点在于：

①组织性质：中国近代商会是工商业资本家为维护其利益而组织的商办法人团体；中国当代工商联是各类工商业者联合组成的人民团体。

②组织原则：中国近代商会成员一般存在等级制，即所谓"人分四等"（总理及协理、议董、会员、会友），等级分明；中国当代工商联会员权利平等，并实行民主集中制。

③组织结构：中国近代商会组织大都具有会员局限性；中国当代工商联组织包括公营、私营、公私合营等多种所有制经济成分的工商企业和工商业者，有利于广泛汇聚力量办大事。

④组织意识与行为：中国近代商会组织意识与行为大都局限于会员利益和商会团体利益；中国当代工商联组织意识与行为兼顾会员利益、商会团体利益和国家利益，并且注重把国家利益放在更重要的位置。

在这一时期，中国工商联及其所属商会，围绕中国共产党和人民政府的工作大局做了大量工作，特别是在动员和组织广大工商业者参与恢复发展国民经济，参与抗美援朝运动、参与社会主义改造等方面作出了重要贡献，在中国商会历史乃至人类商会历史上留下了浓墨重彩的记忆。

在这一时期，中国工商联及其所属商会，最具特色的工作任务是"两个改造"，即"企业的改造"：协助人民政府把私人资本主义性质的工商企业改造成为国家资本主义性质的公私合营企业；"人的改造"：协助人民政府把资产阶级工商业者改造成为名副其实的劳动者。

在这一时期，中国工商联及其所属商会，积极组织工商业者参与国家重大政治、经济和社会活动，为维护国家政治稳定、促进经济发展、促进社会进步作出了重要贡献。

第一章

中国当代商会兴起与发展的社会经济环境

1949 年 10 月 1 日，中华人民共和国成立，这是中国历史上最伟大的事件，也是人类历史上最伟大的事件之一。中华人民共和国成立，标志着中国共产党领导中国人民开启了中国历史发展的新纪元，开辟了中国政治经济社会发展的新道路。同时，揭开了中国当代商会兴起与发展的新篇章。

一、新中国的人民民主制度决定了工商联的人民团体组织定位

1949 年 9 月 29 日，中国人民政治协商会议第一届全体会议通过的当时起着"临时宪法"作用的《中国人民政治协商会议共同纲领》规定了新中国的国体和政体："中华人民共和国为新民主主义即人民民主主义的国家，实行工人阶级领导的、以工农联盟为基础的、团结各民主阶级和国内各民族的人民民主专政。""中华人民共和国的国家政权属于人民。人民行使国家政权的机关为各级人民代表大会和各级人民政府。各级人民代表大会由人民用普选方法产生之。各级人民代表大会选举各级人民政府。各级人民代表大会闭会期间，各级人民政府为行使各级政权的机关。国家最高政权机关为全国人民代表大会。""各级政权机关一律实行民主集中制。"1954 年 9 月 20 日，第一届全国人民代表大会第一次会议通过的《中华人民共和国宪法》序言中指出："中华人民共和国的人民民主制度，也就是新民主主义制度，保证我国能够通过和平的道路消灭剥削和贫困，建成繁荣幸福的社会主义社会。"

新中国的人民民主制度，必然要求对脱胎于封建社会、产生于半殖民地半封建社会的旧中国的商会进行社会主义改造；新中国的人民民主制度，对中国当代最大的商

会组织——工商联组织兴起与发展产生了重大影响。

新中国的人民民主制度对工商联组织定位的影响

新中国的人民民主制度内容丰富，对工商联组织性质、地位、职能及组织意识与行为产生了重大影响。

人民代表大会制度对工商联组织定位的影响

人民代表大会制度"是我国的根本政治制度"，"是中国共产党领导的人民民主制度"，"是我国人民民主专政政权的组织形式"。《中华人民共和国宪法（1954）》规定："中华人民共和国的一切权力属于人民。人民行使权力的机关是全国人民代表大会和地方各级人民代表大会。全国人民代表大会、地方各级人民代表大会和其他国家机关，一律实行民主集中制。"在人民代表大会制度下，整个国家机构按照一切权力属于人民和民主集中制的原则组成和运转。[1]

人民利益至上的人民代表大会制度，体现了国家由人民当家作主的本质要求，体现了中华人民共和国的一切权力属于人民，使中国人民的基本人权在新中国获得了法律保障。人民利益至上的人民代表大会制度，有利于人民参加国家政权建设，行使自己的权力，从而有利于调动广大人民群众参加国家建设的积极性。

人民利益至上的人民代表大会制度，对中国工商联组织性质、组织宗旨、会员结构和基本任务的影响是重大的，其中最重大的是导向了工商联是"各类工商业者联合组成的人民团体"的组织定位。人民团体的组织定位，成为中国当代工商联有别于古今中外其他商会组织的最重要的组织特征。

政治协商制度对工商联组织定位的影响

中国共产党领导的多党合作和政治协商制度是我国的一项基本政治制度。《共同纲领（1949）》作出权威解释："中国人民政治协商会议为人民民主统一战线的组织形式。其组织成分，应包含有工人阶级、农民阶级、革命军人、知识分子、小资产阶级、民族资产阶级、少数民族、国外华侨及其他爱国民主分子的代表。"

中国人民政治协商会议是中国人民爱国统一战线的组织，是中国共产党领导的多党合作和政治协商的重要机构，是我国政治生活中发扬社会主义民主、实践全过程人

---

[1] 全国人大常委会办公厅联络局.人大代表手册［M］.北京：中国民主法制出版社，2003：173–175.

民民主的重要形式，是社会主义协商民主的重要渠道和专门协商机构，是国家治理体系的重要组成部分，是具有中国特色的制度安排。团结和民主是中国人民政治协商会议的两大主题。[1]

新中国的政治协商制度对工商联的组织地位、组织职能及组织作用发挥等方面的影响是重大的，工商联作为中国人民政治协商会议的重要界别，被赋予"政治协商、民主监督、参政议政"职能，这是中国当代工商联有别于古今中外其他商会组织的最显著的组织特征。

民族区域自治制度对工商联组织定位的影响

民族区域自治制度是我国的一项基本政治制度。《中华人民共和国宪法（1954）》第三条指出："中华人民共和国是统一的多民族的国家。各民族一律平等。""各少数民族聚居的地方实行区域自治。各民族自治地方都是中华人民共和国不可分离的部分。"序言中指出："我国各民族已经团结成为一个自由平等的民族大家庭。在发扬各民族间的友爱互助、反对帝国主义、反对各民族内部的人民公敌、反对大民族主义和地方民族主义的基础上，我国的民族团结将继续加强。国家在经济建设和文化建设的过程中将照顾各民族的需要，而在社会主义改造的问题上将充分注意各民族发展的特点。"第七十条中规定："自治区、自治州、自治县的自治机关依照宪法和法律规定的权限行使自治权。"第七十二条规定："各上级国家机关应当充分保障各自治区、自治州、自治县的自治机关行使自治权，并且帮助各少数民族发展政治、经济和文化的建设事业。"新中国的民族区域自治制度对于我国各民族自治区、自治州、自治县工商联组织建设及县以下的少数民族聚居区设民族乡的商会组织建设发挥了重大促进作用。

在民族区域普遍建立工商联和商会组织，其会员结构、经济结构极具特色，特别是位于民族区域范围内的新疆生产建设兵团工商联组织特色鲜明，这是中国当代工商联有别于古今中外其他商会组织的最鲜明的组织特征。

基层群众自治制度对工商联组织定位的影响

基层群众自治制度是我国的一项基本政治制度，是城乡居民实行自我管理、自我教育、自我服务、自我监督的制度。基层群众自治是在新中国成立后的民主实践中逐步形成的，首先发育于城市，逐步推广到城乡并形成制度，纳入中国特色政治制度范畴。

---

[1]《中国人民政治协商会议章程（2023）》.

新中国的基层群众自治制度对于我国新民主主义经济时期城乡个体私营经济、合作经济兴起与发展，对于我国社会主义计划经济时期以乡镇企业为代表的集体经济兴起与发展，对于我国社会主义市场经济时期新一轮个体私营经济兴起与发展，发挥了重大促进作用；并对于我国基层经济组织（农民专业合作社）和基层商会（包括乡镇/街道商会和村级商会）组织兴起发展发挥了重大促进作用。

工商联的人民团体组织定位

新中国的人民民主制度，为中国工商联组织体系的建立与发展指引了大方向，并营造了良好的政治环境。新中国的人民民主制度，决定了工商联的组织性质是人民团体，组织地位是中国人民政治协商会议的重要界别，组织原则是民主集中制。这样的组织定位是中国当代工商联与古今中外其他商会组织的根本不同，使得中国当代工商联组织规模更大、代表性更强、作用发挥更显著、影响范围更广泛。

人民团体的组织性质

1952 年 8 月 1 日，国家政务院第 147 次政务会议通过了《工商业联合会组织通则》，其中第一条规定："工商业联合会是各类工商业者联合组成的人民团体。"

人民团体的组织性质，必然要求工商联充分团结包括广大中小工商业者在内的全体工商业者，其会员结构充分体现出人民性组织特征："市、县工商业联合会以本市、县区域内国营、私营及公私合营之工商企业、合作社或合作社联合总社为会员，手工业者、行商、摊贩得个别地或集体地加入市、县工商业联合会为会员"；[1] 并要求："工商业联合会将逐渐成为全体工商界的，即包括各城市、各阶层和各行业的，并使中小工商业者享有平等权利的组织。"[2] 这样的会员结构，有利于工商联组织最广泛地团结工商界人士，并汇聚力量办大事。

人民团体的组织性质，必然要求工商联组织意识与行为兼顾会员个体利益、会员群体利益、商会团体利益和人民大众利益，并且注重把人民大众利益放在更重要的位置。

因为人民团体的组织性质，明确了工商联同工会、共青团、妇联、科协、侨联、台联、青联等人民团体一样，成为中国共产党联系人民群众的桥梁和纽带；因为人民团体的组织性质，明确了工商联成为在私营工商业者中进行统一战线工作的重要环节

---

[1]《工商业联合会组织通则》第五条第（一）项。

[2]1951 年 10 月 23 日，周恩来在中国人民政治协商会议第一届全国委员会第三次会议上的政治报告。

之一；因为人民团体的组织性质，扩大了工商联组织的包容性，有利于包括小资产阶级和民族资产阶级在内的以工商业者为主体的广大工商联会员更紧密地团结在中国共产党和人民政府的周围；因为人民团体的组织性质，要求工商联必须注重协调会员群体利益与工商业者群体利益、工商业者群体利益与广大人民群众利益之间的关系；因为人民团体的组织性质，要求工商联的基本任务一方面注重服务经济发展，另一方面注重服务人的发展，即把工商业者改造成为社会主义劳动者并进一步改造成为社会主义事业建设者；因为人民团体的组织性质，决定了工商联组织服务对象为会员但并不局限于会员，应面向全体工商业者；因为人民团体的组织性质，决定了工商联组织工作目标既要致力于促进会员经济发展，更要致力于促进国家和区域经济发展；因为人民团体的组织性质，决定了工商联组织由人民政府决定组建成立，而其他具有社会团体性质的商会则自行组建，按照国家民政部门的规定登记成立。这些都是中国当代工商联与古今中外其他商会组织的重大区别。

人民团体的组织性质，是中国当代工商联有别于外国商会和中国近代商会一般为"法人团体""社会团体"或"商办法人团体""民间商人社团""官督商办社团""现代性法人社团"等组织性质的根本不同之处。

人民政协的重要界别

因为人民团体的组织定位，工商联成为人民政协的重要界别。中国人民政治协商会议（简称人民政协）是我国政治生活中发扬民主的重要形式，是协商民主的重要渠道和专门协商机构，是国家治理体系的重要组成部分，是具有中国特色的制度安排。根据中国共产党同各民主党派和无党派人士"长期共存、互相监督、肝胆相照、荣辱与共"的方针，以团结和民主为主题，促进各党派、无党派人士的团结合作。这样的制度，有利于国家民主政治建设。有利于结成由中国共产党领导的、以工农联盟为基础的，有各民主党派、无党派人士、人民团体、少数民族人士和各界爱国人士参加的，由全体社会主义劳动者、社会主义事业的建设者、拥护社会主义的爱国者、拥护祖国统一和致力于中华民族伟大复兴的爱国者组成的，包括香港特别行政区同胞、澳门特别行政区同胞、台湾同胞和海外侨胞在内的最广泛的爱国统一战线，为建设新中国汇聚智慧和力量。

按照民主协商原则建立起来的中国共产党领导的多党合作和政治协商制度，具有三大特点：一是组织上的广泛代表性和政治上的包容性；二是团结合作性；三是民主协商性。通过民主协商，增进共识、促进团结，为推进国家治理体系和治理能力现代化发挥促进作用。

根据《中国人民政治协商会议章程》规定，政协全国委员会和地方委员会的主要职能是"政治协商、民主监督、参政议政"。

新中国的政治协商制度对工商联的组织地位、组织职能及组织作用发挥等方面的影响是重大的。

第一，工商联组织是人民政协的重要界别。中国人民政治协商会议全国委员会共设 34 个界别，工商联是其中之一。

第二，工商联代表人士是人民政协的组成人员。政协委员是政协工作的主体。政协委员在政协会议上有表决权、选举权和被选举权；有对政府工作提出意见、批评、建议的权利；有通过政协会议和组织充分发表意见、参加讨论国家大政方针和地方重大事务的权利；等等。各级工商联组织分别在人民政协各级组织中有固定的政协委员席位。全国工商联历届主席大都担任全国政协副主席，有的担任国家副主席或全国人大常委会副委员长。全国各级工商联都有代表人物分别在人民政协各级组织中担任政协委员，有的担任政协常委，有的担任政协副主席。

第三，工商联组织和工商联界别的政协委员担负有"政治协商、民主监督、参政议政"职责。

政治协商是对国家大政方针和地方的重要举措及经济建设、政治建设、文化建设、社会建设、生态文明建设中的重要问题，在决策之前和决策实施之中进行协商。工商联组织和工商联界别的政协委员，可以提交协商议题或参加协商会议方式参与政治协商。

民主监督是对国家宪法、法律和法规的实施，重大方针政策和决策部署的贯彻执行情况，涉及人民群众切身利益的实际问题解决落实情况，国家机关及其工作人员的工作情况等，通过提出意见、批评、建议的方式进行协商式监督。工商联界别的政协委员应邀担任司法机关和政府部门的特约监督人员是最具特色的民主监督形式。

参政议政是对政治、经济、文化、社会生活和生态环境等方面的重要问题及人民群众普遍关心的问题，开展调查研究，反映社情民意，进行协商讨论。通过调查报告、提案、建议案或其他形式，向中国共产党和国家机关提出意见和建议。工商联组织和工商联界别的政协委员，通过在政协大会、政协常委会、政协民主协商会上作大会发言，或提出提案、建议案，或反映社情民意，表达工商界的诉求、心声和意愿，并围绕国家大政方针建言献策。

作为人民政协的重要界别，这是中国当代工商联有别于古今中外其他商会组织的根本不同之处。

民主集中制的组织原则

《工商业联合会组织通则（1952）》规定："工商业联合会的组织原则为民主集中制。"

民主集中制是"民主基础上的集中和集中指导下的民主相结合的制度"；是"马克思主义政党、社会主义国家机关和人民团体的组织原则"。[1] 在中国，民主集中制是中国共产党和国家的根本组织制度，是群众路线在中国共产党和国家生活中的实际运用。

工商联实行民主集中制的组织原则，是人民团体的组织性质决定的。民主集中制在工商联组织中的实际运用主要表现在以下四个方面。

第一，工商联的领导机构必须通过选举产生。《工商业联合会组织通则（1952）》第十六条规定：1."各级工商业联合会设执行委员会，由会员代表大会或代表会议选举组织之。"2."执行委员会设正副主任委员，由执行委员互选，亦得由会员代表大会或代表会议选举之。"3."执行委员会得设常务委员会，由执行委员会互选组织之。"

第二，工商联实行集体领导和个人分工相结合的制度。在工商联组织和人的关系上，以民主集中制为根本原则，实行个人服从组织、少数服从多数，并实行"集体领导、民主集中、个别酝酿、会议决定"的组织决策机制。

第三，工商联实行上级组织对下级组织工作指导制度。在工商联系统组织关系上，下级组织接受上级组织的工作指导；地方组织接受全国组织的工作指导。在工商联工作方法上，上级组织必须经常倾听下级组织和会员的意见，并接受会员监督；下级组织向上级组织报告工作、反映情况，体现部分与整体的组织关系。在工商联组织决策意见形成机制上，必须坚持"从群众中来，到群众中去""集中起来，贯彻下去"的工作程序。

第四，工商联重大组织决策实行会员代表大会表决制度。例如，《中国工商业联合会章程》，必须经过全国工商联会员代表大会表决通过；各级工商联组织作出重大组织决议，必须经过同级工商联会员代表大会表决通过。

民主集中制对工商联组织意识与行为的影响是重大的，促进了工商联组织科学、规范、健康发展。实行民主集中制的组织原则，是中国工商联有别于外国商会和中国近代商会的根本不同之处。

---

[1] 辞海编辑委员会.辞海[M].上海：上海辞书出版社，2000：2180.

二、新民主主义经济体制优化了工商联组织依存的经济环境

新中国成立后，在较短的时间内，通过没收封建地主土地归农民所有、没收官僚资本归国家所有、保护民族工商业、统一全国财经工作等一系列政策措施和工作措施，逐步将中国半殖民地半封建经济转变为在国营经济领导下各种经济成分分工合作、各得其所的新民主主义经济体系。

新民主主义经济体制

在新中国成立前夕，毛泽东先后在《目前形势和我们的任务》和《在中共中央政治局会议上的报告和结论》两篇文章中，论述了新民主主义经济纲领、经济构成和经济性质。在新中国成立之初，周恩来在经济工作会议上阐述了新中国的经济关系。

关于新民主主义经济纲领

1947 年 12 月 25 日，毛泽东在《目前形势和我们的任务》中指出："没收封建阶级的土地归农民所有，没收蒋介石、宋子文、孔祥熙、陈立夫为首的垄断资本归新民主主义的国家所有，保护民族工商业。这就是新民主主义革命的三大经济纲领。"[1]

第一，关于没收封建阶级的土地归农民所有。旧中国土地制度极不合理，据国家统计局公布的统计资料，全国土地改革前，农村各阶级占有耕地的状况：占农户总数不到 7% 的地主、富农，占有 50% 以上的耕地；而占农户总数 57% 以上的贫农、雇农，仅占有 14% 的耕地。地主人均占有耕地为贫雇农的二三十倍。[2]91 因此，必须实行土地制度改革，消灭封建的生产关系，解放农村生产力，调动农民生产积极性，并为农民走互助合作的道路，发展农业合作经济，创造必要的前提。

第二，关于没收垄断资本归新民主主义的国家所有。旧中国的垄断资本是官僚资产阶级依靠超经济的特权，在剥削劳动人民和兼并民族工商业的过程中形成和发展起来的。至 1950 年初，收归国家所有的官僚资本主义工矿企业共 2858 个、金融企业共 2400 多个（不涉及其中少量民族资本股份）。[2]53 没收垄断资本归新民主主义的国家所有，奠定了新中国的国有经济基础，成为发展生产、繁荣经济的重要物质基础，并

---

[1] 毛泽东.目前形势和我们的任务 [M] // 毛泽东选集：第 4 卷.北京：人民出版社，1991：1253.

[2] 中共中央党史研究室.中国共产党历史第二卷（1949—1978）上册 [M].北京：中共党史出版社，2011.

为随后开展的对资本主义工商业进行社会主义改造，发展国有经济和国家资本主义经济做了重要的物质准备。

第三，关于保护民族工商业。民族工商业是一种进步的经济成分和重要的经济基础，是整个国民经济中不可缺少的一部分，大多数与人民生活密切相关，保护和发展它们，对于改善人民生活、发展国民经济具有重要意义与作用。

关于新中国的经济构成

1947 年 12 月 25 日，毛泽东在《目前形势和我们的任务》中阐述新中国的经济构成主要包括三个方面：1. 国营经济，这是领导成分；2. 由个体逐步地向着集体方向发展的农业经济；3. 独立小工商业者的经济和小的、中等的私人资本经济。这些，就是新民主主义的全部国民经济。[1]

关于新民主主义经济性质

1948 年 9 月 8 日，毛泽东在中共中央政治局会议上的报告和结论中对新中国的社会经济性质作了深刻论述："在我们社会经济中起决定作用的东西是国营经济、公营经济，这个国家是无产阶级领导的，所以这些经济都是社会主义性质的。农村个体经济加上城市私人经济在数量上是大的，但是不起决定作用。我们国营经济、公营经济，在数量上较小，但它是起决定作用的。我们社会经济的名字还是叫'新民主主义经济'好。"[2]139 "社会主义性质这种话应该讲，但整个国民经济还是新民主主义经济，即社会主义经济领导之下的经济体系。"[2]141

关于新民主主义经济政策

1949 年 4 月 15 日，毛泽东在北京香山"双清别墅"与太行区党委书记陶鲁笳等人谈到党的经济政策时，他指出："我们的经济政策可以概括为一句话，叫作'四面八方'。什么叫'四面八方'？'四面'即公私、劳资、城乡、内外；其中每一面都包括两方，所以合起来就是'四面八方'。""我们的经济政策就是要处理好'四面八方'的关系，实行公私兼顾、劳资两利、城乡互助、内外交流的政策。"他还指出："'四面八方'缺一面，缺一方，就是路线的错误、原则的错误。世界上除了'四面八方'之外再没有什么'五面十方'。照顾到'四面八方'，这就叫全面领导。在工厂开展生

［1］毛泽东 . 目前形势和我们的任务［M］// 毛泽东选集・第 4 卷 . 北京：人民出版社，1991：1255–1256.

［2］毛泽东 . 在中共中央政治局会议上的报告和结论（1948 年 9 月）［M］// 毛泽东文集：第 5 卷 . 北京：人民出版社，2009.

产运动，不但要召集工人开会，把工人群众发动起来；也要召集资本家开会，和他们说通，把他们也发动起来。合作社也要公私兼顾，只顾公的方面，不顾私的方面，就要垮台。"[1]他还强调，在实行"四面八方"经济政策时，要对投机商业加以限制，引导他们走上正当的途径。毛泽东关于"四面八方"的谈话，形象生动地表述了新民主主义经济政策的主要内涵。

9月29日，全国政协会议通过的《共同纲领》明确了我国经济建设的根本方针和基本政策，其中第二十六条指出：

中华人民共和国经济建设的根本方针，是以公私兼顾、劳资两利、城乡互助、内外交流的政策，达到发展生产、繁荣经济之目的。

国家应在经营范围、原料供给、销售市场、劳动条件、技术设备、财政政策、金融政策等方面，调剂国营经济、合作社经济、农民和手工业者的个体经济、私人资本主义经济和国家资本主义经济，使各种社会经济成分在国营经济领导之下，分工合作，各得其所，以促进整个社会经济的发展。

通过"四项经济政策"，调剂"五种经济成分"，在国营经济领导之下，分工合作，各得其所，促进整个社会经济发展的经济建设方针符合中国国情，符合当时客观实际，创造了中国经济科学发展的先例。这样的科学发展观至今仍然值得总结、继承，并与时俱进地改革、创新、发展。

《共同纲领》中对当时新出现的经济形态，包括国营经济、合作社经济、国家资本主义经济作了说明和解释；并特别提出对私营经济事业鼓励经营并扶助发展。其中第二十八条至三十一条指出：

国营经济为社会主义性质的经济，为人民共和国发展生产、繁荣经济的主要物质基础和整个社会经济的领导力量。

合作社经济为半社会主义性质的经济，为整个人民经济的一个重要组成部分。人民政府应扶助其发展，并给以优待。

凡有利于国计民生的私营经济事业，人民政府应鼓励其经营的积极性，并扶助其发展。

国家资本与私人资本合作的经济为国家资本主义性质的经济。在必要和可能的条件下，应鼓励私人资本向国家资本主义方向发展。如为国家企业加工，或与国家合

---

[1] 黄孟复主编.中国民营经济史·大事记 [M].北京：社会科学文献出版社，2009：2.

营，或用租借形式经营国家的企业，开发国家的富源等。

"四项经济政策"贯彻执行，"五种经济成分"合力发展，对于快速恢复和发展国民经济发挥了重大作用并收到了立竿见影的绩效。

关于新中国的经济关系

1949年12月22—23日，周恩来在向参加全国农业会议、钢铁会议、财务会议代表的讲话中，阐述了当时的财经形势和新中国经济的几种关系：[1]

（一）城乡关系，我们确定了城市领导乡村、工业领导农业的方针。在实际工作中，既要防止忽视工业，也要防止忽视农业和乡村的倾向。

（二）内外关系，国家建设以国内力量为主，生产建设上要自力更生，政治上要独立自主，我们欢迎友邦在平等互助基础上的帮助，现在同帝国主义国家也可以在有利的条件下做买卖，对此我们既不拒绝，也不强求。

（三）工商关系，以工业为主，要鼓励私人资本发展工业生产。

（四）公私关系，确定以公为主，要引导私营企业走新民主主义道路。经过一个相当长的时期，使我国健全地、有步骤地、不急躁地走向社会主义。

（五）劳资关系，必须在发展生产的基础上保护劳动和限制私营资本。

（六）上下关系，指中央与地方的关系，目前我们还不能完全做到集中和统一，但也不允许各自为政，要既利于国家统一，又利于因地制宜。

正确处理六个方面的关系对于贯彻落实经济建设的根本方针，高效促进新民主主义经济发展发挥了重要作用。

在改造旧中国经济体系的基础上建立起来的新中国的新民主主义经济体制，对于在改造旧中国商会的基础上建立新中国工商联的组织体制产生了重大影响。

工商联组织构成和基本任务

关于工商联组织构成

1949年8月，中共中央发出《关于组织工商业联合会的指示》，指出："工商业以合并成立工商业联合会为好。我公营企业的主持人员亦应参加进去一些，以便教育和团结私人工商业家"；"工商业联合会的重心应是私营企业，工业较商业的比重应逐步增加；公营企业主持人之参加，在各地亦应随各地工商业联合会之发展逐步增加，

---

[1] 中国共产党大事记·1949年［EB/OL］.（2012-06-12）［2012-12-30］. https://www.12371.cn.

以便不占多数而能起有效的推动作用"。

《指示》明确了中国当代商会的组织名称为"工商业联合会"，并明确了工业和商业合并成立工商联；明确了工商联会员对象包括公营企业家和私营企业家，并明确了工商联会员以私营企业家为主体，有利于私营企业家在工商联组织中放手开展工作。

1952年8月，国家政务院通过《工商业联合会组织通则》，其中指出："工商业联合会是各类工商业者联合组成的人民团体。"并进一步明确了工商联会员包括各类工商业者。

这里所谓各类工商业者，包括毛泽东所论述的新中国的经济构成的三个方面：国营企业、集体企业和私人资本主义企业。三者中，私人资本主义企业数量占多数，因为它们比国营企业和集体企业更需要通过工商联的组织工作来密切与政府的联系；这里所谓各类工商业者，包括大中小工商业者，特别是中小工商业者，它们更需要得到工商联的组织服务。我国新民主主义经济是一个有机统一的整体，私营经济不可能离开了国营经济和合作社经济（集体经济）而单独繁荣；私营经济需要国营经济来领导和帮助，并需要与合作社经济分工合作。因此，国营企业和合作社亦参加工商联，并在这个组织中发挥积极作用。

由各类工商业者联合组成的中国工商联，与外国商会和中国近代商会的不同之处：第一，中国工商联为人民团体，外国商会和中国近代商会都为社会团体；第二，中国工商联会员包括国营企业和集体企业（合作社）等公营企业，外国商会和中国近代商会会员基本没有公营企业；第三，中国工商联会员包括大中小企业（包括手工业者、行商、摊贩等）在内的各类工商业者，外国商会和中国近代商会会员覆盖面大都没有如此广泛；第四，中国工商联是工业和商业合并成立的联合会，与中国近代商会和工业会分设的组织结构有所不同。

关于工商联基本任务

由各类工商业者联合组成的中国工商联，担负由政府授权的组织任务主要包括四项：1. 领导工商业者遵守《共同纲领》及人民政府的政策法令。2. 指导私营工商业者在国家总的经济计划下，发展生产，改善经营。3. 代表私营工商业者的合法利益，向人民政府或有关机关反映意见，提出建议，并与工会协商有关劳资关系等问题。4. 组织工商业者进行学习、改造思想和参加各种爱国运动。这四项任务是基于"符合国家的利益、符合人民的利益、符合工商业者自身的利益"的原则提出的，要求中国工商联有责任用《共同纲领》和人民政府的法令来教育私营工商业者，并引导私营工商业朝着有利于国计民生的方向发展。四项任务中除了经济任务之外，还包含政治任务和社会任务，这更是中国工商联与中国近代商会及外国商会的根本不同。

三、新民主主义经济时期"五种经济成分"
为工商联会员结构多元化创造了条件

在新民主主义经济时期，贯彻实施"公私兼顾、劳资两利、城乡互助、内外交流"的政策，调剂国营经济、合作社经济、农民和手工业者的个体经济、私人资本主义经济和国家资本主义经济五种经济成分在国营经济领导之下，分工合作，各得其所，促进整个社会经济发展的绩效是显著的。

五种经济成分在国营经济领导下共同发展

第一，国营经济基础建立并迅速发展

《共同纲领》第二十八条指出："国营经济为社会主义性质的经济。凡属有关国家经济命脉和足以操纵国民生计的事业，均应由国家统一经营。凡属国有的资源和企业，均为全体人民的公共财产，为人民共和国发展生产、繁荣经济的主要物质基础和整个社会经济的领导力量。"

新中国国营经济的资本，主要是来源于没收官僚资本归国家所有，这是构成国营经济基础的主体部分，还有为数不多的一部分来源于解放区的公营经济。在没收官僚资本企业时，国家采取的政策是不打碎企业机构，而是保持其原来的企业组织和生产系统，即"原职、原薪、原制度"不变，"先完整地接收下来，实行监督生产，然后逐步进行民主改革和生产改革，把官僚资本企业改造成社会主义性质的国营企业"。党和政府着重强调："对接收的企业，只有机器照常运转，人员照常工作，生产照常进行，才算完成接收任务，才有可能开始必要的改革和建设工作。"[1]这样的工作方法，保证了接收工作顺利进行，保持了企业内部稳定，保障了生产尽快恢复。

1949—1950年初，收归国家所有的官僚资本工矿企业共2858个，其中包括控制着全国资源和重工业生产的原国民政府系统的官办企业以及国民党的"党营"企业等；接管的官僚资本金融企业共2400多个（不涉及其中少量民族资本股份），其中有原中央银行、中国银行、交通银行、中国农民银行及各省地方银行。此外，还有交通

---

[1]中共中央党史研究室.中国共产党历史第二卷（1949—1978）上册［M］.北京：中共党史出版社，
　　2011：52-53.

运输、招商局系统所属企业和十多家垄断性的大型内外贸易公司。[1]53 这笔财产收归人民的国家所有，构成了新中国成立初期国营经济物质基础最主要的部分。

截至 1952 年，全国国营企业固定资产原值为 240.6 亿元人民币。[1-2]53 当年，工业方面：国营工业在全国工业总产量中占比 60% 以上，其中重工业占比 80% 左右，轻工业占比 50% 左右；商业批发业务方面：有关国计民生的主要商品，如粮食、棉花、纱、布、钢铁、煤、木材、油脂、盐和重要出口商品等，基本上已由国家掌握；金融业方面：全国银行已由国家统一管理。国营经济保证了社会生产和消费的需要，保证了全国物价和金融的稳定，保证了出（入）口贸易和财政收支的平衡。

1953 年，是我国进行有计划经济建设的第一年，开始实施发展第一个五年计划。"一五"计划确定了工业发展的指导方针，集中主要力量发展重工业，建立国家工业化的初步基础，重点推进实施以 156 项工程为中心的 649 个限额以上的工业基本建设项目，建立我国社会主义工业化的初步基础。[1]213

至 1955 年底，完成五年计划投资的 51%，限额以上的工业基本建设项目已有 134 个建成投产，有 119 个部分投产。如机械行业的长春第一汽车厂、沈阳第一机床厂、哈尔滨量具刃具厂等；冶金行业的鞍山钢铁公司无缝钢管厂、大型轧钢厂、七号炼铁炉等；电力行业的抚顺火电站、富拉尔基热电站、丰满水电站等。苏联帮助设计的 156 个重点项目，有 106 个施工，有 17 个建成投产，有 12 个部分投产。[1]217

至 1956 年底，产钢 447 万吨，比上年增长 56.8%；产煤 1.1 亿吨，比上年增长 12.2%。生铁、钢、钢材、纯碱、烧碱、水泥等 27 种产品产量已经达到或者超过第一个五年计划规定的 1957 年的水平。[3]

第二，合作社经济兴起发展

《共同纲领》第二十九条指出："合作社经济为半社会主义性质的经济，为整个人民经济的一个重要组成部分。人民政府应扶助其发展，并给以优待。"

新中国成立后，从老解放区农村经济恢复中生长起来并逐步得到推广的一种新的

---

［1］中共中央党史研究室 . 中国共产党历史第二卷（1949—1978）上册［M］. 北京：中共党史出版社，2011.

［2］1955 年 2 月 21 日，国务院发布《关于发行新的人民币和收回现行人民币的命令》。自 3 月 1 日起，中国人民银行发行新人民币，以新币 1 元等于旧币 1 万元的折合比率收回旧人民币。本书所用人民币单位一律为新币。

［3］中国共产党大事记·1956 年［EB/OL］.（2006-05-30）［2023-05-01］. http://cpc.people.com.cn.

具有生产和劳动互助功能的经济组织——合作社，在农村和城镇迅速发展，其主要形式是农村农业生产合作社和城镇手工业生产合作社。这些生产的、供销的、信用的互助合作组织，是以私有制为基础建立的在工人阶级领导的国家政权管理之下的劳动人民群众的集体经济组织。[1]129 1950年7月，中华全国合作社联合总社成立。[1]129 1951年12月15日，中共中央印发《关于农业生产互助合作社的决议》，进一步推动了农村合作社组织和合作社经济发展。1953年11—12月，中华全国合作社联合总社召开第三次全国手工业生产合作会议，确定手工业的合作化主要采取三种形式：手工业生产小组；手工业供销生产合作社；手工业生产合作社。

据统计，至1952年底，全国农村成立了农业互助合作组织共计802.9万个，参加互助合作组织的农户为4452.3万户，在全国总农户数11368.3万户中占比39.2%。组成互助组802.6万个/4536.4万户；组成初级农业生产合作社3634个/57188户，组成高级农业生产合作社10个/1840户。[2]1952年底，全国已建立3.4万个供销合作社，拥有社员1.41亿人；全国已建立2271个农村信用社，另有1000多个供销合作社附设信用部，还有数以万计的信用互助小组。[1]130

至1954年底，全国手工业合作社组织达到4.17万个，社（组）员121.35万人，当年产值11.7亿元，相当于1953年产值5.06亿元的2.3倍。[1]237

至1956年底，全国农村加入农业生产合作社的社员户数占总农户的比重达到96.3%，90%以上的手工业劳动者加入合作社。[1]344

不同形式的农村农业生产合作社、城镇手工业生产合作社和城乡信用合作社，适合当时生产力发展水平，符合广大农民和手工业者的愿望，促进了城乡经济发展。合作社经济日益成为新民主主义经济的重要组成部分。

第三，农民和手工业者个体经济组织起来发展

据国家统计局1952年统计，全国城乡共有手工业工人和手工业独立劳动者1930万人，手工业产值由1949年的32.37亿元增加到73.12亿元，占工业总产值的比重为20.6%。[1]234

1953年2月4日，周恩来在中国人民政治协商会议第一届全国委员会第四次会议上作的政治报告中指出：农民和手工业者的个体经济已经开始改造，全国已经组织

了 2600 多个手工业生产合作社。[1]31 截至 1953 年底，全国组织了手工业生产合作社 4806 个。[3]235

1954 年，全国手工业合作组织达到 4.17 万个。[3]237 全国个体手工业产值增长了 11%，手工业生产合作社产值增长了 76%，从业人数达到 121 万人，比 1953 年增长 2.5 倍。[1]47

1955 年 12 月 21—28 日，第五次全国手工业生产合作会议在北京召开。会议讨论制定了 1956 年和 1957 年的发展规划，提出在两年之内，基本上完成手工业合作化，进而争取把全部半社会主义性质的生产合作社（组）过渡到完全社会主义性质的生产合作社，并逐步进行技术改造。中共中央批准了这次会议的报告。[2]

至 1956 年底，全国手工业合作社（组）发展到 10.4 万个，社（组）员达到 603.9 万人，[3]346 91.7% 的城乡手工业工人和手工业独立劳动者参加。手工业合作社（组）产值达到 76 亿元，人均年产值 1702 元，比 1955 年提高 33.5%。[3]349

第四，私人资本主义经济从扶助发展到限制、利用、改造

《共同纲领》第三十条指出："凡有利于国计民生的私营经济事业，人民政府应鼓励其经营的积极性，并扶助其发展。"

新中国成立之初，由于解放前战争对生产经营环境的破坏，由于资本主义经济向新民主主义经济转轨过程中的"阵痛"，许多私营工商业者经营出现困难，许多工厂开工不足。武汉有资本家写出一副对联："挂红旗五心不定，扭秧歌进退两难"，反映了私营工商业者当时的心境。针对这一状况，中财委认真研究私营工商业发生困难的原因，采取加强对私营工业的加工订货、投放货币收购农副土产品、扩大城乡交流，并调整公私商业营业范围、国营商业银行加强对私营工商业发放贷款等实际措施，有力促进了工商业发展。通过"调整公私关系、调整产销关系、调整劳资关系、调整金融政策"等措施联动调整城市工商业的工作取得成效。至 1950 年下半年，工商业市场由萧条转向复苏；至 1951 年，形势更加好转，私营工业生产总值增加 39%，私营商业销售额增加 38.7%。资本家对工商业调整政策带来的市场兴旺感到兴奋。武汉的资本家把原来对现状担忧的对联也改为"挂红旗五心已定，扭秧歌稳步前进"。上海有资本家说 1951 年是私营工商业发展的"黄金年"。私营工商业的复苏，扩大了就业，活跃了市场，增加了工商税收。[3]113-116

［1］黄孟复主编.中国民营经济史·大事记［M］.北京：社会科学文献出版社，2009.

［2］中国共产党大事记.1953—1955 年［EB/OL］.（2006-05-30）［2023-05-01］.https://cpc.people.com.cn.

［3］中共中央党史研究室.中国共产党历史第二卷（1949—1978）上册［M］.北京：中共党史出版社，2011.

私营工商业由于国营企业和国家经济机构采取委托加工订货、合理收购、调整商业等方式加以扶助，又由于"五反"运动铲除了危害国家经济和人民生活的"五毒"[1]，并逐步避免或减少了盲目性、投机性等负面影响，从而沿着《共同纲领》所规定的轨道逐步加快发展。

1952 年，私营工业总产值比 1951 年增长 5%，1953 年比 1952 年增长 20.5%。因为私人工商业中国家资本主义初级形式（如收购、加工、订货、统购、包销等）得到发展，使得一部分私营工业的生产开始纳入国家计划的轨道。私营商业的营业额也明显回升。1953 年，私营商业批发额比 1952 年增长 16.4%，零售额增长 144%。

1953 年起，国家对私营工商业采取了"利用、限制、改造"的政策。

1954 年，国家对私营批发商采取了"留、转、包"等不同改造步骤。[2]242-243 "留"，凡为国营商业所需要者，可以为国营商业代理业务；"转"，凡有条件转业者，辅助其转业；"包"，对无法继续经营者，其职工和资方代理人可经过训练，由国营商业录用。

1955 年 4 月 12 日，中共中央发出《关于进一步加强市场领导，改造私商，改进农村购销工作的指示》，其中指出：对已经被替代的私营批发商，应继续贯彻吸收使用的方针；对城市私营零售，允许继续经营，以维持生活；对农村小商小贩，引导其走互助合作的道路；对统购统销，完成统购任务后的多余产品，允许并组织农民自由买卖。

至 1955 年 8 月，纯粹私营商业在社会商品零售总额中的比重，在 32 个大中城市占 25%，在农村集镇占 18%。[2]245

在新民主主义经济时期，1949—1953 年间，在"公私兼顾""分工合作、各得其所"的政策指导下，私人资本主义工商业迅速恢复并发展；1953—1956 年间，在"利用、限制、改造"的政策指导下，私人资本主义工商业虽然受到多方面的限制，但还能在一定范围和一定程度上存在。[2]245

第五，国家资本主义经济兴起与发展

《共同纲领》第三十一条指出：国家资本与私人资本合作的经济为国家资本主义性质的经济。在必要和可能的条件下，应鼓励私人资本向国家资本主义方向发展，如为国家企业加工，或与国家合营，或用租借形式经营国家的企业，开发国家的富源等。

---

[1] "五毒"：指资本家行贿、偷税漏税、盗骗国家财产、偷工减料和盗窃经济情报。见中共中央文献编辑委员会编.陈云文选（1949—1956）[M].北京：人民出版社，1984：360.

[2] 中共中央党史研究室.中国共产党历史第二卷（1949—1978）上册[M].北京：中共党史出版社，2011.

在中国，发展国家资本主义经济，既是把民族资本主义经济改造成为社会主义国营经济的过渡形式，又是在全民所有制经济领导下加速社会主义现代化建设的经济发展方式。

在中国，发展国家资本主义经济，大体可分为两个阶段。第一个阶段，1949—1953年，发展国家资本主义经济的主要形式为公私联营（包括加工订货、联合经营等）和个别行业的公私合营；第二个阶段，1954—1956年，发展国家资本主义经济的主要形式为全行业的公私合营。

公私联营是国家资本主义经济的初级形式，其联合经营具体方式包括收购、加工、订货、统购、包销等，在新中国成立初期由点到面，逐步推广开来，为贯彻落实"公私兼顾、劳资两利、城乡互助、内外交流"的政策，促进社会经济发展发挥了重要作用。

公私合营是国家资本主义经济的高级形式。新中国成立初期，个别行业的公私合营首先从金融业开始。

1949年12月，中国人民银行等93家银行、72家钱庄、3家信托公司联合成立了"上海市公私营金融业联合放款处"，办理生产贷款事项。这种联合放款的组织很快就在杭州、无锡、苏州、南京、济南、青岛、天津和北京等地的金融业中推广开来。[1]34

1952年4月，中共中央发出对私营金融业进行社会主义改造的指示。5月21日，中国人民银行作出关于降低利率、扩大放款和整顿私营金融业的《若干问题的决议》。至年底，全国60多家金融企业实现了全行业公私合营，成立了统一的公私合营银行。[1]35-36

1954年1月4日，中共中央批转了中财委提出的《关于1954年扩展公私合营工业计划会议的报告》和《关于有步骤地将10个工人以上的资本主义工业企业改造为公私合营企业的意见》。9月2日，政务院公布了《公私合营工业企业条例》，对公私合营企业的性质、任务和公私关系、劳资关系、经济管理、盈余分配等问题作了具体规定。由于公私合营企业在原料、市场、贷款等方面得到国家支持，促进了公私合营扩展工作顺利进行。

至1954年底，全国公私合营工业户数增加到1746户，产值占工业全部产值的33%。按可比产值计算，1954年比1953年增长25.5%。公私合营工厂私股分得的红利也比私营时期的利润多。[2]

［1］黄孟复主编.中国民营经济史·纪事本末［M］.北京：中华工商联合出版社，2010.

［2］中共中央党史研究室.中国共产党历史第二卷（1949—1978）上册［M］.北京：中共党史出版社，2011：240.

1956年底，全国公私合营工业总产值达到191亿元，较上年增长32%。公私合营商店、合作商店和合作小组的零售总额，较上年增长15%以上；公私合营工业的劳动生产率，较上年提高了20%~30%。1956年与1952年相比，国营经济占比由19.1%上升到32.2%，合作社经济占比由1.5%上升到53.4%，公私合营经济占比由0.7%上升到7.3%，个体经济占比由71.8%下降到7.1%，资本主义经济占比由6.9%下降到接近于0。[1]

这些经济指标，标志着我国过渡时期总路线贯彻实施取得显著绩效，标志着"实现国家工业化和对农业、手工业、资本主义工商业的社会主义改造"的目标任务基本完成；这样的经济结构，为社会主义经济制度的建立奠定了坚实的经济基础。

在新民主主义经济时期，五种经济成分在国营经济领导下共同发展，取得的绩效是显著的。1949—1956年全国主要经济指标见表1-1。

表1-1 1949—1956年全国主要经济指标

年份	工农业总产值	比上年增长	财政收入	备注
1949	466亿元 （140+326）	—	304亿斤粮	1.2亿人口的地区进行了土地改革
1950	575亿元 （191+384）	23.4%	65.2亿元	基建投资11.34亿元
1951	684亿元 （264+420）	18.9%	133.1亿元	主要工农业产品已接近或超过战前最高水平
1952	810亿元 （349+461）	18.4%	183.7亿元	全国铁路通车里程达2.29万公里
1953	960亿元 （450+510）	18.5%	222.9亿元	社会商品零售额348亿元，比上年上升26%
1954	1050亿元 （515+535）	9.4%	262.4亿元	基建投资99.07亿元，比上年上升15.3%
1955	1109亿元 （534+575）	5.6%	303.6亿元	居民消费人均94元，比上年上升6.4%
1956	1252亿元 （642+610）	16.5%	287.4亿元	基建投资155.28亿元，比上年上升59.1%

资料来源：1.中国共产党大事记（1949—1956年）；2.关于一九五四年国家决算和一九五五年国家预算的报告；3.关于一九五五年国家决算和一九五六年国家预算的报告；4.关于一九五六年国家决算和一九五七年国家预算的报告。

在新民主主义经济时期，1949—1956年间，我国国民经济全面恢复，社会主义工业化起步并快速发展，对农业、手工业、资本主义工商业的社会主义改造基本完

---

[1] 中共中央党史研究室.中国共产党历史第二卷（1949—1978）上册［M］.北京：中共党史出版社，2011：358-360.

成，经济发展速度加快、总量增加、结构改善，为实现由农业国家向工业国家转变，由新民主主义社会向社会主义社会转变奠定了良好基础。

经济成分多元化促进工商联会员结构多样化

"五种经济成分"共同发展，促进了经济从业人员结构多样化和工商联会员结构多样化。

《工商业联合会组织通则》规定的工商联会员，包括国营、私营及公私合营之工商企业，合作社或合作社联合社及手工业者、行商、摊贩等，包含国营经济、合作社经济、手工业者的个体经济、私人资本主义经济和国家资本主义经济五种经济成分，形成工商联会员结构多样化。会员结构多样化，拓宽了工商联工作对象和工作领域，给工商联奠定了良好的组织基础和工作基础，为工商联组织增添了活力、动力和影响力。社会主义性质的国营企业、半社会主义性质的合作社、国家资本主义性质的公私合营企业及私人资本主义性质的私营企业和个体经营者共同会聚于工商联组织中，开创了古今中外商会组织会员结构多样化之先河。这样的会员结构，充分体现了工商联的组织包容性、经济代表性和社会影响力，这样的会员结构，有利于工商联组织集中力量办大事、成大事。事实证明，这样的会员结构，对于加强工商联组织建设，对于促进工商联会员之间、组织之间及与社会各界的经济交流和社会合作发挥了重要作用。

在新民主主义经济时期，各级工商联为恢复国民经济、发展城乡内外物资交流、组织公私合营等方面作出了重要贡献。各级工商联在筹建初期，集合会员的智慧和力量加强组织建设和阵地建设。其中，全国工商联筹委会购买办公楼（北京北河沿大街93号）的经费来源于中国粮油公司、中国盐业公司、手工业合作总社、中国供销合作社、人民银行总行等16家会员企业和地方工商联上交的会费和开办费。1952年12月1日，全国工商联筹委会迁入新会所办公。[1]这一案例，是工商联组织包容性和会员结构多样化的历史例证，是多种经济成分的工商联会员合力助推工商联事业发展的历史例证。

"五种经济成分"共同发展，有利于促进经济从业人员结构多样化和规模扩大化，有利于促进工商联会员结构多样化和队伍扩大化，有利于工商联组织建设成为最广泛的代表工商界的名副其实的"各类工商业者联合组成的人民团体"。

---

［1］本书编写组.中华全国工商业联合会简史（1953—2013）［M］.北京：中华工商联合出版社，2013：20.

第二章

中国当代商会组织兴起与发展

　　中华人民共和国成立之前，伴随着中国人民解放战争的节节胜利，解放区的一些大中城市和县城在接受和改造旧工业会、旧商会的基础上成立了新型商会组织，其名称有的叫工业会，有的叫商会，有的叫工商联或工商联合会等。如陕甘宁边区所在地成立了延安商会，苏皖边区成立了淮阴工商联，中原地区成立了开封工商联，东北地区成立了大连市工业总会、大连市商会、柳河县工商联、扶余县工商联及部分市（县）的工商联合会等。这类新型商会组织，为协助恢复和发展解放区经济、稳定物价、安定人民生活、支援全国解放战争发挥了积极作用，具体协助工作主要包括：开展对工商业者的思想教育工作；开展工商普查登记和组织纳税评议；扶持私营工商业恢复和发展；组织创办公私合营企业；等等。此外，还在推动和促进解放区物资交流、协调劳资关系、劝募公债等方面做了许多工作。这类新型商会组织，是中国当代商会组织的雏形，是探索中国当代商会组织体制和运行机制的先行者。它们的实践经验，为中国共产党和新中国的人民政府明晰并完善中国当代商会发展思路，为中国当代商会组织在全国范围内普遍建立与发展发挥了带头作用，积累了宝贵经验。

　　中华人民共和国成立后，如何利用商会把私营工商业者组织起来，助力振兴私营工商业，为恢复和发展国民经济作贡献；如何在全国范围内开展对旧商会、旧工业会、旧工厂联合会、旧行会、旧商团等中国近代商会组织体系实行社会主义改造，构建中国当代商会组织体系，使之为新中国经济发展服务，提上了中国共产党和中央人民政府的议事日程。围绕恢复国民经济，发展新民主主义经济的大目标，改造旧中国的商会，建立新中国的商会的工作迅速展开。

一、中国当代商会组织体系构建的思想认知与制度安排

基于中华人民共和国的国家制度，基于人民政协和统一战线思想，基于高效利用商会把工商业者组织起来，为恢复国民经济、发展新民主主义经济、继而发展社会主义经济服务的指导思想，基于解放区新型商会建设运行的初步实践经验，中国共产党对中国当代商会的组织性质、地位和职能作用逐步深化了思想认知，并对中国当代商会组织体系构建作出了制度安排。

商会是政府与工商业者之间的桥梁

1948 年 8 月，中共中央批转了 5 月在石家庄召开的华北金融贸易会议上通过的关于《华北金融贸易会议的综合报告》，其中提出"组织能得工商业者信任的商会或工商联合会"的指导意见；并指出："商会应当是工商业资本家和独立工商业者的组织（但公营企业代表应参加进去以便争取党在商会中的领导地位）；同时又是政府与工商业者之间的桥梁。它向政府反映工商业者的意见和各种要求，并把政府的政策法令转达下去，协助政府具体执行。店员应当另组店员工会，不应当把商会变成包括劳资两方面的统一战线。商会应当以企业为单位，按行业组织起来；不应当使它变成以个人为单位的群众团体。"[1]8 这份报告，是中共中央关于建立和规范中国当代商会组织的第一份正式文件。

1949 年 2 月，毛泽东考虑到怎样把当时的实业家、企业家、民族资产阶级团结起来，跟共产党走，最好的办法就是改造旧工业会和旧商会，组建新中国的工商业联合会。他在西柏坡同苏共中央政治局委员米高扬讨论成立新中国的问题时谈道："我们准备成立一个工商联组织，这可以把工商业方面的活跃人物组织起来，其主要任务一是使他们较有组织地发挥自己的积极性；二是使他们有监督地自我改造。"[1]10 发挥工商业者之间的组织作用，发挥工商业者自我改造并调动积极性的促进作用，发挥政府与工商业者之间的桥梁作用，成为组建中国当代商会组织的工作指南。

---

[1] 本书编写组.中华全国工商业联合会简史（1953—2013）[M].北京：中华工商联合出版社，2013.

中共中央发出《关于组织工商业联合会的指示》

1949 年 8 月 9 日，中共中央发出《关于组织工商业联合会的指示》，[1]5 其中，指出：

工商业以合并成立工商业联合会为好。我公营企业的主持人员亦应参加进去一些，以便教育和团结私人工商业家；但公家人员参加者不要太多，以免私营企业家因公家人占多数不便讲话而裹足不前。工商业联合会的重心应是私营企业，工业较商业的比重应逐步增加；公营企业主持人之参加，在各地亦应随各地工商业联合会之发展逐步增加，以便不占多数而能起有效的推动作用。

《指示》作出了将旧商会改组为"工商业联合会"的正式决定，并为中国当代商会兴起与发展提出了行动指南。

1950 年 3 月 21 日，中共中央统一战线工作部部长李维汉在新中国第一次统一战线工作会议上的报告中指出：工商业联合会是重要的人民团体，并且是我们在私营工商业者中进行统一战线工作的重要环节之一。党和政府要通过它去团结教育工商业者执行《共同纲领》和人民政府的政策、法令，尤其参加工商业联合会公营企业的干部，应当积极地进行这方面的工作。但同时必须承认工商业联合会是工商界自己的组织，有权代表工商界的合法权益，把它当作简单的办差机关是不对的。[1]7

1951 年 2 月 28 日，中共中央发出的《关于进一步加强统一战线工作的指示》中指出：必须加强工商业联合会工作，准备建立全国工商业联合会。公营企业，必须积极参加工商业联合会的活动。党和人民政府，则经过统战部门和财经部门，去实现对工商业联合会的业务的和政治的领导。[1]9

7 月 20 日，中共中央书记处书记、政务院副总理兼财政经济委员会主任陈云在中共中央统战部讨论工商联工作会议上讲话时指出[2]："现在的工商联已不同于旧中国的商会。从工商联的组成成分来看，虽然私营企业占户数的绝大多数，但国营企业也参加了。从前的总商会是在旧政权领导之下，现在的工商联是在人民政府领导之下。工商联虽然是私营企业利益的主要代表组织，但它又服从《共同纲领》。就工商联的工作来说，主要是协助人民政府和指导工商业者，这也与过去的商会不

---

［1］黄孟复主编 . 中华全国工商业联合会 50 年大事记（1953—2003）［M］. 北京：中华工商联合
　　出版社，2003.

［2］中共中央文献编辑委员会编 . 陈云文选（1949—1956）［M］. 北京：人民出版社，1984：150–155.

同。""关于工商联的领导成分。私营企业方面，要照顾到工商、大小、帮派、政治态度四点，但重要的是必须有充分的代表性。公营企业方面，要有必须的名额，但又防止过多。""工商联工作总的方向，就是在《共同纲领》之下协助政府和指导工商业者。具体说，就是领导工商业者遵守《共同纲领》，协助政府推行法令和政策，同时为会员服务，指导经营，教育工商业者。""工商联在教育私营工商业者方面起的作用很大，这是应该加以肯定的。""从国家来说，可以通过工商联做很多工作，如调查各行业的情况、调配资金和劳动力及对各行业的调整，这对国家实行有计划的经济建设有好处。"

10月23日，周恩来在中国人民政治协商会议第一届全国委员会第三次会议上作政治报告时指出：[1]17"私营工商业内部的经济改组已经开始。工商业联合会将逐渐成为全体工商界的，即包括各城市、各阶层和各行业的，并使中小工商业者享有平等权利的组织。"

政务院颁发《工商业联合会组织通则》

1952年8月1日，中央人民政府政务院第147次会议审议通过《工商业联合会组织通则》，[1]52 8月16日由周恩来总理签署政务院令公布施行。《通则》共五章二十四条，系统地对工商业联合会的组织性质、基本任务、组织层级、会员结构、会员权利和义务、经费等事项作了明确规定：

"工商业联合会是各类工商业者联合组成的人民团体。"

"工商业联合会的基本任务：1.领导工商业者遵守《共同纲领》及人民政府的政策法令。2.指导私营工商业者在国家总的经济计划下，发展生产，改善经营。3.代表私营工商业者的合法权益，向人民政府或有关机关反映意见，提出建议，并与工会协商有关劳资关系等问题。4.组织工商业者进行学习、改造思想和参加各种爱国运动。"

"工商业联合会组织依照行政区域为范围，在市、县建立市、县工商业联合会；在省建立省工商业联合会；在全国建立中华全国工商业联合会。""在工商业较发达的大、中城市，市工商业联合会得在区设立区工商业联合会或区分会。""县工商业联合会得在县属较大集镇设立分会或办事处；在工商户不多的小集镇可设立工商小组。"

---

［1］孙晓华主编.中国工商业联合会50年概览（上卷）［M］.北京：中华工商联合出版社，2003.

"市、县工商业联合会下得按行业设立同业公会或同业委员会。""手工业者、行商于必要时得在区工商业联合会或区分会下，组织区手工业者联合会、区行商联合会；摊贩得按区或按市场组织联合会及分编小组。"

"工商业联合会会员：1. 市、县工商业联合会以本市、县区域内的国营、私营及公私合营之工商企业、合作社或合作社联合社为会员；手工业者、行商、摊贩得个别地或集体地加入市、县工商业联合会为会员。2. 省工商业联合会以县、省辖市及相当于县一级的工商业联合会、国营企业省级机构及省合作社联合总社为会员。3. 全国工商业联合会以省、中央及大行政区直辖市及相当于省一级的工商业联合会、国营企业的全国总机构、全国合作社联合总社为会员。4. 对工商界有特殊贡献的人士，得被邀请参加各级工商业联合会为会员。"

"工商业联合会的组织原则为民主集中制。"

"工商业联合会的各级最高权力机关为各级会员代表大会或代表会议。会员代表在全国和省由所属地区组织和直属会员推选之，在市、县应依所属地区组织和行业组织选举或推选之，必要时并得辅以特邀方式。代表名额之分配应本着照顾各地区、各行业、工业与商业、公营与私营、大、中、小户的精神，协商决定之。"

"各级工商业联合会须先经本级人民政府批准组织筹备委员会进行筹备，然后召集会员代表大会或代表会议制定章程，选举执行委员会，始告成立。筹备委员会在工商业联合会未成立前，代行工商业联合会之职权。"

"各级工商业联合会应定期召开会员代表大会或代表会议，其职权如下：1. 制定或修改章程。2. 决定工作方针和计划。3. 听取、审查，通过工作报告及预（决）算。4. 选举或罢免执行委员、监察委员。5. 议决其他有关的重要事项。"

"各级工商业联合会设执行委员会，由会员代表大会或代表会议选举组织之，其职权为执行会员代表大会或代表会议的决议，办理会务并对外代表工商业联合会。执行委员会设正、副主任委员，由执行委员互选，亦得由会员代表大会或代表会议选举之。执行委员会得设常务委员会，由执行委员会互选组织之，其职权为代表执行委员会办理日常会务。"

"各级工商业联合会得设立监察委员会，由会员代表大会或代表会议选举组织之，其职权为监督与检查会务。"

"工商业联合会应订立章程，依本《通则》之规定载明下列事项：1. 名称。2. 任务。3. 会员。4. 组织。5. 经费等项。工商业联合会章程、委员名册，应于成立或改选后十五日内呈报政府主管机关备案。"

"工商业联合会的经费，由会员合理负担，其缴纳办法，由会员代表大会或代表会议决定之。"

8月1日，在政务院第147次会议上，负责起草工作的时任中央私营企业局局长薛暮桥对《通则》起草时研究的几个问题作了说明，[1]56 有关内容主要包括以下方面：

第一，关于工商联的性质和任务

新组建的工商联与旧商会不同，它是新民主主义国家各类工商业者的组织。所以《通则》第一条规定"工商业联合会是各类工商业者联合组成的人民团体"。

工商联担负着两个方面的任务：一方面"领导工商业者遵守《共同纲领》及人民政府的政策法令"；另一方面"代表私营工商业者的合法权益，向人民政府或有关机关反映意见，提出建议"。此外，还应该"指导私营工商业者在国家总的经济计划下发展生产，改善经营"；代表私营工商业者"与工会协商有关劳资关系等问题"；"组织工商业者进行学习、改造思想和参加各种爱国运动"。以上各项任务，都是符合国家和人民利益的，同时亦是符合工商业者自身利益的。[1]56-57

第二，关于大中小工商业者各得其所

应该承认，大工商业户特别是大工厂职工多、产量大、技术高，在经济上确应占重要地位；但中小工商业户则户数众多，亦应予以适当的照顾。[1]57

第三，关于同业公会的性质地位

同业公会是工商界历久相沿的组织，它们在解放前有封建行会性；解放后得到了初步的改造，它代表本行业的工商业户来参加工商联。如果其经费的收支和干部的任免均不受工商联的监督，这样就破坏了工商联的统一性。所以工商联不再经过同业公会吸收会员，而是直接吸收工商业户为其会员。但这并不是要废弃同业公会，而是把同业公会改变成工商联领导下的专业性组织。这一改变，为进一步清除同业公会的封建行会性质创造了更为有利的条件。同业公会改组后，对处理公私关系、劳资关系、组织加工订货及在实行计划经济时仍有重要作用。[1]58

第四，关于手工业者、行商和摊贩的组织

在大中城市，手工业者、行商和摊贩一般不必建立全市性的联合组织，而分别组

---

[1] 孙晓华主编.中国工商业联合会 50 年概览（上卷）[M].北京：中华工商联合出版社，2003.

织到区工商联或其分会之下。为照顾这些小工商业者的利益，在大中城市的工商联组织内，可以吸收若干手工业者、行商和摊贩的代表，组织各种专门委员会来研究和指导他们的生产、经营问题。小城市可以把手工业者、行商和摊贩分别组织到同业委员会和同业小组中去，也可以让他们建立自己的同业委员会或同业小组。[1]59

薛暮桥重点说明以上四个问题，目的在于使工商联真正成为服从《共同纲领》和人民政府的法令，并代表各类工商业者利益的人民团体；使参加工商联的大中小行业和企业均能各得其所，加强工商联组织统一性和分工合理性。

《通则》的颁布实施意义重大，表明了中国当代工商联与中国近代旧商会的根本区别之处：1. 将工商联定性为人民团体，密切了工商联组织与人民政府和人民大众的关系。2. 规定大中小企业会员享有平等权利，极大地调动了中小企业会员的积极性。3. 工商联各级组织分层级联系会员，调动了基层组织的积极性。4. 规定工商联的组织原则为"民主集中制"，有利于避免"大户当家，独断专行"，有利于"民主建会、民主管会"。5. 安排国营企业代表参加工商联，体现了工商联是全体工商界的组织。

特别是安排国营企业代表参加工商联，打破了中国近代商会组织及国外商会组织成员只有私营企业（私方人员）参加，没有公营企业（公方人员）参加的历史惯例。这一做法，有利于多种所有制经济成分的代表人士在工商联组织内部相互交流、取长补短、经济合作、共同发展，充分体现了工商联组织的人民性特征。关于这一点，陈云在中共中央统战部讨论工商联工作会议上讲话时指出，国营企业代表参加工商联其目的有三：[2]一是实现国营经济的领导；二是既要贯彻国营企业的经营方针，又能团结其他各种经济成分，国营企业经营方针的实现不是在真空管中，而是要与其他各种经济成分在一起，经过摩擦、斗争、调整才能实现；三是熟悉情况，学习业务。制订国家经济建设计划，不管私营企业不行。国家计划必须包括私营经济，至少要包括主要的私营经济在内。

中共中央批准《关于改组工商业联合会的指示》

1952 年 9 月 16 日，中共中央批准中央统战部《关于改组工商业联合会的指示》。《指示》指出[1]18：在"五反"斗争中及其以后，应改组同业公会和工商业联合会，开除那些五毒俱全的人们及其他业已完全丧失威信的人们出这些团体的领导机

[1] 孙晓华主编. 中国工商业联合会 50 年概览（上卷）[M]. 北京：中华工商联合出版社，2003.

[2] 中共中央文献编辑委员会编. 陈云文选（1949—1956）[M]. 北京：人民出版社，1984：154.

关，吸引那些在"五反"斗争中表现较好的人们进来。除完全违法者外，各类工商业者均应有代表。

《指示》提出了改组工商联和同业公会的原则要求：[1]

（一）工商联是各类工商业者（其成员中私营企业占绝大多数，但公营、公私合营企业及合作社等亦参加在内）联合组织起来的人民团体，既有代表私营工商业者合法利益的权利，又有以《共同纲领》、"五反"原则及有关的政策法令经常教育私营工商业者，并指导他们积极从事合法的生产和经营，监督他们消除"五毒"的义务。只有结合这两个方面，才能发挥私人资本有利于国计民生的积极性，才能使工商联成为党和人民政府借以团结、教育和改造私营工商业者，并在广大工商业者中享有适当信仰的组织。

（二）改组工商联，既要使工商业者的大、中、小户各得其所，又便利于我党和人民政府向他们分别地、直接地进行工作，实现领导。

（三）大、中城市的工商联应设市、区两级组织。

（四）同业公会改组之后，应成为工商联领导下的专业性组织；过去工商联以同业公会为会员单位，今后应改变为以企业户为会员单位。

（五）在大、中城市中，摊贩、手工业者一般可不必建立全市性的联合组织，而分别组织到区分会之下，摊贩可按市场建立委员会，手工业者可按行业分编小组。

（六）在几万人口的小城镇中，一般以采取工商联—行业委员会（同业公会）—行业小组的系统为适宜。

（七）要加强国营企业代表和合作社代表在工商联的工作，以保证党的领导作用。党的统战部门必须经常了解和指导工商联工作，财经部门党组织则需经常督促和检查工商联工作。在党委领导下，由财经部门、统战部门、工会的主管干部及工商联工作的负责干部组织工商工作委员会，对工商工作及工商联工作给予统一的领导。

《关于组织工商业联合会的指示》《工商业联合会组织通则》《关于改组工商业联合会的指示》三个重要文件，成为中国工商联组织建立与发展的工作指南。

二、全国工商联的筹备

从1949年8月中共中央发出《关于组织工商业联合会的指示》，到1951年2月

---

[1]孙晓华主编.中国工商业联合会50年概览（上卷）[M].北京：中华工商联合出版社，2003：18-22.

28 日中共中央在《关于进一步加强统一战线工作的指示》中提出"准备建立全国工商业联合会"，到 1951 年 11 月 18 日全国工商联筹委会筹备处成立，到 1952 年 6 月 20 日全国工商联筹备代表大会召开，直至 1953 年 10 月 23 日全国工商联第一次会员代表大会召开，全国工商联正式建立。

成立筹备处开展筹备工作

全国工商联筹备工作，依据中共中央《关于组织工商业联合会的指示》，在中国人民政治协商会议的指导和推动下，在中央统战部的具体组织下展开。

1950 年 3 月，全国第一次统战工作会议以后，中央统战部先后派调查组到上海、西安、天津和河北等地围绕筹组工商联进行调研。

1951 年 2 月，中共中央作出指示："必须加强工商业联合会的工作，准备建立全国工商业联合会。"

10 月 26 日至 11 月 2 日，政协全国委员会为协商组织全国工商联，推定陈叔通、李维汉、章乃器 3 人共同负责这一工作（陈叔通是全国政协副主席，李维汉是中央统战部部长，章乃器是全国政协委员、工商界代表）。

全国工商联筹委会筹备处人选经过与各地工商界及中央有关部门协商，并分别征得各大区行政首长和有关方面同意，推定：陈叔通、章乃器、沙千里（全国政协委员）、薛暮桥（政务院财经委员会秘书长）、南汉宸（中国人民银行行长）、叶季壮（贸易部部长）、乐松生（华北区工商界代表）、李烛尘（华北区工商界代表）、巩天民（东北区工商界代表）、陈季生（东北区工商界代表）、魏岐山（西北区工商界代表）、经春先（西北区工商界代表）、项叔翔（华东区工商界代表）、苗海南（华东区工商界代表）、江炳炎（中南区工商界代表）、余经堂（中南区工商界代表）、温少鹤（西南区工商界代表）、李琢庵（西南区工商界代表）共 18 人为筹备处成员。

11 月 8 日，全国工商联筹委会筹备处举行第一次会议，推举陈叔通为筹备处主任委员、沙千里为筹备处秘书长；推举项叔翔等 6 人组成工作小组，负责起草《工商业联合会组织通则》等项工作。

11 月 19 日，全国工商联筹委会筹备处举行第二次会议，讨论全国工商联筹委会代表产生办法、各地区代表名额分配、筹委会章程、筹委会工作任务。

12 月 13 日，全国工商联筹委会筹备处分别致函中央人民政府内务部和政务院财政经济委员会，申请备案。两机构分别于 12 月 19 日和 12 月 27 日复函准予备案。

12 月 27 日，全国工商联筹委会章程经过一届全国政协常委会第 33 次会议通过。

1952 年 1 月 5 日，全国工商联筹备代表会议组织条例和地区代表产生办法经过一届全国政协常委会第 34 次会议通过。

召开筹备代表会议产生筹备委员会

1952 年 6 月 20—30 日，全国工商联筹备代表会议在北京召开。[1] 出席会议的有来自全国各省、市、区及港澳台和旅外侨胞中的工商界代表 413 人。其中，包括国营企业、合作社、公私合营企业、私营企业的代表。319 名私营企业代表中，包括全国大中小城市的大中小工商企业、手工业者、摊贩和资方代理人代表。特别是少数民族、国外华侨工商界的代表参会，体现了广泛的代表性，是中国工商界空前的盛会。

会上，陈叔通致开幕词，他提出新形势下工商业者应该完成历史赋予的四项使命：1. 必须切实遵守《共同纲领》的规定，服从工人阶级与国营经济的领导。2. 必须发挥工商业者生产和经营的积极性。3. 必须加强学习，加强自我教育与改造。4. 必须团结互助。他还提出，必须明确：工商联是新民主主义性质的工商界的统一战线组织，它是在人民政府的领导下，包括全体工商业者在内，以贯彻《共同纲领》、发展新民主主义经济为目的的人民团体。因此，工商联应不同于过去反动政权统治下的商会和工业会，它不仅应该代表工商业者向人民政府反映意见、提出建议，同时也应该领导工商业者推行《共同纲领》和人民政府的法令，指导私营工商业者在国家总的经济计划下发展生产，改善经营，还应该组织工商业者进行学习和参加各种爱国运动。

会上，中央人民政府政务院副总理兼财经委员会主任陈云作了重要讲话。他在讲话中，分析了新中国成立后两三年来的经济形势；并就当时私营工商业者所关心的问题发表了重要意见。这些问题包括：关于加工订货问题，如何活跃城乡、内外交流问题，银行利息问题，税收问题和劳资关系问题等。

会上，中央私营企业局局长薛暮桥作了关于《工商业联合会组织通则（1952）》草案的报告，沙千里作了全国工商联筹备委员会筹备处筹备经过的报告。

---

[1] 孙晓华主编. 中国工商业联合会 50 年概览（上卷）[M]. 北京：中华工商联合出版社，2003：23-43.

会议选举产生全国工商联筹备委员会委员 160 名，选举陈叔通为主任委员，李烛尘、南汉宸、章乃器、孟用潜、盛丕华、许涤新、荣毅仁、傅华亭、陈经畲、黄长水、胡子昂、巩天民、李象九共 13 人为副主任委员，沙千里为秘书长。

会议通过了《中华全国工商业联合会筹备委员会章程》，其中明确了全国工商联筹备委员会的主要任务共六项：1. 执行筹备代表会议的决议，进行正式成立全国工商联的各项准备工作。2. 推动建立和健全各省、市、县工商联组织，并指导其会务的进行。3. 领导全国工商业者遵守《共同纲领》，推行人民政府政策法令。4. 指导全国私营工商业者在国家总的经济计划下发展生产，改善经营。5. 代表工商业者的合法利益向人民政府及有关机关反映意见，提出建议。6. 组织全国工商业者学习，以提高认识，改造思想，发扬爱国主义精神。

会议通过了四项决议：1. 在工人阶级和国营经济的领导下，在国家总的经济计划下，发挥生产与经营的积极性。2. 根据中国人民政治协商会议关于学习问题的通知，有计划、有组织地学习《共同纲领》和人民政府的政策法令，经常展开批评和自我批评，以求学习和业务相结合与言行的一致，坚决反对和消除"五毒"。3. 推动和协助各地工商联及同业公会的改组，并使大、中、小工商业户团结互助，各得其所；在某些地区，必须照顾少数民族和华侨工商界的利益。4. 厉行增产节约，继续加强抗美援朝工作，并积极参加各种爱国运动。

会议通过了《庆祝"七一"向中国共产党和毛主席的致敬电》《祝贺成渝铁路胜利通车电》《祝贺荆江分洪伟大建设工程胜利完成电》，还通过了《反对美帝国主义进行细菌战争，支持世界和平民主运动的宣言》。

李烛尘致闭幕词，申明在全国工商联成立之前，全国工商联筹备委员会代行其职权。

7 月 1 日，全国工商联筹备委员会报请中央人民政府内务部和财政经济委员会备案。7 月 17 日和 8 月 1 日，分别接到批复准予备案。

全国工商联筹备委员会自 1952 年 7 月 1 日成立之日起，即行使全国工商联组织职权，直到 1953 年 10 月 23 日全国工商联第一次会员代表大会召开前终止。

筹备委员会代行全国工商联职权

根据《中华全国工商业联合会筹备委员会章程》，筹备委员会最主要的任务是"进行成立中华全国工商业联合会的各项准备工作"；最主要的职责是"负筹备成立中华全国工商业联合会之责"；最主要的职权是"在中华全国工商业联合会未正式成立前，代行其职权"。

1952年7月3日，全国工商联筹备委员会举行第一次会议，出席委员130人。会议经过讨论，修正通过了《中华全国工商业联合会筹备委员会常务委员会工作规程》。会议选举李哲人、乐松生、周叔弢、刘佩芝、项叔翔、苗海南、华煜卿、蚁美厚、千家驹、沙千里、施复亮、刘鸿生、薛暮桥、叶季壮等17人为常务委员。全国工商联筹备委员会常务委员会组成人员：包括筹备代表会议上选举产生的主任委员1人和副主任委员13人，常务委员17人（包括秘书长1人），共计31人组成。会议决定选聘黄玠然、胡子婴、孙孚凌为副秘书长。全国工商联筹备委员会内设机构4个：秘书处、组织处、辅导处和宣教处，在秘书长和副秘书长的领导下处理日常事务。因为工作需要，后又设立了建账专门委员会，推动全国私营企业建立会计制度，推行建账运动。

7月15日，全国工商联筹备委员会发出"关于传达筹备代表会议精神"的指示，要求各地工商联向工商业者传达筹备代表大会的精神和决议，并提出三条要求：1.肯定"五反"运动的必要性、正确性及对我国经济建设与私营工商业前途的重大意义。巩固"五反"胜利成果，保证不重犯"五毒"。2.认清工商业者在新中国的地位及责任，学习《共同纲领》，发挥生产经营积极性。3.有领导、有步骤地整理、建立与健全各地工商联组织。同日，全国工商联筹备委员会将《关于全国各地工商业联合会缴解经费暂行办法》发送各地执行。

8月20日，全国工商联筹备委员会内部刊物《工作简讯》第一期发刊，报道各地工作情况，交流各地经验。该刊物对指导推动工商界加强学习和自我教育改造发挥了积极作用。

12月1日，全国工商联筹备委员会致函11个省工商联筹备委员会，请其与省有关部门协商成立省工商联组织。同日，全国工商联筹备委员会办公点迁入购买的北京沙滩小菜园（现北京北河沿大街93号）新会所办公。

1953年2月28日，全国工商联筹备委员会作出统计：全国已经成立县级以上工商联或工商联筹备委员会共计1311个，占当时行政区划总数的55.7%。

5月22—25日，全国工商联筹备委员会常务委员会举行第四次会议。会议讨论召开全国工商联第一次会员代表大会的日期和有关筹备工作，拟定了《中华全国工商业联合会章程（草案）》，通过了《中华全国工商业联合会会员代表大会组织条例（草案）》，规定了各省和中央直辖市会员代表名额的具体分配办法及代表的推选原则。

10月19—20日，全国工商联筹备委员会常务委员会举行第五次会议。会议审议了《关于中华全国工商业联合会代表大会筹备工作的报告》及《财务委员会工作报告》和《建账委员会工作报告》；修正通过了《中华全国工商业联合会会员代表大会组织条例》。《条例》确定了代表大会的代表名额及其产生办法；并明确了代表大会的职权：1.制定全国工商联章程。2.决定全国工商联工作方针。3.听取、审查、通过筹委会工作报告及财务报告。4.通过预算及决定会员缴纳会费办法。5.审查提案及建议。6.选举全国工商联主任委员、副主任委员、执行委员及秘书长。7.议决其他有关重要事项。会议决定：全国工商联第一次会员代表大会于1953年10月23日在北京召开。

10月22日，全国工商联筹备委员会举行第二次委员会议，出席委员115人。会上讨论并通过了筹备委员会工作报告、全国工商联章程、会员代表大会议事日程及议事规则、大会选举办法等会议文件草案，为召开全国工商联第一次会员代表大会做好准备。

从1952年7月1日正式成立至1953年10月23日全国工商联第一次会员代表大会正式召开，全国工商联筹备委员会工作时长1年又4个月。在此期间，一方面，圆满完成筹备成立全国工商联的工作任务；另一方面，代行全国工商联职权，围绕党和国家的工作大局，在引导工商界人士学习贯彻《共同纲领》，为恢复国民经济作贡献，组织工商界人士参与抗美援朝，配合开展"五反"运动和增产节约运动等方面，做了大量卓有成效的重要工作。

三、全国工商联第一次会员代表大会（1953）

1953年10月23日至11月12日，中华全国工商业联合会第一次会员代表大会[1]，即全国工商联成立大会在北京召开。出席会议的有国营企业、合作社、公私合营企业、私营工商业者、手工业者、摊商和资方代理人的代表及特邀代表，共640人。

---

[1] 孙晓华主编.中国工商业联合会50年概览（上卷）[M].北京：中华工商联合出版社，2003：67–110.

1953 年 10 月 23 日至 11 月 12 日，中华全国工商业联合会第一次会员代表大会召开，中华全国工商业联合会正式成立，陈叔通当选为主任委员

成立大会概况与主要精神

在开幕式上，时任中央人民政府政务院副总理董必武，全国政协副主席李济深，中国民主建国会（简称民建中央）主任委员黄炎培，中华全国总工会主席赖若愚，分别向大会致词。董必武在代表中央人民政府政务院的致词中指出：

过渡时期的总路线像一座灯塔，照亮了中国人民前进的道路。中国人民在中国共产党、中央人民政府和毛主席的领导下，为实现过渡时期的总路线而努力，在过去几年中已取得伟大的成就。从今年起，我们国家进入有计划的国民经济建设的时期。

私营工商业界，在过去几年中，对于国家经济的恢复，有一定的贡献。在过渡时期有计划的国民经济建设中，在遵循国家的方针和政策的条件下，可以继续发挥其积极性，为国家供给产品、积累资金、训练干部、协助城乡交流，对国家作更大的贡献。

中华全国工商业联合会今后定能在中国共产党和人民政府的领导下，团结和教育广大工商业者，为实现过渡时期总路线、正确地发挥私营工商业的积极作用而努力！

在开幕式上，大会主席陈叔通以《为实行国家总路线、正确地发挥私营工商业的积极作用而奋斗》为题致开幕词，其中指出：

工商业者应该在国家总路线指导下进行工作：第一，在人民政府和国营经济的领导下，正确地发挥我们应有的作用，努力经营有利于国计民生的企业，遵守《共同纲领》的规定，接受工人群众的监督，积极改善经营管理，争取逐步走上国家资本主义的轨道。第二，响应政府的号召，展开私营企业中的增产节约运动。第三，服从市场管理，反对投机套购，并在国营商业的领导下开展城乡物资交流，做好国家委托的代购代销工作。第四，要保证税收，协助政府防止偷税漏税并向偷税的不法行为进行斗争。第五，要加强学习，加强爱国主义教育，看清祖国远大的光明前途。

为使工商业联合会真正成为代表各类工商业者的人民团体提出四点意见：第一，健全与加强省级工商业联合会的组织。第二，在国家计划经济的要求下，必须更好地发挥同业公会专业性的作用。第三，明确各个组织间，包括市、区工商业联合会和同业公会之间的分工与领导关系。第四，加强对工商业联合会干部的思想教育。

在大会上，时任中央人民政府政务院财政经济委员会副主任、中央统战部部长李维汉在讲话中说明了过渡时期总路线的精神实质：逐步实现国家的工业化，逐步实现国家对农业、对工业和对资本主义工商业的社会主义改造；并对国家资本主义经济作了重要论述：

四年来，国家资本主义经济在工业方面已发展了多种的具体形式，按照它们与社会主义经济相联系和结合的程度，可以区分为高级形式的公私合营，中级形式的加工、订货、统购、包销，低级形式的收购、经销。在商业方面也出现了国家资本主义经济成分，其形式，如公私合营、代购代销、从国营批购并按国营规定的价格出售等。国家资本主义经济的高级形式——公私合营企业，属半社会主义性质，比国家资本主义经济的其他形式具有较大的优越性，更有利于发展生产，稳步完成社会主义改造。

国家资本主义企业的优点：第一，国家资本主义企业在不同程度上有了适应国家计划建设的条件，可以逐步纳入国家计划的轨道。第二，有利于改变资本主义企业唯利是图的状况，因此有可能改善劳动关系。第三，在公私关系和劳资关系改善的基础上，企业的生产、经营和管理可以逐步改进。第四，不仅对国计民生有益，而且企业有利可图，资本家有利可得。第五，资本家及其代理人获得充分贡献与发展其经营管理才能的机会，并在与社会主义成分经济合作中受到教育。

大会上，筹备委员会秘书长沙千里作了筹备工作报告，筹备委员会常务委员项叔翔作了筹备工作财务报告。

大会期间，代表们经过热烈讨论，认识到工商业者在过渡时期的任务、地位和作用，认识到发展国家资本主义经济的重要性，对于党和国家的和平改造政策表示感激。许多人感觉到"社会主义道路是大势所趋，应该向前走"。对于个人前途问题，代表们认识到，只要遵循过渡时期总路线，可以稳步进入社会主义，不但将来有工作，而且可以保留消费财产，从而消除了顾虑。许多人的情绪由原来的疑虑转变为开朗。大会期间，与会者对当时工商界存在的偷税漏税、偷工减料、粗制滥造、投机取巧、追求暴利等不良行为进行了揭露和批评。

大会审议并通过了《中华全国工商业联合会章程》《提案审查委员会提案审查报告》《财务审查委员会财务审查报告》《中华全国工商业联合会经费预算及会员缴纳会费办法》《中华全国工商业联合会主任委员、副主任委员、执行委员、秘书长选举办法》等文件。会议作出了《关于接受和拥护陈叔通主席开幕词和中央人民政府政务院财经委员会副主任李维汉讲话的决议》及《关于全国各级工商业联合会加入中苏友好协会为团体会员的决定》。

大会选举产生全国工商联第一届执行委员会执行委员 209 名。选举主任委员：陈叔通；副主任委员（13 名）：李烛尘、南汉宸、章乃器、许涤新、孟用潜、盛丕华、荣毅仁、傅华亭、陈经畬、黄长水、胡子昂、巩天民、李象九；秘书长：沙千里。

大会通过了决议：拥护国家在过渡时期的总路线和对私营工商业所采取的利用、限制和改造的政策；号召全国私营工商业者必须积极经营有利于国计民生的事业，接受人民政府的管理、国营经济的领导和工人群众的监督，以适应国家社会主义改造的要求。社会主义改造是一项长期的工作，为了做好这项工作，我们必须把个人的改造与企业的改造结合起来。

大会通过了《向毛泽东主席致敬电》，其中表示：[1]

您指示了国家过渡时期的总路线和总任务，是要在一个相当长的时期内逐步实现国家的社会主义工业化，并逐步实现国家对农业、对手工业和对私营工商业的社会主义改造。我们全体代表经过热烈讨论，细心学习，深深体会到这是我们国家走上光明幸福的社会主义社会的唯一道路。我们一致拥护您的伟大指示，并且深信，在您和人民政府的领导教育下，一定能够完成企业的改造和个人的改造。

我们全体代表谨向您保证：各人回到各自的地区，各自的岗位，一定传达您和中央人民政府的指示，继续加强爱国守法的教育，努力学习，努力改造，团结全国工商业者，共同为贯彻过渡时期总路线、总任务而奋斗！

在闭幕式上，李烛尘致闭幕词。他说："中华全国工商业联合会——我们工商界

---

[1] 孙晓华主编.中国工商业联合会 50 年概览（上卷）[M].北京：中华工商联合出版社，2003：101-102.

自己的全国性的组织，经过一年多的筹备，今天宣告正式成立了。我们全国工商业者，必将以更大的信心，认真学习，积极经营，为祖国的建设事业和我们自身的改造而努力奋斗！"

1953 年 11 月 15 日，全国工商联第一届执行委员会举行第一次会议，出席会议的执行委员 156 人。会议选举千家驹、王志莘等 45 人为全国工商联常务委员；会议就传达贯彻第一次会员代表大会精神作出决议。11 月 18 日，全国工商联举行一届一次常委会，对全国工商联组织系统、常委会工作规程、各专门委员会工作规程等重要文件作出了决议。11 月 19 日，全国工商联致函政务院财经委员会，报告全国工商联正式成立；12 月 19 日，政务院财经委员会复函，准予备案。

大会产生的积极影响

1953 年 11 月 14 日，《人民日报》以《私营工商业的光明大道》为题发表长篇社论，其中指出：

这次大会是中国私营工商界第一次全国大联合，会议宣告了全国工商联的正式成立。这次大会对加强全国爱国的私营工商业者的团结教育，对逐步实现私营工商业的社会主义改造，都将起到巨大的推动作用。我国民族资产阶级曾经参加了人民的革命事业，它今天是工人阶级领导的四个阶级联盟中的一个阶级，资本主义工商业是在国营经济领导下的五种经济成分中的一种，因此工人阶级对私营工商业，不是采取剥夺的政策，而是采取通过国家资本主义的道路，把它逐步改变为社会主义企业的方针。

在这次会议中，许多代表以自己亲身的体验，证明了通过国家资本主义这个形式，逐步实现对私营工商业的社会主义改造，既有利于国家和人民，也有利于资本家自己，对公、私、劳、资各方面都有好处。

我们相信：在中国共产党和人民政府的领导下，团结在全国工商联组织中的一切爱国的私营工商业者必能不负全国人民的热望，认清国家的远大前途和私营工商业者应走的道路，积极地参加到为实现过渡时期总路线而奋斗的光荣行列里来。

12 月 5 日，陈叔通以《中华全国工商业联合会会员代表大会的成就》为题，在中央人民广播电台发表广播词，其中指出大会取得了四个方面的成就：

第一，代表们一致认识到国家过渡时期的总路线和总任务的伟大正确，表示坚决拥护。第二，代表们一致认识到，私营工商业进行社会主义改造，比较健全的方针和办法是逐步纳入国家资本主义的轨道。第三，代表们一致认识到，社会主义改造是一项长期的工作，要做好这项工作，私营工商业者必须把企业改造和个人改造结合起来。第四，代表们进一步明确认识了私营工商业开展增产节约的重要意义和具体方向。

陈叔通在广播词中对工商联的组织性质和工作目标作了宣传和解释：

工商联是一个什么样的组织呢？它是领导工商业者遵守《共同纲领》及人民政府政策法令的组织，是代表各类工商业者特别是私营工商业者的合法利益的一种组织，也是私营工商业者团结、互助和进行自我改造的一种团体。今后全国各级工商联将在中国共产党和人民政府的领导下，团结、教育全国工商业者，并使各行各业的大中小户在各级工商联和同业公会中各得其所，以便培养骨干，带领广大工商业者一道前进。

中华全国工商业联合会的建立，拉开了中国当代商会组织建设与发展的大幕。

《中华全国工商业联合会章程（1953）》主要内容

在全国工商联第一次会员代表大会上通过的《中华全国工商业联合会章程（1953）》，共分六章24条，主要内容包括：

规定组织名称：中华全国工商业联合会（简称全国工商联）。

规定组织任务：1. 领导全国工商业者遵守《共同纲领》及人民政府的政策法令。2. 指导全国私营工商业者在国家总的经济计划下，发展生产，改善经营。3. 代表全国私营工商业者的合法利益，向人民政府或有关机构反映意见，提出建议，并与中华全国总工会协商有关私营工商业者劳资关系等问题。4. 指导与推动全国私营工商业者进行学习，改造思想和参加各种爱国运动。5. 领导并协助全国各地工商联工作。

规定会员结构：1. 省、中央直辖市及相当于省一级的工商联。2. 国营企业全国总机构、全国合作社联合总社、公私合营企业全国性总机构。3. 经本会特邀的人士。

规定会员权利：1. 有发言权、表决权、选举权和被选举权。2. 有向本会提出建议、批评与反映意见之权。3. 有享受会内辅助及福利事业之权。

规定会员义务：1. 遵守会章。2. 执行决议。3. 报告会务。4. 交纳会费。

规定组织原则：民主集中制。

规定权力机构为会员代表大会，其职权包括：1. 制定或修改本会章程。2. 决定工作方针，听取、审查、通过工作报告及预（决）算。3. 选举或罢免正副主任委员、执行委员、秘书长。4. 议决其他有关重要事项。

规定组织执行委员会，其职责为执行会员代表大会的决议，办理会务并对外代表本会。

规定执行委员会设常务委员会，常务委员会因工作需要设置各种专门委员会。

规定本会会员代表大会，每三年召开一次，由执行委员会召集之；规定本会执行委员会每年召开一次，由主任委员召集之；规定本会常务委员会每六个月召开一次，由主任委员召集之；规定各种会议，均须有过半数的出席，始得开会；有出席人数过半数的同意，始得通过决议。

规定本会会费由会员合理负担；其交纳办法由会员代表大会决定之。财务报告向执行委员会及会员代表大会报告并公布。

规定本章程经会员代表大会通过施行，报请中央人民政府政务院财政经济委员会备案。

《全国工商联常委会工作规程（1953）》主要内容

1953 年 11 月 18 日，全国工商联第一届常务委员会举行第一次会议，出席会议的常务委员 41 人。会议通过了全国工商联常委会工作规程和各专门委员会组织规程。

在工商联常委会工作规程中，规定了常委会的职权，包括：1. 执行执委会的决议，代表执委会办理日常会务。2. 审查通过工作计划。3. 制定修改各项规程。4. 决议设立或撤销各专门委员会。5. 任免办公室主任及各处正副处长。6. 听取与审查工作报告或提案。7. 审查预（决）算，向执委会报告。8. 代表执委会办理召开会员代表大会或召开临时会议。9. 决议其他有关事项。

在工商联常委会工作规程中，规定了常委会主任委员的权限及常委会的工作权限和工作流程；并对各专门委员会的领导组成、工作范围等事项作出了具体规定。

四、全国各地工商联相继建立

在中共中央发出的《关于组织工商业联合会的指示（1949）》精神和中央人民政府颁发的《工商业联合会组织通则（1952）》等政策法令的指引下，"改造旧商会，建立新商会"的活动紧锣密鼓地在全国范围内展开。

天津市工商联率先建立

天津市工商联，是新中国成立以后第一个建立的城市工商联组织。天津市工商联的建立，在全国范围内起到示范带头作用。

1949 年 1 月，天津获得解放。当时，天津是华北最大的工商业城市，成为新中国管理和改造工商业城市的"试验场"。人民政府一方面没收官僚资本，建立和发展国营经济，增强国营经济领导力量；另一方面大力扶持私营工商业，贯彻"公私兼顾、劳资两利、城乡互助、内外交流"的方针，服务与促进民族工商业从濒临破产的境况中逐步得到恢复发展。

4 月 10 日，时任中共中央政治局委员、书记处书记刘少奇受中共中央委托到天津考察调研。他此行的一项重要任务是会见资本家，直接找资本家谈话，打消他们的种种顾虑。他考察工厂生产情况，召开工人、民族工商业者等各界人士座谈会。针对不少民族工商业者思想上顾虑深重，感到发展生产没有出路的思想状况，两次与李烛尘、周叔弢等知名工商界人士座谈，阐述和宣传"四面八方"的经济政策，解除他们的思想顾虑，使他们在态度上有了根本性的转变。刘少奇的"天津之行"和"天津谈话"让工商界吃下定心丸，对于调动工商界人士参与新中国经济建设的积极性，对于促进新中国工商联组织的建立和发展发挥了重要作用。[1]

至 1949 年底，天津市工商界在分别改造整理旧商会、旧工业会、旧同业公会组织的基础上重新形成了商业同业公会 89 个，工业同业公会 55 个，成立新商会的条件日渐成熟。于是，在天津市人民政府的领导和支持下，天津工商界于 1950 年初开始了天津市工商联的筹建工作。

1950 年，天津市工商联从 3 月 4 日成立筹备委员会到 4 月 29 日正式建立，用了不到 2 个月时间，为全国各地工商联组织建设开了好头，树立了工作样板。

3 月 4 日，天津市工商联筹备委员会正式成立。筹备委员会主任李烛尘，委员 36 人。筹备委员会下设秘书、财务、登记、整理 4 个小组。3 月 6 日，筹备委员会正式开始办公并举行会议，对原有工商界组织情况进行重新登记整理。4 月 15 日、4 月 20 日、4 月 25 日、4 月 27 日，筹备委员会连续四次举行会议并通过决议，分步骤完成天津市工商联成立大会各项筹备工作。

4 月 29 日，天津市工商联成立大会举行，天津市委书记、市长黄敬，副市长周叔弢，各级领导及会员代表 271 人出席大会。大会开始，首先通过大会主席团成员名单：刘再生（市纺织工业局局长）、杨成（市工业局局长）、李之楠（市财经委员会

---

[1] 黄孟复主编.中国民营经济史·纪事本末 [M].北京：中华工商联合出版社，2010：10-12.

副秘书长）、杜郁、王一鸣、李烛尘、孙冰如、宋卿、周叔弢、王翰臣、王光英、毕鸣岐。

大会上，李烛尘致开幕词，表示工商业者应力求自力更生，迎接经济建设的光明前途。黄敬作重要讲话，对天津工商界一年来积极拥护政府政策法令表示敬意；并指出工商业的发展前途是光明的，工商业如何适应新的情况要搞出一套新的经营办法，要建立正确的公私关系，贯彻民主精神，改善经营。副市长周叔弢在讲话中指出，工商联有经济建设和心理建设双重任务，当前的形势对正当经营的工商业者是有利的。

大会审议通过了《天津市工商业联合会章程》，其中阐明：该会以团结天津市公营和私营企业，在人民政府的领导下，依据新民主主义政策的规定，以贯彻"公私兼顾、劳资两利、城乡互助、内外交流"为总方针，具体任务是加强工商业者的联系，代表工商界的合法权益，反映他们的意见和要求，按照政府发展经济的计划，促进产销结合及协调公私关系以求得共同发展。

大会选举执行委员 50 人。选举李烛尘为主任委员，选举刘再生、毕鸣岐、朱继圣、李之楠为副主任委员；选举常务委员 12 人。

大会标语："工商联合，步骤一致，大力发挥工商力量，为繁荣新的天津而努力；公私兼顾，分工合作，遵循经济建设方针，以促进社会经济的发展"，表明了当时工商业者的一致心情和工商联组织的工作方向。

天津市工商联建立以后，在团结广大会员参与恢复国民经济、参与社会主义改造、支援抗美援朝等方面开展了大量卓有成效的工作，发挥了十分重要的作用。

各省市工商联相继建立

继天津市工商联建立之后，全国各主要大城市，特别是省会城市工商联组建步伐加快。

1951 年 2 月，上海市工商联建立；6 月，北京市工商联建立；12 月，湖北省工商联建立。

1952 年，重庆市、山西省、江西省工商联相继建立。

1953 年，福建省、宁夏回族自治区、四川省、安徽省、黑龙江省工商联相继建立。

1954 年，河北省、河南省、云南省、广西壮族自治区、青海省、山东省、湖南省、江苏省、甘肃省工商联相继建立。

1955 年，辽宁省、陕西省、新疆维吾尔自治区、贵州省、内蒙古自治区、吉林省工商联相继建立。

1956 年 2 月，广东省工商联建立（1953 年 3 月筹备）；5 月，浙江省工商联建立（1952 年 12 月筹备）。

1991 年 6 月，海南省工商联建立（1988 年 4 月海南省设立）。

1994 年 9 月，西藏自治区工商联正式建立（1953 年，昌都地区建立了工商联筹备委员会；1985 年，西藏自治区工商联筹备组建立）。

省级工商联组建速度较快，其中有天津、上海、北京、湖北、重庆、山西、江西、福建、宁夏、四川、安徽、黑龙江 12 个省（市、区）工商联建立走在了全国工商联建立的前面。

各市县工商联相继建立

在省级工商联组织建立的同时，全国范围内市、县工商联组织相继建立，其建会速度较快，有的走在省级工商联的前面。

在全国各地市、县工商联建立的工作中，东北三省所属市、县的工商联筹建工作开展最早。早在新中国成立之前，东北解放区率先建立市、县工商联组织。例如，吉林省柳河县工商联于 1945 年 12 月建立；[1]177 扶余县工商联于 1946 年 4 月建立等。[1]177 大连市工商联筹建工作具有特色，经过如下：[1]151-152

1945 年 8 月 22 日大连市解放。10 月，中共大连市委成立。11 月 8 日，大连市政府成立。11 月 20 日，大连市政府发布第 3 号令，原有各旧商会全部解散，筹建新商会。

12 月 13 日，"大连市总商会"建立（选出由 60 人组成的新商会董事会）。

1946 年 9 月 7 日，"大连市工业总会"建立，公营工业企业入会并参与领导。

1948 年 1 月 28 日，"大连市总商会"与"大连市商民建国联合会"合并改组为"大连市商会"后正式对外办公。

1951 年 7 月 26 日，"大连市商会"与"大连市工业总会"合并建立"大连市工商业联合会"。

1945 年 12 月至 1951 年 7 月间，大连市的商会经历了四次组织建立和三次合并调整，最终成型为大连市工商联。大连市工商联的组建过程，也是中国当代商会组织在组建形式、组织名称、组织覆盖范围等方面从探索到规范的过程，记录并反映了同

---

[1] 孙晓华主编 . 中国工商业联合会 50 年概览（下卷）[M]. 北京：中华工商联合出版社，2003.

时期经济、政治、社会环境与商会关系变化与发展的轨迹。

据统计，至1952年12月25日，全国各地建立工商联或工商联筹备委员会的有1045个单位，占全部行政区划总数的44.3%。1953年2月28日，全国已建立县以上工商联或筹备委员会的地区有1311个单位，占当时全部行政区划的55.7%。

1953年3月12日，全国工商联筹备委员会向各地组织发出《关于建立健全省级组织及推动建立健全市县工商联的几点意见》以后，各地工商联组织建设工作力度加大、速度加快。

至1954年3月31日，全国已建立工商联或工商联筹备委员会1985个，占同级行政区划单位数的85.2%；至1955年12月31日，全国各省、市、县已建立2032个工商联，占省、市、县行政区划总数的88%。至1956年10月，中国工商联组织体系中，有21个省、2个自治区、3个直辖市正式建立了工商联，有1个省建立了工商联筹备委员会；在157个省辖市和7个盟辖市、自治区辖市、自治州辖市中，大都已建立了工商联组织；已建立县级工商联组织共计1928个，部分县工商联在县属集镇设立分会、办事处或工商小组；部分市、县的同业公会，已按照工商联所属专业组织要求进行了调整和改组。

五、同业公会的改造与管理

在新民主主义经济时期，根据《工商业联合会组织通则》的规定，同业公会是市、县工商联下设的专业性、基础性组织，是工商联的重要组成部分。

同业公会是同行业商人和企业的组织，又称行业商会，其性质具有同行业性、基层性、经济性、民间性、原始性商会组织特点。一般认为，同业公会是由历史上的行业经济组织——行会演变而来，是行会的演变体与升级版，是对行会取其精华、去其糟粕之后的新型行业经济组织。从历史发展轨迹来看，行会的出现早于同业公会，是先有行会，后有同业公会；是行会孕育了同业公会；是同业公会的联合体造就了综合性商会和工业商业联合会。中国古代的行会向中国近代的同业公会继而向中国当代的同业公会（又称行业商会或行业协会）[1]转变，从一个侧面反映了中国商会组织伴随商品经济发展而发展的历史轨迹。

---

［1］在新民主主义经济时期多称为同业公会，在社会主义计划经济时期和社会主义市场经济时期多称为行业商会或行业协会——本书作者注。

在新民主主义经济时期，在全国范围内组建工商联的热潮中，许多地方把改造旧的或设立新的同业公会作为基础工作。省、市、县工商联以同业公会为组织基础，同业公会则成为工商联领导下的专业性组织。同业公会作为工商联的工作手臂，在联系私营企业和个体工商户助力恢复发展国民经济，助力改造私人资本主义工商业，助力发展国家资本主义经济等方面发挥了积极作用。

改造和管理同业公会的政策演变

为了将适应半殖民地半封建社会经济环境的旧同业公会改造成为适应新民主主义社会经济环境的中国当代商会体系中的新型同业公会，为了充分发挥同业公会独特的组织作用为发展新民主主义经济服务，中共中央和中央人民政府对同业公会的改造和设立明确了政策措施。

1951年7月20日，中共中央书记处书记、政务院副总理兼财政经济委员会主任陈云在工商联工作汇报会上作总结讲话时指出，工商联的会员有三种：同业公会团体会员、企业单位会员及特邀人士。但同业公会这种组织不是会员入会的必须形式，在小城市，可以先加入工商联再按行业划分小组；在大中城市，一般不要采取打乱原有同业公会而完全采取以企业为单位入会的做法。[1]

1952年8月16日，中央人民政府政务院发布《工商业联合会组织通则》，其中第十一条规定："市、县工商业联合会下得按行业设立同业公会或同业委员会。"

9月16日，中共中央批示下发了《关于改组工商业联合会的指示》，[2] 其中对同业公会的性质及改造方向作出详细说明：

同业公会是工商界历久相沿的组织，在处理劳资关系、公私关系和在今后国家实行计划经济时，仍有其重要作用。改组同业公会是要改变过去少数上层把持操纵，用来对抗国家，压迫中、小工商业者的状况，而不是废弃这一组织形式。改组同业公会也是要改变它过去在工商联各种组织中的地位，使之成为工商联领导下的专业性组织；过去工商联以同业公会为会员单位的规定，今后应改变为以企业户为会员单位。

这种改组，为进一步清除同业公会的封建行会性创设了更有利的条件。因此，在

---

[1] 中共中央文献编辑委员会.陈云文集（1949—1956）［M］.北京：人民出版社，1984：151-152.

[2] 孙晓华主编.中国工商业联合会50年概览（上卷）［M］.北京：中华工商联合出版社，2003：20-21.

大城市和中等城市中，凡属对国家经济有作用的行业，可继续保存同业公会的组织。对某些经营业务相近，户数不多的行业，可以在工商业者的自愿原则下适当合并。对某些分散的小行业，则可以根据该行业大多数工商业者的自愿（不要勉强），组织市同业委员会而不必建立办事机构，遇有涉及全行业的重大问题，则可召开行业代表会议或委员会议。同业公会下可按业务相近或按所在地组织同业小组，后者受同业公会和区分会双重领导。

同业公会（或同业委员会）的职权应予缩小，主要应是在经济方面的活动，如组织各种加工、订货，执行产销计划，评议税负，同业议价等，如果有涉及全行业的重大问题，则可召集行业全体会议或代表会议。同业公会应受市人民政府工商行政机关（会同有关主管机关）的领导。

在私营工商业户数不多，大小之间差别较小，矛盾较不尖锐，党、政组织也较为集中的小城镇中，工商联的组织也应与大城市不同。一般以采取工商联—行业委员会（同业公会）—行业小组的系统为适宜。

1953 年 1 月 14 日，全国工商联筹备委员会向各地工商联（筹备委员会）发出通知，转达中央人民政府内务部《关于同业公会停止和撤销社会团体登记的通知》，[1]21 同业公会被正式取消了独立法人的地位，转变为"工商联领导下的专业性组织"。

1954 年 8 月 6—21 日，全国工商联召开了组织工作会议。[1]48-49 参加会议的有河北、内蒙古等 8 个省（自治区）和上海等 15 个市工商联负责组织工作的干部 40 人，另有中财委、国务院六办、中央工商行政管理局、盐务总局等中央有关部门及中国百货公司、中国专卖公司等 17 个国营企业全国总机构分别派员参加。会议主要了解和讨论同业公会在过渡时期总路线公布后如何更好地发挥它在社会主义改造中的作用。会议经过讨论后写成《有关同业公会问题的总结提纲》，供有关方面参考。

1956 年 9 月 15 日，全国工商联向各地组织发出通知，指示各地对于同业公会档案的具体保管办法：1. 已经撤销的同业公会，其档案应由该地区的工商联保管。2. 改组、合并的同业公会，其所有档案应随同合并保管。[1]70

从有关同业公会的政策和工作措施出台的时间顺序可以看出：从 1952 年 8 月中央人民政府发布《工商业联合会组织通则》，其中规定推进按行业设立同业公会或同业委员会并把同业公会的性质由独立法人组织改变为工商联内设的专业性组织，到 1956 年 9 月全国工商联发出通知，指示各地开始为同业公会善后。五年间，中国当

---

[1] 黄孟复主编 . 中华全国工商业联合会 50 年大事记（1953—2003）［M］. 北京：中华工商联合出版社，2003.

代商会组织系统中的重要组织类型之一的同业公会经历了组织改造整理、组织作用发挥、组织功能弱化及组织活动趋向停止的过程。

同业公会的改造整理

同业公会的改造整理与工商联组织建立密切相关。许多城市的工商联组织在成立之初，其会员主要由工商同业公会及其会员构成。各地同业公会的改造整理工作行动较快，有的走到国家政策出台的前面，其做法也不尽相同。例如：

在天津，1949 年 3 月发出通知，要求对同业公会进行登记；8 月，开始着手第一次调整工商行业，改造旧的同业公会，建立新的同业公会。至 1949 年底，全市工商各业同业公会经过初步整理后重新形成了商业同业公会 89 个，工业同业公会 55 个，为工商联组织成立创造了条件。

在北京，市政府根据新民主主义经济规划，将各同业公会定位为工商业者的社会团体，并从 1949 年下半年开始对原有 150 个同业公会进行了整理。截至 1952 年底，经过整理组建了 132 个同业公会的筹备委员会。

在上海，至 1951 年 12 月 31 日，通过调查、登记、整理、组建后，全市共有 276 个同业公会。在这一时期，规定凡经过人民政府工商局登记及业务主管机关核准设立的公营、私营、公私合营的工商企业及外地企业在沪分支机构，均应加入本行业的同业公会作为会员。全市加入各同业公会的会员从 4 万多户发展到 15 万多户，形成了上海市工商联的组织基础。

在苏州，同业公会整理工作在工商联筹委会的组织下开展，其工作方法在市、县两级具有代表性。

其工作步骤：1. 成立机构，部署工作。1949 年 11 月 20 日，苏州市工商联筹备委员会成立，第一次常委会即决定并组成同业公会整理委员会，部署"接管、整理、合并、改组"工作。2. 开展试点，积累经验。1950 年 1 月 14 日，苏州市工商联筹备委员会发出《关于开展各业整理工作的通知》，并选择衣着业、粮食业、肉品业、国药业、点心业五类同业公会开展整理试点，积累经验。3. 决定方案，明确原则。1950 年 1 月 12 日，同业公会整理委员会召开会议，讨论决定整理旧同业公会的工作方案和设立新同业公会的组织要求。4. 调查登记，摸清情况。1950 年 1 月 30 日，由工商局领导，抽调人员 60 余人协助，组成 34 个调查小组，开展普查登记。共登记参与同业组织的有 10521 户；没有参与同业组织的有 1969 户。5. 整理旧的，成立新的。1950 年 1—6

月，分期、分组、有计划、有步骤地整理旧的、成立新的同业公会。

其工作方案：1. 工业与商业分开组织同业公会。2. 同类性质的工业或商业归并组织同业公会。3. 公、私营工商业者均参加同业公会。4. 过去没有参加的工商业户根据其性质归并参加或单独组织同业公会。5. 同业公会组织成立尽量与各同业协商办理。

其组织要求：1. 委员名额分配照顾多方面。2. 提高会员政治认识。3. 树立同业作风。4. 为全体会员服务。5. 为新民主主义经济建设服务。

其工作绩效：1950 年 8 月 25 日，苏州市召开同业公会联合成立大会，会议宣布：全市各同业公会的整理工作基本完成。全市新设立的同业公会组织共有 104 个，其中工业 18 个，商业 70 个，手工业 7 个，交通运输业 7 个，金融业 1 个，其他行业 1 个，会员共计 10500 家（约还有 3000 家尚未加入组织）。会议要求：工商界组织起来，加强团结，贯彻执行政府的法令政策，为会员服务，为人民谋利益；爱护团体，相互协助，求共同发展进步；重新组织起来之后，加紧生产，努力建设，为繁荣经济而努力。

在武汉，对同业公会的整理采取"成立同业公会整委会、调查同业公会情况、拟定整理方案、分期分批整理、工业同业公会与商业同业公会分开整理"的方法开展工作。1949 年 12 月至 1950 年 2 月，首批完成对粮食业、百货商业、花纱商业、化学工业、纺织染整工业、米面工业、绸布工业共 7 个行业的整理；取得试点工作经验后，整理工作全面展开。从 1950 年开始，提出对同业公会实行"业务、人事、财务"统一管理，接受工商联的领导，并纳入工商联组织体系之中。

武汉市对经过整理后的同业公会组织管理工作特色明显：

武汉市工商联对"业务相近者、依形势发展者、会员减少者、业务不多无须另组者、行业虽不同但属同一国营企业单位领导者"等类型的同业公会实行"三统一、一集中"的管理办法。"三统一"即业务、人事、财务统一管理，就是由工商联对同业公会实行"会费统一收支、干部统一调配、财产统一接管"；"一集中"即逐步实行集中办公，1954 年，在市工商联的组织下，第一批于 6 月 22 日动员了 16 个同业公会迁至 7 个地点集中办公；第二批于 7 月 3 日动员了 31 个同业公会迁至 12 个地点集中办公；第三批于 7 月 21 日动员了 24 个同业公会迁至 9 个地点集中办公。从"三统一、一集中"的效果来看，各自分散的同业公会形成了"同业公会联合体"。其利弊：一方面，对同业公会加强统一管理、加强业务联系，有利于提高工作效率、节约人力、物力、财力；另一方面，同业公会的独立法人地位削弱，不利于其发挥工作主观能动性。经过这样的调整和改组，使同业公会由工商联的基层组织转变为工商联的内设组织。

在1955年召开的全国工商联工作汇报会上，武汉市工商联汇报了领导同业公会的工作体会，主要有以下几点：1.根据归口原则，加强国营经济对同业的领导力量，可由国营企业派领导干部参加同业公会整理委员会的组织工作。2.加强同业公会干部及骨干的政治思想教育，使之成为依靠力量。3.健全同业公会委员会组织。4.健全同业公会财务、人事、工作制度。5.同业公会应主动与工会及有关方面密切配合做好相关工作。

武汉市工商联对于同业公会促进资本主义工商业进行社会主义改造的作用有清醒的认识：同业公会由于其会员业务相近，互相熟悉并了解情况，能有效协助工商联开展对会员进行政策和法规方面的教育，并在技术研究和业务改进方面都是工商联的得力助手。武汉市工商联在总结中认为：区工商联和市同业公会像市工商联的左手和右手，虽然是一手以人的改造为主，一手以企业的改造为主，但又必须紧密配合，在市工商联的领导下，分工合作，共同完成双重改造的任务。

关于对同业公会的组织领导问题。在组织外部，各级工商联是同业公会的领导机构；在组织内部，国营企业是同业公会的主要领导成员。

关于同业公会的工作任务，主要是配合工商联做好把行业经济工作贯彻到企业到商户的具体工作，成为工商联重要的工作手臂。

关于同业公会的组织中介作用的发挥，始终是工商联与会员企业之间的桥梁和纽带。

从天津、北京、上海、武汉、苏州等地同业公会的整理和改组工作来看，经过工商联和有关政府部门的共同努力，成功地将历史悠久的分散的带有封建性质的旧同业公会转变为工商联领导的新型同业公会。这一新型同业组织对于将城市个体和私营经济纳入组织化管理发挥了重要作用，并成为政府部门与个体私营经济从业人员沟通交流信息、实施经济调控、加强行业管理的重要渠道。

1956年12月11日，时任全国工商联副主任委员荣毅仁在所作工作报告中讲述了当时同业公会的组织特点和功能作用：部分地区的同业公会，已根据专业组织要求进行了调整和改组，进一步发挥了专业作用。

同业公会组织作用发挥

综合全国各地的情况，在新中国成立后至社会主义改造基本完成之前的"过渡时期"，同业公会在协调企业与企业的关系、企业与行业的关系、行业与行业的关系、行业与工商联的关系、行业与政府有关部门之间的关系等方面发挥了重要的组织、协调及中介作用。

同业公会的组织作用发挥主要表现在：1. 在政治工作方面，配合新经济政策的贯彻实施，帮助工商界人士提高思想认识。2. 在经济服务方面，协助政府控制物价、稽查税收，执行产销计划，组织加工订货，开展同业议价、评议税负，沟通城乡物资交流等。3. 在组织关系方面，服从国营经济领导，上联系工商联，下沟通会员，发挥桥梁和纽带作用。4. 在行规行约方面，革除陈规陋习、改善经营作风、树立行业新风。5. 在内外关系方面，协调企业关系、行业关系、政企关系。在这一时期，各级工商联工作在很大程度上依靠所属同业公会开展。例如：

江苏省在改造、接收解放前旧同业公会的基础上，通过整顿形成新中国新的同业公会组织体系。公私合营前，同业公会是各级工商联组织管理会员、维护会员合法权益、反映会员意见和要求的重要依托，其基本工作任务：1. 组织各业加工订货。2. 拟定和执行产、运、销计划。3. 评议税负。4. 同业议价。5. 与工会进行劳资协商。6. 其他有关行业经济方面的活动。

上海市是最早通过发挥同业公会的作用促进公私合营工作开展的城市。1952 年12 月 1 日，由 62 家银行、钱庄合并组成上海公私合营银行管理处，率先实行了金融行业的公私合营。1953 年上半年，在深入细致地调研了 106 个工业行业、28 个商业行业，包括轻、重、纺织工业百人以上的 42 家工厂的基础上，摸清了各行业及企业经营管理、生产技术等方面情况，了解到工商业者参加社会主义改造的愿望与建议，为发挥同业公会作用奠定了工作基础。至 1954 年底，有棉纺、造纸、面粉、船舶、轧钢、机器等 21 个行业按行业或按产品实现了公私合营。在这一时期成立的上海市银行业同业公会、汾酒业同业公会、百货商业同业公会、卷烟工业同业公会、国际贸易业同业公会、电影院商业同业公会、轮船业同业公会等成为全国范围内影响较大的同业公会组织。

在新中国成立初期，同业公会为工商联正式成立奠定了组织基础；为助力恢复国民经济，助力发展新民主主义经济，助力完成社会主义改造做了大量工作，发挥了重要作用；为团结广大工商业者贯彻政府法令、政策，为协助工商联和政府部门开展工作发挥了重要作用。

同业公会组织功能弱化及活动趋向停止

在新民主主义经济时期，同业公会为组织会员、团结会员、服务会员，为贯彻政府法令、政策，为组织私营工商业者参与恢复国民经济、参加社会主义改造，为工商联和政府部门开展工作，发挥了重要作用。

在社会主义改造（公私合营）基本完成之后，随着私营工商企业基本上改造为国家资本主义的公私合营企业，随着私营经济在国民经济中的比例逐步降低，随着国家经济主管部门所属行业协会的逐步兴起，随着发展社会主义计划经济的大趋势形成，同业公会的企业会员即组织工作对象逐渐减少，组织基础逐渐削弱，组织作用逐渐降低或丧失，组织活动趋向停止（但就宏观而言，组织并未完全取消，活动并未完全停止）。

在公私合营基本完成之后，在行业管理与服务职能由政府部门逐步取代的情况下，围绕同业公会是否应该继续存在引发争论。其结果在1957年2月中共中央批准下发的《关于继续发挥工商业联合会的作用的意见》中有了答案。其中对同业公会的组织性质和职能予以明确：

同业公会是工商联的专业组织，是工商联的组成部分；它应该继续保留并发挥作用。同业公会应该成为专业公司（或者局）进一步改造私营工商业的有力助手。它应该着重代表本行业工商业者的合法利益，反映他们的意见和要求；推动本行业工商业者积极参加社会主义竞赛，并协助本行业改进公私共事关系。它的机构可以根据工作的需要和工商界的要求适当进行精简或调整，但是原有人员都应该得到适当的安置。

上述规定中，肯定了同业公会继续存在的必要性；要求继续发挥改造私营工商业的助手作用；并赋予同业公会两项新的职能：一项是推动本行业工商业者积极参加社会主义竞赛；另一项是协助本行业改进公私共事关系。这是从有利于本行业工商业者健康成长，有利于公私合营企业健康发展的角度考虑提出的。

其后，因为公私合营企业的内部管理权主要在公方人员，外部管理权主要在政府行业主管部门，而同业公会原有的工作对象和组织功能基本消失。随着进一步改造私营工商业的工作任务完成，随着社会主义计划经济进一步发展，随着社会主义计划经济体制下的行业协会逐步建立，新民主主义经济体制下的同业公会组织逐步被社会主义计划经济体制下的行业协会组织所取代。

再其后，在社会主义市场经济时期，同业公会以行业商会新名称再度兴起，与行业协会共同发展。

六、摊贩联合会（商市公会）的整理与管理

摊贩经营现象，古今中外，尽皆有之。摊贩群体，或摆摊设点者，或提篮叫卖

者，或以手工技艺服务者，虽然成分复杂，但是重要的商人群体之一。摊贩从业者，以贫困人口为多，他们或以此谋生为职业；或以此为副业，挣点银两补贴家用。摊贩经营，是重要的市场交易方式之一，在商品流通和经济生活中具有重要作用，无论是出售商品或提供服务，各具特色，在较大程度上受到城乡居民欢迎。然而，摊贩经营行为在不同程度上存在公共卫生、食品安全、诚信经营、滋生事端、阻扰交通等方面的问题或隐患，因此，城镇管理者往往对摊贩经营多采取限制、约束、取缔等管制措施。因此，管制与抗争的事件不断，有时甚至达到激烈的程度，为集合抗争的力量，由摊户们发起的组织——摊贩联合会自发产生。

摊贩群体，由于其个体性、分散性、逐利性、竞争性及"一锤子买卖""短期短视行为"，很难组织，一旦组织起来，加以正确引导，对于服务多层次社会需求、缓解社会矛盾、增加社会就业、减少贫困人口，对于经济社会健康发展是有好处的。

摊贩同业公会，对于把个体经济力量弱小的摊贩群体组织起来，以维护其共性权益和个体利益，表达其政治及经济诉求，在一定程度上减少批发商制约，减少同业不当竞争，并使弱小商户得到同业组织保护，以利其安心经营具有重要作用。

摊贩联合会是摊贩同业公会或摊贩个体的联合组织。

在中国近代清末时期，最早的摊贩联合会组织当数 1922 年底由上海县摊户们组建的摊贩同业公会组织：天后宫商市公会。[1]

在中华民国时期，对待摊贩组织的政策经历了从认定为"商民协会成员"并赋予"发起成立同业组织的权利"，到"摊贩属于流动性质，无组织团体之必要"，到"允许存在，加强管理"的变化；对待摊贩组织的态度也由"允许存在"到"取缔"到"加强管理"的变化。

在新中国成立初期，由于战争创伤的遗留，失业、失职、失学者较多，摊贩数量也较多。据中央工商管理局统计，全国城镇，1950 年，共有摊贩 197 万户，216 万人；1952 年，增加为 218 万户，243 万人。

在新中国成立初期，一些大中城市的"摊贩联合会"是与"同业公会"并存的商人组织。"摊贩联合会"与"同业公会"相比，前者同经营业态，后者同产业业态；前者多为个体户、经营规模较小，后者多为企业、经营规模相对较大；前者多为商业，后者包括工商业；前者多为流动性摆摊设点，后者多有固定性生产经营场所；前

---

[1] 魏晓锴. 近代上海摊贩治理论述 [J]. 江西社会科学，2014（12）：128–134.

者多为临时性、业余性从业者，后者多为职业性、长期性从业者。

例如：[1]

解放初期的上海，1949 年 12 月摊贩数量为 84623 户，到 1955 年增加至 19 万户。在新增加的摊贩中，外来人口占 45% 左右，其中农民占 80%。庞大的摊贩群体的存在，给交通秩序、社会治安等诸多方面带来负面影响。

上海的摊贩管理经历了以下过程：1949 年 6 月 26 日，公布了《管理摊贩暂行规则》，提出"组织起来，加强教育，严密管理，限制发展，区别不同情况，逐步进行改造"的方针。1950 年 3 月 1 日，成立上海市摊贩整理委员会；9 月 29 日，摊贩整理委员会改组为摊贩管理委员会；11 月 29 日，公布了《上海市摊贩管理暂行办法》。1951 年下半年上海经济由恢复走向发展，摊贩管理工作逐步"改善登记工作，稳定经营""限制发展，逐步淘汰""注重管理流动摊贩"，并制定了《管理流动摊贩暂行办法草案》。至 1954 年，固定摊贩已经按菜场、商场、地段组织了 400 个摊贩委员会和 467 个基层小组，并按区成立摊贩联合会，摊贩组织得到了进一步的加强，无序的摊贩进入有序的商业网之中。至 1955 年底，全市摊贩共有 19 万户，21 万人，其中固定摊贩 10 万户，流动摊贩 9 万户。1956 年全行业公私合营后，摊贩市场按行业由有关专业公司管理。

又如：[2]

武汉市建立了由小商小贩组成的摊贩联合会，隶属区一级工商联管理。其任务主要有两点：一是协助政府管理摊贩。1955 年 7 月，武汉市工商联颁布《武汉市各区摊贩联合会组织暂行通则》，此后各区摊贩联合会正式成立，摊贩登记、管理等方面的工作得到进一步加强。二是协助政府引导摊贩走合作化发展道路。如 1956 年 1 月，菜市场各业摊贩已经组成供销合作社 48 个，供销合作组 24 个，涉及 5157 人。

根据《工商业联合会组织通则（1952）》第十二条规定，"摊贩得按区或按市场组织联合会及分编小组"。为照顾这些小工商业者的利益，在大中城市的工商联组织内，也可以吸收若干摊贩的代表，组织各种专门委员会，来研究和指导他们的生产和经营问题。小城市可以把摊贩分别组织到各同业公会及同业小组中去，也可以让他们建立自己的同业委员会或同业小组。

摊贩联合会与同业公会都是中国当代商会组织体系的重要组成部分，其组织性质

---

[1] 张辰. 解放初期对上海摊贩的管理. [EB/OL]. （2019—11—15）[2023—05—01]. https://www.archives.sh.cn.

[2] 贾全全. 建国初期武汉市摊贩的治理与改造（1949—1956）[EB/OL]. （2015—06—14）[2023—05—01]. http://www.docin.com/p-912788074.html.

相似、功能近同，虽然摊贩联合会组织作用力和影响力相对较小，但能把"最难组织的商人群体"或"商人与非商人的混合群体"组织起来，在新中国成立初期，为团结小商小贩为国民生计服务，为繁荣市场服务，为组织小商小贩走合作化道路、参与社会主义改造作出了重要贡献。

1956 年，在社会主义改造基本完成，全行业实行公私合营之后，摊贩联合会的成员分别加入合作社或公私合营企业。

其后，1960 年 2 月 19 日，在全国工商联第三次会员代表大会上，确认商贩联合会为工商联的团体会员。1962 年以后，从组织形式上，商贩联合会演变为合作商贩联合会；从管理职能上，由工商联移交给政府商务部门。其后的组织发展情况，据江苏省 1963 年 12 月统计，全省所属 11 个市和各专区的商贩共有 297877 人，建立合作商贩联合会市级组织 8 个，区级组织 23 个，行业分会 237 个，郊区集镇组织 35 个。苏州、镇江、南通、扬州、盐城、徐州、淮阴等专区建立县级组织 20 个，城镇组织 39 个，集镇行业分会 390 个，小组 81 个。全省合作商贩联合会专职人员 1170 人。

再其后，摊贩联合会与同业公会的境况大致相同，在国家实行社会主义计划经济体制以后，组织功能逐步弱化，组织活动趋向停止；在国家实行社会主义市场经济体制以后，被其性质、形式和功能相同但名称不同的组织——个私协会或市场商会取代，其成员分流为个私协会会员和工商联会员。

七、手工业者联合会和行商联合会

在新中国成立初期，手工业者联合会和行商联合会纳入工商联组织系统。如《工商业联合会组织通则（1952）》中规定：

市、县工商业联合会以本市、县区域内的国营、私营及公私合营之工商企业、合作社或合作社联社为会员；手工业者、行商、摊贩得个别地或集体地加入市、县工商业联合会为会员；手工业者、行商于必要时得在区工商业联合会或区分会下，组织区手工业者联合会、区行商联合会；摊贩得按区或按市场组织联合会及分编小组。

1953 年以后，手工业者和行商组织主要由中华全国合作社联合总社组织系统管理。

关于手工业及其组织

自古以来，手工业在我国国民经济和社会生活中占有重要地位。手工业是关系广大人民群众生活需要，弥补大工业生产能力不足、大商业经营服务能力不足的重要产业，是小商品经济的基础和支柱。据国家统计局于1952年的初步统计，全国城乡手工业工人和手工业独立劳动者达到1930万人，手工业产值达到73.12亿元，占工业总产值的比重为20.6%。

1953年11月20日至12月17日，在中华全国合作社联合总社召开的第三次全国手工业生产合作会议上，朱德发表题为《把手工业者组织起来，走社会主义道路》的讲话。他指出："组织手工业生产合作社，是改造手工业者的个体经济，帮助他们过渡到社会主义的唯一的组织形式。""一部分手工业合作社是可能长期存在的，不仅在过渡时期，就是到社会主义社会，也是会存在的。"[1]36

1954年6月22日，中共中央发出《关于第三次全国手工业生产合作会议的报告的指示》，提出在集中主要力量发展重工业的同时，必须相应地发展轻工业、地方工业和手工业，以满足广大人民群众日益增长的需要。手工业合作化应按照"积极领导、稳步前进"的方针发展，手工业生产合作社必须加强和个体手工业者的团结，在生产上给予可能的帮助。为了加强团结和发挥手工业者的积极性，各地可采取手工业者代表会议的组织形式，把手工业者广泛地组织起来。[1]39 7月20—25日，中华全国合作社第一次代表大会在北京召开[1]39，到会代表共560人，包括汉、满、蒙古、回、藏、维吾尔、哈萨克、朝鲜、苗、瑶、黎、壮、布依、摩西共14个民族。苏联、蒙古、东德、朝鲜、捷克、罗马尼亚、保加利亚、越南共8个国家的合作社代表团参加了大会。波兰和匈牙利合作社发来贺电。这次会议以后，中华全国合作社联合总社改组为中华全国手工业合作总社和中华全国供销合作总社。年底，全国手工业合作社社（组）员激增到121万人，合作社组织发展到41000多个，合作社营工业增长31.5%。

1955年12月21—28日，第五次全国手工业生产合作会议在北京召开。[1]52 会议讨论制订了1956年和1957年的发展规划，提出在两年之内基本完成手工业合作化，进而争取把全部半社会主义性质的生产合作社（组）过渡到完全社会主义性质的生产合作社，并逐步进行技术改造。

1956年3月5日，毛泽东在听取手工业管理局和手工业合作总社的汇报时指出：手工业社会主义改造的速度，慢了一点；手工业合作社的规模一般以一百人左右为宜；手工业要努力快一点实现机械化；手工业的供产销应当纳入国家计划。他还提

---

［1］黄孟复主编.中国民营经济史·大事记［M］.北京：社会科学文献出版社，2009.

出：在社会主义改造中，手工业中许多好东西，不要搞掉了。"王麻子""张小泉"的刀剪一万年也不要搞掉。我们民族好的东西，搞掉了的，一定都要来一个恢复，而且要搞得更好一些。年底，90%以上的手工业劳动者加入合作社。[1]

手工业合作社及手工业联合会具有集体经济组织性质，手工业者具有集体经济组织成员的特点。在新民主主义经济时期，在"一化三改"的政策指引下，城乡手工业逐步走上社会主义集体化发展道路，并得到较快发展；在社会主义计划经济时期，城乡手工业进一步加快发展；在社会主义市场经济时期，手工业合作社及手工业联合会其组织形式逐步转变为商会类组织，其成员逐步转变为不同形式的商会会员。

关于行商及其组织

行商，在这里主要是指无经营门店游动经营的小商小贩。在《工商业联合会组织通则（1952）》贯彻实施后，由于行商可个别地或集体地加入市、县工商联成为会员，选择形式多样，"行商联合会"组织逐渐被市场商会组织取代，其成员向市、县工商联个人会员或市场商会会员等多个方向分流。

1958年4月2日，中共中央发出《关于继续加强对残存的私营工业、个体手工业和对小商小贩进行社会主义改造的指示》，其中指出：1956年全国绝大部分私营工商业和手工业实现了社会主义改造以后，从事私营工业和个体手工业的大约有七十万人，从事小商小贩的也有六七十万人。对于个体手工业者，应该加强对他们的领导、管理和改造，在自愿的原则下，有计划地吸收他们参加手工业合作社。目前还没有组织起来的小商贩，应当进一步把他们组织成合作小组、合作商店或使他们成为国营商业的代购人员和代销人员。

随着时间的推移，伴随着如区域市场、专业市场、功能市场及其后的网络市场等现代市场的兴起与发展，伴随着日趋严格的市场管理，走街串户、沿途叫卖、席地兜售、提篮小卖的行商从业者和独立手工业者逐渐减少，其组织也相应逐渐减少，行商、行商联合会已经成为历史名词，存在于人们的记忆中。

---

[1] 中国共产党大事记·1956年［EB/OL］.（2006-05-30）［2023-05-06］. http://cpc.people.com.cn.

第三章

新民主主义经济体制下工商联组织特征与功能

在新民主主义经济时期，工商联是在中国共产党和人民政府的领导下，以团结全国工商业者，贯彻《共同纲领》、发展新民主主义经济为目的的人民团体；工商联逐渐发展成为全体工商界的，即包括各城市、各阶层和各行业的并使中小工商业者享有平等权利的组织。

一、新中国工商联与旧中国商会的根本不同

在新民主主义经济时期，新中国的工商联与旧中国的商会（及世界各国商会）组织的根本不同之处主要表现在以下方面：

第一，从组织性质来看，新中国的工商联是人民团体，旧中国的商会（及世界各国商会）组织大都是社会团体。

第二，从组织成分来看，旧中国的商会其成员"一般由同业公会或商号会员组成，常被大商业资本家和地方士绅操纵，有的还有反动武装——商团"。[1]357 新中国的工商联，是全体工商界的、大中小工商业者都参加并享有平等权利的、以个体工商户和私营企业占多数的、公私合营企业及合作社企业和国营企业也参加进来的工商界大联合的组织。

第三，从组织地位来看，旧中国的商会，"是商人为维护其营业利益而组织的社会团体"。[1]357 新中国的工商联，是"各类工商业者联合组成的人民团体"，[2]是人民

---

［1］陈云.做好工商联工作［M］//陈云文选（1949—1956）.北京：人民出版社，1984.

［2］《工商业联合会组织通则（1952）》.

政协的重要界别，并被赋予"政治协商、民主监督、参政议政"职能。

第四，从组织特征来看，旧中国的商会，具有经济性和民间性组织特征。新中国的工商联，除了具有经济性和民间性组织特征之外，还具有"统战性"组织特征。

第五，从组织功能来看，旧中国的商会，以"联络工商、振兴实业"等经济功能为主。新中国的工商联，除了经济功能之外，还被赋予"组织工商业者进行学习、改造思想和参加各种爱国运动"[1]等政治功能。

第六，从领导成分来看，旧中国的商会，其领导成员大都是大商业资本家和地方士绅。新中国的工商联，其组织领导成分，在私营企业方面，要照顾到工商、大小、政治态度等，但重要的是必须有充分的代表性；在公营企业方面，要有必需的名额，但又要防止过多。[2]152

第七，从会员经济结构来看，旧中国的商会，其会员经济结构大都为个体私营企业的代表。新中国的工商联，公营企业的代表也参加进来。公营企业的代表参加工商联目的有三：一是"实现国营经济的领导"；二是"既要贯彻国营企业的经营方针又能团结其他各种经济成分"；三是有利于互相"熟悉情况，学习业务"。制订国家经济建设计划，不管私营企业不行。[2]154

第八，从工作任务来看，旧中国的商会，其工作任务一般局限于经济事务。新中国的工商联，其工作任务除了经济事务以外，还担负着三方面的重要任务：一是"领导工商业者遵守《共同纲领》及人民政府的政策法令"；二是"代表私营工商业者的合法权益，向人民政府或有关机关反映意见，提出建议"；三是"指导私营工商业者在国家总的经济计划下，发展生产，改善经营"。[3]

第九，从工作方法来看，旧中国的商会大都只注重做会员的工作。新中国的工商联，在注重做好会员工作的同时，并面向全体工商业者做工作；并注重做好工商业者家属工作。做好工商业者家属工作，对于克服消极因素、增加积极因素，减少阻力、增加动力、提高工商联工作效率作用重大。例如，做好工商业者家属工作，对于促进公私合营工作顺利开展，促进完成对资本主义工商业进行社会主义改造发挥了重要作用。这样的工作方法，对于古今中外的其他商会组织是难以想象的。

---

[1]工商业联合会组织通则[M]//孙晓华主编.中国工商业联合会50年概览（上卷）.北京：中华工商联合出版社，2003：52-55.

[2]陈云.做好工商联工作[M]//陈云文选（1949—1956）.北京：人民出版社，1984.

[3]工商业联合会组织通则说明[M]//孙晓华主编.中国工商业联合会50年概览（上卷）.北京：中华工商联合出版社，2003：56-59.

其根本原因，在旧中国，妇女政治、经济、社会地位低下；在新中国，男女平等，"妇女能顶半边天"，这样的指导思想体现到了工商联的组织意识与行为当中。

第十，从组织原则来看，新中国工商联的组织原则为民主集中制，以民主基础上的集中和集中指导下的民主相结合的方法决定组织意识与行为，这与旧中国的商会惯有的工商大户说了算、会首个人说了算的商会决策机制具有根本不同。

第十一，从党建工作来看，新中国的工商联注重加强中国共产党的领导。"首先是统一党的政策领导"，"在大、中城市要成立党的工商工作委员会。这是党内的工作机构，在市委的领导下，统一党对工商工作（包括工商联工作）的政策思想。其成员，应包括统战部、财委党组、工商联党组及总工会等有关人员"。[1]153 同时，建立工商联党组，在上级党委的领导下，贯彻执行党的路线、方针、政策，团结带领党内外同志共同完成党和国家交给的任务，这是新中国的工商联与古今中外的商会组织最根本的不同之处。

具有中国特色的工商联组织在新民主主义经济时期，领导全国工商业者遵守《共同纲领》和人民政府法令，指导全国工商业者在国家总的经济计划下发展生产、改善经营，代表工商业者的合法权益向人民政府及有关机关反映意见、提出建议，组织全国工商业者通过学习提高政治认识、改造思想、发扬爱国主义精神，为国家发展新民主主义经济发挥了重要作用。

二、新民主主义经济体制下工商联组织特征

中国工商联是各类工商业者联合组成的人民团体，具有统战性、经济性、民间性（简称"三性"）的组织特征。工商联"三性"组织特征，在其组织成立之初就确定下来，虽然在不同的经济时期，某一方面的重要程度有所变化，但"三性"组织特征保持不变，并随着其工作不断发展得以丰富和完善。在新民主主义经济时期，工商联"三性"组织特征鲜明。

统战性／工商联特有组织特征

具有统战性是中国当代工商联不同于中国旧商会及国外一切商会组织的最鲜明的最具特色的组织特征。统战性主要体现在工商联是中国共产党领导的统一战线组织，

---

［1］陈云.做好工商联工作［M］//陈云文选（1949—1956）.北京：人民出版社，1984.

决定了工商联的政治方向、政治地位和政治功能。

工商联是中国人民政治协商会议的重要界别，是统一战线工作的重要环节，其会员结构包括国营经济、合作社经济、个体经济、私人资本主义经济和国家资本主义经济共五种经济成分，其组成人员中包括城市小资产阶级、民族资产阶级等重要的统战工作对象，其组织任务是广泛团结各种经济成分的经济人士构建促进经济发展的统一战线。工商联组织及其成员与统一战线关系密切，工商联工作与统一战线工作关系密切。工商联的统战性组织性质，体现在其重要的统一战线组织地位，表现在其承担的统一战线工作任务及被赋予的统一战线组织职能。

第一，工商联是人民政协的重要界别

中国人民政治协商会议是中国人民爱国统一战线的组织，工商联是中国人民政治协商会议的重要界别。1949年7月，由新政协筹备会制定、通过的中国人民政治协商会议的会徽，象征着全国各族人民大团结。人民政协会徽体现了无产阶级领导的、以工农联盟为基础的各民主阶级大团结的精神。人民政协会徽图案含义：[1] 1.红星表示无产阶级领导。2.齿轮、嘉禾表示以工农联盟为基础。3.四面红旗表示四个阶级（即当时的四大阶级：工人阶级、农民阶级、小资产阶级、民族资产阶级）的大联合。4.地图表示新中国，背景光芒四射。此外，红星下面的1949四个阿拉伯数字，表示中国人民政治协商会议诞生的年号；缎带上的"中国人民政治协商会议"10个金色仿宋字，标明了人民政协的全称。人民政协有34个界别，包括工商联在内。工商联成为人民政协的重要界别，赋予较高的政治地位和政治责任。工商联作为人民政协的重要组成单位，担负有"政治协商、民主监督、参政议政"的重要职能，这是工商联统战性特征的重要表现形式，这也是工商联有别于其他商会组织的最重要的组织特征。

第二，工商联担负着团结、联合民族资产阶级的统战工作任务

1950年3月21日，时任中央统战部部长李维汉在中共中央统一战线工作会议上的报告《人民民主统一战线的新形势与任务》中指出：[2]

统一战线中的重要政策问题之一，是怎样同民族资产阶级实行既团结又斗争的问题。应该肯定，在今后一个相当长的时期内，团结民族资产阶级的政策是重要的和必要的。政治上必须团结民族资产阶级，反对共同敌人。经济上必须联合民族资产阶

---

[1] 全国政协办公厅编写组.政协委员手册[M].北京：中国文史出版社，2009：6.

[2] 李维汉.统一战线与民族问题[M].北京：中共党史出版社，2016：58—59.

级，因为中国的经济十分落后，要把中国从落后的农业国家改变成现代化的工业国家，必须尽量利用私人资本主义的积极性。

政治上团结民族资产阶级，经济上联合民族资产阶级，是新民主主义经济时期工商联各级组织最重要的统战工作任务。

第三，工商联是对私营工商业者开展统战工作的重要环节

1949年8月，中共中央发出《关于组织工商业联合会的指示》，指出："工商业以合并成立工商业联合会为好。我公营企业的主持人亦应参加进去一些，以便教育和团结私营工商业家。"这是建立工商联组织，对私营工商业者开展统战工作的最初设想。

1950年3月21日，时任中央统战部部长李维汉在中共中央统一战线工作会议上的报告《人民民主统一战线的新形势与任务》中指出：[1]

工商联是重要的人民团体，并且是我们在私营工商业者中进行统一战线工作的重要环节之一。党和政府要经过它去团结教育工商业者执行《共同纲领》和人民政府的政策、法令，尤其参加工商联的公营企业的干部，应当积极地进行这方面的工作。但同时必须承认工商联是工商界自己的组织，有权代表工商界的合法权益，把它当作简单的办差机关是不对的。

第四，工商联是工商界的统一战线组织

1952年6月20日，全国工商联筹备委员会主任委员陈叔通在全国工商联筹备代表会议开幕词中指出：[2]

工商联是新民主主义性质的工商界的统一战线组织，它是在人民政府领导下，包括全体工商业者在内，以贯彻《共同纲领》、发展新民主主义经济为目的的人民团体。

工商联既然是统一战线的组织，包括各种不同性质的企业，包括不同的阶级与阶层，它们在国家经济上也有不同的作用。因此，它就必须在《共同纲领》的总原则下照顾到不同的阶级和阶层的利益。只有在各方面不同的利益都能得到适当地照顾，使不同的阶层都能各得其所，工商联才能够真正地成为全体工商界的人民团体。

"重要的人民团体""人民政协的重要界别""担负着团结、联合民族资产阶级的统战工作任务""统一战线工作的重要环节""工商界的统一战线组织"，都表明了工

---

[1] 李维汉.统一战线与民族问题［M］.北京：中共党史出版社，2016：62.
[2] 孙晓华主编.中国工商业联合会50年概览（上卷）［M］.北京：中华工商联合出版社，2003：28-29.

商联鲜明的统战性组织特征和组织功能。

在新民主主义经济时期，工商联组织是以民族资产阶级、小资产阶级和中小工商业者为主体成员的组织。党和国家团结民族资产阶级、小资产阶级和中小工商业者的政策，决定了工商联的组织性质是人民团体，是人民大众的组织，需要运用统一战线的策略，团结民族资产阶级、小资产阶级和广大的中小工商业者，"尽量利用私人资本主义的积极性"，围绕"把中国从落后的农业国家改变成现代化的工业国家"的总任务开展工作，这就决定了统战性成为工商联最鲜明的组织特征。统战性是中国工商联的特有组织特征、特有组织使命和特有工作方法。统一战线策略运用于工商联组织的工作实践，对于最广泛地团结工商界人士走社会主义道路，对于最广泛地汇聚智慧和力量构建促进新民主主义经济发展的统一战线，对于有利发展生产、繁荣经济，建设新民主主义的新中国发挥了至关重要的作用。

工商联是重要的人民团体，是人民政协的重要界别，这说明并证明，与中国近代商会组织相比，中国当代工商联的政治地位更高，组织作用能力更强，承担的组织责任更大。统战性是政治性的重要表现方面，在新民主主义经济时期，工商联组织的基本任务中，政治性任务较多，服务国家和地方政府中心工作的任务较多。

经济性／工商联的基本组织特征

经济性是古今中外各类商会组织的共同属性，可以说，没有经济性，不能称其为商会组织，工商联也不例外。工商联并非直接从事生产经营并以营利为目的的经济组织，其经济性主要体现在以经济人士为会员主体，以参与经济事务、服务经济活动、促进经济发展为主要工作任务，离开了经济人士、经济领域和经济活动，工商联就缺乏组织活力与生命力。

在中国近代，旧中国的商会组织的经济性主要体现在服务与促进会员经济发展，服务与促进行业经济发展。例如，在清朝时期颁布的《清商部奏定商会简明章程（1904）》中，在民国时期颁布的《中华民国商会法（1915）》中都有明确规定，其内容主要包括：商会具有保商振商之责任，具有调查汇报商情、调解商务纠纷、申诉商人权利、服务商家需求、举办商品展览之服务功能，具有兴办工商教育及有关工商事务等公共事业之职责。商会总体职责以经济性为主。

在中国当代，新中国的工商联与旧中国的商会及其他各国商会组织相比，其经济性表现大体相同；特别之处，在于除了服务与促进会员经济发展，服务与促进行业经济发展之外，还承担了服务与促进区域经济发展，服务与促进国家经济发展等方面的工作任务。

在新民主主义经济时期，工商联组织的经济性特征主要表现在以下五个方面：

第一，工商联由工商界经济组织和经济从业人员联合组成

工商联会员，以私营企业、公私合营企业和工商业者为主体，国营企业和合作社也参加进来，手工业者、行商、摊贩等可以个别地或集体地加入进来。

第二，工商联及其所属同业公会等组织直接服务经济建设

一方面，致力于服务与促进会员经济发展，如为会员提供沟通商情、维持商务、议定商约、维护商权等服务；另一方面，致力于服务与促进工商业健康发展，为国家经济建设贡献力量。

第三，工商联组织是政府管理经济活动方面的助手

工商联担负的基本任务之一，就是领导私营工商业者遵守《共同纲领》及人民政府的政策、法令；指导私营工商业者在国家总的经济计划下，发展生产，改善经营；按照《共同纲领》的要求协助政府及有关部门调整四大关系，即公私关系、劳资关系、城乡关系、内外关系；领导和组织私营工商企业参与公私联营、公私合营，参与社会主义改造；协助政府管理个体私营经济，发挥积极作用，限制消极作用，如服务与促进私营企业加强企业管理，加强技术创新，开展增产节约运动等。

第四，工商联会员是参与经济发展的重要力量

在新民主主义经济时期，在国营经济、合作社经济、农民和手工业者的个体经济、私人资本主义经济、国家资本主义经济并存发展的经济方针指引下，在"公私兼顾、劳资两利、城乡互助、内外交流"的经济政策支持下，工商联会员经济涉及五种经济成分，涉及城乡、内外市场，相互竞争发展、合作发展，绩效显著。

第五，工商联组织是促进地方经济发展的重要力量

在新民主主义经济时期，地方工商联具有协助政府招商引资，服务地方经济发展等任务。例如：[1-2] 为了集中游资投向首都经济建设，1950 年 8 月，北京市工商联支持成立公私合营兴业投资股份有限公司。该公司章程明确规定其经营方向：配合国家

［1］北京市工商业联合会.五十年历程［M］// 孙晓华主编.中国工商业联合会 50 年概览（下卷）.北京：中华工商联合出版社，2003：4.

［2］刘亦师.由私入公：20 世纪 50 年代北京兴业投资公司设计部的创建、发展与历史结局［EB/OL］.（2018—10—10）［2023—05—01］.http://www.sohu.com/a/258709603_681890.

经济计划，集中资金投向有利于国计民生、有发展前途的生产事业，使现有生产水平提高一步，同时投资者也有利可图。短短几个月内聚合资金，陆续向食品、纺染、制药等民族企业投注资本、扩大生产，为繁荣、活跃首都市场发挥了积极作用。并且，协助政府部门从上海、天津引进了一批著名的老字号店铺，有义利食品公司、金星金笔厂、雷蒙西服店等落户北京。这是地方工商联协助政府招商引资，服务地方经济发展的早期案例。此后，协助政府招商引资，服务地方经济发展，成为各地工商联组织的重要任务之一。

民间性／工商联的根本组织特征

民间性是古今中外各类商会组织的共同属性，工商联同其他商会一样，属于非政府组织，植根于民间，具有民间属性。工商联组织如果脱离了民间就没有了社会基础，就没有了会员基础的广泛性，就没有了所依存的社会经济土壤，就不是公认意义的商会组织。工商联民间属性体现在民间特色、民间渠道、民间作用之中。

第一，从人民团体定位看工商联组织的民间性

《工商业联合会组织通则（1952）》规定："工商业联合会是各类工商业者联合组成的人民团体。"这表明中国工商联与中国共产主义青年团、中华全国总工会、中华全国妇女联合会、中华全国青年联合会、中国科学技术协会、中华全国台湾同胞联谊会、中华全国归国华侨联合会一样归类为人民团体，属于中国共产党领导的具有民间性组织特征的人民团体。

第二，从会员结构看工商联组织的民间性

在新民主主义经济时期，工商联会员结构以工商界的民营企业和民营经济人士为主体，虽然"公营企业的主持人亦应参加进入一些，以便教育和团结私人工商业家"，但以民营企业和民营经济人士为主体的格局始终没有改变。工商联是一个覆盖面广、包容性强、涉及阶层多、参加人数多、以民营经济人士为主体的民间性组织。

第三，从工作机制看工商联组织的民间性

工商联是党委和政府联系工商业者的桥梁和纽带，是政府服务民营经济发展方面的助手，但不是政府部门，也没有政府职能。工商联的组织目标和任务主要是围绕党和国家的工作大局服务，为经济建设服务，为会员发展服务；围绕国家政治、经济和社会建设参政议政、献计出力。民间性的社会工作方法和群众工作方法是工商联最重要的组织工作方法。

三、全国工商联第二次会员代表大会（1956）

1956 年 12 月 10—23 日，全国工商联第二次会员代表大会在北京举行。[1-2] 出席这次大会的代表共有 1050 人，列席大会的中央和国家有关部门及其他方面的人员 350 人。大会开幕前的 12 月 8 日晚上，毛泽东主席接见了出席大会的各省（市）代表团负责人，并就如何进一步发挥工商界的积极作用，为社会主义建设服务的问题进行了座谈，出席座谈会的还有党和国家领导人刘少奇、陈云及中央有关部门和各人民团体的负责人。12 月 18 日下午，党和国家领导人接见了出席代表大会的全体代表。

大会概况与主要精神

12 月 10 日上午，在开幕会上，全国政协副主席包尔汉、中国民主建国会主任委员黄炎培、中华全国总工会主席赖若愚、中国新民主主义青年团中央书记处书记廖承志分别向大会致词。大会主席陈叔通以《全国工商业者继续接受社会主义改造，充分发挥积极作用，为我国伟大的社会主义建设而奋斗》为题作报告。报告指出：1. 社会主义改造取得决定性胜利，到 1956 年上半年，各种私人资本主义工商企业基本上都已改变为各种不同形式的国家资本主义企业。2. 全国工商业者当前的主要任务是彻底完成对资本主义工商业的社会主义改造。在企业改造方面，逐步把国家资本主义企业改变成为社会主义企业；在人的改造方面，逐步把自己改变成为社会主义劳动者。3. 工商业者要加强学习、加强自我教育、加强自我改造，要搞好公私共事关系，要参加社会主义竞赛，为社会主义事业立功。4. 工商联要代表工商业者的合法利益，发挥人民团体的监督作用，协助国家团结教育改造工商业者，成为政府的一个有力的助手，在社会主义胜利的道路上迈步前进。

12 月 11 日上午，大会听取了荣毅仁作的《中华全国工商业联合会第一届执行委员会三年来的工作报告》，《报告》在总结三年工作的基础上重点论述了在协助国家贯

---

［1］孙晓华主编.中国工商业联合会 50 年概览（上卷）［M］.北京：中华工商联合出版社，2003：
　　176-227.

［2］黄孟复主编.中华全国工商业联合会 50 年大事记（1953—2003）［M］.北京：中华工商联合出版社，
　　2003：72-74.

彻和平改造政策中的工作体会：必须紧紧地依靠中国共产党的领导；必须代表工商业者的合法利益与合法要求；必须针对思想情况进行说服教育；必须培养骨干分子，发挥带头、模范和桥梁作用。

12月23日，大会选出265名执行委员。并通过了6项决议：包括《关于全国工商业者进一步发扬爱国主义精神，继续加强自我改造，积极为社会主义建设作出贡献的决议》《关于全国工商联第一届执行委员会三年来的工作报告的决议》《关于召开全国工商界先进生产者和先进工作者代表会议方案及会议的经费预算和分担办法的决议》《关于工商界生活互助金暂行方案及其说明的决议》《关于大会提案审查委员会提案审查报告的决议》和《关于大会财务审查委员会财务审查报告、全国工商联1954—1956年三年财务报告、1957年度经费预算及会员缴纳会费办法的决议》。在第一项决议中提出了工商业者应共同遵守的五项基本准则：1.继续发扬爱国主义精神，把自己的一切贡献给国家，为祖国的社会主义建设服务。2.守职尽责，克勤克俭，养成艰苦朴素作风，努力工作，积极参加社会主义竞赛。3.进一步改进公私关系，尤其要以积极的正确的态度服从公方领导，靠拢职工。4.进一步改进私私关系，运用批评和自我批评，加强团结，以求得共同进步。5.加强政治理论学习，积极提高社会主义觉悟。

12月24日，全国工商联二届一次执委会选举陈叔通为主任委员，选举李烛尘、章乃器、许涤新、盛丕华、荣毅仁、陈经畬、黄长水、胡子昂、巩天民、沙千里、吴雪之、乐松生、毕鸣岐、邓文钊、韩望尘为副主任委员，选举项叔翔为秘书长。选出68名常务委员。

《工商业联合会章程（1956）》主要内容

在全国工商联第二次会员代表大会上通过的《工商业联合会章程（1956）》，共分五章32条，主要内容包括：

规定组织性质：工商联是各类工商业者联合组成的人民团体。

规定组织任务：1.领导工商业者遵守国家的宪法、法律和政策法令。2.团结广大工商业者发扬爱国主义精神，积极参加社会主义建设。3.协助政府继续完成对资本主义工商业和手工业、小商小贩的社会主义改造。4.代表工商业者的合法利益；反映工商业者的意见和要求，并发挥人民团体的监督作用。5.组织工商业者进行学习，提高思想认识和业务水平。6.鼓励和推动工商业者发挥技术专长和经营才能，积极参加社会主义竞赛，搞好生产经营和公私共事关系。7. 加强与世界各国工商业者的友好往来，促进各国人民之间的经济交流和世界和平事业的发展。

规定会员结构：1. 全国工商联以省、自治区、直辖市工商联、国营企业、合作社的全国总机构及公私合营企业的全国性总机构为会员。2. 省、自治区工商联以市、县及相当于市、县一级的工商联及国营企业、合作社和公私合营企业的省级机构为会员。3. 直辖市、市、县工商联以本区域内的国营企业、合作社联合社（或合作社）、合作商店、公私合营企业和私营企业为会员；凡在国营企业、合作社、合作社联合社工作的原来的私营工商业者和公私合营企业在职的与不在职的私方人员，都可以参加直辖市、市或县工商联作为会员；手工业者和摊贩可以个人或集体地加入直辖市、市或县工商联为会员。4. 对工商界有密切联系的或有特殊贡献的人士，可以被邀请参加各级工商联为会员。

规定会员权利：1. 发言权、表决权、选举权和被选举权。2. 提出建议、批评与反映意见的权利。3. 享受本会会员福利事业的权利。

规定会员义务：1. 遵守会章。2. 执行决议。3. 交纳会费（个人会员不交纳会费）。

规定工商联的组织原则：民主集中制。少数服从多数，下级组织服从上级组织。

规定工商联的组织系统：全国工商联；省、自治区、直辖市工商联；市、县工商联。

规定各级工商联的最高权力机构是各级会员代表大会。全国工商联、省、自治区工商联会员代表大会，每三年召开一次。直辖市、市、县工商联会员代表大会，每二年召开一次。各级工商联的会员代表大会，由各级工商联执行委员会负责召开，必要时，可以提前或延期召开。

规定各级工商联设立执行委员会，执行委员会在会员代表大会闭会期间是各级工商联的最高领导机构，负责贯彻执行会员代表大会的决议。规定执行委员会可以根据需要设立常务委员会，常务委员会贯彻执行委员会的决议，并领导会务。常务委员会对执行委员会负责并报告工作。执行委员会对会员代表大会负责并报告工作。全国工商联，省、自治区工商联的执行委员会和常务委员会每届任期三年。直辖市、市、县工商联的执行委员会和常务委员会每届任期二年。

规定各级工商联，可以按工作需要设立若干工作部门和各种专门委员会。

规定在工商业比较发达的大、中城市，可以根据需要按行政区划设立区工商联或区办事处。区工商联是市工商联领导下的一级组织。

规定在直辖市和市工商联下，可以根据需要按行业设立同业公会或同业委员会。县工商联在比较大的集镇，可以根据需要设立镇工商联或办事处。镇工商联是县工商联领导下的一级组织。在工商户不多的小集镇，可以设立工商小组。摊贩可以按市、区、集镇或市场，组织摊贩联合会或摊贩小组。

《工商业联合会章程（1956）》是在《中华全国工商业联合会章程（1953）》的基础上，根据《中华人民共和国宪法（1954）》精神，根据《工商业联合会组织通则（1952）》和中央统战部《关于继续发挥工商业联合会的作用的意见（1956）》精神修改形成的，《工商业联合会章程（1956）》适用于全国各级工商联组织。

第四章

工商联组织及成员的重大政治参与

中国共产党和中央人民政府历来重视工商界代表人士的政治参与，高度重视工商联组织及成员在国家政权建设和政治活动中的政治参与。全国工商联及地方各级工商联自组织成立之日起就成为统一战线的重要组成部分，成为政治协商会议的重要界别。全国工商联及地方各级工商联的一大批代表人士，分别参与各级人大、政府、政协或其他重要组织并担任重要职务。

一、工商联组织的重大政治参与

从 1949 年 10 月 1 日中华人民共和国成立，到 1956 年社会主义改造基本完成，7年间，党和国家组织开展了许多重大的政治活动，全国各级工商联组织及成员积极参与其中，这里主要介绍参与抗美援朝、参与土地改革、参与促进世界和平事业发展的政治活动。

参与抗美援朝运动

1950—1952 年间，全国各级工商联组织广大工商业者，与全国人民一道参与了"抗美援朝保家卫国"运动。组织开展了轰轰烈烈的"捐献飞机大炮"运动。

在上海，1950 年 7 月 21 日，上海市工商联筹备委员会在大光明戏院召开抗美援朝动员大会，会议通过了《上海市工商界抗美援朝保家卫国运动计划大纲》，号召全市工商业者以具体有效的行动参与抗美援朝保家卫国运动。11 月 27 日，上海工商界抗美援朝保家卫国动员大会通过了《上海工商界抗美援朝保家卫国爱国公约》，主要内容有 5 条：1. 贡献一切力量，支援抗美援朝保家卫国的志愿军部队。2. 坚守岗位，加紧生产，沟通物资交流，保证军需民用物资的充分供应。3. 遵守政府的政策法令，保证稳定物价，不囤积居奇，不投机取巧，不欠税、不逃税。4. 加强时事学习，认清敌友，不听信美帝和匪特的荒谬谣言。5. 保护生产设备和仓库物资，严防匪特破坏。在不到两个月的时间内，签名者达到 6 万人以上，《爱国公约》成为工商界爱国行动的纲领。12 月 16 日，上海市工商界举行抗美援朝保家卫国示威大游行，15 万多名工商业者汇集人民广场。工商界知名人士刘鸿生宣读向毛主席致敬电，胡厥文宣读向中国人民志愿军和朝鲜人民军致敬电，荣毅仁宣读致全国工商界电。从 1951 年 9 月至 1952 年 5 月，上海市工商界捐款 6000 多万元，可购买 404 架战斗机，达到原定目标任务的 150%，占全国捐献总额的 10% 以上。

1950 年 12 月 16 日，上海市工商界举行抗美援朝、保家卫国示威大游行

　　在天津，1950 年 11 月 14 日，天津市工商联召开了有 144 个行业公会参加的抗美援朝动员大会，会上通过了天津市工商界抗美援朝保家卫国的"四项爱国保证"。11 月 30 日，天津市工商联组织全市 42989 名工商业者举行了声势浩大的"天津市工商界抗美援朝保家卫国示威大游行"，充分显示了工商界抗美援朝保家卫国的坚强意志。游行结束后，李烛尘主任委员代表天津市工商界向中国人民志愿军和朝鲜人民军发出慰问信，并致电毛泽东主席表达天津市工商界抗美援朝保家卫国的决心。

　　12 月 2 日，毛泽东主席给天津市工商联负责人及工商界复电：[1]

---

[1] 孙晓华主编. 中国工商业联合会 50 年概览（上卷）[M]. 北京：中华工商联合出版社，2003：10.

天津市工商业联合会主任委员李烛尘先生、副主任委员毕鸣岐先生、朱继圣先生、天津市工商业界抗美援朝保家卫国示威游行大会的 42989 位爱国同胞们：

你们在 11 月 30 日给我的电报看到了。你们认清了美帝国主义者发动侵略中国和朝鲜的反动性质，你们不受他们的欺骗，不怕他们的恐吓，坚决地站在抗美援朝保家卫国的爱国立场上，并在 11 月 30 日举行了正义的示威游行，这是值得欢迎的。美帝国主义者对于中国人民做了很多的欺骗宣传，一切爱国者都不应相信这些欺骗言论。美帝国主义者侵略朝鲜、侵略中国的台湾、轰炸中国的东北，并使用各种流氓手段恐吓中国人民，一切爱国者都应有决心反抗美帝国主义的侵略，并不受他们的恐吓。中国人民抗美援朝保家卫国志愿军的英勇行为，是值得赞扬的。全国工人、农民、知识分子及工商业家，凡属爱国者，一致团结起来，反对美帝国主义的侵略，是完全正确的。我希望全中国一切爱国的工商业家和人民大众一道，结成一条比过去更加巩固的反对帝国主义侵略的统一战线，这就预示着中国人民在反对帝国主义侵略的神圣斗争中一定要得到最后胜利。

毛泽东主席的复电，给工商联组织及工商界人士极大的鼓励。在天津市抗美援朝总会的号召下，天津市工商界有 35504 人参加了全市人民开展保卫世界和平十万人签名活动。

1951 年 3 月，天津市工商联副主委朱继圣代表市工商界参加了中国人民赴朝慰问团，到朝鲜前线慰问中国人民志愿军和朝鲜人民军。归国后，向全市工商界传达了朝鲜前线中朝人民军队不怕牺牲并肩作战的英雄事迹和战斗情况以及朝鲜人民热爱祖国和中国人民志愿军的伟大国际主义精神，进一步鼓舞了全市工商界抗美援朝的爱国热情和巨大力量。4 月 18 日，天津市工商界提出"五项爱国公约"：1. 贡献一切力量，支援抗美援朝的志愿行动。2. 坚决拥护世界和平理事会的决议，反对美帝武装日本。3. 坚守工作岗位，保证积极经营，搞好生产，大力沟通城乡交流。4. 坚决支持政府政策法令，保证完成国家税收，稳定物价，不囤积居奇，不投机倒把。5. 加强时事学习，认清目前形势，扩大宣传，统一思想，认清敌友，坚定爱国立场，积极参加镇压反革命的斗争。6 月 5 日至 12 月 20 日，天津市工商界轰轰烈烈地开展了"捐献飞机大炮"活动，共捐款 1500 万元，可购买 100 架战斗机，对抗美援朝起到了有力的支援作用。

在苏州，1950 年，抗美援朝运动开始后，苏州市工商联筹备委员会发出倡议："为了以实际行动，拥护抗美援朝、保家卫国的志愿行动，我们苏州市工商界应该迅速开展捐献子弹和劳军运动。我们提议以子弹十万发捐献给我们中国人民的志愿军部队，以毛巾一万条慰劳我们的人民志愿军和朝鲜人民军……我们希望到会的代表先生们一致响应这个提议，掀起高潮，展开捐献和慰劳！"随后，苏州工商界举行了4000多人参加的抗美援朝保家卫国大游行，并捐款1.97万元（可购买子弹10万多发）和毛巾1万多条。之后，又捐献了3.69万元，用于慰劳中朝前线部队和救济朝鲜难民。

苏州市工商界抗美援朝、保家卫国大游行及游行口号

1951年，为响应全国抗美援朝总会发出的《关于推行爱国公约，捐献飞机大炮和优待烈属军属的号召》，苏州工商界共捐献213.85万元，可买17架飞机，提前超额完成任务。

1950—1952年，全国各地工商联组织工商界人士积极参加抗美援朝捐献及相关活动，作出了重要贡献，见表4-1。

表4-1　全国工商界参加抗美援朝捐献及相关活动情况（部分）

单位	参加抗美援朝捐献及相关活动情况
北京市工商界	1951年6月1日，北京市工商联筹备委员会在欢迎赴朝慰问团归国大会上通过了捐献飞机、大炮、坦克，积极支援前线的议案。 6月3日，仁立实业公司总经理朱继圣、副总经理凌其峻代表仁立公司宣布捐献喷气式飞机1架，命名"仁立"号，这是北京工商界向抗美援朝前线捐献的第一架飞机。 9月28日，北京市工商联组织17000人参加"北京市工商界庆祝国庆两周年捐献武器提前缴款纳库"大游行。 6月3日至12月，北京市工商界捐款648.39万元，可购买43架战斗机。

续表

单位	参加抗美援朝捐献及相关活动情况
天津市工商界	1950年11月14日，天津市工商联召开了144个行业的同业公会主任委员参加的抗美援朝动员大会，会上通过了工商界抗美援朝的"四项爱国保证"。天津工人提出"工厂就是战场，机器变刀枪"的口号，从大厂到小厂，从公营工厂到私营工厂，开展"爱国生产竞赛"。 11月30日，天津市工商联组织全市42989名工商业者举行了声势浩大的"天津市工商界抗美援朝保家卫国示威大游行"。 1951年3月，天津市工商联副主委朱继圣代表市工商界参加了中国人民赴朝慰问团，到朝鲜前线慰问中国人民志愿军和朝鲜人民军。 4月18日，天津市工商界"四项爱国保证"进一步修改为"五项爱国公约"。 6月5日至12月20日，天津市工商界轰轰烈烈地开展了捐献飞机大炮活动，共捐献100架战斗机（价款1500万元）。
辽宁省工商界	1951年，辽宁省工商界共计捐献飞机60余架、大炮2门的价款，慰问袋5.8万个，现款人民币50多万元。 沈阳市工商联副主任委员巩天民、营口市工商联主任委员韩善文、锦州市工商联主任委员侯启兴等参加赴朝慰问团赴朝慰问。
大连市工商界	大连市工商界共计捐献飞机11架、大炮1门的价款；捐献现金3万元；捐献8060个慰问袋，内装物品价值总计6.2万元。 大连市工商联动员组织40辆私营汽车奔赴朝鲜前线担任军需运输任务；组织私营铸造业、制铁业、木工业、服装业等承担制作军镐和军服等生产任务；另外，还开展赠送图书、画报、毛巾及写慰问信等活动；参与战勤和拥军优属工作，先后捐赠慰问金70余万元。
吉林省工商界	全省各级工商联组织和推动广大工商业者积极贯彻《爱国公约》、开展优待烈军属活动，在完成各项军需加工任务的同时，还超额完成了武器捐献任务。长春、吉林两市的工商业者共捐献135万元，可购买战斗机9架。
黑龙江省工商界	全省工商界举行游行示威，并积极开展捐献活动。仅哈尔滨、齐齐哈尔、牡丹江、佳木斯4市工商界捐献战斗机26架、火炮3门的价款。
上海市工商界	抗美援朝中，组织宣传活动，签订《爱国公约》，捐献404架飞机的价款，达到原定目标任务的150%，占全国捐献总额的10%以上。
浙江省工商界	1950年12月，全省工商界6万多人次参加反对帝国主义侵略战争、保卫世界和平的签名运动；全省各级工商联积极组织开展签订《爱国公约》、捐献飞机大炮和优待烈军属活动；各地工商界捐献飞机（价款）：杭州12架，宁波7架，嘉兴3架，绍兴、温州各2架，湖州、金华各1架。24—26日，宁波市、杭州市工商界发动万人大游行，决心以搞好生产经营、完成国家税收的实际行动抗美援朝。
福建省工商界	各地工商联组织工商界开展捐献飞机大炮活动，仅福州市工商界就捐献8架飞机价款。
江西省工商界	各地工商联动员组织工商界参加抗美援朝捐献飞机大炮活动，南昌市工商界捐献5.6架、景德镇捐献4架飞机价款。

续表

单位	参加抗美援朝捐献及相关活动情况
青岛市工商界	市工商联组织工商界参加抗美援朝捐献飞机大炮活动，捐献 20 架飞机价款；拥军优属捐款 34.4 万元；并致志愿军慰问信 2447 封，慰问袋 4325 个。印染、纺织、榨油、进出口等行业录用烈军属 600 多人为正式工人。
河南省工商界	开封市工商联组织工商界捐献 3 架飞机价款，另捐款 39.49 万元。 郑州市工商联组织工商界捐献 2 架飞机价款，另捐款 53.34 万元。 开封、郑州还组织工商界人士慰问志愿军伤员。
湖北省工商界	湖北省工商联组织工商界捐献 30 架飞机价款（其中 1 架战斗机命名"武汉工商号"），另募集慰问金 1.7477 万元。派副主任委员秦育之代表工商界参加慰问团赴朝慰问中国人民志愿军。
湖南省工商界	湖南省工商联组织工商界捐献飞机大炮款 364.9181 万元，优抚金 32.9679 万元，慰问金 9.9465 万元。派长沙市工商联筹委会常务委员陈芸田、王世传，委员龙维舟和聂季常代表工商界参加慰问团赴朝慰问中国人民志愿军。
广东省工商界	广州市工商联成立抗美援朝广州分会工商界支会，组织 200 多人的演讲队宣传抗美援朝的意义，举行抗美援朝祝捷大游行，发动全市工商界捐献 526 万元，可购战斗机 35 架。组织工商界人士欢迎志愿军归国代表团。
重庆市工商界	1951 年 6 月，组成"重庆市工商界抗美援朝捐献飞机大炮运动委员会"，捐款 397.6 万元，可购战斗机 26 架。
贵州省工商界	贵州省工商联组织工商界开展"爱国增产节约，踊跃捐献"活动。遵义、安顺两地工商界分别捐赠 7.5 万元和 7.25 万元，可购买战斗机 1 架。
云南省工商界	昆明市工商联组织工商界开展"爱国增产，捐献飞机大炮"活动。全市工商界共捐赠 137 万元，可购买战斗机 8 架、大炮 2 门、高射炮 1 门。此外，工商界妇女委员会与市妇联联合捐赠 15 万元，可购买飞机 1 架。
陕西省工商界	西安市工商界捐款可购买飞机 11 架、高射炮 1 门，并捐款 176 万元。陕西省 68 个县（市）工商界共捐款 119.7 万元。
甘肃省工商界	甘肃省和兰州市工商联积极组织工商界捐献飞机大炮活动，其中兰州市工商界捐款 88.9 万元。
青海省工商界	各级工商联积极组织工商界人士订立《爱国公约》、切实优待烈属、踊跃捐献活动。工商界捐款 10.5 万元。
新疆工商界	新疆维吾尔自治区工商联组织工商界人士订立《爱国公约》、增产节约、捐款捐物支援前线，形成抗美援朝的群众运动。工商界捐款可购买 4 架战斗机。

参考资料：北京、天津、辽宁、大连、吉林、黑龙江、上海、浙江、福建、江西、青岛、河南、湖北、湖南、广州、重庆、贵州、云南、陕西、甘肃、青海、新疆等省、市、自治区工商业联合会五十年历程［M］//孙晓华主编 . 中国工商业联合会 50 年概览（下卷）北京：中华工商联合出版社，2003：1—841.

参与土地改革

关于土地改革问题，1950 年 6 月 23 日，毛泽东主席在全国政协一届二次会议上的讲话[1]中指出：

中国的主要人口是农民，革命靠农民的援助才取得了胜利，国家工业化又要靠农民的援助才能成功，所以工人阶级应当积极地帮助农民进行土地改革，小资产阶级和民族资产阶级也应当赞助这种改革，各民主党派、各人民团体更应当采取这种态度。战争和土改是在新民主主义的历史时期内考验全中国一切人们、一切党派的"两个关"。战争一关，已经基本上过去了，这一关我们大家都过得很好，全国人民是满意的。现在是要过土改一关，我希望我们大家都和过战争关一样也过得很好。大家多研究，多商量，打通思想，整齐步伐，组成一条伟大的反封建统一战线，就可以领导人民和帮助人民顺利地通过这一关。

在这一思想的指导下，土地改革不仅是农村的事、农民的事，而且关联到与农村、农民有着千丝万缕联系的包括城市、城镇的小资产阶级和民族资产阶级在内的社会各界的人们。在这一思想的指导下，工商联组织及成员当作政治任务参与了全国范围内轰轰烈烈开展的土地改革运动。

天津市工商界参加土地改革工作是从 1951 年初开始的，在天津市工商联的组织和推动下，工商界人士积极响应号召，认真学习土地改革政策，踊跃参加土地改革工作团和参观团，共有王光英等 102 人参加，分 6 批。其中：参加西南土地改革工作团 19 人，参加华东土地改革工作团 9 人，参加中南土地改革工作团 50 人；参加土地改革参观团湖南分团 10 人，参加土地改革参观团山东分团 10 人。

参加土地改革工作团和参观团工商界人士，认真听取全国形势和有关土地改革政策、工作任务及应注意的问题的报告，学习《中华人民共和国土地改革法》等有关文件，达到三项要求：1. 认识土地改革的政治意义，领会政策精神，贯彻"依靠贫雇农、团结中农、中立富农、孤立地主"的方针。2. 了解当地土地改革的步骤、方法和工作情况。3. 明确阶级立场，澄清混乱思想及不正确的看法。

参与土地改革工作分四个阶段进行：1. 访贫问苦，扎根串联。工作人员与农民"三同"（同吃、同住、同劳动），了解农民生活状况，便于开展工作。2. 诉苦反霸。

---

[1] 中共中央文献编辑委员会. 毛泽东文集：第 6 卷 [M]. 北京：人民出版社，1999：79-80.

通过扎根串联，使农民认识到自己的苦根来源于地主的残酷剥削，从而提高阶级觉悟，在此基础上召开控诉斗争大会，对作恶多、民愤大的恶霸地主依法严惩。3. 划阶级、定成分。自报公议、民主评议，三榜定案。4. 贫雇农分享土地改革后的胜利果实（包括土地、牲畜、农具、粮食、房屋等）。

工商界人士通过参加土地改革工作实践，受到了深刻的阶级教育，提高了思想觉悟，收获如下：1. 通过访贫问苦，实行"三同"，认识到农民生活贫苦的根源是由于地主的经济剥削，批判了"宿命论"。2. 认识到土地改革是一场激烈的阶级斗争，只有通过暴风骤雨般的运动，方能收到成果，从而批判了"和平分田"的幻想。3. 参加土地改革后，认识到地主剥削农民发财致富；工商业者也有剥削的一面，形式不同，实质一样，所以应加强改造，争取做一个自食其力的劳动者。

1950—1951年，工商界人士参加土地改革工作实践，除了天津之外，其他一些省市也有案例。例如：

在北京，土地改革运动中，北京市工商联发动骨干和行业中有一定代表性的积极分子，响应市委统战部的号召，采取自愿报名的方式，先后四次组织工商界代表与各界人士一道，分别参加了华北、西南、西北、中南、华东等地区的土地改革工作，亲身投入反封建的社会实践之中，并通过组织报告会，请参加土地改革工作的人员讲自己的体验，打消了工商界人士对土地改革的误解和忧虑。

在浙江，1950年12月，在土地改革运动中，浙江工商界知名人士俞佐宸、胡海秋等人主动将原籍拥有的一批土地田契交给当地政府，还田于民。农村生产力的解放，促进了农业生产的发展，为工商业的发展创造了条件。

在湖南，工商界较多的人士与土地有千丝万缕的联系。据在衡阳市39个行业、3880人中的调查，工商业者兼有土地的占38.2%；在衡阳市工商联筹备委员会33名委员中，有土地关系的达88%；湘潭市4200多工商户中，工商业者兼地主的占25%。《土地改革法》颁布后，各市、县工商联组织与土地有关的工商业者学习土地改革法，动员其主动将所有田契和应退押租及封建剥削所得退还农民。并帮助他们安定情绪，积极生产经营。长沙市工商联筹备委员会派员参加长沙市城乡联络处工作。长沙市城乡联络处按照中南军政委员会有关土地改革减租退押、不动民族工商业者财产的政策精神，妥善处理案件584起，减租退押款项23.8537万元，签请省城乡联络处转有关县、区、乡政府保释被扣押的工商业者兼地主29人。土地改革时期，在当地党委和政府的组织下，湖南省工商联组织各市、县工商业者中的青年骨干154人，分赴农村参加土地改革工作，接受反封建主义的教育。

在重庆，工商业大户中，除了抗战时迁川来渝者之外，70%以上兼有土地。1950年，据川东农协会查证，以中药材行业为例，该业146户会员中有99户兼有土地，其他行业大致相同。在轰轰烈烈的土地改革运动中，"割掉封建尾巴"这一口号非常流行。重庆市人民政府考虑到工商界的实际情况，采取了两项措施：一是协助减租退押。根据市政府指示，市工商联筹备委员会设立"重庆工商界减租协进委员会"，并派干部协助办理工商业者兼地主的减租退押登记，明确规定：凡工商业者兼地主的，只要接受农民要求减租退押，交出田契归还农民的，可以不下乡（免遭批斗）。工商联为他们早日"割掉封建尾巴"做了大量思想工作，结果共退出押金1000万元，既保护了工商业者，又完成了退押任务。二是参加土地改革。市工商联筹备委员会分两次组织工商业者共239人次到川南、川北农村参加土地改革工作，回来后在工商界广泛传达，从而使他们加深了对土地改革的认识，政治思想上有了显著进步，企业经营上由消极转向积极。

在河南，1950年，开封、郑州两市工商联组织工商界具有代表性的人士参加了中南地区与河南省的土地改革复查和参观考察活动，受到了深刻的阶级教育。

在山东，土地改革运动中，山东省工商联选派工商界代表参加政府组织的农村访问团，实地了解斗地主、分田地、划阶级、定成分的现场活动。组织工商联成员听取访问团的报告，并进行座谈讨论，了解国家土地改革政策，接受阶级教育，提高思想觉悟。

通过各地工商界人士参加土地改革工作实践取得的成果来看，达到了三个目的：1.有利于工商业者自我教育和思想改造。2.有利于城市工商业者通过调查研究，了解农村市场，服务城乡物资交流。3.因为城市工商业者当中有部分人具有工商业者兼地主双重身份，有利于帮助教育这些人积极参与土地改革工作。总而言之，城市的工商界人士参加农村的土地改革工作实践，对于调动全体工商业者参与对资本主义工商业进行社会主义改造的自觉性、主动性、积极性发挥了促进作用。

参与促进世界和平事业发展的政治活动

在新民主主义经济时期，全国工商联积极参与民间对外政治经济交往，参加世界人民和平大会，对重大国际政治事件发表组织声明，以及参加促进世界和平事业发展的政治活动。

1952 年 9 月 17 日，全国工商联筹备委员会发表声明，拥护中国政府与苏联政府共同签发《中苏联合公报》，并庆贺中苏同盟力量的巩固和强大。[1]17

9 月 26 日，全国工商联筹备委员会向亚洲及太平洋区域和平会议发出贺函。[1]17

11 月 7 日，全国工商联筹备委员会为庆祝苏联十月革命 35 周年向苏联商会发出贺电。[1]18

12 月 11 日，全国工商联筹备委员会向维也纳世界人民和平大会发出贺电。[1]18

1953 年 1 月 1 日，全国工商联筹备委员会向彭德怀司令员及全体志愿军指战员、金日成将军及朝鲜军民发出元旦贺电。[1]21

1 月 30 日，全国工商联筹备委员会向各地工商联或工商联筹备委员会发出《关于继续深入开展抗美援朝的宣传及认真做好拥军优属工作的通知》，要求各地工商联或工商联筹备委员会就我国抗美援朝的重大胜利和经济建设的伟大成就进行广泛宣传，并在春节前后密切配合有关方面做好各项拥军优属工作。[1]21

1 月，全国工商联筹备委员会主任委员陈叔通、副主任委员李烛尘等出席在维也纳召开的世界人民和平大会。[1]22

3 月 6 日，全国工商联筹备委员会就苏联人民委员会主席和部长会议主席斯大林逝世代表全国工商业者发出唁电。[1]22

10 月，全国工商联筹备委员会副主任委员胡子昂代表全国工商联筹备委员会参加中国人民赴朝慰问团，慰问中国人民志愿军。[1]42

11 月 12 日，全国工商联第一次会员代表大会作出了《关于全国各级工商业联合会加入中苏友好协会为团体会员的决定》。[1]42

1954 年 7 月 26 日，全国工商联和中国民主建国会联合邀请北京、天津工商联负责人和部分工商界人士举行座谈会，庆祝日内瓦会议关于印度支那停战和恢复和平问题达成协议的巨大胜利，并交谈工商界对于这次会议的认识和感想。与会人员一致为取得这一富有历史意义的伟大胜利而欢欣鼓舞，并表示要和全国人民及世界人民一道为维护亚洲和世界和平而努力。[1]48

1955 年 2 月 17 日，全国工商联主任委员陈叔通发表关于响应反对使用原子武器签名运动的谈话。谈话指出："世界和平理事会决定在全世界发动一个大规模的反对使用原子武器签名运动，我们热烈响应这个号召。""中国工商业者是爱好和平的。我们一定

---

［1］黄孟复主编 . 中华全国工商业联合会 50 年大事记（1953—2003）［M］. 北京：中华工商联合出版社，2003.

要和全国人民、世界人民一起，为了人类的和平幸福，热烈地参加反对使用原子武器的签名运动，表示我们坚决反对美国侵略和反对使用原子武器的决心和力量。"[1]54

6月15日，全国工商联主任委员陈叔通担任我国参加世界和平大会代表团副团长，赴芬兰赫尔辛基参加世界和平大会。[1]57

1956年3月19日，全国工商联主任委员陈叔通、副主任委员荣毅仁，前往瑞典斯德哥尔摩出席世界和平理事会特别会议。[1]65

8月7日，全国工商联主任委员陈叔通、副主任委员李烛尘等接见了来访的印度尼西亚国会议长沙多诺、议员覃文南等，并举行了座谈。[1]69

11月3日，全国工商联代表全国工商业者发表《关于立即制止英、法对埃及侵略暴行的声明》，并向英国驻中国代办处致谴责书，支援埃及人民抵抗英、法侵略。全国工商联向埃及驻华大使馆转送全国各地工商联支援埃及人民斗争的来电。[1]71

全国工商联及部分省、市工商联参与促进世界和平事业发展的政治活动，是新民主主义经济时期工商联组织工作特色，充分体现了工商联作为人民团体的政治性的组织特征。

二、工商联代表人士的重大政治参与

工商联是工商业者重要的经济舞台和社会舞台，同时也是工商业者从经济舞台和社会舞台走上政治舞台的重要台阶。一大批工商界代表人士，在党和国家的培养下，由旧中国、旧社会的职业商人转变成为新中国、新社会的新型"红顶商人"，有的进步转变为职业政治家或社会活动家或政府官员。工商界代表人士的重大政治参与为工商联历史留下了浓墨重彩的一笔。

中国共产党历来高度重视包括工商联代表人士在内的工商界代表人士、各民主党派和无党派代表人士的政治参与。

1948年4月30日，在中国人民解放战争即将取得全国胜利的前夕，中共中央发出《纪念"五一"国际劳动节口号》，号召"全国劳动人民团结起来，联合全国知识分子、自由资产阶级、各民主党派、社会贤达和其他爱国分子，巩固与扩大反对帝国

---

[1]黄孟复主编.中华全国工商业联合会50年大事记（1953—2003）[M].北京：中华工商联合出版社，2003.

主义、反对封建主义、反对官僚资本主义的统一战线，为着打倒蒋介石建立新中国而共同奋斗"，正式提出"各民主党派、各人民团体、各社会贤达迅速召开政治协商会议，讨论并实现召集人民代表大会，成立民主联合政府"。[1]

1949 年 6 月 15—19 日，中国人民政治协商会议筹备会在北平（今北京）成立并举行第一次全体会议。产业界民主人士陈叔通（1953 年担任全国工商联首届主任委员）、盛丕华、李烛尘、包达三、张绚伯、俞寰澄、吴羹梅 7 人出席。6 月 21 日，在中国人民政治协商会议筹备会常务委员会第二次会议上，决定产业界民主人士李烛尘为工商团体的筹备发起与促成工作的 5 名负责人之一。[2]5

1949 年 9 月 21—30 日，中国人民政治协商会议第一届全国委员会举行第一次会议，全国工商界出席会议的正式代表 15 人：陈叔通、盛丕华、李范一、李烛尘、简玉阶、包达三、姬伯雄、周苍柏、俞寰澄、张绚伯、吴羹梅、巩天民、荣德生、王新元、刘一峰，后补代表 2 人：丰云鹤（女）、冯少山。陈叔通当选为政协全国委员会副主席。[2]6

中华人民共和国成立后，一大批工商界的代表人物被吸收参加国家政权机构、政治协商机构或其他重要团体组织担任重要职务并发挥重要作用。

根据 1957 年底的统计，工商界代表人物有的担任国家领导人，被选举为第一届全国人大代表的有 70 人，提名推荐、协商决定的第二届全国政协委员的有 65 人；担任部长、副部长的有 7 人，大专院校校长的有 2 人，副省长的有 7 人；担任北京、上海和天津三大城市副市长的有 4 人；担任市正、副局长的有 24 人，省正、副厅长的有 35 人。他们的经历与业绩载入工商联史册。例如：[2-3]

陈叔通（1876—1966），著名政治活动家，爱国民主人士。全国工商联第一至三届主任委员。1949 年 9 月出席中国人民政治协商会议第一届全体会议。新中国成立后，历任中央人民政府委员、全国政协副主席、全国人大常委会副委员长等职。陈叔通帮助科学家钱学森回国的故事传为佳话。1955 年 6 月 15 日，滞留美国的钱学森在报纸上看到父亲的好友陈叔通与毛泽东主席的合影，便秘密给陈叔通写信，请求援助其回国。时任全国人大常委会副委员长的陈叔通收到来信后觉得意义重大，当天就向

［1］中共中央纪念"五一"劳动节口号（1948 年 4 月 30 日）［EB/OL］.（2018-04-20）［2023-05-01］. http://www.hbmj.gov.cn.

［2］黄孟复主编.中华全国工商业联合会 50 年大事记（1953—2003）［M］北京：中华工商联合出版社，2003.

［3］黄孟复，全哲洙主编.工商联历史人物传［M］.北京：中华工商联合出版社，2012：1-530.

周恩来总理汇报。周恩来总理授意王炳南以这封信为依据，与无理扣留钱学森的美方进行交涉。经过外交谈判上的不断努力，终于在10月8日，钱学森一家回到了自己的祖国。钱学森回国后，带领科研团队为中国的科学事业作出了重大贡献。[1]12-13

　　胡子昂（1897—1991），四川著名实业家，全国工商联第一、二、三届副主任委员，第四届主任委员，第五届主席，第六届名誉主席。1949年9月出席中国人民政治协商会议第一届全体会议。1951年，胡子昂将其经营的华康银行及四川水泥公司、中国兴业公司、华西公司、自来水公司等企业的全部股票和房产无偿捐献给了国家。他历任西南军政委员会委员、重庆市副市长、重庆市政协副主席、重庆市工商联主任委员，全国人大常委会委员、全国政协副主席等重要职务。[1]26

　　荣毅仁（1916—2005），上海著名实业家。全国工商联第六届主席。1954年5月，荣毅仁积极响应党和政府号召，提出对申新纺织公司等荣氏企业实行公私合营；1955年获得正式批准，在完成对资本主义工商业的社会主义改造中起了带头作用，为新中国的工业振兴作出了重要贡献。1957年1月，荣毅仁参选上海市副市长时，"陈老总的游说"堪称佳话：在上海市第二届人民代表大会第一次会议开幕前夕，已经担任国务院副总理的陈毅同志登上主席台说："同志们，我这次赶回来是因为毛主席给了我一个特殊任务，要我和上海的同志们商量一下，请投荣毅仁一票，把他选上副市长！"他接着说，"荣毅仁现在把全部企业都拿出来和国家合营了，在国内外有很大影响。怎样把合营企业搞好，还有大量工作要做，从荣家推选出代表人物参与市政府的领导，现在就十分必要了。"[1]30会上，荣毅仁光荣当选上海市副市长。荣毅仁出任过中国国际信托投资公司董事长。1987年，被评为1986年度世界上最富有魅力的企业家。荣毅仁历任上海市副市长，纺织工业部副部长，全国人大代表、全国人大常委会委员、全国人大常委会副委员长，全国政协委员、全国政协常务委员、全国政协副主席，国家副主席等重要职务。

　　经叔平（1918—2009），上海著名实业家。全国工商联第七、八届主席。1953年任上海卷烟联合生产销售公司总经理兼上海卷烟公司同业公会主任委员。他带头将自己的家族企业进行公私合营，为资本主义工商业的社会主义改造作出了贡献。经叔平先后担任民建上海市委会副秘书长、上海市工商联副秘书长、上海市政协副秘书长，全国工商联副秘书长、秘书长、副主席、主席，全国政协委员、全国政协常务委员、

---

[1]黄孟复，全哲洙主编.工商联历史人物传[M].北京：中华工商联合出版社，2012.

全国政协副主席；此外，还出任全国社会保障基金理事会理事、中国民生银行名誉董事长等重要职务。[1] 37

李烛尘（1882—1968），天津著名实业家。全国工商联第一、二、三届副主任委员，天津市工商联首届主任委员。1950年初以"永久黄团体"（指永利制碱公司、久大盐业公司、黄海化学工业研究社）负责人身份，代表公司和董事会向人民政府提出走社会主义道路的要求。历任中央人民政府委员、华北行政委员会副主席、食品工业部部长、轻工业部部长，民建中央副主任委员，中国国际贸易促进委员会委员；还历任全国人大常委会委员，全国政协委员、全国政协常务委员、全国政协副主席等重要职务。[1] 65

周叔弢（1891—1984），天津著名实业家，全国工商联第一、二、三届副主任委员。1954年8月任公私合营启新洋灰公司董事长。历任天津市工商联第六届主任委员，天津市副市长、天津市人大常委会副主任，食品工业部部长，民建中央第一、二届副主任委员，全国人大常委会委员，全国政协委员、全国政协常务委员、全国政协副主席等重要职务。[1] 131

陈经畲（1880—1967），湖北著名实业家，全国工商联第一、二、三届副主任委员。1949年9月出席中国人民政治协商会议第一届全体会议。新中国成立后，先后担任中南军政委员会委员和财经委员会委员，武汉市副市长、武汉市工商联主任委员，湖北省工商联第二、三届主任委员，湖北省副省长、湖北省政协副主席等重要职务。

王光英（1919—2018），天津著名实业家。全国工商联第五、六届副主席，第七、八届名誉主席。他先后担任天津近代化学厂厂长（1954年公私合营），天津市工商联常委、秘书长，天津市国际信托投资公司副董事长兼总经理等。1955年，时任天津市工商联秘书长的王光英深夜找到一家锦旗商店，请他们赶绣一面锦旗送给毛主席，上面写"听您话，跟党走"，后来这六个字发展为三句话"听毛主席话，跟共产党走，走社会主义道路"，成为工商联向党、向社会主义的光荣誓言，也成为王光英一生的写照。改革开放之初，王光英响应党和国家号召，充分依托自身的商业经验和经营特长，投入改革开放大潮。1983年，他受命担任中国光大（集团）有限公司和光大实业公司董事长兼总经理等，以贸易起家、实业开路，引进海外资金、技术和设备，用中外合资方式完成了多个国家重大建设项目。王光英先后担任天津市副市长，民建

［1］黄孟复，全哲洙主编.工商联历史人物传［M］.北京：中华工商联合出版社，2012.

中央常务副主席、民建天津市主委，全国工商联副主席、全国政协副主席、全国人大常委会副委员长等重要职务。[1]49

刘靖基（1902—1997），上海著名实业家，全国工商联第四届副主任委员、第五届副主席、第六和第七届名誉副主席。历任安达纱厂总经理，公私合营后，任上海市棉纺工业公司经理。1956年后，任上海市人大常委会副主任、上海市工商联主任委员、市民建主任委员，上海市投资信托公司董事长，上海市爱建公司董事长兼总经理、爱建金融公司董事长；历任全国人大代表、全国人大常委会委员，全国政协委员、全国政协副主席等重要职务。[1]173

乐松生（1908—1968），北京著名实业家。全国工商联第二、三届副主任委员。北京同仁堂第十三代传人。1954年带头申请公私合营，并带动了民族工商业者积极参加公私合营。历任北京市工商联主任委员，北京市民建副主任委员、民建中央常务委员，北京市副市长，北京市人大代表，北京市政协委员、常务委员，全国人大代表等重要职务。[1]93

古耕虞（1905—2000），四川著名实业家。全国工商联第四届副主任委员、第五届副主席。历任西南军政委员会委员，中国畜产公司总经理，民建中央常务委员，全国政协委员、全国政协常务委员，全国人大代表、全国人大常委会委员、财经委员会副主任委员等。[1]141

周苍柏（1888—1970），湖北著名实业家，湖北省工商联第一届主任委员。1949年9月，周苍柏主动将私家花园"海光农圃"（今武汉东湖公园）捐赠给人民政府。新中国成立后，历任政务院财经委员会委员、中南军政委员会委员，中南轻工业部副部长，湖北省人民政府委员、湖北省政协副主席，全国工商联常务委员、全国政协常务委员等重要职务。[1]397

华煜卿（1909—1985），湖北著名实业家，全国工商联第四届副主任委员、第五届副主席。新中国成立后，历任申福新公司副总经理，武汉市民建和工商联主任委员，武汉市副市长，湖北省民建和工商联主任委员，湖北省副省长、湖北省政协副主席，全国政协委员、全国人大代表等重要职务。[1]151

巩天民（1900—1978），辽宁著名实业家，全国工商联第一至三届副主任委员。新中国成立后，任辽宁省副省长、辽宁省政协副主席，沈阳市工商联主任委员、辽宁省工商联主任委员，民建沈阳市主任委员、民建辽宁省主任委员、民建中央常务委员，全国

---

[1] 黄孟复，全哲洙主编.工商联历史人物传 [M].北京：中华工商联合出版社，2012.

人大代表、全国政协委员、全国政协常务委员等重要职务。[1]77

邓文钊（1910—1971），广东著名实业家。全国工商联第一、二届副主任委员。新中国成立后，先后任广东省商业厅副厅长，公私合营华南企业股份有限公司董事长，广东省工商联第一届主任委员，广东省民建主任委员、广东省副省长，广东省政协副主席，全国人大代表等重要职务。[1]107

韩望尘（1888—1971），陕西著名实业家，全国工商联第二、三届副主任委员。新中国成立后，任陕西省工商联主任委员，西安市民建主任委员，民建中央常务委员，陕西省人民委员会委员，陕西省政协副主席，西安市副市长，全国人大代表等重要职务。[1]115

刘国均（1886—1978），江苏著名实业家，全国工商联第三届副主任委员。新中国成立后，1950年从香港返回故乡，恢复所属工厂的生产，积极支援抗美援朝。他率先将自己的企业参加公私合营，并几次调回在香港的设备和资金支援国家建设。曾任常州大成纺织公司董事长兼总经理，安达公司副董事长兼副总经理。历任江苏省工商联主任委员，民建中央常务委员，江苏省副省长、江苏省政协副主席，全国人大代表、全国政协委员等重要职务。[1]121

张敬礼（1911—1995），江苏著名实业家。全国工商联第五、六届副主席。新中国成立后，历任公私合营南通大生纺织公司副董事长兼经理，公私合营上海轮船公司副董事长，南通学院代院长，江苏省纺织工业厅厅长，江苏省政协副主席，江苏省民建主任委员，江苏省工商联主任委员，民建中央常务委员，全国政协常务委员等重要职务。[1]163

黄长溪（1929—2007），福建著名实业家。全国工商联第五、六、七届副主席。新中国成立后，接任家族企业厦门电话公司代经理兼厦门厦禾汽车公司经理，对推动厦门市公交、电讯等公用事业发展发挥了重要作用。他历任福建省人大常委会副主任，福建省政府副省长，全国侨联副主席，全国人大常委会委员、全国人大华侨委员会副主任委员，全国政协常务委员等重要职务。[1]183

孙孚凌（1921—2018），北京著名实业家。全国工商联第五届副主席、第六届常务副主席、第七届名誉副主席。新中国成立后，1953年底，孙孚凌所属企业北京福兴面粉厂第一批申请公私合营，担任北京市公私合营福兴面粉总厂厂长，对北京全行业公司合营发挥了带头作用。他历任北京市服务事业管理局局长、市对外贸易局副局

---

［1］黄孟复，全哲洙主编.工商联历史人物传［M］.北京：中华工商联合出版社，2012.

长，北京市工商联主任委员，北京市政协副主席，北京市副市长，全国政协委员、全国政协常务委员、全国政协副主席等重要职务。[1]195

罗叔章（1898—1992），著名女实业家。全国工商联第三、四届副主任委员，第五届副主席，第六届名誉副主席。1949年参加中国人民政治协商会议第一届会议。新中国成立后，历任中央人民政府办公厅副主任、中央财经委员会委员、劳动部副部长、轻工业部副部长，民建中央常务委员，全国妇联常务委员，全国人大代表、全国人大常委会委员、全国政协委员等重要职务。

郭秀珍（1917—2010），著名女实业家，全国工商联第六、七届副主席，第八届名誉副主席。新中国成立后，被推选为上海市铝器工业同业公会副主任委员。在1951年2月18—25日举行的上海市工商界代表会议上，当选监察委员会委员，成为工商界的代表人物。她带头为抗美援朝捐款，带头购买"人民胜利折实公债"，带领全市女工商业者及工商界家属投身建设活动和社会活动。她们"化阻力为动力，具有特殊作用推动公私合营"，受到党和国家领导人的亲切接见。历任上海市妇女联合会副主任，上海市人大代表，上海市政协常务委员、上海市政协副主席，全国政协委员、全国政协常务委员，全国人大常委会委员等重要职务。[1]219

朱文榘（1930—2009），天津著名实业家，全国工商联第八届副主席。1950年6月，报名参加赴广西土地改革工作团，荣立三等功。1954年分配到中国进出口公司天津分公司。1962年，到天津财经学院外贸系任教。1984年，结合外贸工作和执教经验，撰写了一篇有关"天津外经外贸改革发展"的文章，其中"天津应该利用港口优势，搞活和壮大外贸产业，建立临港近海的工业产业区，建立开放型经济区"的观点受到重视，后被任命为天津经济开发区方案组组长、天津信托投资公司董事长兼总经理。其后，历任天津市工商联主任委员，天津市人大常委会副主任，全国政协委员、全国政协常务委员等重要职务。[1]245

卢作孚（1893—1952），重庆著名实业家。他创办经营民生实业公司，在抗日战争期间为抗战运输作出重大贡献。1949年初，民生公司已拥有员工9000余人，江海船舶148艘，成为当时中国最大、最有影响的一家民营航运企业，他被海内外誉为"中国船王"。1950年6月，他从香港回到北京，担任全国政协委员，出席中国人民政治协商会议第二次会议。会议期间，他向周恩来总理提出，要通过公私合营的办法，以利于民生

---

[1] 黄孟复，全哲洙主编.工商联历史人物传[M].北京：中华工商联合出版社，2012.

实业公司为国家作贡献。卢作孚是被毛泽东主席称为"四个不能忘记的实业家"之一。

陈嘉庚（1874—1961），爱国爱乡实业家。1949年，他应毛泽东主席的邀请回国参加政协筹备会。曾任中华全国归国华侨联合会主席、全国人大常委会委员、全国政协副主席等重要职务。陈嘉庚一生为辛亥革命、民族教育、抗日战争、解放战争、新中国的建设作出了重要贡献。毛泽东主席为其题词"华侨领袖，民族光辉"。

白铁石（1908—1998），河北著名实业家，历任秦皇岛市工商联主任委员、副市长，河北省工商局副局长，河北省工商联主任委员，河北省政协副主席等重要职务。[1]259

覃锡树（1894—1964），山西著名实业家。新中国成立后，担任新华毛纺厂经理，是内蒙古自治区工商界的领军人物。历任包头市工商联第一至六届主任委员，绥远省工商联主任委员，内蒙古自治区工商联第一至三届主任委员，包头市人民代表、包头市人民政府委员、包头市政协常务委员、包头市政协副主席，内蒙古自治区人民代表、内蒙古自治区政协常务委员等重要职务。[1]267

武百祥（1879—1966），哈尔滨著名实业家，1947年当选为哈尔滨市工商联副主任委员。新中国成立后，先后担任哈尔滨市民建副主任委员，市社会事业协会理事长、市人民代表、市人民政府委员会代表、市政协副主席，黑龙江省工商联副主任委员、全国工商联执行委员、全国政协委员等重要职务。[1]287

唐君远（1901—1992），江苏著名实业家，1955年他带头将所属企业申请公私合营，任公私合营上海协新毛纺织厂经理。1956年，他被任命为上海市毛麻纺织工业公司副经理。历任无锡市人民政府委员，上海毛纺织工业同业公会主任委员、上海市投资信托公司副董事长、沪港经济发展协会名誉会长，上海市工商联副主席、江苏省工商联副主席，全国工商联常务委员，上海市政协副主席、全国政协委员等重要职务。[1]295

孙廷芳（1921—2012），上海著名实业家。1949年5月27日上海解放后，担任中原药厂副厂长。全行业公私合营后，担任上海生物化学制药厂总工程师兼中心研究室主任，主持试制成功"胃膜素""注射用透明质酸酶""痰易净"等一系列生化药品。他历任九三学社成员，民建会员，静安区人民代表、区工商联常务委员，上海市工商联副主任委员，上海市人民政府参事，上海市工商学院代理院长，全国政协委员、全国人大常委会委员等重要职务。[1]309

包达三（1884—1957），上海、浙江著名实业家，1949年参加了中国人民政治协

---

［1］黄孟复，全哲洙主编.工商联历史人物传［M］.北京：中华工商联合出版社，2012.

商会议筹备会议，并当选为中国人民政治协商会议第一届委员。中华人民共和国成立后，历任中央人民政府财政经济委员会委员，华东军政委员会委员、华东军政委员会监察委员，上海市人民政府郊区土地改革委员会副主任委员，浙江省人民政府副省长，民建中央常务委员、民建浙江省主任委员，全国工商联常务委员，浙江省工商联主任委员、浙江省人大代表，全国人大代表等重要职务。[1]323

汤元炳（1909—1995），杭州著名实业家。历任杭州市工商联主任委员、浙江省工商联副主任委员、主任委员，浙江省副省长、浙江省政协副主席，全国工商联执行委员、全国工商联常务委员，全国政协委员、全国政协常务委员等重要职务。[1]333

潘锷镩（1905—2000），安徽著名实业家。他带头认购国家发行的胜利折实公债，积极筹办城乡物资交流大会，组织工商界同人积极参加抗美援朝活动。1954年，在对资本主义工商业进行社会主义改造的过程中，他带动并推动了蚌埠市及全省批发商转业，投资工业生产。他历任蚌埠市工商联主任委员，安徽省工商联主任委员等重要职务。[1]347

沈翰卿（1903—2003），江西著名实业家。1951年他主动提出将四家企业资产全部转入南昌市公私合营企业总公司，并投资开办华安内衣厂、纽扣厂、机械厂和酿造厂，被任命为南昌市公私合营企业总公司经理，对南昌市工商业发展作出了重要贡献。历任江西省食品公司经理，南昌市工商联主任委员，中国红十字会南昌市分会会长，南昌市副市长、南昌市政协副主席，江西省工商联副主任委员、主任委员，民建江西省副主任委员、主任委员，全国工商联执行委员，民建中央委员、常务委员，全国政协委员等重要职务。

苗海南（1904—1966），山东著名实业家。1949年底带头购买国家胜利折实公债15万份。1951年6月，他提议召开成通纱厂（他创办的企业）董事会会议，决议捐献1架战斗机和10门大炮支援抗美援朝，在工商界产生了热烈反响，带动了全省工商界的捐献活动。1954年，他申请参加公私合营；6月6日，《大众日报》发表了他的感想文章：《以愉快的心情接受社会主义改造》。他历任山东省工商联主任委员，山东省民建主任委员，山东省副省长，山东省政协副主席，华东军政委员会委员、华东行政委员会委员，民建中央委员，全国工商联常务委员等重要职务。[1]361

王宴卿（1887—1984），河南著名实业家。历任中原纺织公司、维新机器厂经理，河南新乡市工商联主任委员、河南省工商联副主任委员、河南省政协委员等重要职务。[1]387

［1］黄孟复，全哲洙主编.工商联历史人物传［M］.北京：中华工商联合出版社，2012.

陈芸田（1908—1989），湖南著名实业家。历任湖南省国际信托投资公司董事长兼总经理，湖南省工商联副主任委员、主任委员，湖南省政协副主席，湖南省人大常委会副主任，全国工商联常务委员，民建中央委员，全国政协委员等重要职务。[1]409

卢燕南（1914—1997），广西著名实业家。历任桂林市工商联主任委员、广西壮族自治区工商联副主任委员、主任委员，全国工商联常务委员，民建中央常务委员、民建广西主任委员，广西壮族自治区政协副主席，全国人大代表、全国政协委员等重要职务。[1]425

林鸿藻（1918—2005），海南著名实业家。历任海口市公私合营和平戏剧院副经理，海口市工商联副主任委员兼秘书长、第六至八届主任委员，海口市民建副主任委员，海口市政协副主席，海南省工商联第一届主任委员，海南省政协副主席等重要职务。[1]433

彭劭农（1876—1968），四川著名实业家。历任川西行署商业厅副厅长，成都市人民政府委员，四川省第一至三届政协副主席，四川省工商联主任委员、全国工商联常务委员，民建四川省常务委员，全国人大代表等重要职务。[1]441

李宗坊（1918—2021），四川著名实业家。历任川西区成都市人民政府委员，成都市民主青年联合会副主席，民建成都市副主任委员，成都市第二商业局副局长，成都市工商联主任委员，成都市政协副主席，成都市人大常委会副主任，四川省政协常务委员、四川省人大常委会委员、四川省工商联副主任委员，全国工商联常务委员、全国政协委员等重要职务。[1]451

毛铁桥（1910—1997），贵州著名实业家。历任公私合营贵阳汽车运输公司经理，省交通厅副厅长，贵阳市副市长，贵州省工商联第一至二届副主任委员、第三至五届主任委员，民建贵阳市副主任委员，贵州省政协副主席等重要职务。[1]461

刘淑清（1904—1968），女，云南著名实业家。历任云南省人大代表，云南省工商联副主任委员，民建中央委员，全国妇联常务委员、全国人大代表、全国政协委员等重要职务。[1]473

薛道五（1897—1990），陕西著名实业家。历任西安市人民政府委员、市医药公司副经理、新城区商业局副局长，西安市工商联主任委员，陕西省工商联主任委员，全国工商联常务委员，陕西省政协副主席等重要职务。[1]481

王宜之（1923—1999），甘肃著名实业家。历任兰州市人民委员会委员、兰州市

---

［1］黄孟复，全哲洙主编 . 工商联历史人物传［M］. 北京：中华工商联合出版社，2012.

工商局副局长、兰州市工商联主任委员，甘肃省人民委员会委员、甘肃省工商联主任委员、甘肃省商业厅副厅长、甘肃省人大常委会委员、甘肃省政协常务委员，全国工商联常务委员，民建中央委员，全国人大代表等重要职务。[1]487

廖霭庭（1907—1998），青海著名实业家。历任西宁利民食品厂经理，西宁康尔素乳品厂经理，青海省商业厅副厅长，青海省工商联第一至五届主任委员，民建青海省名誉主任委员，青海省人民委员、省人大代表，青海省政协副主席，全国工商联常务委员、全国政协委员等重要职务。[1]497

李凤藻（1894—1991），宁夏著名实业家。历任宁夏公私合营企业公司副经理，宁夏回族自治区工商联副主任委员，宁夏回族自治区政协副主席，全国工商联执行委员、顾问委员会委员等重要职务。[1]511

刘次玄（1905—1959），吉林著名实业家。历任长春市工商联副主任委员，吉林省工商联主任委员，全国工商联执行委员，中国民主建国会会员、全国政协委员等重要职务。

买买提·尼牙孜哈日（1908—1992），新疆著名实业家。历任新疆维吾尔自治区政治学校副校长，新疆维吾尔自治区工商联第一、二届主任委员，新疆维吾尔自治区人大常委会委员，新疆维吾尔自治区政协副主席，全国工商联常务委员、全国人大代表等重要职务。[1]523

---

[1] 黄孟复，全哲洙主编.工商联历史人物传［M］.北京：中华工商联合出版社，2012.

第五章

工商联组织及成员的重大经济参与

从 1949 年 10 月 1 日中华人民共和国成立，到 1956 年底社会主义改造基本完成，7 年间，发生了许多重大的经济事件，国家对私营工商业的政策演变，经历了"扶助发展""限制、利用、改造"和实行"社会主义改造"三个阶段。在这一时期，工商联组织及成员的经济参与作用重大，影响重大。这里主要介绍工商联组织及成员参与恢复发展国民经济和参与对资本主义工商业的社会主义改造。

一、工商联组织及成员参与恢复发展国民经济

中华人民共和国成立之初，百业待兴，国家各方面建设和各项事业的发展都围绕尽快恢复和发展生产、恢复国民经济这一中心工作展开。在国民经济恢复时期，国家对私营经济事业鼓励其经营的积极性，并扶助其发展。中国共产党和中央人民政府赋予工商联组织的基本任务之一，就是团结私营工商业者在国家总的经济计划指导下发展生产、改善经营，为发展新民主主义经济贡献力量。

参与贯彻实施《共同纲领》

1949 年 9 月 29 日，中国人民政治协商会议第一届全体会议通过了《中国人民政治协商会议共同纲领》，在第四章"经济政策"中明确了国家经济建设的根本方针：以公私兼顾、劳资两利、城乡互助、内外交流的政策，达到发展生产、繁荣经济之目的；明确了国家经济包括：国营经济、合作社经济、农民和手工业者的个体经济、私人资本主义经济和国家资本主义经济共五种经济成分；明确要求：各种经济成分在

国营经济领导之下，分工合作，各得其所，以促进整个社会经济的发展。并明确解释：国营经济为社会主义性质的经济。凡属有关国家经济命脉和足以操纵国民生计的事业，均应由国家统一经营。凡属国有的资源和企业，均为全体人民的公共财产，为人民共和国发展生产、繁荣经济的主要物质基础和整个社会经济的领导力量。合作社经济为半社会主义性质的经济，为整个人民经济的一个重要组成部分。人民政府应扶助其发展，并给以优待。凡有利于国计民生的私营经济事业，人民政府应鼓励其经营的积极性，并扶助其发展。国家资本与私人资本合作的经济为国家资本主义性质的经济。在必要和可能的条件下，应鼓励私人资本向国家资本主义方向发展，如为国家企业加工，或与国家合营，或用租借形式经营国家的企业，开发国家的富源等。

团结教育工商业者执行《共同纲领》是工商联最大的组织任务。因为工商联会员结构包括五种经济成分，工商联的重大组织任务就是按照人民政府及其部门制订的恢复和发展全国公私经济的总计划，按照人民政府及其部门规定的中央和地方在经济建设上分工合作的范围，协助人民政府统一调剂五种经济成分的相互联系，促进五种经济成分各自发挥积极性并达到共同发展的目的。

1952 年 6 月 20 日，全国工商联筹备委员会主任委员陈叔通在全国工商联筹备代表会议开幕词中指出：《共同纲领》是我们国家的根本大法，全体工商业者必须遵守《共同纲领》的规定，服从工人阶级与国营经济的领导。他要求：全体工商业者必须认识到，如果私人资本脱离了工人阶级和国营经济的领导，那就一定会返回到资本主义的老路上去，这对全中国人民，包括我们工商业者在内，都是极其有害的，是绝对不许可的。老老实实遵照《共同纲领》办事，服从工人阶级、国营经济的领导，不再犯"五毒"是发展私营经济的先决条件，全国工商界特别注意这一点；并明确指出，工商业者只要遵守《共同纲领》，按照《共同纲领》办事，发展有利于国计民生的经济事业，非但没有被消灭的理由，而且为人民大众所欢迎。他还要求：全国各级工商联组织及成员，在《共同纲领》的指引下，正确发挥工商业者生产和经营的积极性；正确引导工商业者加强学习、自我教育与思想改造；工商联组织之间及成员之间必须加强团结互助，使"工商联逐渐成为全体工商界的，即包括各城市、各阶层和各行业的，并使中小工商业者享有平等权利的组织"。

在这一时期，各级工商联组织及成员把贯彻落实《共同纲领》，并以《共同纲领》为指导，积极参与工商业调整，为恢复和发展国民经济作贡献作为首要任务。

参与恢复生产发展经济

在新中国成立之初，国家经济基础薄弱，经济产出能力很低，财政经济状况困难，因此，恢复生产、发展经济成为国家的头等大事。

1950 年 6 月 6—9 日，中共七届三中全会在北京举行。会上，毛泽东以《为争取国家财政经济状况的基本好转而斗争》为题作书面报告，并以《不要四面出击》为题作大会讲话。毛泽东在书面报告中指出：[1]70

要获得财政经济状况的根本好转，需要三个条件，即：（一）土地改革的完成；（二）现有工商业的合理调整；（三）国家机构所需经费的大量节减。

全党和全国人民均应为创造这三个条件而努力奋斗。

毛泽东在大会讲话中特别提出：[1]74

我们要合理地调整工商业，使工厂开工，解决失业问题，并且拿出二十亿斤粮食解决失业工人的吃饭问题，使失业工人拥护我们。我们实行减租减息、剿匪反霸、土地改革，广大农民就会拥护我们。我们也要给小手工业者找出路，维持他们的生活。对民族资产阶级，我们要通过合理调整工商业，调整税收，改善同他们的关系，不要搞得太紧张了。

这次会议强调，团结一切可以团结的社会力量，争取国家财政经济状况的根本好转，进而实现国民经济的全面恢复和发展。这些决定成为国民经济恢复时期的行动纲领。

在党和国家的大政方针指引下，各大、中城市的工商联或筹备委员会在当地人民政府的领导下，围绕"团结引导广大工商企业扩大生产、搞活流通、繁荣市场"积极开展工作。例如：

北京市工商联　自 1951 年下半年起，为促进城乡贸易、物资交流，先后组织贸易代表团，参加华北、东北、上海、青岛、广州、济南、西安、郑州等 56 个地区的物资交流会；配合税务局向工商界宣传税收政策，并组织工商界人士参加全市性的复议委员会、市评议委员会等工作机构，建立以工商业者为主的地区评审分会和由私营企业参与组成的税务服务工作。这些工作机构在协助税务局分发税单、征收税款、反映问题、征集意见、参加民主评议和调整税率等项工作中，发挥了重要的助手作用。

---

[1] 中共中央文献研究室编 . 毛泽东文集：第 6 卷［M］. 北京：人民出版社，1999.

在国民经济恢复时期，为配合国家有计划的经济建设，克服私营企业的盲目性，市工商联经过两年的工作，推动全市 35 个私营工业行业中的 32 个行业接受了国家的加工订货，到 1953 年上半年，加工订货总值在私营工业生产总值中所占比重达到 54.5%。通过国家加工订货，不仅帮助私营工业改善了经营管理，提高了生产技术，降低了生产成本，促进了生产发展；而且在国营经济的领导下，按照人民需要进行生产，为恢复和发展国民经济做出了贡献。

天津市工商联　1951 年 8 月 10 日，召开动员大会号召工商界大力支持参与首届华北物资交流展览会，为沟通城乡物资交流贡献力量。市工商联成立了物资交流委员会，下设粮食、油脂油料、干鲜货三个购销服务机构，推动各行业和工商户参与物资交流。组织了 82 个行业、358 名代表参加天津贸易代表团。10 月 5 日，华北物资交流展览会在天津正式开幕，在 4 天的交易中，各地贸易代表团与天津市私营工商企业共签订合同 1483 个，协议 134 个，成交总金额 7298 万元，占大会总交易额的 46.7%。1952 年 9 月，第二届华北物资交流展览会在天津召开，市工商联再次响应大会号召，动员广大会员参加天津贸易代表团。大会达成公私购销总额 71637 万元，为城乡物资交流作出新贡献。通过参与城乡物资交流，使工商联组织及其成员对"发展生产、繁荣经济、城乡互助、内外交流"的经济政策有了比较深入的了解，使广大工商业者认识到：只要遵守国家法令政策，服从国营经济的领导，积极发展生产、参与经营，就能得到政府从多方面给予的扶持和帮助，进一步激发了生产经营积极性。

福建省工商联筹委会　在国民经济恢复时期，围绕推动私营工商业发展生产、调整工商业、开展城乡和内外物资交流做了大量工作，特别是在辅导私营工商企业建账、拟定《私营企业会计制度》、督促申报纳税、评议税负等方面做了许多有特色的工作，为促进国家财政收入增长作出了贡献。

厦门市工商联筹委会　1950 年 8 月，通过华侨批发业同业公会积极开展宣传，引导侨汇工作纳入国家银行领导。当年，全市侨汇增长 16 倍。1951 年 8 月，组织工商业者参加华东（上海）、华南（广州）、龙岩、福州等地的商品及土特产品交流会。1952 年 11 月，配合厦门市人民政府组织秋季物资交流大会，成交业务 2024 笔，成交金额 380 万元，占大会成交额的一半，为活跃市场、恢复商业网络、密切城乡关系，为恢复国民经济作出了重要贡献。

甘肃省工商联筹委会　1950—1952 年间，动员和组织工商界人士学习党和政府关于恢复国民经济的一系列方针政策，包括统一财政经济、稳定物价、调整工商业、改革税制、城乡物资交流、加工订货、劳资两利等，促进资本主义工商业发挥有利于国计民生的积极作用，为全省城市经济恢复和发展作出了贡献。

青海省工商联筹委会 1949—1953 年间，在当地党和政府的领导下，广泛宣传"保护工商业"和"公私兼顾、劳资两利、城乡互助、内外交流"的经济政策，帮助工厂开工，动员商店开业，促进恢复经济；并积极配合公安、工商、税务部门整顿市场秩序，取缔卖淫、吸毒、迷信活动和非法经营活动，引导商业资本转向工业投资，兴办省内物资交流会，参加省外物资交流会；服务与促进加工订货、统购包销、代购代销，扶植社会需要的行业发展，取得实效。据 1953 年底统计：全省私营工商业总户数达到 9836 户，比 1949 年增长 31%；从业人员 15210 人，比 1949 年增长 49%；私营工业年产值和商业销售额达到 7161.8 万元，比 1949 年增长 97.3%。由于工商联组织发挥了独特而有效的作用，赢得当地党委和政府的重视。

江西省工商联筹委会 在国民经济恢复时期，团结教育工商业者学习遵守《共同纲领》，订立爱国条约，指导工商业者从事一切有利于国计民生的生产经营活动，调整劳资关系，做了大量卓有成效的工作。

1949—1952 年，中国国民经济恢复发展的成绩显著：1952 年，工农业总产值 810 亿元，比 1949 年增长 77.6%。在工业总产值（349 亿元）中，现代工业的比重由 17% 上升到 27.7%。在五种经济成分中，国营经济处于优先增长地位。国营工业在工业总产值中的比重，从 1949 年的 34.2% 上升到 1952 年的 52.8%；国营商业在全国商品批发总额中的比重，从 1949 年的 23.2% 上升到 1952 年的 60.5%。在全国商品零售总额中，国营商业和合作社商业的比重由 1950 年的 16.4% 上升到 1952 年的 42%。

国民经济恢复发展，不仅基本医治了十多年来连续战争造成的经济创伤，完全改变了旧中国遗留下来的通货膨胀、物价飞涨等市场混乱现象，而且建立了新的经济秩序，使得工农业生产全面恢复，使得国家社会经济面貌焕然一新。这其中，私营工商业恢复和发展的成绩是明显的，无论是工商业生产经营户数，还是生产总值和营业数额，都有显著增长。

1952 年 6 月 24 日，时任中央人民政府财经委员会主任陈云在中华全国工商业联合会筹备代表会议上的讲话中指出："两三年来，我国农业和工业生产的恢复，已达到了我们预期的要求。""我们不但胜利地完成了经济恢复工作，而且胜利地进行了工商业的调整和改造工作。""已经胜利地完成了我国人民经济的恢复和改造的工作。""全国的工商业者在以往的经济恢复工作中，已经有了贡献；在今后伟大的经济建设中，仍将担负更重要的责任，希望全国工商业家能与政府共同努力，来完成这历史上的光荣任务。"[1]

参与调整公私、劳资、产销关系

在新中国成立之初，为了缓解私营工商业生产经营出现严重困难的局面，为了有利于国民经济恢复，国家确立了合理调整工商业的方针，其中，改善公私、劳资、产销三大关系是一个重要方面。调整公私、劳资、产销三大关系贯穿了整个过渡时期（包括国民经济恢复时期和社会主义改造时期），围绕改善公私、劳资、产销三大关系，中央人民政府及其有关部门采取了系列政策和工作措施：

1949 年 11 月 22 日，中华全国总工会发出《关于劳资关系暂行处理办法》《关于私营工商业劳资双方订立集体合同的暂行办法》《劳动争议解决程序的暂行规定》三个文件。其中《关于劳资关系暂行处理办法》规定：私营企业主（资方）与被雇用之工人、职员、店员、学徒及杂务人员（劳方）之间的关系，凡属本办法未规定者，得由劳资双方协议，签订集体劳动合同或劳动契约规定之；劳方有参加工会及一切政治及社会活动之自由与权利，资方不得限制；资方为了生产或工作上的需要，有雇用与解雇工人及职员之权。[2]3-4

12 月 22—23 日，周恩来总理对参加农业会议、钢铁会议、财务会议的代表发表讲话，其中指出：工商关系以工业为主，要鼓励私人资本发展工业生产；公私关系以公为主，要引导私营工业走新民主主义道路；劳资关系必须在发展生产的基础上保护劳动和限制私营资本。[2]4

1950 年 2 月 9 日，中华全国总工会举行第五次常委扩大会，批准了中国纺织工会代表会议通过的《关于废除"搜身制度"的决议》，指出：搜身制是旧社会统治阶级对工人人格的一种侮辱，目前，一些私营工厂中仍然存在。因此，必须采取必要步骤，彻底废除搜身制度。[2]5

［1］孙晓华主编.中国工商业联合会 50 年概览（上卷）［M］.北京：中华工商联合出版社，2003：33-38.

［2］黄孟复主编.中国民营经济史·大事记［M］.北京：社会科学文献出版社，2009.

3月7—21日，全国劳动局长会议召开。这次会议的中心议题是讨论劳资关系问题。会议讨论了《工会暂行法》《关于在私营企业中设立劳资协商会议的指示》等草案。本着"公私兼顾、劳资两利"的原则，会议提出以下解决劳资纠纷的措施：建立劳资协商会议机制；建立平等的契约的劳资关系；用法律解决争议；说服劳资双方认真贯彻"公私兼顾、劳资两利"的政策。[1]6

3月中旬，中央人民政府政务院财政经济委员会发布了《关于公营、公私合营及工业生产合作社的工矿企业进行统一的全国普查的训令》，决定对公营、公私合营及工业生产合作社的工矿企业进行统一的全国普查，以具体了解全国工矿企业的基本情况，作为恢复与发展工矿生产的根据。[1]7

3月24日，中央人民政府政务院第25次政务会议通过了《关于废除各地搬运事业中封建把持制度暂行处理办法》。[1]7

5月8—26日，中央人民政府政务院财政经济委员会召开全国七大城市（上海、天津、武汉、广州、北京、重庆、西安）工商局长会议，研究物价稳定后出现市场萧条、私营工商业大批停工歇业的原因和解决办法，确定了调整工商业的具体政策和做法：1.调整公私关系的原则是：五种经济成分统筹兼顾，各得其所，分工合作，一视同仁。2.对私营企业，根据国家需要和可能，一年组织两次加工订货，鼓励出口滞销物资，指导私营企业联营，国家根据可能进行必要的收购，并根据不同情况制定工缴费标准。3.在国营商业指导下，允许私营商业的存在，并保持合理的批零差价，使其有利可图；国营零售店的存在只是为了稳定零售价格，目前只经营粮食、煤炭、纱布、食油、食盐和石油六种商品；国营商业应组织私商进行城乡物资交流。4.私人银行、钱庄仍可保留，但营业范围应有所限制，国家银行可与之联合放款；投资信托公司，国家可参加资本比例为20%~30%。5.在税收方面，对公私企业一律按税率征收，并简化税目，改革征收办法。会议还提出：重点维持生产，开导工业产品销路，联合公私力量组织资金周转，帮助私营工厂改善经营管理，开展失业救济等问题。这次会议以后，各地加强了有关私营工商业公私关系、劳资关系、产销关系调整工作。经过调整，人民政府不仅帮助私营工商业克服了困难，而且引导私营工商业走向国家资本主义经济发展道路。此后，各种经济成分开始在国营经济领导下，"分工合作，各得其所"，初步改变了经济上的无政府状态。[1]7-8

---

［1］黄孟复主编.中国民营经济史·大事记［M］.北京：社会科学文献出版社，2009.

6月15日，陈云在中国人民政治协商会议第一届全国委员会第二次会议上作《关于经济形势、调整工商业和调整税收诸问题的报告》，[1]其中介绍关于调整工商业的内容主要包括以下方面：1.关于调整工商业的有关问题，包括调整公营与私营、公营与公营、私营与私营之间的关系问题；调整工业与商业、金融业与工商业之间的关系问题；调整城乡之间、国内各区域之间的关系问题；调整企业内部关系和出入口关系等问题。2.关于人民政府对公私关系问题的基本政策，按照《共同纲领》第26条的规定执行，即："国家应在经营范围、原料供给、销售市场、劳动条件、技术设备、财政政策、金融政策等方面，调剂国营经济、合作社经济、农民和手工业者的个体经济、私人资本主义经济和国家资本主义经济，使各种社会经济成分在国营经济领导之下，分工合作，各得其所，以促进整个社会经济的发展。"3.关于调整公私关系问题的工作措施，在工业方面：只要有可能，由政府和国营企业委托私营工厂加工或向私营工厂订货，以便私营工厂有计划地组织生产；在商业方面：政府依照经济情况规定适当的价格政策，使批发与零售差价、地区间差价保持适当距离，使各类商人有利可图、商业畅通，以利恢复和发展生产；在金融业方面：国家银行继续支持公私行庄联合贷款，并在现有基础上逐步扩大业务。4.关于调整工商税收的内容，包括简化税目、统一计税方法和估价方法、采取民主评议、根据税率征收、复议有关税额及处罚事项。

6月22日，贸易部召开会议，研究在土产经营和国营零售贸易中如何调整公私关系问题，主要措施有：1.逐一调整盐业运销、纱布加工、进出口贸易、粮食加工、百货、煤业运销六个行业的公私关系。2.在收购农副产品上，国家首先大力收购棉花，大力组织私人厂商联购，尽量做到私人不自购；其他农副产品应采取尽量鼓励私人经营的方针。3.在土产经营上，今后国家应只经营主要土产和大部分出口品，应让出广大市场给私商经营，各地必须大力组织与鼓励私商经营土产，组织私商下乡。[2]9-10

6月29日，《中华人民共和国工会法》公布实施。[2]10其中规定：工会是工人阶级自愿结合的工人阶级的群众组织。凡在中国境内一切企业、机关和学校中以工资收入为主要生活资料之全部来源之体力与脑力的雇用劳动者及无固定雇主的雇用劳动者，均有组织工会之权；工会组织原则为民主集中制；在国营及合作社经营的企业中，工会有代表受雇工人、职员群众参加生产管理与行政方面缔结集体合同之权；在私营企业中，工会有代表受雇工人、职员群众与资方进行交涉、谈判、参加劳资协商

［1］中共中央文献编辑委员会.陈云文选（1949—1956）［M］.北京：人民出版社，1984：99.

［2］黄孟复主编.中国民营经济史·大事记［M］.北京：社会科学文献出版社，2009.

会议并与资方缔结集体合同之权；工会有保护工人、职员群众利益，监督行政方面或资方切实执行政府法令所规定之劳动保护、劳动保险、工资支付标准、工厂卫生与技术安全规则及其他有关之条例、指令等，并进行改善工人、职员群众的物质生活与文化生活的各种设施之责任。

7月13—25日，贸易部召开全国进出口会议。会议的中心议题是调整对外贸易中的公私关系，恢复和扩展对外贸易。会议认为：外贸中的主要问题是公私关系不够协调，没有把私商组织起来，造成私商之间盲目竞争，另外在行政管理和价格政策上也有偏差。为解决这一问题，会议确定了外贸的基本任务是保护与辅助生产、调剂供求、平稳物价。具体措施是：1.划分公私经营范围。国家只经营统购统销的进出口物品和几种国家所需要的主要商品，其余的均归私商经营。国家经营部分，也可以采取合同方式，委托私商代购代销。2.为了克服私商之间盲目竞争，采用"国际贸易研究会""同业公会专业小组""联合经营"三种形式，把进出口商组织起来。3.具体规定私营进口商申请外汇、公私营企业之间订立进出口合同等事宜。[1]10-11

8月1日，中国人民银行召开了全国金融业联席会议。会议确定了"团结、领导、运用、改造"的方针，指出私营金融业应该走联营合并扶助生产的道路，研究了调整金融业中的公私关系、金融业与工商业的关系，以及金融业中的劳资关系等问题，明确了国家银行与私营行庄业务范围的分工，规定了对私营行庄的原则要求与意见，拟定了对私营行庄的管理办法等。[1]11

1952年1月5日，周恩来在中国人民政治协商会议第一届全国委员会第三十四次常务委员会上的讲话中，就正确处理公私关系问题发表重要讲话[2]，指出：

在新民主主义的中国，第一，不能孤立地讲公私兼顾，而一定要在服从国营经济领导的条件下讲公私兼顾，就是说，要在符合全国最大多数人民的最高的和长远的利益的原则下照顾私人利益。第二，不能抽象地讲劳资两利，而一定要在承认工人阶级领导的前提下讲劳资两利以达到发展生产、繁荣经济之目的。第三，不能提倡盲目生产，而一定要逐步实现国家生产总计划的领导。无论公与私，城与乡，中央与地方，大公与小公，都必须逐步纳入计划。否则，工农业的盲目生产，就会发生过剩与不足；商业的盲目经营，就会扰乱市场，波动物价。第四，不能容许谋取暴利，而只能在国家规定的

［1］黄孟复主编.中国民营经济史·大事记［M］.北京：社会科学文献出版社，2009.

［2］周恩来在中国人民政治协商会议第一届全国委员会第三十四次常务委员会上的讲话［EB/OL］.（2007-05-28）［2023-05-01］.http://www.ce.cn.

限度或议定的价格内取得合法利润。第五，不能容许行贿、欺诈、偷税漏税、盗窃、引诱等犯法行为继续发生，听其侵蚀人民政权，损害国家财产，腐蚀国家工作人员。

这些政策措施和工作措施的实施，对于调整公私关系、劳资关系、产销关系，落实"公私兼顾、劳资两利、城乡互助、内外交流"的政策，达到"发展生产、繁荣经济"之目的发挥了重要作用。

在《为争取国家财政经济状况的基本好转而斗争》的报告精神和"不要四面出击"的重要讲话精神指引下，在人民政府的领导下，全国各级工商联或工商联筹委会围绕"统筹兼顾，合理调整"的工作方针和"合理地调整工商业，使工厂开工，解决失业问题"的工作任务，充分发挥助手作用，以私营工商业为工作对象，协助政府调整公私关系、劳资关系、产销关系，做了大量的卓有成效的工作。例如：

青岛市工商联筹委会　1950 年 1 月，配合工商局、税务局成立资产评审委员会，对私营企业资产进行评估；4 月，配合市劳动局、市总工会，在 50 人以上的私营企业建立劳资协商会议制度，签订劳资集体合同；6 月，配合市总工会成立私营企业工会检查委员会，对大型私营企业进行民主改革，废除旧管理制度，建立新管理制度。1953 年 1 月，协助政府贯彻对私营企业"统筹兼顾、全面安排、积极改造"的方针，在工业方面，对任务不足的由国营企业出让任务，对没有生产任务者指导其转业，对不能继续生存的进行淘汰；在商业方面，调整公私比例，调整批零差价，适当搭配热销货。

宁波市工商联筹委会　教育工商业者在国营经济领导之下，分工合作，各得其所，为促进国民经济恢复作贡献，调整工商业工作分调整公私关系、劳资关系和产销关系三个方面展开：1. 在调整公私关系的工作中，重点调整公私工商关系和调整税负。调整公私工商关系的方法是，对若干私营工业实行加工、订货和收购产成品，使私营工商业在国营经济领导下按照国家和人民的需要进行生产经营活动，取得合法利润；对私营商业在不允许投机的前提下，国营商业在价格与营业范围方面对私营商业给出路，共同为城乡互助、内外交流服务，一方面确立了国营经济的领导地位，另一方面使私营经济在国营经济的领导下各得其所。调整税负的方法是，针对偷税漏税的违法现象开展治理。当时，偷税的花样如"大头小尾""移花接木""化整为零""一票多用"等层出不穷，调整税负的措施，主要采取了对会计制度比较健全的私营工厂实行"自报查账、依率计征"，对小商小贩实行"定期定额"，对各商号实行"自报公议、民主评议"，并逐步实行"按率征税"的办法，减轻工商税赋。2. 在调整劳资关系的工作中，明确了三项原则，即必须确认工人阶级的民主权利，必须有利于发展生产，必须用相互协商＋政府仲裁的办法处理劳资问题，有效改善了劳资关系。3. 在调整产销关系的工作中，主要是通过扩大订货，拟定各行各业的产销计划，协商解决各种问题，调动了私营工商业者的生产经营积极性，并在工商业基本好转的基础上，开展了对私营企业进行资产评估和重新办理工商登记工作。

湖北省工商联筹委会　1951 年 6 月，设立"湖北省工商联驻汉服务站"，向工商界人员宣传政策、协助购销，服务全省各市、县工商业者进行城乡商贸交流活动。6—8 月，服务站在中南土特产品展销会上发挥了较好的作用，仅 7 月 8 日至 8 月 23 日的 45 天内，经服务站成交的金额达到 73.49 万元。1951 年度，进站交易达 26060 人次，购销商品总额达 122.7 万元。

重庆市工商联筹委会　1950 年 4 月，市工商局、人民银行、税务局、企业局和市工商联筹委会联合组成"重庆市工商业登记委员会"，历时 3 个月，完成工商业登记工作。全市工商业总计 24918 户（不包括无固定门面、地点的摊贩和行商），其中，工业 6898 户，商业 18020 户。这次登记，为政府扶助私营工商业、调整公私关系，提供了必要依据，并为克服盲目生产经营发挥了作用。1950 年 1—4 月，由于银圆充斥市场且为投机商人操纵，加之社会游资集中市场抢购物资，重庆物价波动，市场极不稳定，涨风四起。市工商联筹备委员会为协助政府稳定市场、平抑物价，采取了三条紧急措施：一是召集物价波动较大的新药、五金、油商三个行业负责人谈话，了解实际情况，研究稳定措施；二是与店员工会联系，发动店员检举揭发；三是通过新闻媒体发动舆论监督。9 月，市工商联筹委会协助市工商局开展全市工商行业、商店进行库存物资登记工作。年底，由市工商联筹委会发起，邀请市工商局、公安局、总工会、店员公会等机关团体组成"重庆市明码实价督导委员会"，督导明码实价彻底执行。年底，市工商联筹委会针对工商企业普遍反映资金周转困难的情况，先后联系市工商局和市人民银行，协助轮船业申请贷款 48 万元。1950 年，通过多方联系，协助工商企业通过签订加工订货合同，争取抵押贷款 1180 万元。此外，当地政府特地组织金融业联合贷款团发放贷款 80 万元。扶持有利于国计民生的私营工商业发展。1951 年 2 月，市工商联筹委会组织各工商行业成立"市场管理委员会"，协助政府管理市场。11 月，市工商联筹备委员会抽调干部，协同市工商局组成物价检查组，对 21 个重点行业进行物价检查督导，经过启发、宣传、教育、算细账、同业议价后，商品零售价格普遍下降，收到了平抑物价、稳定市场的显著效果。此外，市工商联筹备委员会在协助政府开展调整公私关系、评议税赋、协调劳资关系等方面做了大量卓有成效的工作。1950—1952 年三年间，重庆市私营工商业迅速得到恢复和发展，累计交纳税款 9920.5 万元，为争取国家财政经济好转，为恢复与发展国民经济作出了重要贡献。

至 1952 年 6 月，不仅全国国民经济恢复实现了预计目标，而且成功地对工商业进行了合理调整和初步改造。至 1952 年底，全国经济公私结构发生了"根本性变化"：在全国工业（不包括手工业）总产值中，国营工业占比从 1949 年的 34.2% 上升到 1952 年的 52.8%，合作社营、公私合营工业占比 8.2%，私营工业占比从 63.3% 下降到 39%；在社会商品批发总额中，国营商业占比从 1950 年的 23.2% 上升到 1952 年的 60.5%。私营商业占比则从 76.1% 下降到 36.3%（在零售方面，私营商业占比 57.2%）。[1]184

二、工商联组织及成员参与对资本主义工商业的社会主义改造

在国民经济恢复发展时期，以 1952 年 6 月 30 日全国工商联筹委会（代行全国工商联职权）成立为标志，全国工商界联合起来、组织起来，为促进"五种经济成分"共同发展贡献力量。以 1953 年 10 月 23 日全国工商联正式成立为标志，中国工商联组织体系基本健全并基本完善。全国各级工商联组织及成员最重要的任务就是贯彻执行中国共产党在过渡时期的总路线，参与有计划的经济建设和对资本主义工商业实行社会主义改造。

学习贯彻"一化三改"总路线

按照 1951 年 2 月毛泽东主席在中共中央政治局扩大会议上提出的"三年准备、十年计划经济建设"的构想，中共中央决定从 1953 年开始实施发展国民经济的"第一个五年计划"，并正式提出中国共产党在过渡时期的总路线："从中华人民共和国成立，到社会主义改造基本完成，这是一个过渡时期。党在这个过渡时期的总路线和总任务，是要在一个相当长的时期内，逐步实现国家的社会主义工业化，并逐步实现国家对农业、对手工业和对资本主义工商业的社会主义改造。"[1]185 简称"一化三改"。

---

[1] 中共中央党史研究室. 中国共产党历史第二卷（1949—1978）（上册）[M].北京：中共党史出版社，2011.

这里表述的过渡时期，与新民主主义经济时期在时间段上是相吻合的。如果将过渡时期（1949—1956）细分为两个时间段。那么，第一个时间段为国民经济恢复时期（1949—1952）；第二个时间段为有计划地进行经济建设和全面实行社会主义改造时期（1953—1956）。国家对私人资本主义工商业的政策，在第一个时间段是"利用和限制"；在第二个时间段是在利用和限制的基础上实行社会主义改造，即"利用、限制和改造"。

这里表述的"一化"（逐步实现社会主义工业化）与"三改"（逐步实现对农业、对手工业和对资本主义工商业的社会主义改造）是同时并举的工作方针。

过渡时期总路线的提出，是根据马克思列宁主义关于从资本主义到社会主义的过渡时期理论，结合中国的实际情况，来确定从新民主主义过渡到社会主义的路线、方法和步骤的。贯彻实施"一化三改"总路线，标志着中国进入了有计划的经济建设和全面实行社会主义改造的经济发展时期；贯彻实施"一化三改"总路线的重要目标是实现"两个转变"，即由农业国家向工业国家转变；由新民主主义社会向社会主义社会转变。

"一化三改"的总路线和总任务与工商联组织及成员关系密切、重大，其中最重要的是参与并接受对资本主义工商业的社会主义改造。

在新民主主义经济时期，党和国家对资本主义工商业的认识和政策演变主要经历了从"并不禁止"，演变到"利用和限制"，进一步演变到"利用、限制和改造"三个阶段。其演变过程按照时间顺序梳理如下。

第一个阶段：并不禁止

1940年1月，毛泽东在《新民主主义论》一文中指出在无产阶级领导下的新民主主义共和国"并不禁止'不能操纵国计民生'的资本主义生产的发展"。[1]

1948年10月26日，毛泽东在给刘少奇的信中写道：[2]"决不可以过早地采取限制现时还有益于国计民生的私人资本主义经济的办法""因为就我们的整个经济政策说来，是限制私人资本的，只是有益于国计民生的私人资本，才不在限制之列。而'有益于国计民生'，这就是一条极大的限制，即引导私人资本纳入'国计民生'的轨道

---

[1] 毛泽东.新民主主义论（1940年1月）［M］//毛泽东选集：第2卷.北京：人民出版社，2011：678.

[2] 毛泽东.给刘少奇的信（1948年10月26日）［M］//毛泽东文集：第5卷.北京：人民出版社，2009：177.

之上。要达到这一点，必须经常和企图脱出这条轨道的私人资本作斗争。而这些私人资本虽然已经纳入这条轨道，他们总是想脱出去的，所以限制的斗争将是经常不断的。"

第二个阶段：利用和限制

1949 年 3 月 5 日，毛泽东在中国共产党第七届中央委员会第二次全体会议上的报告中指出：[1]

中国的私人资本主义工业，占了现代性工业中的第二位，它是一个不可忽视的力量。

在革命胜利以后一个相当长的时期内，还需要尽可能地利用城乡私人资本主义的积极性，以利于国民经济的向前发展。在这个时期内，一切不是于国民经济有害而是于国民经济有利的城乡资本主义成分，都应当容许其存在和发展。这不但是不可避免的，而且是经济上必要的。但是中国资本主义的存在和发展，不是如同资本主义国家那样不受限制任其泛滥的。它将从几个方面被限制——在活动范围方面，在税收政策方面，在市场价格方面，在劳动条件方面。我们要从各方面，按照各地、各业和各个时期的具体情况，对于资本主义采取恰如其分的有伸缩性的限制政策。

1952 年 3 月 23 日，毛泽东在论述"五反"斗争中及其以后必须达到的目的时，指出：[2]

清除"五毒"，消灭投机商业，使整个资产阶级服从国家法令，经营有益于国计民生的工商业；在国家划定的范围内，尽量发展私人工业（只要资本家愿意和合乎《共同纲领》），逐步缩小私人商业；国家逐年增加对私营产品的包销订货计划，逐年增加对私营工商业的计划性；重新划定私资利润额，既要使私资感觉有利可图，又要使私资无法夺取暴利。

第三个阶段：利用、限制和改造

1953 年 5 月 27 日，中共中央统一战线工作部部长李维汉向中共中央呈报了关于《资本主义工业中的公私关系问题》的调查报告。报告中分析了上海、南京、武汉、杭州、沈阳、广州、哈尔滨等地的案例，总结了中华人民共和国成立三年来，私人资

---

[1] 毛泽东.在中国共产党第七届中央委员会第二次全体会议上的报告（1949 年 3 月 5 日）[M]//毛泽东选集：第 4 卷.北京：人民出版社，1991：1431.

[2] 毛泽东.关于"三反""五反"（1951 年 11 月—1952 年 5 月）[M]//毛泽东文集：第 6 卷.北京：人民出版社，1999：201.

本主义工业朝着国家资本主义经济方向发展的初步情况，报告中说明：国家资本主义经济已经成为我国国民经济中的重要成分之一；国家资本主义经济的各种形式是我们利用和限制工业资本主义的主要形式，是我们将资本主义工业纳入国家计划轨道的主要形式，是我们改造资本主义工业使它逐步过渡到社会主义的主要形式，是我们利用资本主义工业来训练干部并改造资产阶级分子的主要环节，是我们对资产阶级进行统一战线工作的主要环节。抓住了这些主要形式和主要环节，在经济上和政治上都有利于领导和改造资本主义和资产阶级分子。[1]

李维汉的报告受到中共中央和毛泽东主席的高度重视。6 月 15 日，中共中央政治局召开扩大会议，讨论并同意了李维汉报送的《资本主义工业中的公私关系问题》的报告和在这个报告基础上起草的《关于利用、限制和改组资本主义工商业的若干问题》的文件草案。毛泽东主席在审阅文件草案时，做了不少修改，其中最重要的修改是将题目中的"改组"修改为"改造"，形成《关于利用、限制和改造资本主义工商业的若干问题》的文件。经过讨论，中共中央政治局确定了经过国家资本主义改造私人资本主义工商业的方针，确定了对资本主义工商业实行"利用、限制和改造"的政策。

6—8 月，中共中央召开全国财经工作会议。会议着重讨论了贯彻执行过渡时期总路线问题，提出了我国第一个五年计划草案，其中指出："一五"计划期间，要发展部分集体所有制的农业生产合作社，并发展手工业生产合作社，建立对于农业和手工业的社会主义改造的初步基础；基本上把资本主义工商业纳入各种形式的国家资本主义轨道，建立对私营工商业的社会主义改造的基础。[2]33

7 月 10 日，中华全国总工会发布了《关于加强资本主义工业企业中的工会工作的指示》，[2] 其中对国家资本主义和"利用、限制、改造"资本主义工商业作了说明，指出："这里所说的改造，是指在承认资本家的受限制的不完全的私人所有制的条件下，使资本主义企业逐步变为国家资本主义企业。""这种资本主义已经不是普通意义上的资本主义，而是一种特殊的资本主义，它是带了若干（有几种不同的情况）社会主义性质的。"[2]33 这个《指示》，对于引导私营企业中的工人群众发挥主人翁作用，加强私营企业工会工作发挥了积极作用。

9 月 7 日，毛泽东主席亲自邀请民主党派负责人和工商界部分代表人物在颐年堂进行座谈，参加这次座谈会的党外人士有陈叔通、黄炎培、李济深、章伯钧、程潜、

［1］李维汉 . 统一战线问题与民族问题［M］. 北京：中共党史出版社，2016：107-110.

［2］黄孟复主编 . 中国民营经济史·大事记［M］. 北京：中华工商联合出版社，2009.

傅作义、章乃器、李烛尘、盛丕华、张治中。中共领导人周恩来、陈云、陈毅和李维汉也参加了座谈会。谈话中，毛泽东主席系统说明了中国共产党对资本主义工商业实行社会主义改造的方针、政策。[1]33 毛泽东主席指出："有了三年多的经验，已经可以肯定：经过国家资本主义完成对私营工商业的社会主义改造，是较健全的方针和办法。""国家资本主义是改造资本主义工商业和逐步完成社会主义过渡的必经之路。"并指出："将全国私营工商业基本上（不是一切）引上国家资本主义轨道，至少需要三至五年的时间，因此不应该发生震动和不安。"[2]

9月8日，周恩来总理在政协全国委员会第49次常委扩大会上作了关于讨论过渡时期总路线的报告和总结讲话。他指出：关于将私人资本主义工商业引上国家资本主义轨道，并不就是将私人企业收归国家所有。国家资本主义从高级到低级形式多种多样。概括地说，通过社会主义改造，使中国的私营工商业"基本上为国计民生服务，部分地为资本家谋利"，这就是"中国型的国家资本主义"。[3]

9月15日，毛泽东主席在怀仁堂约请盛丕华、荣毅仁、包达三、郭棣活、胡厥文等工商界领袖谈话。在谈话中，毛泽东主席再次肯定了工商界在三年恢复时期所作的贡献，并指出：在实行改造之后，"将来要安排人员。安排即是有饭吃；其次是地位，即是选举""将来开第二届全国政协会，选举还可以扩大一些。"从历史上看，过去在革命中，民族资产阶级中立过、参加过；现在从企业情况看，我们没有理由排斥他们。[1]34

毛泽东主席的谈话和周恩来总理的报告，减少了资产阶级上层代表人物的思想疑虑，他们中间有的对"资本家现在有利润可得，将来有工作可做"表示满意；有的则形容中国共产党的社会主义改造方针是"同登彼岸、花团锦簇"，表示拥护过渡时期总路线和国家资本主义的方针。这种态度，代表了靠近共产党、顺应历史潮流的工商界代表人物的进步倾向。

毛泽东主席的谈话和周恩来总理的报告，对于做好工商界代表人物的思想政治工作，并通过工商界代表人物做好大多数工商业者的思想政治工作，对于在全国范围内动员、组织、开展对资本主义工商业的社会主义改造发挥了重要作用。

---

［1］黄孟复主编.中国民营经济史·大事记［M］.北京：社会科学文献出版社，2009：34.

［2］毛泽东.改造资本主义工商业的必经之路［M］//毛泽东文集：第六卷.北京：人民出版社，1999：291.

［3］庞松.周恩来关于向社会主义过渡的思想［EB/OL］.（2020-04-27）［2023-05-01］.http:/zhouenlai.people.cn.

9月24日，中国人民政治协商会议全国委员会在庆祝中华人民共和国成立四周年之际，向全国正式公布了中国共产党在过渡时期的总路线。随后，全国范围内开展了学习宣传活动。

全国各级工商联组织及其成员对于贯彻执行"一化三改"的总路线，贯彻执行"限制、利用和改造"的工作方针，动员和组织工商业者参与社会主义改造的认识是深刻的、态度是积极的。

1953年10月23日，全国工商联第一次会员代表大会开幕，首任主任委员陈叔通在大会开幕词中号召全体私营工商业者同全国人民一道，为在一个相当长的时期内逐步实现国家的社会主义工业化，逐步实现国家对农业、对手工业和对私营工商业的社会主义改造而奋斗，他指出：[1]

在中国共产党和中央人民政府领导之下，我们私营工商业者所应努力的不仅是企业的改造，同时也是个人的改造。企业的改造，就是要使企业的经营，适合国民经济发展的需要，就是要使私营企业逐步纳入国家资本主义的轨道；个人的改造，就是要我们私营工商业者认清祖国逐步过渡到社会主义的远大前途，把个人利益与国家长远利益结合起来，服从国营经济领导，正确发挥我们经营的积极性。这就是我们参加国家的经济建设工作，也就是对国家有了贡献，为人民做了好事。

私营工商业的改造是我国社会主义改造中三个重要环节的一个，我们工商业者要为着实现私营工商业的社会主义改造，为着正确地发挥私营工商业者应有的积极作用，为着稳步过渡到社会主义的伟大目标而奋勇前进。

11月11日，《人民日报》发表了题为《进一步把私营工商业纳入国家资本主义轨道》的社论，指出：这是实现过渡时期总路线的需要，在今天具有充分的必要性，也具有充分的可能性，但其工作必须根据国家的需要和可能，有步骤、有计划、有区别地进行。

11月12日，全国工商联副主任委员李烛尘在全国工商联第一次会员代表大会闭幕词[2]中指出：

私营工商业的社会主义改造，是国家过渡时期的重大任务之一。私营工商业能够逐步地纳入国家资本主义的轨道，逐步地进行社会主义改造，这对国家有利益，对私营企业有利益，对私营工商业者个人亦是有利益的。我们私营工商业者将以欢欣鼓舞

---

［1］孙晓华主编.中国工商业联合会50年概览（上卷）［M］.中华工商联合出版社，2003：73.

［2］全国工商联第一次会议代表大会闭幕词［EB/OL］.（2020–12–01）［2023–05–02］.http://www.acfic.org.cn.

的心情，热忱拥护国家过渡时期总路线，愿意通过国家资本主义，完成由资本主义到社会主义的改造；同时，我们也认识到，要将我们的企业纳入国家资本主义的轨道，首先要我们自己创造条件，争取符合国家的需要和可能。同时我们也体会到，私营工商业的社会主义改造，是一件相当长时间的工作，不可能一步登天，我们工商界应该努力工作，认真学习，创造条件，然后人民政府才有可能，有区别、有步骤地将我们的企业纳入国家资本主义轨道，实行社会主义改造。

闭幕会上，大会通过决议，郑重宣告：拥护并接受国家在过渡时期的总路线和对私营工商业所采取的利用、限制和改造的政策。

在全国工商联第一次会员代表大会以后，全国工商联及各省、市、县工商联在工商界广泛深入地开展了学习宣传活动。

11月14日，《人民日报》发表了题为《私营工商业者的光明大道》的社论，指出：私营工商业必须经过国家资本主义的道路，逐步实现社会主义改造，这是国家为私营工商业者所指出的一条光明大道。

12月28日，中共中央批准并转发了中央宣传部撰写的《为动员一切力量把我国建设成为一个伟大的社会主义国家而斗争——关于党在过渡时期总路线的学习宣传提纲》，[1]其中对过渡时期总路线的内容和特点作了全面系统的解释，主要内容包括以下10个方面：1.从中华人民共和国成立到社会主义改造基本完成，这是一个过渡时期。2.由于中国经济的落后性和建设社会主义的艰巨性，完成从新民主主义向社会主义的过渡需要一个相当长的时期。3.党在过渡时期有着两项互相联系的基本任务，即逐步实现国家的社会主义工业化，并逐步实现国家对农业、对手工业和对资本主义工商业的社会主义改造。4.过渡时期总路线是革命和建设同时并举的路线，"一化"是主体，"三改"是两翼，二者互相关联而不可分离。5.过渡时期总路线的实质，是使生产资料的社会主义所有制成为我国国家和社会的唯一经济基础。6.实现国家的社会主义工业化的中心环节是发展重工业，建立国家工业化和国防现代化的基础。由于我国的工业化，是社会主义性质的工业化，因此，必须首先发展国营工业，并逐步对手工业和资本主义工业进行社会主义改造。7.对农业的社会主义改造，必须经过合作化的道路，必须采用说服教育、示范和国家援助的方法。8.对手工业的社会主义改造，同样要经过合作化的道路。9.对资本主义工商业的改造，是在利用、限制和改造的方针指导下，第一步把私人

---

[1] 中共中央党史研究室.中国共产党历史第二卷（1949—1978）上册［M］.北京：中共党史出版社，2011：194-195.

资本引导到国家资本主义的轨道上来，第二步逐步地变国家资本主义经济为社会主义经济。10.加强党的领导作用，是中国在过渡时期总路线彻底胜利的保证。

"一化三改"的总路线，其实质是通过社会主义工业化建设，逐步实现国家由农业国向工业国转变；通过社会主义改造，逐步以生产资料的社会主义公有制代替资本主义私有制。其基本内容和基本方向是正确的，它指导中国顺利地完成了从新民主主义社会向社会主义社会的过渡，指导中国成功建立了社会主义制度。

"一化三改"的总路线，是社会主义工业化建设和社会主义改造同时并举，旨在加速社会主义工业化，并把资本主义私有制经济改造为社会主义公有制经济，创造性地实现解放生产力、发展生产力同变革生产关系的有机统一，促进新民主主义社会向社会主义社会转变。

中国共产党在过渡时期的总路线确定后，在全国上下、工矿农村掀起了学习、宣传、贯彻的高潮。可能很少有人能够准确地表述中国共产党在过渡时期总路线的全文，但是"一化三改"及其主要内涵很快深入人心，家喻户晓，形成共识，变成行动。

1954年9月20日，全国人民代表大会第一届第一次会议通过了《中华人民共和国宪法》，在序言中明确了"国家在过渡时期的总任务是逐步实现国家的社会主义工业化，逐步完成对农业、手工业和资本主义工商业的社会主义改造"。在第十条中明确规定："国家对资本主义工商业采取利用、限制和改造的政策。国家通过国家行政机关的管理、国营经济的领导和工人群众的监督，利用资本主义工商业的有利于国计民生的积极作用，限制它们的不利于国计民生的消极作用，鼓励和指导它们转变为各种不同形式的国家资本主义经济，逐步以全民所有制代替资本家所有制。"从此，从国家根本大法的高度，确立了过渡时期总任务和利用、限制、改造资本主义工商业政策的法律地位。

全国各级工商联组织把贯彻执行过渡时期的总路线，动员工商业者积极参与对资本主义工商业的社会主义改造作为头等大事，积极开展工作。

参与公私联营

1953年9月7日，毛泽东在《改造资本主义工商业的必经之路》[1]一文中，指出："公私合营、全部出原料收产品的加工订货和只收大部产品，是国家资本主义在私营工业方面的三种形式。"这三种形式从产权性质分析，属于两种类型。第一种类型：

---

[1] 毛泽东.改造资本主义工商业的必经之路［M］//毛泽东文集：第6卷.北京：人民出版社，1999：291.

公私合营，是"国家资本主义经济的高级形式"，因为涉及公私资本合作或产权合作关系，其实质是公私合并经营；第二种类型：加工订货，包括全部出原料收产品的加工订货和只收大部产品的加工订货，都属于"国家资本主义经济的初级形式"，因为不涉及公私资本合作或产权合作关系，其实质是公私联合经营，简称公私联营。

公私联营是引导私人资本主义工商业，特别是中小型工商企业或个人参与社会主义改造的重要方式之一，是改造私人资本主义，发展国家资本主义经济的初级形式。下面介绍有关情况及典型案例。

第一，关于私营工业参与国家加工订货

组织私营工业以公私联营方式，参与国家加工订货（包括给订单给原料或只给订单不给原料的加工订货，收全部产品或只收部分产品的加工订货等情形），是改造私人资本主义工业，发展国家资本主义经济的"初级形式"，工作开展简便易行，受到大多数私营工业企业拥护并积极参与，行动快效果好。各省、市工商联或工商联筹备委员会，在当地政府的领导下，围绕组织私营工业接受国家的加工订货做了大量卓有成效的工作。例如，1952—1953年间，北京市工商联为配合国家有计划的经济建设，克服私营企业生产经营的盲目性，在市政府的领导下，经过两年的工作，推动全市35个私营工业行业中的32个行业接受国家的加工订货。至1953年上半年，加工订货产值在私营工业总产值的比重达到54.5%。通过为国家加工订货，不仅帮助私营工业改善了经营管理，提高了生产技术，降低了成本，在生产上取得了显著发展，而且在国家经济计划的指导下，按照人民的需要生产，私营工业被纳入国家计划和国家资本主义经济发展轨道。

1953年11月14日，《人民日报》社论"私营工商业的光明大道"中报道了工业方面私营工厂参与加工订货方面的情况：

我们知道：私营工厂只要为国家加工、订货，就已经不是一般的私人资本主义企业，而是一种国家资本主义企业了。

进一步说，加工订货的关系，既不是普通的买卖关系，也不只是契约上的约束，而是一种领导与被领导的关系。

事实上，加工订货对于私营企业也是有利的。譬如为国家加工和接受国家订货的全国棉纺织业，其生产量就逐年增加。以该业1949年产量为100，1950年为106.87，1951年为131.15，1952年为177.10。随着生产增加，企业的营业情况也大有好转。以上海私营纺织企业38个工厂的盈亏情形来看，1950年有18个工厂盈余，20个工厂亏损；1951 年有 31 个工厂盈余，7 个工厂亏损；1952 年有 35 个工厂盈余，3 个工厂亏损；1953 年有 37 个工厂盈余，仅有 1 个小厂亏损。

至于由加工订货发展到公私合营的企业，由于计划性更强，管理有了根本的改善，更是个个得利。

由此可见，国家资本主义不但对国家和人民有利，对资本家自己也有利。

实际工作中也出现一些问题：譬如有的私营工厂看到市场繁荣，竟然抗拒国家的加工订货；有的虽然接受加工订货，但偷工减料、虚报成本；有的骗取定金，拖延交货；有的故意以次充好，为了委托单位不收货以后拿到市场上自销；等等。但是，从总的情况分析来看，"拥护政策，配合工作，委托与加工双方满意"是主流现象，公私联营工业发展的各项指标都处于向好向上的发展趋势。

至 1953 年底，对资本主义工商业的社会主义改造，取得了初步成绩。加工订货产值达 81 亿元，比 1952 年增加 22 亿元，占私营工业总产值的比重由 49.6% 增加到 53.6%。[1]37 以私营工业参与国家加工订货为主要形式的公私联营取得显著绩效。

至 1955 年 11 月，在工业方面，实行加工订货的，在较大型企业（使用机器的工业是 16 个工人以上，手工业是 31 个工人以上）中已经占到 93%，大型企业差不多都已实行加工订货。[2]

第二，关于公私商业划分范围联合经营

私营商业与国营商业划分范围联合经营，其方式较多，主要包括收购、代购，经销、代销、包销等。关于过渡时期国家对于商业公私关系及商业发展政策演变梳理如下：[1-2]

1950 年 6 月 6 日，中共七届三中全会提出：在统筹兼顾的方针下，逐步地消灭经济中的盲目性和无政府状态，合理地调整现有工商业，切实而妥善地改善公私关系和劳资关系，使各种社会经济成分，在具有社会主义性质的国营经济领导之下，分工合作，各得其所，以促进整个社会经济的恢复和发展。

1952 年 11 月 12 日，中共中央发出《关于调整商业的指示》，[1]26-27 指出：我们调整公私商业的方案，应该是保持目前私营商业的一般营业额，不使其下降。其目的在于避免店员过多的失业，使失业店员能够转业，补助国营商业的不足，使中小工

---

［1］黄孟复主编. 中国民营经济史·大事记［M］. 北京：社会科学文献出版社，2009.

［2］陈云文选（1949—1956）［M］. 北京：人民出版社，1984：280.

业、手工业和农村家庭副业的产品找到较多的销路。调整商业的办法主要包括：1. 调整批零差价、地区差价和季节差价。其中日用品批零差价一般应扩大到 10%~18%。2. 划分公私间的经营范围：国营商业在大城市的零售店要缩减；县镇的国营商店要适当地收缩零售业务；供销合作社要巩固提高、适当发展；国营贸易公司、国营商店与合作社要减少次要商品的经营，次要土产，应当让出来给私商经营。3. 为了提高私商经营的积极性，还应取消各地对于私商的各种不适当的限制。一方面，给正当私商以经营的可能；另一方面，防止私商的投机倒把。

至 1952 年底，国营商业在全国已建立起 3 万多个商店，比 1950 年增加 3 倍，职工达到 57.7 万人。私营商业增加 28 万户，从业人员增加 1000 万人，商品零售额增加 19.1 亿元。遍布城乡的个体小商小贩达 650 万人，成为商品流通不可忽视的力量。[1]

1953 年 1 月 1 日，国家开始执行第一个五年计划（1953—1957）。根据第一个五年计划，实行计划管理体制，以"统一计划，分级管理"为原则，对国民经济实行直接计划和间接计划相结合的计划制度。对国营和公私合营企业主要实行直接计划，对农业、手工业、私营企业，主要实行间接计划，即国家通过经济措施、合同、政策等手段，将它们的经济活动纳入国家计划。[1]

1954 年 7 月 13 日，中共中央发出《关于加强市场管理和改进私营商业的指示》，其中对市场管理工作提出了要求：国家要对部分商品实行计划收购、计划供应。对私营批发商采取"一面前进、一面安排，前进一行、安排一行"的办法，分不同行业、不同情况，有计划地代替和安排私营小批发商和私营零售商，把对企业的改造和对人的改造结合起来，把改造和安排结合起来，引导他们转向有利于国计民生的事业，把现存的私营小批发商和私营零售商逐步改造为各种形式的国家资本主义商业。[2]39

从 1954 年下半年起，各地按照不同情况，对私营批发商采取了"留、转、包"等不同形式的改造步骤。"留"，即为国营商业所需要者，可以为国营商业代理批发业务；"转"凡有条件转业者，辅导其转业；"包"，对无法继续经营者经过培训后安置。

1954 年底，私营商业在全国商业零售额中的比重由 1952 年的 57.2% 下降为 25.6%。在批发方面，国营商业占比达到 88% 以上；在零售方面，国营和合作社商业占比达到 57.5%。1955 年，私营商业在社会商品零售总额中占比状况：在 32 个大城市中占 25%，在农村集镇中占 18%。[2]39

［1］商务大事记（1952—1954）［EB/OL］.（2018-08-06）［2023-05-01］. http://history.mofcom.gov.cn/.

［2］黄孟复主编. 中国民营经济史·大事记［M］. 北京：社会科学文献出版社，2009.

在过渡时期，全国各级工商联组织，在当地政府的领导下，围绕促进公私商业联合经营或分工合作经营，做了大量卓有成效的工作，如苏州市工商联筹委会，从1952年5月开始组织各行各业开展联营、联购、联销情况调查，听取反映和意见。在1953年2月，联合工商部门组织国营公司、合作社、行商、摊贩、店员组成"春节物资供应检查委员会"，号召动员充分准备物资，并调查商品价格，以保障春节物资供应和物价稳定；8月，召集有关行业和市场负责人会议，贯彻执行对6种主要粮食的6种管理办法；10月，协助政府宣传恢复棉纱管理办法，动员会员配合政府对粮食及油料作物等四类物资、23种商品开始管理。

第三，关于私营金融业联合经营

新中国成立初期的私人金融业，主要为私人投资并从事存放款等业务的行业，其实体机构为私营银行、钱庄和信托公司等，统称为私人银钱业，简称为私营行庄。

早在新中国成立前夕的1949年4月27日，《华北区私营银钱业管理暂行办法》颁布；接着，《华东区管理私营银钱业暂行办法》及其他管理办法相继出台。为了规范金融市场，开展了对解放区内私营行庄增资验资工作。所谓增资验资，就是对最低资本限额，资本和现金比例没有达到规定的私营行庄自动增加资本并限期补足，在限期内无力补足者，则停业清理。通过这一措施各地淘汰了一批资力小、信用差、投机性较大的私营行庄。如华东地区，共有17个城市的350家行庄办妥了增资手续，有20家因为资力不足且无力增资遭到淘汰；天津，1949年4月验资，151家行庄（包括外资银行）中有29家停业；汉口，1949年7月验资，其中增资行庄42家。1949年底，通过增资验资管理之后，全国私营行庄的数量由解放时的1032家减少到833家。[1]31-32

经过增资验资管理之后，人民政府采取了引导私营行庄的金融服务向生产领域转变，鼓励金融与生产相结合，疏导游资与业务需求相结合，提高存款准备金比例、鼓励联合放贷等措施约束并促进私营行庄规范经营行为。

一是"联放"，即组织金融业开展私私联合或公私联合放款。关于组织金融业私私联合放款，1949年9月24日，在中国人民银行号召下，上海市私营银行、行庄、信托公司召开联席会议，宣布上海解放后第一个金融业联合放款组织"上海市私营银钱信托业联合放款处"成立，签订《上海市私营银钱信托业联合放款处合约》。全市大约200家私营行庄公司中，参加联合放款业务的有94家银行、76家行庄、3家信

[1]黄孟复主编.中国民营经济史·纪事本末·大事记[M].北京：中华工商联合出版社，2010.

托公司参加，放款额度为 40 万元。继上海之后，苏州、杭州、天津、南京、无锡等城市的私营行庄相继成立了联合放款处或联合银团等组织。[1]34 关于组织金融业公私联合放款。1949 年 12 月 14 日，上海解放后第二个金融业联合放款组织"上海市公私营金融业联合放款处"成立。当时的 168 家私营行庄公司全部参加，而中国人民银行、中国银行和交通银行三家银行则作为公方代表参与，成为联合放款组织的成员。这次联合放款，初定总额达 120 万元。其中，中国人民银行、中国银行、交通银行三家国家银行共同认贷 20 万元，其余全部由私营行庄公司承担。推选中国人民银行上海市分行为联合放款处委员会主席。放款对象不限行业，但必须用于生产。继上海之后，杭州、无锡、苏州、南京、济南、青岛、天津和北京相继成立公私联合放款组织。[1]34

二是"联营"，即组织私营金融业联合经营。1950 年 7 月 1 日，在中国人民银行的帮助下，上海"私营金融业第一联营集团"和"私营金融业第二联营集团"宣布成立，其成员各有 12 家行庄（包括银行、钱庄和信托公司）参加。7 月中下旬，私营金融业第三、第四联营集团相继成立。这类金融业联营集团的主要业务是联合放款，此外还经营其他业务，如办理联合金库，集体办理国内汇兑，向中国人民银行请求办理转抵押或转贴现，交换关于放款对象的情报，为联营的行庄提供信用保证等。8 月 1 日，中国人民银行召开了全国金融业联席会议，明确了国家银行与私营行庄业务范围和分工，规定了对行庄的原则要求；确定了"团结、领导、运用、改造"的方针，提出私营金融业应该走联合、合并及扶助生产的道路；研究了调整金融业中的公私关系、金融业与工商业的关系、金融业中的劳资关系等问题；拟定了对私营行庄的管理办法。与会代表认识到公私银行应该共同发展、互相照顾，公私银行不能"分疆而治"。[1]34-35

三是"联管"，即将有联系的行庄联合起来，实行统一管理。1951 年 9 月以后，为了进一步提升经营管理水平和竞争优势，若干有联系的行庄联合起来，组成"金融业联合管理处"，实行统一管理，共同经营业务。全国范围内组成了"公私合营新十一行总管理处""公私合营北五行总管理处""公私合营上海久安总管理处""上海金融业第一联营总管理处""上海金融业第二联营总管理处"，及"武汉联合商业银行"共 6 个单位。"金融业联营管理处"和"联合商业银行的成立"，为金融业实行全行业公私合营打下了工作基础。[1]35

---

[1] 黄孟复主编.中国民营经济史·纪事本末·大事记［M］.北京：中华工商联合出版社，2010.

公私联营及公私分工合作经营，在国民经济恢复时期和对资本主义工商业实行社会主义改造的初期，在公私合营高潮到来之前，是发展国家资本主义经济的重要形式；公私联营工作的开展，对于促进国家资本主义经济和国营经济发展发挥了重要作用。据 1955 年 11 月底统计，在商业方面，社会主义成分和国家资本主义成分大大增加：在 32 个大、中城市中，国营和合作社营商业在商品零售总额中占比已达 52% 左右；国家资本主义形式的经销、代销的比重，已达 22% 左右；也就是说，3/4 的商业是社会主义和半社会主义的。公私联营广泛而深入地开展，为"公私合营"运动发展提供了借鉴和经验，奠定了工作基础。

参与公私合营

公私合营是改造私人资本主义经济，发展国家资本主义经济的高级形式；是私人资本主义工商业，特别是大中型工商企业参与社会主义改造的重要方式。全国各级工商联组织及其会员是重要的公私合营工作推动者和参与者。

1953 年以前，以私营工业参与国家加工订货为主、以公私商业划分范围联合经营为主的国家资本主义经济的初级形式——公私联营，得到较快发展。1953 年 9 月 24 日，"一化三改"的过渡时期总路线正式向全国公布并迅速贯彻实施以后，对资本主义工商业的社会主义改造进入新阶段，工作重心转向发展国家资本主义经济的高级形式——公私合营。

公私合营工作展开大致经历了从"摸索试行"到"大范围扩展"到形成"全行业参与"三个阶段，又分别称为"尝试公私合营"阶段、"扩展公私合营"阶段和"全行业公私合营"阶段。有人将公私合营现象形象地比喻为"吃水果"现象。称在国民经济恢复时期，开始"尝试公私合营"的现象为"尝新果"（尝试性，自觉性，个别现象）；称对资本主义工商业的社会主义改造从面上展开（过渡时期总路线颁布之后至《公私合营工业企业暂行条例（1954）》贯彻实施之前）"扩展公私合营"的现象为"吃苹果"（大企业，先行动，再扩展）；称《公私合营工业企业暂行条例（1954）》贯彻实施之后"全行业公私合营"的现象为"摘葡萄"（规模性，全行业，大中小企业都参与）。

第一个阶段：尝试公私合营

在国民经济恢复时期，伴随公私联营现象的出现和发展，公私合营现象就已经开始出现了。这一阶段的公私合营现象之所以比喻为"尝新果"现象，是因为私营工商业者认为公私合营这一新鲜事物如同没吃过的"新果"，产生新鲜感和好奇心；但又因为涉及重大利益调整，难免疑虑和担心，担心私人资产流失和失去对企业的控制权；最后因为感知私营力量小、合营力量大，"船大抗风险"的思想占了上风，坚定了参与的信心。从产生好奇心，到难免担心，到坚定信心的思想转变过程是第一批参与公私合营的私方代表人士带共性的思想活动过程的真实写照。

国民经济恢复时期公私合营的工作特点是：1.尝试性，没有经验摸索经验。2.自觉性，是否参与全凭公私双方自愿。3.个别性，没有任务要求，参加合营的企业较少，是个别现象。国民经济恢复时期公私合营的工作中，金融业公私合营走在了最前面。下面介绍几类对公私合营开展有示范、借鉴作用的"尝试公私合营"的案例。

第一类案例：金融业率先公私合营

例1：新中国的国家银行体系，主要是在解放战争取得胜利以后，通过合并各根据地银行组建中国人民银行（1948年12月1日，以华北银行为基础，合并北海银行、西北农民银行，在河北省石家庄市组建了中国人民银行），通过没收旧中国的官僚资本银行归国家所有的基础上建立起来的。据统计，收归国家所有的官僚资本银行，有原中央银行、中国银行、交通银行、中国农民银行及各省地方银行，共计2400多家（对其中少量民族资本保留其私股股份）。[1]53 这些银行及其金融资产成为构成新中国金融工作基础和资本基础最主要的部分，成为参与公私合营公方资产最主要的部分。在改组改造过程中，将通过没收官僚资本接管过来的官僚资本银行直接改组为国营商业银行，如中国银行接管过来后直接改组为负责经营外汇的专业银行，交通银行接管过来后直接改组为负责工矿与交通投资的专业银行等。

例2：没收和接管旧中国的官私合资银行中的官股（官僚资本部分，又称官股部分），并将这类官私合资银行改造为公私合营银行。上海解放后，人民政府接管了官僚资本为主（官股占到资本总额一半以上）的四家官私合资银行，即新华银行、四明商业储蓄银行、中国通商银行和中国实业银行。人民政府接管了四家官私合资银行之后，将其中的官股变成公股，保留其中的私股，改组成为公私合营银行。这四家最早

---

[1]中共中央党史研究室.中国共产党历史第二卷（1949—1978）[M].北京：中共党史出版社，2011.

诞生的公私合营银行受到人民政府更多关注，获得更多政策优惠，它们可以从事对公业务，经营上处于优势。特别是在1950年金融风潮时期，当大多数行庄经营陷于困窘，四家公私合营银行业务经营状况却是良好的，让同业羡慕。四家公私合营银行的诞生，为全国金融业开展公私合营，为全国工商业开展公私合营带了头，起到了示范作用。

例3：改造私营银行和行庄等中小型金融企业为公私合营银行。继上海四家银行公私合营之后，从1951年开始，改造私营银行和行庄等中小型金融企业为公私合营银行的工作在全国范围内迅速展开。在上海，公私合营银行从最初的四家增加到十几家，规模较大的私营银行和行庄都完成了向公私合营银行的转变，并分属于三个"公私合营银行管理处"管理。至1952年底，上海市金融业三个"公私合营银行联合管理处"和两个私营"金融业联营管理处"实行大合并，成立了统一的"上海公私合营银行联合总管理处"。至此，从1949年5月上海解放算起到1952年底，历时约三年半，上海私营金融业的社会主义改造宣告完成。上海金融业经历了联放、联营、联管、扩展公私合营、全行业公私合营5个阶段，实现了业务、财务、人事和机构4个集中统一，构建了较为健全的新上海的金融体系。在重庆，市金融业公私合营行动迅速、效果良好。1952年，私营的聚兴诚、和成、新华、四明、中实、建业等银行及其分支机构，改造成为"重庆公私合营聚兴诚银行""重庆公私合营和成银行""重庆公私合营新华银行"。

第二类案例：北京市公私合营兴业投资有限公司创立[1]

该公司筹建于1950年4月，目的是配合北京市政府的经济计划，吸纳社会游资投向有利国计民生的轻工业。

1950年初，政府统一财经工作之后，如何将国家和私人资本加以结合，"集中社会资本投向生产事业"，成为亟待解决的政策问题。北京因工业基础较差，急需固定资金重新布局产业、购置设备、改造技术。4月，北京市工商联筹委会在市政府的支持下，成立兴业投资股份有限公司筹委会，组织同仁堂经理乐松生等26人为委员参加，配合北京市政府的经济计划，筹备组建"吸收游资，结合公私的力量，有计划地投向生产事业"的投资公司。5月29日，组建筹委会拟定公司章程并筹备募股；

---

［1］新中国成立初期的经济形势与北京公私合营兴业投资有限公司的创建背景及发展［EB/OL］.（2018-10-23）［2023-05-01］. http://www.sohu.com.

6月，在中央财经委员会召开七大城市工商局长座谈会上，认可了以公私合营方式兴办投资公司是吸收社会游资投资工商业的较好办法；7月7日，正式决定准予兴业公司暂行备案，由中国人民银行北京分行代表国家入股，公私占股比例为3∶7；8月28日，北京市工商联组织召开"北京市公私合营兴业投资有限公司"创立大会，通过公司章程并选举了董、监事。其中，公股董事7人，私股董事16人，推选乐松生（私股代表）为董事长，并以汤绍远（私股代表）和郑怀之（公股代表）分任正副经理。公司章程明确规定其经营方向"拟配合国家经济计划，根据北京市具体情况，将资金投向有利于国计民生暨有发展前途的生产事业，使现有生产水平提高一步，同时投资者也有利可图"。该公司创办以后，逐步明确以"扶助有利于国计民生"的轻工业门类为其业务重点，短短几个月内陆续向食品、纺染、制药等民族企业投注资本、扩大生产，繁荣、活跃了首都市场。

第三类案例：重庆民生实业股份有限公司参与公私合营[1-3]

重庆民生实业股份有限公司（简称民生公司）于1925年创办，是中国近现代规模最大的私营航运企业。在抗日战争时期，民生公司为支援国家战略物资转移作出了重大贡献，其公司创始人卢作孚，是中国近现代著名的爱国实业家之一。

新中国成立前夕，民生公司遭遇重大困境。其主要原因：一是因为战争对交通企业的影响，公司业务萎缩、经营困难（1949年前8个月民生公司在长江中下游全无收入）；二是因为巨额外债压力（1946年，由国民政府担保，民生公司向加拿大银行借款1275万加元，造新船9只，因为战争多数未投入运营赚钱，已无能力按照合同规定偿还借款本息）；三是民生公司职工陷入裁员减薪困境之中。新中国成立后，为了尽快解决债务问题、经营问题和劳资问题，尽快让企业走上正轨，民生公司提出公私合营的申请。人民政府为了帮助民生公司渡过难关、健康发展，同意实行公私合营。

1950年8月10日，国家交通部和民生公司决定实行公私合营，交通部部长章伯钧与民生公司总经理卢作孚签署了《民生实业公司公私合营协议书》，其中约定：

民生实业公司创设于一九二五年，经历次发展现已有江海轮船七万余吨及若干附属企业。在国民党反动统治时期，公司曾吸收了一部分官僚资本与豪门战犯的股金，

［1］赵晓铃.民生合私合营的过程［EB/OL］.（2022-07-10）［2023-05-01］.http://www.yhcqw.com.

［2］袁森.1949—1956年民生公司的"公私合营"［EB/OL］.（2015-05-26）［2023-05-01］.https://www.docin.com.

［3］大成企业研究院编著.中国民营经济70年大事记［M］.北京：中华工商联合出版社，2019：24.

如旧中国的中国银行、交通银行、川康银行、四川省银行，及宋子文、宋子安、张群等之股金。解放后，人民政府亟应接收官僚资本，参加公司管理。现经中央人民政府交通部与民生公司数次磋商，具认按照该公司目前情况，即应改组公司组织，成为公私合营企业。但必须经过一个时期的筹备工作，以便在此期间妥善解决民生公司目前存在的下列问题：1. 清查官僚战犯股权。2. 精简机构，节约开支。3. 整顿企业。4. 清查资产。5. 筹借债款。

为使上项筹备工作顺利进行，中央人民政府交通部与民生公司双方共同协议，拟定《民生实业公司公私合营过渡办法》，并自即日起，民生公司应即按此过渡办法，逐步整理改组，在新的公私合营的民生公司组成时，此项过渡办法即行废止，另按新的公司章程执行。

同时，公私双方共同拟定了《民生实业公司公私合营过渡办法》，指导推进公私合营工作。

1952 年 9 月 1 日，经历了两年"公私合营过渡期"的民生公司正式实现公私合营，更名为"公私合营民生轮船公司"。

民生公司正式公私合营时股权结构状况见表 5-1。

表 5-1　民生公司正式公私合营时股权结构状况

类别	股数	占比
公股	741910	57.07%
交通银行代管股	124800	9.60%
公私合营股	247130	19.01%
私股	186160	14.32%
合计	1300000	100%

资料来源：《民生公司合营后工作简要报告》/凌耀伦著.《民生公司史》，第 421 页；转引自袁森 1949—1956 年民生公司的"公私合营"[EB/OL]. https://www.docin.com/p-1161259538.html

正式公私合营后的民生公司，取得了显著成绩：一是探索改进运输方法，运输效率有所提高；二是建立各类管理制度，企业运作逐步顺畅；三是服从国家统一计划，盈余数额逐年增加；四是采用"四马分肥"，私股股东逐年获利；五是加大基本建设投入，客货运输规模有所扩大。在公私合营后的 3 个月内，1952 年 9—12 月，民生公司扭亏为盈，股东们（多年没有分得股息红利）在公私合营后的当年分得股息红利，高兴地说："共产党有办法！"

1952—1955 年民生公司货运量变化情况见表 5-2。

表 5-2　1952—1955 年民生公司货运量变化情况

年份	货运量	货运周转量
	基础系数为 100%	基础系数为 100%
1952	100.00	100.00
1953	115.16	126.00
1954	259.74	213.05
1955	368.17	290.03

资料来源：张文昂.光明的前程——民生轮船公司实行公私合营三年来的变化和发展；转引自袁森.1949—1956 年民生公司的"公私合营".https://www.docin.com/p-1161259538.html.

1953 年 10 月 11 日，《人民日报》对民生公司公私合营的情况作了专题报道，并发表了短评《公私合营企业的一个范例》，把民生公司的公私合营作为一个典型给予高度赞扬。[1] 民生公司公私合营的成功范例，为全国范围内各行各业，特别是工业、交通业公私合营工作的开展树立了样板、提供了经验。

其后，至 1956 年 1 月，全国交通会议确定了对于公私合营航运企业进一步改造的方针：私营运输业合营以后，其生产业务与实际工作机构应并入国营企业统一领导。1 月 31 日，长江航运管理局作出《关于公私合营民生、上海、川江轮船公司实行定息及经济改组的决定》；6 月 30 日，交通部发出《关于民生、中兴等 4 个公私合营公司进一步实行社会主义改造的决定》，其中内容主要包括：公私合营民生轮船总公司与长江航运管理局合并。[2]

至 1956 年 9 月 1 日，公私合营民生轮船公司经过充分协商，实行经济改组、定股定息后正式并入国营长江航运管理局。公私合营民生轮船公司是新中国第一家大型公私合营企业，公私合营后的经济效益、政治意义和社会影响是显著的。

国民经济恢复时期"尝试公私合营"取得初步的局部的成功的经验，为社会主义改造时期大范围开展公私合营和全行业公私合营提供了有益借鉴和工作基础。

第二个阶段：扩展公私合营

在"一化三改"的过渡时期总路线颁布后对资本主义工商业的社会主义改造工作从面上展开，至《公私合营工业企业暂行条例》贯彻实施之前的扩展公私合营工作，

[1] 黄孟复主编.中国民营经济史·大事记［M］.北京：社会科学文献出版社，2009：25.
[2] 黄强，孙新华.长江航远七十年［EB/OL］.（2020-12-24）［2023-05-01］.http://www.ddmlw.cn.

之所以比喻为"吃苹果"现象，其原因：一是因为私营工商业者方面，对公私合营有了初步的理性的认识，原来不认识的"新果"现在看清了是"苹果"，有了好感；二是因为在工作推进方面，选择较多的较大的公私企业参与合营。

扩展公私合营阶段的工作特点是：1.大企业先行动，有针对性地组织大中型公私工商企业参与公私合营。2.扩展性，数量上由少到多。3.渐进性，发展一批、巩固一批、再发展一批。下面分别介绍扩展公私合营工作部署和工作开展情况。

关于扩展公私合营工作部署情况：

1953年11月12日，全国工商联第一次会员代表大会通过决议，郑重宣告接受和拥护"一化三改"的总路线，坚决拥护对私营工商业所采取的"利用、限制、改造"的政策。大会号召广大工商业者以实际行动积极参与公私合营。

1954年1月，中财委召开会议，讨论扩展公私合营的计划问题。会议认为，公私合营是社会主义成分与资本主义成分在企业内部合作，其生产关系发生重大变化，企业性质由私有变为公私双方共有，公方和工人地位明显提高，资本家不再处于支配地位，这样，有利于改善公私矛盾、劳资矛盾，有利于改进生产并纳入国家计划。因此，需要有步骤地将私营企业改造为国家资本主义高级形式的公私合营企业。3月4日，中共中央批转了中财委《关于一九五四年扩展公私合营工业计划会议的报告》（以下简称《报告》）和《关于有步骤地将十个工人以上的资本主义工业基本上改造为公私合营企业的意见》（以下简称《意见》）。[1]

《报告》提出：1954年准备工业合营的计划，拟定参与公私合营的工业企业共计651个，年产总值15亿元左右。

《意见》提出：对有利于国计民生的资本主义工商业的社会主义改造，大体分两个步骤进行：第一步，基本上纳入国家资本主义轨道；第二步，将国家资本主义改变为社会主义。"经过国家资本主义完成由资本主义到社会主义的改造，是较健全的方针和办法。"

《意见》指出：国家资本主义的各种中级形式，对发展生产、保证需要，起了促进作用；但因为生产工具及一部分其他生产资料仍为资本家所有，企业基本上仍是按照资本主义方式管理，所以劳资矛盾、公私矛盾及由此引起的其他许多矛盾，不能获得更有效的处理，从而限制了劳动生产率的提高和社会生产力的发展，限制了对于资

---

[1] 黄孟复主编.中国民营经济史·大事记[M].北京：社会科学文献出版社，2009：38.

本家及其代理人等的教育和改造。国家资本主义的高级形式公私合营，是社会主义成分在企业内部同资本主义成分合作，并居于领导地位，因此它使生产关系发生重要的变化：企业由私有变为公私共有，资本主义所有制丧失其对企业的原有支配地位；工人的地位改变了，公方和工人群众结合一起掌握企业的领导权，资产阶级分子（资本家及其代理人和高级职员）则处在被领导的地位，并受到经常直接的教育和改造；产出分配除较小部分利润外，脱离了资本家的掌握。这样，劳资矛盾和公私矛盾，就能够获得更适当更有效的处理。从而能够提高劳动生产率，增加产品的数量，提高产品的质量，降低产品的成本，逐步向国营企业看齐；能够更有效地改进生产，纳入国家计划，积累资金，发展社会生产力，并保证其基本上为人民服务；能够更多地培养工人干部，改造原有人员，并向国营企业输送干部。国家资本主义的高级形式公私合营，更有利于造成必要条件，"保证在不远的将来，变国家资本主义为社会主义"。

《意见》指出，发展公私合营的方针，是要以国家投入的少量资金和少量干部，去充分利用原有企业的资金、干部和技术来改造资本主义工业。这样，在政治上和在经济上都是有利的。由于我们分给资本家以适当利润，作为"赎买"手段，并对他们进行认真的教育和改造，使其有前途。按照总路线的要求和利用、限制、改造的政策，采取"驴打滚""翻几番"的方法，即"发展一批，作为阵地，加以巩固，再发展一批，经过几滚几翻，将有十个工人以上的资本主义工业基本上纳入公私合营轨道"。

《意见》还指出，1954年是有计划地扩展公私合营工业的第一年。提出了"巩固阵地，重点扩展，作出榜样，加强准备"的工作方针。同时明确了公私合营的基本条件，必须依据国家的需要、企业改造的条件、供产销平衡的可能、干部和资金的准备，以及资本家的自愿，稳步前进。

关于扩展公私合营工作开展情况。这里介绍几类在全国范围有影响并起到示范作用、引导作用的案例。

第一类案例：上海工商界"跑头马""带群马"

在扩展公私合营工作中，上海市工商联发挥了积极促进作用。1953年10月，在全国工商联第一次会员代表大会结束以后，上海市工商联向广大会员传达会议精神，组织工商业者学习过渡时期总路线和国家的政策法令，宣传社会主义改造的重大意义以及爱国敬业、遵纪守法经营企业的道理。上海市工商联领导成员、工商业者中的优秀代表盛丕华、荣毅仁、刘靖基等带头将自己的企业实行公私合营，起到了"跑头马""带群马"的模范作用，加快了整个工商界参与公私合营的进程。

1954年9月《公私合营工业企业暂行条例》通过后上海信大祥绸布商店公私合营

　　在纺织行业，上海市工商界代表人物荣毅仁、刘靖基积极带头参加公私合营。1953年10月，在全国工商联第一次会员代表大会会议期间，他们表示他们的企业随时准备实行公私合营。回到上海后，他们接连召开董监事会议、股东大会，研究如何实现公私合营，并积极申请参加公私合营。1954年4月，刘靖基的安达和大丰两个企业经上海市工业生产委员会批准为公私合营企业，为全国棉纺织行业的社会主义改造起到了"跑头马"的作用。5月，担任上海申新纺织印染公司总管理处总经理的荣毅仁代表荣氏家族企业提出，申新纺织印染公司等企业申请公私合营，1955年获得批准。

　　在医药行业，信谊药厂是上海最大的私营制药厂，也是全国制药工业大型企业之一。董事长兼总经理陈铭珊，当时是中国民主建国会上海市分会组委会副主任、市医药工业同业公会副主任委员。1953年12月1日，他召开董事会议，通过了向政府申请公私合营的决议。1954年7月1日，信谊药厂获得政府批准，列为全市第一批公私合营单位。随后他以自己的切身体会，向工商界宣传企业公私合营的优越性，并作为上海工商界青年积极分子代表团团长，赴北京参加全国工商界青年积极分子代表大会，受到中共中央和国家领导人的接见。

　　在制笔行业，中国民主建国会成员汤蒂因的绿宝金笔厂于1954年10月正式公私合营，并把 10 万元股金划出来支援困难户。随后她又动员同行业大户参加公私合营，不久，共有 661 户的上海制笔业全行业实现了公私合营。汤蒂因被任命为上海市制笔工业公司经理，还受到毛泽东主席的接见，毛泽东主席称赞她为"金笔汤"。

第二类案例：浙江工商界"摘苹果""采葡萄"

1953 年 9 月，浙江省工商联筹委会迅速组织工商业者开展学习贯彻国家对资本主义工商业进行社会主义改造的政策，动员部分工商界骨干率先带头，提出公私合营申请。宁波工商界知名人士俞佐宸赴京参加了传达学习过渡时期总路线的会议，由北京返回宁波途经上海时，邀集在沪的宁波和丰纱厂、万信纱厂、永跃电力公司、宁波冷藏公司的负责人举行商谈，决定率先申请公私合营，很快得到政府批准。杭州市民建、工商联联合成立公私合营工作辅导委员会，引导和促进会员企业参与公私合营。11 月，工商界人士竺培农、金润庠经营的浙江最大造纸企业民丰和华丰造纸厂带头申请公私合营。随后，杭州市六一棉织厂的胡海秋，温州百好炼乳厂的吴百亨，温州清明化工厂的方恭敏等工商界人士带头申请公私合营，他们的带头示范，不仅在当地起到了促进作用，而且影响到全省工商界。12 月 2 日，浙江省工商联筹委会召开扩大会议，传达贯彻全国工商联第一次会员代表大会精神，传达浙江省私营工商业代表会议和全省工商界、民主党派代表座谈会议精神。在会上，省政府和省委统战部领导人亲自对私营工商业代表人士做思想政治工作，进行社会主义过渡时期总路线、总任务的宣传教育，帮助他们认识社会主义是中国社会发展的必然趋势，国家资本主义是改造工商业的"必由之路"。会上私营工商业代表人士纷纷表示拥护党的总路线，表示愿意进一步接受社会主义改造。

浙江省对资本主义工商业进行社会主义改造，经历了"摘苹果"和"采葡萄"两个阶段。在"摘苹果"阶段，首先集中力量将生产经营规模和经济价值较大、对国计民生有重大关系、生产技术水平较高的企业组织参与公私合营。在"采葡萄"阶段，则是在条件成熟的时候，成批地组织工商企业实行全行业公私合营。

第三类案例：重庆工商界"带好头"

在中共重庆市委的领导下，市工商联与市政协、市民建紧密配合，在工商界大张旗鼓地开展了"一化三改"总路线的宣传、学习活动。据 1954 年 7 月统计，全市工商骨干及家属参加学习的有 2640 人。通过宣传学习，广大工商业者认识到走社会主义道路是社会发展的必然规律，只有接受社会主义改造，才是工商业者的唯一的光明大道。重庆市公私合营工作是逐步从交通运输业、金融业、工业、商业开展起来的。

1952年，民生实业公司改组为公私合营公司之后，聚兴诚、和成、新华、四明、中实、建业共6家私营行庄改组为2家公私合营银行，即"重庆公私合营聚兴诚银行"和"重庆公私合营和成银行"。1953年5月，永兴化学工业公司改组为"公私合营永兴公司"。1953年12月至1955年12月，已经有裕华、新渝、天厨、沙市、大明、冠生园等55个企业参加公私合营。其余厂矿也通过加工订货等方式纳入国家资本主义轨道。

国民经济恢复时期"尝试公私合营"和社会主义改造时期的"扩展公私合营"工作，除了取得工作经验之外，更重要的是，前期公私合营形成的公私合营企业资产可以作为股本金投入下一阶段的公私合营，为开展全行业公私合营创造了物质条件。

第三个阶段：全行业公私合营

按照《公私合营工业企业暂行条例》推动全行业公私合营工作，之所以比喻为"采葡萄"现象，主要是因为经过了尝试公私合营和扩展公私合营阶段之后，有了工作经验和工作基础，人民政府决定"在一切重要的私营行业中实行全部或大部的公私合营，使私营工商业分别地、同时充分地集中在我们国家和社会主义经济的控制下"，认为"这是资本主义所有制过渡到完全的社会主义公有制的具有决定意义的重大步骤"，提出"以大带小，以先进带落后，即按社会主义的原则处理这个问题"。至1955年11月，全国的私营工厂约有13万户，其中较大的1900多户已实行公私合营，其产值约占58%；其余的12万多户，其产值只占42%。国家对这12万多户较小的落后的工厂改造的办法：一是并，"小的并到大的里面，大的带小的，几个小的合并起来变成一个大的；二是淘汰，有的工厂设备很落后就不要了，把工人、实职人员安插到先进的大的工厂里面去"。[1]

全行业公私合营阶段的工作特点是：1. 以政策形式明确了公私合营的基本条件，即国家的需要、企业改造的可能、资本家的自愿。2. 范围是全行业和各行业。3. 数量上是对符合条件的全部纳入。4. 工作全面展开，成批申请、分批审批。

关于全行业公私合营主要政策措施、工作部署、工作推进以及工作成效，按照时间顺序梳理如下。

1954年9月2日，中央人民政府政务院第223次政务会议通过了《公私合营工业企业暂行条例（1954）》[2]（以下简称《条例》）。这是推进全行业公私合营的第一个政策性文件。《条例》从开展公私合营工作的基本原则以及公私合营企业的组织形式、性质、股份、经

---

[1] 陈云文选（1949—1956）[M]. 北京：人民出版社，1984：284.

[2] 孙晓华主编. 中国工商业联合会50年概览（上卷）[M]. 北京：中华工商联合出版社，2003：111.

营管理、盈余分配、董事会和股东会议、领导关系等方面作出明确规定。其中：

《条例》明确了基本原则：1.鼓励与指导有利于国计民生的资本主义工业转变为公私合营形式的国家资本主义工业，逐步完成社会主义改造。2.由国家或者公私合营企业投资并由国家派干部，同资本家实行合营的工业企业，是公私合营企业。3.对资本主义工业企业实行公私合营，应当根据国家的需要、企业改造的可能和资本家的自愿。

《条例》明确了股份原则及定股方案：1.公私双方应当对企业的实有财产进行估价，并将企业的债权债务加以清理，以确定公私双方的股份。2.对于企业财产的估价，公私双方应当根据公平合理的原则协商进行。3.公私合营企业可以吸收私人投资。4.公私合营企业的股东对于企业债务负有限责任。

《条例》明确了经营管理原则：1.公私合营企业受公方领导，由人民政府主管机关所派代表同私方代表负责经营管理。2.有关公私关系的事项，公私双方代表应当协商处理。3.公私双方代表在企业中的行政职务，由人民政府业务主管机关同私方代表协商决定，并且加以任命。4.对于企业原有的实职人员，一般应当参酌原来的情况量才使用，对于在企业中有劳绩但已丧失工作能力的原有实职人员应当给以适当照顾。5.公私合营企业应当采取适当形式，实行工人代表参加管理的制度。6.公私合营企业对于工资制度和福利设施，应当参酌企业原来的工资福利情况、企业的生产经营状况和国营企业的有关规定逐步改进，逐步向国营企业看齐。7.公私合营企业在生产、经营、财务、劳动、基本建设、安全卫生等方面，应当遵照人民政府有关主管机关的规定执行。8.同行业的或者在生产上有联系的公私合营企业，在必要和可能的条件下，经过公私有关方面的协议，并得到人民政府业务主管机关的核准，可以实行联合管理或合并。

《条例》明确了盈余分配原则：1.公私合营企业应当将盈余总额在缴纳所得税以后的余额，就企业公积金、企业奖励金、股东股息红利三个方面分配，即股东股息红利，加上董事、经理和厂长等人的酬劳金，可共占到全年盈余总额的25%左右；企业奖励金，参酌国营企业的有关规定和企业原来的福利情况适当提取；发付股东股息红利和提取企业奖励金以后的余额，作为企业公积金。2.公股分得的股息红利，应当依照规定上缴；私股分得的股息红利，由私股股东自行支配。3.企业公积金，应当以发展生产为主要用途，由公私合营企业依照国家的计划投入本企业，或者投入其他公私合营企业，或者投入私营企业实行公私合营。4.企业奖励金，应当以举办职工集体福利设施和奖励先进职工为主要的用途，由经理或者厂长同工会商定预算，以适当的组织形式并经过职工代表大会通过后使用。

《条例》明确了董事会和股东会议协商事项：1.公私合营企业的董事会是公私双方协商议事的机关，其协商事项包括公私合营企业章程的拟定或修改；有关投资或增资的事项；盈余分配方案；其他有关公私关系的重要事项。董事会听取公私合营企业的生产经营情况和年度决算报告，董事会重要会议应当报告人民政府业务主管机关并请求批准。2.规模较大、股东较多的公私合营企业，一般应当设立董事会。公私双方董事的名额由公私双方协商规定。公方董事由人民政府主管业务机关派任，私方董事由私股股东推选。董事会应当定期开会。3.规模小股东少的公私合营企业，可以不设立董事会；有关公私关系重要事项，由公私双方代表协商处理，重要协议，应当报告人民政府主管业务机关并请求批准。4.董事会可以定期召开私股股东会议，报告董事会的工作、处理私股股东内部的权益事项。在不设立董事会的公私合营企业中，公私双方代表可以协商召开私股股东会议，报告有关公私关系的重要事项、处理私股股东内部的权益事项。

《条例》明确了领导关系：1.公私合营企业应当分别划归中央、省、直辖市、县、市人民政府主管业务机关领导。2.人民政府工商行政机关负责管理公私合营企业有关工商行政的事项。3.人民政府财政机关和所属的交通银行，负责监督公私合营企业的财务。

《条例》明确了其他事项：1.本《条例》并适用于运输企业、建筑企业的公私合营。其他实行公私合营的企业，可以参照本《条例》的有关规定办理。2.个别的公私合营企业，由于情况特殊，需要在经营管理和盈余分配方面采取不同的办法的时候，应当经过公私双方协商同意并报请省、直辖市以上人民政府批准。3.该《条例》由中央人民政府政务院公布施行。

《公私合营工业企业暂行条例（1954）》的颁布，不仅成为工业企业实行公私合营的指导方针，而且通过规定"其他实行公私合营的企业，可以参照本条例的有关规定办理"，也成为商业等类企业实行公私合营的指导方针。

1954年10月9日，《人民日报》发表社论《加强对资本主义商业的社会主义改造》。社论指出，[1]41 粮食、油料、棉布统购统销和棉花统购的相继实行，开辟了逐行逐业改造资本主义商业的道路。此外，社论还对国家资本主义商业的多种形式，国家对批发商和零售商进行社会主义改造的不同办法，国营商业和合作社商业在逐步实现国家对资本主义商业的社会主义改造中所承担的重大任务等作了说明。

1955年5月25日，《人民日报》发表社论《认真办好公私合营企业》。社论指出，[1]46 公私合营企业现在有近2000家，这是对资本主义工业实行社会主义改造的主要形式。公

---

[1] 黄孟复主编.中国民营经济史·大事记［M］.北京：社会科学文献出版社，2009.

私合营比私营有很大的优越性，它提供了在企业内部加强计划性、改进生产、改进经营管理、办好企业的可能。如何把可能变成现实，需要公私双方和职工群众的共同努力。

9月4日，新华社报道，截至1955年8月底，全国已有130多家私营轮船公司实行了公私合营。[1]47

10月18日，商业部党组向中共中央转报北京市棉布、百货全行业公私合营试点工作的报告，认为全行业公私合营是对私营零售商业进行全行业改造的较好组织形式，不但可以统筹安排，而且可以从企业内部对私商进行改造。[1]48

10月29日，毛泽东主席邀集全国工商联执行委员会的委员，座谈私营工商业的社会主义改造问题。在座谈会上，毛泽东主席再次要求工商业者要认清社会发展的趋势，掌握自己的命运。此外，毛泽东主席还说明了对资本主义工商业采取和平改造和赎买的政策，同时对社会主义改造的部署和领导方法等问题也作了说明。工商界代表人物陈叔通、李烛尘等人纷纷发言，胡子昂呼吁工商界应该团结全国各地工商联的委员们，团结中国民主建国会的同志们，更广泛地团结全国私营工商业者，团结在中国共产党的周围，真心诚意接受社会主义改造。[1]48-49

11月1—21日，全国工商联第一届执行委员会第二次会议举行，学习毛泽东主席讲话，听取陈云、陈毅关于资本主义工商业改造问题的报告。会议号召全国工商业者在中国共产党的领导下积极接受社会主义改造。[1]49 在开幕会上，全国工商联主任委员陈叔通致开幕词时指出：目前国家正采取统筹安排、经济改组、按业改造等新方式，对私营工商业进行改造，这标志着国家对资本主义工商业实行社会主义改造向前迈进了一步。全国工商业者，为了适应我国经济发展的新形势，为了掌握自己的命运，把自己的命运与国家发展的前途统一起来，必须在现有基础上进一步接受改造，在伟大祖国的伟大事业中继续贡献自己的力量。在会议期间，国务院副总理陈云作了《关于资本主义工商业社会主义改造问题》的报告，对推行统筹安排全行业公私合营、设立专业公司、定息、经济改组和全国规划等问题作了说明。国务院副总理陈毅应大会邀请作了《关于资本主义工商业社会主义改造的若干思想问题》的报告。11月22日，在大会闭幕后的第二天，《人民日报》发表了社论《统一认识，全面规划，认真地做好改造资本主义工商业的工作》。

11月16—24日，中共中央政治局召集有各省、市、自治区党委代表参加的关于资本主义工商业改造的会议，讨论并通过了《中共中央关于资本主义工商业改造问题

---

[1] 黄孟复主编.中国民营经济史·大事记 [M].北京：社会科学文献出版社，2009.

的决议（草案）》。这是推进与完善全行业公私合营的第二个政策性文件。《决议》指出："我们对于资产阶级，第一是用赎买和国家资本主义的方法，有偿地而不是无偿地，逐步地而不是突然地改变资产阶级的所有制；第二是在改造他们的同时，给予他们以必要的工作安排；第三是不剥夺资产阶级的选举权，并且对于他们中间积极拥护社会主义改造并在这个改造事业中有所贡献的代表人物给以恰当的政治安排。"[1]49-50

11 月 19 日，新华社报道，全国已有半数的私营商业分别纳入了各种形式的国家资本主义轨道。在城市的商业零售总额中，社会主义性质和国家资本主义性质的商业所占的比重已经达到 3/4。在整个社会商品零售总额中，国营零售商业占 52%，各种形式的国家资本主义商业占 23%，私营商业只占 25%。[1]50

11 月 21 日，全国工商联第一届执行委员会发出了《告全国工商界书》。明确表示，只有走社会主义道路，才能主动地掌握自己的命运，才能同全国人民一道获得光明幸福的前途。我们工商业者当前的首要的任务是应该坚守爱国守法的立场，积极接受社会主义改造。国家对私营工商业的社会主义改造，不仅要改变企业旧的生产关系，而且要改造旧的思想作风。《告全国工商界书》的发出，对资本主义工商业社会主义改造的进一步深入开展、全行业公私合营高潮的到来、私人工商业者个人的改造等，都产生了较大的影响。[1]50

11 月 25 日，《人民日报》以《有准备、有步骤地推动私营工商业实行全行业公私合营》为题发表社论。其中指出：公私合营是国家资本主义的高级形式，全行业公私合营是当前对资本主义工商业进行社会主义改造的新形式。这一形式更有利于贯彻实行国家对私营工商业的"全面规划，统筹安排"的方针。各地必须在党的领导下，进行全面规划，有计划、有步骤、分期分批地进行。[1]51

12 月 13 日，新华社报道，目前全国 500 人以上的大型私营工厂已经基本上实行了公私合营。[1]51-52

12 月 14 日，《人民日报》以《进一步开展对城市私营商业的社会主义改造工作》为题发表社论。其中指出：对资本家零售商店进行社会主义改造最好的一种过渡形式，就是通过全行业的公私合营过渡到国营商业。对小商小贩的改造，要有别于资本家商店。[1]52

12 月 20 日，全国工商联发出通知，要求各地工商联应积极配合政府及有关部门推进对资本主义工商业的全行业公私合营工作。

---

［1］黄孟复主编.中国民营经济史·大事记［M］.北京：社会科学文献出版社，2009.

　　1956 年 1 月 17 日，中共中央向各地批转了中共北京市委《关于最近资本主义工商业改造情况的报告》。中共中央在批语中指出：对资本主义工商业的社会主义改造，正在日益普遍地形成一个广大的群众运动，北京市采取了对申请合营的迅即批准、先接过来再进行清产核资等工作的积极方针和办法，这是完全正确的和必要的。中共中央的批语还指出：批准合营还只是整个合营工作中的一个步骤，此后的清产核资、人事安排和经济改组都是很繁重的工作。对于这些工作，既要根据需要和可能加快速度，同时必须讲究质量，各地的进行步骤和具体方法，应当由党委根据当地实际情况研究决定，不必也不宜强求一致。

　　1 月 26 日，中共中央发出了《对目前资本主义工商业改造应注意的问题的指示》，这是推进与完善全行业公私合营的第三个政策性文件。其中指出：对一切已经批准了公私合营的企业中，原有的制度，包括进货办法、销货办法、管理制度、会计制度、工资制度，暂时原封不动地保留下来，不要改变；对商业中不雇用店员的小商店，为了刺激他们在经营方面的积极性，对他们的资金暂时不要采取定息的办法，在一定时期内，有些小商店应该保留他们原有的独资经营的形式；手工业合作化中，应当保持过去手工业者十分关心他的产品质量和市场销路的优点，因而在组织形式上，凡是不适宜于集体生产的，应当保持他们分散生产的形式；城乡小贩中，有一部分是分散的肩挑小贩，对这些人的组织和改造，应该暂缓进行。[1]54

　　1 月 30 日，政治协商会议第二届全国委员会第二次全体会议开幕。周恩来在政治报告中指出：实行按行业的全部公私合营是国家资本主义的高级形式，是资本主义所有制过渡到社会主义所有制的有决定意义的一步。中国民族工商业接受社会主义改造，共产党和国家的政策起了决定作用。我们对资本主义工商业进行社会主义改造的基本目的是为了改变生产关系，解放生产力，它的最终表现是生产的发展和提高。[1]54-55

　　1 月下旬，中共中央相继发出关于推进与做好全行业公私合营工作的系列指导性文件：《关于对私营企业实行公私合营的时候对于财产清理估价中若干具体问题的处理原则的指示》《关于对目前资本主义工商业改造应注意问题的指示》《关于对公私合营企业私股推行定息办法的指示》。

　　2 月 8 日，国务院第二十四次全体会议分别通过了《关于目前私营工商业和手工业的社会主义改造中若干事项的决定》《关于在公私合营企业中推行定息办法的规定》《关于私营企业实行公私合营时对财产清理估价的几项主要问题的规定》。[1]55

---

[1] 黄孟复主编.中国民营经济史·大事记［M］.北京：社会科学文献出版社，2009.

《关于目前私营工商业和手工业的社会主义改造中若干事项的决定》中指出：1. 私营工商企业从批准公私合营到完成改造，需要一定时间，因此在批准合营以后，一般在六个月左右的时间内，仍然应该按照原有的生产经营制度或习惯进行生产经营。2. 企业原有的经营制度和服务制度，如进货销货办法、会计账务、赊销暂欠、工作时间、工资制度等，一般在半年以内照旧不变。3. 企业原有的供销关系要继续保持。4. 各企业之间原有的协作关系，如加工、修理和供应配件、零件等，必须继续保持，不得随意变动。5. 对于为数极大、分布极广的小商店，应该继续保持目前的代销、代购、经销和自营的办法。6. 参加合作社的个体手工业户，应该保持他们原有的供销关系，不要过早过急地集中生产和统一经营。7. 私营工商业和手工业在社会主义改造中，都必须保持产品质量和经营品种。8. 各地国营工业、商业部门应该迅速筹备建立各行各业的专业公司。[1]55

《关于在公私合营企业中推行定息办法的规定》中指出：为了适应私营企业实行全行业公私合营的新情况和进一步进行社会主义改造的需要，对公私合营企业的私股推行定息办法，是必要的和适当的。定息，就是企业在公私合营时期，不论盈亏，依据息率，按季付给私股股东股息。对全国公私合营企业私股实行定息的息率，规定为年息1厘到6厘。暂不实行定息的公私合营企业，可以按照1954年9月政务院《公私合营工业企业暂行条例》所规定的盈余分配原则或者按照惯例分配股息。[1]55

《关于私营企业实行公私合营时对财产清理估价的几项主要问题的规定》中指出：私营企业实行公私合营的时候，应当根据公平合理、实事求是的原则，对企业的实有财产进行清理估价，确定私方的股额。[1]55

2月24日，中共中央发出《关于资本主义工商业改造问题的决议》，其中指出：我们现在已经有了充分有利的条件和完全的必要把对资本主义工商业的改造工作推进到一个新的阶段，即从原来在私营企业中所实行的由国家加工订货、为国家经销代销和个别地实行公私合营的阶段，推进到在一切重要的行业中分别在各地区实行全部或大部公私合营的阶段，从原来主要的是国家资本主义的初级形式推进到主要的是国家资本主义的高级形式。在一切重要的私营行业中实行全部或大部的公私合营，使私营工商业分别地、同时是充分地集中在我们国家和社会主义经济的控制之下，这是资本主义所有制过渡到完全的社会主义公有制的具有决定意义的重大步骤。[1]56在这样的情况下的公私合营企业，那就不仅是半社会主义的，用列宁的话说，"那就是四分之三

---

［1］黄孟复主编.中国民营经济史·大事记［M］.北京：社会科学文献出版社，2009.

的社会主义了"。

6月30日，《人民日报》发表题为《慎重地从经济上逐步改组公私合营工业》的社论。社论对一些干部想合并工厂的思想进行了批评，指出了大部不动，小部调整的经济改组方针，并针对不同地区、不同行业、不同大小的企业的具体情况提出了工作步骤方面的思路。[1]58

7月28日，国务院发布了《关于对私营工商业、手工业、私营运输业的社会主义改造中若干问题的指示》。[1]59 这是推进与完善全行业公私合营工作的第四个政策性文件，是一个指导性、实用性、操作性较强的文件，对于社会主义改造工作深入开展，特别是全行业公私合营工作深入开展发挥了至关重要的作用。其中：

关于公私合营企业的私股定息问题和公私关系问题的指示：1.全国公私合营企业的定息户，不分工商、不分大小、不分盈余户与亏损户、不分地区、不分行业、不分老合营新合营，统一规定为年息五厘，即年息5%。2.在工商业收集意见，进行教育，解决他们在处理公私关系中所遇到的困难。3.中央和省市两级的工商业务主管部门的领导人员，应当分别定期邀集当地工商联、同业公会、民建会的负责人员举行座谈会，就公私关系中各个方面的有关问题交换意见。4.在业务主管部门的领导下，广泛吸收有经验的国营企业的领导人员、职工、店员和私方人员组成各行各业的业务改进委员会，改进业务工作。

关于职工和私方人员的工资福利问题的指示：1.全行业合营以后的公私合营企业中职工的工资和私方人员的工资，高于当地相当国营企业工资标准的，不降低；低于当地国营企业工资标准的，根据生产经营情况和企业的条件，分期地逐步增加。2.公私合营企业中的生产安全设备和卫生设备，应当逐步加以改进。3.公私合营企业中的职工，目前尚未实行劳动保险的，应当由所在企业解决他们的疾病医疗费用和病假期内的工资。

关于企业改组和人事安排问题的指示：1.企业改组工作，必须慎重地进行。业务部门应当同私方人员和职工共同协商拟出改组方案，不受时间的限制，分期分批地进行改组，使企业的组织形式，适合于生产经营的需要。2.应当根据生产和经营的习惯和实际经验，定出调整方案，使企业的组织形式和管理关系，适合于生产经营，便利于人民的消费。3.对私营企业实行公私合营时候的所有在职人员，都应当根据量才录用，适当照顾的原则，加以安排。

8月3日，全国公私合营工业社会主义改造座谈会召开。会议研究了目前各地公

---

[1] 黄孟复主编.中国民营经济史·大事记 [M].北京：社会科学文献出版社，2009.

私合营工业的生产改组、生产经营、职工生活、公私共事和企业管理等问题。[1]60

12月10—23日，全国工商联第二次会员代表大会在北京召开。会上，全国工商联主任委员陈叔通作了题为《全国工商业者继续接受社会主义改造，充分发挥积极作用为我国伟大的社会主义建设而奋斗》的报告。陈云发表重要讲话，指出：在公私合营企业中有必要恢复和建立企业管理委员会。私方人员和职工关系的正常是搞好公私共事关系的关键，望私方人员采取积极正确的态度。工会应对职工广泛进行赎买政策的教育。

12月24日，《人民日报》以《工商界今后的重大任务》为题发表社论，指出：工商业者已经成为公私合营企业或国营企业的工作人员，过去利益冲突的物质基础已经消灭，大家都是为国家做事，为建设社会主义，就都应该在爱国主义的旗帜下团结起来，运用批评和自我批评的方法，互相学习，互相监督。

1956年是全国公私合营运动的高潮年。1月10日，北京市率先开展全市工商业全行业公私合营，在北京市的示范带动下，全国范围内全行业公私合营进展迅速。至年底，对资本主义工商业的社会主义改造基本完成。据统计：[1-2]

1956年初，全国有私营工业企业8.8万户（全国原有私营工厂约13万户），职工131万人，总产值72.66亿元；到年底，已有99%的户数、98.9%的总资产，实现了所有制的改造。全国原有私营商业企业242.3万户，从业人员313.8万人，资本额8.4亿元；到年底，已有82.2%的户数、85.1%的从业人员、99.3%的资本额，实现了所有制的改造。

1956年底，全国公私合营企业经过清产核资，私股股额核定为24.1864亿元；全国公私合营工业总产值达191.9亿元，年增长32%。

1956年与1952年相比，国家资本主义工业在工业总产值中占比由26.9%上升到32.5%；国家资本主义商业和合作化商业在商品零售总额中占比由0.2%上升到27.5%。

据资料综合反映：[3]456

至1956年1月27日，全国已有118个大中城市和193个县的私营工商业实现了全行业公私合营。至1956年底，全国私营工业户数的99%，私营商业户数的82.2%，分别纳入了公私合营或合作商业的轨道。

1956年与1952年相比：[3]460

[1] 黄孟复主编.中国民营经济史纪事本末［M］.北京：中华工商联合出版社，2010：84.
[2] 陈云文选（1949—1956）［M］.北京：人民出版社，1984：284.
[3] 中共中央党史研究室著.中国共产党的九十年［M］.北京：中共党史出版社，党建读物出版社，2019.

国营经济的比重由 19.1% 上升到 32.2%，合作社经济的比重由 1.5% 上升到 53.4%；公私合营经济的比重由 0.7% 上升到 7.3%；社会主义经济成分合计占比达到 92.9%。在工业总产值中，社会主义工业由 56% 上升到 67.5%，国家资本主义工业由 26.9% 上升到 32.5%；在商品零售总额中，国营商业和供销合作社商业由 42.6% 上升到 68.3%，国家资本主义商业由 0.2% 上升到 27.5%，私营商业由 57.2% 下降到 4.2%。

全国工商界参加公私合营的态度是积极的，大多数地区在《公私合营工业企业暂行条例》颁布之前就已经展开工作，在《条例》颁布之后迅速形成高潮。全国各地开展全行业公私合营工作情况简述如下：

北京市工商界　在全行业公私合营过程中，北京市的工作走在了前面。1956 年 1 月 4 日，北京市工商联主任委员、同仁堂经理乐松生代表全市 327 家药店申请全行业公私合营。1 月 5 日，北京市副市长程宏毅邀请市工商联和私营商业同业公会负责人举行座谈会，对私营商业进行全行业公私合营的规则、方法、步骤等作了说明。1 月 8 日，全市工商界青年 1200 余人在北京饭店聚会，热烈庆祝 20 多个行业、800 多家私营工商企业实行公私合营。倪世福、于熙钟、李连邦等 43 名青年工商业者提出"在全行业公私合营工作中起积极带头作用，争取立功"等倡议。1 月 9 日，机器制造、化工印染和印刷等 10 个工业行业、1276 家工厂实行公私合营。1 月 10 日，北京市人民委员会召开了全市工商业全行业公私合营大会，宣布全市 35 个行业、3990 家工厂（包括 4~9 人的小工厂）和 42 个商业行业、13973 户坐商，共 17963 户全部被批准实行公私合营。1 月 11—14 日，在短短 4 天内，北京市基本完成 17000 多户公私合营企业的清产核资工作。1 月 15 日，北京市各界 20 多万人在天安门广场隆重举行"庆祝北京市社会主义改造胜利联欢大会"，党和国家领导人毛泽东、刘少奇、周恩来、彭真等出席了大会，北京市市长彭真在会上宣布：我们的首都已经进入了社会主义社会。北京市成为全国第一个实现全市工商业全行业公私合营的城市。[1]

实行全行业公私合营以后，北京市工商联贯彻执行党和国家对原工商界人士所采取的以企业和工作岗位为基地，以劳动和实践为基础，以政治教育和思想教育为统帅的和平改造方针，发挥工商业者的聪明才智投身国家经济建设，为贯彻国民经济"调整、巩固、充实、提高"的方针，为实现国民经济的好转服务并作出了积极贡献。

天津市工商界　《公私合营工业企业暂行条例》颁布后，反映不同：一些具备条件的私营企业要求合营，但对合营后清产核资如何进行，薪金、职位如何安排，特别

---

[1] 黄孟复主编. 中国民营经济史·大事记 [M]. 北京：社会科学文献出版社，2009：53.

是对盈余分配问题及合营后还有没有自主权等问题存在怀疑，因此犹豫不决；一些不具备条件的私营企业则对国家是否需要等问题表现出彷徨。针对上述情况，天津市民建和工商联共同开展辅导工作。1954年5月，天津市民建和工商联邀请已经合营的北洋纱厂经理朱梦苏、利中酸厂经理万国权和三五机器厂王金镖三位同志分别代表大、中、小三种类型的企业向工商界作合营情况的报告，帮助工商业者解除思想顾虑，对合营后私方是否有职有权、待遇是否降低等问题有了较明确的认识。有的工商业者说：以前我顾虑自己能力差，合营后不会要我，听了报告后很受启发，只要自己肯干就有前途。在业务辅导座谈取得成效的基础上，各区工商联还针对不同情况，举办小型座谈会，派干部到申请合营的企业进行具体辅导，驻厂办公，给合营工作解决具体问题。此外，还组织了"资本主义工商业社会主义改造工作队"，协助政府推动全市开展全行业公私合营工作。在天津市民建和工商联的大力推动下，工商界掀起了全行业申请公私合营的高潮。首先有橡胶、车具、染料、面粉、植物油、烟草、针织、毛麻纺8个工业行业被批准全行业公私合营。在商业方面，以糕点行业为试点，糕点商业共238户（其中，劳资户占73%，家庭户占27%）通过并店和以大代小等互助方式，取得商业全行业合营的经验，然后再向其他行业推广。至1956年1月15日，天津市101个私营工商行业的24000多个工商户全部批准公私合营。1月22日，天津市几十万人举行了"天津市各界庆祝社会主义改造胜利联欢大会"。

1956年1月22日，天津市各界群众举行庆祝社会主义改造胜利游行

河北省工商界　在党委和政府的领导下，于1956年1月中旬形成公私合营高潮。1月15日，保定市工商业首先全部实行合营，随之，唐山、张家口、石家庄等市相继报捷。至2月底，全省私营工商业全部按行业实行了公私合营。全省各级工商联为此做了大量工作，通过先后召开执委会、会员代表大会、工商界全体大会、行业会、家属会等一系列会议，深入传达贯彻全国会议精神并组织学习党和国家政策文件，参与清产核资和人事安排工作。据1956年6月统计，工商业者担任公私合营企业组长

以上职务者共 6531 人。公私合营后，广大工商业者大为振奋，高兴地说："党和政府这样照顾我们，这是我们做梦也没有想到的，一定要积极工作来报答党和政府的关怀。"并表示："要坚决跟着共产党走，接受改造，搞好生产经营，为社会主义事业立功。"实际工作中，对合营前由于经济改组而失业的工商业者，大都吸收到公私合营企业做了安排，并吸收了一批工商业者的子女或亲属到公私合营企业就业。

山西省工商界　1955 年 12 月，中共山西省委召开会议，成立对资本主义工商业实行社会主义改造的工作机构，并制定了将私营工商业从个别的公私合营推进到全行业的公私合营的规划。省工商联及时召开执委扩大会议，作出了《关于全省资本主义工商业的社会主义改造进入全行业公私合营新阶段的决议》，大力推进公私合营工作。至 1956 年 3 月，全省资本主义工商业实现了全行业公私合营。其中，工业方面，参与公私合营企业户数占原户数的 95.7%，从业人员占原有人员的 92.9%，产值占 95.0%；商业方面，参与公私合营企业户数占原户数的 86.1%，从业人员占原有人员的 89.6%，资金占 91.0%。全行业公私合营后，工商业者的改造贯彻"三以"方针，即"以企业和工作岗位为基地，以劳动和实践为基础，以政治教育和思想教育为统帅"，继续把对人的教育和对企业的改造结合在一起。省工商联按照全国政协《关于组织各界民主人士和工商业者进行政治学习和理论学习的决定》，一方面协助省政协举办"短期政治学校"，组织各地工商界主要负责人参加学习，另一方面通过举办"工商界短期政治讲习班""工商界业余政治学校""轮训班"等，进行"破资立社"启蒙教育。在组织工商业者学习政治理论的同时，省工商联还推动各地工商联配合当地妇联，组织工商界家属参加学习。通过学习，把自我教育提高到爱国守法、树立社会主义思想的水平上来；通过社会主义教育和公私合营企业工作实践，使广大工商业者对国家和个人的前途都有了新的认识。

上海市工商界　在解放初期，上海市私营工业企业有 2.01 万家，年工业产值占全市工业产值的 83.1%，占全国私营工业产值的 36.0%；私营商业企业有 9.3 万家，私营商业批发额和零售额分别占全市总额的 65.5% 和 91.6%；私营金融企业有 194 家，存款额占全市的 62.9%，贷款额占全市的 67.5%；私营水陆货运量占全市的 95% 以上。1952 年 12 月 1 日，由 62 家银行、钱庄合并组成的上海公私合营银行管理处正式成立，率先实行了金融行业公私合营。1954 年底，1679 家私营工厂申请公私合营，棉纺、造纸、面粉、船舶、轧钢、机器等 21 个行业按行业或按产品实行了公私合营。1954—1955 年，轻工、纺织行业 100 人以上的大厂，重工业及名牌货生产企业及 50 人以上的企业共 616 家私营企业分批进行了公私合营。1956 年 1 月 20 日，上海市工商界在中苏友好大厦正前门广场召开"上海市资本主义工商业申请公私合营大会"，市工商联主任委员盛丕华宣读《上海市私营工商业请求公私合营申请书》，希望政府对全市尚未合营的 85 个工业行业 35163 户和 120 个商业行业 71111 户全部批准实行公私合营。上海市副市长曹荻秋当场审批了申请书，并代表陈毅市长签字同意。至此，上海全市全行业公私合营结束。之后，上海市工商联配合政府在清产定股、人士安排、经济改组等方面做了大量工作。1956 年 7 月，国务院副总理陈云在全国人大一届三次会议期间听取了上海市公私合营成果和公私共事关系现状的情况汇报后，作出指示：一是要开好政府业务部门和工商界的定期座谈会；二是要在工商业务部门领导下，按行按业组织业务改进委员会，吸收有经验有技术的私方人员参加，以发挥他们的业务才能，推动改进工作；三

1956 年 1 月 20 日，上海市工商界在中苏友好大厦举行资本主义工商业申请公私合营大会

是要分别召开公股、私股代表的专业会议，交流和推广工作经验，改善公私关系；四是有关业务方针政策的文件应通过适当的方式使私方人员知道。陈云强调，公私双方在企业中如何共事，是今后工商业者和政府关系的中心问题。代表们返沪后，以更务实的态度和措施，积极做好公私合营后的善后工作，加大调研力度，详细分析情况，协调公私关系，推进了"公私共事制度"的建立，使公私关系在公私合营后的磨合期有了共同遵守、互相尊重的规约；同时，市工商联建立了"上海市工商界生活互助金"，为保障原工商业者的生活需求提供了有益帮助，以后 10 年间，补助人数约 11 万人次，补助金额达 1620 万元。

江苏省工商界　1954 年上半年，经过江苏省政府批准，20 个较大的私营企业实行了公私合营。1956 年 1 月 3—13 日，省工商联第一届二次（扩大）会议期间，在南京视察的毛泽东主席接见了省工商联全体执行委员，极大地鼓舞并坚定了工商业者参与公私合营的信心和决心，全省各市在 1956 年 1 月 16—23 日的 1 周内，先后

实现了资本主义工商业全行业公私合营。据统计，参与公私合营的资本主义工商业者26799人，占比42.67%；小业主、小商贩36005人，占比57.33%。此外，有技术专长者435人，有经营管理经验和一般技术者15237人，二者合计为总数的25%。公私合营后，在合营企业中安排科、股长级别以上职务的私方人员有13899人，占总数的21%。1956年，全省81个市县工商联组织中有在职私方人员共计62804人，其中工业17478人，占比27.83%；商业33110人，占比52.76%；饮食业7651人，占比12.18%；交通运输业及其他4565人，占比7.27%。

1954年9月，苏州市苏纶纺织厂职工庆祝工厂实行公私合营

1961年12月，江苏省工商联对全省国营、合营企业和机关团体中的工商业者再次进行调查，结果表明：总人数为64849人，其私股总额10894万元。其中有定息者46377人，无定息者1702人。他们当中，有私股股额万元以上的1447人，共计6274万元，其私股股额占总额的57.6%。另有10561人担任企业各级干部。

宁波市工商界　1956年1月18日，宁波市工商联率领全市工商界代表2000多人，向市人民委员会送上要求全行业公私合营的申请书。1月19日，宁波市人民委员会召开"批准全市私营工商业全部公私合营大会"，会上，市长宣布批准宁波市私营工商业全部实行全行业公私合营。除了此前已经实行公私合营的较大工商企业以外，全市工业14个行业、商业80个行业、交通运输5个行业实行公私合营。宁波市对资本主义工商业改造的基本情况是：转为国营企业的201户，529人；实现公私合营的6026户，20657人；走合作化道路的989户，1879人；尚未改造的5841户，5981人。全市公私合营企业的私股股额为1503万元。私方人员1449人，根据"量才录用、适当照顾"的原则分别做了安排。其中，担任国营企业副经理 14 人，国营企业正副科长 28 人，大厂大店正副厂长、正副经理 97 人，基层企业正副经理、正副车间主任 581 人。对那些尚未改造的烟酒杂货店、裁缝店、点心店、理发店、鞋店、各类修补店共 5841 户，通过建立合作小组、合作商店方式进行了改造，属于集体所有制性质，或分散经营、各负盈亏，或统一核算、共负盈亏。企业改造工作完成后，市工商联协助人民政府对私方人员进行了教育改造工作，举办了政治讲习班和政治学校，从一些根本性问题上教育私方人员，帮助他们提高认识。

安徽省工商界　至 1956 年，全省范围内实现了全行业公私合营，基本上完成了对资本主义工商业的社会主义改造。后续工作方面，安徽省各级工商联在团结、教育和改造工商业者，使工商业者能在适当的工作岗位上各有所长，在工作中逐步改造为自食其力的劳动者，调动工商界的一切积极因素为社会主义服务等方面的工作中发挥了重要作用。此外，按照全国工商联讨论通过的《关于工商界生活互助金暂行方案的决议》，举办工商界生活互助金。互助金来源：定息户定息收入 10%，定息户和其他参加互助人员工资收入的 1%，加上少量捐款。互助对象：主要是公私合营的私方人员，安排在国营、供销社的私方人员及少数尚未就业的私股股东。互助金的使用：包括借贷和补助两种，补助又分长期补助和临时补助。此外，举办小商小贩互助储金是安徽省采取的一项特殊措施。全省有 69 个县，共成立互助储金小组 2742 个，有52822 人参加互助储金，占参与地区小商小贩总人数的 42.46%。互助储金是中小工商业者（小商小贩）在自愿原则下参加的储蓄，互助是无息贷款性质，没有补助事项。互助储金使用功能主要是帮助小商小贩解决淡季经营和生活上的临时困难，受到小商小贩普遍欢迎。

厦门市工商界　1955 年 12 月 16 日，全市主要行业——纱布行业 14 户私营企业主率先申请全行业公私合营，继而百货、机械等行业也筹备公私合营。至 1956 年 1 月 19 日，全市共有 93 个行业、1572 个工商业者经批准实现全行业公私合营。这期间，市工商联配合政府做了大量工作：1. 清产核资。发动工商业者按照"公平合理，实事求是"原则，自己填表、核算，经各行业公会评议，送专业公司审定。对遗留问题，从宽处理，尽量了结。经过清产核资工作，全市私股总额 666 万元，定息从 1956 年 1 月起开始支付。2. 人事安排。工商联及所属同业公会，做好有关人员的调查，根据"量才录用、适当照顾"的精神提出人事安排的初步名单供参考。全市1338 个私方人员工作安排全部由国家包下来。第一批安排 138 人，其中公私合营厂正副厂长和专业公司经理40人，正副科、股长89人，正副董事长和专业公司顾问9人；第二批安排186人，其中董事82人，门市部正副经理54人，营业主任1人，提升为副科长1人，粮店正副主任25人，分销处主任15人，顾问8人。工商界有27人当上市人大代表，24人成为市政协委员，11人被聘请为人民陪审员。3. 协调公私关系。通过深入企业调查、召开座谈会、协调会，宣传党的方针政策，公私合营企业中公私双方"相敬如宾、相对无言、相安无事"的戒备心理逐步消除，公私关系得到改进。4. 协助拟定服务公约。全市35个行业707户公私合营企业中的私方人员订立"服务公约"，开展"服务良好月"活动，出现新气象，经济效益明显提高。如纱布业，1956年公私合营当年，零售额达到478.77万元，比公私合营前增长56.07%；对外贸易出口总值比上年增加35.42%，创历史最好纪录。5. 协助办理税收。市工商联协助推行储税制度，对税款及时入库起到促进作用。

河南省工商界 1956年春，全省出现私营工商业敲锣打鼓迎接全行业公私合营高潮，有的工商业者拿出私储，筹集现款，投入企业。1956年底，全省实现公私合营的有1.9万户，24802人，定股资金1701万元，基本上完成对私营工商业生产资料所有制的社会主义改造。在全行业公私合营推进工作和善后工作中，全省各级工商联协助政府做了大量工作：1. 清产核资。先后完成财产清点、估价、造册和账目结算，根据核定私股股额的数目按年息5%，从1956年1月1日起发放第一期股息，定息延长到1966年9月终止。2. 安排工商界代表人士。如郑州在职工商业者1896人中，安排担任厂长2人、副厂长15人，国营公司副经理1人，公私合营中心店经理1人、副经理23人；市服务局副局长1人，副区长2人。开封市工商业者任厂长、总店副经理、车间主任及分店经理的共计占比48.6%。3. 改善公私关系。各级工商联教育工商业者主动争取公方领导，靠拢职工，发挥专长，及时了解和反映私方人员对共事关系的意见，帮助订立公私双方合作共事制度。4. 组织开展社会主义劳动竞赛。

湖南省工商界 1956年1月16日，衡阳市私营工商业在全省率先实行按行业公私合营。至1月21日，衡阳、长沙、株洲、湘潭、邵阳、常德、益阳、洪江、津市共9个城市全部实现按行业公私合营。1月22日下午，长沙5.3万人在人民广场集会，庆祝对私营工商业社会主义改造完成。5月，按照国务院关于私营企业实行公私合营的时候对财产清理估价几个问题的规定，本着实事求是、公平合理的精神，对清产核资进行复查，加以调整。如长沙市投资地产原作价 7.1577 万元，复查核实为 48.0929 万元，较原作价增加 627%；房地价也较原作价增加 88.71%。在公私合营高潮中，有些工商业者以现金、房产、金银首饰等投入企业。据邵阳、衡阳、常德 3 市统计，在改造中增资的有现金 1.0995 万元，金首饰 32 件，黄金 81.91 两，银圆 1421 枚，铜圆 14 市斤，房屋 384 栋，柑子园 7 个，地产 7 块，其他物资折价 11.6643 万元。后来，遵照国务院指示，本着实事求是、公平公理的精神，均予以退还。经过复查核实，1956 年，湖南全省参加全行业公私合营的工商业者 5.4672 万人，定股资金 3838.1859 万元（其中，个人股在 1 万元以上的 453 人，1 万元以下至 5000 元的 1065 人，5000 元至 2000 元的 3590 人，其他在 2000 元以下）。

全省各级工商联，在推进公私合营的工作中，发挥了积极而重要的作用。在全行业公私合营完成之后，一方面协助政府安排资方人员，根据"量才使用，适当照顾"的原则，按照工商业者的政治态度、经济地位、经营才能、技术专长、行业代表性等条件，提出安排建议，报请政府研究安排。据长沙、衡阳、株洲、湘潭、邵阳、益阳、常德、津市、洪江 9 个城市统计，参加全行业公私合营的私方实职人员 1.5451 万人，其中安排担任专业公司正副经理、零贸管理处正副主任及正副科（股）长、正副厂长、正副店长的有 3748 人，合计占比 24.3%；此外，共有 18 人被安排担任市政府副市长、市政协副主席、政府部门副局长等职务。另一方面，举办工商界生活互助金。据 1957 年 11 月统计，全省有 9 个城市、59 个县举办了工商界生活互助金，1960 年发展到 75 个市、县，这些市、县分别组织成立了"工商界生活互助金管理委员会"，主管其事。

广东省工商界　为了给全省工商界树立公私合营榜样，省工商联筹委会向全省工商界介绍解放初期从香港回穗的著名工商界人士邓文钊、黄长水、陈祖沛等人联名发起集资创办全省第一家大型公私合营华南企业股份有限公司的成功经验；介绍航运大户刘荣光在 1954 年将其负责的 4 个企业参加了公私合营，1955 年再由 3 个公私合营轮船公司合并成一个拥有 232 艘船舶的大规模的公私合营珠江轮船公司的案例。这些案例，在工商界起到了启发、示范和推动作用。

至 1956 年 1 月下旬，广东全省私营工业 8008 户，从业人员 161018 人，其中私方人员 18737 人；私营商业 42162 户，从业人员 131045 人，其中私方人员 59490 人；私营交通运输业海轮 4 艘，轮驳船 770 艘，汽车 1917 辆，计 17594 人，实行了全行业公私合营。广东全省 333 个大中小市镇全部完成了对资本主义工商业实行全行业公私合营。1月28日,《南方日报》发表《广东省工商联筹备委员会常务委员会告全省工商界书》,对全省工商业者提出四点要求和希望:第一,要按照政府规定的"公平合理、实事求是"原则,认真做好清产核资工作;第二,搞好生产,搞好春节市场供应,切实做到合营、业务两不误;第三,在人士安排中服从国家的分配,愉快地接受政府委派的工作;第四,大力协助政府做好经济改组和商业网点调整工作。1月29日,广州市各界30万人在越秀山体育场和各区会场举行了盛大的庆祝社会主义改造胜利联欢大会。社会主义改造基本完成后,省工商联积极协助政府做好清产核资、人事安排、清理债务、定股定息、经济改组、商业网点调整和工业合并等工作。经过清理估计,全省参与公私合营的私营工业资产为8154万元,私营商业资产为5435万元,私营运输业资产为2341万元。公私合营基本完成后,根据"量才录用、兼以适当照顾"的政策精神,广东将原资方人员全部予以妥善安排。除了安排部分资方人员担任公私合营企业的正副经理,正副厂长,部门和车间的正副科长、正副主任,业务股(组)正副股(组)长以外,一批资产阶级上层代表人物和进步人士被安排担任各级人大代表、人民委员会委员,有的还安排担任副省长、副市长,其中省工商联主任委员邓文钊担任广东省副省长,广州、汕头、湛江、佛山、韶关、江门、中山等市工商联主任委员担任副市长。公私合营后,按照国务院规定,按照年息5%的固定利率给私方资产支付定息。全省参加公私合营的全部私股股金为1.26亿元,1956年上半年支付定息318.3万元。省工商联配合组织全省近30万工商业者分批参加各级工商讲习班,帮助工商业者了解社会发展规律和社会主义的经营管理知识,提高业务能

1956年1月29日,广州市30万人集会和游行欢庆全市社会主义改造的胜利

力，转变成为自食其力的劳动者。

贵州省工商界　推进对资本主义工商业进行社会主义改造的工作主要包括：1950年，对食盐业统一管理。1951年，对酒业实行专卖。1954年，对私营工业实行加工订货，并逐步把生产、经营业务相近的企业实行并厂并店，实行联营。1955年后采取一城一镇、先批准后改造的办法开展全行业公私合营。1956年1月22日，贵阳市举行5万人参加的集会游行，庆祝全市全行业公私合营。1956年12月底统计：全省382户私营工业企业、89482户私营商业企业和商店参与公私合营；110377个手工业者和15000个个体运输业者实行了合作化。公私合营后，各级工商联配合政府积极开展了清产核资复查、改善公私共事关系、开展社会主义劳动竞赛、组织工商业者加强政治学习、进行自我改造等方面的工作。

新疆维吾尔自治区工商界　根据新疆的特殊情况，对私营工商业的改造按照"积极慎重，宜宽勿严"的指示精神制定了若干政策规定：1.根据新疆私营工商业小户多、大户少、大型工业更少，专营户小、有劳资关系者不多等情况，在改造名称上不称"资本主义工商业的社会主义改造"，而称"对私营工商业的社会主义改造"。在合营企业清产核资中不追底财、不动浮财，对小商小贩、手工业者和兼营农牧业者允许其踩"两只船或三只船"，在合营、合作化时纳入社会主义或半社会主义经济轨道即可。2.对自产自销的小手工业者和兼营农牧业者，改造时可以归口不归行，不打乱原有产销渠道，由归口单位负责处理资金、技术、设备等问题；对全行业公私合营带进来的非资本主义性质的中小户，在国家归口单位管理下定股分红，本人参加企业工作，按劳动者对待，可以参加工会组织。3.对工商业兼农牧业者，在自愿原则下，与工商业一同纳入改造轨道。对农牧业中兼营工商业者，其工商业部分按工商业改造办法改造；农业部分在农业合作中处理；牧业部分按照中央政策，大小牲畜折合500只绵羊以上者实行公私合营，500只绵羊以下者加入牧业合作社。4.对宗教寺庙所有的街坊铺面，原则上不动所有权。对苏侨协会经营的工商业、饮食业、运输业，通过协商阐明政策，按照我国法律与中国公民一样接受改造，允许自愿歇业。5.在整个改造中对人的改造采取十分审慎的态度。对有业务专长的人员，经过协商在企业安排适当的领导职务，其中代表性人物，可以适当安排社会职务。特别注意安排少数民族代表人物，团结合作使其参政议政。对思想改造确立自愿自觉、自我改造的长期观念，不能求急图快，凡依靠企业吃饭的从业人员一个不漏地包下来包到底。至1956年底，全自治区参与公私合营的私营工业企业67户，资产1030万元；私营商业企业9951户，资产1554万元。私营汽车运输业全部得到改造；个体手工业和小商小贩也都通过合作化方式得到改造。实行全行业公私合营后，全自治区共安排私营工商业者担任公私合营企业经理的52人，安排担任科（股）长职务的163人。在人员待遇方面，规定原来高薪的一律不变，低的适当提高。据1956年统计，全自治区股东的工资水平较国营企业同级别职工高15%。

1956年1月23日，乌孜别克族的色力木各来百货店将公私合营后新招牌换起来

实行全行业公私合营后，建立了与生产关系相适应的管理机构和制度：1.工业方面建立了综合公司，商业方面建立了总店、中心店或核算点，对公私合营企业进行统一领导、统一核算。工业中大厂以企业为单位，小厂以综合公司为单位；商业以总店或中心店为单位派入公方代表。2.在公私合营企业普遍实行了民主管理和计划管理制度。在民主管理方面，主要采取了党委领导下的职工代表大会等形式；在计划管理方面，企业的生产指标由专业公司统一下达后，企业根据实际情况分配到车间，经过民主讨论，由车间把生产任务落实到个人。3.公私合营后，建立了劳动纪律制度、工资等级制度和劳动保障福利制度、财务管理制度等，改变了过去多数无账可查、少数有账不全的状况。通过建立一系列新制度，充分发挥了公私合营企业的优越性，促进了生产力发展。据1956年18个工业工厂的调查，计划总产值445.4万元，实际完成492.4万元，超额10.2%。

全国各地工商界参与全行业公私合营工作情况见表5-3。

表5-3　全国各地工商界参与全行业公私合营情况

单位	参与全行业公私合营情况
北京市工商界	1956年1月10日，市人民委员会召开公私合营大会，宣布全市35个工业行业的3990家工厂和42个商业行业的13973户坐商，共计17963户，全部批准实行公私合营。1月15日，北京市各界20多万人在天安门广场举行庆祝社会主义改造胜利联欢大会，北京市成为"全国第一个全市资本主义工商业实行公私合营的城市"。
天津市工商界	1956年1月15日，天津市101个私营工商行业的24000多家工商户全部批准为公私合营企业。1月22日，天津市举行了"天津市各界庆祝社会主义改造胜利联欢大会"。

续表

单位	参与全行业公私合营情况
河北省工商界	1956 年 2 月底，全省私营工商业全部按行业实行了公私合营，并实现了手工业合作化。
山西省工商界	1956 年 3 月，全省资本主义工商业实现了全行业公私合营。其中，工业方面，公私合营企业户数占原户数的 95.7%，从业人员占原有人员的 92.9%，产值占 95%；商业方面，公私合营企业户数占原户数的 86.1%，从业人员占原有人员的 89.6%，资金占 91%。
内蒙古自治区工商界	1956 年 1 月 21 日，呼和浩特市、包头市的私营工商业全部批准公私合营。自治区工商联加强了对工商业者的思想教育工作；协助政府做好定股定息、人事安排和经济组织工作；推动工商业者搞好生产经营。
辽宁省工商界	1956 年 1 月 14—21 日，经过各地政府批准，全省各地资本主义工商业实现了全行业公私合营。参加公私合营的工商业者 36576 人（其中工业 9752 人，商业 26824 人），总投资 4089 万元（其中工业 2444 万元，商业 1645 万元）。
大连市工商界	1956 年 1 月 18 日，市工商联会议通过《号召全市工商业者自觉掀起接受社会主义改造高潮的决议》；1 月 19 日，全市工商业者提出全行业公私合营和合作化的申请；1 月 20 日，市政府召开大会，当场批准市私营工商业实行全行业公私合营和合作化的要求；1 月 22 日，社会各界 8 万人举行庆祝大会，庆祝全市资本主义工商业实现全行业公私合营、个体手工业实现合作化。 公私合营后，私营工商业者成为公私合营企业公职人员，劳资关系变成公私共事关系。市工商联围绕促进这种关系的正常发展，做了大量卓有成效的工作。
吉林省工商界	1956 年 1 月 17 日，长春市人民委员会举行资本主义工商业全行业公私合营大会。随后，吉林市、四平市、辽源市、通化市、延吉市等都在当年实现了全行业公私合营。据 8 月统计：私营工业方面，全省已有 1069 户接受了改造，占总户数的 99.7%；手工业方面，参加合作社、组的共有 53502 人，占从业人员总数的 94.3%；私营商业方面，已改造 34410 户，占总户数的 87.9%；私营交通运输业中的 363 辆汽车全部参加公私合营。 年底，全省已安排私方人员 2335 人，占总数的 70.7%。其中，担任正副经理、厂长 241 人，正副科长 105 人，车间主任、门市部主任、股长 411 人，担任董事 22 人，直接参与生产营业的 1556 人。其中代表人物安排为省政协副主席 1 人，副市长 1 人，副县长 5 人，副局长 3 人。
黑龙江省工商界	1956 年 1 月 27 日，黑龙江全省资本主义工商业基本完成全行业公私合营。
上海市工商界	1956 年 1 月，上海市资本主义工商业实行了全行业公私合营。1 月 22 日，《人民日报》发表社论：《上海私营工商业社会主义改造的伟大胜利》。
江苏省工商界	1956 年 1 月 16—23 日，一周内实现了资本主义工商业全行业公私合营。
浙江省工商界	1956 年 1 月 19 日，杭州市人民委员会召开大会，批准全市私营工商业参加公私合营。1 月 19—22 日 4 天内，杭州、宁波、温州、湖州、嘉兴、金华、绍兴 7 市先后批准私营工商业实行全行业公私合营。其中，工业（186 个行业）企业 1464 户，占 7 市总户数的 95.4%；商业企业 21812 户，占 7 市总户数的 97.3%。4 天内，各市张灯结彩，敲锣打鼓，共有 35 万多人参加了庆祝大会、庆祝游行和联欢晚会。

续表

单位	参与全行业公私合营情况
宁波市工商界	1956 年 1 月 18 日，宁波市工商联率领全市工商界代表，向市人民委员会送上要求全行业公私合营的申请书。1 月 19 日，宁波市人民委员会召开大会，会上，市长宣布批准宁波市私营工商业全部实行全行业公私合营（工业 14 个行业、商业 80 个行业、交通运输 5 个行业）。
安徽省工商界	1956 年，全省基本上实现了全行业公私合营，完成了对资本主义工商业的社会主义改造。
福建省工商界	1956 年底，全省基本上实现了全行业公私合营。在全行业公私合营工作中，全省各级工商联组织发挥了积极配合作用。
厦门市工商界	1955 年 12 月 16 日，市主要行业——纱布业 14 户私营企业率先申请公私合营，继而百货、机械等行业筹备全行业公私合营。至 1956 年 1 月 9 日，全市 93 个行业、1572 个工商业者经批准实现了全行业公私合营。
江西省工商界	1956 年，全省私营工商业基本上实现全行业公私合营：工业系统私股股金 888 万元，职工总数 22329 人，其中，在职资方人员 1597 人。私营商业 59605 户，从业人员 78604 人，其中，饮食业 19997 户，从业人员 26363 人；服务业 9185 户，从业人员 13152 人。农村集镇小商小贩走上了合作化道路。
山东省工商界	1953 年，据 101 个市县工商联统计：全省私营工商业 47.8 万户，资金总额 1.7363 亿元。其中，私营工业 7429 户，资金 6773 万元；私营商业 82049 户，资金 5959 万元；个体手工业 13.6 万户，资金 3021 万元；摊贩 24.1 万户，资金 1349 万元；行商 10680 户，资金 259.9 万元。从业人员共计 88.2 万人，其中资方从业人员 17.3 万人，职工 70.4 万人，资方代理人 4615 人。1956 年 1 月 25 日，全省实行了全行业公私合营。
青岛市工商界	1956 年 1 月 19 日，市工商联召开工商界代表会议，出席代表 443 人。会议请求政府批准实行全行业公私合营。1 月 20 日，市政府批准全市实行全行业公私合营。全市 49 个行业，4872 户，经过经济改组、调网并店，最后核定为公私合营企业 944 户。其中，私方人员 6155 人，其中资方代理人 286 人，职工 38353 人；资本总额 5555.6685 万元，其中私股 3851.0416 万元。
河南省工商界	1956 年春，全省出现私营工商业敲锣打鼓迎接全行业公私合营高潮。有的工商业者拿出私储，筹集现款，投入企业。至 1956 年底，全省参与公私合营的私营企业 1.9 万户，资方人员 24802 人，定股资金 1701 万元，基本上完成了对私营工商业生产资料所有制的社会主义改造。 其后，各级工商联接续做了大量工作：①协助工商界清产核资。②协助政府安排工商界代表人士，例如：郑州在职工商业者 1896 人，任公私合营厂长的 2 人、副厂长的 15 人，公私合营中心店经理 1 人、副经理 23 人，国营公司副经理 1 人，市服务局副局长 1 人，副区长 1 人；开封市工商业者任公私合营正副厂长及车间主任、公私合营总店副经理及分店经理的占比 48.6%。③致力于改善公私关系，教育工商业者主动争取公方领导、靠拢职工，订立公私双方合作共事制度。④组织开展社会主义劳动竞赛。

续表

单位	参与全行业公私合营情况
湖北省工商界	1955 年，全省有 10 人以上的私营工厂 670 个，从业人员 5.7 万人，年产值 3 亿元；私营商业 15.5 万户，22 万人，资金 3900 万元，商品零售额占总额的 44%。1956 年上半年，全省对资本主义工商业实行了全行业公私合营。
湖南省工商界	1956 年 1 月 16 日，衡阳市私营工商业在全省率先实行按行业公私合营。至 1 月 21 日，衡阳、长沙、株洲、湘潭、邵阳、常德、益阳、洪江、津市共 9 市全部实现了全行业公私合营。1 月 22 日下午，长沙 5.3 万人在人民广场集会，庆祝私营工商业社会主义改造完成。
广东省工商界	1956 年 1 月下旬，广东全省 333 个大中小市镇全部完成了对资本主义工商业实行全行业公私合营。1 月 29 日，广州市各界 30 万人集会举行了盛大的庆祝社会主义改造胜利联欢大会。
广西省工商界	1956 年，对资本主义工商业实行社会主义改造基本完成。区工商联的主要工作是组织、推动工商业者进行学习和自我教育，为社会主义建设服务。
四川省工商界	各级工商联积极贯彻党和国家的方针政策，推动私营工商业实行全行业公私合营。公私合营后，在协助政府做好清产核资和人事安排、利润分配等方面工作的同时，加强了对工商业者的思想改造工作，对他们进行爱国主义、国际主义、社会主义教育，分期分批地举办工商界讲习班，组织和推动工商业者积极参加社会主义劳动竞赛。
重庆市工商界	1956 年 1 月 17 日，全市 8 万多名职工、工商业者及其家属在解放碑集会举行全市实行全行业公私合营庆祝大会。市民建、市工商联、工商户代表讲话。市工商户代表吴修辅说："我们今天向资本主义挥手告别啦！"全行业公私合营后，市工商联组织工商业者进行学习和自我教育。
贵州省工商界	1956 年 1 月 22 日，贵阳市举行 5 万人参加的集会游行，庆祝全市全行业公私合营。公私合营后，各级工商联配合政府积极开展了清产核资复查、改善公私共事关系、开展社会主义劳动竞赛、组织工商业者加强政治学习、进行自我改造等方面的工作。
云南省工商界	1956 年初，全省实行全行业公私合营。全省多数地区成立学习委员会，昆明市成立"市工商界业余政治学校"和短期学习班，吸收公私合营企业中的私方人员和部分从业人员 1439 人参加学习。
陕西省工商界	1955 年 12 月 4—13 日，西安市人民委员会先后批准了机器、印染等 3 个私营工业行业和棉布等 5 个私营零售商行业实行全行业公私合营。12 月 20 日，西安市人民委员会又批准了全市最后 25 个私营工业行业的 300 家工厂和 36 个私营商业行业的 3800 多户坐商实行公私合营。手工业也基本实现了合作化。与此同时，全省各县市也相继实行了全行业公私合营和手工业合作化。
甘肃省工商界	1956 年 1 月完成对农业、手工业、资本主义工商业的社会主义改造。

续表

单位	参与全行业公私合营情况
青海省工商界	1956 年 1 月，西宁市批准百货、棉布、木器、砖瓦等 12 个行业实行全行业公私合营。1 月 23 日，全省参加全行业公私合营或合作社的工商户达 98.5%，从业人员达 98.6%。
新疆维吾尔自治区工商界	1956 年底，全区参与公私合营改造的私营工商企业 18115 户，清产核资后，资产净值 595 万元。其中，工业 345 户，资产净值 115 万元；商业 17770 户，资产净值 480 万元。私营汽车运输业全部得到改造；个体手工业和小商小贩也都通过合作化方式得到改造。

注：表中资产、资金金额单位万元指人民币新币，原始资料中人民币旧币均已按 10000 : 1 统一换算为新币。

资料来源：孙晓华主编.中国工商业联合会 50 年概览（下卷）[M].北京：中华工商联合出版社，2003：1–841.

至 1956 年底，全国私营工业人数的 99%、私营商业人数的 85% 实现了全行业的公私合营。我国对资本主义工商业的社会主义改造基本完成。

至 1956 年底，全国工业总产值为 642 亿元，比上年增长 28.2%。其中，全国公私合营工业总产值达到 191 亿元，比 1955 年这些企业的总产值增加了 32%。全国公私合营商店、合作商店和合作小组的商品零售总额比 1955 年这些企业的商品零售总额增加了 15% 以上；全国公私合营工业劳动生产率比 1955 年提高了 20%~30%。

事实证明，对资本主义工商业的社会主义改造，是在得到人民群众普遍拥护的情况下、在保证国民经济持续增长的情况下完成的。我国对生产资料私有制的社会主义改造与国民经济恢复发展的良性互动，证明了 1953 年中国共产党提出的"一化三改"的过渡时期的总路线是正确的，党和人民对社会主义道路的选择是正确的，党领导人民进行的这场经济社会大革命在总体上是成功的。社会主义改造的结果解放了生产力，促进了工农业和国民经济的发展。

在对资本主义工商业进行社会主义改造的工作过程中，由于有的地方思想工作不细，准备工作不充分，工作水平参差不齐；改造要求过急，改变生产关系的过程较快、形式过于简单，难免出现一些问题：1. 有的地方公私合营对象扩大，将"三小"人员（小企业、小商贩、小手工业者）当作资本主义工商户实行公私合营。2. 有的地方对资方入股资产作价偏低（后按政策重新评估更正）。3. 有的地方接受工商业者因为合营热情高涨以现金、房产、金银首饰等投入企业（后按政策退还）。4. 有的地方把许多工厂、商店、夫妻店、小手工业作坊统统合并起来，实行集中生产、统一经营、统一核算，却使得原来私营工商业有利于拾遗补缺、灵活经营等优点改掉了，给人民群众生活造成不便。5.有的地方改变前店后厂的传统,改组后前店归属商业,后厂归属工业,不利于生产与经营之间的相互联系。6.有的地方公私合营后对资方人员安排和使用欠妥当,有的单位在实际工作中没有处理好公私共事关系。中共中央、国务院发现这些问题后,及时采取了得力措施,相继发出《关于私营企业实行公私合营的时候对于财产清理估价中若干具体问题的处理原则的指示》《关于对公私合营企业私股推行定息办法的指示》《关于目前私营工商业和手工业的社会主义改造中若干事项的决定》等几个规范文件。同时,《人民日报》接连发表《不要轻易改变原有的生产和经营制度》《慎重地改造城市小商店》《慎重地从经济上逐步改组公私合营企业》等社论。上述方针、政策和措施,指导各地较好地处理了所有制变革同行业改组、企业改革相结合的问题,较好地解决了改革改组中的主要矛盾,克服了改造高潮中一度出现的混乱现象,促进调动了各方生产经营积极性,有力有利地维持了生产经营发展。

在公私合营过程中,工商业者的思想状况是复杂的。例如,宁波市工商联经过认真调查研究,将工商业者的思想状态分为三类:第一类是比较先进分子,认为"大势所趋,人心所向,走社会主义道路已是历史的必然",他们在思想上顾虑较少,在行动上主动提出公私合营申请。第二类是中间分子,对公私合营半信半疑,患得患失,顾虑重重。一方面留恋于自己多年经营的企业,觉得一旦合营,太可惜了;另一方面感觉到如果不合营,企业经营困难,成为包袱,感到前途渺茫,他们的反映是:"远景虽佳,近况更难,惜乎过渡时期渡不过去。"第三类是比较后进分子,担心多年的心血付诸东流,对社会主义改造有抵触情绪,行为表现有消极经营、抽逃资金、抗交国税等。根据以上情况,宁波市工商联开展政策宣讲、说服教育,先进分子以身作则、带头合营、示范引导,企业界负责人参与思想教育工作;时任宁波市委书记亲自向批准公私合营的工商业者及其家属作"关于人事安排、清产核资、家店划分、定息等问题的政策"的报告,同时,积极做好工商业者及其家属思想工作,帮助大多数工商业者消除疑虑,产生了积极影响和较好的效果。

对待公私合营,工商业者群体中,有的真心拥护、积极参加;有的等待观望,随大流;有的不得不从,被动参加;有的表面积极,背后消极;有的"白天参加敲锣打鼓,晚上回家顾虑重重";等等。为了做好工商业者的工作,除了思想教育以外,还采取了许多重要措施,如:1.全部安置资方实职人员,安排工作,保留工资;并让他们有职有权,不让有经营能力的人员"坐冷板凳"。2.推广定息办法,按照固定资产价值，给资方付给定额利息。3. 按照"四马分肥"[1]办法给资方分配利润。4. 吸收工商业者中的代表人物在各级人民政府及其部门担任领导职务或重要职务，在各级工商联组织中担任领导职务或重要职务，通过政治安排提高工商业者群体的政治地位和社会地位，等等。这些办法实施后，维护了工商业者的合法利益并照顾了其合理要求，调动了大多数人参与公私合营的积极性，取得的成效是显著的。经过清产核资、公私合营、企业改组、人事安排，改善管理，新组建的公私合营企业发展状况良好；经过全行业公私合营，国家利用公私合营企业更加充分地发展生产，活跃经济、积累资金、培训工人和管理干部，促进了整个国民经济高效发展。

全国各级工商联在动员、组织、促进广大工商业者接受社会主义改造的过程中发挥了重要作用，作出了重要贡献。1956 年 12 月 11 日，全国工商联副主任委员荣毅仁在《中华全国工商业联合会第一届执行委员会三年来的工作报告》中总结了工商联协助国家贯彻和平改造政策、做好社会主义改造工作方面的体会：[2]

（一）必须紧紧地依靠中国共产党的领导。对私营工商业实行社会主义改造，党采取了和平改造政策，是促使工商业者积极地接受改造的前提。我们遵循党所规定的部署和步骤开展工作，就会事半功倍，顺利地完成任务。数年来，由于党的政策的正确贯彻，工商业者不但敲锣打鼓地掀起了全行业公私合营的高潮，而且正在逐步地转变为劳动人民。

（二）必须代表工商业者的合法利益与合理要求。在社会主义改造中，工商业者有自己的利益和要求，凡是我们恰当地代表了工商业者的合法利益，及时地反映了工商业者的情况和意见，经过国家的安排，适当地照顾了工商业者的合理要求后，就有利于社会主义改造工作向前推进。

（三）必须针对思想情况进行说服教育。"前途如何，趋势如何"，是工商界最关心的问题，应该透彻地反复地说明国家前途和个人前途的一致性，使工商业者懂得把自己的命运依托于国家的强大和社会主义建设的成就，认清自己的历史任务和努力方向，看清前途，解除顾虑，接受改造。

（四）必须培养工商界骨干分子，发挥带头、模范和桥梁作用。运用骨干分子的力量、知识和经验，对工商界进行宣传、教育和组织工作。

---

[1] 注：公私合营企业所得利润，按国家所得税金、企业公积金、职工福利奖金、资方股息红利四个方面分配。

[2] 孙晓华主编. 中国工商业联合会 50 年概览（上卷）[M]. 北京：中华工商联合出版社，2003：208–212.

这四点体会是工商联作为政府的助手，协助国家完成对资本主义工商业进行社会主义改造的成功经验，弥足珍贵。

荣毅仁在《中华全国工商业联合会第一届执行委员会三年来的工作报告》中围绕工商联今后的组织工作任务提出了 5 个方面的建议：[1]212-216 1. 继续帮助工商业者在工作上和思想上不断获得进步与提高，组织他们参加理论学习，提高爱国主义思想认识，进行思想改造，以达到破资本主义、立社会主义的目的。2. 积极推动广大工商业者参加社会主义竞赛，把一切知识和才能贡献给社会主义事业。3. 关心工商业者的生活和工作，密切与广大工商业者的联系。4. 加强对手工业者和小商小贩的业务辅导和思想教育工作。5. 积极推动工商业者参加各种爱国运动、社会活动，适当地组织工商业者参观各种社会主义建设和展览，以提高爱国主义思想与社会主义觉悟。此外，号召各级工商联组织及其成员加强学习，提高思想认识和政策水平，在社会主义原则下共同为社会主义事业服务。

全行业公私合营以后，对资本主义工商业进行社会主义改造的任务基本完成，为了组织领导工商业者继续接受社会主义改造，为社会主义建设作贡献，1956 年 12 月 23 日，全国工商联第二次会员代表大会作出《关于全国工商业者进一步发扬爱国主义精神，继续加强自我改造，积极为社会主义建设作出贡献的决议》，[1]220-222 其中明确了各行各业工商业者应该共同遵守的五项基本原则：1. 继续发扬爱国主义精神，把自己的一切才能贡献给国家，为祖国的社会主义建设服务。2. 守职尽责，克勤克俭，养成艰苦朴素作风，努力工作，积极参加社会主义竞赛。3. 进一步改善公私共事关系，尤其要以积极的、正确的态度，服从公方领导，靠拢职工群众。4. 进一步改善私私关系（工商业者之间的关系），运用批评和自我批评加强团结，以求得共同进步。5. 加强政治理论学习，逐步消除旧思想、旧作风，提高社会主义觉悟。会议代表一致保证，要戒骄戒躁，艰苦奋斗，以身作则，推动全国工商业者更加紧密地团结在中国共产党和人民政府的周围，在生产经营上充分发挥自己的专长，贡献自己的一切力量，逐步把自己改造成为名副其实的劳动者，和全国人民一道，为祖国的繁荣富强、世界的持久和平以及人类的正义事业而奋斗。

公私合营过程中工商界代表人士的带头作用

在公私合营过程中，工商界人士作出的贡献是重大的，特别是工商界代表人士的

---

[1] 孙晓华主编. 中国工商业联合会 50 年概览（上卷）[M]. 北京：中华工商联合出版社，2003.

示范带头对于公私合营工作顺利开展并取得显著绩效发挥了无可替代的至关重要的正面推动作用。例如：

李烛尘（时任天津"永、久、黄"化工集团负责人；后任天津市工商联主任委员、全国工商联副主任委员，食品工业部部长，全国政协副主席等职），1950年初，以天津永（利）久（大）黄（海）化工集团负责人身份，代表公司和董事会向人民政府提出走社会主义道路的要求，他的企业是全国范围内率先申请并获准的公私合营企业之一。[1]69

古耕虞（时任四川畜产公司掌门人；后任全国工商联副主任委员等职），1950年初，他的四川畜产公司与人民政府达成协议，进行公私合营。他说："私营四川畜产公司的机构再大，也只是个小团体，我们必须看到一个大团体，是国家的人民的团体。是小团体利益服从大团体利益，还是反过来？有常识的人，一想就明白。"[1]70

吴羹梅（时任中国标准铅笔厂掌门人；后任中央财政经济委员会委员和中央私营企业局副局长），人称"铅笔大王"，是最早提出公私合营的企业界人士之一。1950年7月，获得轻工业部、华东工业部批准，公私合营成立中国标准铅笔股份有限公司，吴羹梅任总经理。1954年3月，中国标准铅笔公司研制了中华牌101绘图铅笔，中华牌铅笔成为中国人首选的绘图工具。中华牌101绘图铅笔的发明，被称为"中国铅笔制造业的里程碑"。同年10月，吴羹梅任公私合营中国铅笔公司经理。1955年6月，被任命为上海制笔工业公司经理。小小的铅笔，让吴羹梅在中国民族企业发展史上留下深深的印记。[1]71

张敬礼（时任江苏南通大生纱厂一公司经理；后任江苏省南通市民建、工商联主要负责人），1951年，他在当地率先提出公私合营申请，并经过多方工作，得到董事会中多数人赞同。1952年1月，江苏省苏北行政公署批准大生纱厂一公司公私合营，并委派了公方代表任副经理、副厂长。公私合营后，公司改革旧的管理制度，工人参加管理，建立新的规章制度，工人劳动条件和集体福利得到改善，生产积极性提高。[1]70

卢作孚（时任重庆民生实业股份有限公司负责人；后任全国政协委员等职），人称"中国近代船王"。1949年，他谢绝了台湾方面的邀请，并把在香港的船队带回中国内地。卢作孚被毛泽东主席称为"四个不能忘记的实业家"之一。1950年6月，他在出席全国政协一届二次会议期间，向周恩来总理提出，要通过公私合营的办法将

---

[1]本书编写组.中华全国工商业联合会简史（1953—2013）[M].北京：中华工商联合出版社，2013.

民生实业公司交给国家。[1]71 1952 年 9 月，交通部投资入股，与民生实业公司公私合营，成立"公私合营民生轮船公司"。

王光英（时任天津近代化学厂厂长；后任天津市工商联秘书长；全国工商联副主席，全国政协副主席，全国人大常委会副委员长等职），1953 年，他带头将其经营的天津近代化学厂实行公私合营。此后，他把按规定分得的"定息"全部捐献给国家。[1]70

孙孚凌（时任北京福兴面粉厂经理、厂长，北京市工商联副主任委员），1953 年底，他在当地第一批申请公私合营，先后担任福兴面粉厂厂长、北京市公私合营福兴面粉总厂厂长，对北京全行业公私合营发挥了带头作用。[1]70

经叔平（时任上海卷烟联合生产销售公司总经理兼上海卷烟工业同业公会主任委员；后任全国工商联主任委员、全国政协副主席等职）。1953 年，带头将自己的家族企业参加公私合营。[1]71

荣毅仁（时任申新纺织公司总管理处总经理等职；后任上海市副市长、全国工商联主任委员、中华人民共和国副主席等职）。1954 年 5 月，他提出申新纺织公司等荣氏企业实行公私合营；1955 年获得正式批准，企业面貌焕然一新。他在回答作为资本家为什么接受社会主义改造、走社会主义道路时说："是的，我是一个资本家，但我首先是一个中国人。""五年计划开始了，全国新建了许多大工厂，各地进行了大规模的建设，一切实现得比梦想还要快，多么令人鼓舞！没有共产党，不走社会主义道路，哪有今天？"他表示，国家的前途是光明的，私营工商业要停留、倒退是不可能的，只有走社会主义道路，国家资本主义是私营工商业走社会主义道路的唯一和最好的办法。[1]69

乐松生（时任北京市工商联主任委员，同仁堂经理；后任全国工商联副主席），北京同仁堂乐氏第 13 代传人。1954 年，他带领同仁堂实行了公私合营；1956 年，他代表全市 327 家药店申请全行业公私合营获得批准。

陈经畲（时为汉昌皂烛厂掌门人；后任汉口市商会主席、全国工商联副主任委员等职），武汉解放后，汉昌皂烛厂得到政府扶持，能生产肥皂、甘油和牙膏，年年盈利。他深感只有党的领导，才能更好地发展，于是他申请公私合营。1954 年提出申请，1955 年汉昌皂烛厂获准公私合营，后改建为武汉化工原料厂，生产多种现代化

---

［1］本书编写组 . 中华全国工商业联合会简史（1953—2013）［M］. 北京：中华工商联合出版社，2013.

工原料，远销国内外。解放前他的"实业救国，发展化工"的愿望，解放后才实现，他十分欣慰。1957年他将股票全部献出，未被接受；1966年再次献出，终于如愿。[1]70

刘鸿生（第一届全国人大代表，第二届全国政协委员，民建中央常委、上海市副主委），有"火柴大王"之称。1956年，拥有2000万资产的刘氏企业参加了公私合营。当时，有人问刘鸿生，"你舍不舍得？"他笑着说，"说老实话，作为一个企业家，我有点舍不得。但是话说回来，作为一个民族资本家，我又舍得，因为工业化了，我感到的只有骄傲和幸福。"[1]70-71

在开展公私合营的实际工作中，工商界代表人物以自己的实际行动和实际体会介绍、宣传公私合营的重要性，对公私合营工作顺利开展发挥了促进作用。例如：公私合营企业中华造船机器厂资方代表杨俊生于1953年在《人民日报》《解放日报》《新闻日报》发表文章，介绍公私合营后个人的体会以及合营后企业生产快速发展的情况；胡厥文以《虚心学习，努力改造自己》《满怀信心，迎接公私合营》为题在报刊上发表文章，畅谈公私合营体会，并以事实说明公私合营的优越性。[1]68-69

早在公私合营运动开展之前，一批先进的工商业者为新中国为人民无偿捐赠私有资产的行为，促进广大工商业者意识到把个人利益与国家利益结合起来的重要性。例如：

爱国实业家周苍柏（1951年12月担任湖北省工商联首届主任委员），于1949年9月主动将占地0.83平方公里的私家花园"海光农圃"捐赠给人民政府改建成"武汉东湖公园"。

爱国民主人士、工商业者胡子昂（1952年1月担任重庆市工商联首届主任委员），于1951年将其经营的华康银行及四川水泥公司、中国兴业公司、华西公司、自来水公司等企业的全部股票和房产无偿交给了国家。[1]69

榜样的力量是巨大的，工商界代表人士积极带头，带动并促进了全行业公私合营。

三、关于对国家资本主义经济的认识和思考

国家资本主义经济是继私人资本主义经济、自由资本主义经济和垄断资本主义经济之后产生的一种经济形式。国家资本主义经济是由国家掌握和控制的为了国家的需要而存在的一种国家资本与私人资本合作的经济形式。国家资本主义经济的性质决定

---

[1]本书编写组.中华全国工商业联合会简史（1953—2013）[M].北京：中华工商联合出版社，2013.

于国家的性质，大致分为两种，即资产阶级专政条件下的国家资本主义经济和无产阶级专政条件下的国家资本主义经济。

资产阶级专政条件下的国家资本主义经济，是资本主义制度下由国家政权直接控制这些或那些资本主义企业的一种资本主义经济形式。在资本主义国家内，国家资本主义经济其实质是垄断资本主义经济，是变相的私人资本主义经济，是为资产阶级专政服务的。

无产阶级专政条件下的国家资本主义经济，是社会主义制度下国家资本与私人资本合作的、国家能够加以限制和规定其活动范围的资本主义经济形式。[1] 在社会主义国家内，国家资本主义经济由国家掌握和控制，与社会主义经济建立业务联系或资本合作关系，是半社会主义、半资本主义经济，是为无产阶级专政服务的。在我国新民主主义经济时期，国家资本主义经济是改造资本主义私有制经济为社会主义公有制经济的过渡经济形式。

国家资本主义经济，主要包括四层内涵：一是指国家资本与私人资本构成合作经济体——国家资本主义企业；二是指合作经济体生产资料国家与私人共有；三是指国家政权对国家资本主义企业掌握与控制；四是指国家对国家资本主义经济发展实行监督和调节。

社会主义国家的国家资本主义经济理论与实践运用，起始于苏联，发展于中国。

国家资本主义理论的提出与苏联实践

国家资本主义（State Capitalism）理论是列宁首先提出来的（此前德国俾斯麦时期已实行过"国家推进资本主义发展的办法"，即资产阶级专政条件下的国家资本主义发展办法）。1916 年，列宁提出了无产阶级专政条件下利用资本主义建设社会主义的概念。[2]

1917 年 9 月，列宁在《大难临头，出路何在》一文中，论述了无产阶级专政条件下的国家垄断资本主义。列宁认为："战争异常地加速了垄断资本主义向国家垄断资本主义的转变，从而使人类异常迅速地接近了社会主义，历史的辩证法就是如此。""国家垄断资本主义是社会主义的最充分的物质准备，是社会主义的前阶，是

---

［1］辞海编辑委员会.辞海（缩印本）［M］.上海：上海辞书出版社，2000：929.

［2］徐光春主编.马克思主义大辞典［M］.武汉：长江出版传媒，崇文书局，2018：454，777.

历史阶梯的一级，在这一级和叫作社会主义的那一级之间，没有任何中间级。"[1]列宁提出了国家垄断资本主义的概念，并把垄断资本主义向国家垄断资本主义的转变称为"接近了社会主义"，"是社会主义的前阶"。

1918年，列宁论证了苏维埃国家即无产阶级国家政权能够同国家资本主义结合、联合和并存的问题，主张同国家资本主义结成联盟反对小资产阶级的自发势力，形成了国家资本主义理论。他严格区分资产阶级政权控制的国家资本主义和无产阶级政权控制的国家资本主义。

1922年3月27日，列宁在《俄共（布）中央委员会政治报告》中，论述了无产阶级政权控制的国家资本主义与资产阶级政权控制的国家资本主义的根本区别。列宁认为：国家资本主义的性质决定于国家政权的性质。资本主义专政条件下的国家资本主义"就是资本主义制度下由国家政权直接控制这些或那些资本主义企业的一种资本主义"，[2]是为资产阶级统治服务的垄断资本主义，如官办的和官商合办的银行、铁路、邮电及公共事业等。无产阶级政权控制的国家资本主义与资产阶级政权控制的国家资本主义完全相反。无产阶级政权控制的国家资本主义，"就是我们能够加以限制、能够规定其范围的资本主义，这种国家资本主义是同国家联系着的，而国家就是工人，就是工人的先进部分，就是先锋队，就是我们。"[2]国家资本主义"是我们应当将之纳入一定范围的资本主义，因为这种资本主义是广大农民和私人资本所需要的。"[2]无产阶级政权控制的国家资本主义，是无产阶级能够利用和限制的资本主义，是接近社会主义的工具，是迈向社会主义的台阶，是让这种高效的资本主义方式转过来为穷人服务。

列宁认为：政权属于资本的社会的国家资本主义和无产阶级国家的国家资本主义，这是两个不同的概念。在资本主义国家中，国家资本主义为国家所承认并受国家监督，它有利于资产阶级反对无产阶级。在无产阶级国家里，国家资本主义也为国家所承认并受国家监督，但它有利于工人阶级，目的在于抵抗依然很强大的资产阶级并和他们作斗争。国家资本主义与自由资本主义是两种截然对立的资本主义形式。

关于无产阶级专政条件下国家资本主义的积极面和消极面：

积极面：国家资本主义是一个集中的有统计的有监督的和社会化的生产形式，可以作为资本主义小生产与社会主义大生产之间的中间环节，作为促进小生产提高生产

---

[1]中共中央马恩列斯编译局编译.列宁选集：第3卷［M］.北京：人民出版社，2012：266.

[2]中共中央马恩列斯编译局编译.列宁选集：第4卷［M］.北京：人民出版社，2012：670-671.

力的一种手段和方式，促进小生产方式向大生产方式、资本主义生产方式向社会主义生产方式过渡。列宁指出无产阶级专政条件下国家资本主义的主要形式包括租让制、租借制、合作制、合营股份制等。

消极面：就是要向私人资本家缴纳一定的"贡款"，资本家可获得难以得到的原材料和高于普遍利润的额外利润。

关于无产阶级专政条件下的国家资本主义理论的实际运用：

在苏联，尝试或实行过的发展国家资本主义经济的办法主要有：1. 租借制，国家把一部分暂时无力经营的中小企业租借给本国资本家经营，承租者支付租金，国家利用资本家的技术和管理经验尽快恢复和发展生产。2. 租让制，在国家政权监督下，把国家当时无力经营的某些工矿企业、森林、油田、土地等按照一定条件和期限租让给外国资本家经营，承租者把部分产品交给苏联，按照合同获得利润。合同期满后，国家收回企业。3. 赎买政策，即在无产阶级专政条件下，有代价地把资产阶级的生产资料逐步收归国有的政策。在苏联，实行国家资本主义经济理论的实际运用，是从1921年实行新经济政策时开始的。当时，因为资本主义企业已经没收，资本主义"基本上早就被剥夺了生产基础"，发展国家资本主义经济的主要方式以"将一部分已收为国有的企业租让或租借给私人经营为主要形式"，在这种情况下，国家资本主义经济理论的实际运用，成果有限。

1921年4月，列宁在《论粮食税》一文中指出当时苏联存在的五种经济成分：[1]原始的小农经济、小商品经济、私人资本主义经济、国家资本主义经济和社会主义经济。五种经济成分共同发展即所谓"新经济政策"。列宁指出1921年苏联的两大经济重点：一是继续加强国家资本主义，用国家资本主义挤垮和控制私人资本主义；二是把小生产通过合作社的方式引导到国家资本主义的方向。1924年，列宁去世后，苏联宣布新经济政策胜利结束，开始把全部工业纳入国有轨道，在农村则全力推行集体农庄和国营农场制。从1928年起，苏联开始实施第一个国民经济五年发展计划。

列宁关于无产阶级专政条件下国家资本主义的理论和五种经济成分共同发展的新经济政策，对于建设新苏联并巩固新生政权，作用是重大的。但由于历史条件的限制，国家资本主义的理论没有得到充分的实践应用，五种经济共同发展的新经济政策，没有取得较大的进展和长久的进步。

---

[1] 中共中央马恩列斯编译局编译. 列宁选集：第4卷［M］. 北京：人民出版社，2012：490.

发展国家资本主义经济的中国实践

关于国家资本主义，从中外资料对比分析来看，列宁及苏联共产党人研究的重点放在国家资本主义理论；毛泽东及中国共产党人注重国家资本主义经济理论研究与实际应用相结合，并重在实际应用。毛泽东及中国共产党人对国家资本主义经济的认识是深刻的，发展国家资本主义经济的策略是改造自由资本主义经济为国家资本主义经济。国家资本主义经济在中国发展绩效是显著的。国家资本主义理论实质上是国家资本主义经济理论。

关于国家资本主义经济的定义，《共同纲领（1949）》第31条表述："国家资本与私人资本合作的经济为国家资本主义性质的经济。"也有人称其为"半社会主义经济"。关于国家资本主义经济形式，《共同纲领（1949）》第31条作出明确说明："在必要和可能的条件下，应鼓励私人资本向国家资本主义方向发展，例如为国家企业加工，或与国家合营，或用租借形式经营国家的企业，开发国家的富源等。"国家资本主义经济是构成新民主主义经济体系的五种经济成分之一。

关于发展国家资本主义经济，在中华人民共和国成立前后，在中国共产党内有过多次讨论和探索。例如：1948年9月，张闻天在提交中共中央的一份报告提纲中提出：国家资本主义是私人资本主义经济的发展方向，是最有利于新民主主义经济发展的一种形式，应该有意识地加以提倡和组织；1949年6月，刘少奇在以《关于新中国经济的建设方针》为题的党内报告提纲中提出：国家资本主义经济是十分接近社会主义的经济，可在一定程度上成为国营经济的助手；1950年6月，陈云在总结城市工商业的经验时，提出对于私营工厂通过加工订货的办法"把他们夹到社会主义"的观点；1952年10月，周恩来在同一些资本家代表人物谈话时说：将来用什么办法进入社会主义，现在还不能说得很完整，但总的说来，就是和平转变的道路……"如经过各种国家资本主义的方式，达到阶级消灭，个人愉快。""和平、愉快、健康地进入社会主义"。[1]这些观点说明，在中国共产党内，对国家资本主义的理解及发展国家资本主义经济的重要性早有认识，并有共识。

1953年7月9日，毛泽东在全国财经工作会议的一个文件上作出批语，结合中

［1］何友良.周恩来社会主义制度创建思想简论［EB/OL］.（2018-04-19）［2023-05-02］. http://zhouenlai.people.cn.

国国情对国家资本主义经济的内涵进行了深刻论述：[1]

中国现在的资本主义经济，其绝大部分是在人民政府管理之下的，用各种形式和国营社会主义经济联系着的，并受工人监督的资本主义经济。这种资本主义经济已经不是普通的资本主义经济，而是一种特殊的资本主义经济，即新式的国家资本主义经济。它主要地不是为了资本家的利润而存在，而是为了供应人民和国家的需要而存在。不错，工人们还要为资本家生产一部分利润，但这只占全部利润中的一小部分，大约只占四分之一左右，其余的四分之三是为工人（福利费）、为国家（所得税）及为扩大生产设备（其中包含一小部分是为资本家生产利润的）而生产的。因此，这种新式国家资本主义经济是带着很大的社会主义性质的，是对工人和国家有利的。

1953年9月7日，毛泽东在同民主党派和工商界部分代表谈话[2]时指出：

经过国家资本主义完成对私营工商业的社会主义改造，是较健全的方针和办法。

国家资本主义是改造资本主义工商业和逐步完成社会主义过渡的必经之路。

公私合营、全部出原料收产品的加工订货和只收大部分产品，是国家资本主义在私营工业方面的三种形式。

1954年9月20日，第一届全国人民代表大会第一次会议通过《中华人民共和国宪法（1954）》，其中第十条规定：

国家对资本主义工商业采取利用、限制和改造的政策。国家通过国家行政机关的管理、国营经济的领导和工人群众的监督，利用资本主义工商业的有利于国计民生的积极作用，限制它们的不利于国计民生的消极作用，鼓励和指导它们转变为各种不同形式的国家资本主义经济，逐步以全民所有制代替资本家所有制。

在中国，发展国家资本主义经济的实践主要包括三个阶段：

第一个阶段，在新民主主义经济时期，把国家资本主义经济作为改造私人资本主义经济、发展社会主义经济的过渡形式，通过"公私联营""公私合营"等方式并以"公私合营"方式为主发展国家资本主义经济，经过私人资本主义经济→国家资本主义经济的改造路径，为恢复国民经济，发展新民主主义经济作出了重要贡献。

第二个阶段，在社会主义计划经济时期，公私合营基本完成后，用10年时间，通过赎买的办法，把国家资本主义企业进一步改造为社会主义企业，把国家资本主义

---

[1] 毛泽东.关于国家资本主义经济（1953.7）[M]//毛泽东选集：第6卷.北京：人民出版社，1999：282.

[2] 毛泽东.改造资本主义工商业的必经之路（1953年9月7日）[M]//毛泽东选集：第6卷.北京：人民出版社，1999：291.

经济进一步改造为社会主义经济，最终完成了私人资本主义经济→国家资本主义经济→社会主义经济的改造路径，为进一步发展社会主义经济作出了重要贡献。

经过清产核资，核定公私合营企业中的私股股东为114万户，私股资产为24.1864亿元。由国家根据核定的私股资产按固定利率（年息5%，略高于银行利率）给资本家支付"定息"，支付定息的时间长度为1956年1月1日至1966年9月。[1]直至定息支付结束，以公私合营方式改造私人资本主义经济为国家资本主义经济，继而以赎买方式改造国家资本主义经济为社会主义国营经济的工作完成。

第三个阶段，在社会主义市场经济时期，在"以公有制经济为主体，多种所有制经济共同发展"的方针指引下，通过发展国有资本与民间资本相结合的"混合所有制经济"创新发展国家资本主义经济的新形式，收到事半功倍的经济发展绩效，取得显著经济成就。

在新民主主义经济和社会主义计划经济时期，中国发展国家资本主义经济的理论和实践，以及取得的经济成就，在人类经济改革发展史上留下了浓墨重彩的记录。在新中国成立之初，百废待兴，经济基础薄弱，需要最广泛地汇聚经济力量恢复国民经济，并为展开社会主义建设奠定经济基础。因此，根据列宁的理论，借鉴苏联的经验，发展国家资本主义经济成为必然选择。在实际工作中，有学习借鉴，但更多的是结合中国国情创新发展。在实际工作中，中国把发展国家资本主义经济纳入社会主义改造范围，既可作为与国营经济、合作社经济、个体经济、私营经济并存发展的一种经济形式，又可作为将资本主义的个体私营经济逐步改造成为社会主义国营经济的过渡形式。在实际工作中，中国对资本主义工商业进行社会主义改造，发展国家资本主义经济主要为两种情形。

第一种情形，改造旧中国资产阶级政权控制的国家资本主义经济，使之成为新中国无产阶级政权控制的国家资本主义经济。旧中国资产阶级政权控制的国家资本主义经济，其经济成分由官僚资本股份与民族资本股份构成。在中华人民共和国成立之初，在将旧中国的官僚资本企业（主要包括国民政府的官办企业和国民党的"党营"企业）收归国家所有时，一方面没收了官僚资本股权，另一方面保留了其中的民族资本股权，并将其改造成为新中国的国家资本主义企业。如1950年初，上海新华、中国实业、浙江兴业等9家含有公股（官僚资本）的私营银行改组为公私合营银行。至

[1]中共中央党史研究室著.中国共产党的九十年[M].北京：中共党史出版社，党建读物出版社，2019：458.

1951 年 11 月，实行公私合营的银行占全部中小银行户数的 10%、存款的 73%。至 1952 年底，全国 60 多家金融企业实现了全行业公私合营。[1]

第二种情形，改造私人资本主义工商业，利用私人资本与国家资本合作发展成为新中国无产阶级政权控制的国家资本主义经济。主要分为低级形式和高级形式。

关于国家资本主义经济低级形式，即"公私联营"。其具体形式如私营工商企业为国家加工订货、代销、包销、统销，代购、收购、批购、统购等。低级形式的国家资本主义经济，其主要特点是私营工商企业所有权、管理权保持不变，只是生产经营活动与国营企业合作开展公私联合经营。据统计，1954 年第一季度：北京、天津、沈阳、上海、武汉、广州、重庆、西安八大城市中，为国家加工、订货、统购、包销、收购的产值，占私营大型工业总产值的 86.4%。[2]

关于国家资本主义经济高级形式，即"公私合营"。从实施步骤又分为"个别企业公私合营""扩展公私合营"和"全行业公私合营"。1953 年，公私合营工业在全国工业总产值中占比 5.6%。1954 年 9 月，《公私合营工业企业暂行条例》颁布以后，公私合营进度加快。1956 年 1 月 10 日，北京市率先宣布私营工商业全部实行全行业公私合营；1 月 27 日，全国已有 118 个大中城市和 193 个县的私营工商业户实现了全行业公私合营；至年底，全国工业户数的 99%，私营商业户数的 82.2%，被纳入公私合营或合作商业的轨道。公私合营以后，党和国家采取了清产核资、核定股份并给私方股本支付定息，给私方人员安排工作等方法，保障私方合法利益，保障公私合营企业健康运转。1956 年与 1952 年相比，全国范围内，国家资本主义工业比重由 26.9% 上升到 32.5%；国家资本主义商业比重由 0.2% 上升到 27.5%。[3] 1956 年 6 月，在全国人大一届三次会议上，陈云说："企业私有制向社会主义所有制转变，这在世界上早已出现过，但是采用这样一种和平方法使全国工商界如此兴高采烈地来接受这种改变，则是史无前例的。"[4]

中国在发展国家资本主义经济的实践中，创造了一整套适合中国国情、经济高效的具体做法。特别是在新民主主义经济时期，中国共产党领导包括工商业者在内的人

[1] 黄孟复主编.中国民营经济史·纪事本末 [M].北京：中华工商联合出版社，2010：35-36.

[2] 李维汉.中国国家资本主义的发展 [M]// 李维汉：统一战线与民族问题.北京：中共党史出版社，2016：156.

[3] 中共中央党史研究室著.中国共产党的九十年 [M].北京：中共党史出版社，党建读物出版社，2019：460.

[4] 陈云文选（1949—1956）[M].北京：人民出版社，1984：307-308.

民大众创造的"在国营经济领导下五种经济成分共同发展"的经济绩效和以公私合营方式改造资本主义工商业发展国家资本主义经济的成功实践，在人类社会经济改革发展、高效发展史上书写了精彩之笔，永载史册。

在新民主主义经济时期，国家采取"各种社会经济成分在国营经济领导之下分工合作、各得其所""鼓励扶助广大劳动人民根据自愿原则发展合作事业""凡有利于国计民生的私营经济事业，人民政府应鼓励其经营的积极性，并扶助其发展""在必要和可能的条件下，应鼓励私人资本主义向国家资本主义方向发展"的经济方针；采取"限制、利用和改造""经过国家资本主义完成对私营工商业的社会主义改造"的经济发展策略，有利于促进多种所有制经济共同发展、联合发展、合作发展，特别是对民族资产阶级采取既团结又斗争但主要是团结的政策，有利于达到为发展国民经济汇聚智慧和力量的目的。总体来看，这一时期，中国的国民经济发展是积极的、向上的、健康的，绩效是显著的。

在新民主主义经济时期，发展国家资本主义经济，充分运用了中国共产党采取的在符合工人阶级和全体人民利益的前提下，同民族资产阶级建立联盟的政策。在1956年2月24日中共中央作出的《关于资本主义工商业改造问题的决议》中指出：[1]

在中华人民共和国成立以后，我们同民族资产阶级的联盟由于下面的理由还是继续存在下来：1.民族资产阶级表示拥护人民共和国，拥护共同纲领和宪法；表示愿意继续反对帝国主义，赞成土地改革。2.我们已经同民族资产阶级有过统一战线的历史，如果他们不愿意破裂，我们就不能随便抛开他们而使人民不容易理解。3.我们有必要同愿意接受国家资本主义的民族资产阶级形成经济上的联盟，利用资本主义工商业的有利于国计民生的积极作用，限制他们的不利于国计民生的消极作用。4.我们依靠国家机关的管理、国营经济的领导和工人阶级的监督，采取和平的办法，逐步地改造资本主义工商业，逐步地经过各种不同形式的国家资本主义转变资本主义的私有制为社会主义的全民所有制。

但是这样做，并不是不要付出代价的。为了结成和继续这个联盟，为了借助国家资本主义达到社会主义的目的，我们就需要对资产阶级偿付出一笔很大的物质代价。这就是对于资产阶级私有的生产资料，不是采取没收的政策，而是采取赎买的政策。

---

[1] 中共中央关于资本主义改造问题的决议（节录）［M］// 孙晓华主编．中国工商业联合会50年概览（上卷）．北京：中华工商出版社，2003：139-140．

这是从我们中国特殊历史条件中产生出来的政策。这种政策并不违反马克思主义的原则。马克思、恩格斯和列宁都曾经认为在某种条件下采取赎买政策，是可以允许的，是对于工人阶级有利的。

这样的理论认识并付诸实践，创造性地发展了马克思、恩格斯、列宁关于"赎买"的理论和列宁关于"国家资本主义"的理论，取得了中国发展国家资本主义经济、促进中国经济社会高效率发展的显著绩效。

在新民主主义经济时期，多种所有制经济联合发展、合作发展、共同发展，以及对民族资产阶级采取既团结又斗争但主要是团结的政策，体现在经济发展行为当中，同时也体现在工商联组织行为当中，对于决定工商联的组织性质、组织构成、组织功能产生的影响是重大的。比如：《工商业联合会组织通则（1952）》明确工商联会员的结构："市、县工商业联合会以本市、县区域内的国营、私营及公私合营之工商企业、合作社或合作社联合社为会员。"这样的会员结构，充分体现了工商联包容性、广泛性、代表性、人民性组织特征。其中，国营企业和公私合营企业参加工商联组织，在中外商会组织历史上开了先河，对于工商联组织改善会员结构（当时个体私营企业会员经济规模较小，国营企业和公私合营企业会员经济规模相对较大），优化会员结构，提升工商联组织经济、政治和社会影响力发挥了至关重要的作用。新民主主义经济时期，多种所有制经济联合发展、合作发展、共同发展，以及对民族资产阶级采取既团结又斗争但主要是团结的政策，促进了中国当代商会组织健康发展。

第六章

工商联组织及成员的重大社会参与

从1949年中华人民共和国成立至1956年社会主义改造基本完成的7年间，工商联组织及成员在积极参与国家重大政治活动、经济活动的同时，还积极参加了一系列重大的社会活动。工商联组织及成员的重大社会参与具体事项较多，这里主要介绍组织推动购买"人民胜利折实公债"，引导工商业者家属支持社会主义改造等重要活动。

一、工商联组织推动工商业者购买"人民胜利折实公债"

在新中国成立初期，1949—1950年间，中央人民政府为了尽快恢复国民经济，加速国家经济建设，逐步提高人民物质和文化生活水平，组织发行了"人民胜利折实公债"，即一项以信用方式为经济建设和各项事业发展筹措资金的社会经济活动。在"人民胜利折实公债"发行工作中，全国各级工商联一方面协助政府做好公债发行工作；另一方面组织推动工商业者积极购买公债。

1949年12月2日，中央人民政府委员会举行第四次会议，决定发行"人民胜利折实公债"。12月3日，中央人民政府委员会颁布了《关于发行"人民胜利折实公债"的决定》，其中指出：

（一）为支援人民解放战争，迅速统一全国，以利安定民生，走上恢复和发展经济的轨道，决定于1950年度发行"人民胜利折实公债"。

（二）本公债之募集及还本付息，均以实物为计算标准，其单位定名为"分"。每分以上海、天津、汉口、西安、广州、重庆六大城市之大米（天津为小米）6斤、面粉1.5斤、白细布4尺、煤炭16斤之平均批发价的总和计算之。此项平均市价，统一由中国人民银行每十日公布一次。

（三）本公债总额为 2 亿分，于 1950 年内分期发行。第一期在 1950 年 1—3 月间定期发行。继续发行时间，由政务院决定之。

（四）本公债分五年偿还，第一年抽还总额百分之十，以后每年递增百分之五。每期自发行截止时起，每满一年抽签还本一次。

（五）本公债定为年息五厘，亦照实物计算，每期于发行截止时起，每满一年付息一次。

（六）责成政务院根据本决定制定"人民胜利折实公债"条例，公布实行。

1949 年 12 月 16 日，政务院第十一次会议通过了《1950 年第一期"人民胜利折实公债"条例》。《条例》规定，该公债不得代替货币流通，不得向国家银行抵押，不得用作投机买卖。12 月 30 日，政务院总理周恩来签发了《政务院关于发行 1950 年第一期"人民胜利折实公债"的指示》，《指示》中明确规定了各大行政区的发行对象主要是城市的工商业者，城乡殷实富户和富有的退职文武官员，其他社会各阶层人士可自愿购买；各大行政区的发行份额是按所管辖区域内城市的多寡、大小和人口数量及政治经济情况等因素进行分配。公债原定发行总额为 2 亿分，折合人民币为 2.6 亿元。券面为 1 分、10 分、100 分、500 分四种，分两期发行。实际发行工作中，第一期公债在 1950 年 1 月 5 日至 3 月 31 日间共发行了 1.48 亿分，从 1950 年 4 月 1 日起计息，年息 5 厘，分 5 年 5 次抽签偿还，于 1956 年兑本付息结束。

1950 年人民胜利折实公债券

这次公债发行数量虽然不大，但对弥补财政赤字，回笼货币，调节现金，稳定金融物价等，都起了很好的作用。1950 年 3 月以后，随着公债款的上缴和其他一系列措施的实施，国家财政收支已接近平衡。此后，全国的物价也逐步稳定下来。由于发行第一期公债达到了原定两期发行总额的 74%，后因国家财政状况已基本好转，第二期公债未再发行。

与国家收入总额相比较，"人民胜利折实公债"发行数额是很小的，但它为克服我国当时所遇到的暂时困难和对 1950 年的经济建设发挥的作用是非常明显的：一是弥补了部分财政赤字；二是回笼了货币，减少了现钞发行；三是对稳定物价发挥了重要作用；四是筹集资金支援了国家经济建设；五是为日后发行经济建设公债积累了经验。

由于工商界是认购"人民胜利折实公债"的主要力量，各地工商联或工商联筹委会接受推销任务后，积极开展工作，宣传发动、组织动员工商业者认购公债；广大工商业者积极响应人民政府号召，积极认购公债。例如：

1950 年 1 月，北京市"人民胜利折实公债"推销委员会成立，工商界有 15 人被市政府任命为委员，汤绍远、孙孚凌分别担任联络组和宣传组的负责人。北京市工商联筹委会成立北京市"人民胜利折实公债"推销委员会工商界分会，接受推销公债 160 万分的任务，经过深入细致工作，实际交款入库数额 176.4 万分，按期超额完成了认购任务。

至 4 月，上海市工商界认购"人民胜利折实公债"2163.8 万分，占上海市推销公债总额 3000 万分的 72%。工商界代表人物荣毅仁代表申新公司认购了 60 多万分；工商界代表人物、安达公司总经理刘靖基在上海市公债推销委员会成立大会上说："人民胜利折实公债是生产性和建设性的，我们工商界一定以全力来完成分配任务。"

全国各级工商联在新民主主义经济发展时期为国家发行"人民胜利折实公债"做了大量卓有成效的推动工作，全国广大工商业者踊跃购买"人民胜利折实公债"，为支援国家经济建设作出了重要贡献。

全国部分省（市）工商界认购"人民胜利折实公债"及相关工作情况（不完全统计）见表 6-1。

表 6-1　全国部分省（市）工商界认购"人民胜利折实公债"及相关工作情况

单位	认购"人民胜利折实公债"及相关工作情况
北京市工商界	1950 年 1 月，北京市工商联筹委会成立"北京市'人民胜利折实公债'推销委员会工商界分会"，接受推销公债 160 万分的任务。经过深入细致工作，实际交款入库数额 176.4 万分，超额完成了任务。
大连市工商界	1950 年 2 月 28 日，大连市商会、工业总会联合成立大连市工商界公债推销委员会，超额 50% 完成认购公债推销任务。
吉林省工商界	1950 年，全省各地工商联积极组织工商业者认购，协助人民政府完成了"人民胜利折实公债"推销任务。

续表

单位	认购"人民胜利折实公债"及相关工作情况
上海市工商界	1950年4月，上海市工商界认购"人民胜利折实公债"2163.8万分，占上海市推销公债总额的72%；占全国推销公债总额的22%。
杭州市工商界	1950年，杭州市民建、工商联联合成立"全市工商界公债推销委员会"并努力做好宣传教育工作，引导工商业者积极认购"人民胜利折实公债"，杭州市工商界认购公债金额达291万元。
宁波市工商界	1950年，宁波市工商联筹委会发动工商界认购"人民胜利折实公债"40万分。
厦门市工商界	1950年1月，厦门市成立"人民胜利折实公债"劝购委员会，劝购公债24万分。工商分会承担20%的认购任务，超额完成。
广州市工商界	1950年1月18日，"广州市工商界推销'人民胜利折实公债'委员会"成立，由每一委员分工负责联系4~5个同业公会，发动同业认购。经过宣传、发动，广大工商界人士认识到政府发行公债的重要意义，踊跃认购。结果，超额完成预计认购50万分的任务。
武汉市工商界	1950年春，在工商界中推销"人民胜利折实公债"500万分，工商界代表人士王一鸣首先认购公债6000分，在缴款时，又增加，共计认购1.2万分，对完成任务起了重要带头作用。
湖北省工商界	1950年，全省各级工商联推动工商界完成认购"人民胜利折实公债"的任务。
江西省工商界	1950年1—3月，全省推销"人民胜利折实公债"215.2万分，工商界完成了认购任务。
云南省工商界	1950年3月，"人民胜利折实公债"分配给云南100万分。在工商联的推动下，昆明市认购60万分，胜利完成任务。
贵州省工商界	以同业公会或工商分会为单位组织工商业者踊跃认购"人民胜利折实公债"，其中贵阳市如数完成13万分的认购任务。
新疆维吾尔自治区工商界	1950年，各族工商业者参与了认购"人民胜利折实公债"活动。

　　注：表中资产、资金金额单位万元指人民币新币，原始资料中人民币旧币均已按10000∶1统一换算为新币。

　　资料来源：孙晓华主编.中国工商业联合会50年概览（下卷）[M].北京：中华工商联合出版社，2003：1-841.

二、工商联组织汇聚社会主义改造的促进力量

　　对资本主义工商业进行社会主义改造取得重大成就，离不开广大工商业者的积极贡献，同时也离不开工商业者家属积极支持社会主义改造，离不开青年和女性工商业者积极参与社会主义改造，离不开工商业者中的骨干分子发挥模范带头作用。在社会主义改造工作中，中国工商联与中国民建等民主党派和工会、青年团、妇联等人民团

体通力合作、共同引导工商业者家属和女工商业者、青年工商业者支持、参与社会主义改造。

引导工商业者家属支持社会主义改造

在公私合营工作推进过程中，工商业者家属积极响应国家号召，支持和鼓励亲人接受社会主义改造，为促进全行业公私合营工作顺利进行并取得成效发挥了重要作用。

在 1955 年 11 月 1—22 日召开的全国工商联第一届执行委员会第二次会议上，有不少工商业者说：关于参加社会主义改造，"我们想通了，但是老婆不通。"还有人说："两个副总理讲了几个钟头，但是回去还抵不上老婆一席话。"针对这种情况，陈云副总理在 11 月 16 日召开的关于资本主义工商业改造问题会议上指出，除了教育工商业者本人，还要教育他们的家属，这个教育很重要。[1-2] 开展工商业者家属的教育工作大致经历了三个阶段：1. 公私合营实施以前，组织一些有代表性的家属进行不定期的学习，通过他们帮助做工商业者的工作。2. 公私合营高潮中，在传达中央文件或会议精神时，请工商业者家属一起听取传达并参加小组学习，使他们成为公私合营工作的促进力量。3. 公私合营完成以后，鼓励工商业者家属积极参加工作或社会活动，与自己的亲人一道为社会主义建设贡献力量。

各地以"做好工商业者家属工作，支持公私合营工作顺利开展"为工作目标组织开展的活动丰富多彩，例如：

在北京，1955 年 12 月 29 日，北京市妇联和市工商联共同组织工商业者家属1000 多人举行了"拥护社会主义改造大会"。

在天津，1956 年 1 月 20 日，天津市政府组织市妇联和市工商联等单位负责人成立"工商业者家属工作队"，共 1000 余人参加。在成立大会上，市政府领导和市妇联、市工商联领导发表讲话，同时发表了工商业者家属代表提出的"告全市工商业者家属书"，提出保证做到以下三点：1. 鼓励亲属积极接受社会主义改造，为社会主义建设立功。2. 加强学习，改造自己。3. 好好安排家务，做到节约开支，培养劳动观念，为将来参加社会劳动准备条件。

---

［1］黄孟复主编. 中华全国工商业联合会 50 年大事记（1953—2003）［M］. 北京：中华工商联合出版社，2003：59，67.

［2］本书编写组. 中华全国工商业联合会简史（1953—2013）［M］. 北京：中华工商联合出版社，2013：74-75.

为了推动工商界家属积极协助亲人接受社会主义改造，1956 年 1 月 25 日至 2 月 3 日，中国民建和全国工商联在北京召开了为期 10 天的工商界家属工作汇报会。参加会议的各地代表汇报了关于开展工商界家属工作的情况，介绍了许多帮助亲人接受社会主义改造的生动事例及本人的思想转变过程和当时存在的问题。会议期间，蔡畅、邓颖超、李维汉等与会议代表举行了座谈，亲切地向大家指出：思想改造是一个长期的反复的细致的过程，工商界妇女要从社会主义改造中解放自己，把自己的前途同国家的前途结合起来，并鼓励亲人改造成为名副其实的劳动者。[1]

1956 年 3 月 20 日，全国工商联主任委员陈叔通在全国工商业者家属和女工商业者代表会议上发表重要讲话。他指出：[2]146-147 工商界之所以能够接受社会主义改造并作出贡献，是工商业者们几年来思想觉悟逐步提高的结果，也是与工商业者家属们的支持分不开的。没有工商业者家属们的支持，我们就不可能顺利地完成全行业公私合营的工作。全国工商业者家属和女工商业者已经在社会主义改造中为人民做了好事，人民是感激你们的，你们的亲人也是感激你们的。我代表全国工商业者向你们，并通过你们向全国工商界家属们致以衷心的敬意。

陈叔通在讲话中将参加社会主义改造的工商业者的思想认识状况分为三种类型，他说：[2]147-148 有一种人，他们认识社会发展规律，懂得掌握自己的命运，愿意在中国共产党和毛主席的领导下积极接受改造。他们经常站在社会主义高潮前面，用模范事例带动别人奔向社会主义的前途。也有一种人，他们随大流申请公私合营，虽然也有社会主义的积极性，但自觉自愿的程度和积极负责的精神还不够，他们在公私合营工作中存在消极等待思想，不够主动积极；或碰到具体问题，触及个人利益，就容易产生顾虑，发生反复。还有一种人，他们对社会主义改造心存不满，虽然也参加了全行业公私合营，但经常采取反对的态度。这三类人中，第一种人是工商界的先进分子、骨干分子，他们不但自己努力前进，还能帮助家属共同进步，成为社会主义改造事业中的模范家庭，受到大家的尊重。第二种人由于学习不够，对国家政策了解不够，对国家利益和个人利益的一致性认识不足，他们在工商界人数最多，也最需要家属和亲人的帮助。如果家属是进步的，就可以帮助他们提高认识，消除顾虑，并使他们积极负责起来。第三种人是平时不参加学习，缺乏政治觉悟，不了解社会主义和社

［1］民建简史第十章. 推动全行业公私合营［EB/OL］.（2023-06-15）［2023-10-06］. http://www. cndca.org.cn.

［2］孙晓华主编. 中国工商业联合会 50 年概览（上卷）［M］. 北京：中华工商出版社，2003.

会发展趋势的人。对于这种人，更有必要通过他们的家属来进行教育和批评的工作，尽可能地争取他们转变到社会主义方面来。

陈叔通在讲话中表达了对工商业者家属支持亲人参加社会主义改造的感激之情。他明确指出：在社会主义改造中，必须开好家庭会议，也就是要得到家属们的支持。他要求工商业者家属坚决听毛主席的话，跟共产党走，成为社会主义改造事业的积极支持者。他进一步指出：在全行业公私合营以后，极大多数的工商业者，也就是你们的极大多数亲人都已经成为"半公家人"，而且现在开始由"半公家人"逐渐地改造成为将来的"公家人"。你们亲人的前途是光明的，你们自己的前途也是光明的。你们不但要做好自己的岗位工作，积极参加社会活动，而且还要管好家务，担负起教养下一代的责任，这样的任务是十分艰巨的，也是光荣的。我们这两个团体（民建和工商联）要和你们共呼吸、同命运，给你们以一切必要的支持和帮助，来报答你们对工商业者进行改造工作的支持和帮助。

3月29日至4月6日，全国工商联、中国民建、中国妇联在北京联合召开"全国工商业者家属和女工商业者代表会议"。出席代表1024人，列席269人。应邀参加会议的还有香港、澳门工商界妇女观光团全体成员及家属59人和各国使节夫人24人。会议的目的是，进一步团结全国工商业者家属和女工商业者，教育和鼓励她们努力学习，认清前途，改造自己，推动亲友，为彻底完成社会主义改造发挥积极作用。[1]

在开幕会上，中国妇联副主席邓颖超作了题为《跟着祖国前进，为社会主义贡献力量》的报告。她在报告中提出，工商业者家属也应该起"半边天"的作用，并表扬了工商业者家属为推动丈夫申请公私合营，化阻力为助力，发挥了独特的作用。对于今后的努力方向，她提出五点希望：一是鼓励自己的丈夫和亲人，进一步接受社会主义改造，积极搞好企业的生产经营。二是搞好家务，教养好子女，建立互助互勉、共同进步、团结和睦的家庭。三是重视劳动，养成劳动的习惯，树立劳动光荣的思想。四是积极学习，参加社会活动和社会公益事业。五是扩大团结，培养更多的积极分子，带动广大的工商业者家属前进。

大会上，全国工商联主任委员陈叔通在讲话中，呼吁工商业者家属和女工商业者要努力学习，改造思想，积极帮助亲人改造，积极参加社会活动，担负起教育下一代

---

[1] 黄孟复主编.中华全国工商业联合会50年大事记（1953—2003）[M].北京：中华工商联合出版社，2003：65.

的责任。

大会上，中国民建副主任委员、全国工商联副主任委员李烛尘在会上发表了题为《为祖国伟大的社会主义事业的胜利而奋斗》[1]的重要讲话。他在讲话中指出：民建和工商联是两个不同的组织，但我们的任务是相同的，就是在贯彻政府的政策法令方面当好助手；同时，我们代表工商业者的利益和合理要求，反映大家的意见，帮助大家学习，推动大家接受社会主义改造。各位姊妹们在这次社会主义改造的高潮中，有的自己积极接受改造，有的热情鼓励和帮助自己的亲人接受改造，都是为社会主义改造事业尽了力量，都是愿意为社会主义事业而努力的。他还指出：我们工商业者的本分工作就是发挥自己的特长，搞好企业的生产经营，进一步接受社会主义改造。家属姊妹们虽然没有直接参加企业工作，但由于你们的亲人是工商业者，你们的命运和前途是和你们的亲人密切地联系在一起的，而且只有你们对于自己的亲人相知最深，说话最有力量，所以家属姊妹们的最主要责任就是继续不断地鼓励和帮助自己的亲人，使他们继续发挥积极性，进一步搞好生产经营。他提出四条要求和希望：1.应该经常地关心和了解自己亲人的企业情况和工作情况，积极地帮助自己亲人进一步接受改造。2.一定要知道国家把私营企业改变为公私合营企业，就是为了解放企业的生产力，同时也是为了发挥工商业者的潜在力量，为国家和人民更好服务。3.私营企业改变为公私合营企业后，你们的亲人变成"半公家人"，这是一个很大的变化，对于你们亲人的思想和生活习惯在一定时期内可能有些影响，你们应该好好地鼓励和帮助自己的亲人提高信心，克服困难，消除思想顾虑。4.私营工商业的社会主义改造是包括"企业改造"和"人的改造"两个方面，这两个改造是不能分割的。"企业改造"就是把私营企业改变为公私合营企业，为将来改变为国营企业创造条件；"人的改造"就是要把我们工商业者由"私家人"改变为"半公家人"，为将来改造成为"公家人"，成为光荣的社会主义劳动人民做好准备。家属姊妹们应该鼓励和帮助自己的亲人，结合企业改造更好地进行自我改造，在公私合营企业中，很好地学习，学会本领、提高思想，参加到光荣的劳动人民行列中去。

大会上，中共中央书记处书记、国务院副总理陈云就公私合营企业的生产改组问题、夫妻店应采取的经营方式及人事安排和资方人员工资等问题作了重要指示。

会议期间，4月2日，毛泽东主席和中央政治局委员刘少奇、周恩来、彭真、邓

---

[1]孙晓华主编.中国工商业联合会50年概览（上卷）[M].北京：中华工商联合出版社，2003：150–155.

小平及其他领导人接见了全体会议代表及香港、澳门工商界妇女观光团全体成员。[1]

这次会议，讨论通过了《告全国工商界姊妹书》，号召全国工商界姐妹们努力学习，积极参加社会公益事业，树立劳动光荣的思想，建立团结和睦的家庭，鼓励自己的亲人接受社会主义改造，团结广大工商界姐妹共同前进。这次会议高度评价了工商界家属在对资本主义工商业进行社会主义改造工作中的特殊作用，明确了努力方向，极大地调动了工商界家属走社会主义道路的积极性。

1956 年，广州市工商业者家属庆祝公私合营

这次会议以后，全国各地认真贯彻会议精神，促进形成了"两个改造"，即把私营工商企业改造成为公私合营企业、把私营工商业者改造成为社会主义劳动者的强大合力。

在这次会议精神鼓舞下，天津市工商业者家属和女工商业者经过学习讨论，提出了 5 项具体工作任务：1. 鼓励自己的亲人进一步接受改造，积极搞好生产经营。2. 搞好家务，教育好子女，建立互助互勉、共同进步、团结和谐的家庭。3. 重视劳动，养成劳动习惯，树立劳动光荣思想。4. 积极学习，参加社会活动和公益事业。5. 扩大团结面，培养更多积极分子，带动广大家属前进。通过会议和活动，帮助与促进许多工商业者家属认识到家属的责任与特殊作用，进一步懂得了国家政策，从而解除了思想顾虑，明确了前途和努力方向，发挥了积极作用。为了坚持经常学习，提高觉悟，市工商联成立了天津市工商业者家属学习委员会和各区分会，共 400 多人参加。至

---

[1] 黄孟复主编 . 中华全国工商业联合会 50 年大事记（1953—2003）[M]. 北京：中华工商出版社，2003：65.

1956年底，已有7000多人次参加了各种政治理论学习。又如，湖北省工商联组织召开工商界家属座谈会，发出《爱国、爱社会主义，劳动生产好、学习文化技术好、精打细算日子计划好、爱国卫生好、敬老爱幼教育子女好倡议书》，即"两爱五好倡议书"，号召工商界家属在社会主义建设中加强自我改造，并帮助亲人改造。

在这次会议精神鼓舞下，许多工商业者家属走出家门，参加各种学习和社会活动。北京、上海、天津、广州、武汉、重庆等地工商联会同当地民建、妇联组织成立了工商业者家属学习委员会、工商业者家属工作委员会或工商业者家属工作科、工作组、工作队等经常性组织，许多地方配备了专职干部，负责工商业者家属工作。

北京市成立了工商业者家属组织工作小组，通过访问、座谈等方式了解工商业者家属对资本主义工商业实行社会主义改造的思想情况和存在的问题，并做了宣传和解释工作。

天津市成立了工商业者家属组织工作大队，组织学习和开展宣传工作，以实际行动拥护对资本主义工商业实行社会主义改造。

上海市成立了工商业者家属学习委员会，培养了骨干并在骨干成员的带动下，不仅帮助了亲人，也解放了自己。

安徽省工商联发出《关于开展工商界家庭副业生产的初步意见》，号召工商业者家属积极投入副业生产，加强劳动锻炼，增加社会财富，发扬勤俭持家美德，改善家庭生活，促进亲人安心工作，接受社会主义改造。省及市（县）工商联成立"工商界家属副业生产指导委员会"，并按行业或地区组织"工商界家属副业生产小组"，据57个市（县）工商联统计，参加副业生产人数45042人，占能参加副业生产人数的75%。其中44个市（县）组成的生产小组1902个，开展农副、饲养、手工艺、服装加工等项目103种，较大范围地帮助工商业者家属走上了生产和工作岗位。

此外，全国各地通过深入细致的工作和丰富多彩的活动，帮助许多工商业者家属放弃养尊处优的生活，走出家门，参加劳动和公益事业，为社会主义改造工作增加助力，许多人还获得了"五好积极分子""三八红旗手"等光荣称号。

特别值得一提的是：重庆市工商业者邱鹤寿的妻子何玉兴，通过学习、接受党的教育，早在1954年就主动下车间同工人师傅一起劳动，向工人师傅学习生产技术。1956年，公私合营后，她成了公私合营企业的正式工人，经过技术考核被评为三级车工，原先的资本家老板娘变成了自食其力的劳动者。1960年她被评选为"三八红旗手"，1964年当选为全国人大代表，受到周恩来总理和陈毅副总理的接见，周恩来总理赞誉她说："这不仅是你一个人的光荣，更重要的是你带了个很好的头，给工商业者家属走出了一条新路。"[1]

开展工商业者家属工作，是妇联、民建、工商联共同组织开展的一项具有鲜明特色的工作。在新中国成立后的各项政治活动中，如抗美援朝、和平签名及购买人民胜利折实公债等方面，工商业者家属都发挥了积极作用；在对资本主义工商业的社会主义改造过程中，工商业者家属积极鼓励、协助和推动亲人接受社会主义改造，更是发挥了特殊的作用，并涌现出一大批"妇女能顶半边天"的骨干分子。

1956 年 1 月 20 日晚，上海市工商联在中苏友好大厦举行公私合营
联欢晚会，工商业者及其家属们表演合唱《全世界人民心一条》

为了做到工商业者家属工作经常化，1960 年 4 月，全国工商联同民建中央联合成立家属工作委员会，其工作任务是坚持不懈地关心、了解、帮助、解决工商业者家属的情况和问题。至 1963 年底，全国各省、市、县共成立 505 个"民建、工商联家属工作委员会"，参与的工商业者家属骨干达到 7000 多人。这支队伍，在社会主义计划经济时期，为发展社会主义公共事业发挥了积极的促进作用。

工商联会同民主党派和人民团体联合开展工商业者家属工作，在人类商会历史上是一个创举。事实证明，这一做法，有利于广泛汇聚智慧和力量，有利于促进工商联工作，有利于健康发展中国社会主义事业。

---

[1] 重庆晨报记者李璐、何玉兴 . 新中国最有名的老板娘［EB/OL］.（2015-09-29）［2023-05-04］. http://chuangye.cyol.com.

引导青年工商业者积极参加社会主义改造[1-2]

在对资本主义工商业进行社会主义改造的过程中，全国工商联会同中国民建、中国新民主主义青年团和中华全国民主青年联合会等组织，针对工商界青年工作的特殊性，联合开展了大量工作。

1956年2月20日，全国工商联邀请参加全国工商界青年积极分子大会的部分代表进行座谈，讨论《关于目前私营工商业者和手工业者的社会主义改造中若干事项的决定》《关于公私合营企业中推行定息办法的规定》《关于私营企业实行公私合营的时候对财产清理估价几个主要问题的规定》，大家对3个文件规定表示拥护，同时也反映了一些思想情况和问题。

2月22—29日，为了进一步发挥工商界青年积极分子在社会主义改造中的积极作用，中国新民主主义青年团与中华全国民主青年联合会在北京召开了全国工商界青年积极分子大会，出席代表809人，列席代表65人。大会口号是："立志做一个光荣的劳动者，把青春献给伟大的社会主义建设事业。"参加这次大会的工商界的青年积极分子中有工商界青年资本家中的先进分子，有在私营工商企业中供职的资本家子女中的先进分子，有资本家子女中参加社会工作有积极表现的青年先进分子。他们有许多人是在这次资本主义工商业的社会主义改造高潮中涌现出来的工商界青年积极分子。大会上：

民建中央主任委员黄炎培在讲话中希望工商界青年积极分子在社会主义改造中，努力生产，加强思想改造，做毛泽东时代的"三好"儿女。

全国工商联主任委员陈叔通在讲话中希望工商界青年勤勤恳恳、老老实实，力戒任何浮夸和骄傲，顽强地学习，不懈地工作，进一步努力自我改造。

全国青联主席廖承志代表中华全国民主青年联合会和中国新民主主义青年团以《跟祖国一道前进，为社会主义立功》为题向大会作报告。他在报告中向全国工商界青年提出了三项任务：一要积极参加企业合营以后的改造，改进经营管理，努力发展生产。二要树立热爱劳动的观点，不断地学习和提高自己的劳动技能。三要积极参加政治学习，改造思想，提高社会主义觉悟。

---

［1］黄孟复主编.中华全国工商业联合会50年大事记（1953—2003）［M］.北京：中华工商联合出版社，2003：64-65.

［2］民建简史第十章.推动全行业公私合营［EB/OL］.（2023-06-15）［2023-10-06］.http://www.cndca.org.cn.

会议期间，毛泽东、刘少奇、朱德、周恩来、陈云、邓小平、陈毅等中共中央领导接见并与全体代表合影，极大地鼓舞了工商界青年的信心。[1]

会议期间，全国工商联邀请出席这次会议的部分工商界积极分子举行了茶话招待会；中国民建邀请代表团中的部分成员举行了座谈会。表现出两个组织对工商界青年的重视和关心。

会后，《人民日报》以《发挥工商界青年在社会主义改造中的积极作用》为题发表社论，指出：工商界青年应在"对企业的改造和对人的改造"中起带头作用。随后，在全国工商界青年中掀起了宣传、学习和贯彻大会精神的高潮。

在对资本主义工商业进行社会主义改造时期，全国工商界青年约有7万人，其中一部分人是民建和工商联双重会员。在社会主义改造工作中，有的工商界青年思想上有较大波动，对社会主义改造存有疑虑；有的听到要消灭剥削、消灭阶级，感到恐惧，为自己的前途担忧；有的认为资本家帽子不好，不愿再搞工商业。针对这种情况，各级工商联会同民建、共青团和青联等组织联合开展工作，通过组织工商界青年参加政治学习、听取形势报告，举办讲习班、座谈会，召开工商界青年积极分子大会，组织参观工厂和农业合作社等形式，广泛地开展对工商界青年进行宪法、过渡时期总路线以及对资本主义工商业实行社会主义改造的方针政策和社会主义前途的教育，逐步解除他们的思想顾虑，减少消极情绪，使他们认识到民族资本主义工商业走社会主义道路的正确性和接受社会主义改造的必要性。通过妥善安排他们的工作、安排他们参与公私合营企业管理，鼓励他们积极参加政治、经济和社会活动，充分发挥青年工商业者的积极带头作用，带动工商业者群体共同走社会主义道路。

在1956年初的全行业公私合营过程中，各地绝大多数的工商界青年都积极参加工作，成为推动公私合营的积极分子。许多工商界青年进步成为工商界的核心和骨干力量，在各个岗位担任重要职务，成为社会主义事业的坚定拥护者和积极促进者。通过各党政部门、党派组织和各人民团体共同努力，团结、宣传、教育、帮助，促进青年工商业者在对资本主义工商业实行社会主义改造的工作中成为一支生力军，发挥了独特的作用，作出了积极贡献。例如：

在上海，卢湾区工商界青年发起组织了第一个全区性的有106人参加的工商界青年突击队，并向全市工商界青年提出倡议，得到各区工商界青年的响应。他们提出：

---

[1] 民建简史第十章.推动全行业公私合营［EB/OL］.（2023-06-15）［2023-10-06］. http://www.cndca. org.cn.

要在社会主义改造中走在最前列，发挥青年的积极作用，争取为社会主义立功。1956年1月18日，上海市工商界青年代表会议召开，会议致电毛泽东主席，表示要坚决走社会主义道路。其间，全市参加突击队的工商界青年发展到2600多人，他们不分白天黑夜，对工商户做宣传发动工作，出色地完成了任务。不少工商界青年还提出把私人储蓄、企业垫款等向合营企业投资，或购买建设公债。工商界青年在社会主义改造中所表现出的积极性，受到了各级党组织和政府的表彰。

在天津，30岁以下的工商界青年有4300多人，市工商联积极协助共青团天津市委召开青年工商业者拥护社会主义改造大会，学习宣传党和国家对资产阶级改造的方针政策，号召青年认清形势，积极行动，推动工商界的社会主义改造。

在广州，35岁以下的工商界青年经营的企业有6014户，占全市工商户总数的12.7%。1956年4月，广州市工商联成立了市级和区级工商青年工作委员会，形成了由团市委、市青联和工商青年工作委员会协同负责工商界青年统战工作的局面。与一般工商业者相比，工商界青年具有如下特点：第一，对国家的政策和新鲜事物容易接受；第二，他们多是继承父业，比较容易接受社会主义改造；第三，他们年纪较轻，多是企业中的实职人员，有一定的文化技术知识或经营管理能力，比较关心自己的前途，迫切希望摆脱资产阶级身份，成为社会主义新人。

在四川，一些城市的工商界青年组织服务队，带头搞好本企业的清产核资工作，做到合营、生产两不误；同时在行业中宣传党的方针政策，及时向有关部门反映情况，帮助人手少、有困难的同业进行清产核资、登记报表等工作。据统计，重庆、泸州等8个城市，有1100多名先进工商界青年参加组成了68个服务队，发挥了工商界青年在全行业公私合营中的积极作用。

在江苏，省工商联于1956年初对全省工商界青年状况做了调查，全省共有工商界青年15000多人。1956年1月8—11日，江苏省工商界青年拥护社会主义改造代表大会在南京召开，会议通过了《告全省工商界青年书》。7月19—22日，省工商联和省青年联合会在无锡太湖召开了江苏省工商界青年生产经营和政治学习经验交流会，有36名工商界青年在社会主义竞赛中获得了奖励，有650人上了光荣榜。

培养工商界骨干带头参加社会主义改造

在动员组织工商业者参与对资本主义工商业进行社会主义改造的工作中，各级工商联特别重视培养骨干分子发挥模范带头作用，促进改造工作顺利进行。

1956 年 12 月 11 日，全国工商联副主任委员荣毅仁在《中华全国工商业联合会第一届执行委员会三年来的工作报告》[1]（以下简称《报告》）中专题讲道"必须培养骨干分子，发挥带头、模范和桥梁作用"。

《报告》指出培养工商界骨干分子的重要性：培养工商界骨干分子，发挥他们的积极性，利用他们的模范事迹和亲身体会，对广大工商界进行说服教育和团结工作，是协助国家对私营工商业进行社会主义改造工作的一个重要方面。因为骨干分子工作、生活在工商界中，了解工商界的情况，关心工商业者的生活，能够帮助工商业者提高认识，因而获得工商业者的信任，成为广大工商业者同党和政府取得密切联系的桥梁。有了骨干分子同广大工商业者的联系，工商联就能够正确地反映工商业者的意见和要求，团结教育广大工商业者更好地发挥应有的作用。

《报告》提出了培养工商界骨干分子的工作方法：培养骨干分子应当采取"积极教育、充分关怀、合理使用"的方针。要帮助骨干分子有系统地学习理论、学习以工人阶级的立场、观点和方法分析处理问题，并在工作的实践中学习社会主义经营管理方法。这样就能够使骨干分子放大眼光，认清前途、认清社会发展规律，看得见国家的光明前途和工商界努力的正确方向，从而提高对于国内外形势的认识和理解，提高爱国主义、国际主义和社会主义觉悟，并且在工作中发挥作用。要加强与骨干分子的联系，关心他们的思想、学习、工作和生活情况；要及时鼓励和表扬骨干分子的模范事迹和工作成就，并及时说服和纠正他们的错误思想和工作缺点，真正做到有表扬有批评，有教育有帮助。

《报告》明确了对工商界骨干分子的基本要求：1. 能够紧密地靠拢党和政府，热爱社会主义事业。2. 能够在公私合营企业中守职尽责，主动搞好公私关系和私私团结，并在工作中做出成绩。3. 能够密切联系群众，反映工商业者的意见和要求，成为工商界同党和人民政府取得密切联系的桥梁。4. 能够努力学习，改造思想，逐步改变资本主义的立场观点，建立社会主义的思想意识。5. 能够言行一致，以身作则，在社会主义改造中起到先知先行、模范带头的作用。

各地对培养工商界骨干分子的工作高度重视。例如，广州市工商界青年骨干分子的选拔、教育、培训、使用工作深入细致、富有成效。1956 年 4 月，广州市工商联成立了市级和区级工商青年工作委员会，与市团委、市青联协同负责工商界青年统战工作。[2]

---

［1］孙晓华主编 . 中国工商业联合会 50 年概览（上卷）［M］. 北京：中华工商联合出版社，2003：199.

［2］黄利新 . 覃政力 . 社会主义改造中的广州市工商界青年积极分子研究［EB/OL］.（2019-01-25）
［2023-10-5］. http://hprc.cssn.cn/gsyj/llzd/mkszgh/201904/t20190424_4869041.html.

广州市在对工商界青年积极分子的选拔方面：政治上，要求"历史清楚、思想进步"；工作能力上，必须"工作积极，具有威信，能联系群众"；积极程度上，必须"在各次爱国运动中，以身作则，先知先行，真正起带头、桥梁、骨干作用"。发展工商界青年积极分子的主要方式和途径有：一是在各种座谈会、汇报会、讨论会、学习会及讲座等活动中发现思想进步的工商界青年，会后加强联系，将其作为积极分子来培养。如1956年在市政协举办的讲习班中发展了近300名积极分子。二是由工商联等单位或部门根据工商界青年的表现择优推荐。三是由同业公会或同业委员会择优推荐，如1956年参加广州市工商界青年代表会议的350名积极分子中有221名是同业公会或同业委员会推荐的。四是通过私营工商企业中的共青团组织来发现积极分子。五是通过进步核心分子发展新的积极分子。

广州市在工商界青年积极分子教育培养方面：一是组织学习培训，培训内容包括企业改革的基本知识、社会主义经营方式、怎么推行计划管理、如何搞好公私共事关系等。二是组织参观活动。1956年初，广州市组织工商界青年积极分子参观了新中国建设成就图片展览，了解了新中国的建设成就，增强了对党和国家的认同。三是推荐出席重要会议，如各界人民代表会议、接受社会主义改造积极分子大会、青年代表大会等。四是组织文体活动，组织他们参加青年联欢会、电影晚会、文艺汇演、旅行和球类比赛或到郊外开展军事野营活动等。

广州市在促进工商界青年积极分子发挥作用方面：一是给予工商界青年积极分子尤其是进步核心分子适当的政治身份。二是适时对工商界青年积极分子予以表彰，授予荣誉称号。三是在公私合营企业中给工商界青年积极分子安排合适的职位。1956年底，广州市600多个公私合营企业中有青年厂长、副厂长100人。四是给予工商界青年积极分子心理上的帮助。资产阶级身份是工商界青年积极分子沉重的心理包袱。为帮助其卸掉心理包袱，并带头接受社会主义改造，广州市采取了一系列的措施：阐明工商界青年在新社会中的光明前途；省（市）领导接见工商界青年代表，让他们感受到党和政府的重视与关怀；对公私合营企业中表现好的及时予以表扬和肯定；营造全社会关心工商界青年的社会氛围。工商界青年积极分子在社会主义改造中的作用是重要的，他们是社会主义改造政策的宣传者、公私合营工作的推动者、各项工作积极带头的社会主义劳动者。

事实证明，骨干分子的模范带头作用是至关重要的，工商界骨干分子为带动工商业者及工商业者家属参加社会主义改造、社会主义建设和社会主义事业发展作出了重要贡献。在工商界参加社会主义改造的过程中，他们带头参加公私合营并积极促进全行业公私合营；在工商界参加增产节约运动、参加社会主义竞赛运动、参加自我学习教育运动、参加工商业者家属工作、参加社会力量办学等方面，都走在运动前面，参与工作当中，努力奉献并作出了突出贡献。

在各级工商联组织中，大部分领导成员，包括工商联主席、副主席、常委、执委，他们是工商业者群体中的骨干分子，在服务与促进社会主义改造、社会主义建设、社会主义事业发展的过程中，不仅自己作出了突出贡献，而且充分发挥了模范带头作用，带动工商业者群体作出了重要贡献。

第二编

社会主义计划经济时期中国当代商会转型与波折

（1956—1978）

提　要

1956 年 9 月 27 日，中国共产党在第八次全国代表大会上确认："社会主义的社会制度在我国已经基本上建立起来了。"以此为起点，我国进入社会主义计划经济时期。社会主义计划经济时期从 1956 年 9 月至 1978 年 12 月，时间长度共计 22 年。

在这一时期，在对资本主义工商业的社会主义改造基本完成的基础上，进一步开展了以公私合营经济取代私人资本主义经济、以国营经济取代公私合营经济、以计划经济取代半计划半市场经济的社会主义经济改革。

在这一时期，伴随着社会主义计划经济体系逐步建立和社会主义计划经济逐步发展，与中国工商联组织相关联的工商业者、工商企业、工商经济结构相应出现了三大转变：

①大部分工商业者身份在由"私家人"向"半公家人"转变的基础上，进一步实现了由"半公家人"向"公家人"转变。

②大多数公私合营企业由半社会主义性质的国家资本主义企业逐步向社会主义性质的国营企业转变。

③工商经济结构由"三为主、三补充"的半计划半市场经济逐步向"一大"（公有制经济规模大）"二公"（公有化程度高）的计划经济转变。

在这一时期，中国工商联及其所属商会组织担负着"两个继续改造"的工作任务，即"企业的继续改造"：协助人民政府将国家资本主义性质的公私合营企业通过和平赎买方式进一步改造成为社会主义性质的国营企业；"人的继续改造"：团结教育工商业者由"名副其实的劳动者"进一步改造成为"社会主义的劳动者"。

在这一时期，与新民主主义经济时期相比，各级工商联组织政治性功能增强，经济性功能弱化，群众性功能富有特色，组织影响力相对降低。

第七章

计划经济体制下工商联面临的经济环境

1956年9月27日公布的《中国共产党第八次全国代表大会关于政治报告的决议》中指出："我们对农业、手工业和资本主义工商业的社会主义改造，就是要变革资产阶级所有制，变革产生资本主义的根源的小私有制。现在这种社会主义改造已经取得决定性的胜利，这就表明，我国的无产阶级同资产阶级之间的矛盾已经基本上解决，几千年来的阶级剥削制度的历史已经基本上结束，社会主义的社会制度在我国已经基本上建立起来了。"

伴随着对资本主义工商业的社会主义改造基本完成，伴随着新民主主义经济发展方式向社会主义经济发展方式转变，伴随着国家经济步入社会主义计划经济发展轨道，伴随着计划经济体制内的新型行业协会类组织兴起，中国工商联的组织意识与行为也相应发生改变，其政治性功能增强，经济性功能弱化，群众性功能保持，组织影响力相对降低。

一、社会主义计划经济的由来及基本特征

社会主义计划经济，产生于20世纪初，产生于人类历史上第一个社会主义国家——苏联，对人类社会经济发展历史产生了重大影响，揭开了人类历史上计划经济与市场经济比较发展、竞争发展的新篇章。关于以市场为主导向经济发展还是以计划为主导向经济发展到底哪一个更为高效、更为有利，从20世纪初开始至今，一直有着激烈争论，第二次世界大战以后的20世纪40年代中期至50年代初期争论最为激烈。其结果，经济制度的选择与国家制度密切相关，一般看来，选择社会

主义制度的国家大都选择了计划经济制度；选择资本主义制度的国家大都选择了市场经济制度。

早在 1848 年，马克思和恩格斯在《共产党宣言》一文中，提出在最先进的国家可以采取 10 项重大措施，其中特别指出："按照共同的计划增加国家工厂和生产工具，开垦荒地和改良土壤。"[1]

1906 年，列宁在《土地问题和争取自由的斗争》一文中指出：只要存在着市场经济，只要还保持着货币权力和资本力量，世界上任何法律也无力消灭不平等和剥削。只有建立起大规模的社会化的计划经济制度，一切的土地、工厂、工具都转归工人阶级所有，才可能消灭一切剥削。

1939—1941 年间，苏联科学院院士列奥尼德·康托罗维奇（Leonid V. Kantorovich）体会到可以把整个社会主义理解为"最优化问题"。他认识到资源最优化配置的重要作用，发现价格在计划体制中所起的节约作用，采用泛函分析法和数学规划法为苏联实行计划经济提出崭新的概念："最优计划理论"，并提出编制最优计划、提出具体程序、检查贯彻价格机制的方法，揭示了实物参数与价格之间的关联。他认为"最优计划"有助于较好地利用现有资源，有助于加强中央集权，增强国家实力。社会主义计划经济是一种集权式经济管理方式，主要依靠政府的指令性计划调节经济行为，有一只看得见的手，这只手就是政府之手，通过计划管理，组织社会经济活动，促进国家经济高效率发展。苏联在 20 世纪初，特别是在第二次世界大战以后取得的经济发展成就，印证了康托罗维奇理论的可信性。1959 年，康托罗维奇出版著作《生产组织与计划中的数学方法》。1975 年，康托罗维奇与美国耶鲁大学佳林·库普曼斯（Tjalling Charles Koopmans）分享诺贝尔经济学奖。

所谓计划经济，即有计划地发展经济。计划经济是社会主义制度的本质特征，是社会主义经济理论的一个基本原理，故又称社会主义计划经济。实行社会主义计划经济，目的在于发挥社会主义制度集中力量办大事的优势，以计划指导各级各类经济活动有序进行；目的在于以高度集中管理方式，对供给侧资源分配、消费侧产品分配进行指令性计划管理，从而避免市场经济发展的盲目性、不确定性等问题，如避免重复建设、企业恶性竞争、工厂倒闭、工人失业、区域经济发展不平衡、产生经济危机等

---

[1] 马克思，恩格斯.共产党宣言［M］//马克思，恩格斯.马克思恩格斯选集：第 1 卷.北京：人民出版社，2021：422.

弊端，以利于达到社会经济有序、平稳、健康发展；目的在于通过国家控制资源，政府分配资源，以计划指令生产什么、怎样生产和为谁生产。实行社会主义计划经济，与社会主义制度的本质特征密切相关。

苏联是世界上第一个社会主义国家，1928年开始实施第一个五年计划（1928—1932），在人类历史上第一次实行按照预先编制的详细计划发展国家经济。第一个五年计划的完成，使得苏联建立起比较健全的国民经济体系，并开始实现由农业国向工业国转变。苏联的成功经验，为世界上社会主义国家发展计划经济树立了样板。20世纪50年代初，苏联科学院经济研究所编辑出版了《政治经济学教科书》，该教科书根据苏联的经济建设实践对社会主义经济模式作了概括，即"社会主义经济＝公有制＋计划经济＋按劳分配"，这个概括被理论界称为"苏联模式"。

在20世纪40年代中后期，第二次世界大战结束以后，社会主义国家普遍实行了计划经济制度；同时，资本主义国家普遍实行了市场经济制度。经过10年左右的经济发展实践，至20世纪50年代中期，实行两类经济制度的国家相比较，选择社会主义计划经济制度的社会主义国家经济成就更加显著，其经济增长速度普遍较高。例如，苏联经济的平均增长速度远高于美国、英国等主要资本主义国家。中国超额完成了第一个五年计划，经济增长速度也高于美国、英国等西方国家和日本，同印度等周边国家和中国香港、中国台湾地区相比，经济发展优势明显（参见表7-1）。

社会主义计划经济是社会主义国家围绕全国一盘棋的经济发展目标，根据政府统一计划调节经济运行的并以集中力量办大事为显著特征的经济体制，具有四大基本特征：第一，生产资料由社会公共占有，即公有制；第二，生产要素由政府统一调配，即计划调节；第三，按照劳动贡献分配劳动报酬，即按劳分配；第四，集中力量办大事。用公式表达，即社会主义计划经济＝公有制＋计划调节＋按劳分配＋集中力量办大事。

二、发展社会主义计划经济的中国实践

中国是社会主义国家，在20世纪50年代，也与社会主义阵营中大多数国家一样选择实行社会主义计划经济制度。中国发展社会主义计划经济的初步实践包括新民主主义经济时期开始的探索发展和社会主义计划经济时期逐步深入发展两个过程。

探索发展计划经济[1-4]

中国在新民主主义经济时期，就开始了发展计划经济的积极探索并取得初步成效。在新民主主义经济时期，国家鼓励国营经济、合作社经济、农民和手工业的个体经济、私人资本主义经济和国家资本主义经济五种经济成分共同发展。就经济结构而言，五种经济成分可大致分为公有制经济（国营经济和合作社经济）、非公有制经济（农民和手工业的个体经济、私人资本主义经济）和混合所有制经济（国家资本主义经济）三大类型。其中国营经济、合作社经济和国家资本主义经济已经开始按照计划经济方式发展。在新民主主义经济发展阶段，探索发展计划经济的过程，大致分为四个阶段。

第一个阶段，建立公有制经济基础（1949—1950）

我国计划经济是建立在公有制经济基础之上的，当时公有制经济主要包括国营经济和合作社经济。

新中国成立之初，在城市，通过没收官僚资本工商业，发展国营和公私合营工商业，建立了工商业公有制经济基础；在农村，通过土地改革，发展农民互助合作组织，建立了农业公有制经济基础，为国家发展建立在公有制经济基础之上的社会主义计划经济创造了有利条件，并采取了一系列推进措施。

1950年2月13—25日，中财委召开全国财政会议，提出了"六个统一"，即财政收支统一、公粮统一、税收统一、编制统一、贸易统一、银行统一的工作方案。

2月23日，贸易部公布《出口货物统购统销临时办法》。

3月3日，政务院通过并颁布了《关于统一国家财政经济工作的决定》，规定：统一全国财政收支；统一全国物资调度；统一全国现金管理。

3月10日，政务院颁布《关于统一全国国营贸易实施办法的决定》，规定全国的国营贸易、合作社贸易与私营贸易的国家总领导机关为中央人民政府贸易部。

［1］中共中央党史研究室著.中国共产党历史第二卷（1949—1978）（上册）［M］.北京：中共党史出版社，2011：53-54，196-214.

［2］中华人民共和国大事记（1949年10月—2009年9月）［EB/OL］.（2019-10-09）［2023-10-06］.http://www.gov.cn.

［3］中国共产党大事记（1949—1957）［EB/OL］.（2006-05-30）［2023-10-06］.http://www.cpc.news.cn.

［4］黄孟复主编.中华全国工商业联合会50年大事记（1953—2003）［M］.北京：中华工商联合出版社，2003：4，6-8，29，69.

5月，开始编制包括农业、工业、文教卫生等20多项内容的《1950年国民经济计划概要》，为后来编制中、长期的国民经济计划摸索了经验。

第二个阶段，开始有计划地进行经济建设（1950—1952）

有计划地进行经济建设从新民主主义经济时期开始，在社会主义计划经济时期得到进一步强化。

1950年6月，老解放区，特别是东北，已经开始了有计划的经济建设。6月6—9日召开的中共七届三中全会提出，为在全国范围内有计划地进行经济建设创造条件。8月，全国第一次计划工作会议召开，讨论编制1951年计划和3年的奋斗目标。要求各部门先订出3年奋斗目标和1年计划，然后由中央综合拟出全国计划纲要。会后，初步形成了我国计划经济体制决策等级结构的雏形，即决策权归国家，决策权力的分配采取行政方式形成条块结合的等级结构。

一是中央加强对国营工业生产和基本建设的计划管理。在工厂内，以实行生产计划为中心，实行党政工团的统一领导；在基本建设方面，把建设单位的具体投资额按照"限额以上"和"限额以下"分类管理。

二是在对农业、手工业的计划领导方面，提出在完成土地改革的地区，通过开展互助合作运动，克服农民分散经营中的困难，以保证国家农业生产计划的实现。并积极地推广生产互助组与供销合作社的"结合合同"制度的经验，使互助组有计划地生产和消费，供销社实现有计划的经营。对手工业生产，要求各地将组织和发展手工业生产合作社的计划纳入地方工业计划，并以国家和上级合作社的订货作为发展手工业生产的关键。

三是在调整私营工商业的基础上，要求私营工商业遵照执行政府制定的产销计划。

四是在市场管理方面，国家指令要求国营贸易公司正确地执行价格政策。

以上政策措施和工作措施出台以后，初步形成了在国家的集中统一领导下，以制定指令性的经济发展计划的形式，对国民经济各方面开始实行全面的计划管理。

1951年2月中旬，中共中央政治局扩大会议作出"三年准备，十年计划经济建设"的部署。随后，中央财经委员会着手试编第一个五年计划，7月形成第二稿：《1953—1957年计划轮廓（草案）》。

6月6日，全国合作社第一次手工业生产工作会议召开。会议决定：1.手工业生产合作社今后的重点应放在组织中小城镇和农村中的独立手工业者和家庭手工业者上。2.为了使手工业生产合作社走上正轨，应努力做到统一产品规格，统一原料、成品的定量标准，统一供销业务，统一计算盈亏，统一计算工资标准和支付办法，按社员劳动多少进行分配。

1952 年 8 月 4 日，毛泽东在中国人民政治协商会议第一届全国委员会常务委员会第三十八次会议上讲话中宣布：经过两年半的奋斗，现在国民经济已经恢复，而且已经开始有计划地建设了。

第三个阶段，建立计划经济管理机制（1952—1953）

建立计划经济管理机制起步于新民主主义经济时期，在社会主义计划经济时期加快了发展步伐，加大了工作力度。

1952 年 11 月 15 日，中央人民政府国家计划委员会（专门性的负责计划管理的机构）成立，开始对经济活动实行行政指令性计划管理。

12 月 22 日，中共中央发出《关于编制 1953 年计划及长期计划纲要若干问题的指示》，指出：必须以发展重工业为建设的重点；必须充分发挥现有企业的潜力；必须以科学的态度从事计划工作。

1953 年 2 月 4 日，周恩来在中国人民政治协商会议第一届全国委员会第四次会议上作的政治报告中指出：农民和手工业者的个体经济已经开始改造，全国已经组织了近 4000 个农业生产合作社和 2600 多个手工业生产合作社。为农业实行生产计划管理奠定了基础。

第四个阶段，实行计划经济管理体制（1953—1978）

1953 年，是执行第一个五年计划的开局之年。4 月 25 日，中共中央批准下达国家计划委员会关于《1953 年国民经济计划纲要》，确定了当年国民经济发展的主要计划指标，要求国家部门、国营企业必须做好的几项工作：1. 建立与加强计划管理，健全全国自上而下的计划、统计系统，加强企业的计划、统计机构。2. 建立和健全责任制，一切经济部门均应逐步地建立科学的管理制度，特别要注意建立安全生产、产品质量、设计工作、原材料和设备供应、施工等项责任制。3. 大力推广先进经验。4. 一切国营企业应该逐步实行严格的经济核算制度。5. 加强基本建设工作，保证基本建设任务的完成。

在"一五"计划执行过程中，国家对重点建设项目实行统一管理。以集中力量建设 156 项重大工程为中心，重点建设发展冶金工业和机械工业，以重工业建设为主；同时，基础设施、能源、轻工业等各方面的建设也大规模展开，以较短的时间、较快的速度、较好的质量、较高的效益奠定了国家社会主义工业化基础。

从 1953 年起，国家逐步扩大了计划管理的范围。一方面，在财政上明确划分中央、省（区、市）、县三级的收支范围，实行统一领导、分级管理的财政经济管理体制；另一方面，建立起由国家计划委员会和国家各主管部门严格控制的物资管理和分配制度；此外，建立起由各级计划、劳动部门和工会统一招收工人，制定统一工资标准的劳动管理制度。由此，我国逐步建立并形成集中统一的综合性的计划经济管理体制。

1954年3月1日，政务院发布《关于实行粮食的计划收购和计划供应的命令》和《粮食市场管理暂行办法》。两个文件规定：一切有关粮食经营和粮食加工的国营、地方国营、公私合营、合作社经营的粮店和工厂，统一归当地粮食部门领导；所有私营粮商一律不许私自经营粮食，但可以在国家严格监督和管理下，由国家粮食部门委托代理销售粮食。

4月，成立编制五年计划纲要草案的工作小组。该小组在1951年以来几次试编的基础上，以过渡时期总路线为指导，形成了第一个五年计划草案（初稿）。

9月9日，政务院通过《关于棉布计划收购和计划供应的命令》和《关于实行棉花计划收购的命令》。

12月3日，中共中央发出《关于进一步编制地方经济五年计划纲要的工作指示》。其中指出，在制订商业计划时，对于公私比重调整必须贯彻稳步前进的方针，不应前进得太快。目前主要危险倾向是急躁冒进，把私营经济挤掉得过快过多，以致失业人员大增，一时无法安插。因此，各省应针对现实情况，研究如何使商品的周转环节合理化，以利于发展城乡交流。

1954年我国制定和颁布了第一部宪法，其中第十五条规定："国家用经济计划指导国民经济的发展和改造，使生产力不断提高，以改进人民的物质生活和文化生活，巩固国家的独立和安全。"这表明，计划经济体制已成为我国法定的经济体制。

1955年1月6日，全国计划会议召开，会议要求统筹安排农业、资本主义工商业和个体手工业的社会主义改造。

7月30日，第一届全国人民代表大会第二次会议正式审议通过了《关于中华人民共和国发展国民经济的第一个五年计划（1953—1957）》（简称"一五"计划）。"一五"计划，明确了我国经济建设中的几个重大问题：1.关于优先发展重工业和相应地发展农业、轻工业等的问题。2.关于经济发展的布局问题。3.关于经济建设的规模、速度和效益问题。4.关于自力更生和争取外援的问题。5.关于生产和生活、积累与消费关系的问题。"一五"计划，借鉴了苏联的建设经验，结合了中国的实际情况，在新中国成立初期发展社会主义计划经济发挥了重要作用。

建立国民经济发展五年计划，是社会主义计划经济的显著特征，这项以五年宏观规划和年度计划相结合包含重大政策性措施和工作性措施相结合的指导国家经济社会发展的纲领性文件成为中华人民共和国计划发展国民经济的一个重要标志。

至1957年，我国第一个五年计划的各项指标大幅度超额完成，工农业基础设施大幅度增强，工农业生产能力和技术水平大幅度进步，取得了令人瞩目的经济发展成就。特别是，"一五"期间工业生产所取得的成就，远远超过旧中国的100年，其增长速度同世界其他国家在同一时间段相比，也是名列前茅的。

在第一个五年计划期间，全国人民的政治觉悟和劳动热情空前高涨。在城市，广大干部职工积极响应党和政府的号召，积极参加社会主义劳动竞赛、增产节约运动，工人阶级充分展现了国家主人翁地位与作用；在农村，广大农民积极向国家交售公粮，供应农副产品，保障城市所需，并积极参加农业互助合作组织，努力增加农业生产，支援工业建设。

"剪刀差"现象是中国实行计划经济时期出现的一个特殊现象。所谓"剪刀差"，是指工农业商品交换比价间的差距。因为当时中国是农业国家，国家工业基础薄弱，工业产品及数量少，为了多积累资金用于工业建设，工业产品零售价格指数与农业产品收购价格指数之间存在着不等价因数。"剪刀差"现象一直持续到社会主义计划经济发展阶段的全过程。因为"剪刀差"原因，社会主义工业化建设的一部分资金积累来源于农业。

至1957年，我国超额完成了第一个五年计划，经济增长速度也高于美国、英国、日本等资本主义国家，同印度等周边国家及中国台湾、中国香港地区相比，在经济发展速度上具有明显优势。1953—1957年，我国工业总产值增长速度与主要国家比较情况见表7–1。

表7–1　1953—1957年我国工业总产值增长速度与主要国家比较

	中国	苏联	美国	英国	西德	法国	日本
年平均增长速度（％）							
1953—1957	18.0	11.6	3.6	3.8	10.1	7.9	15.0
比上年增长速度（％）							
1953	30.2	11.9	8.1	5.7	8.7	1.0	22.5
1954	16.3	13.2	–6.7	6.0	12.0	10.0	8.0
1955	5.6	12.4	12.9	5.1	15.1	9.1	8.1
1956	28.2	10.6	3.1	0.5	7.7	10.8	23.3
1957	11.4	10.0	0.0	1.8	5.8	9.0	16.1

资料来源：中共中央党史研究室著.中国共产党的九十年——社会主义革命和建设时期［M］.北京：中共党史出版社，党建读物出版社，2019：481–482.

1953—1978 年间，中国在探索发展的基础上深入发展社会主义计划经济，并坚定不移地行进在计划经济发展道路上。

《论十大关系》为社会主义建设指引方向

当中国基本建立起社会主义制度，开始全面建设社会主义的时候，中国共产党和中国人民围绕怎样正确处理社会主义革命与社会主义建设的关系，怎样调动一切积极因素多快好省地建设社会主义，怎样高效发展社会主义计划经济等重大问题进行了艰辛的探索并有了良好的开端。

1956 年 4 月 25 日，毛泽东在中共中央政治局扩大会议上以《论十大关系》[1] 为题发表重要讲话。这篇讲话，提出十个问题，围绕着一个基本方针，就是要把国内外一切积极因素调动起来，为社会主义事业服务，把我国建设成为一个强大的社会主义国家。十个问题，也就是"十大关系"，包括：1. 重工业和轻工业、农业的关系。2. 沿海工业和内地工业的关系。3. 经济建设和国防建设的关系。4. 国家生产单位和生产者个人的关系。5. 中央和地方的关系。6. 汉族和少数民族的关系。7. 党和非党的关系。8. 革命和反革命的关系。9. 是非关系。10. 中国和外国的关系。"十大关系"涉及经济基础和上层建筑、生产力和生产关系等各个方面。通过论述"十大关系"，充分展现出探索中国特色社会主义道路的生动景象，厘清了建设中国特色社会主义的基本思路。

毛泽东在论述"十大关系"中的第四大关系时，将"国家生产单位和生产者个人的关系"进一步分解为"国家和工厂、合作社的关系""工厂、合作社和生产者个人的关系"，要求将这两种关系都要处理好。不能只顾一头，必须兼顾国家、集体和个人三个方面，必须做到"军民兼顾""公私兼顾"，并特别强调"今后务必更好地解决这个问题"。

他还强调，要逐步改进工人的劳动条件和集体福利，要增加工人的工资，也需要更多地注意解决他们在劳动和生活中的迫切问题。要兼顾国家和农民的利益，必须更多地注意处理好国家同农民的关系、合作社同农民的关系。除了遇到特大自然灾害以外，我们必须在增加农业生产的基础上，争取 90% 的社员每年的收入比前

---

［1］毛泽东.论十大关系（1956 年 4 月 25 日）［M］// 毛泽东文集：第 7 卷，北京：人民出版社，1999：23-44.

一年有所增加，10% 的社员收入能够不增不减，如有减少，也要及早想办法加以解决。

总之，国家和工厂、国家和工人、工厂和工人、国家和合作社、国家和农民、合作社和农民，都必须兼顾，不能只顾一头。无论只顾哪一头，都是不利于社会主义，不利于无产阶级专政的。这是一个关系到 6 亿人民的大问题，必须在全党和全国人民中间反复进行教育。

毛泽东论"十大关系"，涉及政治、经济、社会、科学、文化、教育、国防、外交等各个方面，明晰了中国走社会主义道路的基本思路，成为中国共产党带领中国人民进行社会主义革命和社会主义建设的指导方针。

邓小平对《论十大关系》作出高度评价："这篇东西太重要了，对当前和以后，都有很大的针对性和理论指导意义。"[1]

"三个主体，三个补充"调整社会主义经济关系

中国共产党和中央人民政府在坚定不移地推进社会主义计划经济发展的时候，并没有完全禁止自由市场经济的发展，而是采取了主导发展计划经济，补充发展市场经济的经济发展策略。

1956 年 9 月 15—27 日，中国共产党第八次全国代表大会在北京召开。大会目的和宗旨，就是总结经验，团结全党，团结国内外一切可以团结的力量，为建设伟大的社会主义中国而奋斗。大会指出，国内主要矛盾，已经不再是无产阶级和资产阶级的矛盾，而是人民对于经济文化迅速发展的需要同当前经济文化不能满足人民需要的状况之间的矛盾。大会讨论通过了《关于发展国民经济的第二个五年计划的建议的报告》。大会强调，在生产资料私有制的社会主义改造基本完成的情况下，国家的主要任务是在新的生产关系下保护和发展生产力，党和人民要集中力量解决先进的社会主义制度同落后的社会生产力之间的矛盾，集中力量去发展生产力，把我国尽快地从落后的农业国变为先进的工业国。大会确定的社会主义建设的战略目标，即尽可能迅速地实现国家工业化，有系统、有步骤地进行国民经济的技术改造，使中国具有强大的现代化的工业、现代化的农业、现代化的交通运输业和现代化的国防。大会确定了在

[1] 中共中央文献研究室编.邓小平年谱（1975—1997）（上）[M].北京：中央文献出版社，2004：68.

综合平衡中稳步前进的经济建设方针，要求合理地拟定国民经济发展速度，把计划放在既积极又稳妥可靠的基础上，以保证国民经济比较均衡地发展。

在这次会上，陈云同志以《关于社会主义改造基本完成以后的新问题》为题作发言。他认为，在社会主义改造完成以后，应该采取正确的方针指导企业的生产和经营。就是说，我们必须使消费品质量提高，品种增加，工农业产量扩大，服务行业服务周到，而绝不是相反。就是要把我国资本主义工商业和个体农业、手工业，改造成为有利于人民的社会主义经济。他说：[1]

我们的社会主义经济的情况将是这样：在工商业经营方面，国家经营和集体经营是工商业的主体，但是附有一定数量的个体经营。这种个体经营是国家经营和集体经营的补充。至于生产计划方面，全国工农业产品的主要部分是按照计划生产的，但是同时有一部分产品是按照市场变化而在国家计划许可范围内自由生产的。计划生产是工农业生产的主体，按照市场变化而在国家计划许可范围内的自由生产是计划生产的补充。因此，我国的市场，绝不会是资本主义的自由市场，而是社会主义的统一市场。在社会主义的统一市场里，国家市场是它的主体，但是附有一定范围内国家领导的自由市场。这种自由市场，是在国家领导之下，作为国家市场的补充，因此它是社会主义统一市场的组成部分。

这次会议肯定了陈云提出的"三个主体、三个补充"的思想，即国家经营和集体经营是主体，一定数量的个体经营是补充；计划生产是主体，在计划许可范围内按市场变化的自由生产是补充；国家市场是主体，一定范围内国家领导的自由市场是补充。

中共八大以后，国家按照"三个主体、三个补充"的方针调整经济关系，并着手解决具体问题，提出统一经营与分散经营相结合，允许与人民群众生活密切相关的个体手工业、小商小贩长期保持单独经营；还提出要克服统购包销中的弊病，放宽市场管理，允许企业实行一定程度的自由选购和自由推销，允许完成统购、订购任务以后的一部分农产品进入自由市场。在这样的政策环境下，各地自由市场一度活跃，个体工商户有了明显增长。以上海为例，1956年9月，个体手工业户有1661户，10月增加到2885户，年底增加到4236户。这些个体手工业户及个体经营商

---

［1］陈云.社会主义改造基本完成以后的新问题（1956年9月20日）［M］// 陈云文选（1956—1985）.北京：人民出版社，1986：13.

店，以"拾遗补缺"的经营方式一定程度地服务方便了人民群众衣、食、住、行方面的生活需求。

新经济政策：引导私人资本纳入国计民生的轨道

早在 1948 年 10 月 26 日，毛泽东在《关于东北经济构成及经济建设基本方针的提纲》的批示意见中指出：[1]"决不可以过早地采取限制现时还有益于国计民生的私人资本经济的办法。""因为就我们的整个经济政策来说，是限制私人资本的，只是有益于国计民生的私人资本，才不在限制之列。而'有益于国计民生'，这就是一条极大的限制，即引导私人资本纳入'国计民生'的轨道之上。要达到这一点，必须经常和企图脱出这条轨道的私人资本作斗争。而这些私人资本虽然已经纳入这条轨道，他们总是想脱出去的，所以限制的斗争将是经常不断的。"引导私人资本纳入国计民生的轨道，这一经济发展新思路，在新民主主义经济时期开始付诸实施，在社会主义计划经济时期形成新经济政策。

1956 年 11 月 30 日，中国民主建国会主任委员黄炎培写信给毛泽东，反映全行业公私合营中出现的问题。信中说："全行业公私合营，工商业者的表现是好的。这几个月，有少数人表现了消极作用，流行着'定息万岁'的口号，白天是社会主义，夜里是资本主义，还出现地下工厂、地下商店。可以看出，资本主义工商业的改造任务还是艰巨的。"[2]

12 月 7 日，毛泽东分别找民建、工商联负责人和各省市工商界代表谈话。[3] 在谈话中，他提出要实行"新经济政策"。他说："现在我国的自由市场，基本性质仍是资本主义的，虽然已经没有资本家。它与国家市场成双成对。上海的地下工厂同合营企业也是对立物。因为社会有需要，就发展起来。要使它成为地上，合法化，可以雇工。现在做衣服要三个月，合作工厂做的衣服裤腿一长一短，扣子没眼，质量差。最好开私营工厂，同地上的作对，还可以开夫妻店，请工也可以。这就叫新经济

［1］毛泽东．给刘少奇的信（1948 年 10 月 26 日）［M］//毛泽东文集：第 5 卷．北京：人民出版社，2009：177.

［2］黄孟复主编．中国民营经济史・大事记［M］．北京：社会科学文献出版社，2009：60-61.

［3］毛泽东．同民建和工商联负责人的谈话（1956 年 12 月 7 日）［M］//毛泽东文集：第 7 卷．北京：人民出版社，2009：170.

政策。"[1]170 他认为，"俄国新经济政策结束得早了，只搞了两年退却就转为进攻，到现在社会物资还不充足。"他算了一笔账："我们保留了私营工商业职工二百五十万人（工业一百六十万，商业九十万），俄国只保留了八九万人。"他说，还可以考虑，只要社会需要，地下工厂还可以增加。可以开私营大厂，可以开投资公司，还本付息。他说："可以搞国营，也可以搞私营。可以消灭了资本主义，又搞资本主义。"[1]170 他还说："我们为什么保存资本家？因为国家有需要，对人民有利益，可以增加工业品。要同民族资产阶级实行同盟，才能巩固同农民结成的同盟，因为农民需要工业品进行交换。同时，还能比较好地稳定物价，保证市场供应。在过渡时期保存资产阶级，有极大的作用。"[1]171

1957 年 4 月 6 日，周恩来在国务院全体会议上说："主流是社会主义，小的给些自由，这样可以帮助社会主义的发展。工业、农业、手工业都可以采取这个办法。"他还说："大概工、农、商、学、兵除了兵以外，每一行都来一点自由，搞一点私营的。文化也可以搞一点私营的。这样才好百家争鸣嘛！在社会主义建设中，搞一点私营的，活一点有好处。"[2]65

9 月 14 日，中共中央发出《关于调整农业生产合作社的指示》《关于做好农业生产合作社生产管理工作的指示》《关于在农业合作社内部贯彻执行互利政策的指示》。[1]67-68 其中指出：农业生产合作社应该实行"统一经营、分级管理"，切实建立集体的和个人的生产责任制，普遍推行生产队"三包一奖"（包工、包产、包财务，超产奖励）的制度。各地可按照具体条件，也可以推行"包工到组""田间零活包到户"等办法。

12 月 16 日，朱德在中华全国手工业合作社第一次社员代表大会上作了题为《发展手工业生产，满足人民需要》的讲话，指出：手工业不仅在过去和现在，而且在今后，都将是国营工业不可缺少的助手。各级国家机关必须注意使手工业合作社的集体所有制长期地稳固下来，除个别情况外，不应当把手工业合作社转变为国营企业。此外，他还号召手工业要赶上工农业的增长速度。[2]68

12 月 21 日，国务院发布《关于正确对待个体农户的指示》，指出：除了部分还没有进行土地革命的少数民族地区外，全国还有 3% 左右的个体农户，要求所在地或

[1]毛泽东.同民建和工商联负责人的谈话（1956 年 12 月 7 日）[M]//毛泽东文集：第 7 卷.北京：人民出版社，2009.

[2]黄孟复主编.中国民营经济史·大事记[M].北京：社会科学文献出版社，2009.

附近的农业合作社对这些个体农户加强领导，并加强团结教育、改造和管理。[1]68-69

上述关于搞活经济的"新思路"及随后逐步形成的"新经济政策"，即采取以国营经济和集体经济为主体、以少量存在的个体私营经济为补充，以发展计划经济为主体、以允许少量存在的自由经济为补充，以国家市场为主体、以一定范围内国家领导的自由市场为补充的经济发展策略，取得了较好的经济发展绩效。

1957 年国民经济状况：工农业总产值 1241 亿元，比 1952 年增长 67.84%。其中，工业总产值 704 亿元，比 1952 年增长 128.6%。农业总产值 537 亿元，比 1952 年增长 24.8%。基本建设投资总额 143.32 亿元，比 1952 年增长 229%。财政总收入 310.2 亿元，总支出 304.2 亿元，结余 6 亿元。[2]

至 1957 年，对资本主义工商业实行社会主义改造基本完成，除了极少数的个体经济（约占比 7.1%）之外，国营、合作社营、公私合营经济都已经纳入了计划发展轨道。

1958 年以后，对少量的小型的个体私营经济的限制政策逐步趋紧。1958 年 4 月 2 日，中共中央发出《关于继续加强对残存的私营工业、个体手工业和对小商小贩进行社会主义改造的指示》。[1]71-72

《指示》指出：小型的私营工业、个体手工业和小商小贩的生产经营存在着很大的盲目性和资本主义的自发倾向，其中一小部分还是资本主义经济，在生产经营中存在着不同程度的违法行为，这就不仅妨害国家对市场的管理和危害消费者的利益，而且影响若干手工业、农业合作社和商业合作组织的巩固，在不同程度上腐蚀了公私合营和国营企业一些职工的思想意识。因此，要将它们一律管理起来，不允许它们未经登记进行非法经营；凡是经过审查允许继续经营的，必须加强监督和管理，取缔它们的投机违法行为，对它们采取利用、限制和改造的政策；在这些残存的私营工业、个体手工业和小商小贩中间有领导地展开以反对资本主义道路为中心的整风运动，经过大鸣、大放、大争，在政治上彻底把资本主义搞臭。然后，在这个基础上，对它们的生产经营，加以审查，区别资本主义性质企业和个体劳动者，分别地、有步骤地进行整顿、登记、改造、排挤、淘汰或取缔。

《指示》规定：对于资本主义性质的工业，"原则上不允许继续存在"，"对于有严重违法行为或者为国计民生所不需要的，坚决予以取缔"。"对于个体手工业户，应该

---

[1] 黄孟复主编. 中国民营经济史·大事记［M］. 北京：社会科学文献出版社，2009.

[2] 中国共产党大事记·1957 年［EB/OL］. (2006-05-30)［2023-05-06］. http://cpc.people.com.cn.

加强对他们的领导、管理和改造，在自愿的原则下，有计划地吸收他们参加手工业合作社。对于依靠手工业为生、为国民经济所需要的个体手工业户，有组织成为手工业合作社条件的，应当在自愿的原则下进一步组织起来；对于那些盲目流入城市、准备长期经营一般性手工业的农民，应当动员其回乡参加生产。对于小商小贩和行商，应普遍进行一次审查。对于有严重违法行为的，应坚决予以取缔。没有严重违法行为的，亦应限制他们的活动范围在一定的经营地区内。目前还没有组织起来的小商贩，应当进一步把他们组织成合作小组、合作商店或使他们成为国营商业的代购人员和代销人员。对于农业生产合作社和农民不适当地经营商业的行为，应该加以劝阻和取缔"。

据统计，至1978年底，全国城镇个体工商业从业人员为14万人。[1]

计划经济的主要特点分析

我国1957—1978年22年间实行社会主义计划经济体制，是依据马克思主义的经济理论、参照苏联模式（以高度集权为基本特点的完全计划管理的经济体制），结合中国社会主义革命和社会主义建设的初步实践经验形成的。具有自己的若干特点。

有利方面：

第一，集中力量办大事、成大事

在社会主义计划经济时期，国家充分发挥社会主义集中力量办大事、成大事的制度优势，从实施第一个五年计划以后，开始有计划的经济建设，对重点建设实行了集中统一管理，集中主要力量进行以156项重大建设工程为中心、以694个限额投资以上的重要建设项目为抓手的大规模经济建设，取得了重大成就。在工业方面，着手全产业链工业布局并建立比较完整的工业体系，为发展现代工业，增强抵御帝国主义经济封锁和经济制裁的能力打下了重要基础；在农业方面，着手建立系统的水利基础设施，为发展现代农业，提升农业综合生产能力打下了重要基础。特别重要的是，国家充分发挥社会主义集中力量办大事、成大事的制度优势，取得许多重大科技成就，构建了以"两弹一星"为根本保障的国防安全体系，创造并巩固了和平的经济社会发展环境，为国家长治久安奠定了基石。

从1954年在第一届全国人民代表大会上提出要实现工业、农业、交通运输业和

---

[1] 黄孟复.中国民营经济史·大事记［M］.北京：社会科学文献出版社，2009：143.

国防的四个现代化的任务，到 1964 年在第三届全国人民代表大会上确立四个现代化的宏伟目标——把我国建设成为"工业现代化、农业现代化、国防现代化、科学技术现代化"的社会主义强国，激励全国人民焕发出巨大的社会主义积极性，"把青春献给四个现代化""为四个现代化努力奋斗"；激励全国人民自力更生、奋发图强，集中力量办大事、成大事。

第二，在集中统一的原则下，中央与地方两个积极性相结合

1956 年 4 月 25 日，毛泽东在中共中央政治局扩大会议上论述了社会主义革命和社会主义建设中的十大关系，其中专题讲到中央和地方的关系。他说："中央和地方的关系也是一个矛盾。解决这个矛盾，目前要注意的是，应当在巩固中央统一领导的前提下，扩大一点地方的权力，给地方更多的独立性，让地方办更多的事情。这对我们建设强大的社会主义国家比较有利。我们的国家这样大，人口这样多，情况这样复杂，有中央和地方两个积极性，比只有一个积极性好得多。我们不能像苏联那样，把什么都集中到中央，把地方卡得死死的，一点机动权也没有。中央要发展工业，地方也要发展工业。就是中央直属的工业，也还是要靠地方协助。至于农业和商业，更需要依靠地方。总之，要发展社会主义建设，就必须发挥地方的积极性。中央要巩固，就要注意地方的利益。"[1]

在研究和解决这些问题的过程中，国务院于 1956 年 5 月和 8 月间专门召开了全国体制会议，检查了中央集权过多的现象，依据"统一领导、分级管理、因地制宜、因事制宜"的原则，具体划分了中央和地方的管理职权。明确规定了地方有一定范围的计划、财政、企业、事业、物资、人事的管理权。凡关系到国民经济带全局性、关键性、集中性的企业和事业由中央管理，其他企业和事业尽可能交地方管理。在计划管理方面，中央管理主要计划和财务指标，给地方留一定的调整幅度和机动权。

第三，经济管理计划性，但有一定程度的多样性和灵活性

1957 年 4 月 27 日，刘少奇在中共上海市委召开的党员干部大会上谈如何处理人民内部矛盾时，认为自由市场也是人民内部矛盾问题。他说："社会主义经济的特点是计划性，但是国家计划不可能计划几千、几万、几十万种，如果计划那么多类，就

---

［1］毛泽东 . 论十大关系（1956 年 4 月 25 日）［M］// 毛泽东文集：第 7 卷 . 北京：人民出版社，2009：31.

把社会经济生活搞得呆板了。要使我们的社会主义经济既有计划性，又有多样性和灵活性，就要利用自由市场。一方面自由市场可以补充当前我们社会主义经济的不足，另一方面可以帮助我们在经济上搞多样性和灵活性。"他还说："私商很灵活，地下工厂很灵活，他们看到这一样能够办，马上就办，看到这一样不能够办了，马上又变另一样。所以让这个自由市场包括一点私商，给资本主义一点活动余地，让他们来钻我们的空子。这样我们就不只有计划性，而且有多样性和灵活性，就可以使我们的社会主义经济搞得更好。"[1]计划性与多样性和灵活性相结合，使社会主义计划经济增添了活力与动力。

第四，以国家市场为主体、自由市场为补充调节供求关系

在主导建立国家市场和产品市场的同时，客观上始终存在着自由市场和商品市场；在建立计划经济秩序和发展产品经济的同时，并没有完全放弃市场价值规律和商品经济；在建立计划经济管理体制的同时，并没有完全放弃发挥市场机制的作用。例如：在稳定市场物价的工作中，一方面打击投机倒把行为，另一方面控制供应物资并稳定市场价格。又如，为了活跃农村市场，在集镇上设立由国家管理的粮食市场，同时允许农民对完成统购统销后的多余产品进行自由买卖，对一般农产品不加限制；为了活跃城市市场，仍提倡在商品品种、质量上的竞争，允许夫妻店、手工业者、摊贩等长期存在。特别重要的是，"三个主体、三个补充"（国家经营和集体经营是主体，一定数量的个体经营是补充；计划生产是主体，在计划许可范围内按市场变化的自由生产是补充；国家市场是主体，一定范围内国家领导的自由市场是补充）的经济发展策略，有利于合理调节计划经济体制下公有制与私有制、计划生产与自由生产、国家市场与自由市场之间的三大经济关系。

第五，计划管理形式多样，具有一定的可调节性

1953 年 8 月，中共中央在关于编制计划的指示中指出：对于不同的经济成分有不同的计划。国营经济，实行直接计划；其他经济成分，实行间接计划。对中央各部所属的国营经济，要求作比较完整的全面的计划；对地方国营经济，只要求计划几项主要指标。1955 年又进一步提出：对于直接计划、间接计划和估算性计划，应加以区别，不能一律看待。实行三类计划管理，说明当时采取的社会主义经济计划具有一定的灵活性和可调节性。

---

[1]黄孟复主编.中国民营经济史·大事记［M］.北京：社会科学文献出版社，2009：65-66.

第六，注重宏观调控，统筹兼顾

1956年4月25日，毛泽东在《论十大关系》[1]的重要讲话中，论述重工业、轻工业与农业的关系时指出："重工业是我国建设的重点，必须优先发展生产资料的生产""但是决不可以因此忽视生活资料尤其是粮食的生产""要适当地调整重工业和农业、轻工业投资的比例"。在论述国家、生产单位和生产者个人的关系时指出："国家和工厂、合作社的关系，工厂、合作社和生产者个人的关系，这两种关系都要处理好""必须兼顾国家、集体和个人三个方面，也就是我们过去常说的'军民兼顾''公私兼顾'。"在论述中央和地方的关系时指出："应当在巩固中央统一领导的前提下，扩大一点地方的权力，给地方更多的独立性，让地方办更多的事情。"并指出："为了建设一个强大的社会主义国家，必须有中央的强有力的统一领导，必须有全国的统一计划和统一纪律，破坏这种必要的统一，是不允许的。同时，又必须充分发挥地方的积极性。"还提出："中央要注意发挥省市的积极性，省市也要注意发挥地、县、区、乡的积极性，都不能够框得太死。"《论十大关系》中提出的基本思想和方针政策贯彻落实后产生了积极影响，注重宏观调控，统筹兼顾国家、集体和个人三方利益的方针政策，得到了广大人民群众的衷心拥护，变成了促进国家经济社会发展的强大动力。此外，差别较小的工资等级制度及城镇职工住房和退休养老保障制度，农村贫困户"五保"制度及合作医疗、劳保医疗、公费医疗、大学生免费入学等社会保障制度逐步建立起来，尽管保障水平还不够高，但使广大人民群众从实际生活水平的逐步提高和社会综合保障制度的受益中，切实体会到社会主义制度的优越性。

第七，社会主义文明深入人心，资本主义疾病基本扫除干净

在社会主义计划经济体制下，通过对经济进行预测和规划，有利于避免盲目生产、产能过剩或资源浪费；通过全国一盘棋，有利于合理布局生产力，有效利用人力、物力、财力；通过计划和组织安排，所有人都有工作；通过合理调节收入和分配，贫富差距较小；通过调整区域间、产业间的经济关系，有利于国民经济平衡、协调发展。特别是在社会主义计划经济环境中，劳资关系和谐，劳动群众的国家、集体、单位、企业主人翁意识较强，注重社会主义觉悟，有利于消除资本主义病。实践证明，在社会主义计划经济时期，剥削与压迫、歧视与傲慢以及"假冒伪劣、坑蒙拐骗、黄毒赌非"等资本主义经济社会丑恶现象基本上扫除干净。

---

[1] 毛泽东.论十大关系（1956年4月25日）[M]//毛泽东文集：第7卷.北京：人民出版社，2009：24-33.

社会主义计划经济体制下建立起来的以公有制为主体的经济体系和集中力量办大事、成大事的制度优势，奠定了有利于国计民生的经济基础。例如，计划经济时期建立起来的系统性的农田水利基础设施充分发挥支撑国家农业生产健康发展的基础作用，由国营经济和集体经济构成的公有制经济充分发挥支撑国家经济稳定发展的基础作用是有目共睹的；社会主义计划经济体制下，社会主义精神文明导向人们克服私利观、树立公益观，"为国家利益着想，为社会主义作贡献"（工商界提出的口号）的精神状态是有目共睹的。

不足方面：

第一，以公有制代替私有制并过度限制私有制，不利于充分激发并全面释放经济发展动力与活力

计划经济体制下，在所有制关系上"公私兼顾"的天平更倾向公的一边，高度重视发展公有制经济，而过度地限制发展私有制经济。

例如，1964年4月13日，中共中央发出《关于进一步开展代替私商工作的指示》，[1]105-106 其中指出：开展代替私商工作，是我们在市场上与资本主义势力进行的一场针锋相对的阶级斗争，它是巩固社会主义经济、争取市场状况和国民经济状况全面好转的一个重要条件。一年来的经验还证明，为了保证代替私商工作的顺利进行，必须把政治教育、经济措施和行政管理结合起来，把代替私商与社会主义商业改善经营管理结合起来，把排挤取缔私商与安排城市需要就业的劳动力结合起来。要求大中城市、县城和集镇开展社会主义商业代替私商工作，并明确销售价格管理原则：有利于打击投机；不能赔钱，要有合理利润；保障长期供应，不能脱销等。

又如，1965年3月3日，中共中央批转了1965年1月财贸工作座谈会纪要《关于当前市场上反对资本主义的斗争和其他几个问题》。[1]109-110 其中指出：在市场上进行反对资本主义的斗争，是社会主义和资本主义两条道路斗争的一个方面。这个斗争是长期的、复杂的、曲折的。必须在党委统一领导下，经常抓、认真抓、反复抓。其中提出：1.打击粮食投机，平抑集市粮价。除了农民相互间正当的粮食调剂以外，粮食的转手买卖，只许国家经营，不准私人经营。2.限制土纺土织，统一经营土纱土布。商品性的土纱土布由国家委托供销合作社统一经营，不许私人转手买卖，也不许合作商店、合作小组和个体商贩代购代销。3.加强对合作商店、合作小组和个体商贩的社会主义改造。要

---

[1]黄孟复主编.中国民营经济史·大事记［M］.北京：社会科学文献出版社，2009.

正确利用他们的零星购销、上山下乡、游街串户等便利群众的经营长处，要坚决反对他们的投机倒把活动和资本主义经营作风。合作商店、合作小组，不准经营批发业务；不准超过规定的经营范围；不准超过规定的活动地区；不准任意增加网点；不准任意增加人员；不准违犯国家的价格政策。有证商贩要认真整顿，无证商贩要坚决取缔。

通过以上两个案例可以看出，社会主义计划经济对私营经济行为的排斥较为强烈。在社会主义计划经济时期，较多的人们形成一种观念，认为公有制经济和计划经济是社会主义的，搞社会主义就应当搞公有制经济和计划经济；认为私营经济和市场经济是资本主义的，发展私营经济和市场经济就是搞资本主义。因此，认为计划经济与社会主义相关联，市场经济与资本主义相关联。这一观念，直至日后伴随着邓小平理论的提出得到更新，更新为："计划多一点还是市场多一点，不是社会主义与资本主义的本质区别。计划经济不等于社会主义，资本主义也有计划；市场经济不等于资本主义，社会主义也有市场。计划和市场都是经济手段。"[1]

此外，计划经济条件下，对微观经济活动和复杂多变的社会需求难以实现及时有效调节；计划难免脱离实际，管得过多，统得太死，抑制了创新积极性；灵活性不够，应变能力不够，一本计划管到底，忽视市场调节且缺乏及时高效的动态调剂机制；经济民主不够充分等因素，较大程度地抑制了经济持续高效率发展。

第二，公平与效率的天平更倾向公平一边，一定程度地抑制了个体劳动和生活自由度

计划经济体制下，因为一定范围内存在的"大锅饭，共同吃""割资本主义的尾巴"等意思与行为，导致公平与效率的天平更倾向于公平一边。如在人民公社化运动中，倡导"共同劳动"（公社制／工分制）、"共同生活"（供给制／大食堂），追求人人平等、共同富裕的经济社会实践，主观意识是好的；但是，在实际工作中，在某些地方某些方面，因为脱离经济社会发展实际，求大、求快、求公、求全并急于求成的思想意识，出现经济指标泡沫现象；特别是，忽视家庭经济功能（一度取消农户家庭自留地，但很快恢复）和客观生活规律，一定程度地抑制了劳动者个体生产积极性、创造性和生活自由度，不利于工农业经济持续高效率发展。

第三，限制商品经济发展，忽视市场调节作用

在计划经济体制下，政府经济计划和管理职能，从上到下，从粗到细，从宏观

[1]邓小平.在武昌、深圳、珠海、上海等地的谈话要点（1992年1月18日—2月21日）[M]//邓小平文选：第3卷.北京：人民出版社，1993：373.

到微观，从供给到消费，统得过严、包得过多、管得过度。"统""包""管"，特别是"计划管理""物价管理""票证管理"，成为计划经济的典型特征和代名词。在经济生活中，违背计划管理的视为"投机经营"，违背物价管理的视为"违规收费"，违背票证管理的视为"黑市交易"。由于计划过度并限制商品经济发展，抑制了市场调节作用，抑制了生产经营积极性和创造性，抑制了经济发展活力、动力和效率，以至于在计划经济时期，没能妥善解决好商品短缺问题，没能妥善满足人民群众日益增长的物质文化生活需求。

第四，企业管理行政化，约束了市场主体的经营自主权

在计划经济体制下，企业（国营和集体）的市场主体地位不足。企业生产经营指令化、企业人事管理行政化、企业负责人级别行政化等管理方式，束缚了企业的市场主体意识与行为，抑制了企业作为市场主体参与市场竞争的动力和能力。企业隶属于行政部门管理，既不能自主经营，又不会自负盈亏；企业的生产品种、数量、价格及生产要素供给与产品销售都处于政府计划部门和有关行政主管机构的控制之下，自主权不足，能动性不够，不利于企业创新发展、竞争发展、健康发展。

第五，经济活力不足，可持续发展效率相对较低

在计划经济体制下，实行计划性生产、计划性供给、计划性分配，由于计划调节有余，市场调节不足，抑制了经济发展活力与动力，导致经济可持续发展效率相对较低。由于全国一盘棋的经济计划，难以做到全面、准确，并难以适应国内、国际两个市场特别是国际市场的变化，导致国民经济长期发展速度不稳、起伏较大、可持续发展效率不高。

从国内市场供求关系来看，没能妥善解决好市场供求平衡问题，没能妥善满足人们日益增长变化的物质需求。从20世纪50年代一直持续到70年代的粮票、油票、布票、肉票及自行车票等基本生活用品实行凭票供应的现象，留下了历史印记。

从国际经济发展实践来看，实行计划经济体制的国家和地区与实行市场经济体制的国家和地区相比，在第二次世界大战结束后的十年间，前者经济发展绩效普遍较高；但从更长的时间段对比分析，后者经济发展绩效普遍较高。

中华人民共和国成立后，我国选择社会主义计划经济发展道路，是基于马克思主义学说、基于苏联经验、基于社会主义制度决定的。从新民主主义经济时期的1953—1956年间开始探索，至社会主义计划经济时期的1957—1978年间坚持发展社会主义计划经济。社会主义计划经济从理论探索到实践应用，时间是短暂的，它的有利和不足之处留存在人们的记忆与研究之中。如果进一步探索与实践，改革与进取，

社会主义计划经济能否扬长避短，充分发挥比较优势，表现得更好，成为人们持续研究的课题。1978 年 12 月，中共十一届三中全会决定中国实行改革开放，开始实行坚持社会主义国家制度与选择市场经济制度相结合的、发挥社会主义集中力量办大事与市场经济高效配置资源双重优势相结合的、在人类历史上具有创造创新意义的、具有中国特色的社会主义市场经济制度，揭开了中国经济持续快速发展的新篇章。

三、计划经济体制下工商联组织定位与基本任务

在社会主义计划经济时期，国家经济建设主要按照计划进行，社会经济活动主要由政府部门管理。由于经济体制、经济环境的变化，工商联会员结构、工作任务、组织意识与行为发生了重大变化。

工商联组织定位：长期共存，互相监督

至 1956 年，对生产资料私有制的社会主义改造基本完成以后，绝大多数的私营工商企业转变为国家资本主义性质的公私合营企业，绝大多数的个体手工业者加入集体经济性质的手工业生产合作社。工商业者的身份已经由私营企业主转变成为公私合营企业的管理人员或员工，个体手工业者的身份已经由个体劳动者转变为手工业生产合作社社员。因为个人会员（私营工商业者和手工业者）的经济身份、经济地位、经济作用发生了显著变化，因为企业会员（国营企业和公私合营企业）已经纳入政府经济部门管理，工商联组织还有没有必要继续存在？如果继续存在，组织任务是什么？工商界今后的任务是什么？这三个问题成为工商联组织及会员、工商界及社会各界共同关注的问题。

1956 年 9 月 15—27 日，中国共产党第八次全国代表大会确立了"三个主体、三个补充"（以国家和集体经营、计划生产、国家市场为主体，有一定数量的个体经营、自由生产、自由市场为补充）的经济管理指导思想。12 月 7 日，毛泽东主席在同民建和工商联负责人谈话时指出："工商联将来怎么办？也可以长期共存，互相监督。定息取消了，资本家也还要改造。工商联这个名称可以保存下来。"[1]

---

[1]毛泽东.同民建和工商联负责人的谈话（1956 年 12 月 7 日）[M]//毛泽东文集：第 7 卷.北京：人民出版社，1999：171.

中共八大会议精神和毛泽东主席的讲话，使三大疑问迎刃而解，并为社会主义计划经济时期的工商联组织及工作指引了方向。工商联组织可以长期共存，名称保存；工商联工作主要任务是改造资本家，组织工商业者为社会主义建设服务。

工商联基本任务：为社会主义建设服务

1956年12月8日，毛泽东主席邀请出席全国工商联第二次会员代表大会的各省市代表团负责人，座谈如何进一步发挥工商界的积极作用，为社会主义建设服务问题。毛泽东主席在谈话时指出，"公私合营以来，工商界有很大的进步"；[1]174 "在资本家中要宣传把个人的事情和国家的事情联系起来，提倡爱国主义，总要想到国家的事情"；"要把家和国联系起来，这个国家你们也是有份的。"[1]177 从此，引导工商业者把个人的事情和国家的事情联系起来、把家和国联系起来，为社会主义建设服务，成为社会主义计划经济时期各级工商联的重要组织任务。

12月10日，全国工商联第二次会员代表大会召开，主任委员陈叔通以"全国工商业者继续接受社会主义改造，充分发挥积极作用，为我国伟大的社会主义建设而奋斗"为题作工作报告。报告中提出工商联的主要任务包括三个方面：1.协助国家彻底完成社会主义改造，把公私合营企业改造成为社会主义企业；把广大工商业者改造成为名副其实的劳动者。2.代表工商业者的合法权益，发挥人民团体的监督作用；同时团结广大工商业者进一步靠拢党和政府，加强党和政府工作的群众基础。3.进一步改进工商联工作，密切与广大工商业者的联系、与会员的关系，取得民建、工会、妇联、青年等有关组织的帮助和支持，在群众监督下做好工作。

1960年2月19日，在全国工商联第三次代表大会上通过的《工商业联合会章程（1960）》中确定工商联的基本任务包括六项：1.领导工商业者遵守国家的宪法、法律和政策法令。2.团结教育工商业者在参加社会主义建设工作中继续进行自我教育和自我改造。3.代表工商业者的合法利益，反映工商业者的意见和要求，并发挥人民团体的监督作用。4.组织工商业者进行学习，提高思想认识和业务水平。5.鼓励和推动工商业者向工人阶级学习，发展技术专长和经营才能，积极参加社会主义竞赛，搞好生产经营和公私关系。6.加强与世界各国工商业者的友好往来，促进各国人民之间的经

---

［1］毛泽东.同工商界人士的谈话（1956年12月8日）［M］//毛泽东文集：第7卷.北京：人民出版社，1999.

济交流和世界和平事业的发展。

社会主义计划经济时期的《工商业联合会章程（1960）》与新民主主义经济时期的《工商业联合会章程（1953）》相比，其主要变化：1.工商联的基本任务减少了一条，即"指导全国工商业者在国家总的计划下，发展生产，改善经营"的事项减去。因为随着公私合营基本完成，大多数工商业者的身份由私营企业主转变为公私合营企业的工作人员，公私合营企业内部管理权大都以公方代表为主管理，外部管理权大都由政府经济部门管理。2.工商联的基本任务增加了一条，即"加强与世界各国工商业者的友好往来，促进各国人民之间的经济交流和世界和平事业的发展"，这表明工商联更加重视国际间商会交往和世界和平事业的发展。

第八章

社会主义计划经济时期工商联组织特征与功能

在社会主义计划经济时期，工商联的重要组织任务是协助政府完成"两个继续改造"，即"企业的继续改造"：在资本主义性质的私营企业已经改造成为"半社会主义性质的公私合营企业"的基础上，继续协助人民政府通过赎买政策将"半社会主义性质的公私合营企业"改造成为"社会主义性质的国营企业"；"人的继续改造"：在工商业者已经改造成为"名副其实的劳动者"的基础上，继续协助政府将"名副其实的劳动者"改造成为"社会主义的劳动者"。各级工商联围绕协助人民政府完成"两个继续改造"，组织工商业者为社会主义建设服务开展工作，继续发挥作用。

在社会主义计划经济时期，与新民主主义经济时期相比，工商联人民团体的组织性质保持不变；政治性、经济性、民间性三大组织特征和组织功能基本保持不变，但其政治性组织功能进一步增强，经济性组织功能逐渐减弱，民间性（群众性）组织功能富有特色。

一、计划经济体制下工商联继续发挥组织作用

1957 年 2 月 25 日，中共中央同意中央统战部《关于继续发挥工商业联合会的作用的意见》，并批转各地研究执行。这个《意见》，成为社会主义计划经济时期各级工商联的工作指南。这个《意见》，包含以下主要内容。

第一，关于工商联的组织作用

《意见》指出："为了进一步调动工商界的积极因素，组织、推动工商界参加社会主义建设和协助政府继续完成对私营工商业的社会主义改造，我们需要工商联继续工

作。""因此，在今后一个相当长的时期内，工商联仍然需要存在，并且需要进一步发挥它的积极而有效的作用。"这一决定，明确了工商联的组织作用。

第二，关于工商联的组织性质

《意见》指出：工商联"仍然应该是以原来的私营工商业者为主的、各类工商业者联合组织起来的人民团体。"这一表述，再次肯定了工商联的组织性质为"人民团体"，再次表明工商联由"各类工商业者"联合组成；但增加了一句话"以原来的私营工商业者为主"，突出了私营工商业者在工商联会员构成中的主体地位，同时也间接表明，工商联会员构成中的国营经济、公私合营经济、合作社经济成分的企业会员比例减少。

第三，关于工商联的组织作用

《意见》指出：工商联的组织作用："一方面代表工商业者的合法利益，反映他们的意见和要求，对党和政府的工作进行监督；另一方面组织和推动资产阶级分子进行自我改造和参加社会主义竞赛。"

第四，关于工商联的基本任务

《意见》指出：工商联的基本任务应该是：1.充分代表工商业者的合法利益，向有关国家机关和业务部门反映他们的意见和要求，并提出批评和建议，提高他们工作和自我改造的积极性，并发挥他们对党和政府工作的监督作用。2.大力推动工商业者积极参加社会主义竞赛，发挥他们的技术和专长。3.组织工商业者进行学习，参加爱国运动和社会活动。4.提高他们的政治觉悟和业务水平，为社会主义建设服务。5.全国工商联和一些主要省、市工商联还应该参加必要的国际活动。

第五，关于工商联的主要工作对象

《意见》指出："工商联的工作，过去是、今后仍然应该是以资产阶级分子为主要对象。"有一些大、中城市的工商联对小商小贩和手工业者的工作有所忽视，这是不恰当的。今后应该在继续加强对资产阶级分子工作的同时，加强对小商小贩和手工业者的工作；县和集镇的工商联则应该主要对小商小贩和手工业者进行工作。

第六，关于工商联的组织形式

《意见》指出：工商联现有组织形式基本上不予改变，但可以根据工商业者的要求和工作的需要，做必要的调整：1.除保持原来的企业会员外，可以"依照自愿原则吸收原来从事私营工商业的个人为会员"。个人会员包括："国营企业、公私合营企业、合作社、合作性质的企业中原来的私营工商业者、其他私营工商业者；不在职的资本家及其他与工商界有关的政治代表性人物。"2."同业公会是工商联的专业性组织，是工商联的组成部分；它应该继续保留并发挥作用。"3."大、中城市的区工商联一般应该保留。区工商联在市工商联的领导下进行工作，它应该着重对于原私营工商业者进行政治教育，推动他们参加爱国运动和社会活动。"4."县工商联应该保留，集镇的工商联组织一般也应该加以保留。""县和集镇工商联应该着重对小商小贩和手工业者进行工作，代表他们的合法利益，反映他们的意见和要求，组织他们进行政治和文化学习，并帮助他们搞好生产经营。""县和集镇供销合作社和手工业合作社的负责人应该积极参加工商联的工作。"

第七，关于工商联机关干部待遇

《意见》指出："工商联机关干部是国家干部的一部分。对于他们的政治待遇和物质待遇应该同国家干部一视同仁，不应有所歧视。"

将工商联机关干部正式纳入国家干部组成部分，对于加强工商联机关工作人员队伍建设，加强工商联工作规范化、制度化建设，保障工商联机关正常运转，发挥了重要作用。这也是中国工商联组织不同于其他类型的商会组织及其他国家的商会组织的重要方面之一。1958年12月26日全国工商联接到国务院批示："各级工商联经费自1959年1月起，停止收取会费，其经费纳入国家行政预算，其人员编制，列入国家行政编制。"从1959年1月起，各级工商联组织停止了向会员收取会费，其后颁布的《工商业联合会章程（1960）》，与《工商业联合会章程（1956）》相比，取消了"经费"章节，工商联会费来源不再包括"会员的会费"事项。

第八，关于加强对工商联的领导

《意见》指出：为了充分发挥工商联的积极作用，必须进一步加强对它的领导：1.各级党委统战部应该在党委领导下改进和加强对于工商联工作的领导。2.工商联党组可以由负责领导和实际参加工商联工作的党员负责干部组成；一般可以吸收经常领导工商联工作的党员副主委或者常委、工商联机关中的党员负责干部、党委统战部管理工商联工作的负责干部参加。3.工商联机关中的党员干部，应该努力团结非党干部发挥他们的工作积极性，防止和克服包办代替的工作作风。4.为了充分发挥工商联的积极作用，应该帮助它加强上级工商联组织对下级工商联组织的领导，密切它们之间的关系。

以上重要《意见》，成为社会主义计划经济时期各级工商联组织的工作指南。实践证明，以上重要《意见》，对于指导和加强工商联组织科学化、制度化、规范化建设，保障工商联组织长期存在并发展发挥了至关重要的作用。

二、计划经济体制下工商联组织功能

社会主义计划经济体制下，工商联的组织功能主要表现在政治性、经济性和群众性三个方面。

政治性组织功能

在社会主义计划经济体制下，工商联属于人民团体的组织性质保持不变，这充分表明其政治性功能保持，在《工商业联合会章程（1960）》中明确的六项基本任务中，都与政治性功能相关。

第一，从人民团体组织性质看工商联政治功能

工商联是"各类工商业者组成的人民团体"，是中国人民政治协商会议的重要界别；工商联具有鲜明的政治性组织特征，并担负着"政治协商、民主监督、参政议政"的政治任务。

第二，从统战性组织特征看工商联政治功能

工商联是"中国工商界爱国统一战线的组织"，工商联工作是统一战线工作的重要方面，工商联事业是"中国特色社会主义事业的重要组成部分"，工商联组织尽最大可能地吸收包括大、中、小工商企业在内的工商业者，团结一切可以团结的力量，调动一切积极因素为社会主义建设服务。

第三，从基本任务看工商联政治功能

《工商业联合会章程（1960）》中，载明了工商联的基本任务，共六项：1."领导工商业者遵守国家宪法、法律和政策法令。"这就赋予了工商联组织领导工商业者的权力，并具有贯彻执行国家大政方针的政治功能。2."团结教育工商业者在参加社会主义建设工作中继续进行自我教育和自我改造。"这就要求工商联面向工商业者开展思想政治工作。3."代表工商业者的合法利益；反映工商业者的意见和要求，并发挥人民团体的监督作用。"这就明确了工商联的组织代表性，并担负民主监督职责。4."组织工商业者进行学习，提高思想认识和业务水平。"这是党和国家交给工商联的政治任务。5."鼓励和推动工商业者向工人阶级学习，发展技术专长和经营才能，积极参加社会主义竞赛，搞好生产经营和公私共事关系。"这是衡量工商业者政治态度和政治觉悟的重要方面。6."加强世界各国工商业者的友好往来，促进各国人民之

间的经济交流和世界和平事业的发展。"这有利于工商联组织和个人拓宽国际政治经济视野，增强对外政治经济交往。这六项基本任务，成为社会主义计划经济时期全国各级工商联组织的工作指南。

在1956年12月10日召开的全国工商联第二次会员代表大会上，主任委员陈叔通以《全国工商业者继续接受社会主义改造，充分发挥积极作用为我国伟大的社会主义建设而奋斗》为题作报告，重点论述了社会主义社会制度下工商业者的努力方向和工商联组织的任务。

关于工商业者的努力方向，陈叔通提出了四个方面的要求，其中涉及政治性方面的有三个方面：1.把自己改造成为一个名副其实的劳动者。2.重要的问题在于学习。3.搞好公私共事关系，在实践中加强自我改造。

关于工商联组织的任务，陈叔通重点强调了三个大的方面：1.继续负起我们的责任，完成我们的任务。强调：为了彻底完成社会主义改造，在企业改造方面，我们还要协助国家把公私合营企业逐步改造成社会主义企业；在人的改造方面，我们还要把广大工商业者改造成为名副其实的劳动者。2.代表工商业者的合法利益，发挥人民团体的监督作用。强调：应当把代表工商业者的合法利益和合理要求，作为一个中心任务，我们既要反对忽视工商业者个人利益和目前利益的"左"的倾向，同时也要反对片面地强调工商业者个人利益和目前利益，而忽视国家利益和长远利益的"右"的思想，我们必须把个人利益和国家利益两方面很好地结合起来。强调：工商联是一个人民团体，应该同一切人民团体一样，对党和政府的工作充分发挥监督作用。3.改进我们的工作。首先，要团结一致，进一步加强集体领导，发挥多数人的智慧和力量。其次，要进一步适当地、经常地展开批评和自我批评，利用批评和自我批评的武器，来克服和防止我们工作中的缺点和错误。最后，也是最重要的，为了发挥我们群众性的人民团体的作用，我们必须进一步加强与广大工商业者的联系，密切与会员的关系，取得民建、总工会、妇联和青联等有关组织的帮助和支持，并在群众的监督下做好我们今后的工作。

在社会主义计划经济体制下，各级工商联组织担负的重大任务是"两大改造"，即"企业的继续改造"，协助政府把公私合营企业继续改造为社会主义企业；"人的继续改造"，协助政府把工商业者继续改造成为社会主义劳动者。在开展"两大改造"工作任务中，把"人的改造"放在了更重要的位置，因为只有做好了"人的继续改造"工作，才能更有利于做好"企业的继续改造"工作。在这一时期，各级工商联组织工商业者开展了自我学习教育运动，并组织工商业者参与了多项全国性的社会主义教育活动及工商界的反右斗争和整风运动。

经济性组织功能

在社会主义计划经济体制下，工商联组织的经济功能主要体现在协助政府继续完成对私营工商业的社会主义改造，就是在上文中所提及的"企业的继续改造"，即协助政府通过赎买（即向私股支付定息）的办法，把国家资本主义性质的公私合营企业改造为社会主义性质的国营企业；并组织工商业者积极参加社会主义经济建设及围绕发展社会主义计划经济开展的各项重大经济运动，如社会主义竞赛运动、增产节约运动；以及积极推动工商业者踊跃认购国家经济建设公债等经济促进工作。

第一，从社会主义计划经济发展要求看工商联经济功能

经济性是商会组织的共同属性，古今中外的各类商会组织概莫能外，只是因为时代不同、社会制度和经济环境不同而有所不同。在社会主义计划经济体制下，工商联的组织任务与社会主义的社会制度、计划经济的发展方式相适应，工商联的经济性特征也在商会组织共同性特征的基础上体现出社会主义特色和计划经济特点。这样的特色和特点反映在工商联组织开展的经济性工作和活动方面。

在社会主义计划经济体制下，为了促进经济更好、更快、更高效率地发展，大力发展"一大二公"的经济组织，如"农村人民公社"和"城市集体经济组织"。倡导国家利益与个人利益的一致性；倡导依靠精神和物质双重力量推动经济发展；倡导奉公奉献，激发人的主观能动性和生产积极性；倡导"政治挂帅""抓革命促生产"，以政治动力促进生产发展。在这种思想指导下，开展了一系列社会主义运动。如以"鼓足干劲、力争上游、多快好省地建设社会主义"为主要内容的"大跃进"运动，以提高劳动生产效率为主要目的的社会主义竞赛运动和增产节约运动，等等。工商联组织及成员响应党和政府的号召，积极参与其中，并力求让组织及成员的经济活动与国家组织开展的经济运动保持高度一致。

在社会主义计划经济体制下，工商联的主体会员——私营工商业者的市场主体地位发生了显著变化。因为私营企业转变为公私合营企业以后，私营工商业者的经济地位相应地由私营企业主转变成为公私合营企业的职工，其身份不再是企业当家人，而是普通工作人员。这也是社会主义计划经济时期，工商联会员经济性特征的特别之处。社会主义计划经济的鲜明特征是公有制、计划性，在对待公平与效率的关系方

面，二者兼顾，但更加注重公平；在对待计划与市场的关系方面，同时兼顾，但更加注重计划；在对待公私利益关系方面，统筹兼顾，但更加注重公共（国家、集体和社会）利益。这样的意识与行为，成为深层次地影响工商联组织及成员的经济性特征的特别之处。

在社会主义计划经济体制下，工商联组织及会员的经济性特征，超出了纯经济性的范畴，较多地包含了政治因素，其经济行为表现更多的是体现政治经济综合性特征，其经济学，即"政治经济学"；其经济行为，即"经济行为也要讲政治"。在社会主义计划经济体制下，由于工商联主体会员——私营工商业者的市场主体地位发生了重大变化，参与性经济活动相对较多，自发性经济活动相对减少；工商联组织的经济行为，服务会员群体经济活动相对较多，服务会员个体经济活动相对较少。

第二，从组织推动工商界参加社会主义建设的工作要求看工商联经济功能

"组织、推动工商界参加社会主义建设"，是中共中央批示同意的《关于继续发挥工商业联合会的作用的意见（1957）》中明确的工商联组织最重大的经济任务。全国各级工商联响应党和政府的号召，最广泛地汇聚智慧力量，调动工商界的积极因素，团结、教育、引导广大工商业者继续发扬爱国主义精神，把自己的一切才能献给国家，为祖国的社会主义建设服务。实际工作中，各级工商联在积极组织推动广大工商业者参加社会主义劳动竞赛，参加增产节约运动，参加认购国家经济建设公债等方面做了大量的工作，作出重要贡献。实际工作中，各级工商联鼓励和推动工商业者发挥技术专长和经营才能，搞好生产经营和公私共事关系。因为在公私合营企业中，工商业者文化程度相对较高，技术专长和经营才能相对较高，充分发挥其专业人才的作用，对于公私合营企业的生产、经营、管理非常重要；因为社会主义竞赛是全民运动，工商业者群体参与社会主义竞赛既有利于为社会主义建设作贡献，又有利于进一步接受社会主义改造；因为公私合营企业中有公方代表、私方代表和工人群众三类人员共事，共同管理企业或参与企业工作，搞好公私共事关系尤为重要。

第三，从协助政府继续完成对私营工商业的社会主义改造的工作任务看工商联经济功能

协助政府继续完成对私营工商业的社会主义改造，是工商联组织的最重要且最具体的经济工作任务。主要分为两个方面：第一个方面，在社会主义改造基本完成以后，把国家资本主义性质的公私合营企业继续改造成为社会主义性质的国营企业，需

要工商联继续协助政府做好相关工作；第二个方面，手工业者和小商小贩经营者是工商联组织（特别是基层组织）的重要会员群体，在社会主义改造基本完成以后，一定时期内，管理并服务他们也是工商联的重要工作任务。在国家设立"供销合作社"和"手工业联社"两个专业管理机构以后，工商联对手工业和小商小贩的服务工作减少，但仍保留部分自愿参加工商联组织的会员的服务工作。

群众性组织功能

在 1956 年 12 月 10—23 日召开的全国工商联第二次会员代表大会上，总结了协助国家基本完成社会主义改造的经验，并研讨了社会主义计划经济体制下工商联工作。主任委员陈叔通在大会报告中指出，工商联是一个"群众性的人民团体"。一个有广泛群众基础的为社会主义建设贡献力量的群众性的人民团体，"应该充分启发和提高广大工商业者的觉悟性、积极性和创造性""使广大工商业者体会到党和政府对他们的重视，从而进一步靠拢党和政府，加强党和政府工作的群众基础"，这对我国社会主义事业是有利的。由此可见，工商联组织的群众性功能作用是明显的。

第一，从组织覆盖面和工作涉及面看工商联群众性组织功能

工商联的会员群体是以私营工商业者为主的、包括小商小贩和手工业者及国营和集体企业代表在内的各类工商业者联合组织起来的具有群众性组织特征的人民团体。工商联会员群体包括全体工商界，以中小工商业者为大多数，其群众性组织特征是明显的。就组织覆盖面而言，从全国工商联到省级、市级、县级工商联及乡镇分会或办事处或工商小组，即所谓"纵向到底"；就工作涉及面而言，从工商行业到各行各业，即所谓"横向到边"。

第二，从会员结构和服务对象多样性看工商联群众性组织功能

工商联会员，包括团体会员、企业会员和个人会员。据历年数据分析，工商联会员中，包括原工商业者、手工业者和摊贩经营者等个人会员数量多于企业会员和团体会员数量。

关于对所有愿意参加的（包括在职或不在职的）原工商业者保留工商联会员身份问题，中央统战部和全国工商联高度重视。在《工商业联合会章程（1960）》中规定："凡在国营企业、合作社、合作社联合社、合作商店和其他企业等机构工作的原来的私营工商业者和公私合营企业在职与不在职的私方人员，都可以参加工商联为会员。"究其原因，因为在社会主义计划经济时期，原工商业者的经济地位发生了变化，由私

营企业的法定代表人逐步转变为公私合营企业或国营企业的工作人员，成为人民群众的一员；他们在工商联组织中的会员身份发生了变化，由企业会员代表人转变为个人会员。大多数原工商业者由资产阶级分子转变为社会主义劳动者，成为社会主义新人。其中还有许多人进步成为社会主义先进工作者和劳动者。广大的工商业者群体已经成为"加强党和政府工作的群众基础"。

第三，从组织意识和服务宗旨看工商联群众性组织功能

工商联的组织宗旨是最广泛地团结工商界人士，为社会主义建设贡献力量。1956年12月10日，主任委员陈叔通在全国工商联第二次会员代表大会上的报告中指出：在私营工商业时期，我们主要是为自己的利益着想，很少想到国家和人民；现在，我们作为一个公职人员，应该把个人利益和国家利益结合起来，在考虑自己的问题的时候，多为国家和人民的利益着想，逐步建立起为人民服务的思想。这就是集体主义思想与个人主义思想的区别，也就是工人阶级思想与资产阶级思想的区别。这样的组织意识与行为反映了工商联组织宗旨，反映了工商联组织的大局观和群众观。

第四，从支持工商业者及其家属参加城市人民公社看工商联群众性组织功能

在社会主义计划经济时期，曾经一度开展过的城市人民公社组织试验是值得记忆的经济改革案例，也是工商业者及其家属参与的最具特色的群众性活动。

城市人民公社大都以街道为单位举办，以辖区居民为社员，辖区内工商业者，特别是工商业者家属积极参与，为创办街道集体性质的工商企业发挥了重要作用，为当时城市集体经济发展作出了贡献，为日后乡镇/街道企业兴起打下了产业发展基础并积累了经验。此外，工商业者及其家属参加城市人民公社，接受了集体劳动锻炼，培养了集体主义精神，特别是她们多半成为社办工商企业中技术或管理方面的骨干，增强了劳动价值成就感和"妇女能顶半边天"的自豪感。

1960年4月14日，民建中央、全国工商联工商业者家属工作委员会成立并召开会议。会议要求各地民建、工商联成员深入当地城市人民公社中去，调查了解工商业者家属的情况和问题，以便开展工作。4月19日，中国民建、全国工商联召开常务委员会联席会议第三次会议。会议决定派遣几个工作组，分赴东北、河南、京津、上海等地了解工商业者及其家属在城市人民公社中的思想情况和工作情况，为工商业者及其家属参与人民公社生产经营活动提供了指导和支持。

第五，从会同妇联开展工商业者家属工作看工商联群众性组织功能

在社会主义计划经济时期，工商联与妇联共同开展工商业者家属工作，其群众工

作特色鲜明：1.贯彻落实妇女工作方针，结合城市街道工作任务，组织开展工商业者家属工作。2.鼓励和推动工商业者家属积极参加力所能及的劳动。3.组织工商业者家属参加各种形式的时事政策和政治理论的学习、参观访问和各种形象化教育活动。4.组织工商业者家属参加自我教育和自我改造经验交流会。5.鼓励和推动工商业者家属学习生产技能和文化知识。6.鼓励和推动工商业者家属和他们的亲人在政治思想上互相关心、互相帮助、共同提高。如1961年5月18日，青岛市民建、工商联联席会议决定，成立工商界家属工作委员会，登记的工商界家属3678人，划分为166个小组，以街道为基地参加社会活动。

第六，从组织工商业者积极参与社会主义群众运动看工商联群众性组织功能

全国各级工商联特别重视帮助工商业者培养劳动群众感情，并积极组织工商业者参与社会主义群众运动。如上海市工商联组织原工商业者开展与工人同吃、同住、同劳动的"三同"活动和向国家献计、献技、献宝的"三献"活动；湖北省工商联组织原工商业者与工人群众一道参与以机械化、半机械化、自动化、半自动化为主要内容的"四化"技术革新群众运动等，使工商业者群体受到思想教育、劳动锻炼，从思想感情方面与劳动群众更加接近。这类活动受到工商业者群体和劳动群众共同欢迎。

三、工商联与民建联合开展工作

中国工商联与中国民主建国会两个组织，在会员结构、工作对象、工作任务等方面具有较多共同点。两个组织，都是爱国统一战线的重要组成部分，都是中国人民政治协商会议的重要组成单位，都主要以工商界人士为成员，都为国家经济发展、为工商界人士服务。两个组织关系密切：领导成员关系——交叉任（兼）职，会员关系——部分会员为双边会员，工作关系——合署办公、联合召开会议并联合开展工作。全国各级工商联和民建组织联合开展工作从20世纪50年代初开始至90年代初结束，持续近40年。

工商联与民建成立联合工作机构并合署办公 [1]

1957年7月2日，为了联合推动各地组织开展反右派斗争，全国工商联和民建

---

[1]黄孟复主编.中华全国工商业联合会50年大事记（1953—2003）[M].北京：中华工商联合出版社，2003：82-85，173，206.

中央协商成立"民建中常会、全国工商联临时工作委员会"，下设联合办公机构，在北京北河沿大街 93 号的全国工商联办公大楼合署办公。10 月 9 日，全国工商联和民建中央召开常务委员会联席会议第 25 次会议，决定将负责推动反右派斗争的"民建中常会、全国工商联临时工作委员会"改名为"民建中常会、全国工商联整风工作委员会"，负责推动包括反右派斗争在内的工商界全面整风运动。

1959 年 2 月 20 日，全国工商联和民建中央召开常务委员会联席会议第 38 次会议。在这次会议上，作出了结束"民建中常会、全国工商联整风工作委员会"，成立"民建中常会、全国工商联协作委员会"的决定。次日，协作委员会正式成立并开始办公。

1978 年 5 月 13 日，成立"民建、工商联联合工作委员会"，负责全国工商联和民建中央的日常工作。8 月 15 日，全国工商联和民建中央制定了合署办公制度。

1979 年 10 月 24 日，全国工商联第四届常委会和民建中央第三届常委会举行第一次联席会议，决定进一步做好工商联和民建的协作工作和各自的单独工作。决定"民建、工商联联合工作委员会"继续照常工作；并增设"联络委员会""生产技术经营管理委员会"；原有的"家属工作委员会"改名为"妇女工作委员会"。

直至 1991 年 3 月 30 日，民建中央和全国工商联向各地组织联合发出《关于民建、工商联分署办公中一些问题的意见》；接着，民建中央办公厅和全国工商联办公厅联合发出《民建中央、全国工商联负责人就分署办公后有关问题的协商纪要》，两个机关正式实行分署办公。计算时长，1957—1991 年，全国工商联和民建中央机关合署办公时间整整 34 年。

在全国工商联和民建中央的示范作用影响下，各地工商联机关和民建机关相应先合署办公、后分署办公。

工商联与民建联合开会联手工作[1-2]

全国工商联自 1953 年 11 月成立以后，就与民建中央联合召开会议、联手开展工作。

1954 年 9 月 9—14 日，全国工商联和民建中央联合邀请出席全国人大会议的部分工商界代表，分成 5 个小组，就如何协助政府通过国家资本主义的形式对私营工商

［1］黄孟复主编.中华全国工商业联合会 50 年大事记（1953—2003）［M］.北京：中华工商联合出版社，2003：49-100.

［2］中国民主建国会湖北省委员会.说说民建与工商联的历史渊源［EB/OL］.（2016—08—23）［2023—05—06］.http://www.hbmj.gov.cn/a/4047.html.

业进行社会主义改造问题进行座谈。9月11日，全国工商联和民建中央联合召集在京政协委员举行座谈会，座谈协助政府贯彻实行国家资本主义、推动私营工商业进行社会主义改造问题。

1955年4月14、15、18日，全国工商联和民建中央共同召开工商业问题座谈会。18日，国务院副总理李先念到会作了重要指示；商务部、财政部、国务院第八办公室负责同志分别就有关政策问题作了解释。

1956年3月29日—4月6日，全国工商联、民建中央、中国妇联联合召开"全国工商业者家属和女工商业者代表会议"。

1957年3月22—23日，出席全国政协二届三次会议的工商联和民建界别的委员共计60人，应邀参加了国务院第四、五、八办公室联合召开的工商界座谈会，有16名委员就如何搞好企业生产经营和开展增产节约问题发了言。

6月13日至8月22日，全国工商联和民建中央召开常委会联席会议第23次会议，集中地对右派言论进行了揭露和批判。

9月9日，全国工商联二届二次执委会与民建一届三次全会联合召开，这是两个组织第一次联合召开大型会议。

1958年9月6日，全国工商联和民建中央召开常委会联席会议第35次（扩大）会议，作出了《关于全国工商联、民建中常会继续加强协作的决议》，决定在整风工作委员会结束以后，民建、工商联在原有基础上继续加强协作。

从1957年5月至1959年12月，全国工商联与民建中央联合召开了41次常委会联席（扩大）会议。

1959—1983年，全国工商联和民建中央联合召开了3次全国会员代表大会。大会召开时，有分有合：参加两个会议的代表共同听取大会开幕词和闭幕词；分开听取各自的工作报告或共同听取《民建、工商联共同工作报告（1983）》；共同表决共同任务和决议；分别讨论通过各自的章程；分别选举各自的领导机构。

全国工商联与民建中央联合召开代表大会、联合召开执委会、联合召开常委会、联合召开专项工作会议、协作开展工作的机制，一直延续至1988年11月全国工商联单独召开第六次全国会员代表大会以后为止。

全国工商联和民建中央联合召开会议、联手开展工作，高效推动了工商界整风运动、增产节约运动和社会主义竞赛运动等多项重大政治、经济和社会运动开展。在全国工商联和民建中央的示范作用影响下，各地工商联和民建两个组织普遍联合开会联手工作。在工商联与民建两个组织联合开会联手工作期间，两个组织的成员在经济和社会活动方面，共同作出了有益贡献。据不完全统计：为企业提供咨询服务1.7万多项，取得可计算经济效益4.7亿元；举办各类培训班3750个，培训18.3万人次；举办工商专题讲座3573次，受教人数46万人次；在企业传授技术带徒弟1669人，受训人数26431人；编写教材538种，540万字；建立办学机构183个，其中业余学校33所，中等文化、技术、职业类学校94所（班），大专类学校56所（班）；兴办集体企业456个，参加兴办企业的两个组织成员共计1467人，安置城镇待业青年17185人，投放资金5223万元，累计盈利3908万元。开展经济咨询服务、工商专业培训和创办企业都取得了较好的经济效益和社会效益。

此外，在中国人民政治协商会议的大家庭中，工商联和民建各级组织共同组织会员参加政治协商、民主监督、参政议政，树立了良好的合作共事形象。

四、全国工商联第三次会员代表大会（1960）

1959年12月16日至1960年2月21日，中国民主建国会第二次全国代表大会与全国工商联第三次会员代表大会在北京联合举行。[1]出席、列席这次大会的人员共有1800人。大会分两个阶段进行：1959年12月16日—1960年2月18日，召开预备会议；1960年2月19—21日召开正式会议，会议总时长68天，有人称之为"神仙会"。会议期间，党和国家领导人刘少奇、朱德、陈毅、李先念、谭震林等接见了全体会议代表。这次会议的最大特点：一是全国工商联与中国民建两个组织第一次联合召开会员代表大会；二是时间长达68天，可谓马拉松会议；三是会议分预备会议（充分讨论）和正式会议（统一思想）两个时间段接续召开。

大会概况与主要精神

大会主题：适应全国"大跃进"形势要求，进一步团结教育全国工商业者，在社会主义总路线的旗帜下，鼓干劲，继续接受改造，积极为社会主义建设服务，在社会主义建设中作出新的贡献。

---

[1]黄孟复主编.中华全国工商业联合会50年大事记（1953—2003）[M].北京：中华工商联合出版社，2003：109.

1959 年 12 月 16 日，中国民主建国会主任委员黄炎培在预备会议启动仪式上致词。他指出：[1]238

十年来的事实证明，我们中的多数人在自我改造的道路上是能够逐步前进的；十年来的事实又表明，我们的进步是在不断地反复、曲折过程中取得的；十年来的事实特别有力地表明，党的领导和教育，永远是引导我们克服消极因素、继续前进的灯塔。因此，我们要永远记住和努力实践我们经常讲的一句话，那就是："听毛主席的话，跟共产党走，走社会主义道路。"

在预备会议期间，发挥"神仙会"作用，采取"三自"，即自己提出问题、自己分析问题、自己解决问题；做到"三不"，即不打棍子、不抓辫子、不戴帽子。让大家放下包袱，敞开思想，讲心里话，实事求是，以理服人。

在预备会议期间，集中讨论并分析了三个问题：1. 工商界的多数人是已经基本上站在社会主义立场还是站在资本主义立场。2. 工商界的基本任务是着重于服务还是着重于改造，服务与改造的关系如何。3. 工商界的前途问题，包括定息、高薪、工作安排、生活福利等方面的问题。

在预备会议期间，针对大家的思想顾虑和提出的问题，刘少奇与民建、全国工商联的领导人进行了座谈，[1]242 他希望工商界"顾一头"（顾国家利益和人民利益这一头），"一边倒"（倒向社会主义这一边）；他要求民建和工商联"包一头"，协助党和政府做好推动和帮助工商业者进行自我教育、自我改造、积极为社会主义建设服务的工作；他还讲了对工商业者的待遇"五个不变"，即"定息、高薪、学衔、政治安排、生活待遇"五个不变。刘少奇的讲话，进一步解除了工商界人士的思想顾虑。

1960 年 2 月 19 日，中国民主建国会第二次全国代表大会与全国工商联第三次会员代表大会正式开幕。

在开幕会上，全国政协副主席包尔汉、民革中央副主席蔡廷锴、民盟中央副主席高崇民、全国总工会副主席许之桢、全国妇联副主席史良和全国青年副主席杨静仁向大会致词。

在开幕会上，中国民主建国会主任委员黄炎培致开幕词。[1]244 全国工商联主任委员陈叔通宣读大会重要文件《全国工商业者，坚决响应党的八届八中全会的伟大号召，在总路线的光辉照耀下，提高自觉，鼓足干劲，更好地投入增产节约运动，更好地进行政治思想改造，为祖国的社会主义建设作出更多的贡献》。[1]247

---

［1］孙晓华主编.中国工商业联合会 50 年概览（上卷）［M］.北京：中华工商联合出版社，2003.

这一重要文件，回答了工商界当时普遍关心的五个重大问题：1. 关于工商界一年多来在接受社会主义改造方面变化情况的估计。2. 关于服务和改造的关系问题。3. 对于"和风细雨"的自我教育和自我改造的看法。4. 关于工商界今后进行自我教育和自我改造的要求和措施。5. 关于工商联和民建组织今后的工作。并指出：接受党的领导，走社会主义道路，才会有依靠、有方向、有办法、有前途，而离开了党的领导，就不可能有任何的出路。

这一重要文件，对工商业者提出了要求：1. 坚决依靠党，向党说真话，一心一意跟党走。2. 坚决拥护总路线、"大跃进"、人民公社，热爱社会主义。3. 积极参加体力劳动和生产实践，虚心向劳动人民学习，培养劳动人民的思想感情。4. 加强政治学习，积极参加社会实践，提高政治思想觉悟。

这一重要文件，要求民建和工商联各级组织必须做好五个方面的工作：1. 推动和帮助成员在劳动实践中继续做出成绩，取得进步。2. 开展政治学习，推动和帮助成员认真地进行政治思想改造，发挥积极作用。3. 继续培养工商界骨干分子，巩固和扩大骨干分子队伍，推动和帮助他们在劳动实践和政治学习中发挥骨干作用。4. 主动积极配合妇女联合会，进一步开展工商业者家属工作。5. 关心成员生活，适当地帮助解决困难，以利于安心改造、安心工作、安心学习。

这一重要文件得到一致通过。

大会根据工商界实际，正式提出了"听毛主席的话，跟共产党走，走社会主义道路"（简称"听、跟、走"）的口号。这一口号，反映了广大工商业者的心声，成为广大工商业者的意识与行动指南。

大会选举产生了全国工商联第三届执行委员会，选出执行委员294名。

2月22日，全国工商联三届一次执委会选出79名常委委员。选举陈叔通为主任委员，选举李烛尘、许涤新、盛丕华、荣毅仁、陈经畲、黄长水、胡子昂、巩天民、沙千里、吴雪之、乐松生、邓文钊、韩望尘、刘国钧、孙起孟、罗淑章（女）为副主任委员，选举项叔翔为秘书长。

《工商业联合会章程（1960）》修改内容

1960年2月19日，在全国工商联第三次会员代表大会上通过的《工商业联合会章程（1960）》，共分四章30条，主要内容包括：总则、会员、组织和附则。

《工商业联合会章程（1960）》与《工商业联合会章程（1956）》相比，工商联的基本任务由七项修改为六项，内容有所调整。其中，因为"协助政府继续完成对资本主义工商业和手工业、小商小贩的社会主义改造"的任务已经基本完成，所以《工商业联合会章程（1956）》中的第三条去掉；因为对工商业者进行思想教育的工作进一步明确，所以将"团结广大工商业者发扬爱国主义精神，积极参加社会主义建设"修改为"团结教育工商业者在参加社会主义建设工作中继续进行自我教育和自我改造"；因为对工商业者提出了更加重视向工人阶级学习的新要求，所以增加了"向工人阶级学习"的内容。

《工商业联合会章程（1960）》中规定的工商联组织的基本任务中更加突出了政治性任务。究其原因，主要是因为"两个改造"的根本任务中"企业改造"已经基本完成，"人的改造"上升到了更重要的位置。因为工商联组织工作指导思想的变化，对其组织工作任务作出了相应调整。

《工商业联合会章程（1960）》对会员作出新规定："市、县工商业联合会的会员，都是本省、自治区、直辖市工商业联合会的会员；省、自治区、直辖市、市、县工商业联合会的会员，也是中华全国工商业联合会的会员。"这一规定，清晰表达了各级工商联会员组织关系。

《工商业联合会章程（1960）》规定：将全国工商联，省、自治区工商联会员代表大会"每三年召开一次"修改为"每四年召开一次"；并相应规定全国工商联，省、自治区工商联的执行委员和常务委员"每届任期为四年"。

第三次会员代表大会通过的《工商业联合会章程（1960）》与第一次和第二次会员代表大会通过的章程相比，删去了"经费"部分，同时在会员义务中删去了"交纳会费"的规定。因为全国工商联收到国务院批示（1958年12月26日）："各级工商联经费，自1959年1月起，停止收取会费，其经费纳入国家行政预算，其人员编制列入国家行政编制。"全国工商联根据国务院批示，于1959年1月3日通知各级工商联遵照执行，并指示各级工商联自1959年1月起停止收取会费，各省、自治区、直辖市工商联自1959年1月起停止向全国工商联缴纳会费。

第九章

工商联组织及成员参与社会主义教育运动

在社会主义计划经济时期，党和国家组织开展了一系列的社会主义教育运动，工商联组织及成员积极参与其中。

工商界的社会主义教育运动经历了热情逐步高涨的"工商界自我改造活动""工商界向党交心的自我改造促进运动""工商界自我改造竞赛""工商界自我改造大跃进"，以及比较激烈的"工商界整风运动"等过程。

一、工商界学习高潮和自我改造活动

对资本主义工商业实行社会主义改造基本完成以后，工商联的重大组织任务之一就是对工商业者进行社会主义教育，团结引导广大工商业者走社会主义道路，努力把工商业者改造成为社会主义新人，成为名副其实的社会主义劳动者。因此，在这样的背景下工商界掀起了学习高潮，组织开展了以"自我学习、自我教育、自我改造"和"爱国主义、国际主义、社会主义"为主题的思想教育活动，并参加了多项全国性的社会主义教育运动。

工商界"三自"思想教育活动

所谓"三自"思想教育活动，即组织工商业者在自愿的基础上进行"自我学习、自我教育、自我改造"的思想教育活动。

1956年3月，为了帮助各界民主人士和工商业者进行自我改造，中国人民政治协商会议全国委员会发布了《关于组织各界民主人士和工商业者进行政治学习和理论学习的决定》，并成立了学习委员会，吸收各界民主人士和工商业者在自愿的基础上参加学习，并迅速形成了学习高潮。

9月15日，刘少奇在中国共产党第八次全国代表大会上作政治报告时指出："我们在对资本主义工商业实行社会主义改造的过程中，是把企业的改造和人的改造结合进行的。这就是在企业改造的同时，采取教育的方法，逐步地改造资本家，使他们由剥削者改造成为自食其力的劳动者。我们对民族资产阶级采取又团结、又斗争、以斗争求团结的政策，主要是教育他们。""他们在社会主义改造中采取积极态度的，我们表示欢迎；采取怀疑态度的，我们进行教育并且表示等待；采取反抗态度的，我们进行必要的斗争，而目的还是为了改造他们。"[1]

1956年底，在对资本主义工商业实行社会主义改造基本完成、社会主义建设全面展开的新形势下，为了更好地组织引导全国工商业者继续接受社会主义改造，充分发挥积极作用为我国伟大的社会主义建设而奋斗，在工商界开展了"自我学习、自我教育、自我改造"活动。12月8日，毛泽东主席召集工商界人士谈话，把这一活动引向深入、推向高潮，他在谈话[2]中指出：

工商界的学习高潮以来，你们愿意学习，工人是会对你们改变观感的。在资本家中要宣传把个人的事情和国家的事情联系起来，提倡爱国主义，总要想到国家的事情。在农村里过去曾提过"要发家，种棉花"的口号，结果大家只管家了，后来觉得这个口号提得不对，改为"爱国发家，多种棉花"，这就把家和国联系起来了。你们也要把家和国联系起来，这个国家你们也是有份的。

中国的民族资产阶级是爱国的阶级，但是不要说是红色资产阶级。民族资产阶级中有先进的、中间的、落后的，颜色不一，思想状态不一，并且有两面性，有进步的一面，有落后的一面，这是合乎事实的。因此，就有一个任务，就是学习。如果说都是好的，那就不符合事实了，也就不要学习了，变成圣人了。一个人不要满足，世界上的事情有很多是我们不知道的，我们要加紧学习。我们承认自己的缺点，这是有好处的，这样我们就有一个任务，要学习。

毛泽东主席同工商界人士的谈话，肯定了工商业者是国家的财富，肯定了工商业

[1]刘少奇在中国共产党第八次全国代表大会上的政治报告（1956年9月15日）[EB/OL].（2012-09-24）[2023-06-01].https://www.12371.cn.

[2]毛泽东.同工商界人士的谈话（1956年12月8日）[M]//毛泽东文集：第7卷.北京：人民出版社，1999：177-178.

者在公私合营中做了好事，肯定了资产阶级对国家是有用的；并要求在资本家中宣传把个人的事情和国家的事情联系起来，提倡爱国主义。毛泽东主席同工商界人士的谈话，为工商界的学习高潮及开展自我学习、自我教育、自我改造的思想教育活动指明了方向并提出了要求。

1956 年 12 月 10 日，全国工商联主任委员陈叔通在全国工商联第二次会员代表大会上的报告[1]176-198中指出：全国工商业者努力的方向是"把自己改造成为一个名副其实的劳动者"，要求工商业者加强学习，在搞好公私共事关系的工作实践中加强思想改造，积极参加社会主义劳动竞赛，为社会主义事业立新功。他较详细地阐述了工商业者加强思想改造的重要性。他要求工商业者把个人利益与国家利益、人民利益结合起来，在考虑个人利益的时候，多为国家利益和人民利益着想，并逐步建立起为人民服务的思想，逐步建立起劳动人民的思想感情。他强调："我们工商业者自我教育、自我改造的方法重在学习，通过社会生活的观察和实践、业务的实践和政治理论学习这三个互相联系的方法加强学习。通过学习，认识社会发展规律，坚定走社会主义道路的信心，进行思想改造；通过学习，破掉资本主义的一套，立好社会主义的一套，使我们在社会主义建设中发挥更大的积极力量。"他要求工商业者学习政治、理论和时事政策，学会社会主义的经营管理方法，学习科学技术和新技能，"响应国家向科学进军的号召，在我国 12 年内赶上国际水平的伟大任务中，发挥自己的一定作用。"[1]187

这次大会后，各地工商联认真学习毛泽东主席同工商界人士谈话中的指示精神，认真贯彻全国工商联第二次会员代表大会精神，工商界自我学习、自我教育、自我改造运动在全国范围内展开。例如：

山西省工商联　坚持以企业和工作岗位为基地，以劳动和实践为基础，以政治教育和思想教育为统帅的"三以"方针，把对人的教育和对企业的改造结合在一起。一方面协助省政协举办"短期政治学校"，组织工商界主要负责人参加学习；另一方面推动各市、县工商联举办"工商界短期政治讲习班""工商界业余政治学校"及各种"轮训班"进行"破资立社"启蒙教育。在组织工商业者进行政治理论学习的同时，还推动各市、县工商联配合当地妇联组织工商业者家属的学习活动。在学习教育活动中，努力做到正确教育、细致说理，改造和服务相结合，鼓励和批评相结

---

[1]孙晓华主编.中国工商业联合会 50 年概览（上卷）[M].北京：中华工商联合出版社，2003.

合。通过学习教育活动，把工商业者自我教育从遵纪守法思想水平进一步提高到社会主义思想水平；通过学习教育和公私合营企业的工作实践，使广大工商业者对国家和个人前途都有了新的认识。

河北省工商联　带头并带动市、县工商联成立学习委员会，组织工商界人士分类参加"业余政治学校"和"短期训练班"学习，参加理论学习和时事讲座的人数共计达到52800人。此外，还筹建了"河北省工商业界政治学校"及"地市工商业界政治学校"共计13所，第一期招收学员1860人。通过以上组织形式，帮助全省工商业者和大部分家属，都能较经常地、系统地参加学习。并联合民建组织开展"五比"（比交心、比规划、比贡献、比劳动、比学习）竞赛评比和全省先进单位汇报会，"全国工商联、民建中常会整风工作委员会"派员参加了会议。

广东省工商联　着力推动工商业者在劳动实践中进行有效的自我改造，学习工人阶级的优秀品质，进行思想教育和实际锻炼。省工商联编印了《工作与学习手册》，开设了"问题讨论"专栏，开展了"关于私方人员如何搞好共事关系""当前民族资产阶级是否还有两面性"的讨论，开展了"正确处理人民内部矛盾的感想和体会"笔谈，掀起了全省工商界学习高潮。全省79个县共有113186人参加学习。

重庆市工商联　在市政协的组织下，会同市民建、市妇联、市青联和市有关专业局联合开办"重庆市工商界政治学校"。组织工商业者参加工商界讲习班和政治学习活动。1956年5月至1957年8月，先后办了三期政治理论学习班，学员共1719人。通过学习，使工商业者普遍感到收获很大，大多数人回到企业后在生产、工作岗位上都有良好的表现，得到各方面的好评。为了解决全市大多数中小工商业者的学习问题，根据他们企业小、人手少、文化低的特点，从1956年4—7月，在全市分区、分点举办"工商讲座"，累计讲授64次。讲授内容包括时事政策、政治常识、社会主义经营管理基本知识、科学技术知识，听课人数达23300多人次。通过各种不同方式的学习，要求他们以政治为统帅、以企业为基地、以劳动实践为基础，贯彻服务与学习"两条腿走路"的方法，认真改造思想，改造世界观。

进入1958年，伴随着"大跃进"运动兴起，全国工商界自我学习、自我教育、自我改造的思想教育活动进入高潮，其中上海、天津、北京3地工商界走在了运动的前列。

上海市工商界　1958年2月27日，上海市民建和工商联联合举行了"鼓起干劲，投入生产建设大跃进，苦斗三年，力争自我改造大跃进"誓师大会，向上海市各民主党派组织和全国工商界提出挑战，进行自我改造友谊赛。

天津市工商界 1958年3月1日，天津市民建和工商联联合召开了"天津市工商界在社会主义大跃进中向祖国汇报大会"。在会上，提出了"向党交心"的口号。在会上，有工商业者汇报了生产经营方面的"跃进"事迹、下放参加劳动的体会及思想斗争的过程。在会上，开展了"交心运动"，把"交心"看成是资产阶级分子加速向工人阶级转化的一个重要步骤，是和平改造政策的一个好方法，认为"交心"能帮助改造资产阶级立场问题。在"交心"的基础上，掀起了订立个人"改造规划"的高潮。

3月4日，天津市工商界1500多名青年代表集会，提出"五比"条件向上海、北京、广州工商界青年挑战。"五比"条件是：比谁改造得彻底，比谁为社会主义建设贡献多，比谁在劳动中学习技术快，比谁真心诚意地向工人阶级学习得好，比谁生活艰苦朴素。他们还保证：在"整风"运动中彻底交出心来，做到又快又透又真实地挖出资本主义的根子，人人向前进；积极投入反浪费、反保守运动，大胆揭发一切浪费和保守现象，主动引火烧身，烧掉自私自利、唯利是图的思想及一切对改造的抵触情绪和不负责任的态度；真心诚意地接受党、公方代表的领导和职工群众的监督，老老实实、勤勤恳恳地工作，毫无保留地贡献技术才能和业务专长；积极参加体力劳动，学习工人阶级的集体主义精神，全心全意为人民服务，决心三年、力争两年把自己改造成为名副其实的劳动者；努力学习政治理论和时事政策，订出个人改造规划，按月向党组织和公方代表汇报，按季检查。

3月4日，天津市工商业者家属举行了向社会主义跃进的誓师大会，她们提出"积极参加社会活动，鼓励亲人彻底改造"，并且向全国工商业者家属们提出开展社会主义竞赛的挑战。条件是：1.彻底改造思想，争做新人。2.参加各项社会活动，办学校、办托儿所，为生产和劳动妇女服务。3.合理安排家庭开支，不铺张浪费，重视家务劳动，教育子女，养成艰苦朴素的作风。4.关心和鼓励亲人的思想改造，成为名副其实的劳动者。在誓师大会上，工商业者家属们掀起了比干劲、比决心、比先进的竞赛挑战高潮，会场四周墙上挂着100多张决心书、保证书和挑战应战书。新华区工商业者家属学习委员会在会上提出要100%地参加储蓄，90%的家庭生活要有计划，保证做到"五好"。

北京市工商界 1958年3月4日，近万名工商业者举行社会主义改造大跃进的竞赛大会。大会上通过了"鼓起革命干劲、力争自我改造大跃进"的保证书，其内容包括：1. 接受党的领导，全心全意为社会主义建设服务。2. 服从公方领导，坚决向本厂、本店工人学习，以厂、店为家，积极跃进，保证做到会什么干什么，有什么贡献什么，不会什么学什么。3. 积极参加劳动，根据工作需要下车间、上柜台，并且同干部、职工一道上山下乡，支援农业生产，决心在劳动实践中改造自己。4. 加速自我改造，争取在两年内把自己改造成为自食其力的劳动者。5. 改变资产阶级生活方式，树立艰苦朴素的作风。

大会上，北京市工商界青年提出向社会主义跃进目标："立即行动起来，参加体力劳动，保证在一年内改造成为自食其力的劳动者。"他们以此响应上海市工商界青年的倡议，并向全国工商界青年提出挑战。大会一致通过的北京市工商界青年向社会主义跃进的条件是：1. 永远听共产党和毛主席的话，坚定地走社会主义道路，把心交给共产党，向劳动人民和本厂、本店的工人学习，彻底改造自己的政治立场。2. 主动带头下乡上山，下车间、上柜台，哪里需要就到哪里，在劳动中彻底改造自己。3. 苦学苦练，在一年内至少学会或熟练一项劳动技能，具备自食其力的条件。4. 彻底改造资产阶级的生活方式，反掉一切吃喝玩乐、铺张浪费的坏作风，做到又勤又俭。5. 积极参加反浪费、反保守运动，为完成本企业的跃进计划作出贡献。6. 人人订立和认真执行自我改造规划，每月检查，定期评比，并且带动父兄和亲友，决心做工商界自我改造运动中的"火车头"。

大会上，北京市工商业者向上海、天津、广州、武汉、重庆、沈阳、西安等城市的工商业者倡议开展"比社会主义改造""争做社会主义改造的火车头"的友谊竞赛。

大会上，民建中央主任委员黄炎培、全国工商联主任委员陈叔通，北京市政府、市委统战部领导等到会祝贺。

1958 年 3 月 14 日，民建中央、全国工商联向各地组织发出《关于推动全国工商业者鼓起革命干劲，进一步开展自我改造大跃进运动的通函》。4 月 14—18 日，"民建中央、全国工商联整风工作委员会"在天津召开工商界自我改造经验交流现场会议。会后，全国各地掀起了"工商界向党交心的自我改造促进运动"。

对资本主义工商业实行社会主义改造基本完成以后，1956—1966 年间，全国各地工商界组织开展"三自"（自我学习、自我教育、自我改造）思想教育活动的情况见表 9-1。

表9-1　全国工商界开展"三自"思想教育活动情况

单位	工商界开展"三自"思想教育活动情况
北京市工商界	社会主义改造完成后，市工商联"以企业和工作岗位为基地，以劳动和实践为基础，以政治和思想教育为统帅"，引导工商业者自我改造，发挥聪明才智，投身国家经济建设。
河北省工商界	省、地市、县工商联成立学习委员会。筹建了"河北省工商业界政治学校"及地市"工商业界政治学校"13所，组织52800人次参加"业余政治学校"和"短期训练班"学习。促进工商业者及其家属提高社会主义觉悟，坚定了跟共产党走、走社会主义道路的信心和决心。
山西省工商界	一方面，协助省政协举办"短期政治学校"，组织工商界主要负责人参加学习；另一方面，推动各市、县工商联举办"工商界短期政治讲习班""工商界业余政治学校"及各种轮训班，进行"破资立社"启蒙教育。还推动各市、县工商联配合当地妇联，组织工商联家属的学习活动。努力做到正确教育、细致说理，改造和服务相结合，鼓励和批评相结合，对工商业者进行系统的社会主义教育。
内蒙古工商界	自治区工商联发出《关于推动工商业者遵守五项基本原则的通知》，组织学习贯彻执行五项基本原则，即1.发扬爱国主义精神，积极为社会主义建设服务；2.搞好公私共事关系，主动靠拢职工群众；3.守职尽责，参加社会主义劳动竞赛；4.加强私私之间团结；5.努力学习，加强自我改造。
大连市工商界	成立"市工商界业余政治学校"，举办"区工商界政治学习班"。先后举办脱产学习班5期，313人参加学习；举办大型报告会12场，9000多人次参加学习；并组织435人参加省、市政治学校脱产学习，1161人参加业余学习。通过学习，广大工商业者增强了走社会主义道路的信心，提高了接受社会主义改造、参加社会主义建设的积极性。
宁波市工商界	协助政府对私方人员进行教育改造工作，举办政治讲习班和政治学校，在一些带根本性的问题上教育工商业者，帮助他们提高认识。
江西省工商界	推动全省工商业者共同遵守自我改造"五项基本原则"。1958年，全省工商业者掀起"自我改造大跃进"，提出在一二年内改造成为自食其力的劳动者等口号。他们参加全民大炼钢铁，开展"一把镰刀一担货，边做生意边割禾"，支援农业生产；还开展"双献一好"（献技术、献力量，搞好公私共事关系）活动，发挥专长，为社会主义建设服务。
山东省工商界	省及各地工商联举办"工商界短期讲习班"和"工商界政治学校"，分期分批地组织工商业者和部分家属脱产学习。学习《工商业者政治常识读本》《公私合营企业改革基础知识》和重要时事政策，并辅助以形象化的教育和参观、访问活动。
湖北省工商界	省工商联根据《关于继续发挥工商业联合会的作用的意见》制定新的章程，明确了工商联今后的工作方向和工作任务。

续表

单位	工商界开展"三自"思想教育活动情况
湖南省工商界	1956—1966 年，省工商联的主要工作是着重开展对工商业者在政治思想和意识形态方面的教育和改造。
广东省工商界	1956 年，省工商联编印《工作与学习》册子，开设"问题讨论"专栏，开展"关于私方人员如何搞好共事关系""当前民族资产阶级是否还有两面性"的讨论，开展"正确处理人民内部矛盾的感想和体会"笔谈，掀起全省工商界学习高潮。全省 79 个县共有 113186 人参加学习。
四川省工商界	1956 年，全行业公私合营后，各级工商联加强了对会员的思想改造工作，组织工商业者参加工商界讲习班和参加政治学习。
重庆市工商界	1956 年，市工商联会同市民建、市妇联、市青联和有关专业局联合开办"重庆市工商界政治学校"。1956 年 5 月至 1957 年 8 月，先后开办 3 期政治理论学习班，学员共计 1719 人。此外，1956 年 4—7 月，在全市分区、分点举办"工商讲座"，听课人数累计达 23300 多人次。通过各种不同方式的学习，帮助工商业者认真改造思想，改造世界观。
贵州省工商界	全行业公私合营后，是工商业者加速自我改造的新起点。全省各地工商联成立了"工商界学习委员会"及"分会"。省（市）工商联秘书长以上的领导成员联合成立了"学委会直属小组"，学习毛泽东著作，向党交真心，改造世界观。为了加强系统理论学习，还开办了 3 个月一期的政治讲习班，组织学员脱产学习，帮助工商业者自觉加强自我改造，第一期学员 200 人。政治讲习班一直办到 1959 年。
云南省工商界	全行业公私合营后，省工商联着力推动工商界加强学习、改造思想，多数地区成立了学习委员会。昆明市成立了"市工商界业余政治学校"和短期学习班，吸收工商业者和公私合营企业中的私方人员 1439 人参加学习。据 83 个县市统计，参加学习人数达 72392 人，占市（县）工商业者总数的 72%。通过学习，工商业者明白了"资本主义必然灭亡，社会主义必然兴盛"的道理，树立了"破资本主义立场，立社会主义立场"的观念。
甘肃省工商界	1956 年，社会主义改造完成以后，工商联组织工商界人士认真学习和领会"长期共存、互相监督"方针的意义和精神，反映工商界和所联系的群众的意见和建议，发挥了一个方面的监督作用。

资料来源：孙晓华主编.中国工商业联合会 50 年概览（下卷）[M].北京：中华工商联合出版社，2003：1-883.

1958 年 12 月 25 日至 1959 年 1 月 22 日，中国民主建国会一届四中全会、全国工商联二届三次执委会联席（扩大）会议在北京召开。会议的主要任务是敞开思想、提高认识，交流自我改造的经验，进一步推动工商界人士忠诚接受中国共产党的领导，在劳动和实践的基础上，以企业或者工作岗位为基地，加强自我改造，积极为社会主义建设服务。会议通过了《关于当前工商业者加强自我改造、积极为社会主义建设服务问题的几点认识》等文件，会议确立了服务与改造相结合的工作方针，并把工作重点转移到为社会主义服务的实践上来。

工商界"三个主义"思想教育活动

所谓工商界"三个主义"思想教育活动，是指在工商界人士中间开展的以"爱国主义、国际主义、社会主义"为主题的思想教育活动。

1962年12月24日至1963年1月20日，全国工商联三届二次执委会与民建中央二届二次会议在北京联合召开。会议的中心内容是：深入学习贯彻中共八届十中全会精神，结合工商界的实际情况，提出在工商界开展爱国主义、国际主义、社会主义（简称"三个主义"）思想教育，推动民建、工商联成员鼓足干劲、增产节约，使民建、工商联工作为贯彻落实中共八届十中全会精神更好地服务。会议经过分组讨论、联组讨论和大会发言，统一了思想认识：必须有组织、有领导、有准备地做好"三个主义"的思想教育工作。会议通过了《关于在工商界开展爱国主义、国际主义、社会主义思想教育，推动成员和家属鼓足干劲，努力增产节约的决议》。会议号召工商业者在阶级斗争中站稳脚跟，在政治思想上不断进步，在增产节约和社会主义建设中做出成绩，并要认真学习马克思列宁主义和毛泽东主席的著作，加强世界观改造，过好社会主义这一关。[1]133-134

1963年2月16日，全国工商联和民建中央联合印发1963年共同工作要点，其中第一条列入"广泛、深入开展爱国主义、国际主义、社会主义的思想教育"。[1]137

4月18日，民建中央和全国工商联共同听取天津市民建、工商联汇报后，提出要把政治任务落实到企业基层组织，要把爱国主义、国际主义、社会主义的思想教育落实到增产节约运动中去，在不同岗位上作出贡献。[1]138-139

4月19日，全国工商联和民建中央联合发出通知，要求：对体弱多病的不在职的工商业者，要上门谈心，使"三个主义"教育家喻户晓，对有条件的要鼓励他们参加适当的事业活动，为企业作一些贡献。[1]139

7月16日至8月23日，全国工商联和民建中央在北京联合召开宣教工作座谈会。会议中心内容是研究、分析工商界的动态，交流在工商界开展"三个主义"思想

---

［1］黄孟复主编.中华全国工商业联合会50年大事记（1953—2003）［M］.北京：中华工商联合出版社，2003.

教育的经验。[1]139-140

11月17日至12月4日，中国人民政治协商会议第三届全国委员会第四次会议号召：一切爱国的拥护社会主义事业的人们，积极投入社会主义教育运动，努力进行自我教育和自我改造，过好社会主义这一关。[2]98

12月10日，全国工商联和民建中央召开常委联席会议，作出《在工商界更加广泛、更加深入、更加系统地开展"三个主义"思想教育的决议》。《决议》指出，当前主要的政治任务，就是要在中国共产党的领导下，切实贯彻执行全国人大和全国政协两个会议的决议和精神，切实贯彻执行全国政协提出的各项任务，推动和帮助全体成员积极投入增产节约运动，进一步接受"三个主义"教育，在社会主义革命和社会主义建设中作出应有的贡献。[1]141

1964年1月29日，中国人民政治协商会议第三届全国委员会常务委员会第四十三次会议讨论通过了《中国人民政治协商会议全国委员会常务委员会关于在各界人士中进一步开展爱国主义、国际主义和社会主义思想教育计划大纲》。2月10日，全国工商联和民建中央联合向各地组织转发了这个文件，进一步推动了工商界"三个主义"思想教育活动更加广泛、更加深入开展。[1]144

3月10日，全国工商联和民建中央向所属各级组织印发1964年共同工作重点。其中明确要求：更加广泛、更加深入地开展爱国主义、国际主义和社会主义思想教育。[1]144

4月20日至6月23日，全国工商联和民建中央在北京联合召开开展爱国主义、国际主义和社会主义思想教育工作经验汇报会。参加会议的有25个省、市、自治区及部分市（县）民建和工商联负责人共计73人。[1]145会上一些人认为，工商界"三个主义"思想教育已经搞了一年多，为什么还要再搞几年？建议"三个主义"思想教育适可而止。会议统一思想并明确指出：现在，广大工人、农民、共产党员都在进行社会主义教育，如果工商界不接受"三个主义"思想教育、端正思想，就跟不上形势的发展。在社会主义改造问题上，绝不能"适可而止"。工商界必须痛下决心，改变立场。也就是说，不管三七二十一，坚决相信共产党，坚决地听、跟、走，跟到底，走到底。[2]97-98

---

［1］黄孟复主编.中华全国工商业联合会50年大事记（1953—2003）［M］.北京：中华工商联合出版社，2003.

［2］本书编写组.中华全国工商业联合会简史（1953—2013）［M］.北京：中华工商出版社，2013.

全国各地工商界人士开展"爱国主义、国际主义和社会主义"的思想教育活动，在各地民建和工商联组织领导下进行，深入持久地开展。例如：

河北省工商界 通过召开联席会议，提出五项任务：1.组织全省工商界开展"爱国主义、国际主义和社会主义"思想教育，更加积极地为社会主义事业服务。2.推动省民建、工商联成员和家属鼓足干劲、搞好生产，做好工作，在增产节约运动中积极作出贡献。3.开展爱国守法思想教育，与一切不法行为作斗争。4.学习毛泽东著作，进行政治立场和世界观的根本改造。有特色的工作主要包括：1.要求具有工商业者身份的各级领导成员带头革命、带头改造，积极负责地工作。2.组织在省民建、工商联机关工作的具有工商业者身份的工作人员，进行"革命化学习"，以阶级斗争为纲，强调自我革命，检查总结关于接受党的领导、为谁服务、立场路线、自身改造等方面存在的不足和问题。3.帮助工商业者改造思想、提高认识，跟上形势，积极投入社会主义革命和建设。

旅大市工商界 通过在工商业者当中开展"工作好、学习好、改造好"三好竞赛活动，促进"三个主义"教育取得实效；通过在工商业者家属当中开展"三个主义"教育、学习毛主席著作、教育子女走革命化道路三项学习实践活动，促进思想教育活动深入开展；通过组织引导工商业者在阶级斗争、生产斗争和科学实验三大革命运动的实践中加速改造自己，更好地为社会主义建设事业服务。

浙江省工商界 省民建、工商联联合作出《关于在工商界中开展爱国主义、国际主义、社会主义的思想教育，推动成员和家属鼓足干劲，努力增产节约的决议》，采取"出门接受教育"的方式，组织工商业者外出到基层到企业边参观、边学习、边劳动。

全国各地民建、工商联组织工商界开展"三个主义"思想教育活动的情况大同小异。这项工作一直持续到与社会主义教育运动、工商界整风运动相衔接。

二、工商界整风运动

至1956年底，对资本主义工商业的社会主义改造基本完成以后，剥削阶级作为一个阶级被逐步消灭，民族资产阶级和小资产阶级的成员逐步转变为社会主义劳动者，我国社会主义制度得到初步确立。在新的历史条件下，阶级斗争已不再是我国社会的主要矛盾，但人民内部矛盾却日益凸显。

工商界学习贯彻《正确处理人民内部矛盾的问题》

1956 年下半年，国际共产主义运动出现了大的波折，发生了波兰、匈牙利事件（指波兰于 1956 年 6 月、匈牙利于 1956 年 10 月发生的因其国内社会矛盾和反苏情绪引起的政治事件）。1956 年 9 月至 1957 年 3 月，我国个别地方发生了少数工人罢工、学生罢课、农民闹退社等事件。[1]482-483 这类事件，引起了一些人的思想波动，引起了一股错误的自由思潮。

面对这种复杂的新情况，1957 年 2 月 27 日，毛泽东在最高国务会议第十一次（扩大）会议上作《关于正确处理人民内部矛盾的问题》的讲话，提出了关于社会主义社会条件下正确处理人民内部矛盾的重大理论问题。[1]484-485

毛泽东指出：矛盾是普遍存在的，社会主义社会也充满着矛盾，正是这些矛盾推动着社会主义社会不断地向前发展。"在社会主义社会中，基本的矛盾仍然是生产关系和生产力之间的矛盾，上层建筑和经济基础之间的矛盾。"[2]214 这些矛盾可以经过社会主义制度本身的调节，不断得到解决。

毛泽东还指出：凡属于人民内部的争论问题，只能用民主的方法去解决，只能用讨论的方法、批评的方法、说服教育的方法、"团结—批评—团结"的方法去解决。[2]209-210

毛泽东提出：正确处理人民内部矛盾的问题，以便团结全国各族人民进行一场新的战争——向自然界开战，发展我们的经济和文化，巩固我们的新制度，建设我们的新国家。[2]216

毛泽东还联系"两类不同性质的矛盾""肃反问题""农业合作化问题""工商业者问题""知识分子问题""少数民族问题""统筹兼顾、适当安排""关于百花齐放、百家争鸣，长期共存、相互监督""关于少数人闹事问题""坏事能否变成好事？""关于节约""中国工业化的道路"共 12 个方面的问题，系统地分析和阐明了正确处理各方面人民内部矛盾的方针和方法。

《关于正确处理人民内部矛盾的问题》是一个重大的理论问题。其理论贡献：提

---

［1］中共中央党史研究室著.中国共产党的九十年——社会主义革命和建设时期［M］.北京：中共党史出版社，党建读物出版社，2019：482-486.

［2］毛泽东.关于正确处理人民内部矛盾的问题（1957 年 2 月 27 日）［M］//毛泽东文集：第 7 卷.北京：人民出版社，2009.

出了关于社会主义社会矛盾问题的学说，创造性地论述了社会主义建设时期，人民内部存在的各种矛盾及处理方法，并把正确处理人民内部矛盾作为国家政治生活的主题。其着眼点：在于调动一切积极因素，团结一切可以团结的人，尽可能将消极因素转变为积极因素，为社会主义建设这一伟大事业服务。其实际意义：在革命时期的大规模的急风暴雨式的阶级斗争基本结束以后，把正确处理人民内部矛盾作为我国政治、经济和社会生活的主题提出来并上升到理论高度，对于指导社会主义建设事业长远发展作用重大。其历史贡献：科学分析社会主义社会的基本矛盾，科学地揭示了社会主义社会发展的客观规律，为后来的社会主义改革奠定了理论基础。

《关于正确处理人民内部矛盾的问题》一文中关于中国民族资产阶级、工商业者及其矛盾方面的论述主要有：

在我们国家里，工人阶级同民族资产阶级的矛盾属于人民内部的矛盾。工人阶级和民族资产阶级的阶级斗争一般地属于人民内部的阶级斗争，这是因为我国的民族资产阶级有两面性。在资产阶级民主革命时期，它有革命性的一面，又有妥协性的一面。在社会主义革命时期，它有剥削工人阶级取得利润的一面，又有拥护宪法、愿意接受社会主义改造的一面。[1]206

全国解放以后，我们对民主党派和工商界也采取了"团结—批评—团结"这个方法。[1]211

有人说，中国资产阶级现在已经没有两面性了，只有一面性。这是不是事实呢？不是事实。一方面，资产阶级分子已经成为公私合营企业中的管理人员，正处在由剥削者变为自食其力的劳动者的转变过程中；另一方面，他们还在公私合营的企业中拿定息，这就是说，他们的剥削根子还没有脱离。他们同工人阶级的思想感情、生活习惯还有一个不小的距离。[1]223

在过去几年中，大多数工商业者是愿意学习的，并且有了显著的进步。工商业者的彻底改造必须是在工作中间，他们应当在企业内同职工一起劳动，把企业作为自我改造的基地。但是经过学习改变自己的某些旧观点，也是重要的。工商业者的学习，应当以自愿为基础。许多工商业者在讲习班里学习了几十天，回到工厂，同工人群众和公方代表有了更多的共同的语言，改善了共同工作的条件。他们从亲身的经验懂得，继续学习，继续改造自己，对于他们是有益的。[1]224

---

[1]毛泽东.关于正确处理人民内部矛盾的问题（1957年2月27日）[M]//毛泽东文集：第7卷.北京：人民出版社，2009.

以上重要论述，对于中国民族资产阶级、工商业者意识与行为的影响是重大的。

1957年4月2日，全国工商联向各地组织发出《关于针对目前工商界思想动态，进一步加强宣传教育工作的指示》，指出：对工商业者的思想教育工作，应该运用正确处理人民内部矛盾的教育方法，进行耐心说服，讲道理，并要同每个时期的各项实际活动相结合。

4月27日，在全国各省、市工商联秘书长会议上，全国工商联主任委员陈叔通在讲话时指出：毛泽东主席《关于正确处理人民内部矛盾的问题》的讲话，是我们国家政治生活中的一件大事。我们应该好好学习，并以这个指示作为我们进行工作的依据。

5月11日，全国工商联邀请北京、天津两地工商界代表人士座谈工商界如何认识和正确处理人民内部矛盾问题，鼓励工商界消除顾虑，大胆地鸣，大胆地放。随后，全国各级工商联组织及会员在当地党委和政府的领导下，掀起了认真学习贯彻《关于正确处理人民内部矛盾的问题》重要讲话精神的高潮，展开了工商界整风运动。

工商界开展整风运动

工商界开展整风运动，其主要目的在于：从政治思想上破资本主义，立社会主义，帮助工商业者转变成为社会主义劳动者，使绝大多数人在行动上真正做到"听毛主席的话，跟共产党走，走社会主义道路"。工商界整风运动的时间长度从1957年下半年开始至1959年初结束。分为两个阶段：第一个阶段，1957年7月，中央统战部提出的《关于在工商界全面开展整风的意见》，经过中共中央批准后下发各地执行，这一阶段的整风运动习惯称为"工商界全面整风运动"；第二个阶段，1958年2月13日，民建中央和全国工商联联合向工商界发出《关于推动一般整风运动的决定》，这一阶段的整风运动习惯称为"工商界一般整风运动"。

工商界整风运动是伴随中国共产党党内整风运动开展起来的。

1957年3月12日，毛泽东在中共中央召开的有党外人士参加的全国宣传工作会议上讲到准备整风问题，强调要继续贯彻执行"百花齐放，百家争鸣"的方针。他指出：领导我们的国家应该采取"放"的方针，就是放手让大家讲意见，使人们敢于说话，敢于批评。他明确宣布：整风先在党内整，党外人士自愿参加，批评主观主义（包括教条主义）、宗派主义、官僚主义，克服错误，造成自由批评的环境和习惯。整风方法，像延安那样，研究文件，批评错误，小小民主，和风细雨，治病救人，反对一棍子打死人的方法。[1]

4月27日，中共中央发出《关于整风运动的指示》，决定在全党进行一次以正确处理人民内部矛盾为主题，以反对官僚主义、宗派主义和主观主义为内容的整风运动。[1]

4月30日，毛泽东等中央领导人邀请各民主党派负责人和无党派民主人士谈话。毛泽东说：几年来都想整风，但找不到机会，现在找到了。现在已经造成批评的空气，这种空气应继续下去。整风总的题目是要正确处理人民内部矛盾，反对主观主义、宗派主义和官僚主义。他希望通过各界人士的批评，使党的作风真正得到改进。[1]

5月1日，《人民日报》公布中共中央《关于整风运动的指示》，决定在全党开展整风运动。[1]一场以正确处理人民内部矛盾为主题的整风运动随后以先党内（共产党内）、后党外的次序迅速在全国范围内展开。

中共中央特别重视邀请党外人士帮助共产党整风，5月4日，专门为此发出指示：最近两个月来，在各种有党外人士参加的会议上和报纸刊物上所展开的，关于人民内部矛盾的分析和对于党政工作缺点的批评，对于党与人民改正错误，提高威信，极为有益，应当继续展开，以利我党整风。"没有社会压力，整风不易收效。"[2]441

从此以后，中国共产党全党整风进入了集中征求党外人士意见的阶段。5月15日至6月8日，中共中央统战部、国务院第八办公室联合召开了25次工商界人士座谈会。5月15日，中央统战部部长李维汉在座谈会一开始就明确表示："召集这个会的目的，就是请大家帮助我们整风，帮助我们改正缺点和错误。"他特别说明：通过统一战线的方式来推动我们整风，这在共产党的历史上还是第一次，因此希望大家多发表一些批评意见。[3]80-81 5月16日，毛泽东在为中共中央起草的《关于对待当前党外人士批评的党内指示》中指出：[2]442 自从展开人民内部矛盾的党内外公开讨论以来，异常迅速地揭露了各方面的矛盾。这些矛盾的详细情况，我们过去几

［1］中国共产党大事记 .1957 年［EB/OL］.（2012-06-12）［2023-05-08］. http://www.12371.cn.

［2］中共中央党史研究室著 .中国共产党历史　第二卷（1949—1978）上册［M］.北京：中共党史出版社，2011.

［3］本书编写组 .中华全国工商业联合会简史（1953—2013）［M］.北京：中华工商联合出版社，2013.

乎完全不知道。现在如实地揭露出来，很好。党外人士对我们的批评，不管如何尖锐，基本上是诚恳的、正确的。这类批评占 90% 以上，对于我党整风，改正缺点错误，大有利益。

8 月 27 日，中央统战部部长李维汉就工商界全面开展整风运动问题发表讲话，希望工商业者能够在资本主义和社会主义两条道路何去何从这一问题上，决定选择社会主义这一条道路，要求工商业者一心一意而不是三心二意地跟共产党走，他建议工商界的整风运动可以采取"大鸣、大放、大辩论"的方法，并提出了 7 个辩论议题，包括：社会主义的优越性问题；资本主义经济和资本主义立场的反动性问题；当前资产阶级的两面性问题；继续接受社会主义改造问题；接受共产党领导问题；同工人的关系问题；公私合营企业中公方代表制度问题。[1]81 同日，全国工商联发出通知，要求各地组织结合整风运动推进工作。

9 月 9—21 日，全国工商联二届执委会第二次会议与民建中常会一届三次会议在北京联合举行。会议的主要任务是讨论在全国工商界开展全面整风运动的方针、政策、部署，澄清思想、统一认识，掀起迎接社会主义改造的新高潮。会议一致通过了《在工商界大力开展全面整风运动的决议》。[1]84[2]81

10 月 9 日，民建中常会和全国工商联召开常务委员会联席会议第 25 次会议，决定将"民建中常会、全国工商联临时工作委员会"改为"民建中常会、全国工商联整风工作委员会"。[2]85

10 月下旬至 12 月中旬，民建中常会、全国工商联整风工作委员会华东、中南、西北工作组，分别出发到上海、南京，到武汉、长沙、广州，到昆明、重庆、成都、内江、自贡、兰州、西安等地视察工商界开展整风运动的情况。

12 月上旬起，全国工商联机关转入以整改为重点的整风运动第三阶段。全体工作人员运用大字报，以认真负责、严肃诚挚的态度，对机关党组织和行政工作方面提出了许多批评意见和建议；同时，群众对领导及群众之间也用大字报展开了批评和自我批评，形成了整风整改的热潮。[2]88

1958 年 1 月 7 日，全国工商联邀请山东、浙江、北京、天津、广州、杭州、章丘、上虞等省、市、县工商联派员到北京参加座谈会，讨论了有关工商界开展全面整

［1］本书编写组.中华全国工商业联合会简史（1953—2013）［M］.北京：中华工商联合出版社，2013.

［2］黄孟复主编.中华全国工商业联合会 50 年大事记（1953—2003）［M］.北京：中华工商联合出版社，2003.

风后工商联组织的性质、任务、作用有没有变化，工商联今后应该做什么工作，县、镇工商联及同业公会和会员小组等组织问题。[2]91

2月9日，民建中常会和全国工商联召开常务委员会联席会议第30次（扩大）会议上，作出《关于推动一般整风运动的决定》。[2]93其中要求：1.弄清政治上的大是大非，根据"六条政治标准"，对政治上何去何从作出正确抉择。2.鼓励为生产大跃进和社会主义事业建设尽心竭力作出贡献。3.初步养成用批评和自我批评的方法进行自我改造的习惯。《决定》还对一般整风工作的具体步骤作出了指示。

"六条政治标准"：1.有利于团结全国各族人民，而不是分裂人民。2.有利于社会主义改造和社会主义建设，而不是不利于社会主义改造和社会主义建设。3.有利于巩固人民民主专政，而不是破坏或者削弱这个制度。4.有利于巩固民主集中制，而不是破坏或者削弱这个制度。5.有利于巩固共产党的领导，而不是摆脱或者削弱这种领导。6.有利于社会主义的国际团结和全世界爱好和平人民的国际团结，而不是有损于这些团结。

2月15日，全国工商联和民建中常会联合发出通知：要求各级组织充分发动群众，大胆地、尽量地揭发全国工商联和民建中常会领导层和机关负责干部在政治上、组织上、思想上的缺点和错误。以便在一般整风运动中认真地改正错误、克服缺点。[1]94

3月6日，中央统战部部长李维汉在全国工商联和民建中常会负责人参加的座谈会上讲话中指出：工商界掀起整风运动是一件大事，这个运动是工商界政治思想上社会主义革命的普遍和深入；并建议不要"关门整风"，应采取各种适当方式到各地去看看，把机关的一般整风与工商界的一般整风运动结合起来。[1]94

4月14—17日，全国工商联、民建中常会整风工作委员会为了交流"工商界自我改造大跃进"的经验，推动工作，在天津举行了"工商界自我改造大跃进经验交流现场会"。会上，通过了"7省（区）、8市工商业者自我改造竞赛协议书"，并向各省、市、自治区的工商界提出倡议，使工商界的自我改造和整风运动进入一个新的阶段。[1]96

5月28日，全国工商联、民建中常会向各地组织发出联合通知：号召全体成员

[1]黄孟复主编.中华全国工商业联合会50年大事记（1953—2003）[M].北京：中华工商联合出版社，2003.

认真学习中共八届二中全会精神，用尽一切力量，把整风运动进行到底；克服一切障碍，加速自我改造，同全国人民一道，鼓足干劲，力争上游，为贯彻实现党的社会主义建设总路线，多快好省地完成伟大的社会主义建设事业而奋斗。[1]97

7月22日至8月16日，全国工商联、民建中常会整风工作委员会在上海召开"工商界自我改造经验汇报会"，会议期间参观了"上海市1957—1958年工商界整风运动展览"，参观了以企业为基地的工商业者自我改造工作现场，交流了各地工商业者自我改造经验；签订了《工商界坚决贯彻社会主义建设总路线，加速自我改造竞赛协议书》。其中指出整风运动对于工商界的教育是深刻的。今后，必须以企业为基地，积极投入社会主义建设的实践中去，尽量把自己改造成为名副其实、自食其力的劳动者。其中提出竞赛内容四项：1.比交心：向党交心，破资本主义，立社会主义。2.比规划：订立和执行改造规划。3.比劳动：劳动锻炼好，向工农兵学习好、理论与实践结合好。4.比家属工作：看谁做得好。他们并以此作为条件，向全国各地工商业者倡议，掀起了自我改造新的热潮。[1]99

1958年12月25日至1959年1月22日，全国工商联二届三次执委会与民建一届四次全会联席（扩大）会议在北京召开。会议主要任务是：交流自我改造经验，进一步推动工商业者以企业或者工作岗位为基地，加强自我改造，积极为社会主义服务。会议形成了《关于当前工商业者加强自我改造，积极为社会主义建设服务问题的几点认识》等文件，进一步强调了"以政治思想为统帅，以劳动和工作为基础，以企业或其他工作岗位为基地"的"三以"方针，阐释了服务与改造相结合，在积极服务中加强改造的重要性。[1]101-102

1959年3月30日至4月9日，全国工商联、民建中常委协作委员会听取了各地工作情况汇报后，分析认为整风运动开展后工商界的政治思想状况起了变化：1.对整风政策怀疑畏惧情况开始有所好转。2.多数人认为有必要继续接受改造。3.对当前新形势的认识有所提高。4.对民建、工商联组织作用和工作方向有所明确。5.对"在积极服务中加强改造"的方针有了初步的认识。[1]104

工商界整风运动，对于工商业者接受社会主义改造，做社会主义新人，起到了重要促进作用。

---

[1]黄孟复主编.中华全国工商业联合会50年大事记（1953—2003）[M].北京：中华工商联合出版社，2003.

三、工商界抉择：为国家利益着想，为社会主义服务

1960 年 1 月，在联合召开的中国民主建国会第二次全国代表大会和全国工商联第三次会员代表大会会议期间，中共中央副主席刘少奇在会见中国民主建国会和全国工商联领导人时，关于工商业者教育、改造和待遇问题作了重要指示。他说：[2-3]

党对工商业者采取负责到底、照顾到底的方针，在定息、高薪、退职、退休、病假工资等问题上要进一步明确解决。希望工商业者顾一头，一边倒，一心一意奔改造和服务的一面，奔社会主义的一面；希望民建和工商联包一头，协助党做好推动和帮助工商业者进行自我教育和自我改造、积极为社会主义建设服务的工作。

对于高薪问题……我们的政策是高薪不降，调职不减薪，减者补发。总而言之，工商界只要跟着人民政府，一心一意搞社会主义，同共产党合作，不论老、病或有其他困难，国家都要负责到底，包到底。

刘少奇的重要指示，重申了党和政府对工商业者"负责到底、照顾到底"的基本政策，对工商业者的生活和政治待遇给予适当照顾；号召工商业者"顾一头，一边倒"，即顾国家利益和人民利益这一头，倒向社会主义这一边；同时要求民建和工商联，在协助党和政府做好推动和帮助工商业者进行自我教育和自我改造的工作方面"包一头""包到底"。刘少奇的重要指示，进一步解除了工商界人士的思想顾虑，成为这次大会学习讨论的重要议题之一。

关于"顾一头，一边倒"

所谓"顾一头，一边倒"，是指党和政府希望工商业者顾国家利益和人民利益一头，倒向社会主义一边。

1960 年 2 月 19 日，在中国民主建国会和全国工商联联合召开的全国代表大会上，全国工商联主任委员陈叔通宣读了一个重要文件——《全国工商业者，坚决响应党的八届八中全会的伟大号召，提高自觉，鼓足干劲，更好地投入增产节约运动，

---

[1]刘少奇会见民建、工商联领导人的谈话（节录）（1960 年 1 月）[M].孙晓华主编.中国工商业联合会 50 年概览（上卷）.北京：中华工商联合出版社，2003：242.

[2]在民主党派中提倡"神仙会"[EB/OL].（2006-06-07）[2023-06-01].http://cpc.people.com.cn.

更好地进行思想改造，为祖国的社会主义建设作出更多的贡献》。该文通过"三个回想、三个看到"说明了"顾一头，一边倒"的重要性，即："我们民族工商业者对于祖国的繁荣和富强，有着爱国主义的愿望和感情。回想旧中国贫穷积弱，受欺压，被奴役；看到今天新中国的社会主义事业蒸蒸日上，国际地位空前提高。回想旧中国经济崩溃，民不聊生，道德败坏，尔虞我诈，即使有了钱也掌握不住自己的命运；看到新中国生产越来越发展，物质和文化生活越来越丰富多彩，社会的道德面貌越来越高尚。回想旧社会，青年毕业就是失业，受到百般摧残；看到今天我们的子女在党的培养教育下，生气勃勃，前途远大。""想想过去，看看今天，我们深刻体会到，只有中国共产党和毛主席的领导，我们的祖国才能繁荣富强，全国人民才能有光明的前途。我们工商业者和工商业者家属都是祖国的儿女，十年来，受到党的教育和培养，经过不断改造，才能够为祖国的社会主义事业增添一砖一瓦。"[1]266

在这次代表大会上，根据工商界实际提出了"听毛主席的话，跟共产党走，走社会主义道路"[1]288的口号，从此以后，"听、跟、走"成为工商业者的政治立场和行为导向，成为工商业者"顾一头，一边倒"的意识与行为的具体体现。

3月1日，《人民日报》发表社论《工商业者应当下决心"顾一头，一边倒"》，社论指出："顾一头，一边倒"是当前工商业者进一步接受社会主义改造的关键问题。"是一心顾个人利益而不顾国家利益和人民利益呢？""或者是既顾个人利益又顾国家利益和人民利益，两头都顾，等量齐观呢？""还是一心顾国家利益和人民利益，而把个人利益放在国家利益和人民利益之下呢？"这是一个尖锐的问题。我们希望工商业者做出明智的抉择：这就是"一心顾国家利益和人民利益这一头，倒向社会主义这一边"。[1]286

社论还指出：我们党从来就注意照顾工商业者在社会主义改造过程中在政治上和经济上的合理利益。党和政府将继续贯彻执行和平改造政策包括赎买政策，对接受改造的工商业者在生活上和工作机会上照顾到底、包到底。十年来，党和政府已经这样做了，今后还要这样做下去，这是坚定不移的方针。[1]286只要工商业者"顾一头、一边倒"，一心一意为社会主义服务，为国家和人民的利益着想，国家和人民就会照顾他应得的个人利益那一头。[1]287

社论号召，工商业者要认清道理，不要徘徊瞻顾、摇摇摆摆、三心二意，而应当

---

［1］孙晓华主编.中国工商业联合会 50 年概览（上卷）［M］.北京：中华工商联合出版社，2003.

下决心"顾一头，一边倒"，一心一意地为社会主义服务。这样经过长期的实践，就会对国家和人民作出更多的贡献。[1]287

这次会议以后，全国工商联和中国民主建国会将会上部分会员发言编辑成《"顾一头，一边倒"，坚决为社会主义服务》文集，发行21万册，广泛宣传，家喻户晓，深入人心。

关于"负责到底，照顾到底"

所谓"负责到底，照顾到底"，是指党和政府对工商业者的生活和政治待遇给予适当照顾的基本政策。

1959—1961年3年间，因为农业遭受严重的自然灾害，因为工业重点项目建设受阻（苏联援建项目停建或半停建），国家经济处于困难时期。同全国人民一样，部分工商业者的工作和生活面临困难。中国共产党和各级人民政府高度重视、关心与党同心同德的工商业者的工作和生活问题，确立了"负责到底，照顾到底"的基本政策。各级统战部及有关部门，各级工商联、民建组织都做了大量深入细致的工作。

1960年1月11日、14日、19日，全国工商联分三批约请部分省、市、县工商联负责干部座谈，就各地工商业者生活情况、生活互助金使用情况和存在的主要问题交流情况、交换意见。2月19日，全国工商联召开工商界生活互助金委员会第三次全体会议，着重讨论生活互助金的地区间调节问题及生活互助金是否可以用来办一些工商界福利事业等问题。

1961年3月27日至4月22日，全国工商联、民建中常会在北京联合召开了有北京、上海、天津、武汉、广州、西安、沈阳、重庆8市和浙江、江苏两省相关负责人参加的会议。会议比较集中地讨论了有关工商业者安排使用和公私共事关系问题、工商业者病假工资和疾病医疗待遇问题、工商业者年老体弱多病问题、1962年以后的定息问题及工商界思想动态等方面的情况。8月7日，全国工商联和民建中常会向各地发出联合指示，要求重视工商业者家属工作，请各地民建和工商联与当地统战部联系，研究解决两个主要问题：一是关于对部分家属因无生产任务暂时回家引起生活困难给予适当照顾的问题；二是关于适当吸收"工商业者家属工作委员会"正、副主

---

[1] 孙晓华主编.中国工商业联合会50年概览（上卷）[M].北京：中华工商出版社，2003：287.

任作为专职干部列入编制的问题。8月17日，中共中央对中央统战部报送的《关于继续贯彻对资产阶级人员安排政策的意见》作出批语："对于民主人士的职务和公私合营企业中的资方人员的职务，不要轻易变动。除有违法乱纪行为和严重错误的分子外，可以根据需要酌情提拔。在这次精减中，不要把民主人士和资方人员当包袱精减推出去。过去下放锻炼已经很久的，应及时调回。"[1]290

12月20—28日，全国工商联、民建中常会工商界生活互助金委员会举行碰头会，研究了生活互助金的补助标准问题、地区调节问题、春节补助问题、互助对象中的小商小贩问题、未举办互助金地区要不要举办问题、互助金专款专用问题、互助金与企业福利金配合使用问题及建立报表制度和检查制度问题等，并提出了具体意见。会后，向各地组织发出《关于进一步加强工商界生活互助金补助工作的通知》。12月23日，全国工商联向各地组织发出《春节将至，希各地工商联进一步帮助工商业者妥善安排生活和适当解决困难的通知》，指出：各地组织应尽自己的力量做好此项工作，如果确实尚有困难，可将具体情况和打算告诉全国工商联，以便酌量予以帮助。

在此期间，由中央统战部牵头，全国工商联和中国民主建国会配合，共同就工商界落实政策方面的情况和存在的问题向中共中央呈送书面材料，提出工作建议，受到中共中央高度重视。

1962年3月28日，在全国人大二届三次会议上，周恩来报告政府工作时强调："考虑到目前工商业者中，有一部分人对取消定息缺乏必要的准备，他们的生活也有必要加以照顾，政府已经决定，从1963年起延长定息一个时期，暂定三年，到时再议。"[1]291不久，政府给全国工商联拨款300万元，作为解决工商业者生活困难的费用。

4月18日，在全国政协三届三次会议上，周恩来在《我国人民民主统一战线的新发展》的讲话中讲到工商联工作时，他说：[1]292

工商联的责任也加重了。一方面，我们对工商业者的定息，延长三年，到时再议。另一方面，工商业者也面临着调整的情况。工商业者里面有民族资产阶级分子、小业主等上层小资产阶级分子，也有小商小贩。其中一部分要回到集体经营或者是个体经营的商业中去，一部分还保留在国营的企业、事业单位里面，也有一部分年老的可以实行退休制度。这些人如何安置，政府要负责，但是工商联可以协助政府来进行

---

[1]孙晓华主编.中国工商业联合会50年概览（上卷）[M].北京：中华工商联合出版社，2003.

工作，调查这方面的情况。

对工商业者的安置要适当，例如有些人不适合到农村去，家又在城市，就不能勉强，应该在城市里面安置。在这一方面，问题比较多。工商业者中间有一些生活困难的，工商联可以从定息中抽取一定的比例作互助金，如果不够，政府也可以协助。

工商联协助政府在工商业者的改造、参加社会主义建设和生活安置等各方面做工作，更要加紧，不要放松，事情会更多，不会更少。

7月16日，国务院作出了《关于处理资产阶级工商业者退休问题的补充规定》，其中指出：[1]293

对于参加公私合营的资产阶级工商业者和有定息的其他私方人员，男年满60周岁，女年满55周岁，工作年限满五年，体弱或者多病不宜继续工作的，经本人申请，可以退休。退休以后，按月发给本人工资（包括高薪部分）的60%（工作年限在5年以上不满15年的）至70%（工作年限在15年以上的）退休费，直到本人去世时为止。工商业者不具备退休条件，但因病或非因公残废完全丧失劳动能力的，可以准其请长假，按月发给相当本人工资40%左右的生活费。[1]293

7月16日，国务院作出了《关于在精减工作中妥善安置资产阶级工商业者的具体规定》，其中指出：[1]294

参加公私合营的资产阶级工商业者、有定息的其他私方人员、县和县级以上的资产阶级代表人物，不精简、不下放农村。在精减中，已经下放农村的，如非本人自愿，应该调回，由原单位另行安排工作。对于因企业关闭或被裁并而必须精减下来的资产阶级工商业者，不要下放农村；应该按照《国务院关于精减职工安置办法的若干规定》，积极地、妥善地予以安置，务使每个人都有着落。对于安置到其他单位工作的资产阶级工商业者，其原有的工资（包括高薪部分）不变。对于生活确有困难的资产阶级工商业者（指生活确有困难的在职的、等候安置的、退休的以及请长假的人员），分别情况，由工商业联合会或者企业单位酌情给予补助。

1966年3月6日，国务院发出了《关于延长定息的通知》，指出：中共中央决定，从1966年起再把定息延长一些时间，定息息率不变。延长多少时间，将由全国人民代表大会常务委员会作出决定。[1]295实际延长时间，至1966年9月（私股股额

---

［1］孙晓华主编.中国工商业联合会50年概览（上卷）［M］.北京：中华工商联合出版社，2003.

为 24.1864 亿元，年息为 5%，定息支付时间长度为 1956 年 1 月至 1966 年 9 月)。

以上政策措施得到较好的贯彻执行，党和政府对工商业者的生活和政治待遇给予适当照顾的基本政策基本落实到位。

关于"包一头，包到底"

所谓"包一头，包到底"，是指党和政府对民建和工商联两个组织提出的工作要求。要求两个组织协助党和政府做好推动和帮助工商业者进行自我教育和自我改造，积极为社会主义建设服务的工作，并把这项工作"包一头，包到底"。

民建和工商联如何"包一头，包到底"？如何协助党和政府做好推动和帮助工商业者进行自我教育和自我改造，积极为社会主义建设服务的工作？围绕这一问题，在 1960 年 2 月中国民主建国会和全国工商联联合召开的全国代表大会上，经过充分讨论，就五个重要问题达成共识：[1]248-267

第一个问题：一年多来工商界接受社会主义改造方面变化情况的估计

大家认为，工商业者有进步，进步很大，主要表现在：1. 在接受党的教育方面，多数人从国家建设事业的"大跃进"中，从企业生产的大发展中，从自己学习改造的实践中，逐渐懂得，一定要认真接受党的领导，才会有依靠、有方向、有办法、有前途。2. 在走社会主义道路方面，反右整风以后，我们工商业者认识到资本主义道路走不得。3. 在同劳动人民的关系方面，我们工商业者同劳动人民之间的共同生活习惯和共同语言正在逐步培养和增多起来。4. 在参加劳动和学习方面，我们工商业者和工商业者家属，由于受到各种形式的劳动锻炼，鄙视劳动、好逸恶劳的思想开始有了比较显著的转变。

第二个问题：服务与改造的关系

大家认为，劳动实践和思想教育，是工商业者接受社会主义改造不可分割的两个方面，必须结合，并认识到：1. 必须在劳动实践的基础上，坚持不懈地进行政治立场和思想的改造，也就是必须以政治思想为统帅。2. 只有在劳动实践中重视政治思想改造，紧紧依靠党的领导，虚心向劳动人民学习，破资本主义的立场和思想，立社会主义的立场和思想，才能够心情越来越舒畅，干劲越来越足，工作也越来越有成绩。3. 一定要积极参加劳动实践，并且在劳动实践的过程中不断地进行自我改造，为国家

---

[1] 孙晓华主编. 中国工商业联合会 50 年概览（上卷）[M]. 北京：中华工商联合出版社，2003.

的建设事业作出越来越多的贡献。

第三个问题：对于和风细雨的自我教育和自我改造的看法

大家认为，和风细雨的自我教育和自我改造是我们工商业者接受社会主义改造的好方法。接受社会主义改造就是要从剥削者逐步向劳动者过渡，是一件好事，是一件光荣的事，是符合社会发展规律的。因而，对社会主义改造采取比较积极主动的态度，经常运用批评和自我批评的武器，巩固成绩，克服缺点，这样，自觉性就会越来越增加，心情就会越来越舒畅，就能够在和风细雨的方法中通过自我教育和自我改造，逐步转化为劳动人民。如果把改造当作不光荣的事情，厌听怕提，希望侥幸滑过去，不认真运用批评和自我批评的方法来扫除前进中的障碍，就会使我们处处被动，对改造越来越抵触，终于弄得问题成堆。那时，自然"风也和不了，雨也细不了"。两种不同的态度得到两种不同的结果，对于这一点，我们十年来的经验和体会是丰富和深刻的。我们应当对接受社会主义改造采取正确积极的态度。

第四个问题：工商界今后进行自我教育和自我改造的要求和措施

大家认为，一年多来，我们工商业者是在向劳动人民转化的道路上前进了一大步，但是还没有前进到多数人解决了或者基本解决了政治立场问题的地步。对今后的要求：1. 坚决依靠党，向党说真话，一心一意跟党走。2. 坚决拥护总路线、"大跃进"、人民公社，热爱社会主义。3. 积极参加体力劳动和生产实践，虚心向劳动人民学习，培养劳动人民的思想感情。4. 加强政治学习，积极参加社会实践，提高政治思想觉悟。

第五个问题：民建和工商联今后的工作

大家认为，必须做好以下工作：1. 推动和帮助工商业者在劳动实践中继续做出成绩，取得进步。2. 开展政治学习，推动和帮助工商业者认真地进行政治思想改造，发挥积极作用。3. 继续培养工商界骨干分子，巩固和扩大骨干分子队伍，推动和帮助他们在劳动实践和政治学习中发挥骨干作用。4. 主动积极配合妇女联合会，进一步开展家属工作。5. 关心工商业者生活，适当地帮助解决困难，以利于安心改造、安心工作、安心学习。

以上五个问题，不仅贯彻落实了刘少奇关于"包一头，包到底"的工作要求，而且总结回顾了工商业者参与社会主义改造的深刻体会，对于在社会主义建设时期民建和工商联组织工作开展和工商业者的教育改造产生了深远的影响。

1961 年 3 月 27 日至 4 月 22 日，中国民主建国会、全国工商联在北京联合召开了有北京、上海、天津、武汉、广州、西安、沈阳、重庆 8 市和浙江、江苏两省"两个组织"负责人会议，专题研究对工商业者实行"包一头，包到底"工作。此后，中国民主建国会、全国工商联多次联合召开会议，共同推进这项工作，并且将"包一头，包到底"与"顾一头，一边倒""负责到底，照顾到底"三个方面的工作结合起来一体抓，取得显著成效。

"顾一头，一边倒""负责到底，照顾到底""包一头，包到底"三个方面的工作，在中共中央、中央人民政府和各级地方党委、政府的高度重视和大力支持下取得的政治、经济、社会综合效益是明显的，受到工商业者群体的欢迎，对于有效解决工商业者的实际困难，服务与促进工商业者参与社会主义改造，调动工商业者参加社会主义建设的积极性，体现社会主义制度的优越性等方面都具有重大意义、发挥了重大作用，并产生了深远的影响。

各地各级民建和工商联认真地组织开展上述三个方面的工作，并创造了许多实际工作经验。例如：

河北省民建、工商联　共同组织工商业者开展"五比活动"：1. 比听党的话：坚决依靠党，一心一意接受党的领导，不戒备、不怀疑、不动摇，经常向党交心，真正执行党的政策，积极响应党的号召，千方百计地完成党交给的任务。2. 比"顾一头，一边倒"：决心顾国家和人民利益这一头，倒向社会主义这一边。3. 比服务：全力投入以技术革新和技术革命为中心内容的增产节约运动，干劲足、情绪高，革新建议多，大办好事多，贡献大。4. 比劳动：积极参加定期和不定期的体力劳动，虚心向劳动人民学习，树立劳动观点，培养劳动人民的思想感情和生活习惯。5. 比学习：积极参加政治理论学习，做到自觉努力，认真读书，敞开思想，联系实际，言行一致，学以致用，开展自由辩论，加强政治立场和世界观的改造。

黑龙江省民建、工商联　共同组织召开促进大会、誓师大会，举办工商业者自我改造成果展览和经验交流会，促进工商业者把"改造成为社会主义劳动者"作为自己的奋斗目标，掀起了"全省工商界人士自我改造大跃进"高潮。

江苏省民建、工商联　共同组织工商界人士举行"加速自我改造大跃进誓师大会"或"加速自我改造大跃进行动大会"，掀起了"比先进、比干劲、比决心、比贡献"的"四比"高潮。

浙江省民建、工商联　1962 年 8 月，共同组织召开 17 个市、县民建、工商联正副主任委员联席（扩大）会，传达上级会议精神，研究具体政策，对于因等候安置、退休、请长病假的工商业者及被精减回家而生活确有困难的工商业者家属，给予了一定补助。为广大工商业者安心工作、安心改造创造了必要条件。

全国各地民建、工商联　在开展"顾一头，一边倒""负责到底，照顾到底""包一头，包到底"三个方面的工作中得到的学习体会、创造的工作经验，归纳起来主要有：

"听、跟、走"：听毛主席的话，跟共产党走，走社会主义道路。

"三个安心"：安心改造、安心工作、安心学习。

"四个一"：一心一意听毛主席的话，一心一意跟党走，一心一意接受改造，一心一意为社会主义建设服务。

"四不"：不抓辫子，不扣帽子，不打棍子，不挖根子。

"五不变"：高薪不变，定息不变，学衔不变，安排职务不变，和平改造不变。

"五比"：比听党的话，比服务，比劳动，比学习，比"顾一头，一边倒"。

"六种学习方法"：听听、看看、想想、谈谈、写写、赛赛。

召开"神仙会"：以和风细雨方式开展交心运动。

"三以两结合"：以企业和岗位为基地、以劳动和实践为基础、以政治思想教育为统帅，把企业改造和人的改造结合起来。

"两不得"：右派当不得、资本主义道路走不得。

"双献"：献技术、献力量。

机关干部"五好"：工作好、学习好、劳动好、思想好、身体好。

这些学习体会和工作经验，在较长的时期内成为指导各级民建、工商联组织和成员的共同意识与行为的精神指南和工作指南。

四、工商界参与社会主义教育运动

1963—1966 年间，参与以"一增五反""四清"为主要内容的城乡社会主义教育运动，是社会主义计划经济时期，工商联组织和成员参与的富有中国特色的政治经济社会活动。

参与以"一增五反"为主要内容的城市社会主义教育运动

所谓"一增五反"运动，即"增产节约、反对贪污盗窃、反对投机倒把、反对铺张浪费、反对分散主义、反对官僚主义"运动。"一增五反"运动，又称为城市社会主义教育运动。

1963 年 3 月 1 日，中共中央发布《关于厉行增产节约和反对贪污盗窃、反对投机倒把、反对铺张浪费、反对分散主义、反对官僚主义运动的指示》。要求在县以上机关和企业事业单位，有领导有步骤地开展这个运动。从此，"一增五反"运动在全国部分城市逐步展开。[1]100

10 月 12 日，中共中央、国务院批转了《第二次城市工作会议纪要》，其中指出：经过这一时期的社会主义教育和"五反"运动，抗拒改造的资产阶级分子和新生的资产阶级分子的贪污盗窃、投机倒把的活动，组织"黑厂""黑店""黑队"和放高利贷的活动，篡夺领导权的活动以及"地富反坏"分子的各种破坏活动，受到有力的打击。[1]103

12 月 4 日，中国人民政治协商会议第三届全国委员会第四次会议号召：全国各族各界人士，积极参加社会主义革命和社会主义建设事业，积极参加社会主义教育运动。

在"一增五反"运动中，工商联各级组织的态度是积极的，与民建各级组织一道，在力所能及的条件下做了有益的促进工作。

1963 年 6 月 20 日，全国工商联和民建中常会对开展增产节约问题进行典型调查研究后发函各地组织，要求各地组织配备力量，迅速安排工作，开展典型调查。

9 月 16 日至 9 月底，全国工商联组织全体干部职工脱产或半脱产学习"一增五反"运动有关精神。学习期间，作了动员报告，指出了学习目的、要求和意义。要求在学习中联系实际，开展批评和自我批评，加强自我改造，调动为社会主义服务的积极性。

1964 年 1 月 16—30 日，全国工商联、民建中常会协作委员会召开了协助配合企业开展"一增五反"运动工作座谈会，出席座谈会的有北京、天津、广州、长沙、衡阳、旅大、大同 7 市的责任人 14 人。会上汇报了他们在当地党委和政府的领导下配合企业"一增五反"运动的工作情况、经验、问题及工商业者在"一增五反"运动中的思想动态；会上还讨论了工商联和民建组织在企业开展"一增五反"运动中所处地位、怎样开展工作的问题及"一增五反"运动与"爱国主义、国际主义、社会主义"教育三者之间的关系等问题。

---

[1]黄孟复主编.中国民营经济史·大事记[M].北京：社会科学文献出版社，2009.

3月10日，全国工商联和民建中常会向各级组织发出1964年共同工作重点。其中包括推动成员积极投入"一增五反"运动，为社会主义建设事业积极服务。

1965年1月7—10日，全国工商联和民建中常会召开常委联席会议，通过了《拥护和贯彻全国人大和全国政协两个会议决议和精神的决议》，要求全国工商业者在社会主义教育运动中重新接受教育，对一切错误思想、言论和行动进行彻底揭露，严肃批判，坚决改正。

在"一增五反"运动中，各级工商联的组织作用主要表现为：积极组织工商业者重新接受社会主义教育，积极参加社会主义劳动竞赛，为增产节约运动献计献策，为社会主义建设多作贡献，并且把"一增五反"运动与"三个主义"（爱国主义、国际主义、社会主义）教育结合起来，促进自我改造，调动为社会主义建设事业服务的积极性。

1963年3月开始逐步在全国部分城市展开的"一增五反"（增产节约和反对贪污盗窃、反对投机倒把、反对铺张浪费、反对分散主义、反对官僚主义）运动与1952年1月26日至10月25日开展的"五反"[1]运动相比，内容不同，运动形式比较温和，旨在通过社会主义思想教育，争取和帮助包括工商业者在内的大多数人逐步实现由剥削思想意识向劳动思想意识转变，厉行增产节约，为社会主义建设事业作贡献。

参与以"四清"为主要内容的城乡社会主义教育运动

1963—1965年间，为了指导开展城乡社会主义教育运动，中共中央先后发出四个纲领性文件：1.《关于目前农村工作中若干问题的决定》（简称《前十条》，1963年5月20日发出）；2.《关于农村社会主义教育运动中一些具体政策的规定（草案）》（简称《后十条》，1963年9月6—27日会议制定）；3.《关于印发农村社会主义教育运动中一些具体政策规定的修正草案的通知》（简称《第二个后十条》，1964年9月18日发出）；4.《农村社会主义教育运动中目前提出的一些问题》（简称《二十三条》，1965年1月14日发布）。

《前十条》指出"当前中国社会中出现了严重的阶级斗争情况"，[2]要在农村普遍进行社会主义教育，开展大规模的群众运动，打退资本主义和封建势力的进攻。所

---

［1］反对行贿、反对偷税漏税、反对盗骗国家财产、反对偷工减料和反对盗窃经济情报．

［2］中国共产党大事记［EB/OL］．（2006-05-30）［2003-10-08］.http://cpc.people.com.cn.

有社队都要进行一次"四清"运动，即"清理账目、清理仓库、清理财物、清理工分"。

《后十条》一方面强调"以阶级斗争为纲"，另一方面指出团结95%以上的农民群众和农村干部的重要性，规定了依靠基层组织和基层干部及正确对待地主、富农子女等政策。[1]此后，各地在试点的基础上，在部分县、社开始进行社会主义教育运动。

《第二个后十条》认为"这次运动，是一次比土地改革运动更为广泛、更为复杂、更为深刻的大规模的群众运动"；强调有些地区还要"认真地进行民主革命的补课工作"；强调"必须把放手发动群众放在第一位，首先解决干部中的问题；并规定整个运动都由工作队领导"。[2]

《二十三条》规定城市和农村的社会主义教育运动，今后一律简称"四清"，并把"四清"的内容规定为"清政治、清经济、清组织、清思想"。[2]

四个纲领性文件，指导城乡社会主义教育运动在全国范围内广泛深入地开展。特别是《二十三条》下发后，"四清"范围，从主要以农村工作为主，扩展到农村和城市工作并重；"四清"内容，由经济层面扩展到涉及政治、经济、组织、思想各个方面。

1964年12月21日，周恩来总理在第三届全国人民代表大会第一次会议上的《政府工作报告》[3]中指出：

目前正在我国农村和城市中进行的社会主义教育运动，有着伟大的革命意义和历史意义。在这个运动中，要根据社会主义的彻底革命的原则，在政治、经济、思想和组织这四个方面进行清理和基本建设。

这个运动，对于巩固社会主义阵地和无产阶级专政，对于铲除发生修正主义的社会基础，对于巩固社会主义全民所有制和集体所有制，对于发展生产，建立一个强大的社会主义国家，有着极其深远的意义。

对资产阶级分子的改造过程，是长期的、复杂的、反复的阶级斗争的过程。只有继续采取积极的态度，坚持对资产阶级分子的教育改造工作，同一切资本主义复辟活动进行斗争，才能争取和帮助他们的多数人以至大多数人逐步实现由剥削者到劳动者

［1］中国共产党大事记·1963年［EB/OL］.（2006-05-30）［2023-10-08］. http://cpc.people.com.cn.

［2］中国共产党大事记·1964年［EB/OL］.（2006-05-30）［2023-10-08］. http://cpc.people.com.cn.

［3］1964年国务院政府工作报告（摘要）［EB/OL］.（2006-02-23）［2023-10-08］. https://www.gov.cn.

的改造。资产阶级作为一个阶级是一定要消灭的，但是属于资产阶级的人，只要愿意进行改造，过好社会主义革命这一关，是有光明前途的。

1965 年 1 月 5 日，中国人民政治协商会议第四届全国委员会第一次会议通过决议，号召一切爱国的、拥护社会主义事业的人们，认真学习毛泽东主席的著作，积极投入社会主义教育运动，努力进行自我教育和自我改造，兴无产阶级思想，灭资产阶级思想，过好社会主义关。

从 1963 年 5 月开始至 1966 年上半年基本结束，全国约有 1/3 的县、社先后开展了"四清"运动；全国各级干部有一百五六十万人参加了"四清"工作队。[1]529-530

在全国范围内开展的城乡社会主义教育运动中，根据党和政府的安排，全国各级民建、工商联组织及成员也积极参与其中，其主要任务是接受社会主义教育，促进接受社会主义改造，提高为社会主义服务的自觉性和积极性；有部分干部和工商业者参加了农村"四清"工作。

1964 年 2 月，全国工商联和民建中常会组织在京委员集中学习中共中央关于农村工作问题的两个文件《前十条》和《后十条》，并组织两个机关全体干部集中听取关于学习两个文件的辅导报告。

3 月 4 日，全国工商联派出第一批参加农村"四清"（清理账目、清理仓库、清理财物、清理工分）工作队的干部，前往河北省霸县煎茶铺人民公社开展"四清"工作。10 月 6 日，派出第二批干部，前往河北省霸县和固安县开展"四清"工作。[2]144

1965 年 1 月 7—10 日，全国工商联和民建中常会召开常委联席会议，通过了《拥护和贯彻全国人大和全国政协两个决议和精神的决议》，要求全国工商者在社会主义教育运动中重新接受教育，对于一切错误思想、言论和行动进行彻底的揭露，严肃的批判，坚决的改正。[2]149

这一时期，工商业者对于开展社会主义教育运动普遍存有疑虑和紧张，他们担心随着社会主义革命越来越深入，资产阶级的日子越来越难过。对于这类思想情绪，工商联和民建组织开展了有针对性的思想教育工作，并要求工商界骨干分子带头，以身作则地帮助广大工商业者端正学习态度，认识对资产阶级思想进行改造的必要性，提

［1］中共中央党史研究室著.中国共产党的九十年［M］.北京：中共党史出版社，党建读物出版社，2019：529-530.

［2］黄孟复主编.中华全国工商业联合会 50 年大事记（1953—2003）［M］.北京：中华工商联合出版社，2003.

高自我改造的自觉性和为社会主义服务的积极性。[1]

全国部分地区民建、工商联组织及会员在当地党委和政府的领导下，在民建中央和全国工商联的指导下，积极参加了以"清政治、清经济、清组织、清思想"为内容的城乡社会主义教育运动，有关情况见表9-2。

表9-2　全国部分地区民建、工商联组织会员参加城乡社会主义教育运动情况

单位	参加城乡社会主义教育运动情况
河北省民建、工商联	1965年2—3月，组织会员学习文件、召开工作座谈会，强调以企业为改造基地，各级领导成员带头革命、带头改造，积极负责地工作。5月下旬至6月下旬，省民建、工商联派出工作组去承德，与承德市民建、工商联工作组一起，到承德市拖拉机修配厂、合营百货商店、国药总店3个单位做调查，配合"四清"运动和社会主义教育运动，促进开展工商业者自我改造教育活动。
山西省民建、工商联	共同推动全省工商业者积极投入社会主义教育运动，认真学习毛主席著作，努力进行自我改造，过好社会主义关。
上海市民建、工商联	共同组织工商业者参加了城市和农村"四清"运动。
浙江省民建、工商联	共同组织工商业者以"开门办学"和"出门接受教育"等方式，组织工商业者前往萧山等地边参观、边学习、边劳动；抽调干部随省委"四清"工作队参加城市和农村"四清"运动。
青岛市民建、工商联	1965年1月，组织工商业者参加以"清政治、清经济、清组织、清思想"为内容的"四清"运动，参加运动的工商业者3353人。驻会委员于1965年7—9月，到青岛车辆厂半天劳动、半天参加运动。
广东省民建、工商联	1965年，召开部分市、县民建、工商联负责人参加的"四清"运动座谈会，推动成员学习毛主席著作，积极参加社会主义教育运动，加强改造，积极服务。
广西壮族自治区民建、工商联	1965年，派出主委和副主委参加自治区"四清"工作团，到三江侗族自治县参加运动，部分机关干部到南宁、桂林参加"四清"运动。工商界人士在本企业或单位同职工一起参加运动、接受教育。
宁波市民建、工商联	1958—1962年，组织工商业者参加梅山盐厂建设和农村劳动锻炼，使他们在政治立场、生活习惯、思想感情等方面发生较大转变。
大连市民建、工商联	1964年，组织工商界成员参加市政协举办的城市社会主义教育试点工作。1965年，组织工商界成员学习中共中央《二十三条》，并组织部分工商界成员去抚顺市参观"抚顺阶级教育展览馆"，接受阶级教育和社会主义教育。

资料来源：孙晓华主编.中国工商业联合会50年概览（下卷）[M].北京：中华工商联合出版社，2003：1-883.

---

[1] 本书编写组.中华全国工商业联合会简史［M］.北京：中华工商联合出版社，2013：99.

在城乡社会主义教育运动中，工商联组织及会员接受社会主义教育是深刻的。从另一个角度来看，参与城乡社会主义教育运动，对于工商联组织及会员来说是一种特殊经历，影响是深远的，特别是对于正确认识城乡关系、工农关系、经济社会二维关系及经济政治社会三维关系是大有益处的。伴随着对四大关系认识的深化与提高，在工商经济联系发展的基础上进一步拓展农工商经济联系发展，成为人们的思考课题。

第十章

工商联组织及成员参与社会主义经济建设

至 1956 年底，对生产资料私有制的社会主义改造基本完成以后，大多数工商企业已经由私营企业转变为公私合营企业；大多数工商业者的身份已经由私营企业主转变为公私合营企业的管理人员或员工，其职责由主管企业转变为参与企业管理或其他工作。工商联的经济工作任务也有所转变，由"指导工商业者在国家总的经济计划下，发展生产，改善经营"，转变为"协助政府继续完成对资本主义工商业和手工业、小商小贩的社会主义改造"并"团结广大工商业者发扬爱国主义精神，积极参加社会主义建设"，工作重心转变到组织工商业者参与社会主义经济建设方面来。

一、推动工商业者参与增产节约运动

增产节约运动，是新中国成立以来，从新民主主义经济时期到社会主义计划经济时期持续开展的群众运动。增产节约运动是经济运动，因为对于恢复国民经济、发展计划经济，对于加快实现强国富民目标的步伐具有重大作用，也具有政治意义。增产节约运动有时以单项运动开展，有时与政治运动联合开展。在国家政策引导下，工商界积极参与增产节约运动并大有作为。

国家政策引导增产节约运动

自新中国成立以来，国家关于引导增产节约运动的政策措施系统梳理如下：

1951 年 12 月 1 日，中共中央作出《关于精兵简政、增产节约、反贪污、反浪费、反官僚主义的决定》。[1]18

12月29日，中国人民政治协商会议全国委员会发出《关于增产节约运动与反贪污、反浪费、反官僚主义斗争的指示》，指出：增产节约运动的意义非常重大，它绝不是解决临时困难的措施，而是关系国家建设的有非常重要性的政策，必须把它作为一个持久的、群众性的运动来推动。推动增产节约运动，必须与反贪污、反浪费、反官僚主义的斗争密切结合。要求各地政治协商机关必须通过各民主党派、各人民团体，有计划、有步骤地大力协助这一运动。[1]18-19

1953年8月28日，中共中央发出《关于增加生产、增加收入、厉行节约、紧缩开支、平衡国家预算的紧急通知》，在全国范围内展开了一个群众性的增产节约运动。[2]

1956年11月15日，毛泽东在中共八届二中全会上讲了两个意味深长的故事。一个是关于酸菜的，毛泽东说："一九四九年在这个地方开会的时候，我们有一位将军主张军队要增加薪水，有许多同志赞成，我就反对。他举的例子是资本家吃饭五个碗，解放军吃饭是盐水加一点酸菜，他说这不行。我说这恰恰是好事。你是五个碗，我们吃酸菜。这个酸菜里面就出政治，就出模范。"另一个是关于苹果的，毛泽东说："锦州那个地方出苹果，辽西战役的时候，正是秋天，老百姓家里很多苹果，我们战士一个都不去拿。我看了那个消息很感动。在这个问题上，战士们自觉地认为：不吃是很高尚的，而吃了是很卑鄙的，因为这是人民的苹果。我们的纪律就建筑在这个自觉性上边。这是我们党的领导和教育的结果。人是要有一点精神的，无产阶级的革命精神就是由这里头出来的。"讲这两个故事，是为了说明一个道理："根本的是我们要提倡艰苦奋斗，艰苦奋斗是我们的政治本色。"[3]在这次会议上，毛泽东提出：要在全党和全国人民中发动一个增产节约运动。增产必须在原料有保证和社会有需要的条件下进行，同时必须保证质量和减少工伤事故。节约是有希望的，必须在不降低质量和减少工伤事故的条件下讲求节约。在企业、事业和行政开支方面，必须反对铺张浪费，提倡艰苦朴素作风，厉行节约。在生产和基本建设方面，必须节约原材料，适当降低成本和造价，厉行节约。

1957年2月8日，中共中央政治局通过《关于1957年开展增产节约运动的指

［1］黄孟复主编.中国民营经济史·大事记［M］.北京：社会科学文献出版社，2009.

［2］党史上的今天（1953年8月28日）［EB/OL］.（2007-09-06）［2023-05-01］.http://www.gov.cn.

［3］王均伟.重温毛泽东关于艰苦奋斗的论述［EB/OL］.（2020-07-01）［2023-10-09］.http://theory.people.com.cn/GB/n1/2020/0701/c40531-31767069.html.

示》，指出：为了缓和物资供应和财政支出的紧张局面，使经济战线在 1956 年巨大的进军以后，转向稳步前进，并且做必要的休整，必须在 1957 年对建设的规模和速度做适当的调整，必须用更大的努力在全国范围内开展群众性的增产节约运动。[1]

3 月 20 日，中国人民政治协商会议第二届全国委员会第三次全体会议通过了《关于增产节约问题的决议》。

1959 年 8 月 16 日，中共中央八届八中全会通过《关于开展增产节约运动的决议》。[1]

8 月 26 日，全国人民代表大会常务委员会作出《关于调整 1959 年国民经济计划主要指标和开展增产节约运动的决议》。

1963 年 3 月 1 日，中共中央发布《关于厉行增产节约和反对贪污盗窃、反对投机倒把、反对铺张浪费、反对分散主义、反对官僚主义运动的指示》，要求在县以上机关和企业事业单位，有领导、有步骤地开展这个运动。[2]

工商界参与增产节约运动

工商联和民建各级组织及会员高度重视并积极参与增产节约运动，做了大量工作，作出了重要贡献。在新民主主义经济时期和社会主义计划经济时期，工商联和民建围绕组织工商业者参与增产节约运动，共同开展的工作主要有：

1953 年 10 月 27 日，中共中央统战部部长李维汉在全国工商联第一次会员代表大会上号召工商业者积极投入群众性的增产节约运动。他指出：对于国家来说，增产节约运动是不断改进生产、完成或超额完成国家计划的巨大动力；对于私营工商业者来说，增产节约运动更有着改善公私关系、劳资关系，改革企业落后状态的特殊意义。他对开展增产节约运动提出了 6 条要求：1. 增产节约运动应该放在国家计划的轨道上，依据供、产、销平衡的原则，有领导地去进行。2. 增产节约运动的一般目标，在工业方面，应该是提高质量，降低成本，增加产量。3. 增产节约运动的基础应该放在改革经营管理制度和改进技术方面，而不应该放在加班加点及单纯提高劳动强度方面。4. 增产节约运动的重点应该充分发挥工人群众的积极性和创造性。5. 增产节约运动的组织形式，在一切较大的企业中都应该有一个统一的领导机构——增产节约委员会或其他形式的组织。6. 增产节约运动需要各城市的共产党党委和人民政府结合各

---

［1］中国共产党大事记·1957 年、1959 年［EB/OL］.（2006–05–30）［2023–10–09］. http://cpc.people.
　　com.cn.

［2］黄孟复主编. 中国民营经济史·大事记［M］. 北京：社会科学文献出版社，2009：100.

方面的力量进行统一领导，才能不断使公私之间、劳资之间的关系得到调整，使供、产、销可以达到平衡，使国家的计划得以贯彻，使运动健康发展。[1]

1957 年 4 月 9 日，全国工商联向各地组织发出《关于推动工商界和在机关内开展增产节约运动的指示》，要求各级工商联推动广大工商业者和全国人民一道积极投入增产节约运动。同时，各级工商联必须切实改善领导方法和领导作风，加强对机关内部工作人员的思想教育工作，发挥工作干部的积极性，提高工作效率。

1959 年 5 月 3—5 日，全国工商联、民建中常会联席会议第 39 次（扩大）会议提出：根据国家社会主义建设全面大跃进的形势和工商界的具体情况，全国各级工商联、民建组织当前的中心任务就是动员和帮助会员热烈响应党和政府的号召，立即投入增产节约的全民运动，和全国人民一道，为全面完成和超额完成 1959 年国民经济计划而奋斗。会议作出了《关于动员和帮助工商联、民建成员立即投入增产节约的全民运动、积极为社会主义建设服务的决议》。

5 月 11 日，全国工商联、民建中央发出联合指示，要求各地组织动员和帮助全体成员立即投入增产节约的全民运动中去。

7 月 20 日至 8 月 6 日，全国工商联、民建中央联合召开组织、宣教工作座谈会。参加会议的有江苏、河北、四川 3 个省和 8 个市的两个组织的副主委、正副秘书长、宣教部门负责人共 35 人，两个组织的在京常务委员，各工作部门负责人和协作委员会委员参加座谈。座谈会主要内容是了解研究工商业者参加增产节约运动的情况和问题。

1964 年 1 月 16—30 日，在全国工商联、民建中常委协作委员会召开的工作座谈会上，北京、天津、广州、长沙、衡阳、旅大、大同 7 市的两个组织的负责人汇报交流了关于增产节约运动与爱国主义、国际主义、社会主义教育的关系问题。

3 月 10 日，全国工商联和民建中央联合向各级组织印发《1964 年共同工作重点》，其中要求两个组织的成员积极投入增产节约运动，为社会主义建设积极服务。

在全国工商联、民建中央共同组织和推动下，各地工商联和民建组织联合开展工作，组织工商业者积极参与增产节约运动，并把这项工作与继续推动工商界的社会主义竞赛活动结合起来抓，工作成效明显。因为当时在参与增产节约运动的各类人群中，工商业者群体的文化知识水平和生产管理技能相对较高，贡献突出，产生的经济

---

[1] 孙晓华主编.中国工商业联合会 50 年概览（上卷）[M].北京：中华工商出版社，2003：93-95.

效益明显。此外，通过参与增产节约运动，对于工商业者养成艰苦朴素的作风发挥了重要的促进作用。

二、推动工商业者参与社会主义竞赛运动

社会主义计划经济时期的社会主义竞赛运动，与新民主主义经济时期的社会主义竞赛运动接续进行，与增产节约运动同时开展。通过开展社会主义竞赛运动，极大地调动了工商业者参与社会主义建设的热情，促进了经济发展效率特别是公私合营企业经济发展效率的提高。

工商联推动工商业者参与社会主义竞赛

1956 年 7 月 5—12 日，在全国工商联一届五次常委会上，主任委员陈叔通以《在新的形势面前应该做些什么》为题对工商联组织及成员提出四点要求：1. 在实现全行业公私合营的新形势下，全国工商业者应该加强学习，改造思想。2. 应该在公方领导下，积极参加社会主义竞赛，努力搞好生产经营。3. 在公私合营企业中，应该采取积极态度搞好同公方人员和职工群众的合作共事关系。4. 关心工商界的生活，代表工商界的合法利益和合理意见，仍然是各级工商联组织的重要工作。会议作出了"号召全国工商业者积极参加社会主义竞赛"等项决定。

1956 年 12 月 10 日，在全国工商联第二次会员代表大会上，主任委员陈叔通以《全国工商业者继续接受社会主义改造，充分发挥积极作用为我国伟大的社会主义建设而奋斗》为题作报告，号召工商业者积极参与社会主义竞赛，为社会主义事业立功。他指出，根据中国共产党第八次全国代表大会所指示的方针，为了解决我国先进的社会制度同落后的社会生产力之间的矛盾，全国劳动人民在胜利的基础上正在把社会主义竞赛推向一个高潮。他指出工商业者参加社会主义竞赛具有重大作用：1. 参加社会主义竞赛，可以接受社会主义、共产主义教育，认识个人利益和集体利益的一致性，从而帮助提高自己的社会主义觉悟和集体主义精神。2. 参加社会主义竞赛，可以根本改变我们对于劳动的看法，改变自己对劳动的态度，从而积极投身到生产、工作中去。3. 参加社会主义竞赛，可以在实践中向工人群众学习，逐步消除和工人群众的隔阂。4. 参加社会主义竞赛，是我们学会本领、提高技术的最好途径。

会议要求工商业者以公私合营企业为基地，通过劳动实践来进行自我教育和自我

改造。指出，工商业者只有在社会主义企业中从事劳动实践，才能逐步学会劳动的本领，学会社会主义的经营管理方法，学会以工人阶级的立场、观点和方法来分析和处理问题，才能真正认识到劳动光荣，改变轻视劳动人民的思想，进一步靠拢劳动人民，把自己改造成为一个名副其实的劳动者。

会议提出了五项工作要求：1. 加强宣传教育工作，使工商业者认识到参加社会主义竞赛就是对社会主义工业化的贡献，也就是把自己改造成为名副其实的劳动者的途径。2. 鼓励骨干分子积极参加社会主义竞赛，并起模范带头作用。3. 采取多种方式交流社会主义竞赛的经验，在有条件的地区召开先进工作者和先进生产者会议，进行表彰和鼓励。4. 运用骨干力量，深入基层调研、反映意见、提出建议，要与工会等有关方面取得联系，帮助工商业者解决参加社会主义竞赛中应该解决的问题。5. 通过社会主义竞赛推动改善公私共事关系、开展增产节约、搞好生产经营，做出成绩，为社会主义建设发挥更大的作用。

会后，全国工商联派出工作组先后到南京、苏州、北京、天津、河北、武汉等地，帮助总结工商业者参加社会主义竞赛的经验，并在武汉召开了社会主义竞赛经验交流会。

在社会主义竞赛运动中，因为工商业者群体中的绝大多数人文化程度相对较高，并具有不同程度的近现代生产技术和经营管理方面的经验，这对于公私合营企业的技术进步和管理进步是至关重要的。在运动中，他们取得的成绩、作出的贡献是突出的。一大批在不同岗位上工作的工商业者成为先进生产者和先进工作者。例如，1956年，河南省工商联会同有关部门组织开展技术表演、观摩学习交流活动，召开先进工作（生产）者表彰会议，激励工商业者参加社会主义劳动竞赛。所辖12个市46个县参加社会主义竞赛的工商业者占工商界总人数的72.75%，在竞赛中获得先进工作（生产）者称号的工商业者占私方从业人员总人数的11.75%。郑州市当年评出工商业者群体中的先进工作（生产）者321人，先进工商业者家属29人。洛阳、陕县等18个市、县共涌现出工商业者群体中的先进工作（生产）者1885人。根据1956年12月全国工商联对3个直辖市和10个省进行统计：至1956年第三季度，参加竞赛的工商业者达38万人，获得光荣称号的4.9万人，获得物质奖励的2.7万人。[1]

---

[1] 本书编写组.中华全国工商业联合会简史（1953—2013）[M].北京：中华工商出版社，2013：87-88.

在全行业公私合营以后，组织工商业者参加社会主义劳动竞赛，既是一次生产力发展的促进运动，实实在在地促进了公私合营企业生产经营效率的提高；也是一次富有实际意义的社会主义教育活动，调动了工商业者的劳动生产积极性，提高了工商业者自我改造的积极性。

工商联和民建共同推动工商界参与社会主义竞赛

在全国范围内开展的社会主义竞赛运动中，工商联和民建两个组织不但各自开展工作，而且联合开展工作，共同推动工商界参与社会主义竞赛，并把推动工商界参与社会主义竞赛和参与增产节约运动结合起来抓，工作特色明显、工作成效显著。

在工商联和民建两个组织的共同推动下，各地工商界参与增产节约运动和社会主义竞赛运动有特色的工作情况见表 10-1。

表 10-1　全国工商界参与增产节约和社会主义竞赛运动情况

单位	参与增产节约和社会主义竞赛运动情况
天津市工商界	市民建、工商联共同组织动员全市工商业者积极参与增产节约运动，要求工商业者把自己的技术和才能充分发挥出来，要勤俭办企业，克服公私合营企业中原材料浪费和经营管理不合理的现象；要守职尽责、克勤克俭，养成艰苦朴素的作风；要努力工作，积极参加社会主义竞赛；要继续发扬爱国主义精神，把自己的一切才能贡献给国家，为社会主义建设服务。
河北省工商界	省民建、工商联共同教育引导工商业者改变旧思想、旧作风，克勤克俭，养成艰苦朴素作风，踊跃参加社会主义竞赛，积极投入增产节约运动，为发展国家社会生产贡献力量。
山西省工商界	省民建、工商联共同组织工商业者积极参加社会主义劳动竞赛，在生产经营的实践中加强自我教育和自我改造，光荣地参加到工人阶级行列中去。据 1956 年不完全统计，全省各市（县）参加社会主义劳动竞赛的工商业者占总数的 80% 左右，4897 名工商业者当选为先进生产（工作）者，占参赛人数的 27% 左右。
大连市工商界	1958 年，市民建、工商联共同组织全市工商业者投入技术革命和技术创新运动，在工业方面取得显著成效。1958 年下半年至 1959 年，共同组织市工商界开展了以"挖潜力、找窍门、捞废料、省材料、新代旧、高产出"为内容的"工业抗旱"活动，动员全国工商业者把留存闲置的机器设备和工业物资挖掘出来，支援国家经济建设。1964 年 1 月 24—29 日，联合召开会员代表大会，动员全市工商业者积极参加以增产节约为中心的"比、学、赶、帮"运动，为社会主义建设作贡献。

单位	参与增产节约和社会主义竞赛运动情况
吉林省工商界	1959 年，省民建、工商联共同组织工商业者参与增产节约运动和社会主义劳动竞赛，据 29 个市（县）统计，已有 297092 人参加，占总人数的 92.8%。同年，全省共有 14400 名工商业者被评为先进生产（工作）者和生产（服务）标兵，占总人数的 18%。在白城和延边地区的 16 个市（县）中，参加增产节约运动的工商业者有 7110 人，占总人数的 80%；提出合理化建议 15035 件，被采纳 8781 件，节约价值 106.1 万元，有 2212 人被评为先进生产（工作）者，占参加运动总人数的 30.9%。
上海市工商界	市民建、工商联共同组织工商业者开展了向国家献计、献技、献宝的"三献"活动。
江苏省工商界	省民建、工商联共同组织工商业者开展了比先进、比干劲、比决心、比贡献的"四比"活动。
浙江省工商界	1963 年，省民建、工商联联合召开会议，通过了《关于在工商界开展爱国主义、国际主义、社会主义思想教育，推动工商业者和家属鼓足干劲，努力增产节约的决议》。
宁波市工商界	1956 年 8 月，市民建、工商联共同组织召开大会动员工商业者积极参与社会主义劳动竞赛，更好地进行自我改造；9 月，联合举办工商业者成绩汇报展出，主要内容是工商业者中的先进工作（生产）者的先进事迹及号召工商业者积极参加社会主义劳动竞赛的倡议书。在 8 天的展出中，共有 3000 余人参观。
安徽省工商界	1959 年 5 月，省民建、工商联联合召开会议，作出了《关于号召全省工商业者立即投入增产节约的全民运动，积极为社会主义服务的决议》，号召工商业者围绕企业的中心工作，积极投入增产节约运动，在技术革新和技术革命中发挥积极性，取得了显著成绩。据不完全统计，1959—1960 年上半年，全省各级工商业者提出的合理化建议有 20 多万条，仅阜阳城关镇工商业者提出有创造性的技术革新项目 706 个，仿制改进工具 230 件。蚌埠市工商业者提出技术革新项目建议 506 条，实现 472 条；蚌埠玻璃厂的工商业者试制成功各种玻璃纤维、光学玻璃等新产品，1 年为国家节约 90 多万元。
厦门市工商界	1958 年 12 月，市民建、工商联共同组织工商界及其家属开展以增产节约为中心，积极为社会主义服务的"千件贡献"和"五好"活动。1959 年 1—10 月，提出合理化建议 8042 件，采纳实行 4908 件，其中工业技术革新方面 1685 件。整理和编写的专门业务经验书籍 34 部，100 多万字。商业系统开展以提高服务质量为中心的劳动竞赛。百货业工商业者提出合理化建议 975 条，营业额比过去增加 350%。1959 年 10 月，联合召开了"增产节约运动经验交流会"；1962 年，配合市政协召开了"改善经营管理专题座谈会"。
河南省工商界	省民建、工商联共同推进增产节约运动。开封市工商业者 1346 人中，完成技术革新 2194 项，提出合理化建议 15551 条，为企业节约开支 21.5 万元；驻马店 11 个公私合营企业采纳了工商业者的合理化建议，为企业增加收入 3.5 万元。郑州市工商业者投入企业增产节约运动，半年内提出合理化建议 2692 条，被采纳 1889 条，实现革新项目 789 个。 省民建、工商联共同组织 12 市 46 县的工商业者在公私合营企业中参加社会主义劳动竞赛，参加技术表演会、观摩学习交流会和先进工作（生产）者会议，交流推广先进经验。参加竞赛活动的工商业者人数占私方从业人员总人数的 72.75%；荣获先进工作（生产）者称号的人数占私方从业人员总人数的 11.75%。郑州市评比出先进工作（生产）者 321 人，先进家属 29 人；洛阳、陕县等 18 个市、县共涌现出先进工作（生产）者 1885 人。

续表

单位	参与增产节约和社会主义竞赛运动情况
湖北省工商界	1956年底，省民建、工商联共同组织开展社会主义劳动竞赛活动，全省工商业者中有43939人参加，其中有9299人被评选为先进工作（生产）者。 1959年6月，省民建、工商联共同作出《关于动员全省工商业者，立即行动起来积极投入当前以技术革命为中心的增产节约运动，为伟大祖国的社会主义建设贡献一切智慧和力量的决议》，全省工商界认真贯彻，收到良好效果。 1960年6月，省民建、工商联共同组织工商业者积极投入"机械化、半机械化、自动化、半自动化"技术革新运动。
广东省工商界	省民建、工商联共同组织工商业者参加"双献"（献计、献技）运动、"比学赶帮"运动、"反浪费"运动等。
重庆市工商界	1956年，市民建、工商联共同推动工商界投入增产节约和社会主义劳动竞赛，为社会主义建设作贡献。许多人响应党和政府的号召，申请上山下乡、上柜台、下车间参加体力劳动，许多人在不同的劳动岗位上表现良好，成绩显著，获得表彰和奖励。
贵州省工商界	省民建、工商联共同推动工商业者参加企业劳动竞赛，组织技术表演会、技术观摩会，交流推广先进经验。多数工商业者将自己的专长传授给广大职工，在社会主义劳动竞赛中发挥积极作用，一些表现突出的工商业者被企业评选为技术能手，有些被评选为先进工作（生产）者。1959年，在开展技术革命和技术革新中表现突出的贵阳农具厂的工商业者金顺兴被评选为先进生产者，出席了全国群英会。
陕西省工商界	省工商联与省政协共同组织（中小城市）宝鸡、咸阳、三原、泾阳、渭南、大荔、周至、陇县等8市、县工商界代表人物335人，先后参观了（大型）国营和公私合营企业。通过参观学习，使大家亲眼看见社会主义建设成就和美好远景，提高了认识，加强了自我改造和积极参加社会主义竞赛的热情。
内蒙古自治区工商界	自治区工商联组成两个工作组，分赴陕坝、托县等地推动工作，并通报介绍了通辽市、丰镇县、五原县工商联推动工商业者开展社会主义竞赛的情况，以点带面，促进内蒙古各地区开展了社会主义竞赛活动。
新疆维吾尔自治区工商界	新疆各族工商业者响应号召，积极参加社会主义劳动竞赛。1956年参加劳动竞赛的工商界人士792人，经过评比获得光荣称号的和得到物质奖励的104人，获得大会表扬的45人。1958年，工商界自备劳动工具，参加集体劳动46315人次，挖渠139390米，植树576962株，开垦荒地1091亩，拉运土坯229325块，给国家建筑积石560吨。工商业者通过劳动实践，树立了劳动光荣感，发挥了技术才能，做出了成绩，缩短了与劳动人民的距离，同时也逐渐改善了社会对私营工商业者的印象。

资料来源：孙晓华主编.中国工商业联合会50年概览（下卷）[M].北京：中华工商联合出版社，2003：1-883.

三、协助人民政府做好"定息"相关工作

对资本主义工商企业实行公私合营的社会主义改造大致可分为两个阶段。第一个

阶段：公私合营，通过公私合营将私人资本主义性质（私有制）的私营企业改造成为国家资本主义性质（公私共有制）的公私合营企业，并按照公私双方资产价值定股合资经营；第二个阶段：国家赎买，国家采取赎买政策将国家资本主义性质的公私合营企业进一步改造成为社会主义性质（公有制）的国营企业，赎买办法是由国家根据公私合营时核定的私股资产按固定利率向私股股东支付股息，简称"定息"。

关于赎买政策和定息办法

赎买政策，是指无产阶级取得政权后，通过和平方式、采取有偿办法对资产阶级的生产资料实行社会主义国有化改造，将私有制的资本主义经济组织改造成为公有制的社会主义经济组织的经济政策。赎买政策的实行，不但减少了资产阶级对社会主义改造的阻力，而且有利于逐步把资本主义工商企业改造成为社会主义企业、逐步把资产阶级工商业者改造成为社会主义劳动者。

定息办法，是指贯彻执行赎买政策，在公私合营时期，不论盈亏，按照固定息率，按期付给公私合营企业中私股股东股息的一种经济政策措施。

对私有制的资本主义经济组织改造成为公有制的社会主义经济组织采取赎买政策和定息办法，是中国共产党和人民政府，根据马克思列宁主义的思想原理，结合中国对资本主义工商业实行社会主义改造的工作实际，采取的政治与经济相结合的政策措施。这两个互相联系的重要政策及措施的贯彻实施，不仅缓和了民族资产阶级对社会主义改造的抵制情绪，而且一定程度地调动了他们参加社会主义建设的积极性，对于顺利推进、基本完成、全部完成对资本主义工商业的社会主义改造，最终实现生产资料国有化改革目标，发挥了至关重要的保障作用。在对资本主义工商业进行社会主义改造的整个过程中，生产力不仅没有遭到破坏，而且得到更高效率发展。

从"四马分肥"盈余分配到推行定息办法

关于公私合营企业的财产收益与分配在三个不同的时间段分别采取了比喻为"四马分肥"的公私合营企业利润分配、公私合营企业盈余分配、公私合营企业私股定息支付三种不同的分配方式。

第一种方式，"四马分肥"的公私合营企业利润分配

1952年6月19日，周恩来在全国统战部长会议上指出：公私兼顾是在国家领导下的公私兼顾；劳资两利是在中国工人阶级领导下的劳资两利；生产要有计划有领导

地进行，反对盲目发展；规定合法利润，反对暴利。这些原则是必须坚持的。他还指出：毛泽东同志在党内的会议上说过"四马分肥"，就是把利润分成四份，其中国家一份，就是税收；工人一份，就是福利费；还有一份是公积金，作为再生产之用；第四份就是私人应该得到的纯利。实际上，资本家得到的一份多一些，因为公积金在将来发展生产中的所得又可分成四份，在四份中他又得到了一份。资本家得到的利润如果是在这样一个范围内，就是合法的利润。[1]

1953 年 7 月，毛泽东在全国财经工作会议（1953 年 6 月 14 日至 8 月 12 日召开）的领导小组会议纪要第七号上的批语[2]中指出：

中国现在的资本主义经济，其绝大多数是在人民政府管理之下的，用各种形式和国营社会主义经济联系着的，并受工人监督的资本主义经济。这种资本主义经济已经不是普通的资本主义经济，而是一种特殊的资本主义经济，即新式的国家资本主义经济。它主要的不是为了资本家的利润而存在，而是为了供应人民和国家的需要而存在。不错，工人们还要为资本家生产一部分利润，但这只占全部利润中的一小部分，大约只占四分之一左右，其余的四分之三是为工人（福利费）；为国家（所得税）及为扩大生产设备（其中包含一小部分是为资本家生产利润的）而生产的。因此，这种新式国家资本主义经济是带着很大的社会主义性质的，是对工人和国家有利的。

毛泽东所指的国家资本主义经济利润分配，主要指国家资本主义性质的公私合营企业中利润分配分成四份，即 1/4 分配给资本家，3/4 属于工人福利、国家税金和企业公积金。9 月 7 日，毛泽东同民主党派和工商界部分代表的谈话中，进一步列举了关于国家资本主义企业（公私合营企业）利润分配的比例："所得税 34.5%；福利费 15%；公积金 30%；资方红利 20.5%；总计 100.0%。"[3]

9 月 8 日，周恩来在中国人民政治协商会议第一届全国委员会常务委员会第四十九次会议上作《过渡时期总路线》的报告时指出：生产资料的私人资本主义所有制是要受到限制的，但限制私人所有制并不是取消私人所有制，并不是取消利润。利润分配是"四马分肥"，资本家还有一份。如果能这样做，不论是否实行了国家资本

---

[1] 黄孟复主编.中国民营经济史·纪事本末［M］.北京：中华工商联合出版社，2010：100.

[2] 毛泽东.关于国家资本主义（1953 年 7 月）［M］//毛泽东文集：第 6 卷.北京：人民出版社，1999：282.

[3] 毛泽东.改造资本主义工商业的必经之路（1953 年 9 月 7 日）［M］//毛泽东文集：第 6 卷.北京：人民出版社，1999：292.

主义，也就是基本上为国计民生服务，部分地为资本家谋利。他解释了毛泽东关于"四马分肥"的公私合营企业利润分配办法，并指出：所谓"四马分肥"，实际上是"三马"，因为公积金是三方面的。他进一步指出：实现"四马分肥"的更好途径，就是实行国家资本主义，我们这种国家资本主义，既不同于一般的私人资本主义，更不同于帝国主义国家的国家资本主义，而是中国型的国家资本主义。[1]

"四马分肥"的分配原则，明晰了公私合营企业中私方资产收益权，没有具体明晰公私合营企业中公方资产收益权，从分析角度而言，公方资产收益包含在"国家所得税"税项及企业积累之中。这也说明，公私合营企业中的公方利益与国家利益的一致性。

实行"四马分肥"的公私合营企业利润分配办法的时间段是在公私合营工作开展的前期，"个别行业公私合营阶段"，大致时间为 1953 年 9 月至 1954 年 9 月。

第二种方式，《公私合营工业企业暂行条例》规定的盈余分配原则

1954 年 9 月 2 日，中央人民政府政务院第 223 次会议通过《公私合营工业企业暂行条例》，规定了公私合营企业在缴纳所得税以后的盈余分配原则：1. 股东股息红利，加董事、经理和厂长等人的酬劳金，共可占到全年盈余总额的 25% 左右。2. 企业奖励金，参酌国营企业的有关规定和企业原来的福利情况，适当提取。3. 企业公积金，为发付股东股息红利和提取企业奖励金以后的余额。公私合营企业中的股东股息红利分为两个部分，其中公股分得的股息红利应当依照规定上缴；私股分得的股息红利由私方自行分配。

《公私合营工业企业暂行条例》所规定的盈余分配原则与"四马分肥"分配原则是相吻合的，是"四马分肥"分配原则的升级版。分配名目仍然是四个方面，包括：缴纳所得税、企业公积金、企业奖励金、股东股息红利。四个方面中有三个方面基本相同，不同之处是，"四马分肥"中的"资方红利"调整为"股东股息红利，加上董事、经理和厂长等人的酬劳金，共占全年盈余总额的 25% 左右"。这一规定，表明公私合营企业中靠资本参与分配和靠劳动参与分配两个重要性；表明私方人员在公私合营企业中（有的担任董事，有的担任副厂长或副经理）可以在获得资本收益的同时领取劳动报酬。这一规定，为公私合营企业中的私方人员退休后领取退休工资留下了伏笔。《暂行条例》规定：公私合营企业中的股东股息红利分为两个部分，其中公股分

---

[1] 黄孟复主编.中国民营经济·纪事本末 [M].北京：中华工商联合出版社，2010：101.

得的股息红利应当依照规定上缴；私股分得的股息红利由私方自行分配。这一规定，明晰了公私双方资产的收益权。《暂行条例》没有规定"企业所得税"在盈余分配中的比例关系，有利于企业适应税项、税率变化作出调整。《暂行条例》没有规定"企业奖励金"和"企业公积金"在盈余分配中的比例关系，给企业自主安排留下了空间，一定程度地给予企业自主权。

实行《公私合营工业企业暂行条例》所规定的盈余分配原则的时间段是在公私合营工作开展的高潮期，包括"扩展公私合营阶段"和"全行业公私合营阶段"，大致时间为1954年9月至1956年底。

第三种方式，由国家给公私合营企业中的私股支付定息

1955年11月1日，陈云在中央统战部召开的全国工商联执委参加的座谈会上评价了在公私合营企业中实行定息办法的好处：[1] 1. 保证了在实行全民所有制以前私股的利润。2. 实行定息可以避免工缴、税务方面公私之间的争执。3. 可以提高工人的积极性，减少劳资纠纷。因为采取定息的办法，工人会感到企业除了给资方固定的利润外，他们生产的利润都归国家，也就是归他们自己。4. 可以按照社会主义的管理办法管理公私合营企业。5. 可以对工厂统筹调配，大力节约国家在工业方面的投资，加快国家工业化的速度。

11月16日，在中共中央召开的关于资本主义工商业社会主义改造问题的会议上，陈云在以《关于资本主义工商业改造的新形势和新任务》为题的报告中指出：定息，就是保持私股在一定时期内的定额利润，而企业可以基本上由国家按照社会主义的原则来经营管理。实行定息以后，资本家得到了好处，我们得到了更大的好处。资本家暂时保存了他们的资产价值，这个资产的所有权还是他们的，但是不能变卖，只能拿到定额利息。工厂企业管理的实际权力转移到了国家手里。资方人员参加一部分管理，这是一种什么管理呢？是和一个普通的工作人员参加工作一样，不能像从前那样以资本家的身份来管理工厂了。由于生产关系的这种变革，国营企业的经营管理方法全部可以采用。在这次会上，陈云还对大中小不同类型的资本家的利益问题发表了看法。他说：对大的资本家，现在搞定息问题不大，因为他们每年所得的钱很多。小的资本家，情况不同，比如他有500元的资金，年息5%，一年只有25元，一个月2元多，意义不大。资本上万元的中等资本家，现在主要是注意工资的多少，要求安排

---

［1］黄孟复主编.中国民营经济史·纪事本末［M］.北京：中华工商联合出版社，2010：102.

好他们的职务，保持原工资；至于利息，他们知道数量也不多，洋财早就发不了了。他算了一笔账："全国的资本家一共有多少资本？据估计，工业方面有 25 亿元，商业方面有 8 亿元，共计 33 亿元。定息 5%，一年就是 1.65 亿元。用这点钱，便把中国的资本家统统包下来了。"[1]

1956 年 1 月 31 日，在全国范围内全行业公私合营运动展开之前，中共中央发出《关于对公私合营企业私股推行定息办法的指示》，[2]指出："对公私合营企业的私股推行定息办法是国家进一步加强社会主义改造的一项重要政策措施。"从 1956 年 1 月起，把全行业公私合营与实行定息制度结合了起来，给私营工商业者吃了一个定心丸。

2 月 8 日，国务院全体会议第二十四次会议通过《关于在公私合营企业中推行定息办法的规定》，明确了六条意见：1. 定息，就是企业在公私合营时期，不论盈亏，依据息率，按季付给私股股东以股息。2. 对全国公私合营企业私股实行定息的息率，规定为年息 1 厘到 6 厘（1 厘相当于 1%）。3. 根据国计民生的需要和各行业、企业的具体情况，在前条规定的息率幅度内，地区之间、行业之间，可以定出不同的息率，也可以定出同一的息率。4. 省、自治区、直辖市的公私合营企业定息的工作，应该分别在省、自治区、直辖市的人民委员会的统一领导下进行。5. 个别公私合营企业，如果情况特殊，息率需要高于 6 厘的，由省、自治区、直辖市人民委员会核报国务院批准。6. 暂不实行定息的公私合营企业，可以按照 1954 年 9 月政务院《公私合营工业企业暂行条例》所规定的盈余分配原则或者按照惯例分配股息。[3]103

2 月 20 日，全国工商联邀请参加全国工商界青年积极分子大会的部分代表进行座谈，讨论国务院《关于公私合营企业中推行定息办法的规定》。许多方面的意见认为："定息政策应该更简单明了一些""定息利率应该更明确一些""定息时间应该更长一些"。

6 月 18 日，陈云在第一届全国人民代表大会第三次会议上明确表示："在息率方面，我们认为可以不分工商、不分大小、不分盈余户（亏损户）、不分地区、不分行业，统一规定为年息五厘。个别需要提高息率的企业，仍然可以超过五厘。过去早已

---

［1］陈云.资本主义工商业改造的新形势和新任务［M］//陈云文选（1949—1956）.北京：人民出版社，1984：287-288.

［2］转引自党史百科.中国共产党历史系列辞典.中共党史出版社，党建读物出版社，2019.

［3］黄孟复主编.中国民营经济史·纪事本末［M］.北京：中华工商联合出版社，2010.

公私合营，但是采取按比例办法分配利润的企业，同新合营的企业一样定息五厘。过去早已公私合营，并且已经采取定息办法的企业，如果超过五厘，照旧支付，不予降低；如果不到五厘，提高到五厘。"[1]103

7月，国务院对定息制度作了新的规定：全国公私合营的定息户，不分工商，不分大小，不分盈余与亏损，不分地区，不分行业，不分老合营（新合营），统一规定为年息5厘，即年息5%。个别需要提高息率的，可以超过5厘。如果息率不到5厘，提高到5厘。这一规定，将定息利率固定下来、统一起来，更有利于操作执行。[1]103

12月7日，在全国工商联第二次会员代表大会开幕前夕，毛泽东主席找民建和工商联负责人谈话。关于定息时间问题，他作出明确具体的指示：

定息拿多长的时间？这个问题，应当说八大已经解决了。七年之病，三年之艾。原则是要解决问题，时间服从原则。这问题处理得好坏，影响资产阶级、民主党派、无党派民主人士、知识分子、宗教界、少数民族上层人士，在国际上也有影响。共产党不想在这上面省几个钱，要说服工人，向他们说明定息的时间长比短好。可以虎头蛇尾，七年虎头，五年蛇尾，到第三个五年计划。如果还需要延长，到第四个五年计划还可以拖下去。[2]168

定息时间要相当长，急于国有化，不利于生产。公私合营有优越性，比不合营好，工人的积极性提高了，资方的态度也改变了。[2]171

国家积累主要靠工业，不靠农业。国家预算收入平均每年二百七十亿元，农业只有三十亿元，加上工农业产品剪刀差也不过七十亿左右。我们为什么保存资本家？因为国家有需要，对人民有利益，可以增加工业品。要同民族资产阶级实行同盟，才能巩固同农民结成的同盟，因为农民需要工业品进行交换。同时，还能比较好地稳定物价，保证市场供应。在过渡时期保存资产阶级，有极大的作用。[2]171

毛泽东主席的这一段讲话，说明了保存资本家的必要性，定息的时间长比短好。

12月11日，荣毅仁在全国工商联第二次会员代表大会上，报告全国工商联第一届执行委员会三年来的工作时指出：正确地贯彻赎买政策以实现对私营工商业的社会主义改造，是符合全国人民的最大利益的。工商联在代表工商业者合法利益与合理要

[1] 黄孟复主编. 中国民营经济史·纪事本末 [M]. 北京：中华工商联合出版社，2010.

[2] 毛泽东. 同民建和工商联负责人的谈话（1956年12月7日）[M] // 毛泽东文集：第7卷. 北京：人民出版社，1999：168-171.

求的同时，还必须使工商业者懂得当前利益服从长远利益，个人利益服从国家的整体利益。建设社会主义社会，是全国人民的利益，也是工商业者的利益。[1] 209-210

12月24日，《人民日报》在题为《工商界今后的重大任务》的社论中指出：有许多人在这次代表大会以前，对于定息期限的长短还不摸底，对于公私关系能不能搞好还不放心。为解决这些问题，中央已经提出一个建议，即从今年算起，定息时间可以延长7年，7年以后如果工商业者生活上还有困难，可以继续加以照顾。至于公私关系问题，已明确地指出了私方人员今后努力的方向。许多工商业者在大会发言中一致认识到党和政府对工商界无微不至的关怀，这是很自然的。[1] 171-172

定息政策实行后，公私合营企业中的资本家所有的生产资料性收入为定息收入，其收入多少取决于股金数额多少，与企业的盈余失去了联系。对私营企业实行公私合营和定息制度，是逐步改造资本主义性质的企业为半社会主义性质的公私合营企业，继而改造为社会主义性质的国营企业的具有决定意义的步骤；定息支付结束以后，这种公私合营企业，就转变为社会主义性质的国营企业了。

关于公私合营企业中资本家的定息，由国家根据公私合营时核定的私股资产按固定利率付给。1956年底，全国公私合营企业经过清产核资，核定私股股东：114万户；私股股额：24.1864亿元。国家按照年息5%（略高于银行利率）的固定利率给私股股东支付定息，每年定息金额为1.2亿余元。

定息取舍与资产阶级分子身份挂钩

在社会主义改造过程中，资产阶级分子的帽子戴在头上，使工商业者感觉到有较大的压力，而资产阶级分子的帽子与"是否享有定息"是直接挂钩的。因此，一些资本家，特别是中小资本家主动要求早点取消定息或自愿放弃定息，不再背负资产阶级分子的名声。这类思想问题，引起重视。

1956年12月7日，毛泽东主席在《同民建和工商联负责人的谈话》[2]中指出：

取消定息不好搞什么高潮，一搞高潮就是整拿定息较多的人，而他们大都是先进核心分子。想快点摘帽子的是中小资本家，他们有些人拿的定息是很少的。小的资本家如果七年的时间等不了，是否可以先"开饭"，先取消定息，先摘掉帽子？我看过

---

[1] 孙晓华主编.中国工商业联合会50年概览（上卷）[M].北京：中华工商联合出版社，2003.

[2] 毛泽东.同民建和工商联负责人的谈话（1956年12月7日）[M]// 毛泽东文集：第7卷.北京：人民出版社，1999：168-169.

两三年要求摘的可以先摘，我们一不提倡，二不搞高潮，三不登报。可以开"流水席"，有先有后。这个"开席"问题，是等齐了再开，还是开"流水席"，由民建和工商联讨论和掌握。

毛泽东主席的这一段讲话，说明是否取消定息可由工商业者自行选择，并授权民建和工商联讨论和掌握。

12月8日，毛泽东主席在《同工商界人士的谈话》[1]中，关于定息问题，关于中小资本家与大资本家的不同之处及应该相应采取的政策等方面作了长篇讲话，其中指出：

我主张把占百分之九十的中小资本家不划入资产阶级范围，拿到的定息只够买几包香烟的，就叫他们小资产阶级。资方代理人也是属于小资产阶级范围，叫上层小资产阶级。[1]179

是否可以提出这样一个建议，请你们考虑，政府也要考虑。中小资本家愿意放弃定息就放弃，不愿意放弃的就让他拿下去。[1]179

关于定息的时间问题，大家很关心。解决这个问题有一个原则，就是要解决问题，不要损害资本家的利益，特别是不要损害大资本家的利益。[1]179

定息到底搞多长时间，中共中央讨论过，认为时间太短了不好，赎买就要真正的赎买，不是欺骗的。花不了多少钱。有人问究竟还有多少年？大家都很关心。我们以七年为期，即今年、明年加上第二个五年计划共计七年。[1]180

我说还可以拖一个尾巴，拖到第三个五年计划，你们看怎么样？七年是虎头虎身，如果还没有解决问题，还可以拖长一点，总要天理人情讲得过去。[1]180

12月15日，陈云在全国工商联第二次会员代表大会上讲话时，关于定息问题讲了重要意见。[2]他说：毛主席在和出席这次大会的各省（市）代表团负责人座谈时谈到中共中央有这样一个意见，即从今年起定息时间可以定为7年，如果7年后工商业者生活上还有困难，还可以拖一个尾巴。这一方面是为了照顾工商界的生活，另一方面是为了促使工商业者更加安心地接受改造，积极为国家建设服务。这样做对于国家和工人阶级都是有利的。他说：大型工商业在政治上、经济上都占重要地位，这是应

［1］毛泽东.同工商界人士的谈话（1956年12月8日）［M］//毛泽东文集：第7卷.北京：人民出版社，1999：179–180.

［2］孙晓华主编.中国工商业联合会50年概览（上卷）［M］.北京：中华工商联合出版社，2003：217–218.

当肯定的；但小型工商业也是国家经济中不可缺少的组成部分，小摊贩也是很重要的。有的小型工商业者表示愿意放弃定息，我们是欢迎的，但是不要来一个运动，要逐步地、个别地解决。他说：有些人在打算放弃定息的时候，希望先考虑几个问题：1. 加入工会问题，全国总工会已经表示，如果他们放弃定息，就可以按照工会的规定加入工会。2. 劳保问题，百人以下的中小合营企业现在一般没有实行劳保条例（当然将来一定要实行的）。3. 定息问题，定息对于小型工商业者还是有补助作用的。他还说：工商业者的就业问题要和社会就业一并解决。

1957 年 3 月 22 日，中华全国总工会为工商业者加入工会问题函复全国工商联[1]："享有定股定息的资方人员，无论是在公私合营企业或合作社的工厂内工作，均暂不能加入工会。享有定息的小商小贩成为供销社职工后要求入会的，目前也暂缓发展他们加入工会。"这一规定，重申了是否享有定息与能否加入工会、成为工会会员相关联。

以"楚弓楚得"寓意定息得失观

1956 年 12 月 8 日，毛泽东在同出席全国工商联第二次会员代表大会的工商界人士代表谈话时指出：[2]

工商联大会的代表中，中小资本家占多数，要向他们说明不要损害大资本家的利益，损害他们的利益，对工人、农民、中小工商业者都不见得有利。中小资本家的利益是尽早摘掉帽子，大资本家的利益则是定息时间拖长一些。可以各搞各的，要早摘掉帽子的就早摘，虎头虎身七年，愿意拿定息的还可以继续拿。这样做可以不可以？现在没有法律规定，大家可以商量，到了七年如果不能解决问题，再拖一个尾巴也可以。

急于取消定息是没有好处的。实际上定息没有几个钱，一年只有一亿二千五百万元，有人还说只有一亿一千万，七年总计不到八个亿。这个钱没有送给日本人、美国人，是送给中国人的。总之肥水没有落入外人田，是"楚弓楚得"[3]，是国家的购买

---

[1] 黄孟复主编.中华全国工商业联合会 50 年大事记（1953—2003）[M].北京：中华工商联合出版社，2003：78.

[2] 毛泽东.同工商界人士的谈话（1956 年 12 月 8 日）[M]//毛泽东文集：第 7 卷.北京：人民出版社，1999：181.

[3] 楚弓楚得，典出《说苑·至公》："楚共王出猎而遗其弓，左右请求之。共王曰：'止！楚人遗弓，楚人得之，又何求焉'？"

力，也是公债推销的对象，还可以用来开工厂，可以从各方面来考虑。

毛泽东的讲话，重申了 12 月 7 日同民建和工商联负责人的谈话中的观点，解释了国家定息政策，针对"中小资本家的利益是尽早摘掉帽子"和"大资本家的利益则是定息时间拖长一些"两种不同的思想状况作了说服和解释，并以"肥水没有落入外人田"的比喻和"楚弓楚得"的成语故事，意味深长地表明了与工商界人士协商定事的态度。毛泽东主席的讲话，对于当时做通工商界人士的思想工作，推进定息工作，从基本完成（公私合营/付定息）到全部完成（赎买完成/国有化）对资本主义工商业的社会主义改造发挥了重要作用。

在对资本主义工商业实行社会主义改造的过程中，毛泽东主席在处理公私合营企业公私关系方面提出的"四马分肥"的利润分配方法和"楚弓楚得"的私股定息得失观被传为历史佳话。

实行定息，公私合营企业经营权以公方为主

1956 年 12 月 15 日，在全国工商联第二次会员代表大会上，陈云传达了中共中央的决定：从 1956 年起，定息时间可以定为 7 年，如果 7 年后工商业者生活上还有困难，还可以拖个尾巴。[1]62

1962 年 3 月 28 日，周恩来在全国人大二届三次会议上的《政府工作报告》中指出：考虑到目前工商业者中，有一部分人对于取消定息还缺乏必要的准备，他们的生活也有必要加以照顾，政府已经决定，从 1963 年起，延长定息一个时期，暂定三年，到时再议。[1]95

1966 年 3 月 6 日，国务院发出延长定息的通知：中共中央决定，从 1966 年起再把定息延长一些时间，定息息率不变。延长多少时间，将由全国人民代表大会常务委员会作出决定。[1]111

资本家的定息实际支付情况：根据 1956 年全国范围内公私合营基本完成时核定的私股资产按照固定利率付给。1956 年底，全国公私合营企业经过清产核资，核定私股股额为 24.1864 亿元。国家按照年息 5%（略高于银行利率）的固定利率，给 114 万户私股股东发放定息，每年定息金额为 1.2 亿余元。原定定息 7 年不变，1962 年决定延长到 10 年，发放定息的实际时间长度为 1956 年 1 月至

---

[1] 黄孟复主编 . 中国民营经济史·大事记［M］. 北京：社会科学文献出版社，2009.

1966 年 9 月。[1]

对私方生产资料实行定息支付办法之后，使得公私合营企业发生了重大变化，但有变有不变。

就企业管理权而言，公私合营企业中的公私方资产已经全部由公方为主管理使用，"企业可以基本上由国家按照社会主义的原则来经营管理。……企业管理的实际权力转移到了国家手里。资方人员参加一部分管理，这是一种什么管理呢？他仅是和一个普通的工作人员参加工作一样，不能像从前那样以资本家的身份来管理工厂了。由于生产关系的这种变革，国营企业的经营管理方法全部可以采用"。[2]

就企业资产收益权而言，国家向私方资产支付定息，其收入多少取决于股份数额多少，已经同企业盈余的多少失去了直接联系，从而固定了私方资产收益。私方资产不能变卖，只能拿到定息。

就企业属性而言，因为仍然承认私方资产收益权，仍然是公私共有制的国家资本主义性质的公私合营企业，没有发生根本改变。

实行定息制度，以支付定息方式赎买公私合营企业中的私方资产，为公私共有制的半社会主义性质的公私合营企业最终转变为公有制的社会主义性质的公有公营企业奠定了基础、做好了过渡准备。

赎买完成，公私合营企业转变为公有公营企业

1966 年 9 月 24 日，中共中央批转国务院财贸办公室和国家经济委员会《关于财政贸易和手工业方面若干政策问题的报告》，其中指出：公私合营企业应当改为国营企业，资本家的定息一律取消，资方代表一律撤销，资方人员的工作另行安排。[3]至1966 年 9 月，定息取消，赎买完成。从具体数据分析来看，私股资产报酬总额约 12亿元，加上"四马分肥"资产红利约 13 亿元，[3]合计约 25 亿元，与私股资产总额24.1864 亿元相比，大致持平。

赎买完成，使公私合营企业发生了根本性变化：就企业经营权而言，由公私合营彻底转变为公营（国家经营）；就企业财产权而言，由公私共有彻底转变为公有（国

---

［1］中共中央党史研究室.中国共产党的九十年——社会主义革命和建设时期［M］.北京：中共党史
　　出版社，党建读物出版社，2019：458.

［2］陈云.资本主义工商业改造的新形势和新任务［M］//陈云文选（1949—1956）.北京：人民出版社，
　　1984：287-288.

［3］黄孟复主编.中国民营经济史·纪事本末［M］.北京：中华工商联合出版社，2010：105.

家所有）；就企业属性而言，由国家资本主义性质的公私合营企业转变为国家社会主义性质的公有公营企业（又称国有国营企业）。

赎买完成，标志着对生产资料私有制的国有化改造最终完成。此后，"资产阶级分子"的称谓逐步改变为"资产阶级人员""民族资产阶级人们""资产阶级工商业者""工商业者"或"原工商业者"。

如果将公私合营企业中的私方财产权，细分为三权，即所有权、经营权、支配权，实行定息支付以后，公私合营企业中的私方财产所有权仍然保留，但经营权和支配权已经实现由私向公转变；定息支付完成以后，公私合营企业中的私方财产所有权、经营权和支配权全部实现由私向公转变。

从定息支付的数量与股本价值的关系来看，虽然没有严格实行"等价交换"的市场规则，但是从定息支付形式及结果来看，充分体现了赎买政策的贯彻落实。从定息性质分析，定息总额就是赎买金额，通过定息支付方式达到了赎买目的。赎买政策与定息办法相结合的改造举措，促进了对生产资料私有制的社会主义改造由基本完成到全部完成。

赎买政策是无产阶级夺取政权后，通过和平方式并采取有偿办法对资产阶级的生产资料实行国有化改造的经济政策，源于马克思、恩格斯关于"用和平的办法废除私有制"的理论设想及列宁关于"利用资本主义建设社会主义"的新经济思想。定息办法是高效促进赎买政策贯彻落实的经济杠杆。从实际效果来看，赎买政策主导了改造方向，定息办法成为赎买政策的具体实现方式。相比苏联的经验，中国对生产资料私有制的社会主义改造显得更为成功。

与定息相关联的工商业者政策待遇

在贯彻实施赎买政策和定息办法的过程中，特别是赎买政策和定息办法执行结束以后，人民政府对资产阶级工商业者的工作安排和生活照顾采取了"负责到底、照顾到底"[1]的方针，采取了一系列补偿性的、关怀性的政策措施和工作措施。例如：

1956年3月30日，陈云同志在全国工商业者家属和女工商业者代表会议上发表了重要讲话[2]。其中，关于资方人员的安排，他说：

---

[1] 刘少奇会见民建、工商联领导人的谈话（节录）（1960年1月）[M] // 孙晓华主编.中国工商联合会50年概览（上卷）.北京：中华工商联合出版社，2003：242.

[2] 陈云.公私合营后一些问题的解决办法（1956年3月30日）[M] // 陈云文选（1949—1956）.北京：人民出版社，1984：300-303.

工商业者的绝大部分是懂技术的，有业务经验的。他们的技术和业务经验，对人民、对国家、对社会主义建设是很有用的。国家需要这些懂技术、懂业务的人。……资本家懂得技术，能管理工厂，组织生产。政府安排资本家并不是对资本家特别好，而是因为这对国家、对人民都有好处。工商界不要担心得不到安排。对资本家也要进行改造，把他们改造成为自食其力的劳动者，改造成为社会主义企业的干部。

是不是今天安排，将来就踢开了？不是这样的。今天安排，将来也要安排。因为你们在解放后，拥护人民政府，拥护土地改革，支援抗美援朝，接受"五反"教育，最近又积极参加全行业公私合营，这些都是好事。共产党是讲道理的。你们好事做得愈多，得到的好处也愈多，结果也愈好。

职务的高低，将根据每个人的技术、经验、能力等情况作适当安排，尽可能安排得合理。

关于资方人员的工资，他说：

有些公私合营企业中资方人员的工资，比国营企业同一级干部的工资高，他们怕要降下来。又要社会主义改造，又要降低工资，两路夹攻可受不了。请大家不要担心，政府的政策是不降低你们的工资。

在资方人员中，有几种情况：第一种是定息后收入比过去"四马分肥"时的利润多了。第二种是合营前与合营后收入大体相同。第三种是合营后比合营前的收入减少了。后一种人，大多数是经营小厂小店的，政府对他们是要给以帮助的。办法就是，资方家属原来在企业中参加辅助劳动的，现在企业要尽量录用，用不了的由专业公司想办法，组织厂外加工或做一些临时工作。如果还不能解决，政府应与工商联、专业公司一起共同商量，找出办法，专门进行救济，解决困难，不能让小孩子没有饭吃。

1960年1月，刘少奇在会见中国民主建国会、全国工商联领导人的谈话中说：党对工商业者采取"负责到底、照顾到底"的方针，坚持"五不变"（定息、高薪、学衔、政治安排、生活待遇五个不变）；并提出"顾一头、包一头、包到底"，即工商界顾自我改造，为人民服务的一头；国家包工商界物质生活福利的一头；工商业者只要跟着人民政府一心一意搞社会主义，同共产党合作，不论老、病或者其他困难，国家都负责到底，包到底。并且要求民建和工商联包一头，协助党和政府做好推动和帮助工商业者进行自我教育和自我改造、积极为社会主义建设服务的工作。[1]82

---

[1] 黄孟复主编.中国民营经济史·大事记 [M].北京：社会科学文献出版社，2009.

4月28日，中共中央发出《关于资产阶级高薪、病假期间工资和"退职退休"等问题的指示》，强调要继续贯彻高薪不变的政策，即仍然保持民族资产阶级原来的高薪。1958年下半年以来，因为调动工作、职务，或因下放而减了薪金的，一般应当恢复他们原来的薪金，并把被减掉的薪金补发给他们。[1]84

1961年8月17日，中共中央批转中央统战部《关于继续贯彻对资产阶级人们安排政策的意见》，指出：对于民主人士的职务和公私合营企业中的资方人员的职务，不要轻易变动。除有违法乱纪行为和严重错误的分子外，不要撤换、降低他们的职务，一贯表现比较好和工作称职的，可以根据需要酌情提拔。在此次精减中，不要把民主人士和资方人员当包袱精减推出去。[1]92

1962年4月18日，周恩来在中国人民政治协商会议第三届全国委员会第三次会议上作了题为《我国人民民主统一战线的新发展》的讲话。其中讲道：工商业者中间也有一些生活困难的，工商联可以从定息中抽取一定比例作互助金，如果不够，政府也可以协助。[1]95-96实际工作中，上海的工商业者自发建立"工商界生活互助基金"，即在定息中提取10%作为"互助金"，用以解决工商业者及其家属的生活困难，解除他们的后顾之忧。这项措施以后在许多地方得到了推广。

7月16日，国务院作出《关于在精简工作中妥善安置资产阶级工商业者的若干具体规定》，其中指出：1.对于国营、公私合营企业中在职的资产阶级工商业者和他们的家属，不下放农村。2.对于因企业关闭或被裁减并且必须精减下来的资产阶级工商业者，不要下放农村；应该积极地、妥善地予以安置，务必使每一个人都有着落。3.凡保留下来的企业，一般不要精减资产阶级工商业者。4.对于县和县以上的资产阶级代表人物，不精减，不下放农村。[1]98

7月16日，国务院作出《关于处理资产阶级工商业者退休问题的补充规定》，其中指出：对于参加公私合营的资产阶级工商业者和有定息的其他私方人员，男年满60周岁，女年满55周岁，工作年限满五年，体弱或者多病不宜继续工作的，经本人申请，可以退休。退休后，按月发给退休费，直到本人去世时为止。工商业者不具备退休条件，但因病或非因公残废完全丧失劳动能力的，可以准其请长假，按月发给生活费。[1]97-98

1978年12月26日，中共中央在批转上海市委《关于落实党对民族资产阶级若

---

[1]黄孟复主编.中国民营经济史·大事记[M].北京：社会科学文献出版社，2009.

干政策问题的请示报告》的通知中指出：要落实党对民族资产阶级的各项无产阶级政策，更好地团结一切可以团结的力量，调动一切积极因素，进一步推动民族资产阶级人们接受社会主义改造，为实现新时期总任务、建设社会主义现代化强国贡献力量。[1]143

12月30日，中共中央作出《关于进一步落实党对民族资产阶级若干政策的决定》，[1]143 其中指出：1.工商业者在"文化大革命"中被查抄的存款，无论金额大小，全部解冻，一次发还，并且按照银行的规定，发给利息。2.在"文化大革命"中工商业者被扣减了薪金的，一般应当恢复他们原来的薪金，并且补发过去被扣减的部分。3.经过社会主义改造，已经明确属于工商业者个人所有的房屋，应当受到法律保护，"文化大革命"中被占用了的私房，应当归还。4."文化大革命"中被下放到车间或门市部从事体力劳动的资方代表，应对他们的工作进行适当的调整。5.应当积极组织工商业者和职工一起参加劳动竞赛和评比，对表现好的，给予表扬和物质奖励。6.对工商业者病假期间的工资，一律根据生活困难情况或病假期长短，按照本人的工资发给50%~70%。7.工商业者要求领取1966年9月前应领而未领的定息，可以发给。8.对工商业者家庭出身的子女，要坚持重在本人表现，不能唯成分论。在入党、入团、升学、招工等问题上，都不应歧视他们。

1979年11月12日，中共中央批转中央统战部、国家计委党组、国家经委党组、商业部党组、轻工业部党组、全国总工会党组6部门提出的《关于把原工商业者中的劳动者区别出来问题的请示报告》。其中指出：1956年对私营工商业实行公私合营时，把一大批小商、小贩、小手工业者以及其他劳动者统统称为私方人员，按资产阶级工商业者对待。这个问题长期没有得到解决。当前应明确他们本来的劳动者成分。文件下达后，经过一年多的努力，在这项工作结束时，有70多万名小商、小贩、小手工业者从原工商业者中区别出来，恢复了劳动者身份。[1]151-152

12月17日，中共中央批转中央统战部、中央组织部、国家经委党组、国家劳动局党组、全国总工会党组5部门提出的《关于对原工商业者的若干具体政策的规定》。其中指出：1.在原工商业者中，不要具体划分谁是自食其力的劳动者，谁是拥护社会主义的爱国者。2.从1979年7月起，原工商业者填写成分时，是干部的填写"干部"，和工人一样参加劳动的就填"工人"。今后不要再叫他们"资本家""资产阶级工商

[1]黄孟复主编.中国民营经济史·大事记[M].北京：社会科学文献出版社，2009.

业者"或"私方人员"。3. 对于在职的原工商业者，政治上应与干部、工人一视同仁；经职工群众讨论同意，可以按照工会章程的规定，吸收参加工会。4. 对于在职的原工商业者，应与其他职工一样，合理地加以安排使用。5. 原工商业者的病假、医疗、退休、退职、死亡以及其他生活福利待遇，从 1980 年 1 月起，分别按干部、职工办法办理。6. 各级党委在贯彻落实对原工商业者的政策中要加强思想政治工作。[1] 343-345

以上政策规定，摘掉了原工商业者的资本家或资本家代理人的帽子，并保障他们与干部职工同等的政治待遇和生活福利待遇，激发了他们参与社会主义现代化建设的积极性。其后，2002 年 4 月 30 日，劳动和社会保障部、中央统战部、财政部和民政部联合下发《关于进一步解决部分原工商业者生活困难问题的通知》（劳社部发〔2002〕9 号），各地劳动保障部门、民政部门和工商联相互配合，坚持不懈地共同负责原工商业者的养老、医疗保险或困难补助等方面的工作，保障原工商业者的基本生活。

在国家实行赎买政策和定息办法的工作中，各级工商联协助人民政府做了大量的思想政治工作、组织动员工作和说服教育工作。工商界各级代表人物，特别是具有各级工商联主任委员、副主任委员、常务委员、执行委员身份的工商界代表人物，他们具有工作推动者和工作对象双重身份，发挥了积极主动贯彻推进工作和模范带头执行政策双重作用，作出了重要贡献。

在国家推行赎买政策和定息办法的工作中，各级工商联始终把关心资产阶级工商业者工作和生活当作重要工作加以安排。例如：

1956 年 12 月 11 日，荣毅仁在全国工商联一届执委会三年来的工作报告中指出[1] 213：要关心工商业者的生活和工作，密切与广大工商业者的联系。全行业公私合营的出现，表明了工商业者走社会主义道路的信心和决心。工商业者在全行业公私合营以后，实际上已经交出企业，成为国家公职人员。因此，要进一步关心工商业者的生活，反映其意见和要求，发挥他们的积极性。

1960 年 2 月 19 日，乐松生在全国工商联第二届执委会工作报告中专题讲到工商界互助金工作，指出：为了培养工商业者的团结互助精神，帮助少数工商业者解决某些生活上的困难，使他们安心工作，接受改造，上届会员代表大会通过了《工商界生活互助金暂行方案》。根据大会决定，我会成立了"工商界生活互助金委员会"，积极

---

［1］孙晓华主编.中国工商业联合会 50 年概览（上卷）［M］.北京：中华工商联合出版社，2003.

推动各地组织举办工商界生活互助金，并按照"自愿量力、就地平衡"的原则进行掌握。[1]273

1966 年 1 月 28 日，全国工商联向中央工商行政管理局报送《关于动用国务院所拨专款对资产阶级工商业者中因等候安置、退休、请长假和家属精减回家而生活确有困难的人进行补助的情况报告》；[2]151 获得批准后，于 12 月 31 日向河北等 24 个省、自治区拨款 212 万元，用于上述"四种人"的困难补助。[2]152

时至今日，进入 21 世纪 20 年代，对资产阶级工商业者（现在称呼其为原工商业者）的关心、照顾、救济、帮助工作仍在接续进行，全国及省级工商联大都安排有专项补助或慰问资金，安排有专人负责联系和服务。

用和平的、赎买的办法把资本主义经济改造成为社会主义经济，这是马克思和列宁早就提出过但没有实现过的设想，这一设想在社会主义中国实现了。正如邓小平所说：这"是我国和世界社会主义历史上最光辉的胜利之一。这个胜利的取得，是由于中国共产党领导全体工人阶级执行了毛泽东同志根据我国情况制定的马克思主义政策，同时，资本家阶级中的进步分子和大多数人在接受改造方面也起了有益的配合作用"。[1]310

［1］孙晓华主编.中国工商业联合会 50 年概览（上卷）［M］.北京：中华工商联合出版社，2003.
［2］黄孟复主编.中华全国工商业联合会 50 年大事记（1953—2003）［M］.北京：中华工商联合出版社，2003.

第十一章

工商联组织及成员参与发展社会主义公共事业

在社会主义计划经济时期，工商联组织及成员参与发展社会主义公共事业仍然活跃。在这一时期，为满足人民群众日益增长的文化社会生活需要，人民政府动员社会力量兴办发展社会公共事业，各级工商联组织及成员响应号召，积极参与，作出了重要贡献。

一、推动工商业者认购"国家经济建设公债"

国家经济建设公债，是跨越新民主主义经济时期和社会主义计划经济时期，国家为了加速经济建设，逐步提高人民物质和文化生活水平，促进人民节约储蓄，以信用方式为国家筹措资金的经济活动。

在 1954—1958 年，中央人民政府连续五次分年度发行国家经济建设公债。公债的计划发行额，除 1958 年为 6.3 亿元外，其余四个年度均为 6 亿元，都以人民币为计量单位，利息率均为年息四厘。至 1968 年止，该公债的本息全部偿清。这五次公债发行都超额完成计划，实际发行额共为 35.44 亿元，超过计划发行额的 16.96%。该项公债主要以城市私营工商业者、公私合营企业中的私方人员、机关团体职工等为发行对象。国家经济建设公债的发行对于实现社会主义改造，巩固和加强社会主义经济的物质基础，起到了良好的作用。

由于工商界仍然是认购国家经济建设公债的主要力量，各级工商联接受推销任务后，积极开展工作，宣传发动、组织动员工商业者认购公债，广大工商业者积极响应人民政府号召，积极认购公债。

1958 年国家经济建设公债

　　1953 年 12 月 8 日，全国工商联主任委员陈叔通就国家发行 1954 年经济建设公债发表谈话。他说：发行公债是筹集社会主义工业化资金重要的经常的方法之一，认购公债正是我们工商界支援国家经济建设和爱国主义的具体表现。我们要在全国广大工商业者中广泛宣传发行公债的意义，并号召踊跃认购，以完成并超额完成认购公债的行动作为对国家经济建设的新贡献。12 月 25 日，全国工商联发出《关于做好发行 1954 年国家经济建设公债宣传工作的指示》，要求各地工商联在当地党政机关领导下，利用各种集会和各种形式，认真做好宣传发动工作。[1]43

　　1955 年 1 月 4 日，全国工商联向各地组织发出《关于拥护 1955 年国家经济建设公债的发行和展开深入的宣传教育，推动工商业者踊跃认购，完成推销计划的通知》，指出：1955 年预定在城市私营工商业者（包括股东和资方代理人）、公私合营企业的私方人员及其他城市居民中推销公债 2700 万元。这一分配数字，仍然是照顾到目前工商业经营上公私比重的新变化，已比 1954 年有所减少。2 月 21日，全国工商联编发介绍推销国家经济建设公债经验的综合文件，供各地工商联参考。[1]53-54

　　1957 年 1 月 12 日，全国工商联向各地组织发出《关于积极推动工商业者踊跃认购 1957 年国家经济建设公债的通知》，指出：这次公债，工商界是要以个人收入来认购的，必须进行更广泛、更细致的宣传动员工作。同时，要对每一位工商业者的定息、工资收入、到期公债本息及他们的生活情况，做好调查了解，贯彻"合理分配、

［1］黄孟复主编.中华全国工商业联合会 50 年大事记（1953—2003）［M］.北京：中华工商联合出版社，2003.

自愿认购"的原则；还要帮助工商业者根据不同情况，订立切实可行的交款计划，保证百分之百地如期入库。[1]75

12月12日，全国工商联、民建中常会联合发出《关于积极推动工商业者认购1958年国家经济建设公债的联合通知》，指出：1958年公债发行工商界的分配数额是8200万元，这个数额对工商业者目前的经济情况来说是合适的，完成和超额完成任务是没有问题的。[1]88

在推动工商业者认购国家经济建设公债的活动中，各地工商联和民建组织工作积极主动，广大工商业者踊跃购买，大都完成或超额完成了工商界认购任务。例如：[2]

云南省工商界　1954年，计划认购国家经济建设公债数额为285.5550万元，实际认购300.4240万元，完成认购总数的105.2%。

陕西省工商界　1954年，全省53个县（市），计划认购国家经济建设公债171.65万元，实际认购238.53万元，超过认购计划39%；1958年4月，据80个市、县统计，认购国家经济建设公债197.8万元，超过认购计划22.9%。

河南省工商界　1954年，全省工商界根据"自愿量力"的原则，踊跃认购国家经济建设公债。郑州市工商界分配任务94.1万元，超额完成43.97%；开封市工商界分配任务64.5万元，超额完成20%。还创造了"一好、三先、四满意"的经验。1954—1958年，全省各地认购经济建设公债均超额完成分配任务。

在推动工商业者认购国家经济建设公债的活动中，充分体现了工商联和民建组织的号召力和影响力；充分体现了广大工商业者的爱国热情和支持社会主义建设的积极态度；同时通过购买国家经济建设公债对于广大工商业者私有资产保值增值发挥了重要作用。

---

[1]黄孟复主编.中华全国工商业联合会50年大事记（1953—2003）[M]北京：中华工商联合出版社，2003.

[2]孙晓华主编.中国工商业联合会50年概览（下卷）北京：中华工商联合出版社，2003：465—491，711-731，749-777.

二、推动工商业者及其家属参与城市人民公社活动

城市人民公社组织试验[1-3]是在总路线、"大跃进"、人民公社"三面红旗"指引下，受到农村人民公社运动的影响，先有人民群众自发兴起、后得到党和政府肯定，在一定范围内、较短时期内一度开展的具有试验性的群众性经济社会活动。

1960年3月9日，中共中央发出《关于城市人民公社问题的批示》。中共中央认为，对于城市人民公社的组织试验和推广，应当采取积极的态度，从实际情况出发的各种组织形式，如以大型国营厂矿为中心，以机关、学校为中心，以街道居民或以城区再加一部分农村为主体组织的各种形式的人民公社，都可以进行试验。城市人民公社实际上是借鉴农村人民公社的做法，以城市职工家属及其他劳动人民为主体，吸收其他一切自愿参加的人们组织起来的，以组织生产为中心内容，同时以组织各种集体生活、福利事业和服务事业为补充内容的群众性组织。

城市人民公社办工业，是城市人民公社组织试验的一项重要内容。据全国总工会统计的数据：1960年7月底，社办（包括街办）工业生产单位已有9.1万多个，生产人员达到320万人；1960年1—7月产值为90亿元。城市人民公社贯彻执行"为大工业、为农业、为人民生活、为出口服务"的方针，一定程度上在促进工业生产、支援农业生产和供应人民生活需要等方面发挥了积极作用。当时，中共中央肯定：城市人民公社工业和街道工业已经成为我国工业战线上一支重要的新生力量。

城市人民公社经济成分，以集体经济为主。也有少数地方实行全民所有制，如《黑龙江省城市人民公社试办章程纲要》指出：城市人民公社有两种所有制，即全民所有制和集体所有制。此外，公社社员中还有为数极少的个体劳动者。

1960年4月，在全国人大二届二次会议上，武汉市代表宋一平同北京、天津、上海、广州等市代表以《关于在大城市建立人民公社的问题》为题作联合发言，指出：城市人民公社这种组织形式和农村人民公社一样，表现出巨大的优越性，受人民群众欢迎。其好处：一是发展了生产；二是发展了集体生活福利事业，增加了劳动

［1］李瑞祥.城市人民公社运动研究［M］.湖南：湖南人民出版社，2006：150-151.

［2］黄孟复主编.中国民营经济史·大事记［M］.北京：社会科学文献出版社，2009：83，97.

［3］武汉城市人民公社化运动［EB/OL］.（2018-10-15）［2023-10-18］.http://whdsw.wuhan.gov.cn/ztyj/557.jhtml.

人民的收入，从而改善了人民生活；三是进一步加强了各部门之间的合作；四是使广大妇女群众，特别是家庭妇女走上了彻底解放的道路；五是促进了文教卫生事业的发展。目前我们打算首先办好以街道为中心的人民公社，同时也逐步办好以厂矿、机关、学校为中心的人民公社，逐步分批地实现全市人民公社化。当年5—7月，武汉市在原行政区的基础上，建立了9个以区为单位，以大型工厂、企业、机关、学校为骨干的综合性的大型城市人民公社，即青山人民公社（以武钢为中心，包括青山区和武东工业区）；洪山人民公社（以省委机关为中心，包括武重、武锅及附近的大专院校）；关山人民公社（以华中工学院和关山工业区为中心）；葛店人民公社（以葛店化工厂为中心）及武昌、汉阳、硚口、江汉、江岸5个以区行政区划为中心，吸收辖区内工厂、企业、机关、学校参加的人民公社。在公社之下，又设51个分社和261个管理区，并建立了党团组织。实行公社、分社和管理区三级管理。实际工作中，一是大办公社工业，大厂带小厂，全民带集体，实行大、中、小企业相结合形成大办公社工业的高潮；二是大搞协作联动，实现生产协作、生活福利、文化技术教育、绿化卫生、宣传娱乐、交通运输"六条龙"；三是大搞集体福利事业，以公共食堂为中心，实行生产生活集体化，家务劳动社会化，各种各样的福利事业普遍开花；四是大办街道文教卫生事业，街街都办文化馆（站）、文工团（队）、俱乐部、医疗站，并建立了大量的扫盲班、民办小学等公共服务设施。

城市人民公社办工业的积极作用主要表现在：1.从生产领域对国民经济起到"拾遗补缺"的作用；2.为社会增加了产品，为国家增加了财富；3.安置了失业、待业人口，缓解了城市就业压力；4.帮助城市居民提高了收入，改善了生活；5.促进妇女特别是工商业者家属思想解放，融入社会生活。

城市人民公社办工业的不足之处主要表现在：与正规的国营企业、集体企业相比，因为大部分社办企业生产技术条件落后、生产效率低下，资金投入困难；部分社办企业招收农村人口（背米袋子的城市农民工），其住房和物资计划供应困难，以及其他多种因素制约其生产经营发展，直至停办。

1961年初，国家提出"调整、巩固、充实、提高"的八字方针。9月，明确规定，国营企业必须退出城市人民公社，全民所有制与集体所有制不能混到一起。

1962年5月27日，中共中央、国务院作出《关于进一步精减职工和减少城镇人口的决定》，要求：1.要劝说来自农村的职工家属和勤杂人员下乡；对于来自农村的勤杂服务人员及其他目前就能到农村去的人员，应当尽快动员他们下乡。2.城市人民公社工业企业有 154 万人，基本上应当停办。少数比较好的，即消耗原料、材料、燃料少，成本低，品种合乎需要，产品质量好，劳动生产率高的，可以转为手工业合作社或地方工业，其余的转为个体经营或者家庭副业。3. 城市手工业企业现有 365 万人，也要加以清理。今后，手工业企业应当专门从事手工业生产，凡是现代工业企业能够承担的任务，都不要由手工业企业承担；凡是适宜个体生产的，都应当退回到个体手工业或家庭副业。

由于城市人民公社组织试验过程中产生许多问题，导致城市人民公社存在的时间短暂，从 1960 年 3 月中共中央发出《批示》，到 1964 年 10 月最后一批城市人民公社消失，共计 4 年 7 个月。

因为城市人民公社劳动群众中，工商业者及其家属具有一定的经济、技术、管理方面的优势，是参与发展城市人民公社工业企业和手工业企业的重要力量，各地工商联、民建组织把支持工商业者及其家属参与城市人民公社生产活动作为重要工作积极促进。

1960 年 4 月 14 日，中国民主建国会、全国工商联工商业者家属工作委员会成立并召开会议。会议要求各地民建、工商联成员深入当地城市人民公社中去，调查了解工商业者家属的情况和问题，以便开展工作。4 月 19 日，中国民主建国会、全国工商联召开常务委员会联席会议第三次会议。会议决定派遣几个工作组，分赴东北、河南、京津、上海等地了解工商界在城市人民公社活动中的思想情况和民建、工商联组织工作情况，为工商业者及其家属参与人民公社活动提供了指导和支持。

1960 年 5 月 10—17 日，陕西省工商联第三次会员代表大会在西安召开期间，组织出席会议的代表参观了西安市中山门城市人民公社，并会同省共青团、省青联、省妇联、省商业厅、省卫生厅、省轻工业局分别邀集与会工商业者及家属、青年工商业者及有关人员举行座谈会，听取意见建议，加以工作指导。

城市人民公社开展的活动是多种多样的，工商业者及其家属主要参与兴办集体所有制的街道（社区）工商企业和手工业企业。这两类企业在城市人民公社消失后仍有一部分保留下来，成为城市集体经济发展的重要基础力量；在国家实行改革开放以后，逐步发展并演变成为城市个体私营经济的骨干力量。

三、推动工商界参与社会力量办学

在社会主义计划经济时期，工商界积极参与社会力量办学，并发挥了重要作用。[1]

至1956年底，在对资本主义工商业进行社会主义改造基本完成的同时，国家对旧社会遗留下来的私立学校的清理整顿工作基本完成。在社会主义计划经济时期，在私立学校基本消失、公立学校数量较少、国家办学力量不足的情况下，为了满足人民群众日益增长的教育文化需求，国家提出"政府办学与群众办学同时并举"，即"两条腿走路"的方针，动员社会力量参与兴办基础教育和职业教育。各地工商联组织及会员响应号召，积极参与社会力量办学。

华人企业家办学具有优良传统，最著名的案例当数著名爱国华侨领袖陈嘉庚先生于1921年创办了厦门大学。新中国成立后，厦门大学的发展建设翻开了崭新的一页。1952年，全国高校进行院系调整，厦门大学一批优势学科被调整到其他院校或组建新的高校，因此被称为"院系调整五大母校"之一。院系调整后，厦门大学成为当时全国14所文理综合性大学之一。华人优秀企业家的代表陈嘉庚先生的教育救国、教育兴国的意识与行为，为中国当代企业家树立了典范，影响并促进了中国工商界参与兴办学校、发展教育的意识与行为。

在福建，1953年，厦门市工商联、侨联和民主党派中的代表人士丁乃扬、颜西岳等十几位热心教育事业的社会贤达发起创办厦门市私立中级文化学校（1953年9月13日获得市文教局批准成立，1955年9月更名为厦门市私立思明中学，1956年7月更名为厦门第六中学，成为公办学校）。1958年3月，厦门市工商联举办业务中学和扫盲班。

在上海，20世纪50年代末60年代初，市、区工商联根据国务院总理周恩来提出的"国家办学和人民办学两条腿走路"的方针，动员上海工商界人士筹集资金，让出厂房、私宅，提供办学用品，在教育行政部门的支持下，创办了外岗工业学校（普通中等专业学校）、沪光职业学校（职业中等专业学校）和光华补习学校（高中补习

---

[1]孙晓华主编：中国工商业联合会50年概览（下卷）[M].北京：中华工商联合出版社，2003：236，262，280，730.

学校）。同时，还兴办了 18 所民办中学，其中完全中学 5 所，高级中学 1 所，初级中学 12 所。1962 年初，由上海市工商联发起，荣毅仁、刘靖基、刘鸿生等 51 位工商界人士捐款 437 万元建立了工商界民办学校基金，成立了"工商界教育基金委员会"，并制定了《上海工商界民办学校基金的管理及拨付有关规定》，为各类学校的持续运行创造了物质条件。

在江苏，1981 年 9 月，江苏省和南京市工商联会同省民盟和市民建创办"南京石城业余学校"，首任校长张敬礼。1983 年，因学校与黄炎培先生首创之"中华职教社"有渊源关系，则更名为"南京中华职工业余进修学校"，由江苏省和南京市工商联、民建联合举办。1984 年，经江苏省人民政府批准，又成立了国家承认学历的"南京中华业余财会中等专业学校"（至 2002 年，两校累计培训学生近 10 万人）。

在浙江，1962 年，省、地（市）、县工商联动员工商业者采取多种方式参与发展教育事业，兴办"民办学校"，有全日制的高中、初中，有文化、专业补习或进修性质的学校、训练班。例如，浙江省工商联和杭州市工商联组织力量在杭州市刀茅巷合办钱江中学（民办），帮助解决社会青少年就学问题。

在云南，1962 年 7 月，昆明工商界响应人民政府关于"重视民办教育"的号召，发起集资创办东风中学（全日制），共捐款 38.38 万元。其中，捐款最多的是王少岩、王振宇、王昭明三兄弟，达到 21.95 万元（占 56.5%）；捐款 1 万~3.5 万元的有李琢庵、王幼熙、庄启发、伍体贤、张相时 5 人。成立办学董事会，推选王昭明为董事长，任命陶靖为校长，校址定在白塔路。办学经费由董事会承担；学校人事安排、教学管理、校舍管理由市教育局负责。东风中学教职员工 60 余人，从 1963 年春季开始招生，每期初中生约 650 人、高中生约 170 人。（至 1967 年，学校交由市教育局接管接办，成为昆明市第十中学的分部，后与昆明市第十中学合并。）

在 20 世纪 50 年代末至 60 年代初，全国各地出现的以工商联组织推动、以工商界人士投资为主体的社会力量办学（又称群众办学或民间办学）活动，形成了一批基础教育和职业教育学校。这类学校，在"文化大革命"以后，大都或并入或转办为公立学校。

工商界参与社会力量办学活动，起始于新民主主义经济时期，发展于社会主义计划经济时期，一直延续到社会主义市场经济时期，并在社会主义市场经济时期形成高潮。社会主义计划经济时期的社会力量办学活动，具有特殊意义：由社会力量出资办学，不以营利为目的，为社会主义公益事业作贡献，体现了中华民族以投资办学、捐资兴学为荣的传统美德，为改革开放以后，在社会主义市场经济时期发展民办教育树立"不以营利为目的"的理念提供了范例。

在社会主义计划经济时期，工商界参与社会力量办学活动，主要是在当地政府和当地工商联、民建组织推动下开展。全国工商联和中国民主建国会大力推动这一工作。如1983年，全国工商联、中国民主建国会和国家商业部联名向各地各自所属组织及部分高等院校发出《关于进一步加强协作发展商业职业教育的通知》，其中指出：1.要按照"围绕商业办教育，办好教育促商业"的指导思想，加强协作，不断扩大教育规模。2.适应新时期商业发展需要，配合商业体制改革搞好培训。3.要因地制宜，采取多种形式协作办学。4.工商联和民建成员要发挥业务专长，协助编写高质量的教材。5.要互通情报，交流经验，共同做好培训工作。

各级工商联、民建组织推动工商界参与社会力量办学的工作从20世纪50年代初持续进行至20世纪90年代初。在这一阶段，工商界参与社会力量办学的意识与行为大都以捐赠奉献、促进发展公益事业为主。社会主义市场经济体制建立（以1993年11月中共十四届三中全会通过《关于建立社会主义市场经济体制若干问题的决定》为标志）以后，伴随着国家逐步规范社会力量办学行为，工商界人士依法依规参与社会力量办学，各级工商联、民建组织推动工商界参与社会力量办学的工作停止，社会力量办学及社会力量助学大都是企业或企业家的自主意识与行为。

第十二章

经历"文化大革命"工商联组织活动停止及恢复

"文化大革命"期间（1966年5月至1976年10月），个体私营经济活动进一步受到限制，个体私营经济规模进一步压缩，个体私营经济从业人员只剩下小商小贩和个体劳动者，以个体私营经济为主要服务对象的工商联组织的经济功能削弱。"文化大革命"期间，各级各地工商联受到冲击，直至其组织工作及活动完全停止。"文化大革命"结束以后，各级各地工商联组织工作及活动迅速恢复并更加积极充分地发挥作用。

一、"文化大革命"期间个体私营经济进一步受到限制

1966年5月16日，"文化大革命"运动开始，随着运动逐步发展，个体私营经济进一步受到限制。

8月中旬，"破四旧"的第一个行动就是将那些具有民族资本主义特点的老商店招牌，改换成具有政治色彩的新名称，如"红旗商店""灭资药店"等。上海市一商局下属公司有零售商店3700多家，在"破四旧"中改换招牌的高达3000多家。[1]

9月24日，中共中央批转国务院财贸办公室和国家经济委员会《关于财政贸易和手工业方面若干政策问题的报告》，其中指出：1.关于改换旧商店的招牌、扫除服务行业中陈规陋习的倡议，各地已经在实行，应当继续积极地有领导地执行。2.公私

---

[1] 本书编写组著.中华全国工商业联合会简史（1953—2013）[M].北京：中华工商出版社，2013：100-101.

合营企业应当改为国营企业，资本家的定息一律取消。资方代表一律撤销，资方人员的工作另行安排。关于取消定息，将由国务院提请全国人民代表大会或人大常委会讨论通过后实行。3. 大型合作商店有条件、有步骤地转为国营商店。有的也可以不转，照旧营业。小型的合作商店，不转为国营商店，不要停业。小商小贩，现在还起着社会商品流通的作用，为群众所需要，应当让他们存在。大量的小商小贩应当为国营商店代购代销。商业网点的设置要便利群众。4. 集体所有制的手工业合作组织，是社会主义所有制的一种形式，生产比较灵活，品种多样，又便利群众需要，目前一般不要改变。5. 独立劳动者，包括个体手工业者、个体服务业和修理业人员、个体三轮车工人及家庭服务人员（如保姆等），应当允许继续存在，以利于安排社会就业和满足社会某些方面的需要。凡是有条件组织起来的，应当组织合作小组或吸收他们参加合作社。[1]112-113

1967 年 1 月 11 日，中共中央发出《关于反对经济主义的通知》，要求各地各部门要立即制止在"文化大革命"中大闹经济主义的倾向。其中指出：集体所有制的企业、手工业合作社、合作商店等，现在都不要改变为国家所有制。8 月 14 日，中共中央转发《贵州省市场管理工作会议纪要》，其中指出：当前市场上两个阶级、两条道路的斗争仍然十分尖锐、复杂，要打击投机倒把、加强市场管理，铲除复辟资本主义的社会基础和经济基础。因此，要把当前的大批判、大斗争和加强农村集市贸易管理、打击投机倒把分子结合起来。[1]114-115

1968 年 1 月 18 日，中共中央发布《关于进一步打击反革命经济主义和投机倒把活动的通知》，其中强调：要切实加强市场管理，坚决打击投机倒把活动。"坚决取缔无证商贩和无证个体手工业户。农村人民公社、生产大队、生产队和社员，一律不准经营商业。""合作商店（组）、手工业合作社（组）、个体商贩、个体手工业户，必须严格遵守国家政策法令，接受国营经济领导，服从工商行政部门的管理，接受社会主义改造。"[1]118

1969 年 7 月 1 日，《红旗》杂志发表题为《政治统帅经济，革命统帅生产》的文章。文章认为，"经济重于政治""生产占首要地位""生产第一"以及与此相适应的"技术第一""物质刺激""利润原则"等观点，都是修正主义的谬论。宣传这些观点的目的不是发展生产力，而是企图复辟资本主义。[1]120

---

［1］黄孟复主编 . 中国民营经济史·大事记［M］. 北京：社会科学文献出版社，2009.

1970年2月5日，中共中央发出《关于反对贪污盗窃、投机倒把的指示》和《关于反对铺张浪费的通知》。其中提出：要坚决打击贪污盗窃、投机倒把活动，"粉碎阶级敌人在经济领域的进攻"；要发动群众，雷厉风行地开展反对铺张浪费的斗争。并重申：1.除了国营商业、合作商业和有证商贩以外，任何单位和个人，一律不准从事商业活动。2.集市管理必须加强，一切按照规定不准上市的商品，一律不准上市。3.除了经当地主管部门许可以外，任何单位一律不准到集市和农村社队自行采购物品。4.一切地下工厂、地下商店、地下包工队、地下运输队、地下俱乐部，必须坚决取缔。[1]122

1971年3月15日，商业部向国务院报送《关于商业工作情况汇报提纲》，其中谈到商业人员的变化情况：1950年共有商业人员822万人，其中社会主义商业40万人，小商小贩674万人，资本主义商业107万人。到1957年三大改造基本完成时，共有商业人员818万人，其中社会主义商业470万人，合作店组280万人，个体商贩67万人。到1966年，全国商业人员共805万人，其中从事社会主义商业545万人，合作商店（小组）190万人，个体商贩57万人。到1970年，全国商业人员下降为775万人，其中社会主义商业人员增加到613万人，合作商店（小组）缩减为124万人，个体商贩锐减到25万人。[1]124

1972年3月4日，商业部发出《关于进一步加强合作商店社会主义改造几个政策问题的意见（修改稿）》。其中指出：合作商店的性质是"社会主义劳动群众集体所有制经济，但还保留着私有制因素"。对合作商店实行社会主义改造的方针，也由过去的利用、限制、改造，改为"采取加强领导、积极改造的方针，进一步调动它们的积极性，更好地为社会主义革命和社会主义建设服务"。并规定："今后对合作商店的人数要严格控制，未经省、自治区、直辖市革委会批准，不得随意增加人员"；对合作小组和个体商贩要认真整顿，无证商贩坚决取缔，"有证个体商贩只能减少不能增加"。[1]126

1973年1月，轻工业部发出《关于手工业若干政策问题的规定（草案）》。其中指出："要积极引导个体手工业逐步走上社会主义集体化的道路"，个体手工业在城镇街道组织、农村人民公社的领导和管理下，可以"允许从事在法律许可范围内的，不剥削他人的个体劳动"；并明确指出："家庭手工业，是整个手工业的一个组成部分，

---

［1］黄孟复主编.中国民营经济史·大事记［M］.北京：社会科学文献出版社，2009.

它是发展手工业生产、供应市场和出口需要的补充力量。不要把家庭手工业生产当作资本主义自发倾向对待。要在城镇街道组织和农村人民公社的领导和管理下，充分发挥家庭手工业的积极作用"。[1]128

1974年11月15日，国务院、中央军委发出通知，严禁商业收购部门以外的机关、团体、部队、企业、事业单位，自行到农村和集市采购国家统购派购的农副产品，不经产地县市场管理部门批准不许自行采购三类农副产品。农村社队一律向当地商业收购部门交售统购派购产品，不得直接同商业以外的任何单位做交易。[1]130

1975年8月17日，轻工业部召开全国轻工业抓革命促生产会议，李先念在讲话中强调，国民经济要按农、轻、重的次序安排，不要挤轻工业、手工业，要重视和发展小商品生产，限期恢复"张小泉""王麻子"剪刀。[1]132

1976年11月4日，商业部、中华全国供销合作总社发出《关于加强旺季市场管理的通知》，要求各级商业、供销合作社和工商行政管理部门，进一步加强市场管理，严格管理农村集市贸易，政策不准上市的产品一律不能流入集市；严禁集团单位自行到农村采购农副产品；深入开展打击投机倒把的斗争，严格取缔"黑市"交易，严禁无证商贩活动。[1]135

"文化大革命"十年间，伴随着给公私合营企业中私股股额支付定息工作结束（1966年9月），对资本主义工商业的社会主义改造全部完成，我国私营工商企业全部改造成为国营或集体经营的社会主义企业；伴随着个体经济进一步受到限制，个体工商业从业人员逐年减少。据不完全统计，我国城镇个体工商业者1965年为171万人，1966年为156万人，1967年为141万人，1968年为126万人，1969年为111万人，1970年为96万人，1972年为66万人，1976年为19万人。全国农村集贸市场1976年底为29227个，比1965年减少7770个，比1973年减少2770个。

在1967年8月14日中共中央转发《贵州市场管理工作会议纪要》以后，城市自由市场已经被禁止，商品流通渠道以国营商业为主、集体商业为辅，且集体商业处于逐年下降趋势。至1976年底，全国城镇个体工商业者仅剩19万人，比1966年底减少了137万人。以上海市为例，1976年底，上海市日用工业品集体商业网点只有1283个，比1962年减少47.6%，个体商贩只有3085人，比1965年减少46.7%。[2]

---

［1］黄孟复主编.中国民营经济史·大事记［M］.北京：社会科学文献出版社，2009.

［2］黄孟复主编.中国民营经济史·纪事本末［M］.北京：中华工商联合出版社，2010:142.

　　"文化大革命"十年间，全国经济发展状况：工业总产值平均每年增长9.9%；农业总产值平均每年增长3.8%。1966—1976年社会总产值、工农业总产值、国民收入情况见表12-1。

表12-1　1966—1976年社会总产值、工农业总产值、国民收入

指标 年份	社会总产值		工农业总产值		国民收入		按人口平均的国民收入 （元）
	金额 （亿元）	指数	金额 （亿元）	指数	金额 （亿元）	指数	
1966	3062	116.9	2534	117.3	1586	117	216
1967	2744	90.1	2306	90.4	1487	92.8	198
1968	2648	95.3	2213	95.8	1415	93.5	183
1969	3184	125.3	2613	123.8	1617	119.3	203
1970	3800	124.1	3138	125.7	1926	123.3	235
1971	4203	110.4	3482	112.2	2077	107.0	247
1972	4396	104.4	3640	104.5	2136	102.9	248
1973	4776	108.6	3967	109.2	2318	108.3	263
1974	4859	101.9	4007	101.4	2348	101.1	261
1975	5379	111.5	4467	111.9	2503	108.3	273
1976	5433	101.4	4536	101.7	2427	97.3	261

注：本表绝对数按当年价格计算，社会总产值、工农业总产值、国民收入指数以上年为100。
资料来源：中共中央党史研究室著.中国共产党的九十年——社会主义革命和建设时期［M］.北京：中共党史出版社，党建读物出版社，2019：631-632.

　　"文化大革命"十年间，因为个体私营经济进一步受到限制，个体私营经济从业人员大幅度减少，极大地削弱了工商联组织的经济基础和会员基础。

二、经历"文化大革命"全国工商联工作停止及恢复

　　在"文化大革命"运动中，工商联被"造反派"视为"反动资本家的组织""反

动资本家的老窝",全国各级工商联机关受到"造反派"的冲击。[1]101 经历"文化大革命",全国各级工商联工作及活动经历了运动中停止、运动后恢复的过程。

1966 年 8 月 24 日,全国工商联机关因为接连受到"造反派"的冲击,按照中央统战部的通知,张告自即日起停止办公。此后,全国工商联领导人有的被隔离审查,机关干部被送"五七干校",去湖北沙洋、吉林舒兰和北京郊区等地劳动,接受教育改造。[1]101

1966 年 10 月 1 日,中国民主建国会领导人胡厥文和全国工商联领导人胡子昂等应邀登上天安门城楼参加国庆观礼,周恩来总理与他们一一握手,亲切交谈。这在民建、工商联成员中产生了很大影响,大家普遍感到"望胡而安",[2] 对民主党派和工商联组织存在看到了希望。

1972 年 10 月,各民主党派中央和全国工商联成立临时领导小组,由临时领导小组负责领导联合办事机构的日常工作,恢复经常性学习活动。[2]

1976 年 10 月"文化大革命"结束后,国家政治生活和经济建设开始走向正轨。伴随着多党合作和政治协商制度恢复正常、统一战线工作恢复正常,全国工商联工作恢复正常。

1977 年 5 月 5 日、7 日,中央统战部分别向中共中央报送了《关于爱国民主党派开展活动问题的请示报告》和《关于全国工商联开展活动的请示报告》。[3]

9 月 27 日,中共中央召集全国各省、自治区、直辖市党委组织部和统战部部长会议,集中讨论支持各民主党派、工商联恢复工作的问题。

10 月 11 日,各民主党派中央、全国工商联的负责人就恢复和开展组织活动进行了协商。

12 月 24 日,中央统战部约请各民主党派、全国工商联在京常委举行座谈会。会上,部长乌兰夫讲话,副部长童小鹏宣读了中共中央批准的各民主党派和全国工商联临时领导小组名单。全国工商联临时领导小组成员为:许涤新、荣毅仁、黄长水、胡子昂、巩天民、沙千里、吴雪之、刘国钧、孙起孟、罗叔章、胡子婴(代秘书长)共

［1］本书编写组著. 中华全国工商业联合会简史(1953—2013)［M］. 北京:中华工商联合出版社,2013.

［2］中国民主建国会简史［EB/OL］.(2020-08-13)［2023-10-11］. https://www.cndca.org.cn/mjzy/mjgk/mjjs/691743/index.html.

［3］中华全国工商业联合会大事记. 中国民主党派历史陈列馆网上展馆［EB/OL］.(2020-03-23)［2023-10-11］. http://www.teyuan.org/html/News/2020/0323/13000.htm.

11人，胡子昂为负责人。[1]161-162

12月27—29日，在全国政协四届七次常委扩大会上，中共中央副主席叶剑英充分肯定了各民主党派和工商联在我国民主革命和社会主义革命中所发挥的重要作用。要求各民主党派、工商联把工作活跃起来，积极参加政治运动，推动成员学习马列主义和毛主席著作，积极为社会主义现代化建设贡献力量。[2]

1978年3月8日，在全国政协五届一次会议上，全国工商联临时领导小组负责人胡子昂、临时领导小组成员荣毅仁当选为全国政协副主席。[1]163

3月11日，"中华全国工商业联合会"启用简体字新印章，停止使用繁体字旧印章，并就此发出通知。[1]164

5月13日，为了推动中国民主建国会和全国工商联共同性工作的开展，全国工商联临时领导小组和中国民主建国会临时领导小组联合召开会议，决定在领导小组之下，成立"中国民主建国会、全国工商联临时联合工作委员会"，负责机关的日常工作。临时联合工作委员会下设办公室和三个工作组：一组负责调查研究；二组负责宣传教育；三组负责人事工作。从此，全国工商联工作逐渐恢复。[1]164

12月29日，中央统战部召集中国民主建国会和全国工商联临时领导小组成员、秘书长等开会，宣布落实工商界经济政策的有关问题，希望中国民主建国会和全国工商联配合做好工作。[1]167

1979年2月13日，中国民主建国会、全国工商联联合向各地组织发出第一号通函，要求各地组织按照统一工作部署，认真做好代表大会召开等各项准备工作。5月中旬，经与中央统战部协商，确定全国工商联代表大会代表名额为400名，中国民主建国会代表大会代表名额为300名，要求各地组织在当地党委的领导下，做好代表提名推荐工作。9月底，两个组织联合完成了大会文件准备及各项筹备工作。[1]171

10月10—22日，中国民主建国会第三次会员代表大会、全国工商联第四次会员代表大会在北京同时召开。从此，全国工商联工作全面恢复。[1]172

---

［1］黄孟复主编.中华全国工商业联合会50年大事记（1953—2003）［M］.北京：中华工商联合出版社，2003.

［2］本书编写组著.中华全国工商业联合会简史（1953—2013）［M］.北京：中华工商联合出版社，2013：107-108.

三、经历"文化大革命"各地工商联工作停止及恢复

在"文化大革命"运动中，与全国工商联一样，各地工商联都被视为"反动资本家的组织"。经历"文化大革命"，自 1966 年下半年开始，各地工商联开始受到冲击，停止工作。各地工商联停止工作的过程是急促的，至 1966 年下半年，省、市、县三级工商联全部停止工作。

经历"文化大革命"后，自 1976 年底开始，各地工商联开始恢复工作，各地工商联恢复工作的过程是缓慢的。

至 1981 年 6 月，全国已有 28 个省级、107 个市级、11 个县级工商联恢复工作。[1]186

至 1983 年 3 月，全国共恢复 280 个工商联组织，包括省级及市级工商联组织，各级政府批准的工商联机关编制总额为 2703 人。[1]185

1984 年 12 月 29 日，中央统战部、劳动人事部、财政部联合向各省、自治区、直辖市及重庆、武汉、沈阳、大连、哈尔滨、广州、西安等地党委统战部和人民编制委员会、财政厅（局）、工商联发出《关于增加工商联系统编制的通知》。全国范围内工商联系统共增加编制 2000 名。[1]218-219

1985 年 12 月 13 日，中央组织部、中央统战部、劳动人事部联合发出《关于积极协助民主党派调配干部的通知》，要求各级组织、统战、劳动人事部门积极支持和帮助民主党派选调一批比较符合"四化"条件、热心并能胜任党派工作的非中共党员的中青年干部到民主党派机关工作。《通知》第五条明确规定"此《通知》原则上适用于工商联"。随着《通知》精神贯彻落实，一批专职干部充实到各级工商联机关工作。[1]236

至 1987 年 4 月末，地方各级工商联组织共有 1005 个，其中省、自治区、直辖市工商联 29 个，市工商联 275 个，地区工商联 19 个，市辖区工商联 99 个，县工商联 583 个。[1]253

1987 年 5 月 13 日，全国工商联向各地组织转发中央统战部、劳动人事部、财政部联合发出的《关于工商联系统增加编制的通知（1987 年 4 月 25 日）》。其中指出：为了适应全国各级工商联开展工作和恢复地方组织的需要，经党中央、国务院批

---

［1］黄孟复主编.中华全国工商业联合会 50 年大事记（1953—2003）［M］.北京：中华工商联合出版社，2003.

准，工商联系统增加 5297 人的编制。各地对分配的编制要计划使用、合理安排，争取在 1987、1988 两个年度内基本配齐。各地统战、人事部门要帮助工商联配备好干部。[1]253

总体而言，在"文化大革命"结束以后，全国各地各级工商联工作在恢复的基础上得到加强，并有了新的发展。全国各地工商联经历"文化大革命"，运动中停止工作、运动后恢复工作的情况[1-3]见表 12-2。

表 12-2　经历"文化大革命"各地工商联工作停止及恢复情况

单位	工作停止及恢复情况
北京市工商联	"文化大革命"期间，1966 年下半年，市工商联机关受到"造反派"冲击，被迫停止办公及活动，工商联机关干部下放劳动。 "文化大革命"后，1976 年底，市工商联恢复工作。
天津市工商联	"文化大革命"期间，1966 年下半年，市工商联机关停止工作，机关干部下放劳动。 "文化大革命"后，1978 年 1 月，市工商联开始恢复工作。在认真落实原工商业者政策的同时，确立了"坚定不移跟党走，尽心竭力为四化"的行动纲领，协助发展集体经济、安置待业青年、开展技术咨询、加强智力支边、组织专业培训、扩大对外联络等方面的工作。
河北省工商联	"文化大革命"期间，1966 年下半年，部分工商业者虽然受到冲击，但是，绝大多数人没有改变热爱祖国、拥护社会主义的态度，并始终坚持"听、跟、走"的立场不动摇。 "文化大革命"后，1977 年 10 月，中共河北省委发出《活跃民主党派、工商联工作，恢复组织机构的通知》；11 月，成立了各民主党派、工商联临时领导小组。1980 年 3 月，省工商联与省民建联合召开会员代表大会，组织工作及活动恢复正常。
山西省工商联	"文化大革命"期间，各级工商联停止工作。 "文化大革命"后，1977 年 11 月，省工商联成立了领导工作小组，进行调查研究，恢复工作。

［1］黄孟复主编.中华全国工商业联合会 50 年大事记（1953—2003）［M］.北京：中华工商联合出版社，2003：186，219，253.

［2］相关省市工商联网站.

［3］孙晓华主编.中国工商业联合会 50 年概览（下卷）［M］.北京：中华工商联合出版社，2003：1-883.

单位	工作停止及恢复情况
内蒙古自治区 工商联	"文化大革命"期间，1966年6月，各级工商联组织联系中断，工作处于停顿状态。 "文化大革命"后，1979年1月1日，自治区工商联组织工作恢复。
辽宁省工商联	"文化大革命"期间，1966年，全省各级工商联停止工作，机关干部下放农村插队落户劳动改造。 "文化大革命"后，1978年4月，省工商联恢复工作；随后，市、县工商联陆续恢复工作。
大连市工商联	"文化大革命"开始后，市工商联停止工作。 "文化大革命"后，1979年10月恢复工作。1981年12月8日，旅大市更名为大连市，旅大市工商联更名为大连市工商联。
黑龙江省工商联	"文化大革命"期间，省工商联受到冲击，被迫停止工作。 "文化大革命"后，1977年10月以后，全省各级工商联开始恢复工作。
上海市工商联	"文化大革命"开始后，市工商联受到冲击，被迫停止活动和办公。 "文化大革命"后，1977年11月市工商联恢复工作。
江苏省工商联	"文化大革命"开始后，省工商联组织学习，张贴大字报，"关门闹革命"，工作陷于停顿。不久，机关造反派夺了权，驻会的工商联副主委、秘书长"靠边站"。1969年初，省工商联主委、副主委、秘书长、副秘书长参加"江苏省统战人员毛泽东思想学习班"，工商联其余干部被安排到省"五七"干校学习。 "文化大革命"后，1978年，南京、无锡、苏州、常州、南通、镇江、连云港、徐州、扬州、常熟和泰州等11个市（县）工商联相继恢复工作。1985年7月，淮阴、盐城2个市和六合等县恢复工商联组织；其余18个县工商联于1986年前后恢复工作。1988年，江宁等20个县（市）获批恢复工商联组织。至1992年，全省有11个省辖市、66个县（市）区恢复或成立了工商联组织。至1997年，全省13个省辖市、106个县（市）区全部恢复或成立了工商联组织，工商联工作恢复并有了新发展。
浙江省工商联	"文化大革命"期间，1966年7月，省工商联被迫停止活动。 "文化大革命"后，1977年10月，省工商联恢复组织活动；随后，各地各级工商联相继恢复组织活动。

续表

单位	工作停止及恢复情况
安徽省工商联	"文化大革命"期间，省工商联被迫停止活动。工商联一般干部被下放到农村"重新学习"。 "文化大革命"结束后，全省各级工商联先后恢复了组织活动，并协助各级党委政府落实对原工商业者的各项政策。
福建省工商联	"文化大革命"期间，工商联被迫停止办公和活动。工作人员被下放农村或进入"五七"干校学习。 "文化大革命"结束后，1978年5月，省工商联恢复组织活动；随后，各地各级工商联相继恢复组织活动。
厦门市工商联	"文化大革命"期间，市工商联被迫停止活动。 "文化大革命"结束后，1980年恢复组织活动。协助党和政府落实工商业者政策。在职原工商业者重新安排使用，其中正式宣布安排企业领导职务的有31人（厂长经理12人，车间主任、科、股长19人）。工商界人士建设社会主义现代化的积极性得到激发和调动。
江西省工商联	"文化大革命"期间，省工商联和省内各级工商联组织被迫停止办公和活动。 "文化大革命"结束后，1977年11月15日，成立省工商联临时领导小组，负责日常工作，恢复组织活动。
青岛市工商联	"文化大革命"期间，1966年8月，工商联机关受到冲击，工作停顿。 "文化大革命"结束后，1979年2月，市工商联、市民建召开常委联席会议，组建临时领导小组和专门班子，恢复组织及工作，并积极协助党和政府落实对原工商业者的各项政策。
湖北省工商联	"文化大革命"期间，省工商联机关停止活动。1968年，省工商联机关干部到"五七"干校劳动。随着省工商联停止活动，全省各市、县工商联也相继停止活动。 "文化大革命"结束后，1978年4月，省工商联成立筹备小组并恢复组织活动；市、县工商联相继恢复活动。
湖南省工商联	"文化大革命"期间，省、市、县工商联均被停止活动，干部下放农村劳动。 "文化大革命"结束后，1980年2月，湖南省工商联第四届会员代表大会召开，组织及工作恢复正常。1984年7月，慈利县工商联恢复工作；至1987年12月，全省105个市、县都已恢复或组建工商联组织。1988年，湘西土家族、苗族自治州组建工商联。
广东省工商联	"文化大革命"期间，1966年9月5日，省工商联被迫停止办公。 "文化大革命"结束后，1978年1月3日，省工商联正式启用新印章，恢复工作。随后，各地各级工商联相继恢复工作。

续表

单位	工作停止及恢复情况
广西壮族自治区工商联	"文化大革命"期间，区工商联被迫停止一切会务活动，干部被下放。 "文化大革命"结束后，工商联恢复活动。配合党委、政府对原工商业者落实政策。
四川省工商联	"文化大革命"期间，省工商联和各级地方工商联被迫停止工作。 "文化大革命"结束后，1978年，省工商联及各级地方组织逐渐恢复工作。
贵州省工商联	"文化大革命"期间，工商联停止工作。 "文化大革命"结束后，1979年，省工商联恢复工作。随后，各地各级工商联相继恢复工作。
陕西省工商联	"文化大革命"期间，省工商联及基层组织被迫停止工作。 "文化大革命"结束后，1977年11月15日，根据省委统战部《关于民主党派、工商联恢复活动和组织临时领导机构的指示》，省工商联成立临时领导小组，继而恢复工作；同时，省内各级工商联工作逐渐恢复。

第三编

公有制基础上的有计划的商品经济时期中国当代商会恢复与发展

（1978—1992）

提　要

从社会主义计划经济向社会主义市场经济转型是一个渐进的过程。从国家实行改革开放到开始建立社会主义市场经济体制，是公有制基础上的有计划的商品经济时期。

1978年12月18—22日，中共十一届三中全会在北京召开。全会作出了国家实行改革开放，全党工作的着重点和全国人民的注意力转移到社会主义现代化建设上来的重大战略决策。以这次会议为标志，我国进入改革开放和社会主义现代化建设的新时期。

1982年9月1—11日，中国共产党第十二次全国代表大会在北京召开。大会提出了"建设有中国特色的社会主义"的新命题，并因"全面开创社会主义现代化建设的新局面"而载入史册。以这次会议为标志，国家改革开放全面展开。

1984年10月21日，中共十二届三中全会通过《关于经济体制改革的决定》，提出我国社会主义经济是"公有制基础上的有计划的商品经济"。

1987年10月25日至11月1日，中国共产党第十三次全国代表大会在北京召开。大会号召全党和全国人民"沿着中国特色的社会主义道路前进"，提出了"一个中心、两个基本点"（即以经济建设为中心，坚持四项基本原则，坚持改革开放）的基本路线，并确立了社会主义现代化建设"三步走"的发展战略。

改革开放，培育了发展市场经济的土壤，培育了人民大众的创业意识与行为；催生了创业者，催生了新型市场主体；促进了新一轮个体私营经济发展，促进了国营企业改革和乡镇企业兴起，促进了外向型经济突破性发展，开启了多种所有制经济共同发展的闸门。

改革开放，为中国当代商会营造了新的发展环境。在这一时期，中国工商联组织在恢复的基础上改革发展，给工商联工作注入了活力、增添了动力；在这一时期，中国个体劳动者协会、中国国际商会组织兴起发展。

第十三章

改革开放为工商联营造新经济环境

中共十一届三中全会，决定国家实行改革开放，作出了把工作重心转移到社会主义现代化建设上来的重大战略决策，受到全国人民一致拥护。中共十一届三中全会以后，我国进入社会主义事业发展的新时期，社会主义计划经济开始向社会主义市场经济转变，为新一轮个体私营等多种所有制经济发展营造了新环境，为中国当代商会组织——工商联改革发展带来了新机遇。

一、改革起步并循序渐进

1978年12月18—22日召开的中共十一届三中全会，作出了把全党工作的着重点转移到社会主义现代化建设上来的战略决策，号召全国人民，鼓足干劲，群策群力，为把我国建设成为"农业、工业、国防和科学技术现代化"的社会主义强国进行新的长征。并提出：实现四个现代化，要求大幅度地提高生产力，也就必然要求多方面地改变同生产力发展不适应的生产关系和上层建筑，改变一切不适应的管理方式、活动方式和思想方式，因而是一场广泛、深刻的革命。中共十一届三中全会提出了改革目标和任务，开启了改革大幕。

新八字方针调整国民经济关系

1979年4月5—28日，中共中央召开工作会议，主要讨论经济调整问题，提出了"调整、改革、整顿、提高"的八字方针，决定从当年起用三年时间，认真搞好调整。新八字方针与1961年第一次提出的以"调整、巩固、充实、提高"为内容的八字方针相比，突出了"改革"主题，强调了"整顿"工作。[1]147

6月18日至7月1日，全国人大五届二次会议通过了全国工作重点转移和对国民经济实行"调整、改革、整顿、提高"八字方针的重大决策。并提出，在社会主义制度下，我们的根本任务已经由解放生产力变为在新的生产关系下保护和发展生产力；把我国目前很低的生产力水平迅速提高到现代化水平，为此而改革我国目前生产关系和上层建筑中那些妨碍实现四个现代化的部分，扫除一切不利于实现四个现代化的旧习惯势力，这就是我国现阶段所要解决的主要矛盾。这次会议审议和通过了我国第一部有关吸引外资的法律——《中外合资经营企业法》，于同年7月8日公布实施。[1]148

7月13日，国务院发出《关于扩大国营工业企业经营管理自主权的若干规定》《关于国营企业实行利润留成的规定》等五个文件，要求在少数国营企业组织试点，"放权让利"，以改革现行管理体制，调动企业和职工的积极性，搞活生产。[1]149

9月25—28日，中共十一届四中全会通过了《中共中央关于加快农业发展若干问题的决定》，提出25条政策措施，其中指出："社员自留地、自留畜、家庭副业和农村集市贸易"，是社会主义经济的附属和补充。[1]150

1980年12月16—25日，中共中央召开工作会议，主要讨论经济形势和经济调整问题。在会上，邓小平作了《贯彻调整方针，保证安定团结》的讲话，强调经济调整是件大事，如果不调整，"四化"建设就不可能顺利进行；为保证调整的顺利进行，必须坚定不移地执行三中全会以来一切行之有效的方针、政策、措施，继续把经济搞活，执行对外开放政策。[2]

1982年1月1日，中共中央批转《全国农村工作会议纪要》（1982年中央一号文件）。其中指出：目前，全国农村已有90%以上的生产队建立了不同形式的农业生产责任制，包括小段包工定额计酬，专业承包联产计酬，联产到劳，包产到户、到组，包干到户、到组等，都是社会主义集体经济的生产责任制，反映了亿万农民要求按照中国农村的实际状况来发展社会主义农业的强烈愿望。[1]161

1月2日，中共中央、国务院作出《关于国营工业企业进行全面整顿的决定》。要求从1982年起，用两三年时间，分期分批地对所有国营工业企业进行全面整顿工

［1］黄孟复主编.中国民营经济史·大事记［M］.北京：社会科学文献出版社，2009.

［2］中国共产党大事记·1980年、1982年［EB/OL］.（2006–05–30）［2023–10–12］.http://cpc.people.com.cn.

作，逐步地建设起一种又有民主，又有集中的领导体制；一支又红又专的职工队伍和一套科学的管理制度。同日，中共中央、国务院颁布《国营工厂厂长工作暂行条例》，其中规定：厂长对工厂生产经营活动行使统一指挥权；厂长要自觉接受和维护企业党委的领导，定期向党委汇报工作，定期向职工代表大会报告工作。[1]

1983年3月21日至4月1日，国务院在北京召开全国工业交通会议，强调坚持以提高经济效益为中心，实现速度和效益的统一；继续贯彻执行"调整、改革、整顿、提高"的八字方针，加快改革步伐，促进企业的整顿和调整。

1984年10月4日，国务院批转国家计委《关于改进计划体制的若干暂行规定》并发出通知，强调根据"大的方面管住管好，小的方面放开放活"的精神，适当缩小指令性计划的范围，扩大指导性计划和市场调节的范围，搞好计划体制的改革工作。[2]172

1978—1984年7年间的国民经济调整，主要采取了压缩基本建设规模，调减重工业小企业，调整"三线"企业，稳定财政金融和物价等主要措施，较为妥善地处理好了调整与改革的关系、稳步经济增长与改善民生的关系。1979—1984年，城镇新增就业人数达到4637.4万人，基本上解决了城镇待业人口和下乡知识青年返城就业问题。

经过国民经济调整，关系人民大众的生活物资供应短缺问题得到了妥善解决。至1982年，长期以来供不应求的肉、禽、蛋已经敞开供应。至1984年，棉织品敞开供应并取消"布票"。1993年4月1日，根据国务院《关于加快粮食流通体制改革的通知》（1993年2月15日）精神，全国范围内取消"粮票"和"油票"。从此，沿用了近40年的城镇人口生活物资定量供应制度成为历史。

农业经济体制改革率先突破

改革始于农业。农业经济体制改革的早期探索在中共十一届三中全会召开之前就已经开始了。农业经济体制改革主要围绕建立农业生产责任制展开，农业生产责任制主要包括家庭联产承包责任制和专业承包联产计酬责任制，这两项责任制的建立促进形成了新型农业市场主体。这类新型农业市场主体成为发展社会主义市场经济的"先

---

［1］中国共产党大事记·1980年、1982年［EB/OL］.（2006-05-30）［2023-10-18］. http: //cpc.people.com.cn.

［2］黄孟复主编.中国民营经济史·大事记［M］.北京：社会科学文献出版社，2009.

导力量"，成为新型个体私营经济发展的基础力量，并逐渐成为中国工商联、中国民间商会和中国个体劳动者协会的基础会员来源的一个重要方面。农业经济体制改革主要包括以下方面。

第一个方面：关于家庭联产承包责任制改革

一是从试行建立农业"生产责任制"到"包产到组"。1977年11月，中共安徽省委制定了《关于当前农村经济政策几个问题的规定》，[1]137 主要内容包括：允许生产队根据不同农活建立不同的生产责任制；尊重生产队的自主权；落实按劳分配政策，粮食分配要兼顾国家、集体和个人利益；允许和鼓励社员经营自留地、家庭副业，开放集市贸易等。1978年2月，中共四川省委发出《关于目前农村经济政策几个主要问题的规定》，其中：肯定了四川农村不少地方已经实行的"定额到组、评工到人"的做法；提出实行"定领导、定劳力、定任务、定质量、定工分"的"五定"生产责任制；支持采取包产到组的形式经营土地；搞好评工记分，坚持按劳分配；允许和鼓励社员经营少量的自留地和家庭副业，鼓励发展多种经营。

二是从"包产到组"到"包产到户"。1978年夏秋之际，安徽遭遇特大旱灾。在秋种遇到严重困难的情况下，根据一些农民提出的"借地耕种"要求，中共安徽省委作出了把部分土地借给农民耕种，不向农民征购统购粮的大胆决策。这一应急措施，立即将农民群众的积极性调动起来，各地出现了全家男女老少齐种田的景象。在"借地耕种"能唤起农民群众生产积极性的启发下，在"借地耕种"的基础上，安徽省肥西县山南公社的部分社队搞起了"包产到户"，这一做法受到保护。

三是从"包产到户"到"包干到户"。1978年11月，安徽凤阳县梨园公社小岗村的18户农民，秘密签订包干合同书并按下手印，悄悄干起了"包干到户"。其做法是生产队与每户农民约定，收获以后，"完成国家的、交足集体的，剩下多少全都是农民自己的"。1979年2月6日，中共安徽省委鉴于肥西县山南公社已经出现"包产到户"的情况，召开常委会专门讨论"包产到户"问题，省委第一书记万里说："过去批判过的东西，有的可能是正确的，有的也可能是错误的，必须在实践中加以检验。十一届三中全会制定的政策，也毫无例外地需要接受实践检验，我主张在山南公社进行'包产到户'试验。"[1]145-146 这次会议从省级层面肯定了"包产到户"。1980年5月31日，邓小平对农村改革发表重要谈话，肯定了安徽省肥西县和凤阳县的"包产

[1]黄孟复主编.中国民营经济史·大事记[M].北京：社会科学文献出版社，2009.

到户"做法。他说："农村政策放宽以后，一些适宜搞包产到户的地方搞了包产到户，效果很好，变化很快。有的同志担心，这样会不会影响集体经济。我看这种担心是不必要的，关键是发展生产力。现在农村工作中的主要问题还是思想不够解放。"[1]154 这是从中央层面肯定了"包产到户"。9月14—22日，中共中央召开各省、市、自治区党委第一书记座谈会，讨论加强和完善农业生产责任制问题。会议通过了《关于进一步加强和完善农业生产责任制问题》的会议纪要。[1]155 纪要肯定了党的十一届三中全会以来各地建立的各种形式的农业生产责任制，肯定了实行"包产到户"，是联系群众，发展生产，解决温饱问题的一种必要的措施。根据群众要求，可以"包产到户"，也可以"包干到户"。这次会议从中央层面肯定了"包产到户"和"包干到户"（简称"双包到户"）。至1981年底，实行"双包到户"的生产队已占总数的50%。

四是从"双包到户"到"家庭联产承包责任制"。1980年9月27日，中共中央发出《关于进一步加强和完善农业生产责任制的几个问题的通知》，[1]155 其中肯定了党的十一届三中全会以来各地建立的各种形式的农业生产责任制；同时指出：各地要根据实际情况，不可拘泥于一种模式，不搞"一刀切"。应当支持群众的要求，可以"包产到户"，也可以"包干到户"，并在一个较长的时间内保持稳定。特别指出：在生产队领导下实行的"包产到户"是依存于社会主义经济，而不会脱离社会主义轨道的，没有什么复辟资本主义的危险，因而并不可怕。1983年1月2日，中共中央发出题为《当前农村经济政策的若干问题》的文件。[1]165 其中把"双包到户"责任制即"包产到户"和"包干到户"责任制统称为"联产承包责任制"。并指出：党的十一届三中全会以来，我国农村发生了许多重大变化。其中，影响最深远的是，普遍实行了多种形式的农业生产责任制，而联产承包责任制又越来越成为主要形式。联产承包责任制采取了统一经营与分散经营相结合的原则，使集体优越性和个人积极性同时得到发挥。联产承包责任制和各项农村政策的推行，打破了我国农业生产长期停滞不前的局面，促进农业从自给半自给经济向着较大规模的商品生产转化，从传统农业向着现代农业转化。年底，实行家庭联产承包责任制的生产队已占总数的99.5%。1991年11月29日，中共十三届八中全会通过了《中共中央关于进一步加强农业和农村工作的决定》，[1]204 其中提出：把以家庭联产承包为主的责任制、统分结合的双层经营体制，作为我国乡村集体经济组织的一项基本制度长期稳定下来，并不断充实完善；并提出：引导个体

---

[1]黄孟复主编.中国民营经济史·大事记［M］.北京：社会科学文献出版社，2009.

经济、私营经济健康发展，要加强管理，照章纳税，依法经营，保护其合法权益，发挥其积极作用，限制其消极作用。《决定》为农业经营体制改革释放出来的农业劳动力从事个体经济，发展私营经济指引了方向。

第二个方面：关于专业承包联产计酬责任制改革

1980 年 9 月 27 日，中共中央发布《关于进一步加强和完善农业生产责任制的几个问题的通知》，[1] 其中以较长的篇幅论述了专业承包联产计酬责任制的重大作用和实际成效。《通知》指出：

专业承包联产计酬责任制，就是在生产队统一经营的条件下，分工协作，擅长农业的劳动力，按能力大小分包耕地；擅长林、牧、副、渔、工、商各业的劳动力，按能力大小分包各业；各业的包产，根据方便生产、有利经营的原则，分别到组、到劳力、到户；生产过程的各项作业，生产队宜统则统，宜分则分；包产部分统一分配，超产或减产分别奖罚；以合同形式确定下来当年或几年不变。

《通知》强调：

这种生产责任制，较之其他包产形式有许多优点：它可以满足社员联产计酬的要求，稳定生产队的经济主体地位，把调动社员个人的生产积极性和发挥统一经营、分工协作的优越性，具体地统一起来；有利于发展多种经营，有利于推广科学种田和促进商品生产；有利于人尽其才，物尽其用，地尽其力；有利于社员照顾家庭副业，对四属户和劳弱户的生产和生活便于做适当的安排。这种形式，既适用于现在的困难地区，也能随着生产力的提高和生产项目的增加，向更有社会化特点的更高级的专业分工责任制发展。

《通知》说明：

还有一些从事农业的生产队，在原来田间管理责任到人的基础上，发展为联系产量计算奖赔，这也具有专业承包联产计酬责任制的某些优点，而且干部、群众比较熟悉，乐于接受。

《通知》举例：在江、浙、东北等省区及大城市郊区的一些社队，多种经营比较发达，机械化水平较高，有的已突破生产队范围，以生产大队为单位实行按专业承包联产计酬责任制，这就是一种新的发展。

《通知》要求：各地应当根据群众自愿，加以引导，因地制宜地逐步推广以上各

---

[1] 中共中央印发《关于进一步加强和完善农业生产责任制的几个问题的通知》[EB/OL].（2007-06-13）[2023-11-18]. http://www.ce.cn.

类形式。同时，帮助完善各项制度，解决发展中可能出现的问题。

专业承包联产计酬责任制的推行，为日后农村新型集体经济组织发展、乡镇企业发展，为农村新一轮个体私营经济发展及农业产业商会、农业专业协会和农民专业合作社组织发展打下了重要基础。

回顾涉及农村、农业、农民的各种经济责任制改革，先后经历了包括包工定额计酬、专业承包联产计酬、联产到劳、包产到组、包产到户、包干到组、包干到户等多个过程；责任制形式主要有"联系产量责任制""专业承包联产计酬责任制""家庭联产承包责任制"三种主要形式，最后以"家庭联产承包责任制"为主要形式稳定下来，同时"专业承包联产计酬责任制"在部分地区继续存在。

以"包产到户""包干到户"为主要形式的家庭联产承包责任制，是建立在土地公有制基础上的、土地所有权（农村集体所有）与使用权（农户家庭所有）分开的、村集体与农户家庭保持着发包与承包关系的、农民拥有生产和经营自主权并且责权利相结合的责任制，这种责任制克服了人民公社管理权限过分集中、生产经营方式单一、平均分配、"吃大锅饭"等缺点，有利于充分发挥农民家庭的主观能动性、创造性和积极性，普遍受到农民群众欢迎。

以规模种植养殖、专业化、联户联产为特色的"专业承包联产计酬责任制"有利于农民个体和群体发挥专业特长，发展特色经营，为培育农业种植养殖大户，发展多种经营、发展规模生产经营，表现出较强的生命力和发展力。日后，这种采取"专业承包联产计酬责任制"的农业经济体，逐渐演变为农业种植养殖大户、新型的农业协会（如各类蔬菜协会、养殖协会等）、新型的农民专业合作社组织，成为中国现代农业组织化发展、规模化发展的早期探索者。他们，有的实行土地集约利用、联产经营，有的实行小规模的农业合作劳动、集体劳动，与土地面积窄小分散种植、分散经营的农业生产经营方式相比，更显示出规模优势、效率优势、效益优势和发展优势。他们的意识与行为及业绩，为日后农业家庭农场和新型合作农场的兴起与发展提供了初步实践经验和有益借鉴。

1983 年 10 月 12 日，中共中央、国务院发出《关于实行政社分开，建立乡政府的通知》。以此为标志，我国实行了 20 多年的计划经济体制在农村率先改革突破，朝着社会主义市场经济方向发展。

1985 年 6 月 4 日，新华社报道，全国农村人民公社政社分开，建立乡政府的工作已经全部结束。建乡前全国共有 5.6 万多个人民公社；政社分开后，全国共建 9.2

万多个乡（包括民族自治乡）、镇人民政府，同时建立村民委员会82万多个。[1]168

第三个方面：关于部分村级组织坚持社会主义集体经济发展模式的状况

我国在推行农业生产责任制的过程中，尊重群众意愿，尊重村级集体经济组织集体议事决策意见，允许有多种经营形式、多种劳动组织、多种计酬办法同时存在，为我国农村多种农业生产责任制并存、为多种所有制经济共同发展营造了环境创造了条件。

1980年9月27日，中共中央发布《关于进一步加强和完善农业生产责任制的几个问题的通知》，[1]155 其中指出我国地域辽阔，经济落后，发展又很不平衡，加上农业生产不同于工业生产，一般是以手工操作为主，劳动分散，生产周期较长，多方面受着自然条件的制约。这就要求生产关系必须适应不同地区的生产力水平，要求农业生产的管理有更大的适应性和更多的灵活性。在不同的地方、不同的社队，以至在同一个生产队，都应从实际需要和实际情况出发，允许有多种经营形式、多种劳动组织、多种计酬办法同时存在。随着生产力水平的提高，这些办法和形式，不同时期又会有相应的发展变化。因此，凡有利于鼓励生产者最大限度地关心集体生产，有利于增加生产、增加收入、增加商品的责任制形式，都是好的和可行的，都应加以支持，而不可拘泥于一种模式，搞"一刀切"。

1982年1月1日，中共中央批转《全国农村工作会议纪要》，其中指出：各级党的领导应向干部和群众进行宣传解释，说明我国农业必须坚持社会主义集体化的道路，土地等基本生产资料公有制是长期不变的，集体经济要建立生产责任制也是长期不变的。截至目前，全国农村已有90%以上的生产队建立了不同形式的农业生产责任制。包括小段包工定额计酬，专业承包联产计酬，联产到劳，包产到户、到组，包干到户、到组等，都是社会主义集体经济的生产责任制。不论采取什么形式，只要群众不要求改变，就不要变动。[2]

灵活的政策，让农民有了多种选择。在"撤社、建乡（镇）、建村"的农村经济组织改革完成以后，大多数地方选择了家庭联产承包责任制形式，但仍然有部分地区的部分村级组织仍然选择集体经济发展模式，如江苏省江阴市华士镇华西村、河南省临颖县城关镇南街村、湖北省天门市岳口镇健康村、山西省昔阳县大寨镇大寨村、湖北省嘉鱼县官桥镇官桥村、深圳市龙岗区南湾街、杭州市萧山区航民村、湖北省洪湖

［1］黄孟复主编.中国民营经济史·大事记［M］.北京：社会科学文献出版社，2009.

［2］中国共产党大事记·1982年［EB/OL］.（2006-05-30）［2023-11-18］. http://cpc.people.com.cn.

市洪林村、黑龙江省甘南县音河乡兴十四村、陕西省韩城市龙门镇阳山庄村（分田到户后再次集体化）、河北省晋州市周家庄乡（保留人民公社制度的乡镇）等。这些地方，大都保持以村为单位集体使用土地和集体生产经营方式，逐步发展成为农工商相结合的、村企合一的新型集体经济组织。这些地方，长期坚持集体经济责任制发展模式，并长期保持良好的经济社会发展绩效，成为社会主义集体经济村级发展的成功典范。

回顾我国农业经济体制改革，最难能可贵之处就是："两个尊重"：尊重群众意愿，尊重村级集体经济组织集体议事决策意见；"三个允许"：允许有多种经营形式，允许多种劳动组织，允许多种计酬办法同时存在；并且"不搞一刀切""不拘泥于一种模式"。采取包括家庭联产承包责任制、专业承包联产计酬责任制和集体经济责任制在内的多种经济责任制并存发展的农业经济发展策略，反映出我国农村经济体制改革政策的灵活性，取得了较好的效果。

家庭联产承包责任制改革，解放了农业生产力，农民有了生产和经营的自主权，除了种好"责任田"之外，积极发展种植、养殖、加工等方面的副业生产，促进涌现出农村个体经营户。专业承包联产计酬责任制改革，不仅解放了农业生产力，而且促进涌现出一批农业企业和农民专业生产合作社。集体经济责任制改革，不仅高效率发展村级集体经济，而且为农业产业化发展、农工商产业联系发展探索出新道路。以上三类农业生产责任制改革，促进农村中的大批能工巧匠发挥己之所长、带领周围农民围绕粮、棉、油、牧、副、渔、禽、菜、烟、果、药、茶 12 大类农副产品的规模生产、系列加工、产品变形、价值增值开展集约化生产经营；促进农业企业和村、镇工商企业诞生、成长、发展，并成为乡镇企业群体和工商业企业群体中的先导力量。

农村改革逐渐影响城镇，农业改革逐渐影响工商业改革。农业农村改革促进了我国新集体经济模式——乡镇企业兴起发展，促进了我国新一轮个体私营经济兴起发展。

工业经济体制改革逐步展开

工业经济体制改革始于地方国营工业企业，逐步扩展到中央直接管理的大型国营工业企业及其他类型企业。国营工业企业改革主要经历了以下阶段：

第一个阶段：扩大企业自主权改革

1978 年 7—9 月，国务院召开务虚会，研究加快我国四个现代化的建设速度问题。会议讨论了经济管理体制的改革问题，指出今后在经济领导工作和管理工作中，一定要摆脱墨守行政方式的老框框，放手发挥经济手段和经济组织的作用；一定要改变手工业式、小农经济式的管理方法，实行专业化，发展合同制，贯彻按劳分配原则；一定要保障工业企业的必要的独立地位，适当扩大经济组织它们的经济自主权。这是首次研究并提出扩大经济组织自主权改革问题。

10月，经国务院批准，四川省内的重庆钢铁公司、成都无缝钢管厂、宁江机床厂、四川化工厂、新都县氮肥厂和南充丝绸厂6家地方国营工业企业率先进行了"扩大企业自主权"改革试点。改革主要内容：核定企业的利润指标，规定增产增收目标，允许完成计划后提留少量利润作为企业的基金，并允许给职工发放少量奖金。[1]改革给企业带来前所未有的活力，并显示出巨大的潜力。1979年与1978年相比，四川省84户试点工业企业总产值增长14.7%，利润增长33%，上缴利润增长24.2%。四川的经验，对全国工业企业产生了极大的震动。继四川之后，云南、北京等地也相继对所属的地方国营工业企业进行了扩大企业自主权的试点。[2]

1979年4月5日，中共中央召开工作会议。为了在全国范围内搞好国营企业改革试点，明确提出要扩大企业自主权，把企业经营好坏同职工的物质利益挂起钩来；要按照统一领导、分级管理的原则，明确中央和地方的管理权限。

5月25日，国家经济委员会、财政部等6部委联合发出通知，确定在首都钢铁公司、北京清河毛纺厂、天津自行车厂、上海柴油机厂、上海汽轮机厂等8户企业进行"扩大经营管理自主权"的改革试点。改革主要内容：1. 对企业实行"五定"（即定生产方向、定生产规模、定燃料动力、定原材料来源和定协作关系）。2. 企业的人财物、产供销，由企业主管部门综合平衡，统一安排。3. 主管单位安排生产建设计划时，对所需要的物质条件必须保证；试行企业利润留成。4. 企业计提的折旧基金，70%留给企业。5. 新产品试制费用按一定比例，在企业利润中留用。6. 企业有权申请产品出口，参与外贸谈判，并取得外汇留成。7. 企业在招工计划内择优录取职工。8. 职工提出合理化建议，有经济效益者，企业可予以奖励，职工失职造成重大经济损失，企业可予以处分直至开除。9. 经营管理好的企业，在调整工资时，职工的升级面可以略高于平均水平。10. 在定员、定额内，企业有权决定机构设置，并任免中层以

---

［1］郑有贵主编.中华人民共和国经济史（1949—2019）［M］.北京：当代中国出版社，2019：162.

［2］国企改革三十年：扩大企业自主权试点［EB/OL］.（2003-11-17）［2023-11-18］.http：//www.chinareform.net.

下干部。

7月13日，国务院颁发了《关于扩大国营工业企业经营管理自主权的若干规定》《关于国营企业利润留成的规定》《关于开征国营企业固定资产税的暂行规定》《关于提高国营工业企业固定资产折旧率和改进折旧费使用办法的暂行规定》《关于国营工业企业实行流动资金全额信贷的暂行规定》5个文件，对中央及地方企业改革起到了极大的促进作用。

扩大企业自主权改革给传统的计划经济体制打开一个缺口，使国营企业有了一定的自主计划权、产品销售权、资金使用权、奖金分配权和干部任免权，一定程度地增强了企业面向市场经营意识。

至1980年，全国范围内，扩大企业自主权改革试点企业达到6600个，约占预算内工业企业数的16%。据对其中5777个试点企业统计，1980年与1979年相比，工业总产值增长6.8%，实现利润增长11.8%，上缴利润增长7.4%。商业、物资、交通、建筑、邮电、军工、农垦等部门，也实行利润留成或亏损包干。[1]扩大企业自主权改革，使政府对国营企业"统得过多、管得过死"的状况开始转变。

第二个阶段：企业生产经济责任制改革

所谓生产经济责任制，是在国家计划指导下以提高经济效益为目的，责、权、利相结合的生产经营管理制度。企业生产经济责任制改革首先在工业企业推行，包括国家对国营企业实行经济责任制和国营企业内部实行经济责任制两个方面。

关于国家对国营企业实行经济责任制：要求企业的主管部门、企业、车间、班组和职工，都要层层明确各自在经济上对国家应负的责任，建立健全企业的生产、技术、经营管理各项专责制和岗位责任制，为国家提供优质适销的产品和更多的积累；要求正确处理国家、企业和职工三者利益关系，把企业、职工的经济责任和经济效果同经济利益联系起来，认真贯彻各尽所能、按劳分配的原则，多劳多得，有奖有罚；要求进一步扩大企业经营管理自主权，保证企业生产、经营所必需的条件，使企业逐步成为相对独立的经济实体。

关于国营企业内部实行经济责任制：目的在于促进企业工作责任制与经济责任制相结合，建立以工作目标考核与精神鼓励（评先表模）相结合的工作责任制，并建立

---

［1］郑有贵主编.中华人民共和国经济史（1949—2019）［M］.北京：当代中国出版社，2019：162-163.

以工时定额、成本管理、计时工资、计件工资、浮动工资、班组承包、车间承包、分厂承包等为主要内容的多种形式的责权利相结合的经济责任制。国营企业内部经济责任制改革，大中小企业有所不同。实际工作中，中小型国营企业内部改革波动较大，大型国营企业内部改革相对平稳。

1981 年 10 月 29 日，国务院批转国家经委、国务院体制改革办公室《关于实行工业生产经济责任制若干问题的意见》，其中指出：工业生产经济责任制不仅要和利润挂钩，而且要和产量、质量、品种、成本等挂起钩来。这就要求企业建立健全明确而又具体的岗位责任制，实行全面经济核算，改善经营管理，实现各项技术经济指标，全面完成国家计划。该《意见》贯彻实施以后，国营企业经济责任制改革逐步推行到全国 3.6 万家工业企业。

第三个阶段："拨改贷"改革

"拨改贷"是指国家对计划内的基本建设投资由财政拨款改由国家银行（主要是建设银行）贷款的改革措施，"拨改贷"确立了投资资金有偿使用原则，目的在于促进建设单位增强投资成本观念，明确经济责任，提高投资效益。

1979 年，"拨改贷"试点首先在北京、上海、广东 3 个省市及纺织、轻工、旅游等行业开展，取得较好的效果。1980 年，扩大范围，规定凡是实行独立核算、有还贷能力的建设项目，都要进行"拨改贷"改革。1985 年 1 月起，"拨改贷"在全国各行业全面推行。

第四个阶段："利改税"改革

1980 年 2 月 8 日，四川省委、省政府决定在川棉一厂、成都电线厂、重庆钟表公司等 5 家企业（"老五户"）实行在国家计划指导下，独立核算、国家征税、自负盈亏的"利改税"试点。8 月，内江棉纺厂、自贡铸钢厂、宜宾化工厂等 5 家企业（"新五户"）开展第二批自负盈亏试点，试行所得税统一税率并征收调节税的办法。

1983 年 4 月 24 日，国务院批准财政部《关于国营企业利改税试行办法》（国发〔1983〕75 号）（第一步利改税），规定：凡有盈利的国营大中型企业（包括金融保险组织），均根据实现的利润按 55% 的税率缴纳所得税。企业缴纳所得税后的利润，一部分上交国家，一部分按照国家核定的留利水平留给企业。上交国家的部分，可根据企业不同情况，分别采取递增包干上交、固定比例上交、定额包干上交和缴纳调节税四种办法。

1984 年 9 月 18 日，国务院颁布《国营企业第二步利改税试行办法》（国发

〔1984〕124 号），将现行的工商税按照纳税对象，划分为产品税、增值税、盐税和营业税；将第一步利改税设置的所得税和调节税加以改进；增加资源税、城市维护建设税、房产税、土地使用税和车船使用税，包括所得税和调节税共计 11 个税种。

两步"利改税"，以纳税代替上缴利润，对于调整和完善国家与国营企业之间的收益分配关系，保证国家财政收入的稳定增长，并使企业在经营管理和发展上有一定的财力保证和自主权，调动企业和职工的积极性，发挥了积极作用；对于促进城市经济体制改革，进一步搞活经济，发挥了积极作用。

第五个阶段："承包经营"改革

所谓承包经营责任制，是指国有企业在坚持社会主义全民所有制的基础上，按照所有权与经营权分离的原则，以承包经营合同形式，确定国家与企业的责权利关系，使企业做到自主经营、自负盈亏的经营管理制度。

1988 年 2 月 27 日，国务院发布《全民所有制工业企业承包经营责任制暂行条例》，主要精神包括：实行承包经营责任制，必须兼顾国家、企业、经营者和生产者利益；应当按照责权利相结合的原则，切实落实企业的经营管理自主权；按照包死基数、确保上缴、超收多留、欠收自补的原则，确定国家与企业的收益分配关系。主要内容包括：包上缴国家利润，包完成技术改造任务，实行工资总额与经济效益挂钩。承包上缴国家利润的形式包括：上缴利润递增包干；上缴利润基数包干，超收分成；微利企业上交利润定额包干；亏损企业减亏（或补贴）包干；国家批准的其他形式。《条例》还规定：实行承包经营责任制，必须由企业经营者代表承包方与发包方订立承包经营合同。发包方为人民政府指定的有关部门，承包方为实行承包经营的企业。这一规定对于国营企业进一步实行市场化改革发挥了至关重要的作用。

第六个阶段："股份制试点"改革

改革开放以后，中国的企业股份制改革起源于个人资本合伙合资创办股份制企业或个人资本投资入股乡镇或城镇集体企业。1992 年国务院有关部门共同制定了《股份制企业试点办法》等 11 个规范性文件，逐步推动并规范了企业股份制改革。此后，1994 年起，国有企业进行"转换经营机制、建立现代企业制度"改革；1998 年以后，大批国有企业进行了股份制改革。

第七个阶段："抓大放小"改革

1999 年 9 月 22 日，中共十五届四中全会审议并通过了《中共中央关于国有企业改革和发展若干重大问题的决定》，其中指出：从战略上调整国有经济布局，要同产业结构的优化升级和所有制结构的调整完善结合起来，坚持有进有退，有所为有所不为。要区别不同情况，继续对国有企业实施战略性改组。坚持"抓大放小"。要着力培育实力雄厚、竞争力强的大型企业和企业集团。要从实际出发，继续采取"改组、联合、兼并、租赁、承包经营和股份合作制、出售"等多种形式，放开搞活国有小企业。[1]

至 2001 年底，由国务院和省部级批准成立的企业集团及中央管理的企业集团共计 2710 家。其中，179 家特大型企业集团中，国有及国有控股企业集团 165 家。[2] 国有企业数量大幅减少，但其经济总量有所增加，经济效益有所提高。

国有企业"抓大放小"改革完成以后，一大批属于"放小"范畴的小型国有企业转变为民营企业。这类民营企业逐步发展成为各级工商联组织的骨干会员企业，其中一批逐步发展成为大型民营企业或企业集团，为工商联注入了组织活力并增加了组织影响力。

商业流通体制改革全面展开

1979 年 5 月，全国工商局长会议在北京召开，会议提出要更好地促进商品流通，活跃市场和方便群众。

1980 年国务院《政府工作报告》中指出：实行国家计划指导下的市场调节。生产资料除了一部分重要的和短缺的物资实行计划分配和由物资部门优先订购以外，其他都可以进入市场，自由流通。要打破行政部门和行政区划的限制，按经济区域合理组织生产资料和消费品的流通。各地区、各部门已经建立的流通形式，如物资交流会、批发市场、贸易中心、贸易货栈、自销门市部和展销部等，要总结经验，进一步办好，促进工农业生产，服务人民生活。[3]

1982 年 10 月 16 日，国家工商行政管理局在武汉召开全国小商品市场现场会，推广武汉市汉正街小商品市场的经验。以个体商贩为主的经营日用小商品的汉正街市场，把中南、华东 13 个省、市、区的小商品生产和消费联系起来，在传统的国营商业流通渠道之外，形成了一个新的小商品流通渠道。汉正街小商品市场因花色品种多、进货渠道多、商品适销对路、价格机制灵活而吸引了大量供销客户，在全国产生了较大影响。

［1］黄孟复主编.中国民营经济史·大事记［M］.北京：社会科学文献出版社，2009：236-237.

［2］郑有贵主编.中华人民共和国经济史（1949—2019）［M］.北京：当代中国出版社，2019：226.

［3］1980 年国务院政府工作报告［EB/OL］.（2006-02-16）［2023-11-19］.http://www.gov.cn.

1983 年 2 月 11 日，国务院批转《国家体改委、商业部关于改革农村商业流通体制若干问题的试行规定》并发出通知。[1]166 通知指出：面对农村商品生产迅速发展和商品交换规模日益扩大的新形势，农村商品流通体制的改革，已经势在必行。《试行规定》的主要内容：1. 实行多种经营形式、多种流通渠道，改变统得过多、独家经营、渠道单一的做法。2. 合理设置批发机构，搞好农副产品收购和工业品下乡，解决农民"卖难""买难"问题。3. 加快供销合作社体制改革的步伐。4. 建立商业企业经营承包责任制，提高经济效益。5. 相应调整与农村商业体制改革有关的政策。

1984 年 7 月 14 日，国务院批转商业部《关于当前城市商业体制改革若干问题的报告》，[1]172 提出了六个方面的意见：1. 实行政企分开，扩大企业权力。2. 改革日用工业品一、二、三级批发层次，批发站与批发公司合并。3. 建立城市贸易中心，逐步形成开放式、多渠道、少环节的批发体制。4. 小型国营零售商业、饮食服务业转为集体经营或租赁给经营者个人经营。5. 国营零售商业和饮食服务业有计划有步骤地实行经营承包责任制。6. 正确执行价格政策，严禁转嫁负担。

7 月 19 日，国务院批转国家体改委、商业部、农牧渔业部《关于进一步做好农村商品流通工作的报告》，[2] 提出要解决好七个方面的问题：1. 发展多渠道流通。2. 调整农副产品购销政策。3. 改进价格管理办法。4. 改革农副产品批发体制。5. 加快供销合作社体制改革。6. 积极发展农副产品加工业。7. 大力发展交通运输业和商业经营设施。

1984 年以后，商业流通体制改革持续深化、拓展，对于活跃城乡市场、发展经济、安置就业，促进个体私营经济发展等方面发挥了重大促进作用；同时，对于发展基层商会组织并扩大商会会员队伍发挥了积极促进作用。

城市经济体制综合改革试验

1981 年 7 月 31 日，国务院批准国家体改办《关于湖北省沙市经济体制改革综合试点报告》，决定在湖北省沙市开展工业管理体制、计划体制、财政体制、银行体制、商业体制、物资体制、价格体制、劳动工资体制、科技体制和城市建设体制共 10 个方面的综合配套改革，沙市是全国第一个经济体制改革综合试点城市。[3]

［1］黄孟复主编 . 中国民营经济史・大事记［M］. 北京：社会科学文献出版社，2009.

［2］国务院批转国家体改委、商业部、农牧渔业部关于进一步做好农村商品流通工作的报告的通知［EB/OL］.（2016-10-20）［2023-11-19］. http://www.gov.cn.

［3］李东方 . 改革开放的起步［EB/OL］.（2018-01-29）［2023-11-19］. http://www.cpc.news.cn.

1982 年 3 月，国务院决定在江苏省常州市进行城市经济体制综合改革试点。常州市综合改革的特点是以搞活企业、搞活流通为中心，进行工业管理体制、计划体制、劳动工资体制、银行信贷体制、商业体制、外贸体制、财政体制和企业改组联合等 11 项配套改革。[1]

以上试点改革，在取得成功经验后，逐步在全国范围内推广实施。城市经济体制综合改革，对于扩大城市经济发展自主权，充分调动城市经济发展积极性和创造性发挥了重要作用。此外，为了更好地发挥区域中心城市的作用，还在一些省进行了"地改市"，即撤销地区行署改为中等城市，实行由市领导县的区域行政管理体制改革试验。这些改革，取得了初步成效。

城市工商业经济体制改革，特别是以"抓大放小""有进有退"为主要特征，以"改组、联合、兼并、租赁、出售"等多种形式的地方国有工商企业改革，促进了新一轮个体私营经济兴起与发展，促进了新型国家资本主义经济的新形式——混合所有制经济兴起与发展，促进了新型民营经济，包括民有民营、国有民营、集体所有民营、混合所有民营等新型经济组织兴起与发展。

城乡农工商业经济体制改革，对于促进提高地方政府鼓励、支持民营经济发展的积极性，促进城乡新型市场主体诞生成长、发展壮大，其影响是重大的深远的。

城乡农工商业经济体制改革，对于促进中国当代商会组织发展影响重大：促进工商联会员结构变化、组织规模扩大；促进发展了农业商会组织；促进农民专业合作社组织和村级商会组织兴起；促进发展壮大了乡镇商会组织；特别是促进新型商会组织"中国个体劳动者协会"（1986 年成立）和"中国国际商会"（1988 年成立）兴起与发展。

二、对外开放并逐步扩大开放

在中共十一届三中全会召开之前，在与国际社会日益密切的交往中，对外开放的思路与策略开始酝酿。1978 年 7 月，在国务院召开的务虚会上提出要组织国民经济新的跃进，要以比原来设想更快的速度实现"四个现代化"；提出要放手利用国外资金，大量引进国外先进技术设备；提出经济战线必须实行三个转变：一是把注意力转

---

[1] 李东方 . 改革开放的起步［EB/OL］.（2018—01—28）［2023—11—19］. http://www.cpc.news.cn.

到生产斗争和技术革命上来；二是把管理制度和管理方法转到按照经济规律办事的科学管理的轨道上来；三是从闭关自守或半闭关自守状态转到积极引进国外先进技术，利用国外资金，大胆进入国际市场的开放政策上来。

学习借鉴发达国家和中国港澳地区经济发展经验

1977—1978 年，国家派出考察团先后考察了日本、法国、联邦德国、瑞士、丹麦、比利时等国，并对中国香港、澳门地区进行了调查研究。在考察和调查过程中，通过参观工厂、农场、市场、学校、城市设施、港口码头、科研单位和居民区，了解到大量资料信息。1978 年 6 月，两个考察团和一个调查组分别向中共中央政治局汇报了考察和调查情况。[1]156-157

以上海市委书记林乎加为团长的考察团汇报并总结分析了日本战后经济快速发展的三条经验：1. 大胆引进新技术。2. 充分利用国外资金。3. 大力发展教育事业和科学研究。[1]157

以国务院副总理谷牧为团长的考察团汇报并总结分析了欧洲五国战后经济发展经验，并结合我国实际情况提出了相关建议：1."二战"后西欧发达国家的经济确有很大发展，尤其是科技日新月异，我们落后很多，它们在社会化大生产的组织管理方面也有许多值得借鉴的经验。2. 它们的资金、商品、技术要找市场，都看好与中国发展关系。3. 国际经济运行中有许多通行的办法，包括补偿贸易、生产合作、吸收国外投资等，我们可以研究采用。[1]157

以国家计划委员会副主任段云为组长的赴港澳经济贸易调查组汇报并分析了香港和澳门经济快速发展的主要原因是：有充裕的资金来源和较为廉价的劳动力；购进原材料和技术设备比较方便；大力发展对外加工工业；产品适应性强。调查报告提出，广东宝安（深圳）、珠海两县紧邻港澳，发展出口商品生产十分有利，"有必要实行某些特殊管理办法"：1. 把宝安、珠海两县改为两个省辖市，派得力干部加强领导力量。2. 两个县的商品收购、出口和所需材料及设备进口，在统一计划安排下，直接与我驻港贸易机构联系，不再事事经过上报审批；两地开设供应入境旅客的专门商店，商品供应和销售视同出口港澳。3. 两个县生产建设所需的原料、材料、燃料和设备，原则上由广东供应，有困难的可以用银行贷款通过港澳进口解决，并建

---

[1] 郑有贵主编. 中华人民共和国经济史（1949—2019）[M]. 北京：当代中国出版社，2019.

议免征关税，来料加工的手续也要简化。4.除了归还贷款之外，两个县所收的税收和利润暂不上交，留给当地扩大再生产。5.对到两地的港澳同胞和外宾只凭港澳居民证和护照，检查从宽、简化手续。6.恢复1967年被废止的边境小额贸易，给当地渔民分一部分外汇。[1]157-158

听了汇报后，华国锋表态说："总的精神我同意，进料加工、来料加工，原则上定下来，发个文件，首先在上海、广州、北京、天津、青岛进行。看准了的东西，就要动手去干，就要抓落实，把它办起来。"[1]158

1978年10月，邓小平在接见外国代表团时说："我们实行改革开放政策……要根据新的情况来确定新的政策。""要实现四个现代化，就要善于学习，大量取得国际上的帮助。要引进国际上的先进技术、先进装备，作为我们发展的起点。"[2]

12月22日，中共十一届三中全会作出了把全党工作的着重点转移到社会主义现代化建设上来的战略决策。提出了在自力更生的基础上积极发展同世界各国平等互利的经济合作，努力采用世界先进技术和设备，大力加强实现现代化所必需的科学和教育工作。

1979年1月31日，国务院总理邓小平代表中华人民共和国政府与美国总统卡特在华盛顿签署了中美两国政府间第一个正式合作协定——《中华人民共和国政府和美利坚合众国政府科学技术合作协定》。[3]

1982年1月14日，胡耀邦在中共中央书记处会议上就对外关系问题发表意见："我国的社会主义现代化建设，要利用两种资源，即国内资源和国外资源；要打开两个市场，即国内市场和国外市场；要学会两套本领，即组织国内建设的本领和发展对外经济关系的本领。"[4]

从试办出口特区到创办经济特区

第一步：试办出口特区

1979年4月，在中共中央召开的工作会议上，广东省委负责人提出：希望中央

［1］郑有贵主编.中华人民共和国经济史（1949—2019）［M］.北京：当代中国出版社，2019.

［2］邓小平.实行开放政策——学习世界先进科学技术（1978年10月10日）［M］//邓小平文选（第2卷）.北京：人民出版社，1993：133.

［3］张静.邓小平与中美科技合作的开展（1977—1979年）.中国领导干部资料库［EB/OL］.（2014-08-03）［2023-11-20］.http://www.cpc.news.cn.

［4］中国共产党大事记·1982年［EB/OL］.（2006-05-30）［2023-11-20］.http://www.cpc.people.com.cn.

下放若干权力，让广东在对外经济活动中有必要的自主权，允许在毗邻港澳的深圳市、珠海市和重要侨乡汕头市举办出口加工区的建议。

7月15日，中共中央、国务院批转广东省委和福建省委《关于对外经济活动实行特殊政策和灵活措施的两个报告》。中央和国务院决定：对广东、福建两省的对外经济活动给予更多的自主权，以充分发挥两省的优越条件，扩大对外贸易，抓紧当前有利的国际条件，先走一步，把经济尽快搞上去。原则同意试行在中央统一领导下大包干的经济管理办法，两省在计划、物资供应、物价政策等方面也实行新的经济体制和灵活政策。并决定，先在深圳、珠海两市划出部分地区试办出口特区，取得经验后，再考虑在汕头、厦门设置。[1]

第二步：从出口特区到经济特区

1980年5月16日，中共中央、国务院批转《广东、福建两省会议纪要》，批准广东、福建两省在深圳、珠海、汕头、厦门设置经济特区。[2]154 下半年，四个经济特区相继开发建设。

1981年7月19日，中共中央、国务院批转的《广东、福建两省和经济特区工作会议纪要》，为四个特区建设统一了思想，提供了具体指导，对特区的建立与发展起到了重要的促进作用。[2]160

1984年1月24日，邓小平视察深圳并题词："深圳的发展和经验证明，我们建立经济特区的政策是正确的。"

1988年4月13日，第七届全国人民代表大会第一次会议决定设立海南省经济特区。

1990年2月5—8日，国务院经济特区工作会议在深圳召开。据会议介绍：截至1989年底，五个经济特区（深圳、珠海、汕头、厦门、海南）已批准外商投资项目5700多个，协议外资金额94亿美元，实际利用外资41亿美元，占全国的1/4以上；五个经济特区1989年的工业产值接近300亿元，是十年来中国经济实力增长最快的地区；五个经济特区1989年外贸出口达38.5亿美元，占全国出口总额的近1/10。[3]

2010年5月，中央新疆工作会议上中央正式批准喀什设立经济特区。

［1］中国共产党大事记·1979年［EB/OL］.（2006-05-30）［2023-11-21］. http://www.cpc.people.com.cn.

［2］黄孟复主编.中国民营经济史·大事记［M］.北京：社会科学文献出版社，2009.

［3］1990年中国经济大事记［EB/OL］.（2009-09-10）［2023-11-21］. https://www.163.com.

经济特区的主要特点：1.特殊地理位置：大都位于口岸城市，交通方便，便于对外交流合作。2.特殊经济政策：为区内企业在土地使用、外汇管理、税收和通关等方面提供特殊优惠和方便。3.特殊经营环境：专门机构管理，为区内外商创造方便安全的投资环境和保障措施。4.特殊运营机制：以市场调节为主，以出口导向为主，以发展工业为主，并实行工贸结合、多业发展。5.特殊经济结构：以利用外资为主，鼓励发展外商独资经济、中外合资经济、中外合作经济及"三来一补"（来料加工、来样加工、来件装配和补偿贸易）经济。

中国经济特区与外国自由贸易区、出口加工区有本质的不同，它是在中国政府管理下，作为社会主义经济补充的一种形式。特区内的客商和企业享受一定的优惠条件。特区经营范围十分广泛，一切在国际经济合作和技术交流中具有积极意义的生产型、服务型产业及客商与特区共同感兴趣的其他的行业，都可以投资兴办或与特区合资兴办。

关于特区建设的指导思想，主要包括：[1] 51-52、133 经济特区必须坚持社会主义方向；经济特区是体制改革的试验场；经济特区是对外开放的窗口和基地；经济特区建设不是收而是放；特区经济要从内向转到外向；经济特区有多种形式；经济特区的发展要借鉴外国的文明成果；经济特区要发挥带动和示范作用，实现共同富裕。

实践证明，经济特区为我国对外开放发挥的带动和示范作用是明显的，取得的经济社会发展成就是突出的。深圳经济特区建立以后，创造了多项"全国第一"，包括"建立全国第一个外向型经济开发区""敲响中国改革开放后土地拍卖第一槌"等。珠海经济特区在交通运输事业方面彻底突破了"机场不通高速、港口不通铁路、境内无高速"的瓶颈，加快实现了海港、空港、口岸三大节点交通枢纽战略跨越式发展。汕头经济特区成功建成"以华侨为主题，以经济文化合作为纽带"的经济社会发展平台。厦门经济特区在多领域探索了一系列具有开创性意义的创新举措，包括率先推进以市场为取向的经济体制改革，着力推进行政管理体制和社会领域改革创新。[2]

第三步：从经济特区到各类经济技术开发区

经济特区的创新举措和成功经验，为全国各地提供了有益借鉴。随着改革开放的深入推进，经济特区逐步由沿海向沿江、沿边和内陆省会城市、区域中心城市拓展，逐步覆盖了中国主要的经济区域；随着改革开放的深入推进，经济特区功能延伸向工

[1] 邓小平文选：第3卷［M］.北京：人民日报出版社，1993.
[2] 深圳经济特区建立以后创造了多项"全国第一"，转引自"学习强国"学习平台。

业与贸易相结合方面发展，如一些地方设立保税区、自主贸易示范区等；随着改革开放的深入推进，经济特区功能进一步延伸向技术、工业与贸易相结合方面发展，如一些地方设立经济技术开发区、高新技术产业开发区等。这类升级版的新特区及新特区经济逐步形成沿海开放、西部开发、东北振兴、中部崛起等重大战略目标实施的经济兴奋点、经济支撑点和经济增长点。

随着我国现代化建设步伐加快，我国各类经济技术特区，布局更加合理，经济水平快速提高，技术创新成效明显，产业结构不断优化，已经成为中国经济发展最快、技术进步突出、总体水平较高、利用外资最多、投资环境最优的现代化产业重要集聚区，为我国全方位、多层次、宽领域的对外开放格局形成发挥了重要作用，作出了突出贡献。

从沿海开放到内陆开放

第一步：扩大沿海开放

继沿海试办"出口特区"和"经济特区"取得成功经验之后，沿海开放战略进一步拓展并加快实施。

1982年1月15日，中共中央、国务院批转《沿海九省、市、自治区对外经济贸易工作座谈会纪要》，其中指出：沿海地区要在内外统筹安排的原则下，努力增加出口比重；抓住当前有利时机，大胆利用外资；加强国际经济合作和技术交流；积极地有步骤地改革贸易管理体制，为全国提供经验。[1]162

1984年3月26日至4月6日，中共中央书记处和国务院召开沿海部分城市座谈会。会议确定：进一步开放由北至南14个沿海城市：大连、秦皇岛、天津、烟台、青岛、连云港、南通、上海、宁波、温州、福州、广州、湛江、北海，作为我国实行对外开放的一个新的重要步骤。[1]171 1985年增加了营口市，1988年增加了威海市，作为国家对外开放城市。

这些沿海港口城市实行对外开放后，在扩大地方权限和给予外商投资者优惠方面采取的措施主要有：1. 放宽利用外资建设项目的审批权限。2. 积极支持利用外资、引进先进技术改造老企业。在关税、进口工商统一税、企业所得税、上缴利润、生产计划等方面实行扶植政策。3. 对中外合资、合作经营及外商独资企业，给予优惠待遇。

---

[1] 黄孟复主编. 中国民营经济史·大事记 [M]. 北京：社会科学文献出版社，2009.

4.兴办经济技术开发区,大力引进中国急需的先进技术,支持兴办"三资"企业和中外合作的科研机构。5.增加外汇使用额度和外汇贷款。

1988 年 3 月 18 日,国务院发出《关于进一步扩大沿海经济开放区范围的通知》,决定适当扩大沿海经济开放区。新划入沿海经济开放区的有 140 个市、县,包括杭州、南京、沈阳等省会城市,人口增加到 1.6 亿。[1]187

第二步:推进沿边开放

1987 年 4 月,中共中央、国务院在批转《关于民族工作几个重要问题的报告》中强调指出,新疆、西藏、云南等省、自治区和其他一些少数民族地区,具有对外开放的优越地理条件,又有丰富的地下、地上资源和独特的旅游资源,进一步搞好开放,就能加快经济发展。

1992 年,国家实施沿边开放战略。国务院陆续批准珲春、黑河、绥芬河、满洲里、二连浩特、伊宁、博乐、塔城、畹町、瑞丽、河口、凭祥、东兴共 13 个城市为沿边开放城市,加上辽宁丹东,共批准设立了 14 个国家级边境经济合作区,并给予了一些优惠政策。在这些优惠政策的支持下,少数民族地区的对外开放步伐明显加快,周边区域经济技术合作更趋活跃,边境贸易迅速发展,逐步变成了我国对外开放的前沿地区。

第三步:延伸内陆开放

1992 年 5 月 16 日,中共中央政治局会议通过《中共中央关于加快改革,扩大开放,力争经济更好更快地上一个新台阶的意见》。关于进一步扩大对外开放提出了一些具体措施,包括以上海浦东开发为龙头,进一步开放长江沿岸城市;逐步开放沿边城市,形成周边对外开放格局。

6 月,国务院发出通知,决定开放长江沿岸芜湖、九江、岳阳、武汉、重庆 5 个内陆城市。至此,中国长江沿岸 10 个主要中心城市已全部对外开放。决定对全国所有省会城市,实行沿海开放城市的有关政策。至此,我国包括经济特区、沿海开放城市、沿海经济开放区、内陆区域中心城市在内的多层次、多渠道、全方位对外开放的新格局已经初步形成。

---

[1]黄孟复主编.中国民营经济史·大事记[M].北京:社会科学文献出版社,2009.

三、改革开放促进多种所有制经济共同发展

改革开放开启了多种所有制经济共同发展的闸门，在国营经济深化改革、保持发展势头的同时，以极大的杠杆力促进了个体私营经济迅猛发展，促进了乡镇集体经济改革发展，促进了外向型经济突破性发展，促进并开始形成以公有制经济（国营经济、集体经济）为主体，多种所有制经济（包括国营经济、集体经济、个体经济、私营经济、外资经济、混合所有制经济等）共同发展的新局面。

多种所有制经济共同发展政策演进

1978 年 12 月 22 日，中共十一届三中全会《公报》指出：社员自留地、家庭副业和集市贸易是社会主义经济的必要补充部分，任何人不得乱加干涉。[1]142-143

1979 年 9 月 28 日，中共十一届四中全会通过的《中共中央关于加快农业发展若干问题的决定》中指出：社员自留地、自留畜、家庭副业和农村集市贸易，是社会主义经济的附属和补充，不能当作所谓"资本主义尾巴"去批判。相反地，在保证巩固和发展集体经济的同时，应当鼓励和扶持农民经营家庭副业，增加个人收入，活跃农村经济。[1]150

1980 年 8 月 17 日，中共中央转发《进一步做好城镇劳动就业工作》的文件指出：个体经济是从事法律许可范围内的，不剥削他人的个体劳动。这种个体经济是社会主义公有制不可缺少的补充，在今后一个相当长的历史时期内都将发挥积极作用。[1]155

10 月 17 日，国务院发布《关于开展和保护社会主义竞争的暂行规定》，指出：在社会主义公有制经济占优势的情况下，允许和提倡各种经济成分之间、各个企业之间，发挥所长，开展竞争。还指出：对于有利于国计民生的集体经济和个体经济，注册开业后，应当予以支持，在货源、贷款、税收、劳动力、产品销售等方面，统筹安排，给予方便。他们的正当权益，应受到国家法律的保护，任何单位、任何人都不得平调他们的财产，强加他们不合理的负担，侵犯他们的利益。[1]155-156

1982 年 12 月 4 日，全国人大五届五次会议通过的《中华人民共和国宪法》修正

---

［1］黄孟复主编.中国民营经济史·大事记［M］.北京：社会科学文献出版社，2009.

案第十一条规定：在法律规定范围内的城乡劳动者个体经济是社会主义公有制经济的补充。[1]164

1984 年 3 月 1 日，中共中央、国务院转发农牧渔业部《关于开创社队企业新局面的报告》，同意将社队企业名称改为乡镇企业的建议，并提出了发展乡镇企业的若干政策，以促进乡镇企业的迅速发展。[1]171

10 月 20 日，中共十二届三中全会通过《中共中央关于经济体制改革的决定》，其中提出：进一步贯彻执行对内搞活经济、对外实行开放的方针，加快以城市为重点的整个经济体制改革的步伐，是当前我国形势发展的迫切需要。指出：我们现在的个体经济是与社会主义公有制相联系的，不同于与资本主义私有制相联系的个体经济，它对于发展社会生产、方便人民生活、扩大劳动就业具有不可替代的作用，是社会主义经济必要的有益的补充，是从属于社会主义经济的。当前要注意为城市和乡镇集体经济和个体经济的发展扫除障碍，创造条件，并给予法律保护。特别是在以劳务为主和适宜分散经营的经济活动中，个体经济应该大力发展。同时，要在自愿互利的基础上广泛发展全民、集体、个体经济相互之间灵活多样的合作经济和经济联合，有些小型全民所有制企业还可以租给或包给集体或劳动者个人经营。[1]173

1986 年 10 月 11 日，国务院发布《关于鼓励外商投资的规定》，鼓励外国投资者在中国境内举办中外合资经营企业、中外合作企业和外资企业。[1]180

1987 年 8 月 5 日，国务院发布《城乡个体工商户管理暂行条例》，规定：个体工商户的合法权益受国家法律保护，任何单位和个人不得侵害；国家工商行政管理局和地方各级工商行政管理局对个体工商户履行行政管理职能。[1]183

1988 年 4 月，七届人大一次会议通过宪法修正案，宪法第十一条增加了"国家允许私营经济在法律规定的范围内存在和发展，私营经济是社会主义公有制经济的补充，国家保护私营经济的合法权利和利益，对私营经济实行引导、监督和管理"的条文。[1]187

1989 年 3 月 4 日，国务院批准国家体改委《关于 1989 年经济体制改革要点》，其中指出要把深化企业改革、提高经济效益作为首要任务，具体包括：完善和发展企业承包经营责任制；深化企业内部配套改革；积极推进企业兼并；重点扶持和培育若干大型企业集团；稳步试行以公有制为主的股份制；有计划、有步骤地拍

[1] 黄孟复主编 . 中国民营经济史·大事记［M］. 北京：社会科学文献出版社，2009.

卖小企业。[1] 191

11月9日，中共十三届五中全会审议并通过了《中共中央关于进一步治理整顿和深化改革的决定》，指出：在坚持公有制为主体的前提下发展多种经济成分。我国个体经济、私营经济是对社会主义经济有益的、必要的补充。应当运用经济的、行政的和法律的手段，加强管理和引导，鼓励它们在国家允许的范围内继续发展，发挥它们在发展社会生产、方便人民生活和扩大劳动就业等方面的积极作用，限制它们不利于社会主义经济发展的消极方面。[1] 193

1990年2月12日，农业部发布《农民股份合作企业暂行办法》，[1] 195 指出：农民股份合作企业，是劳动农民的合作经济，是社会主义劳动群众集体所有制经济，是乡镇企业的重要组成部分和农村经济的重要力量。企业的主要任务是：发展农村社会主义商品经济，安排农村剩余劳动力，支援农业生产，增加农民和国家财政收入，发展出口创汇生产，为大工业配套和服务，促进社会生产力的发展，满足人民日益增长的物质和文化生活的需要。企业在国家法律允许范围内，可以兴办工业、交通运输业、建筑业、商业、饮食服务业及其他开发性事业。

1991年2月25日至3月1日，国务院召开全国经济体制改革工作会议，讨论《经济体制改革"八五"纲要和十年规划》，提出了20世纪90年代我国经济体制改革的总目标是：初步建立起社会主义有计划商品经济的新体制和计划经济与市场调节相结合的运行机制。围绕这个目标，提出了相互联系的5个方面的主要任务：1.建立以社会主义公有制为主体、多种经济成分共同发展的所有制结构。2.建立适应社会化大生产发展的企业制度。3.建立统一开放、平等竞争、规则健全的社会主义市场体系。4.建立间接调控和直接调控相结合、以间接调控为主，中央和省、市、自治区、直辖市两级调控、以中央调控为主的宏观调控体系。5.建立以按劳分配为主体、其他分配方式为补充的个人收入分配制度和社会保障体系。[1] 200-201

3月16日，国务院发布国发〔1991〕12号文，批准武汉东湖高新技术开发区等26个开发区为国家高新技术产业开发区，同时批准国家科委制定的《国家高新技术产业开发区高新技术企业认定条件和办法》《国家高新技术产业开发区若干政策的暂行规定》和国家税务局制定的《国家高新技术产业开发区税收政策的规定》。[1] 201 这三个重要文件的贯彻实施，为高新技术企业，特别是民营高新技术企业的发展，发挥

---

［1］黄孟复主编.中国民营经济史·大事记［M］.北京：社会科学文献出版社，2009.

了重要促进作用。

7月6日，中共中央发出《关于批转中央统战部〈关于工商联若干问题的请示〉的通知》[1]203。《通知》中首次提出了非公有制经济的概念，指出："在我国，非公有制经济成分作为公有制经济的有益补充，将在相当长的历史时期内存在和发展。"

11月29日，中共十三届八中全会审议通过了《中共中央关于进一步加强农业和农村工作的决定》，其中提出："引导个体经济、私营经济发展，要加强管理，照章纳税，依法经营，保护其合法权益，发挥其积极作用，限制其消极作用。"[1]204

1992年4月28日，国务院发出关于批转国家体改委、国务院生产办公室《关于股份制企业试点工作座谈会情况的报告》的通知。《报告》提出下一步进行股份制试点的指导思想是："坚决试，不求多，务求好，不能乱。"严格按照基本规范进行试点，试出效果来。[1]206

10月12日，中共十四大报告中，明确提出了我国经济体制改革的目标是建立社会主义市场经济体制，并指出："社会主义市场经济体制是同社会主义基本制度结合在一起的。在所有制结构上，以公有制包括全民所有制和集体所有制经济为主体，个体经济、私营经济、外资经济为补充，多种经济成分长期共同发展，不同经济成分还可以自愿实行多种所有制的联合经营。"[1]208

1993年3月29日，全国人大八届一次会议通过《中华人民共和国宪法修正案》，其中指出："国有经济，即社会主义全民所有制经济，是国民经济中的主导力量"；"农村中的家庭联产承包为主的责任制和生产、供销、信用、消费等各种形式的合作经济，是社会主义劳动群众集体所有制经济"；"国家实行社会主义市场经济"。[1]210-211

1997年9月12日，中国共产党第十五次全国代表大会在北京举行。江泽民在题为《高举邓小平理论伟大旗帜，把建设有中国特色社会主义事业全面推向21世纪》的报告中指出："公有制为主体、多种所有制经济共同发展，是我国社会主义初级阶段的一项基本经济制度。"[1]227从此，以"公有制为主体、多种所有制经济共同发展"的基本经济制度，指引并推动国家经济改革发展、高效率发展、高质量发展。

围绕贯彻落实公有制为主体、多种所有制经济共同发展的各项政策，中国工商业联合会、中国个体劳动者协会、中国国际商会及各类商会协会组织积极开展为经济发展服务的工作。

---

[1] 黄孟复主编.中国民营经济史·大事记 [M].北京：社会科学文献出版社，2009.

在服务市场主体生产经营活动方面：1982年1月8日，全国工商联、中国民主建国会联合向中共中央办公厅、国务院办公厅报送《关于贯彻执行〈中共中央、国务院关于广开门路，搞活经济，解决城镇就业问题的若干决定〉的请示报告》，其中指出：我们在总结以往工作经验的基础上，协同有关部门，着重做好以下工作：发展城镇集体经济和个体经济；为集体经济和个体经济提供咨询服务；在党和政府有关方针政策的指引下，接受劳动服务公司委托举办或与有关部门联合举办各种专业训练班；根据需要和可能，自筹资金或与有关方面共同集资，举办独立核算、自负盈亏的集体企业；采取"扶上马，送一程"的方式，推荐合适的人员为集体企业的生产和经营管理工作当参谋、做顾问，发挥其作用。

在服务会员组织化发展方面：1986年12月3—5日，全国个体劳动者第一次代表大会暨全国先进个体劳动者表彰大会在北京召开，中国个体劳动者协会正式成立。中国个体劳动者协会的组织性质：是在中国共产党和人民政府领导下，由全国城乡个体工商业户组成的群众团体。组织宗旨：坚持四项基本原则，坚持改革开放方针，团结、教育、引导全国个体劳动者，守法经营、优质服务，促进个体经济健康发展，为建设社会主义物质文明和精神文明服务。1987年5月，全国工商联五届三次执委会通过了《关于做好吸收新会员试点工作的决议》，明确具有一定经营规模和经营能力、爱国守法的私人企业和个体工商户中的代表性人士，由有关单位推荐，可以参加为个人会员。新时期产生的个体工商户成为新时期工商联服务新的着力点。1988年6月28日，中国国际商会正式成立，其组织性质：由在中国境内依法登记设立的从事国际经贸、投资、合作和相关业务的企事业单位、社会组织自愿结成的全国性、联合性、非营利性社会组织；其组织宗旨：促进中外贸易、为会员开展国际经贸合作搭建平台、提供服务，维护公平贸易秩序，维护会员合法权益，积极倡导社会责任与公益事业等。

国营经济改革发展

我国国营经济（后称国有经济）改革主要表现在国营企业（后称国有企业、又称全民所有制企业），特别是国营中小企业和地方国营企业改革方面。中共十一届三中全会以后，国营企业以激发动力和活力为目标，经历了扩大企业自主权、建立生产经营责任制、拨改贷、利改税、股份制试点改革之后，国营中小企业和地方国营企业改革又经历了改组、联合、兼并、股份合作制、租赁、承包经营、出售等多种形式的改革。

1985年以后，中共中央、国务院密集出台有关国营中小企业改革的政策措施和工作措施。1985年9月23日，中国共产党全国代表会议通过《中共中央关于制定国民经济和社会发展第七个五年计划的建议》，其中第20条指出：要进一步放宽政策，大力发展集体经济和个体经济。对现有国营商业，除批发商店和大中型零售商店之外，可以有步骤地改为集体经营，有的小型商店也可以承包或租赁给个人经营。当年，全国有6.7万个国营中小型商业企业实行了集体或个人租赁经营。

1986年12月5日，国务院作出《关于深化企业改革增强企业活力的若干规定》（国发〔1986〕103号），提出推行多种形式的经营承包责任制。全民所有制小型企业可积极试行租赁、承包经营；全民所有制中型企业，进行租赁、承包经营试点；全民所有制大中型企业，进行股份制试点。有些全民所有制小型商业、服务业企业，可由当地财政、银行、工商行政管理部门和企业主管部门共同核定资产，由企业主管部门进行拍卖或折股出售，允许购买者分期偿付资产价款。

1988年5月3日，国务院颁布了《关于深化科技体制改革若干问题的决定》，鼓励科研机构切实引入竞争机制，积极推行各种形式的承包经营责任制，实行科研机构所有权和经营管理权分离。鼓励和支持科研机构以多种形式长入经济，发展成新型的科研生产经营实体。科研机构可以和企业互相承包、租赁、参股、兼并，实行联合经营，或进入企业、企业集团，或发展成科研型企业等。[1]187

1992年9月28日，中共中央、国务院颁布《全民所有制工业企业转换经营机制条例》。其中提出企业转换经营机制的目标：使企业适应市场的要求，成为依法自主经营、自负盈亏、自我发展、自我约束的商品生产和经营单位，成为独立享有民事权利和承担民事义务的企业法人。[2]

1993年11月14日，中共十四届三中全会作出《关于建立社会主义市场经济体制若干问题的决定》，其中指出：一般小型国有企业，有的可以实行承包经营、租赁经营，有的可以改组为股份合作制，也可以出售给集体或个人。出售企业和股权的收入，由国家转投于急需发展的产业。[1]214

---

［1］黄孟复主编．中国民营经济史·大事记［M］．北京：社会科学文献出版社，2009.

［2］中国共产党大事记·1992年［EB/OL］．（2006-05-30）［2023-11-21］．http://cpc.people.com.cn.

1996年6月20日，国家体改委发布《关于加快国有小企业改革的若干意见》，其中指出：国有小企业改革形式的选择，要根据企业的具体情况，借鉴各地的成功经验，不拘一格，大胆实践。鼓励优势企业跨地区、跨行业、跨所有制地对国有小企业进行兼并。兼并可以根据实际情况，通过购买、划拨、控股、折股等多种方式进行。

1997年9月12日，中共十五大报告指出：把国有企业改革同改组、改造、加强管理结合起来。要着眼于搞好整个国有经济，抓好大的，放活小的，对国有企业实施战略性改组。以资本为纽带，通过市场形成具有较强竞争力的跨地区、跨行业、跨所有制和跨国经营的大企业集团。采取改组、联合、兼并、租赁、承包经营和股份合作制、出售等形式，加快放开搞活国有小型企业的步伐。

1999年9月22日，中共十五届四中全会通过《中共中央关于国有企业改革和发展若干重大问题的决定》，明确了国有企业改革和发展的主要目标与指导方针：提出调整和完善所有制结构，积极探索公有制多种实现形式，增强国有经济在国民经济中的控制力，促进各种所有制经济公平竞争和共同发展。要求从战略上调整国有企业布局和结构，积极发展大型企业和企业集团，放开搞活中小企业。要求建立以"产权清晰、权责明确、政企分开、管理科学"为主要内容的现代化企业制度，使企业成为自主经营、自负盈亏的法人实体和市场主体。要求建立企业优胜劣汰的竞争机制。实行鼓励兼并、规范破产、下岗分流、减员增效和再就业工程。[1]

在中共中央、国务院一系列政策措施和工作措施的推动下，国营中小企业改革步伐持续加快，改革成效明显。

从1989—2001年，国有企业户数从10.23万户减少到4.86万户，但国有及国有控股工业企业完成工业增加值从3895亿元增加到14652亿元，年均增长11.67%；实现利润从743亿元增加到2389亿元，年均增长10.22%；平均每户实现税金从100万元增加到782万元；全员劳动生产率从每人每年9115元增加到54772元；企业固定资产净值由7033亿元增加到39588亿元。国有企业的影响力、控制力持续增强。[2]至2005年11月，国有中小企业改制为股份制企业或民营企业的改制面已达到80%以上，县属国有企业改制面达到90%左右。

---

[1]黄孟复主编.中国民营经济史·大事记［M］.北京：社会科学文献出版社，2009：236–237.
[2]郑有贵主编.中华人民共和国经济史（1949—2019）［M］.北京：当代中国出版社，2019：228.

这里，介绍几个城市国营中小企业改革的重要案例。

第一个案例：北京天桥百货商场改制为股份制企业[1]

1984年7月，北京天桥百货股份有限公司成立。这是中国改革开放后，全国第一家试行股份制改革的国营商业企业，第一家股份制企业。可以公开发行股票募集社会资金的股份制企业。

第二个案例：上海飞乐音响股份有限公司发行股票

1984年11月，经人民银行上海市分行批准，由上海飞跃电声总厂、飞乐电声总厂三分厂、上海电子元件工业公司、工商银行上海市分行信托公司静安分部共同发起的上海飞乐音响股份有限公司正式成立。12月，向社会公众和职工发行股票。总股本1万股，每股面值50元，共筹集50万元股金，其中35%由企业法人认购，65%向社会公开发行。该股票，没有期限限制，不能退股，可以流通转让。上海飞乐音响股份有限公司的股票被视为中国改革开放新时期的第一只股票。两年后，邓小平将飞乐音响股票（样票）赠送给时任纽约证券交易所董事长约翰·范尔霖。这张股票，让国际社会发出"中国与股市握手"的惊呼。[1-2]

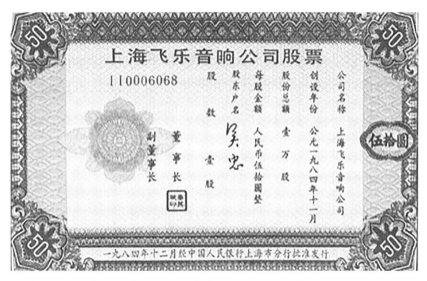

1984年12月，中国改革开放新时期第一股上海飞乐音响公司股票批准发行

［1］从新中国"第一股"开始——庆祝中华人民共和国成立70周年大型成就展展现共和国资本市场发展步伐［EB/OL］.（2019-12-27）［2024-06-28］. https://article.xuexi.cn.

［2］黄孟复.中国民营经济史·大事记［M］.北京：社会科学文献出版社，2009：173.

第三个案例：武汉聘请"洋厂长"威尔纳·格里希参与国营企业改革管理[1]

1983年7月8日，邓小平发表了《利用外国智力和扩大对外开放》的谈话：要利用外国智力，请一些外国人来参加我们的重点建设及各方面的建设。搞现代化建设，我们既缺少经验，又缺少知识。不要怕请外国人多花了几个钱。要扩大对外开放，现在开放得不够。5个月后，联邦德国退休专家服务局派出了第一批3位退休专家到武汉，在几家国营工厂里担任技术咨询。1984年，格里希到了武汉，作为发动机制造和铁芯技术专家，他被安排到武汉柴油机厂做技术咨询。到工厂不到1周，格里希就提出了近百条建议，可这些建议没有得到足够重视和采纳，这让他十分纳闷，顺口说了一句："如果我是厂长，武汉柴油机厂一定不会是现在这样。"言者有意，听者认真，武汉市政府决定让格里希担任厂长，并发出《会议纪要》，写道："聘请格里希任武汉柴油机厂厂长，是尊重知识、尊重人才，吸收和借鉴西方先进经营管理方法的一个重要措施……我们应当解放思想，以积极坚定的态度把这项工作做好。"1984年11月1日—1986年11月4日，格里希正式受聘担任武汉柴油机厂厂长，成为中国国营企业第一位"洋厂长"。武汉柴油机厂曾是新中国第一台小型手扶拖拉机的诞生地，是全国首家拥有上万台农机生产能力的骨干企业。格里希是"洋厂长"，更是"严厂长"，上任的第一把火，就是狠抓产品质量。他每天去车间巡视，并随身携带工具包，包里装有"三件法宝"：放大镜、磁铁棒和手电筒。他说："如果说质量是产品的生命，那么，清洁度就是气缸质量与寿命的关键。""总装车间应当洁如医院。"格里希担任厂长的两年间，柴油机气缸杂质从5600毫克下降到100毫克以内，居国内领先水平；产品的使用寿命由3000小时增加到6000~8000小时。产品出口东南亚7个国家，年出口量达到5000台，创汇超过百万美元。在改革开放初期，"格里希效应"对推动武汉乃至全国的国营企业改革影响深远。2018年12月18日，在庆祝改革开放40周年大会上，中共中央、国务院表彰改革开放杰出贡献人员；同时，为感谢国际社会对中国改革开放事业的支持和帮助，向10名国际友人颁授中国改革友谊奖章，曾经担任过武汉柴油机厂厂长的威尔纳·格里希就是其中之一。

第四个案例：北京科海高技术（集团）公司承包北京市海淀区建筑工程公司

1988年9月，北京科海高技术（集团）公司通过招标程序，承包了北京市海淀

---

[1] 改革开放第一位国企"洋厂长"格里希的故事［EB/OL］.（2018-12-18）［2023-11-22］. http://www.sasac.gov.cn.

区建筑工程公司，这是北京中关村第一个民营企业承包国营企业的案例。[1]

第五个案例：劲牌有限公司改革创新发展[2-3]

劲牌公司创建于 1953 年，前身是湖北省大冶县国营酒厂。改革开放以后，经过企业机制、产品、技术持续改革创新，既摸着石头过河，又积极开拓进取，开创了企业转型发展、快速发展、健康发展的新局面。

一是企业机制改革创新：国营→股份合作经营→民营

在计划经济时期，大冶县国营酒厂是一个名不见经传的地方小企业，立足地方市场，服务地方需求。

在改革开放初期，经过市场经济风雨的洗礼后，"原有体制的弊端和企业管理的漏洞逐渐显露"，产品因缺乏竞争力积压仓库，企业因生产经营困难出现亏损。

1997 年 5 月，劲牌公司实施第一次企业改制，由国营企业改制为股份合作制企业，实行全员持股。一夜之间，酒厂职工都成了公司的股东，用一句俗话说，"一桶黄鱼，个个是头"。改制后的企业由于产权不明晰，所有权和经营权没有实现真正分离，仍处在"穿新鞋、走老路"的状态。

1998 年，劲牌公司实施第二次企业改制，由股份合作制企业改制为民营企业。劲牌公司从"大锅饭"的桎梏中走出来，从全员持股的"合伙病"后恢复过来，并明智地规避"家庭式"治理弊端，经营管理机制变得灵活，员工潜力和积极性得到激发。当年，经营绩效好转，销售额突破 1 亿元。

劲牌公司建厂至今，70 年来，历经改制、改革，保留了国营企业的良好基因，补充了民营企业的灵活机制，并以国营企业基因 + 民营企业机制 + 企业全员积极性为动力，推进企业持续健康发展，逐步发展成为一个年营业收入过百亿元、年纳税超 20 亿元的保健酒行业领军企业，成为位列"2020 中国制造业民营企业 500 强"第440 位的大型企业。

二是企业产品改革创新：白酒→保健酒→保健酒 + 白酒

20 世纪 80 年代初，企业研究泡酒文化，开发现代保健酒。1981 年，突破单一白酒生产格局，研发出"莲桂补酒"；1982 年，在"莲桂补酒"的基础上研发出"长寿酒"；1989 年，成功研发出"中国劲酒"；1993 年开始，"劲酒虽好，可不要贪杯哦"

---

［1］黄孟复主编.中国民营经济史·大事记［M］.北京：社会科学文献出版社，2009：189.

［2］全哲洙著.怎么转——转型的智慧［M］.北京：中华工商联合出版社，2013：208.

［3］劲牌有限公司 2021 年社会责任报告：科技创新引领健康品质.

的广告语在中央电视台播出，劲酒走向全国，家喻户晓；1993 年以后，"中国劲酒"进入东南亚市场。从此，劲酒品牌成为"健康饮酒、饮酒健身"的代名词。为了保证劲酒产品质量持续创新向好，企业自 1999—2011 年，历经十多年，邀请地质和水质专家寻找水源（最终找到深藏于幕阜山脉的天然溶洞泉水），并投资建设酒厂优质水源基地。同时，经过多年努力，先后在东北、西北、华南、中部地区共建立了 6900 多亩地理标志植物采集基地，以保证劲酒需用保健物材"产其地、采其时"。2010 年 12 月 29 日，公司推出利用本地优质水源研制的毛铺老酒、毛铺纯谷酒、枫林纯谷酒等"减少肝损伤功能白酒"系列产品，通过了湖北省科技厅组织的专家委员会鉴定，填补了国内空白。

得益于产品质量创新和品牌创新，劲牌有限公司从一个名不见经传的地方小企业发展成为全国知名的保健酒领军企业。"中国劲酒"2007 年荣获"中国名牌产品"，逐步实现了中国市场全覆盖，并销往韩国、日本、欧洲等 20 多个国家和地区。企业于 1998 年正式开始实施《产品召回制度》，对有缺陷、有隐患的产品，无条件召回，保障社会公众的身体健康及人身安全，并提供跟进服务。

三是企业生产技术改革创新：白酒酿造作坊式→机械化→自动化→智能化

劲牌公司在生产技术改革创新方面创造了显著成绩：1998—2001 年，保健酒生产技术持续进步，以"渗漉技术"取代传统的"浸泡技术"，继而以"数字提取技术"取代"浸泡技术"，不仅促进了产品品质升级，而且保证了产品安全、有效、稳定、可控。2000 年，劲牌技术中心成立，开展技术研究、工艺创新、产品试验和质量控制研究工作。该中心被认定为省级企业技术中心和湖北省博士后产业基地，并通过国家检测与校准实验室认可。2005 年，中国劲酒指纹图谱技术通过专家鉴定，达到国际先进水平。2006 年，公司通过 ISO14000 环境管理体系认证。2011 年，公司中药保健酒原料提取工艺优化及过程控制技术荣获中国食品工业协会科学技术奖一等奖。2013 年，劲牌公司与北京大学、华中科技大学、江南大学等科研院所开展产学研合作，历时 5 年完成的"固态法小曲白酒机械化酿造工艺"获得了中国酿酒工业协会白酒分会给予的"整体技术达到国际水平"的总体鉴定结论。该工艺，突破了中国酿酒传统工艺的桎梏，创新实现了白酒酿造全过程机械化、自动化、信息化、智能化，达到节能、减排、省力、降耗、提质、增效六大功效。使劲牌公司成为整个酒业生产工艺改革创新的领路人和推动酒业生产工业自动化进程的贡献者，为酒业树立了自主创新的标杆。至 2011 年，公司申请专利 178 项，授权 155 项。其中两项发明创造："护肝白酒生产工艺及产品"和"机械化自动化酿酒生产工艺"对我国酿酒工业技术进步具有重大意义。

劲牌公司以浸泡技术→渗漉技术→数字提取技术，大力推动了中国保健酒生产技术创新；以白酒酿造机械化→自动化→智能化技术，彻底改变了自古以来中国白酒作坊式生产方式，大力推动了中国白酒酿造技术进步。

劲牌公司在贵州茅台、四川宜宾、广西罗城、湖北黄石等地建有酱香、浓香、米香、小曲清香原酒生态园，旨在向优秀企业学习，促进企业技术进步。

如果说，三项改革创新，是劲牌公司健康发展的动力；那么，以人为本，是劲牌公司保持健康发展的良方。

劲牌公司始终秉承"以人为本"理念，关心员工职业发展、身心健康、生活改善。通过一补（员工安家费补贴）、二金（员工养老金、住房公积金）、三查（员工每年开展身体健康检查、心理健康状况测查与幸福度调查）、四免费（职工免费饮食、单身职工免费住宿、员工免费乘坐通勤车、员工代表免费旅游）、五保险（养老、医疗、工伤、失业及生育保险）及逐年提高员工薪酬等措施，保障员工福利待遇。劲牌公司保留国营企业以国家利益和社会利益为重等优良传统，并与时俱进地树立以员工为本的意识与行为，营造社会主义和谐企业大家庭的做法，对于社会主义市场经济条件下的中国民营企业，树立发展市场经济不忘社会主义基因，努力做到企业与人与社会与自然与环境和谐发展的科学意识与行为提供了范例。

劲牌公司自2008年起，每年公开发布《企业社会责任报告》，为中国民营企业强化社会责任意识与行为树立了榜样。截至2021年底，劲牌公司历年累计公益捐赠总额达24.95亿元。企业负责人吴少勋历任黄石市工商联主席、湖北省工商联副主席、全国工商联常委、中国光彩事业促进会副会长等重要职务，荣获全国优秀共产党员、十九大代表、全国人大代表、全国优秀中国特色社会主义事业建设者、改革开放40年百名杰出民营企业家等荣誉称号。

国营企业改革，促进一大批中小型国营企业转变为民营企业或国有资本与私人资本相结合的混合所有制企业；促进一大批国营企业负责人或管理人员转变为民营企业家。这类企业和企业家大都是工商联的企业会员或个人会员；这类企业和企业家综合运用规范的国营企业管理经验和民营企业机制灵活的市场经营经验健康发展企业，成为我国民营经济健康发展的重要推动力量。

集体经济改革发展

改革开放后，在个体私营经济快速发展的同时，集体经济改革发展。所谓改革发展，是指在人民公社（包括农村人民公社和部分地区存在的城市人民公社）集体经济体制的基础上，坚持公有制性质不变，坚持共同富裕的目标不变，坚持集中力量办大事成大事的思路与做法不变，克服人民公社"吃大锅饭"的弊端，改革发展乡镇（街道）或村级集体经济。

1979年7月3日，国务院颁发了《关于发展社队企业若干问题的规定（试行草案）》，对社队企业（人民公社和生产大队兴办的农村集体经济组织）的发展方针、经营范围、所有制性质、资金来源、税收政策、劳动报酬、加强领导等问题作出明确规定，使社队企业兴办与发展有章可循。社队企业成为集体经济性质的乡镇企业的前身。

9月28日，中共十一届四中全会作出《关于加快农业发展若干问题的决定》，其中提出"社队企业要有一个大的发展"。凡是符合经济合理的原则，宜于农村加工的农副产品，要逐步由社队企业加工。城市工厂要把一部分宜于在农村加工的产品或零部件，有计划地扩散给社队企业经营，支援设备，指导技术。对社队企业的产、供、销要采取各种形式，同各级国民经济计划相衔接，以保障供销渠道能畅通无阻。国家对社队企业，分别不同情况，实行低税或免税政策。

1981年5月4日，国务院作出《关于社队企业贯彻国民经济调整方针的若干规定》，指出社队企业已经成为农村经济的重要组成部分，符合农村经济综合发展的方向。

1983年1月2日，中共中央发布《当前农村经济政策的若干问题的通知》，指出：现有的社队企业，不但是支持农业生产的经济力量，而且可以为农民的多种经营提供服务，应在体制改革中认真保护，勿使削弱，更不得随意破坏、分散。社队企业也是合作经济，必须努力办好，继续充实发展。要认真进行调整和整顿，加强民主管理和群众监督，建立多种形式的生产责任制。有的企业可以试行经理（厂长）承包责任制。承包责任制的基本点是：企业的所有权和企业积累属于集体，经理在集体授权范围和承包期限内，全权处理企业业务；完成承包任务后，经理报酬从优，或按超额利润分成；完不成任务，或造成亏损的，经理要相应降低报酬或承担一定比例的亏损。[1]

---

[1] 黄孟复主编.中国民营经济史·大事记[M].北京：社会科学文献出版社，2009：165.

至 1983 年，全国社队企业达到 134.64 万个，企业职工 3234.64 万人，产值 1016.83 亿元。[1]

1984 年 3 月 1 日，中共中央、国务院转发农牧渔业部《关于开创社队企业新局面的报告》并发出通知，同意将社队企业名称改为乡镇企业，指出：发展多种经营是中国实现农业现代化必须坚持的战略方针，乡镇企业包括乡（原公社）、村（原生产大队）合作经济组织办的企业、部分社员联营的合作企业或其他形式的合作企业和个体企业，是多种经营的重要组成部分，是农业生产的重要支柱，是广大农民群众走向共同富裕的重要途径，是国家财政收入新的重要来源。[2]171

1987 年 6 月 12 日，邓小平说："农村改革中，我们完全没有预料到的最大的收获，就是乡镇企业发展起来了，突然冒出搞多种行业，搞商品经济，搞各种小型企业，异军突起。""乡镇企业每年都是百分之二十几的增长率。持续了几年，一直到现在还是这样。乡镇企业的发展，主要是工业，还包括其他行业，解决了农村剩余劳动力百分之五十的人的出路问题。农民不往城市跑，而是建设大批小型乡镇。"[2]183

在人民公社解体，个体私营资本力量薄弱的经济背景下，以乡镇企业为代表的城乡集体经济为我国国民经济保持并加快发展作出了重要贡献。这里简要介绍一个模式、六种现象。

苏南模式：乡镇企业"异军突起"

所谓"苏南模式"是指江苏南部（苏州、无锡、常州及南通等农村地区）以乡镇企业为载体，以集体经济为主加速经济发展，以追求共同富裕为目标的发展模式。

苏南地区位于太湖之滨、长江三角洲中部，毗邻上海、南京等大中工业城市和市场，水陆交通便利。该地区是中国工商业萌芽较早的地区，有家庭手工业生产传统，加之受近代工业文明的影响，农村的商品经济意识较强，这些是苏南乡镇企业发展的社会基础；该地区市镇密集，农民与城镇的产业工人有密切的联系，接受经济、技术辐射能力较强。在计划经济时期，苏南地区有搞集体经济的传统和基础，为发展乡镇企业积累了宝贵的经验和必要的资金。苏南地区通过发展乡镇企业，走的是一条先工业化，再市场化的发展路径。

苏南乡镇企业特点：1.依托第一产业，发展第二、第三产业，走出一条一、二、

[1] 庄聪生.中国民营经济四十年［M］.北京：民主与建设出版社，长沙：湖南人民出版社，2019：58.

[2] 黄孟复主编.中国民营经济史.大事记［M］.北京：社会科学文献出版社，2009.

三产业联系发展、城乡经济联系发展的新路。2.以传统的社队企业为基础并沿用社队企业组织形式，形成以乡、村两级集体所有制为主和户办、联户办等多种所有制经济形式。3.突破以农副产品加工为主的局限，接受城市工业辐射、拓宽工业发展新路。4.乡镇企业职工大都是兼业农民，乡镇企业收益反哺农村农业农民，形成二、三、一产业良性互动和乡、村集体经济相互促进发展的良好局面。

中共十一届三中全会以后，我国乡镇企业为支援农业、解决就业、繁荣经济、增加收入和出口创汇作出了重要贡献，已经成为农村经济的重要支柱和国民经济的重要组成部分。与国营大中型骨干企业相比，乡镇企业在技术管理水平、产品质量、经济效益等方面存在差距，还存在与国营大中型骨干企业争原料、争能源等问题。1988年9月，中共十三届三中全会确定了"治理经济环境、整顿经济秩序、全面深化改革"的经济政策，乡镇企业开始了为期三年的有计划、有步骤地"调整、整顿、改造、提高"历程。此后，部分乡镇企业改制成为私营企业或公私合股的民营企业（有的乡镇企业在改制时保留部分集体股份），成为推动民营经济发展的重要力量。

鲁冠球现象：乡镇企业改革发展的先行者

1969年7月，出生于浙江萧山的农民企业家鲁冠球带着6个人，筹集4000元钱，创办宁围人民公社农机修配厂，开始了艰苦的创业历程。至1978年，农机厂已有300多人，年产值300多万元，鲁冠球在厂子门口加挂了宁围农机厂、宁围轴承厂、宁围链条厂等牌子。1979年开始生产汽车万向节，企业更名为萧山万向节厂。1990年，萧山万向节厂更名为万向集团。1992年，企业改制，万向集团由集体经济性质的乡镇企业改制为民营企业。鲁冠球带领万向集团从一个小作坊发展成为第一个进入美国市场的中国汽车零部件企业，开创了"乡镇企业收购海外上市公司的先河"。钱潮牌万向节产品从1980年首次在全国汽车配件订货会上拿到210万元订单，到1984年8月首批产品出口美国，到1988年产品占到中国市场份额的60%左右。万向集团被中国汽车工业总公司列为全国3家万向节定点生产企业之一，全国10家股份制试点企业之一。此后，万向集团加快国际化发展步伐，在英国、美国、德国等10个国家共拥有22家公司、40多家工厂、海外员工超过万人，成为全球万向节技术专利最多、生产能力最大的专业制造企业。2001年8月28日，万向集团正式收购美国纳斯达克上市公司 UAI（Universal Automotive Industries，Inc.），开创了中国乡镇企业收购海外上市公司的先河。2018年12月18日，在庆祝改革开放40周年大会上，鲁冠球荣获"改革先锋"称号，称其为"乡镇企业改革发展的先行者"。

谭功炎现象：乡镇企业参与新农村建设的带头人

乡镇企业发展壮大后离土不离乡，务工不忘农，兴企不忘村，实行乡镇企业和农村家园共同建设、工农产业联系发展并以企业力量带动村企共同发展的改革实践，难能可贵。

1980 年夏季，湖北省汉川市沉湖镇福星村农民出身的谭功炎领头并与几个村民合伙成立铁木加工厂，主要生产一些农用机具。1984 年，开始手工生产钢丝绳，并逐步实现从作坊式生产到机械化生产的转变，企业更名为汉川市钢丝绳厂。1993 年，汉川市钢丝绳厂进行股份制改革；当年 6 月，湖北省汉川钢丝绳股份有限公司正式成立。1996 年，企业产品远销国内外，实现年产值近 4 亿元，利税 8000 多万元。1999 年 5 月 26 日，汉川钢丝绳股份有限公司股票在深圳证券交易所挂牌上市；同年 10 月，企业更名为湖北福星科技股份有限公司。2000 年，企业开发新产品子午轮胎钢帘线和 PC 钢绞线等，广泛应用于车辆轮胎及京珠高速公路桥梁、武汉白沙洲长江大桥、武汉军山长江大桥等重点工程。2013 年 5 月，企业成立子公司——湖北福星现代农业发展有限公司。此后，企业朝着"两化"（产业多元化、产品高新化）、"两调整"（产业结构调整和产品结构调整）方向发展，生产经营业务拓宽到金属制品业、生物药业、现代农业、物流业、金融业和房地产业。

40 多年来，湖北福星科技股份有限公司在依靠改革创新和科技进步推进企业持续高效率发展的同时，始终坚持工业与农业联系发展，企业与农村共同发展，企业职工致富与农民致富目标同步发展。

湖北福星科技股份有限公司在全国范围内率先并创新开展的"以企带村"特色鲜明，为日后在全国范围内开展的乡村振兴工作提供了有益借鉴。所谓"以企带村"，即以企业力量带动农村发展，主要内容包括：1. 骨干到村：企业推荐骨干职工参与当地村民选举担任村干部。2. 项目到村：企业扶持当地村集体兴办经济实体 30 多个。3. 文化到村：由企业出资，为当地村民兴建图书室和剧场。4. 福利到村：由企业出资，为当地村民中的老人购买医疗和养老保险。5. 建设到村：由企业出资，完善村级基础设施建设。关于村企共建新农村，谭功炎说："企业每年从利润中拿出 1/30~1/40 用于'以企带村'，带来的是农村的大变样，企业的大发展，值得！"

按照工业辅助农业的思路，湖北福星科技股份有限公司大力扶持子公司——湖北福星现代农业发展有限公司致力于建设现代农业生产基地，包括粮食生产、蔬菜种植、水产养殖基地等；致力于实施农业规模化、集约化、现代化发展。谭功炎认为："我们的企业生在农村，长在农村，现在发展起来了，不能忘记根本，要在力所能及的条件下，尽最大的努力，帮助周边地区改进农业生产方式，走出现代农业发展新路。我们要做一个好的示范，实实在在地发展现代农业，实实在在地建设社会主义新农村，实实在在地为共同富裕做点事情。为了这个目标，这样的事情我们赔钱也要干，我相信，发展现代农业是正路，是依靠科学办事，最终不会吃亏。"[1]

在改革开放的大潮中，谭功炎由一个普通农民，成长为全国人大代表，全国劳动模范，全国优秀民营企业家，湖北省工商联副主席、湖北省慈善总会荣誉会长；湖北福星科技股份有限公司逐步成长为中国民营500强企业，优秀上市公司；企业所在地福星村被评选为"中国十大特色名村"。谭功炎，是中国实行改革开放后第一代中国农民企业家，是推动工农产业联系发展、村企共建新农村的典范，是中国民营企业家"致富不忘初心"，坚持不懈地履行社会责任的典范，是中国民营经济代表人士倡导并践行"先富帮后富，走向共同富裕"的典范。[1]

步鑫生现象：城市集体企业改革的先行者

1981年，出生裁缝世家的步鑫生出任海盐衬衫总厂厂长，改革开放初期，他解放思想，大胆进行企业改革：创品牌、闯路子，努力搞活经营；严格内部管理，打破"大锅饭""铁饭碗"；创新企业文化，激发职工主人翁责任感。在改革推动下，海盐衬衫总厂面貌焕然一新，一举成为海盐县第一个产值超千万元的企业，在全国产生了较大影响。他敢闯敢干、勇于实践，成为"大胆改革、努力创新"的典型，媒体称他"用剪刀剪开企业改革帷幕"，其用过的裁布、剪刀被收入国家博物馆。曾荣获"浙江省先进生产（工作）者"称号。2018年12月18日，中共中央、国务院授予他"改革先锋"称号。[2]

何享健现象：乡镇企业改组上市的先行者

何享健，美的控股有限公司董事长。他始终秉承"唯一的不变就是变"的创新变革理念，敢闯敢试，勇于挑战，大力推行企业内部股份制改革，使美的成为我国第一家由乡镇企业改组而成的上市公司。他创新企业管理方式，开创了民营企业股权改制、股权激励、职业经理人和现代化企业改革先例。带领美的集团从一个街办塑料生

---

［1］赵晓勇.从民间草根经济到国家经济支柱［M］.北京：中国文史出版社，2018：15，30-31，39.

［2］"改革先锋"100人名单［EB/OL］.（2018-12-18）［2023-11-23］.http://www.sohu.com/a/282713835_203783.

产组，发展壮大成为拥有 15 万多名员工、近 200 家子公司、60 多个海外分支机构、市值近 3000 亿元的科技集团，进入世界 500 强。他创立慈善基金，投入 10 余亿元，开展扶贫、救灾、养老、教育等公益慈善事业。他曾荣获"全国劳动模范"等称号。2018 年 12 月 18 日，中共中央、国务院授予他"改革先锋"称号。[1]

吴仁宝现象：华西村改革发展的带头人

吴仁宝，江苏省江阴市华西村党委原书记，江苏华西集团公司原董事长。他始终站在农村改革发展的最前列，率领华西村民"七十年代造田、八十年代造厂、九十年代造城、新世纪腾飞"，实现了从农业样板村到农村工业化、农村城镇化再到农村现代化的一次次跨越，走出了一条农村资源整合、优势互补、合作双赢、共同富裕的发展新路，开创了超大型村庄民主管理体制建设的先例。曾荣获"全国优秀共产党员""全国劳动模范""全国敬业奉献模范"等称号。2018 年 12 月 18 日，中共中央、国务院授予他"改革先锋"称号。[1]

陈春先现象：民办科研机构的探路人

1980 年 10 月，作为中美 10 名互访科学家刚从美国考察回来的中科院物理所研究员陈春先，在新成立的北京等离子学会常务理事会上作了题为《技术扩散与新兴产业》的发言。指出：美国高速度发展的原因在于技术转化为产品特别快，科学家和工程师有一种强烈的创业精神，总是急于把自己的发明、专有技术和知识变成产品，自己去借钱，合股开工厂。创业的自我满足追求超过了盈利动机。相比之下，我们在中关村工作了 20 多年，这里的人才密度绝不比旧金山和波士顿地区低，素质也并不差，我总觉得有很大的潜力没有挖出来。我们的科技人员不满足于发表文章、开成果展览会，而是想多作实际贡献。陈春先的讲话表示出创办民办科研机构的想法。北京市科协认为陈春先的想法很好，表示支持。

10 月 23 日，陈春先与 6 名科技人员一起，在北京市科学技术协会的支持下，在北京中关村合伙创办了第一个民营科技实体——北京等离子体学会先进技术发展服务部。[2]138 这一举动拉开了科技人员面向市场、自主创业的序幕。

1983 年 1 月 7—8 日，针对陈春先创办民营科技实体引起的争议，几位中央领导同志在"内部动态"清样上作了批示。胡耀邦的批示是："可请科技领导小组研究出

［1］"改革先锋"100 人名单［EB/OL］.（2018-12-18）［2023-11-23］. http://www.sohu.com/a/282713835_203783.

［2］大成企业研究院编著. 中国民营经济 70 年大事记［M］.北京：中华工商联合出版社，2019.

方针政策来。"胡启立的批示是："陈春先同志带头开创新局面，可能走出了一条新路子。一方面较快地把科研成果转化为直接生产力，另一方面多了一条渠道，使科技人员为四化作贡献，一些有贡献的科技人员可以先富起来，打破'铁饭碗''大锅饭'。当然还要研究必要的管理办法及制定政策，此事可委托科协大力支持。"方毅的批示是："陈春先同志的做法是完全对头的，应予鼓励。"[1]147-148

这些批示出来以后，对北京市政府，尤其是海淀区政府触动很大，放宽了中关村办公司的政策。在这种背景下，1983 年 4 月 15 日，陈春先等 11 名科技人员在"北京等离子体学会先进技术发展服务部"的基础上合伙创办了"北京市华夏新技术开发研究所"，陈春先任所长。[1]149 此后，"京海""四通""信通""科海""联想"等科技企业雨后春笋般大量涌现。这类科技企业，或集体经营，或民办民营，或公办民营，或私私合作经营，或公私合作经营；这类科技企业，大都采取技术与资本、与经济、与市场相结合方式探索发展路径，企业发展、技术发展、产业发展绩效显著。到 1984 年底，北京中关村科技电子一条街初具规模。

个体私营经济迅猛发展

改革开放以后，个体私营经济与国有经济、集体经济比肩发展，相比之下，个体私营经济发展更加迅猛，这得益于党和国家采取了一系列鼓励、支持和引导的政策措施和工作措施。

改革开放以后，人们对个体私营经济的认识先后经历了"补充论""共同发展论"以及"共同发展＋重要组成部分论"三个阶段。

第一个阶段，关于补充论

在对资本主义工商业实行社会主义改造基本完成以后，人们对社会主义经济体制下个体私营经济和自由市场"能否存在"存在争论，争论的结果以 1956 年 9 月 27 日中国共产党第八次全国代表大会通过的《关于政治报告的决议》意见为定论。《决议》中指出：为了适合于新的经济情况和人民的需要，这种社会主义的统一市场应当以国家市场为主体，同时附有在一定范围内的国家领导下的自由市场，作为国家市场的补充。[1]57

1981 年 6 月 27 日，中共十一届六中全会审议并通过了《关于建国以来党的若干

---

[1]大成企业研究院编著.中国民营经济 70 年大事记［M］.北京：中华工商联合出版社，2019.

历史问题的决议》，其中关于个体经济问题指出：社会主义生产关系的变革和完善必须适应于生产力的状况，有利于生产的发展。国营经济和集体经济是我国基本的经济形式，一定范围的劳动者个体经济是公有制经济的必要补充。[1]141

1982年9月1日，中共十二大报告指出：在农村和城市，都要鼓励劳动者个体经济在国家规定的范围内和工商行政管理下适当发展，作为公有制经济的必要的、有益的补充。只有多种经济形式的合理配置和发展，才能繁荣城乡经济，方便人民生活。[1]145

1988年4月12日，全国人大七届一次会议通过宪法修正案，宪法第十一条增加规定："国家允许私营经济在法律规定的范围内存在和发展。私营经济是社会主义公有制经济的补充。国家保护私营经济合法的权利和利益，对私营经济实行引导、监督和管理"。[1]170 "补充论"由市场、生产概念拓宽到经济概念，并以法律形式确认。

1989年11月9日，中共十三届五中全会审议并通过了《关于进一步治理整顿和深化改革的决定》，其中指出：在坚持公有制为主体的前提下发展多种经济成分。我国个体经济、私营经济是对社会主义经济有益的、必要的补充。应当运用经济的、行政的和法律的手段，加强管理和引导，鼓励它们在国家允许的范围内继续发展，发挥它们在发展社会生产、方便人民生活和扩大劳动就业等方面的积极作用，限制它们不利于社会主义经济发展的消极方面。[1]176 "补充论"进一步强调为"有益的、必要的补充"。

1992年10月12日，中共十四大报告指出："社会主义市场经济体制是同社会主义基本制度结合在一起的。在所有制结构上，以公有制包括全民所有制和集体所有制经济为主体，个体经济、私营经济、外资经济为补充，多种经济成分长期共同发展，不同经济成分还可以自愿实行多种形式的联合经营。"[2]208 "补充论"的范围由个体经济、私营经济拓宽到外资经济。

第二个阶段，关于共同发展论

1993年11月14日，中共十四届三中全会通过《中共中央关于建立社会主义市场经济体制若干问题的决定》，其中提出：建立社会主义市场经济体制，就是要使市场在国家宏观调控下对资源配置起基础性作用。为实现这个目标，必须坚持以公有制

[1] 大成企业研究院编著.中国民营经济70年大事记[M].北京：中华工商联合出版社，2019.

[2] 黄孟复.中国民营经济史·大事记[M].北京：社会科学文献出版社，2009.

为主体、多种所有制经济成分共同发展的方针。[1]214这是首次提出多种所有制经济成分"共同发展"的概念。

第三个阶段，关于共同发展 + 重要组成部分论

1997年9月12日，中共十五大报告指出："公有制为主体、多种所有制经济共同发展，是我国社会主义初级阶段的一项基本经济制度。""非公有制经济是我国社会主义市场经济的重要组成部分。对个体、私营等非公有制经济要继续鼓励、引导，使之健康发展。"[1]227共同发展 + 重要组成部分论正式提出，并纳入基本经济制度。

1999年3月15日，全国人大九届二次会议通过《中华人民共和国宪法修正案》，指出："国家在社会主义初级阶段，坚持公有制为主体、多种所有制经济共同发展的基本经济制度，坚持按劳分配为主体、多种分配方式并存的分配制度。""在法律规定范围内的个体经济、私营经济等非公有制经济，是社会主义市场经济的重要组成部分。"[1]235-236共同发展 + 重要组成部分论上升为国家根本法律制度。

在党和国家一系列法律、政策和工作措施的大力推动下，全国各地个体私营经济快速发展。1978年底，全国个体私营经济状况处于最低谷，全国城镇个体工商业从业人员为14万人。[1]143私营企业数量基本为零。至1992年底，全国登记注册的个体工商户共有1533.9万户，从业人员达到2467.7万人，注册资金达到600.9亿元；实现年产值达到926.2亿元，营业额达到2238.9亿元，商品零售额达到1681.3亿元。全国登记注册的私营企业共有13.9万户，从业人员231.9万人，注册资金为221.2亿元；实现年产值达到205.1亿元，营业额达到113.6亿元，商品零售额达到90.7亿元。[1]209私营企业税收5.6亿元，年增长37.4%。[2]190-191

在党和国家一系列法律、政策和工作措施的大力推动下，全国各地个体私营经济发展模式多样，涌现出武汉汉正街模式、温州模式、义乌模式、台州模式等具有鲜明特色的个体私营经济发展典型。

1. 武汉汉正街模式：小商品、大市场

武汉是九省通衢之地，汉正街小商品市场位于长江与汉水交汇处，历史久远，区位独特，码头 + 街市，商贾云集，交易兴盛，市场持续繁荣数百年，素有"中国小商品市场第一街"的称谓。

---

[1] 黄孟复.中国民营经济史·大事记 [M].北京：社会科学文献出版社，2009.

[2] 大成企业研究院编著：中国民营经济70年大事记 [M].北京：中华工商联合出版社，2019.

武汉汉正街是改革开放的试验田和风向标。1979年,伴随着103位无业人员持证摆摊叫卖声,拉开了我国小商品市场改革帷幕,也标志着个体私营经济重回中国经济舞台,"对外开放看深圳,对内搞活看汉正街",一时广为流传。

武汉汉正街区面积仅1.67平方千米。市场交易范围,由汉正街延伸至附近百条街巷;市场交易行为,或店铺挂牌经营,或沿街摆摊设点,或席地兜售,或游走叫卖,每天10多万操不同方言的售物者、购物者、打货人、淘宝者在其间自由流动,来往穿梭,交织出一幅熙熙攘攘的商业情景图。

1979年起,武汉汉正街逐步由小商品零售市场发展成为"小商品零售+批发市场",并逐步形成"批零结合、前店后厂"生产经营格局。至1989年,汉正街市场销售额突破7亿元。1990年,地方政府和个体经营者共同筹资数千万元,新建或改建数处交易大楼,使汉正街市场功能进一步提升,形成服装、皮具箱包、家用电器、鞋类、陶瓷、布匹、小百货、塑料、工艺品、副食品等10大专业市场,营业面积共计60多万平方米,经营商品6万余种,市场从业人员10万余人,市场日均人流量16万~20万人次。

汉正街小商品市场,在全国率先恢复发展个体私营经济,诞生了中国第一所"个体户子弟学校"、第一家"市场银行",被誉为"买全国卖全国"的"天下第一街"。

改革开放以后,我国小商品市场遍布全国,影响比较大的还有:浙江义乌小商品市场、沈阳五爱小商品市场、石家庄南三条街小商品市场、石家庄新华商贸中心、郑州中原国际小商品城、山东潍坊小商品城、山东青岛中韩国际小商品城、台州中国日用品商城、台州路桥小商品批发市场、重庆朝天门批发市场和广东南国小商品城等。

2. 温州模式:家庭工业兴起与专业市场发展

温州是我国个体私营经济发展较早、较快、较好的地区。温州具有悠久的个体私营经济传统,经过"人民公社化"时期推行"一大二公"和"文化大革命"时期"割资本主义尾巴"之后,温州地区仍然有个体经营活动存续下来。改革开放后,温州的个体私营经济最初以工商个体经营户和家庭工厂(作坊)形式出现,遍布城乡的民办小企业"生在里弄里,长在民宅中"。温州人以家庭,特别是以农村家庭生产经营小商品的市场经济行为打破了计划经济行为一统天下的经济格局。温州人"白天当老板、晚上睡地板"的艰苦奋斗精神,"家家办工厂,人人摆地摊,谁也不靠谁,自己当老板"的民间创业行为,构建了以家庭工业为基础,以股份合作为纽带,以"走南闯北、拾遗补缺,小商品、大市场"为发展理念的新思路,促进了个体工商业和家庭企业蓬勃发展，促进了城乡工业化发展。人们把这一地区以个体私营经济（又称民营经济）为主要特色的区域经济发展模式称为温州模式。

温州产生了改革开放后全国第一个工商个体户。19岁的温州姑娘章华妹，于1979年11月30日开业，零售小百货；于1980年12月11日，从温州市工商管理局领到标有"工商证字第10101号"字样的营业执照。这张营业执照成为改革开放以来中国第一份个体工商业营业执照，章华妹成为改革开放以来"中国第一个工商个体户"。此外，温州涌现出"中国第一个农民城（龙岗镇）""全国第一座商标城（金乡镇）""东方第一纽扣市场（桥头镇）""全国最大低压电器城（柳市镇）"。

1980年12月11日，章华妹领取改革开放以来中国第一份个体工商户营业执照

温州是全国首批农村改革试验区。1987年9月6日，国务院批准温州为全国第一批农村改革试验区。温州以改革创新的精神，先后颁布了8个地方性政策规定，如《温州市私人企业管理暂行办法》《关于农村股份合作企业若干问题的暂行规定》《温州市挂户经营管理暂行规定》等，先后开创了"挂户经营""联户经营""合伙经营"新方式。所谓"挂户经营"，是指没有证件、没有公章、没有发票、没有银行账号的推销员挂户在乡镇企业和经济团体名下从事经营活动，由乡镇企业和经济团体替他们"统一记账、统一开发票、统一盖公章、统一缴纳税金、统一开介绍信"，给他们发工作证件，调解业务纠纷，对他们收取一定手续费用。所谓"联户经营"，是指个体生产、个体核算户实行"共用厂房、共用照明、共同采购原材料、共同销售产品"的经营模式。所谓"合伙经营"，是指各种经营户"分户立业、时合时分、时联时散、合伙经营"。

温州个体私营经济发展历程大致可分为三个阶段：一是以家庭企业为普遍形式的

起始阶段。其主要特征为以家庭企业为基础，以专业市场和小城镇为依托，以购销员为纽带的小商品、大市场。二是以股份制企业为典型形式的过渡阶段。从 1987 年起，温州市委、市政府相继出台了 8 个关于股份合作企业的文件，规定两个以上投资者组建的企业都属于股份合作范畴，大力支持家庭企业通过合伙或合作的形式，联合发展股份合作企业。温州成为改革开放后中国民营股份合作企业的发源地。三是以公司制企业为代表形式的新阶段。20 世纪 90 年代以后，按照现代企业制度对股份合作企业进行改革和改造，公司制企业逐步成为温州私营企业的主要形式。

探究温州个体私营经济发展的动因，个体私营经济是"放"出来的：得益于中共十一届三中全会以来的改革开放政策；是"逼"出来的：温州人多地少，自然资源贫乏，国营和集体经济薄弱，迫使人们用"千山万水、千言万语、千辛万苦、千方百计"编织起广泛的民间流通网络，把千家万户的商品生产同千变万化的市场需求衔接起来，发展商品经济；是"创"出来的：敢为天下先的温州人，创造了多个全国第一，抢得了发展商品经济的先机；是"扶"出来的：得益于地方党委、政府坚持"不动摇、不张扬、不照搬、不争论、不气馁"，坚定不移地引导和扶持个体私营经济发展。温州涌现出一大批创业成功的个体经济重点户、专业户的典型人物，其中著名的当数"八大王"："电机大王"胡金林、"线圈大王"郑祥青、"目录大王"叶建华、"螺丝大王"刘大源、"矿灯大王"程步青、"电器大王"郑元忠、"合同大王"李方平、"旧货大王"王迈仟，他们一时成为闻名全国搞活市场流通发展商品经济的"八大能人"。[1]

3. 台州模式：政策推动股份合作制企业发展[2]

1978—1982 年，城镇集体经济和个体经济有了较快的发展。因为害怕成为被打击的投机倒把对象，大多股份合作合伙制企业都争取戴上社办、队办等集体形式的"红帽子"。私人合伙企业戴"红帽子"成为当时一个颇为流行的现象。

1982 年，台州地区温岭县社队企业管理局发出温社企字〔82〕第 74 号文件《同意建办"温岭县西缝纫机零件厂"等 31 个社队企业的通知》，其中，明确将温岭县牧屿牧南工艺美术厂等 4 家企业的性质，定为"社员联营集体"（自主生产、几个合伙、

---

［1］全国政协文史和学习委员会，浙江省政协文史资料委员会，温州市政协合编.温州民营经济的兴起与发展［M］.北京：中国文史出版社，2008：2，111，114.

［2］35 年前的今天.全国首家股份合作制企业在台州诞生［EB/OL］.（2018-01-15）［2023-01-18］.https：//www.sohu.com.

自负盈亏、联劳建办）。1983 年 1 月 15 日，温岭县工商局批准"温岭牧屿牧南工艺美术厂"工商注册成立。1984 年初，温岭县工商局正式确认其为股份合作企业，在工商登记中具体表述为"集体（合作经营）"。

1986 年 10 月 23 日，台州地区黄岩县出台了《关于合股企业的若干政策意见》，这是全国县一级政府出台的首个保护和规范股份合作制企业的政策性文件。这个文件的创新之处在于：明确了股份合作企业的性质、地位，对股份合作企业的人员组成、注册登记、财务制度、资金来源、利润分配、组织机构及集资者和劳动者的权益等均作了明确的规定，保护和规范了股份合作制经济的成长。

台州市、县两级政府及其部门，创新企业管理办法，经过"联户企业""社员联营集体""合伙企业""合股企业""股份合作制企业"的改革路径，最终以"股份合作制企业"形式稳定下来，高效促进了股份合作制经济健康发展。至 1988 年底，台州已有股份合作制企业近万家，产值合计 37 亿多元。股份合作经营模式推开，引导民间投资和社会资本投入生产经营领域，促进了一大批民营企业快速发展、做大做强。

4. 义乌模式：小商品市场引导个体工商业蓬勃发展[1]

义乌特色，重在以小商品市场为龙头，以商促农、以商促工，商、工、农联动发展；重在聚小商品为大市场，并实行产业联动、城乡统筹，促进经济社会全面发展。

义乌小商品经营历史悠久、影响深远。从"鸡毛换糖"弃物利用，到"针头线脑"走进千家万户；从眼花缭乱的五金百货，到品种多样的家具家电，无所不及、无所不有。以"小商品、大产业、小商户、大集群"，汇聚了"买全国、卖全国""买全球、卖全球"的大市场；从"中国小商品博览会"举办地发展成为"中国（义乌）国际小商品博览会"举办地。

义乌小商品市场创建于 1982 年，时任县委书记谢高华提出"五个允许"：即允许农民经商、允许长途贩运、允许农民进城、允许多渠道竞争、允许大家摆地摊。至 1985 年底，市场摊位总数达到 2847 个；1986 年 9 月，市场摊位总数达到 4096 个；1986 年市场成交额突破 1 亿元，辐射范围从周边县（市）延展到省内外；1991 年，市场成交额突破 10 亿元；1992 年 1 月 28 日，市场摊位总数突破万个，达到 13910 个；1994 年"义乌小商品市场"更名为"浙江省义乌中国小商品城"，市场建筑面积扩大到 22.8 万平方米，市场摊位增加到 2.3 万个，市场成交额突破 100 亿元。

---

[1] 40 年市场建设造就世界的义乌 [EB/OL]. (2022-11-29) [2023-11-21]. http://www.comnews.cn.

外向型经济兴起发展

所谓外向型经济亦称出口导向型经济。在改革开放初期，对外开放的闸门开启以后，我国东南沿海的一些城市，特别是中小城市，围绕出口（主要包括产品、服务、劳务出口）导向的外向型经济迅速活跃起来，依靠国内人力资源和自然资源优势，嫁接国外技术和资本，加工生产出口产品，参加国际产业链分工合作、劳务合作和国际商品市场交换。外向型经济从起步发展到形成规模到带动内地经济发展，大力促进提升了我国经济活跃度和经济国际化水平，促进提升了我国经济发展效率和效益，促进加快了我国市场经济发展步伐。出口导向型经济发展较快、较好的当数广东和福建。广东和福建是我国著名的侨乡，利用海外华人华侨和港澳台同胞的人脉关系和经济资源，在探索发展外向型经济方面先行一步，为全国范围内对外开放、发展外向型经济做出了成功示范和表率。

广东东莞："三来一补"诞生地[1]

所谓"三来一补"，系指来料加工、来样加工、来件装配和补偿贸易。1978 年 7 月 15 日，国务院颁布《开展对外加工装配业务试行办法》，允许广东、福建等地试行"三来一补"，东莞为广东省五个试点县之一。十几天后，香港商人张子弥带着一个手袋样品和一批原材料来到东莞县太平镇(后并入虎门镇)的太平服装厂，让服装厂复制手袋。经过一夜赶工，第二天早上就交出了一个和样品一模一样的手袋。张子弥对手袋十分满意，当即决定与太平服装厂协议成立东莞太平手袋厂。9 月 15 日，东莞太平手袋厂获得了国家工商总局颁发的第一个"三来一补"企业牌照，编号"粤字001"，成为全国首家"三来一补"企业。12 月，东莞组建了"对外来料加工装备领导小组"，下设办公室，全权审批 150 万美元以下对外加工项目，提高了外资企业投资办厂的效率。此后，"三来一补"模式在东莞、珠三角乃至全国遍地开花。

广东顺德："中国家电之都"[2]

在顺德，1979 年 1 月，成功试制出吊式电风扇；1980 年，成功生产出台式电风扇；1983 年 9 月，手工敲打出国内第一台双门电冰箱；1985 年，全县电风扇厂家达

[1] 全国第一个出口编号"粤字 001"[EB/OL].（2019-09-09）[2023-11-21]. https://xueqiu.com/7718618380/132520604.

[2] 顺德家电：从一台风扇开始的广东制造业传奇[EB/OL].（2019-08-19）[2023-11-21]. https://news.southcn.com/node_54a44f01a2/a97dd07bc2.shtml.

到 14 家，年生产能力 881 万台；1987 年，全县外贸出口 1.2661 亿美元，工农业总产值 38.8 亿元，财政收入 2.36 亿元，为广东全省县域经济之冠。1991 年，农业部评出的全国十大乡镇企业中，顺德占有 5 家；全县工农业总产值 119.44 亿元，财政收入 4.97 亿元，成为全国县域经济发展的领跑者。1992 年，顺德被广东省委、省政府确定为综合改革试验县（市），在全国率先推进以产权制度改革为核心的综合配套改革，改革经验获全国推广。顺德逐步发展成为全国最大的空调器、电冰箱、热水器、消毒碗柜生产基地之一，是全球最大的电饭煲、微波炉供应基地，拥有"中国家电之都""中国燃气具之都""中国涂料之乡"等 28 个国家级品牌。费孝通分析："顺德不再以外商为主体利用内地的土地和劳力进行生产；而是相反，由内地乡镇企业为主体吸收外来的资金和先进技术设厂生产。这就是'借船'和'造船'的转化。"

广东南海："六个轮子一起转"[1]

作为改革开放先行区，南海县曾以"六个轮子一起转"创造县域经济发展的"南海模式"，民营经济率先发展壮大，创造了跻身广东"四小虎"的发展传奇。1984 年，南海县委、县政府提出"三大产业齐发展，县、公社、大队、生产队、联合体、个体私营企业'六个轮子一起转'"和"一手抓粮、一手抓钱、放开手脚、大力发展社队企业"的经济发展方针，乡镇企业和非公有制企业异军突起。至 1991 年底，南海乡镇企业总收入达 75.31 亿元，比 1979 年翻了五番多，创造了县域经济发展的"南海模式"。南海县倡导集体、个体、私营等经济形式各显神通、加快发展，倡导"大力扶持非公有制经济发展"。南海县非公有制企业由三种形式演变而来：一是由个体工商户成长起来的私营企业；二是挂靠在集体企业、乡镇企业名下发展起来的私营企业；三是集体企业、乡镇企业改制后形成的私营企业。1987 年 5 月，南海县被国务院确定为农村改革试验区，主要试验土地制度改革和规模化种植两个课题。1993 年 8 月 31 日，南海县发布《关于推行农村股份合作制的意见》，正式推动合作经济股份制、农村土地股份制、合作企业股份制和农村联合股份制四大机制建立。1994 年 4 月，广东省在南海县召开珠三角农村股份制改革座谈会，南海县改革经验得到肯定。至 1995 年，改革基本完成，南海县共建立农村股份合作组织 1574 个。南海县农村股份合作制改革走在全国前面，解决了南海县人多地少、土地收益低的矛盾，为实现农业产业化、农村工业化和城镇化奠定了基础。

---

[1] 广东南海：6 个轮子一起转 [EB/OL]. (2016-12-16) [2023-11-21]. http://www.nanhai.gov.cn/fsnhq/rwnh/zjnh/nhgk/content/post_5343220.html.

广东中山：努力探索"城乡协调发展之路"[1]

中山市，中国唯一以伟人名字命名的城市。改革开放初期，农村改革与城市开放同时并举。1979 年，投资建设我国改革开放后第一家中外合作宾馆——温泉宾馆。1979 年，板芙公社在四联、板芙、禄围、寿围、孖涌、金钟、里溪共 7 个大队，选择 19 个生产队为试点，推行家庭联产承包责任制。1979 年 2 月 19 日，《人民日报》以《依靠辛勤劳动过上富裕生活》为题，报道了中国第一个农村"万元户"：中山县小榄公社第二生产队社员黄新文一家人在参加生产队集体劳动的同时，以饲养生猪为家庭副业，两方面的劳作获得年收入 10504 元的事迹和经验，引起了社会广泛的关注和轰动，使"万元户"这一新词闻名全国。1979 年，中山县纸箱厂成为全县首家"三来一补"企业，引进电子加工装配生产线，新设电子车间，生产收音机。1979 年，中山县石岐农机修配厂（威力洗衣机厂前身）成功研制了国内第一台单缸洗衣机。1980 年，石岐农机修配厂转产单缸洗衣机，厂名变更为中山洗衣机厂。1983 年 12 月 22 日，国务院批准撤县设市（县级）。1984 年 5 月，国务院批准中山港为对外开放口岸。1985 年 2 月，国务院批准中山市列入珠三角沿海经济开发区。1988 年 1 月 7 日，国务院批准中山市升为地级市，直属广东省管辖；1988 年度，中山市的国内生产总值达到 39.3 亿元，人均国内生产总值超过 800 美元，被国家统计局列为全国第一批 36 个率先跨入小康水平的城市之一。1990 年 3 月，国家计委、广东省人民政府、中山市人民政府联合创办"中山火炬高技术产业开发区"。1997 年 10 月 9 日，中山市荣获联合国人居中心颁发的"联合国人居环境奖"。1998 年 5 月，中山市委颁布《关于深化经济体制和政府机构改革的决定》，激发了民营经济发展活力。1999 年，中山市确立了"工业立市"的发展战略。

福建晋江："晋江模式"和"晋江经验"彰显特色[2-3]

晋江是著名的侨乡，"十户人家九户侨"；晋江"人稠山谷瘠"，自古有"造舟通异域"的创业冲动。改革开放，激活了晋江人的创业文化和市场行为。晋江人利用地缘、人缘、血缘关系，联系侨胞、侨资、侨智力量，探索并走上了以市场经济为主、以外向型经济为主、以联户集资的股份合作制为特色，多种所有制经济共同发展的县

[1] 中山故事 [EB/OL].（2023-09-04）[2023-12-01]. http://www.zs.gov.cn/zjzs/zsgk/content/post_216040. html.

[2] 晋江模式 [EB/OL].（2023-01-08）[2023-12-01]. https://wiki.mbalib.com/wiki/

[3] 庄聪生著. 中国民营经济四十年 [M]. 北京：民主与建设出版社，长沙：湖南人民出版社，2019：79-80.

域经济发展之路。

晋江模式的经济行为：一是以"小经济"带动大发展。经济改革起步阶段，以小资本、小规模、小商品、小利润"四小"目标谋求地方传统产业加快发展。二是联系侨资联户集资合力发展。1979年，被誉为晋江"做鞋第一人"的林土秋联合14位村民创办陈埭镇洋埭村服装鞋帽厂，在一间用石棉瓦盖起来的小作坊内，诞生了晋江第一家村民联户集资企业。三是乡办、村办、联户、个体经济共同发展。据1985年统计，全县乡镇企业总数5581家（其中联户集资企业3997家，占比71.6%），乡镇企业就业总人数16.48万人（其中联户集资9.62万人，占比58.4%），乡镇企业总收入7.32亿元（其中联户集资企业4.69亿元，占比64.1%）。四是产业集群发展。就产业分类而言，逐步形成鞋业制造、纺织服装、化纤工业、建筑陶瓷、食品饮料、伞具玩具等产业；就产业载体而言，逐步从"星星点点"发展到工业园区，进一步发展到城市工业组团；就经济导向而言，先"外引"，后"内生"，内外融合发展。五是品牌创新发展。晋江涌现出一大批具有较大市场影响力的产品品牌，如服装用品类的"七匹狼""九牧王"等，卫生用品类的"爱花""安尔乐"等，伞具用品类的"梅花"等及恒安纸业系列品牌等。

晋江模式的政府行为：主要体现在地方党委、政府出台的系列政策和工作措施当中。例如，1980年8月，晋江县委出台《关于加快发展多种经营和社队企业的若干问题的规定》。此后，"五个允许"（允许群众集资办企业、允许雇工、允许股金分红、允许随行就市、允许供销人员按供销额提取业务费）等一系列扶持政策先后出台，拉开了村镇工业发展的序幕。1984年9月，晋江县委发布《关于大力发展乡镇企业若干问题的决定》，要求大胆放手发展群众合资或独资办企业，允许超出"三就地"（就地取材、就地加工、就地销售）的规定，走"市场—技术—原材料"相结合的新路子。1984年12月15日，福建省人民政府奖给创办全省第一家乡镇企业的陈埭镇"乡镇企业一枝花"的锦旗。其后，逐步推进"质量立市"，打造"品牌之都"，推行"双翼计划"（促进企业资本运营与品牌经营比翼双飞），努力打造证券市场上的"晋江板块"，引导家族企业管理向现代企业管理转变。

晋江模式的社会评价：1986年，时任国务院农村发展研究中心特约研究员的罗涵先，从学者的角度把"晋江模式"的内涵概括为"以联户集资的股份合作制为主要形式，以侨资为依托，以市场为导向，以外向型经济为目标的农村经济发展形式"。1988年，费孝通在与罗涵先合著的《乡镇经济比较模式》一书中写道："晋江模式"

取得成功的原因及动力概括地说，就是"内涵于广大晋江侨属中的蕴蓄深厚的拓外传统和强烈要求改变贫穷现状的致富愿望"。

晋江模式造就了晋江经验。2002 年 6 月，总结提出的"晋江经验"，包括"六个始终坚持"，即始终坚持以发展社会生产力为改革和发展的根本方向，始终坚持以市场为导向发展经济，始终坚持在顽强拼搏中取胜，始终坚持以诚信促进市场经济的健康发展，始终坚持立足本地优势和选择符合自身条件的最佳方式加快经济发展，始终坚持加强政府对市场经济的引导和服务；同时"处理好五大关系"，即处理好有形通道和无形通道的关系，处理好发展中小企业和大企业之间的关系，处理好发展高新技术产业和传统产业的关系，处理好工业化和城市化的关系，处理好发展市场经济与建设新型服务型政府之间的关系。

第十四章

改革开放激发工商联组织活力

改革开放，开启了新一轮个体私营经济发展的闸门，促进了新一轮个体工商户和私营企业诞生、成长和发展；改革开放，推动了中小型国有企业和集体企业民营化改革，进一步促进了以民营企业加快发展为主要特征的非公有制经济发展。

非公有制经济发展，促进了非公有制经济人士队伍迅速扩大。非公有制经济人士的加入，激发了工商联组织活力，并激发了原工商业者干事创业的热情。1979年1月，全国工商联向各地方工商联发出通知，要求组织工商业者，调动一切积极因素，为社会主义现代化建设贡献力量。

一、贯彻落实党对民族资产阶级政策

改革开放初期，各级工商联的重要组织任务就是贯彻落实党对民族资产阶级的各项政策，更好地团结一切可以团结的力量，调动一切积极因素，进一步推动民族资产阶级人们接受社会主义改造，为实现新时期总任务、建设社会主义现代化强国贡献力量。

资本家阶级已经不再存在

1979年6月15日，全国政协主席邓小平在全国政协五届二次会议上的开幕词[1]中指出：我国的资本家阶级原来占有的生产资料早已转到国家手中，定息也已停止

---

[1] 本书编写组.中华全国工商业联合会简史（1953—2013）[M].北京：中华工商联合出版社，2013：103–104.

十三年之久。他们中有劳动能力的绝大多数人已经改造成为社会主义社会中自食其力的劳动者。我国资本主义工商业社会主义改造的胜利完成，是我国和世界社会主义历史上最光辉的胜利之一。这个胜利的取得，是由于中国共产党领导全体工人阶级执行了毛泽东同志根据我国情况制定的马克思主义政策；同时，资本家阶级中的进步分子和大多数人在接受改造方面也起了有益的配合作用。现在，他们作为劳动者，正在为社会主义现代化建设事业贡献力量。新时期统一战线和人民政协的任务，就是要调动一切积极因素，努力化消极因素为积极因素，团结一切可以团结的力量，同心同德，群策群力，维护和发展安定团结的政治局面，为把我国建成现代化的社会主义强国而奋斗。

6月18日，国务院总理华国锋在第五届全国人民代表大会第二次会议上所作的国务院《政府工作报告》中指出：资本家阶级在我国的历史条件下是人民的一部分，我国政府对他们采取了正确的赎买政策，顺利地改造了资本主义工商业，作为资本家阶级也已经不再存在。经过近三十年的斗争和教育，这些阶级中间有劳动能力的绝大多数人已经改造成为社会主义社会中自食其力的劳动者。[1]

听取全国政协开幕词和《政府工作报告》之后，广大原工商业者无不欢欣鼓舞，认为：这是为我们"脱帽"（脱掉资产阶级的帽子）、加冕（加劳动者之冕），感谢党和政府在政治上给了我们"第二次解放"。

1979年12月17日，中共中央批转中央统战部、中央组织部、国家经委党组、国家劳动总局党组、全国总工会党组五部门《关于对原工商业者的若干具体政策的规定》，其中指出：今后不要再叫原工商业者为"资本家""资产阶级工商业者"或"私方人员"；也不要在他们中具体划分谁是自食其力的劳动者，谁是拥护社会主义的爱国者；对于在职的原工商业者，应与其他职工一样，合理地加以安排使用；要信任他们，支持他们的正确意见，使他们有职、有权、有责；根据他们的职务和担任的工作，让他们参加应该参加的会议，阅读应该阅读的文件和资料；在提拔、使用、考核、评比、奖惩、培训、参观、出国考察等方面，应与其他职工同样对待，不应歧视。[2]

1980年4月29日，在天津市民建、工商联联合召开的"庆祝'五一'国际劳动

---

［1］1979年国务院政府工作报告［EB/OL］.（2006–02–16）［2023–11–22］. http://www.gov.cn.

［2］孙晓华主编. 中国工商业联合会50年概览（上卷）［M］.北京：中华工商联合出版社，2003：343–345.

节，为'四化'服务汇报大会"上，已经摘掉帽子的民建和工商联成员 1100 多人以劳动者身份参加了大会。大会上，民建中央主任委员胡厥文作了题为《抱赤子的心，尽所有的力》的讲话，他语重心长地说：虽然我们大都是六七十岁的人了，但尚能为国家效力十年、二十年，只有这一二十年的时光，我们不尽力作贡献，更待何时？他还说：在"四化"建设的新的长征中，我们"两会"成员当前最紧迫的任务，我认为有两个：一个是在原有的企业中，我们要发挥最大的才能，在企业的调整整顿、革新改造、经营管理、增产节约等方面献计献策，尽力作出贡献；另一个是，在协助办好集体企业、吸收待业青年的工作中，发挥我们应有的作用。[1] 177

协助政府安排使用原工商业者

1980 年 9 月 14—16 日，全国工商联四届二次常委会和中国民主建国会三届二次中常会联合召开，会议作出了《关于协助党和政府做好对原工商业者的安排使用工作的决议》。其中指出：做好对原工商业者安排使用中的工作，不仅党政部门责无旁贷，我们民建、工商联各级组织也要认真负起责任，采取切实有效措施协助党和政府做好原工商业者的安排。各地民建、工商联进行调查研究，对现有在职的原工商业者，要摸清每个人的安排使用情况，分析存在的问题，找出主客观原因，提出落实到每个人的安排使用方案与所在单位沟通，推动落实，并进行跟踪调查，妥善解决安排使用上的实际问题。务必使有专业知识和能力的同志各得其所、才尽其用。[1] 179

1981 年 1 月 16 日，中央统战部、中央组织部联合发出《〈关于协助党和政府做好对原工商业者的安排使用工作的决议〉的通知》，其中要求：各地统战、组织部门对原工商业者的安排使用情况进行一次检查，对安排不当而未能发挥作用的，要有步骤地逐个加以解决。对有经营管理经验和技术专长能坚持工作的，可以适当安排一定的领导职务，有的还应按规定授予技术职称。对年龄较大、健康状况差些、有一定业务技术专长、需要他们带徒传授技艺的，可以安排担任业务或技术顾问，在生活、工作上加以适当照顾。对于已经退休、尚能工作、确有业务技术专长的，可聘请他们担任业务、技术顾问，生活上适当给予补助，或者采取其他措施，发挥

[1] 黄孟复主编.中华全国工商业联合会 50 年大事记（1953—2003）[M].北京：中华全国工商联合出版社，2003.

他们的专长。[1]181–182

7 月，中央统战部、中央组织部再一次联合发出通知，并派出工作组到一些地区进行调查，了解情况，推动工作。经过各级党委政府，各级统战和组织部门，各级民建和工商联及各用人单位的共同努力，对原工商业者的安排使用政策得到进一步落实。

据不完全统计，各地民建和工商联先后对 11715 名在职的原工商业者的情况进行了全面了解，根据政策精神和具体情况，对需要调整安排的 2822 人提出了具体安排建议，得到了妥善处理。[2]

二、推动原工商业者参与经济建设

1978 年 12 月，中共十一届三中全会作出了把全党工作的着重点转移到社会主义现代化建设上来的战略决策。各级工商联迅速把组织工作重心转移到以经济建设为中心，服务与促进非公有制经济发展的轨道上来。

钱要用起来，人要用起来

1978 年底，中共十一届三中全会刚结束，中央统战部邀请各民主党派、工商联代表人士聚集北京开会。此时，邓小平正考虑要调动各方人士积极性为经济建设服务，提出见一见工商界的老朋友。邓小平提出了一个名单，他们是民建和工商联的五位领导人、原工商业者：胡厥文、胡子昂、荣毅仁、周叔弢和古耕虞（称为"五老"）。

1979 年 1 月 16 日，"五老"接到通知后兴奋不已，当晚相约在胡厥文家中，讨论第二天与邓小平谈话内容，古耕虞受托连夜起草了对国家现代化建设的建议书。

1 月 17 日，邓小平在人民大会堂福建厅会见并以吃火锅方式宴请了"五老"，后来被称为"五老火锅宴"。陪同邓小平会见的有全国政协副主席、中央统战部部长乌兰夫，国务院副总理纪登奎，国务院副总理、对外经济联络部部长陈慕华，国务院副

［1］黄孟复主编．中华全国工商业联合会 50 年大事记（1953—2003）［M］.北京：中华全国工商联合出版社，2003.

［2］本书编写组．中华全国工商业联合会简史（1953—2013）［M］.北京：中华工商联合出版社，2013：119.

总理、国家建设委员会主任谷牧等。[1]160

邓小平开门见山地说："听说你们对如何搞好经济建设有很好的意见和建议，我很高兴。我们搞经济建设，不能关门。对外开放和吸收外资，这是一个新问题，你们要发挥原工商业者的作用。"[1]160

"五老"有备而来（因为事先做了大量的调查研究，仅在上海一地就开了30次座谈会，接触了工商界人士300多人）。胡子昂告诉邓小平："当前在党的领导下，出现了一片欣欣向荣的局面和光辉灿烂的未来，这是我们每个人出力效劳的千载难逢的机会。"胡子昂提出："要发挥原工商业者的作用，要大力起用人才。"[1]160

邓小平微笑说："现在经济建设的摊子铺得太大了，感到知识不够，资金也不足。党的十一届三中全会决定把工作重点转移到社会主义现代化建设上来。过去耽误的时间太久了，不搞快点不行。""现在搞建设，门路要多一点，可以利用外国的资金和技术，华侨、华商也可以回来办工厂，吸收外资可以采取补偿贸易的方法，也可以搞合营，先选择资金周转快的行业做起。"[1]161邓小平接着说："要发挥原工商业者的作用，有真才实学的人应该使用起来，能干的人就当干部。对这方面的情况，你们比较熟悉，可以多做工作。比如说旅游业，你们可以推荐有本领的人当公司经理，有的可以先当顾问。还要请你们推荐有技术专长和管理经验的人管理企业，特别是新行业的企业。不仅是国内的人，还有在国外的人，都可以用，条件起码是爱国的、事业心强的、有能力的。"[2]

针对海外留学回国的知识分子、工商业者和统战干部中不敢讲话和不能发挥专长的情况，胡子昂进言："现在工商界还没有摘掉帽子，一些企业把工商业者同地、富、反、坏、新生资产阶级不加区别地相提并论，这些问题不解决，他们心有余悸就难以消除顾虑。"古耕虞建议摘掉工商业者的资本家帽子，并递交了事先起草好的书面建议。[1]161

邓小平听后坚定地说："要落实对原工商业的政策，这也包括他们的子女后辈。他们早已不拿定息了，只要没有继续剥削，资本家的帽子为什么不摘掉？落实政策以后，工商界还有钱，有的人可以搞一二个工厂，也可以投资到旅游业赚取外汇。总

---

[1]黄孟复主编.中国民营经济史·纪事本末[M].北京：中华工商联合出版社，2010.

[2]本书编写组著.中华全国工商业联合会简史（1953—2013）[M].北京：中华工商联合出版社，2013：108-109.

之，钱要用起来，人要用起来。"[1]161 这是邓小平第一次提出要吸引外资，第一次提出希望原工商业者利用落实政策以后的资金办企业，为改革开放服务。

谈到具体工作，荣毅仁直言，现在外汇很有限，引进外资要很快生效，目的性要明确，要功利性大些，生产的产品要能换取外汇，出口创汇。只要生产提高了，就不怕没有偿还能力。还说："利用外国资金、华侨资金，的确是重要问题。现在英、法、日、联邦德国都要跟我们打交道，因为我们政局稳定。从国际上看，对我们是有利时期。美国大公司来华还有顾虑，外国朋友建议我们邀请大老板面谈，让他们回去讨论，以改变目前的态度和看法。在美国还有许多工作需要去做，可以利用华侨、华裔来做工作。我对外国朋友说，我们有人力，你们有财力，可以合作。"荣毅仁还对引进外资问题提出建议："对引进国外技术和资金，现在各级领导都很积极，这里需要协调一下，德国西门子公司来华，许多部门都找上门去，他们的尾巴就翘得老高，要价也就高了。为此，要对引进项目加强管理。"[1]161

邓小平表态说："搞补偿贸易，有相当的外汇收入，起码广东、福建两省大有希望，两省在外的华侨很多，江苏、浙江也有。补偿贸易不一定会得到全新技术，搞合营会有全新的技术，因为产品面向市场，需要具有竞争力。要引进国外的先进技术和资金。香港厂商给我写信，问为什么不可以在广东开厂。我看，海外同胞、华侨、华裔都可以回来办工厂企业。国际上资本主义有用的东西，可以拿来为我所用。"[1]161 邓小平接着说："现在国家计划想掉个头，以前我们一直是工业以钢为纲。这大家伙，资金周转慢。我们要先搞资金周转快的项目，如旅游业、轻工业、手工业、补偿贸易等，换取外汇，而且可以很快提高人民生活。旅游业，我看可以扎扎实实地搞50亿美元收入，我们地方大，名胜古迹多，要千方百计赚外汇。旅游业有50亿美元收入，发展石油工业再搞50亿美元收入，加上一些别的项目，大约共计150亿美元的收入……""到那时，偿还能力这个问题上就可以解决了。我们的人都很聪明，千方百计选择快的来搞，不要头脑僵化，党中央对你们原工商业者寄予厚望，希望大家解放思想，实事求是，畅所欲言。"[1]162

人民大会堂福建厅里大家谈兴甚浓，有很多话要向邓小平说，也想听到邓小平更多的指示。谈话一直进行到了12点钟，邓小平抬腕看看手表，风趣地说："肚子饿

---

［1］黄孟复主编.中国民营经济史·纪事本末［M］.北京：中华工商联合出版社，2010.

了，该吃饭了，今天我们聚聚，我请大家吃涮羊肉。"[1]162

工作人员很快就在福建厅的一角支起圆桌，共两桌。邓小平与五位老人一桌，其他随同人员一桌。白菜、涮羊肉、白水火锅，热气腾腾，气氛融洽。吃火锅时，邓小平与五位老人轻松谈笑拉家常，其乐融融。五位老人中，古耕虞事后感慨地说："一只火锅，一台大戏。"[1]162 这次重要活动被誉为"五老火锅宴"。

工商联领导成员带头办企业

"钱要用起来、人要用起来"，为改革开放服务的号召，极大地调动了工商联成员，特别是领导成员兴办企业、实业报国的积极性。经国务院批准，由荣毅仁任董事长兼总经理的中国国际信托投资公司等一批由工商联领导成员领衔创办的开创性企业先后成立。

案例1：全国工商联副主席荣毅仁创立中国国际信托投资公司，并出任董事长

1979年2月，在"五老火锅宴"后不久，时任全国工商联副主任委员荣毅仁向中共中央提交了关于《建议创立国际信托投资公司的一些具体意见》的报告。报告提出："为从国外吸收资金，引进先进技术，为四个现代化服务，似有必要设立国际信托投资公司，吸收国外投资，按照国家计划、投资人意愿投入国家建设。"荣毅仁建议成立国际信托投资公司的请示报告，受到中共中央重视。邓小平、陈云、李先念等领导同志在报告上作出"同意"的批示。4月，荣毅仁邀请了几位原工商界著名人士到北京，出谋划策，具体商谈筹备国际信托投资公司事宜。商定之后，荣毅仁提出开办公司的具体计划向邓小平汇报。邓小平说："人由你找，事由你管，由你负全责"；还一再叮咛："要排除干扰，不用担心其他部门来管，你们自己也不要搞官僚主义。"[1]165

1979年6月27日，国务院批准成立"中国国际信托投资公司"，公司主要负责人为荣毅仁。[2]32 10月4日，中国国际信托投资公司在北京正式成立，荣毅仁出任第一任董事长。[1]165

中国国际信托投资公司创办后，打开了中国对外开放的一个窗口，公司成立第一年，荣毅仁接待了来自40个国家和地区的4000多名客商，聘请到为中美建交立下汗

［1］黄孟复主编.中国民营经济史·纪事本末［M］.北京：中华工商联合出版社，2010.

［2］黄孟复，全哲洙主编.工商联历史人物传［M］.北京：中华工商联合出版社，2012.

马功劳的美国前国务卿基辛格为顾问。[1]33

1981年2月，中国国际信托投资公司在日本成功发行100亿日元的债券，帮助化解了当时江苏仪征化纤工程投资不足的困难。这一集资创举被称为"仪征模式"。[2]165

1984年1月，中国国际信托投资公司在日本发行300亿日元公募债券；8月，在中国香港发行3亿港元公募债券；9月，在联邦德国发行1.5亿西德马克公募债券；12月，在日本发行1亿美元债券。其在海外发行债券之举受到国内许多企业效仿。[2]165

10月，中国国际信托投资公司成立五周年时，邓小平题词："勇于创新，多作贡献。"10月，邓小平在会见由中国国际信托投资公司举办的"中外经济合作问题讨论会"全体中外代表时明确指出：对外开放是一个长期的政策。为了广泛接触，中国国际信托投资公司可以作为中国在实行对外开放中的一个窗口。[2]166

此后，中国国际信托投资公司大力开展租赁业务，或独立或与中外企业合作组建了中国租赁有限公司、中国东方租赁有限公司、中信实业银行租赁部等。[2]165

至1986年底，中国国际信托投资公司在中国香港、日本、美国、西欧等地设立了分支机构，同60多个国家和地区有了业务往来；在国内29个省、市、自治区开展了多种形式的经济合作。中国国际信托投资公司还投资兴建了140多个企业，其中40多个是中外合资企业。此外，在经营外汇银行、国内外租赁、房地产、经济咨询服务等方面都有较大进展。中国国际信托投资公司由最初十几人，逐步发展成为有几万人的大企业集团。[3]

案例2：全国工商联副主任委员王光英建议并创办中国光大集团有限公司，出任董事长兼总经理

1981年，应澳门华商总会之邀，全国工商联代表团赴澳门参加该会周年庆典，顺道访问香港。时任全国工商联副主席、天津市副市长、天津市国际信托投资公司副董事长兼总经理王光英是团员之一。回到天津后，他亲自起草了书面报告《港澳见闻与八点建议》。其中提出：为了提高工业水平，有必要在香港成立一个综合性公司，破除官商习气，引进先进技术、设备和资金。该《建议》很快得到国务院领导人批示：同意在港设立一个完全打破官商一套的综合公司，委托王光英同志负责筹办，由

［1］黄孟复，全哲洙主编.工商联历史人物传［M］.北京：中华工商联合出版社，2012.

［2］黄孟复主编.中国民营经济史·纪事本末［M］.北京：中华工商联合出版社，2010：165-166.

［3］历史中的荣毅仁与邓小平［EB/OL］.（2005-11-03）［2023-12-01］.http://news.sina.com.cn/c/2005-11-03/12278200013.shtml.

他担任公司董事长兼总经理，由中国银行贷款支持。[1]166

1983年4月11日，中国光大集团有限公司（又名光大实业公司）在北京成立，4月27日在香港开业，总部设在香港。公司的业务宗旨：扩大对外经济技术交流，引进外资和国外先进技术设备，与外商合作，进行合资经营，为我国"四化"建设服务，并为稳定香港繁荣，发展香港经济作出贡献。[1]166

光大实业公司同世界各地工商企业建立了广泛联系，成为我国改革开放的一个窗口。公司用中外合资的方法搞了一批大型项目，如磨刀门工程、围海造田工程、江门桥工程等。光大实业公司为引进海外资金，投资中小企业技术改造，服务国家能源、原材料工业及运输能力的发展作出了有益贡献。[1]166

案例3：全国工商联副主任委员、上海市工商联主任委员、上海市民建主任委员刘靖基领头创办"上海市工商界爱国建设公司"

1979年9月22日，上海市工商界爱国建设公司成立，刘靖基出任董事长兼总经理。

上海市工商界爱国建设公司，是由刘靖基等几位原工商业者集资5750万元人民币（其中港澳和海外工商界人士认款数占比23.5%）创建起来的。这家企业是改革开放后上海第一家具有股份制雏形的民营企业。该公司为改革开放初期上海市经济发展和安排回城知识青年发挥了积极作用。经过多年经营探索，公司逐步发展壮大，形成以房地产、金融信托、实业投资、对外经贸为主要业务的股份有限公司，并于1992年成功上市。[2]180-182

案例4：全国工商联主任委员胡子昂领衔创办中国工商经济开发公司

1986年6月9日，国务院办公厅以国办发〔1986〕44号文发出《关于中国工商经济开发公司有关问题的通知》，指出：为了充分发挥全国工商界的作用，采取多形式，通过多渠道、多层次、多领域开展内外经济活动，加速我国社会主义现代化建设，国务院同意成立"中国工商经济开发公司"，由胡子昂负责。中国工商经济开发公司的主要任务是：在国务院领导下，根据国家对外开放、对内搞活经济的政策，对内促进经济联合，对外吸收外资，引进技术，开展咨询服务，经营和发展对外经济贸

---

[1] 黄孟复主编.中国民营经济史·纪事本末[M].北京：中华工商联合出版社，2010.

[2] 黄孟复，全哲洙主编.工商联历史人物传[M].北京：中华工商联合出版社，2012.

易部规定的进出口业务。[1]242

至 1983 年底，27 个省、自治区、直辖市民建、工商联兴办的集体企业共 456 个，其中自办 293 个，合办 163 个，参加工作的民建、工商联成员 1467 人，安置城镇待业青年 17158 人。各地共投放资金 5223 万元，累计盈利 3908 万元，上缴工商税 2135 万元、所得税 1027 万元。[1]217-218

在改革开放初期，中国民族工商业者在中国共产党的教育引导下，在各级工商联和民建组织的推动下，坚持走社会主义道路，以实业报国，从一个侧面为国家探索发展社会主义市场经济作出了有益的贡献。

三、全国工商联第四次会员代表大会

1979 年 10 月 11—22 日，中国民主建国会第三次全国代表大会和全国工商联第四次会员代表大会在北京联合召开，[1]172 参加会议的民建、工商联代表共计 819 人。

大会盛况与主要精神

这是改革开放后全国工商界第一次历史性的盛会。全国工商联第四次会员代表大会距上届大会召开间隔了 20 年。其间，因为"文化大革命"，工商联组织先后停止和恢复活动；改革开放后，原工商业者在政治上获得"第二次解放"。这次大会，是一次"解放思想的动员大会""团结一致向前看的大会""为'四化'建设服务的动员大会""实现祖国统一大业的促进大会"。

会上，民建中央主任委员胡厥文致开幕词；全国工商联主任委员胡子昂作了题为《坚定不移跟党走，尽心竭力为"四化"》的工作报告。报告回顾了中国工商业者经历的"光明而曲折的历程"，号召"在新的长征中继续前进"，要求解放思想，积极努力，把民建、工商联工作纳入为"四化"服务的轨道。主要工作包括：1. 号召民建、工商联成员采取多种形式，积极主动地为"四化"服务。2. 加强宣传教育工作，帮助民建、工商联成员加强学习，改造思想，钻研业务，不断提高。3. 积极协助党和政府做好政策、法律、法令的宣传贯彻工作；关心民建、工商联成员的生活，代表民

---

[1] 黄孟复主编. 中华全国工商业联合会 50 年大事记（1953—2003）[M].北京：中华工商联合出版社，2003.

建、工商联成员的合法利益。4.配合有关部门开展对港澳同胞、国外侨胞的工作，积极参加外事活动。5.配合有关部门，根据条件可能，做好协助安排就业和其他社会服务工作。6.配合妇联组织，支持民建、工商联成员家属为"四化"服务，发挥积极作用。

大会通过共同《政治决议》，指出：中国民主建国会第三次全国代表大会和全国工商联第四次会员代表大会，是一次历史性的重要会议。要求各级组织和成员，要充分运用长期从事工商业、做经济工作中积累起来的生产技能和经营管理经验及其他任何一技之长、一得之见，在"四化"建设，特别是"调整、改革、整顿、提高"方针的贯彻中，提意见、献计策、见行动、出成果，以主人翁的高度责任感，加强调查研究，协助党和政府解决贯彻各项方针政策中的困难和问题。

全国工商联第四次会员代表大会，选出282名执行委员、84名常务委员，选举胡子昂为主任委员，荣毅仁、黄长水、沙千里、吴雪之、孙起孟、罗淑章（女）、胡子婴（女）、周叔弢、刘靖基、古耕虞、华煜卿、刘念智、姜培禄、熊应栋、张敬礼、梁尚立为副主任委员，黄玠然为秘书长。

大会号召：各级民建、工商联组织和全体成员一定要坚持四项基本原则，更加紧密地团结在党的周围，调动一切积极因素，积极为社会主义服务，认真学习马列主义、毛泽东思想，学习政治和业务，并且密切结合服务实践，努力自我教育和自我改造，不断提高思想觉悟和业务能力，为实现四个现代化作出更多的贡献。

大会期间（10月19日），中共中央领导人叶剑英、邓小平、李先念等会见了出席各民主党派和工商联代表会议的全体代表。中共中央副主席、全国政协主席邓小平发表了重要讲话："各民主党派和工商联的全国代表大会，是在我国开始向四个现代化进军的新的长征的重要时刻召开的，是一次历史性的盛会。""各民主党派和工商联，都是我国革命的爱国的统一战线的重要组成部分。各民主党派和工商联同我们党有过长期合作、共同战斗的历史，是我们党的亲密战友。""在新的历史时期中，各民主党派和工商联仍然具有重要的地位和不容忽视的作用。""原工商业者中不少人有比较丰富的管理和经营企业和做经济工作的经验，在调整国民经济，搞好现代化建设中可以发挥积极作用。"邓小平的重要讲话极大地鼓舞了各民主党派和工商联的与会代表。[1]172-173

---

[1] 黄孟复主编.中华全国工商业联合会50年大事记（1953—2003）[M].北京：中华工商联合出版社，2003.

1979年10月23日,《人民日报》发表社论《新时期民主党派的历史使命》,指出:各民主党派和工商联的全国代表大会在全国工作着重点转移到社会主义现代化建设上来的历史性转变时刻召开,标志着我国民主党派和工商联的工作进入了一个新的发展时期。这说明了我国革命爱国的统一战线日益发展,我国安定团结的政治局面更加巩固。还指出:民主党派和工商联在新时期的历史使命是:为"四化"服务,为统一祖国努力。[1]173

《中国工商业联合会章程（1979）》修改内容

在全国工商联第四次会员代表大会上通过的《中国工商业联合会章程（1979）》,共分四章19条,与上届章程相比,主要修改内容包括:

章程名称,在"工商业联合会"前面加上了"中国"二字。至此,章程名称由《中华全国工商业联合会章程（1953）》修改为《工商业联合会章程（1956）》《工商业联合会章程（1960）》,进一步修改为《中国工商业联合会章程（1979）》。

会员组成,由"各类工商业者"修改为"主要由工商界的社会主义劳动者、拥护社会主义的爱国者和拥护祖国统一的爱国者所组成"。

总则内容,增加了"推动、鼓励会员加强同台湾同胞、港澳同胞、国外侨胞的联系,为实现祖国社会主义现代化贡献力量";修改补充了"贯彻执行我国的革命外交路线和政策,加强与世界各国工商界人士及其组织的友好往来和经济交流,参加反对霸权主义、维护世界和平的国际统一战线的活动"等内容。

组织规则,全国工商联、省（市）自治区、直辖市工商联的会员代表大会,由"每四年召开一次"修改为"每五年召开一次"。

---

[1] 黄孟复主编.中华全国工商业联合会50年大事记（1953—2003）[M].北京:中华工商联合出版社,2003.

第十五章

改革开放促进工商联拓展工作领域

1980 年 1 月 16 日，全国政协主席邓小平发表题为《目前的形势和任务》的重要讲话，其中特别提出，"要加紧经济建设，就是加紧四个现代化建设。"[1]135 这一重要讲话，引起工商界高度重视，各级工商联组织及成员认真学习贯彻，增强了为四个现代化建设作贡献的责任感和紧迫感："四化建设需要我们，我们更需要四化建设"。[2]以此为动力，各级工商联工作不断拓宽新领域、开创新局面。

一、工商联组织及成员参与经济建设

改革开放初期，工商联组织及成员具有企业管理、经济服务、经商办企业等方面的优势，是地方政府开展经济工作的重要助手，在开展经济咨询服务、发展会办企业、参与招商引资等方面发挥了重要作用。

开展经济咨询服务

1981 年 1 月 18—29 日，民建中央和全国工商联在北京召开"民建、工商联为社会主义现代化建设服务经验交流会"，[1]182 会议号召为调整国民经济和实现"四个现代化"积极服务，把组织民建、工商联成员开展经济咨询服务提上了重要议事日程。

1982 年 9 月 13 日，民建中央和全国工商联联合向各地组织发出《关于开展帮

---

[1] 黄孟复主编 . 中华全国工商业联合会 50 年大事记（1953—2003）[M].北京：中华工商联合出版社，2003.

[2] 孙晓华主编 . 中国工商业联合会 50 年概览（上卷）[M].北京：中华工商联合出版社，2003：360.

助少数民族地区发展经济工作的通函》，指出：各级组织应当把帮助少数民族地区发展经济，作为经济咨询服务工作的一个重要方面，认真抓紧抓好，做出成绩。[1]198
9月27日，全国工商联主任委员胡子昂接受《人民日报》记者采访，发表题为《打开两会[2]经济咨询服务工作的新局面》的谈话，论述了开展经济服务工作的意义、作用和工作要求：1.为现有企业改善经营管理，提高经济效益提供咨询服务。2.为发展集体经营，扩大城镇就业提供咨询服务。3.为少数民族地区发展经济提供咨询服务。4.为扩大对外经济技术交流提供咨询服务。5.为了开创经济咨询服务工作的新局面，需要进一步挖掘潜力，组织更多的人参加咨询工作，扩大咨询服务队伍。[1]198

　　1983年3月19—21日，全国工商联、民建中央、农工民主党中央在北京联合召开"中药专业咨询服务联络中心成立大会"，三方主要领导人分别在会上讲话，表示要贯彻落实中共中央总书记胡耀邦关于"把中药搞上去，以造福人类"的指示精神，组织推动各自成员积极开展好中医中药咨询服务活动。[1]207 5月19日，全国工商联、民建中央在北京召开传统食品咨询工作座谈会。会议交流了地方组织为恢复和发展传统食品进行咨询服务工作的经验；听取了商业部、轻工业部、中国食品工业协会等部门领导人的专题情况介绍；研讨了传统食品工作上存在的问题。[1]210 6月3日，全国工商联和民建中常委在综合传统食品咨询工作座谈会情况的基础上，形成了《关于恢复和发展传统食品的建议》。[1]210 7月20日，国务院办公厅向各省、自治区、直辖市人民政府和国务院有关部门发出《转发民建中常会、全国工商联关于恢复和发展传统食品建议的通知》。[1]210

　　全国各地民建、工商联各自组织或共同组织其成员参与"开展经济咨询服务，为社会主义现代化作贡献"的活动，充分发挥了"智力库"和"智囊团"的作用。例如：

　　在重庆，早在1980年5月，市沙坪坝、江北、南岸等5个区工商联组织130多名退休成员成立了"四化"服务组；市民建妇女支部（大多数为原工商业者家属）成立了"四化"服务社。服务组和服务社为搞好城镇就业、发展集体经济主动提供咨询服务，成效明显。据沙坪坝、江北、南岸3个区统计，通过咨询服务，帮助企业获得经济效益共68万元，并安置了待业青年596人。1981年10月，重庆市民建、工商联联合成立了"重庆市工商咨询服务部"，由140名有专业技术经验的工商业者组成

---

　　[1] 黄孟复主编.中华全国工商业联合会50年大事记（1953—2003）[M].北京：中华工商联合出版社，2003.
　　[2] 此处两会指民主建国会和工商业联合会，简称民建和工商联.

机械、轻纺化工、经营管理、日用百货、食品饮食、外贸 6 个专业服务组，按照"扬长避短、拾遗补缺、讲求实效、稳步前进"的工作方针，推动经济咨询服务工作向组织化、专业化、协作化方向发展。其后，全市经济咨询专业服务组发展到 37 个，参加经济咨询服务的人员达到 1300 多人。服务内容由一般的献计献策拓宽到专业专题咨询，服务范围由城市拓宽到农村并向少数民族地区延伸，服务方式由面向社会咨询拓宽到企业间相互咨询。同时，注意把微观经济事项咨询同宏观经济政策咨询结合起来，把经济咨询服务同工商培训结合起来，把短期咨询与长期帮助结合起来。1983年前后，在开展经济咨询服务、加强专题调查研究的基础上，围绕重庆市经济发展提出意见和建议书 70 多件，其中《关于饮食业实行经营承包责任制后的情况、问题和建议》《我们是怎样帮助一些中小企业由亏转盈的》两篇专题文章在重庆市委研究室主办期刊《重庆调研》上发表，受到赞赏。1983 年 6 月，重庆市民建、工商联按照四川省"三市（成都、重庆、自贡）三州（阿坝、甘孜、凉山）挂钩会议"的要求，选派机械、酿造、中药、黄金开发、饮食服务等方面的 9 位专家，去少数民族地区开展经济咨询服务，他们提出有关改进生产工艺、改善经营管理等方面的建议 42 条，现场传授了 15 种新技艺，并围绕 35 个咨询课题，向甘孜地区提供了图纸、资料和解决办法。1984—1989 年，重庆市各级民建、工商联组织联合为各类工商企业开展经济咨询服务 509 项，增加经济效益 1400 多万元。1986 年 8 月，"重庆市工商咨询服务部"改组成立"重庆市工商经济开发公司"。

在天津，市民建、工商联成立了"经济咨询服务公司"，为社会提供各项专业咨询服务。刚开始，并没有引起社会重视，出现所谓"剃头挑子一头热"的现象；后来通过服务得到实际效果后，受到社会广泛欢迎，主动找上门的咨询项目越来越多，"一头热"变成了"两头热"，促进提高了市民创办企业、参加现代化建设的热情。经济咨询服务逐步由个别行业发展到各个行业。据不完全统计，至 1985 年，参与经济咨询服务的工商业者达到几千人，提供经济咨询服务共计 2500 多项。

在湖南，全省民建、工商联组织开展经济咨询服务的工作范围扩展到 66 个市县，主要任务是帮助企业改善经营管理，提高产品质量。通过开展经济咨询服务，帮助长沙市建新织布厂、衡阳自行车厂、衡阳手表厂、衡阳糖果厂、新邵烟厂等企业得到增产增收、扭亏为盈的成效。如新邵烟厂，1983 年 1—10 月亏损 120 万元，积压烟叶 6 万市斤，企业陷入困境。应邀请，湖南省工商联组织会员 3 人去该厂提供技术咨询，帮助改善经营管理、提高产品质量、开拓市场。经过半年努力，不仅扭亏，而且盈利

24万元。据43个市（县）的统计，工商业者参加咨询服务的达857人次。1980年下半年起，省工商联和省民建与省劳动部门密切配合，在20多个市（县）开办专业培训班和业余学校，培训人员共计5000多人。1984年初，湖南省民建、工商联举办的达信财会进修业余学校面向全省乡镇企业举办财会专业培训，面向农村开展财会、土建、畜牧、兽医等专业培训，受到湖南省政协、省教委的高度重视，并给予"起步早、规模大、富有探索精神"的评价。

在广东，全省各级工商联组织了736名会员参与经济咨询服务工作，为603个经济项目提供了咨询意见，其中有442个项目取得经济效益1530万元，创汇279万港元。

在河北，省工商联推动经济咨询工作向组织化、专业化和协作化方向发展，先后开展了中药材、茶叶、传统食品等专题咨询和少数民族地区经济咨询工作，取得显著成绩。至1984年6月，全省建立咨询服务机构53个，经常参加活动的成员484人，提出并已实现的咨询建议1861项，取得经济效益1052万元。

在浙江与云南，两省工商联于1983年签订了《"智力支边"协议》。1983—1987年，共组织杭州、宁波、湖州、嘉兴等地工商联会员中的专业人才28人次赴云南，为云南少数民族地区提供了17个项目咨询服务，收到帮助改进工艺、提高产品质量的绩效。其中杭州市工商联会员、原工商业者、皮革行家王品芳，先后15次赴云南，为保山、腾冲、思茅、盈江等地皮革厂、制鞋厂改进工艺，提高质量作出较大贡献，受到当地政府表扬。1986年，浙江省各级工商联共接受842家单位委托，派出1597人次到乡镇企业进行咨询服务，为企业产生的经济效益共计846.3705万元。

在辽宁和内蒙古，从1983年开始，由辽宁省工商联牵头，组织工商界人士50余人对口支援内蒙古自治区赤峰市，为赤峰市的19个企业提供经济技术咨询服务。其中，沈阳市工商联技术咨询服务组为赤峰市橡胶厂、林西电线厂、林东针织厂等提供咨询服务。对濒临倒闭的橡胶厂从经营管理、工艺设备到生产技术等方面提出建议7项，提供配方20个，使该厂当年完成产值165万元，实现利税26万元，实现扭亏为盈；并帮助研制了新产品——"N型煤气管道密封圈"，荣获内蒙古自治区优秀产品称号；还帮助该厂增加了耐燃运输带、橡胶地板等新产品，为此，赤峰市政府和橡胶厂分别专程向沈阳市工商联赠送了锦旗。此外，大连市工商联技术咨询服务组，帮助严重亏损的赤峰色织布厂改善经营管理，研制出化纤新产品20多个，填补了内蒙古地区的空白，使该企业迅速扭亏为盈。据1985年末统计，辽宁省各级工商联为支援少数民族地区发展经济，为发展城乡企业，共为 83 个单位提供技术咨询服务 259 项，实现经济效益 847 万元。

在黑龙江，各级工商联组织 700 多名会员面向社会开展经济技术咨询服务，帮助接受服务企业获得经济效益 1200 万元；并为乡镇企业提供咨询服务，帮助企业改善经营管理，帮助农民兴办集体企业，开发当地资源生产新产品，受到乡镇企业和农民的欢迎。

在贵州，1982 年，全省各级工商联的咨询服务工作主要是接受政府或企业的聘请担任技术顾问、技术指导；还有的接受街道或集体企业的聘请协助或主持办好企业；还有的对安置的待业青年传授实用技术。贵阳市工商联组织成员成立了各行业业务研究小组，针对行业存在的管理和技术方面的问题提供专业咨询，提供建议和设想 30 多篇；并受贵阳市党政领导的委托，为贵阳市经济体制改革提供专题咨询，分别对 42 个项目进行调查研究，写出 14 篇建议文章。1983 年，全省各级工商联把咨询服务工作重点转向小城镇和少数民族地区和边远地区，省工商联选定黔西南为联系重点，组织会员帮助该地区企业改善经营管理，提高产品质量，受到当地党政领导和群众好评。1983—1984 年，全省工商联系统共组织 34 批、111 人次到边远少数民族地区的 20 个县区、45 个单位，为 55 个项目提供经济技术咨询服务，帮助新建 1 个酱油厂，帮助 1 个农机厂转产，救活 1 个皮鞋厂和 2 个电池厂。1986 年以后，全省各级工商联配合省政府扶贫规划，对口建立了扶贫联系点，工作内容从为企业提供经济咨询拓宽到智力支边、科技扶贫与经济咨询一体化服务活动。1987 年，贵州省工商联组织在咨询服务工作中做出显著成绩的会员组成报告团，到贵阳、遵义、安顺、都匀等地作巡回报告，交流经验，引起积极反响，推动了咨询服务工作进一步开展。

据 23 个省、市不完全统计，1987 年下半年至 1989 年底，各地民建、工商联为企业提供经济技术咨询服务共有 1.7 万多项，取得可计算的经济效益 4.7 亿元。各地共举办各种类型培训班 3750 个，培训 18.3 万人。全国民建、工商联系统共有办学机构 180 多个，业余学校 33 所，中等文化、技术、职业学校共 94 所（班），大专类学校 56 所（班）。咨询、培训工作广泛为社会服务，创造出较好的经济社会效益，扩大了民建、工商联组织的社会影响。[1]

---

[1] 黄孟复主编. 中华全国工商业联合会 50 年大事记（1953—2003）[M].北京：中华工商联合出版社，2003：289.

1991 年 4 月 12 日，民建中央、全国工商联咨询办公室在国家民委召开的中央国家机关民族团结进步表彰大会上受到表彰，被评为"民族团结进步先进集体"。[1]296

对内对外加强商会交往合作

1979 年以来，全国各级工商联组织及成员加强了与中国港澳台地区及国外商会组织和工商社团的民间交往，通过"走出去，请进来"，开展文化、科技、经济交流合作，汇聚智慧和力量，为国家现代化建设效力。

1979 年 11 月 28 日，全国工商联副主任委员孙起孟、刘念智等应邀赴港参加香港经营管理协会的年会。[1]174

1980 年 11 月 21—28 日，以主任委员胡子昂为团长的全国工商联代表团，参加香港总商会成立 80 周年庆祝活动。[1]180

1982 年 5 月 5—26 日，全国工商联副主任委员刘念智、顾问刘一民等应澳大利亚澳中关系委员会等 7 个组织邀请，赴澳大利亚访问，增进了中国工商界与澳大利亚各阶层人士和在澳华侨之间的友谊。[1]194

1983 年 1 月 7—19 日，以主任委员胡子昂为团长的全国工商联代表团，参加澳门总商会成立 70 周年庆祝活动。1983 年，美国、日本、澳大利亚、扎伊尔、沙特阿拉伯等国的工商界人士先后到访全国工商联，增进了中外友谊和经济交流合作。[1]205

1979—1983 年，全国工商联接待了 14 个国家和地区来访的团体和个人，共计 305 批、824 人次。全国 20 个省、自治区、直辖市工商联接待了来访人员共计 27144 人次。全国工商联介绍了国内 100 多个单位、企业或进出口公司与美国、英国、法国、联邦德国、意大利、墨西哥、加拿大、比利时、新加坡、新西兰、澳大利亚、巴基斯坦等 12 个国家和中国香港地区的 109 批工商界人士联系、商谈业务，联系经济项目 167 个，总金额达 5000 多万美元。地方各级工商联组织联系的经济合作项目共计 337 个，总金额达 2 亿多美元。[2]404-405

1984 年 10 月 11—20 日，民建中央和全国工商联在广州召开沿海开放城市和经济特区民建、工商联工作座谈会。深圳、珠海、汕头、厦门四个经济特区，天津、上海、大连、秦皇岛、烟台、青岛、连云港、南通、宁波、温州、广州、湛江、北海

---

［1］黄孟复主编.中华全国工商业联合会 50 年大事记（1953—2003）［M］.北京：中华工商联合出版社，2003.

［2］孙晓华主编.中国工商业联合会 50 年概览（上卷）［M］.北京：中华工商联合出版社，2003.

等 14 个沿海城市及辽宁、河北、山东、江苏、浙江、福建、广东、广西、北京等省、市、区民建、工商联的负责人参加会议。会上，各地交流、研讨了民建、工商联为经济特区和沿海开放城市服务的工作情况，围绕如何更好地开展对内对外经济交流合作，服务改革开放形成了一致意见。其中提出：要不断探索为改革开放服务的新路子；要加强同港澳台胞的联系；要建立沿海开放城市和经济特区民建、工商联组织之间的联络，相互协作，共同为沿海开放城市和特区经济发展做出努力。[1]224

1986 年 4 月 24 日，全国工商联主席胡子昂，就工商联与贸促会（中国国际贸易促进委员会）在新形势下发挥各自作用，不分内外商会，共同为对外开放贡献力量问题给国务院写信。胡子昂在信中说："不久前，贸促会主要负责同志说，贸促会是对外商会，工商联是对内商会，类似的说法在社会上有所流传。这个问题对工商联对外工作关系重大。我们认为，在对外开放和经济建设中，应该多渠道、多领域、多形式、多层次地开展对外联络工作。工商联不能代替贸促会的工作，贸促会也不能代替工商联的作用，特别是统战工作的作用。因此，我们建议不必区分对内商会和对外商会，不区分，无碍各自的发展；强行区分，反而会引起混乱。"6 月 3 日，国务院办公厅致函答复：经研究认为，两单位以"不分内外商会为有利"。各自可充分发挥自己的优势，注意密切配合，采取多种形式，通过多种渠道，在多层次、多领域进行利用外资、技术和人才交流等活动，为我国经济建设作出贡献。6 月 5 日，全国工商联遵照国务院办公厅致函精神，向各地发出通知：在对外工作中，主动与所在地区贸促会加强合作，互相支持、密切配合，共同为我国经济建设和祖国统一作出贡献。6 月 11 日，贸促会根据国务院办公厅致函精神，通知所属各分会、会内直属机构，要求在对外活动和各项活动中，注意与工商联密切配合，各自发挥自己的优势，为促进我国对外贸易和经济技术交流的发展，为"四化"建设作出贡献。9 月 21 日至 10 月 9 日，全国工商联以副主席刘靖基为团长的全国工商联代表团一行 11 人出访美国和加拿大。旨在增进三国商会之间的联系和相互了解，宣传我国对外开放政策，广交朋友，通过民间工商业团体的渠道促进中美、中加贸易往来和经济合作。[1]239-245

1987 年 11 月 25 日，民建中央和全国工商联向各地组织发出《关于做好接待台胞来祖国大陆探亲工作的通知》，指出：做好对来大陆探亲台胞的接待工作，有助于

---

[1] 黄孟复主编.中华全国工商业联合会 50 年大事记（1953—2003）[M].北京：中华工商联合出版社，2003.

沟通台湾与祖国大陆的联系，增进台胞对祖国大陆的信任感和向心力，有利于促进"三通"，实现和平统一。民建、工商联会员中台属关系较多，为发挥这个优势，要做好有关工作：1. 要以热情欢迎的态度，切实做好对台胞的接待工作，使他们感到祖国大陆的温暖。2. 要教育成员掌握关于和平统一，"一国两制"方针的基本点，向台胞介绍祖国大陆改革开放的新形势、新成就和我们对台的方针政策。3. 要利用会刊、报告、演讲、座谈等活动做好成员的宣传教育工作。4. 接待工作要实事求是、避免弄虚作假。5. 接待工作遇到的问题及台胞反映的有关问题和意见，应及时向民建中央、全国工商联和当地有关部门汇报。[1]258

1992 年 5 月 14—18 日，全国工商联在浙江宁波举行全国沿海开放城市、经济特区工商联第五次联络会议。辽宁、贵州、四川等 30 多个沿边和内地省（市）工商联的代表应邀参加了会议。会上交流了各地工商联采取"请进来""走出去"等方式积极开展对外联络工作，为发展外向型经济服务的问题。据不完全统计，自 1979 年以来，各地工商联已引进或协助引进项目 2000 多个，金额 14 亿美元，全国工商联已同中国港澳台地区及国外 54 个工商社团建立了联系。[1]309

全国各地工商联开展对外商会交往与经济合作的工作各具特色、富有成效。例如，在广东，省工商联将对外联络、招商引资的重点放在港澳地区，与港澳工商社团及工商界人士建立了密切联系，并逐步将对外联络、招商引资工作范围扩展到海外、国外。通过外引内联、穿针引线、铺路搭桥，通过多领域、多层次、多渠道、多形式的招商活动，成功引进了全国第一条电子表装配生产线，引进了广东第一个现代化养鸡场等经济项目。1978—1987 年，广东省工商联牵线搭桥引进的外资达 14.6 亿美元和 22 亿港元，与港澳及海外 300 多个工商社团建立了联系。

1988 年 4 月，广东省工商联和省统战部联合倡议，由广东海外联谊会、广东外商公会、广东外省投资协会、《羊城晚报》、广东电视台联合发起"广东省外商投资企业'金匙奖'评选活动"，全省 19 个市 3000 多家"三资"企业参加评选，经过 4 个多月的角逐，产生出深圳康佳电子有限公司等 30 家"三资"企业为"金匙奖"一、二等奖得主。这次活动对于增强外商投资信心，促进"三资"企业在广东进一步发展发挥了积极作用。"金匙奖"评选活动在港澳地区影响较大，港澳地区各大报社多次报

---

[1] 黄孟复主编. 中华全国工商业联合会 50 年大事记（1953—2003）[M]. 北京：中华工商联合出版社，2003.

道。广东省外经贸委和广州海关对获奖企业给予了扩大内销比例和 A 级通关的优惠。

　　1990 年 5 月，广东省工商联与匈牙利商会在广州联合举办了匈牙利出口产品介绍会，组织 300 多个企业和 500 人次参会，这是广东省工商联首次与外国商会合作，对促进对外经济技术交流合作和贸易发展起到了积极作用。同年 6 月，广东省工商联与省贸促会、省发展银行、广东外商投资服务中心、香港粤海企业有限公司在珠海联合举办了"1990 广东对外投资贸易洽谈会"，签订合同 305 项，外商直接投资金额达到 8.57 亿美元，签订出口贸易金额达到 2.76 亿美元，广东省工商联的工作受到港澳台朋友和有关部门的赞扬。

　　在上海，市工商界与中国港澳台地区和国外工商界有着千丝万缕的联系，与海外工商社团交往较多。1979 年 3 月 11—24 日，以上海市委统战部部长张承宗为团长、上海市工商联主任委员刘靖基为副团长的上海工商界赴港访问团一行 10 人访问香港。这是"文化大革命"后首批访港代表团，在当时影响较大。1981 年，经上海市工商联牵线搭桥，市工商联副主委唐君远竭力推动，全国第一家沪港合资企业——联合毛纺厂在上海建成投产。至 2002 年，据不完全统计，上海市工商联协助达成的项目 1000 多个，协议金额 20 多亿元；接待国外及中国港澳台工商社团和有关经贸代表团共 685 批次 2.85 万人次；组团赴国外及中国港澳台地区考察 70 多批次；与美国、新加坡、意大利、澳大利亚、日本、阿联酋、沙特阿拉伯、中国香港等国家和地区的 10 个商会组织缔结了友好商会，并积极开展交流合作；并举办了"沪（上海）港（香港）阪（大阪）经济合作与发展研讨会""中美商会工作研讨会"等重大活动。此外，上海市工商联还加强同有关国家驻沪领事馆和境外商会驻沪机构的交流与合作，积极组织会员企业参加国际经贸洽谈会、产品展示会、世界华商大会等活动并提供服务。

　　在江苏，1979—1992 年，全省各级工商联本着"放宽视野，广交朋友，宣传政策，争取人心"的方针，与海外 280 个华人商会和 77 个外国商会建立联系；接待港澳台来访团 38 个；接待海外华侨来访 799 人次；接待外国商人来访 658 人次；联系洽谈商务 633 次，其中达成协议 104 个，成交金额 2859.52 亿港元、6606.6 万美元。同时，以工商联名义组织 158 人次出访 9 个国家和地区。此外，邀请胡国祥、刘壁如、刘汉良、陈嘉询、吴逸之、鲍国麟等香港工商界知名人士担任江苏省工商联副主委或执委、常委。1982—1986 年，全省各级工商联协助省轻工业进出口公司、中国电子进出口公司江苏分公司，为出口物品提供产地证明、商检证书、信用证书，共

35 批，总金额达 500 多万美元，大力促进了对外贸易。

在浙江，1986—1988 年，杭州、宁波、温州三市工商联通过牵线搭桥，促成外向型经济合作协议 8 项，共引进外资折合人民币 308 万元，来料加工费 81 万港元。1991 年，经浙江省工商联牵线搭桥的海新纺织有限公司、绍兴天然羽绒制品有限公司等合资企业都已投产创利。1991 年 5 月，浙江省工商联组织温州里约制伞有限公司、绍兴天然羽绒制品有限公司等 5 家企业的产品参与中国展团赴葡萄牙"第 32 届里斯本国际博览会"参展，扩大了浙江产品在国际市场的影响，开拓了工商联会员企业参与国际经济活动的渠道，为产品出口、招商引资、发展外向型经济打下了基础。

浙江宁波市工商联开展对外联络的做法主要包括四个方面：1. 发动会员参与，为对外开放献计献策。2. "请进来，走出去。" 1980—1991 年上半年，共邀请和接待"三胞"和外商 1100 多人次。3. 在宁波和香港两地分别建立"甬港联谊会"，旨在增进两地的联系和友谊，促进两地经济发展。4. 引介对外经贸业务。至 1991 年上半年，共引介对外经贸业务 57 项，成交金额 554 万美元；引进合资项目 10 多个，共计 150 万美元。联系落实了 8 个教育公益事业捐款项目，共计人民币 300 万元。

在重庆，1986—1991 年，市工商联所属的重庆市工商经济开发公司，先后同日本、美国、英国、西德、意大利、加拿大、东南亚国家和中国港澳地区的 60 多家客商建立了业务关系，为引进外资、外技、发展进出口业务促成 1430 个项目，成交金额 1098.2 万美元。1988 年，在市工商联的协助下，重庆天府可乐饮料工业公司与日商合资组建重庆市天府可乐渝龙食品有限公司。1991 年，经市工商联牵线搭桥，促成民营企业重庆渝光环保设备厂与中国香港和美国厂商洽谈，在重庆开办了第一家中外合资企业。此外，还邀请美国、巴西专家学者来重庆讲学，介绍国外科技发展状况和企业管理经验，受到欢迎。

在辽宁，1982 年起，省工商联及各级组织利用原工商业者海外亲友较多的特点广泛开展对外联谊工作。首先，进行调查摸底并推动有海外关系的工商联会员加强与海外亲友密切联系。据统计，全省有 189 名工商联会员有"三胞"（台湾同胞、港澳同胞、海外侨胞）关系；紧接着，召开对外开放服务工作会议，提出"广交朋友、联络友谊、宣传政策、争取人心"的 16 字方针，通过多渠道、多层次、多形式加强同国外及中国港澳台工商社团、公司企业和工商经济人士开展友好往来。到 1985 年末，共接待中国港澳台来访团组 28 个，共计 131 人；接待海外来访团组 36 个，共计 287 人。

全省各级工商联与中国港澳台地区和国外共计40多个工商社团和企业建立了经常性联系，经工商联穿针引线促成经济合作项目300多项，达成协议并实施10项，成交金额3000多万美元。1991年2月26日，大连市工商联在渤海大酒店举行"三资"企业俱乐部第二届理事会及金猫奖颁奖大会，向22家外资企业颁发了1990年度金猫奖。

在天津，各级工商联积极开展对外联络工作，先后与29个国家和地区的144家商会建立了联系，与14家商会建立了友好关系。1979—2002年，各级工商联共接待境外商会来访1078批，2884人次；组团出访36批，310人次；介绍合资合作项目1621项，达成协议149项，共计金额9357万元。工商联对外联络工作为全市经济建设和社会进步发挥了积极促进作用。

举办商品交易会

1987年12月8—11日，全国工商联、中国工商经济开发公司在河北石家庄举办"全国各地工商联首届企业商品展览交易会"，其宗旨是：展示几年来工商联所办企业在社会主义物质文明和精神文明建设方面取得的成绩，展示工商联所办企业在组织商品生产、搞活流通方面的能力和水平，反映工商联所办企业的发展过程和现状，并为加强横向联系，促进地区间经济交流作出贡献。参加商品交易会的有27个省、自治区、直辖市工商联组成的代表团及2000多家工商企业。参展产品多为名、优、特、新产品或土特产品，成交额达到3.8亿元。在这次商品展览交易会期间，决定成立"华东六省一市工商联企业经济合作组织"，并决定由六省一市工商联轮流举办商品交易会。[1]258 1988—1993年，华东六省一市工商联第一至七届商品交易会分别在上海、江苏、浙江、福建、山东、安徽和江西举办（其中1988年为春秋两届）。

1990年9月24—27日，由全国工商联和江苏省工商联共同举办的"全国工商联会员企业名特优新产品博览会"在南京江苏展览馆举行。[1]288 参加展览的有来自全国26个省、自治区、直辖市的1000多家工商企业提供的1万多种产品，分为机械、电子、轻工、针织品、服装鞋帽、化工、医药、保健、食品、工艺品和土特产品等10多个大类。其中，属于国优、部优、省优和地方名优产品的有8000多种，还有的获得国际金银奖和专项奖。博览会期间，有6000多名海外工商界人士参观展览或参

---

[1] 黄孟复主编.中华全国工商业联合会50年大事记（1953—2003）[M].北京：中华工商联合出版社，2003.

加交易，4 天成交金额 5 亿多元。

1992 年 5 月 20—30 日，全国工商联组团参加了由国家科委和新疆维吾尔自治区人民政府联合举办的"全国星火计划成果及专利技术乌鲁木齐展销洽谈会"。全国工商联展团有 44 位参展代表，来自北京、河南、福建等 7 省（市）的 31 个企业和单位，共带有 175 个专利技术和新产品。展销期间，共签订正式合同 47 项，成交金额 250 万元；签订协议 43 项，涉及金额 3500 多万元；签订意向书 19 项，涉及金额 900 多万元。全国工商联展团荣获展销洽谈会领导小组颁发的最佳组团奖和最高成交额奖，有 23 个项目获金奖、10 个项目获银奖。[1] 309

5 月 25—27 日，全国工商联与武汉市工商联联合举办"1992 武汉科技交易会"，汇聚了航天工业部、国家专利局、北京及武汉地区的科研院所、大专院校、民办科技企业等 104 个单位提供的近万项创新科研成果，涉及机械、化工、纺织、建材、电子、环保、农业、医疗等行业。来自北京、上海、河北、湖南、江西、浙江等 20 多个省（市）的 2000 多位客商参加了这次交易会。据统计，3 天中，供需双方签订合同、达成意向的共有 355 项，成交技术转让费 1910 万元，并达成中外合作意向协议金额 500 万美元。[1] 310

9 月 2—6 日，全国工商联组织来自北京、天津、河北等地的 27 个企业和单位的新技术和新产品共计 600 多项，参加了由四川省人民政府和国家科委联合举办的"1992 乐山全国新技术新产品展销会"。在 5 天交易活动中，成交金额达 4100 多万元，荣获项目金奖 4 个、银奖 1 个，并荣获大会颁发的组织奖。[1] 313

在以上由全国工商联组织的重大的国内商品展览交易会的影响与带动下，各地工商联积极组织开展或参加了多层次的商品展览交易活动。例如：

在浙江，1991 年 4 月 17—19 日，省工商联在杭州举办"浙江省工商联会员企业商品交易会"，共设展位 83 个，成交额 3136 亿元。1995 年 10 月 22—25 日，省工商联和杭州市工商联、下城区工商联联合举办"浙江省首届民营企业商品交易会"，成交额 2000 多万元。1995 年 12 月 16—22 日，省工商联和杭州市经济委员会联合举办"1995 冬季商品展销会"，零售额达 300 多万元。1999 年 1 月和 12 月，省工商联和杭州市工商联两次联合举办"浙江冬季商品展销会"，10 万多人前来参观和

---

［1］黄孟复主编. 中华全国工商业联合会 50 年大事记（1953—2003）［M］. 北京：中华工商出版社，
　　2003.

购物。

在贵州，1992 年，省工商联与镇远县工商联联合举办"1992 工商联杯龙舟赛暨商品交易会"；1995 年，贵州省工商联与省经贸委联合举办全省首次民营企业商品展销会。两次商品展销活动，参展企业共计 230 家，成交金额达到 1000 多万元。省内一些地市、州、县工商联也举办了各具特色的地方性、区域性的展销、洽谈、经贸交流活动，为活跃当地经济发挥了积极作用。

在山东，1989—1993 年，省工商联组织 2284 家企业、7076 人次参加省内外各种交易会、展销会，成交金额达到 5.85 亿元。此外，省工商联于 1990 年 6 月举办了科技新成果洽谈会。参会的技术持有方来自全国 16 个省市的 115 所大专院校、科研机构和专利发明人，展出新科技成果、新技术 30 多个门类 3000 多项；参会的技术需求方来自 21 个省、市、自治区的 500 多家工商企业；参会总人数 3360 多人，会上签订正式科技合作和技术转让合同 24 份，各种协议和意向书 633 份。

各级工商联办企业

1982 年 1 月 8 日，全国工商联、民建中常会联合向中共中央办公厅、国务院办公厅报送了《关于贯彻执行〈中共中央、国务院关于广开门路，搞活经济，解决城镇就业问题的若干决定〉的请示报告》，提出：我们在总结以往工作经验的基础上，协同有关部门，着重做好以下工作：发展城镇集体经济和个体经济；为发展城镇集体经济和个体经济提供咨询服务；在党和政府有关方针、政策的指引下，接受劳动服务公司委托举办或与有关部门联合举办各种专业训练班；根据需要和可能，自筹资金或与有关方面共同集资，举办独立核算、自负盈亏的集体企业；采取"扶上马，送一程"的方式，推荐合适的人选为集体企业的生产和经营管理工作当参谋、做顾问，发挥其作用。中共中央认为这个报告积极可行，并转发各地党委政府和中央、国家机关各部门，要求给工商联、民建以积极的支持。[1]

1983 年 11 月 10 日，全国工商联第四届执委会工作报告中公布各地工商联办企业的初步工作情况：创办企业性质以集体企业为主，企业形式多以"投资服务公司"或"爱国建设公司"为主。各地工商联自办集体企业 200 多家；与有关部门合办集

---

[1] 黄孟复主编. 中华全国工商业联合会 50 年大事记（1953—2003）[M]. 北京：中华工商联合出版社，2003：191.

体企业 130 多家；另外，协助街道、企业、机关、团体、学校举办或整顿集体企业 3000 多家。这些企业，一般都有盈余，商品流通快，资金周转率高，不少产品在市场上供不应求，有的还供应外贸部门出口。[1]

1985 年 1 月 3 日，全国工商联向中央统战部报送请示报告，其中指出：自 1979 年以来，27 个省、自治区、直辖市工商联共举办工商企业 698 个。据 1983 年对其中 456 个企业统计，共投入资金 5223.1745 万元，获利累计 3908.2264 万元。工商联所办企业对于活跃经济、安置城镇青年就业、补充经济咨询和工商专业培训经费不足，起到了一定作用。[2]227-228 1 月 9 日，中央领导同志批示：工商联同党委、政府和工、青、妇情况不同，他们办企业可以放宽。3 月 31 日，全国工商联创办的中国工商经济开发公司在北京宣告成立。7 月 17 日，全国工商联向中共中央办公厅、国务院办公厅报送了《关于工商联办企业的请示报告》。《报告》提出：工商联是工商界人士组成的人民团体，成员一般都具有一定的经营管理企业的经验和生产技能，与港澳台和国外工商界也有较多的联系。各级工商联自办的一些企业，对于"对外实行开放、对内搞活经济"起到了一定作用。《报告》还就工商联机关与所办企业在经济利益与职责上分开；担任工商联领导职务的原工商业者和工商联代表人士可在企业兼职，如董事长或总经理等，但兼职不兼薪；工商联收益分配应按政府有关政策，主要用于开展经济咨询服务、工商专业培训、对外联络等工作的部分经费开支；以及工商联加强对自办企业的领导和管理等方面提出请示。8 月 10 日，中共中央办公厅、国务院办公厅对工商联的报告作出批复：你们报送的《关于工商联办企业的请示报告》，已经中共中央办公厅、国务院办公厅审查批准，请你们下发，文件可注明"经中共中央办公厅、国务院办公厅批准"。8 月 16 日，全国工商联向各地组织转发了中共中央办公厅、国务院办公厅的批文。[2]232

1986 年 2 月 24 日，全国工商联向中共中央办公厅、中共中央统战部报送《关于工商联办企业亟待解决的问题》的请示报告。其中提出：1.工商联办企业是经中央批准的，与党政机关和党政干部经商、办企业不同。2.工商联所办企业应按照中央批准的《关于工商联办企业的请示报告》（全联发字〔1985〕第 191 号文）的条文规定，加强管理，继续办好。3.民建和工商联的退休成员参加工商联所办企业工作，是参加

［1］孙晓华主编.中国工商业联合会 50 年概览（上卷）［M］.北京：中华工商联合出版社，2003：416.

［2］黄孟复主编.中华全国工商业联合会 50 年大事记（1953—2003）［M］.北京：中华工商联合出版社，2003.

工商联的会务活动，其目的、性质和作用，都不单纯是经商办企业，希望对他们采取一些特殊照顾的办法。4月7日，中央统战部邀请国家经委、财政部、劳动人事部、国家工商行政管理局负责同志座谈工商联办企业问题。4月28日，中共中央办公厅在听取有关方面对工商联办企业问题的意见后，确定了《关于工商联办企业问题的几点意见》：1. 各大中城市和一些县（市）工商联办的企业，可以继续办下去。2. 工商联机关所办企业在财务方面原则上应当"脱钩"。3. 对工商联所办企业，要引导他们选好经营项目，端正经营方向，为促进生产和流通事业多作贡献。[1]237-238

4月30日至5月7日，全国工商联企业工作会议在湖南长沙举行。会议讨论通过了《关于工商联办企业的暂行规定》。会议期间，签订各种业务合同、协议书、意向书共计360多份，可计算金额2500多万元。据会议提供的资料，1979—1986年4月，全国各省、自治区、直辖市及市、县工商联创办的以工业、商业、服务业企业为主的"自办企业"有1000多家，包括62个行业，安置待业青年10万余人，实现利税1.2亿元。[1]240-241工商联办企业对发展生产，促进改革，搞活经济，安置就业，起到了一定作用。

在全国工商联的组织推动及其领导人带头办企业的示范行为带动下，全国各地工商联办企业活动广泛开展。工商联办企业，在一定时期内为发展经济、引进外资和城市建设作出了贡献；为安置待业青年，特别是安置下乡返城知识青年就业发挥了积极作用；为工商联补充活动经费提供了有益帮助。全国各地工商联办企业活动情况举例说明如下：

在广东，各级工商联集合会员的智慧和力量，先后创办了广东省工商信托贸易公司、广东省工商经济进出口公司、广东粤联不锈钢公司、广东亿嘉国际商务服务有限公司、广东省工商实业发展公司、广东工商技术发展公司、广东商汇旅行社等9家有影响的"会办企业"。至1993年，全省工商联系统共有"会办企业"121家，其中商业78家，工业28家，旅游、饮食业等15家。企业年加工收入、产值、营业额合计3.0466亿元，安排就业2100人。除取得一定的经济效益之外，在沟通城乡经济交流、搞活和发展地方经济等方面发挥了积极作用。

［1］黄孟复主编.中华全国工商业联合会50年大事记（1953—2003）［M］.北京：中华工商联合出版社，2003.

在浙江，省工商联于 1979 年创办"浙江省华侨投资公司"，后更名为"浙江国际信托投资公司"。省工商联与杭州市工商联于 1981 年共同组织工商界人士，协助当地政府创办集体企业 77 家，安置待业青年 1269 人；于 1982 年协办企业 71 家，安置待业青年 555 人。工商业者通过"传帮带"，把自己的知识和经验传授给待业青年，使"会办企业""协办企业"从小到大、发展较快，并培养了一批懂管理、会经营的企业接班人。至 1993 年，全省各级工商联会办企业发展到 118 家，其中 99 家上报统计数据：年营业额达到 5.7476 亿元，在职职工 1554 人。

在宁波，1987 年 11 月，市工商联成立了企业会员合作基金会，总额为 41 万元。为了有利于会员企业融资，市工商联与市工商银行信托部商定，以"存 1 贷 5"的额度向企业放贷（至 1988 年春，因工商银行信托部存贷比例降低而终止）。1988 年 5 月，市工商联与市商业局劳动服务公司合办"工商联信用社"，入股资金共 50 万元，其中工商联投资 10 万元；该信用社 1994 年与市国际信托投资公司开展业务合作，1996 年并入市商业银行。此外，市工商联还创办了"工商经济咨询服务公司"等经济实体。

在江苏，据 1992 年底统计，全省各级工商联自办企业 158 家。其中，中外合资企业 4 家，生产型企业 33 家，流通型企业 125 家。3 年内，销售总额 5.90 亿元，上缴税收 1225.48 万元，实现利润 1264.86 万元。为发展地方经济、搞活流通、支持会务工作作出了贡献。苏州等 15 个市（县）工商联自办企业被评为省级文明企业。

在湖北，1985 年 2 月，省工商联创办了"湖北省工商信托贸易公司"（几年经营略有盈余，1990 年整顿公司时撤销），在此之前还创办了"华光眼镜专卖店"（安置待业青年）。1989 年 3 月，省工商联在枝江县召开了全省工商联系统自办企业工作总结表彰会，推动了这项工作健康发展。据不完全统计，至 1989 年底，全省工商联系统共创办企业 177 个，从业人员 3280 人，其中 144 个经营 1 年以上的企业年生产销售总额达 7155.9 万元，实现利税 402.4 万元。

在重庆，1981 年，市工商联工商咨询服务部成立（1988 年改组成立为重庆市工商经济开发公司）。1984 年 5 月，市工商联与市民建共同创办了集体企业"宝元通百货公司"和"宝元通药材行"，公司实行跨地区、跨行业经营，沟通流通新渠道，作为国营商业主渠道的支渠道，起补充作用。1988 年 8 月，市工商联和市中区工商联联合创办了"大通金融服务部"（后改名为"大通城市信用社，再后归并重庆市商业银行"），为中小企业和个体户提供融资服务。至 1989 年止，市、区工商联自办企业共计 14 家，多数企业获得较好的经济效益和社会效益。

在河北，至 1984 年 6 月，全省各级工商联自办、合办、协办集体企业 173 个，安置待业青年 6081 人。

在贵州，至 1984 年，全省各级工商联自办或合办经济实体 44 个。其中贵阳、遵义、安顺、都匀 4 市工商联兴办的劳动服务公司共建经营网点 34 个，安置待业青年 340 人，年营业额达到 1187 万元，上缴税金 5.8995 万元，盈利 87.1910 万元。1988 年，省工商联筹集资金 30 万元，创办了贵州经济开发公司，后更名为贵州商汇实业公司，经过十多年发展，至 2002 年，公司自有资金达到 200 多万元，累计上缴税金 38 万元。贵阳市工商联创办了贵阳富民贸易开发公司，并与贵阳市房管局合办了贵阳华兴经营公司。此外，贵阳、安顺、都匀 3 市工商联通过自筹资金、集资入股分别办起 3 个城市信用社，服务当地集体、个体工商业发展。

在云南，至 1987 年，昆明市工商联兴业公司、云南省工商联永茂公司（后更名为云南省商会经贸公司）相继成立。至 1995 年底，全省各地工商联创办的各类公司、营业部、商店共计 20 多个，在册职工 1200 多人。

在内蒙古，全区各级工商联兴办经济实体 54 个，从业人员 850 人，资产总额 1409 万元，年产值和营业额 1791 万元。这些企业对于安排家属子女就业、增强商会经济实力、增强为会员服务功能等方面发挥了一定作用。

在黑龙江，1980—1983 年，全省工商联和民建会员 432 人参加或创办 334 个集体企业，共安置待业人员 13343 人。

在湖南，至 1984 年，省民建和工商联协助办起集体企业 282 个，安置待业青年 2193 人。为引导这些经济实体健康发展，提出"以遵守政府政策法令为前提，以服务为宗旨，以信誉为根本，以搞活流通、促进生产发展为目的"和"立足本地、面向农村、拾遗补缺、搞活经济"的方针，服务与促进企业办得越多越好。1985 年 8 月，中共湖南省委批转《关于工商联办经济实体的报告》。1986 年，省工商联集资筹建湖南省工商经济开发公司（1987 年 5 月开业）。至 1990 年，全省各级工商联兴办企业 148 家，其中工业 29 家，商贸 92 家，城市信用社 7 家，药店 12 家，修理、服务行业 8 家。共计职工 2459 人，其中安置待业青年 1195 人。

至 1993 年 10 月，全国各地工商联共有"会办企业"2100 多家，其中全国工商联直接兴办有中国同源公司、全联经济开发公司、全联工程公司、全联广告艺术公司、工商宾馆等企业。全国各地工商联"会办企业"从业人员 3.5 万人，资产总额 5.5 亿元；1992 年总产值和营业额达到 25 亿元，上缴国家税金 2 亿元。[1] 之后，随着形势的发展和工商联组织任务进一步明确，根据有关要求，工商联"会办企业"逐步与工商联组织脱钩。

二、工商联组织及成员参与发展社会事业

进入 20 世纪 80 年代，各级工商联组织及成员把"为社会主义现代化建设服务"作为重要的组织任务。1981 年 1 月 18—29 日，全国工商联和民建中常会在北京召开为社会主义现代化建设服务经验交流会，来自各省、市、自治区的 280 多名代表出席了会议。会议提出"四化建设需要我们，我们更需要四化建设"，会议号召广大工商业者，"为国民经济的调整、四化建设事业作出更大的贡献"。各地各级工商联组织和成员，在积极参与经济建设的同时，积极参与发展社会事业，在力所能及的条件下，参与兴办职业教育开展工商专业培训、开展智力支边扶贫等社会公益活动。

兴办职业教育开展工商专业培训

1981 年 2 月 20 日，中共中央、国务院颁发《关于加强职工教育工作的决定》，[2] 其中指出：建设"四个现代化"的社会主义强国，需要一支广大的有社会主义觉悟、有科学文化知识、有专业技术和经营管理经验的职工队伍，需要有一大批又红又专的专门人才。搞好青壮年职工的文化、技术补课，是最近两三年内职工教育工作的重点之一。要采取有效措施，大力开展职工教育。要因地制宜，广开学路，提倡多种形式办学。并指出：职工教育除主要由企业事业单位举办外，还要发动业务部门、教育部门、群众团体等社会各方面力量积极办学。响应这一号召，全国各级工商联组织及成员积极参与兴办职业教育并开展工商专业培训。

1983 年 4 月 5 日，全国工商联、民建中央、商业部联名向各地工商联、民建组织及商业、粮食、供销部属高等院校发出《关于进一步加强协作发展商业职业教育的通知》。要求：1. 按照"围绕商业办教育，办好教育促商业"的指导思想，加强协作，不断扩大教育规模。2. 适应新时期商业发展需要，配合商业体制改革搞好培训。3. 因

［1］孙晓华主编 . 中国工商业联合会 50 年概览（上卷）［M］. 北京：中华工商联合出版社，2003:631.

［2］中共中央、国务院关于加强职工教育工作的决定［EB/OL］.（2021-06-24）［2023-12-08］. http：//www.reformdata.org.

地制宜，采取多种形式协作办学。4.工商联和民建成员要发挥业务专长，协助编写高质量的教材。5.互通情报，交流经验，共同做好培训工作。[1]208

1984年3月19—27日，全国工商联和民建中央在北京召开工商专业培训工作经验交流会。会议提出，要贯彻"扬长补短、拾遗补缺、稳步前进、讲求实效"的方针，进一步做好工商专业培训工作。会议要求：1.必须对工商培训提高认识，加强领导。2.必须坚持文化建设与思想建设紧密结合。3.加强组织建设，狠抓教学质量。4.艰苦创业，勤俭办学。5.积极稳步地开展协作。[1]219

1981年2月至1984年3月，各地工商联、民建组织举办各类学校69所，培训学员12.1688万人；举办工商专题讲座3573次，受教人数45.9789万人；支持少数民族地区培训学员2400人。工商联、民建成员和外聘教师共编写教材538种，约1500万字。[1]219

1985年10月5日，全国工商联、民建中央、劳动人事部联合向各省、自治区、直辖市工商联、民建和劳动人事部门发出《关于进一步加强协作、大力开展职业技术培训的联合通知》。要求各地工商联、民建和劳动部门，按照国家关于"大力发展职业技术教育"的精神要求，加强联系、密切协作，不断扩大职业技术培训的规模。通知还强调，积极开展对城镇待业青年的就业培训，因地制宜，采取多层次、多形式的协作办学，培养有理想、有道德、有文化、有纪律，具有一定专业知识和劳动技能的劳动者。[1]234

1987年11月18—22日，全国工商联、民建中央在北京召开工商专业培训工作会议。会议提出《关于进一步开展工商专业培训工作的意见》，[1]257-258指出：工商专业培训，是我国教育事业的一个组成部分。以工商专业为主的、多层次形式的、兼有职业技术教育和成人教育的培训网络，为国家培训了100多万各类专业人才，在促进改革开放和"两个文明建设"及改善社会风气等方面发挥了积极作用。对于下步工作，提出：1.贯彻执行"适应需要，发挥优势，联合协作，讲求实效，开拓前进"的方针，使培训工作有新进展。2.面向企业职工、城镇待业青年、乡镇企业人员、少数民族和现役军人开展职业教育和在职继续教育。3.努力建立起一支适应培训工作发展需要的师资队伍。4.教材是培训工作的一项基本建设，要十分重视，认真抓好。5.提

---

[1]黄孟复主编.中华全国工商业联合会50年大事记（1953—2003）[M].北京：中华工商联合出版社，2003.

高认识，加强领导。

在全国兴办职业教育的高潮中，各地民建、工商联积极参与，在力所能及的条件下努力开展工作。例如：

在上海，市民建、工商联汇聚会员力量创办了教育基金，并利用教育基金的支持，创办了上海工商学院、上海市工商专业进修学院、上海工商职工中等专业学校及13所区工商联业余进修学校。其中上海工商学院是1985年2月建立的全国第一所以培养外经贸管理人才为重点的民办成人大学，专业设置与时俱进，学历教育与非学历教育相辅相成，多次在教育系统和工商联系统被授予优良院校称号。同时，上海市工商联有效利用教育资源，积极开展适合企业管理需要的人才培训工作。1984年开始，上海市工商联与青浦区、长宁区、徐汇区、嘉定县等地方的有关部门合作，以联合办学方式，先后举办企业管理培训班、全面质量管理培训班、商业企业管理干部培训班等，共培训学员3000多人次。还远赴宁夏为当地干部进行短期培训。上海市工商联于1985年组织外贸实务知识巡回讲座讲师团，先后赴湖州、嘉兴、绍兴等地开展义务讲授外贸实务知识。此外，还开展了专业技能人才、军地两用人才和商会干部人才等方面的培训工作。

在重庆，1981—1988年，市民建、工商联合作开办了15所业余学校，另开办财会、行商、烹饪、缝纫、医卫、建筑、外贸、技安、幼教等专业培训班41个，共培训学员41689人，其中待业青年4554人，少数民族1138人。自编教材88万字，发行50万册。还举办了经济法规、合同、经济体制改革等方面的专题讲座42次，听课人数达7717人。

在北京，1984—1989年，市民建、工商联合作举办的工商专业培训在10个区县展开，共举办各种类型的培训班1002个，培训学员46051人。其中取得中等专业学历的2087人，大部分人成为工商企业骨干。1989—1993年，北京市工商界兴办的10所学校和2个培训班中，有7.7万名各类专业人才毕（结）业，有7所学校被评为市成人教育系统先进集体。

在河北，据1984年6月不完全统计，省民建、工商联共同举办专业培训班91期，培训学员2750人；举办专题讲座，听讲人员达2.5万多人；编审教材98万字。

在辽宁，截至1985年末，全省工商联系统创办工商专业学校1所，培训学员1784人（包括军地"两用"人才）；举办各类讲学、讲座98次，听课人数5842人次；组织编写了《中药泡制记抄》《沟帮子烧鸡制作技术》《中药材栽培技术专辑》《统计原理和工业企业会计》《验光配镜教材》《中西糕点大全》等 14 种教材共 38 万字。

在黑龙江，省工商联组织开展培训工作，通过函授大学、中专学校培养学员共计 4600 多人；举办各类短期专业训练班 318 期，培训学员 12000 人；与部队联合举办培训班 42 个，培训军地"两用"人才 1169 人。还针对社会需求，开展了残疾人员和劳教人员的技术培训工作，为帮助他们掌握就业技能做了有益的工作。

据统计，至 1993 年底，全国工商联系统自办、合办业余学校、进修班、补习学校、业余中专、全日制职业学校等各类学校 200 多所。1988—1993 年举办单科班、全科班、短训班、文化补习班、自学高考班、电大辅导班等各种培训班 7100 多个，培训在职职工、待业青年、乡镇企业人员、少数民族干部群众和军地两用人才共计 60.8 万人次。[1]167

伴随着工商培训工作广泛深入发展，各类培训形式灵活多样，培训范围和对象不断扩大，办学路子越走越宽，初步形成了以工商专业培训为主，多层次、多形式的职业教育与成人教育相结合的工商教育和职业培训网络。

组织开展智力支边扶贫

1981 年 1 月 18—29 日，全国工商联和民建中央联合召开"为社会主义现代化建设服务经验交流会"，在会议通过的《倡议书》中，特别提出：工商业者"在自愿的基础上组织起来，为调整经济和实现'四化'服务，支援少数民族地区发展经济"。全国各级工商联和民建组织及成员把智力支边、科技扶贫作为参与国家经济建设、为四化建设服务的一项义不容辞的光荣任务，组织开展了"建立扶贫联系点，包片扶贫"工作。[2]182-183

1983 年 3 月 8—15 日，全国工商联和民建中央联合召开少数民族地区经济咨询服务工作座谈会。参加会议的有各省、自治区、直辖市工商联和民建组织的负责同志，中央统战部、国家民委、国家计委、国家经委、商业部、轻工部等部门的负责同志。会议提出，帮助少数民族地区发展生产、繁荣经济是全国人民应尽的历史责任，也是工商联和民建组织及全体成员责无旁贷、义不容辞的工作；我们要总结以往开展

---

［1］本书编写组著.中华全国工商业联合会简史（1953—2013）［M］.北京：中华工商联合出版社，2013.

［2］黄孟复主编.中华全国工商业联合会 50 年大事记（1953—2003）［M］.北京：中华工商联合出版社，2003.

咨询服务的成绩和经验，研究有关问题，提出新的办法，开创工作新局面，帮助少数民族地区"出产品、出技术、出人才"。会议确定把工作重点放在内蒙古、广西、贵州、云南、四川、宁夏、新疆、青海和广东9个省、自治区的少数民族居住的比较贫困的地区。4月12日，全国工商联、民建中央联合向各地组织发出关于《开展少数民族地区经济咨询服务工作座谈会纪要》的通知：一要继续贯彻"实事求是，尽力而为，拾遗补缺、讲求实效"的工作方针；二要落实工作任务，帮助少数民族地区制订宏观经济发展规划、培训专业技术人才、改革管理和经营体制、进行文明经商和职业道德教育等；三要加强组织领导，同有关部门密切配合，把经济咨询服务活动提高到一个新水平。[1]207

9月28日，全国工商联和民建中央联合向各地组织发出《关于进一步开展少数民族地区经济咨询服务工作的通知》，指出：1.要充分认识做好少数民族地区咨询服务工作的长期性、重要性。2.在咨询服务活动中要认真贯彻"实事求是，尽力而为、拾遗补缺、讲求实效"的方针。3.注重调查研究，同有关部门搞好协作配合。4.坚持勤俭节约的原则，逐步实现以咨询养咨询。5.注意总结经验，推动咨询服务健康发展。[1]213

1985年5月5—13日，全国工商联和民建中央在北京召开支援少数民族地区工作经验交流会。会议交流了各地工作经验，研究了今后的任务，表彰了29个先进集体和68名先进个人代表，通过了《民建中央、全国工商联关于进一步开展支援少数民族地区经济文化建设工作的意见》。[1]230

1986年7月22日，全国工商联、民建中央、国家民委向各地工商联、民建、民委联合发出《关于进一步加强协作，大力开展少数民族地区经济咨询和工商专业培训的通知》，指出：1.进一步加强领导，面向贫困地区，面向群众致富，面向乡镇企业开拓经济咨询服务。2.做好调查研究，有计划有重点地开展经济技术咨询服务。3.根据少数民族地区对外开放的需要，在引进外资、技术和扩大出口方面穿针引线、铺路搭桥。4.通过举办各种形式的培训班，帮助培训急需管理人才和技术人才。8月22—29日，西北五省区民建、工商联第三次工作交流会在新疆乌鲁木齐召开。陕西、甘肃、宁夏、青海、新疆的民建和工商联的代表出席会议；北京、天津、上海、内蒙古、辽宁、山东、江苏、浙江、广东、广西、四川、贵州、云南、重庆共14个省、自治区、

［1］黄孟复主编.中华全国工商业联合会50年大事记（1953—2003）［M］.北京：中华工商联合出版社，2003.

直辖市的民建和工商联的代表应邀出席会议。会议确定了智力支边扶贫工作的主要任务：1. 要有计划、有重点地开展经济技术咨询服务，发挥当地优势，广开门路，改善经营管理，发展商品经济，为开拓致富道路献计出力。2. 要结合业务咨询，开展宏观经济咨询，提供论证和远景预测的服务。3. 要利用民建、工商联的组织和信息网络，为少数民族地区经济发展提供外引内联、穿针引线的服务工作。4. 要通过多形式多层次的工商专业培训，为少数民族地区培训急缺的人才。5. 西部和少数民族地区工商联要积极兴办并办好工商企业，直接为当地经济建设服务。[1]243-244

1988 年 2 月，中央统战部、国家民委与各民主党派中央、全国工商联联合成立了智力支边协调小组，推动各民主党派、工商联有计划、有组织地开展智力支边扶贫工作。

1990 年 10 月 10 日，民建中央、全国工商联联合向中共中央、国务院报送了《关于少数民族地区当前经济发展中若干政策性问题的建议》。其要点：1. 高度重视和认真对待少数民族地区经济发展问题。2. 认真贯彻落实《民族区域自治法》。3. 实行宽松的财政、投资、信贷、税收政策。4. 适当调整能源、原材料价格。5. 对民族贸易和民族用品生产继续实行扶持政策。6. 正确处理中央企业与当地经济发展和群众生活的关系。7. 加快对外开放步伐，积极向西向北开放。8. 大力发展教育，培训人才，落实民族地区知识分子政策。这一建议是民建中央、全国工商联会同相关省市民建、工商联对桂、黔、滇、川、陕、甘、宁、青、新等省、自治区的少数民族地区进行长达一年时间的调查研究后提出来的。10 月 31 日，国务院办公厅以国办函〔1990〕67 号文复函，转达了国务委员陈俊生的批示："民建中央、全国工商联关于少数民族地区当前经济发展中若干政策性问题的建议很重要，请印发各有关部门研究。在各自的工作中，注意吸收建议中的意见。"[1]289

1992 年 5 月，中央统战部、国家民委、各民主党派中央、全国工商联智力支边协调小组召开工作研讨会，提出了智力支边、科技扶贫工作的指导方针，即在国家和当地政府的领导和支持下，"因地制宜，扬长避短，抓住重点，量力而行，持之以恒"。

1989—1992 年底，全国工商联倡导并选定在广西南宁、百色，贵州黔西南、毕节和西北五省的几个重点地区建立脱贫示范基地，在论证开发项目、引进优良品种、

[1] 黄孟复主编.中华全国工商业联合会50年大事记（1953—2003）[M].北京：中华工商联合出版社，2003.

建立栽培和加工试验基地、举办工商专业培训班等方面为老少边穷地区做了一些实事，受到当地党政部门和贫困户的欢迎。全国各地各级工商联先后派出 9469 人次到广西、贵州、甘肃、宁夏等省、自治区的脱贫示范基地，为机械、水泥、皮革、纺织、印染、食品、酿造等行业的 1367 个企业的 2672 个项目提供咨询服务，并结合项目培训技术和管理人员 6.78 万人次，使有关企业获得可计算经济效益 2.5 亿元。据不完全统计，全国各地各级工商联组织及成员在开展智力支边扶贫工作中，开展经济、技术、管理等方面的咨询服务共计 1.96 万项，帮助有关企业和单位获得可计算的经济效益 8.4 亿元。[1]

有些地方民建、工商联组织及成员积极主动作为，实际工作走在了民建中央和全国工商联统一工作部署的前面。例如：

北京市民建、工商联　1980—1984 年，先后派出 15 批 153 人次，组成科技扶贫和经济咨询服务工作队，深入内蒙古、湖南等省、自治区的"老少边穷"地区，为食品、酿造、轻纺、水泥、旅游、饲养等行业的 51 个企业、24 个项目提供了经营管理和技术咨询服务。同时，举办了经营管理、技术讲座及饮食、食品、烹饪等专业培训班，听众多达 2800 人次。特别是针对少数民族地区食品、酿造工艺进行技术咨询和技术指导，帮助提高了产品质量，受到当地群众欢迎。

上海市民建、工商联　1981 年起，先后派出经济咨询服务队、经济咨询学习考察团、企业会员支边团共计 600 多人次，分赴宁夏、云南、广西、贵州、青海、新疆等 30 个省、自治区，帮助少数民族地区培训专业技术人员和企业管理人员 2700 多人，帮助少数民族地区开发了 1100 多个新产品，为当地服装、食品、纺织、日用化工、皮革等行业的 100 多个企业提出了 1800 多项经济咨询建议。1988 年 4 月，上海市民建、工商联被国务院授予"全国民族团结进步先进集体"光荣称号。

江苏省民建、工商联　1983—1989 年，先后组织 10 批共 85 人次，三上新疆，十下广西，为 60 多个工矿企业的 122 个项目提供了技术咨询服务，同时培训技术工人 300 多人。

云南省民建、工商联　根据少数民族居住山区、大多养牛的特点，组织会员中的行家开发人工培育黄牛，先后在怒江、德宏、红河、丽江、思茅等地培育黄牛 2.7 万多头，平均每头牛产牛黄 10 克以上，帮助当地农户增收 300~400 元。

---

[1] 本书编写组. 中华全国工商业联合会简史（1953—2013）[M].北京：中华工商联合出版社, 2013：171.

三、全国工商联第五次会员代表大会

1983 年 11 月 8—19 日，中国民主建国会第四次全国代表大会和全国工商联第五次会员代表大会在北京联合召开，参加会议的工商联会员代表 600 人。

大会概况与主要精神

11 月 8 日，大会开幕。在开幕式上，中共中央政治局委员习仲勋代表中共中央向大会致贺词。贺词中肯定了民建和工商联在社会主义改造工作中，发挥了重要的历史作用；在社会主义改造基本完成以后，又推动会员发挥管理经验和生产技术专长，积极为社会主义建设服务；在中共十一届三中全会以来，制定了"坚定不移跟党走，尽心竭力为四化"的行动纲领，广泛团结工商界和与工商界有联系的人士；在开展对外经济技术交流、经济咨询服务和工商专业培训及安置待业青年、智力支边等方面，走出了新路子，取得了新成绩，创造了新经验。贺词指出：[1]387-388

我国新时期的总任务是，自力更生、艰苦奋斗、逐步实现工业、农业、国防和科学技术的现代化，把我国建设成为高度文明、高度民主的社会主义国家。

加紧建设社会主义现代化，争取实现包括台湾在内的祖国统一，反对霸权主义、维护世界和平，是我国 20 世纪 80 年代的三大任务。这三大任务中，中心是搞好经济建设。我们希望，民建和工商联充分发挥各自的特点和优势，在为实现以经济建设为中心的三大任务中，作出新的更大的贡献。

在大会上，全国工商联主任委员胡子昂作了题为《坚定不移跟党走，尽心竭力为四化，为开创民建、工商联工作的新局面而团结奋斗》的共同工作报告。[1]389-399报告回顾了过去四年的工作，并指出：过去的四年，是新中国成立以来我们"两会"（指工商业联合会和民主建国会）同志为国家建设服务力量最集中、心情最舒畅的四年。回顾以往，展望未来，我们更加坚信邓小平同志关于统一战线工作"前程远大，大有可为"的论断是完全正确的，也更加感到有责任把"两会"工作做好，为开创统一战线工作新局面作出更大贡献。

报告总结了民建、工商联工作的五条基本经验：第一，把中国共产党的方针政策

---

［1］孙晓华主编：中国工商业联合会 50 年概览（上卷）［M］.北京：中华工商联合出版社，2003.

同民建、工商联的具体实际紧密结合起来；第二，联系实际做好思想政治工作，不断提高成员的爱国主义觉悟；第三，组织起来充实骨干力量，扩大为"四化"服务队伍；第四，全心全意地依靠群众，扎扎实实地调查研究；第五，主动争取中共各级党委和各级政府的支持，广泛开展社会主义大协作。

报告提出了民建、工商联今后五年工作的主要任务：在中国共产党的领导下，继续高举爱国旗帜，团结工商界和与工商界有联系的人士，为国家社会主义现代化建设，为祖国的大团结大统一，为维护世界和平作出新贡献。具体工作包括：1.以经济咨询服务和工商专业培训为主要形式为"四化"服务。2.协助国家做好扩大出口、利用外资、引进先进技术、引进人才。3.关心和代表成员的合法权益，关心成员生活，保护和巩固成员为社会主义建设服务的积极性。4.继续深入地开展调查研究，积极负责地向政府提出意见和建议，并协助政府做好落实政策的工作。

报告要求民建、工商联成员发扬自我教育、自我改造的传统，自觉地把自己从事的工作同民族的命运、国家的前途联系起来，同社会主义、共产主义事业联系起来，不断更新和发展自己的知识和能力，更好地为社会主义事业服务。

11月10—17日，全国工商联第五次会员代表大会单独举行会议。10日，副主任委员张敬礼作了题为《发扬爱国主义传统，积极贡献经营才能，为社会主义现代化建设奋发前进》的工作报告；副主任委员刘靖基作了《中国工商业联合会章程》修改草案的说明。12日，会议通过了修改过的《中国工商业联合会章程》，选举产生了全国工商联第五届执行委员会委员285名。17日，全国工商联第五届执行委员会举行第一次会议，选举产生常务委员66名。选举胡子昂为主席；荣毅仁、孙起孟、罗叔章（女）、周叔弢、刘靖基、古耕虞、华煜卿、刘念智、姜培禄、熊应栋、张敬礼、梁尚立、王光英、黄凉尘、孙孚凌、黄长溪为副主席；樊陶斋为秘书长。会议决定万国权、卢燕南、汤元炳等44人为全国工商联顾问。[1]214

11月17日，中共中央总书记胡耀邦、中共中央顾问委员会主任邓小平、全国人大常委会委员长彭真、全国政协主席邓颖超等党和国家领导人在人民大会堂接见了出席中国民主建国会第四次全国代表大会和全国工商联第五次会员代表大会的全体代

[1]黄孟复主编.中华全国工商业联合会50年大事记（1953—2003）[M].北京：中华工商联合出版社，2003.

表，并同他们合影留念。[1] 214

11 月 19 日，中国民主建国会第四次全国代表大会和全国工商联第五次会员代表大会一起闭幕，中国民主建国会主席胡厥文主持了闭幕会。会上，通过了决议，要求民建、工商联各级组织积极参与国家和地方事务的协商，积极主动地协助政府落实各项政策，进一步开展以经济咨询服务和工商专业培训为主要形式的为四化服务的活动，推动成员开展与台湾同胞、港澳同胞、海外侨胞中工商界及有关人士的联系工作。会上，全国工商联主席胡子昂致闭幕词：号召民建、工商联各级组织和广大在职、退休、妇女成员，一定要紧密地团结在中国共产党的周围，进一步发挥民建和工商联各自的历史特点和作用，坚持四项基本原则，坚定信心，振奋精神，加强学习，努力工作，尽心竭力地为以经济建设为中心的三大任务服务，在实践中锻炼自己，提高思想觉悟，进行自我教育和自我改造，为祖国的社会主义物质文明和精神文明建设作出新的贡献，争取新的胜利！

《中国工商业联合会章程（1983）》修改内容

在全国工商联第五次会员代表大会上通过的《中国工商业联合会章程（1983）》，共分四章 26 条，修改内容主要包括：

第一章，"总则"增加了"经济特区可以根据需要设经济特区工商业联合会"。

第二章，"会员"中增加了"与本会工作有密切联系的单位，可以通过协商，派人参加工商业联合会为会员；本会筹办的和与有关单位合办的及协助举办的集体企业，可以参加工商业联合会为企业会员；城镇集体企业协会或联合会，可以通过协商参加工商业联合会为团体会员；与工商界有密切联系的或对工商界有特殊贡献的人士，可以邀请参加工商业联合会为会员"。

第三章，"组织"中明确将工商联"主任委员"改称"主席"，"副主任委员"改称"副主席"。

第三章，"组织"中增加的内容（第十五条）："中华全国工商业联合会设会务局。""会务局由主任一人、副主任一至二人、委员若干人组成，其人选由执行委员会选举产生。""会务局在常务委员会领导下，负责处理中华全国工商业联合会的日常工

［1］黄孟复主编.中华全国工商业联合会 50 年大事记（1953—2003）[M].北京：中华工商联合出版社，2003.

作，并定期向主席、副主席汇报请示工作。""会务局根据需要可设候补委员，其人选由执行委员会或常务会员会决定。""会务局的决定，由中华全国工商业联合会秘书长负责组织实施。""会务局的工作规程，由常务委员会决定。"

第三章，"组织"中增加的内容（第十八条）："中华全国工商业联合会可以根据需要设顾问，其人选由执行委员会决定。"

第十六章

改革开放促进工商联组织结构新变化

改革开放，促进了以公有制为主体的多种所有制经济共同发展，特别是促进了个体私营经济迅猛发展。个体私营经济的迅猛发展，促进了非公有制经济人士数量增多、队伍扩大，拓宽了工商联组织工作对象。工商联会员结构，由以原工商业者为主体发展成为：原工商业者 + 新工商业者（个体私营经营者）+ 私营企业 + 部分国营企业 + 部分集体企业 + 对工商界有特殊贡献的人士，并以新工商业者和私营企业为主体的新型组织。会员队伍迅速扩大，给各级工商联注入新的组织活力，焕发出新的组织生机。

一、工商联组织结构新变化

至 1956 年底，对私营工商业的社会主义改造基本完成以后，各级工商联组织的会员结构逐步形成以原工商业者为主体的联合组织。工商联会员大都是"没有企业的企业家"，工商联组织大都成为"多为个人会员、少有企业会员的商会"。

改革开放以后，我国经济体制改革全面展开，经济结构发生了巨大变化：个体私营经济迅猛发展，集体经济突破性发展，国营经济改革发展，中外合资合作经济兴起发展，以公有制经济为主体、多种所有制经济共同发展的格局逐渐形成。在改革开放和社会主义现代化建设的新形势下，工商联组织的会员结构与时俱进，会员队伍迅速扩大。在继续重视和发挥以原工商业者为代表的老会员作用的同时，逐步发展多种所有制经济成分的工商企业和工商经营者为新会员，逐步实现新老会员合作交替，使得工商联组织充满活力，适应新形势发展的新要求。

适应新形势工商联吸收新会员

1984 年开始，根据全国工商联的要求，湖南慈利县、吉林梨树县、河北正定县等地县级工商联在恢复组织的同时进行了发展新会员的探索，开始吸收新会员，组建新老会员团结合作的、适应社会主义市场经济发展要求的工商联会员队伍。[1]160

1985 年 8 月 1—3 日，全国工商联组织工作座谈会在北京召开。各省、自治区、直辖市工商联的主要负责人出席会议。中心议题是探索新形势下工商联的性质、任务和会员结构问题。8 月 14 日，全国工商联将《座谈会纪要》印发各地组织，指出：1. 根据我国多种经济形式并存的体制及工商联原有会员老化的现状，要求工商联必须探索吸收多种经济成分的新会员。2. 各省、自治区工商联都要选择一二个城市进行吸收新会员的试点。有条件的地方，还可以进行一些组建行业组织的试点。3. 各地工商联要大力宣传新时期工商联的性质、任务和作用。4. 要适当补充一些有代表性的新会员进入领导班子或工作班子。5. 要继续做好经济咨询、工商培训等各项工作。[2]232–233

1986 年 12 月 16—19 日，全国工商联五届五次常委会在北京举行，会议通过了《发展新会员，加强组织建设的决议》，指出：新形势下，主要由原工商业者组成的组织结构，已不能适应形势发展的需要。因此，在继续重视发挥老会员作用的同时，必须发展新会员，使工商联逐步成为多种经济成分的工商企业、团体和经营工商业的人员组成的人民团体。会议要求各地工商联结合当地实际，有计划有步骤地发展新会员；并积极引进新人充实加强领导班子和工作班子。[2]247–248

在各地党委的领导下和统战部的支持下，截至 1987 年 3 月底，全国各级工商联共吸收新会员 4.07 万个。[1]160 其中企业会员 1.87 万个，团体会员 1048 个，个人会员 2.1 万人。企业会员中，包括国营企业 6398 个，集体企业 7750 个，乡镇企业 2976 个，合作企业 829 个，中外合资企业 212 个，中外合作经营企业 67 个，外商独资经营企业 7 个，其他企业 423 个。团体会员中，包括个体劳动者协会 526 个，供销合作社和其他经营团体 522 个。个人会员中，包括企业负责人 3205 人，特邀会员（含有关部门代表）1793 人，其他有联系的人士 4770 人，有代表性的个体工商户 1.12 万人。

---

[1] 本书编写组.中华全国工商业联合会简史（1953—2013）[M].北京：中华工商联合出版社，2013.

[2] 黄孟复主编.中华全国工商业联合会 50 年大事记（1953—2003）[M].北京：中华工商联合出版社，2003.

1987 年 5 月 15 日，中共中央书记处会议在审议中央统战部《关于工商联吸收新会员，进一步发挥积极作用的请示报告》时，对工商联工作作出了重要指示：[1]

（一）工商联是我国民间的对内商会，也是对外商会，在对内搞活、对外开放中，应发挥更加积极的作用。

（二）工商联吸收新会员可以按照现在的路子先搞试验（注：根据自愿原则，不少地区工商联吸收了一些国营企业、集体企业、"三资"企业、乡镇企业、私营企业者、个体工商户代表，不同地区，各有侧重）。外国商人参加工商联问题可以专门研究。你不让他参加，他要自己搞商会。到工商联是个好办法，不然外国商人同我国政府没有一个纽带。

（三）我国经济是以社会主义公有制为主体的多种经济，参加工商联相当大的一部分是个体户。单靠工商局管不住，工商联应配合做工作。工商联工作要适应新的情况，要有新的经验。要加强私营企业者的工作，使他们做一个合法的经营者，通过各种形式的经营为社会主义经济建设作出贡献。

5 月 30 日，全国工商联五届三次执委会通过了《关于做好吸收新会员试点工作的决议》，明确了发展新会员的对象。其中企业会员主要包括：城镇集体企业、合作企业、工商联举办的企业、爱国守法的私人企业；经营方向正确、生产正常、在当地有代表性的乡镇企业；部分国营企业等。团体会员主要包括：供销合作社、手工业联社、地（市）县级个体劳动者协会、与工商联有联系的经济团体。个人会员主要包括：具有一定经营规模和经营能力，爱国守法的私人企业和个体工商户中的代表人士；台港澳同胞、海外侨胞中的工商界知名人士；工商界知名人士的后代；同工商界活动有联系的经济工作者、经济理论工作者及其他有关人士等。会议要求各地工商联继续做好吸收新会员试点工作，加强各级工商联领导班子、工作班子建设。[2]253-254

7 月 27—30 日，全国工商联在北京召开组织工作座谈会。参加会议的有黑龙江、内蒙古、上海、江苏、浙江、福建、广东、广西、贵州、云南共 10 个省、自治区、直辖市工商联的负责人。会议中心议题是研究、交流各地吸收新会员试点工作情况。会议纪要强调：1. 引进新人是一项具有战略意义的重要任务。2. 领导重视、统一思想

---

［1］中央关于工商联工作的指标（1987 年 5 月 15 日）［M］//孙晓华主编. 中国工商业联合会 50 年概览（上卷）. 北京：中华工商联合出版社，2003：494.

［2］黄孟复主编. 中华全国工商业联合会 50 年大事记（1953—2003）［M］. 北京：中华工商联合出版社，2003.

是做好引进新人工作的关键。3."引新"和"安老"要统筹兼顾。4.新人引进后要提倡敬老尊贤,搞好新老团结和合作。5.要争取党的领导和有关部门的支持。[1]254-255

一些地方在吸收新会员的试点工作中,取得了许多经验,主要包括:紧紧依靠地方党委的领导和有关部门的支持;广泛深入宣传新时期工商联的性质、任务和作用;认真做好为会员服务工作;组织结构要反映当地经济结构特点。

吸收新会员工作开展以后,各地会员结构发生了积极的变化。如上海市,1983年底全市有原工商业者会员2万余人。1988年底,全市工商联会员达到23327人,其中企业会员3201个,团体会员129个,个人会员56人,原工商业者会员19941人(其中90%已经退休)。

至1988年9月,全国各级各地工商联组织共吸收新会员7.83万个,其中企业会员3.85万个(包括国营企业1.38万个,集体企业1.63万个,乡镇企业6262个,私营企业339个,"三资"企业737个,联营企业等其他企业1020个);团体会员2742个;个人会员3.7万个。吸收新会员的工作由点到面展开以后,工商联组织结构发生了新变化,形成由多种所有制经济成分的工商企业、经济团体和工商经济界人士共同组成的、新老会员相结合的新型商会组织。[2]161-162

工商联领导班子新老合作交替

1985年8月1—3日,全国工商联在北京召开组织工作座谈会,会后形成《纪要》,其中提出要适当补充一些有代表性的新会员进入领导班子或工作班子。8月6日,全国工商联向各地组织发出《关于认真贯彻中共中央统战部〈关于民主党派、工商联引进新人、加强领导班子问题的几点建议〉的意见》,要求各地组织提高认识,列入议事日程,把选拔培养好新人作为头等重要任务,采取有力组织措施,加强领导班子建设。10月31日,全国工商联和民建中央选拔新人工作领导小组向各地组织发出通知,对各地抓紧做好引进新人、加强领导班子建设进一步提出了要求。[1]231-232

1986年6月4日,全国工商联向各地组织发出《关于机关干部管理暂行办法》的通知,要求各级工商联要严格执行党和国家的干部政策和人事制度,坚决实行任人唯贤,反对任人唯亲;要根据"三个梯队"的精神,实现干部革命化、年轻化、知识

[1]黄孟复主编.中华全国工商业联合会50年大事记(1953—2003)[M].北京:中华工商联合出版社,2003.

[2]本书编写组.中华全国工商业联合会简史(1953—2003)[M].北京:中华工商联合出版社,2013.

化、专业化。[1] 241-242

1984—1988 年，全国工商联及地方各级工商联领导班子的新老合作交替工作[2] 162-163同时进行。许多老同志顾全大局、主动让贤，为年轻同志走上领导岗位铺平道路；同时，一批德才兼备，热心工商联事业的代表各种经济成分的新一代工商界人士和来自政府有关部门的负责人进入了工商联领导班子，为工商联领导班子年轻化、知识化、专业化建设打下了基础，为工商联组织带来了新的活力。在各级党委政府的重视、关心、支持下，各级工商联领导班子逐步实现了新老合作交替。

新时期工商联组织结构、性质与任务

1986 年 7 月 9—15 日，全国工商联五届四次常委会在北京举行，会上讨论了《关于新时期工商联性质、任务和组织结构问题》。主要内容包括：[1] 242-243

工商联的组织性质：是具有统一战线性质的人民团体，即具有多种所有制形式的工商企业团体和经营工商业的会员联合组成的人民团体。

工商联的组织任务：1. 为建设具有中国特色的社会主义服务。2. 为推动"一国两制"的实施服务。3. 为社会主义民主建设服务，发挥政治协商、参政议政、民主监督的作用。4. 为广大的会员服务，关心会员的生产经营、工作、生活，协调会员之间及会员与其他部门之间的关系。5. 反映会员的意见和要求，代表会员的合法权益。6. 发扬自我教育的优良传统，加强思想政治工作，督促会员遵纪守法，树立职业道德，保证产品和服务质量。

工商联的组织结构：1. 原工商业者、老会员、"三小"（小商、小贩、小业主）人员。2. 部分适合于对外活动和国内经济工作需要的国营企业，包括公私合营后转为国营的企业和对外承包企业，产品外销的国营企业及与工商联有密切联系的国家机关、事业单位。3. 城镇集体企业、合作企业和工商联自办企业。4. 中外合资、合作企业，外资企业，优先吸收港、澳、台投资企业。5. 具有一定经营规模、经营能力和代表性的、遵纪守法的个体工商户，个体劳动者协会等团体。6. 城镇企业协会、各类行业协会、供销合作社、手工业合作社等有关团体。7. 个人会员，包括与工商联有密切联系的工商经济工作者，工商经济理论工作者、工商企业家，原工商界知名人士及其第二

---

［1］黄孟复主编.中华全国工商业联合会 50 年大事记（1953—2003）［M］.北京：中华工商联合出版社，2003.

［2］本书编写组.中华全国工商业联合会简史（1953—2003）［M］.北京：中华工商联合出版社，2013.

代、第三代。

1988 年 1 月 22—28 日，全国工商联工作研讨会在北京举行。有 22 个省、自治区、直辖市工商联的负责人参加了会议。会议讨论了工商联在新时期的性质、任务、地位、作用、组织结构及工商联与党政机关和社会团体的关系等。与会者经过深入研讨，统一了对工商联组织的认识：[1]260

工商联组织是我国民间的对内商会，也是对外商会，在对内搞活、对外开放中，应发挥更积极的作用。

工商联性质特征可概括为统战性、经济性、民间性。

工商联是各级人民政协的组成部分；在各级人大常委会和人大代表中也有工商联的代表人物。

工商联任务是参政议政，参与政治协商、民主监督，沟通党和政府与企业的联系，为会员服务，维护会员的合法权益。

工商联作用是桥梁、纽带、服务、协调和自我教育。

这次会议以后，关于工商联组织性质、组织地位、组织任务、组织作用、组织结构等重大问题，在工商联组织内部初步形成共识，为全国工商联第六次会员代表大会讨论修改章程，为争取党和国家对工商联工作进一步的政策支持，打下了基础。

1988 年 6 月 6 日，全国工商联向中共中央报送《关于在新形势下进一步发挥工商联作用的请示报告》。其内容主要包括：1.工商联的工作必须向商会方向转变。2.今后工商联会员结构、领导结构、工作机构的改革。3.工商联的主要职能。4.需要说明的几个政策问题。[1]263-264

此时的工商联组织已开始从"少有企业会员的商会"向"多为企业会员的商会"转变；工商联会员的大多数已开始从"没有企业的企业家"向"有企业的企业家"转变。此时的工商联会员结构，包括私营企业、个体工商户、"三胞"（台湾同胞、港澳同胞、海外侨胞）投资企业、部分乡镇企业和部分国营企业。此时的工商联组织，已经开始形成由多种所有制经济成分的工商企业、经济团体和非公有制经济代表人士构成的人民团体和民间的对内对外商会。

---

［1］黄孟复主编.中华全国工商业联合会 50 年大事记（1953—2003）［M］.北京：中华工商联合出版社，2003.

二、同业公会组织新发展

同业公会[1]是工商联所属的行业组织，其主要职能是按行业联系管理会员、维护会员合法权益、反映会员意见要求、组织开展行业活动。

1956年，公私合营以后，私营企业基本消失，公私合营企业由政府主管部门或专业公司归口管理。在计划经济条件下，同业公会组织职能弱化，20世纪50年代末至70年代初，大多数同业公会组织消失，只有极少数地区的基层同业公会组织存留下来。例如，据江苏省1963年12月对所属市县商贩联合会（商贩同业组织）情况统计，全省所属11个市和各地区的商贩有297877人，建立市一级商贩联合会同业组织8个，区一级商贩联合会同业组织23个；此外，还有同业分会37个，郊区集镇商贩组织35个；集镇商贩同业分会390个、同业小组81个，全省商贩联合会专职人员1170人。

国家实行改革开放以后，个体私营等非公有制经济再次兴起，在市场经济条件下，重新组建同业公会的需求广泛再现。至1985年以后，国务院曾经几次指出，国务院和各省、市、自治区的各经济主管部门对本行业的所有企业，应当变直接管理为间接管理，为此，很有必要建立各行业的民间自治团体，以便于有关部门对所属企业实行间接管理。这种民间自治团体，有些地区已在试办，称同业公会或行业商会或行业协会或行业委员会。它们有一部分成为工商联团体会员，成为工商联组织的重要组成部分。

1985年，宁波市本着"发展起来、组织起来、开展服务"的指导思想，先后组建了纺织服装业、百货五金业、棉布业、烟糖副食业、药业、水产业6个同业委员会，开展同业性服务工作，受到会员企业的好评。其后，在组建同业委员会的基础上，开始组建同业公会的探索。在宁波市委、市政府的协调下，市工商联先后组建了糖烟酒副食、服装、医药、塑料、水产5个同业公会，为会员提供信息、反映情况、协调关系、协助拓销等服务工作并参与同业管理有关工作。

1986年12月，上海市组建了橡胶业同业公会。随后，相继组建了自行车业、餐饮业、美容业、五金工具业、电线电缆业、不动产业等同业商会。其后，伴随着私营

---

[1]这一时期的行业组织名称多称同业公会，又称行业商会或行业协会或行业委员会。

企业向园区、专业市场集聚，进行了组建专业市场商会、园区商会的新探索，其中，康桥工业园商会和金盛装饰家居城商会的成立，具有积极的示范意义。

1987 年，广东省开始在广州、湛江、佛山等地试行组建同业公会。1988 年 9 月，广东省工商联、省委统战部、省体制改革委员会联合发出《关于组建同业公会工作的通知》，促进全省各地组建同业公会（商会）工作全面展开。至 1990 年底，广东全省共建立了 32 个同业公会。新建立的同业公会，发挥同行业的群体力量，实行自我管理、自我协调，成为政府管理行业的得力助手，成为工商联管理会员的有效载体。

1988—1992 年，江苏省工商联组织开展了建立新型同业公会的试点工作，无锡市中药材同业公会、苏州市百货业同业公会、苏州市塑料工业同业公会相继建立，有效发挥了"桥梁作用、服务作用和教育作用"。

1989 年 3—4 月，中央统战部、全国工商联、国家体改委联合组成的调查组分别对浙江省的杭州市、宁波市，广东省的广州市，广西壮族自治区的桂林市，四川省的成都市、重庆市，陕西省的西安市等地调查同业公会组织及工作开展情况；并确定宁波市工商联作为全国组建同业公会的试点单位，对宁波组建同业委员会、进一步组建同业公会及其工作状况进行了调查，给予高度评价。

8 月 8—12 日，全国工商联同业公会工作经验交流会在北京召开，来自全国 20 多个省、自治区、直辖市，18 个省会市和省辖市工商联有关负责人共 113 人参加了会议。这次会议交流了两年来各地开展同业公会试点工作的经验，对同业公会的组织性质、功能、作用和特点达成了共识：[1]

新时期的同业公会，不是旧形式的简单重复，而是新形势下的发展。新时期的同业公会，具有民间性、同业性、地域性三大特点。

所谓民间性，主要体现在"自愿"和"非行政化"两个方面。自愿，就是坚持"自愿入会、自选领导、自聘人员、自筹经费、自理会务"的"五自组织原则"，并充分尊重企业的意愿，"入会自愿、退会自由"；同业公会的活动，实行"自我管理、自我服务、自我协调、自我约束、自我教育"的"五自活动方针"，是民间服务型组织。非行政化，即它不是行政管理机构，没有行政指挥，没有行政编制，没有行政经费，

---

[1] 黄孟复主编.中华全国工商业联合会 50 年大事记（1953—2003）[M].北京：中华工商联合出版社，2003：274.

用会员的话说"没有官气""大家商量办事"。

所谓同业性，又称"行业性"，展开说是"同行业性"，是同业公会的显著特点。特别关注同业状况、行业规划、产业政策，专业市场行情和发展状况，特别关注同业共同利益。

所谓地域性，与同业公会组织规模和会员的经营活动范围密切相关。在20世纪80年代，起步发展阶段的新型同业公会往往组织规模较小，经营活动范围受限，大都局限在市、县范围内，具有浓厚的地方特色。

会议认为，同业公会是我国有计划商品经济发展和深化改革的产物，是有利于社会主义经济发展的民间性经济性社团组织，同业公会有利于"加强同业联盟，树立同业形象，维护同业利益，图谋同业振兴"。是有旺盛生命力的，是有广阔发展前途的。这次会议，对于继续做好同业公会组织与管理工作，为推进同业公会进一步健康发展发挥了积极促进作用。

据不完全统计，至1990年8月底，全国各地共组建各行各业各类同业公会160个，其中市属77个、区属39个、县属44个。[1]随后，在各级工商联的组织推动下，同业公会组织迅速发展壮大，在协助政府加强同业管理、整顿市场，服务企业提高素质、改善经营管理等方面发挥了积极作用。此后，同业公会组建工作得到政府有关部门、同业和社会各界的理解与支持。

三、全国工商联第六次会员代表大会

1988年11月27日至12月3日，全国工商联第六次会员代表大会在北京召开。这是在第三、四、五次大会与中国民主建国会联合召开会员代表大会之后，单独召开全国工商联会员代表大会。

大会概况与主要精神

11月27日，在开幕式上，中共中央书记处书记阎明复宣读了中共中央致大会的贺词。贺词充分肯定了全国工商联自1953年成立以来，团结广大工商业者，为促进

---

[1]本书编写组.中华全国工商业联合会简史（2003—2013）[M].北京：中华工商联合出版社，2003：164.

我国社会主义事业的发展，发挥了重要的作用，并指出：[1]511-512

在改革开放和社会主义现代化建设的新形势下，工商联肩负着新的光荣艰巨的历史使命。工商联的工作，对促进我国的对外开放、发展社会主义商品经济和建设社会主义民主政治，将继续发挥重要的作用。中共中央相信全国工商联和各级工商联能够适应我国形势发展的要求，加强自身建设，团结教育全体会员遵守国家的政策法令，努力发展生产，改善经营管理，同时代表和反映他们的利益和要求，协助政府协调与会员的利益，在改革开放和社会主义现代化建设中，做出新的贡献。

大会上，全国工商联主席荣毅仁致开幕词。他充分肯定了工商联老会员作出的重要贡献，指出新会员给工商联带来了活力，是工商联今后担当新任务的希望所在，并指出：[2]

坚决贯彻执行党的十三届三中全会的精神，认清形势，明确任务，增强信心，振奋精神，迎着困难前进，开创工商联工作的新局面，这是我们今后一个时期的工作重心，也是这次大会的首要课题。

我们要加强会员之间的团结合作，努力扩大与台湾同胞、港澳同胞、海外侨胞以及国际上的工商界朋友、工商社团之间的联系和友谊，广泛团结工商业界；我们要发扬爱国、守法、敬业、实干的优良传统，发扬实事求是、敢说敢为的精神，健全组织机构，转变工作作风，加强服务功能，在对内搞活、对外开放中发挥更加积极的作用。

大会上，全国工商联常务副主席孙孚凌作了题为《坚持改革开放，团结工商业界，发挥新时期工商联的积极作用》的工作报告。[1]515-525

报告回顾了过去五年工商联工作取得的成绩：1.工商联组织在吸收新会员试点中发生新变化。至1988年9月，全国各级工商联组织共吸收新会员78277个，其中包括国营企业、集体企业、乡镇企业、私营企业、"三资"企业、联营企业会员和个人会员等；至1988年11月，全国已有1495个县级以上工商联组织，比5年前的280个增加了4倍多。2.工商联工作在探索中取得新进展。开展经济咨询和工商专业培训

---

［1］孙晓华主编.中国工商业联合会50年概览（上卷）［M］.北京：中华工商联合出版社，2003.

［2］荣毅仁.全国工商联第六届会员代表大会开幕词（1988年11月27日）［EB/OL］.［2023-12-08］.http://www.acfic.org.cn.

服务的范围不断扩大，水平和质量不断提高；开展对外联络领域逐步拓宽，工作日益深入；开展为会员服务，丰富了经济服务工作的内容；开展兴办企业工作取得一定进展。3.工商联在各项工作中，注意贯彻社会主义物质文明和精神文明一起抓的指导思想。

报告提出了工商联的"工作主题"：在新形势下，要以改革的精神把握工商联的组织性质、任务、作用，并在工作实践中深化自身改革；提出了工商联的根本任务：团结工商界，在国家改革开放方针的指导下积极参加社会主义建设，维护会员的合法利益，开展对外经济联系合作和友好往来，为实现社会主义现代化建设和促进祖国统一贡献力量。

报告要求在新形势下加强工商联的自身改革与建设：要转变观念，加强思想建设；要加强组织建设，适应新形势要求；要搞好团结合作，充分发挥新老会员的作用；要密切与有关部门、团体的协调合作关系；要转变作风，完善机关建设。

11月30日，全国工商联第六届会员代表大会举行全体会议。通过了《中国工商业联合会章程（1988）》；选举产生了全国工商联第六届执委会委员321人。[1]

12月2日，在全国工商联六届一次执委会上，选举荣毅仁为主席；选举李定、马仪、王光英、叶迪生、叶宝珊、刘念智、孙孚凌、张绪武、张敬礼、经叔平、姜培禄、郭秀珍（女）、黄长溪、黄凉尘、梁尚立、熊应栋为副主席；选举产生常务委员100名；胡定一为秘书长。推选胡子昂为名誉主席，罗淑章（女）、刘靖基、古耕虞为名誉副主席；推选吴羹梅、毛铁桥、陈希仲等40人为顾问；推选王甦、刘永业、谢会举等83人为咨议。[1]

12月3日，全国工商联主席荣毅仁在大会上致闭幕词，他指出：[2]

随着改革和建设的发展，多种经济成分的企业、经济团体和工商经济界人士加入我会，使我会组织结构发生了重大变化，会员逐渐增加，我们的队伍不是后继无人，而是不断扩大。

我们面临的客观要求是：国家事务的参政议政需要我们，经济建设需要我们，促进祖国统一需要我们，发展海外经济技术的联系合作需要我们，广大会员寄希望于我

---

[1]本书编写组.中华全国工商业联合会简史（1953—2013）[M].北京：中华工商联合出版社，2013：180.

[2]荣毅仁.全国工商联第六届会员代表大会闭幕词（1988年12月3日）[EB/OL].[2023-12-08].http://www.acfic.org.cn.

们。总之一句话，祖国需要我们。我们不是无所作为，而是大有可为，事在人为。

会议号召，坚决依靠党的领导，团结广大会员，听从祖国召唤，脚踏实地，埋头苦干，做出成绩，开创一个新局面，为把工商联办成名副其实的对内对外民间商会而共同努力！

《中国工商业联合会章程（1988）》修改内容

《中国工商业联合会章程（1988）》共分四章25条，与1983年章程相比，修改内容主要包括：

第一章"总则"中，对工商联组织定位明确为："中华全国工商业联合会是中国工商业界组织的人民团体，民间的对内对外商会"，增加了"民间的对内对外商会"的表述。

第二章"会员"中，对工商联会员构成做了重大修改，在第六条中明确为：

本会会员有企业会员、团体会员和个人会员。

（一）国营企业、集体企业、合作企业、乡镇企业、私营企业、企业集团、经济联合体、中外合资经营企业、中外合作经营企业、外商独资企业等可以参加为企业会员。

（二）供销合作社、同业公会、行业协会、私营企业协会、个体劳动者协会、外商公会、外商投资企业协会（或联谊会）、与本会工作有联系的经济团体等可以参加为团体会员。

（三）过去与现在的工商企业经营者、个体工商户的代表性人士，可以参加为个人会员。

（四）与本会有联系的经济工作者、经济理论工作者和其他有关人士，台湾同胞、港澳同胞、海外侨胞中工商界知名人士，可以参加或邀请为个人会员。

（五）与本会有联系的单位，可以通过协商，派人参加为会员。申请入会实行自愿原则。

第十七章

公有制基础上的有计划的商品经济时期工商联
组织特征与功能

1991 年是我国实施《国民经济和社会发展十年规划和"八五"计划》的第一年。
这一年的 7 月 6 日,中共中央发出《关于批转中央统战部〈关于工商联若干问题的请示〉的通知》(中发〔1991〕15 号)(简称 1991 年中央 15 号文件)。这一文件成为公有制基础上的有计划的商品经济时期指导工商联工作的纲领性文献,对于工商联事业发展具有重要意义,以此为标志,工商联事业进入了新的发展阶段。

一、1991 年中央 15 号文件主要精神

1991 年中央 15 号文件,由中央统战部《关于工商联若干问题的请示》和中共中央批转发出的《通知》构成。这个文件,分析了工商联的历史和现状,明确了新时期工商联的性质、地位、任务、基本职能和发展方向;这个文件,指导新时期工商联工作开创了新局面。

关于《工商联若干问题的请示》主要内容

1991 年 6 月 17 日,中央统战部向中共中央报送了《关于工商联若干问题的请示》。

《请示》认为:新时期工商联与 50 年代的工商联在性质和作用上既有继承,又有很大的不同。由于工商联的历史渊源和党的"长期共存、互相监督"的方针,工商联作为统一战线的一个方面保留了原有的名称。

《请示》认为：在社会主义初级阶段，非公有制经济成分作为公有制经济的有益补充，将在社会主义商品经济中长期存在，适当发展。现在亟需有一个党领导下的主要做非公有制经济代表人士政治思想工作的人民团体，对私营企业主、个体工商户和"三胞"投资者介绍党的方针、政策，进行爱国、敬业、守法的教育，并维护他们的合法权益，反映他们的正确意见。工商联作为党领导下的以统战性为主、兼有经济性、民间性的人民团体，是政府管理非公有制经济的助手、党和政府联系非公有制经济代表人士的一个桥梁，能够配合党和政府承担这方面的任务。工商联这种民间性的组织在和我国港澳台地区及世界各国的工商界的联络中还可以起到特有的作用。

《请示》认为：工商联做非公有制经济代表人士工作的有利条件：1. 工商联有一批同党长期合作的党外代表人士。2. 工商联形成了比较健全的组织网络。3. 工商联有一批熟悉统战工作的党员干部和党外干部。工商联要配合党和政府工作，对非公有制经济代表人士进行团结、帮助、引导、教育。

《请示》认为：新时期工商联的会员对象，除了原工商业者外，主要应是私营企业、个体工商户、"三胞"投资企业和部分乡镇企业。大、中型国营企业不参加工商联。因对外交往需要，大、中型国营企业的主要负责人可以个人名义入会。少数中小型国营企业（主要指与工商联有历史联系和业务联系的）可以根据自愿原则参加工商联，但不宜成为主体。个体劳动者协会、私营企业协会、乡镇企业协会和外商投资企业协会可作为团体会员参加工商联，他们中间有些非党主要负责人可经协商，选举担任同级工商联的负责人。目前，这些协会可以推荐一批有代表性、有影响的企业和个人直接参加工商联，有利于工商联更好地发挥作用。

《请示》认为：工商联的主要职能是：1. 贯彻执行党的基本路线，在中国共产党的领导下，同民主党派一样参政议政。2. 反映会员的意见、要求，维护会员的合法权益。3. 协助政府进行专题调研，开展有利于改革开放和社会主义现代化建设的服务活动。4. 加强自身建设，发扬自我教育的光荣传统，帮助会员自觉遵守国家的政策法令，引导、教育会员爱国、敬业、守法，履行应尽的社会责任。5. 开展与港澳台同胞和海外侨胞中工商社团和工商界人士的联络工作。6. 办好工商联自办企业。7. 经政府委托或批准，参与某些具体经济活动。

《请示》认为：根据目前的情况，对同业公会先按照以下办法试行：1. 可在县、镇进行试点，不成立省、市级组织。2. 在县、镇试点中，应选择非公有制经济成分为主的、零星分散的、政府部门不易照顾到的行业。3. 成立同业公会，要经过当地政府有关部门批准，同业公会领导人由当地统战部及有关部门推荐，经选举产生。4.接受当地党和政府的领导和管理，依法进行活动。

《请示》认为：为了加强党的领导，拟继续保留工商联党组。全国工商联党组不同于国务院各部门的党组，也有别于工会、妇联等人民团体的党组。工商联党组受同级统战部领导，任务是贯彻党的方针政策，坚持工商联正确的政治方向，加强对会员的团结、教育工作。目前，全国和省级工商联已普遍建立了党组，市、县工商联凡有工作需要的，经当地党委批准，均可建立党组。党组成员一般由工商联中的党员副主委、工商联机关中的党员负责干部、党委统战部联系工商联的负责同志等组成。应选派政治上强、懂得统战政策的得力干部担任工商联党组的专职书记。党组成员由统战部商组织部任命。在我国，非公有制经济成分作为公有制经济的有益补充将在相当长的历史时期内存在和发展。我党通过工商联在非公有制经济代表人士中进行工作，逐步培养起一支新的、坚决拥护党的领导、与党团结合作的积极分子队伍，以带动他们的同行为社会稳定、改革开放、四化建设和祖国统一服务。这项工作的成功，将对建设有中国特色的社会主义作出重要贡献。

《请示》提出时的非公有制经济背景和工商联组织背景：至1990年底，全国登记注册的私营企业达到9.8万户，从业人员达到170.2万人；个体工商户达到1328.3万户，从业人员达到2092.8万人。原工商业者人数逐渐减少，年龄日益增大，工商联老会员由"文化大革命"前的86万人降到1990年的30万人，且多数已退休。以原工商业者为主体会员的工商联存在着"后继无人、一代而亡"的危险。在这种情况下，加强工商联工作，充分发挥工商联组织作用意义重大，这项工作的成功，将对建设有中国特色的社会主义做出重大贡献。

关于批转请示的《通知》主要内容

1991年7月6日，中共中央以中发〔1991〕15号文件发出《关于批转中央统战部〈关于工商联若干问题的请示〉的通知》。《通知》指出[1]：

在我国，非公有制经济成分作为公有制经济的有益补充，将在相当长的历史时期内存在和发展。现在亟需有一个党领导的、主要是做非公有制经济代表人士思想政治

---

[1] 中共中央批转中央统战部《关于工商联若干问题的请示》的通知（节录）（1991年7月6日）　〔M〕//孙晓华主编：中国工商业联合会50年概览（上卷），北京：中华工商联合出版社，2003：566.

工作的人民团体,对私营企业主、个体工商户和台湾同胞、港澳同胞、海外侨胞投资者介绍党的方针、政策,进行爱国、敬业、守法的教育,并维护他们的合法权益,反映他们的正确意见。工商联作为党领导下的以统战性为主,兼有经济性、民间性的人民团体,可以配合党和政府承担这方面的任务,成为党和政府联系非公有制经济的一个桥梁。工商联的主要工作对象是私营企业、个体工商户、"三胞"投资企业和部分乡镇企业,而不是国营企业。

做好非公有制经济代表人士的思想政治工作,对巩固和发展爱国统一战线具有重要意义。各级党委政府要加强对工商联的领导,支持工商联的工作,继续发挥原工商业者的作用。在工作中要注意掌握政策,对现在的私营企业主,不应和过去的工商业者简单地类比和等同,更不是要像 50 年代那样对他们进行社会主义改造。工商联要配合党和政府,对非公有制经济代表人士进行团结、帮助、引导、教育。通过工作,在他们中逐渐培养起一支坚决拥护党的领导的积极分子队伍。

1991 年中央 15 号文件,解决了人们长期关心的几个问题:

(一)关于工商联组织性质问题。《通知》指出:"工商联作为党领导下的以统战性为主,兼有经济性、民间性的人民团体。"

(二)关于工商联工作对象问题。《通知》指出:"工商联的主要工作对象是私营企业、个体工商户、'三胞'投资企业和部分乡镇企业,而不是国营企业。"

(三)关于非公有制经济称谓问题。《通知》把公有制经济(国有经济和集体经济)之外的包括个体私营经济、"三胞"投资经济、外商投资经济等其他经济成分统称为非公有制经济,这是一个相对于公有制经济而言的概念。

(四)关于非公有制经济的历史地位问题。《通知》重申:"在我国,非公有制经济成分作为公有制经济的有益补充,将在相当长的历史时期内存在和发展。"

(五)关于非公有制经济代表人士称谓问题。《通知》中首次提出"非公有制经济代表人士"的称谓,代替了"私营企业主"等提法。

(六)关于做好非公有制经济代表人士思想政治工作的方法问题。《通知》提出"对非公有制经济代表人士进行团结、帮助、引导、教育",进行"爱国、敬业、守法的教育",为工商联做好非公有制经济代表人士的思想政治工作明晰了工作方法和要求。

1991 年中央 15 号文件,促进工商联组织新变化、并赋予新的工作任务,即主要做非公有制经济代表人士的思想政治工作,成为党和政府联系非公有制经济代表人士的桥梁，成为政府管理非公有制经济的助手。

二、1991 年中央 15 号文件促进工商联组织新变化

1991 年中央 15 号文件促进工商联组织新变化，主要表现在工商联组织特征新变化、工作对象新变化、组织职能新变化，赋予了工商联组织新职能、开辟了工商联工作新领域、充实了工商联工作新内容。

组织特征新变化

从《工商业联合会组织通则（1952）》，到《中国工商业联合会章程（1988）》，工商联的组织定义表述为："工商业联合会是各类工商业者联合组成的人民团体。"1991 年中央 15 号文件，对工商联的组织定义表述为："工商联作为党领导下的以统战性为主，兼有经济性、民间性的人民团体"，在"人民团体"前面加了"三性"的定语。这一表述，其重要意义：1. 重申了工商联具有"人民团体"组织性质。2. 重申并正式肯定工商联具有"统战性、经济性、民间性"三性组织特征。3. 三性组织特征的相互关系"以统战性为主，兼有经济性、民间性"。

在 1992 年 1 月 6 日至 11 日召开的全国工商联六届四次执委会上，重点研究讨论了工商联"三性"（统战性、经济性、民间性）组织特征和会员结构问题，会议工作报告指出：要正确认识和处理工商联"三性"（统战性、经济性、民间性）中"为主"和"兼有"的辩证关系，经济性和民间性都要体现在统一战线工作当中，而统一战线工作又要寓于经济活动和民间特色、民间渠道、民间作用之中。

"人民团体"组织性质和"统战性"组织特征，是中国当代最大的商会组织——工商联的组织特殊性。它不同于国外商会组织，因为国外商会组织大都具有经济性和民间性，而不具备统战性；它又不同于国内其他商会组织，如行业商会或行业协会等，因为行业商会或行业协会归类于社会团体，而不是人民团体。

新时期赋予工商联"统战性"特征，意义重大，作用重大。因为"统战性"特征，决定了工商联的政治方向、政治地位、政治功能；因为"统战性"特征，赋予统战性功能。统战性功能，是授权功能，是党和政府授权工商联广泛团结、帮助、教育、引导广大非公有制经济代表人士，构建促进非公有制经济发展的统一战线。关于工商联"统战性"功能作用的发挥，主要包括参加中国人民政治协商会议，参与政治

协商、民主监督、参政议政，促进非公有制经济人士健康成长等。文件中明确了"三性"中，为主（统战性为主）和兼有（经济性、民间性）的关系，这意味着工商联工作应把"统战性"放在更重要的位置，并把统一战线工作方法运用到经济工作和民间活动之中。

工作对象新变化

1991 年中央 15 号文件明确指出："工商联的主要工作对象是私营企业、个体工商户、"三胞"投资企业和部分乡镇企业，而不是国营企业。"这表明工商联组织的工作领域主要是非公有制经济领域，而不是公有制经济领域。

将私营企业、个体工商户、"三胞"投资企业和部分乡镇企业纳入工商联工作对象，实际上是拓宽了工商联工作领域。工商联成员以非公有制企业和非公有制经济人士为主体，这样的组织分工，更符合当时工商联组织和工商联工作的客观实际。

组织职能新变化

1991 年中央 15 号文件指出：工商联作为政府管理非公有制经济的助手，党和政府联系非公有制经济代表人士的一个桥梁，能够配合党和政府承担这方面的任务。这是党和政府对工商联职能作用的高度肯定与明确要求。要求工商联在发挥"桥梁""助手"作用方面，加强非公有制经济代表人士的思想政治工作，沟通政企关系，推动经贸交流协作，协调劳动关系，维护合法权益，服务企业发展，促进非公有制经济健康发展等，使得工商联组织职能保持稳定并有新发展。

1991 年中央 15 号文件进一步强化了工商联的组织职能。例如：新规定的主要职能与之前相比，一是参政议政职能得到强化，即"同民主党派一样参政议政"；二是政府助手职能得到明确，即"协助政府进行专题调研，开展有利于改革开放和社会主义现代化建设的服务活动"；三是做非公有制经济代表人士思想政治工作的职能进一步强化，即"引导、教育会员爱国、敬业、守法，履行应尽的社会责任"；四是做非公有制经济代表人士思想政治工作的要求更加明确，即"团结、帮助、引导、教育"；五是对外联络职责更加明确，即"开展与港澳台同胞和海外侨胞中工商社团和工商界人士的联络工作"；六是工商联特色工作仍然保留，包括"办好工商联自办企业""经政府委托或批准，参与某些具体经济活动"等。

1991 年中央 15 号文件指出："对现在的私营企业主，不应和过去的工商业者简单地类比和等同，更不是要像 50 年代那样对他们进行社会主义改造。"这就更加明确了党和政府对待私营企业主，对待非公有制经济人士的基本政策。

1991 年中央 15 号文件，把做非公有制经济代表人士的思想政治工作任务赋予工商联，对工商联是极其信任并寄予厚望的。这个文件，不但消除了"工商联后继无人、一代而亡"的顾虑，而且赋予了工商联组织新职能、开辟了工商联工作新领域、充实了工商联工作新内容。

三、贯彻落实 1991 年中央 15 号文件工作情况

1991 年 8 月 6 日，全国工商联发出通知，对全国工商联系统组织学习贯彻 1991 年中央 15 号文件精神进行了工作部署。9 月，全国工商联六届七次常委扩大会议在北京举行，会议作出了学习贯彻文件精神的决议。从此，全国上下工商联系统学习贯彻 1991 年中央 15 号文件精神的活动掀起了高潮。

工作要求和工作规划

1992 年 1 月 6—11 日，全国工商联六届四次执委会在北京召开。会议对贯彻 1991 年中央 15 号文件提出了工作要求和工作规划。

1 月 8 日，时任中共中央政治局委员、国务院副总理田纪云代表国务院到会发表重要讲话。他在讲话中从三个方面重点强调了贯彻落实好 1991 年中央 15 号文件精神，发挥工商联组织作用，做好非公有制经济代表人士统战工作的重大意义：[1]

第一，有助于建设有中国特色的社会主义。改革开放以来，我们在总结历史经验的基础上，从我国生产力发展的实际状况出发，对各种经济成分制定了明确的政策，逐步形成了以公有制为主体的多种经济成分并存的所有制结构。这也是具有中国特色的社会主义的体现。只要我们的工作做好了，非公有制经济成分就会成为我党统战工作中的稳定因素，就会巩固我党的统一战线，就会成为公有制经济的有益补充，从而促进我国安定团结的政治局面的形成，推进四化建设和改革开放事业的发展，为和平统一祖国、实施"一国两制"做出贡献。爱国统一战线的巩固，又有利于建设有中国

---

[1] 孙晓华主编.中国工商业联合会 50 年概览（上卷）[M].北京：中华工商联合出版社，2003：581-586.

特色的社会主义。

第二，有利于党对非公有制经济成分的领导。非公有制经济（1990 年，工业产值占全国的 9.8%；社会商品零售额占全国的 21.4%）已成为我国经济的一个组成部分，是公有制经济的必要、有益补充。党和政府要不要和非公有制经济人士建立联系，要不要通过一个组织去做他们的工作，要不要实现对这部分人的领导，毫无疑问，回答是肯定的。既然我们党曾通过工商联这一组织，对民族工商业者进行教育并取得了历史性的成果，我们就应该一如既往地信任这一组织，并赋予它新的历史使命和健全它的工作职能，使之做好非公有制经济成分的工作。

第三，有益于开拓党的思想政治工作的新领域。对非公有制经济代表人士进行思想政治工作，我们的基本方针是："团结、帮助、引导、教育"；基本要求是："爱国、敬业、守法"；最终目标是：要看积极分子队伍的质量与数量是否与我国整个社会主义社会相适应、相一致。

田纪云在讲话中，希望工商联发挥对会员进行自我教育、自我管理、自我约束的优良传统，培养一支新的、坚决拥护党的领导、与党团结合作的积极分子队伍，以带动他们的同行，为社会稳定、改革开放、四化建设和祖国统一服务。希望工商联在促进非公有制经济健康发展的工作中，做出新成绩，开创新局面。

1 月 9 日，在全国工商联六届四次执委会上，中央统战部部长丁关根发表重要讲话。他要求贯彻落实 1991 年中央 15 号文件精神，"思想转弯要快、工作步子要稳""平稳过渡、分步到位"，从六个方面提出具体要求：[1]

第一，提高认识，统一思想，明确任务，增强信心。1991 年中央 15 号文件为工商联指明了一条新路，赋予新的任务，即主要做非公有制经济代表人士思想政治工作，成为党和政府联系他们的桥梁，政府管理非公有制经济的助手。这是一项极其重要的、具有战略意义的工作，对工商联来说，是历史赋予的光荣而又艰巨的任务。

第二，调查研究，了解情况，广交朋友，建立制度。调查研究，了解情况，可从交朋友入手。例如，上海市在非公有制经济人士中选择了一批有代表性、有影响的人士作为经常联系的对象，采取定期召开座谈会、个别访问、组织参观、举办短期培训班等形式开展工作。广交朋友，建立制度，有利于了解情况，有针对性地逐步开展工作。

---

[1] 孙晓华主编.中国工商业联合会 50 年概览（上卷）[M].北京：中华工商联合出版社，2003：587–594.

第三，团结帮助，引导教育，掌握政策，反映意见。对非公有制经济代表人士进行工作的基本方针是"团结、帮助、引导、教育"，这是我们必须掌握的政策，是完整的统一的。团结，就是要在爱国主义、社会主义的旗帜下，团结他们为改革开放、建设四化、振兴中华而奋斗。帮助，就是要维护他们的合法权益，反映他们的正确意见，在政策允许和可能的范围内，帮助他们解决一些实际困难，为他们提供各种服务。引导，就是引导他们在发展生产、活跃经济、方便人民生活、解决待业和对外开放等方面发挥积极作用，抑制其不利于国家宏观调控和不利于社会收入分配协调的消极作用，使其发展范围趋于比较合理，真正起到有益的补充作用。教育，主要内容是爱国、敬业、守法。通过教育，使他们正确对待国家、社会和个人的利益关系，遵守国家的政策法令，履行应尽的社会责任。

第四，两条纪律、三个结合、培养队伍、推荐人士。两条纪律：一是不再面向国营企业发展会员；二是对非公有制经济不搞社会主义改造。三个结合：工商联要将团结非公有制经济代表人士的工作与思想工作相结合、与经济工作相结合、与为会员服务相结合。培养队伍：一支是工商联干部队伍；另一支是非公有制经济代表人士的积极分子队伍。推荐人士：推荐非公有制经济代表人士担任人大代表、政协委员。

第五，协调关系、求同存异、先易后难、不等不靠。工作重点要放在联系非公有制经济代表人士，交朋友，团结一切可以团结的力量，调动一切积极因素，做思想政治工作，做服务工作。

第六，总结经验、推广典型、积极稳妥、开拓前进。工商联今后的工作，归纳起来就是：1. 对非公有制经济代表人士实行"团结、帮助、引导、教育"的方针，进行"爱国、敬业、守法"的教育，不是去搞社会主义改造，是要帮助他们健康发展。2. 加强同非公有制经济代表人士的联系，了解他们的思想和工作状况，维护他们的合法权益，反映他们的意见和要求，帮助他们解决一些应该解决的实际问题。3. 在非公有制经济代表人士中逐渐培养一支坚决拥护党的领导、与党团结合作的积极分子队伍。4. 调查研究非公有制经济发展中存在的问题，综合分析，向有关部门提出具体的政策性建议。5. 在国家政治生活和经济生活中发挥政治协商、民主监督作用。6. 受政府委托开展经济服务工作。7. 加强工商联自身建设，包括领导班子、机关工作班子和干部队伍建设。

丁关根在讲话中，强调：最关键的是要集中精力把经济搞上去，把我们的事情办好，把工商联工作推向前进，为建设有中国特色的社会主义作出应有的贡献。

1月11日，全国工商联六届四次执委会正式通过了《关于贯彻执行中共中央〔1991〕15号文件的两年工作规划》。[1]

《工作规划》明确了指导思想：以建设中国特色社会主义的基本理论为指导，在党中央和国务院的领导下，进一步发挥工商联统一战线的人民团体和民间商会的作用，平稳、积极、分段地实现工商联性质、组织结构、主要职能的调整和发展，坚决承担起主要做非公有制经济代表人士的思想政治工作，通过工作，在他们中逐渐培养起一支坚决拥护党的积极分子队伍的历史使命，以奋进和务实的精神，不断探索、开拓前进，全面、扎实地把1991年中央15号文件精神落实到工商联的各项工作中去。

《工作规划》明确了1992年的主要工作：1.召开专题会议，部署贯彻落实文件。2.开展对个体私营经济、乡镇企业、"三胞"投资企业等不同对象的调查研究。3.逐步吸收非公有制经济人士入会，为会员结构和领导班子结构调整创造条件。4.探索作非公有制经济代表人士的思想政治工作的经验，并通过工作逐渐培养坚决拥护党的领导、与党团结合作的积极分子队伍。5.结合主要对象和主要任务，摆正重点工作与全面工作的关系，认真履行各项职能，坚持为会员服务、为社会服务、为国家服务。6.大力宣传党对非公有制经济的方针政策，宣传工商联组织性质、组织结构、主要职能和积极作用。7.注意了解海南、深圳经济特区工商联按照1991年中央15号文件的规定进行试点工作的情况，并及时组织研究、总结和交流。8.在1992年下半年召开本会常委（扩大）会议，初步总结贯彻落实情况。9.加强工商联机关建设。

《工作规划》明确了1993年的主要目标：1.适当时候与有关部门和单位共同召开先进非公有制企业和人士的表彰会。2.以1991年中央15号文件精神为指导，修改《中国工商业联合会章程》。3.召开全国工商联第七次会员代表大会，为全面开创工商联工作新局面作出工作部署，为建设有中国特色的社会主义作出应有的贡献。

工作绩效和工作体会

1991年中央15号文件发出以后，全国各地各级工商联迅速组织学习宣传、开展调查研究、推动工作落实，其工作力度之大、影响之大、成效之大，在工商联组织和

---

[1] 孙晓华主编.中国工商业联合会50年概览（上卷）[M].北京：中华工商联合出版社，2003：595—598.

工作史上是前所未有的。工作绩效是显著的，工作体会是深刻的。基本上达到了"平稳、积极、分阶段地实现工商联性质、组织结构、主要职能调整和发展"的要求。在各级党委、政府的重视支持下，工商联工作出现了新变化、有了新起色，开创了新局面。

——从思想上看，各级工商联组织及成员通过认真学习，逐步把思想和认识统一到领会1991年中央15号文件精神实质上来。

——从组织上看，贯彻落实1991年中央15号文件，推动了各级工商联组织建设和发展。据不完全统计，至1992年12月，各级工商联发展新会员总数达到29万个，其中非公有制经济成分会员占比41.3%。1992年以来，又有86个市、县恢复或建立了工商联组织，全国范围内，县以上工商联组织达到2007个。各级组织通过多种途径与非公有制经济代表人士交朋友，建立了比较稳定的关系。已有17个省级工商联推荐了近150名非公有制经济代表人士成为全国工商联直接联系对象；省、市、县工商联的联系对象人数也逐步增多。从全国到地方各级工商联，一支非公有制经济代表人士的积极分子队伍正在逐渐形成。

——从工作上看，全国各地各级工商联组织注意全面贯彻"团结、帮助、引导、教育"的八字方针，充分履行"七项职能"，以经济建设为中心，将思想政治工作寓于经济工作之中，把统战工作与经济工作结合起来，促进为会员、为企业、为政府、为社会服务工作有了新起色、新进展。例如：

在北京，根据中共中央和北京市委的指示，北京市工商联把工作重点转向非公有制经济领域，不断加大对非公有制经济代表人士团结、帮助、引导、教育的工作力度，出色地履行了新时期工商联的基本职能，为首都改革、发展、稳定的工作大局作出了贡献：一是围绕经济建设这个中心，突出引导非公有制经济代表人士健康成长这个主题，充分发挥政治协商、民主监督、参政议政的政治优势，以政协提案、调查报告等形式，建议并促成了北京市主要领导与非公有制经济代表人士共商首都经济圈发展大计、北京市政府《关于鼓励本市个体经济发展的若干意见》出台和全市个体私营经济工作会议的召开；促成了市政府个体私营经济联席会议制度的建立和首次将非公有制经济发展列入《北京市国民经济和社会发展第十个五年计划》，极大地调动了全市非公有制经济人士发展生产、扩大经营的积极性。二是主动争取党政有关部门的支持，积极强化商会职能，完善商会服务体系。陆续开展非公有制经济代表人士档案管理与人才交流，协助办理因私出国护照，开展非公有制企业会计人员培训与验发会计证，开展非公有制企业专业技术人员职称申报、产品质量等级认证等服务事项。此外，还参与北京市仲裁委员会的组建工作，设立工商联法律事务部，与有关商业银行建立业务联系，为会员提供信息咨询、教育培训、商贸洽谈、法律事务和金融服务。1991—2000年间，北京市、区两级工商联会同有关部门，面向非公有制经济人士开展教育培训，举办工商管理、职业技能培训共977个班次，培训各类人才近5万人，促进了非公有制经济人士政治理论素养和经济管理能力提升。三是通过聘请政府有关部门领导担任特邀顾问的形式，与北京市18个政府部门及银行建立了信息交流网络，在非公有制企业与政府部门之间架起了一座桥梁。此外，还与各省、市、自治区工商联建立业务合作网络，为不同地区的工商联会员提供了大量商机。四是注重引导非公有制经济人士致富思源、扶贫济困，热心公益事业。五是以非公有制经济人士为主要对象，积极健全组织，调整结构，加强自身建设。在北京市和各区县党委政府的支持下，完成了18个区县工商联的恢复和组建工作；建立起乡镇、街道工商联分会和地区小组56个，行业商会和同业公会17个，妇委会和企业家联谊会等组织6个。与此同时，会员数量大幅增长，会员结构逐步趋于合理。至2000年底，北京市工商联共有会员10030个，其中非公有制企业会员5589个，成为新时期工商联会员的主体。全市非公有制经济代表人士中，有43人当选各级人大代表，245人担任各级政协委员，656人入选各级工商联领导成员，一支坚决拥护中国共产党领导、坚定走社会主义道路的积极分子队伍初步形成。六是大力宣传非公有制经济的地位、作用和非公有制经济代表人士的先进事迹和示范作用。

在天津，1991年中央15号文件颁布后，天津市工商联组织全体成员认真学习贯彻文件精神，坚持把做好非公有制经济代表人士的思想政治工作作为主要任务，大力吸收非公有制企业入会，千方百计配合党委、政府对非公有制经济代表人士进行团结、帮助、引导、教育，紧紧围绕天津市经济社会发展中的热点、难点、重点问题，特别是个体私营经济发展问题参政议政、建言献策；参与了中共天津市委、天津市人民政府《关于进一步加快个体私营经济发展的决定》和《关于进一步加快个体私营经济发展的若干意见》起草的相关工作；以非公有制企业为主体大力发展会员，并积极开展服务会员、扶贫助残、支教办学、安置下岗职工和待业青年、支援西部开发等方面的工作，受到党和政府的肯定和表扬，受到会员好评。

在河北，1991年中央15号文件颁布后不久，中共河北省委下发了《批转省委统战部〈关于我省工商联若干问题的请示〉的通知》（简称"河北省委26号文件"），指导工商联工作健康发展。河北省工商联编印了《新时期工商联性质、作用、职能及会员结构》《新时期工商联的历史使命》两本宣传手册；认真开展调查研究和试点工作；认真抓好县区级工商联组织恢复、建立和结构调整工作；为更有利于发挥民间商会作用，成立了"河北省总商会""河北省民营企业工会"。省委统战部和省工商联联合召开了"河北省非公有制经济代表人士为两个文明建设作贡献经验交流暨表彰大会"，中央统战部、全国工商联的领导，河北省委、省政府领导出席了这次大会，省委书记、省长在讲话中提出要更加放胆放手发展非公有制经济并做到"五个不限"（发展比例不限、发展速度不限、从业人员和经营规模不限、经营范围不限、经营方式不限）和"五个放"（放宽政策、放开产业、放大范围、放宽领域、放手发展）的口号，要求全省各级党委、政府和社会各个方面"要把思想正过来，政策活起来、发展热起来"，为非公有制经济发展创造一个良好的环境。这次会议，对于调动河北全省非公有制经济人士更好地为改革开放和经济建设作贡献起到了重要作用。河北省工商联根据这次大会取得的成效，总结出"探索作思想政治工作的一次有益尝试"的深刻体会。

在山西，1991年中央15号文件颁布后，山西省工商联狠抓市、县工商联组织恢复和换届工作，并加快会员结构调整。至1993年，市、县工商联组织发展到96个，并组建了2个地区办事处和12个同业公会。各类会员共18809名，其中团体会员335名，个人会员14348名；非公有制经济方面的会员达到6077名，占比32.5%，比年初增加了11个百分点。

在辽宁，1991年中央15号文件颁布后，辽宁省工商联邀请省直16个厅局负责人参加座谈会，与省委统战部联合组织调查组，深入私营企业、个体工商户、"三胞"投资企业调查研究，对贯彻落实文件精神达成了共识，提高了认识。1992年，辽宁省工商联制定下发了《辽宁省工商联贯彻落实中共中央〔1991〕15号文件的两年规划》；中共沈阳市委下发了《关于贯彻中共中央关于工商联工作若干问题的指示，加强市工商联工作的意见》，有力有效促进了非公有制经济发展和工商联工作进步。至1992年末，全省工商联会员总数达到19107个，其中非公有制企业和个人会员3208个，占新发展会员数的36.8%；团体会员63个，包括私营企业协会12个，个体劳动者协会49个，乡镇企业协会2个。全省共有县、区级工商联组织67个，其中9个是1991年中央15号文件发布后组建的。

在上海，1991年中央15号文件颁布后，上海市工商联事业发展进入新的里程，工商联特色工作主要包括：1. 以调研为基础，履行工商联参政议政职能，关注经济发展和社会热点、难点问题，积极为非公有制企业会员排忧解难，维护其合法权益，在市工商联的呼吁和推动下，成立了面向包括广大非公有制企业在内的"上海市小企业服务中心"。2. 有效拓展经济服务职能。利用工商联网络优势，针对会员需求，提供协调沟通、咨询培训、质量监督和法律服务。创新开展了非公有制经济代表人士档案管理工作，创新建立了"私营企业贷款担保基金"，助力缓解非公有制企业融资难题。3. 在非公有制企业会员中开展"致富思源、富而思进"活动，动员组织非公有制经济代表人士积极参与再就业工程、希望工程、光彩事业和慈善事业等社会公益活动，促进"爱国、敬业、守法"的非公有制经济代表人士队伍持续发展壮大。

在安徽，1991 年中央 15 号文件颁布后，1992 年，安徽省工商联发出《关于加强市县工商联组织建设的几点意见》，紧紧依靠同级党委的领导和统战部的指导、支持，全省工商联组织结构调整工作取得明显成效。至 1996 年底，全省共发展新会员 45568 个，其中非公有制经济成分新会员 31474 个，占比 69.1%。全省会员总数达到 57668 个。全省 76 个市县工商联按照文件精神完成了换届任务。

在青岛，1991 年中央 15 号文件颁布后，青岛市工商联全面开展发展新会员和职能转换工作。到 1992 年底，共发展非公有制经济成分新会员 932 个，使会员总数达到 3515 个。其中企业会员 1157 个（其中包括中小型国有企业 188 个、集体企业 368 个、乡镇企业 299 个、三资企业 64 个、私营企业 238 个）；个人会员 2342 个（其中包括个体户 728 个，原工商业者 1614 个）；团体会员 16 个（其中包括个体私营协会、外商投资企业协会、乡镇企业协会）。青岛市工商联新领导班子中，非公有制经济代表人士占比 54.3%。此外，推荐了 144 名非公有制经济代表人士担任各级人大代表和政协委员。青岛市工商联"换脑筋、抓班子、强实力、建体系、搞服务、促发展"的基本工作思路和成效得到有关方面的高度评价。

在贵州，1991 年中央 15 号文件颁布后，贵州省工商联配合省委统战部在凤冈县进行贯彻文件工作试点。试点分三个阶段进行：第一阶段，学习文件，提高认识，统一思想；第二阶段，开展对非公有制经济及其代表人士调查研究，发展新会员，建立工商联乡镇分会，物色新一届工商联领导班子人选；第三阶段，召开会员代表大会选举工商联新领导班子。经过两年时间由点带面的工作，全省各级工商联会员结构和组织结构得到合理调整。至 1993 年 6 月，全省工商联会员发展到 33984 个（其中原工商业者 12024 个，新会员 21960 个）。新会员中非公有制经济成分的会员 15872 个，占比 72.3%。55 个县工商联完成换届工作，20 个县工商联重新恢复工作。

在宁夏，1991 年中央 15 号文件颁布后，宁夏回族自治区工商联于 1992 年 7 月召开全区工商联组织工作会议，形成《宁夏工商联组织工作会议纪要》，自治区党委统战部转发了这个纪要，指导并推动了工商联组织工作健康发展。至 1994 年 6 月，宁夏回族自治区工商联已有会员 2484 个。其中，新会员 1505 个，比 1990 年的 744 个增加了一倍多；非公有制经济成分的会员 945 个，在新会员中占比 60%，会员结构发生了显著变化。

贯彻落实 1991 年中央 15 号文件，促进了工商联工作进步发展，工商联的工作对象逐步由非公有制经济代表人士扩大到非公有制经济人士；促进了全国各级工商联组织和会员队伍健康发展。至 1993 年 10 月，全国各级工商联会员达到 67 万个，其中新会员总数达到 38.3 万个，非公有制经济成分占比 53.7%。全国工商联重点联系的非公有制经济代表人士 319 人；省、自治区、直辖市工商联重点联系的非公有制经济代表人士共计 2259 人。县级以上地方工商联组织增加到 2299 个，与五年前的 1459 个相比增加了 53.8%，一部分乡镇开始建立分会组织。[1]628

贯彻落实 1991 年中央 15 号文件，优化了非公有制经济发展环境和非公有制经济人士成长环境，促进了非公有制经济组织和非公有制经济人士队伍进一步发展，据统计，从 1991 年到 2009 年的 18 年间，全国个体工商户由 1417 万户增加到了 3197 万户，从业人员由 2258 万人增加到 6585 万人；登记注册的私营企业由 10.8 万户增加到了 740 万户，占到全国企业总数的 70%，其投资者由 24 万人增加到 1650 万人；从业人员由 184 万人增加到 6956 万人；个体私营经济注册资金由 611 亿元增长到 15.7 万亿元。非公有制经济创造了约 50% 的国内生产总值、25% 的进出口总额，60% 的国内发明专利和 90% 的城镇新增就业岗位。[2]伴随着非公有制经济健康发展和非公有制经济人士健康成长，工商联的组织地位越来越重要。

1992 年 12 月 3—8 日，在全国工商联执委会六届五次会议上，会议代表对于一年半时间内，开展贯彻落实 1991 年中央 15 号文件，做好工商联工作的有关情况进行了初步总结，有了深刻体会：[1]609-612

第一，发展工商联事业，必须学习掌握好建设有中国特色社会主义理论，不断解放思想。大家认识到，促进非公有制经济健康发展，需要工商联组织发挥作用。只要

---

［1］孙晓华主编.中国工商业联合会 50 年概览（上卷）［M］.北京：中华工商联合出版社，2003.

［2］中共中央统战部、全国工商联.《中共中央国务院关于加强和改进新形势下工商联工作的意见》学习问答［M］.北京：中华工商联合出版社，2011：30.

我们的工作做好了，就能真正推动非公有制经济成为公有制经济的有益补充，成为活跃社会主义市场经济的重要力量，成为社会发展、国家稳定的积极因素，从而促进我国安定团结的政治局面的巩固，推进四化和改革开放的发展。

第二，做好工商联工作，必须紧紧围绕为经济建设这个中心服务，坚持党的基本路线不动摇。大家认识到，只有自觉地服从服务于国家和本地区的经济建设，全面贯彻"团结、帮助、引导、教育"的八字方针，充分履行"七项职能"，我们的工作才能生机勃勃、充满活力；我们的组织才能增强凝聚力和影响力；我们的组织作为"桥梁"和"助手"作用才能更好地发挥；我们联系的非公有制经济代表人士积极分子队伍才能发展壮大。

第三，开创工商联工作新局面，必须紧紧依靠党的领导，积极争取党政领导支持。许多地方的工商联积极主动地向党委政府汇报工作，反映情况，争取得到领导重视支持。1991年中央15号文件下发后，各级党委政府都十分重视，把贯彻落实文件精神摆上了党委政府议事日程，一些地方还为此专门下发了贯彻落实意见，加强了对工商联的领导，为工商联提供了良好的工作条件。

第四，深入基层、调查研究、抓好试点，是工商联干部特别是领导干部必须掌握的基本工作方法。例如，长春市工商联机关全员出动，在40天时间内走访了330户非公有制经济代表人士。河北省工商联与省委统战部共同组成4个调查组，分赴全省18个地市的50多个县市，对私营企业和"三胞"投资企业进行调查，既了解了非公有制经济代表人士的思想状况和会员企业生产经营情况，又促进了工商联干部思想认识的转变优化。

第五，加强宣传、扩大影响，树立新时期工商联的新形象。各级工商联组织通过召开座谈会，举办学习班，组织宣讲团，走访会员等形式，充分运用报刊、广播、电视等宣传媒体，以及编印宣传提纲、组织知识竞赛，利用政协会议发言、提案、建议等多种形式广泛宣传，推动了1991年中央15号文件的贯彻落实。

1991年中央15号文件的颁发、贯彻、实施，对于工商联组织及其成员的意识与行为产生了极其重大而深远的影响，对于促进我国工商联事业改革发展，促进我国非公有制经济健康发展，促进非公有制经济人士健康成长发挥了至关重要的作用。

第四编

社会主义市场经济时期中国当代商会改革与发展

（1992年至今）

提　要

以邓小平南方谈话（1992年1—2月）和中国共产党第十四次全国代表大会召开（1992年10月）为标志，中国进入社会主义市场经济时期，全国上下统一思想"抓住机遇，加快发展，集中精力把经济搞上去"。

在这一时期，中国经济以发展为主线，大力推进改革发展、科学发展、高效率高质量发展。

中共十四大明确了我国经济体制改革的目标是建立社会主义市场经济体制；中共十五大确立了公有制为主体、多种所有制经济共同发展的基本经济制度。在这一时间段，因为国家实行社会主义市场经济体制，激活了工商联组织的经济功能；因为市场主体数量大幅增加，扩大了工商联组织规模和工作对象。

中共十六大提出：必须毫不动摇地巩固和发展公有制经济，必须毫不动摇地鼓励支持和引导非公有制经济发展；中共十七大提出：坚持基本经济制度，坚持"两个毫不动摇"，坚持平等保护物权，形成各种所有制经济平等竞争、相互促进新格局。在这一时间段，全国上下贯彻落实科学发展观，推动经济又好又快发展，工商联组织的工作任务明确为"促进非公有制经济健康发展和引导非公有制经济人士健康成长"。

中共十八大提出："把推动发展的立足点转到提高质量和效益上来"的新要求；中共十九大提出：推动经济高质量发展，必须坚持"质量第一、效益优先"；中共二十大提出："高质量发展是全面建设社会主义现代化国家的首要任务。"在这一时间段，包括工商联在内的各类商会组织活跃度及成员积极性空前高涨，围绕全面建成小康社会、全面建设社会主义现代化国家的目标，展现出新作为，作出了新贡献。

第十八章

社会主义市场经济体制下中国当代商会发展新环境

把社会主义制度与市场经济结合起来，建立社会主义市场经济体制，是前所未有的伟大创举，给国家经济、政治、社会等各个领域带来巨大的变化，给中国当代商会面临的外部环境带来巨大的变化，给中国当代商会组织及成员的意识与行为带来巨大的变化。

一、邓小平"南方谈话"促进工商联成员思想解放

1992年1月18日至2月21日，邓小平到武昌、深圳、珠海、上海等地视察，发表了著名的"南方谈话"。"南方谈话"，帮助全党全国人民解放了思想，坚定了以经济建设为中心，加快改革步伐、扩大开放，把经济搞上去的信念。"南方谈话"，为促进国民经济，特别是非公有制经济加快发展；为促进工商联成员解放思想，激活工商联经济功能，发挥了至关重要的作用。

邓小平"南方谈话"激活市场经济意识与行为

湖北是邓小平视察南方的第一站。1992年1月18日10时31分，邓小平乘坐的专列到达武昌火车站。邓小平走下列车，在1号站台边散步边与湖北省委、省政府领导同志关广富、郭树言、钱运录等交谈。在约半个小时的谈话[1]中，邓小平的话语通俗而又深刻："发展才是硬道理。""能快就不要慢。""低速度就等于停步，甚至等于后退。""不坚持社会主义，不改革开放，不发展经济，不改善人民生活只能是死路一

---

[1]邓小平视察南方首选在武昌[N].湖北日报（2021年5月7日），第4版.

464

条。""现在有一个问题，就是形式主义多，电视一打开，尽是会议。会议多，文章太长，讲话也太长，而且内容重复，新的语言并不很多。重复的话要讲，但要精练。形式主义也是官僚主义。要腾出时间来多办实事，多做少说。"他还说，办事情正确与否，"主要看是否有利于发展社会主义社会的生产力，是否有利于增强社会主义国家的综合国力，是否有利于提高人民的生活水平"。谈话持续了半个小时，邓小平期望并相信湖北这块红色的土地，一定能够发展得快些更快些！

离开武昌后，邓小平继续向南，到达深圳、珠海、上海等地继续视察，沿途发表了一系列具有重大现实意义和深远历史意义的重要谈话。[1]370 在谈话中，他指出：

革命是解放生产力，改革也是解放生产力。推翻帝国主义、封建主义、官僚资本主义的反动统治，使中国人民的生产力获得解放，这是革命，所以革命是解放生产力。社会主义基本制度确立以后，还要从根本上改变束缚生产力发展的经济体制，建立起充满生机和活力的社会主义经济体制，促进生产力的发展，这是改革，所以改革也是解放生产力。过去，只讲在社会主义条件下发展生产力，没有讲还要通过改革解放生产力，不完全。应该把解放生产力和发展生产力两个讲全了。

谈话中，邓小平透彻地论述了计划和市场的关系，他说：[1]373

计划多一点还是市场多一点，不是社会主义与资本主义的本质区别。计划经济不等于社会主义，资本主义也有计划；市场经济不等于资本主义，社会主义也有市场。计划和市场都是经济手段。社会主义的本质，是解放生产力，发展生产力，消灭剥削，消除两极分化，最终达到共同富裕。就是要对大家讲这个道理。证券、股市，这些东西究竟好不好，有没有危险，是不是资本主义独有的东西，社会主义能不能用？允许看，但要坚决地试。看对了，搞一两年对了，放开；错了，纠正，关了就是了。……总之，社会主义要赢得与资本主义相比较的优势，就必须大胆吸收和借鉴人类社会创造的一切文明成果，吸收和借鉴当今世界各国包括资本主义发达国家的一切反映现代社会化生产规律的先进经营方式、管理方法。

谈话中，邓小平针对当时个体私营经济发展徘徊不前以及个体私营经济发展过程中出现的新情况，旗帜鲜明地表明自己的态度，他说：[1]371

这次十三届八中全会开得好，肯定农村家庭联产承包责任制不变。一变就人心不安，人们就会说中央的政策变了。农村改革初期，安徽出了个"傻子瓜子"问题。当

---

[1] 邓小平文选：第 3 卷 [M].北京：人民出版社，1993.

时许多人不舒服，说他赚了一百万，主张动他。我说不能动，一动人们就会说政策变了，得不偿失。像这一类的问题还有不少，如果处理不当，就很容易动摇我们的方针，影响改革的全局。城乡改革的基本政策，一定要长期保持稳定。

谈话中，邓小平明确表示，办特区、发展外资经济是有利于社会主义的。他说：[1]

对办特区，从一开始就有不同意见，担心是不是搞资本主义。深圳的建设成就，明确回答了那些有这样、那样担心的人。特区姓"社"不姓"资"。从深圳的情况看，公有制是主体，外商投资只占四分之一，就是外资部分，我们还可以从税收、劳务等方面得到益处嘛！多搞点"三资"企业，不要怕。只要我们头脑清醒，就不怕。我们有优势，有国营大中型企业，有乡镇企业，更重要的是政权在我们手里。有的人认为，多一分外资，就多一分资本主义，"三资"企业多了，就是资本主义的东西多了，就是发展了资本主义。这些人连基本常识都没有。我国现阶段的"三资"企业，按照现行的法规政策，外商总是要赚一些钱。但是，国家还要拿回税收，工人还要拿回工资，我们还可以学习技术和管理，还可以得到信息、打开市场。因此，"三资"企业受到我国整个政治、经济条件的制约，是社会主义经济的有益补充，归根到底是有利于社会主义的。

邓小平"南方谈话"，促进了我国加快建立社会主义市场经济体制，并解决了一个关键问题，就是正确认识计划与市场的相互关系，更加重视和发挥市场在资源配置方面的作用。在所有制结构上，坚持以公有制经济为主体，个体经济、私营经济和其他经济成分为补充，多种成分共同发展；在分配制度上，坚持以按劳分配为主体，其他分配方式为补充，允许和鼓励一部分地区、一部分人先富起来，逐步实现共同富裕，防止两极分化；在经济运行机制上，把市场经济和计划经济的长处有机结合起来，促进优化配置经济资源，合理调节社会分配。

邓小平"南方谈话"，激活了市场经济发展意识与行为，对于拓宽经济发展思路，促进多种所有制经济共同发展；对于拓宽工商联会员渠道，促进工商联组织发展壮大；对于工商联组织及成员解放思想，促进非公有制经济发展；对于工商联组织发展及各类商会协会组织兴起发展，发挥了重大促进作用。

工商界学习贯彻邓小平"南方谈话"精神

邓小平"南方谈话"发表后，在全国上下掀起了一场新的思想解放运动。全国各

---

[1]邓小平文选：第 3 卷［M］.北京：人民出版社，1993：372–373.

级工商联迅速组织学习、贯彻落实。

1992 年 3 月 17 日，全国工商联召开主席（扩大）会议，结合工商联实际，学习邓小平"南方谈话"。具有全国人大代表或全国政协委员身份的全国工商联常委、执委和省级工商联负责人参加了会议。与会人员结合邓小平"南方谈话"，结合贯彻落实 1991 年中央 15 号文件，结合工商联工作实际进行了讨论，表示要以"南方谈话"为指导，在"一个中心，两个基本点"为主要内容的基本路线指引下，为加快改革、扩大开放，把经济搞上去作贡献。[1]307-308 3 月下旬，全国工商联在京副主席召开务虚会，进一步深入学习、领会"南方谈话"精神。

3 月 31 日，全国工商联向各省、自治区、直辖市和计划单列市工商联发出《关于学习贯彻邓小平同志重要论述和全国人大、全国政协七届五次会议精神的通知》，要求各级工商联组织和广大会员，认真学习邓小平同志关于建设有中国特色社会主义的重要论述，深刻领会精神实质，解放思想、创造性地开展工作，全面开创工商联工作新局面。[1]308

5 月上旬，全国工商联主席荣毅仁，副主席王光英、孙孚凌、经叔平分别在《人民日报》《光明日报》上发表学习"南方谈话"的体会文章。

7 月 6—10 日，全国工商联主席扩大会在北京举行。会议学习了邓小平"南方谈话"和中共中央总书记江泽民在中央党校省部级干部进修班上发表的题为《深刻领会和全面贯彻落实邓小平同志的重要谈话精神，把经济建设和改革开放搞得更好》的重要讲话，会议讨论了工商联如何为加快改革开放、经济发展服务，如何加快落实中共中央对工商联工作的指示，使工商联工作上一个新台阶。[1]311

全国各地各级工商联通过学习，加深了对邓小平"南方谈话"的重大现实意义和深远历史意义的理解，认为："南方谈话"对于全党和全国人民坚定不移地贯彻执行"一个中心，两个基本点"的基本路线，进一步解放思想、实事求是、放开手脚、大胆试验，排除各种干扰，抓住有利时机，加快改革步伐，集中精力把经济搞上去，具有伟大深远的指导意义。认为"南方谈话"是建设有中国特色社会主义事业的指导思想，也是工商联推进各项工作的指导思想，应当从实际出发，创新推动工商联工作更加广泛、更加深入开展。

---

［1］黄孟复主编.中华全国工商业联合会 50 年大事记（1953—2003）［M］.北京：中华工商联合出版社，2003.

邓小平"南方谈话"，解放了非公有制经济人士的思想，促进了个体私营经济快速发展。至 1992 年底，全国登记注册的个体工商户达到 1533.9 万户，从业人员达到 2467.7 万人，注册资金达到 600.9 亿元；当年实现产值 926.2 亿元，营业额 2238.9 亿元，商品零售额 1861.3 亿元。1992 年底，全国登记注册的私营企业达到 13.9 万户，从业人员达到 231.9 万人，注册资金达到 221.2 亿元；当年实现产值 205.1 亿元，营业额 113.6 亿元，商品零售额 90.7 亿元。[1]

二、市场经济体制激活工商联经济功能

1992 年 10 月 12—18 日，中国共产党第十四次全国代表大会在北京召开。大会系统总结了我国改革开放 14 年的基本实践和经验，作出了三项具有深远意义的重大决策：一是抓住机遇，加快发展，集中精力把经济搞上去；二是明确我国经济体制改革的目标是建立社会主义市场经济体制；三是确立邓小平建设有中国特色社会主义理论在全党的指导地位。大会的召开，标志我国改革开放和社会主义现代化建设进入新的发展阶段。

市场经济体制建立与贯彻落实

1993 年 11 月 14 日，中共十四届三中全会通过了《中共中央关于建立社会主义市场经济体制若干问题的决定》。《决定》共五十条，分 10 个部分：1. 我国经济体制改革面临的新形势和新任务。2. 转换国有企业经营机制，建立现代企业制度。3. 培育和发展市场体系。4. 转变政府职能，建立健全宏观经济调控体系。5. 建立合理的个人收入分配和社会保障制度。6. 深化农村经济体制改革。7. 深化对外经济体制改革，进一步扩大对外开放。8. 进一步改革科技体制和教育体制。9. 加强法律制度建设。10. 加强和改善党的领导，为 20 世纪末初步建立社会主义市场经济体制而奋斗。

《决定》指出：社会主义市场经济体制是同社会主义基本制度结合在一起的。建立社会主义市场经济体制，就是要使市场在国家宏观调控下对资源配置起基础性作用。为实现这个目标，必须坚持以公有制为主体、多种经济成分共同发展的方针，进一步转换国有企业经营机制，建立适应市场经济要求，产权清晰、权责明确、政企分

---

［1］黄孟复主编.中国民营经济史·大事记［M］.北京：社会科学文献出版社，2009：209.

开、管理科学的现代企业制度；建立全国统一开放的市场体系，实现城乡市场紧密结合，国内市场与国际市场相互衔接，促进资源的优化配置；转变政府管理经济的职能，建立以间接手段为主的完善的宏观调控体系，保证国民经济的健康运行；建立以按劳分配为主体，效率优先、兼顾公平的收入分配制度，鼓励一部分地区一部分人先富起来，走共同富裕的道路；建立多层次的社会保障制度，为城乡居民提供同我国国情相适应的社会保障，促进经济发展和社会稳定。这些主要环节构成社会主义市场经济体制的基本框架。

《决定》指出：坚持以公有制为主体、多种经济成分共同发展的方针。在积极促进国有经济和集体经济发展的同时，鼓励个体、私营、外资经济发展，并依法加强管理。

根据《决定》精神，国务院相继作出《关于实行分税制财政管理体制的决定》《关于金融体制改革的决定》《关于进一步深化对外贸易体制改革的决定》，并批转国家税务总局《关于工商税制改革实施方案》。这些政策措施和工作措施，有了许多重大突破，并体现出如下特点：第一，坚持以公有制为主体、多种经济成分共同发展的方针，有利于我国经济充满生机与活力，促进社会生产力加快发展。第二，肯定了市场配置资源的基础性作用，为发展社会主义市场经济创造了前提条件，这有利于市场化改革深入发展，有利于各类市场主体活跃市场行为："经商办企业，不找市长找市场"一度成为流行语言。第三，"对各类企业一视同仁"，为各种所有制经济平等参与市场竞争创造条件，优化非公有制企业发展的外部环境。第四，"支持个体工商户、私营企业跨地区、跨行业、跨所有制开展横向经济联合、相互参股经营"，有利于个体私营经济拓宽视野，拓展经营，做大做强。第五，"个体工商户、私营企业可以租赁、承包、购买国有、集体企业"，有利于非公有制经济参与国营、集体企业改革，盘活国营、集体企业资产，高效配置企业经济资源，高效发展混合所有制经济，整体提高企业经济发展效率。

中共十四大和中共十四届三中全会精神及国务院及其有关部门出台的一系列政策措施和工作措施，有力有效地促进了国民经济加快发展，特别是促进个体私营经济发展进入快车道。

1993 年底，全国登记注册的个体工商户达到 1766.9 万户，从业人员达到 2939.3 万人，注册资金达到 854.9 亿元；当年实现产值 1386.9 亿元，营业额 3309.2 亿元，商品零售额 2709.8 亿元。1993 年底，全国登记注册的私营企业达到 23.8 万户，从业人员达到 372.6 万人，注册资金达到 680.5 亿元；当年实现产值 421.7 亿元，营业额

309.2 亿元，商品零售额 190.5 亿元。[1] 215

工商联经济功能激活并强化

自 1991 年中央 15 号文件贯彻实施以来，工商联的组织职能得到强化，主要表现为：发挥助手作用，配合政府发展非公有制经济；发挥桥梁作用，联系非公有制经济人士，在他们中间逐渐培养起一支坚决拥护党的领导的积极分子队伍。"助手"和"桥梁"两大职能定位，为工商联组织增添了活力。特别是"助手"职能定位，激活了工商联组织的经济功能，使得工商联走上了"以经济建设为中心"的大舞台，为工商联组织带来了前所未有的发展机遇。

1993 年 10 月，在全国工商联第七次会员代表大会上，工商联的组织职能和任务明确为"加强对非公有制经济代表人士的思想政治工作""促进非公有制经济健康发展"。

2000 年 12 月 4 日，江泽民在第 19 次全国统战工作会议上发表讲话，强调：对个体私营等非公有制经济应本着"团结、帮助、引导、教育"的方针，要"着眼于非公有制经济健康发展和非公有制经济人士健康成长"。[1] 241 从此以后，"促进非公有制经济健康发展"和"促进非公有制经济人士健康成长"作为各级工商联的工作主题、工作任务和功能定位长期固定下来，习惯称之为"两个促进"或"两个健康"。从此，工商联在以经济建设为中心的大舞台上空前活跃起来。

三、全国工商联第七次会员代表大会（1993）

1993 年 10 月 13—17 日，全国工商联第七次会员代表大会在北京召开。这次会议代表 702 名，其中 34 名为台港澳地区和海外侨胞的代表，非公有制经济人士会员代表占比 25%。

大会概况及主要精神

10 月 13 日，中共中央政治局常委、全国政协主席李瑞环，国家副主席荣毅仁，中共中央政治局委员、全国人大常委会副委员长田纪云，中共中央政治局委员、国务院副总理李岚清，全国人大常委会副委员长孙起孟、李沛瑶，全国政协副主席叶选

---

[1] 黄孟复主编. 中国民营经济史·大事记 [M]. 北京：社会科学文献出版社，2009.

平，全国政协副主席、中央统战部部长王兆国，全国政协副主席王光英、孙孚凌等领导同志接见了全体代表并出席开幕式。

在开幕式上，李岚清代表中共中央和国务院向大会致贺词并宣布：[1]617

中共中央、国务院已批准，中华全国工商业联合会同时又叫中国民间商会。这就是说，工商联既是爱国统一战线组织，又是民间商会组织。

李岚清在致词中指出：[1]616-617

中华全国工商业联合会是中国共产党领导的具有统一战线性质的人民团体和民间商会，是我国爱国统一战线的重要组成部分，同我党有着长期合作、风雨同舟的历史。

建国初期，工商联成立以后，在中国共产党的领导下，为巩固人民民主专政，恢复和发展国民经济，团结教育广大民族工商业者，实现对资本主义工商业改造，发挥了重要作用。

在贯彻过渡时期总路线之际，工商联在引导私营工商业者贯彻国家的方针政策法规方面；在协助政府调整工商业、调整公私关系和劳资关系方面；在帮助私营工商业纳入国家资本主义轨道方面；在反映私营工商业者的意见，维护会员合法权益方面；在促进私营工商业者参加社会主义劳动竞赛，为社会主义建设服务等方面，做了大量艰苦的工作，作出了不可磨灭的历史贡献。

中共十一届三中全会以来，工商联为团结、帮助、引导、教育非公有制经济人士，促进非公有制经济健康发展；为扩大开放，协助引进资金、技术和人才，增进贸易往来；为巩固发展爱国统一战线，加快改革开放和现代化建设步伐，作出了新的贡献。

李岚清在致词中对工商联组织及成员提出三点要求：[1]617-618

首先，要教育非公有制经济人士进一步发扬"爱国、敬业、守法"的精神，爱国爱民，树立良好的职业道德，自觉遵守政府的各项法规。要贯彻"团结、帮助、引导、教育"的方针，不断提高思想文化素质，团结一切可以团结的力量，进一步塑造中国非公有制企业人士的良好形象。

其次，要做好组织建设工作。我国的非公有制经济成分，分布在全国各个地区、各类行业之中。目前，"三胞"投资者数以万计，私营企业主数以十万计，个体工商户

[1] 孙晓华主编.中国工商业联合会50年概览（上卷）[M].北京：中华工商联合出版社，2003.

数以千万计。工商联及其有关协会、同业公会应该把他们进一步凝聚起来、团结起来。

最后，要做好服务工作。要帮助会员发展实体经济，上规模、上档次、上管理、上水平。

在开幕式上，王兆国代表全国政协、中央统战部致贺词，对工商联组织及成员提出希望：[1]620

希望你们认真履行自己的职能和任务，积极参与国家事务和经济、社会重大决策的协商与监督，在人民政协中更好地发挥参政议政作用。

希望你们发扬自我教育的优良传统，全面贯彻"团结、教育、引导、帮助"的"八字"方针，按照"爱国、敬业、守法"的要求，加强对非公有制经济代表人士的思想政治工作，培养出一支拥护党的领导、同共产党团结合作的骨干队伍，促进非公有制经济健康发展。

希望你们进一步解放思想，实事求是，抓住机遇，发展经济。积极开展中介组织的商务活动，自觉为社会主义现代化建设添砖加瓦，努力为振兴民族经济，活跃城乡市场，发展社会主义公益事业，推动社会进步作出贡献。

希望你们注重加强工商联作为民间商会的功能，努力增强服务意识，拓宽服务领域，代表和维护会员的合法权益，反映他们的正确意见与合理要求，把他们紧密地团结在党和政府的周围。

在开幕式上，全国人大常委会副委员长、民建中央主席孙起孟代表各民主党派中央致贺词；全国总工会副主席杨兴富代表各人民团体致贺词。

同日，全国工商联常务副主席张绪武在大会上作了题为《努力发挥工商联的积极作用，为建设有中国特色社会主义的伟大事业作出新贡献》的工作报告。

报告回顾了过去五年工商联工作取得的成绩：会员结构发生新变化；参政议政工作提高到新水平；为经济建设服务作出新贡献；对外联络工作取得新进展；在社会主义精神文明建设中迈开新步伐。

报告明确了在学习贯彻邓小平"南方谈话"，学习贯彻中共十四大和十四届三中全会精神的新形势下，工商联组织的新使命：1.非公有制经济将长期存在和发展，工商联要配合党和政府做好工作。2.经济体制改革将不断深化，工商联要强化中介和服务功能。3.对外开放将不断扩大，工商联要加强与台港澳和外国商会组织的进一步合作。

---

[1] 孙晓华主编.中国工商业联合会 50 年概览（上卷）[M].北京：中华工商联合出版社，2003.

报告明确了工商联今后五年的工作任务：1.充分履行政治、经济和社会职能，做好各项工作，为社会主义经济建设服务；为社会主义民主法治建设服务；为深化改革、扩大开放服务；为社会主义精神文明建设服务；为实现"一国两制"、和平统一祖国服务；为会员和广大工商企业服务。2.解放思想，实事求是，用建设有中国特色社会主义的理论武装头脑，加强和改进思想政治工作。3.切实加强自身的改革和建设，不断增强自身实力。要广泛吸收新会员，壮大会员队伍，优化会员结构。要把培养非公有制经济人士的新一代骨干会员队伍的工作放在首位。提出商会是市场经济的产物，工商联要在竞争中求生存、谋发展。

10月16日，全国工商联第七次会员代表大会举行全体会议，大会选举产生全国工商联第七届执行委员会委员330名。

10月17日，全国工商联第七届执行委员会举行第一次会议。会议选举产生了第七届执行委员会主席、副主席、秘书长和常务委员。主席为经叔平；副主席为蒋民宽、张绪武、姜培禄、郭秀珍、黄长溪、梁尚立、曾宪梓、郑裕彤、何厚铧、桓玉珊、刘敏学、李宏昌、朱文榘、胡德平、陈景新、齐景发、王治国、刘一民、何凤祖、刘永好；秘书长为桓玉珊（兼）；常务委员71人。会议推选产生了第七届执行委员会名誉主席、名誉副主席、顾问和咨议。名誉主席为王光英，名誉副主席为刘靖基、孙孚凌、古耕虞；顾问为马仪、叶宝珊、刘念智、李定、张敬礼、黄凉尘、熊应栋；咨议有乔维熊、鞠洪材、艾鲁川等53人。

10月17日，全国工商联第七次会员代表大会举行闭幕会，经叔平致闭幕词。他指出：[1]

改革开放以来，非公有制经济发展速度较快，这对于解放生产力、改善经济结构、扩大劳动就业、方便人民生活、促进社会稳定、推动体制改革等都起到了不可缺少的积极作用。引导非公有制经济持续、健康发展，对我国国民经济和社会的发展，对建立和完善社会主义市场经济体制都有着重要意义。

党中央高瞻远瞩，从建设有中国特色社会主义的全局高度出发，作出重大战略决策，把做非公有制经济代表人士工作，在非公有制经济代表人士中培养一支骨干队伍，以推动非公有制经济更好发展的历史使命赋予工商联，这是对我们的极大信任和鞭策，也指明了工商联自身改革和发展的道路、工作的重点和努力的方向。

［1］全国工商联第七次会员代表大会举行闭幕会［EB/OL］.（1993-12-30）［2023-12-12］. http://www.acfic.org.cn.

他要求新的一届执行委员会团结一致，不负重托，根据新章程规定的宗旨和职能，勇于创新，真抓实干，把工商联今后的工作做好，为推进非公有制经济的健康发展和有中国特色社会主义建设事业的不断前进，作出自己应有的贡献。

《中国工商业联合会章程（1993）》修改内容

1993年10月16日，全国工商联第七次会员代表大会举行全体会议，通过了《中国工商业联合会章程（1993）》。与上届《章程》相比，有了新规定：

在组织定位方面，明确"中国工商业联合会是中国工商业界组织的人民团体和民间商会"。

在组织宗旨方面，作了新的表述："遵循建设有中国特色社会主义的理论，坚持以公有制经济为主体，个体经济、私营经济、外资经济为补充，各种经济成分长期共同发展。团结工商界，发挥本会的优势和在社会主义市场经济中的作用，为实现社会主义现代化建设和统一祖国、振兴中华贡献力量。"

在组织职能和工作任务方面，增加了做好非公有制经济人士的思想政治工作、服务经济发展、当好政府助手方面的内容，主要包括：

第四条："中国工商业联合会作为党和政府联系非公有制经济的一个桥梁。"

第四条第（二）款："发扬自我教育的优良传统，宣传国家的方针政策，加强和改进思想政治工作，对会员进行团结、帮助、引导、教育，提倡爱国、敬业、守法，提高会员素质，培养骨干分子队伍。"

第四条第（三）款："维护会员的合法权益，反映会员的意见、要求和建议，在会员与政府之间发挥桥梁作用，当好政府管理非公有制经济的助手。"

第四条第（六）款："按照国家规定和有关政策，组织会员举办和参加各种对内对外展销会、交易会，组织会员出国考察访问，帮助会员开拓国内、国际市场。"

第四条第（九）款："办好会小服务事业、经济实体。"

第四条第（十）款："承办政府和有关部门委托事项。"

在会员结构方面，做了重要修改。第七条第（一）款规定："企业会员包括私营企业、港澳台侨投资企业、外商投资企业、联营企业、股份制企业、乡镇企业、集体企业、国有企业及其他经济类型的企业等。"首次把私营企业会员排在了最前面，体现出工商联组织工作任务主要是在非公有制经济领域；并首次提出了新型企业类型"联营企业"，体现出工商联组织服务对象开始关注混合所有制经济领域。

第十九章

跨世纪迎来工商联事业发展新机遇

在世纪之交，在 1991 年中央 15 号文件颁布后，在邓小平"南方谈话"和中共十四届三中全会精神的指引下，中国当代商会组织面貌、工作面貌焕然一新。工商联会员结构，形成了以非公有制企业和非公有制经济人士为主体，包括私营企业、港澳台资企业、外商投资企业及其他经济类型企业在内的新型商会组织。1997 年，中共十五大召开，对中国当代商会的发展环境、发展动力、发展绩效产生了更加重大而深远的影响。

一、非公有制经济迎来前所未有的发展环境

1997 年 9 月 12—18 日，中国共产党第十五次全国代表大会在北京举行。江泽民在大会上作了题为《高举邓小平理论伟大旗帜，把建设有中国特色社会主义事业全面推向二十一世纪》的报告。报告总结了历史经验，展望规划未来，对我国改革开放和现代化建设的跨世纪发展，作了全面部署。

事关全局的基本经济纲领和基本经济制度

中共十五大报告，系统、完整地提出并论述了中国共产党在社会主义初级阶段的基本纲领，明确指出：

建设有中国特色社会主义的经济，就是在社会主义条件下发展市场经济，不断解放和发展生产力。

建设有中国特色社会主义的政治，就是在中国共产党领导下，在人民当家作主的

基础上，依法治国，发展社会主义民主政治。

建设有中国特色社会主义的文化，就是以马克思主义为指导，以培育有理想、有道德、有文化、有纪律的公民为目标，发展面向现代化、面向世界、面向未来的，民族的科学的大众的社会主义文化。

这个纲领，是邓小平理论的重要内容，是党的基本路线在经济、政治、文化等方面的展开，是这些年来最主要经验的总结。这个纲领，突出了以经济建设为中心的指导思想，明晰了全党的工作重点和全国人民的注意力转移到社会主义现代化建设上来是大政方针和重要办法。

中共十五大报告确立了我国社会主义初级阶段的基本经济制度，明确指出：

公有制为主体、多种所有制经济共同发展，是我国社会主义初级阶段的一项基本经济制度。

报告指出要全面认识公有制经济的含义：

公有制经济不仅包括国有经济和集体经济，还包括混合所有制经济中的国有成分和集体成分。公有制的主体地位主要体现在：公有资产在社会总资产中占优势；国有经济控制国民经济命脉，对经济发展起主导作用。

国有经济起主导作用，主要体现在控制力上。只要坚持公有制为主体，国家控制国民经济命脉，国有经济的控制力和竞争力得到增强，在这个前提下，国有经济比重减少一些，不会影响我国的社会主义性质。

集体所有制经济是公有制经济的重要组成部分。集体经济可以体现共同致富原则，可以广泛吸收社会分散资金，缓解就业压力，增加公共积累和国家税收。要支持、鼓励和帮助城乡多种形式集体经济的发展。这对发挥公有制经济的主体作用意义重大。

报告提出要充分认识非公有制经济的重大作用：

非公有制经济是我国社会主义市场经济的重要组成部分。对个体、私营等非公有制经济要继续鼓励、引导，使之健康发展。这对满足人们多样化的需要，增加就业，促进国民经济的发展有重要作用。

报告说明了确立基本经济制度的依据：

这一制度的确立，是由社会主义性质和初级阶段国情决定的：第一，我国是社会主义国家，必须坚持公有制作为社会主义经济制度的基础；第二，我国处在社会主义初级阶段，需要在公有制为主体的条件下发展多种所有制经济；第三，一切符合"三个有利于"的所有制形式都可以而且应该用来为社会主义服务。

报告进一步要求：

加快推进国有企业改革。把国有企业改革同改组、改造、加强管理结合起来。要着眼于搞好整个国有经济，抓好大的，放活小的，对国有企业实施战略性改组。以资本为纽带，通过市场形成具有较强竞争力的跨地区、跨行业、跨所有制和跨国经营的大企业集团。采取改组、联合、兼并、租赁、承包经营和股份合作制、出售等形式，加快放开搞活国有小型企业的步伐。

加快国民经济市场化进程。继续发展各类市场，着重发展资本、劳动力、技术等生产要素市场，完善生产要素价格形成机制。改革流通体制，健全市场规则，加强市场管理，清除市场障碍，打破地区封锁、部门垄断，尽快建成统一开放、竞争有序的市场体系，进一步发挥市场对资源配置的基础性作用。

中共十五大报告关于"基本经济制度"的确立和关于非公有制经济是我国社会主义市场经济的重要组成部分的重要定位，是中国共产党和中国人民新一轮的思想解放，对于非公有制经济的历史地位、发展空间、发展环境的认识实现了新的突破，对于鼓励、支持、引导非公有制经济快速发展、可持续发展具有里程碑式的意义。

中共十五大的召开，基本终结了姓"资"、姓"社"的争论，为巩固非公有制经济在国民经济中的地位和作用奠定了理论基础和实践依据；为非公有制经济进一步发展增添了动力；为主要做促进非公有制经济发展工作的工商联组织指引了工作方向；促进个体私营等非公有制经济健康发展成为工商联最重要的组织任务。

事关非公有制经济发展的系列重大决策

如何正确认识和对待非公有制经济，是一个重大的认识问题、理论问题和实践问题。我国对非公有制经济采取的政策措施，从新民主主义经济时期的"公私兼顾"，到社会主义计划经济时期的"限制、利用、改造"，到社会主义市场经济时期的"鼓励、支持、引导"，逐步将非公有制经济引上持续健康发展轨道。在社会主义市场经济时期，党和国家对非公有制经济的性质、地位和作用的认识是逐步深化的，发展非公有制经济的政策也是逐步强化的，大致经历了以下决策过程。

第一次重大决策：确立"附属和补充"地位

1979年9月28日，中共十一届四中全会通过的《中共中央关于加快农业发展若干问题的决定》中提出："社员的自留地、自留畜、家庭副业和农村集市贸易，是社会主义经济的附属和补充，决不允许把它们当成资本主义经济来批判和取缔。"[1]150

第二次重大决策：确立"必要补充"地位

1981 年 6 月 27 日，中共十一届六中全会通过的《关于建国以来党的若干历史问题的决议》中明确指出："一定范围内的劳动者个体经济是公有制经济的必要补充。必须实行适合于各种经济成分的具体管理制度和分配制度。"[1]159

第三次重大决策：确立"必要的有益的补充"地位

1982 年 9 月 1 日，中共十二大报告提出："在农村和城市，都要鼓励劳动者个体经济在国家规定的范围内和在工商行政管理下适当发展，作为公有制经济的必要的有益的补充。"[1]163 1987 年 10 月 25 日，中共十三大报告提出："私营经济一定程度的发展有利于促进生产，活跃市场，扩大就业，更好地满足人民多方面的生活需求，是公有制经济必要的和有益的补充。"[1]184

第四次重大决策：确立"一视同仁"地位

1993 年 11 月 14 日，中共十四届三中全会作出《中共中央关于建立社会主义市场经济体制若干问题的决定》，提出"国家要为各种所有制经济平等参与市场竞争创造条件，对各类企业一视同仁"。[1]214

第五次重大决策：确立"重要组成部分"地位

1997 年 9 月 12 日，中共十五大报告指出："公有制为主体、多种所有制经济共同发展，是我国社会主义初级阶段的一项基本经济制度。""非公有制经济是我国社会主义市场经济的重要组成部分。"1999 年 3 月，全国人大九届二次会议通过了宪法修正案，明确规定："在法律规定范围内的个体经济、私营经济等非公有制经济，是社会主义市场经济的重要组成部分。""国家保护个体经济、私营经济的合法的权利和利益。国家对个体经济、私营经济实行引导、监督和管理。"

第六次重大决策：确立"鼓励、支持和引导"方针

2002 年 11 月 8 日，中共十六大报告指出，"必须毫不动摇地巩固和发展公有制经济""必须毫不动摇地鼓励、支持和引导非公有制经济发展"。[1]250 2005 年 2 月 28 日，国务院颁布《关于鼓励支持和引导个体私营等非公有制经济发展的若干意见》（国发〔2005〕3 号），简称"非公经济 36 条"，对"鼓励、支持和引导非公有制经济发展"明晰了具体政策措施和工作措施。

---

[1] 黄孟复主编.中国民营经济史·大事记［M］.北京：社会科学文献出版社，2009.

第七次重大决策：完善"两个坚持""两个毫不动摇""两个平等"制度体系

2007年10月15日，中共十七大报告指出，"坚持和完善公有制为主体、多种所有制经济共同发展的基本经济制度，毫不动摇地巩固和发展公有制经济，毫不动摇地鼓励、支持、引导非公有制经济发展，坚持平等保护物权，形成各种所有制经济平等竞争、相互促进新格局"。

第八次重大决策：坚持"两个毫不动摇"，构建"高水平社会主义市场经济体制"

2022年10月16日，中共二十大报告指出："我们要构建高水平社会主义市场经济体制，坚持和完善社会主义基本经济制度，毫不动摇巩固和发展公有制经济，毫不动摇鼓励、支持、引导非公有制经济发展。"

以上重大决策，促进非公有制经济重新恢复并快速持续发展，促进非公有制经济从社会主义计划经济的改造对象，转变成为社会主义市场经济的重要力量。以上系列决策，极大地解放了社会生产力，并促进了社会生产力发展。

以上重大决策，意义特别重大：一是"以公有制为主体、多种所有制经济共同发展"的基本经济制度和"毫不动摇地巩固和发展公有制经济，毫不动摇地鼓励、支持和引导非公有制经济发展"的经济发展方针确立，促进形成了各种所有制经济平等竞争、相互促进、共同发展的新格局，促进了国民经济更高效率的发展。二是确认"非公有制经济是我国社会主义市场经济的重要组成部分"，使得非公有制经济的存在，实现了从"有益补充"到"一视同仁"到"重要组成部分"的重大转变；非公有制经济在国民经济大格局中的地位，实现了从"量"的变化到"质"的提升。三是明确"公有制实现形式可以而且应当多样化"，这为非公有制资本参与国有企业改革，进入关系国计民生的投资、建设等领域，发展混合所有制经济，开辟了政策通道。四是明确提出"对个体、私营等非公有制经济要继续鼓励、引导，使之健康发展"，这有利于满足人们日益增长的物质文化需求，增加就业，扩大消费，促进国民经济协调发展；有利于帮助人们进一步消除对发展非公有制经济的种种疑虑，帮助非公有制经济人士解除"怕政策变"的顾虑，坚定发展信心。五是坚持和完善社会主义基本经济制度，坚持"两个毫不动摇"的经济发展方针，构建"高水平社会主义市场经济体制"，有利于我国国民经济可持续、高效率、高质量发展。

以上系列重大经济发展方略、经济发展方针、经济发展导向和经济工作要求，为我国非公有制经济进一步发展带来了前所未有的历史机遇；为工商联组织拓宽了大有作为的工作舞台。

二、新经济环境中工商联工作新主题

中共十五大召开以后，社会主义"基本经济制度"的确立，非公有制经济是社会主义市场经济的"重要组成部分"的确认，"毫不动摇地鼓励、支持和引导非公有制经济发展"的经济发展方针贯彻执行，给广大非公有制经济人士极大的鼓舞，给非公有制经济营造了良好的发展环境。2000年12月4日，江泽民在全国统战工作会议上强调，工商联工作要着眼于"非公有制经济健康发展和非公有制经济人士健康成长"。从此，促进非公有制经济健康发展、促进非公有制经济人士健康成长，成为工商联工作主题，为工商联工作开展和作用发挥指引了方向。

工商联工作主题之一：促进非公有制经济健康发展

非公有制经济是相对公有制经济而言，是指公有制经济（主要指国有经济和集体经济）以外的经济形式的统称。非公有制经济形式主要包括个体经济、私营经济、台港澳侨投资经济、外商投资经济等。

第一，非公有制经济称谓由来

1979年3月，国务院在批转关于全国工商局长会议的报告中指出，为了方便群众生活并解决一部分人的就业问题，可以根据实际情况在城镇恢复和发展一部分个体经济。这是改革开放后首次提出恢复和发展个体经济。

1987年10月，中共十三大报告中指出：私营经济是存在雇佣劳动关系的经济成分，但在社会主义条件下，它必然同优势的公有制经济相联系，并接受公有制经济的巨大影响。实践证明，私营经济一定程度的发展有利于促进生产，活跃市场，扩大就业，更好地满足人民多方面的生活需求，是公有制经济必要的和有益的补充。这是改革开放后首次使用"私营经济"的概念。

1991年7月6日，中共中央批转中央统战部《关于工商联若干问题的请示》的通知中指出：在我国，非公有制经济成分作为公有制经济的有益补充，将在相当长的历史时期内存在和发展。这是首次以文件形式提出非公有制经济的称谓和概念；并首次提出了"非公有制经济代表人士"的称谓。从此，非公有制经济和非公有制经济代表人士作为官方规范用语长期固定下来。

多年来，非公有制经济为官方语言，而民间语言则习惯表达为民营经济，含义基本等同。2020 年 9 月，中共中央办公厅印发了《关于加强新时代民营经济统战工作的意见》。其中使用"民营经济""民营经济规模""民营经济人士""民营经济统战工作"用语。从此以后，"民营经济"与"非公有制经济"，"民营经济人士"与"非公有制经济人士"用语贯通使用。

第二，非公有制经济分析研讨

1997 年 11 月 3 日，全国工商联主席经叔平在全国工商联第八次会员代表大会上，在题为《高举邓小平理论伟大旗帜，肩负起工商联跨世纪历史使命》的工作报告中，对非公有制经济发展的现状、绩效和存在的短板进行了分析，并围绕工商联组织如何更好地服务与促进非公有制经济健康发展，提出了四个讨论题：[1]693 1. 如何正确分析非公有制经济所面临的形势，自觉摆正自己的位置？ 2. 如何正确地认识自己，在社会主义市场经济体制下规范自己的行为？ 3. 如何同处于主体地位的公有制经济相互合作，共同发展？ 4. 如何牢牢把握机遇，开拓前进，为国家社会主义现代化作出应有的贡献？这是工商联组织内部首次以大会形式认真分析研讨非公有制经济，以及非公有制经济与工商联组织及成员的关系。

经叔平在报告中，分析了当时我国非公有制经济存在明显的短板与不足：[1]694

应当看到：我国非公有制经济仍然处于发展的初级阶段，仍然处于"小规模、低水平"状态，"各方面还显得很幼稚"。据 1997 年 6 月底统计数据分析：全国注册的私营企业为 85 万户，从业人员共计 1178 万人，户均 14 人；注册资金 4281 亿元，户均 50 万元。

应当看到：我国不少私营企业的产品技术含量低，生产工艺落后，除了极少数名优特新产品外，能够同国内外市场竞争的名牌产品少。

应当看到：我国不少私营企业管理水平不高，管理者经营管理能力不足，有的缺乏长远发展目标，短期行为严重；有的不从实际出发，盲目贪大求快；有少数人为了追求高额利润，甚至铤而走险；有的逃避监督管理，偷税漏税；更有极少数人追求腐朽的生活方式，在社会上造成不良影响。

应当看到：我国不少私营企业，特别是"戴红帽子的企业"，产权关系不明晰，随着企业的发展，原来被掩盖着的内部产权纠纷将日益突出。

应当看到：我国多数私营企业还没有按照现代企业制度来规范，管理水平比较落

---

[1] 孙晓华主编 . 中国工商业联合会 50 年概览（上卷）[M]. 北京：中华工商联合出版社，2003.

后。不少企业仍沿袭着家族式管理，许多企业制度不健全。据统计（1997 年 6 月），85 万户私营企业中，独资企业 35 万户，合伙企业 12 万户，有限责任公司 38 万户（其中按《公司法》规范的 30 万户）。不少私营企业中，职工多为亲友关系。据统计，私营企业用人，通过公开招聘的仅占 23%。

应当看到：我国许多非公有制经济人士的法治观念和法律常识十分欠缺，既不善于运用法律维护自己的合法权益，又常常发生出格违法的事件。

经叔平在报告中指出，非公有制经济自身存在的这些弱点，同它在社会主义市场经济中的重要组成部分的地位还有很大的差距，这些弱点如不克服，将严重束缚它的进一步发展。因此摆在各级工商联组织和非公有制经济人士面前的任务是，真正学习理解党在社会主义初级阶段的基本纲领，保持政治上的坚定性；认清经济体制改革的目标和经济发展战略，找准自己在社会主义市场经济中的位置，发挥自身优势，扬长避短，与公有制经济互补长短。非公有制经济要立足现实，从各自的实际情况出发，不要盲目贪大求全，关键是看效益。他要求：[1] 695-696

非公有制经济的发展，要服从国家需要，不能游离于国民经济整体之外。当前，要配合国有企业改革，在"抓大放小"中，发挥自己的作用。对国有小企业可以通过承包、租赁、合资、股份合作等形式，实行国有民营；有条件的也可以通过收购方式，实行民有民营；还可以通过开发新产品，为国有企业配套服务。

非公有制经济的发展，要着眼于国家产业结构的调整，走科技兴农、贸工农一体化、产供销一条龙之路，为农业产业化服务。

非公有制经济的发展，要满足人民多样化的需求，为丰富人民生活服务；要为出口创汇服务；要为扩大劳动就业服务。

非公有制经济的发展，要朝现代企业制度的管理目标努力，要拓展生产经营领域，调整产品结构，加大科技投入，提高企业素质。有条件的企业，要以资本为纽带，通过市场，构建跨地区、跨行业、跨所有制和跨国经营的大型企业集团。

非公有制经济的发展，迫切需要造就一支高素质的社会主义新型企业家队伍。

党和国家关于鼓励、支持和引导非公有制经济健康发展的方针政策及工商联组织促进非公有制经济健康发展的工作举措产生的经济绩效是明显的。至 2002 年底，全国注册的私营企业为 243.5 万户，从业人员共计 3247.5 万人，注册资金 24756.2 亿

---

［1］孙晓华主编.中国工商业联合会 50 年概览（上卷）［M］.北京：中华工商联合出版社，2003.

元，年产值 15338.0 亿元；分别比 1997 年增长了 1.5 倍、1.4 倍、3.8 倍和 2.9 倍。

工商联工作主题之二：促进非公有制经济人士健康成长

非公有制经济人士，主要指在非公有制经济领域具有一定经济规模和经营能力的私营企业主、个体工商户经营者和台湾同胞、港澳同胞、海外侨胞投资者等经济人士；非公有制经济代表人士，主要指非公有制经济人士中间具有一定政治、经济、社会地位和影响力的代表性人士。

第一，非公有制经济人士称谓由来

非公有制经济的称谓确定后，非公有制经济代表人士和非公有制经济人士的称谓相应确定。

1991 年 7 月 6 日，中共中央批转中央统战部《关于工商联若干问题的请示》的通知中指出："做好非公有制经济代表人士的思想政治工作，对于巩固和发展爱国统一战线具有重要意义。""对非公有制经济代表人士进行团结、帮助、引导、教育。通过工作，在他们中逐渐培养起一支坚决拥护党的领导的积极分子队伍。"这是首次提出非公有制经济代表人士的称谓。从此，非公有制经济代表人士的提法代替了私营企业主等提法。随后，非公有制经济代表人士的称谓又拓宽引申出非公有制经济人士的称谓，非公有制经济代表人士多指非公有制经济人士中的代表性人物。

在实际工作中，工商联的工作任务由做非公有制经济代表人士（较少数人）的思想政治工作开始，逐步拓展到做非公有制经济人士（大多数人）的思想政治工作。因此，"引导非公有制经济人士健康成长"连同"促进非公有制经济健康发展"共同构成工商联的两大工作主题。

第二，非公有制经济人士思想教育

1991 年 7 月 6 日，中共中央在批转中央统战部《关于工商联若干问题的请示》的通知中指出："做好非公有制经济代表人士的思想政治工作，对于巩固和发展爱国统一战线具有重要意义。"要求各级工商联配合党委、政府，对非公有制经济代表人士进行"团结、帮助、引导、教育"，通过工作，在他们中间逐步培养起一支坚决拥护中国共产党领导的积极分子队伍。从此以后，"团结、帮助、引导、教育"广大非公有制经济人士成为工商联最重要的组织任务，团结他们为改革开放、"四化"建设作贡献，帮助他们维护合法权益、解决实际困难，引导他们为发展社会主义市场经济发挥积极作用，教育他们爱国、敬业、守法。

从此以后，"团结、帮助、引导、教育"的八字方针作为工商联工作指南进入中国工商业联合会章程。

《中国工商业联合会章程（1993）》规定：对会员进行"团结、帮助、引导、教育"，提倡爱国、敬业、守法，提高会员素质，培养骨干分子队伍。

《中国工商业联合会章程（1997）》中，促进非公有制经济人士健康成长的八字方针调整为："团结、教育、引导、服务。"

《中国工商业联合会章程（2002）》中，促进非公有制经济人士健康成长的八字方针调整为："团结、帮助、引导、教育"；并增加"为会员搞好服务"的工作要求。着重强调引导非公有制经济人士自觉地"把自身企业的发展与国家的发展结合起来，把个人富裕与全体人民的共同富裕结合起来，把遵循市场法则与发扬社会主义道德结合起来"（简称"三个结合"），积极参加国家经济建设，推动社会主义市场经济体制逐步完善，促进社会全面发展。"八字方针"＋"三个结合"，成为各级工商联组织引导非公有制经济人士健康成长的重要工作方法。

《中国工商业联合会章程（2017）》中，明确工商联促进非公有制经济人士健康成长的八字方针："团结、服务、引导、教育"；并增加"引导非公有制经济人士增强中国特色社会主义道路自信、理论自信、制度自信、文化自信，坚决拥护中国共产党的领导、坚定不移走中国特色社会主义道路"等内容。

《中国工商业联合会章程（2022）》中，进一步明确工商联促进非公有制经济人士健康成长的十字方针："信任、团结、服务、引导、教育"；并提出坚持"政治建会、团结立会、服务兴会、改革强会"。

第三，非公有制经济人士队伍增加新生力量

经济社会新发展促进新的社会阶层人士出现，丰富并扩大了非公有制经济人士队伍。

2001 年 7 月 1 日，江泽民在庆祝中国共产党成立 80 周年大会上的讲话中正式提出了"新的社会阶层"概念，并对新的社会阶层的政治属性进行了阐述，他说：改革开放以来，我国的社会阶层构成发生了新的变化，出现了民营科技企业的创业人员和技术人员、受聘于外资企业的管理技术人员、个体户、私营企业主、中介组织的从业人员、自由职业人员（简称"六种人"）等社会阶层。……这些新的社会阶层中的广大人员，通过诚实劳动和工作，通过合法经营，为发展社会主义社会的生产力和其他事业作出了贡献。他们也是中国特色社会主义事业的建设者。[1]这里所指新的社会阶层的"六种人",除了个体户和私营企业主之外,其中四种人是改革开放以后新出现的。这些人成为工商联组织新的会员发展对象,他们加入工商联,进一步扩大了工商联会员队伍和组织基础。至 2002 年,全国各级工商联会员总数已超过 161 万;县级以上组织 3062 个,包括乡镇(街道)商会、市场商会、异地商会、开发区商会在内的基层商会组织达到 18842 个;并组建所属行业商会组织 3557 个。[2]751工商联组织规模、组织作用、组织影响力持续增大。

党和国家着眼于非公有制经济人士健康成长的方针政策及工商联组织促进非公有制经济人士健康成长的工作举措产生的政治社会影响是明显的。1997—2002 年间,非公有制经济人士队伍中间涌现出了一大批先进性代表性人物。他们中担任县级以上人大代表的有 9065 人,担任县级以上政协委员的有 32025 人,荣获省级劳动模范的有 609 人,荣获全国"五一劳动奖章"的有 4 人。[2]744

三、全国工商联牵头组建民生银行和民生保险

工商联办企业,从 20 世纪 80 年代起步,持续不断。办企业的目的,由"广开就业门路"逐步演变到"搞活经济"并"服务经济发展"。20 世纪 90 年代,全国工商联牵头组建[2]688中国民生银行和民生人寿保险股份有限公司,为工商联创新发挥经济职能作用服务经济发展留下了浓墨重彩的记录。

民生银行组建经过及发展绩效

进入 20 世纪 90 年代,中国新一代民营企业逐渐长大,融资需求增长。一方面,国有商业银行金融服务不能满足民营企业信贷需求;另一方面,民间借贷、地下钱庄等不规范融资行为引发经济纠纷、扰乱金融秩序的现象时有发生。这类问题引起全国工商联高度重视。

1993 年 10 月 13—17 日,全国工商联第七次会员代表大会在北京召开,大会工作报告中明确提出要积极发展会办服务事业和经济实体。会议期间,新当选的全国工

---

[1]黄孟复主编.中国民营经济史·大事记[M].北京:中华工商联合出版社,2009:243–244.

[2]孙晓华主编.中国工商业联合会 50 年概览(上卷)[M].北京:中华工商联合出版社,2003.

商联主席经叔平提出要创办一家股份制商业银行，以利于更好地发挥工商联的职能作用，服务非公有制经济发展。他说："我在任将做几件事情，最重要的一件就是办一家银行，专门为非公有制经济融资的银行。"他当时的考虑是：第一，国家银行当时主要是为国有企业服务，很少为民营企业服务。第二，要搞一个新型银行，一个名副其实的商业银行。第三，从一个小的商业银行开始做起，如果行，说明这条路可以走；如果不行，影响范围也不大。之后，经叔平给时任国务院副总理兼中国人民银行行长朱镕基写信，提出由全国工商联牵头，成立一家以有实力的工商联会员企业为主要股东的股份制商业银行，主要为民营企业融资服务，服务中国非公有制经济发展。两天后，朱镕基批示：请人民银行予以考虑。[1]287-288

1994 年 3 月，在全国政协会上，工商联界别的政协委员提出建议：兴办民营商业银行，以便适应中国当前的经济发展形势，特别是国内民营经济快速发展形势的要求；并建议委托全国工商联牵头组建。这一建议，加速了中国民生银行获批的进程。[1]288

1995 年 5 月 6 日，国务院致函中国人民银行，就《关于成立中国民生银行的请示》作出批复，同意设立中国民生银行。[2]359

1996 年 1 月 12 日，我国首家主要由民营企业投资的全国性股份制商业银行——中国民生银行在北京正式成立。全国工商联主席、中国民生银行董事长经叔平在致辞中表示：中国民生银行是实行独立核算、自负盈亏、自担风险、自我约束的独立法人，将以效益性、安全性、流动性的经营原则，根据《公司法》《商业银行法》等有关法律、法规，采取灵活多样的形式，广泛筹集和融通国内外资金，并按照国家宏观经济政策和产业政策，主要为民营工商企业提供融资和各种经营服务。[2]374

中国民生银行是中国第一家主要由民营企业发起成立的全国性股份制商业银行，是严格按照中国《公司法》和《商业银行法》设立的一家现代金融企业，也是改革开放后中国第一家民营银行，有 59 家工商联会员企业股东参与，初始股本总额为 13.8 亿元，其中 80% 来自民营企业，以分散化的股权结构（中国民生银行初始股东持股份额最多的只有 6.54%）作为内部治理结构的基础。股东大会为最高权力机构，董事会是股东大会的执行机构，董事长为法定代表人，行长、副行长在董事会领导下开展工作，另设监事会监督检查。这样的企业治理结构，符合《公司法》的基本要求。中国民生银行由全国工商联推动筹建，它是按照《公司法》《商业银行法》和现代企业制

［1］黄孟复主编.中国民营经济史·纪事本末［M］.北京：中华工商联合出版社，2010.

［2］黄孟复主编.中华全国工商业联合会 50 年大事记（1953—2003）［M］.北京：中华工商联合出版社，2003.

度的要求设立的具有新机制特点的新银行，是自主经营、自担风险、自负盈亏、自我约束的独立法人，按照市场规则，以市场主体行为运营。[1]288

1996 年 4 月，经叔平向朱镕基汇报民生银行的工作。朱镕基指示：中国民生银行要不断总结、探索，在股份制商业银行的试验中做出成绩。[1]288

中国民生银行成立后，运营情况良好，其经营业务不断拓展，经营网点不断增多，经营业绩不断提升。

至 2008 年底，中国民生银行在北京、上海、广州、深圳、武汉、大连、南京、杭州、太原、石家庄、重庆、西安、福州、济南、宁波、成都、天津、昆明、苏州、青岛、温州、厦门、泉州、郑州、长沙设立了 25 家分行，在汕头设立了直属支行，在香港设立了代表处，机构网点达到 374 家，与境外 95 个国家和地区的 839 家银行建立了代理行关系。[1]289

多年来，中国民生银行作为中国银行业改革试验田，坚持改革创新，致力于为中国银行业探索现代商业银行建设之路，致力于为客户提供专业特色的现代金融服务，致力于为投资者创造较好的市场价值和投资回报。2000 年 5 月，在行长会议上，经叔平对民生银行的发展提出了 36 字工作指南："团结奋进、开拓创新、培养人才、严格管理、规范行为、敬业守法、讲究质量、提高效益、健康发展。"确立了中国民生银行的企业文化。[1]289

中国民生银行[2]始终秉承"服务大众，情系民生"的使命，砥砺奋进、开拓创新，逐步成长为支持实体经济发展的一支重要金融力量，于 2000 年、2009 年先后在上交所和香港联交所挂牌上市，现已发展成为一家拥有商业银行、金融租赁、基金管理、境外投行等金融牌照的银行集团。截至 2023 年末，总资产 7.5 万亿元，净资产6300 亿元。在美国《财富》杂志推选的 2003 年"世界 500 强企业"中居第 329 位。

民生保险组建经过及发展绩效

民生人寿保险股份有限公司[3]（简称民生保险）是由全国工商联牵头组织筹备，由国内有经济实力的民营企业作为发起人而成立的。[4]

---

[1] 黄孟复主编.中国民营经济史·纪事本末 [M].北京：中华工商联合出版社，2010.

[2] 中国民生银行简介 [EB/OL].http://www.cmbc.com.cn.

[3] 民生人寿保险股份有限公司简介 [EB/OL].https://www.minshenglife.com/aboutus/companyintro.

[4] 黄孟复主编.中华全国工商业联合会 50 年大事记（1953—2003）[M].北京：中华工商联合出版社，2003：555-556.

2000 年 10 月 28 日，由全国工商联组织筹备的"民生人寿保险股份有限公司"获准筹建。保监会在批复中强调：该公司具有与外国保险公司在境内合资设立保险公司的资格；同时要求该公司最低注册资本金 10 亿元人民币。当时，有 21 家国内知名民营企业明确表示参与发起民生人寿保险股份有限公司，有 3 家外国寿险公司与民生人寿保险股份有限公司筹备组洽谈成立民生寿险合资公司事宜。[1]514

2002 年 4 月 18 日，民生人寿保险股份有限公司创立大会暨第一届股东大会在北京举行。全国工商联主席经叔平，中央统战部、中央金融工委和全国工商联在京领导同志到会祝贺。大会选举了董事会和监事会组成人员，选举全国工商联副主席严克强为董事长，副主席刘永好为监事长。[1]555

2003 年 6 月 18 日，民生人寿保险股份有限公司开业揭牌仪式在北京举行。全国工商联主席黄孟复，副主席张龙之、王以铭，中国保险监督管理委员会副主席李克穆出席开业揭牌仪式。黄孟复在讲话中指出："民生人寿"是国内第一家以民营资本为投资主体的股份制保险公司，在新中国保险业的发展史上尚属首例，在我国民营经济发展中极具象征意义。希望"民生人寿"借鉴民营企业和保险同业的成功经验，积极探索，勇于创新，走出一条具有"民生人寿"特色的发展道路，把公司建设成为国际化、现代化、专业化、多元化的金融服务集团。揭牌仪式上，全国工商联副主席、民生人寿保险股份有限公司董事长王以铭代表公司全体员工向北京 120 急救中心医务人员和驾驶员捐赠了民生关爱特种疾病保险。[1]595-596

民生人寿保险股份有限公司注册资金 60 亿元，总部位于上海，建立了覆盖全国重点省、市区域的机构服务网络，拥有 26 家分公司、近 600 个服务网点、近 2 万名高素质专业人员，累计服务用户超 1000 万个。截至 2022 年底，公司综合实力稳步提升，实现原保险保费收入 118.21 亿元，总资产 1199.31 亿元，连续 13 年盈利。公司秉持"为民生服务"的企业使命，满足用户全方位、全生命周期的保险保障需求。[2]

四、全国工商联第八次会员代表大会（1997）

按照《中国工商业联合会章程》规定，一般情况下，全国工商联的会员代表大会

---

［1］黄孟复主编.中华全国工商业联合会 50 年大事记（1953—2003）［M］.北京：中华工商联合出版社，2003.
［2］民生人寿保险股份有限公司简介［EB/OL］.https：//www.minshenglife.com/aboutus/companyintro.

每五年召开一次，全国工商联第八次会员代表大会正常召开时间应在 1998 年。为了有利于全国工商联换届与全国人大、全国政协换届工作相衔接，全国工商联第八次会员代表大会提前一年，于 1997 年 11 月 3—7 日在北京召开。[1]出席大会代表 742 名，其中特邀代表 93 名。

大会概况与主要精神

1997 年 11 月 3 日，大会开幕式上，时任中共中央政治局委员、全国人大常委会副委员长田纪云代表中共中央、国务院致贺词。他充分肯定了工商联工作取得的成绩，并对工商联组织及会员提出了希望和要求（摘要）：[2]676

作为中国共产党联系非公有制经济人士的桥梁和纽带，作为政府管理、引导非公有制经济的助手，工商联在整个社会主义初级阶段肩负着重要的历史使命。

在整个社会主义初级阶段，工商联的工作不是可有可无，而是非有不可；不是可以削弱，而是必须加强。它在建设社会主义市场经济的过程中，将发挥党政部门不可取代的独特作用。工商联决不是无所作为，而是大有作为。它既是具有参政议政功能的人民团体，又是具有多种服务职能的民间商会。希望你们通过自己创造性的工作，为建设有中国特色的社会主义做出更多的贡献。

大会开幕式上，时任全国政协副主席、中央统战部部长王兆国致贺词。他充分肯定了工商联组织的重要性，并对工商联组织及会员提出了希望（摘要）：[2]679-680

工商联既是爱国统一战线组织，又是中国民间商会。工商联不同于一般的群众团体和工商社团，它从一开始就是中国人民政治协商会议的组成单位之一，始终与八个民主党派一起在国家政治生活中履行政治协商、民主监督、参政议政的职能；另一方面，工商联是既不同于八个民主党派，又不同于政府经济部门的民间商会。

经济性是统战性的载体。工商联的会员都是工商界的企业和人士，要发挥作为统一战线组织的作用，必须落实经济性与民间性的职能。特别是随着我国改革开放的深化扩大，社会主义市场经济体制的逐步建立，所有制结构的调整完善，工商联更要发挥民间商会的作用，围绕经济建设这个中心，为促进改革开放和发展经济服务，鼓励、引导非公有制经济健康发展。工商联的统战性、经济性、民间性是一个有机统一体。

---

［1］本书编写组.中华全国工商业联合会简史（1953—2013）［M］.北京：中华全国工商联合出版社，2013：221.

［2］孙晓华主编.中国工商业联合会 50 年概览（上卷）［M］.北京：中华工商联合出版社，2003.

同日，全国工商联主席经叔平在大会上作题为《高举邓小平理论伟大旗帜，肩负起工商联跨世纪历史使命》的工作报告。

报告总结了过去四年工商联工作取得的成绩：[1]686-691 1. 政治协商、民主监督、参政议政取得成效。2. 调整会员结构，非公有制代表人士队伍不断发展壮大。至1997年第三季度末，工商联会员总数发展到116.68万个，比4年前增长74.15%；其中非公有制经济成分的会员发展到68.48万个，占比58.68%；股份制企业会员发展到5751个。3. 强化商会职能，经济服务、融资服务、信息服务、法律服务工作逐步加强。4. 推动光彩事业，开展民间扶贫。已有2296位非公有制企业家投身光彩事业，实施光彩项目2731个，投入到位资金51亿元，捐赠3.8亿元，为贫困地区培训25万多人次，安排劳动就业18万人次，协助解决了54万人口的温饱问题。5. 为民间外交服务，为对外经贸合作服务，为会员开拓国际市场服务，海外联络工作取得新进展。6. 实现新老交替，各级工商联组成了跨世纪的领导机构。

11月6日，全国工商联第八次会员代表大会举行全体会议。选举产生了全国工商联第八届执行委员会委员358名。

同日，全国工商联第八届执行委员会举行第一次会议。会议选举产生了执行委员会主席、副主席、秘书长和常务委员。主席为经叔平；副主席为郑万通、张绪武、胡德平、朱文榘、黄长溪、严克强、保育钧、刘鹤章、谢伯阳、王治国、郭炳湘、何厚铧、伍淑清、王以铭、甘国屏、姜永涛、谢树声、刘永好、柳传志、张宏伟；秘书长为程路；常务委员107人。会议推选产生了执行委员会名誉主席：王光英，名誉副主席：孙孚凌、古耕虞、姜培禄、郭秀珍、梁尚立、曾宪梓、郑裕彤、李宏昌；顾问：蒋民宽、桓玉珊、刘敏学、陈景新、刘一民。

11月7日，全国工商联第八次会员代表大会举行闭幕会，表彰了"光彩事业奖章获得者"；通过了修改后的《中国工商业联合会章程（1997）》；鼓掌通过了向为工商联作出贡献的不再担任领导职务的老同志的致敬信。全国工商联党组书记郑万通致闭幕词（摘要）：[1]711-713

这次大会是工商联历史上具有重大意义的会议。通过这次会议，统一思想，明确工作方向，实现政治交接，完善组织结构，引导各级工商联组织满怀信心地跨入新的世纪。

---

[1] 孙晓华主编. 中国工商业联合会50年概览（上卷）[M]. 北京：中华工商联合出版社，2003.

现在是我们施展才华、贡献才智、增长才干的最好时期。我们开始形成一支拥护中国共产党的领导、拥护社会主义制度的非公有制经济积极分子队伍，这支队伍给工商联工作带来了生机和活力。

我们正走在迈向新世纪的征途上。展现在我们面前的是一条宽广而又漫长的有中国特色的社会主义大道。我们的事要一件一件地做，我们的路要一步一步地走。

大会号召，我们要同心同德，团结奋斗，为开创工商联工作的新局面，为促进非公有制经济持续、健康发展，为建立一支优秀的非公有制经济代表人士队伍，为推进建设有中国特色社会主义的伟大事业，作出新的更大的贡献。

《中国工商业联合会章程（1997）》修改内容

大会审议通过了修改后的《中国工商业联合会章程（1997）》，与上届《章程》相比较，修改部分主要包括：

（一）在第一章第一条中，把工商联的"桥梁""纽带""助手"作用写进了章程，规定："中国工商业联合会是中国共产党领导的中国工商界组成的人民团体和民间商会，是党和政府联系非公有制经济人士的桥梁和纽带，是政府管理非公有制经济的助手。"

（二）在第一章第三条中，将非公有制经济思想政治工作的"八字方针"修改为"团结、教育、引导、服务"，将原有的"帮助"二字修改为"服务"二字，突出了工商联组织的"服务"宗旨。

（三）第三章第十九条中，新规定："副主席根据需要可分为驻会副主席和不驻会副主席，不驻会副主席连续任职一般不得超过两届。"

（四）第三章第二十一条中，新规定："中华全国工商业联合会可设荣誉职务，包括名誉主席和名誉副主席、顾问。名誉主席和名誉副主席由退下来的全国工商联党外主要领导人担任，任期不超过两届。顾问由退下来的全国工商联中共党员副主席担任，一般只任一届。"

至 1999 年底，工商联县级组织发展到 3000 多个，占全国县级行政区划的 94%；工商联会员发展到 144 万个。工商联会员中，担任全国人大代表的有 100 人，其中非公有制经济代表人士 48 人；担任全国政协委员的有 113 人，其中非公有制经济代表人士 46 人。

五、1978—1999 年中国个体私营经济发展状况

中共十一届三中全会召开以后，党和国家的工作中心和全国人民的注意力转移到经济建设上来，以个体私营经济为主体的非公有制经济开始恢复性发展，并逐步进入发展快车道。1978—1999 年间，中国个体私营经济分年度发展状况见表 19-1 和表 19-2。

表 19-1 个体工商户主要数据（1978—1999）

年份	户数（万户）	从业人员（万人）	注册资金（亿元）	产值（亿元）	营业额（亿元）	商品零售额（亿元）
1978		14				
1979		31.1				
1980		80.6				
1981	182.86	227.49	4.58		21.14	
1982	263.68	319.87	8.25		100.70	
1983	590.09	764.45	30.67		210.94	
1984	930.41	1303.13	100.11		457.66	
1985	1171.44	1766.23	164.20		750.59	
1986	1211.15	1845.87	179.72		914.22	
1987	1372.5	2158.3	236.0		1134.4	
1988	1452.7	2304.9	311.9	516.2	1190.7	1024.3
1989	1247.1	1941.4	347.4	569.4	1139.2	1146.8
1990	1328.3	2092.8	397.4	642.4	1497.5	1270.0
1991	1416.8	2258.0	488.2	782.2	1798.2	1525.5
1992	1533.9	2467.7	600.9	926.2	2238.9	1861.3
1993	1766.9	2939.3	854.9	1386.9	3309.2	2709.8
1994	2186.6	3775.9	1318.6	1637.5	6123.2	4211.4
1995	2528.5	4613.6	1813.1	2791.2	8972.5	5355.4
1996	2703.7	5017.1	2165.4	3538.6	11554.2	6706.4
1997	2850.9	5441.9	2574.0	4552.7	14159.6	8074.0
1998	3120.2	6114.4	3120.3	5960.3	17486.3	9780.2
1999	3160.1	6240.9	3439.2	7063.4	21300.0	12000.0

表 19-2　私营企业主要数据（1988—1999）

年份	户数（万户）	从业人员（万人）	注册资金（亿元）	产值（亿元）	营业额（亿元）	商品零售额（亿元）
1988	4.06	72.37	32.86			
1989	9.06	164.0	84.48	97.4	38.8	33.7
1990	9.81	170.2	95.2	121.8	51.5	43.0
1991	10.8	183.9	123.2	146.6	68.0	57.6
1992	13.9	231.9	221.2	205.1	113.6	90.7
1993	23.8	372.6	680.5	421.7	309.2	190.5
1994	43.2	648.4	1447.8	1154.0	758.5	512.6
1995	65.5	956.0	2621.7	2295.2	1499.2	1006.4
1996	81.9	1171.1	3752.4	3226.6	2276.7	1458.6
1997	96.1	1349.3	5140.1	3922.5	3096.7	1854.7
1998	120.1	1709.1	7198.1	5853.3	5323.7	3059.3
1999	150.9	2021.6	10287.3	7686.0	7149.4	4191.4

从表中可以看出，中共十一届三中全会以后，我国非公有制经济有了长足的进步，得到较快发展，已经成为我国国民经济新的增长点，为发展社会生产力，特别是在发展第三产业、增加就业、丰富人民群众的物质文化生活等方面作出了重要贡献。

第二十章

新世纪工商联组织新作为

进入 21 世纪，我国非公有制经济进一步快速发展，非公有制经济人士队伍进一步发展壮大。工商联促进非公有制经济健康发展、促进非公有制经济人士健康成长的工作有了新起色，取得新绩效。工商联组织规模和会员队伍空前发展壮大，工商联工作有了新作为，工商联事业有了新发展。

一、第六届世界华商大会在江苏南京召开

世界华商是中国及全球华裔商人的总称。世界华商大会是全球最具规模、最具影响力的国际性的华人商界盛会，是联系世界各地华商组织、华商企业、华人企业家的重要纽带，是世界华商开展贸易、投资、服务合作及华商文化交流的重要平台。世界华商大会以"弘扬中华民族文化，加强全球范围内华商间的联系与友谊，促进全球华商的交流与合作"为宗旨，重在有效促进华人华商服务所在国家和地区经济发展。

在中共中央、国务院的直接关心下，经过积极争取，全国工商联获得第六届世界华商大会举办权（前五届世界华商大会分别在泰国、中国香港、新加坡、加拿大和澳大利亚举行）。

2001 年 9 月 17—19 日，由全国工商联主办，中国海外交流协会、中国贸促会、全国侨联协办，南京市政府承办的"第六届世界华商大会"在江苏南京召开。大会主题是："华商携手新世纪，和平发展共繁荣。"来自 77 个国家、地区和中国内地共5000 多人参加了大会，其中海外华商 2625 人。这是历届世界华商大会规模最大的一次，也是世界华商大会第一次在华商的故乡——中国内地举行。

9 月 17 日，大会开幕。全国政协副主席、全国工商联主席、第六届世界华商大会组委会主席经叔平主持开幕会，并宣读中华人民共和国主席江泽民的贺信。贺信[1]指出（摘要）：

世界华商大会首次在华商的故乡中国内地举行，这是全球华商交往中的一件盛事。我代表中国政府和人民，并以我个人的名义，对来自五大洲的华商朋友表示热烈欢迎！对第六届世界华商大会的召开致以衷心祝贺！

长期以来，遍布世界各地的华侨华人与当地人民和睦相处，以自己的勤劳、智慧为所在国家和地区的经济发展与社会进步作出了重要贡献，对推动所在国家和地区的对华贸易科技合作与友好交往也发挥了积极作用。广大华侨华人是促进中国对外开放、参与中国经济建设的一支重要力量。

进入新世纪，中国开启了全面建设小康社会，加快推进社会主义现代化的新的发展阶段。我们的目标是，到本世纪中叶基本实现现代化，建成富强民主文明的社会主义现代化国家。我们将坚定不移地坚持改革开放，加强同世界各国、各地区的交流与合作。我赞同本届华商大会的主题，希望广大华商更加紧密地携起手来，进一步加强交流与合作，更加关心、支持并积极参与中国的现代化建设，为中华民族的伟大复兴和世界的和平与发展作出新的更大的贡献。

在开幕会上，中共中央政治局常委、全国政协主席、大会组委会名誉主席李瑞环致词[2]（摘要）：

这次会议，对于海外华商了解中国情况、寻找合作商机、增进相互友谊，对于我们听取朋友们的意见、学习借鉴国外的经验、拓展对外合作的途径，都具有极为重要的意义。

广大华侨华人合群随众、恋祖爱乡，与当地人民和睦相处，在中国走向世界的过程中，在加强中国与各国、各地区的合作与交流中，发挥了桥梁纽带作用。我们的引进外资、我们的出口贸易、我们的对外交往，许多都是依靠华侨华人。

加快中国的发展，实现宏伟的目标，需要国内各族人民抓紧时间，抓住机遇，团结一致，艰苦奋斗；需要同世界上各个国家和地区加强往来，扩大合作；同时也需要广大华侨华人一如既往地利用自身优势和便利条件，提供更多的支持和帮助。我们衷

[1] 江泽民致第六届世界华商大会贺信（全文）[EB/OL]. http://www.chinanews.com/2001-09-17/26/122979.html.

[2] 李瑞环在第六届世界华商大会开幕会上的致词[EB/OL].（2001-09-17）. http://www.cctv.com/special/175/1/12322.html.

心地希望，广大华侨华人的事业不断发展；我们衷心地希望，广大华侨华人在自己的发展过程中，为所在国的发展，为中国的发展，为世界的发展，做出新的更大的贡献。

在开幕会上，全国政协副主席霍英东和著名科学家、诺贝尔奖获得者杨振宁分别以《炎黄华胄海外子孙》和《21 世纪的科技》为题发表了演讲。国务院副总理钱其琛，全国人大常委会副委员长王光英，全国政协副主席王兆国、钱伟长、丁光训、孙孚凌及中央和国家机关有关部门负责人，全国工商联副主席、名誉副主席、顾问、秘书长，江苏省、南京市的负责人出席了开幕会。

大会期间举办了"经贸交流展览会"和"中国经济论坛"。9 月 19 日，国务院总理朱镕基出席"中国经济论坛"并以《走向更加开放和繁荣的中国经济》为题发表演讲。他在演讲中指出（摘要）：[1]

随着新世纪的到来，中国改革开放和社会主义现代化建设进入了新的发展阶段。面对经济全球化进程加快和科技革命迅猛发展的新形势，顺应世界发展潮流，我们将大力实施经济结构调整战略、西部大开发战略、科教兴国战略、可持续发展战略，显著提高经济的创新力、竞争力和抗风险能力，使中国经济以更大的规模和更高的水平持续向前发展。

实行社会主义市场经济改革，发展开放型经济，是我国经济 20 多年来持续快速发展的基本经验。我们将坚定不移地深化改革，扩大开放，为经济更大发展提供持久的强大动力。

长期以来，广大海外华侨华人以不同方式热心支持和参与中国的经济建设。迄今为止，在华投资的外资企业，大多数的项目和资金来自华商。中国经济取得的辉煌成就，海外华侨华人功不可没。

遍布世界的华商朋友，有各领域的专业人才，既精通国际市场经济运作，又熟悉中国传统文化，具有在中国发展的独特优势。不论是已经在中国投资的，还是正在寻找项目的华商朋友，都可以在中国这片热土上找到众多的发展机会，大展宏图。我们热诚欢迎广大华商朋友以各种方式继续踊跃参与中国的现代化建设。

在论坛上，国家计委、外经贸部、中国人民银行的负责同志应邀发表专题演讲。与会嘉宾围绕"科技进步与经济发展""全球化机遇与挑战""华商对世界经济的贡献与责任"三个专题进行了深入的交流与探讨。

---

[1] 朱镕基. 走向更加开放和繁荣的中国经济 [EB/OL].（2001-09-19）.http://www.gov.cn/gongbao/content/2001/content_61095htm.

9月19日晚，第六届世界华商大会在南京圆满闭幕。

第六届世界华商大会成功举办，在世界华人大家庭中产生了积极而深远的影响。全国工商联通过主办第六届世界华商大会，更加广泛地与世界各国工商界建立了联系，充分发挥了民间商会所特有的民间交往作用，极大地提高了工商联组织影响力和知名度，为各级工商联组织开展对外联络和会员拓展对外商贸提供了有益帮助。

二、完善市场经济体制要求工商联更好发挥作用

2002年11月8—14日，中国共产党第十六次全国代表大会在北京举行。以《全面建设小康社会，开创中国特色社会主义事业新局面》为题的大会报告提出21世纪头二十年经济建设和改革的主要任务：完善社会主义市场经济体制，推动经济结构战略性调整，基本实现工业化，大力推进信息化，加快建设现代化，保持国民经济持续快速健康发展，不断提高人民生活水平；并提出一系列新的关于社会主义市场经济的理论和政策，对于工商联更好发挥组织作用，服务与促进非公有制经济健康发展和非公有制经济人士健康成长至关重要。

"两个毫不动摇"给非公经济人士吃了定心丸

中共十六大报告明确提出坚持和完善基本经济制度，明确了公有制经济和非公有制经济的重要作用及两者之间的相互关系，明确提出：根据解放和发展生产力的要求，坚持和完善公有制为主体、多种所有制经济共同发展的基本经济制度。报告指出：

第一，必须毫不动摇地巩固和发展公有制经济。国有经济控制国民经济命脉，对于发挥社会主义制度的优越性，增强我国的经济实力、国防实力和民族凝聚力，具有关键性作用。集体经济是公有制经济的重要组成部分，对实现共同富裕具有重要作用。

第二，必须毫不动摇地鼓励、支持和引导非公有制经济发展。个体、私营等各种形式的非公有制经济是社会主义市场经济的重要组成部分，对充分调动社会各方面的积极性、加快生产力发展具有重要作用。

第三，坚持公有制为主体，促进非公有制经济发展，统一于社会主义现代化建设的进程中，不能把这两者对立起来。各种所有制经济完全可以在市场竞争中发挥各自优势，相互促进，共同发展。

"两个毫不动摇"的经济发展方针，在强化公有制经济主体地位的同时，进一步强化了非公有制经济的重要地位，表明"鼓励、支持和引导非公有制经济发展"成为国家长期坚持的大政方针，给非公有制经济人士吃了定心丸。坚持公有制为主体，促进非公有制经济发展，统一于社会主义现代化建设的进程中，有利于国民经济协调发展、健康发展，有利于解决多年来"国退民进"或"国进民退"的纷争，进一步坚定了广大非公有制经济人士的执业信心，进一步坚定了工商联组织及会员大力促进非公有制经济健康发展的意识与行为。

完善私人财产保护制度消除了非公经济人士后顾之忧

中共十六大报告明确提出理顺分配关系，指出：

理顺分配关系，事关广大群众的切身利益和积极性的发挥。调整和规范国家、企业和个人的分配关系。确立劳动、资本、技术和管理等生产要素按贡献参与分配的原则，完善按劳分配为主体、多种分配方式并存的分配制度。坚持效率优先、兼顾公平，既要提倡奉献精神，又要落实分配政策，既要反对平均主义，又要防止收入悬殊。初次分配注重效率，发挥市场的作用，鼓励一部分人通过诚实劳动、合法经营先富起来。再分配注重公平，加强政府对收入分配的调节职能，调节差距过大的收入。规范分配秩序，合理调节少数垄断性行业的过高收入，取缔非法收入。以共同富裕为目标，扩大中等收入者比重，提高低收入者收入水平。

中共十六大报告提出团结、鼓励、保护、表彰为祖国富强贡献力量的社会各阶层人们，指出：

在社会变革中出现的民营科技企业的创业人员和技术人员、受聘于外资企业的管理技术人员、个体户、私营企业主、中介组织的从业人员、自由职业人员等社会阶层，都是中国特色社会主义事业的建设者。对为祖国富强贡献力量的社会各阶层人们都要团结，对他们的创业精神都要鼓励，对他们的合法权益都要保护，对他们中的优秀分子都要表彰，努力形成全体人民各尽其能、各得其所而又和谐相处的局面。

中共十六大报告明确提出充分发挥非公有制经济的重要作用并完善保护私人财产的法律制度，指出：

充分发挥个体、私营等非公有制经济在促进经济增长、扩大就业和活跃市场等方面的重要作用。放宽国内民间资本的市场准入领域，在投融资、税收、土地使用和对外贸易等方面采取措施，实现公平竞争。依法加强监督和管理，促进非公有制经济健康发展。完善保护私人财产的法律制度。

中共十六大报告提出完善按劳分配为主体、多种分配方式并存的分配制度，有利于从多方面激励人们以多种方式创业就业，创造财富；提出"团结、鼓励、保护、表彰"新型社会阶层人们，有利于发展壮大新时期统一战线，最广泛地为社会主义现代化建设汇聚智慧和力量；提出完善保护私人财产的法律制度，有利于消除非公有制经济人士奋斗致富后的后顾之忧。

"五个统筹"与"非公经济36条"促进"两个健康"发展

在20世纪初，还有两个重要文件对工商联组织及成员的意识与行为产生了重大影响：

第一个重要文件：《关于完善社会主义市场经济体制若干问题的决定》

2003年10月14日，中共十六届三中全会作出《关于完善社会主义市场经济体制若干问题的决定》。这是一个管长远的文件，明确提出了完善社会主义市场经济体制的目标和任务、指导思想和原则及重大改革和工作举措。其中提出完善社会主义市场经济体制的目标和任务：

按照统筹城乡发展、统筹区域发展、统筹经济社会发展、统筹人与自然和谐发展、统筹国内发展和对外开放的要求，更大程度地发挥市场在资源配置中的基础性作用，增强企业活力和竞争力，健全国家宏观调控，完善政府社会管理和公共服务职能，为全面建设小康社会提供强有力的体制保障。

在"五个统筹"思想指导下，工商联及各类商会组织引导非公有制经济人士积极参与新农村建设，参与扶贫攻坚，参与"光彩行动"，参与慈善事业，参与招工扶贫、安置就业；引导非公有制企业积极履行企业社会责任，为构建社会主义和谐社会作贡献，展现出新时代中国企业群体的新风貌，促进了工商联及各类商会组织意识与行为健康发展。

第二个重要文件：《关于鼓励支持和引导个体私营等非公有制经济发展的若干意见》

2005年2月28日，国务院颁布《关于鼓励支持和引导个体私营等非公有制经济发展的若干意见》（国发〔2005〕3号），简称"非公经济36条"。这个文件，是十六届三中全会精神的政策化表现，对于20世纪初促进我国非公有制经济大发展发挥了重要作用。

"非公经济36条"，从放宽非公有制经济市场准入；加大对非公有制经济的财税金融支持；完善对非公有制经济的社会服务；维护非公有制企业和职工的合法权益；

引导非公有制企业提高自身素质；改进政府对非公有制企业的监管；加强对发展非公有制经济的指导和政策协调七个方面共提出了 36 条具体意见。这个政策具体化的政府规章，对于各级政府和部门进一步解放思想，进一步优化非公有制经济发展环境，进一步加大鼓励支持引导非公有制经济发展的工作力度，发挥了至关重要的作用。"非公经济 36 条"颁布以后，省、市、县、乡四级政府纷纷出台贯彻落实意见，明晰工作举措，鼓励支持引导非公有制经济发展的办法层出不穷。"非公经济 36 条"颁布以后，对于广大非公有制经济人士明晰政策导向、坚定发展信心、激活发展动力发挥了至关重要的作用；对于社会各界人员，包括失业待业人员、"农转非"人员、退伍转业人员、科研院所离职人员及从国家机关公务员岗位或其他公职岗位"下海"人员在内的全民创业热潮形成并逐步高涨发挥了至关重要的作用。

从中共十六大作出关于完善社会主义市场经济体制的战略部署，中共十六届三中全会作出《关于完善社会主义市场经济体制若干问题的决定》，到国务院颁布《关于鼓励支持和引导个体私营等非公有制经济发展的若干意见》，国家关于新世纪发展非公有制经济的战略、理论、政策趋于完善。战略、理论、政策的贯彻实施，激活了"大众创业、万众创新"的热情，极大地调动了广大非公有制经济人士参与发展社会主义市场经济的积极性和全民创业的积极性，以极大的力量推动了我国非公有制经济快速发展，推动了整个国民经济又好又快发展。在这一时期，工商联及各类商会大力促进非公有制经济健康发展，促进非公有制人士健康成长取得了显著绩效。

三、全国工商联第九次会员代表大会（2002）

2002 年 11 月 23—27 日，全国工商联第九次会员代表大会在北京召开。出席大会的代表 842 名，其中特邀代表 140 名。

大会概况及主要精神

11 月 23 日，大会开幕式上，中共中央政治局委员、中共中央统战部部长王兆国代表中共中央、国务院致贺词。贺词中第一次提出了加强工商联会员思想政治工作的新要求（三个结合）：[1]732

---

[1] 孙晓华主编. 中国工商业联合会 50 年概览（上卷）[M]. 北京：中华工商联合出版社，2003.

引导广大会员进一步提高对党的路线方针政策的认识，自觉地把企业自身发展与国家的发展结合起来，把个人富裕与全体人民的共同富裕结合起来，把遵循市场法则与发扬社会主义道德结合起来，进一步增强社会责任感。

大会上，全国工商联主席经叔平以《按照"三个代表"要求，开创工商联工作新局面》为题作工作报告。[1] 743-757

报告总结了过去五年工商联工作取得的成绩：1.积极参政议政建言献策，为非公有制经济发展争取良好环境。2.围绕改革开放和经济建设大局，主动当好政府助手，积极参与"西部大开发"和招商引资活动，把推动地方经济建设与帮助民营企业发展紧密结合起来，取得良好经济效益和社会效益。3.以培养、壮大非公有制经济代表人士积极分子队伍为目标，以开展民营企业文化建设为载体，积极探索非公有制经济人士思想政治工作的新途径。4.寓教育引导于各种服务之中，服务意识明显增强，服务领域有新的拓展，服务本领有所提高。5.以成功举办第六届世界华商大会为标志，对外联络工作迈向新阶段，同国际工商界和中国港澳台地区工商社团的联系更加广泛深入。6.加强组织建设，一批优秀民营企业家走上各级工商联领导岗位，新老交替进展顺利，工商联事业后继有人。

报告指出：至2002年11月，工商联会员总数已超过161万，县以上组织3062个，乡镇商会、街道商会、市场商会、异地商会、开发区商会、联谊会等基层组织18842个，各级工商联组建行业组织3557个，基层组织建设明显增强。2001年，全国工商联完成了中国民间商会的注册登记工作，先后成立了参政议政委员会、教育培训委员会、经济技术委员会、组织委员会、联络委员会、法律委员会等六个工作委员会，对于充分发挥中国民间商会组织作用，集合专业人士、指导专项工作、提供专项服务发挥了重要作用。

报告对下一步工商联工作提出了建议：1.认真学习、全面领会中共十六大精神，全面贯彻中共中央关于非公有制经济的一系列方针政策。2.加强调查研究，努力提高各项工作水平。3.加强组织建设，增强凝聚力和吸引力。4.加强服务工作，完善商会职能。

大会上，全国工商联与劳动和社会保障部、国家质检总局、国家税务总局联合表彰了50家"工商联就业先进会员企业"，57家"工商联质量先进会员企业"和54家

---

[1] 孙晓华主编.中国工商业联合会50年概览（上卷）[M].北京：中华工商联合出版社，2003.

"工商联诚信纳税会员企业"。

大会选出全国工商联第九届执行委员会委员412名，其中非公有制经济代表人士223名，占比54%，比重首次过半。

11月26日，全国工商联第九届执行委员会举行第一次会议。会议选举产生了执行委员会主席、副主席。主席：黄孟复；第一副主席：梁金泉；副主席：胡德平、张龙之、谢伯阳、王以铭、孙晓华、程路、刘鹤章、伍淑清、柳传志、张宏伟、孙安民、任文燕、辜胜阻、段永基、罗康瑞、马有礼、李海仓、唐万里、王玉锁、金会庆、郑跃文。会议选举产生了常务委员110人。[1]245 新当选的副主席中，非公有制经济代表人士8名（其中香港1名），比上届多出5名；代表性更加广泛。

闭幕会上，通过了修改后的《中国工商业联合会章程（2002）》。全国工商联第一副主席梁金泉致闭幕词，号召工商联各级组织和广大会员要认真履行各项职能，充分发挥桥梁和助手作用，逐步建立商会服务体系，加强思想、组织、作风、文化和物质基础建设，把各项工作提高到一个新水平，为开创改革开放和社会主义现代化事业的新局面作出新的更大的贡献！

全国工商联第九次会员代表大会以后，由于受"非典"疫情影响，全国工商联九届二次常委会于2003年5月26日以电视电话会议形式举行，会议宣布胡德平担任全国工商联第一副主席；会议通过了具有创新特色的《全国工商联常务委员会通讯选举办法》，并以通讯方式选举施子清为全国工商联副主席。[1]245-246

《中国工商业联合会章程（2002）》修改内容

修改后的《中国工商业联合会章程（2002）》与上届章程比较，修改内容主要包括：

（一）增加了"学习实践'三个代表'重要思想"。

（二）增加了"引导会员自觉把企业的发展与国家的发展结合起来，把个人富裕与全体人民的共同富裕结合起来，把遵循市场法则与发扬社会主义道德结合起来"。

（三）增加了引导会员"积极参与光彩事业，致富思源、富而思进、扶危济困、共同富裕，义利兼顾、德行并重，发展企业、回馈社会"。

（四）将"爱国、敬业、守法"补充修改为"爱国、敬业、诚信、守法"；并增加

---

[1] 本书编写组.中华全国工商业联合会简史（1953—2013）[M].北京：中华工商联合出版社，2013.

了"引导会员树立社会主义公私观、信用观、义利观和法制观，做中国特色社会主义事业的建设者"。

（五）新规定"工商业联合会可按行业设立同业公会或同业商会等行业组织，同级工商业联合会是其业务主管单位。工商业联合会是非公有制经济人士为主的社会团体及与工商业联合会工作相关的社会团体的业务主管单位"。

（六）新规定"中华全国工商业联合会根据工作需要可设第一副主席和常务副主席""副主席根据工作需要可分为专职副主席和兼职副主席。专职副主席连续任职一般不超过两届，兼职副主席一般不连续任职"。

四、弘扬光彩精神，发展光彩事业

"光彩事业"名称的由来，源于工商联会员的倡议，发展为工商联组织的倡议。倡导光彩事业，得到党和国家领导人的重视和肯定，成为统战部和工商联共同的工作方针，形成了从中国光彩事业促进会到各省市光彩事业促进会组织体系和工作机制。

光彩事业是一项以消除贫困为宗旨，以民营企业和企业家为主体，以贫困地区为领域，以项目投资为主要形式，以义利兼顾为核心理念，以共同发展为基本目标的开发式扶贫事业。"光彩行"活动是以民营企业和企业家为主体，以一定的组织形式到贫困地区进行参观、考察、投资、捐资，并通过开发资源、兴办企业、培训人才、发展贸易、发展社会事业等多种方式促进贫困地区经济社会发展的综合性经济社会活动。

倡议投身光彩事业

1994 年 4 月 21—23 日，全国工商联七届二次常委会在北京举行，贯彻落实 1994年初国务院下发的《国家八七扶贫攻坚计划》[1]是会议最重要的议题。在 4 月 23 日举行的闭幕会上，周晋峰等 10 位具有全国工商联常委身份的非公有制经济代表人士（方小文、王力、王命兴、刘永好、汪远思、张芝庭、张江平、范建中、周晋峰、韩伟）以《让我们投身到扶贫的光彩事业中来》[2]为题，向工商联常委和执委中的企业

---

[1] 在 20 世纪最后的 7 年时间内基本解决 8000 万贫困人口的温饱问题。

[2] 黄孟复主编.中国民营经济史·纪事本末 [M].北京：中华工商联合出版社，2010：294.

家发出倡议书，提出：

我们的祖国、我们的民族是个水乳交融、血浓于水的和谐大家庭。改革开放以来，广大人民群众的生活水平有了显著提高。但是，老少边穷地区8000万人民的温饱和贫困问题始终牵动着我们的心。消灭绝对贫困是每一个中国人的责任，是时代赋予我们的光彩事业。

我们，参加全国工商联七届二次常委会的部分企业代表，以一颗热诚的心，向企业家们倡议：举办一个光彩事业计划，让我们投身到这一光彩事业中来，为脱贫致富作一份贡献、献一份爱心！

我们，每年为老少边穷地区培训1000个人才，把他们请到我们的企业中来，将我们的技术和经验传送给他们，为其家乡的经济振兴出力。

我们，每年为老少边穷地区开发100个项目、传授技术、发展生产、拓展销路；每年到老少边穷地区开发10种资源，利用当地自然条件，互利互惠，共同富裕。

为此，到本世纪末共培训7000名人才，办700个项目，开发70种资源，完成这个光彩事业计划，为缩小贫富差距作出贡献。

我们发起人在此郑重宣示：我们将竭尽全力，投身到这一光彩事业中来，切切实实、认认真真地为老少边穷地区做成几件实事。

我国非公有制经济的产生和发展得益于党的路线、方针、政策。我们决心在合法经营、不断扩大再生产的前提下，和老少边穷地区的父老乡亲、兄弟姐妹一起谱写我们的共同理想；一起创造我们共同的财富；一起共同发展；一起达到共同富裕的美好目标。

《光彩事业倡议书》提出以帮助老少边穷地区开发资源、兴办项目、培训人才为主要内容的光彩事业。倡议先富起来的非公有制经济人士为缩小贫富差距、促进共同富裕，动一份真情，献一份爱心，作一份贡献；倡议以义利兼顾、德行并重为理念，以自觉自愿、互惠互利为原则，以项目投资为主要形式，同贫困地区人民共求发展、共创利润，共享文明安乐。

《光彩事业倡议书》发出以后，迅速在全国各地非公有制经济人士中引起热烈反响，赢得了社会赞誉，得到有关方面重视支持。

组织推动光彩事业

对于这一顺应时代潮流发展趋势和国家发展战略部署的新生事物，中央统战部和全国工商联高度重视并大力支持，迅速确定了把光彩事业"办大、办好、办出成效"的工作方针，以组织工作加以推动。

1994年4月24日，在倡议书发出的第二天，全国工商联党组向李瑞环、王兆国等领导同志报送了10位非公有制经济代表人士的光彩事业倡议书。[1]294

5月，全国工商联发出《关于组织推动非公有制经济代表人士参与倡议书活动的通知》，要求各级工商联组织和推动非公有制经济代表人士积极响应倡议，投身到事关扶贫的光彩事业中来。

8月4日，时任中央统战部部长王兆国、副部长郑万通分别会见希望集团总裁刘永好。王兆国称赞他为光彩事业带了个好头，希望光彩事业办大、办好、办出声势、办出成效。郑万通指出，光彩事业要坚持两条原则：自觉自愿、互惠互利，按经济规律办事；要身体力行、做实际工作。[1]295

8月18日，中央统战部发出《关于大力推动光彩事业的意见》，指出：光彩事业是非公有制经济人士响应党中央、国务院号召，落实"国家八七扶贫攻坚计划"的具体行动，是一项惠及当前、功在千秋的宏伟事业，既体现了中华民族扶贫济困的传统美德，又符合新时期统一战线为经济建设服务的指导思想的需要。光彩事业计划的实施，对于发展贫困地区经济，缩小东西部地区差距，加强民族团结，维护社会稳定；对于合理开发和配置资源，建立和发展社会主义市场经济体制；对于引导非公有制经济健康发展，把非公有制经济人士手中富余的资金吸引到最需要投入和开发的地区；对于团结、帮助、引导、教育非公有制经济人士，在他们中间培养一支积极分子队伍等，都具有重大而深远的意义。[1]295-296

8月23日，全国工商联成立了以常务副主席张绪武为主任的全国工商联扶贫光彩事业工作委员会，下设办公室，负责光彩事业活动的组织实施。

9月6日，中央统战部和全国工商联联合召开了推动光彩事业新闻发布会，向首都23家新闻单位介绍了开展光彩事业活动的意义、方针、原则、步骤安排及各地推动实施光彩事业的进展情况。

12月6日，中央统战部和全国工商联在北京联合成立"中国光彩事业推动委员会"。王光英、陈俊生任总顾问；王兆国任主任；经叔平、蒋民宽、郑万通、张绪武、

---

[1]黄孟复主编.中国民营经济史·纪事本末[M].北京：中华工商联合出版社，2010.

胡德平、张蒙纳、齐景发、刘永好任副主任。[1]

光彩事业发起人带头参与光彩行动

1994 年 4 月 23 日，《光彩事业倡议书》发出的当天，光彩事业的发起人之一、北京中西电子工程技术开发公司董事长周晋峰，在自己的公司设立了全国光彩事业联络处，筹办《光彩简报》。周晋峰是将扶贫行动命名为"光彩事业"的提议人，他说："光彩"二字缘起于胡耀邦的讲话[2]；叫光彩事业，就是要突出民营经济，标明正身，认认真真地做好，让社会不再误解民营经济。经过一番讨论，这个提议最终得到与会者支持。他还向中央统战部和国务院扶贫办提出建议，发动民营企业首先在北京郊区开展"造血"扶贫。他认为：此前，民营企业到一些地方投资，人家不但不买账，还要严格审查；以光彩事业的名义搞扶贫开发，理直气壮，既能为社会做好事，也能扩大企业的影响。他把这个道理写在《光彩简报》上，力图说服更多的民营企业家。[1]294

4 月 28 日，光彩事业的发起人之一、贵州神奇制药有限公司董事长张芝庭等 24 名贵州省非公有制经济代表人士向全省非公有制经济人士发出扶贫倡议，提出每年为贵州贫困地区群众办 10 件实事，开发 10 个项目，建立 1 所光彩学校。6 月 20 日，张芝庭与荔波县瑶山、瑶麓经济开发公司签订了 3 个扶贫项目合同，共投资 70 万元。随后，逐步加大投资，开发扶贫项目 20 多个，帮助贵州山区农民发展黑山羊养殖和金银花种植。[1]294-295

7 月，光彩事业的发起人之一、四川希望集团总裁刘永好随中央统战部领导到四川凉山彝族自治州考察，确定投资 1500 万元，在西昌兴建 1 座年产 10 万吨的饲料厂。希望集团派出 500 名技术人员和工人组成建筑施工和设备安装队伍，仅用 63 天就建设起一座上万平方米的现代化工厂。在建厂的同时，派出扶贫科技小组，深入凉山州 17 个县，行程近万公里，发出科技资料 45 万份，扶植专业养殖户 41 户，建立养殖示范点 100 多个，向数十万群众普及科学养殖知识。这一行动，得到时任凉山州

---

[1] 黄孟复主编. 中国民营经济史·纪事本末［M］. 北京：中华工商联合出版社，2010.

[2] 1983 年 8 月 30 日，时任中共中央总书记的胡耀邦与万里、习仲勋和王震等领导人，在中南海接见了 300 多名全国集体经济和个体私营经济的先进代表，发表题为《怎样划分光彩和不光彩》的讲话，说到一切有益于国家和人民的劳动，都是光彩豪迈的事业，鼓动个体私营老板们干光彩的事，做光彩的人。

委书记的高度赞誉："希望集团放了一颗光彩卫星。"随后，希望集团相继在贵州、江西、河南、山东等地的老少边穷地区建立了 23 家光彩事业扶贫工厂。[1]295

10 月 15 日，浙江传化化学有限公司总经理徐冠巨在公司内部成立扶贫领导小组，决定 3 年内在西部贫困地区建立 4 家 5000 万元产值的企业。[1]295

10 月 22 日，光彩事业的发起人之一、河南思达集团公司董事长汪远思把扶贫目标放在经济落后的陕甘宁地区，实施"西进计划"，向上述地区投资 1250 万元兴办实业。[1]295

10 月，光彩事业的发起人之一、河北亨豪集团张江平、芦新菊夫妇参加中央统战部、全国工商联组织的光彩事业企业家赴贵州考察团，对贵州毕节、安顺等地区进行了为期 8 天、行程 1600 多公里的扶贫考察。看到老区群众的生活现状时，张江平、芦新菊夫妇的内心被深深地刺痛。他们做了一个重大决定："投资毕节，不求回报"，尽己所能为老区人民早日脱贫作出自己的贡献。从 1994 年 10 月到 1996 年，张江平、芦新菊夫妇在贵州的项目投资近 700 万元，并抽调了 38 名企业技术人员，创办了一家机砖厂，开办了一家煤矿企业；并为贵州省织金县板桥乡建小学、修路无偿捐款 30 万元。随后，河北亨豪集团在河北省围场县张家湾乡开垦万亩荒滩，帮助 7000 多个农民脱贫。[1-2]

同月，光彩事业的发起人之一福建港兴实业有限公司董事长王命兴成立光彩事业集团公司，先后在贫困地区收购 3 家濒临破产的企业，安置当地劳动力 400 多人。[1]295

10 位发起倡议的企业家率先垂范及众多的企业家积极参与、迅速行动，拉开了光彩事业发展的序幕。

光彩事业受到党和国家领导人重视

光彩事业自发出倡议以来，受到党和国家领导人的高度重视和支持。江泽民、胡锦涛、李瑞环、吴邦国、贾庆林、王兆国等党和国家领导人多次为光彩事业作出重要指示。

1994 年 8 月，时任全国政协副主席、中央统战部部长王兆国在《全国工商联光彩事业大事记》上批示：工商联做非公有制经济人士工作，抓住光彩事业这个主题，

---

［1］黄孟复主编. 中国民营经济史·纪事本末［M］. 北京：中华工商联合出版社，2010.
［2］芦新菊：光彩事业是我精神的支柱［EB/OL］.（2014–05–16）［2023–12–09］. http: ccn.people.com.cn.

认真扎实去做工作，一定会取得好的社会效果。[1]235 9 月 30 日，时任中央政治局常委、全国政协主席李瑞环在接见出席全国工商联召开的中国优秀民营企业家经验交流会的全体代表时发表讲话，称赞以扶贫为主题的光彩事业的倡议，是个很好的倡议，表示完全支持[2]295-296 当年，时任中共中央政治局常委、中央书记处书记胡锦涛听到光彩事业发起实施的消息后说：光彩事业这个倡议很好。希望付诸行动，为国家八七扶贫攻坚计划作出贡献。

1995 年 5 月，时任中共中央总书记江泽民称赞：光彩事业这件事情很好！[1]235

10 月，李瑞环在全国光彩事业工作会议上指出：光彩事业是利用民间渠道、利用民间形式实施的扶贫行为，是惠及当前、功在千秋的事业，它既是一种经济行为，又是一种充满感情的道德行为，体现了社会主义物质文明建设和精神文明建设的统一。[1]235

1996 年 4 月 16 日，江泽民为光彩事业题词："发扬中华民族传统美德，促进共同富裕"，高度概括了光彩事业的本质特征，并为光彩事业的发展指明了方向。[1]235

2000 年 9 月，李瑞环在全国工商联召开的优秀民营企业家经验交流会上指出：以扶贫为主题的光彩事业的倡议是个很好的倡议，先富起来的民营企业家帮助贫困地区开发资源、兴办企业、培训人才，体现了中华民族乐善好施、扶贫济困的传统美德，符合社会主义市场经济发展的要求，是引导非公有制经济健康发展的具有战略意义的活动。[1]235-236

12 月 4 日，江泽民在全国统战工作会议上指出："近年来，由非公有制经济人士发起的以扶贫开发为宗旨的光彩事业，有了很大的发展，他们自己从中也受到了教育，要进一步办好。"[2]296

2001 年 11 月，王兆国在中国光彩事业二届二次理事会上，将光彩事业及其参与者的精神追求和价值取向概括为 32 字的光彩精神："致富思源、富而思进、扶危济困、共同富裕、义利兼顾、德行并重、发展企业、回馈社会。"[2]296

2002 年 12 月 11 日，时任国务院副总理吴邦国在国务院三峡办报送的"光彩事业三峡行"活动总结报告上批示：在中共中央统战部、工商联、中国光彩事业促进会的支持和指导下，一批有实力的民营企业在库区办企业，不仅促进了库区结构调整、搬迁企业的重组改造，更为难得的是安置了部分库区移民，推动了全国对口支援三峡

---

［1］本书编写组 . 中华全国工商业联合会简史（1953—2013）［M］. 北京：中华工商联合出版社，2013.

［2］黄孟复主编 . 中国民营经济史·纪事本末［M］. 北京：中华工商联合出版社，2010.

工作，应予以肯定。[1]

2004年4月22日，时任中共中央政治局常委、全国政协主席贾庆林在光彩事业十周年纪念会暨二届四次理事会上的讲话中指出：实践证明，光彩事业体现了社会主义的本质要求，弘扬了中华民族的传统美德，反映了非公有制经济人士的理想追求，是一项利在当代、功在千秋、惠及百姓的宏伟事业。[1]

2015年10月19日，时任中共中央政治局常委、全国政协主席俞正声在会见中国光彩事业促进会第五次会员代表大会全体代表时指出：光彩事业是统一战线引导非公有制经济人士参与扶贫开发、促进共同富裕的一项创举，非公有制经济人士通过光彩事业这个平台，为党和政府分了忧，为贫困地区和贫困群众造了福，为全面建设小康社会立了功。[1]

2016年3月4日，中共中央总书记习近平在看望出席全国政协十二届四次会议民建、工商联界委员并参加联组讨论时指出：广大民营企业要积极投身光彩事业和公益慈善事业，致富思源，义利兼顾，自觉履行社会责任。[1]

中国光彩事业促进会成立[1]

1995年10月25日，中国光彩事业促进会经国家民政部批准登记注册成立。

1996年2月16日，中央统战部同国务院扶贫开发领导小组联合发出《关于实施光彩事业的若干意见》。

11月28—29日，中国光彩事业促进会第一届理事会议在北京召开，来自全国各地的143名理事出席了会议。中共中央政治局委员、国务院副总理姜春云，全国人大常委会副委员长、全国工商联名誉主席王光英，全国政协副主席、中央统战部部长王兆国，全国政协副主席、全国工商联名誉主席孙孚凌接见了全体理事。会议对两年多来开展光彩事业的工作情况进行了总结，并提出了以项目推动为主的光彩事业工作思路。

会上，姜春云作重要讲话，他希望能有更多的非公有制经济人士积极投身到这项事业中来，通过发挥自身资金、技术、人才和管理经验的优势，兴办更多的先富帮后富、有利于直接帮助贫困人口解决温饱、脱贫致富的项目；希望各级统战部门和工商联把热心扶贫事业的非公有制经济人士组织起来，更加有效地推进光彩事业发展。

---

[1] 中国光彩事业大事记 [EB/OL]. http://www.cspgp.org.cn.

会上，王兆国主持会议并讲话，要求各级统战部、工商联把光彩事业作为促进非公有制经济健康发展的一面旗帜，作为发展、培养、锻炼、选拔非公有制经济人士，建立非公有制经济积极分子队伍的一个载体，"以宣传舆论为先导，以政策措施为后盾，以组织机构为保证，以落实项目为核心，以社会荣誉为补充"，把这些要素和环节合理组织、运用起来，使推动和实施光彩事业的系统工程成为一个有机的整体，推动光彩事业向广度和深度发展。

会议通过了《中国光彩事业促进会章程》，选举产生了中国光彩事业促进会领导班子：全国政协副主席、中共中央统战部部长王兆国为会长，全国政协副主席、全国工商联主席经叔平为名誉会长，蒋民宽、郑万通、张绪武、胡德平为副会长，胡德平兼任秘书长。从此，中国光彩事业促进会正式成立。

2002年，中央统战部光彩事业指导中心成立。

2005年12月，中国光彩事业基金会成立。

中国光彩事业促进会组织成立后，采取了一系列工作举措，坚持不懈地推动了光彩事业在各地蓬勃发展，光彩事业的火种遍布全国老少边穷地区，光彩事业的成果受到人民群众，特别是贫困人群的交口称赞。

光彩事业扶贫济困、义利兼顾

光彩事业强调的是"造血式"的开发扶贫，不同于"输血式"的救济扶贫；是把扶贫工作和企业家们的市场经济运作结合起来，以扶贫开发项目为载体，投资者义利兼顾、以义为先，投资企业与贫困地区组成一个利益共同体，通过合理、高效开发利用自然和人力资源获取经济和社会效益，以利投资企业与贫困地区共同受益，并能可持续发展。"输血式"的救济扶贫，其人力、物力、财力投入是有限的；"造血式"的开发扶贫，其人力、物力、财力投入是无限的，对贫困地区经济社会发展产生的动力和影响是重大的长久的，有利于从根本上消除贫困。光彩事业作为一项"义利兼顾、以义为先"的扶贫举措，既是一种互惠互利的经济行为，也是一种充满情感的道德行为。

1994年10月，中央统战部、全国工商联第一次共同组织光彩事业考察团，赴贵州毕节考察。之后，几乎每年都组织光彩事业考察活动，到各省贫困地区进行考察、洽谈、投资活动，受到当地政府和群众的欢迎。

1995年8月18—21日，应内蒙古自治区政府邀请，光彩事业考察团赴内蒙古考察，有来自广东、北京、河北、山东、香港、澳门地区的企业家及来自新加坡、匈牙利等国的华侨企业家一行 50 多人参加了光彩事业投资考察，共达成合作协议 90 项，协议利用资金 13.5 亿元，其中引进资金 10.2 亿元。

在中央统战部和全国工商联的推动下，为落实中国光彩事业促进会一届一次理事会关于项目推动为主的工作思路，中国光彩事业促进会制定了《关于光彩事业项目推动工作的意见》，建立了一套项目申报、审批和服务工作制度。促进形成了"一线、一片、多点"光彩项目布局。其中，"一线"，指以"京九地带市场链"为重点，以建立农副产品种植、养殖、加工基地为特色的光彩项目布局带；"一片"，指围绕三峡库区移民安置和农业产业化举办光彩事业示范区；"多点"，指光彩事业项目遍布全国各地。

1995—2001 年间，连续三次组织非公有制经济人士到三峡库区考察投资。2001年，中国光彩事业促进会与国务院三峡工程建设委员会移民开发局联合举办了"光彩事业三峡行"活动，共签订投资合作项目 54 个，投资金额 41 亿多元，有力促进了三峡库区移民搬迁建设，促进了库区产业结构调整和经济发展，推动全国对口支援三峡移民工作上了一个新台阶。国务院三峡办用三个"最"对这次活动作出评价："国家实施三峡对口支援以来，集中签约项目最多、项目规模和投资最大、最有成效的一次活动。"

广大民营企业家在参与光彩事业的实践中，大胆探索，不断拓展光彩事业的新领域，创造出形式多样、行之有效的扶贫开发模式。例如，农业开发扶贫、投资办厂扶贫、科技开发扶贫、市场开发扶贫、人才培训扶贫、再就业扶贫、招工扶贫、移民安居扶贫等丰富多彩的"光彩模式"。

民营企业投资兴办与扶贫相结合的产业发展型项目，兴办带动物流、资金流、信息流的市场带动型项目，是光彩事业项目的重要类型。为积极配合国有企业改革，不少有条件的民营企业通过收购、兼并、租赁、合作、合资、委托经营等多种形式，参与贫困地区的中小型国有企业的改制、改组和改造，不但使一些濒临倒闭的企业焕发了生机，使资源得到了合理配置和优化组合，还较妥善地安排了企业下岗职工。

至 2000 年，光彩事业实施 6 年来，取得显著成效：参与光彩事业的民营企业家3508 位，实施项目 3829 个，到位资金 105.21 亿元，贸易总额 87.13 亿元，培训人员73.36 万人次，安排就业 76.15 万人，捐资办学及其他公益事业款项 12.17 亿元，扶助

192.92万贫困人口解决了温饱。[1]

光彩事业的发展和成功，其精神价值是重大的。光彩事业所提倡的"义利兼顾"观念，在实践中发展并形成了"致富思源、富而思进、扶危济困、共同富裕、义利兼顾、德行并重、发展企业、回馈社会"的光彩精神；发展并形成了"发扬中华民族传统美德，促进共同富裕"的精神境界；发展并形成了"先富帮后富，最终走向共同富裕"的实际行动，这是光彩事业最有价值的精神财富。光彩事业是引导非公有制经济人士健康成长的一面旗帜，是新时期统战工作为经济中心服务的新创举，是实现先富帮后富、最终达到共同富裕目标的桥梁之一，是我国社会主义物质文明和精神文明建设相结合的有效形式，各级政府满腔热忱地扶持和推动光彩事业发展。

光彩事业的国际影响[2-3]

光彩事业的意识、行为与绩效引起了国际关注。20世纪90年代，联合国官员多次来华考察中西部地区光彩事业的进展情况，评价甚高。他们说：像这样有明确宗旨，有成熟理念，有全国性组织，以群体行为持续不断开展扶贫的，在国际上绝无仅有。

1998年7月，联合国区域发展中心与中国国务院发展研究中心和中国光彩事业促进会在北京联合召开了"1998社会扶贫国际研讨会"。

1999年3月，联合国经济社会事务部派出考察小组专程来华对光彩事业项目进行了实地考察。5月和6月，中国光彩事业促进会分别派出代表团出席了在泰国曼谷召开的"金融危机的社会影响"国际研讨会和在肯尼亚召开的"关于亚洲社会政策改革经验及其对非洲的重大意义"国际研讨会，并作了发言。

1999年10月26日，为表彰光彩事业在扶贫领域作出的突出贡献，经国际小天体命名委员会批准，中国科学院北京天文台将发现并获得国际永久编号的一颗小行星命名为"光彩事业星"。浩瀚星空中，"光彩事业星"熠熠生辉，亦如光彩事业在扶贫工作中散发着璀璨的光芒。

2000年6月26日至7月1日，中国光彩事业促进会副会长胡德平率团赴日内瓦参加联合国关于社会发展的特别联大会议，并在大会上发表题为《光彩事业的文化理

［1］黄孟复主编.中华全国工商业联合会50年大事记（1953—2003）［M］.北京：中华工商联合出版社，2003：496.

［2］感恩时代致敬光彩——中国光彩事业25周年礼赞［N］.中华工商时报，2019-04-23.

［3］光彩事业简介［EB/OL］. http://www.cspgp.org.cn.

念》的演讲，第一次在联合国舞台上阐述了中国光彩事业的实践和文化理念，引起各国代表热烈反响。

2000 年 10 月 18 日，联合国经济及社会理事会正式会议授予中国光彩事业促进会特别咨商地位。

2003 年 10 月 6 日，中国光彩事业促进会被联合国贸发会议授予特约观察员身份，并与联合国非政府组织经社理事会、联合国计划开发署建立了密切联系。

消除贫困，共同富裕，实现可持续发展，是全世界共同关注的话题，是人类千年发展目标，中国光彩事业促进会的做法和经验得到了国际社会的高度重视。当今，中国光彩事业促进会以更加积极的姿态登上了国际舞台，并在国际舞台上展现中国光彩事业的风采。

光彩事业取得的工作成就

1994 年至今，在"光彩精神"指引下，广大民营企业家积极响应党和政府的号召，积极参与产业扶贫、公益扶贫、社会扶贫、精准扶贫、精准脱贫，为建设并建成小康社会贡献非公有制经济人士的智慧和力量。

由中国光彩事业促进会与地方党委政府联合举办的"光彩行"，是光彩事业的重要品牌活动。活动通过组织非公有制经济人士到经济欠发达地区考察投资，促进当地经济发展，带动贫困人群脱贫致富。

2011 年 8 月，全国工商联与中国光彩事业促进会联合组织 40 多位国内知名民营企业家赴新疆，举办"光彩事业新疆行"活动，共签约 7 个重点项目，涉及石油化工、煤电煤化工、房地产、金融等行业，投资金额 1226.89 亿元；并向新疆工商联和新疆生产建设兵团工商联分别捐赠 1200 万元和 500 万元，用于开展社会公益事业和调研培训工作。[1]

2012 年 7 月 25 日，在延边朝鲜族自治州喜迎建州 60 周年之际，由中国光彩事业促进会和吉林省人民政府共同主办的"中国光彩事业延边行"投资考察活动在延吉市隆重举行。中央统战部、全国工商联、中国光彩会、吉林省有关领导和来自全国各地的 170 余位民营企业家出席活动。活动中签约"光彩项目"金额 866.3 亿元，为延边在乡困难烈士遗属危房改造项目捐赠 2490 万元，建设 350 栋、700 户公用连体住房。[1]

8 月，由中国光彩事业促进会和宁夏回族自治区党委、政府共同主办的"中国光

---

［1］李昌禹. 光彩事业：为扶贫事业增光添彩［EB/OL］.（2015–10–19）［2023–12–09］. http://gongyi.people.com.cn.

彩事业宁夏行"大型投资考察活动在银川市隆重举行。来自中央统战部、全国工商联、中国光彩事业促进会的领导和来自全国各地的 400 余位民营企业家参加了活动。此次活动共签约项目 142 个，投资总额 2060.02 亿元。向吴忠市"同心县河西同德生态移民项目区枸杞种植基地"等项目捐赠资金 3170 万元。河仁慈善基金会捐款 1000万元，用于教育和扶贫事业。[1]

2013 年 5 月，"中国光彩事业六安行暨安徽省与全国知名民营企业合作发展会议"在六安隆重举行。中央统战部、全国工商联、中国光彩事业促进会、中国民间商会领导出席会议。这次活动中，来自各地的全国知名民营企业与安徽共达成合同项目988 个，总投资 6644 亿元。会上还举行了公益捐赠仪式，中国光彩事业促进会、中国光彩事业基金会向金寨县捐赠 2000 万元公益资金。[2]

6 月 26—28 日，由四川省工商联和巴中市人民政府共同主办的"光彩事业巴中行暨川商革命老区行"活动在四川革命老区巴中市举行。全国政协副主席、全国工商联主席王钦敏，副主席安七一、何俊明、史贵禄及四川省政协、省统战部、省工商联领导，以及来自全国各地的知名企业家 200 余人参加此次活动。活动中，全国工商联向平昌县签约捐赠助农帮扶基金 500 万元，巴中市与北京万容达、成都棠湖投资控股（集团）有限公司等 37 家知名企业签订了 39 个投资项目，总投资达 346.2 亿元。[2]

8 月，中央统战部、全国工商联、中国光彩事业促进会组织开展"中国光彩事业西藏行"，来自全国各地的 300 多位非公有制经济代表人士参加了此次活动。活动中，举行了项目签约和公益捐赠仪式，共签署协议项目 229 个，投资总额 3613.07 亿元，其中合同项目 131 个，投资总额 2393.29 亿元。活动中，中国光彩事业基金会向拉萨市曲水县养老院捐款 1800 万元；中国光彩事业促进会与国家卫生和计划生育委员会合作举行了"光彩·西藏和四省藏区健康促进工程"启动仪式，泛海集团向该项目捐款 1000 万元；西藏自治区人民政府与中国民生银行签署了合作框架协议，民生银行捐款 4000 万元，分 4 年实施，用于支持西藏儿童先天性心脏病救治工作；奇正藏药集团捐款 1100 万元，用于支持西藏那兰扎寺五明文化学院建设和在林芝、那曲各捐建 1 所藏医诊所。活动期间，举办了西藏特色产品展示会，考察了西藏娃哈哈食品有限公司、自治区藏药厂、天地绿色饮品公司、奇圣土特产有限公司等当地企业。[2]

---

［1］崔清新，李然 . 中国光彩事业宁夏行"大型投资考察活动开幕"［EB/OL］.（2012-08-08）［2023-12-09］.
　　https：//www.gov.cn.

［2］中国光彩事业呈现蓬勃生命力［EB/OL］.（2013-05-09）［2023-12-09］. https：//people.com.cn.

10 月，中国光彩事业促进会、江西省人民政府共同主办"中国光彩事业赣州行"[1]活动，来自全国各地的 200 余名民营企业家参加了活动。活动共签约项目 113 个，总投资金额 1040.9 亿元，项目涉及城市基础设施、文化旅游、商贸物流、现代服务、工业、金融、总部经济等领域。其中，现场签约的 30 个重大项目均为 10 亿元以上项目，项目投资总额 663.1 亿元。对于赣南苏区振兴发展也将起到重大推动作用。这次活动公益捐款 2070 万元，用于支持瑞金在乡烈士遗属危房改造等项目。

2004 年至 2013 年 10 月，中央统战部、全国工商联、中国光彩事业促进会共组织举办了 20 多次"光彩行"投资考察活动，共邀请 4700 多位民营企业家参与了老少边穷和中西部贫困地区投资开发活动和公益捐赠活动。

2013—2017 年 5 年间，全国工商联与中央统战部、中国光彩事业促进会共同举办光彩事业西藏行、南疆行、黄冈行、凉山行等活动共 16 次，组织民营企业在全国贫困地区扶贫开发，并帮助解决贫困群众生产、生活问题。

至 2019 年，中国光彩事业促进会多年来共牵头举办"光彩行"34 次，辐射全国 16 个省区市，共组织非公有制经济人士 11800 人次参加，落地项目 1483 个，实际投资 7959.07 亿元，公益捐赠 9.92 亿元，实施公益项目 872 个，受益人数达 79 万人。[2]

光彩事业被国务院有关部门列为社会力量参与脱贫攻坚十大品牌之首，中国光彩事业促进会被评为"全国先进社会组织"。

光彩事业促进行动的成果是丰硕的、经验是丰富的。其做法拓展到以"万企帮万村"为主题，组织民营企业参与扶贫开发、脱贫攻坚的重大活动之中。

五、国家领导人走访全国工商联机关

2002 年 12 月 23 日，中共中央总书记胡锦涛和中共中央政治局常委贾庆林，中共中央政治局常委、中央书记处书记曾庆红，中共中央政治局候补委员、中央书记处书记王刚，中央统战部部长刘延东等，走访了全国工商联机关，与新一届全国工商联领导班子成员座谈并发表了重要讲话。

［1］中国光彩事业呈现蓬勃生命力［EB/OL］.（2013–05–09）［2023–12–09］. https：//people.com.cn.

［2］高蕾、王琦.中国光彩事业 25 周年成就综述：谱写民企扶贫的光彩乐章［EB/OL］.（2019–10–20）［2023–12–09］. http://www.chinanews.com.cn.

胡锦涛关于工商联工作发表讲话

胡锦涛在讲话中充分肯定了各级工商联组织为我国经济社会发展作出的重要贡献。他指出：[1] 778

工商联具有光荣的历史和传统。新中国成立以来，工商联在恢复国民经济、社会主义改造和建设、改革开放和社会主义现代化建设等各个时期，都发挥了十分重要的作用。

近几年来，各级工商联组织紧紧围绕经济建设和改革发展稳定的大局，认真履行职能，积极参政议政、建言献策，为党和政府决策提供了重要依据。各级工商联组织按照团结、帮助、引导、教育的方针，广泛开展爱国、敬业、诚信、守法和致富思源、富而思进教育及光彩事业、信誉宣言等活动，积极引导广大会员自觉把自身企业的发展与国家的发展结合起来，把个人富裕与全体人民共同富裕结合起来，把遵循市场法则与发扬社会道德结合起来，坚定地走中国特色社会主义道路，为我国经济的发展作出了重要贡献。

胡锦涛在讲话中对工商联工作提出了要求。他指出：[1] 779-780

党中央十分重视工商联的工作，并寄予殷切希望。希望你们进一步凝聚广大会员的智慧和力量，进一步发挥自身优势，继续就完善社会主义市场经济体制、推动企业文化建设、弘扬中华民族的传统美德、促进经济技术贸易合作等问题调查研究，出谋献策。希望你们更好地发挥党和政府联系非公有制经济人士的桥梁和纽带作用，更好地发挥政府管理非公有制经济的助手作用，切实做好为会员服务的各项工作，反映会员的意见、建议和要求，代表和维护他们的合法权益。

同时要进一步加强自身建设，不断探索适合非公有制经济人士特点的思想政治工作的新途径、新方法，不断增强工商联组织的吸引力和凝聚力。

胡锦涛在讲话中充分肯定了工商联老一代领导人的历史贡献，并对工商联新一届领导机构寄予厚望。他指出：[1] 780

工商联老一代领导人同中国共产党长期合作、肝胆相照，为党和国家做了大量工作。我们相信，全国工商联新一届领导机构，一定会继承和发扬光荣传统，团结带领广大会员继往开来、与时俱进，为落实十六大提出的各项任务，为实现中华民族的伟

---

[1] 孙晓华主编. 中国工商业联合会 50 年概览（上卷）[M]. 北京：中华工商联合出版社，2003.

大复兴而不懈奋斗。

在走访活动中，胡锦涛等中共中央领导同志还亲切看望了全国工商联的机关工作人员。

胡锦涛讲话的意义与影响

胡锦涛走访全国工商联机关并发表重要讲话，意义重大：

一是充分体现了党和国家对工商联组织的高度重视。作为党和国家主要领导人亲自走访工商联机关并以座谈方式发表重要讲话，这在中国商会史上是第一次，在世界各国商会史上也是罕见的。这充分体现了工商联组织在党和国家主要领导人心目中的地位，胡锦涛总书记在讲话中明确指示工商联要发挥"三大作用"，即"桥梁、纽带、助手"作用，这充分体现了工商联组织在国家工作大局中的重要位置。

二是充分体现了党和国家对工商联会员的高度重视。胡锦涛在讲话中要求工商联会员努力做到"三个结合"，自觉把企业的发展与国家的发展、个人富裕与共同富裕、遵循市场法则与发扬社会道德结合起来，对于促进非公有制经济人士健康发展意义重大。

三是充分体现了党和国家对工商联工作的高度重视。胡锦涛在讲话中，要求工商联工作探索"新途径、新方法"，通过工作，不断增强工商联组织"吸引力和凝聚力"，这对于激励工商联工作创新，开创工作新局面意义重大。

胡锦涛走访全国工商联机关的表率作用，产生了带动效应，各省、市、县党政领导纷纷走访本级工商联机关，开展调查研究，帮助解决工商联工作中和发展中存在的困难和问题，并积极推动工商联组织更好作为、大有作为。

胡锦涛走访全国工商联机关并发表重要讲话，对于激励全国各地工商联工作创新发挥了重大作用。例如：

山西省工商联　研究 2003 年工作时，提出了"核心是创新，关键是改革，本质是服务"的工作思路，要求抓住"思想建设、素质建设、环境建设"三个重点，把工商联建设成为一个"学习型、创新型、服务型"的组织，努力向现代化商会迈进。

北京市工商联　认识到作为桥梁、纽带、助手，想问题、办事情、搞活动，都必须从党和政府的要求及会员企业的需求出发，主动争取有关党政部门的大力支持和会员企业的积极参与，才能把工作干到点子上，取得事半功倍的效果。市、区（县）工

商联要更好地发挥统一战线性质的人民团体和民间商会的双重优势，团结会员为发展首都经济作贡献：1. 以全面提高非公有制经济人士的素质，培养"听、走、做"（听党的话，走社会主义道路，做中国特色社会主义事业建设者）的积极分子队伍为目标，健全和完善工商联的教育体系。深入开展有关世界贸易规则、建立现代企业制度和现代信用制度等方面的教育培训工作，帮助非公有制经济人士更新观念、提高素质。2. 以繁荣首都经济和促进非公有制经济健康发展为主题，进一步强化民间商会职能，健全和完善工商联的服务体系。帮助会员企业面向世界、走向世界，利用国内、国外两种资源，开拓两个市场；帮助会员企业扬长避短、加快发展。3. 以引导非公有制经济人士健康成长为重点，充分发挥典型的示范作用，健全和完善工商联的引导体系。在非公有制经济人士中间开展"社会主义建设奖章"试评工作，探索建立一种反映非公有制经济人士特点的、逐步形成社会公认的社会荣誉，激励非公有制经济人士健康成长。4. 以加大会员发展和组织建设力度为前提，健全和完善工商联组织体系。坚持质量数量并重的原则，进一步加大发展会员、优化结构的工作力度。

内蒙古工商联　要求非公有制经济人士，努力做到"跟、走、争"（即跟共产党走，走社会主义道路，争当建设有中国特色社会主义事业的优秀建设者）；要求工商联领导干部，努力做到"引、帮、树"（即引导非公有制经济人士争当优秀建设者，帮助他们发展壮大企业经济实力，树立一批代表人物发挥其榜样示范作用）。

上海市工商联　努力引导非公有制经济人士把企业自身的发展融入国家总体发展战略中去，融入上海经济社会发展大局中去，积极参加国家经济结构调整和"西部大开发"，加快走出去步伐，多缴税、多创汇、多提供就业机会、多强化自主知识产权，多为增强上海城市综合竞争力作贡献。要引导非公有制经济人士在实现个人价值、壮大企业实力的同时，正确处理好企业与员工的关系、与贫困群众的关系、与政府的关系，努力做到"致富思源、富而思进"，把帮助群众致富与企业的发展结合起来。同时通过企业文化建设不断提高自身的综合素质，认清自己担负的历史责任和社会责任，在促进社会生产力发展、实现共同富裕、弘扬中华民族先进文化、推动大团结、大联合等方面作出应有的贡献。

六、加快推进行业协会商会改革

改革开放以后，伴随着市场经济的兴起与发展，我国行业组织相应兴起与发展。政府部门所属行业组织大都习惯称为协会；工商联所属行业组织大都习惯称为商会。伴随着市场经济的深入发展，政府部门所属行业组织的市场化（又称去行政化）改革加速展开。

政府推动行业协会商会改革

2007年5月13日，国务院办公厅发出《关于加快推进行业协会商会改革和发展的若干意见》，其中指出：改革开放以来，我国行业协会商会发展较快，在提供政策咨询、加强行业自律、促进行业发展、维护企业合法权益等方面发挥了重要作用。但是，由于相关法律法规不健全，政策措施不配套，管理体制不完善，行业协会商会还存在着结构不合理、作用不突出、行为不规范等问题。为加快推进行业协会商会的改革和发展，提出五个方面的具体意见，摘要如下：

（一）行业协会商会改革发展的指导思想和总体要求：1.指导思想。加快推进行业协会商会的改革和发展，逐步建立体制完善、结构合理、行为规范、法制健全的行业协会商会体系，充分发挥行业协会商会在经济建设和社会发展中的重要作用。2.总体要求。一是坚持市场化方向；二是坚持政会分开；三是坚持统筹协调；四是坚持依法监管。

（二）积极拓展行业协会商会的职能：3.充分发挥桥梁和纽带作用。各级人民政府及其部门要进一步转变职能，把适宜于行业协会商会行使的职能委托或转移给行业协会商会。行业协会商会要积极向政府及其部门反映行业、会员诉求，提出行业发展和立法等方面的意见和建议，积极参与相关法律法规、宏观调控和产业政策的研究、制定，参与制订修订行业标准和行业发展规划、行业准入条件，完善行业管理，促进行业发展。4.加强行业自律。行业协会商会要围绕规范市场秩序，健全各项自律性管理制度，制定并组织实施行业职业道德准则，大力推动行业诚信建设，规范会员行为，协调会员关系，维护公平竞争的市场环境。5.切实履行好为企业服务宗旨。6.积极帮助企业开拓国际市场。

（三）大力推进行业协会商会的体制机制改革：7.实行政会分开。行业协会商会要严格依照法律法规和章程独立自主地开展活动，切实解决行政化倾向严重及依赖政府等问题。8. 改革和完善监管方式。要按照政会分开、分类管理、健全自律机制的原则，加强和改进行业协会商会登记管理工作。9. 调整、优化结构和布局。积极推进行业协会商会的重组和改造，加快建立评估机制和优胜劣汰的退出机制。

（四）加强行业协会商会的自身建设和规范管理：10. 健全法人治理结构。行业协会商会要建立和完善以章程为核心的内部管理制度，健全会员大会（会员代表大会）、理事会（常务理事会）制度，认真执行换届选举制度，建立健全党的基层组织。11. 深化劳动人事制度改革。行业协会商会要全面实行劳动合同制度，保障工作人员合法权益。12. 规范收费行为。13. 加强财务管理。14. 加强对外交流管理。在对外交往中遵守法律法规和纪律，维护国家利益。

（五）完善促进行业协会商会发展的政策措施：15. 落实社会保障制度。16. 完善税收政策。17. 建立健全法律法规体系。将行业协会商会发展纳入法制化轨道。18. 加强和改进工作指导。各地区、各有关部门要积极采取措施，指导行业协会商会开展行业服务、自律、协调等工作。

当年，民政部根据《若干意见》中提出关于"加快建立评估机制和优胜劣汰的退出机制，建立行业协会商会综合评价体系，定期跟踪评估"的要求，发出《关于推进民间组织评估工作的指导意见》。随后，各地启动了行业协会商会组织评估工作。

广东行业协会商会改革初步实践

2009年，广东省制定了《关于社会组织评估管理办法》及《广东省全省性行业协会商会评估评分细则》。《细则》分五大项、千分制，即依法办会140分，规范运作328分，能力建设205分，发挥作用202分，社会评价125分。其中，"依法办会"和"规范运作"，评估协会商会组织建设和制度建设方面的情况；"能力建设"，评估协会商会的工作绩效；"发挥作用"，评估协会商会与会员企业、行业、政府、社会之间的关系状况；"社会评价"，评估利益相关方对协会商会的满意度。评估得分在950分（不含本数）以上的为5A级行业协会商会。评审程序为：自愿申请→评估专家组考察和初评→评估委员会审核认定→公示。

至2010年3月，广东省209家全省性行业协会商会中有35家被评估为3A以上等级。其中获得5A等级的全省性行业协会商会有10家，即广东高科技产业商会、广东软件行业协会、广东省电力行业协会、广东省服装服饰行业协会、广东省环境保护产业协会、广东省家具商会、广东省美容美发化妆品行业协会、广东省食品行业协会、广东省物流行业协会、广东省证券期货业协会。

以上 10 家行业协会商会工作成效突出、特色鲜明，特别是有的行业协会商会在参与行业经济技术方面的政策（或标准）研究、制定、执行等方面发挥了重要促进作用，为改革开放后我国行业协会商会发挥"政策倡导""决策参与""协商建言"职能作用开了个好头。因为行业协会商会行为与政府行为良性互动，行业协会商会工作与政府工作默契合拍，收到了服务地方经济发展和服务会员发展双重功效，受到政府和会员的好评。例如：

广东高科技产业商会推动产业升级转移，推动广东河源、四川成都、河南鹤壁三地建立了"广东高科技产业商会工业园"；组织会员在全国各地累计投资 250 亿元，参与投资企业达 100 多家。

广东软件行业协会协助制定了 Linux 电子政务标准等地方标准。

广东省电力行业协会协助制定了《广东省 10kV 配电线路五项常规作业收费标准》。

广东省服装服饰行业协会推动服装产业转移到粤北（清远华侨工业园）、粤西（阳江高新区）试点园区；并按照《珠三角改革发展纲要》精神，组织专家编制了《珠三角地区服装产业发展规划纲要建议草案（2009—2020）》，引导产业转型升级，提供政府参考。

广东省环境保护产业协会受省经信委委托协助制定了《广东省"十一五"环保产业发展规划》和《广东省清洁生产规划》；受省发改委委托协助编制了《广东省"十一五"环保装备发展规划》。

广东省家具商会创造"广东家具"品牌，举办了家具原辅材料联合采购大会，参与企业平均采购成本降低 8% 以上。

广东省美容美发化妆品行业协会成功举办了"广州国际美容美发化妆用品进出口博览会"。

广东省食品行业协会组织会员推行"广货北上"战略，创造了著名的"珠江水、广东粮"食品品牌，产品销售全国多地。

广东省证券期货业协会组织会员签订《关于遵守诚信诺言，执行自律规则的公约》，规范市场竞争行为。

在社会组织评估工作研讨中，国家民政部和广东省民政厅提出了"现代行业协会商会"的概念，并概括了"现代行业协会商会"的"十性"特征，即"民间性、自治性、代表性、非营利性、服务性、公益性、自律性、公正性、创新性和开放性"。此外，至2010年3月，广东全省所有行业协会商会实现了"五自四无"改革目标，即"自愿发起、自选会长、自筹经费、自聘人员、自主会务"，实行"无行政级别、无行政事业编制、无行政业务主管部门、无现职国家机关工作人员兼职"，成为名副其实的民间自治组织。[1]

七、全国工商联第十次会员代表大会（2007）

2007年11月17—19日，全国工商联第十次会员代表大会在北京召开。出席大会的代表880名，其中特邀代表8名。

大会概况及主要精神

11月17日，大会开幕式上，中共中央政治局常委、全国政协主席贾庆林代表中共中央、国务院致贺词，其中指出：[2]

工商联肩负着光荣而重大的责任。希望你们切实增强走中国特色社会主义道路的坚定性和学习中国特色社会主义理论体系的自觉性；支持和帮助非公有制企业自觉走科学发展道路，把促进转变经济发展方式作为重要着力点，坚持自主创新，不断增强企业的核心竞争能力和可持续发展能力，为实现国民经济又好又快发展贡献力量；着眼党和国家工作全局，立足促进社会主义市场经济体制的完善和企业、行业的发展，认真履行参政议政、民主监督职能，促进非公有制经济健康发展和非公有制经济人士健康成长；积极引导非公有制经济人士大力弘扬以"爱国、敬业、诚信、守法、贡献"为核心的优秀建设者精神，以强国富民为己任，自觉承担社会责任，做合格的中国特色社会主义事业建设者；切实抓好工商联系统领导班子建设，加强地方组织、基层组织、行业组织和专业组织的建设，不断扩大会员覆盖面，提高商会的自治自律水平。

大会上，全国工商联主席黄孟复以《坚定不移走中国特色社会主义道路，努力开创工商联工作新局面》为题，向大会作工作报告。[2]

报告指出：截至2007年9月，全国工商联会员总数由2002年的161.1万个增加

---

［1］胡辉华等著．行业协会商会成长的内在机制［M］．北京：社会科学文献出版社，2019：14-39.
［2］全国工商联第十次会员代表大会［EB/OL］．http://www.acfic.org.cn.

到 213.9 万个，其中企业会员增加 34.8 万个，达到 78.2 万个。

报告要求各级工商联把握"三性统一"的组织特征，充分发挥"五大职能作用"，促进"两个健康"。"三性"，即统战性、经济性、民间性；"五大职能作用"，即充分发挥工商联在非公有制经济人士参与政治和社会事务中的主渠道作用，在非公有制经济人士思想政治工作中的重要作用，在政府管理非公有制经济方面的助手作用，在构建和谐劳动关系过程中的协调作用，在我国行业协会商会改革发展中的积极作用；"两个健康"，即促进非公有制经济人士健康成长和促进非公有制经济健康发展。

大会要求以改革创新精神加强工商联自身建设：包括加强组织建设、领导班子建设、理论建设、机关建设。通过加强自身建设，切实增强组织吸引力、凝聚力、影响力，努力把工商联建设成为政治方向明确、工作职能完善、运行机制健全、服务能力较强、作用发挥充分的人民团体和商会组织。大会号召不断开创工商联工作新局面，为实现全面建设小康社会的宏伟目标而努力奋斗！

大会选出全国工商联第十届执委会委员 480 名。其中，非公有制经济代表人士 304 名。304 名非公有制经济代表人士执行委员中有 109 位全国人大代表和全国政协委员，有 5 位中共十七大代表，有 6 位担任省级工商联主席。

全国工商联十届一次执委会选举产生了全国工商联主席、副主席。主席：黄孟复；第一副主席：全哲洙；副主席：宋北杉、褚平、孙安民、孙晓华、沈建国（女）、谢经荣、王文京、王文彪、王健林、王新奎、卢志强、刘志强、刘沧龙、许连捷、许荣茂、吴一坚、张元龙、张近东、林毅夫、崔世昌、傅军、霍震寰。22 位副主席中，共有 13 位企业家副主席，其中 3 位来自港澳地区。会议选举产生了常务委员 143 人。

全国工商联十届一次执委会首次选举产生了中国民间商会会长、副会长。会长：黄孟复；副会长：全哲洙、宋北杉、褚平、孙安民、孙晓华、沈建国（女）、谢经荣、马有礼、王玉锁、尹明善、甘国屏、张芝庭、张宏伟、金会庆、郑跃文、柳传志、段永基、施子清、董文标、谢伯阳。

大会闭幕式上，通过了《中国工商业联合会章程（2007）》；全国工商联第一副主席全哲洙致闭幕词，要求各级工商联组织要准确把握这次大会精神，结合本地实际，明确工作重点，认真贯彻落实；要求以改革创新精神努力谱写工商联工作的新篇章，为促进非公有制经济人士健康成长和非公有制经济健康发展，为构建社会主义和谐社会和全面建设小康社会作出新的更大的贡献。

《中华全国工商业联合会章程（2007）》修改内容

大会通过了修改后的《中华全国工商业联合会章程（2007）》。修改内容主要包括：

（一）章程名称：由"中国工商业联合会章程"修改为"中华全国工商业联合会章程"，回到了原始名称。

（二）组织性质：表述为"中华全国工商业联合会是中国共产党领导的中国工商界组成的人民团体和商会组织"，将"民间商会"修改为"商会组织"。

（三）组织任务：突出了"两个健康"的工作主题："引导非公有制经济人士健康成长，促进非公有制经济健康发展"。

（四）组织特征：增加了"本会具有统战性、经济性、民间性相统一的特征"。

（五）组织作用：归纳形成五大作用，即"充分发挥在非公有制经济人士参与政治和社会事务中的主渠道作用，在非公有制经济人士思想政治工作中的重要作用，在政府管理非公有制经济方面的助手作用，在构建和谐劳动关系过程中的协调作用，在行业协会商会改革发展中的积极作用"。

（六）组织系统：使用了"全国组织、地方组织和基层组织"的概念。

（七）组织负责人称谓：各级工商联负责人均称为"主席"和"副主席"[1]。

（八）思想政治工作：首次提出引导会员"当好中国特色社会主义事业建设者"；并提出引导会员"弘扬中华民族传统美德，致富思源、富而思进，积极承担社会责任，热心公益事业，投身光彩事业。加强企业文化建设，支持企业党建工作和工会建设"。

（九）会产管理：在第九条中增加了"依法加强会产管理"等方面的内容。

（十）增加了"工作人员"和"会徽"两章。

---

[1] 全国工商联第一至四届负责人称为"主任委员"和"副主任委员"，第五届以后章程规定称为"主席"和"副主席"；地方工商联负责人此前称为"会长"和"副会长"，本次章程规定称为"主席"和"副主席"。

第二十一章

社会主义市场经济体制下工商联组织特征与功能

2010 年 9 月 16 日，中共中央、国务院发布《关于加强和改进新形势下工商联工作的意见》（中发〔2010〕16 号）（以下简称 2010 年中央 16 号文件），进一步明确了市场经济体制下工商联组织特征与功能，对于加强和改进新形势下工商联工作，调动工商联会员的积极性，促进非公有制经济健康发展，促进非公有制经济人士健康成长，推进工商联事业新发展具有里程碑意义。

一、加强和改进工商联工作的新形势

进入 21 世纪，我国进入全面建设小康社会，加快推进社会主义现代化建设的新的发展阶段，以邓小平理论、"三个代表"重要思想、科学发展观为核心内容的中国特色社会主义理论体系逐步形成，非公有制经济迎来新的发展环境，非公有制经济人士队伍结构有了新变化，党和政府对工商联工作提出了新要求。

非公有制经济发展新态势

1991—2009 年的 18 年间，全国个体工商户由 1416.8 万户增加到 3197.4 万户，从业人数由 2258 万人增加到 4245 万人；私营企业从 10.8 万户，增加到 740.2 万户，从业人员由 183.9 万人增加到 5544 万人；个体私营经济注册资金由 600 亿元增长到 15 万亿元。个体私营等非公有制经济创造了约 1/2 的国内生产总值、1/7 的国家税收、1/4 的进出口总额、3/5 的国内发明专利、9/10 的城镇新增就业岗位。至 2009 年，全国范围内，私营企业固定资产投资达到 4.6903 万亿元，占比 20.9%；私营工业企业数量达到 25.6 万家，占比 58.9%；私营工业企业主营收入达到 15.7 万亿元，占比 28.9%；私营工业企业资产总额达到 9.1 万亿元，占比 18.5%；私营工业企业利润总额达到 9677.7 亿元，占比 28%；私营企业税收总额达到 6402.3 亿元，占比 10.1%。民营企业出口总额达到 3384.4 亿美元，占比 28.2%；进口总额达到 1718.8 亿美元，占比 17.1%。2009 年度，"中国民营企业 500 强"企业营业收入总额达到 4.73 万亿元，比 2008 年增长 15.2%，资产总额 3.89 万亿元，比 2008 年增长 37.9%。"中国民营企业 500 强"入围门槛由 2008 年的 29.7 亿元提高到 36.6 亿元，年度增幅达到 23.3%。[1-3]

综合分析来看，我国个体私营等非公有制经济已经成为社会主义市场经济的重要组成部分和社会主义现代化建设的重要推动力量。

工商联组织发展新趋势

改革开放以来，我国新业态促进形成的新经济组织、新社会组织不断涌现，促进社会阶层构成发生了新变化。新出现的"六种人"，包括"民营科技企业的创业人员和技术人员、受聘于外资企业的管理技术人员、个体户、私营企业主、中介组织的从业人员、自由职业人员"等新的社会阶层中的广大人员，大都成为各级工商联会员。

至 2009 年底，全国工商联会员总数达到 257.4 万。其中私营企业和个体工商户会员 185.7 万个，占比 70% 以上。[3]39 非公有制企业和非公有制经济人士已经成为工商联会员主体。县级以上工商联组织在全国县级以上行政区划总数中占比 97%；拥有行业商会 1.2 万多个，异地商会近 2000 个，乡镇、街道、园区、市场、社区等基层商会 2.3 万多个。此外，有 17 个省的政府系统所属的 560 多个行业协会以团体会员名义加入了省级工商联；有 20 个省、自治区工商联和 130 个地市级工商联经政府授权，成为行业商会业务主管单位。不少行业商会努力开展各类服务工作，在研究行业发展趋势、参与制定行业标准、提出行业政策建议、加强行业自律、促进行业健康发展等方面发挥了应有作用。[3]34

工商联作为人民团体和商会组织，积极发挥桥梁、纽带、助手作用，反映会员诉

---

［1］黄孟复主编.中国民营经济史·大事记［M］.北京：社会科学文献出版社，2009：204.

［2］大成企业研究院编著.中国民营经济 70 年大事记［M］.北京：中华工商联合出版社，2019：186，322-323，327-328.

［3］中共中央统战部，全国工商联编.《中共中央国务院关于加强和改进新形势下工商联工作的意见》学习问答［M］.北京：中华工商联合出版社，2011：30，34，39，83.

求，维护会员合法权益，服务会员发展，成为非公有制经济人士的"娘家"，受到广大非公有制经济人士的青睐，组织影响力、凝聚力不断提升。工商联所属商会数量和会员队伍持续保持快速发展势头。

工商联工作展现新局面

进入 21 世纪以来，在各级党委和政府的重视支持下，在各级统战部的指导下，各级工商联工作不断开创新的领域，创建新的载体，取得新的进展。

在促进非公有制经济健康发展方面：一是抓大，组织开展上规模民营企业调研，培育企业品牌、产品品牌、产业品牌；二是扶小，通过开展各类培训和服务，帮助中小民营企业解决实际困难；三是提质，大力服务与促进民营企业努力做到"人与企业和谐发展、靠劳动参与分配者与靠资本参与分配者共同发展、企业产品竞争力与核心竞争力同步发展、企业环境保护能力与生产发展能力统筹发展、企业社会形象影响力与经济影响力相互促进发展"，服务与促进民营企业努力做到科学发展、和谐发展、健康发展；四是增效，组织开展"光彩行""民企联村""民营企业招聘周"等活动，服务地方政府招商引资，发展经济、增加就业。通过广泛而深入地开展"抓大、扶小、提质、增效"活动，服务与促进非公有制经济转变经济发展方式，收到明显绩效。

在引导非公有制经济人士健康成长方面：组织开展学习实践科学发展观，组织开展"优秀中国特色社会主义事业建设者""就业与社会保障先进民营企业""诚信纳税先进企业""关爱员工、实现双赢先进企业"等系列评先表彰活动，形成并弘扬以"爱国、敬业、诚信、守法、贡献"为核心内容的优秀建设者精神，极大地调动了广大非公有制经济人士创业创新创造的积极性，有效提升了非公有制经济人士群体政治思想素质。

在履行企业社会责任方面：全国范围内的民营企业坚持开展"招工扶贫、安置就业"，发展"光彩事业"。至 2008 年，民营企业兴办有一定规模的"光彩项目"19188个，投入资金 1864 亿元，培训人员 442 万人，安置就业 540 万人，各类公益捐赠总额达到 1383 亿元。2008 年，为了克服国际金融危机冲击的不利影响，全国各级工商联引导会员企业克服困难，努力做到"不裁员、不降薪"。

在拓宽组织服务职能方面：至 2009 年，全国范围内有 13 个省级工商联参加了扶贫开发领导小组；有 16 个省级工商联参加了就业工作联席会议；有 12 个省级工商联参与建立了劳动关系三方协调机制；有 5 个省级工商联和 103 个地市级工商联参加了非公有制企业党建工作领导小组或联席会议；有 6 个省级工商联被批准成立非公有制企业党工委和直属会员企业党委。

2010 年 3 月 4 日，国家主席胡锦涛在全国政协民建、工商联界别委员联组会上发表重要讲话，要求各级党委、政府进一步加强和改进对新形势下工商联工作的领导，充分发挥工商联的独特优势和作用，要求工商联组织引导非公有制企业在加快发展方式转变、保障和改善民生、提升自身素质三个方面争取有更大作为。[1]290

工商联工作主题更加明晰

促进非公有制经济健康发展和非公有制经济人士健康成长，简称"两个健康"，是工商联工作主题，也是工商联工作的出发点和落脚点。2000 年 12 月，江泽民在第 19 次全国统战部长工作会议上提出"要着眼于非公有制经济健康发展和非公有制经济人士健康成长"，帮助他们树立在党的领导下走中国特色社会主义道路的信念。[1]299 2002 年 12 月，胡锦涛走访全国工商联机关讲话时希望工商联"更好地发挥党和政府联系非公有制经济人士的桥梁和纽带作用，更好地发挥政府管理非公有制经济的助手作用"。[1]246 2006 年 7 月，《中共中央关于巩固和壮大新世纪新阶段统一战线的意见》（中发〔2006〕15 号）明确指出："要重视发挥工商联在促进非公有制经济人士健康成长和促进非公有制经济健康发展中的作用"。[1]299 2010 年 3 月，胡锦涛在全国政协民建、工商联界别委员联组讨论会上强调："各级党委要加强和改善新形势下工商联工作的领导，充分发挥工商联组织职能作用，帮助工商联更好地团结、凝聚、引导、服务非公有制企业和非公有制经济人士，进一步促进非公有制经济健康发展和非公有制经济人士健康成长。"[2] 因为非公有制经济是工商联组织最主要的工作领域，非公有制经济人士是工商联组织最主要的工作对象，促进"两个健康"成为新形势下工商联组织最重要的指导思想、工作目标、工作职能、工作任务、工作责任和工作要求。

工商联"两个健康"工作主题与"三性"组织特征紧密相关。"促进非公有制经

---

[1]《中华全国工商业联合会简史》编写组著.中华全国工商业联合会简史［M］.北京：中华工商联合出版社，2017.

[2] 中共中央统战部，全国工商联编.《中共中央国务院关于加强和改进新形势下工商联工作的意见》学习问答［M］.北京：中华工商联合出版社，2011：74–75.

济人士健康成长"，体现统战性工作特征；"促进非公有制经济健康发展"，体现经济性工作特征；做"非公有制经济"和"非公有制经济人士"方面的工作都体现民间性工作特征。

"两个健康"紧密相连、不可分割。促进非公有制经济健康发展，要求非公有制经济人士提升素质、健康成长；促进非公有制经济人士健康成长，是促进非公有制经济健康发展的有力保障；对非公有制经济人士的教育引导也要体现以经济建设为中心，最终落实在促进非公有制经济健康发展上来。

二、2010 年中央 16 号文件主要精神

2010 年 9 月 16 日，中共中央、国务院发布《关于加强和改进新形势下工商联工作的意见》（中发〔2010〕16 号），共分五个部分，要求：深刻认识加强和改进新形势下工商联工作的重要意义，正确把握工商联工作的基本要求，充分发挥工商联的职能作用，以改革创新精神加强工商联自身建设，加强和改善对工商联工作的领导。

工商联工作定位和重要性

2010 年中央 16 号文件在开篇之首明确提出："工商联工作是党的统一战线工作和经济工作的重要内容。"这是中共中央文件第一次对工商联工作在党和国家工作大局中的地位作出明确表述。其意义：

第一，表明工商联组织和工作对象的重要性。工商联组织是党和政府联系非公有制经济人士的桥梁和纽带，是政府管理非公有制经济的助手，是人民政协的重要界别。工商联主体会员从新中国成立初期的私营工商业者，发展到改革开放以后的非公有制经济人士，始终是党的统一战线的工作对象，这就要求工商联工作成为党的统一战线工作的重要内容。

第二，表明工商联工作的重要性。在全面建设小康社会、加快推进社会主义现代化的新形势下，做好工商联工作，对于坚持和完善公有制为主体、多种所有制经济共同发展的基本经济制度，促进非公有制经济健康发展作用重大。

第三，表明对工商联工作方法的充分肯定。工商联作为以非公有制经济人士为主体构成的人民团体，运用统战工作方法，从组织内部对会员群体进行"团结、服务、引导、教育"，促进非公有制经济人士健康成长作用重大。

2010 年中央 16 号文件阐述了加强和改进工商联工作的重要意义，强调：在全面建设小康社会、加快推进社会主义现代化建设的新形势下，加强和改进工商联工作，是坚持和完善我国基本经济制度、促进非公有制经济科学发展的需要，是适应政府职能转变、完善社会主义市场经济体制的需要，是坚持对外开放基本国策、不断提高我国开放型经济水平的需要，是巩固发展壮大爱国统一战线、加强党在非公有制经济领域领导的需要。并阐明：

第一，加强和改进工商联工作，有利于推动非公有制企业全面提升自身素质，建立健全符合科学发展要求的治理结构、管理模式和企业文化，加快非公有制经济发展方式转变和产业优化升级，努力形成各种所有制经济平等竞争、相互促进的新格局。

第二，商会是市场经济体系的重要组成部分，充分发挥各类商会的重要作用是转变政府职能、完善社会主义市场经济体制的必然要求。工商联作为我国非公有制经济领域各类企业、工商社团和工商界人士的联合组织，在协助政府管理经济社会事务和服务非公有制企业经营管理方面的作用日益突出。加强和改进工商联工作，有利于积极培育和发展中国特色商会组织，加强行业自律，规范市场经济秩序。

第三，随着经济全球化深入发展，民间经济交往日益频繁，商会组织的独特作用更加凸显。工商联与境外工商界有着广泛联系和友好合作关系，是我国扩大对外经贸交往、开展民间外交的重要渠道。加强和改进工商联工作，有利于实施和推进"走出去"战略，提高我国开放型经济水平，帮助非公有制企业抓住机遇、积极作为，趋利避害、防范风险，充分利用国际资源，开拓国际市场，增强国际竞争力。

第四，引导非公有制经济人士等新的社会阶层人士健康成长，不断扩大中国共产党执政的群众基础和社会基础，是新世纪新阶段统一战线工作的重要着力点。工商联作为统一战线的重要组织，担负着团结凝聚非公有制经济人士的重要责任。加强和改进工商联工作，有利于广泛团结非公有制经济人士，组织动员他们积极投身改革开放和社会主义现代化建设，自觉履行社会责任，促进我国社会阶层关系和谐。

工商联工作指导思想和基本任务

2010 年中央 16 号文件明确了工商联工作的指导思想："高举中国特色社会主义伟大旗帜，以邓小平理论和'三个代表'重要思想为指导，深入贯彻落实科学发展观，坚持中国共产党领导，坚持我国社会主义初级阶段基本经济制度，坚持团结、服务、引导、教育的方针，全面加强思想、组织、作风、制度建设，不断增强凝聚力、影响力、执行力，把工商联建设成为政治坚定、特色鲜明、机制健全、服务高效、作风优良的人民团体和商会组织，促进非公有制经济健康发展和非公有制经济人士健康成长，为全面建设小康社会、坚持和发展中国特色社会主义、实现中华民族伟大复兴贡献力量。"如何理解和把握这一指导思想：[1]57-61

第一，高举中国特色社会主义伟大旗帜，以邓小平理论和"三个代表"重要思想为指导，推动工商联事业沿着正确的方向健康发展。

第二，深入贯彻落实科学发展观，坚持发展第一要义，大力促进非公有制经济健康发展；坚持以人为本，大力促进非公有制经济人士健康成长。

第三，坚持中国共产党领导，其核心是政治领导、思想领导和组织领导，在工作中要充分发挥工商联党组的领导核心作用，认真贯彻落实党的路线、方针和政策。

第四，坚持我国社会主义初级阶段的基本经济制度，毫不动摇地巩固发展公有制经济，毫不动摇地鼓励支持引导非公有制经济健康发展，努力为形成各种所有制经济平等竞争、相互促进新格局多作贡献。

第五，促进非公有制经济健康发展和非公有制经济人士健康成长，是党和国家赋予工商联的重大历史使命，工商联必须把"两个健康"作为一切工作的出发点和落脚点。

2010年中央16号文件明确了工商联组织的基本任务：1.加强思想政治工作，引导非公有制经济人士学习贯彻党的路线方针政策，遵守国家法律、法规，培养拥护党的领导、走中国特色社会主义道路的非公有制经济人士队伍。2.参加政治协商，发挥民主监督作用，积极参政议政。3.推动经贸交流和协作，促进经济社会发展。4.加强行业协会商会建设，服务非公有制企业发展。5.参与协调劳动关系，促进社会和谐稳定。6.反映非公有制企业和非公有制经济人士利益诉求，维护其合法权益。

如何把握工商联的基本任务，中央统战部和全国工商联提出了指导意见：[1]66-70

第一，工商联要引导非公有制经济人士学习，树立中国特色社会主义共同理想和社会主义核心价值观，引导他们"爱国、敬业、诚信、守法、贡献"，自觉承担社会责任，做合格的中国特色社会主义事业建设者。

第二，工商联要充分发挥政治协商、参政议政、民主监督作用，围绕国家政治生

---

[1] 中共中央统战部，全国工商联编.《中共中央国务院关于加强和改进新形势下工商联工作的意见》学习问答 [M].北京：中华工商联合出版社，2011.

活和社会事务中的重大问题深入调查研究，积极建言献策。

第三，工商联要充分发挥经济功能，组织非公有制经济人士积极参与国内外经贸交流与合作、投资考察、招商引资等活动；并引导他们积极参与新农村建设、"光彩事业"和社会公益事业，为促进经济社会发展作贡献。

第四，工商联应当指导和帮助行业协会商会提高服务能力，服务会员发展，充分发挥在行业协会商会改革发展中的促进作用，认真履行主管职能，规范管理所属行业协会商会，更好地服务与促进非公有制经济健康发展。

第五，工商联是协调劳动关系"三方会议"重要成员，与人力资源和社会保障部门、工会组织一道共同调处劳动争议，协调投资者利益和劳动者权益的关系，维护职工权益，促进社会和谐稳定。

第六，工商联是非公有制企业和非公有制经济人士的"娘家"，应该及时反映他们合理的意见、建议和诉求。推进非公有制企业风险防范管理，组织开展涉及非公有制企业的仲裁、调解工作，提供维权服务，有效维护其合法权益。

工商联组织性质和基本特征

2010年中央16号文件明确了工商联组织性质和作用：工商联是中国共产党领导的以非公有制企业和非公有制经济人士为主体的人民团体和商会组织，是党和政府联系非公有制经济人士的桥梁纽带，是政府管理和服务非公有制经济的助手。在我国经济、政治、文化、社会生活中有着重要影响，在促进非公有制经济健康发展、引导非公有制经济人士健康成长的工作中具有不可替代的作用。

2010年中央16号文件明确了工商联组织的基本特征：统战性、经济性、民间性有机统一。统战性主要体现在工商联是党领导的统一战线组织，决定了工商联的政治方向、政治地位和政治功能；经济性主要体现在工商联由工商界及其人士组成，直接服务于经济建设；民间性主要体现在工商联具有商会性质和职能，其组织方式和工作机制不同于政府机构。工商联工作要牢牢把握统战性，充分发挥经济性，切实体现民间性。

学习2010年中央16号文件，深刻领会新形势下工商联的组织性质和基本特征，应当把握：

第一，工商联自组织成立之日起，始终是中国共产党领导的人民团体。必须坚持中国共产党的领导，在政治上、思想上、行动上与党中央保持一致。

第二，发挥工商联桥梁纽带作用，把广大非公有制经济人士更加紧密地团结在党的周围，引导他们投身改革开放和现代化建设。

第三，当好政府管理和服务非公有制经济的助手，协助政府为非公有制企业提供政策、法律、信息、融资、技术、人才等方面的服务，推动经贸合作与交流，参与协调劳动关系，维护合法权益，加强行业协会商会管理，促进非公有制经济健康发展。

第四，在以前已经明确的工商联"三性"组织特征的基础上，特别强调"三性"有机统一，并以"统战性、经济性、民间性有机统一"的提法取代了此前"以统战性为主，兼有经济性、民间性"的提法。

工商联工作对象、职能作用及自身建设

2010年中央16号文件明确了工商联工作的对象："主要包括私营企业、非公有制经济成分控股的有限责任公司和股份有限公司、港澳投资企业等，私营企业出资人、个体工商户、在内地投资的港澳工商界人士、原工商业者等。"

应该注意到，因为工商联工作对象发生了变化，工商联会员结构相应有所变化，如增加了"非公有制经济成分控股的有限责任公司和股份有限公司、港澳投资企业、私营企业出资人等"。

应该注意到，工商联工作的对象未提及在内地投资的台湾同胞投资企业。关于在内地投资的台湾同胞投资企业，其业务主管单位是国务院台湾事务办公室和有关地方人民政府台湾事务部门。2003年3月20日，国务院台湾事务办公室和民政部联合发布《台湾同胞投资企业协会管理暂行办法》，明确"台资企业协会是指以在祖国大陆登记注册的台湾同胞投资企业为主体，依法自愿组成的社会团体"；并对台资企业协会的性质、宗旨、业务范围、审批程序、会长资格、活动管理、经费来源和使用等作了规定。多年来，台资企业协会在组织会员联谊和交流、为会员提供国家有关法律法规和经济信息咨询服务、沟通会员与当地政府及有关部门的联系、促进当地与台湾地区之间的经济交流与合作、举办社会公益活动、帮助会员解决工作和生活中有关困难等方面做了很多有益的工作，发挥了积极作用。

据国家工商行政管理总局统计，至2010年6月底，全国私营企业达到789.4万户，私营有限责任公司达到654.3万户，私营股份有限公司达到1.7万户，私营企业投资人达到1675.5万人，个体工商户达到3328.4万户。

2010 年中央 16 号文件明确工商联的职能作用主要包括五个方面：1. 充分发挥在非公有制经济人士思想政治工作中的引导作用。2. 充分发挥在非公有制经济人士参与国家政治生活和社会事务中的重要作用。3. 充分发挥在政府管理和服务非公有制经济中的助手作用。4. 充分发挥在行业协会商会改革发展中的促进作用。5. 充分发挥在构建和谐劳动关系中的积极作用。并阐明：

第一，要求工商联引导非公有制经济人士爱国、敬业、诚信、守法、贡献，做合格的中国特色社会主义事业建设者；引导非公有制经济人士树立中国特色社会主义共同理想，在党的领导下坚定走中国特色社会主义道路；引导非公有制经济人士践行社会主义核心价值体系，树立义利兼顾、以义为先理念，加强企业文化建设，积极参与光彩事业及其他社会慈善事业，自觉履行社会责任，致富思源、回报社会，为推动科学发展、促进社会和谐作贡献；引导非公有制经济人士支持所在企业建立党的组织，为党组织开展活动、发挥作用提供必要条件。

第二，要求工商联认真履行政治协商、民主监督、参政议政的职能。要密切同非公有制经济人士的联系，深入了解他们的意愿和要求，向党和政府提出相关意见和建议，参与国家有关方针政策、法律法规的制定和贯彻执行，促进非公有制经济市场环境、政策环境、法治环境、社会环境的改善。引导非公有制经济代表人士增强大局意识和责任意识，帮助其提高参政议政能力和水平，积极反映社情民意，有序参与政治生活和社会事务。对非公有制经济代表人士的政治安排，要充分听取工商联意见。

第三，要求各级政府注重发挥工商联参政议政、民主监督的优势，建立相关重要经济决策委托工商联征询非公有制经济人士意见的制度，做出相关决策应充分听取非公有制经济人士意见和建议。吸收工商联参加促进非公有制经济和中小企业发展工作的领导机构和协调机制，参与中小企业服务体系建设。工商联要积极开展民间外交，加强同境外工商界的交流合作，更好为非公有制企业开展国际合作提供服务。要为非公有制企业提供信息、法律、融资、技术、人才等方面服务。

第四，要求工商联认真履行社会团体业务主管单位职责，指导和推动商会组织完善法人治理结构、规范内部管理、依照法律和章程开展活动，充分发挥宣传政策、提供服务、反映诉求、维护权益、加强自律的作用。全国工商联作为有关社会团体业务主管单位，要参与制定行业协会商会政策法律的有关工作。

第五，要求工商联参与协调劳动关系三方会议，同人力资源和社会保障部门、工会组织和其他有关企业方代表一道，共同推动劳动关系立法和劳动关系协调机制建设，共同研究解决劳动关系中的重大问题和调处劳动争议。要引导非公有制企业依法与工会就职工工资、生活福利等涉及职工切身利益问题进行平等协商，签订集体合同。要正确协调处理投资者利益和劳动者权益的关系，引导非公有制企业积极创造就业岗位，严格遵守国家相关法律法规和政策措施，尊重和维护员工合法权益，依法建立工会组织，开展工会活动。

2010年中央16号文件对工商联自身建设提出了四个方面的明确要求：1.加强工商联会员队伍和非公有制经济代表人士队伍建设。2.加强工商联领导班子建设。3.加强工商联基层组织建设。4.加强工商联机关建设。并阐明：

第一，按照面向工商界、以非公有制企业和非公有制经济人士为主体、广泛性和代表性相结合的原则，做好工商联会员发展工作。适当提升企业会员和团体会员比重，注重吸收行业协会、行业商会、异地商会等经济类社团。在扩大工商联会员覆盖面和优化会员结构的基础上，按照思想品质优、社会贡献大、公众形象好、参政议政能力强的要求，努力建设一支数量充足、素质优良、结构合理的非公有制经济代表人士队伍。加强和完善非公有制经济代表人士综合评价工作，健全科学有效的培养使用机制。配合党和政府实施人才发展战略，加强非公有制经济组织人才队伍建设。

第二，选好配强各级工商联领导班子，优化领导班子中党内外、专兼职人员结构，认真贯彻民主集中制原则，加强思想政治建设和履职能力建设。把综合素质好、各方面表现优秀的非公有制经济代表人士选拔到各级工商联领导班子，积极发挥领导班子中非公有制经济人士作用。大力加强工商联执委会、常委会建设，认真落实会议制度，健全管理监督机制，完善议事程序和规则，切实发挥执委、常委作用。工商联主席一般由党外人士担任。上级工商联要加强对下级工商联工作的指导。

第三，要切实加强县级工商联和基层商会建设，充分发挥其在发展和管理会员、联系和服务企业方面的组织作用，在推动县域经济发展、建设社会主义新农村等方面的积极作用。县级工商联和大中城市区工商联要做好乡镇、街道、社区、市场等基层商会建设，加强对基层商会工作的指导。

第四，要大兴求真务实、调查研究之风，加强对党的理论和路线方针政策及现代市场经济、现代科技、现代管理、法律等方面知识的学习，加强对关系非公有制经济健康发展、非公有制经济人士健康成长和现代商会建设等方面的全局性、基础性、前瞻性问题的研究。建立健全符合工商联自身特点的工作制度，促进工商联机关工作科学化、制度化和规范化，提高执行能力和工作效能，更好服务科学发展和实现自身科学发展。建立健全干部培养、考核、激励机制，全面提高工商联机关干部综合素质。

加强对工商联工作的领导和指导

2010 年中央 16 号文件为加强和改善对工商联工作的领导和指导提出了四项要求：1. 加强党委对工商联工作的统一领导。2. 加强政府对工商联工作的指导和支持。3. 落实党委统战部领导工商联党组和指导工商联工作的职责。4. 发挥工商联党组领导作用。并阐明：

第一，要求各级党委把加强和改进新形势下工商联工作摆上重要议事日程，及时研究和解决工商联工作中的重大问题，落实党委领导班子抓工商联工作责任。

第二，要求建立政府联系工商联的工作制度，与非公有制经济发展有关的政府部门要加强同工商联的联系和业务协作，及时向工商联通报有关重要信息。政府召开全体组成人员会议和常务会议可根据会议内容需要安排工商联负责人列席，召开经济方面的重要工作会议和有关部门工作会议可视情安排工商联负责人参加。工商联办公经费和考察调研、教育培训等专项经费列入同级财政预算。

第三，明确统战部受同级党委委托，领导工商联党组。要经常研究经济领域统战工作和工商联工作，协助党委制定并贯彻落实有关工商联工作的各项方针政策，加强工商联领导班子建设。在党委统一领导下，加强对非公有制经济人士工作和工商联工作的指导和协调。工商联党组书记由党委统战部分管经济领域统战工作的副部长担任。完善各级统战部领导工商联党组和指导工商联工作的机制，支持工商联创造性开展工作。

第四，要求工商联党组切实履行职责，保证党的理论和路线方针政策、党委决策部署的贯彻落实，把握工商联工作正确方向。正确处理党员干部和党外干部的工作关系，支持工商联主席工作，发挥党外干部作用，搞好合作共事。

如果说 1991 年中央 15 号文件赋予了工商联组织新生命，为工商联明晰了组织性质和职能，促进工商联在改革开放和现代化建设发展时期，焕发青春，发挥作用；那么 2010 年中央 16 号文件进一步激发了工商联组织新动能，激励工商联面向新世纪，面对新形势，争取新作为，作出新贡献。

三、贯彻落实 2010 年中央 16 号文件工作情况

中共中央、国务院《关于加强和改进新形势下工商联工作的意见》（中发〔2010〕16 号）发布以后，全国范围内大张旗鼓地组织开展了学习宣传和贯彻落实活动，《意见》精神在社会各界，特别是在工商界和工商联系统产生了重大影响。

全国加强和改进工商联工作会议

2010 年 11 月 15 日，为了学习宣传并贯彻落实好《意见》精神，中央统战部召开"全国加强和改进工商联工作会议"。开幕会以电视电话方式扩大到各省、市、县。党和国家领导人贾庆林、张德江、杜青林、黄孟复，12 个中央机关和国家部门领导同志，中央统战部和全国工商联领导同志，31 个省、市、区和新疆生产建设兵团统战部负责同志、工商联主席和党组书记在北京主会场参加会议。各省、市、县级党委和政府领导及统战部、工商联机关干部在当地分会场参加了会议，出席电视电话会议的总人数超过 1.6 万人。

在开幕会上，中共中央政治局常委、全国政协主席贾庆林发表了重要讲话，要求各级党委政府、各级统战部门、各级工商联组织认真学习贯彻《意见》精神进一步开创新形势下工商联工作新局面。贾庆林指出：[1]

认真学习贯彻《意见》精神，对于充分发挥工商联的独特优势和作用，为全面建设小康社会凝聚最广泛的力量，具有十分重要的意义。各级工商联组织要深刻认识到，做好新形势下工商联工作，是坚持我国基本经济制度、完善社会主义市场经济体制的需要，是贯彻落实科学发展观、加快转变经济发展方式的需要，是保障和改善民生、促进社会和谐稳定的需要，是发展壮大爱国统一战线、巩固扩大党执政的群众基础和社会基础的需要。

贾庆林要求：

各级党委政府要深刻领会中央加强和改进新形势下工商联工作的重大决策和战略部署，高度重视《意见》精神的贯彻落实。

各级统战部门要在学习贯彻落实《意见》精神中担负起牵头协调、督促检查等重

---

[1]贾庆林：进一步开创新形势下工商联工作新局面［EB/OL］.（2010-11-15）［2023-12-18］. http://www.gov.cn.

要责任，切实加强对相关领域的理论研究、政策指导和工作协调，按照党委的统一部署，会同有关部门抓好督促检查，确保中央政策在实施过程中不走样、不打折扣。

各级工商联组织要以学习贯彻《意见》精神为契机和动力，全面提升服务科学发展和自身科学发展的水平，把学习贯彻《意见》精神的过程变成发现问题、解决问题的过程，变成积极为"十二五"规划顺利实施贡献力量的过程，努力在新的历史起点上进一步开创工商联工作新局面，为夺取全面建设小康社会新胜利作出新的贡献。

开幕会上，中组部、中宣部、外交部、国家发改委、科技部、工信部、民政部、财政部、人社部、商务部、国家工商总局、全国总工会共12个部门负责同志围绕支持工商联工作作了重要发言。开幕会由全国政协副主席、中共中央统战部部长杜青林主持。

11月16日，杜青林在"全国加强和改进工商联工作会议"闭幕会上作总结讲话时指出：[1]

在全面建设小康社会、加快推进社会主义现代化的新形势下，党中央、国务院下发《关于加强和改进新形势下工商联工作的意见》，对加强和改进工商联工作作出战略部署，标志着工商联事业进入了新的发展阶段。

《意见》坚持走中国特色工商联发展道路，具有鲜明的时代特色、实践特色和统战特色，坚持服务科学发展和实现自身科学发展，为开创新形势下工商联工作新局面提供了理论政策依据，是全面推进工商联事业的纲领性文件。要切实把文件学好吃透，坚持与贯彻十七届五中全会精神结合起来，着力解决工商联工作面临的突出问题，建立工商联发展长效机制。各级统战部门要积极协助制定实施意见，扎实推进创先争优活动，切实加强督促检查，引导非公有制经济人士履行社会责任，共同推动工商联事业蓬勃发展。

闭幕会由中央统战部副部长、全国工商联党组书记、第一副主席全哲洙主持。中央和国家机关有关部门负责人及部分省市党委统战部、工商联负责人就贯彻落实会议精神作了表态发言。

全国各地贯彻落实《意见》精神

在中共中央、国务院《关于加强和改进新形势下工商联工作的意见》发布后的一年多时间内，各地把贯彻落实《意见》精神作为各级党委政府的一项重要工作，作为

---

[1] 杜青林出席全国加强和改进工商联工作会议并讲话［EB/OL］.（2010-11-16）［2023-12-18］.
http://www.gov.cn.

统一战线工作的一项重要内容，作为工商联组织的首要任务。各地围绕贯彻落实《意见》精神召开会议、发布文件、出台政策、创新开展工作。据统计，截至2011年底，全国31个省级党委、政府和新疆生产建设兵团全部都围绕《意见》发布了《实施意见》，都召开了"加强和改进工商联工作会议"。

各地党委、政府按照《意见》要求，把工商联工作摆上重要议事日程，主要领导亲自过问，分管领导具体抓，努力做到把贯彻落实《意见》精神与全面贯彻落实党的各项方针政策结合起来；与研究制定当地促进非公有制经济健康发展和非公有制经济人士健康成长的具体政策结合起来；与研究制定支持当地工商联事业发展的工作举措结合起来。许多地方建立了党委领导班子抓工商联工作的责任制度，经常研究和解决工商联工作中的重大问题；建立了政府联系工商联工作制度，领导班子中有专人负责联系工商联工作；建立了工商联相关负责人参加或列席党委、政府相关会议制度；并把工商联工作经费、机构编制、人员培训、干部交流等纳入各级党委政府议事日程。

各地工商联组织抓住机遇，通过贯彻落实《意见》精神，为促进"两个健康"、促进工商联工作上台阶、上水平，积极作为，多有成效；通过贯彻落实《意见》精神，工商联组织地位明显提升，组织吸引力明显增强，组织影响力明显扩大。

按照《意见》修改《章程》

2010年12月，全国工商联主席办公会研究决定，按照中共中央、国务院《关于加强和改进新形势下工商联工作的意见》精神尽快修改《工商联章程》。在全国工商联十届四次执委会上对《工商联章程》修正草案进行了审议并投票表决；并授权主席会议征求未出席全国工商联十届四次执委会的工商联十大代表的表决意见。最后，合并会议投票表决意见和信函投票表决意见计算表决结果，经过2011年3月11日召开的全国工商联十届三次主席会议对投票结果进行了确认，通过了修改后的《中华全国工商业联合会章程（2011）》。[1-2]

审议通过的《中华全国工商业联合会章程（2011）》其中修改的主要内容包括：[2]

---

[1] 工商联章程修改权限在工商联会员代表大会，在未到代表大会召开时间，为了及时修改现行章程内容使之与2010年中央16号文件精神一致，采取会议投票和信函投票相结合方式征求全体代表的表决意见，审议通过章程修正案。这在工商联组织史上尚属特例。

[2] 本书编辑组. 中华全国工商业联合会简史（1953—2013）[M]. 北京：中华工商联合出版社，2013：296–297.

第一，将"中国工商界组成的人民团体和商会组织"，修改为"面向工商界、以非公有制企业和非公有制经济人士为主体的人民团体和商会组织"；将"管理非公有制经济的助手"，修改为"管理和服务非公有制经济的助手"；并增加了"工商联工作是中国共产党统一战线工作和经济工作的重要内容"。

第二，将"坚持党在社会主义初级阶段的基本路线"，修改为"坚持中国共产党的领导"。

第三，将"本会具有统战性、经济性、民间性相统一的特征"，修改为"本会具有统战性、经济性、民间性有机统一的基本特征"；将工商联五项职能作用修改为"充分发挥在非公有制经济人士思想政治工作中的引导作用；在非公有制经济人士参与国家政治生活和社会事务中的重要作用；在政府管理和服务非公有制经济中的助手作用；在行业协会商会改革发展中的促进作用；在构建和谐劳动关系过程中的积极作用"。

第四，将"充分尊重、广泛联系、加强团结、热情帮助、积极引导的工作方针"，修改为"坚持团结、服务、引导、教育的方针"。

第五，增加了"本会确定把工商联建设成为政治坚定、特色鲜明、机制健全、服务高效、作风优良的人民团体和商会组织的目标，全面加强思想、组织、作风、制度建设，不断增强凝聚力、影响力、执行力"的内容。

第六，增加了"树立义利兼顾、以义为先理念""表彰他们中的先进典型""为党组织开展活动、发挥作用提供必要条件"的内容。

第七，将政治安排推荐对象由"工商界代表人士"修改为"非公有制经济代表人士"。

第八，增加了工商联"履行社会团体业务主管单位职责"的内容。

第九，将"具有法人资格的工商社团和其他有关社会组织，入会申请经批准后，为本会团体会员"修改为"具有法人资格的私营企业协会、个体劳动者协会、外商投资企业协会、乡镇企业协会、行业协会、行业商会、异地商会等工商社团和其他有关社会组织，入会申请经批准后，为本会团体会员"。

第十，关于各级工商联机关工作人员队伍建设的要求，将"建设高素质的公务员队伍"修改为"建设一支政治强、业务精、作风正的公务员队伍"。

四、全国工商联第十一次会员代表大会（2012）

2012年12月7—9日，全国工商联第十一次会员代表大会在北京召开。出席大会的代表 960 名，国家机关部门、民主党派中央和人民团体的领导或有关方面负责同志 73 人应邀出席了大会。

大会概况及主要精神

12 月 7 日，大会开幕式上，中共中央政治局常委刘云山代表中共中央、国务院致贺词。

贺词中，充分肯定了近 5 年来各级工商联自觉按照科学发展观的要求，紧紧围绕经济建设中心工作，主动服务小微型企业，促进实体经济发展，全面加强自身建设等方面取得的显著成绩，并指出：[1]

改革开放以来，在党的路线方针政策指引下，我国非公有制经济蓬勃发展，广大非公有制经济人士自觉坚持科学发展，积极履行社会责任，为拉动经济增长、创造就业岗位、增加社会财富、加强自主创新、提高对外开放水平、维护社会和谐稳定作出了积极贡献。实践证明，非公有制经济不愧为社会主义现代化建设的重要推动力量，非公有制经济人士不愧为中国特色社会主义事业建设者。

希望工商联在促进非公有制经济人士健康成长方面有更大作为；在促进非公有制经济健康发展方面有更大作为；在培育和发展中国特色商会组织方面有更大作为；在协同加强和创新社会管理方面有更大作为；在加强自身建设方面有更大作为。

大会上，全国工商联主席黄孟复以《高举伟大旗帜，促进"两个健康"，为全面建成小康社会作出新贡献》为题，向大会作工作报告，报告总结了深入贯彻落实科学发展观，非公有制经济发展和工商联各项工作成效：[1]

我国非公有制经济蓬勃发展，其中私营企业达 1025 万户，五年增长近 1 倍，个体工商户达 3896 万户，五年增长 43%；在城镇固定资产投资中比重超过 60%，五年提高 16 个百分点；提供了 80% 的城镇就业岗位和 90% 的新增就业岗位，国内生产总值贡献超过 60%，税收贡献超过 50%。

我国非公有制经济人士队伍不断壮大，其中私营企业出资人和个体工商户达 6000 万，许多人获得优秀中国特色社会主义事业建设者、劳动模范和优秀共产党员等荣誉称号，一批代表人士成为人大代表、政协委员和工商联执委，有序参与国家政治生活和社会事务，党代会中非公有制经济人士党代表数量显著增多。

---

[1] 全国工商联第十一次会员代表大会 ［EB/OL］.（2012–12–07）［2023–12–18］. http://www.acfic.org.cn.

目前，全国工商联会员已达 294 万，比五年前增长 37.4%。工商联工作迈上新台阶，工商联事业迎来新机遇。

报告回顾了过去五年工商联工作：1. 围绕中心服务大局，促进非公有制经济健康发展取得明显成效。2. 加强和改进思想政治工作，引导非公有制经济人士健康成长取得明显成效。组织开展了一系列影响较大、效果较好的活动，如面对国际金融危机的冲击，引导企业顾大局、讲贡献，自觉不裁员、不减薪、不欠薪。在抗击汶川和玉树地震、甘肃舟曲泥石流等重特大自然灾害中，组织非公有制经济人士踊跃捐款捐物，支援灾区重建；与有关部门共同主办民营企业招聘周活动；动员企业参与感恩行动、光彩行活动及援藏援疆活动。3. 抓基层打基础，工商联自身建设取得明显成效。工作方法主要包括：以解决实际困难为突破口加强县级工商联建设；以三性有机统一为方向加强商会建设；以提高干部队伍素质为重点加强机关建设，促进全国工商联和部分地方工商联办公环境得到很大改善。

报告号召高举中国特色社会主义伟大旗帜，奋力开创工商联事业新局面。要求围绕工商联工作科学化水平，做好六个方面的工作：1. 服务和促进非公有制经济持续健康发展。2. 进一步加强和改进非公有制经济人士思想政治工作。3. 组织引导非公有制经济人士有序参与国家政治生活和社会事务。4. 积极参与社会建设和社会管理。5. 培育和发展中国特色商会组织。6. 以改革创新精神加强自身建设。

报告总结了做好工商联工作的基本经验和规律性认识：必须始终坚持党的领导这一根本原则，确保工商联事业发展的正确方向；必须始终坚持围绕中心服务大局，发挥好桥梁、纽带、助手作用；必须始终坚持"两个健康"工作主题，并贯彻到工商联工作的全过程和各方面；必须始终坚持牢牢把握统战性，充分发挥经济性，切实体现民间性，努力将工商联的基本特征转化为特色功能；必须始终坚持面向基层重心下移这一工作思路，注重帮扶小微企业，加强基层组织建设，不断扩大工作覆盖面，提高工作实效性；必须始终坚持解放思想、改革创新，确保工商联组织充满生机与活力。

报告号召奋力开创工商联事业新局面。在服务和促进非公有制经济持续健康发展，进一步加强和改进非公有制经济人士思想政治工作，培育和发展中国特色商会组织等方面有更大作为。

大会选举产生了由 494 人组成的全国工商联第十一届执委会。其中，非公有制经济代表人士 345 名，占比 69.8%。新一届执委会组成人员结构合理，综合素质较高，社会影响较大，有较广泛的社会代表性和参政议政能力。执委中的非公有制经济人士行业涉及面广，企业规模涵盖大、中、小、微型，执委企业更加重视企业党团工会组织建设。

大会提议并通过黄孟复为名誉主席。选举产生了全国工商联第十一届主席：王钦敏；常务副主席：全哲洙；副主席：黄小祥、谢经荣、黄荣、庄聪生、李路、安七一、王志雄、卢文端、史贵禄、许健康、孙荫环、苏志刚、李河君、李彦宏、陈经纬、何俊明、张建宏、茅永红、周海江、徐冠巨、董文标、程红（女）、潘刚。

大会选举产生了全国工商联第十一届常务委员 155 人。

大会选举产生了中国民间商会新一届会长：王钦敏；副会长：全哲洙、黄小祥、谢经荣、黄荣、庄聪生、李路、安七一、王文彪、王健林、卢志强、刘迎霞（女）、刘志强、刘沧龙、许连捷、许荣茂、孙甚林、吴一坚、张近东、黄代放、崔世昌、傅军、霍震寰。

王钦敏代表新一届领导班子成员讲话，向从工商联工作岗位上退下来的老领导、老同志、老委员表示敬意，要求各级工商联以改革创新的精神抓好工商联各项工作部署的贯彻落实，推动工商联事业不断取得新发展。

大会通过了修改后的《中国工商业联合会章程（2012）》。

12 月 9 日，全国工商联党组书记全哲洙致闭幕词，他要求各级工商联组织及会员必须坚持解放思想、实事求是、与时俱进、求真务实，坚持围绕中心服务大局，坚持改革创新主动作为，为全面建成小康社会作出新的更大贡献。

《中国工商业联合会章程（2012）》修改内容

大会通过了修改后的《中国工商业联合会章程（2012）》，其修改内容主要包括：

（一）章程名称由"中华全国工商业联合会章程"修改为"中国工商业联合会章程"。

（二）将"引导非公有制经济人士健康成长，促进非公有制经济健康发展"修改为"以非公有制经济健康发展和非公有制经济人士健康成长为工作主题"，突出了"工作主题"提法。

（三）将"在构建和谐劳动关系过程中的协调作用"调整为"在构建和谐劳动关系、加强和创新社会管理中的协同作用"。

（四）明确"工商联所属商会既是工商联的基层组织，又是工商联的团体会员"；

"会员在加入工商联所属商会时，亦同时成为工商联会员"。

（五）将"中华全国工商业联合会会员代表大会"名称修改为"中国工商业联合会全国会员代表大会"。

（六）附则规定："本章程为各级工商联（中国民间商会和地方商会）的统一章程，经中国工商业联合会全国代表大会通过。"

第二十二章

国家现代化工作大局中工商联组织作为

在 1954 年 9 月 15—28 日召开的第一届全国人民代表大会第一次会议上，毛泽东在致开幕词时号召："为建设一个伟大的社会主义国家而奋斗。"[1]250 周恩来在《政府工作报告》中指出：我们的目标是，使我国的国民经济沿着社会主义的道路得到有计划的迅速的发展，建设起强大的现代化的工业，现代化的农业，现代化的交通运输业和现代化的国防。[1]250 这是新中国领导人对我国实现"四个现代化"目标的最初概括。1964 年 12 月 21 日，周恩来在全国人大三届一次会议上郑重地向全国人民宣布：要"在不太长的历史时期内，把我国建设成为一个具有现代农业、现代工业、现代国防和现代科学技术的社会主义强国，赶上和超过世界先进水平"。[1]673 2012 年，中国共产党第十八次全国代表大会提出：在新中国成立 100 年时，把我国建成富强民主文明和谐的社会主义现代化国家。2017 年，中国共产党第十九次全国代表大会提出：到 21 世纪中叶，把我国建成富强民主文明和谐美丽的社会主义现代化强国。至 2022 年，中国共产党第二十次全国代表大会提出："以中国式现代化全面推进中华民族伟大复兴。"实现"四个现代化"，建成富强民主文明和谐美丽的社会主义现代化强国，是中国共产党、中国政府和全体中国人民共同的奋斗目标和战略任务，工商联组织及其成员有责任有义务为之贡献力量。

一、大力促进非公有制经济健康发展

进入 21 世纪，我国现代化建设步伐加快。全国各级工商联组织及成员按照党和

---

[1] 中共中央党史研究室著. 中国共产党历史第二卷（1949—1978）[M]. 北京：中共党史出版社，2011.

国家总体部署，紧紧围绕经济建设中心，大力促进非公有制经济健康发展。

以科学发展观指导非公有制企业健康发展

2003 年 10 月 14 日，中共十六届三中全会通过的《关于完善社会主义市场经济体制若干问题的决定》，第一次在党的文件中完整地提出了科学发展观，要求"坚持以人为本，树立全面、协调、可持续的发展观"；并提出按照"五个统筹"（统筹城乡发展、统筹区域发展、统筹经济社会发展、统筹人与自然和谐发展、统筹国内发展和对外开放）的要求，完善社会主义市场经济体制。从此，科学发展观成为指导国家经济社会发展的重大战略思想。

贯彻落实科学发展观，以科学发展观指导非公有制经济健康发展成为各级工商联最重要的组织任务。科学发展观落实到企业，成为各级工商联工作重点、研究课题和实践探索方向，形成了一大批研究和工作成果。入选全国政协大会提案、大会发言及国家和省（市）级报纸杂志发表的具有代表性的文章主要有《用科学发展观引领民营企业做大做强》《用法治力量促进非公有制经济健康发展》《企业责任：社会进步的表征》《转变经济发展方式要落实到企业》《健康发展混合所有制企业》《市场竞争取胜必须树立企业正气》《大力加强市场主体信用体系建设》《关于高效发展混合所有制经济的提案》《关于积极发展混合所有制经济落实到企业的提案》《健康发展混合所有制企业重在形成经济利益共同体并建立现代企业制度》等。以上提案、发言、文章中出现的较集中的关于引导非公有制企业贯彻落实科学发展观的理论观点、政策建议和工作措施主要表现在以下五个方面。

第一，引导非公有制企业努力做到"人与企业和谐发展"

企业靠人办，办企业为了人，科学发展企业必须科学地处理好企业与人的关系。在企业内部，要正确处理好投资者、管理者、普通劳动者三者之间的关系，让他们在政治地位、经济保障、民主权利等方面有公平的待遇，从意识和行为上都成为企业的主人，着力创建和谐企业团队，改善人力资源管理；在企业外部，要正确处理好企业与利益相关者、企业与社会整体利益之间的关系，包括企业与政府、与所在社区、与消费者、与经济技术伙伴等的和谐关系，做负责任的企业，真正做到企业与人与社会相互依存、共同受益、共同发展。

科学的企业发展观要求企业改变就生产论生产，就经济论经济的思维模式，树立经济与社会协调发展的观念。一方面通过履行企业社会责任影响社会、服务社会、回报社会，另一方面通过良好的社会信誉、社会影响力促进企业的生产经营更好更快地发展。如湖北福星集团经过几十年努力奋斗，从小到大，发展成为国内外知名的大型企业，但是草根情结依旧，坚持以工哺农，以企带村，15 年累计投入 6.2 亿元，参与支持农业农村现代化建设，帮扶带动建设的福星村被评为"中国十大特色名村"。

2011 年 8 月 16 日，全国工商联与全国总工会、人力资源和社会保障部、中国企业联合会、中宣部联合召开"全国构建和谐劳动关系先进表彰暨经验交流会"，会上，浙江传化集团、三一重工集团、奇正药业公司、成都彩虹公司等非公有制企业介绍了经验，娃哈哈集团董事长宗庆后宣读了《构建和谐劳动关系倡议书》，大会授予 358 家企业为第三批"全国模范劳动关系和谐企业"荣誉称号。

第二，引导非公有制企业努力做到"靠劳动参与分配者和靠资本参与分配者共同发展"

和谐的企业发展观要求企业必须坚持以人为本，以企业全员为本，要求企业既要依靠企业全员做大"蛋糕"，也要面对企业全员分好"蛋糕"，让企业全员公平共享企业生产经营发展成果。要正确处理好劳动报酬与资本报酬二者之间的企业利益分配关系，要注重提高劳动报酬在企业利益分配中的比重，要特别注重提高企业员工中中低收入者的收入水平，要把企业员工工资正常增长机制和支付保障机制落到实处，并对低收入员工给予更多的关爱。与靠资本参与分配者相比，靠劳动参与分配者是企业人群的大多数，必须实现好、维护好、发展好他们的根本利益，要充分尊重和切实维护他们的工资报酬、休假、健康安全、人格尊严、社会保障等合法权益，和谐企业劳动关系，实现共同发展。湖北"信义兄弟"孙水林、孙东林"死生接力送薪"[1]的感人事迹感动中国，不仅展现了中国公民高尚的社会信义，同时表现了中国企业家强烈的社会责任和诚信品德，而且告诉我们：做人既要维护自己的尊严，还要维护别人的尊严，实现"让社会更加公正、更加和谐"的目标需要集合包括企业公民在内的全体社会公民的智慧和力量。

自 2004 年以来，全国工商联和全国总工会共同持续举办"全国就业与社会保障先进民营企业暨关爱员工实现双赢表彰活动"，在引导非公有制企业构建和谐劳动关系、推动非公有制企业职工展现聪明才智、发挥积极性创造性、提高企业核心竞争

---

[1] 民营企业家孙水林、孙东林，2010 年感动中国人物。2010 年 2 月 9 日，哥哥孙水林因为给农民工送工钱路途遭遇车祸遇难，弟弟孙东林接力送工钱，在大年三十前一天将工钱送到农民工手中。因为坚守承诺："新年不欠旧账"，被人们称为"信义兄弟"。

力、促进企业尊重和关爱职工、切实保障职工权益、积极履行社会责任等方面起到了积极作用，取得了显著成效，得到了广大企业家和企业职工的大力支持，也得到了各级党委政府的充分肯定和社会各界的广泛认同。

第三，引导非公有制企业努力做到"企业核心竞争力与产品竞争力同步发展"

发现是创新，发明是创新，综合就是创新，应用也是创新，只要充分发挥在生产、经营、管理等各个岗位工作的企业全员的创新积极性，使创新成为企业全员的共同意识与行为，就能使企业创新充满活力、增添动力。

产品是企业的生命，企业有好产品才有好市场；技术是产品的生命，企业只有具备技术创新能力，才有产品创造能力；管理是企业的灵魂，只有靠科学管理才能提高企业发展效益和效率。可以说，产品创造能力、技术创新能力和科学管理能力是企业核心竞争力基本三要素，缺一不可。产品竞争力是现实竞争力，是企业生存、参与市场竞争的必要条件；核心竞争力是持久竞争力，是提升产品竞争力、保持企业不败竞争、永续发展的充要条件。科学发展企业，既要注重现实发展绩效，还要注重积蓄持续发展动力，这就要求企业既要注重提升产品竞争力，还要注重提升核心竞争力，努力做到企业核心竞争力与产品竞争力同步发展。湖北楚天激光集团围绕产品创新抓技术创新，围绕企业创新抓管理创新，收到事半功倍的双重功效，经过十多年的创新创业发展，企业已拥有300多项技术专利，生产技术和产品达到国内领先、国际先进水平。靠企业自主创新，湖北智能电梯成为畅销欧洲、美洲、亚洲的中国品牌。

第四，引导非公有制企业努力做到"企业环境保护能力与生产发展能力统筹发展"

企业是经济目标的实现者，也是环境保护的责任人。企业是环境影响者，应该使其正面影响最大化、负面影响最小化。引导非公有制企业树立和落实科学发展观，就要注重强化企业环境责任，努力做到企业与环境和谐相处、协调发展。只顾自身利益，不顾环境利益的企业不为社会所接受，必遭淘汰。只有走科技含量高、经济效益好、资源消耗低、环境污染少、人力资源优势得到充分发挥的新型工业化发展道路，才能使企业经济效益、竞争力、影响力同步提高，才能使企业发展速度，效益和后劲同步增长。一些企业通过发展绿色经济，实施清洁生产，预防污染，保护生态，通过主动履行企业环境责任来优化企业形象，赢得发展机遇。一些企业通过开展"自然之友"和"美境行动"，打出"建设环境友好型企业"品牌，获得了保护环境、优化企业形象和生产能力高效发展等多重功效。

第五，引导非公有制企业努力做到"企业社会形象竞争力与经济竞争力相互促进发展"

企业是市场主体，伴随市场竞争产生；企业是社会"公器"，伴随社会进步发展。企业能否在激烈的经济竞争和社会形象竞争中不断提升竞争力，是健康发展的关键所在。经济竞争力提升依赖的是企业生产力，社会形象竞争力提升通过履行企业社会责任获得则是高效途径。可以说，通过履行企业社会责任，来促进企业竞争力提升，是继资本价值利用规律、组织形式股份制规律、管理人员专业化规律、国际市场一体化规律之后，新出现的又一个经济社会规律，即企业社会责任价值规律。实践证明，履行企业社会责任既有付出，更有收益。

众多的企业通过履行企业社会责任的初步实践，感悟到了企业社会责任与企业竞争力之间的密切联系；感悟到了履行企业社会责任，有利于提升企业形象和产品形象；有利于结交经济社会伙伴并获得优质资源；有利于赢得客户、赢得社会公信、赢得持续竞争力和持续发展能力。例如，湖北劲牌有限公司连年发布《企业社会责任报告》，通过注重履行企业社会责任，获得社会形象竞争力与经济竞争力相互促进发展的双重功效，成为湖北非公有制企业中近年来社会贡献最大、经济效益增长最快、对国家贡献税收最多的企业之一。

抓大扶小：转变经济发展方式落实到企业

面对粗放型经济增长方式带来的各种压力和国际经济环境复杂多变引发的各种影响，以科学发展为主题，加快转变经济发展方式，既是党中央在新形势下作出的重大决策，也是非公有制企业走出困难局面、实现可持续发展的必然选择。全国工商联把贯彻落实科学发展观作为第一要务，并贯穿于工作部署中。2010 年 6 月，全国工商联十届五次常委会作出了《关于推动非公有制企业加快发展方式转变的决议》，引导和服务企业在加快转变发展方式、保障和改善民生、提升自身素质上有更大作为。其具体工作包括，通过召开民营经济形势分析会、推荐国家科技进步奖、评选全国工商联科学技术奖、共同开展质量月活动等，引导和鼓励一批企业调结构、转方式，积极应对激烈市场竞争，有效增强了抵御风险能力和可持续发展能力。

第一，抓大：推选中国民企 500 强

1993—2012 年，全国工商联与中央统战部、中国社会科学院、中国民（私）营经济研究会联合开展全国范围内私营企业抽样调查，调查内容涉及私营企业"发展环境、经营状况、社会责任、党团工会建设"及"私营企业主社会流动、家庭状况、愿望诉求"等；调研结果以上年度数据为依据；调查分析报告分年度收入《中国私营经济年鉴》。1993 年首次发布"全国个体私营经济发展基本情况"调查报告（以 1992 年度数据为依据）：1440 家私营企业资产规模平均为 55 万元，雇工人数平均为 31 人，营业额（产值）平均为 100 万元，纳税平均为 5 万元。

自 2004 年开始，全国工商联与国家工商总局开展合作，每两年一次开展抽样调查，在上述调研工作的基础上，扩大了样本点，采取调研与统计相结合的方法获得的调研数据具有权威性。

1998 年至今连续 24 年，全国工商联开展上规模民营企业调查研究，并推选年度"中国民营企业 500 强"。调查研究内容比较广泛，主要包括"企业经营规模、经营效益、行业特征、企业管理、技术创新、企业贡献、劳动用工、社会责任"等内容；并以企业经营收入排序。

2022 年 9 月 7 日，全国工商联以"抢抓新机遇共创新未来"为主题在京举办 2022 中国民营企业 500 强峰会。

会上，发布了"2022 中国民营企业 500 强""2022 中国制造业民营企业 500 强""2022 中国服务业民营企业 100 强"榜单和《2022 中国民营企业 500 强调研分析报告》。

《2022 中国民营企业 500 强调研分析报告》显示：

2022 年开展的第 24 次上规模民营企业调研，共有 8602 家年营业收入 5 亿元以上的企业参加。民营企业 500 强入围门槛达 263.67 亿元，比上年增加 28.66 亿元；制造业民营企业 500 强入围门槛达 125.72 亿元，比上年增加 25.21 亿元；服务业民营企业 100 强入围门槛达 301.16 亿元，比上年减少 21.61 亿元。营业收入超 3000 亿元的企业有 19 家，其中前 5 位是：京东集团（9515.92 亿元）、阿里巴巴（中国）有限公司（8364.05 亿元）、恒力集团有限公司（7323.45 亿元）、正威国际集团有限公司（7227.54 亿元）、华为投资控股有限公司（6368.07 亿元）；资产总额超过千亿元规模的企业有 88 家，其中碧桂园控股有限公司以 1.95 万亿元的规模位居榜首；共有 28 家中国民营 500 强企业入围世界 500 强企业。

（一）经营情况：民营企业 500 强的营业收入总额 38.32 万亿元，增长 9.13%。资产总额 41.64 万亿元，下降 17.92%。税后净利润 1.73 万亿元，下降 12.28%。民营企业 500 强销售净利率、资产净利率、净资产收益率分别为 4.51%、3.74%、11.44%，人均营业收入、人均净利润分别为350.24万元、15.79万元，总资产周转率为82.98%。

（二）产业分布情况：第二产业入围企业342家，较上年增加23家，营业收入总额、资产总额较上年分别增加3.92个百分点、13.16个百分点。制造业企业301家，继续保持主导地位。民营企业500强前十大行业共包含307家企业，黑色金属冶炼和压延加工业、综合、建筑业继续位居前列。

（三）技术创新情况。民营企业500强中，研发人员占员工总数超过3%的企业288家，超过10%的企业158家。研发经费投入强度超过3%的企业80家，超过10%的企业6家。华为投资控股有限公司以1427亿元的研发投入，继续位居首位。民营企业500强中，有406家企业的关键技术主要来源于自主开发与研制，426家企业通过自筹资金完成科技成果转化。民营企业500强中，80%以上的企业从不同层面已实施或计划实施数字化转型，79.2%的企业采取多种措施实施绿色低碳发展。民营企业500强有效专利数量较上年增长53.60%，国内有效商标注册量较上年增长25.38%。

（四）纳税和就业情况。民营企业500强纳税总额达1.37万亿元，占全国税收总额的7.91%。纳税额超过500亿元的企业共3家，分别是万科企业股份有限公司（754.01亿元）、华为投资控股有限公司（672.00亿元）、碧桂园控股有限公司（617.70亿元）。民营企业500强就业总数1094.15万人，占全国就业人员的1.47%。其中，京东集团就业人数连续两年最多，达38.54万人。

（五）参与国家重大决策部署情况。民营企业500强中，有467家企业积极防范化解重大风险，426家企业参与污染防治攻坚战，270家企业参与"两新一重"建设，186家参与混合所有制改革。378家500强企业参与了区域协调发展战略，其中参与长三角区域一体化发展、长江经济带发展、西部大开发、京津冀协同发展、粤港澳大湾区建设、中部地区崛起的企业数量较多，分别为195家、176家、131家、125家、119家、117家。348家企业参与乡村振兴战略，其中参与巩固脱贫成果、促进产业兴旺带动农民增收的企业占比分别为47.40%、45.00%。307家企业参与"万企兴万村"行动，44.00%的500强企业继续推进产业帮扶项目，巩固拓展脱贫攻坚成果。

（六）实施国际化经营情况。民营企业500强出口总额2454.30亿美元，比上年增加1131.08亿美元，增幅为85.48%，占我国出口总额的7.30%，比上年增加2.19

个百分点。195 家 500 强企业参与"一带一路"建设，较上年增加 4 家。235 家 500 强企业开展海外投资，海外投资项目（企业）2701 项（家），增幅分别为 2.62%、48.82%。

（七）依法合规诚信经营情况。451 家 500 强企业已建立健全法律风险控制体系和预警防范机制，445 家企业已形成讲法治、讲规则、讲诚信的企业法治文化，428 家已推进厂务公开和民主管理。民营企业 500 强持续推进企业信用建设，建立企业诚信文化、建立企业信用制度体系的企业数量分别为 474 家、427 家，占 500 强企业比例分别为 94.80%、85.40%。设置信用管理部门、信用管理专职人员的企业，占 500 强企业比例分别为 65.20%、74.40%。372 家企业开展行业自律、商会企业联合自律等活动。

会上，还发布了《研发投入前 1000 家民营企业创新状况报告》。全国工商联在对 8602 家上年度营业收入 5 亿元以上民营企业科技创新情况研究基础上，选取研发投入前 1000 家民营企业作为样本，从研发投入、产业和区域分布、专利和标准、经营情况等方面进行了分析。

第二，扶小：服务中小企业发展

2008 年，起源于美国"次贷危机"的国际金融危机爆发后，中小企业特别是小微企业生产经营遇到较大困难，成为影响国民经济平稳较快发展的制约性因素。全国工商联及时研判形势、统一思想，确立了面向基层、重心下移、抓大扶小的新思路。把服务中小企业发展作为服务非公有制经济科学发展工作的重中之重，把开展全国中小企业调研活动作为贯彻落实 2010 年中央 16 号文件精神、促进非公有制经济健康发展的重要举措。

2011 年初，全国工商联集中力量形成 4 个调研小组，分赴 16 个省、区、市开展调研活动；各地工商联精心组织本地调研活动并积极配合全国工商联集中调研活动，整个工商联系统参与调研活动的人员多达数百人，参加座谈、走访活动的民营企业多达 1000 多个；调研活动得到地方党委政府的重视支持，得益于国家工商总局和中国民生银行等单位的积极参与，最后形成了《2011 年中国中小企业调研报告》。该报告包括由全国工商联撰写的《我国中小企业发展调查报告》（主报告）和 31 个省、市、区、新疆生产建设兵团工商联撰写的《中小企业调研报告》（地方报告）组成。

《2011 年中国中小企业调研报告》，先后得到 7 位党和国家领导同志的重要批示，并受到国家有关部门的高度重视。工业和信息化部、中国人民银行、银监会、国家税务总局分别召开会议进行研究。该报告对国务院及有关部门陆续制定出台扶持中小企业特别是小微企业发展的政策措施发挥了重要促进作用，产生了广泛而积极的社会影响。

随后，全国工商联又组织开展小微企业调研，树立宣传了一批迎难而上、自强不息、转型升级的小微企业典型，总结推广了一批服务小微企业的工商联、商会典型及龙头企业典型，得到了中央领导同志的肯定和鼓励。全国工商联与中国建设银行、国家开发银行签订《支持小微企业发展战略合作协议》，与中国民生银行共同组建中国小微企业研究中心，各地工商联和所属商会也与有关方面密切合作，努力为小微企业提供融资、技术、信息、人才、维权等多种服务，许多商会直接组建了服务实体，推动以服务小微企业健康发展为主题的社会化服务工作取得实质性进展。

这一时期，国务院及其有关部门密集出台促进非公有制经济发展，特别是鼓励民间资本投资、支持小微企业发展的政策措施和工作措施：

2011 年 5 月 25 日，银监会发出《关于支持商业银行进一步改进小企业金融服务的通知》，出台多项措施鼓励商业银行给小企业贷款。

2012 年 2 月 15 日，国务院常务会议提出完善和落实促进非公有制经济发展的各项政策措施，鼓励民间资本进入铁路、市政、金融、能源、电信等领域。

4 月 13 日，交通部以交规划发〔2012〕160 号文印发《关于鼓励和引导民间资本投资公路水路交通运输领域的实施意见》。

4 月 26 日，国务院办公厅发出《国务院关于进一步支持小型微型企业健康发展的意见》，出台包括对金融机构与小型微型企业签订的借款合同免征印花税，提高增值税和营业税起征点等一系列扶持政策。

5 月 23 日，国务院常务会议指出，要把稳增长放在更重要的位置，鼓励民间投资参与铁路、市政、能源、电信、教育、医疗等领域。

5 月 26 日，银监会以银监发〔2012〕27 号文发出《关于鼓励和引导民间资本进入银行业的实施意见》，支持民间资本参与村镇银行发起设立或增资扩股，并将村镇银行主发起行的最低持股比例由 20% 降低为 15%。

6 月 4 日，国家工商总局以工商个字〔2012〕107 号文发布《关于充分发挥工商行政管理职能作用鼓励和引导民间投资健康发展的意见》，明确提出：进一步拓宽民间投资领域和范围，营造公平公正的市场主体准入环境等方面的政策措施。

6 月 5 日，国家旅游局以旅办发〔2012〕280 号文发布《关于鼓励和引导民间资本投资旅游业的实施意见》，鼓励民间资本投资旅游业、提高民营旅游企业竞争力。

6 月 8 日，住房和城乡建设部以建城〔2012〕89 号文发布《关于进一步鼓励和引导民间资本进入市政公用事业领域的实施意见》，提出进一步鼓励引导民间资本参与市政公用事业建设。

6 月 15 日，国土资源部和全国工商联以国土资发〔2012〕100 号文联合发布《国土资源部 全国工商联关于进一步鼓励和引导民间资本投资国土资源领域的意见》，鼓励和引导民间资本参与油气资源开发、土地整治和矿山地质环境恢复治理。

6 月 18 日，教育部以教发〔2012〕10 号文发布《关于鼓励和引导民间资金进入教育领域促进民办教育健康发展的实施意见》，鼓励和引导民间资金以多种方式进入教育领域，促进民办教育健康发展。

同日，商务部以商流通发〔2012〕207 号文发布《关于鼓励和引导民间资本进入商贸流通领域的实施意见》，鼓励和引导商贸流通领域民间投资又好又快发展。

同日，国家能源局以国能规划〔2012〕179 号文发布《关于鼓励和引导民间资本进一步扩大能源领域投资的实施意见》，支持民间投资全面进入新能源和再生能源的各个领域、各个环节。

6 月 19 日，水利部发布《关于印发鼓励和引导民间资本参与农田水利建设实施细则的通知》和《水利部关于印发鼓励和引导民间资本参与水土保持工程建设实施细则的通知》，鼓励和引导民间资本投入水利相关行业。

6 月 20 日，工信部以科工技〔2012〕733 号文发出《关于鼓励和引导民间资本进入国防科技工业领域的实施意见》，鼓励民间资本进入国防科技工业投资建设领域。

6 月 27 日，工信部以工信部通〔2012〕293 号文发出《关于鼓励和引导民间资本进一步进入电信业的实施意见》，就鼓励和引导民间资本进一步进入电信业明确了相关意见。

7 月 24 日，民政部以民发〔2012〕192 号文发出《关于鼓励和引导民间资本进入养老服务领域的实施意见》，鼓励和引导民间资本进入养老服务业。

8 月 22 日，国务院常务会议决定取消和调整 314 项部门行政审批事项，特别是对涉及实体经济、小微企业发展、民间投资方向等方面的审批事项进行了清理。

2021 年 7 月 27 日，国务院公布《中华人民共和国市场主体登记管理条例》，对在中国境内以营利为目的从事经营活动的各类企业、个体工商户、农民专业合作社等市场主体登记管理作出统一规定，进一步优化登记流程，压缩登记环节，精简申请材料，提升登记便利化程度，降低制度性成本，减轻企业负担。对各方面高度关注的登记材料繁杂、"注销难"、虚假登记等突出问题作出有针对性的规定。为培育壮大市场主体和促进公平竞争提供法治保障。

2022年10月1日，国务院发布《促进个体工商户发展条例》，为个体工商户发展提供支持。个体工商户是具有中国特色的数量庞大的市场主体，是我国产业链供应链的"毛细血管"和市场的"神经末梢"，是群众生活最直接的服务者。该《条例》坚持和完善我国社会主义基本经济制度，坚持"两个毫不动摇"，深入贯彻落实国务院"放管服"改革决策部署，坚持问题导向，注重发挥政府职能，聚焦当前个体工商户发展中面临的突出困难，作出有针对性的制度安排，促进个体工商户健康发展。

以上系列政策措施和工作措施出台，对于进一步优化非公有制经济环境，激发"大众创业、万众创新"发挥了有效促进作用。

鼓励发展混合所有制经济

混合所有制经济，是国有资本、集体资本等公有资本与个体、私营、外资等非公有资本交叉持股、相互融合的经济形式；是国家资本主义经济的新形式。

我国的混合所有制经济起源于新中国成立初期公私合营，恢复于改革开放初期城乡居民个人投资参与集体企业改制，发展于民间资本参与国有企业改制或国有企业改制为非公有制企业时保留部分国有产权，拓展到民间资本和国有资本参与中外合资。至2003年，混合所有制经济约占全国总体经济比重的40%；3117家国有及国有控股企业中，混合所有制企业1273家，占比40.8%。其后10年间，改革初期形成的混合所有制企业大部分改制为私营企业，发展混合所有制经济的呼声渐小。混合所有制经济是公有制和非公有制经济发展路径之间的第三条经济发展路径，重在经济合作发展、讲求资本营运效率，有利于集中力量办大事，在当前宏观经济形势和市场竞争机制下，应大力提倡并着力推动发展。

2013年3月，本书作者向政协第十二届全国委员会第一次会议提交了《关于高效发展混合所有制经济提案》(第1972号/经济发展类167号)，其中提出了四条具体建议：

第一，发挥社会主义与市场经济制度结合优势，通过发展混合所有制经济提高国民经济发展效率。社会主义制度的优势是集中力量办大事，市场经济制度的优势是高效配置资源，通过发展混合所有制经济集合两大制度优势，促进不同所有制经济发展优势互补、激发活力、形成合力，在坚持以公有制为主体、多种所有制经济共同发展的基本经济制度框架内，将公有制经济总量单一主体地位发展成为公有制经济总量和公有制经济控制力双重主体地位，并通过发挥不同所有制经济结合的力量，提升国家市场经济竞争能力和发展效率。

第二，通过发展混合所有制经济，增强国有经济活力、控制力和影响力。目前，我国国有资本主要投向关系国家安全和国民经济命脉的关键领域、基础性支柱性产业和重要行业。建议从增强国有经济活力、控制力和影响力的大目标出发，除极少数关键领域必须保持独资和绝对控股外，在其他领域以发展混合所有制经济为路径，以股份制产权为纽带，以资本嫁接为桥梁，以有限的国有资本带动更多的民间资本参与经济社会建设，形成一批国有资本控股的混合所有制大企业大产业，"培育一批世界水平的跨国公司"，提升国家经济综合实力、经济调节能力和国际经济竞争力。

第三，通过发展混合所有制经济，助推非公有制经济健康发展。近年来，国务院先后颁发"非公有制经济 36 条"和"民间投资 36 条"等经济政策鼓励支持引导非公有制经济较好、较快发展。建议，在坚持国家政策引导力量的同时，高效发挥国有资本的经济杠杆作用，以国有资本参股投资非公有制企业方式，形成一批非国有资本控股的混合所有制大企业大产业，并促进非公有制企业优化股权结构，提升企业管理、企业信誉和发展能力，为非公有制经济健康发展添加动力。

第四，顺应不同所有制经济寻求合作的内在要求，引导混合所有制经济健康发展。一是政策引导，建议国家出台鼓励支持引导混合所有制经济发展的专项条例；二是规范管理，制定办法，加强对国有资本控股的混合所有制企业监管；三是加强指导，规范发展混合所有制经济活动中以股份制产权为纽带的资本合作、企业合作和产业合作行为；四是鼓励发展国有资本和非国有资本双向互相控股的混合所有制企业群体；五是公正服务，切实保证各种所有制经济"平等使用生产要素、公平参与市场竞争、同等受到法律保护"，不断激发市场主体活力，增强国家经济发展动力。

该提案受到高度重视，国务院研究室于 2013 年 7 月 25 日以国研函〔2013〕第 19 号文（同意公开）答复，其中指出：

您对我国混合所有制经济的发展、现状有着深刻的理解。比如，您提出的"混合所有制经济……重在经济合作发展、讲求资本营运效率，有利于集中力量办大事，在当前宏观经济形势和市场竞争机制下，应大力提倡并着力推动发展"。您提出的建议，也非常契合当前我国社会主义市场经济条件下经济发展的现实，特别是您提出"通过发展混合所有制经济，助推非公有制经济健康发展"的建议，也是我国发展非公有制经济的重要选择。

党的十八大提出了"两个毫不动摇"，即"毫不动摇巩固和发展公有制经济，推行公有制多种实现形式，深化国有企业改革，完善各类国有资产管理体制，推动国有资本更多投向关系国家安全和国民经济命脉的重要行业和关键领域，不断增强国有经济活力、控制力、影响力。毫不动摇鼓励、支持、引导非公有制经济发展，保证各种所有制经济依法平等使用生产要素、公平参与市场竞争、同等受到法律保护"。

这里虽然没有明确提到"混合所有制经济"概念，但是，"推行公有制多种实现形式"和"保证各种所有制经济依法平等使用生产要素、公平参与市场竞争、同等受到法律保护"的要求，实际上也包含了对"混合所有制经济"发展的要求和保护。因此，您的建议是符合国家政策和大政方针的。

近年来，国务院及有关部门出台了一些鼓励、支持非公有制经济的政策文件，如您提到的"非公有制经济36条"和"鼓励民间投资36条"等。下一步，我们将进一步研究您提出的建议，进一步研究国有经济的地位与作用、国有资本参股而非控股民间资本及如何在政策中淡化所有制身份等问题，并把这些研究体现在有关政策中。

2013年11月12日，中共十八届三中全会通过《中共中央关于全面深化改革若干重大问题的决定》（60条）。其中第6条指出："积极发展混合所有制经济。国有资本、集体资本、非公有资本等交叉持股、相互融合的混合所有制经济，是基本经济制度的重要实现形式，有利于国有资本放大功能、保值增值、提高竞争力，有利于各种所有制资本取长补短、相互促进、共同发展。允许更多国有经济和其他所有制经济发展成为混合所有制经济。国有资本投资项目允许非国有资本参股。允许混合所有制经济实行企业员工持股，形成资本所有者和劳动者利益共同体。"第8条指出："鼓励非公有制企业参与国有企业改革，鼓励发展非公有资本控股的混合所有制企业，鼓励有条件的私营企业建立现代企业制度。"

围绕贯彻落实《中共中央关于全面深化改革若干重大问题的决定》（60条），笔者进一步深入调研，在2014年和2015年相继提出《积极发展混合所有制经济要落实到企业》《健康发展混合所有制企业重在形成经济利益共同体》等大会发言和提案，并撰写相关文章，呼吁：发展社会主义市场经济优势，要集合社会主义集中力量办大事与市场经济高效配置资源两大优势，通过以国有资本控股方式发展混合所有制经济，增强国有经济活力、控制力和影响力；并通过以国有资本参股方式发展混合所有制经济，助推非公有制经济健康发展。

积极发展混合所有制经济重在落实到企业，健康发展混合所有制企业重在形成经济利益共同体，并以现代企业制度规范企业行为，提高企业市场竞争能力和经济发展效率。调研得知，我国混合所有制企业主要包括七种类型：1. 国有资本控股、民间资本参股形成的混合所有制企业。2. 集体资本控股、民间资本参股形成的混合所有制企业。3. 国有企业改制为民营企业时保留部分国有股份，形成国有资本参股、民营资本控股的混合所有制企业。4. 集体（乡镇）企业改制为民营企业时保留部分集体股份，形成集体资本参股、民营资本控股的混合所有制企业。5. 国有资本以股本方式投入支持优势民营企业做大做强，形成国有资本参股、民营资本控股的混合所有制企业。6. 部分国有科研事业单位改制为科研企业单位时，吸收个人股权，形成国有股和个人股相结合的混合所有制企业。7. 国有资本和民营资本对等持股形成的混合所有制企业。这里介绍一个大型民营企业与大型国有企业联手发展混合所有制经济的案例。

东风小康汽车公司成立于 2003 年 6 月，由重庆小康工业集团（持股 50%）与东风汽车公司（持股 20%）、东风实业公司（持股 30%）三方合资成立，生产东风小康品牌微型汽车。至 2009 年，三方合资机制调整为双方合资机制：东风汽车公司与重庆小康工业集团各持股 50%。大型民营企业与大型国有企业合作，形成股权对等的混合所有制企业，在中国汽车行业是头一例。

合作初期，充满矛盾和艰辛，经过磨合，最终民营企业适应了国营企业的规范管理体制，国有企业也适应了民营企业的灵活经营机制，互取其长，互补其短，共同促进企业健康发展。从东风小康品牌汽车面市之日起，2006—2012 年间，连续 7 年保持高速发展，每年 30 万辆微型车产销两旺，产品逐步远销欧洲、美洲、非洲、中东、东南亚等 60 多个国家和地区，成为"国企与民企在汽车行业结合的良好典范"。究其原因，混合所有制企业集合了国有企业品牌技术和民营企业机制灵活双重优势，并形成了国有经济与民营经济利益共同体。

2012 年，中国汽车工程学会一位负责人评价东风小康汽车公司：东风小康的诞生并获得连续数年的健康、快速发展，并呈现出民进国进的双赢局面，确实弥足珍贵，具有行业标志性和示范性的意义。

从发展混合所有制经济的实践中得知：积极发展混合所有制经济必须落实到企业，落实到促进混合所有制企业形成并健康发展。有关措施包括：

第一，以国有资本投入促进混合所有制企业形成发展。转变国有资本经营方式，由经办企业为主向经营资本为主转变，由承担经济发展单一功能向承担经济发展和经济促进双重功能转变，充分发挥国有资本的经济杠杆作用，促进形成混合所有制企业，促进混合所有制经济发展，促进不同所有制经济发展优势互补、激发活力、形成合力，提高国有资本营运效率，提升国家经济综合竞争力。

第二，以市场机制服务混合所有制企业产权交易。设立由国家机关直接监管的企业产权交易所，服务不同所有制企业产权交易，让市场在混合所有制企业产权配置中起决定性作用，促进形成以股份制产权为纽带的混合所有制企业，并公正、透明、高效地服务其调整产权结构。

第三，以现代企业制度规范混合所有制企业行为。产权清晰、权责明确、决策民主、管理科学、富有效率、企业责任等基本要义，要以现代企业制度形式确定下来，保障靠劳动参与分配者和靠资本参与分配者利益公平、共同发展，保障企业可持续发展，保障企业与人、社会、环境和谐发展。

第四，以国有资本为经济杠杆，以混合所有制企业为载体，促进非公有制经济健康发展。如以国有资本参股投资方式，促进民间资本银行诞生、成长和发展。

第五，以国家政策引导混合所有制经济健康发展。鼓励支持引导发展国有资本、集体资本、非公有制资本相互融合、交叉持股的混合所有制企业，规范混合所有制企业中国有资本监管办法，高效服务混合所有制经济活动中以股份制产权为纽带的资本合作、企业合作和产业合作行为，激发混合所有制经济发展创造力，为国民经济高效率发展增加新动力。

进入 21 世纪 20 年代，我国公有制和非公有制经济总量大体相当，以至于出现"半壁江山"之说，出现"公"与"非公"谁为主体之争论，出现将"以公有制为主体"修改为"以公有制为主导"的建议等。总之，对二者之间强调"竞争"者较多，倡导"合作"者较少，评论"国进民退"或"国退民进"者较多，建言"国民携手共进"者较少。笔者认为，经济竞争发展与合作发展是市场经济的双重特征，围绕公平与效率的双重目标，既要重视经济竞争发展，还要重视经济合作发展，发展混合所有制经济是集合经济竞争发展与合作发展双重优势的高效路径。

助推国家区域经济发展

组织民营企业以项目投资为主要方式助推区域经济发展，是工商联围绕中心、服务大局的重要任务。2009年以来，全国工商联按照国家区域发展战略和主体功能区战略部署，与国家有关部门和省级政府联合举办或参与主办中博会、西博会、中国—亚欧博览会等区域性经贸发展促进活动。在这些活动中，各级各地工商联密切协作，通过大量的项目调研、项目梳理、项目推介等前期准备工作，组织民营企业投资与地方需求对接，在促进产业梯度转移和区域经济协调发展的同时，也为民营企业调结构、转方式、寻求新的发展空间提供了机遇。

2010—2013年，全国工商联先后与安徽、福建、广东、贵州、湖北、云南、西藏、甘肃等省、市、自治区合作，组织开展了经贸洽谈或投资促进活动。例如：

2010年12月23日，全国工商联与安徽省政府共同举办"安徽省与全国知名民营企业合作发展会议"。会上，安徽省与全国知名民营企业签约合同、协议、意向合作发展项目共计3615个，投资18204亿元。其中合同项目2169个，投资总额10594亿元。

2011年6月28日，全国工商联与广东省政府联合举办"广东与全国知名民营企业合作发展共促转型升级大会"。取得成果：引进800多家民营企业到珠三角投资发展，会上签约项目164个，投资总额达4579.8亿元，其中超四成为百亿以上项目。

9月27日，全国工商联与福建省政府联合举办"民营企业产业项目洽谈会暨签约仪式"。取得成果：共对接项目1341个，其中合同项目880个，投资8270亿元；洽谈项目461个，投资4558亿元。

12月22日，全国工商联与贵州省政府联合召开"全国民营企业助推贵州发展大会"。取得成果：集中签约500个项目，总投资5835.6亿元，其中489个项目计划于2012年开工建设，总投资5517亿元。

2012年5月24日，全国工商联与湖北省政府联召开"民企携手湖北　共促中部崛起"大会。取得成果：大会集中签约项目689个，投资总额达9092.6亿元。

6月5日，全国工商联与云南省政府联合召开"民企入滇助推桥头堡建设"大会。取得成果：共签约项目756个，协议引进省外资金10387亿元。

2013年6月23日，全国工商联与甘肃省政府联合举办"第十九届兰洽会暨民企陇上行活动"。取得成果：共签约合同项目1093个，签约总额6129亿元。

2011—2013年，全国工商联与地方政府、有关单位共同举办或参与举办中国民营经济发展长白山论坛、中国—亚欧博览会等活动，都取得了较好的经济和社会效益。

此外，为支持东北振兴，全国工商联与中央统战部共同组织开展民营企业在东北振兴中发挥作用的调研和经贸活动，国内多家知名企业积极参与。全国工商联与国家发展改革委员会联合开展调研，出台了《关于推进东北地区民营经济发展改革的指导意见》，共同遴选首批 13 个城市开展改革示范工作。

据统计，2013—2017 年间，全国工商联和地方工商联及所属商会立足民营经济发展实际，主办或参与举办经贸活动 50 多场，签约项目 2 万余个，协议投资金额超过 15 万亿元。

多年以来，全国各级工商联及所属商会与国家有关部门和地方政府合作，围绕贯彻落实国家区域发展战略，积极组织民营企业参与共建"一带一路"、京津冀协同发展、长江经济带发展、长江三角洲区域一体化发展、粤港澳大湾区建设、黄河流域生态保护和高质量发展、推进海南全面深化改革开放等方面的重大项目建设及参与各地各区域经济建设，为服务与促进非公有制经济健康发展拓宽了工作视野、扩大了工作绩效，并为服务与促进国家区域经济发展发挥了重要作用、作出了重要贡献。

发展国际间经济合作与商会交往

2009 年 12 月至 2012 年 9 月，全国工商联和美国全国商会连续共同举办四届"中美商会合作发展论坛"，围绕"企业社会责任与加强经贸合作"等主题，中美两国商会负责人和企业界人士开展交流讨论，达成共识：中美两国企业应与政府合作，努力营造和平稳定的国际经济环境，建立和维护公正合理、包容有序、开放自由的经贸关系；积极拓展经贸合作新领域；抱着相互学习的态度，尊重投资国的国情、文化和法律，实现跨国企业的本土化；积极承担节约资源保护环境与可持续发展的责任；自觉承担起扶贫济困和发展慈善事业的责任，致力于实现消除贫困的千年发展目标。

2010 年 2 月 2 日，"大湄公河次区域工商论坛理事会会议"在北京召开，来自中国、越南、老挝、缅甸、柬埔寨、泰国共六国的工商会领导、企业界理事，亚洲开发银行驻华代表处官员及云南、广西工商联的领导约 30 人出席了会议。会上，全国工商联副主席孙安民接任工商论坛轮值主席。孙安民在致辞中表示：大湄公河次区域六国地缘相邻，文化相通，外交关系良好，经贸关系紧密，在当今经济竞争格局中同属新兴经济体，都有着迫切的发展要求，经济增长的潜力巨大。中国工商联担任工商论坛主席，愿意与大湄公河次区域各国商会和各国企业携起手来，共同面对挑战，密切合作，共谋发展。大湄公河次区域工商论坛成立于 2000 年，是在大湄公河次区域各国政府经济合作机制下，由六国国家商会共同组成的多国、独立非政府组织。其作用是为该区域政府和工商界及各国企业之间提供交流合作平台。在政府合作机制框架下，工商论坛多年来为促进企业参与该区域经济合作发挥了独特作用，受到相关国家政府重视。

全国工商联通过参加大湄公河次区域工商论坛和担任轮值主席、主办中尼论坛、成立中国民营经济国际合作商会、组织企业参与国际交流合作等多种途径，与各地工商联共同努力，推动企业"走出去"加快战略转型，特别是在一些企业海外投资、并购等过程中，做了大量沟通协调工作，起到了促进作用。

2013年9月，在成都举行的第十二届世界华商大会上，全国工商联发布了《中国企业"走出去"风险控制与投资指南（拉美篇）》；并在"携手华商共促民企走出去论坛"上以《中国民营企业"走出去"与华商发展的新机遇》为题发表演讲。

"走出去"，是民营企业谋求转变发展方式的新机遇、新路径。据商务部统计，2014年在新增境外投资企业中，民营企业约占94%；其中非金融类对外投资451亿美元，占总额的43.8%，同比增长36.8%；在商务部批准和考核的13家境外经济贸易合作区中，由民营企业控股的有7家，占53.85%。根据中国商务部公布的相关数据：2022年，我国对外全行业直接投资9853.7亿元人民币，较上年增长5.2%，其中我国境内投资者共对全球160个国家和地区的6430家境外企业进行了非金融类直接投资，累计投资7859.4亿元人民币，增长7.2%。[1]截至2022年底，中国对非洲直接投资存量超过470亿美元。在非洲投资的中国企业有3000余家，其中民营企业数量占七成以上。[2]民营企业"走出去"发展势头持续向好，与各级工商联积极拓展国外商会友好关系有着密切关系。

二、大力促进非公有制经济人士健康成长

围绕全面建成小康社会工作目标，全国各级工商联组织按照党和国家总体部署，贯彻落实《中共中央关于巩固和壮大新世纪新阶段统一战线的意见》精神，坚持以人

［1］商务部：2022年我国对外全行业直接投资简明统计［EB/OL］.（2023-02-13）［2023-12-18］.http://www.mofcom.gov.cn.

［2］商务部：截至2022年底，中国对非洲直接投资存量超470亿美元［EB/OL］.（2023-06-13）［2023-12-18］.http://finance.sina.com.cn.

为本这个科学发展观的核心，将思想政治工作贯穿各项工作始终，不断探索工作规律，创新工作方法，大力促进非公有制经济人士健康成长。

加强非公有制经济人士思想政治工作

非公有制经济人士是改革开放后出现的新的社会阶层，是一个新的经济群体和利益群体，是建设中国特色社会主义的新生力量。其队伍由小到大，人员结构多元，素质参差不齐；其人员思想意识与行为的独立性、选择性、多样性、多变性、差异性明显。这支队伍，总体是健康向上的，但需要引导他们"坚定不移跟党走，尽心竭力为四化""把自身发展与国家发展结合起来，把个人富裕与全体人民的共同富裕结合起来，把遵循市场法则与发扬社会主义道德结合起来""树立正确的公私观、信用观、义利观、法治观"。全国各级工商联把引导非公有制经济人士健康成长与促进非公有制经济健康发展摆在同等重要的地位，并努力通过引导非公有制经济人士健康成长，更加高效地促进非公有制经济健康发展。

全国各级工商联在实践中继承优良传统，把思想政治工作摆在重要的位置。2008年，全国工商联与中央统战部共同召开首次全国非公有制经济人士思想政治工作会议，下发了《关于加强和改进非公有制经济人士思想政治工作的若干意见》，提出了今后一个时期思想政治工作的主要任务和具体措施，为做好非公有制经济人士思想政治工作奠定了思想认识和工作实践基础。经过多年坚持贯彻落实，总结交流经验，研究完善措施，进一步强化了非公有制经济人士思想政治工作在工商联各项工作中的重要地位。

在实际工作中，积极探索引导教育与自我教育相结合的工作方法。针对非公有制经济人士队伍特点和成长规律，把典型宣传作为引导教育与自我教育相结合的重要形式。全国工商联与中央统战部等部门共同连年开展全国优秀中国特色社会主义事业建设者评选表彰活动，《人民日报》和各省级党政报刊对表彰人选进行公示，中央主要媒体对部分先进典型进行系列报道，中央电视台《新闻联播》《对话》等栏目对优秀建设者成长历程进行集中展示，开创了非公有制经济代表人士典型宣传的新方式；还与有关部门共同开展了"全国构建和谐劳动关系先进企业""全国就业与社会保障先进民营企业""全国关爱员工实现双赢先进民营企业"表彰等一系列树典型、学先进的活动。各地工商联也自下而上地树立宣传了一批可信、可比、可学的先进典型。

2011年12月2日，中央统战部与全国工商联以电视电话会议形式召开了全国非公有制经济先进典型事迹报告会，中共中央领导同志到会发表重要讲话，全国参会人数超过12万人，中央主要媒体集中连续报道，在非公有制经济人士中乃至社会各界引起了广泛关注和强烈反响。表彰、宣传方式的创新，丰富了引导教育与自我教育相结合的内容和形式，增强了思想政治工作的亲和力与感召力。

面对国际金融危机的冲击，全国各级工商联引导企业战胜各种困难，增强发展信心；引导企业顾大局、讲贡献，自觉不裁员、不减薪、不欠薪。面对就业难问题，全国各级工商联与有关部门共同主办民营企业招聘周活动，帮助求职者与民营企业达成就业意向，促进社会就业。面对重大自然灾害，如在抗击汶川和玉树地震、甘肃舟曲泥石流等自然灾害中，全国各级工商联组织非公有制经济人士踊跃捐款捐物，支援灾区重建，折合金额累计超过70亿元。面对非公有制经济人士的思想状况，全国各级工商联着眼于提高非公有制经济人士的素质，与党校、行政学院、社会主义学院、高等院校等密切合作，联合开展理想信念、现代经营管理、法律法规、思想道德等学习培训活动，增强非公有制经济人士对世情国情党情的了解，坚定走中国特色社会主义道路的信念。

引导非公有制经济组织和人士健康向上发展

第一，指导非公有制经济组织开展创先争优活动

2010年4月，由中央统战部牵头，国家工商行政管理总局、全国工商联参加，共同组成全国非公有制经济组织创先争优活动指导小组，指导全国非公有制经济组织创先争优活动，活动持续时间两年半。以"推动加快经济发展方式转变，促进企业实现科学发展"为主题，在全国非公有制经济党组织和党员中开展了争先创优活动，这是改革开放以来，在非公有制经济组织中开展的持续时间长、参加人数多、服务科学发展成效显著的一次党内教育实践活动。活动期间，非公有制企业新建党组织17.7万个，建立各级领导干部联系企业的联系点22.2万个，选派党建指导员36.4万名，培训党建指导员、党组织书记、企业出资人共计92万人次，提出合理化建议206万条，推动并取得技术革新成果353万个，为群众办好事实事436万件，创先争优活动在非公有制企业和非公有制经济人士队伍中产生了广泛而积极的影响。[1]

2011年6月24日，非公有制经济组织创先争优活动指导小组在北京召开非公有

---

[1] 本书编写组.中华全国工商业联合会简史（1953—2013）[M].北京：中华工商联合出版社，2013：313.

制经济人士纪念中国共产党建立90周年座谈会。会议提出：加强非公有制企业党建工作，是巩固和扩大党的执政基础的必然要求。要下功夫破解规模以下企业党建工作难题，不断扩大党的基层组织和党的工作覆盖面。要不断激发党组织和党员的内在动力，带动企业全员创先争优。要引导非公有制企业主动承担管理和服务职工的工作责任，积极构建和谐劳动关系。要以党的先进文化引领企业文化建设，凝聚企业共同价值理念。要以企业党建工作为动力，把党的组织优势转化为发展优势，把党的组织活力转化为发展活力。座谈会上，王健林、郑跃文、尹明善等11位企业家结合非公有制经济发展历程和企业自身成长经历，畅谈了改革开放取得的伟大成就，表达了永远跟党走中国特色社会主义道路的坚定决心。

2012年9月21日，全国非公有制经济组织创先争优活动总结大会在北京召开。会议总结了非公有制经济组织创先争优活动的经验和成效：一是推动非公有制经济科学发展取得了新成果，一大批非公有制企业党组织团结带领党员和职工助推企业自主创新和结构调整，不断提升核心竞争力，经营业绩实现持续较快增长。二是扩大党的组织有形覆盖、强化党的工作有效覆盖实现新突破，活动期间新组建非公有制企业党组织占到30%。三是参与和服务社会管理、构建和谐劳动关系彰显新优势，推动企业与职工结成利益共同体、事业共同体和命运共同体，积极投身光彩事业、感恩行动、村企对接和社会公益事业。四是完善非公有制企业党建工作体制机制取得新成绩，全国共有21个省（区、市）、60%的市（地、州）、70%的县（市）建立了非公有制企业党建工作专门机构。五是在党的建设和企业文化建设有机结合中形成共创共建新局面，把先进企业文化渗透到企业研发生产、经营管理、品牌建设等各个环节，实现全员创先争优。

第二，指导支持非公有制企业党建工作

在参与指导非公有制企业党组织学习实践科学发展观活动和随后开展的创先争优活动中，各级工商联积极探索企业党建工作与非公有制经济人士思想政治工作的关系，创造性地提出要抓住党建指导员、企业党组织负责人和企业出资人这三个关键。一些非公有制企业党组织被评为先进党组织，许多工商联及所属商会也积极探索开展非公有制企业党建工作，促进了企业文化健康发展。各级工商联通过组织开展调查研究、座谈交流，进一步强调以党建工作引领企业文化建设，注重发挥出资人在企业党建工作中的支持作用和在企业文化建设中的倡导作用，带动各地工商联拓展了思想政治工作的内涵和途径。

第三，加强非公有制经济人士教育培养

通过搭建政企联系沟通平台，问政、问计、问需于企，帮助民营企业解决生产经营困难和问题；通过理论学习、形势政策宣讲、民企大讲堂、座谈交流、现场观摩等方式，提高非公有制经济人士思想政治素质和经营管理能力；通过培养树立一批可信、可比、可学的先进典型，引导非公有制经济人士践行社会主义核心价值观，传递正能量；通过争取有关党政部门、司法机构支持和社会各界配合，形成党委重视、政府支持、统战部牵头、多部门共同参与、工商联推动落实的工作格局。

为了加强年青一代非公有制经济人士教育培养力度，各级工商联及所属商会注重发挥组织作用，采取引导教育与自我教育相结合的工作方法，开展了年青一代非公有制经济人士思想状况调研，分析梳理了教育培养需求，加强了教育培养的工作力度。全国工商联与中央统战部开展了构建新型政商关系调研，针对影响政商关系的问题和原因，提出构建界限清晰、交往规范、渠道畅通、廉洁清白的新型政商关系的建议；多地工商联积极建议并推动党政部门出台构建新型政商关系的文件。

为提升非公有制经济领域法治化水平，全国工商联、司法部、全国普法办于2016 年 7 月联合印发《关于开展"法律三进"活动的意见》（全联发〔2016〕6 号），联合开展"法律进非公有制企业、进工商联所属商会、进工商联机关"活动，特别注重加强民营企业产权保护及法律风险防范教育，进一步引导企业把守法诚信作为安身立命之本，依法经营、依法治企、依法维权。

开展优秀建设者表彰活动

优秀建设者的全称为"优秀中国特色社会主义事业建设者"，是中国非公有制经济人士特有的荣誉称号。新中国成立以后，非公有制经济人士的特有荣誉称号经历了从红色资本家、合格的社会主义劳动者、优秀民营企业家、非公有制经济代表人士到优秀中国特色社会主义事业建设者的演变。

2001 年 7 月 1 日，江泽民总书记在庆祝中国共产党成立 80 周年大会上的讲话中对改革开放以后出现的"新社会阶层"作了完整阐述并第一次提出了"建设者"的概念。[1] 226-227

2002 年 11 月 8 日，江泽民在中国共产党第十六次全国代表大会上的报告中进一

---

[1] 大成企业研究院. 中国民营经济 70 年大事记 [M]. 北京：中华工商联合出版社，2019.

步明确指出："在社会变革中出现的民营科技企业的创业人员和技术人员、受聘于外资企业的管理技术人员、个体户、私营企业主、中介组织的从业人员、自由职业人员等社会阶层，都是中国特色社会主义事业的建设者。"至此，标志着私营企业主等新的社会阶层是中国特色社会主义事业建设者的论断确定下来。[1]233

2004 年 12 月 24 日，中共中央统战部、国家发展和改革委员会、人事部、国家工商总局、全国工商联联合举行首届"全国优秀中国特色社会主义事业建设者"表彰大会。[1]250 表彰了 100 名来自全国各条战线的优秀建设者。中共中央政治局常委、全国政协主席贾庆林将"优秀建设者精神"概括为"爱国、敬业、诚信、守法、贡献"。全国政协副主席、中央统战部部长刘延东对"优秀建设者精神"的内涵作了阐述：一是奋发图强、振兴中华的爱国情怀；二是百折不挠、锐意进取的敬业精神；三是言行一致、明礼守信的诚信态度；四是诚实劳动、依法经营的守法品格；五是致富思源、服务社会的贡献意识。黄孟复在会上宣读了表彰决定。百位优秀建设者向广大非公有制经济人士发出"兴业报国争当优秀建设者"的倡议。

此后，"全国优秀中国特色社会主义事业建设者"评选活动持续开展。各省、市相应召开"优秀中国特色社会主义事业建设者"表彰大会及开展评选表彰活动。

2019 年 8 月 29 日，第五届全国非公有制经济人士"优秀中国特色社会主义事业建设者表彰大会"在北京召开。[2]中共中央政治局常委、全国政协主席汪洋出席大会并讲话。他强调，要大力弘扬优秀建设者精神，不断促进非公有制经济健康发展和非公有制经济人士健康成长，为实现中华民族伟大复兴的中国梦汇聚磅礴力量。他勉励受表彰者努力做爱国敬业的典范，坚定理想信念，坚守正确政治方向，增强家国情怀，把企业发展与国家发展结合起来，把个人梦与中国梦结合起来。要努力做守法经营的典范，自觉学法懂法知法守法，带头遵循市场规则和行业规范，积极践行亲清新型政商关系。要努力做创业创新的典范，坚定走高质量发展之路，聚焦主业、坚守实业，发扬"工匠"精神，推动实现中国制造向中国创造转变、中国速度向中国质量转变、中国产品向中国品牌转变。要努力做回报社会的典范，坚持义利兼顾、以义为先，重信誉、守信用、讲信义，塑造富而有德、富而有爱、富而有责的良好形象。

会上，中央统战部、工业和信息化部、人力资源和社会保障部、市场监管总局、

---

［1］大成企业研究院.中国民营经济 70 年大事记［M］.北京：中华工商联合出版社，2019.

［2］全国非公有制经济人士优秀中国特色社会主义事业建设者表彰大会在京召开，汪洋出席并讲话［EB/OL］.（2019-08-29）［2023-12-19］.http://www.xinhuanet.com.

全国工商联联合发布了《关于表彰第五届全国非公有制经济人士"优秀中国特色社会主义事业建设者"的决定》，表彰小米集团董事长兼首席执行官雷军等 100 名同志为优秀中国特色社会主义事业建设者，希望全国广大非公有制经济人士和新的社会阶层人士以他们为榜样，自觉做到"爱国敬业、遵纪守法，创新发展、追求卓越，勇于担当、服务社会"，努力争做优秀中国特色社会主义事业建设者。

开展理想信念教育实践活动

开展非公有制经济人士理想信念教育实践活动，经历了从"三信"教育到"四信"教育的过程。

2013 年 1—3 月，全国工商联领导带队，深入 10 个省、市、区，与 635 位非公有制经济人士和 100 多位党政干部和专家交流访谈；同时向全国 31 个省、市、区发放 3200 多份问卷，开展非公有制经济人士思想状况调研，形成《非公有制经济人士思想状况调研报告》，提出在非公有制经济人士中广泛开展理想信念教育的建议。该报告上报中共中央后，受到高度重视。

5 月，经中共中央批准，全国工商联与中央统战部联合开展了以"民营企业家与中国梦"为主题、以增强"对中国特色社会主义的信念、对党和政府的信任、对企业发展的信心"为主要内容的"三信"理想信念教育实践活动。得到了各地党委、政府的高度重视和大力支持，得到了广大非公有制经济人士的积极响应并积极参与。

5 月 6 日，全国工商联与中央统战部联合召开了"非公有制经济人士理想信念教育实践活动动员大会"。同日，全国工商联与中央统战部联合印发《关于开展非公有制经济人士理想信念教育实践活动的意见》，就开展活动的意义、要求、总体安排和组织实施等方面作出部署，要求各地党委统战部和工商联以改革创新精神组织开展好理想信念教育实践活动。

5 月 16 日，全国工商联发出《关于在全国工商联直属商会中开展非公有制经济人士理想信念教育实践活动的通知》，要求各商会积极发挥会长、副会长带头作用，切实发挥会员主体作用，根据商会特点，结合实际情况开展好学习教育活动。

开展理想信念教育实践活动，受到地方各级党委政府的重视支持，各级党委统战部和工商联精心组织，开展了一系列贴近非公有制经济人士思想实际、主题突出、特色鲜明的活动，许多非公有制经济人士结合创业发展经历"忆成长、话梦想、讲贡献"，把个人梦、企业梦融入中国梦中，涌现出一大批先进典型。

10 月 30 日，全国工商联与中央统战部在人民大会堂联合召开了"全国非公有制经济人士理想信念报告会"，中共中央政治局常委、全国政协主席俞正声出席并作重要讲话：[1]

非公有制经济人士理想信念教育实践活动是在习近平总书记等中央领导同志的关心支持下开展起来的。自 5 月上旬启动以来，各级统战部门和工商联组织以"民营企业家和中国梦"为主题，动员广大非公有制经济人士积极参与，通过一系列主题突出、贴近实际、特色鲜明的活动，进一步增强了非公有制经济人士对中国特色社会主义的信念、对党和政府的信任、对企业发展的信心。

改革开放以来，非公有制经济在党的路线方针政策指引下，从无到有、从小到大，不断发展，已经成为推进中国特色社会主义事业不可或缺的重要力量。实践已经证明，非公有制经济不是可有可无，而是中国特色社会主义在经济领域的重要成果；发展非公有制经济不是权宜之计，而是中国特色社会主义必须始终坚持的战略方针。

希望广大非公有制经济人士切实承担企业家的职责和使命，坚定信心办好企业，努力通过转型升级实现高质量、有效益、可持续的发展；自觉承担社会责任，依法经营、诚信经营，为消费者提供优质、安全的产品和服务；不断提升自身素质，为社会发展进步凝聚正能量。

报告会上，王玉锁、王均金、丁建忠、柳传志、南存辉、刘庆峰等 6 位企业家代表交流了参与教育实践活动的经验和体会。全国政协副主席、全国工商联主席王钦敏，全国工商联名誉主席黄孟复出席了会议。

年底，中央统战部和全国工商联提出，把"三信"教育拓展为"四信"教育。2014 年后，以"三信"为主要内容的理想信念教育实践活动进一步拓展为以"对中国特色社会主义的信念、对党和政府的信任、对企业发展的信心、对社会的信誉"为主要内容的"四信"理想信念教育实践活动。

2014 年 12 月 22 日，全国工商联主席王钦敏在全国工商联十一届三次执委会上表示，以"四信"为主要内容的理想信念教育实践活动，是加强和改进非公有制经济人士思想政治工作的积极探索和成功实践，是现阶段非公有制经济人士思想政治工作的主要内容，应作为今后一个时期促进"两个健康"的首要任务和基础性工程，持之

[1] 俞正声：坚持公有制经济和非公有制经济共同发展 [EB/OL].（2013-10-31）[2023-12-19]. http://www.cnr.cn.

以恒地抓下去。

2015 年 5 月，"开展理想信念教育，引导非公有制经济人士增强对中国特色社会主义的信念、对党和政府的信任、对企业发展的信心、对社会的信誉"，写入《中国共产党统一战线工作条例（试行）》，成为各级工商联组织促进"两个健康"的首要任务和非公有制经济领域统一战线工作的重要任务。

汇聚非公有制经济人士智慧力量推进现代化建设

各地工商联积极配合党和政府组织广大非公有制经济人士围绕全面建设小康社会、加快推进社会主义现代化的大目标贡献智慧和力量，引导非公有制经济人士健康成长的工作面不断拓宽，开展了许多创新性的工作。下面，以湖北为例，介绍地方工商联具有代表性的工作，主要表现在以下三个方面。

第一，凝心聚力，把非公有制经济人士的智慧和力量汇聚到建设中国特色社会主义事业的大目标上来

建设中国特色社会主义事业需要汇聚广大非公有制经济人士的智慧和力量。引导非公有制经济人士坚定走中国特色社会主义道路的信念，爱国、敬业、诚信、守法、贡献，做合格的中国特色社会主义事业建设者；引导非公有制经济人士树立国家视野、民族情怀，正确处理好国家、民族利益与企业、个人利益之间的关系；引导非公有制经济人士自觉履行企业经济责任、环境责任、社会责任；引导非公有制企业努力做到人与企业和谐发展、靠劳动参与分配者与靠资本参与分配者共同发展、企业核心竞争力与产品竞争力同步发展、企业环境保护能力与生产发展能力统筹发展、企业社会影响力与经济贡献力相互促进发展。

湖北省委、省政府高度重视非公有制经济和工商联事业发展，高度重视发挥商会组织作用，发展壮大促进经济发展的统一战线。连续出台了四份关于加强工商联和商会建设的重要文件。2005 年，在全国率先出台了《关于进一步加强工商联工作的意见》，明确要求工商联发挥桥梁、纽带、助手作用，促进非公有制经济健康发展和非公有制经济人士健康成长；2009 年，在全国率先出台了《关于加强县级工商联工作的意见》，明确了加强县级工商联和基层商会组织建设的政策措施和工作措施；2010年，发出《关于建立省领导联系省外湖北商会制度的通知》并务实开展联系工作，充分调动了在省外工作的湖北籍非公有制经济人士参与经济社会建设、促进工作所在地和家乡所在地经济合作交流的积极性；2011 年，出台了《关于进一步加强和改进工商联工作的意见》，并召开了全省工商联工作暨非公有制经济工作会议，促进掀起了湖北非公有制经济发展新高潮。

第二，鼓励支持，把非公有制经济人士推举到社会主义现代化建设的大舞台上来

毫不动摇地鼓励、支持和引导非公有制经济发展与毫不动摇地巩固和发展公有制经济共同构成我国社会主义现代化建设的经济发展方针。改革开放以来，我国非公有制经济人士从无到有，队伍从小到大，已经成为我国社会主义现代化建设的重要力量。建设社会主义现代化，这支队伍还需要进一步发展壮大，还需要进一步营造并优化有利于其诞生、成长、发展、壮大的土壤和环境。

2011年1月7日，《湖北日报》头版刊载了一张合影照：企业家坐前排，湖北省委、省政府领导站后排，一种深刻的民本理念和丰富的重商情怀跃然纸上。湖北省委、省政府倡导"宁愿政府麻烦，不让企业费事"的服务理念，倡导用优良的人文软环境"营造气候、土壤、空气、阳光和水分"，以利于"生长人才、项目、资本、企业和企业家"；倡导在以企业家为主角的招商会、座谈会上以"先商后政"的次序介绍与会人员。这些创新意识与行为，把非公有制经济人士推举到社会主义现代化建设的大舞台上，大力提升了广大非公有制经济人士在湖北创业发展的积极性。非公有制经济已经成为支撑湖北经济大厦的顶梁柱，成为湖北发展经济、繁荣市场、扩大就业、技术创新、改善民生、稳定社会的重要力量。

湖北肩负着构建战略支点，促进中部崛起的重大战略任务，这需要最广泛地汇聚智慧和力量，特别是非公有制经济发展的力量。2012年3—5月，响应全国工商联和湖北省政府的号召，湖北省工商联会同23个省（市）的工商联和商会，组织全国各地的民营企业家参加"民企携手湖北　共促中部崛起"活动，组织民营企业走进湖北、投资湖北、发展湖北，在湖北现代化建设的大舞台上，为推进湖北跨越式发展再加一把力。

第三，组织引导，把非公有制经济人士集合到创新社会管理的大合唱队伍之中

不断发展壮大的非公有制经济人士特别是代表人士队伍是社会建设和社会管理的重要力量，他们有经济实力、有社会影响、有爱国为民情怀、有感恩奉献促进共同富裕的高尚风范，是创新社会管理、构建和谐社会的生力军，必须充分发挥他们的重要作用。

在构建社会主义和谐社会的大背景下，各级工商联和所属商会注重引导非公有制经济人士构建和谐企业，做到企业与人与社会相互依存、共同受益、和谐发展；注重

引导非公有制经济人士建设企业诚信，优化企业文化、企业责任和企业形象；注重努力提升企业生产、经营、管理水平，提高企业持久的竞争力、影响力、发展力。

在构建社会主义和谐社会的大合唱中，各级工商联和所属商会积极引导非公有制经济人士参加新农村建设，响应湖北省委、省政府的号召，支持、帮助贫困地区、革命老区和少数民族地区的开发建设。2012 年 5 月，在全国政协经济委员会和湖北省政协的带领下，湖北省工商联和武汉市工商联组织工商联界别的政协委员和民营企业家积极参加"全国政协委员携手助推大别山经济社会发展"活动，努力为大别山革命老区扶贫开发贡献一分力量，受到革命老区人民的欢迎，产生了良好的经济社会效益。政协委员和企业家们在活动中接受了革命传统教育，感受了老区人民的深情厚谊，增添了和谐意识与为民情怀，提升了精神境界。

在创新社会管理的新形势下，各级工商联和所属商会积极引导非公有制经济人士参与和谐社区建设。例如，武汉百步亭集团用"以人为本、以德为魂、以文为美、以和为贵"的理念经营管理百步亭社区，该社区先后荣获"全国最佳人居环境社区""全国和谐社区建设示范区""全国文明社区示范点"等多个奖项。非公有制经济人士是创新社会管理、构建和谐社会的生力军，必须充分发挥他们的重要作用。

三、为全面建成小康社会贡献力量

改革开放以后，党和国家对社会主义现代化建设作出战略安排，在中国共产党第十三次全国代表大会上（1987 年 10 月）确定了经济建设发展"三步走"战略目标：第一步，实现国民生产总值比 1980 年翻一番，解决人民的温饱问题，这个任务已经基本实现；第二步，到 20 世纪末，国民生产总值再增长一倍，人民生活达到小康水平；第三步，到 21 世纪中叶，人均国民生产总值达到中等发达国家水平，人民生活比较富裕，基本实现现代化。

全面建设小康社会目标要求

小康社会，是中国古代思想家描绘的理想社会，是中国百姓向往美好安定生活的千年梦想，是"中国式的现代化"。全面建设小康社会，不仅是解决人的生活问题，而且要从经济、政治、文化、社会、生态等各方面满足人的全面发展需要。

2002 年 11 月，中国共产党第十六次全国代表大会提出"全面建设小康社会，开创中国特色社会主义事业新局面"；并提出了全面建设小康社会的宏伟蓝图：经济更加发展、民主更加健全、科教更加进步、文化更加繁荣、社会更加和谐、人民生活更加殷实。

2007 年 10 月，中国共产党第十七次全国代表大会提出"高举中国特色社会主义伟大旗帜，为夺取全面建设小康社会新胜利而奋斗"；并指出：到 2020 年全面建成小康社会目标实现之时，我们这个历史悠久的文明古国和发展中社会主义大国，将成为工业化基本实现、综合国力显著增强、国内市场总体规模位居世界前列的国家，成为人民富裕程度普遍提高、生活质量明显改善、生态环境良好的国家，成为人民享有更加充分民主权利、具有更高文明素质和精神追求的国家，成为各方面制度更加完善、社会更加充满活力而又安定团结的国家，成为对外更加开放、更加具有亲和力、为人类文明作出更大贡献的国家。

2012 年 11 月，中国共产党第十八次全国代表大会提出"坚定不移沿着中国特色社会主义道路前进，为全面建成小康社会而奋斗"；并提出努力实现全面建成小康社会目标的新要求：经济持续健康发展，人民民主不断扩大，文化软实力显著增强，人民生活水平全面提高，资源节约型、环境友好型社会建设取得重大进展；并提出了实现目标的保障措施：必须坚持人民主体地位，必须坚持解放和发展社会生产力，必须坚持推进改革开放，必须坚持维护社会公平正义，必须坚持走共同富裕道路，必须坚持促进社会和谐，必须坚持和平发展，必须坚持党的领导。

2017 年 10 月，中国共产党第十九次全国代表大会提出"决胜全面建成小康社会，开启全面建设社会主义现代化国家新征程"；并指出："三步走"战略目标，解决人民温饱问题、人民生活总体上达到小康水平这两个目标已提前实现。在这个基础上，我们党提出，到建党 100 年时建成经济更加发展、民主更加健全、科教更加进步、文化更加繁荣、社会更加和谐、人民生活更加殷实的小康社会，然后再奋斗 30 年，到新中国成立 100 年时，基本实现现代化，把我国建成社会主义现代化国家。提出统筹推进"经济建设、政治建设、文化建设、社会建设、生态文明建设"五位一体总体布局，协调推进"全面建成小康社会、全面深化改革、全面依法治国、全面从严治党"四个全面战略布局，坚定不移贯彻"创新、协调、绿色、开放、共享"五大发展理念。

2021 年 7 月 1 日，习近平总书记在庆祝中国共产党成立 100 周年大会上的讲话中，向全世界宣告：中国实现了人民生活从温饱不足到总体小康、奔向全面小康的历史跨越，全面建成社会主义现代化强国的目标一定能够实现！

从全面建成小康社会到基本实现社会主义现代化，再到建成富强民主文明和谐美丽的社会主义现代化强国，是新时代中国特色社会主义发展的战略安排和工作大局，需要包括广大非公有制经济人士在内的全体中国人民在中国共产党的领导下共同努力为之奋斗。

围绕中心服务大局是工商联组织的根本任务。为全面建成小康社会贡献力量，成为工商联组织的重大责任，从全国工商联到地方各级工商联及其所属商会，其首要任务就是促进非公有制经济健康发展并促进非公有制经济人士健康成长。

全面建设小康社会唤起企业社会责任

"和谐"与"责任"两大时代主题，正强烈地影响着人们的思想、观念、意识与行为。2005 年 9 月 15 日，国家主席胡锦涛在联合国成立 60 周年首脑会议上提出了建设和谐世界的倡议影响全世界，"话友谊、要和平、谋合作、促发展"成为时代的主旋律；12 月 31 日，党中央国务院向全国人民发出了推进社会主义新农村建设的伟大号召，推进社会主义新农村建设，促进城乡协调发展，是构建社会主义和谐社会的重要任务，需要集合包括企业公民在内的全体社会成员的共同智慧和力量。2006 年 10 月 11 日，中共十六届六中全会作出了关于构建社会主义和谐社会若干重大问题的决定，构建社会主义和谐社会成为全国人民的奋斗目标和行动指南。小康社会、和谐社会需要共同建设，旨在共同享有。建设小康社会、和谐社会，唤起企业社会责任。什么是企业责任、怎样履行企业责任的大讨论在企业界和一定范围内的社会各界展开。

第一，悄然兴起并迅猛发展的企业责任潮流

面对资源配置国际化、产品生产国际化、国际市场一体化的新经济现象，一些企业特别是跨国公司为了取得、保持或发展竞争优势，更加注重调整自己的经营理念，将企业责任（Corporate Responsibility，CR）纳入企业的发展战略和竞争策略，通过履行企业责任，收到优化企业形象、提升企业竞争力、有利于企业可持续发展等事半功倍的成效。在这一意识指导下，各具特色的企业责任观应运而生。

体现美国公司治理理念的企业责任观：强调股东价值、注重公司市值。认为企业"首要的责任是从事其经济任务——制造产品、提供服务、创造利润"。以股东利益最大化为主要价值取向的企业责任观通过 MBA 教育、论坛研讨，通过企业在美国上市时企业治理结构和管理结构按照上市要求改造，从理论层面和实践层面影响到包括中国企业在内的全球企业并为众多的企业所接受。

体现日本公司治理理念的企业责任观：强调回报利益相关者。认为企业应该考虑全体利益相关者的权益，企业在获取商业活动利益的同时应公平回报商业活动的损益，并通过回报商业活动的损益赢得社会公众的信任从而使企业获得更多更大更长久的商机。日本式的企业责任观随着日本企业的高效率发展引起世人关注。

体现欧洲公司治理理念的企业责任观：强调企业与环境协调发展。用 Ericsson 公司一位负责人的话说，"企业责任是一种平衡意识，是希望在企业与环境之间找到一种平衡点，在利益相关者包括企业、环境、能源、劳工、供应链、消费者、商业道德、舆论监督之间找到一种共同受益、和谐发展的连接链条"；用瑞典外交部国际贸易司下设的"瑞典全球责任组织"一位负责人的话说，"企业不仅只是体现慈善行为，而且要对商业行为和社会后果负责"；一批欧洲跨国公司强调企业环境责任不仅希望赢得商业辉煌，而且希望塑造"环境守护人"形象。[1]

积极倡导与实践的中国企业责任观：注重企业与人与社会与环境共同受益、和谐发展。树立科学发展观，实施可持续发展战略，建立环境友好型、资源节约型社会，发展循环经济，推广清洁生产，建设小康社会，构建和谐社会，实践和追求"爱国、敬业、诚信、守法、贡献"的建设者精神，发扬"致富思源、富而思进、扶危济困、共同富裕、义利兼顾、德行并重、发展企业、回馈社会"的光彩精神等都是对现代企业责任观的诠释。中国当代社会发展目标——小康社会是一个既包括企业、商家，又包括普通民众在内的全体社会公民都摆脱贫困达到共同富裕的社会，需要集合企业、商家和全体民众的智慧和力量。

前联合国秘书长安南 1999 年 1 月在世界经济论坛上提出的一项"全球契约"（Global Compact）中指出，除非更加认真地考虑社会和环境的问题，否则全球经济将会变得更加脆弱。要求商业领袖遵守、支持、实行涉及人权、劳工、环境、反腐败四方面的 10 项原则，得到包括 52 家中国企业在内的全球 70 多个国家的 2500 家企业响应，推动并形成了超越国家、超越区域、波及全球的企业责任潮流。

企业责任至今虽然还没有一个统一并公认的定义，但是其内涵逐渐达成共识，应该是一种企业与人与社会与环境共同受益、和谐发展的平衡意识与理智行为，应该是包括企业经济责任（对股东和员工负责）、企业社会责任（对利益相关者和社会公众

---

［1］赵晓勇随全国工商联考察团赴欧洲四国考察工作笔记.2007.

负责）和企业环境责任（对生态和未来负责）在内的综合责任意识与行为，即所谓"企业行为三重底线"。

第二，履行企业责任是构建和谐社会的必然要求

科学的企业发展观应该是：人与企业和谐发展；靠资本参与分配者与靠劳动参与分配者共同发展；企业核心竞争力与产品竞争力同步发展；企业经济发展能力与环境保护能力统筹发展；企业经济实力与社会贡献力相互促进发展。

科学的企业发展观要求企业改变就生产论生产，就经济论经济的思维模式，树立经济与社会协调发展的观念。一方面通过履行企业责任影响社会、服务社会、回报社会，另一方面通过良好的社会信誉、社会影响力促进企业的生产经营更快更好地发展。例如，湖北福星集团积极参与新农村建设，通过实行项目、骨干、文化、福利、资金五到村，帮扶带动农村经济发展，带来了农村的大变样，企业的大发展。农村的大变样表现在通过"以企带村"，加快了乡村城镇化进程，提升了乡村文明程度，提高了劳动者素质；企业的大发展表现在从一个普通的乡镇企业成长为中国优秀的上市公司、拥有中国名牌产品的全国500强民营企业。

和谐的企业发展观要求企业必须坚持以人为本。员工是企业人群的大多数，必须实现好、维护好、发展好广大员工的根本利益。企业要关爱员工，要致力于促进企业利益与员工利益和谐发展，真正做到发展依靠员工，发展成果由员工共享。要充分尊重和切实维护员工工资报酬、休假、健康安全、人格尊严等合法权益，和谐企业劳动关系。湖北民营企业如劲牌有限公司、爱帝集团、湖北联谊实业集团等一批企业以实际行动关爱员工，努力构建和谐企业，为维护员工权益、保障职工利益做出了示范，受到了国家劳动和社会保障部、全国工商联和全国总工会的表彰。

第三，履行企业责任是提升企业竞争力的高效途径

企业是市场主体，伴随市场竞争产生；企业是社会成员，伴随社会进步发展。企业是否具有不断挑战市场竞争的主观能动性，是否能够面向市场面向社会优质高效地配置经济社会资源，是否能够在激烈的经济实力竞争和社会形象竞争中不断提升竞争力是健康发展、加快发展的关键所在。企业竞争力既来自产品竞争力，同时也来自社会影响力。产品竞争力提升依赖的是企业生产力，社会影响力的提升通过履行企业责任获得则是高效途径。可以说，通过履行企业责任来促进企业竞争力提升是继资本价值利用规律、组织形式股份制规律、管理人员专业化规律、国际市场一体化规律之后出现的又一新的企业发展规律，即企业责任价值规律。企业责任价值规律作用于资本

价值规律、管理价值规律和市场价值规律，丰富并发展了当今企业发展规律体系，并呈现出一种新的当代社会经济现象。

一些企业通过履行企业责任的实践感悟到了企业责任与企业竞争力之间的密切联系。有的企业认识到：通过"履行企业责任，可以帮助赢得人才之战、品牌价值、社会投资、客户要求、企业声望、股票价值、运行许可、员工士气"；通过履行企业责任，有助于提升企业"生产力""文化力""公信力"和"品牌影响力"。众多的企业开始或已经认识到：履行企业责任，既有付出，更有收益。通过履行企业责任，有利于和谐企业的逐利活动与社会相关人利益和社会整体利益之间的关系；有利于和谐企业与当地政府、所在社区的唇齿关系；有利于和谐企业团队，改善人力资源管理；有利于提升企业品牌形象和产品品牌形象；有利于企业获得优质经济社会资源，开辟与发展新的经营生产领域；有利于企业赢得客户、赢得社会公信、赢得企业持续竞争力和发展力。总之，履行企业责任，是全面提升企业竞争力和社会影响力的高效途径。

第四，履行企业责任是企业与环境和谐相处的连接链条

企业是经济目标的实现者，也应该是环境保护的责任人。企业是环境影响者，应该使其正面影响最大化，负面影响最小化。科学的企业发展观应该是企业与环境和谐相处、协调发展，只顾企业自身利益，不顾环境利益的企业不为社会所接受，终究要遭淘汰。只有走科技含量高、经济效益好、资源消耗低、环境污染少、人力资源优势得到充分发挥的新型工业化发展道路，才能获得企业经济效益、竞争力、影响力同步提高，才能获得企业发展速度、效益和后劲同步增长。

世界环境与发展委员会（WCED）在1987年的报告《我们共同的未来》中提出了可持续发展定义，这个定义来自挪威首相布伦兰特夫人的名言：可持续发展是"既满足当代人需要又不对后代人满足其需要的环境构成危害的发展"。这一观点，逐步为世人接受，达成共识，并开始努力付诸行动，这一观点的要义就是要切实保护环境；保护环境就是保护生产力，改善环境就是发展生产力。

"全球契约"十项基本原则，涉及环境方面有三项："企业应对环境挑战未雨绸缪；主动增加对环境保护的责任；鼓励无害环境技术的发展与推广。"企业履行环境责任的态度也大致可分为三种：第一种是能够做到不污染环境，合理利用资源，这是责任底线；第二种是能够做到注重保护环境，注重节约资源，这是责任中线；第三种是能够做到努力优化环境，再生利用资源，这是责任高线。一些企业通过发展环保

经济，实施清洁生产，预防污染，保护生态，通过主动履行企业环境责任来优化企业形象，赢得发展机遇。一些企业通过承诺"企业环保主义""进行产品生命后期管理，实行资源→产品→废弃物→再生资源的循环利用"，开展"自然之友"和"美境行动"，提出"做负责任的企业公民""建设环境友好型企业"，建设"中国人居环境范例社区"等口号，并付出保护环境、美化环境的实际行动，获得了有利于优化企业形象、环境保护和经济发展三重功效。

我国是一个人口密度较大、人均资源紧缺的国家，也是一个自然环境受工业污染伤害较大的国家。近年来，在经济快速发展的同时，面临环境资源问题的严峻挑战。切实保护环境，和谐企业与人与环境的关系对于我国经济社会可持续发展显得十分重要。企业应该把保护环境作为自己的责任、使命，并付诸行动，不断增强环境保护责任，不断优化经济增长方式，不断提高自主创新能力，努力做到清洁生产、节约生产、安全生产、健康生产，为缓解我国人口、资源、环境压力，落实我国科学发展、和谐发展、协调发展、可持续发展、高质量发展战略任务贡献力量。

第五，履行企业责任在参与新农村建设中发扬光大

中共中央、国务院关于推进社会主义新农村建设的若干意见中指出"构建社会主义和谐社会，必须促进农村经济社会全面进步"。促进农村经济社会全面进步需要汇聚企业公民特别是民营企业的智慧和力量。农村是个广阔的天地，民营企业参与新农村建设大有可为。

参与新农村建设是党和政府的号召。新农村建设的目标是"生产发展、生活宽裕、乡风文明、村容整洁、管理民主"，广大民营企业应该围绕这一目标，坚持共同参与，组织社会帮扶，推进光彩事业和"万企帮万村""万企兴万村"工程，进一步动员社会各界关心、支持、帮助贫困地区、革命老区和少数民族地区的开发建设。

参与新农村建设是"希望田野"的召唤。民营企业参与新农村建设道路宽广、形式多样，以下三种积极有效。一是上山：唱山歌（发展山区经济）、演山戏（开发山区资源）、富山民（帮助山民脱贫致富）、兴山村（改变山区面貌）；二是下乡：积极参与农业产业化经营，兴办涉农企业，发展涉农产业，按照"公司＋基地＋农户"的方式，组织分散农户参与社会化大生产，围绕粮、棉、油、牧、副、渔、禽、菜、烟、果、药、茶 12 大类农副产品的规模生产、系列加工、产品变形、集约经营、价值增值动脑筋、想办法、下功夫、求实效；三是"回归"：心回归（家乡在我心中）、

人回归（常回家看看）、事业回归（在外发展事业的同时，积极回家乡发展或支持家乡发展）。

参与新农村建设是民营企业履行企业社会责任的重要途径。或村企之间"一帮一""手牵手"对口帮扶，或企业联合起来共同帮扶，积极探索"以企带村、村企共赢"的发展新路。企业社会责任的要义之一就是要倡导"致富思源""投身光彩事业""关心弱势群体""鼓励一部分人先富起来""先富帮后富""先富者为共同富裕带头作贡献"的中国特色社会主义新风尚。

民营企业参与新农村建设不断涌现出一批惠及农民、发展企业的好典型。例如：

湖北福娃集团　扬资源优势，做鱼米文章，舞行业龙头，创知名品牌。按照"公司＋基地＋农户"模式，与农户签订粮食订单35万亩，网络10万农户，促进农业规模化生产、促进农民增收并开展农副产品转化加工，逐步形成资产1.8亿元、员工1350人、年产值过4亿元的国家级农业产业化重点龙头企业。

湖北长友公司　利用鄂西南山区自然气候独特、特色农产品丰富的优势，按照"公司＋基地＋业主＋农户"模式，引导农民开发种植薇菜、香菇、板栗、高山蔬菜、茶叶等特色农副产品，年销售收入过亿元，年出口创汇过千万元，年均向农户群体提供现金收入达9000多万元，辐射带动2万多农户户均增收1200多元。长友公司从提篮小卖到"中国薇菜王"，从经营小品种到发展大产业，跻身国家级农业产业化重点龙头企业行列。

湖北神丹公司　顺应"绿色消费""健康消费"新潮流，上连超市下接农户，打造中国蛋品品牌。"神丹"系列六大类蛋品被认证为中国"绿色食品""湖北精品名牌"，产品进入1000多家大型连锁超市和3000多家便民连锁店，并与世界三大零售巨头家乐福、麦德龙、沃尔玛签订了合作协议，产品销售至日、韩、澳、美、中国香港等地和国内30个省市。公司采取"提供种苗、技术、饲料，回收产品"方式直接联系20多个县市的1600多家农户，一方面促进了农业生产发展，使农民得到了实惠；另一方面企业在参与新农村建设中不断发展壮大。

百步亭集团　与武汉市东西湖区联手共建农村新社区——"百步亭农村新港苑"，同时推进社会保障、社会治安综合治理、社会管理、社会服务"四进家园"，致力于创建农村人居环境范例社区，站在和谐社区建设的方位为建设社会主义新农村贡献力量。

组织开展"万企帮万村"扶贫行动[1-4]

2015 年 10 月，为贯彻落实《中共中央国务院关于打赢脱贫攻坚战的决定》精神，全国工商联、国务院扶贫办、中国光彩事业促进会联合发起"万企帮万村"精准扶贫行动，明确以民营企业为帮扶方，以建档立卡的贫困村、贫困户为帮扶对象，以签约结对、村企共建为主要形式，力争用 3~5 年时间，动员全国 1 万家以上民营企业参与，帮助 1 万个以上贫困村加快脱贫进程。"万企帮万村"精准扶贫行动是光彩事业扶贫行动的拓展与延伸，其参与面更加广泛，扶贫工作力度更大，成效更加显著。

2016 年 1 月 18 日，全国工商联与国务院扶贫办、中国光彩事业促进会联合发出《关于推进"万企帮万村"精准扶贫行动的实施意见》；1 月 25 日，三方联合召开推进"万企帮万村"精准扶贫行动全国电视电话会议，全国有 46400 多人在各地 1499 个分会场收听、收看了会议实况，行动迅速在全国铺开。

贵州省织金县，是 1994 年国务院确定的全国工商联定点扶贫县。20 多年来，全国工商联先后安排 7 名干部在织金县挂职，开展扶贫开发工作。1994 年以来全国工商联先后组织非公有制经济人士捐款捐物 6000 多万元，投资光彩事业项目 5 个；实施了助学、助医、同心水窖、招工扶贫、科技示范、无息贷款等多种途径的扶贫工作。2012 年，全国工商联出资 500 万元，与织金县政府等额配套成立了"同心光彩助农融资担保中心"，帮助贫困农户产业开发脱贫。

10 月 12—13 日，国务院扶贫开发领导小组在湖北省黄冈市罗田县召开"万企帮万村"精准扶贫行动现场会。近 200 名来自全国各地的民营企业、扶贫工作任务重的工商联和光彩事业促进会代表参加现场会。参会代表现场观摩凯迪集团等公司的精准扶贫项目。蕲春凯迪生物质电厂打造村级燃料收购帮扶平台，吸纳建档立卡贫困户 1073 户，当年前三季度实现户均增收 1631 元。

2016 年，全国工商联多位领导分别率队赴织金县实地调研；向织金县捐赠 2000 万元

［1］本书编写组.中华全国工商业联合会简史（1953—2013）［M］.北京：中华工商联合出版社，2013：327.

［2］全国工商联推进"万企帮万村"精准扶贫行动综述［N］.人民政协报.2017.01.12.第 3 版.

［3］全国工商联、国务院扶贫办关于表彰 100 家全国"万企帮万村"精准扶贫行动先进民营企业的决定［N］.中华工商时报 2020.11.13.第 1，2，4 版.

［4］"万企帮万村"，书写脱贫伟业的民企华章［N］.中华工商时报 2021.03.01.第 1 版.

精准扶贫融资担保基金；并组织京、津、沪三地和全国工商联直属行业商会的80多家民营企业到织金开展结对帮扶活动。全国工商联副主席、宝龙集团董事局主席许健康捐资2000万元对口帮扶织金县14个乡镇的20个建档立卡贫困村。

为了让公益项目更精准地帮助到贫困群众，2016年，全国工商联与国务院扶贫办、中国光彩事业促进会和中国农业发展银行签订并联合印发了《政策性金融支持"万企帮万村"精准扶贫行动战略合作协议》，为争取政策性金融资源支持民营企业参与精准扶贫行动打下了良好基础。同年，举办的中国光彩事业"庆阳行""德宏行"活动，配合地方有关部门，聚焦2433户建档立卡贫困户，实施蔬菜大棚、牛猪羊饲养、桑蚕养殖、水窖建设等公益项目，有8039户贫困群众受益。

至2017年9月底，全国范围内，进入"万企帮万村"精准扶贫行动台账管理的民营企业有3.53万家，精准帮扶3.87万个村（其中建档立卡贫困村2.57万个），涉及558.31万建档立卡贫困人口；产业投入466.28亿元，公益投入106.3亿元，安置就业49.8万人，技能培训53.5万人。

2020年11月12日，全国"万企帮万村"精准扶贫行动现场交流会暨先进民营企业表彰会在贵州省织金县召开。会上对北京科泰兴达高新技术有限公司等100家全国"万企帮万村"行动先进民营企业进行表彰，对100家"万企帮万村"行动组织工作先进集体进行通报表扬。

截至2020年12月底，进入"万企帮万村"精准扶贫行动台账管理的民营企业有12.7万家，精准帮扶13.91万个村（其中建档立卡贫困村7.32万个），产业投入1105.9亿元，公益投入168.64亿元，安置就业90.04万人，技能培训130.55万人，共帮扶和惠及1803.85万建档立卡贫困人口。取得了良好的经济、政治、社会效益。"万企帮万村"行动成为脱贫攻坚十大行动的排头兵，是国家脱贫攻坚的大品牌，是民营企业参与扶贫的大平台，谱写出新时代新篇章。[1]

"消除贫困"是联合国提出的"人类千年目标"，中国曾经是世界上贫困人口最多的国家。中国政府带领包括中国当代商会组织及会员，中国企业及员工在内的全体中国人民坚持不懈地努力奋斗，在实现"人类千年目标"的道路上迈出了坚实的一大步，取得了举世瞩目的伟大成就。这其中，"万企帮万村"精准扶贫行动贡献重大，永载史册。

---

[1]李树林，文雪梅."万企帮万村"，书写脱贫伟业的民企华章，中华工商时报（2023.03.01）.

创新开展感恩行动[1-3]

为引导非公有制经济人士增强"感恩党、感恩国家、感恩人民"的思想感情和社会责任感，坚定走中国特色社会主义道路的信念，中央统战部、全国工商联、中国光彩事业促进会联合举行了"全国非公有制经济人士回报社会感恩行动"。

2010年10月27日，"全国非公有制经济人士回报社会感恩行动"启动仪式在湖北省大悟县隆重举行，老红军、老抗日战士、老解放军战士（简称"三老"）代表，非公有制经济代表人士，中央统战部、全国工商联、中国光彩事业促进会领导，湖北省和相关市县党政领导，以及统战部和工商联负责人出席仪式并参加活动。在仪式活动现场，共有16家民营企业和非公有制经济代表人士与大悟县343户"三老"人员进行结对帮扶，帮扶资金1029万元。其中，湖北长城建设实业有限公司捐资450万元，帮扶150名"三老"人员。该公司董事长涂亿万动情地说："我的祖籍就在红色的革命老区，从小对'三老'有一种特殊的崇敬之情，他们为我们今天的幸福生活作出了重大贡献，值得我们关爱和全社会的尊重。"参加活动的各级领导和企业家们参观了革命烈士纪念馆，重温大悟革命老区革命斗争历史，聆听老区人民为追求理想而英勇献身的感人事迹和悲壮故事。在鄂豫边区革命烈士纪念碑前，举行了向革命烈士敬献花篮仪式。中央统战部、全国工商联，湖北省委、省政府及省统战部和工商联，孝感市委、市政府及市统战部和工商联，大悟县委、县政府及县统战部和工商联，"三老"人员代表，非公有制经济人士代表，分别向在土地革命、抗日战争、解放战争中英勇牺牲的鄂豫边区革命烈士敬献花篮，表达对先烈们深切的缅怀和崇高的敬仰。

2011年6月8—9日，由中央统战部、全国工商联、中国光彩事业促进会主办的"非公有制经济人士感恩革命老区井冈行"活动，在中国革命的摇篮——井冈山隆重举行。组织非公有制经济人士来到中国革命的摇篮——井冈山接受教育，是为了重温中国共产党光辉的奋斗历程，感受老区人民的奉献精神，发扬敢为人先的创新精神，弘扬义利兼顾、以义为先的光彩理念，思考企业科学发展的努力方向，进一步增

［1］非公有制经济人士感恩革命老区井冈行［N］.中华工商时报（2011.06.10）.

［2］本书编写组.中华全国工商业联合会简史（1953—2013）［M］.北京：中华工商联合出版社，2013：326.

［3］非公有制经济人士感恩革命老区延安行.［EB/OL］.（2013-07-19）［2014-08-09］.http://www.chinanews.com.cn.

强产业报国的使命感、回报社会的责任感和科学发展的紧迫感，更加坚定地与党和人民同心同德、同心同向、同心同行，共同担负起建设中国特色社会主义的重任。此次活动以"感恩革命老区、传承井冈精神"为主题。来自全国各地的150余位非公有制经济代表人士满怀崇敬的心情，瞻仰革命烈士陵园，走访革命故迹，实地参观革命传统教学点，受到了一次生动深刻的党情、国情、革命传统和群众工作教育，加深了对新时代大力弘扬井冈山精神重要意义的认识，进一步增强了感恩党、感恩国家、感恩人民的思想感情和社会责任感，更加坚定了在党的领导下走中国特色社会主义道路的信念。活动期间还举行了感恩行动公益项目捐赠仪式，参加活动的非公有制经济人士向吉安市特殊教育学校、井冈山市残疾人托养中心，向吉安老区"三老"人员捐赠了款物。[1]

至2011年10月，全国共有13.2万家非公有制企业参与感恩行动，感恩帮助对象达30.6万人，其中"三老"人员14.8万人；资助金额72.5亿元，捐助物资价值3.2亿元；招工扶贫60万人，培训人员20万人；实施惠民项目6628个，到位资金90亿元。[1]

2013年7月18—19日，由中央统战部、全国工商联、中国光彩事业促进会主办的以"弘扬延安精神、共筑中国梦"为主题的"非公有制经济人士感恩革命老区延安行"活动在中国革命圣地延安举行。来自全国各地的200多名非公有制经济代表人士参加活动。企业家们听取了党史专家关于"延安精神及其时代价值"和"延安时期毛主席处理重大事件的策略艺术及现实启示"的讲座，参观了枣园、杨家岭等革命旧址和延安革命纪念馆，举行了"弘扬延安精神共筑中国梦"座谈会，会议形成共识：延安精神的灵魂是坚定正确的政治方向，精髓是解放思想、实事求是，核心是全心全意为人民服务，重要标志是自力更生、艰苦奋斗，贯穿和渗透了马列主义、毛泽东思想活的灵魂，与井冈山精神、长征精神、西柏坡精神一道，是宝贵财富，是我们战胜各种困难、不断取得胜利的重要法宝，具有超越时空的恒久价值和旺盛生命力。广大非公有制经济人士应该把个人的理想追求融入中华民族伟大复兴的共同目标中，把个人梦、企业梦和中国梦结合起来，为实现中国梦凝聚最强大的中国力量。忆成长、话梦想、讲贡献，影响和带动广大非公有制经济人士和小微企业经营者受教育、树信心、促发展。活动期间，非公有制经济人士为延安"八一"敬老院捐款1180万元，为延安抗洪救灾捐款740万元。[1]

［1］本书编写组.中华全国工商业联合会简史（1953—2013）［M］.北京：中华工商联合出版社，2013：325-326.

组织参与抗震救灾[1-4]

2008 年"5·12 汶川地震"发生后，在中共中央、国务院、中央军委的领导下，全国上下迅速组织了历史上救援速度最快、动员范围最广、投入力量最大的抗震救灾活动，夺取了抗震救灾斗争的重大胜利。在抗震救灾活动中，全国各级工商联组织和会员与全国人民一道，积极参与贡献力量，广大企业和企业家迅速行动，参与救援、捐款捐物。5 月 13 日上午，万达集团通过四川省慈善总会向四川地震灾区捐款 500 万元，紧接着，集团公司和职工个人逐步追加，捐款总数超过 1 亿元。万达员工，以实际行动积极参加抗震救援行动，先后 6 次将十多吨大米、饮用水、药品等急需物资送到重灾区。当时，万达还有几首诗传颂，其中一句是"我愿以我的身躯化作你们生还的羽翼"。十年以后的 2018 年 5 月 14 日，新华网以"汶川地震十周年——难忘一家民企曾经的挺身而出"为题报道：当年的救灾中，万达集团是第一个派出救援队、捐款速度最快的民营企业；是震后第一个到四川投资、第一个开业大型商场的民营企业。中国泛海控股集团全体员工心系灾区、企业上下积极行动，企业和员工个人捐款共计 2.37 亿元，成为抗震救灾中捐款最多的民营企业之一，其中包括泛海集团的共产党员自觉缴纳特殊党费 1056.4 万元，充分体现了民营企业中的共产党员在关键时刻的先锋作用和高尚情操。

据新浪新闻中心报道，"5·12 汶川地震"发生后，近 800 亿元救灾捐款总额中有六成来自民营企业。对于"5·12 汶川地震"救灾行动，有人称之为"历史上没有过的全民族善举"。

2010 年 4 月 21 日，全国工商联公布：全国共有 163 家民营企业和民营企业家在 20 日"情系玉树大爱无疆——抗震救灾大型募捐活动特别节目"晚会上捐款 10.1 亿元，占晚会募捐总额近 50%。在晚会上捐款超过 1 亿元的企业和个人有：曾在

［1］汶川地震十周年——难忘一家民企曾经的挺身而出［EB/OL］.（2018-05-14）［2023-12-09］. http://gongyi.people.com.cn.

［2］汶川地震近 800 亿元捐款六成来自民营企业［EB/OL］.（2009-04-29）［2023-12-09］. https:// business.com.

［3］中国民营企业捐款 10.1 亿元为玉树抗震救灾［EB/OL］.（2010-04-22）［2023-12-09］. https:// china.huanqiu.com.

［4］本书编写组著 . 中华全国工商业联合会简史（1953—2013）［M］. 北京：中华工商联合出版社，2013：328.

"5·12 汶川地震"中捐款 2.37 亿元、为西南旱灾捐款 4000 万元的中国泛海控股集团；曾为汶川灾区捐款 1 亿元、为西南旱灾捐款 4000 万元的万达集团；加多宝集团；福耀玻璃集团等。全国工商联副主席、中国泛海控股集团董事长卢志强表示："办好企业，造福社会，是体现民营企业使命感、社会责任感的根本所在。"全国工商联副主席、万达集团董事长王健林说：只有义不容辞地承担社会责任，才能实现"共创财富，公益社会"的企业使命。一家小企业负责人则表示："企业利润虽然微薄，但一方有难，八方支援，这是我们回报社会的时刻，我们会尽自己所能为灾区兄弟姐妹献上爱心。"

2013 年 4 月 20 日，四川省雅安市芦山县发生 7.0 级地震。4 月 21 日，全国工商联、中国光彩事业促进会联合下发《关于积极参与四川雅安抗震救灾工作的紧急通知》，号召各级工商联、光彩事业促进会、商会和广大民营企业，积极投身抗震救灾，履行社会责任。《通知》指出，各级工商联、光彩事业促进会要充分发挥组织优势，迅速动员非公有制经济人士和民营企业通过捐款、捐物，支援灾区抗震救灾及灾后重建；受灾地区工商联要建立应急机制，把抗震救灾作为首要任务，组织受灾民营企业开展自救，同时协助当地政府，积极救助当地人民群众的生命、财产，并为当地受灾群众提供生活便利条件。至 4 月 25 日，各级工商联和商会组织非公有制企业和非公有制经济人士捐款、捐物总额达到 7.57 亿元。

组织开展"万企兴万村"行动

"万企兴万村"行动是继"万企帮万村"扶贫行动之后，在全国范围内开展的、以民营企业为参与主体的重大企业责任行动。"万企兴万村"行动是国家乡村振兴战略的重要组成部分，组织民营企业参加"万企兴万村"行动，为国家现代化工作大局贡献力量，是工商联及各类商会的重要工作任务。

2021 年 7 月 16 日，全国工商联、农业农村部、国家乡村振兴局、中国光彩事业促进会、中国农业发展银行、中国农业银行在山东省潍坊市共同召开全国"万企兴万村"行动启动大会。[1]全国政协副主席、全国工商联主席高云龙，以及山东省政府领导，中央农办、农业农村部、国家乡村振兴局、中国农业发展银行、中国农业银行等方面的负责人出席会议并讲话。

---

[1] 朱永康. 全国"万企兴万村"行动启动大会召开 [EB/OL]. (2021-07-17) [2023-12-09]. http:// www.cbt.com.cn/gsl/qggsl/202107/t20210717_262164.html.

山东省政府领导在致词中表示：全国"万企兴万村"行动启动大会在山东召开，是贯彻落实党中央关于全面推进乡村振兴重大决策部署的具体行动，是对山东打造乡村振兴齐鲁样板的有力支持。我们把实施乡村振兴战略作为新时代"三农"工作的总抓手，健康有序地推进产业、人才、文化、生态、组织"五个振兴"，一幅农业强、农村美、农民富的乡村振兴美丽画卷正在齐鲁大地徐徐展开。"万企兴万村"行动为全面推进乡村振兴注入了新的强大动力，热忱欢迎广大企业家把握乡村振兴的山东机遇，在服务"三农"中实现自身高质量发展。我们将坚定不移支持引导民营经济健康发展，着力打造市场化、法治化、国际化的一流营商环境，让广大企业家在"好客山东"放心投资、舒心生活、安心发展。

中央农办负责人在讲话中指出，民营企业是推动经济社会发展的重要支撑，也是促进共同富裕取得更为明显实质性进展的重要力量。民营企业投身乡村振兴，能够把市场经济意识、先进管理理念带到乡村，把先进技术模式、现代生产要素引入乡村，把更多的就业岗位留给农民。希望广大民营企业继续坚持"万企帮万村"的好经验好做法，聚焦乡村产业、乡村建设两大重点，接续投身"万企兴万村"行动。引领做大做强优势特色产业，带动新型经营主体发展，培养一批产业发展带头人和农村职业经理人，培育特色产品和知名品牌，组建农业产业化联合体，让农民分享更多产业链增值收益。积极参与农村基础设施建设和公共服务提升，促进帮扶乡村全面振兴。各级农业农村和乡村振兴部门要加强对民营企业的支持服务，将"万企兴万村"行动纳入"十四五"特色产业发展规划，把有关项目优先纳入衔接推进乡村振兴项目库，设计好民营企业参与乡村公益性事业的平台和载体，为民营企业投身"万企兴万村"行动创造良好环境。

国家乡村振兴局负责人在讲话中指出："万企帮万村"为打赢脱贫攻坚战作出了突出贡献，为全面推进乡村振兴奠定了坚实基础。民营企业参与"万企兴万村"行动，要进一步转变思路观念，目标任务要从解决"两不愁三保障"转向推动乡村全面振兴。要进一步明确巩固帮扶成果、促进长远发展、深化东西部协作等重点任务，在发展特色产业上用力、在稳就业带创业上用力、在参与乡村建设上用力，组织动员企业跨省域参与行动，重点帮扶160个国家乡村振兴重点县，以点带面，促进乡村全面振兴。

中国农业发展银行负责人表示：过去5年，农发行支持"万企帮万村"精准扶贫行动入库企业2507家，贷款余额2575亿元，帮助135万群众摆脱贫困，取得良好社会效果。农发行将充分发挥政策性银行职能作用，继续参与"万企兴万村"行动。讲政治，切实履行农业政策性银行支农新任务；讲协同，积极为民营企业参与行动创造良好环境；讲创新，切实加大对参与行动民营企业的支持力度，为实现乡村振兴目标作出新的更大贡献。

中国农业银行负责人表示：农业银行将充分发挥城乡联动和网点网络等优势，持续巩固拓展前期精准扶贫成果，全力支持"万企兴万村"回报家乡专项行动，全力服务下乡企业"联农带农"各类主体，落实推广与全国工商联联手打造的"联企兴村贷"金融服务模式，不断加大对"万企兴万村"行动的金融支持力度。

高云龙在讲话中指出：实施乡村振兴战略，是以习近平同志为核心的党中央从党和国家事业全局出发、着眼于实现两个一百年奋斗目标、顺应亿万农民对美好生活的向往作出的重大决策。开展"万企兴万村"行动是党中央立足我国农业农村发展实际、着眼民营企业特色优势作出的重要决策，是乡村振兴战略的组成部分，是构建新发展格局的推动力量，是促进"两个健康"的重要抓手。各级工商联、农业农村部门、乡村振兴部门、光彩会、农业发展银行、农业银行要充分认识行动的重要意义，提高政治站位，加大组织动员力度，支持服务民营企业参与"万企兴万村"行动。他强调：要准确把握开展"万企兴万村"行动的基本要求，坚持加强顶层设计与尊重基层创新相结合，坚持巩固拓展脱贫攻坚成果与推进乡村全面振兴相结合，坚持尊重市场规律与守好"三条红线"[1]相结合，坚持推进农业农村制度改革与实现企业高质量发展相结合。要加强组织领导，注重宣传表彰先进典型，凝聚多方工作合力，切实保障"万企兴万村"行动取得实效。

会上，十位民营企业家联名向全国民营企业发出了《让我们积极投身到"万企兴万村"行动中来》的倡议，山东省潍坊市、四川省工商联、农发行海南省分行、农业银行山东省分行、村支部书记代表、民营企业家代表作了交流发言。

全国工商联、农业农村部、国家乡村振兴局、中国光彩事业促进会、中国农业发展银行、中国农业银行有关领导和部门负责人，民营企业家代表，来自31个省区市和新疆生产建设兵团"万企兴万村"行动领导小组成员单位负责人，山东省、潍坊市有关领导参加会议。

会前，与会代表实地考察了青州九龙峪项目、亚泰农业科技公司、中国（青州）花卉苗木交易中心、寿光市三元朱村、寿光蔬菜小镇、鲜馥电商小院、寿光蔬菜高科技示范园等项目。

这次会议以后，"万企兴万村"行动在全国范围内展开。全国各地工商联及商会

---

[1]这里指生态保护红线、环境质量底线、资源利用上线，统称"三条红线"。

组织会员积极作为、取得明显绩效。

例 1：广东省工商联联合有关部门助力"百县千镇万村"高质量发展

2023 年 2 月 17 日，广东省工商联联合广东省农业农村厅、广东省乡村振兴局、中国农业发展银行广东省分行、中国农业银行广东省分行在广州举办"党建聚合力、万企促振兴"助力百县千镇万村高质量发展会议。[1] 近 600 人在大会主会场、分会场参会，超 130 万人次线上收听收看会议直播。会上，温氏集团、碧桂园集团党委、珠海市工商联、广州市茂名商会有关负责人分别代表民营企业、非公经济党组织、工商联系统、商协会作交流发言，广发证券党委领导代表非公经济党组织发布《"党建聚合力、万企促振兴"助力百县千镇万村高质量发展行动倡议书》。会上还举行了非公经济组织党组织和镇村党组织对口共建仪式，与会领导一起为首批省级"万企兴万村"行动实验项目企业代表颁发牌匾。

会议指出，要深刻认识"百千万工程""万企兴万村"的重大意义，民营企业作为广东改革发展的重要见证者、参与者，应在这个广阔舞台上大显身手，与"百千万工程"同频共振、茁壮成长。全省各级"万企兴万村"工作领导小组，要切实增强政治责任感和历史使命感，大力引导广大民营企业积极参与行动，助力乡村振兴，推动百县千镇万村高质量发展。

会议要求，要充分发挥"万企兴万村"行动参与主体作用，有力助推"百千万工程"取得扎实成效；要构建省市县镇"竖到底"、各行各业"横到边"的社会帮扶网络，共同发力推动"万企兴万村"行动落实落地；要强化典型示范带动作用，进一步凝聚社会共识，营造比学赶超、争当先进的氛围，积极引导民营企业认真履行社会责任，踊跃投身"百千万工程""万企兴万村"行动。

2023 年 11 月 21 日，在广东省委统战部、省"百千万工程"指挥部办公室的指导下，省工商联联合河源市委、市政府在河源市东源县召开了"百会助百县万企兴万村"，助力"百县千镇万村高质量发展"行动动员会。[2]

动员会上，广东省工商联介绍了"百会万企行动"相关情况。按照"县域所需、商会所能"的原则，行动统筹考虑地方发展需要和商会组织资源优势，引导全省百家

---

［1］广东：省工商联举办"党建聚合力、万企促振兴"助力百县千镇万村高质量发展会议［EB/OL］. http://www.acfic.org.cn/qlgz/gdgsl/202302/t20230220_187836.html.

［2］全媒体记者徐雯雯，通讯员粤商宣. 百会助百县 万企兴万村 广东启动"百会万企行动［N］.广州日报，2023-11-23（8）.

商会组织通过"一对一""一对多""多对一"的方式与涉农县（市、区）结对共建。

会议现场，19家商会和19个县（市、区）分别代表全省122家省级商会与全省109个涉农县（市、区）签订"百会万企行动"结对共建框架协议。

一年多来，广东省已有6204家民营企业参与"万企兴万村"行动助力"百千万工程"，结对帮扶4957个村，实施帮扶项目6670个，捐赠27.28亿元。

例2：河南省周口市商水县统筹推进"万企兴万村"行动

2023年8月4日，河南省周口市"商水县工商联推进'万企兴万村'暨银企对接会"在谭庄镇举办。[1]会上，县农商银行、中原银行、邮政储蓄银行等金融机构负责人参加会议并分别就各自特色产品进行推介，并与来自商水县袜业行业商会、谭庄镇商会的40多家民营企业家展开面对面交流，并解答相关问题。活动现场，近10家有资金需求的企业与银行达成了初步合作意向。这次活动，是助推县域民营经济"两个健康"发展、促进"万企兴万村"行动的有益探索。

近年来，河南省周口市商水县全面落实"万企兴万村"行动部署要求，组织全县66家民营企业和76个行政村签订了帮扶协议或计划，推动企业积极参与到"万企兴万村"行动中来，围绕产业兴村、吸纳就业、人居环境治理和村级集体项目建设等方面发挥优势作用，持续做好项目帮扶、产业帮扶，不断推动"万企兴万村"行动走实走深，为巩固拓展脱贫攻坚成果、助力乡村振兴作出了积极贡献。商水县在"万企兴万村"行动中的具体做法、取得的成效是明显的，在引领民营企业和基层商会扎实开展就业帮扶、消费帮扶、技术帮扶、人才帮扶等方面形成助推乡村振兴的强大合力，"万企兴万村"行动有力有序推进。[2]

例3：民营企业在"万企兴万村"行动中致力于发展特色农业

江西祈福工艺品有限公司积极响应修水县"万企兴万村"号召，因地制宜采取对接帮扶行动，根据黄坳土壤肥沃富含硒元素的特点，致力于打造富硒大米品牌。该公司采取"经营主体＋合作社＋农户"的模式，经相关技术部门对土地采样检测，在田溪村流转土地100亩，种植富硒绿色有机水稻。专门聘请农业专家，对水稻种植和收购进行统一规划，通过对"田溪富硒大米"品牌进行系列宣传策划、利用电商开展

---

[1] 商水县工商联举办"万企兴万村"行动银企对接会［EB/OL］.（2023-08-07）［2023-12-09］. http://www.shangshui.gov.cn.

[2] 河南省"万企兴万村"行动专项调研组到商水开展调研［EB/OL］.（2023-04-23）［2023-12-09］. https://cn.chinadaily.com.cn/a/202304/23/WS6444dc38a310537989371264.html.

直播带货等形式促进销售，让村民直接受益。

江西省九江市修水县"万企兴万村"行动开展以来，广大民营企业和民营经济人士踊跃参与，在特色产业发展、基础设施建设、捐资助学、扶危济困、消费帮扶等方面累计投入资金 1000 余万元，带动就业 5000 余人，有效促进了乡村振兴。[1]

例 4：潍坊市召开"万企兴万村"行动现场观摩暨台账工作推进会议

2023 年 11 月 3 日，为了推动"万企兴万村"工作上台阶、上水平，山东省潍坊市"万企兴万村"行动现场观摩暨台账工作推进会议在昌乐县召开。[2] 会议指出，开展"万企兴万村"行动是推进乡村振兴和促进"两个健康"的重要抓手。会议强调，要准确把握好新形势新任务新要求，要紧紧抓住产业振兴这个牛鼻子，把"万企兴万村"行动放在村（社区）、企、合作社三类组织形态创新融合的潍坊实践中去落地实施；要推动"万企兴万村"行动整体上水平；要扎实做好台账填报和数据审核工作，确保数据科学精准、真实可靠，全面客观反映行动成果。

会上，诸城市峪岭苹果种植专业合作社、昌乐县五图街道庵上湖村、青州市工商联、中国农业发展银行潍坊市分行、中国农业银行潍坊分行、潍坊市农村信用合作社联合社六家单位分别作典型发言。会议为"万企兴万村"行动示范企业（合作社）、示范村（社区）代表和台账工作先进集体授牌；并举行了昌乐县农业产业商会揭牌仪式。山东昌乐农村商业银行为昌乐县农业产业商会授信 15 亿元。

会前，与会人员现场观摩学习了五图街道庵上湖、昌乐小九寨文旅、"番茄王国"共享田园综合体、桃花源现代农业综合体、火山农业谷示范园区 5 个"万企兴万村"行动实验项目。

自 2021 年 7 月全国"万企兴万村"行动启动大会在潍坊市召开以来，全市各级工商联和商会组织会同农业农村、乡村振兴、农发行和农业银行等部门，组织引导广大民营企业积极参与乡村振兴，取得了明显成效。全市共有 2568 家企业结对 1959 个村，实施兴村实验项目 3557 个，计划投入资金 612.3 亿元，实际到位资金 288.4 亿元，"万企兴万村"台账各类数据指标均居山东省第一名。全市共有 52 家单位成功入选山东省"万企兴万村"行动典型。

---

［1］徐黎明，冷捷怡. 万企兴万村 帮扶促振兴［EB/OL］.（2023-12-15）［2023-12-19］. http://jx.news. cn/20231215/57034e149d4e48d380a944428ec772a9/c.html.

［2］潍坊：全市"万企兴万村"行动现场观摩暨台账工作会议成功召开［EB/OL］.（2023-11-13） ［2023-12-19］. http://www.ficc.org.cn/art/2023/11/13/art_185151_10303317.html.

第二十三章

经济高效率发展环境中商会组织意识与行为

中共十八届三中全会决定提出：紧紧围绕使市场在资源配置中起决定性作用深化经济体制改革，"推动经济更有效率、更加公平、更可持续发展"；"推动资源配置依据市场规则、市场价格、市场竞争实现效益最大化和效率最优化"，表明中国经济开始由高速增长阶段转向高效率发展阶段。经济高效率发展与工商联"两个健康"的工作主题是相吻合的，经济高效率发展对工商联工作开展和事业发展提出了新要求。

一、第十二届世界华商大会在四川成都召开

2013 年 9 月 25 日，第十二届世界华商大会在四川成都召开。大会以"中国发展，华商机遇"为主题，共有来自 105 个国家和地区的 3000 多名海内外华商代表参会。大会由中国侨商投资企业协会主办，全国工商联和中国国际贸易促进会协办，国务院侨务办公室和四川省人民政府作为支持单位，成都市人民政府承办。

中共中央总书记、中华人民共和国主席习近平向大会发来贺信。贺信指出（摘要）：[1]

长期以来，广大华侨华人秉承中华民族优秀传统，艰苦创业，拼搏进取，积极融入住在国社会，同当地人民和睦相处，在事业上取得长足发展，为各国经济发展和社会进步作出了积极贡献。

中国改革开放事业取得伟大成就，广大华侨华人功不可没。30 多年来，华侨华人

---

[1] 习近平致第十二届世界华商大会的贺信［N］.人民日报，2013-09-26（1）.

发挥在资金、技术、管理、商业网络等方面的优势，在中国各地投资兴业，用自己的智慧和汗水，有力促进了中国经济社会发展，有力推动了中国同世界的交流合作。

中国已经确定了"两个一百年"的奋斗目标，开启了实现中华民族伟大复兴中国梦的新征程。实现中国梦，是海内外中华儿女的共同愿景，也将为世界各国人民带来更多利益和机遇。

希望广大华商把握机遇、发挥优势，积极关心和参与中国改革开放和现代化建设，在互惠合作中实现自身事业更大发展，为共圆中华民族伟大复兴的中国梦，推动中国人民同世界各国人民的交流合作，作出新的更大的贡献！

中共中央政治局常委、全国政协主席俞正声出席开幕式并发表主旨演讲。演讲中，俞正声对包括华商在内的广大华侨华人提出了四点希望：1. 把握世界经济调整契机，进一步壮大华商经济。2. 推动住在国经济社会发展，进一步融入当地社会。3. 积极参与中国经济转型升级，进一步实现合作共赢。4. 弘扬中华优秀文化，进一步树立中华民族良好形象。

全国政协副主席、全国工商联主席王钦敏，中央国家机关有关部门负责人，四川省委、省政府和成都市委、市政府领导同志等出席了大会。

这次大会举办了"中国经济论坛"。论坛上，国家发展和改革委员会、商务部、中国人民银行负责人介绍了中国经济发展状况、对外经济合作政策、中国金融形势，四川省、成都市负责人介绍了当地经济发展情况，让广大华商朋友了解中国的宏观经济环境、产业政策导向及西部的投资机遇。

论坛上，有关部门介绍，2012 年我国民营企业境外非金融类直接投资达 415.1 亿美元，占中国企业境外投资总额约 53.4%。但民营企业对外投资仍面临不少困难和挑战，如企业缺乏国际化人才、跨国投资经验不足等。嘉宾们认为，海外华商经过几代人的经营发展，积累了各类丰富资源，能为"走出去"的民营企业提供准确的信息。中国民营企业应加强与海外华商的合作，达到多赢局面。新希望集团董事长刘永好、力帆集团董事长尹明善、正泰集团董事长南存辉等中国知名民营企业家，分享了自己在实施"走出去"计划中积累的经验。论坛上，全国工商联负责人以《中国民营企业"走出去"与华商发展的新机遇》为题发表了演讲，并发布了《中国企业"走出去"风险控制与投资指南（拉美篇）》，以利于为民营企业"走出去"提供专业化服务。

9 月 26 日晚，具有全球华商"经济奥运会"之称的世界华商大会在享有"天府之国"美称的中国西部城市成都闭幕。全国政协副主席、全国工商联主席王钦敏，中国国务院侨办主任裘援平，四川省委常委、成都市委书记黄新初，新加坡中华总商会会长蔡其生等出席闭幕式并致辞。王钦敏致辞指出：世界华商大会是广大华商相遇、相知、相交的舞台，也是促进经贸合作，谋求共赢发展，弘扬华商精神的舞台。本次大会的突出亮点是举办了"中国经济论坛"，让广大华商朋友了解中国的宏观经济环境、产业政策导向及西部的投资机遇。为广大华商提供了务实合作的机会。

第十二届世界华商大会经济成果丰硕，四川省借力第十二届世界华商大会与海内外华商签约合作项目 241 个，总投资额 1323 亿元。

二、亲清政商关系大讨论及其影响（2016）

2016 年 3 月 4 日，中共中央总书记、国家主席习近平在全国政协十二届四次会议期间，在民建和工商联界别委员联组会上发表重要讲话。其中以"推动广大非公有制经济人士做合格的中国特色社会主义事业建设者"为题，特别论述了领导干部与民营企业家之间构建新型亲清政商关系。

亲清政商关系的主要内涵

习近平强调，非公有制经济要健康发展，前提是非公有制经济人士要健康成长。广大非公有制经济人士也要认识到这一点，加强自我学习、自我教育、自我提升。不要听到这个要求就感到不舒服，我们共产党内对领导干部也是这样要求的，而且要求得更严，正所谓"金无足赤，人无完人"。我们都要"自强不息，止于至善"。他指出：[1]

新型政商关系应该是什么样的？概括起来说，我看就是"亲""清"两个字。

对领导干部而言，所谓"亲"，就是要坦荡真诚同民营企业接触交往，特别是在民营企业遇到困难和问题情况下更要积极作为、靠前服务，对非公有制经济人士多关注、多谈心、多引导，帮助解决实际困难，真心实意支持民营经济发展。所谓"清"，就是同民营企业家的关系要清白、纯洁，不能有贪心私心，不能以权谋私，不能搞权钱交易。

---

[1] 习近平在民建、工商联界委员联组会讲话［EB/OL］.（2016-03-09）［2023-12-09］. http://www.china.com.cn/cppcc/2016-03/09/content_37974722.htm.

对民营企业家而言，所谓"亲"，就是积极主动同各级党委和政府及部门多沟通多交流，讲真话，说实情，建诤言，满腔热情支持地方发展。所谓"清"，就是要洁身自好、走正道，做到遵纪守法办企业、光明正大搞经营。

非公有制经济在我国经济社会发展中的作用没有变，我们毫不动摇鼓励、支持、引导非公有制经济发展的方针政策没有变，我们致力于为非公有制经济发展营造良好环境和提供更多机会的方针政策没有变。

工商联要加强自身建设，增强工商联组织的凝聚力、影响力、执行力，推动工商联所属商会改革，切实担负起指导、引导、服务职责。

习近平关于领导干部与民营企业家之间构建"亲""清"新型政商关系的论述在全国范围内产生了广泛而深远的影响。一场以政商关系为命题，涉及政治文化与商业文化、政治规矩与商业规矩、政治风气与商业风气相互关系的大讨论在社会各界展开。

亲清政商关系在工商界的影响

习近平关于"亲""清"政商关系重要论述，当即在工商界引起热烈反响：[1]

全国人大代表、福建三棵树涂料股份有限公司董事长洪杰认为："亲"是政商良性互动、共同攻坚克难的重要保证，提升了企业家的信心；"清"对于官员和企业家来说都是一种保护，企业家可以从"跑关系""泡圈子"中解脱出来，专心做事。

全国政协委员、正泰集团董事长南存辉认为："亲""清"政商关系，也包含着对非公有制经济人士守法经营、履行社会责任等方面的要求。民营经济的持续健康发展，也需要不断提升自我。民营企业家要不断自我学习、自我教育、自我提升，要以更主动的担当精神履行社会责任。要遵纪守法办企业、光明正大搞经营。下一步正泰集团将在转型升级中有新作为，努力打造成为全球领先的智慧能源解决方案提供商；将在创新发展中有新举措，主动"＋互联网"，实现绿色制造、智能制造；将在履行社会责任中有新贡献，探索创新参与精准扶贫、慈善公益、光彩事业的模式与渠道。

两年以后，在 2018 年全国"两会"上，代表和委员们认为：建立"亲""清"新

---

[1]　"亲""清"新型政商关系怎么建立？代表委员如是说［EB/OL］.（2016−03−16）［2023−12−09］.http：//www.china.com.cn/lianghui/news/2016−03/16/content_38036626.htm.

型政商关系，已经收到实效。[1]

全国政协委员、金马凯旋集团董事长肖凯旋说：在我的眼中，"亲"就是政府为企业提供服务更主动、积极，企业也敢于有问题找政府部门反映；"清"体现在政府部门工作人员的态度好了、效率高了，工作更实在了，我们企业不用想着很多应酬和关系了。我们在武汉投资办企业，加入了武汉当地政府机构和民营企业之间的联络群。企业可以在群里直接向相关部门反映、咨询问题，效果很实在。这样的政商关系让企业很放心、有信心。

全国政协委员、北京叶氏企业集团董事长叶青说：民营企业跟一些政府部门打交道，包括参观、考察、谈判、办事，现在有规矩，风气"清"了。过去有些企业通过拉关系、走捷径，使企业实现超常发展，这种不正常的发展伤害了资源分配的公平性，对企业本身也是伤害。当今时代，技术变革迅速、各种新兴商业模式层出不穷，企业真正需要的是普惠性的良好营商环境，让参与市场竞争的企业得到一视同仁的服务，享受更多更好便利化政务服务。

全国政协委员、新希望集团董事长刘永好说：今年春节后的首个工作日，四川省有关部门负责人就带领工作人员，与川商总会的民营企业家代表座谈、交流，这类活动对企业家有很大帮助。

全国工商联主席高云龙表示："亲"和"清"缺一不可，全国工商联现在正在做"亲""清"关系的推动工作，计划做营商环境评价指数，河南、辽宁现在正在尝试，厦门等地已经积累了一些经验。

亲清政商关系在理论界的影响

江苏省中国特色社会主义理论体系研究中心苏州大学基地研究员方世南发表题为《构建亲清新型政商关系》[2]的文章，其中指出：

习近平总书记将新型政商关系概括为"亲""清"两个字，体现了从政治生态与商业生态有机联系的角度，统筹谋划整体优化执政环境和市场环境的系统性思维和协同性思维，对于铲除官商勾结权钱交易的腐败温床，推动形成政治清明、政府清廉、

---

[1] 政协委员热议习近平总书记"亲清型"政商关系重要论述发表两周年：这样的政商关系让企业放心 [EB/OL]．（2018-03-07）［2023-12-09］．http：//www.ce.cn.

[2] 方世南．构建亲清新型政商关系［EB/OL］．（2018-08-29）［2023-12-09］．http：//theory.people.com.cn/n1/2018/0829/ c40531-30257550.html.

干部清正的政治生态和透明、法治、公正、高效的商业生态，营造遵纪守法和崇德向善的良好社会风气，建设富强民主文明和谐美丽的社会主义现代化强国具有十分重大的意义。

复旦大学国际关系与公共事务学院教授唐亚林发表题为《"亲""清"政商关系的社会价值基础》[1]的文章，其中指出：

"亲""清"新型政商关系重构了平等服务精神，重构了清廉正派意识，重构了守法诚信价值。

这种新型政商关系实际上反映了党中央和政府试图通过重构正常的市场经济主体关系，来全面塑造符合社会主义核心价值观的社会价值体系基础。这种社会价值体系基础的核心是民主法治价值，其支撑价值体系是平等服务精神、清廉正派意识和守法诚信价值。

内蒙古自治区中国特色社会主义理论体系研究中心于 2016 年 8 月 1 日发表题为《习近平：构建"亲""清"的新型政商关系》[2]的文章，其中指出：

政商关系古今有之。当前中国经济发展步入新常态阶段，各项改革也已进入深水区和攻坚阶段。习近平总书记"亲、清"型政商关系的提出，为政府官员与商人交往划好了边界，也为处理国家与市场关系提供了借鉴与启示，正在形成中国新的政治文化和新的政治规矩。

要做到"亲""清"型政商关系，就要形成各级领导干部依法行政、依法用权，积极为企业办好事、办实事。要让企业家树立正确的经营理念，由"靠关系"转向"靠产品""靠创新"取胜，唯有如此，才能真正理清政府与市场的关系，形成"亲""清"型政商关系。

亲清政商关系在政策层面的影响

2017 年 9 月 8 日，中共中央、国务院发布《关于营造企业家健康成长环境弘扬优秀企业家精神更好发挥企业家作用的意见》。《意见》提出营造尊重和激励企业家干事创业的社会氛围，要求：构建"亲""清"新型政商关系，畅通政企沟通渠道，规

---

［1］唐亚林．亲清政商关系的社会价值基础［EB/OL］．（2016—03—30）［2023—12—09］．http：//theory．people.com.cn/n1/2016/ 0330/c40531-28237079.html.

［2］内蒙古自治区中国特色社会主义理论体系研究中心．习近平：构建"亲""清"的新型政商关系［EB/OL］．（2017—06—08）［2023—12—09］．http：//theory.people.com.cn/n1/2017/0608/c40531-29327560.html.

范政商交往行为；要求各级党政机关干部要坦荡真诚同企业家交往，树立服务意识，了解企业经营情况，帮助解决企业实际困难，同企业家建立真诚互信、清白纯洁、良性互动的工作关系。《意见》鼓励企业家积极主动同各级党委和政府相关部门沟通交流，通过正常渠道反映情况、解决问题，依法维护自身合法权益，讲真话、谈实情、建净言。引导更多民营企业家成为"亲""清"新型政商关系的模范，更多国有企业家成为奉公守法守纪、清正廉洁自律的模范。《意见》把构建"亲""清"新型政商关系，由对民营企业家的要求扩展到对包括国有企业家在内的全体企业家的要求。

2018 年 7 月，中共浙江省委出台《关于推进清廉浙江建设的决定》[1]，明确了清廉浙江建设的时间表和路径图。10 月，浙江省工商联、省委组织部、省委"两新"工委、省委宣传部、省检察院、省发改委、省经信委、省公安厅、省工商局 9 部门联合印发《推进清廉民营企业建设的实施意见》，以推进清廉民营企业建设，促进民营企业建立现代企业治理结构，推动民营经济高质量发展。

2019 年 9 月，宁波市委、市政府出台《践行亲清新型政商关系的实施意见（试行）》[2]，对党政机关及其公职人员与企业家正常接触、阳光交往，明确了"七个参加"和"六个杜绝"。

"七个参加"：1. 参加企业、商（协）会组织的招商引资、招才引智、技术交流、合作洽谈等经贸交流活动。2. 参加企业、商（协）会组织的旨在了解企业或行业发展状况、听取意见建议的各类座谈会、交流会、年会等联络联谊活动。3. 参加企业、商（协）会组织的旨在推动企业或行业发展的项目调研、市场推广、展示展销等外出考察调研活动。4. 参加企业、商（协）会组织的旨在推动重要项目签约、重点工程开工、企业上市等活动。5. 参加企业、商（协）会组织的旨在帮助解决法律纠纷、维护企业合法权益的沟通协调活动。6. 参加企业、商（协）会组织的旨在帮助解决生产要素瓶颈制约、破解发展难题的纾困解难活动。7. 其他符合规定的活动。

"六个杜绝"：1. 杜绝明哲保身、片面避嫌，不得对民营企业家疏远疏离、对民营企业的要求无视漠视。2. 杜绝为官不为、懒政怠政，不得在履职过程中不作为、慢作为、懒作为。3. 杜绝推诿扯皮、敷衍塞责，不得以政策、法律、部门职能等为借口对

［1］扎实推动清廉浙江建设［EB/OL］.（2022-09-09）［2023-12-09］. https://www.zjol.com.cn/rexun/202209/t20220909_24776880.shtml.

［2］宁波新闻发布践行亲清新型政商关系的实施意见（试行）［EB/OL］.（2019-09-01）［2023-12-09］. http://www.cnnb.com.cn/nbzfxwfbh/system/2019/09/11/030084941.shtml.

民营企业的诉求互相推诿、应付了事。4. 杜绝插手干预、错位越位，不得任意干涉企业正常生产经营管理活动，妨碍企业健康发展。5. 杜绝滥用公权、简单粗暴，不得向企业乱检查、乱处罚、乱收费、乱摊派。6. 杜绝权力寻租、营私谋利，不得利用职权向民营企业谋取非法利益或其他不正当利益。

2021 年 2 月，中共浙江省委出台《关于纵深推进清廉浙江建设的意见》，进一步明确清廉机关、村居、国企、民企等清廉单元建设目标。

亲清政商关系在社会各界的影响

2017 年 7 月 18 日，全国政协在北京召开"构建亲清新型政商关系，促进民营经济健康发展"专题协商会。[1-3]全国政协主席俞正声主持会议并讲话，国务委员王勇、全国政协各位副主席出席会议。

会上，31 位委员和专家学者、企业家代表、地方代表发言；国家发改委、工信部有关领导分别介绍有关情况；最高人民检察院、国家税务总局、国家工商总局、银监会等部门负责同志与委员互动交流；中共中央、国务院有关部门和单位的负责同志到会听取意见、建议。

委员们认为，全国政协十二届四次会议期间，习近平总书记在民建、工商联界委员联组会上发表重要讲话，用"亲""清"二字概括了新型政商关系的内涵，意义十分重大。政商关系和政企关系是相互联系的，政企关系顺了，政商关系容易处理好，当前强调"亲""清"政商关系对民营经济健康发展具有特殊意义。

委员们认为，"亲""清"关系中，"清"是基础和前提，领导干部、公务员要坦荡真诚地同民营企业家接触交往，不收礼、不吃请，积极作为、靠前服务。在"清"的基础上做到"亲"，才能促进民营经济健康发展。地方领导要有联系点，形成联系企业制度、座谈会制度和发挥工商联作用的制度，真心实意支持民营经济发展。

委员们认为，反腐败斗争有利于净化政治生态，有利于净化经济生态，有利于理顺市场秩序，促进民营企业健康发展。

---

［1］国政协召开"构建'亲''清'新型政商关系，促进民营经济健康发展"专题协商会［EB/OL］.
　　（2017–07–19）［2023–12–09］. http: //politics.people.com.cn/n1/2017/0719/c1024–29413301.html.
［2］让政商关系既"亲"又"清" / 全国政协专题协商会聚焦构建新型政商关系促进民营经济健康发展
　　［EB/OL］.（2017–07–19）［2023–12–09］. http: //www.xinhuanet.com/mrdx/2017–07/19/ c_136454760.htm.
［3］会上，本书作者以"建立新型政商关系政协大有作为"为题作了专题协商发言。

委员们认为，对商界而言，扶持企业发展，简化便捷政府审批就是"亲"，努力降低企业制度性交易成本就是"亲"，尤其是对民企与国企一视同仁才是真的"亲"。"办事难、办事繁、办事慢"甚至"找不到门"的困惑亟待破解。

委员们认为，庸俗的政商关系产生的原因，除了一些是官员权力寻租之外，也有一些是商人对官员掌握的利益"围猎"。因此，对民营企业来说，要树立起求真务实、创新创造的企业家精神，依法诚信经营，靠人才竞争、靠实力生存、靠市场发展、靠创新壮大，不搞投机取巧、勾肩搭背、暗箱操作。通俗地讲，就是有事找市场，不能只想找市长；要营造一个商人不再绞尽脑汁巴结政府官员的制度环境。

委员们认为，政商关系"亲密"但应不失分寸，"清廉"而不冷漠相视。一些人对于如何把握"亲"与"清"的度存在困惑，有的地方矫枉过正，或者官员不敢接触企业，或者出现"门好进了、脸好看了、事情却难办了"的"新衙门主义"。这种现象应当改变。

委员们认为，政商关系主要涉及经济资源的分配、经济活动的监管与服务、经济利润的分配三方面。要处理好这三方面的政商关系，必须坚持市场化和法治化原则。要特别注意依法建立一定的容错机制，将贪腐行为与正常交往区别开来。只有这样才能真正让公务员做到"无事不插手，有事出援手"。

委员们建议，要完善社会法治环境，完善信息双向沟通机制，健全企业诉求的收集、处理、督办、反馈制度，使中小微企业反映问题、解决困难有途径；要着力解决好民营企业平等准入问题，加强产权保护，减少行政审批，减轻企业负担，特别要解决乱收费问题；要坚持公开透明，继续反腐倡廉，营造良好的舆论环境；民营企业要守法经营，民营企业家要加强自我学习、自我教育、自我提升，做合格的中国特色社会主义事业建设者。

国务委员王勇在认真听取委员发言后说，全国政协开展此次专题协商，对于各级政府积极构建新型政商关系、促进民营经济健康发展具有重要推动作用。要深入贯彻落实习近平总书记系列重要讲话精神，持续深化"放管服"改革，继续放宽市场准入，坚决打破各类"玻璃门""旋转门"；着力解决民营企业融资难问题，进一步降低税费负担，创造公平竞争营商环境；推进全面清单管理，健全政商关系规范，千方百计帮助企业排忧解难；加强产权保护，推进政府依法履职，激发和保护企业家精神，让民营企业家安心谋发展、专心干事业。

这次会议，对于进一步扩大亲清政商关系在社会各界的影响，促进全社会形成重商文化，促进政商关系健康发展发挥了重要作用。

三、促进"两个健康"新举措

在经济高效率发展新形势下，各级工商联及其所属所联系的商会组织围绕大局中心，体察会员需求，遵循工作规律，积极改革创新，促进"两个健康"工作方法有了新特色，工作成效有了新起色。以会员为中心，为会员服务，服务会员发展，是工商联及所属所联系的商会组织的立会之本、生存之基、发展之要，工商联及商会事业在服务会员发展中发展。工商联及商会为会员提供的服务包括教育培训服务、信息咨询服务、经济事务服务、对外联络服务、法律维权服务、职称评定服务、政商协调服务、商事调解服务等。

参与协调劳动关系

劳动关系，以及雇用关系、劳资关系，是一个永恒的话题。在国际范围内，资本主义经济环境下都习惯称之为雇佣关系，即雇主与雇工之间的关系。在我国，对资本主义工商业进行社会主义改造完成以前，习惯称之为劳资关系，即劳方与资方的关系；对资本主义工商业进行社会主义改造完成以后（资产阶级分子已经转变为自食其力的劳动者）至改革开放初期，工商企业以国营集体企业为主，因此，劳资关系又称为劳动关系，即用人单位与劳动者之间，依法确立的劳动过程中的权利义务关系。劳动关系的提法沿用至今。

2001 年 8 月，劳动和社会保障部（代表仲裁方/协调机构）同中华全国总工会（代表职工方）、中国企业联合会（代表企业方）建立了"国家协调劳动关系三方会议"协调机制，采取定期或临时召开会议的方式开展工作，使我国劳动关系协调工作有了一个较为规范和稳定的工作机制。此机制建立的背景和成因，可以溯源到 20 世纪 90 年代初期，当时国有和集体企业占绝大多数，国家经贸委推荐以国有和集体企业会员为主体的中国企业联合会参加了国际雇主组织，并在后来建立劳动关系三方协调机制时，明确由中国企业联合会（企业家协会）作为企业方的代表参加三方协调会议，即所谓"三方（三家）协调机制"。其后，伴随着非公有制经济快速发展，特别是非公有制企业数量增多、用工人数快速增长，作为联系管理非公有制企业的工商联参加进来。

2011 年 7 月 4 日，全国工商联加入，与中国企业联合会共同作为企业方代表，与人力资源和社会保障部、中华全国总工会共同构成"国家协调劳动关系三方（四家）会议"协调机制。会议同时决定增加全国工商联副主席谢经荣为国家协调劳动关系三方（四家）会议执行主席。全国工商联参与国家协调劳动关系三方（四家）会议，加强了三方（四家）会议协调机制建设，形成构建和谐劳动关系的合力。

在全国工商联加入"三方（四家）会议"协调机制之前，一些省（市）工商联参与了该项工作的有益探索和实践。如 2004 年 2 月，上海市成立了由工商联、私营企业协会、工业经济联合会、女企业家协会共同组成的劳动关系协调工作委员会；2006 年，江苏省组建了由劳动部门、工会、企业联合会、工商联组成的"三方（四家）"协调机制。在全国工商联加入"三方（四家）会议"协调机制之后，各省（市）工商联相继加入同类协调机制。伴随着非公有制经济用工人数快速增长，协调非公有制企业劳动关系迅速上升为工作重点。工商联参与三方（四家）劳动关系协调机制，有利于发挥工商联在联系非公有制经济方面的独特优势和参与构建非公有制企业和谐劳动关系方面发挥重要作用。

2020 年 4 月 13 日，国家协调劳动关系"三方（四家）会议"第二十五次会议在京召开。会议指出，今年，国家协调劳动关系"三方（四家）会议"将加大稳定劳动关系支持企业复工复产力度，加强劳动关系领域风险防范能力建设，开展共同行动，确保劳动关系总体和谐稳定。"三方（四家）会议"将进一步落实《关于做好新型冠状病毒感染肺炎疫情防控期间稳定劳动关系支持企业复工复产的意见》，开展 2020 年"和谐同行"千户企业培育共同行动，全面实施"集体协商稳就业促发展构和谐行动计划"，推进"援企稳岗政策"落实，支持企业稳定就业岗位，建立健全劳动关系风险会商研判机制和重大事件的沟通协调机制，加大对受疫情和经济下行压力影响企业的劳动用工指导和服务。"三方（四家）会议"聚焦提升劳动争议预防调解效能，推进劳动关系领域法治工作，推进劳动关系协调机制建设；加强集体协商指导员和劳动关系协调员队伍建设以及协调劳动关系社会组织建设；开展构建和谐劳动关系综合配套改革试点，推动劳动关系治理机制和方式方法创新。"三方（四家）会议"高度重视经济领域的问题向劳动关系领域的传导风险，充分发挥协调机制作用，强化风险意识；聚焦重点产业行业、重点群体，做细做实防范化解工作，加强企业劳动关系指导服务，加大对困难职工的帮扶救助力度，督促推动援企稳岗各项政策的落地见效。会议要求，进一步加强协商协作、协调联动，把稳定劳动关系、支持企业与职工共度难关作为重要工作来抓，统筹处理好促进企业发展和维护职工权益的关系，充分发挥中国特色和谐劳动关系的制度优势，坚定信心、积极作为，为打赢疫情防控战，服务经济社会健康发展作出新的贡献。

开展第三方政策评估

开展第三方评估，是我国政府采取国际通行做法，创新国家治理方式，提升国家治理能力和治理水平的促进措施之一，其目的是评价政府政策措施和工作措施的正确性、实时性和实效性。这里所指第三方，系指政策制定者与政策涉及对象之外的第三方组织。

在非公有制经济领域，政府制定的政策措施贯彻落实情况如何？民营企业有多少政策获得感？如何增进民营企业的政策获得感？需要调查研究、评估分析，以利于促进政府进一步改进并优化工作和服务行为。

2013 年 5—8 月，全国工商联作为政府（及其部门）与企业之外的第三方组织，受国家发改委和工信部委托，调动并依托地方工商联和行业商会的力量，分别组织了对"民间投资 36 条及实施细则"和"小微企业 29 条"贯彻落实情况的调研评估工作，并形成《民间投资 36 条及实施细则贯彻落实情况调研评估报告》和《小微企业 29 条贯彻落实情况调研评估报告》。两个评估报告对制约民间投资和小微企业发展的体制机制性问题进行了深入分析，提出了意见建议，受到国务院领导同志重视并作出重要批示。

2013 年 9 月 6 日，国务院常务会议专门听取全国工商联对国务院关于鼓励和引导民间投资健康发展有关政策措施贯彻落实情况第三方调查评估的汇报。

会议认为，2010 年以来，鼓励和促进民间投资的政策措施及其实施细则陆续出台，取得了积极成效。但此次委托与民营企业联系紧密的全国工商联开展独立评估，评估结果反映出政策措施在许多方面落实还不到位，主要表现在：民营企业在市场准入方面仍遭遇不少体制性和政策性障碍；部分实施细则不具体、操作性不强或门槛设置过高，实践中很难落实；对政策落实缺乏考核监督，一些法规也没有及时作出调整等。这些都影响了鼓励和引导民间投资政策效应的有效发挥。

会议指出，民间投资有助于发挥市场活力、促进就业创业，是稳增长、调结构、促改革的重要力量。坚持"两个毫不动摇"，鼓励和引导民间投资发展，关键要通过深化改革，加快破除体制机制障碍，营造平等使用生产要素、公平参与市场竞争、同等受到法律保护、共同承担社会责任的环境，让社会资本释放巨大潜力，为中国经济发展和转型升级增添持续动力。

会议强调，必须继续解放思想，切实转变观念，全面落实好鼓励和引导民间投资的各项政策。一是各有关部门要结合评估反映出的问题，逐条研究、逐项分解，按照"定目标、定事项、定责任、定时间、定结果"的要求，限期拿出细化实化已出台实施细则的改进措施。二是认真落实深化行政审批制度改革的一系列措施，以更好服务企业需求为政府职能转变的重要目标，创新管理方式。凡市场机制能有效调节的事项，不再设定行政审批；凡可采用事后监管和间接管理方式的不再前置审批。需要审批的，也要严格规定程序和时限。坚决打破各种对民间投资制造隐形障碍的"玻璃门""弹簧门"，彻底拆除"表面迎进去、实际推出来"的"旋转门"。三是尽快在金融、石油、电力、铁路、电信、资源开发、公用事业等领域向民间资本推出一批符合产业导向、有利于转型升级的项目，形成示范带动效应，并在推进结构改革中发展混合所有制经济。四是全面清理和修订有关民间投资的行政法规、部门规章及规范性文件，制定清晰透明、公平公正、操作性强的市场准入规则，多设"路标"、少设"路障"，为民间投资参与市场竞争"松绑开路"。同时依法加强监管，维护规范有序的市场秩序。五是各部门要强化对政策落实情况的督查考核，注重引入社会力量开展第三方评估，接受各方监督，不能"自拉自唱"。

会议要求，各地区、各部门要举一反三，系统梳理今年以来国务院出台的各项政策措施落实情况，切实采取有效办法，确保这些决策部署不折不扣落到实处、发挥实效、不放"空炮"，确保政令畅通，令必行、行必果，兑现政府对人民的承诺。

会后，国家发改委、国土资源部、财政部、银监会等16部委主动到全国工商联征求意见。

至2017年，全国工商联受国务院办公厅及有关部门委托，先后开展了关于民间投资、小微企业、"双创"[1]政策落实情况等8次第三方评估。评估中反映的民营企业遭遇"玻璃门、旋转门、弹簧门""市场的冰山、融资的高山、转型的火山"等问题引起了高度重视，许多意见建议被国务院采纳。此后，第三方评估作为一项工作创新，列入政府的常规工作机制。

全国各级工商联以第三方的身份开展国家政策落实情况评估工作，为党和政府了

---

[1] 指创业创新。

解政策落实情况提供了新的途径，为促进政策的贯彻落实找到了新的方式，为工商联发挥政府管理和服务非公有制经济助手作用拓展了新的渠道。

开展商事纠纷调解服务

自2007年起，全国工商联与国务院法制办共同在石家庄、长春等15个城市开展了为期三年的非公有制企业民商事纠纷仲裁工作试点。2010年，全国工商联加强了同人民法院、人力资源和社会保障部门的合作，探讨工商联及其商会开展商事、民事调解工作；与最高人民法院联合开展了商会调解与诉讼调解衔接机制研究。2012年，全国工商联加入最高人民法院牵头的多元纠纷解决机制，开始在构建大调解格局中推进商会调解工作。2013年1月，全国工商联与人力资源和社会保障部联合发出《关于加强非公有制企业劳动争议预防调解工作的意见》，指导行业性、区域性商会建立劳动争议调解组织。至2013年9月底，全国范围内建立了172个商会调解组织，覆盖20多个省（市）。商会调解事项主要包括商人与商人之间的商事纠纷、企业主与企业员工之间的劳动纠纷两个方面。商会调解工作逐步形成商会与政府有关部门、司法机关、仲裁机构共同参与的协商合作机制，商会调解服务的公信力和调解协议的执行力逐步得到提高。

2018年10月15日，为了认真落实中共中央、国务院《关于完善产权保护制度依法保护产权的意见》精神，全国工商联成立法律维权服务中心，并召开大会推进法律服务工作。最高人民法院、最高人民检察院、司法部等方面的领导出席会议并讲话。广东、安徽、贵州3省工商联和全国工商联汽车经销商会负责人对各自开展法律维权服务工作的经验进行了交流发言。全国工商联及各级工商联推进法律服务工作，有力有效地促进了商会调解服务工作健康发展。

2019年1月14日，为建立健全商会调解与诉讼程序有机衔接的纠纷化解机制，有利于服务民营企业纠纷多元化解、快速化解和有效化解，促进民营经济健康发展，最高人民法院、全国工商联联合发出《关于发挥商会调解优势 推进民营经济领域纠纷多元化解机制建设的意见》。

《意见》要求各级工商联加强对所属商会的指导、引导和服务，规范调解组织运行，使调解成为化解民营经济领域矛盾纠纷的重要渠道。支持商会建立调解委员会，为企业提供基础性公益性纠纷调解服务；支持企业、商会建立劳动争议调解组织，及时化解劳动争议，维护劳动关系的和谐稳定；要求各级人民法院完善诉讼调解对接机制、强化司法保障作用，为民营经济发展营造良好法治环境；要求人民法院与工商联建立联席会议机制，支持基层商会调解工作，建立完善联络沟通机制，促进民营经济领域矛盾纠纷多元化解机制取得新成效。

《意见》鼓励商会发挥职能优势，引导民营企业选择调解方式解决纠纷，推动民营企业依法经营、依法治企、依法维权。商会调解范围，以民营企业的各类民商事纠纷为主，包括商会会员之间的纠纷、会员企业内部的纠纷、会员与生产经营关联方之间的纠纷、会员与其他单位或人员之间的纠纷及其他涉及适合商会调解的民商事纠纷。

《意见》要求支持商会依照法律、法规及相关程序设立调解组织，规范调解组织运行方式，使调解成为化解民营经济领域矛盾纠纷的重要渠道。

2019 年 11 月，最高人民法院与全国工商联联合发出《关于加快推进人民法院调解平台与商会调解服务平台对接的通知》，将商会调解规范化信息化建设工作落细落实。在最高人民法院的支持下，全国工商联依托法院调解信息系统开发了商会调解服务平台，努力实现纠纷的线上申请、线上调解、线上归档并有效对接法院诉讼服务端口，目的在于让更多涉企纠纷化解在初始阶段、诉讼之前。

最高人民法院与全国工商联在推进民营经济领域纠纷多元化解机制建设方面有着良好的基础。2012 年，双方共同开展矛盾纠纷化解机制课题研究。2013 年，双方共同部署，在全国 16 个省、21 家单位开展了商会调解试点。至 2019 年，工商联系统组建各类商会调解组织约 1520 家，覆盖了 20 多个省份。培育和发展中国特色商会调解组织，对于完善商会职能，提升商会服务能力，推进商会建设具有积极意义。同时，有利于人民法院建立诉调对接平台，为商会调解发挥司法保障作用；有利于优化司法资源配置，营造良好的营商法治环境。

为了更好地帮助会员特别是商会调解服务，全国工商联和地方工商联相继成立了工商联法律服务部，通过商会工作服务商事纠纷调解成为各级工商联重要的组织职能。

营造企业家健康成长环境

2017 年 9 月 8 日，中共中央、国务院发布《关于营造企业家健康成长环境弘扬优秀企业家精神更好发挥企业家作用的意见》（中发〔2017〕25 号）。这是一个具有创新意义的文件，在物质世界关注度日益高涨的当下，特别关注企业家群体的精神世界，意义重大。《意见》共分十个部分 29 条，其主要内容包括：

（一）总体要求：1. 指导思想：着力营造依法保护企业家合法权益的法治环境、促进企业家公平竞争诚信经营的市场环境、尊重和激励企业家干事创业的社会氛围，引导企业家爱国敬业、遵纪守法、创业创新、服务社会。2. 基本原则：模范遵纪守法、强化责任担当；创新体制机制、激发生机活力；遵循发展规律、优化发展环境；注重示范带动、着力弘扬传承。

（二）营造依法保护企业家合法权益的法治环境：3. 依法保护企业家财产权。4. 依法保护企业家创新权益。5. 依法保护企业家自主经营权。

（三）营造促进企业家公平竞争诚信经营的市场环境：6. 强化企业家公平竞争权益保障。7. 健全企业家诚信经营激励约束机制。8. 持续提高监管的公平性、规范性、简约性。

（四）营造尊重和激励企业家干事创业的社会氛围：9. 构建"亲""清"新型政商关系。10. 树立对企业家的正向激励导向。11. 营造积极向上的舆论氛围。

（五）弘扬企业家爱国敬业遵纪守法艰苦奋斗的精神：12. 引导企业家树立崇高理想信念。13. 强化企业家自觉遵纪守法意识。14. 鼓励企业家保持艰苦奋斗精神风貌。

（六）弘扬企业家创新发展专注品质追求卓越的精神：15. 支持企业家创新发展。16. 引导企业家弘扬工匠精神。17. 支持企业家追求卓越。

（七）弘扬企业家履行责任敢于担当服务社会的精神：18. 引导企业家主动履行社会责任。19. 鼓励企业家干事担当。20. 引导企业家积极投身国家重大战略。

（八）加强对企业家优质高效务实服务：21. 以市场主体需求为导向深化"放管服"改革。22. 健全企业家参与涉企政策制定机制。23. 完善涉企政策和信息公开机制。24. 加大对企业家的帮扶力度。

（九）加强优秀企业家培育：25. 加强企业家队伍建设规划引领。26. 发挥优秀企业家示范带动作用。27. 加强企业家教育培训。

（十）加强党对企业家队伍建设的领导：28. 加强党对企业家队伍的领导。29. 发挥党员企业家先锋模范作用。

《意见》要求各地区各部门充分认识营造企业家健康成长环境、弘扬优秀企业家精神、更好发挥企业家作用的重要性，统一思想，形成共识和合力，制定和细化具体政策措施，加大面向企业家的政策宣传和培训力度，狠抓贯彻落实。

《意见》发布后，受到企业家群体，特别是非公有制企业家群体的欢迎。

《意见》发布后，各地迅速贯彻落实，并出台实施意见。例如，2018 年 12 月 14 日，中共常州市委、常州市人民政府发布《关于营造企业家健康成长环境弘扬优秀企业家精神更好发挥企业家作用的实施意见》（常发〔2018〕28 号），[1]该《实施意见》贯彻中发〔2017〕25 号文件和苏发〔2018〕10 号文件精神，并结合本地实际明晰了政策措施和工作措施。

该《实施意见》主要内容：第一部分，明确了指导思想、基本原则、总体目标。第二部分，营造依法保护企业家合法权益的法治环境，具体举措是依法保护企业家财产权、依法保护企业家创新权益、依法保护企业家自主经营权。第三部分，营造促进企业家公平竞争诚信经营的市场环境，具体举措是全力保障企业家公平竞争权益、大力引导企业家诚信经营、着力提高市场监管水平。第四部分，营造尊重和激励企业家干事创业的社会氛围，具体举措是畅通企业家表达诉求及建言献策渠道、树立正向激励的鲜明导向、营造积极向上的舆论氛围。第五部分，弘扬优秀企业家精神更好发挥企业家作用，具体措施是引导企业家树立崇高理想信念、弘扬工匠精神、主动履行社会责任、积极创新发展、积极投身重大战略。第六部分，加强对企业家优质高效务实服务，具体举措是着力提升政务服务水平、不断优化涉企财税金融服务、切实为企业家排忧解难。第七部分，加强优秀企业家培育，具体举措是全面提升企业家的素质能力、加强新生代企业家培养。第八部分，加强党对企业家队伍建设的领导，具体举措是做好企业党建工作、加强党员企业家的日常教育管理。

该《实施意见》注重政策措施落地见效，着力完善三项机制：即市场公平竞争机制、企业家合法权益保护长效机制、"亲""清"政商互动机制；着力"搭建三类平台"：即发展平台、创新平台、服务平台；着力解决实际问题：即坚持问题导向，明确职责任务，确保各项政策措施落实到位。

弘扬企业家精神

何为企业家精神？长期以来，多有讨论，但没有定论。2020 年 7 月 21 日，国家主席习近平主持召开企业家座谈会并发表重要讲话。[2]在讲话中，他提出激发市场主

---

［1］《关于营造企业家健康成长环境弘扬优秀企业家精神更好发挥企业家作用的实施意见》政策解读［EB/OL］.（2012–12–18）［2023–12–09］. https://www.changzhou.gov.cn.

［2］习近平主持召开企业家座谈会并发表重要讲话［EB/OL］.（2020–07–21）［2023–12–09］. http://www.gov.cn/xinwen/2020–07/21/content_ 5528789.htm.

体活力，弘扬企业家精神，推动企业发挥更大作用实现更大发展。在讲话中，他对中国企业家提出了五条希望与要求，并归纳为："爱国情怀、勇于创新、诚信守法、社会责任、国际视野。"这一论断，高度概括了新时期中国当代企业家精神，引起全社会共鸣并达成企业家共识。

中国当代企业家精神，是向前、向上、向好的与时俱进的中国企业家群体意识与行为导向。中国当代企业家精神，经历了半个多世纪的积淀、形成、演变与发展，体现时代特征。从新中国成立初期，民族工商业者提出"听毛主席的话，跟共产党走，走社会主义道路""为国献计出力"，到改革开放以后，新一代民营企业家提出"坚定不移跟党走，尽心竭力为四化""把自身企业的发展与国家的发展结合起来，把个人富裕与全体人民的共同富裕结合起来，把遵循市场法则与发扬社会主义道德结合起来""树立正确的公私观、信用观、义利观、法治观"；从全面建设小康社会的大合唱中倡导"致富思源、富而思进、扶危济困、共同富裕、义利兼顾、德行并重、发展企业、回馈社会"的光彩精神，到开展"万企帮万村"精准扶贫行动；从开展非公有制经济人士理想信念教育实践活动中提出"坚定对中国特色社会主义的信念、对党和政府的信任、对企业发展的信心、对社会的信誉"，树立"爱国、敬业、诚信、守法、贡献"的企业正气观，到中国经济高效率高质量发展的新时期，概括为"爱国情怀、勇于创新、诚信守法、社会责任、国际视野"的中国当代企业家精神确立。这些都表明中国当代企业家，特别是为数众多的民营企业家群体在一步一个脚印地成长、进步，其意识和行为与国家富强、民族振兴、人民幸福同频共振；表明中国当代企业家精神为灿烂的中华文化增色添彩。

企业家精神关联企业行为、导向企业行为，健康向上的企业家精神，促进中国民营企业诞生成长，做大做强，健康发展。

在健康向上的企业家精神的指导下，中国民生银行提出了 36 字的工作指南："团结奋进、开拓创新、培养人才、严格管理、规范行为、敬业守法、讲究质量、提高效益、健康发展。"并以此为企业文化，导向中国民生银行，从当初只有 13.8 亿元资本金的一家小银行，逐步发展成为资产规模逾 7.1 万亿元、净资产逾 5300 亿元、分支机构逾 2400 家、员工逾 5.8 万人的大型商业银行。

在健康向上的企业家精神的指导下，中国劲牌有限公司等一批民营企业倡议并带头发布《企业社会责任报告》，将企业生产、经营、管理的意识、行为与绩效公告社会，这一做法，为社会各界叫好。《企业社会责任报告》，向社会昭示企业诚信和责任，赢得社会公信。

在健康向上的企业家精神的指导下，湖北福星科技股份有限公司积极投入新农村建设，开展"以企带村"，即通过"人才、项目、资金、文化、福利"五到村，帮扶带动当地农村经济发展，加快了农业现代化进程，提升了乡村文明程度，将企业所在地福星村建设成为"中国十大特色名村"。

在健康向上的企业家精神的指导下，武汉百步亭集团开发的百步亭社区创新社区文化，构建和谐社区，受到老百姓称赞；浙江吉利控股集团有限公司引入"各美其美、美人之美、美美与共"的人文理念，创新企业文化，助推企业国际化发展。

在健康向上的企业家精神的指导下，阳光凯迪新能源集团有限公司，通过开发生物质能源技术，将农林产业中的秸秆、稻草、玉米秆等废弃物收集起来作为发电原料，变废为宝。公司与贫困地区签订《产业精准扶贫合作协议》88个（其中国家扶贫开发工作重点县项目协议 42 个），覆盖 13125 个贫困村。截至 2020 年 6 月底，公司已投入运营生物质发电厂 46 家，总装机容量 1362 兆瓦。公司通过技术创新，走出了一条产业扶贫新路。一般测算，一个 30 兆瓦生物质发电厂，可帮助 5000 多人就业，年均可为农民增收 7000 万元以上。

在健康向上的企业家精神的指导下，万达集团结对帮扶贵州省黔东南苗族侗族自治州丹寨县整体脱贫，于 2016 年和 2019 年两获国家脱贫攻坚奖，2019 年入选联合国开发计划署"全球最佳减贫案例"。

在健康向上的企业家精神的指导下，红桃 K 集团实行用人制度改革"过三关"，即"亲情关、元老关、自我关"，按照现代企业制度选人用人，按照现代企业制度管理企业，让企业发展跟上时代发展的步伐。新时代呼唤民营企业新发展，民营企业新发展呼唤建立现代企业制度，呼唤以现代企业制度促进民营企业科学发展、和谐发展、健康发展、高效率发展、高质量发展、可持续发展。

在健康向上的企业家精神的指导下，湖北"信义兄弟"，死生接力（哥哥因车祸去世，弟弟接替）给农民工送工钱，决不因为企业家个人灾难拖欠农民工工钱，展现出中国当代企业家高尚的社会信义和企业诚信，其感人事迹感动中国。

在健康向上的企业家精神的指导下，中国企业技术创新取得可喜进步。据 2022年 2 月 10 日世界知识产权组织（WIPO）发布数据显示：2021 年度，通过该组织《专利合作条约》（PCT）途径提交的专利国际申请量达到 27.75 万件，比上一年增长 0.9%；通过 PCT 提交专利国际申请最多的国家是中国，共 6.95 万件，同比增长 0.9%；PCT 的最大申请人是中国的华为公司，申请量为 6952 件。[1]

在健康向上的企业家精神的指导下，更多的中国民营企业展现出人与企业和谐发展、靠劳动参与分配者与靠资本参与分配者共同发展、企业产品竞争力与核心竞争力同步发展、企业环境保护能力与生产发展能力统筹发展、企业社会形象影响力与经济影响力相互促进发展的新风尚。

企业强则国家强，企业家精神强则企业强。企业家精神，是企业之灵魂。高尚的企业家精神，是报国之心、强国之志、兴国之伟力；光彩的企业家精神，是帮助贫困人群走向共同富裕的重要力量；和谐的企业家精神，是"企业爱员工、员工爱企业"，企业与员工共同发展的思想根基；诚信的企业家精神，是企业信誉之基石、产品质量之保证、开拓市场之上策；健康的企业家精神，是企业生存之基、发展之要、竞争之力，是企业永葆青春活力的保健良方；国际视野下的企业家精神，摒弃封闭与保守，以开放与合作为双重动力促进企业更好更快发展。

国家主席的希望，导向企业家行为，在中国经济高效率高质量发展的新时期，以"爱国情怀、勇于创新、诚信守法、社会责任、国际视野"为核心内容的中国当代企业家精神，印记在企业家群体和人民大众心中。

我们坚信，中国当代企业家精神一定能够进一步发扬光大。中国企业家群体，特别是为数众多的民营企业家群体，一定能够在构建以国内大循环为主体、国内国际双循环相互促进的新发展格局的新形势下，促进民营经济新发展；一定能够以更加光彩的形象展现在当代中国和世界舞台，为国家、为民族、为社会、为人类进步与发展贡献出更大的智慧和力量。

加强新时代民营经济统战工作

2020 年 9 月 15 日，中共中央办公厅发出《关于加强新时代民营经济统战工作的意见》。《意见》分八个部分共 28 条，其主要内容包括：

第一个部分，指出加强新时代民营经济统战工作的重要意义：1. 加强民营经济统战工作是实现党对民营经济领导的重要方式。民营经济作为我国经济制度的内在要

---

[1] 2021 年我国 PCT 国际专利申请再次蝉联全球第一　华为连续五年位居申请人榜首［EB/OL］.
　（2022-02-10）［2023-12-09］. https://www.cnipa.gov.cn.

素，始终是坚持和发展中国特色社会主义的重要经济基础；民营经济人士作为我们自己人，始终是我们党长期执政必须团结和依靠的重要力量。2. 加强民营经济统战工作是发展完善中国特色社会主义制度的重要内容。3. 加强民营经济统战工作是促进民营经济高质量发展的重要保障。

第二个部分，提出加强新时代民营经济统战工作的总体要求：4. 指导思想。紧紧围绕统筹推进"五位一体"总体布局、协调推进"四个全面"战略布局；教育引导民营经济人士增强"四个意识"、坚定"四个自信"、做到"两个维护"，坚定不移听党话、跟党走，为实现"两个一百年"奋斗目标、实现中华民族伟大复兴的中国梦作出更大贡献。5. 基本原则。坚持党对民营经济统战工作的领导；坚持构建亲清政商关系；坚持信任、团结、服务、引导、教育方针，一手抓鼓励支持，一手抓教育引导，不断增进民营经济人士在党的领导下走中国特色社会主义道路的政治共识。

第三个部分，提出加强民营经济人士思想政治建设：6. 巩固扩大政治共识。7. 深化理想信念教育。8. 加大思想引导力度。9. 倡导争做"四个典范"，即"爱国敬业、守法经营、创业创新、回报社会的典范"。

第四个部分，提出建设高素质民营经济代表人士队伍：10. 明确工作范围。统战工作要面向所有民营企业和民营经济人士，工作对象主要包括民营企业主要出资人、实际控制人，民营企业中持有股份的主要经营者，民营投资机构自然人大股东，以民营企业和民营经济人士为主体的工商领域社会团体主要负责人，相关社会服务机构主要负责人，民营中介机构主要合伙人，在内地投资的港澳工商界人士，有代表性的个体工商户。11. 健全选人机制。扩大选人视野，兼顾不同地区和行业、大中型企业和小微企业，建立民营经济代表人士数据库和人才库。12. 加强教育培养。做好民营经济代表人士队伍建设规划，形成规范化常态化教育培养体系。13. 规范政治安排。坚持思想政治强、行业代表性强、参政议政能力强、社会信誉好的选人用人标准，严把人选政治关和遵纪守法关，并按规定事先征求企业党组织和各有关方面的意见。完善民营经济代表人士综合评价体系，确保选人用人质量。做好民营企业家担任省级工商联主席试点工作。稳妥做好推荐优秀民营企业家作为各级人大、政协常委会组成人员人选工作，把好入口关。开展聘请民营企业家担任特约检察员、特约监察员工作。引导民营经济代表人士强化履职尽责意识，建立健全履职考核制度和退出机制。14. 加大年青一代培养力度。制订实施年青一代民营经济人士健康成长促进计划，加大教育培养力度。

第五个部分，提出支持服务民营经济高质量发展：15. 推动践行新发展理念。引导民营经济人士按照新发展理念谋划推进企业改革发展。16. 鼓励参与国家重大战略。17. 支持投身全面深化改革。18. 不断优化营商环境。以促进市场公平竞争、平等保护产权为关键，推动构建市场化、法治化、国际化的营商环境。

第六个部分，提出建立健全政企沟通协商制度：19. 规范沟通协商内容。20. 创新沟通协商形式。21. 加强对商会和民营企业的联系服务。22. 完善民营企业诉求反映和权益维护机制。

第七个部分，提出切实发挥工商联和商会作用：23. 推进工商联改革发展。24. 推动统战工作向商会组织有效覆盖。25. 引导民营企业家相关组织规范有序发展。

第八个部分，提出加强党对民营经济统战工作的领导：26. 完善领导体制机制。27. 强化组织保障。28. 加强能力建设。

该《意见》首次以文件语言表述"民营经济统战工作""民营经济人士""民营经济代表人士"分别等同"非公有制经济统战工作""非公有制经济人士""非公有制经济代表人士"的表述方法，更符合大众语言习惯，更具亲切感。

该《意见》在思想理论方面的创新之处，主要表现在以下五个方面：1. 首次作出"两个始终是"（即民营经济始终是坚持和发展中国特色社会主义的重要经济基础，民营经济人士始终是我们党长期执政必须团结和依靠的重要力量）的新论断。2. 首次提出要充分认识民营经济存在和发展的长期性、必然性，表明坚持"两个毫不动摇"不是权宜之计，而要贯穿于中国特色社会主义事业发展的全过程，对于帮助民营企业家坚定"四个自信"、树立长远的预期意识具有重要意义。3. 首次明确加强民营经济统战工作是实现党对民营经济领导的重要方式。4. 首次把加强民营经济统战工作作为坚持和完善中国特色社会主义制度的重要内容。5. 首次把"信任"纳入民营经济统战工作方针并摆在首位，形成了"信任、团结、服务、引导、教育"的 10 字方针。[1]

9 月 16 日，全国民营经济统战工作会议在北京召开。会上传达了国家主席习近

---

[1] 中央统战部负责人就《关于加强新时代民营经济统战工作的意见》答记者问［EB/OL］.（2020–09–16）［2023–12–09］. http://www.chinanews.com/gn/2020/09-16/9291927.shtml.

平的重要指示。[1]

习近平指出：改革开放特别是党的十八大以来，民营经济统战工作不断加强和完善，在服务党和国家中心工作中发挥了重要作用。非公有制经济是社会主义市场经济的重要组成部分，促进非公有制经济健康发展和非公有制经济人士健康成长具有十分重要的意义。

习近平强调：要坚持"两个毫不动摇"，把团结好、引导好民营经济人士作为一项重要任务。各级党委要加强对民营经济统战工作的领导，全面贯彻党的方针政策，抓好党中央各项决策部署贯彻落实。各级统一战线工作领导小组和党委统战部要发挥牵头协调作用，工商联要发挥群团组织作用，把民营经济人士团结在党的周围，更好推动民营经济健康发展，努力为新时代坚持和发展中国特色社会主义事业、实现中华民族伟大复兴的中国梦贡献力量。

会上，中共中央政治局常委、中央统战工作领导小组组长汪洋作了重要讲话。汪洋强调，要从政治高度深刻认识做好新时代民营经济统战工作的重要意义；要引导民营经济人士树立家国情怀，以产业报国、实业强国为己任，弘扬企业家精神和工匠精神，积极参与光彩事业和精准扶贫，做爱国敬业、守法经营、创业创新、回报社会的典范；要抓好民营经济代表人士队伍建设；要重视年青一代培养；要及时掌握民营企业发展状况和诉求；要按照构建亲清政商关系的要求，健全政企沟通协商制度；要发挥好工商联和商会的作用，积极培育和发展中国特色商会组织。

会上，中共中央书记处书记、中央统战部部长尤权主持会议并讲话；中央网信办、国家发展改革委、浙江和广东省委统战部负责同志、有关民营企业家代表作了交流发言。会议以电视电话会议形式召开。全国政协副主席、全国工商联主席高云龙出席会议。中央和国家机关有关部门、有关人民团体负责同志在主会场参加会议，各省、自治区、直辖市和新疆生产建设兵团党委统战部和工商联负责同志在分会场参加会议。这次会议以后，民营经济统战工作提上新的议事日程，并得到进一步创新发展。

"四民要术"促进措施密集出台

所谓"四民要术"促进措施，系指促进民营经济、民营企业、民营企业家、民间

---

[1] 习近平对新时代民营经济统战工作作出重要指示［EB/OL］.（2020-09-16）［2023-12-09］. http://www.gov.cn.

商会健康发展的系列政策措施和工作措施。

1978 年至今，党和国家及其相关部门出台的关于民营经济、民营企业、民营企业家、民间商会的系列政策措施和工作措施，形成体系，趋于完善，集合起来构成中国当代"四民要术"促进措施。其中，2017—2022 年间出台的"四民要术"促进措施主要有：

2017 年 9 月 8 日，中共中央、国务院发布《关于营造企业家健康成长环境弘扬优秀企业家精神更好发挥企业家作用的意见》。

10 月 18 日，中共十九大报告指出：我国经济已由高速增长阶段转向高质量发展阶段，正处在转变发展方式、优化经济结构、转换增长动力的攻关期，建设现代化经济体系是跨越关口的迫切要求和我国发展的战略目标。激发和保护企业家精神，鼓励更多社会主体投身创新创业。全面实施市场准入负面清单制度，清理废除妨碍统一市场和公平竞争的各种规定和做法，支持民营企业发展，激发各类市场主体活力。

11 月 28 日，国家发改委发布《关于鼓励民间资本参与政府和社会资本合作（PPP）项目的指导意见》。其中提出了创造民间资本参与 PPP 项目的良好环境，分类施策支持民间资本参与 PPP 项目，鼓励民营企业运用 PPP 模式盘活存量资产，持续做好民营企业 PPP 项目推介工作，科学合理设定社会资本方选择标准，依法签订规范、有效、全面的 PPP 项目合同，加大民间资本 PPP 项目融资支持力度，提高咨询机构的 PPP 业务能力，评选民间资本 PPP 项目典型案例，加强政府和社会资本合作诚信体系建设共十个方面的具体意见。

2018 年 3 月 5 日，国务院《政府工作报告》指出：支持民营企业发展，坚持"两个毫不动摇"。坚持权利平等、机会平等、规则平等，全面落实支持非公有制经济发展的政策措施，认真解决民营企业反映的突出问题，坚决破除各种隐性壁垒。构建亲清新型政商关系，健全企业家参与涉企政策制定机制。激发和保护企业家精神，增强企业家信心，让民营企业在市场经济浪潮中尽显身手。

5 月 18 日，科技部、全国工商联发布《关于推动民营企业创新发展的指导意见》。其中提出的重点任务包括：大力支持民营企业参与实施国家科技重大项目，积极支持民营企业建立高水平研发机构，鼓励民营企业发展产业技术创新战略联盟，力促民营企业推动大众创业、万众创新，加强优秀创新型民营企业家培育，加强民营企业创新人才培育，落实支持民营企业创新发展的各项政策，完善科技金融促进民营企业发展，推动民营企业开展国际科技合作，引导民营企业支持基础研究和公益性研究。

6月25日，中共中央办公厅、国务院办公厅印发《关于促进工商联所属商会改革和发展的实施意见》。

10月16日，全国工商联、国务院扶贫办、中国光彩会、中国农业发展银行联合举办"万企帮万村"精准扶贫行动先进民营企业表彰大会暨扶贫日论坛，对北京圣火科贸有限公司等100家民营企业授予全国"万企帮万村"先进民营企业荣誉称号。

10月24日，中央统战部、全国工商联共同发布"改革开放40年百名杰出民营企业家"表彰名单。

11月19日，国家税务总局正式发布《关于实施进一步支持和服务民营经济发展若干措施的通知》。其中从认真落实和完善政策，促进民营企业减税降负，持续优化营商环境，增进民营企业办税便利，助力民营企业纾困解难，严格税收执法，保障民营企业合法权益，切实加强组织实施，确保各项措施落实见效等方面提出26条具体措施，致力于解决民营经济发展过程中遇到的税收"堵点""难点"问题。

2019年1月14日，最高人民法院、全国工商联联合发出《关于发挥商会调解优势 推进民营经济领域纠纷多元化解机制建设的意见》，对于推进民营经济领域纠纷多元化解机制建设意义重大、作用明显。

3月12日，国务院办公厅发出《关于在制定行政法规规章、行政规范性文件过程中充分听取企业和行业协会商会意见的通知》，其中指出：推进政府职能转变和"放管服"改革，保障企业和行业协会商会在制度建设中的知情权、参与权、表达权和监督权，营造法治化、国际化、便利化的营商环境。

4月6日，中共中央办公厅、国务院办公厅发布《关于促进中小企业健康发展的指导意见》，从指导思想、营造良好发展环境、破解融资难融资贵问题、完善财税支持政策、提升创新发展能力、改进服务保障工作、强化组织领导和统筹协调共七个方面出台了23条政策措施和工作措施。

6月14日，国家发展改革委、民政部、中央组织部、中央编办、中央和国家机关工委、外交部、财政部、人力资源和社会保障部、国资委、国管局10部门联合发布《关于全面推开行业协会商会与行政机关脱钩改革的实施意见》（发改体改〔2019〕1063号）。

6月26日，国务院常务会议决定开展深化民营和小微企业金融服务综合改革试点。确定进一步降低小微企业融资实际利率。

10月22日，国务院第722号令公布《优化营商环境条例》。从市场主体保护、市场环境、政务服务、监管执法、法治保障等方面明晰了 72 条具体意见。

12 月 4 日，中共中央、国务院发出《关于营造更好发展环境支持民营企业改革发展的意见》。其中提出了总体要求、优化公平竞争的市场环境、完善精准有效的政策环境、健全平等保护的法治环境、鼓励引导民营企业改革创新、促进民营企业规范健康发展、构建亲清政商关系、组织保障八个方面共 28 条具体意见。

12 月 18 日，庆祝改革开放 40 周年大会在人民大会堂举行。中共中央、国务院表彰 100 位"改革先锋"，其中 18 位民营企业家上榜。

2020 年 3 月 30 日，中共中央、国务院发布《关于构建更加完善的要素市场化配置体制机制的意见》，其中从推进土地要素市场化配置、引导劳动力要素合理畅通有序流动、推进资本要素市场化配置、加快发展技术要素市场、加快培育数据要素市场、加快要素价格市场化改革、健全要素市场运行机制、组织保障等方面提出了 32 条具体意见。

7 月 2 日，国务院办公厅发出《关于进一步规范行业协会商会收费的通知》。

7 月 21 日，国家主席习近平主持召开企业家座谈会并发表重要讲话。

9 月 10 日，国务院办公厅发出《关于深化商事制度改革进一步为企业松绑减负激发企业活力的通知》。

9 月 14 日，国务院发出《关于实施金融控股公司准入管理的决定》。

9 月 15 日，中共中央办公厅发出《关于加强新时代民营经济统战工作的意见》，从重要意义、总体要求、加强民营经济人士思想政治建设、建设高素质民营经济代表人士队伍、支持服务民营经济高质量发展、建立健全政企沟通协商制度、切实发挥工商联和商会作用、加强党对民营经济统战工作的领导八个方面提出了 28 条具体意见。

12 月 21 日，中共中央发布修订后的《中国共产党统一战线工作条例》，其中第二十九条指出："工商联是党领导的以民营企业和民营经济人士为主体的，具有统战性、经济性和民间性有机统一基本特征的人民团体和商会组织。工商联围绕促进非公有制经济健康发展和非公有制经济人士健康成长的主题履行职责、发挥作用。"

2021 年 7 月 27 日，国务院公布《中华人民共和国市场主体登记管理条例》，以利于市场主体提升登记便利化程度，降低制度性成本，减轻企业负担，为培育壮大市场主体和促进公平竞争提供法治保障。

2022 年 10 月 25 日，国务院发布《促进个体工商户发展条例》，聚焦当前个体工商户发展中面临的突出困难，作出有针对性的制度安排，促进个体工商户健康发展。

四、参与政治协商、民主监督、参政议政

工商联是人民政协的重要界别之一。围绕国家大政方针及经济、政治、社会生活中的重要问题，参与政治协商，发挥民主监督作用，积极参政议政，是工商联组织及成员的重大职责与工作任务。参与"政治协商、民主监督、参政议政"的内容很广、形式多样，其中以工商联界别名义和委员个人名义在政协大会上发言、向政协大会提出提案以及反映社情民意是重要方式。

全国政协会议上工商联界别发言（2008—2022）

政协大会发言是政协界别和委员履行职责、行使民主权利、展示参政议政能力的重要形式，也是党和政府直接听取意见和建议的一种有效方式。在每年召开一次的全国政协大会上，全国工商联及工商联界别的全国政协委员都积极努力并争取做好全国政协大会发言工作。

全国政协大会发言形式，分为大会书面发言和大会现场发言（又称口头发言）。大会现场发言从大会书面发言中挑选。大会现场发言在全国政协大会上、在人民大会堂进行。人民大会堂政协大会委员发言席，是全国政协委员代表政协各界别或个人参政议政的最高讲坛，举国瞩目，备受关注。

2008—2022年，在全国政协大会上，工商联界别在大会现场发言题目及发言人见表23-1。

表 23-1　全国政协大会上工商联界别发言（2008—2022）

年份	大会名称	大会发言题目	发言形式	发言人及代表单位
2008	全国政协十一届一次会议	民营企业应承担社会责任	大会现场	王健林委员代表全国工商联
2009	全国政协十一届二次会议	加速建设中小金融机构切实破解小企业信贷难关	大会现场	沈建国委员代表全国工商联
2010	全国政协十一届三次会议	充分激发民营经济发展的内生动力	大会现场	孙晓华委员代表全国工商联
2011	全国政协十一届四次会议	把政策的着力点放在小型微型企业上	大会现场	宋北杉委员代表全国工商联

续表

年份	大会名称	大会发言题目	发言形式	发言人及代表单位
2012	全国政协十一届五次会议	齐心协力共助小微企业"保生存、谋发展"	大会现场	吴一坚委员代表全国工商联
2013	全国政协十二届一次会议	深化改革激发民间资本活力	大会现场	黄小祥委员代表全国工商联
2014	全国政协十二届二次会议	用法治为民营经济发展保驾护航	大会现场	庄聪生委员代表全国工商联
2015	全国政协十二届三次会议	积极构建健康新型的政商关系	大会现场	陈志列委员代表全国工商联
2016	全国政协十二届四次会议	提升中国制造业竞争力迫在眉睫	大会现场	李书福委员代表全国工商联
2017	全国政协十二届五次会议	推动实体零售向智慧零售转型	大会现场	张近东委员代表全国工商联
2018	全国政协十三届一次会议	优化营商环境激发民营企业家活力	大会现场	王建沂委员代表全国工商联
2019	全国政协十三届二次会议	民营企业要把握机遇把企业做强做优做久	大会现场	陈志列委员代表全国工商联
2020	全国政协十三届三次会议	狠抓政策落实促进"六稳""六保"	大会现场	黄立委员代表全国工商联
2021	全国政协十三届四次会议	发挥民营企业在科技自立自强中的积极作用	大会现场	景柱委员代表全国工商联
2022	全国政协十三届五次会议	发挥民营企业在稳增长中的积极作用	大会现场	刘振东委员代表全国工商联

全国政协会议上工商联界别委员发言（2008—2017）

在政协大会上，工商联界别委员发言者较多，这里仅介绍本书作者担任全国政协常委10年间，在全国政协大会和全国政协常委会上作大会书面发言和大会现场发言的部分发言题目，见表23-2。其中可以看出，政协委员参政议政所涉及的范围，不仅涉及界别群众的意见、建议和诉求，还涉及国家和区域经济社会发展事项及人民大众所关心的热点问题。

表 23-2　全国政协会议上工商联界别委员部分发言（2008—2017）

年份	大会名称	大会发言题目	发言形式	发言人
2008	全国政协 十一届一次会议	和谐社会呼唤企业社会责任	书面	赵晓勇委员
2009	全国政协 十一届二次会议	增强政府扶持功能 促进中小企业发展	书面	赵晓勇委员
2009	全国政协十一届 六次常委会	提供政策性金融支持 促进中小企业发展	书面	赵晓勇常委
2010	全国政协 十一届三次会议	做好三篇文章 科学开发西部	书面	赵晓勇委员
2010	全国政协 十一届三次会议	合力破解三大难题 促进中小企业发展	书面	赵晓勇委员
2010	全国政协十一届 十次常委会	转变经济发展方式要落实到企业	书面	赵晓勇常委
2011	全国政协 十一届四次会议	提升基本医疗保障功能 提高基本医疗服务绩效	大会现场	赵晓勇委员
2011	全国政协 十一届四次会议	建设创新型中国需要最广泛地汇 聚智慧和力量	书面	赵晓勇委员
2011	全国政协 十一届四次会议	大力防治血吸虫病 保障国民国土健康	书面	赵晓勇委员
2011	全国政协十一届 十四次常委会	保障国民国土健康 必须消灭血吸虫病	书面	赵晓勇常委
2012	全国政协 十一届五次会议	中小企业呼唤加强和改进公共服务	书面	赵晓勇委员
2012	全国政协十一届 十八次常委会	推进现代化建设必须汇聚非公有 制经济人士的智慧和力量	书面	赵晓勇常委
2013	全国政协 十二届一次会议	发挥社会主义市场经济优势 高效发展混合所有制经济	书面	赵晓勇委员
2013	全国政协十二届 二次常委会	建设美丽中国必须保障国土健康	书面	赵晓勇常委
2013	全国政协 十二届一次会议	节约政务资源提升政府效能	书面	赵晓勇委员
2013	全国政协 十二届一次会议	和谐社会呼唤健康的社会引力	书面	赵晓勇委员
2014	全国政协 十二届二次会议	积极发展混合所有制经济要落实 到企业	书面	赵晓勇委员

续表

年份	大会名称	大会发言题目	发言形式	发言人
2014	全国政协 十二届二次会议	建设法治中国需要树立企业正气	书面	赵晓勇委员
2014	全国政协 十二届二次会议	管好保障房 放开房市场	书面	赵晓勇委员
2014	全国政协十二届 六次常委会	健康发展混合所有制企业重在形成经济利益共同体并建立现代企业制度	书面	赵晓勇常委
2014	全国政协十二届 八次常委会	加强对非公有制企业的法律服务	大会现场	赵晓勇常委 代表全国工商联
2015	全国政协 十二届三次会议	用法治力量推进非公有制经济健康发展	书面	赵晓勇委员
2016	全国政协 十二届四次会议	把县域经济社会发展摆在国家全局发展更重要的位置	书面	赵晓勇委员
2016	全国政协 十二届四次会议	利用南水北调水源建设华北湿地	书面	赵晓勇委员
2016	全国政协 十二届四次会议	稳定土地承包关系 优化耕地利用方法	书面	赵晓勇委员
2016	全国政协十二届 十六次常委会	扶贫攻坚重在"扶"字上下功夫、求实效	书面	赵晓勇常委
2016	全国政协十二届 十七次常委会	激发人民音乐的力量建设精神文明	书面	赵晓勇常委
2017	全国政协十二届 二十一次常委会	深化供给侧结构性改革 推动产业进步发展	书面	赵晓勇常委
2017	全国政协十二届 二十二次常委会	重视提升贫困农户基本生产能力 保障脱贫不返贫	书面	赵晓勇常委
2017	全国政协 十二届五次会议	重视雨水洪水资源化利用 提高大地水保持能力	书面	赵晓勇委员
2017	全国政协 十二届五次会议	坚持为民便民导向 推进三医联动改革	书面	赵晓勇委员
2017	全国政协 十二届五次会议	以安居就业导向人口城镇化	大会现场	赵晓勇委员

大会发言，要求反映大众心声、代表人民意愿、聚焦热点问题，并且应有实际情

况、有真知灼见、有可行建议。一篇合格的大会发言,包含"千字文、百日功、万民情"。准备一篇大会发言,必须把握大局中心,体察大众诉求,遵循科学规律,注重改革创新。这里举例介绍两篇全国政协全体会议大会发言文章和一篇全国政协常委会大会发言文章。

例1:

提升基本医疗保障功能　提高基本医疗服务绩效

——工商联界别委员赵晓勇在全国政协十一届四次会议上的发言

(2011年3月9日)

医疗保障,是社会保障工作的重中之重。党中央、国务院高度重视人民群众基本医疗保障制度建设。新中国成立初期,在城镇建立了面向企业职工和国家工作人员的劳保医疗和公费医疗制度,在农村建立了面向全体农民的合作医疗制度。改革开放以后,1998年建立了城镇职工基本医疗保险制度,2003年和2007年分别试点建立了新型农村合作医疗制度和城镇居民基本医疗保险制度。这三项制度的建立,对于保障和改善民生、维护社会和谐稳定发挥了重要作用。但是,目前城乡二元结构、三制度分开运行、两部门分别管理的医疗保障制度体系与管理方式存在以下问题。

一是城乡居民保障人群还没有做到全覆盖。现行制度中参保前提是"政府引导、自愿参加",实际工作中存在保障遗漏人群,大致分为三种类型:无缴费能力的贫困人群、未感受到疾病之忧的健康人群、无医疗费用支付之忧的富裕人群。

二是不稳定就业人群其身份在职工与居民之间转变，但所属不同类型的基本医疗保险却不能随之转换，影响参保积极性。

三是与日俱增的"城乡两栖人口"和流动人口对不能在全国范围内流通使用的医疗保险管理与服务感到不便。

四是城乡人口身份随着市场经济发展正在变得模糊，截然分开的城乡医疗保险制度、管理与服务难以适应城乡居民实际需要。

面对这些问题，围绕中共中央"十二五"规划建议中提出的"健全覆盖城乡居民的基本医疗保障体系"提出如下建议：

一、提高国家保障能力，在广覆盖的基础上实行国民基本医疗保险全覆盖。我国基本医疗保险经过 13 年改革与发展，奠定了良好的群众基础和工作基础，保障人群已占城镇职工和城乡居民的大多数，保障总人数已经达到 12.67 亿，实施全覆盖的时机已经成熟。建议将"职工应当参加""居民自愿参加""政府补贴支持"的政策导向调整为"国家统筹保障、国民依法参保"，在"十二五"期间实施基本医疗保险人群全覆盖。

二、改革中央政府出资方式，为全民提供国家基础保险资金。将当前中央政府为城乡居民和城镇职工分别提供不同标准、不同形式的"支持资金"或"补助资金"，集合成为全体国民提供标准统一的基本医疗保险基础资金。适当提高中央政府投入占基本医疗保险总费用的比重，随着经济社会发展，逐步增加投入，逐步提高国家保障能力。

三、按照共同负担的原则，建立叠加式保费筹措机制。建立国家为全体国民提供基础保费、个人和用人单位缴纳基本保费、个人和用人单位选择缴纳补充保费、地方政府属地提供补助保费、中央和地方政府共同提供救济保费，各类保费相叠加、职工保费在居民保费基础上叠加的基本医疗保险经费筹措机制，让每一个中国人都拥有基本医疗账户，都享有基本医疗保障。

四、化繁为简，集约高效管理基本医疗保险服务。目前，职工、居民、农民三类人群基本医疗保险分属两部门管理，双轨制运行，存在个人保险关系流转不畅、接续不便等弊端。优化管理办法，提高服务效率，降低管理成本，便捷服务群众，应刻不容缓地摆上重要议事桌面上来。建议加强基本医疗保险信息网络建设和服务能力建设，建立政府一个部门管理、集中一个窗口服务、一张保险卡全国通用、城乡一体化运行的基本医疗保险服务管理机制。

五、**利用价格杠杆，调节基本医疗消费行为**。通过价格与服务调节就医导向，引导就医者小病进小医院，大病转大医院。大力加强乡镇和社区医疗服务机构的服务能力建设，充分发挥其较低价格收费、及时方便就医等优势，突出发挥其在基本医疗中的"初次门诊"和"初级保健"作用。

六、**实行医保、医疗、医药联动改革**。采取综合措施治理"过度医疗""过度用药""过高药价"这三大侵蚀基本医疗保险基金的顽症，杜绝浪费，保障有限的保险资金发挥更大的保障效益。

该篇大会发言内容随后形成政协委员提案（2011 年政协大会提案第 5329 号），受到国家卫生部的高度重视，以卫提函〔2011〕624 号为答复："您提出的"提高国家保障能力，提供高效集约的基本医疗保险服务，引导患者合理就医，采取医保、医疗、医药三医联动改革等方面，我部表示赞同，并会在工作中积极推进"；人社部以〔2011〕人社提字第 94 号文答复："关于您提出的建立叠加式保费筹措机制、中央财政为全民提供基础保险金等建议，非常具有参考价值，我们将商财政部作进一步的研究。"

例 2：

加强对非公有制企业的法律服务

——赵晓勇常委在全国政协十二届八次常委会上代表全国工商联发言

（2014 年 10 月 29 日）

中共十八届四中全会提出，全面推进依法治国，建设中国特色社会主义法治体系，建设社会主义法治国家，促进国家治理体系和治理能力现代化。非公有制企业作为对市场信号反应最灵敏的经济组织和市场主体，既是法治建设的受益者，也应是法治中国的建设者。加强对非公有制企业的法律服务，有利于增强其法治意识与行为、推动其依法经营并积极参与法治建设，这事关法治中国建设的大局。中共十八届四中全会决定，顺应了广大非公有制企业"盼公平、求安全、要法治"的呼声，也给加强非公有制企业法律服务提出了新要求。

改革开放以来，随着非公有制经济发展的法治环境不断优化，非公有制企业法律意识不断增强，广大非公有制经济人士注重学法、知法、守法、用法，法律素养逐步提升。但是，我们也看到，非公有制经济领域违法违规现象时有发生，有的非公有制企业出资人伴随腐败官员应声落马。究其原因，既与经济转型时期和市场经济体制不断完善过程中，尚有一些制度和法律不够完善有关；也与部分非公有制企业出资人和管理者法律意识淡漠、遇到生产经营纠纷不懂得通过法律途径解决，而是找门路、托关系乃至通过行贿寻求问题解决有关；还与有的企业忽视安全生产和环境保护，一味追求利润制假售假有关；同时也与一些地方存在选择性执法、"钓鱼式"执法、滥用自由裁量权等不当执法行为有关。

新形势下，建设中国特色社会主义法治体系，建设社会主义法治国家，关系到非公有制经济可持续健康发展，关系到广大非公有制经济人士对中国特色社会主义的信念、对党和政府的信任、对企业发展的信心、对社会的信誉。

为此，建议：

一是加强对非公有制经济人士的法治教育引导。大力宣传贯彻落实党的十八大、十八届三中和四中全会精神，在全国范围内引导广大非公有制经济人士坚定中国特色社会主义理想信念，树立法治是企业的基本行为准则的观念，自觉维护法律权威；通过多层次、多渠道的教育培训活动，引导广大非公有制经济人士学法、知法、守法，树立"守法最安全""守法是对企业的最大保护"的法治思维，提高自我保护能力。

二是促进非公有制企业依法经营和积极履行社会责任。鼓励和指导非公有制企业建立现代企业制度，提升管理水平和可持续发展能力。通过树立和宣传典型，引导广大非公有制经济人士树立和强化社会责任意识，积极履行发展企业、提供就业和关爱员工的主要社会责任，维护市场秩序、严格诚信守法的基本社会责任及扶危济困、产业报国的长期社会责任。

三是以法治规范公平竞争的市场秩序。全面深化经济体制改革，尽快出台商业行为法，规范市场竞争秩序，推动实现市场主体"权利平等、机会平等、规则平等"；推进企业诚信建设，建立真实透明、可查询可监管的中国市场主体征信体系，以诚信为要义奠定市场主体法治行为基础；加强企业标准管理，在重视国家标准与行业标准体系建设的同时，重视企业生产工艺和产品标准制度建设，加强企业生产监管，堵住假冒伪劣产品的源头，防范产品质量安全事故发生。

四是严格依法行政。只有依法行政，才能政令畅通，广大非公有制企业的合法权益才能得到有效保护。要进一步规范行政机关的权限范围和行政权力运行的各个环节，通过加强行政执法监督，确保行政机关严格按照法定程序、法定权限、法定职责行使权力。同时，各级行政机关要增强法治观念，建立清正廉明的制度防线和纪律防线，阻断寻租腐败链条，切实做到依法行政，为非公有制经济健康发展营造良好的政务环境。

例3：

以安居就业导向人口城镇化

——工商联界别委员赵晓勇在全国政协十二届五次会议上的发言

（2017 年 3 月 10 日）

城镇化对于提高国家经济社会发展水平、提高城乡居民生活质量意义重大，党和国家高度重视城镇化，从与工业化、信息化、农业现代化同步推进，到深入推进新型城镇化，"以人为本、四化同步、优化布局、生态文明、文化传承"的新型城镇化进程加快。

调查发现，已经进入城镇、希望落户城镇的农村人口是城镇化的主动力。他们认为，眼界，"在城里比在老家开阔"；就业，"还是城里机会多，只要勤快，就不怕没活干"；收入，"打一年工顶干三年农活"；困惑，"住在哪？收入的一半不够交房租"；计划，"年轻进城打拼，干不动了回家养老"；梦想，"如果我们也能变成城里人，那就是最大的幸福"。他们的经历分为流动进城生活、城乡"两栖"生活、举家进城生活和定居城市生活四个阶段，他们当中每年大约有 5% 的人能进入第四阶段，由农民转变为市民。

调查发现，在乡务农的农民特别是城郊农民希望跟上城镇化步伐。他们认为，农村土地升值，农民负担减轻，收入增加，有房住、不失业，"过去盼望农转非、现在体会农家乐"，但希望"就地城镇化"：机械化的农业生产、乡里人的生活方式、城里人的社会服务、城镇功能的农村社区，成为"住在城里的种田人"。

调查发现，在涉及人口城镇化的诸多因素中，人们最关心的是就业与住房。推进新型城镇化，重在以人为本，以安居与就业导向农村人口移居城镇。

为此建议：

一、以安居导向城镇化，重点帮助农村进城人口获得基本住房。一是适时出台基本住房保障制度。以国家力量帮助住房弱势群体，建立鼓励居民自购自用性住房、允许企业自建保障性职工住房与政府为贫困人口提供保障性租房相结合的基本住房保障体系，保障城镇居民特别是新居民的基本住房需求。出台用地新规，降低基本住房建设成本；支持农民以农村宅基地使用权置换集镇划拨土地使用权、按照城镇规划联建统建自用性住房，实现就近城镇化。二是建立城镇居民住房公积金制度。制定《个人自愿缴存使用住房公积金管理办法》，继职工住房公积金制度之后，建立城镇居民住房公积金制度，提高全体城镇人口住房储蓄能力、购买能力和帮扶能力。三是伴随新型城镇化推进住房建设现代化。大力推进住房建设无黏土、钢结构、标准化，以住房建设技术进步激活钢铁建材利用，降低住房造价，提高建设水平。

二、以就业导向城镇化，重点提升中小城市和集镇吸纳农业转移人口就业能力。一是推进产业兴城。引导大城市产业和农村人口向中小城市联动转移落户，分担大城市人口膨胀和住房保障压力，拓宽农村人口进城就业渠道。引导并激励生产型、排放型、大型企业走出大城市，以产业兴城导向新型中小城市兴建、发展。我国汽车城十堰市、日本汽车城丰田市、美国航空城威奇塔市等都是现代产业兴城的成功案例。二是推进产业兴镇。激励有条件的地方迁村腾地、联村建镇，建设土地集约化经营、农业机械化生产、人口城镇化居住的农业新镇；支持有一定规模并有资源开发、地理标志产品或传统特色产品生产能力的产业新村，带动周边农村发展成为农工商相结合的特色产业新镇。

三、以劳动力资源开发促进城镇化，重点帮助大中专毕业生和农村转移人口提升职业技能。一是催生创业者。加强职业教育和创业辅导，帮助大中专毕业生提升创业就业能力。二是培训劳动者。加强农业转移人口职业技能训练，重点支持企业特别是劳动力密集型企业招工培训、用工培训、人才培训，建设现代企业人才队伍。

我国人口城镇化任重道远，必须做好就业与安居两篇大文章，科学客观地把握进程与节奏，警惕城镇化率与就业压力正相关上升。

全国政协会议上工商联界别委员提案（2008—2017）

与大会发言一样，大会提案是政协委员议政建言的重要方式。大会提案与大会发言相比更具实效性，因为国家有关部门会对每条意见认真分析，对每条建议认真答复。一篇合格的大会提案，必须以"为人民大众说话、办事、服务"为出发点和落脚点；必须是深入调研成果的集中体现，是现实状况的客观反映，是人民意愿的集中表达，是提案者对专一事项认真分析得到的真知灼见。否则，难以成功提交、难以成功受理、难以得到有效答复。提案一旦成功提交、成功受理、得到有效答复并得到认真办理，就成为有关方面的"重要参考"；有关建议得到认真采纳、付诸实施并取得经济、政治、社会效益，其意义是重大的。这里举例介绍3份全国政协大会提案。

例1：

关于请求对湖北四湖流域实施血防综合治理的提案（节录）

——35名全国政协委员向全国政协十一届一次会议联名提出

（2008年3月）

湖北省四湖流域位于江汉平原腹地，地处长江与汉江之间，跨荆州、荆门、潜江三（地）市，流域面积11547.5平方千米，流域人口510万人，耕地面积550万亩。该流域农业特色突出，常年粮食总产占湖北全省的15%左右，棉花总产占湖北全省的20%以上，油料总产占湖北全省的15%左右，鲜鱼总产占湖北全省的20%以上，是国家重要的农业综合商品生产基地。

四湖流域因有长湖、三湖、白露湖和洪湖四大湖泊而得名，境内大小河网纵横交错，湖库塘堰星罗棋布，外洪内涝，非常适宜血吸虫中间宿主钉螺的生存，致使该流域血吸虫病流行历史长、范围广、危害大、控制难，成为全国血吸虫病重疫区，并且是长江中下游五省湖沼型血吸虫的源头，素有"全国血防看两湖（湖南、湖北），两湖重点看四湖"之说。

一、形势严峻

1. 疫情流行范围广，危害大，形势十分严峻。历史记载，全流域血吸虫病人累计达110多万人，死亡1.3万人，死亡者平均年龄58.2岁。"沟渠有钉螺，村村有晚血，家家有病人"，已成为部分重灾区群众生存环境的真实写照。全流域常年受到血吸虫疫情威胁的人口达 280 万人。

2. 疫情控制难度大。2007 年，国家卫生部到荆州调查，历时 20 多天，参与者 100 多人。调查结果表明：在定量上，2006 年度，四湖流域荆州部分血吸虫感染人数为 8 万多人（抽样结果）；在定性上，疫情呈现"难以控制的回升之势"。

3. 血吸虫病危害深重。四湖流域的人均 GDP 只有湖北全省的 2/3 左右，发展动力严重不足，地方财力常年超负荷运转，民生问题欠账较多，急需国家给予大力扶持。

二、问题成因

1. 集体经济弱化，群防群治难。一是不少乡镇及村负债较重，无力从事社会公共事业。二是大量劳动力外流，原有的专业灭螺队解散，培训新的专业队伍成为难事。

2. 总体投入严重不足，标本兼治难。据湖北省水利、卫生、农业等部门测算，要达到国务院提出的传播控制标准，全流域约需投入 75 亿~80 亿元，要达到 2008 年疫情控制标准，全流域约需投入 45 亿~50 亿元，资金缺口大。

3. 未曾实行血防综合治理，疫情控制难。因为血防投入严重不足，疫情控制成效不明显，疫情治理出现"大量空白区"，形成此消彼长的"踏查效应"，导致恶性循环。

三、建议

1. 恳请国家发改委对湖北四湖流域血防综合治理工程立项并安排专项资金。一是修订完善疫区血防综合治理规划，请国家发改委对湖北省四湖流域血防综合治理工程尽快立项，纳入全国地方病防治重点工程；二是恳请国家在现有部门血防计划的基础上，新增"血防综合治理专项"投入。我们认为，国家增设"血防综合治理专项投资"，由国家主体投资，地方适当配套，是解决区域血防问题的有效途径。《湖北省四湖流域血防综合治理规划》已经通过国家发改委组织的专家评审，规划项目总投资 49 亿元，其中地方配套投资 21 亿元，申请国家投资 28 亿元，建设期七年（2009—2015）。按规划组织实施"源头治理、流域治理和综合治理"，达到根治血吸虫病的目的。

2. 恳请全国政协组织有关专家实地考察。控制四湖流域的血吸虫病疫情，不仅可改善四湖流域群众的生活环境，而且对长江中下游五省消灭血吸虫病也将产生长远而重大影响。恳请全国政协组织有关专家实地考察，了解湖北省四湖流域血吸虫病的严重危害，及时提请国务院作出决定，造福疫区人民。

提案人（35 名）：

刘新才　孙晓华　王少阶　赵晓勇　王生铁　陈春林　茅永红

肖宏江　徐锡洲　吴德立　王　林　彭志敏　李富光　杨　俊

张学阳　胡树华　郭跃进　宋育英　杨　淳　白世伟　蔡耀军

金义华　肖　红　陈平平　唐　瑾　林宗涛　孟金陵　王红玲

姚凯伦　周宜开　梁亮胜　刘金南　郑楚光　曹　毅　刘合炳

该提案得到时任全国政协主席贾庆林和国务院副总理李克强、回良玉等领导的重视并批示，被全国政协列为全国重点督办提案。该提案受理办理情况写入了 2009 年全国政协大会提案工作报告。全国政协的评价是：提案意见非常好、非常重要，对于减轻疫区人民痛苦、解决疫区人民最直接、最关心、最现实的利益问题，对于坚持以人为本的科学发展观、建设社会主义新农村、构建和谐社会，都具有重要意义。该提案促进湖北省政府、卫生部、农业部共同立项并启动了省部联合防治行动，落实 40 多亿元资金投入血防综合治理；该项目还被列为湖北省扩内需、保增长、惠民生十大重点建设工程。该提案办理成效明显，取得的社会经济绩效显著。

例 2：

关于建立基本住房保障制度的提案[1]

——工商联界别委员赵晓勇向全国政协十二届二次会议提出

（2014 年 3 月）

住房，具有三种功能。作为用品功能，它是人们日常生活的必需品；作为商品功能，它是人们逐利投资的热点；作为储蓄功能，它是人们资产保值增值的选择。近年来，在住房问题上，因为房价偏离价值，因为开发经营住房利益高企，出现需要住房者买不起住房与不需要住房者热烈炒房的逆反现象；出现保障性住房不足与已购商品房闲置并存现象；出现"政府坚持搞好房地产市场调控不动摇、遏制了房价过快上涨势头"与"百姓仍称房价越调越高"的不同评价；出现住房建设成本不断上升、政府保障房建设能力不足的工作难题。没有形成完善的国民基本住房保障制度，没有实现政府和民众共同认可的房地产市场调控目标。

---

［1］提案内容以"管好保障房放开商品房"为题发表在《中国经济社会论坛》2014 年第 12 期。

究其原因：

一、重视住房是我国民族传统，"人以居为安"与"民以食为天"同等重要，人们为拥有住房可以节衣缩食、终身为之奋斗甚至几代人接力奋斗，住房刚性需求旺盛。

二、由于城乡之间基础设施、公共服务、社会保障条件的差异，以住房安身立市，提升个人及家庭保障待遇，也是推高大城市特别是中心大城市房价的重要因素。

三、日益增加的农民工和大中专毕业生汇聚城市，直接推动租房市场、间接推动购房市场火爆。

四、"住房"是家事也是国事，国家高度重视国民基本住房保障，但是，具体行政行为以限购、限贷、限价等计划经济办法调控市场经济的房价，收效甚微。

围绕优化住房保障与住房市场意识与行为，提出如下建议：

第一，保障基本。全面建成小康社会呼唤国民基本住房保障，以配租、配售、提供租赁补贴等方式为住房困难者提供基本住房保障，并为保障房建设提供资源配置保障。建议国家开展国民住房普查登记，在摸清家底的基础上尽快以法律、法规形式确立国家基本住房保障制度，通过"更好地发挥政府作用"，保障国民基本住房。

第二，放开市场。放开限售、限贷、限价监管，让商品房投资、开发、经营行为按照"市场在资源配置中起决定性作用"规律运行，按照市场规则、市场价格、市场竞争调节，实行独立的房地产价格评估指导制度，让放大了的房地产商品功能、保值增值功能按照价值规律回归正常状态。

第三，增加供给。鼓励以农村个人合作、城镇单位合作、企业和员工利益共同体方式建设保障性住房，缓解中低收入人群特别是职工人群的住房困难和政府保障压力。

第四，税收调节。征收房产交易税、不使用房产税（又称闲置房产税，旨在促进提高房产使用效率）和租金收入调节税，建立稳定的抑制投机购房的长效机制。

第五，城乡统筹。城乡人口身份随着市场经济发展正在变得模糊，约占全国总人口1/5的"城乡两栖人口"在农村空房、在城镇无房的现象必须引起高度重视。建议，探索符合城镇居民条件的进城进镇农民允许以农村住房和宅基地置换城镇保障房的改革路径，帮助其由农民转变为城镇居民，并按照占补平衡的要求，统筹使用、节约使用城乡住房用地。

第六，科学建设。通过推进住房建设标准化，特别是标准化厨房、厕所、太阳能屋面等，提高住房节能、环保性能；通过工厂标准化生产与现场个性化安装相结合的住房建设方法，优化住房结构，降低住房造价；通过大力发展中小城市和建制镇，承接大城市产能转移和农村人口城镇化转移双重重任，分担大城市人口膨胀和住房保障双重压力。

最广泛地汇聚智慧和力量，通过一至两代人的共同努力，让"安得广厦千万间，大庇天下寒士俱欢颜"的千年期盼变成美好现实。

该提案受到有关方面高度重视，国家住房和城乡建设部派员当面与提案人沟通、听取意见，并邀请住房建设与保障方面的专家学者座谈、研究，形成提案答复（建提复字〔2014〕第88号）意见，认为该提案对于"进一步完善住房保障制度、健全房地产市场机制，具有较强的参考价值"。

例3：

关于大力加强市场主体
信用体系建设与信用行为监管的提案

——工商联界别委员赵晓勇向全国政协十二届三次会议提出

（2015年3月）

自2004年起，历时10年，人民银行组织金融机构，逐步建立起覆盖全国的关联企业和个人的信贷征信系统，建立了金融信用信息基础数据库；2013年，国务院发布并实施了《征信业管理条例》，为推进社会信用体系建设做出了制度安排；2014年，工商行政管理部门开通了"全国企业信用信息公示系统"且查询方便，受到社会称赞；2015年1月，人民银行发布《关于做好个人征信业务准备工作的通知》，开启了民营企业开展个人征信业务、试点放开市场化征信业务的闸门。以上四件大事，标志着我国实行社会信用管理迈开了大步伐，为建立健全国家信用体系奠定了重要基础。但是，从市场经济活动对信用服务与管理的需求来看，仍有一些现象与问题应引起重视：

一是人民银行建立的金融信用信息系统，为从事金融活动的企业和个人建立了一个"金融身份证"，要建立真正意义的"经济身份证"还需要补充金融活动以外的如直接融资、商品交易、经济合作等市场信用行为信息等。

二是现行《金融信用信息基础数据库》及运行系统存在信息采集受限、档案数据不完整、查询不便、知晓范围不宽、利用不充分等问题。

三是非法的信息采集、交易和利用行为严重干扰征信市场、干扰人们正常工作生活，引起人民信息安全忧虑，其中电讯用户信息泄露与非法利用危害最大且缺乏有效监管。

四是各商业银行眼花缭乱的理财业务与有的地方发生的"存款失踪"及"地下钱

庄"现象冲击人们心灵，人们对银行内部管理能力与外部监管能力有了更高的期盼。

围绕加强市场主体信用体系建设与信用行为监管提出如下建议：

一、**拓宽征信渠道，完善征信服务体系**。在巩固发展金融征信、试点开展个人征信业务的基础上，鼓励支持引导行业商会（协会）参与征信活动。实践证明，行业商会（协会）网络联系着行业骨干，比银行更了解市场主体（包括企业和个人）的市场行为与信用状况，应充分发挥其信用服务与监督作用，结合我国国情，逐步建立形成人民银行主导的信贷征信、企业机构开展的市场化征信与行业商会（协会）开展的行业合作征信相结合的一体多元的征信服务体系，集合政府行为动力、市场化行为动力和行业合作行为动力共同推进我国征信工作及业务高效率开展。

二、**提升征信服务绩效，提高市场主体参与、利用征信积极性**。便捷金融信用查询方式：除了门店登记查询、网上注册查询外，开通柜员机（凭身份证或营业执照原件）查询业务。制定征信行业行为规范，要求征信机构发布年度报告，公布管理对象、信息利用等基本情况，赢得社会公信；明晰信息采集边界和信用评级规程，防范利益导向评价结果偏离客观实际、误导信用利用的不良现象发生；让市场主体切实感受到能利用信用杠杆破解信用融资、信用交易难题，感受到守信行为受益、失信存在风险。

三、**建立市场主体综合信用信息档案系统，实行市场信用行为监察制度**。在建立征集式／社会信用信息系统、登记式／工商注册信用信息系统的同时，建立记载式／综合信用信息档案系统，以行政监管方式，综合利用金融、商务、工商、税务、司法等方面的信用信息，监测与管理市场主体重大失信行为。

四、**进一步加大信用信息公开力度，激励并约束市场主体规范行为**。"全国企业信用信息公示系统"开通后，受到市场主体和消费者广泛关注和欢迎，需要进一步扩大企业覆盖面，充实信用内容（包括注册登记信息和企业行为信息）。大力倡导市场主体信用信息自我公开，大力推进市场主体信用信息监管公开，以信用信息公开促进"公平开放透明"的市场环境建设，鼓励支持"百城万店无假货""诚信宣言""重合同、守信用""企业公告""行业失信行为档案""失信被执行人曝光台"等红黑名单管理措施，促进市场主体信用行为健康。

五、**出台商业行为法，以法治力量促进市场主体信用行为规范**。以信用为要义，规范商品市场行为，及时查处、坚决治理"存款失踪""非法集资""地下钱庄""假冒伪劣""坑蒙拐骗"等失信行为现象；以信用为要义规范征信市场行为，防止重视征信产业发展，忽视征信服务能力建设；以信用为要义规范市场监管行为，以法治约束不当干预，双向解决对中小企业管理"三乱"（乱收费、乱曝光、乱罚款）和对大企业"三不"（不敢管、不能管、管不了）等问题，公正市场主体信用监管规则，均等市场主体接受信用监管义务，强化政府对市场主体信用监管权威。通过依法规范信用自觉、信用服务、信用监管行为，促进社会主义市场经济健康发展。

该提案受到有关方面重视，中国人民银行经过与发展改革委、工商总局会商后，专门作出答复（银〔2015〕386号）。其中表示："人民银行等部门对行业商会（协会）参与征信活动持开放态度。包括行业商会（协会）在内的各类型机构，如符合《征信业管理条例》《征信机构管理办法》要求，可在依法完成相关程序后开展征信业务，为社会提供更加丰富的征信产品和服务，提升经济交易效率。"

工商联成员担任政协委员，围绕国家经济、政治、社会生活中的重大事项和人民大众共同关注的重大问题，参与政治协商、参政议政、建言献策，是一种荣誉，更是一份责任、一份使命。作为人民群众的一员、界别群众的代表、政协履职的主体，政协委员必须倾听人民的呼声、把握人民的意愿，履职尽责、为民发声，以公心建言为己任。

工商联是具有统战性、经济性、民间性有机统一基本特征的人民团体，与其他人民团体一样，是人民政协的重要组成单位，不仅在全国及地方政协组织中拥有一定数量的政协委员席位，而且在全国及地方人大组织中也拥有一定数量的人大代表席位。因为人民团体的组织地位，决定了工商联的政治地位。这是工商联不同于其他商会组织的特色之处。

在参与"政治协商、民主监督、参政议政"的具体工作实践中，工商联界别的政协委员，不仅只是关注本界别的事情，更多的是关注人民大众关注的普遍性的共同性的问题。本书作者在担任全国政协委员10年间，以委员联名名义或以委员个人名义向全国政协大会提出的部分提案目录见表23-3。

表23-3　全国政协大会上工商联界别委员部分提案（2008—2017）

年份	大会名称	大会提案题目	提案人	答复单位
2008	全国政协十一届一次会议	关于建立环境污染责任保险法律制度的提案	赵晓勇	环保部
2009	全国政协十一届二次会议	关于完善政策性金融服务体系服务中小企业发展的提案	赵晓勇	财政部
2010	全国政协十一届三次会议	关于支持办好华创会为海外华侨华人回国创业发展搭建服务平台的提案	赵晓勇	国务院侨办

续表

年份	大会名称	大会提案题目	提案人	答复单位
2010	全国政协十一届三次会议	关于破解三大难题 促进中小企业发展的提案	赵晓勇	中国银监会、中国保监会
2010	全国政协十一届三次会议	关于把南水北调、产业兴城、人口西移列为西部大开发战略重点的提案	赵晓勇	国家发改委
2010	全国政协十一届三次会议	关于大力优化中小企业服务环境的提案	赵晓勇	国家工信部
2011	全国政协十一届四次会议	关于改革基本医疗保障制度创新基本医疗保险管理方式的提案	赵晓勇	国家卫生部、人力资源和社会保障部
2011	全国政协十一届四次会议	关于大力加强血吸虫病防治工作的提案	赵晓勇	国家卫生部
2012	全国政协十一届五次会议	关于建立叠加式医保筹资机制和灵活多样的居民医保与职工医保转换机制的提案	赵晓勇	财政部
2012	全国政协十一届五次会议	关于南水北调中线工程调水后，加强汉江中下游生态建设和环境保护的提案	赵晓勇 白世伟 彭志敏	国务院南水北调办公室
2012	全国政协十一届五次会议	关于加强中小企业服务体系建设的提案	赵晓勇	国家工信部
2013	全国政协十二届一次会议	关于高度重视产业共性应用技术创新体系建设的提案	赵晓勇	国家科技部
2013	全国政协十二届一次会议	关于高效发展混合所有制经济的提案	赵晓勇	国务院研究室
2013	全国政协十二届一次会议	关于加快对南水北调中线工程实施后汉江中下游流域综合开发与保护的提案	赵晓勇牵头联名提案	国家发改委
2013	全国政协十二届一次会议	关于完善汉北河血吸虫病综合防治试点为流域阻断血吸虫病传播积累经验的提案	赵晓勇	国家卫计委
2013	全国政协十二届一次会议	关于进一步优化全民医保机制高效管控医保基金的提案	赵晓勇	中央机构编制办
2014	全国政协十二届二次会议	关于积极发展混合所有制经济落实到企业的提案	赵晓勇	国家发改委
2014	全国政协十二届二次会议	关于加强政策性中小企业信贷服务体系建设的提案	赵晓勇	财政部
2014	全国政协十二届二次会议	关于建立基本住房保障制度的提案	赵晓勇	国家住房和城乡建设部

续表

年份	大会名称	大会提案题目	提案人	答复单位
2015	全国政协十二届三次会议	关于大力加强市场主体信用体系建设与信用行为监管的提案	赵晓勇	中国人民银行
2015	全国政协十二届三次会议	关于充分发挥南水北调中线工程效益，变南方季节水患为北方常年水利的提案	赵晓勇	水利部
2015	全国政协十二届三次会议	关于坚持与完善农业生产责任制的提案	赵晓勇	中央农办
2016	全国政协十二届四次会议	关于建设南水北调中线二期工程、调长江之水建设华北湿地的提案	赵晓勇	水利部
2016	全国政协十二届四次会议	关于支持长江中游荆州分蓄洪区建设发展的提案	赵晓勇牵头联名提案	水利部
2016	全国政协十二届四次会议	关于完善汉北河血吸虫病综合防治国家试点　高效利用河滩改造耕地的提案	赵晓勇	农业部
2017	全国政协十二届五次会议	关于"三医"联动改革工作举措的提案	赵晓勇	国家卫计委
2017	全国政协十二届五次会议	关于进一步支持大别山革命老区振兴发展的提案	赵晓勇牵头联名提案	国家发改委

全国政协工商联界别委员反映社情民意（2016）

人民政协开展了解和反映社情民意工作，是人民群众的愿望，是执政党和政府的需要，也是各级政协组织和政协委员履行职责的重要方式之一。人民政协的各项工作和活动都包含反映社情民意的意义。政协委员要使自己成为本界别名副其实的代表，在努力做好委员提案、委员发言、委员建议工作的同时，还应当努力做好反映社情民意工作。全国政协办公厅为委员反映社情民意开辟的渠道有：通过《政协信息》（普刊）刊登具有全局性问题的信息；通过《政协信息》（专报）向党和国家领导人或有关部门负责人反映重要信息；运用《参政议政动态》《人民政协报》《中国政协》杂志等刊稿反映社情民意；还可以通过视察和调查报告向有关方面反映社情民意。[1]

社情民意：把虚高的药价降下来

把虚高的药价降下来，切实减轻用药负担，是人民群众的深切期盼、人民政府的工作目标、管理部门的重大责任。多年来，多方面尝试了多种政策措施和工作措施，

---

[1] 全国政协办公用厅编写组.政协委员手册 [M]. 北京：中国文史出版社，2009:215-217.

比如，先实行后取消"药价 15% 加成"，先试点后实行"零差率"价格管制，先地市级后省级推行"公立医院药品集中招标采购"等等；但是，其效果仍然不尽人意、不如所愿。通过深入公立医院、私立医院、医药生产企业、医药经营企业调查研究得知，药品价格虚高的问题主要表现在公立医院（私立医院的药品销售价格伴随公立医院"水涨船高"，私立医院的药品购买价格虚高的问题反映不强烈），主要存在三大问题：

一是药品购销行为扭曲。"高定价、大回扣、重公关"成为较普遍的药品销售竞争策略，有的不法经营者靠金钱公关疏通销售渠道，靠回扣谋求增加销售量，靠高定价支撑不合理的销售成本。"金钱公关、高价回扣、开单提成"三大行为疾病，导致药品价格偏离价值、虚高向上，并扰乱了医药市场秩序，扭曲了医疗处方行为，是过高药价和过度用药的"病根"。这种怪现象，古今中外罕见，人民群众和人民政府深受其害。

二是"零差率"的瓶颈。"零差率"政策规定公立医院药品平价进出，不得加价，以此防止药价虚高，指导思想是好的；但是，背离了商品流通价格客观变化规律，医院承担药品购销的资金成本、管理成本和损耗负担，是一个"赔本买卖"，意识与行为都没有积极性，经济承受能力也难以持久。当前，公立医院兼有公益医疗服务机构与有偿医疗服务提供者双重身份，一方面履行可合理收益但不以盈利为目的的非盈利性医疗服务职能，另一方面表现出按照医疗服务成本＋合理收益的规则提供有偿医疗服务行为。"零差率"政策如同用计划经济的办法管理市场经济的药价，抑制公立医院合理的药品差价收入，不利于其正常运营发展。

三是"集中招标采购"的困惑。"投标中标是决定企业命运的生死大战"，"中大标必须大公关"，"大公关加大的成本必须靠高定价扳回来"，这是部分药品生产和经营企业的心态；"甲乙双方交易、第三方定价，花别人的钱为别人办事节约意识不强，花自己的钱为自己办事更有利于节约，落实自主招标采购更有利于堵住不法促销"，这是部分公立医院院长的心声；"价格虚高有回扣的药品淘汰价格合理无回扣的药品""高价中标销得好、平价药品不好销"，这是诚信经营的药品生产和流通企业的困惑。政府集中招标采购与医院自主采购相比、公立医院与私立医院相比，药品采购价格相对较高的客观现实，说明"量价挂钩、以量换价"的集中招标采购没有达到、难以达到降低虚高药价的目的。

围绕解决三大问题，综合来自医院、医药生产者、医药经营者、医药消费者等方面反映的意见，综合形成社情民意信息及建议：

第一，按照"放管服"的要求，革新政府管理方式。放：即放开"零差率"价格管制和"政府集中招标定价"的药品采购前置程序；管：即政府部门监管而不是参与药品招标采购管理行为；服：政府部门办好药品集中招标采购服务平台，服务而不是代理药品集中招标采购工作。

第二，坚持公开招标，落实自主采购。公开招标是国内外、各行业通行的采购方式，有利于降低采购价格并预防不法行为，必须坚持。由医院与药品生产经营企业双方按照市场竞争规则自主招标投标、自主定价购销，允许医院按照市场经济规则获取合理的购销差价、批零差价收益；并建立"节约采购成本归医院"的利益导向机制，提高医院自主或联合采购降低药品采购价格的积极性。

第三，实行医院与药店竞价销售，平抑药价。实行门诊处方可双向选择医院或药店购药机制，通过药店市场药价平抑医院门诊药价，通过医院门诊药价平抑住院治疗药价。

第四，建立公示制度，公开药价。政府监管部门及时公布大宗药品的国内外市场比较价、中标采购价和医疗机构（样本点）执行价，导向患者选择廉价用药，便于医院及时调整药价，以利社会监督药价。

第五，建立三价联动调节机制，动态调节药价。通过医保购买医疗服务指导医院药品价格调节，以医保支付药品价格为杠杆，促进医院药品价格、药店药品价格、医保支付药品价格动态调节在合理区间。

第六，大力整治医药购销不正之风。建立《药品购销财务规则》《药品差价收益管理使用规则》《药品处方行为规则》，完善公立医院内部药品购销管理监督机制及外部监察机制，坚决治理药品购销活动中存在的"金钱公关、高价回扣、开单提成"三大行为疾病，形成整治医药购销不正之风的现实压力和长效机制。

第七，大力加强医德医风建设和医院治理能力建设。公立医院必须坚守人民性品格，真正把"一切为了人民的健康"的口号变成自觉意识与主动行为，树立医德尊严，规范用药行为，促进医药关系正常、医患关系和谐。

第八，建立国家医疗保险医院，示范医保、医疗、医药"三医联动改革"。利用医疗保险基金，建立或管理完全意义的非盈利性医疗保险医院，提供基本医保、规范医疗、合理医药的三合一服务，示范克服"过度医疗、过度用药、过高药价"三大不良行为。

反映以上社情民意，恳请政府有关部门引起重视，齐抓共管，切实把虚高的药价降下来。

社情民意反映人：工商联界别委员　赵晓勇

2016 年 6 月 5 日

五、加强县级工商联组织建设

县域概念及区划历史悠久，"萌芽于西周，产生于春秋，形成于战国，规制于始皇"就是写照。县域，既是相对独立的城乡结合体，是城乡经济交流合作的纽带；还是国家宏观经济发展战略和区域微观经济发展实践的重要节点，地位与作用重大。

县级工商联为地方组织，是工商联工作的重要依托和组织基础。加强县级工商联组织建设，关系到工商联更好地服务县域经济发展，关系到工商联自身建设打好基础和各项工作落到实处，关系到工商联职能作用的充分发挥并延伸至基层商会组织，关系到工商联和商会事业的长远发展。

中央统战部全国工商联发文加强县级工商联建设

2008 年 10 月，全国工商联就加强县级工商联建设专门召开会议。会议强调：县级工商联建设，必须围绕党委政府中心工作，服务县域经济发展大局，通过引导非公有制企业为壮大县域经济多作贡献体现组织优势，通过发展县域非公有制经济来夯实组织建设基础；加强县级工商联建设，必须争取党委政府的领导和支持，需要省（市）级以上工商联加强工作指导。

2008 年 12 月，中央统战部办公厅转发《全国工商联关于加强县级工商联工作的若干意见》（中央统战部办公厅通知〔2008〕111 号）。主要精神包括以下几个方面：

（一）加强县级工商联组织建设的重要意义：1.加强县级工商联组织建设，是工商联积极参与县域经济发展的迫切需要。充分发挥县级工商联组织在壮大县域经济中的重要作用，进一步组织广大非公有制企业在农业领域投资兴业，为农村发展牵线搭桥，给农民增收创造机会，迫切需要加强县级工商联组织建设。2.加强县级工商联组织建设，是推动基层统一战线工作深入开展的客观要求。在遍布城乡社区的非公有制企业和非公有制经济人士中发展会员，切实做好团结、帮助、引导、教育工作，更好地推动统一战线工作在基层的开展。3.加强县级工商联组织建设，是全面加强工商联自身建设的重要举措。只有不断加强县级工商联组织建设，才能为工商联的自身建设打好基础，使各项工作落到实处，完成好新世纪新阶段党和政府赋予工商联的重任。

（二）加强县级工商联组织建设的指导思想和目标要求：4.指导思想。以改革创新的精神，进一步加强会员队伍和基层组织、行业组织建设，重点抓好领导班子建设和机关干部素质提高，不断增强县级工商联组织的凝聚力和影响力，不断提高履行职责和发挥作用的能力，更好地促进非公有制经济人士健康成长和非公有制经济健康发展。5. 目标要求。会员队伍代表性强、结构合理；领导班子健全，机关干部综合素质较高，内部规章制度完善；建立起适应当地经济社会发展需要的基层商会组织，形成为会员服务的有社会影响的活动载体；在党委政府支持下，解决工作所需编制、经费和办公场所，推动县级工商联工作不断迈上新台阶。

（三）加强县级工商联组织建设的主要任务：6. 壮大会员队伍。7. 加强领导班子建设。8. 提高机关干部素质。9. 加强基层商会组织建设。要帮助乡镇商会、街道商会、社区商会健全领导班子，壮大会员队伍，完善管理制度，协助他们解决突出困难和问题。在已形成"一镇一品、一乡一业"，某些行业的产品特色鲜明、产业规模较大的地方，要积极推动建立和发展行业商会。对在社会主义市场经济发展中涌现出来的异地商会、市场商会、开发区商会等各种新型商会组织，应予鼓励和指导，及时总结经验，在实践中不断探索和完善。

（四）加强对县级工商联组织建设的工作指导：10. 高度重视。上级工商联要将县级工商联组织建设工作列入重要议事日程，紧密结合本地实际制定进一步加强县级工商联组织建设的有效措施。11. 分类指导。12. 促进交流。要及时总结推广县级工商联组织建设工作中的好经验、好做法，相互学习，共同提高，不断开创县级工商联组织建设工作的新局面。

这是中国当代商会史上第一个以加强县级工商联组织建设为主题的规范性文件，文件发出后，拉开了加强县级工商联组织建设的大幕。全国工商联于2009年2月，确定了9个县级工商联作为组织工作的联系点。全国工商联有关领导和会员部定期与各联系点进行信息沟通和走访，采集基础数据，沟通相关信息，总结成功经验，指导地方工作。同时，加强县级工商联组织建设和加强县级工商联工作列上了地方党委政府的重要议事日程，各地纷纷研究并出台关于加强县级工商联组织建设和加强县级工商联工作的政策措施和工作措施。

全国第一个加强县级工商联工作的地方文件

2009年7月22日，中共湖北省委办公厅、省政府办公厅发出《关于加强县级工商联工作的意见》（鄂办发〔2009〕40号）。主要精神包括以下几个方面：

（一）加强县级工商联工作的重要意义：1. 有利于进一步推动"一主三化"（即发

展县域经济，以民营经济为主，大力推进县域工业化、农业产业化、城镇化），引导广大非公有制经济人士积极参加社会主义新农村建设，促进县域经济发展。2. 有利于引导非公有制经济人士积极履行社会责任，构建和谐企业、和谐市场、和谐社区，进而构建和谐社会。3. 有利于加强对非公有制经济人士的团结、帮助、教育、引导，促进他们健康成长，把他们紧密团结在党的周围，扩大党的群众基础。4. 有利于统一战线工作向基层深入发展，团结新的社会阶层人士共同走中国特色社会主义道路。

（二）充分发挥县级工商联组织的作用：1. 努力当好政府管理非公有制经济方面的助手，促进县域经济健康发展。发挥工商联的组织优势，协助党委政府开展招商引资、安置就业、劳务经济开发等工作；积极引导、动员和组织非公有制企业通过实施光彩事业、"回归工程"、民企联村、安置就业等，为社会主义新农村建设和发展社会公益事业作贡献。2. 努力成为非公有制经济人士参与政治和社会事务的主渠道，促进基层民主政治建设。充分发挥工商联政治协商、参政议政、民主监督的职能作用，积极组织非公有制经济人士为地方经济社会发展建言献策，积极推荐政治合格、社会贡献大、有一定参政议政能力的非公有制经济代表人士担任人大代表、政协委员，担任人民陪审员、特邀监察员、行风评议员等特邀职务，积极组织会员企业参与"百家非公有制企业评行风"活动，为非公有制经济发展营造良好环境献计出力。3. 努力做好非公有制经济人士思想政治工作，促进非公有制经济人士健康成长。要积极组织和引导非公有制经济人士贯彻落实科学发展观，转变发展方式，努力做到人与企业和谐发展，靠劳动参与分配者与靠资本参与分配者共同发展，企业核心竞争力与产品竞争力同步发展，企业环境保护能力与生产发展能力统筹发展，企业社会贡献力与经济实力相互促进发展。积极开展非公有制企业党建工作，抓好党组织建设和党员发展工作，探索充分发挥非公有制企业党组织和党员作用的工作途径。符合条件的县级工商联应建立直属会员党组织。4. 积极协调非公有制经济劳动关系，促进和谐社会建设。5. 积极引导行业商会改革发展，促进特色产业发展壮大。在已形成"一镇一品、一乡一业"或某些行业特色鲜明、产业规模较大的地方，要积极做好行业商会的组建工作，围绕当地党委、政府中心任务开展工作，围绕会员需求积极开展服务，共同促进行业健康发展。

（三）切实加强县级工商联组织建设：1. 壮大会员队伍。要按照"坚持标准、积极发展、确保质量、优化结构、加强服务、规范管理"的原则要求，重视会员发展工作。根据工作需要，积极邀请同级工商、税务等部门选派的分管领导作为个人会员，并推选进入工商联领导班子。2.加强领导班子建设。注重把表现优秀的非公有制经济代表人士吸收到领导班子和常委、执委中来。3.提高机关干部素质。4.加强基层商会建设，要加强对乡镇（街道）商会组建工作的指导，对异地商会、开发区商会、社区商会等新型商会组织，应加强指导和引导，及时总结经验，在实践中探索完善。

（四）加强对县级工商联工作的组织领导：1.县级党委和政府要切实加强对县级工商联工作的领导；市（州）级工商联要加强对县级工商联工作的指导。2.积极为县级工商联开展工作创造条件。3.努力形成促进非公有制经济发展的合力。各有关部门共同努力，营造促进非公有制经济健康发展和非公有制经济人士健康成长的良好环境。

这是一个富有创新特色的文件，文件结合县域经济发展实际，提出了一系列促进县级工商联充分发挥组织作用，推进县级工商联工作健康发展的政策措施和工作措施。

第一，围绕湖北省委、省政府提出"一主三化"[1]发展县域经济的工作方针，要求工商联努力当好政府管理非公有制经济的助手，服务与促进县域经济健康发展。在这一精神指引下，湖北省各级工商联积极协助政府开展招商引资、安置就业、劳务经济开发及动员和组织民营企业积极参与"民企联村""回归工程"[2]，为建设社会主义新农村作贡献。最具特色的是湖北省多地涌现出一大批"企业家村长"，他们在办好自己的企业的同时，带领村民脱贫致富共奔小康。如湖北民营企业家、武汉当代科技产业集团股份有限公司董事长、经济学博士艾路明担任武汉市九峰乡新洪村党支部书记兼村长，成为中国第一个同时具有企业家和博士身份的村长。

第二，围绕促进基层民主政治建设，各级工商联积极推荐非公有制经济人士担任人大代表、政协委员，担任人民陪审员、特邀监察员；会同有关部门，组织开展"百家民营企业评行风活动"，为县域经济发展献计出力。

第三，创新引导方法，引导非公有制经济人士努力做到"人与企业和谐发展，靠劳动参与分配者与靠资本参与分配者共同发展，企业核心竞争力与产品竞争力同步发展，企业环境保护能力与生产发展能力统筹发展，企业社会贡献力与经济实力相互促进发展"。

第四，引导乡镇发展行业商会，围绕"一镇一品、一乡一业"促进特色产业发展。

第五，根据工作需要，积极邀请同级工商、税务等部门选派分管领导作为个人会员并推选进入工商联领导班子。

第六，明确规定，县级工商联党组成员由党员专职副主席和部分党员兼职副主席

[1] 发展县域经济，坚持以民营经济为主的取向，大力推进县域工业化、农业化、城镇化。

[2] 人回归，常回家看看；心回归，心中有家乡；事业回归，在外发展事业的同时，不忘支持家乡事业发展。

担任，为党员企业家副主席进入党组创造了条件。

第七，明确规定，充分发挥企业家副主席作用，安排企业家副主席代表工商联出席政府及其部门有关会议，以工商联领导身份带队出访考察，充分发挥其工商联领导身份的作用，帮助他们在更大范围内树立工商联领导形象。

第八，明确各类基层商会是县级工商联组织的延伸，明确乡镇商会（不再称乡镇工商联）为工商联的基层组织，明确要求县级工商联对乡镇商会及开发区商会、社区商会、异地商会等新型商会组织加强指导和引导。

湖北加强县级工商联工作的政策措施和工作措施为全国各地县级工商联组织建设和工作开展提供了有益参考和借鉴。

县级工商联建设工作目标

为了推动解决县级工商联建设中的实际困难和突出问题，加强县级工商联组织建设，全国工商联分别提出建设"合格县级工商联"和"五好县级工商联"两个工作目标分阶段推进。第一个阶段，以"一个设立、五个有"为工作目标促进全部县级工商联都达到合格标准；第二个阶段，在达到合格标准的基础上，鼓励积极创建"五好"工商联。

2012年5月，全国工商联发出《关于推动解决县级工商联建设中的突出问题工作实施方案的通知》（全联厅员通〔2012〕40号），要求争取地方党委政府支持，解决长期困扰县级工商联建设的人员编制、办公条件、工作经费等实际困难和问题，力争用两年时间，县级工商联建设实现"一个设立""五个有"的工作目标，即设立工商联党组，有满足工作需要的人员编制、有保证工作正常运转的工作经费、有独立的办公场所、有必要的办公设备、有丰富的活动内容。以此为"合格工商联工作标准"，加强县级工商联组织建设。

7月30—31日，全国工商联在北京召开"全国县级工商联建设工作座谈会"。会上，各省级工商联和全国县级工商联建设联系点汇报交流了推动解决县级工商联建设突出问题的工作情况，深入讨论了全国县级工商联建设示范点标准。

会议强调，要始终围绕发展县域经济这个工作中心加强县级工商联建设；始终按照抓基层、打基础这个工作思路加强县级工商联建设；始终把握协同社会管理这个工作任务加强县级工商联建设。县级工商联必须在县域经济发展中谋划自身建设，通过促进发展县域非公有制经济来夯实组织建设基础，要为非公有制经济发展营造良好环境，重点扶持中小企业特别是小微型企业这类县域经济的重要市场主体，充分发挥商会组织作用和龙头企业带动作用，推动县域经济发展。

会议要求，各省级工商联要抓住县级工商联建设这个工商联全面加强自身建设的"牛鼻子"，指导县级工商联加强领导班子建设，积极培育和发展体现"三性"统一、促进"两个健康"的中国特色商会组织，按照广泛性和代表性相结合的原则，加强会员队伍建设。

会议要求，县级工商联自身要积极作为，通过"有为"争取"有位"，通过"有位"实现"有为"。要充分发挥县级工商联在加强和创新社会管理、促进社会和谐稳定中的积极作用，一方面引导企业合法诚信经营，另一方面引导企业履行社会责任；从扩大党执政的群众基础和社会基础的高度，加强和改进非公有制企业党建工作，积极支持扩大非公有制企业中党的基层组织和党的工作覆盖面，在践行"两个健康"工作主题中实现更大作为。

会后，全国工商联发出《全国县级工商联建设示范点标准的通知》，在"合格工商联工作标准"的基础上提出"五好工商联工作标准"，加强县级工商联示范点建设。五好工商联工作标准包括：领导班子好，会员发展好，商会建设好，作用发挥好，工作保障好。

2013 年 9 月 24—25 日，全国工商联在湖北宜昌召开"全国县级工商联建设经验交流会"。会议期间，与会代表赴宜昌市夷陵区、宜都市考察了县级工商联和商会组织建设情况。会上，授予 64 个县级工商联为全国"五好"县级工商联建设示范点，江苏省工商联、浙江省德清县工商联、武汉市武昌区工商联和宜都市工商联等在大会上交流了经验。全国工商联党组书记全哲洙在会上发表了重要讲话，他指出：在地方党委政府的正确领导下，各级工商联牢牢把握"两个健康"工作主题，以解决实际问题和困难为突破口，上下齐心打了一场加强县级工商联建设的攻坚战，"一个设立、五个有"的阶段性目标总体完成，工商联县级组织薄弱状况得到明显改观。同时也要清醒看到，一些县级工商联还存在建设不平衡、"等靠要"思想，重"硬件"改善、轻"软件"建设等问题。他要求：围绕领导班子好、会员发展好、商会建设好、作用发挥好、工作保障好的"五好"目标，以改革创新精神进一步加强新形势下县级工商联建设。

至 2013 年 6 月，全国共有县级工商联组织 2994 个，共有会员 243.4630 万个，县均 854 个。一批县级工商联在机构设置、人员编制、行政经费、办公场所等方面有了明显改善。设立党组的县级工商联2623个，占总数的92.9%，比上年增加41个；县级工商联编制总数11728个，比上年增加251个，达到县均4.2个；办公、考察、调研、培训经费列入同级财政预算的县级工商联2411个，占总数的85.4%，比上年增加249个；有独立办公场所的县级工商联2561个，占总数的90.7%，比上年增加150个；有电脑、电话、传真等必要办公设备的县级工商联2630个，占总数的93.1%，比上年增加62个；开展活动较好的县级工商联2472个，占总数的87.5%，比上年增加94个。[1]

2014年11月24日，全国工商联办公厅发出《关于检查和确认"五好"县级工商联的通知》（全联厅字〔2014〕48号），要求各省按照《全国工商联2014年"五好"县级工商联建设工作实施方案》和本省制定的实施方案和细则的工作目标、时间节点和工作进度开展自查，将已评定的"五好"县级工商联名单和自查结果报送全国工商联，全国工商联组成检查组对部分省（区、市）开展抽查工作。全国工商联根据各省报送的自查工作情况总结和对部分地区的抽查情况，对省级"五好"县级工商联名单进行审查确认，对符合标准的"五好"县级工商联予以书面确认并向全国通报。此后，评定"五好"县级工商联的工作下放给省级工商联。

至2015年6月底，全国共有县级以上工商联组织3394个（含新疆生产建设兵团所属工商联组织）。其中，地（市）级工商联组织347个，占地（市）级行政区划总数的99.7%；县级工商联组织2981个，占县级行政区划总数的99%；市辖管理区、经济开发区所属工商联组织33个。县及县以下会员占会员总数65.7%，与上年同期相比所占比例上升了5.2个百分点。

2020年4月23日，全国工商联办公厅发出关于《2020—2022年全国"五好"县级工商联建设工作实施方案的通知》（全联厅发〔2020〕19号），进一步修改完善了县级"五好工商联"建设内容：

（一）政治引领好：1.加强领导班子建设。2.加强和改进民营经济人士思想政治工作。3.推动党的组织和工作向所属商会全面有效覆盖。

（二）队伍建设好：1.加强代表人士队伍建设。2.壮大会员队伍。3.广泛联系民营经济人士。

（三）商会发展好：1.推进所属商会改革。2.发挥商会职能作用：一是突出思想政治引导，指导商会在会员中持续深入开展理想信念教育，不断增强会员对中国特色

---

[1] 本书编写组.中华全国工商业联合会简史（1953—2013）［M］.北京：中华工商联合出版社，2013：317.

社会主义的信念、对党和政府的信任、对企业发展的信心、对社会的信誉。二是创新经济服务工作，指导商会引导会员贯彻新发展理念，加快转型升级；深入开展调查研究，及时反映行业和会员诉求，推动营造民营经济发展环境；积极承接政府职能转移，参与政府购买服务。三是搭建法律服务平台，指导商会加大普法宣传力度，健全法律维权援助机制和法律顾问制度；大力推进商会调解工作，鼓励有条件的商会成立调解组织，开展民商事和劳动争议调解。四是指导商会引导会员履行社会责任，发挥商会在打好"防范化解重大风险、精准脱贫、污染防治"三大攻坚战中的积极作用，引导商会积极参与构建亲清政商关系。五是指导商会在会员企业复工复产、解难纾困中发挥积极作用。

（四）作用发挥好：1.服务国家和地方经济发展战略。2.推动企业实现高质量发展。3.积极建言献策。4.有效提供法律服务。5.引导企业履行社会责任。

（五）工作保障好：1.积极争取地方党委政府重视。2.加强机关建设。3.改善工商联办公条件。

六、中国工商联第十二次会员代表大会（2017）

2017年11月24—26日，中国工商联第十二次代表大会在北京召开。中共中央政治局常委、国务院总理李克强和有关领导人会见全体与会代表，并出席开幕会。

会议概况及主要精神

11月24日，大会开幕，李克强代表中共中央、国务院致贺词，其中指出：[1]

我国非公有制经济发展迈上新台阶，在稳定增长、促进创新、增加就业、改善民生等方面发挥了重要作用，已成为稳定经济的重要基础、国家税收的重要来源、技术创新的重要主体、金融发展的重要依托、经济持续健康发展的重要力量。各级工商联作出了重要贡献。

各级工商联要始终坚持党的领导，把政治引领作为首要任务；始终坚持我国社会主义基本经济制度，牢牢把握"两个毫不动摇"方针；始终坚持新发展理念，推动实

---

[1]中国工商业联合会第十二次全国代表大会开幕.李克强代表中共中央国务院致贺词［EB/OL］.（2017-11-24）［2023-12-10］. http://www.gov.cn.

现更高质量、更有效率、更加公平、更可持续的发展；始终坚持服务宗旨，不断提高服务企业的能力和水平；始终坚持保障和改善民生，推动民营企业更好承担社会责任；始终坚持改革创新，不断增强工商联的凝聚力、影响力、执行力。

促进非公有制经济健康发展和非公有制经济人士健康成长，既是重大经济问题也是重大政治问题。各级党委和政府要从全局和战略高度，切实加强对工商联工作的领导，研究解决工商联事业发展中的重大问题，关心工商联干部队伍建设，支持工商联围绕促进"两个健康"主题更好履行职能、发挥作用。

在大会上，全国政协副主席、全国工商联主席王钦敏代表全国工商联第十一届执委会作了题为《以习近平新时代中国特色社会主义思想为指导奋力开创新时代工商联事业新局面》的工作报告。

报告全面回顾了过去五年工商联工作取得的成绩：1.加强和改进非公有制经济人士思想政治工作取得了新突破。2.坚持围绕中心服务大局，发挥桥梁纽带和助手作用取得了新成效。3.扎实开展"万企帮万村"精准扶贫行动，引导非公有制经济人士为脱贫攻坚作出新贡献。4.工商联基层组织建设呈现了新面貌。5.干部队伍素质和工作效能有了新提升。

报告指出：未来的五年，是工商联事业在中国特色社会主义新时代大有可为、大有作为的五年，工商联工作要围绕中心服务大局，紧扣两个健康主题，把握"三性"有机统一，坚持政治建会、团结立会、服务兴会、改革强会，不断增强工商联凝聚力、影响力和执行力，积极引导广大非公有制经济人士自觉做爱国敬业、守法经营、创业创新、回报社会的表率和践行亲清新型政商关系的典范，弘扬优秀企业家精神，推动实现非公有制经济更高质量、更有效率、更加公平、更可持续的发展，为决胜全面建成小康社会、夺取中国特色社会主义伟大胜利、实现中华民族伟大复兴的中国梦作出新贡献。

大会选举产生了由487人组成的全国工商联第十二届执委会。其中，非公有制经济代表人士共339名，占执委总数的69.6%。新一届执委会增加了基层工商联和各级工商联所属商会的执委比例，人员结构合理，综合素质较高，社会影响较大，有较广泛的社会代表性和参政议政能力。执委中的非公有制经济人士行业涉及面广，涵盖大、中、小、微型企业和个体工商户，提高了制造业和高新技术企业比重。

会议选举产生了全国工商联第十二届执委会领导班子。主席：高云龙；常务副主席：徐乐江；副主席：樊友山、谢经荣、黄荣、王永庆、叶青、李书福、李东生、李家杰、李湘平、邱达昌、何猷龙、张近东、陈放、郑跃文、南存辉、钱颖一、黄立、常兆华、梁稳根、雷军、黎昌晋。

会议选举产生了中国民间商会新一届领导班子。会长：高云龙；副会长：徐乐江、樊友山、谢经荣、黄荣、王永庆、王伟、史贵禄、朱建民、刘强东、汤亮、苏志刚、李彦宏、李思廉、张兴海、张宗真、张建宏、冷友斌、沈彬、林龙安、周海江、徐冠巨、魏立华。

会议选举产生了全国工商联第十二届执行委员会常务委员 152 人。

大会审议通过了《中国工商业联合会章程（2017）》，会议代表向广大非公有制经济人士发出了"弘扬企业家精神，争做新时代表率"的倡议书。

全国工商联党组书记徐乐江在闭幕词中要求：各级工商联要结合学习贯彻中共中央、国务院《关于营造企业家健康成长环境弘扬优秀企业家精神更好发挥企业家作用的意见》精神，深入开展理想信念教育，在凝聚共识方面继续发挥重要作用。要进一步提振信心，推动企业实现健康发展，引导非公有制经济人士加强自身修养，增强责任意识，自觉做爱国敬业、守法经营、创业创新、回报社会的表率和践行亲清新型政商关系的典范。

会后，新当选的全国工商联主席高云龙在接受新华社记者采访时，以"推动工商联事业在新时代实现新发展"为题发表重要讲话：工商联事业在中国特色社会主义新时代大有可为、大有作为，要以改革创新的精神，以奋发有为的状态推动工商联事业发展，努力做好工商联工作。要坚持政治建会、团结立会、服务兴会、改革强会，不断提升工商联的凝聚力、影响力和执行力。进一步改革组织体制、创新运行机制、改进工作方式，进一步加强机关建设，不断增强政治性、先进性、群众性，克服和防止机关化、行政化、贵族化、娱乐化，不断提升工商联凝聚力、影响力、执行力。

《中国工商业联合会章程（2017）》修改内容

《中国工商业联合会章程（2017）》与上届章程相比，在总则中修改并增加了两项内容。

第一项内容：

工商联党组发挥领导核心作用，保证党的路线方针政策和党委决策部署的贯彻落实；加强对工商联代表大会、执行委员会、常务委员会工作的指导；支持工商联主席工作，发挥党外干部作用；按照干部管理权限，管理工商联机关干部；支持和配合做好非公有制企业和各类商会党组织组建工作，推动成立行业性或者区域性党组织。

这一规定，把发挥工商联党组领导核心作用和发挥党外干部作用，加强会员企业和商会党组织建设提到一个新的高度。

第二项内容：

工商联以建设政治坚定、特色鲜明、机制健全、服务高效、作风优良的人民团体和商会组织为目标，坚持政治建会、团结立会、服务兴会、改革强会，全面加强政治建设、思想建设、组织建设、作风建设、纪律建设，把制度建设贯穿其中，保持和增强政治性、先进性、群众性，坚决防止机关化、行政化、贵族化、娱乐化倾向，不断增强凝聚力、影响力、执行力；坚持团结、服务、引导、教育的方针，引导非公有制经济人士增强中国特色社会主义道路自信、理论自信、制度自信、文化自信，坚决拥护中国共产党的领导、坚定不移走中国特色社会主义道路，积极投身社会主义经济建设、政治建设、文化建设、社会建设、生态文明建设，积极投身伟大斗争、伟大工程、伟大事业、伟大梦想的实践，为决胜全面建成小康社会，夺取新时代中国特色社会主义伟大胜利，实现中华民族伟大复兴的中国梦而奋斗。

这一规定，系统提出了工商联组织目标和建会要求，新提出"坚决防止机关化、行政化、贵族化、娱乐化倾向"，作为保持和增强工商联组织"政治性、先进性、群众性"特征的重要措施。

《中国工商业联合会章程（2017）》在第一章"职能和任务"中修改并增加了在非公有制经济人士队伍中开展理想信念教育的内容：

开展理想信念教育，引导非公有制经济人士加强自我学习、自我教育、自我提升，学习贯彻党和国家的方针政策，继承和发扬听党话、跟党走的光荣传统，践行社会主义核心价值观，增强对中国特色社会主义的信念、对党和政府的信任、对企业发展的信心、对社会的信誉，自觉做爱国敬业、守法经营、创业创新、回报社会的表率和践行亲清新型政商关系的典范，在全面建设社会主义现代化强国的新征程上贡献智慧和力量。宣传表彰先进典型，弘扬优秀企业家精神，注重对年青一代非公有制经济人士的教育培养。

开展"四信教育"，是多年来各级工商联组织在中国共产党的领导下，引导非公有制经济人士健康成长的有效方法，正式进入章程，成为各级工商联组织意识与行为规范。

《中国工商业联合会章程（2017）》在第三章第二十三条中增加了工商联兼职副主

席履职报告事项，规定：

兼职副主席中的非公有制经济代表人士应向主席会议报告履行职责、发挥作用情况，具体述职办法由同级主席会议制定。

各级工商联副主席分为专职副主席和兼职副主席。专职副主席多为行政领导干部担任，兼职副主席多为非公有制经济代表人士担任。多年来，在年度工作总结时，专职副主席需要报告履职情况，兼职副主席不需要报告履职情况。这一新规定，要求非公有制经济代表人士身份的兼职副主席与专职副主席一样报告履职情况，这对于在工商联组织中，两类身份的副主席平等领导地位和责任，对于非公有制经济代表人士身份的兼职副主席强化领导意识与行为，具有重要的积极作用。

第二十四章

经济高质量发展环境中商会组织意识与行为

2017 年 10 月 18 日，中国共产党第十九次全国代表大会明确指出：我国经济已由高速增长阶段转向高质量发展阶段。2018 年国务院《政府工作报告》提出：按照高质量发展的要求，统筹推进"五位一体"总体布局和协调推进"四个全面"战略布局，坚持以供给侧结构性改革为主线，统筹推进稳增长、促改革、调结构、惠民生、防风险各项工作。

经济高质量发展的新要求，给当代中国商会迎来发展新机遇、新环境、新动能，促进了各级各类商会新发展。在经济高质量发展环境中，中国当代商会组织类型、组织数量、组织规模、组织覆盖面、组织影响力和组织吸引力普遍增多、增大、增强。

一、行业商会协会改革发展

中国当代行业经济组织经过多轮改革，至今主要包括两类：行业商会和行业协会，两类组织大都习惯于有主管单位或挂靠单位，主管或挂靠单位为政府部门的大都习惯称为"行业协会"，其会员多以公有制企业为主体；主管或挂靠单位为工商联的大都习惯称为"行业商会"，其会员多以非公有制企业为主体。也有"官办协会"（前者）与"民办商会"（后者）之说法。

行业商会，根源于中国传统的"行帮""商帮""行会""公所"类组织，脱胎于清（朝）末民（国）初形成的旧式"同业公会"；更新为新中国成立后经改造形成的新式"同业公会"或"同业委员会"；演变为改革开放以后，当今市场经济环境中的行业商会。行业商会是全国、省、市、县四级工商联的重要组织基础，工商联是本级行业商会组建的重要"推手"。行业商会大都以为同行业会员提供服务为主要功能，承接政府部门职能转移或委托服务的事项相对较少（比较行业协会而言），大多数行业商会的会员以非公有制企业和非公有制经济人士为主体。

行业协会，产生于计划经济时期，发展于有计划的商品经济时期和市场经济时期。行业协会，除了具有为同行业会员提供服务功能之外，大都还具有政府部门"授权职能"和"中介职能"，为政府部门与会员企业双向提供行业信息咨询、沟通协调、公正监督等中介服务。行业协会大都与政府部门关系紧密，承接政府部门职能转移或委托服务事项的机会相对较多（比较行业商会而言），有的充当政府部门"延长的工作手臂"的角色。大多数行业协会的会员包括公有制企业和非公有制企业，有的以公有制企业会员为主体。

行业商会和行业协会的共同点是由业态相同或产业链关联的企业自愿组成的具有协调功能、服务功能、自律功能、维权功能、纽带功能、行业促进功能的非营利性社会团体。行业组织定名为商会或协会大都自主选择，在注册登记时经审批确定。

伴随着我国经济体制和行政体制改革进程加快，行业商会和行业协会的组织性质和功能作用逐渐向趋同化方向发展，有的将二者组织名称合并称为"行业商会协会"或"行业协会商会"，有的将二者组织名称统称为"行业商会"或"行业协会"。例如，《国务院办公厅关于加快推进行业协会商会改革和发展的若干意见》（国办发〔2007〕36号）文中表述为"我国行业协会、商会（以下统称行业协会）"；又如，工商联所属行业组织中，以行业商会为主，也有部分行业协会，但习惯统称为"行业商会"。

关于行业商会协会的定义，政界、学界、商界的观点不尽相同，但大意相近相同。涉及行业商会协会的关键词包括：行业商会协会是"业态相同的""利益相同的""经济关联性""利益共同性""互益性商业利益社团"；行业商会协会是"企业利益组织化产物""行业利益组织化产物""为了共同利益而相互合作的组织化产物"；行业商会协会是"有行业分工以后的市场经济的必然产物""商人个体利益与行业共同利益与政府公共利益之间的'利益契合物'"；行业商会协会是"国家与社会共治理论的重要研究对象"；行业商会协会是"行业性、自律性、非营利性"的"商团""社团法人"；等等。综合多方面的观点，本书将行业商会协会的定义表述为：行业商会协会是同行业商人或企业，为维护会员个体利益、团体利益、行业共同利益，致力于服务会员发展并促进行业发展而自愿组成的社会团体。维护会员个体利益和团体利益并致力于服务会员发展，是各类商会协会的共性组织特征；维护行业共同利益并致力于促进行业发展，是行业商会协会的个性组织特征。行业商会协会是中国特色商会组织体系的重要组成部分，是各级工商联重要的组织基础和工作手臂及联系企业和个体会员的桥梁和纽带。

改革开放以后，我国行业商会协会发展较快，在提供政策咨询、加强行业自律、促进行业发展、维护企业合法权益等方面发挥了重要作用。但是，由于相关法律、法规不健全，政策措施不配套，管理体制不完善，行业商会协会还存在着结构不合理、作用不突出、行为不规范等问题。中共十六届三中全会指出，要按市场化原则规范和发展各类行业协会商会等自律性组织；中共十六届六中全会进一步强调，要坚持培育发展和管理监督并重，完善培育扶持和依法管理社会组织的政策，发挥各类社会组织提供服务、反映诉求、规范行为的作用，为经济社会发展服务。为加快推进行业商会协会的改革和发展，更好地适应新形势的需要，2007年以后，国家加大了推进行业商会协会改革和发展的工作力度和监管力度，加大了行业商会协会相关政策调整，促进中国当代行业商会协会有了新发展并进一步趋向健康发展。

行业商会协会发展阶段

中国当代行业商会协会经历了改造改组、转型转变、恢复发展、快速发展四个阶段。

第一个阶段：改造改组

20世纪50年代初，大多数市、县在建立工商联时对旧行业商会（又称同业公会）进行了改造改组，有的市、县工商联是在改造旧商会、旧同业公会的基础上组建起来的。关于同业公会的地位，《工商业联合会组织通则（1952）》第三章第十一条规定："市、县工商业联合会下得按行业设立同业公会或同业委员会。"关于同业公会的性质，《工商业联合会组织通则说明》中指出："把同业公会的性质改变；变为工商业联合会领导下的专业性的组织。"这一决定，实际上取消了同业公会在工商联组织中的团体会员地位，取消了同业公会的独立法人地位；但肯定了同业公会在工商联组织中的专业性组织功能，为工商联内设的专业性工作机构。

第二个阶段：转型转变

20世纪50年代中期，对私营工商业进行社会主义改造完成以后，因为大多数私营工商企业转变为公私合营企业，由工商联主管的民间性的以私营工商企业为会员主体的同业公会组织基本消亡，取而代之的是由政府部门主管的以国营和公私合营企业为会员主体的行业协会组织。

第三个阶段：恢复发展

20世纪80年代中期以后，伴随着新一轮个体私营经济兴起发展，各级工商联所属同业公会开始恢复性发展。如1985年，浙江省宁波市工商联本着"组织起来、发展起来、开展服务"的精神，在组建行业委员会的基础上开展了同业公会组织建立与发展的工作探索。1986年，上海成立了橡胶工业同业公会。1987年，广州、湛江、佛山等地试行组建同业公会。1988年8月，全国工商联同业公会工作经验交流会在北京召开，经过讨论，明确了同业公会的性质："同业公会是在党委和政府的领导下，经过工商联筹组，由同行业企业自愿组成的民间经济社团，是民间的服务型经济组织"；明确了同业公会的组织原则："自愿入会、自选领导、自聘人员、自筹经费、自理会务"；明确了同业公会的活动方针："自我管理、自我服务、自我协调、自我约束、自我教育。"1988年9月，广东省工商联与省委统战部、省体改委联合发出《开展组建同业公会工作的通知》，自此，广东省组建同业公会（商会）工作全面展开。至1990年底，全国各地共组建各种类型的同业公会（商会）160个（其中市属77个，区属39个，县属44个）。这一时期，工商联所属同业公会（商会）与政府部门主管行业协会并行发展。

第四个阶段：快速发展

进入20世纪90年代以后，全国工商联和各省级工商联开始筹建其所属并主管的行业商会（部分组织仍称同业公会）。至2003年底，各级工商联所属行业商会总数达到4075个。

关于行业商会或同业公会的称谓纷争。在《国务院办公厅关于加快推进行业协会商会改革和发展的若干意见》（国办发〔2007〕36号）发布以后，行业商会的称谓固定下来，成为官方语言。

2010年9月16日，中共中央、国务院发布《关于加强和改进新形势下工商联工作的意见》（中发〔2010〕16号），要求"充分发挥工商联在行业协会商会改革发展中的促进作用"；2018年6月25日，中共中央办公厅、国务院办公厅印发《关于促进工商联所属商会改革和发展的实施意见》，进一步明确了推动各级工商联所属商会改革发展的三大任务：完善商会职能作用，规范商会自身建设，改进对商会的联系服务方式。同时要求商会组织突出思想政治引导工作，全力做好创新经济服务工作，重视做好强化守法诚信和社会责任工作。

促进行业商会改革发展是工商联的重大组织责任。《中国工商业联合会章程（2022）》要求各级工商联：履行社会团体业务主管单位职责，促进所属商会改革发展，确保商会发展的正确方向；推动建立完善现代商会制度，提升商会法治化、规范化水平；加强所属商会建设，推动统一战线工作向商会组织有效覆盖。

行业商会协会职能作用

改革开放以后，关于行业商会协会的职能作用，从各级政府及其有关部门到行业商会协会自身都进行了有益探索。

1997年3月，国家经贸委发布《关于选择若干城市进行行业协会试点的方案》，部署上海、广州、厦门、温州四个城市的经贸委系统开展行业协会试点工作。《方案》指出：我国的经济类行业协会是经济体制改革的产物，是随着市场经济的发展而成长起来的社会经济团体组织。在现代市场经济国家中，行业协会在维护同行业利益，促进同行业发展，避免行业内部无序竞争，进行行业的自我协调、自我约束、自我管理中都起着重要作用。《方案》要求通过实践，在如何建设和发展适应具有中国特色的社会主义市场经济要求的行业协会问题上，探索出一条路子来。通过试点，确立行业协会在行业中的地位、职能、作用，进而探索具有中国特色行业协会的基本模式，切实加强行业协会的组织建设和功能建设。其中强调了在试点中要重点明确行业协会的六条职能：1.根据行业的特点，制定本行业的《行规行约》，以建立行业自律性机制，规范行业自我管理行为，促进企业平等竞争，提高行业整体素质，维护行业整体利益。2.对本行业新办企业申报进行前期咨询调研，并由行业协会签署论证意见，作为有关部门审批和登记注册的重要依据。3.参与制定、修订本行业各类标准工作，包括技术标准、经济标准、管理标准。组织推进标准的贯彻实施，开展行检、行评工作。4.进行行业内部价格协调。对于行业内的价格争议，组织同行议价。对行业内协定的商品价格进行指导、监督、协调。防止行业价格垄断，保护行业平等竞争，维护企业合法利益。5.按照本行业实际要求，加强行业统计工作。布置、收集、整理、分析全行业统计资料，为政府制定产业政策提供依据，为企业经营决策服务。6.受政府或有关公司委托对行业内重大的投资、改造、开发项目的先进性、经济性、可行性进行前期论证，并参与项目责任监督。组织国内、国际间的行业技术协作和技术交流。推荐行业内的高新技术产品、名牌产品。组织行业技术成果的鉴定和推广应用。

1999 年 10 月，国家经贸委发布《关于加快培育和发展工商领域协会的若干意见》（试行）（国经贸产业〔1999〕1016 号）。其中提出工商领域协会的职能大致分为三类，即为企业服务的职能；自律、协调、监督和维护企业合法权益的职能；协助政府部门加强行业管理的职能。具体职能工作有 17 项：1. 开展行业、地区经济发展调查研究，提出有关经济政策和立法方面的意见和建议。2. 经政府主管部门同意和授权进行行业统计，收集、分析、发布行业信息。3. 创办刊物，开展咨询。4. 组织人才、技术、职业培训。5. 组织展销会、展览会等。6. 经政府部门同意，参与质量管理和监督工作。7. 指导、帮助企业改善经营管理。8. 受委托组织科技成果鉴定和推广应用。9. 开展国内外经济技术交流与合作。10. 制定并监督执行《行规行约》，规范行业行为，协调同行价格争议，维护公平竞争。11. 反映会员要求，协调会员关系，维护其合法权益。12. 经政府部门授权和委托，参与制订行业规划，对行业内重大的技术改造、技术引进、投资与开发项目进行前期论证。13. 参与制定、修订国家标准和行业标准，组织贯彻实施并进行监督。14. 参与行业生产、经营许可证发放的有关工作，参与资质审查。15. 参与相关产品市场的建设。16. 发展行业和社会公益事业。17. 承担政府部门委托的其他任务。

2002 年 1 月，上海市人民政府发布《上海市行业协会暂行办法》，将行业协会职能分为行业服务、行业自律、行业代表、行业协调四类基本职能和 10 项具体职能：1. 组织行业培训、技术咨询、信息交流、会展招商及产品推介等活动。2. 参与有关行业发展、行业改革及与行业利益相关的政府决策论证，提出有关经济政策和立法建议，参加政府举办的有关听证会。3. 代表行业企业进行反倾销、反垄断、反补贴等调查，或者向政府提出调查申请。4. 依据协会章程或者《行规行约》，制定本行业质量规范、服务标准。5. 参与地方或者国家有关行业产品标准的制定。6. 通过法律法规授权、政府委托，开展行业统计、行业调查、发布行业信息、公信证明、价格协调、行业准入资格资质审核等工作。7. 监督会员单位依法经营。8. 协调会员与会员，会员与行业内非会员，会员与其他行业经营者、消费者及其他社会组织的关系。9. 开展国内外经济技术交流和合作。10. 承担法律法规授权、政府委托及章程规定的其他职能。

2005 年 6 月，广东省深圳市人民政府发布《深圳市行业协会暂行办法》，明确行业协会可以行使 9 项职能：1. 制定并组织实施本行业的《行规行约》，建立行业自律机制。2. 拓展市场，发布市场信息，推荐行业产品或者服务，开展行业培训，提供咨询服务。3. 向有关国家机关反映涉及行业利益的事项，提出经济政策和立法等方面的意见和建议。4. 代表行业内相关经济组织提出反倾销、反补贴调查或者采取保障措施的申请，参与反倾销应诉活动。5. 协调会员与政府之间、会员之间、会员与非会员之间、会员与消费者之间涉及经营活动的争议及本行业协会与其他行业协会或者经济组织的相关事宜。6. 对违反行业协会章程或者《行规行约》、行业整体利益的会员，采取相应的行业自律措施。7. 参与制订业界技术标准、业界规划，根据国家有关规定进行资格、资质认定，出具公信证明，发布产业损害预警，组织推进行业标准的实施。8. 组织会员参加国内、国际经济技术交流，推广先进技术和管理经验，建设为业界服务的公共服务平台。9. 法律、法规授权或者政府部门委托及章程规定的其他职能。

2005 年 12 月，广东省人民代表大会常务委员会公布《广东省行业协会条例》，规定：行业协会应当发挥提供服务、反映诉求、规范行为的职能作用，根据需要可以从事下列活动：1. 组织市场开拓，发布市场信息，编辑专业刊物，开展行业调查、评估论证、培训、交流、咨询、展览展销等服务。2. 协调会员之间、会员与非会员之间、会员与消费者之间涉及经营活动的争议。3. 协助政府及其部门完成相关调查，组织协调行业企业参与反倾销的应诉活动。4. 接受与本行业利益有关政策的论证咨询，提出相关建议，维护会员和行业的合法权益。5. 参与行业性集体谈判，提出涉及会员和行业利益的意见和建议。6. 参与有关行业标准的论证，建立规范行业和会员行为的机制。7. 加强会员和行业自律，促进会员诚信经营，维护会员和行业公平竞争。8. 组织会员学习相关法律、法规和国家政策。9. 开展行业协会宗旨允许的业务和政府及其工作部门授权或者委托的其他事项。

关于行业商会协会的职能作用，各地各行业各组织都不尽相同，但其共同点主要有以下五个方面。

第一，行业代表职能

主要包括两个方面：1. 会员代表性，其衡量指标主要是会员群体数量和会员覆盖面。2. 行业代表性，其衡量指标主要是会员群体影响力和会员代表性人物与企业影响力。多年来，关于行业商会协会组织数量控制方面存在"一业一会"和"一业多会"的争论。业内人士认为，应允许"一业一会"，但不应限制"一业多会"。"一业一会"好，还是"一业多会"好，取决于行业成员的组织共识程度，组织共识程度高的，可"一业一会"，组织共识程度不高的，可"一业多会"。通过实际工作观察分析得知，二者各有利弊："一业一会"，组织集中度高，集中力量办大事能力更强，但行业垄断倾向难以避免；"一业多会"，组织集中度相对较低，但会员对象"可选择入会"，有利于促进行业商会协会服务竞争，行业服务竞争机制有利于促进行业充分竞争发展，进而有利于促进市场经济健康发展。

第二，行业服务职能

主要包括两个方面：1.服务行业会员发展。我国行业商会协会会员入会采取自由选择机制，如果得不到会员的信任，不能为会员提供满意的服务，行业商会协会就会失去组织吸引力和影响力。服务行业会员发展，是行业商会协会的立会之本、生存之基。2.服务行业发展大局。充分发挥桥梁纽带作用，把政府及其部门委托或转移的事情办好，把会员的共同利益维护好，引导会员队伍健康成长，促进行业经济健康发展，是行业商会协会发展之要。

第三，行业自律职能

主要包括两个方面：1.行业商会协会会员个体行为自律。重在引导会员自觉杜绝"假冒伪劣、坑蒙拐骗"等商业陋习，促进个体商业行为规范。2.行业商会协会集体行为自律。重在预防和反垄断，促进整体行业行为规范。从自律角度规范行业组织和会员行为，有利于优化商业环境和商业文明。

第四，行业调解（协商）职能

商会协会调解是"人民调解"的重要组成部分，商会协会调解具有"知情、及时、高效"等特点。商务活动中，每时每刻都存在利益关系调整，难免产生矛盾和纠纷。调解行业与企业之间、会员之间、商会内外之间的利益关系和矛盾纠纷，行业商会协会的作用显得尤为重要。实行自治、法治、德治三治统一，情、理、法三者交融，以柔性方式调整社会关系，将矛盾化解在基层、化解在萌芽状态，行业商会协会调解作用重大。2018年4月17日，全国工商联、司法部联合发出《关于推进商会人民调解工作的意见》，大力倡导并科学指导商会调解工作。

第五，行业发展促进职能

从所在区域行业发展和国家全行业发展两个角度，行业商会协会在行业发展规划、行业发展能力、行业技术进步、行业行为规范等方面，只有能够切实发挥促进作用和助手作用，才能受到政府及行业主管部门的重视和支持，才能得到同行业的认可，才能获得工作对象，扩大服务领域。

对于行业商会协会的职能作用，认识不尽相同，也不应求其相同。如何充分发挥行业商会协会的职能作用，应该把握适应我国社会主义市场经济高效率高质量发展新形势、适应行业发展新趋势、适应会员发展新需求三个基本点，在有所为与有所不为两个方面科学决策，在突出发挥行业特色作用方面大有作为。

行业协会商会第一步改革：政会职能分开

所谓"政会职能分开"（简称"政会分开"），主要指政府部门与其所办的行业协会商会，在隶属关系不变的前提下，政府部门职能与行业协会商会职能分开。

2007 年 5 月 13 日，国务院办公厅印发《关于加快推进行业协会商会改革和发展的若干意见》（国办发〔2007〕36 号），主要包括以下内容：

（一）行业协会商会改革发展的指导思想和总体要求：1.指导思想。按照完善社会主义市场经济体制的总体要求，采取理顺关系、优化结构，改进监管、强化自律，完善政策、加强建设等措施，加快推进行业协会商会的改革和发展，逐步建立体制完善、结构合理、行为规范、法制健全的行业协会商会体系，充分发挥行业协会商会在经济建设和社会发展中的重要作用。2.总体要求。一是坚持市场化方向，完善政策，优化结构，提高素质，增强服务能力。二是坚持政会分开，理顺政府与行业协会商会之间的关系，明确界定行业协会商会职能，改进和规范管理方式。三是坚持统筹协调，做到培育发展与规范管理并重，行业协会商会改革与政府职能转变相协调。四是坚持依法监管，实现依法设立、民主管理、行为规范、自律发展。

（二）积极拓展行业协会商会的职能：1.充分发挥桥梁和纽带作用。政府部门要进一步转变职能，把适宜于行业协会商会行使的职能委托或转移给行业协会商会；行业协会商会要努力适应新形势的要求，改进工作方式，深入开展行业调查研究，积极反映行业、会员诉求，提出行业发展和立法等方面的意见和建议，促进行业发展。2.加强行业自律。要围绕规范市场秩序、推动行业诚信建设、规范会员行为、协调会员关系维护公平竞争的市场环境。3.切实履行好服务企业的宗旨。行业协会商会代表本行业企业的利益，必须切实为企业服务。4.积极帮助企业开拓国际市场。在维护国内产业利益和支持企业参与国际竞争等方面充分发挥作用。

（三）大力推进行业协会商会的体制机制改革：1.实行政会分开。严格依照法律、法规和章程独立自主地开展活动，切实解决行政化倾向严重及依赖政府等问题。要从职能、机构、工作人员、财务等方面与政府及其部门、企事业单位彻底分开，目前尚合署办公的要限期分开。建立政府购买行业协会商会服务的制度。2.改革和完善监管方式。要按照政会分开、分类管理、健全自律机制的原则，加强和改进行业协会商会登记管理工作。3.调整、优化结构和布局。积极推进行业协会商会的重组和改造，加快建立评估机制和优胜劣汰的退出机制。

（四）加强行业协会商会的自身建设和规范管理：1.健全法人治理结构。实行民主管理，建立健全党的基层组织，充分发挥党组织的监督保障作用。2.深化劳动人事制度改革。行业协会商会要全面实行劳动合同制度，保障工作人员合法权益。3.规范收费行为。行业协会商会不得从事以营利为目的的经营活动，依法所得不得在会员中分配、不得投入会员企业进行营利。4.加强财务管理。行业协会商会要建立健全财务管理、财务核算制度，建立行业协会商会资产管理制度，并按有关规定接受监督检查。5.加强对外交流管理。行业协会商会要建立和完善各项对外交流管理制度，在对外交往中遵守法律、法规和纪律，维护国家利益。

（五）完善促进行业协会商会发展的政策措施：1.落实社会保障制度。行业协会商会工作人员应按照国家有关规定和属地管理原则，参加当地养老、医疗、失业、工伤和生育等社会保险，履行缴费义务，享受相应的社会保障待遇。2.完善税收政策。财政等部门要根据税制和行业协会商会改革进展情况，适时研究制定税收优惠政策，鼓励、支持行业协会商会加快发展。3.建立健全法律、法规体系。有关部门要总结经验，并借鉴发达国家的有益做法，做好立法调研和法律法规起草工作，将行业协会商会发展纳入法制化轨道。4.加强和改进工作指导。各地区、各有关部门要积极采取措施，指导行业协会商会开展行业服务、自律、协调等工作。

《关于加快推进行业协会商会改革和发展的若干意见》的发布，揭开了推进行业协会商会改革和发展的序幕，并体现出更加重视发挥行业协会商会参与国家经济事务的重要作用，极大地提升了行业协会商会的经济地位和社会地位，极大地调动了行业协会商会组织建立和组织活动的积极性。自2007年以来，中国当代行业协会商会进入空前活跃时期，其组织数量和组织规模都得到较快发展，其组织影响力和行业覆盖面进一步增大拓宽。

行业协会商会第二步改革：政会关系脱钩

所谓"政会关系脱钩"（简称"政会脱钩"），规范用语为"行业协会商会与行政机关脱钩"；"政会关系脱钩"，又称"协会商会去行政化改革"，意指政府部门与其所办的行业协会商会脱离隶属关系。

2015年5月5日，中共中央、国务院发布《关于构建开放型经济新体制的若干意见》，其中指出：充分发挥行业协会商会在制定技术标准、规范行业秩序、开拓国际市场、应对贸易摩擦等方面的积极作用，提高协会商会组织协调、行业自律管理能力。坚持行业协会商会社会化、市场化改革方向，推进行业协会商会工作重心转向为企业、行业、市场服务。支持协会商会加强与国际行业组织的交流合作，建设国际化服务平台，改革内部管理体制和激励机制，增强可持续发展能力。加强境外中资企业协会商会建设。这些要求，从构建开放型经济新体制的角度为行业协会商会改革指出了新的方向。

2015 年 6 月 30 日，中共中央办公厅、国务院办公厅印发《行业协会商会与行政机关脱钩总体方案》（中办发〔2015〕39 号）。《总体方案》指出行业协会商会是我国经济建设和社会发展的重要力量。同时指出：一些行业协会商会存在政会不分、管办一体、治理结构不健全、监督管理不到位、创新发展不足、作用发挥不够等问题。按照《中共中央关于全面深化改革若干重大问题的决定》《国务院机构改革和职能转变方案》有关精神和工作部署，为加快转变政府职能，实现行业协会商会与行政机关脱钩，促进行业协会商会规范发展，制定本方案。主要内容包括：

（一）总体要求和基本原则：1. 总体要求：积极稳妥推进行业协会商会与行政机关脱钩，厘清行政机关与行业协会商会的职能边界，加强综合监管和党建工作，促进行业协会商会成为依法设立、自主办会、服务为本、治理规范、行为自律的社会组织。创新行业协会商会管理体制和运行机制，激发内在活力和发展动力，提升行业服务功能，充分发挥行业协会商会在经济发展新常态中的独特优势和应有作用。2. 基本原则：坚持社会化、市场化改革方向；坚持法制化、非营利原则；坚持试点先行、分步稳妥推进。

（二）脱钩主体和范围：脱钩的主体是各级行政机关与其主办、主管、联系、挂靠的行业协会商会。其他依照和参照《公务员法》管理的单位与其主办、主管、联系、挂靠的行业协会商会，参照本方案执行。同时具有以下特征的行业协会商会纳入脱钩范围：会员主体为从事相同性质经济活动的单位、同业人员，或同地域的经济组织；名称以"行业协会""协会""商会""同业公会""联合会""促进会"等字样为后缀，在民政部门登记的社会团体法人。

（三）脱钩任务和措施（五分离、五规范）：1. 机构分离，规范综合监管关系。取消行政机关（包括下属单位）与行业协会商会的主办、主管、联系和挂靠关系。行业协会商会依法直接登记和独立运行。2. 职能分离，规范行政委托和职责分工关系。厘清行政机关与行业协会商会的职能，加快转移适合由行业协会商会承担的职能。3.资产财务分离，规范财产关系。行业协会商会应执行民间非营利组织会计制度，单独建账、独立核算。对原有财政预算支持的全国性行业协会商会，逐步通过政府购买服务等方式支持其发展。4.人员管理分离，规范用人关系。行业协会商会具有人事自主权，在人员管理上与原主办、主管、联系和挂靠单位脱钩，依法依规建立规范用人制度，逐步实行依章程自主选人用人。5.党建、外事等事项分离，规范管理关系。行业协会商会的党建、外事、人力资源服务等事项与原主办、主管、联系和挂靠单位脱钩。

（四）配套政策：1.完善支持政策。完善政府购买服务机制，支持行业协会商会转型发展。鼓励各有关部门按照《国务院办公厅关于政府向社会力量购买服务的指导意见》要求，向符合条件的行业协会商会和其他社会力量购买服务。完善行业协会商会价格政策，落实有关税收政策。鼓励行业协会商会参与制定相关立法、政府规划、公共政策、行业标准和行业数据统计等事务。2.完善综合监管体制。加快推进行业协会商会立法工作，制定行业协会商会综合监管办法；完善信用体系和信息公开制度，建立完善法人治理结构，按照建立现代社会组织要求，建立和完善产权清晰、权责明确、运转协调、制衡有效的法人治理结构；健全行业协会商会章程审核备案机制，完善以章程为核心的内部管理制度，健全会员大会（会员代表大会）、理事会（常务理事会）制度，建立和健全监事会（监事）制度，在重要的行业协会商会试行委派监事制度。

（五）组织实施：1.建立工作机制。成立行业协会商会与行政机关脱钩联合工作组，推进行业协会商会脱钩工作。2.明确责任分工。各相关职能部门按照本方案和职能分工，落实相关政策和措施。各级发展改革、民政部门负责统筹协调、督促检查脱钩工作，并会同有关部门制定综合监管办法。3.稳妥开展试点。2015年下半年开始第一批试点，2016年总结经验、扩大试点，2017年在更大范围试点，通过试点完善相应的体制机制后全面推开。4.精心组织实施。要严格按照本方案要求推进脱钩工作，规范工作程序，建立考核机制，确保工作有序开展。

中办发〔2015〕39号文发出后，全国各地试点推行行业协会商会与行政机关脱钩改革，取得初步成效。

2019年3月1日，国务院办公厅发出《关于在制定行政法规、规章、行政规范性文件过程中充分听取企业和行业协会商会意见的通知》（国办发〔2019〕9号）。《通知》指出：为推进政府职能转变和"放管服"（简政放权、放管结合、优化服务）改革，保障企业和行业协会商会在制度建设中的知情权、参与权、表达权和监督权，营造法治化、国际化、便利化的营商环境，制定有关行政法规、规章、行政规范性文件过程中应充分听取企业和行业协会商会意见。

《通知》要求：1. 科学合理选择听取意见对象。要注重听取各类有代表性的企业和行业协会商会的意见，特别是民营企业、劳动密集型企业、中小企业等市场主体的意见，综合考虑不同规模企业、行业的发展诉求、承受能力等因素。2. 运用多种方式听取意见。行政法规、规章、行政规范性文件出台前，认真倾听企业和行业协会商会的意见，深入了解其诉求。3. 完善意见研究采纳反馈机制。对相对集中的意见未予采纳的，要通过适当方式进行反馈和说明。4. 加强制度出台前后的联动协调。5. 注重收集企业对制度建设的诉求信息，增强有关行政法规、规章、行政规范性文件的针对性、有效性、可操作性。6. 加强组织领导和监督检查。要加强组织领导，健全企业和行业协会商会参与制度建设工作机制，鼓励、支持、引导企业和行业协会商会积极有序参与制度建设；要加强综合协调和督促落实，广泛凝聚共识，形成工作合力，不断提高听取企业和行业协会商会意见的实效。

2019年6月14日，国家发展改革委、民政部、中央组织部、中央编办、中央和国家机关工委、外交部、财政部、人力资源和社会保障部、国资委、国管局共10部门联合发出《关于全面推开行业协会商会与行政机关脱钩改革的实施意见》（发改体改〔2019〕1063号），主要精神简述如下：

（一）总体要求：1. 按照去行政化的原则，落实"五分离、五规范"的改革要求，全面实现行业协会商会与行政机关脱钩。2. 坚持"应脱尽脱"的改革原则。凡是符合条件并纳入改革范围的行业协会商会，都要与行政机关脱钩，加快成为依法设立、自主办会、服务为本、治理规范、行为自律的社会组织。3. 坚持落实主管单位的主体责任。业务主管单位应精心组织，指导行业协会商会高质高效完成脱钩改革任务。4. 坚持协同推进的工作机制。行业协会商会与行政机关脱钩联合工作组负责指导推动改革工作。

（二）改革主体和范围：1. 脱钩的主体是各级行政机关与其主办、主管、联系、挂靠的行业协会商会。其他列入公务员法实施范围和参照《公务员法》管理的单位与其主办、主管、联系、挂靠的行业协会商会，参照本意见执行。2. 同时具有以下特征的行业协会商会纳入脱钩范围：会员主体为从事相同性质经济活动的单位、同业人员，或同地域的经济组织；名称以"行业协会""协会""商会""同业公会""联合会""促进会"等字样为后缀，在民政部门登记的社会团体法人。3. 列入脱钩名单的全国性行业协会商会（共 795 家，其中已脱钩 422 家，拟脱钩 373 家），必须按规定要求和时限完成脱钩。暂未列入脱钩名单的全国性行业协会商会，暂时实行业务主管单位和登记管理机关双重管理，同时按照去行政化的要求，加快推进相关改革。

（三）改革具体任务：1. 机构分离。取消行政机关（包括下属单位）与行业协会商会的主办、主管、联系和挂靠关系，行业协会商会依法直接登记、独立运行，不再设置业务主管单位。2. 职能分离。厘清行政机关与行业协会商会的职能，剥离行业协会商会现有行政职能，行政机关不得将其法定职能转移或委托给行业协会商会行使。深化"放管服"改革，鼓励行政机关向符合条件的行业协会商会和其他社会力量购买服务，鼓励和支持行业协会商会参与承接政府购买服务。3. 资产财务分离。取消对行业协会商会的直接财政拨款，通过政府购买服务等方式支持其发展。4. 人员管理分离。落实行业协会商会人事自主权，规范用人管理，全面实行劳动合同制度，依法依章程自主选人用人。5. 党建外事等事项分离。脱钩后，全国性行业协会商会的党建工作，按照原业务主管单位党的关系归口由中央和国家机关工作委员会、国务院国资委党委领导。地方行业协会商会的党建工作，由各地党委成立的社会组织党建工作机构统一领导。行业协会商会外事工作按照中央有关外事管理规定，由住所地政府外事工作机构管理。

（四）全面加强行业协会商会党建工作：1. 完善党建工作管理体制和工作机制。2. 扩大党的组织覆盖和工作覆盖。3. 充分发挥行业协会商会党组织作用。4. 加强行业协会商会党风廉政建设。

（五）完善综合监管体制：1. 完善登记管理。2. 加强资产监管。3. 规范收费管理。4. 强化行业指导与管理。5. 加强信用监管。

（六）组织实施：各地区、各部门和行业协会商会要高度重视，严明纪律，借鉴脱钩试点中积累的经验和做法，按《总体方案》和本《意见》要求，全面实施行业协会商会脱钩改革，2020 年底前基本完成。确保改革平稳有序，确保改革过程中"思想不乱、队伍不散、工作不断"。

行业协会商会社会化、市场化改革，是适应社会主义市场经济体制改革要求进行的，实际上也是在社会主义市场经济体制改革宏观视野下某一方面的一个微观缩影，是社会主义计划经济体制向社会主义市场经济体制转变的终期结果，是政府"放管服"改革的选择对象，是中国当代行业商会与国际接轨的必然选择。改革后，促进行业协会商会不再依附政府行业主管部门，朝着"依法设立、自主办会、服务为本、治理规范、行为自律"的社会组织方向发展。

2020 年 7 月 2 日，国务院办公厅发出《关于进一步规范行业协会商会收费的通知》（国办发〔2020〕21 号），指出：进一步规范行业协会商会收费，是落实减税降费政策的重要举措，有利于为市场主体减负松绑、增添活力。要持续深化"放管服"改革，针对部分行业协会商会乱收费和监管不到位等突出问题，从严监管、综合施策、标本兼治，全面规范各类收费行为，进一步完善监管机制，做到对违法违规收费"零容忍"，促进行业协会商会健康有序发展。《通知》主要精神包括：

（一）全面清理取消行业协会商会违法违规收费：1. 严禁强制入会和强制收费。2. 严禁利用法定职责和行政机关委托、授权事项违规收费。3. 严禁通过评比达标表彰活动收费。4. 严禁通过职业资格认定违规收费。5. 组织开展自查抽查。对于违法违规收费，要立即全面清理取消并限期退还。

（二）进一步提升行业协会商会收费规范性和透明度：1. 持续规范会费收取标准和程序。2. 合理设定经营服务性收费标准并向社会公示。3. 推动降低部分重点领域行业协会商会偏高收费。

（三）建立健全行业协会商会收费长效监管机制：1. 强化收费源头治理。从根本上解决行业协会商会依托行政机关或利用行政影响力乱收费问题。2. 进一步落实部门监管职责。3. 完善投诉举报机制。4. 加强行业协会商会自身建设。5. 支持行业协会商会更好发挥作用。行业协会商会要推动行业企业自律，并及时反映行业企业诉求，维护行业企业合法权益，为市场主体提供优质服务。鼓励行业协会商会积极参与相关标准和政策性文件制（修）订，鼓励行政机关向行业协会商会购买服务。及时总结推广行业协会商会在行业自治、服务企业等方面的典型经验做法，促进行业协会商会持续规范健康发展。

国务院办公厅专题发文规范行业协会商会收费行为，一定程度地说明行业协会商会不合理收费行为发展到了比较严重的程度，也一定程度地表明行业协会商会与行政机关脱钩后自主办会、自我管理、自我生存、自我发展能力受到挑战，倒逼行业协会商会改革创新、积极作为并规范行为。

截至 2020 年 12 月底，共有 728 家全国性行业协会商会和 67491 家地方行业协会商会按照"五分离、五规范"要求基本完成脱钩改革，完成率分别为 92% 和 96%。通过改革，初步建立起政会分开、权责明确、依法自治的现代社会组织新体制；通过改革，理顺了行业协会商会党建工作管理体系，形成了党建引领行业协会商会正确发展方向的新机制，行业协会商会党的组织和党的工作从"有形覆盖"不断向"有效覆盖"推进；通过改革，行业协会商会独特优势和功能作用日益显现，更好地发挥了政府助手、行业抓手和企业帮手作用。去行政化改革，促进中国当代新型行业协会商会不断产生并蓬勃发展。

自 2001 年起，由浙江大学联合有关政府部门、商会协会、大专院校、科研院所共同主办的"中国民间商会论坛"，汇聚全国各地商会协会工作者、研究者、关注者共商中国民间商会改革发展大计，在全国范围内产生重要影响。难能可贵的是，该论坛参与人员注重商界、学界、政界相结合，课题研讨注重商会工作、商会服务、商会管理相结合，研讨方式注重理论与实践相结合、现实与前瞻相结合、改革与发展相结合，受到广泛关注。

2022 年 11 月 12—13 日，"中国民间商会论坛"在杭州举行。本届论坛由中国民营经济研究会、中国社会治理研究会、浙江省工商联（浙江省商会）、无锡民营经济和民间组织研究所、浙江大学和浙江工商大学共同发起，浙江大学社会组织与社会治理协同创新中心、浙江大学社会治理研究院、浙江工商大学重要窗口研究院与浙江省商会发展研究院共同主办。来自全国各地从事行业协会商会等社会组织研究领域的专家学者、民政及工商联相关部门负责人和优秀行业协会代表等 100 多位嘉宾线上、线下参加论坛。这次论坛以"全面建设社会主义现代化国家新征程中的行业协会商会发展"为主题，从行业协会商会服务经济高质量发展与共同富裕、行业协会商会推进治理现代化、行业协会商会能力建设、行业协会商会管理与改革创新四个专题开展深入讨论，并取得有益共识。

新型行业商会协会蓬勃发展

所谓新型行业商会协会，系指去行政化改革后在民政部门重新登记为社会团体法人的或按照《社会团体登记管理条例》新成立的行业商会协会。

关于"协会"与"商会"名称选用由行业组织自己决定。名称选用之别，也是人们关心与研究的话题。通过大数据分析得知，一般拥有行政授权职能的或希望得到行政授权职能的（即所谓"希望找市长的"）行业组织名称喜好选择"协会"；一般没有行政授权职能的希望按市场机制运行的（即所谓"希望找市场的"）行业组织名称喜好选择"商会"。两种名称中，经过去行政化改革后重新登记的行业协会商会保留原名的较多；新成立的行业组织取名行业商会的较多。工商联系统管理的或以团体会员身份加入工商联的行业组织多称为行业商会。

行业商会协会是工商联组织体系的重要组成部分，是工商联的组织基础、工作手臂、联系会员的桥梁和纽带。行业商会协会健康发展对于工商联组织健康发展至关重要。下面，分别介绍上海、广东、江苏、福建、四川等地行业商会协会发展有关情况。

（一）上海市行业商会协会发展轨迹[1-3]

上海是中国近代商会发源地，也是中国当代商会改革发展的排头兵。上海市行业商会协会的历史渊源与现实发展具有代表性和影响力。

1951年2月，上海市工商联成立时，其会员主要是由各工商同业公会（行业商会）及其所属会员构成。12月31日，经过调查、登记、组建，全市共有同业公会276家，会员总数15万户。同业公会组织形成了上海市工商联的组织基础；同业公会会员形成了上海市工商联的会员基础。

1953年3月，上海市工商联一届三次会议，按照《工商业联合会组织通则（1952）》中工商联会员条款的规定作出决议，把以同业公会为会员单位的组织形式改变为以企业为会员单位的组织形式，确定"凡本市国营、私营、公私合营企业、合作社、合作社联社及个体工商户（摊贩）等经济组织和商人直接成为工商联会员，由各区（县）工商联筹备会代表市工商联重新办理会员登记"，同业公会则成为市工商联所属专业性组织。

伴随着公私合营完成，上海市工商联所属同业公会使命基本结束；1956年以后，同业公会组织逐步减少，直至1958年基本消失。

改革开放以后，伴随着市场经济体制建立和政府职能的转变，上海市行业组织得以重新组建，其组织名称有的使用同业公会，有的使用行业商会。它们在"沟通政府与企业的联系、协调同业关系、加强行业自律、维护企业利益和市场秩序等方面

［1］上海市工商业联合会五十年历程［M］//孙晓华主编.中国工商业联合会50年概览（下卷）.北京：中华工商联合出版社，2003：221.

［2］汤蕴懿著.中国特色商会组织体系构建——以上海为视角［M］.上海：上海社会科学院出版社，2016：103-104，111-112.

［3］李思.上海行业协会商会人力资源论坛：发挥人力资源优势［EB/OL］.（2015-11-04）［2023-12-18］.http://www.cssn.cn/st/st_xhzc/st_jjl/201511/t20151104_2558976.sh.

发挥相当重要的作用"。上海市工商联逐步组建有橡胶业、自行车业、餐饮业、美容业、五金工具业、电线电缆业、不动产业等同业公会，并对所属同业公会和行业商会提出了"加强行业的自我管理、自我监督、自我服务、自我教育、自我完善"的工作要求。

1990—2010 年间，上海市坚持以科学发展观为指导，培育了一大批"独立公正、行为规范、运作有序、代表性强、公信力高、适应社会主义市场经济要求并符合上海国际化大都市发展需要的"新型行业商会协会，新型行业商会协会以改革创新为动力，以功能重塑为重点，以自律管理为保障，较好地发挥了"服务企业，规范行业，发展产业"的职能作用，为优化区域产业发展环境、高效率高质量发展区域经济、提升上海企业的国际化竞争力发挥了促进作用。据 2013 年上海市委研究室联合相关机构对上海市行业性团体深入调研得出的结果：2002 年以前在上海市社团管理局登记注册的市级行业性团体为 132 个；至 2010 年底，增长到 230 个。大部分行业商会协会会员覆盖率达到 70% 以上。上海市行业商会协会在维护会员权益、服务会员需求、规范行业发展、参与社会管理、承担社会责任等方面发挥了积极作用，其中参与社会管理的工作富有特色。例如，静安区安检部门组织行业商会协会专业人员对社区标准化菜场电子秤进行监制和检测，纠正一些摊主舞弊作假的行为，维护消费者合法权益。又如，静安区外经委、经委等部门请行业商会协会参与外资企业年检和先进技术和出口产品推荐，参与区域经济运行分析、参与研究招商引资政策、参与南京路商业功能换代升级等方面的工作，行业组织已经成为静安区经济发展的智囊团和顾问团。再如，上海市室内环境净化行业协会充分利用专业优势，先后调研发布《上海市儿童房装修污染调查报告》《上海市车内空气质量调查》《上海市商务楼室内空气环境调查》等 10 多个调查报告，为政府相关部门制定政策提供了参考依据，使得上海市民更加了解室内环境净化的重要性和预防性措施。

2015 年 11 月 1 日，由上海市民政局、上海市社会团体管理局主办，上海人才服务行业协会承办的"发挥人力资源优势，推进行业协会商会发展——上海行业协会商会人力资源论坛"在上海公益新天地召开。从行业协会商会人力资源政策、人才队伍现状及人力资源发展等角度，共同探讨如何在行业协会商会转型发展的背景下，激发行业协会商会的市场活力、培养行业协会商会人才队伍，建立行业协会商会人力资源服务平台。论坛中，上海人才服务行业协会首次发布《上海行业协会商会人力资源指数报告》，通过行业协会商会人才结构、人才需求以及人才薪酬三个方面，综合分析上海行业协会商会的人才现状和发展趋势。《报告》显示，200 个（调研对象 370 多个）受访协会商会中，成立 11 年以上的占比一半以上；成立 20 年以上的占比 38%。

（二）广东省服装服饰行业协会由官办向民办转型发展[1]

广东省服装服饰行业协会成立于 1990 年 3 月，当时以广东省服装工业公司为挂靠单位，以广东省第二轻工业厅为业务指导单位。该协会下设 2 个专业委员会及内设办事机构。成立之初，该协会有 236 个单位会员。

1998 年，伴随着业务指导单位"二轻部门"裁撤，该协会随之转型，走上去行政化之路，向民间化、市场化方向发展。2006 年，该协会进一步整改，彻底脱离了政府部门管理，规范了章程和会费标准，并增补了监事，独立自主办会。至 2010 年，该协会拥有会员单位 415 个，专职工作人员 15 名，定期向会员单位提供《广东服装行业经济运行分析报告》，并建有专门网站。至 2012 年，协会拥有企业会员 3 万多家，其中规模以上企业会员 3000 多家，从业人员达 500 万人以上，规模以上企业完成服装产量 53.72 万件，在全国总产量中占比 20.1%。广东服装及衣着附件出口在全国处于领先地位。

广东服装服饰产业发展格局特色鲜明：1. 品种齐全：包括西服、衬衣、内衣、休闲、运动时装等十几大类。2. 产业链完善：从辅料、配件生产到服装设计、生产、商贸，上、中、下游各产业环节完整。3. 产业集群发展：经中国纺织工业协会评定的"服装名城名镇"有 27 个，虎门、新塘和均安等地被评为"国内知名服装专业镇"。4. 品牌较多：至 2012 年，服装服饰行业拥有"广东省名牌产品"147 个，"广东著名商标"172 个，"中国名牌产品"17 个，"中国驰名商标"21 个，"中国出口名牌"2 个。5. 服装设计人才集聚：至 2013 年，拥有"中国十佳时装设计师"38 个，约占全国的 1/4；中国时装设计"金顶奖"获得者 9 名，在全国占比 9/16；广东十佳服装设计师共 120 人，全省服装设计师人数在 10 万名以上。6. 专业市场规模较大、辐射面较广：全省服装批发市场约 200 个，在全国占比 1/3。7. 服装教育基础较好：广东全省开设服装教育及相关专业课程的本（专）科院校约 30 家，服装专业高校在校生约 2.5 万人。

2012 年，广东省服装服饰行业协会联合相关机构成立了"广东省时尚服饰产业经济研究院"，承接多个地区的行业规划项目。发达的产业、成熟的市场、给力的人

---

[1] 胡辉华等. 行业协会商会成长的内在机制 [M]. 北京：社会科学文献出版社，2019：52-69.

才资源开发，促进了广东省服装服饰产业健康发展，同时促进了广东省服装服饰行业协会健康发展。该协会先后获得"全省先进民间组织""全国先进民间组织""中博会优秀组织奖"等重大荣誉称号。

广东省服装服饰产业协会改革的经验告诉我们，衡量协会商会改革成效有三个重要指标：一是会员增加率。广东省服装服饰产业协会企业会员数量从 1990 年成立之初的 236 家增加到 2010 年的 415 家，增长率为 76%。二是会费收缴率。2009 年度，广东省服装服饰产业协会会费收缴率达到 82.8%，表明会员对协会的组织认可度较高。该协会收入主要由三部分构成，会员会费收入、协会服务收入、政府补助收入各占比重为 13%、67%、19%。三是会员对协会依存度。广东省服装服饰产业协会的会员对组织"三个离不开"，即会员经营离不开协会搭建的各种平台，会员发展离不开协会提供的服务与支持，会员经济技术协作离不开协会打造的产业链整合平台。以上三大指标表明，广东省服装服饰产业协会在改革转型发展中站稳脚跟，组织吸引力、影响力、可持续发展能力进一步增强并走上良性发展道路。

（三）江苏省南通市行业商会"助企""帮政"[1-2]

至 2008 年，该市组建各类行业商会 168 家，涉及纺织服装、机械电子、化工建材等 60 多个行业，覆盖面超过了规模以上企业总数的 80%，会员总数达 13000 多家。南通的行业商会在发挥"助企帮政"作用方面形成工作特色。

在"助企"方面，构建工作平台为企业排忧解难。一是搭建信息和智力平台。帮助企业及时传递、掌握、了解产业政策和党委政府的决策信息，为企业调整经济发展策略提供指导和帮助。例如，南通服装商会在沟通的基础上与 7 个县（市）区的服装商会进行了联系，建立起工作联动机制，实现了服装行业信息资源共享。如皋市医疗器械商会集聚会员企业产品资源，设立中国医疗器械网络交易平台，优先向全国发布本商会中小企业的产品信息。二是搭建服务和沟通平台。充分发挥行业商会化解矛盾、协调关系的功能，在引导企业"抱团取暖"、联保互助、科技创新等方面发挥作用。例如，通州家纺商会针对部分会员企业资金困难的现实问题，专题召开了家纺产业座谈会，举办了"政银企金融沙龙"，先后组织 20 多次融资活动，为 160 多家企业融资 17.2 亿元。三是搭建大宗原料集中采购平台和产品销售平台。南通是全国最大

［1］江苏南通行业商会助企帮政［EB/OL］.（2012-09-06）［2023-12-18］. http:// http://news.china. com.cn/shanghui.

［2］江良高，赵剑波主编.行业商会大有作为［M］.南京：南京大学出版社，2009：34-40.

的紫菜生产出口基地，江苏黄海紫菜商会会长单位兰波公司牵头建立了紫菜交易市场，对会员企业的紫菜实行统一销售，既增加了紫菜的销售量，又降低了交易成本。四是搭建科技创新和转型升级平台。启东市电动工具商会引导企业通过兼并、联合、重组等形式，帮助资金困难的"小而全"的家庭作坊式企业加盟龙头企业，实现"小舢板"与"大航母"的接轨，从而在激烈的市场竞争中站稳了脚跟，重新进入发展的"小阳春"。

在"帮政"方面，发挥建言献策和桥梁纽带作用。通过掌握企业经营情况的第一手资料，并迅速整理上报相关部门，为党委政府制定政策和工作措施提供参考。例如，海安县纺织服装商会提供的一份行业情况调研报告，引起了县政府的高度关注，县政府随即研究出台了鼓励纺织服装企业发展的一系列政策，并将 78 家纺织服装企业列为重点扶持对象。

南通市各行业商会创新开展工作，在努力把商会办成"反映会员诉求的代言人""发展经济的助推器""招商引资的新载体""行业发展的保护神""排忧解难的及时雨""重大经济活动的生力军""新农村建设的新力量""和谐社会的构建者"八个方面取得工作经验并形成工作特色。

（四）福建省石狮市行业商会协会改革发展[1]

2020 年，在新冠肺炎疫情防控工作中，福建省石狮市各行业协会商会充分发挥"政府的助手、行业的抓手、企业的帮手"作用，分类推动企业复工复产，协助保障企业安全复工防疫需求，为企业复工复产提供支撑，有力服务了疫情防控和经济社会发展大局。在石狮市委、市政府的引导下，石狮市纺织服装商会、石狮市电子商务协会、石狮市儿童产业联合会、石狮市裤业同业公会等行业组织主动作为，围绕"企业用工难、疫情防控难、交通物流难、供应链协同配套难、市场拓展难"等问题，积极寻求破解之道。为引导会员企业产品销售从线下转到线上，助力企业复工复产，策划并举办了为期 1 个月的"石狮品牌服装网上直播专卖节暨网红选品节"，成交金额高达 5376 万元；此外，还有 5 家企业与直播机构现场签订了《意向订货合同》，采购金额达 3643 万元。

2020 年 8 月，石狮市社会组织管理工作领导小组办公室转发《国务院办公厅关于

---

[1] 石狮 31 家全市性行业协会商会 10 月底前行政脱钩［EB/OL］. http://epaper.ssrb.com.cn/html/2019-08/21/content_249879_1451241.htm.

进一步规范行业协会商会收费的通知》，明确指出，石狮将全面规范行业协会商会各类收费行为，坚决做到"五个严禁"，即严禁依托政府部门或利用行业影响力强制企业入会和收费，严禁利用法定职责和政府委托授权事项违规收费，严禁通过评比达标表彰活动收费，严禁通过职业资格认定违规收费，严禁只收费不服务或多头重复收费。

（五）四川省行业商会协会助推民营制造业高质量发展[1]

四川省工商联注重充分发挥所属行业商会协会组织作用，助力民营制造业发展，其思路与做法归纳为"五大优势""五大作用"。

行业商会协会助力民营制造业发展的"五大优势"：

1. 组织平台优势：一是搭建政企信息沟通平台，及时发布政策信息，收集汇总企业诉求，代表企业建言献策，成为政府与企业之间的桥梁纽带。二是推动民营企业积极参与国营企业混合所有制改革，促进国营企业与民营企业业务对接合作，成为国营企业和民营企业之间的桥梁纽带。三是开展法律维权服务，调解会员纠纷，消除同行企业恶性竞争，促进规范市场秩序，成为民营企业之间的桥梁纽带。四是串联上下游民营企业融入产业链协同发展，推动产业链填缺补短，成为促进产业链协同发展的桥梁纽带。五是加强与国外行业商会协会交往，成为服务会员企业参与国际经济合作的桥梁纽带。

2. 资源整合优势：一是利用行业商会协会资源要素配置能力和行业号召力，整合全行业优质资源，为会员企业提供政策、资金、技术、设施、人才等服务。二是引导高等院校、科研院所的技术人才资源与产业精准对接，实现产业链、人才链、创新链的融合。

3. 行业指导优势：一是通过前瞻性分析研判行业发展趋势，制订行业发展中长期发展规划，指导业内企业发展。二是参与编制产业技术路线图，引导业内企业找准融入产业链发展方向。三是引导企业把握行业发展趋势，指导业内企业科学转型发展，避免企业走弯路。

4. 技术引领优势：一是熟悉和了解行业发展现状与未来发展趋势，贴近企业、贴近市场、贴近国际最新动态，努力参与相关行业标准制定。二是通过引导业内制造业企业技术创新，参与构建产学研用创新研发体系。

---

[1] 四川省工商联. 充分发挥行业商会协会作用助推民营制造业高质量发展 [G]. 2020工商联理论研究创新成果汇编.

5. 集群发展优势：一是推动行业集聚，打造产业联盟，为民营企业寻找适合自身产业和技术特点的行业伙伴，推动聚合发展。二是推动空间集聚，建立或运营产业园区，推动优势资源向园区集聚、重大产业项目向园区集中。三是推动产业集聚，充分发挥商会招商优势，围绕本地制造业优势资源招引龙头企业或配套企业，带动制造业集群发展升级。

行业商会协会助力民营制造业发展的"五大作用"：

1. 发挥行业发展"牵引器"作用，助推民营制造业挑起大梁。牵头制定行业高质量发展的路线图，包括产业链发展路线图、技术发展路线图、招商引资路线图等。

2. 发挥技术创新"孵化器"作用，助推民营制造业创新发展。一是建立技术创新联盟，由行业商会协会牵头，组织会员企业联合开展"共享工厂""共享设备"，分享共享经济红利。二是构建协同创新体系，聚合会员的智慧和力量，建立技术创新中心或者产业研究机构或产品中试基地，孵化新技术、新产品、新产业。

3. 发挥数字转型"推动器"作用，助推民营制造业转型发展。一是以行业商会协会为抓手，实施数字化赋能行动。二是引导会员企业积极参与数字化转型。三是支持发展数字经济。

4. 发挥产业发展"聚集器"作用，推动民营制造业集群发展。一是按产业链组建行业商会协会。二是成立泛成渝地区商会协会联盟。三是探索依托商会协会运营产业园区模式。

5. 发挥政企沟通"联结器"作用，优化民营制造业发展环境。一是完善行业商会协会政策参与机制。二是完善行业商会协会调研评价机制。三是完善行业商会协会参与决策咨询机制。

二、工商联所属商会改革发展

工商联所属商会占中国当代商会总数的绝大多数，工商联所属商会包括行业商会、异地商会、基层商会和同籍商人商会联合会等。

工商联所属商会改革发展政策措施

2018年6月25日，中共中央办公厅、国务院办公厅发布《关于促进工商联所属商会改革和发展的实施意见》，其中指出：工商联所属商会是以非公有制企业和非公有制经济人士为主体，由工商联作为业务主管单位，依照《社会团体登记管理条例》和《中国工商业联合会章程》制定章程并开展活动的社会组织。工商联所属商会改革是社会组织管理制度改革的重要内容，是加强和改进非公有制经济领域统战工作的重要举措。《实施意见》主要精神概述如下：

（一）商会改革和发展的指导思想：认真落实党中央关于推动统战工作向商会组织有效覆盖和发挥工商联对商会组织的指导、引导、服务职能的要求，准确把握新形势下商会的中国特色、时代特征、组织特性，积极培育和发展中国特色商会组织，更好促进非公有制经济健康发展和非公有制经济人士健康成长。

（二）商会改革和发展的基本原则：1.坚持党的领导，牢固树立政治意识、大局意识、核心意识、看齐意识，坚决贯彻执行党的路线方针政策，确保商会发展的正确方向。2.坚持"三性"有机统一，牢牢把握统战性，充分发挥经济性，切实体现民间性，培育和彰显商会的独特优势。3.坚持社会化改革方向，实行自愿组建、自筹经费、自我服务、自主管理，依照章程开展活动。4.坚持分类指导，根据不同类型、不同区域商会特点和发展实际制定措施，增强改革的针对性和实效性。

（三）商会改革和发展的目标任务：通过深化改革，完善商会职能作用，规范商会自身建设，改进商会管理服务，努力把商会建设成以统战性、经济性、民间性有机统一为基本特征，以促进"两个健康"为主题，以团结、服务、引导、教育为方针，有效承担政治引导、经济服务、诉求反映、权益维护、诚信自律、协同参与社会治理任务的中国特色商会组织，进一步夯实工商联的基层组织和工作依托，更好发挥商会在党的统战工作和经济工作中的重要作用。

（四）商会职能作用：1.突出思想政治引导，注重发挥非公有制经济领域的基层统战组织作用，组织开展非公有制经济人士理想信念教育实践活动，引导会员增强对中国特色社会主义的信念、对党和政府的信任、对企业发展的信心、对社会的信誉；引导民营企业家自我学习、自我教育、自我提升，实现健康成长，坚定不移听党话、跟党走。2.创新经济服务工作，认真贯彻新发展理念，加强对产业政策、行业发展规律的研究，主动参与行业标准制定。3.及时反映行业和会员诉求，促进优化企业发展环境；积极搭建各类公共服务平台，为会员提供融资、信息、法律、技术、人才等服务，助推企业创新发展、走出去发展。4.强化守法诚信和社会责任，引导会员依法经营、依法治企、依法维权，推动构建亲清新型政商关系，积极参与社会诚信体系建设，构建和谐劳动关系。

（五）规范商会自身建设：1.健全法人治理体系，商会要建立健全由会员大会（会员代表大会）、理事会（常务理事会）、监事会（独立监事）组成的法人治理结构，完善以章程为核心的内部管理制度，完善专业委员会等内部运行机制，推进规范化建设。2.推动党的组织和工作全覆盖，商会党组织要学习宣传贯彻党的路线方针政策，落实全面从严治党主体责任，支持会员企业加强党建工作，以党建促会建，切实发挥战斗堡垒作用。3.健全财务管理和信息公开制度，商会要严格执行民间非营利组织会计制度和国家规定的财务管理制度，实行财务独立核算。商会会费收取使用、资产处置等应符合国家有关规定和商会章程程序。4.着力激发商会活力，商会要根据所在行业和区域非公有制经济发展情况，壮大会员队伍，优化会员结构；要坚持依法登记、依法办会、依法监管，实行民主选举、民主决策、民主管理，调动会员参与商会事务的积极性。

（六）加强和改进工商联对商会的指导、引导和服务：1.各级工商联对所属商会履行业务主管单位职责，按照班子建设好、团结教育好、服务发展好、自律规范好的标准推动商会建设。2.科学制订商会发展规划，积极培育和发展新经济领域商会，使商会组织覆盖经济社会发展的各重点行业和领域。3.在同级党委和政府的领导下，探索对异地商会的归口管理。4.指导商会深入开展理想信念教育实践活动，将活动开展情况作为商会考评的重要内容。5.在同级党委组织部门和社会组织党建工作机构的指导下，领导和管理商会党建工作。6.对会长、监事长、秘书长等人选进行任前考察、备案和履职考核，对会长人选开展综合评价，对不能正确履职的人选及时进行调整。7.符合条件的商会会长可安排进入同级工商联领导机构。8.建立商会退出机制，根据商会自身建设和作用发挥情况，实行动态管理。

（七）落实相关部门对商会的综合监管：1.民政部门要依照相关登记管理法规，加强对商会的登记审查、监督管理和执法检查，支持符合条件的商会依法登记，积极支持在新兴产业、新兴业态领域依法组建商会。2.财政、税务、人力资源和社会保障、金融管理等部门要加强对商会使用财政资金情况、执行财务管理制度及会计制度情况、资产管理情况、纳税情况和非营利性业务开展、评比表彰和工作人员权益保障、收费及价格行为、金融账户和资金往来等行为和情况的监督、监测、指导。3.行业管理部门要加强对商会的行业指导，履行好相关监管责任。

（八）完善对商会的扶持政策：1.各地区各有关部门要完善和落实财税、金融政策，积极支持商会承接政府转移事项、参与政府购买服务、依法进入公共服务行业和领域。2.在制定推动非公有制经济发展的公共政策或行业发展政策、行业标准时，充分征求商会意见。3.将商会纳入公共信息平台统一管理，共享必要的行业信息和数据。4.将商会人才培养纳入国家人才队伍建设规划，提高商会工作人员专业化水平。

（九）组织实施工作要求：1.商会改革发展事关加强党在非公有制经济领域的领导，事关非公有制经济健康发展和非公有制经济人士健康成长，涉及面广，政策性强，企业关注度高。2.各地区各有关部门要高度重视，积极谋划，精心组织，抓好落实。各级党委统战部门要在党委统一领导和政府指导支持下，切实发挥统筹协调作用，推动形成党政相关部门各司其职、密切协作的工作机制，共同研究解决有关重大问题，做好政策解读和舆论引导工作，有序推进工商联所属商会改革发展。3.各级工商联要对所属商会开展全面摸底和清理整顿，凡列入清理范围或限期整顿不达标的，依法向民政部门申请注销或予以解散。

工商联所属商会改革发展工作推动

中共中央办公厅、国务院办公厅《关于促进工商联所属商会改革和发展的实施意见》，是我国第一部专题论述并规范工商联所属商会行为的规范性文件，引起有关方面和社会各界高度重视。

2018年7月25日，中央统战部、全国工商联召开电视电话会，部署推进工商联所属商会改革发展工作。会议强调，要切实增强责任感和使命感，认真贯彻落实中共中央关于工商联所属商会改革的决策部署；要推动统战工作向商会有效覆盖；要充分发挥工商联的指导、引导、服务职能，探索创新商会治理和运行模式，加强制度化规范化建设，培育发展中国特色商会组织；要在党委统一领导下，各地各有关部门各司其职、密切协作，加强指导和督查，不折不扣地落实各项改革举措。

12月4日，全国工商联主席高云龙与北京市工商联、市委编办、市民政局、市发展改革委、市财政局相关负责人及北京市部分区工商联、所属商会会长座谈交流，了解北京市商会改革发展情况，交流探讨商会改革发展中的问题及对策。在座谈会上，高云龙对工商联所属商会改革发展工作提出了四点希望：一要深刻领会《实施意见》精神实质，把思想和行动统一到中央的要求上来，加快工商联所属商会改革的步伐。二要讲政治，进一步解放思想，坚持市场化、科学化、现代化的改革方向，积极围绕北京市委、市政府中心工作推动商会改革。三要敢于创新，北京要在工商联所属商会改革中敢于尝试、敢于突破，努力加大扶持力度，当好工商联所属商会改革的表率。四要加强所属商会的自身建设，积极宣传中央政策，及时反映企业需求，不断丰富服务手段，将理想信念教育寓于形式多样、生动活泼、丰富多彩的活动之中，达到细雨润物的实效。希望通过改革，进一步激发工商联所属商会的内在活力，把工商联所属商会建设成为政治坚定、体制健全、管理规范、作用明显的中国特色社会主义商会组织。

按照《实施意见》要求，各地工商联扎实推进各项改革任务落实。例如：

重庆市工商联　组织召开现场推进会，举办商会会长培训班，聚集市属各区、街道、行业商会和异地商会会长，总结交流经验，畅谈心得体会，介绍特色工作并参观基层商会组织和会员企业。商会会长们认为：做企业是我们的本业，只有做好、发展好企业，才有担任商会会长的条件和资格。会议一致认为：推动工商联所属商会改革发展，要突出政治功能，切实增强"四信"，这是工商联所属商会的统战性所决定的；要发挥好经济服务功能，这是商会的基础工作；要强化诚信自律功能，制定自律公约，探索会员诚信评价办法、建立会员诚信档案，引导会员依法经营、依法治企、依法维权，这是商会工作的基本要求；要加强商会党建工作，扩大党组织和党的工作覆盖面，这是商会工作的新要求，都应当做好。

江苏省工商联　统筹推进"五好"县级工商联建设与"四好"商会建设。至2018 年底，江苏省共有 4277 家各类商会组织，其中行业商会 1876 家，商会总数及行业商会数列全国第一（约占全国商会组织数的 1/10）；全省乡镇（街道）商会 1195家，覆盖率达到 95%；异地江苏商会实现了省级层面全覆盖，海外江苏商会 9 家。

上海市工商联　推进所属商会改革和发展工作呈现三个特点：一是反应迅速，落实有力；二是重点突出，措施到位；三是自上而下，规范有序。推进工作举措方面：一是市、区协调推进，按照时间节点，保质保量完成改革任务；二是结合改革要求，持续加强商会建设，深入开展调查研究，充分发挥商会作用；三是继续抓好优化营商环境工作，关注中小微企业发展中的所想所盼，做好服务。

广东省工商联　致力于扩大统战工作向非公有制经济领域有效覆盖、不断创新商会经济服务、促进商会规范管理并激发商会组织活力，努力开创非公有制经济领域统战工作新局面，为广东实现"四个走在全国前列"、当好"两个重要窗口"作出新贡献。

武汉市工商联　提出工商联所属商会改革是社会组织管理制度改革的重要内容，是加强和改进非公有制经济人士工作的重要举措，是推动民营经济健康发展的有力抓手，要切实推动商会改革各项任务落地落实。此次改革涉及全市工商联所属327家商会，其中行业商会80家，异地商会96家，街道商会151家。要聚焦工商联所属商会改革发展各项任务，围绕完善商会职能作用，规范商会自身建设，提高工商联指导引导服务能力，努力建设"有服务力、有吸引力、有影响力"的特色商会。

为了深入贯彻落实中共中央办公厅、国务院办公厅《关于促进工商联所属商会改革和发展的实施意见》，各地党委政府出台结合本地实际的政策措施。例如：

2019年6月，浙江省委办公厅、省政府办公厅联合发出《关于促进工商联所属商会改革和发展的指导意见》。该《意见》从浙江实际出发，凸显浙江特色：一是更加注重政治引领，旗帜鲜明加强商会党建工作。具备条件的商会要建立党组织，新成立的商会应同步建立党组织，暂不具备组建条件的，可通过选派党建工作指导员、组建联合支部等方式，实现党的工作覆盖。二是更加注重商会能力建设，要以"最多跑一次"改革的理念和方法，规范商会服务工作，提高服务能力，助推企业加快转型升级、实现高质量发展。三是更加注重有效覆盖，切实提高商会的吸引力和凝聚力。强调要拓展组织网络，重点在特色小镇、产业集聚区、科技园区、楼宇等培育发展商会组织；要抓好异地商会建设，探索组建产业链商会、特色小镇商会等新的组织形态；要提升异地商会建设和管理水平，密切与省外浙江商会的联系。四是更加注重自治法治德治建设，更好发挥商会在参与社会治理中的重要作用。强调商会要建立健全治理结构，提升自主办会、民主办会能力。要加强商会调解工作，建立法律顾问制度，指导所属商会助推清廉民营企业建设，参与浙江省社会信用体系建设，引导会员企业守法诚信经营；要加强对商会的分类指导和考评激励；要加强商会会长、秘书长队伍建设，着力发挥商会领导班子的示范带头作用。

2020年4月8日，为深入贯彻落实《关于促进工商联所属商会改革和发展的实施意见》精神，全国工商联办公厅发出《关于开展2019—2020年度全国"四好"商会认定工作的通知》，要求大力推进"四好商会"建设，并明确"四好商会"认定条件：

（一）政治引领好：引导会员自我学习、自我教育、自我提升，实现健康成长；坚定不移听党话、跟党走；全面加强党的建设，切实发挥党组织的政治领导作用和战斗堡垒作用，以党建带会建。

（二）队伍建设好：包括会长班子建设好、会员队伍发展好、商会秘书处人员队伍建设好。

（三）服务发展好：引导会员企业认真贯彻新发展理念，把握产业政策和产业发展方向，建有融资、信息、技术、人才、对外交流等服务平台，助推会员企业转型升级、高质量发展；积极开展调查研究，反映企业诉求；积极参政议政、建言献策，开展民商事和劳动争议调解，协调劳动关系，化解矛盾纠纷；围绕中心、服务大局，积极参与国家发展战略和区域经济建设；参与打好防范化解重大风险、精准脱贫、污染防治"三大攻坚战"；参与"万企帮万村"精准扶贫行动；参与光彩事业、公益慈善事业，自觉履行先富带后富、促进共同富裕的社会责任。

（四）自律规范好：依法依章程办会，依法依规登记且年检合格；坚持民主办会，实行民主选举、民主决策、民主管理；制定自律公约，引导会员守法诚信、自律规范，维护行业、区域、市场的良好竞争秩序；建立信用承诺制度，开展会员信用评价，积极参与社会诚信体系建设；引导会员积极践行亲清新型政商关系，成为政府与会员企业间的桥梁纽带；引导会员有序参与社会协同治理，积极构建和谐劳动关系，注重安全生产、保护环境。

此外，还提出认定评分加分事项：1. 商会围绕全国工商联和本级工商联工作重点，结合商会发展实际，开展创新性工作并取得显著成效；2. 商会在 2020 年抗击新冠肺炎疫情中能够充分发挥引领作用，团结凝聚广大会员积极参与抗击疫情行动，积极作为，助推会员企业复工复产并取得显著成效、作出突出贡献；3. 获得相关奖励、表彰；4. 民政部门认定为 5A 社会组织。明确了认定范围：依法在民政部门登记的工商联所属商会和工商联实际开展工作的商会。工商联实际开展工作的商会包括：由工商联领导和管理其党建工作的商会，以团体会员身份加入工商联并愿意接受工商联指导、引导、服务的商会。还明确了认定原则、认定名额和组织实施办法。

"四好"商会认定工作开展，对于工商联所属商会规范办会行为，引导商会健康发展发挥了积极促进作用，特别是为新商会、新的商会领导成员和管理团队正确认识怎样办商会、怎样办好商会指引了方向。

全国工商联直属商会组织体系

工商联所属商会包括系统所属商会和本级直属商会。全国工商联本级直属商会有 31 家，其会员规模持续扩大、代表性不断增强、服务工作有序开展，逐步形成具有广泛影响力的全国性、行业性、专业性、代表性、示范性商会组织体系。全国工商联直属商会，与地方工商联所属商会之间虽然没有上下级关系，没有包容性关系，但作为行业商会中的"龙头商会"，对地方工商联所属行业商会具有一定程度的"以上示下"或"上行下效"或"示范带头"的影响作用。全国工商联直属商会，系指国家民政部批准登记、全国工商联直属主管的商会。其基本情况简介如下：

1. 全联女企业家商会　成立于1995年。由全国范围内有代表性的女性企业家自发组建。商会集合了各行各业由女性掌舵的优秀会员企业25000多家、团体会员40家，会员遍布国内31个省、市、自治区。商会企业会员中已经建立党组织的占比1/3。直属会员中担任各级人大代表、政协委员的占比较高，其中担任全国人大代表、全国政协委员、全国工商联执常委、全国妇联执常委的共有10多名。商会积极引导会员投身公益事业，承担社会责任。会员们近年来为慈善公益事业累计捐赠超过23亿元人民币。在2008年四川汶川地震发生后仅3个月内，捐款捐物就多达1.1亿元；2020年为抗击新冠疫情募集资金、捐赠物资，累计超过13.79亿元，共有2800多位女企业家积极参与，驰援助力，彰显巾帼担当。2021年，在中国共产党成立100周年之际，女企业家商会专门为庆祝建党100周年创作主题歌曲《我们在一起》，用歌声抒发爱国主义情怀，表达勇担时代使命、永远跟着中国共产党走，走社会主义道路的决心和信心。

2021年4月17日，全国工商联女企业家商会党支部在安徽省合肥市召开
第二季度商会党支部（扩大）会议

2. 全联金银珠宝业商会　成立于1995年。由全国贵重金属、珠宝、玉器等产业及相关产业链（包括原料、加工、销售）的企业和业内人士组成，以民营企业为主，是金银珠宝商人之家。商会代表行业共同利益，以促进行业健康持续发展为己任，沟

通协调，规范自律，维护会员合法权益，为会员服务。

3. 全联美容化妆品业商会　成立于 1995 年，是全国性的美容化妆品行业组织，是行业内企业联系的纽带。现已拥有各级会员 20000 多人，25 个专业委员会，汇集了 200 多位来自全国各地，涉及日用化工、医学、药学、美学、媒体、营销、研发等领域的专家学者组成的专家委员会。商会以"服务、务实、创新、发展"为宗旨，围绕组织建设、网络发展、政府合作、国际交流、行业服务、共铸诚信、学术交流、技术服务等方面开展工作。

4. 全联水产业商会　成立于 1995 年。会员覆盖全国 28 个省、市、自治区，在业内有广泛的影响力和代表性。会员单位涵盖了种苗饲料、捕捞养殖、粗精加工、生物工程、物流包装、冷链冷藏、贸易批发、餐饮零售等整个行业产业链各个环节。商会内设青年委员会以及鲜活水产、稻渔种养、海参、供应链、食材特色专业委员会。商会成功主办了"中国国际水产博览会""上海国际渔业博览会""深圳国际渔业博览会""中国水产业发展高峰论坛"等具有行业特色的重大活动，行业及社会影响力不断提高。

5. 全联烘焙业公会　成立于 1996 年。在册会员单位 1600 余家，覆盖烘焙业全产业链及其他相关领域，是受国内外业界尊敬的行业商会之一。该公会成立以来，坚持"引导行业、规范行业"的发展目标，秉承"热爱烘焙、服务会员"的工作理念，立足国内，面向国际，为中国烘焙行业健康、有序发展作出了贡献。

6. 全联五金机电商会　成立于 1999 年，拥有会员 20000 多家，其中团体会员 107 家（省级五金机电商会 28 家，地市级五金机电商会 79 家）。会员由制造企业、经销企业、平台企业、研发企业和业务交叉企业组成。商会拥有市场委员会、建筑五金门窗（幕墙）委员会、刀剪委员会、磨料磨具委员会、紧固件专业委员会、门控五金委员会、铜艺铜饰文化产业委员会、青年企业家委员会、专家委员会、标准技术委员会等直属分支机构；商会会员企业开发运营的五金机电市场近 400 个，容纳近 40 万户经营企业，形成了庞大的行业网络。

7. 全联房地产商会　成立于 2001 年（其前身为全国工商联住宅产业商会）。2021 年底，商会会员 1649 个，来自房地产开发、部品生产和集成、建筑施工、装饰装修、科研、建筑规划、景观设计、物业管理、咨询、评估、策划、金融投资、网络、信息及相关行业组织等各个方面，其中房地产开发企业超过 70%。商会设立了商业地产、产业链与建筑工业化、城市更新、写字楼、大健康与养老产业、数字社区等 24 个专业委员会或分支机构。商会宗旨，代表中国房地产业广大企业的共同利益，以促进房地产业的可持续发展为己任。致力于：维护行业、企业的合法权益，协助解决企业共同关心的问题，反映企业诉求；为政府提供政策建议；整合社会资源，搭建行业平台，从信息、技术、商务和国际合作等多层面服务于会员企业，提升企业核心竞争力；倡导行业自律，加强行业及企业的社会责任，建立公平竞争的市场环境。

8. 全联民间文物艺术品商会 成立于 1997 年（其前身为全国古玩市场联谊会；全国工商联古玩业商会）。会员涵盖了全国范围内古玩艺术品市场、文物商店、古玩店铺、拍卖与寄卖企业、会展博览企业、文创企业、艺术品制作企业、文物保护机构、民间博物馆、鉴定评估机构等及民间文物艺术品行业相关的社会团体、非企业单位和个人。商会的二级机构主要是专业委员会和工作委员会，涉及青铜器、陶瓷、玉石、紫砂、沉香、红木等 20 多个行业和博物馆、鉴定评估、修复保护、学术研究等 10 多个领域。商会的专业委员会和工作委员会是商会举办业务活动的主要力量、主要载体和主要承办单位。商会主要职能：宣传行业政策、提供行业服务、反映行业诉求、维护从业者与消费者权益、加强行业自律、提升行业水平、承担国家各部门委托办理的其他事项等。

9. 全联纺织服装业商会 成立于 2002 年。商会以会员为中心，由企业家办会，联合与团结全球同业华人，形成一条从纺织、印染、服装、服饰、家纺、家居到市场终端销售的产业链商会。商会宗旨：立足于企业，反映会员心声，着力为会员企业提供服务、解决实际问题，促进纺织服装产业间的交流合作，推动纺织服装产业创新升级，引导纺织服装行业健康发展；建立企业与政府沟通的平台和桥梁；为纺织服装产业发展服务。

10. 全联汽车、摩托车配件用品业商会 成立于 1997 年（其前身为全国汽车配件市场联合会）。商会拥有直属会员 268 家，基层会员 20000 多家，其中包括汽摩配用品行业的生产企业、流通企业和专业市场及 20 多个省、市的 50 多个专业团体、行业商会（协会）。商会直属的分支机构有全国汽配市场联合会、专家咨询委员会、汽车用品专业委员会、制造业专业委员会、改装车专业委员会、微型车专业委员会、标准化专业委员会、皮卡（SUV）专业委员会、客车配件专业委员会、机动车检测维修专业委员会、法律财税专业委员会、汽车救援专业委员会等。商会办有杂志《中国汽摩配》。

11. **全联旅游业商会**　成立于2002年。会员遍布中国各省、市、自治区及中国香港、澳门特别行政区，涵盖景区、酒店、餐饮、交通、文化、体育、金融、教育、零售等多产业。商会理念：旅游是和平，世界旅游需要世界和平；旅游是经济，是经济的穿针引线；旅游是财富，是老百姓的"现金流"；旅游是文化，是生活质量的提高。商会积极团结所有涉足旅游业界的企业实体和各方人士，搭建交流合作平台，积极维护企业权益，倡导行业自律；提供旅游资源规划、开发及推介等服务；推动旅游人才教育培训；谋划"政企会"联动，助力全国旅游发展；促进中国旅游企业与国际旅游业界的交流合作。

12. **全联家具装饰业商会**　成立于2002年。是中国唯一涵盖家具、装饰建材、装饰装修及家居电商和智能家居等整个家居产业链的全国性行业组织。商会已有近万家单位会员、团体会员与个人会员，基本形成了以家具、建材、家装行业龙头企业为核心，以直属26个专业委员会和地方商会为依托，以法律事务中心、中国绿色家居推广中心、传媒中心、培训中心、商务发展部门等全方位、高层次的专业服务团队为基础，具有合作与共赢能力的合作交流平台。商会致力于以家居商务为龙头，促进产业化、系统化的集成，实现会员企业共同发展。

13. **全联民办教育出资者商会**　成立于2003年。业务上接受教育部的指导，是由教育投资者和捐资者自愿组成的全国性的非营利性行业组织。商会会员主要是由全国民办学前教育、基础教育、职业教育、高等教育、国际教育、培训机构、留学机构及教育相关企业等组成。会员分布在全国各地，拥有稳定充裕的教育市场资源，完善的教育体系架构，资深的渠道建设能力。商会鼓励和引导民间资金参与发展教育和社会培训事业，促进民办教育健康发展，为教育投资者和捐资者的进入与退出提供务实层面上支持服务。

14. **全联书业商会**　成立于2004年。商会企业会员包括全国各地从事图书（含书报刊、音像制品、电子图书、网络出版物等）出版、策划、制作、印刷、发行、营销推广、广告宣传及其他与书业文化产业相关的企事业单位和机构。团体会员包括全国各省、市成立的本行业的公会、商会、协会等行业组织和各地文化市场或相关社团组织等。该商会与美国、英国、德国、日本等国的书业行业组织建立友好合作关系；与中国台港澳等地的书业及文化创意业商（协）会、联合国教科文组织、欧盟教育文化处及美国、英国、德国、意大利、西班牙、希腊驻华使馆等建立了联系。

15. **全联并购公会** 成立于 2004 年。该公会拥有 200 多家机构会员和 4000 多名个人会员，建立了法律、基金、标准、国际、并购维权及信用管理、中小企业投融资等 20 个专业委员会。该公会致力于规范并购行业发展、促进产业资本与金融资本深度结合、提升中国企业竞争力、促进中国企业参与全球并购；致力于规范行业规则，引导行业自律，制定《中国并购行业行为准则》，为行业发展提供广泛认可的指引性自律规范；连续 20 年编辑出版《中国并购报告》，深度解析中国并购市场发展格局及热点问题。该公会兼有国际视野和全球资源，为中国企业参与全球并购提供有力支撑。该公会构建"信用体系建设 + 商事调解 + 纾困服务 + 会员维权"四位一体的特色服务体系，促进会员企业高质量发展。

16. **全联石油业商会** 成立于 2004 年。有 600 多家企业会员，其中包括 22 家省级、地方商协会为团体会员。会员业务涉及勘探开采、炼化、仓储、物流、码头、加油站及为石油和天然气行业提供相关服务。商会已成立加油加气设备、润滑油、石油天然气勘探开发、硫酸铵、易货、石油装备新材料、醇醚燃料、会展等专业分支机构和文化建设办公室。商会以服务会员、促进行业交流及发展为目标，致力于为引领和促进中国民营石油行业的交流与合作、共同发展作出贡献。

17. **全联石材业商会** 成立于 2005 年。现有会员企业 500 多家，遍布全国各地，主要集中在福建、山东、广东、湖北、河南、北京等地，其石材产量已占全国石材产量的 80% 左右。会员企业业务覆盖石材矿山开采、生产、加工、养护、市场、机械制造等，具有行业代表性。商会本着"加强行业自律，维护企业权益，强化能力建设，提高服务水平"的宗旨，当好政府部门的助手，为会员企业服务。

18. **全联厨具业商会** 成立于 2005 年。作为全国性的、非营利性的厨具业及相关行业的商会组织，致力于维护会员及全国厨具行业各厂、商、消费者的合法权益，反对不正当竞争，发挥同业优势，协调同业关系。立足国内，面向国际，规范市场，巩固厨具行业信誉，促进厨具行业健康有序发展。做好政府的帮手，为本行业企业服务，为会员服务，为社会服务。

19. **全联礼品业商会** 成立于 2005 年。商会会员企业 5000 多家，涵盖了礼品设计、生产、批发、零售及相关的物流、仓储、会展等领域，覆盖了全国 20 多个省、市、区，具有广泛的代表性和影响力。2013 年 11 月，商会成立了中国礼品商学院，以深度服务会员及引领行业提升为己任，遵循"分享、提升、凝聚、发展"的宗旨，为中国礼品业同人整合产业资源，搭建学习平台。

20. **全联农业产业商会** 成立于2005年。商会会员集中了21个省（市）的农业产业化龙头企业，覆盖农业产业链上下游各环节，涉及农资、生产、深加工、流通、营销、贸易、农业金融及相关服务等多个领域。商会以"寻农道、梦农产、做良品"作为工作使命；以促进农业产业的可持续发展为己任，组织会员企业开展"万企兴万村"行动，在政策宣贯、产业融合、产销对接、建言献策等多方面联系企业，服务行业，共同助力乡村全面振兴。

21. **全联新能源商会** 成立于2006年。商会会员1000多家，涉及太阳能、风能、生物质能、地热能、水能、新能源汽车、新能源建筑、储能、分布式能源、节能减排和能效提高、合同能源管理等领域。商会陆续设立低碳减排、生物质、晶硅光伏、薄膜光伏、光热发电、新能源建筑、光热＋、储能、氢能（筹）、新能源装备（筹）等十大专业委员会。商会秉承"会员办会、服务立会、诚信兴会"的宗旨，通过举办论坛、展会、沙龙等品牌活动及编撰产业年度报告、建言献策、组织国际活动、开展行业交流、维护行业权益、推动行业标准制定等工作服务会员，促进行业发展，现已成为国内外有重要影响力的新能源行业组织之一。

22. **全联冶金商会** 成立于2006年6月。商会以为会员服务、为冶金企业服务、为行业发展服务的"三项服务"为工作目标；坚持企业办会、诚信立会、服务兴会。充分利用商会行业影响大，联系面广的优势，帮助会员提升社会信誉，扩大企业影响力，让社会各界加深对民营冶金企业的了解，为行业发展创造更好的社会环境。

23. **全联纸业商会** 成立于2006年。会员遍及全国20多个省、市、区，由华泰集团、太阳纸业、玖龙纸业、中国纸业、建晖纸业、亚太森博、博汇纸业、恒安集团、维达纸业、华章科技、世纪阳光、大河纸业、胜达集团、环龙集团、荣晟环保纸业、东莞金洲等中国制浆造纸行业中代表性企业及300多家大中型会员企业组成。会员企业涉及造纸、制浆、化工、机械、包装、印刷、物流贸易、林业等多个行业，代表着中国造纸及相关行业的主要力量和发展趋势。会员企业造纸产量占全国总产量的70%以上。商会与欧盟、美国、加拿大、日本、芬兰、印度等国家的同行业组织建立长期合作机制，在推动中国制浆造纸行业国际化发展、与国际大企业交流合作中发挥了重要作用。

24. **全联医药业商会** 成立于2006年。商会企业会员5000多家，团体会员50家，由全国医药工业、医药商业、医药连锁、中药材、医疗器械、医院、制药机械、药包材、健康服务等企事业单位及相关大专院校、科研机构、各地医药商协会共同组成。商会形成以会长办公会集体领导为中心、两个专家委员会为依托、八大服务平台为工作重点、八个专业分会（委员会）为支柱的组织格局。商会以"服务会员企业，促进行业发展，致力人类健康"为宗旨，以振兴中华民族医药事业为己任，以服务会员为立会之本。商会坚持广泛联合、开门办会的原则，坚定不移走企业家办会之路，吸纳有识之士，共谋医药行业发展大计。

25. **全联汽车经销商商会** 成立于 2006 年。是服务于广大汽车经销商的全国性行业组织。商会会员单位 2000 余家，辐射 4S 店会员近 8000 家。商会下设 17 个专业委员会。商会以"促进汽车流通行业持续创新健康发展"为使命，以"成为中国汽车经销商共同的家"为愿景，积极构建政策影响平台、权益维护平台、研究咨询平台、教育培训平台、媒介传播平台、交流合作平台，已经成为汽车经销商与政府部门、汽车厂家、汽车市场及广大消费者相互联通的重要桥梁与纽带。

26. **全联科技装备业商会** 成立于 2007 年。是由科技装备建设行业的企业、团体和个人自愿结成的全国性、非营利性社会团体。商会联系的企业近 3000 家，还在部分地区成立了省级或地市级科技装备业商会，商会还按专业领域成立了专业委员会。商会支持和引导会员参与国家军民融合发展事业，为会员提供融资、信息、法律、技术、人才、培训等方面服务，助推企业创新发展。商会通过建立法律援助机制，帮助会员排忧解难，维护会员合法权益；引导会员企业构建和谐劳动关系，注重安全生产、提升质量、保护环境，促进社会和谐稳定。

27. **全联环境服务业商会** 成立于 2007 年。业务指导单位为国家发改委、环保部、住建部。商会会员企业 500 多家，包括博天环境等 40 余家环境上市公司，威立雅等大型跨国环境集团，中环水务等国有知名环境企业，国投创新等专业金融机构，北京君泽君等律师事务所。商会致力于推动中国环境产业发展，所涉及的业务领域包括供水、污水处理、再生水利用、海水淡化、垃圾处理、工业固废处置、资源综合利用、大气污染治理、脱硫脱硝、环保设备及仪器、循环经济、低碳经济等领域。商会以服务会员为宗旨，长期致力于推进环境产业市场化、专业化、多元化、国际化进程；搭建企业与政府、企业与企业、企业与社会三大交流平台，扮演政府的助手、企业的帮手、行业的推手三个主要角色；加强行业自律，倡导市场规范化运作，引导行业健康发展；维护会员权益，提供优质服务，谋求会员企业共同发展；加强国际合作与交流，拓展海外市场，促进企业国际化发展。

28. 全联城市基础设施商会　成立于 2007 年。是服务中国城市基础设施行业及相关上下游领域的全国性社会团体组织，也是政府与城市基础设施行业、基础设施行业之间沟通交流的桥梁和纽带。商会业务涵盖三大类：一是建筑、市政、交通、道桥、园林等传统建设领域；二是绿色材料、绿色建筑、智能建造、智慧城市、数字新基建等绿色科技领域；三是产业园区、城市更新、城市运营维护、文体健康、生活服务等城市配套领域。

29. 中国民营经济国际合作商会　成立于 2011 年 11 月。业务主管单位为全国工商联，业务指导单位为外交部、发改委、商务部。商会核心会员近 500 家，是一家专门服务民营企业走出去，开展国际经济合作与交流的全国性大型商会组织。商会以"服务民营企业走出去"为办会宗旨；以"服务为中心，项目为纽带，人才为支撑，资金为保障，需求为重点"为办会理念，服务辐射民营企业约 10 万家。商会已与多家联合国驻华机构、外国驻华使领馆、驻华外国商会、"一带一路"沿线国家商会协会等组织建立合作机制，构建起服务民营企业国际化发展的服务网络。通过加强与境外产业园区的联系、合作，组织民营企业赴境外学习考察，为走出去提供便利化服务，助力民营企业开拓国际市场，打造集国际交流、经贸对接、商事法律、跨境电商、信息培训等为服务依托的专业平台，助力民营企业高质量开展对外贸易和投资合作。

30. 中非民间商会（简称中非商会）　成立于 2006 年 10 月。直属会员企业近 600 家，是由中央统战部中国光彩事业促进会、商务部中国国际经济技术交流中心、联合国开发计划署共同支持成立的商会组织、业务主管单位为全国工商联。商会于 2017 年相继取得联合国贸易和发展会议（UNCTAD）"全面观察员地位"、联合国经济及社会理事会（ECOSOC）"特别咨商地位"。商会秉承"文化先行、义利兼顾、合作共赢"理念，积极引导和服务中国企业"走进非洲、融入非洲、建设非洲"。商会建立了法律商事、签证商旅、安保救援、对外传播、人力资源、"一带一路"国际官员企业行共六大服务平台，服务会员企业发展，服务中非合作交流。商会通过与国内外机构建立合作伙伴关系、搭建合作平台，以务实方式促进中非合作。中非商会是中国企业投资非洲的服务者，设立专委会、办事处、代表处及公共安全、基础设施、法律商事、金融财税等工作服务机制；主办/承办重点行业、重点国别论坛；通过融智、融商、融资服务为企业赋能，提升会员"获得感"。中非商会是民心相通与国际公益的推动者，携手联合国机构、非洲第一夫人发展联合会倡导发起"中非青少年国际公益行动"，创办"爱加艾减公益基金""PBIC 青少年国际公益创新挑战赛"，发起"中非团结抗疫之青年行动"，帮助非洲受疾病、贫困影响的妇女和儿童，5 年来带动超过 8500 万人次关注非洲议题，带动超过 10 万人次青少年和志愿者直接参与对非捐助。

31. 中国民营文化产业商会　成立于 2013 年 5 月。拥有会员单位 200 多家，覆盖全国 20 个省、市、自治区，涵盖文化艺术、新闻出版、广播电视电影、文化信息传输、文化创意和设计、文化休闲娱乐及文化产业投资等上下游产业。商会得到中宣部、文化部、国家新闻出版广电总局的支持。商会代表中国民营文化产业共同利益，以促进中国文化产业的可持续发展为己任，以"不忘初心，勇于担当，实干兴文，融合创新"为商会精神，以"繁荣发展社会主义先进文化、引领文化产业发展"为使命，以"增强人民的文化获得感、幸福感"为愿景。商会致力于团结协调全体会员企业，充分利用商会平台和资源优势，为做强做大做优我国文化产业贡献力量，充分展现新时代商会的新担当、新作为、新气象。

三、异地商会新发展

异地商会，系指相同籍贯的商人异地经商，在经商地登记成立并以经商地和籍贯地行政区域名称并列冠名的商会组织。

异地商会的组织特点为"两同一异"："两同"系指商会会员籍贯地相同，经商地相同；"一异"系指商会组织在异于会员籍贯地的经商地登记成立。

异地商会的命名方式：以商人经商地和籍贯地并列为前缀命名，商人经商地在前，籍贯地在后。如"福建湖北商会"，系指在福建登记成立的由在福建经商的湖北籍商人组建的异地商会。福建为商会登记地、商人经商地，湖北为商人籍贯地。又如"湖北福建商会"，系指在湖北登记成立的由在湖北经商的福建籍商人组建的异地商会。湖北为商会登记地、商人经商地，福建为商人籍贯地。

关于异地商会的定义，政界、学界、商界的意见不尽相同，但大致趋同，国家民政部给出的定义具有权威性，认为："异地商会是社会主义市场经济发展的必然产物，它是由同一原籍地的外来投资企业和组织在其注册登记地依法自愿成立的，以原籍地行政区域名称命名为基本特征的社会团体。"[1]

中国当代异地商会，通过地域关系分类，主要分为省际异地商会、市际异地商会和县际异地商会三大类。通过登记管理层级分类，相应分别由省级、市级、县级登记管理。就组织活跃度、影响力而言，省际异地商会最具特色。

异地商会产生与发展

异地商会是市场经济的产物。中国当代异地商会伴随着社会主义市场经济产生而产生，伴随着区域经济交流合作发展而发展。

异地商会产生与发展的重要原因基于以下五个方面：

第一，改革开放以后，异地经商人员逐渐增多，"自组织"（商人们自发要求成立组织）需求和"他组织"（外力推动成立组织）要求是促进异地商会产生与发展的双重动力。

第二，相同籍贯异地经商的商人，他们"身在他乡，抱团取暖、抱团发展"的共性思维和"难忘故乡，亲近故人、相互帮衬"的共同情怀容易形成共鸣，形成异地商会产生与发展的人文基础。

第三，相同籍贯异地经商的商人，他们热爱家乡、关心家乡，支持家乡经济发展，受到籍贯地政府的重视；商人籍贯地政府驻外办事处大力支持、指导并参与筹建工作，成为异地商会产生与发展的推动力量。

第四，相同籍贯异地经商的商人，与同在异地工作、学习、生活的"乡友会""校友会""战友会"成员有着乡情＋友情的密切联系；"三友会"赞同、参谋并参与筹建工作，成为异地商会产生与发展的促进力量。

第五，伴随着乡镇企业、集体企业向私营企业转型，原有的由乡镇企业、集体企业组建的驻外（如驻京、驻沪等）或派出组织转型转变并发展成为异地商会组织。

异地商会组织产生与发展历程大致可以分为五个阶段：

第一个阶段：转型发展（1986—2001）

据收集、对比、分析资料得知，省际异地商会成立最早的当数上海市浙江商会和上海市福建商会，这两家商会分别由浙江省驻沪企业协会和福建省在沪企业协会转型演变形成。

---

[1] 民政部."关于进一步完善异地商会登记管理办法的建议"的答复[Z].（民函〔2018〕769号）.

上海市浙江商会　成立于 1986 年 3 月 5 日（其前身为浙江省驻沪企业协会），是经上海市民政局注册登记的社会团体组织，接受上海市人民政府经济合作交流办公室和浙江省人民政府驻上海办事处的指导，是上海市工商联和浙江省工商联团体会员。该商会拥有会员 15000 多家。一般认为，上海市浙江商会是中国改革开放以后成立的第一家具有法人资格的中国当代异地商会，上海市是中国当代异地商会的策源地。

上海市福建商会　成立于 1988 年 11 月（其前身为福建省在沪企业协会）。该商会 1991 年 4 月在上海市民政局登记；2001 年 4 月经福建省委统战部同意加挂"福建省工商业联合会上海分会"名称；2002 年 11 月经上海市民政局批准使用"上海市福建商会"名称。该商会现拥有会员 3 万多家，其中直属会员 6000 多家。商会办事机构设有办公室、会员部、宣传部、财务部、经济联络部、上海闽商杂志编辑部、上海闽商网站及为服务会员建立的金融中心、国际中心、教育培训中心、法律服务中心、医疗服务中心、文化服务中心。商会目前有分支机构 12 个（其中行业分会 10 个，联络委员会 2 个）。该商会 2013 年荣获"中国社会组织评估等级 5A"商会；2018 年 7 月荣获"先进基层党组织"；2018 年 12 月荣获"2018 闽商年度影响力商会"等光荣称号。

继上海市浙江商会和上海市福建商会之后，一批省际异地商会相继创立产生。例如：

上海市广东商会　创立于 1995 年 2 月，当时拥有会员 628 家，下设上海市广东商会商贸分会、电子通信分会、百货文教分会、服装饰品分会四个分支机构。商会宗旨"三服务"：一是服务会员，商会协助会员搭建业务平台，协助解决融资困难，还协助解决孩子入学难的问题。二是服务政府，组织会员积极参与在上海主办的世博会、招商推介会，在广东举办的外博会、"广货北上"等商务活动。据统计，截至 2011 年，通过商会促成的经济合作项目有 126 个，投资总额为 209 亿元。三是服务社会，商会组织会员积极参与社会救助活动、公益活动和慈善活动。

昆明市温州总商会　1995 年 8 月依法成立并具备法人资格，是西南地区出现的第一个市际异地商会。

1998 年 10 月 25 日，国务院令第 250 号发布《社会团体登记管理条例》，社会组织管理开始走向法治化轨道。2001 年，"异地商会"作为专门术语出现在工商联的工作报告中；同年，全国工商联系统开始将异地商会这一组织形式纳入统计范畴。

第二个阶段：试点登记（2001—2003）

2001年以后，部分省（市）开展了异地商会登记试点工作。异地商会的发展对开展省际间经济交流合作，加强对异地经商人员的管理起到了积极的作用。但有的地方也反映一些问题，如有的异地商会内部管理较差，尚没有发挥应有的作用；异地商会与业务主管单位、原籍地有关部门的关系有待理顺等。

2002年3月27日，民政部发出《关于进一步做好"老乡会""校友会""战友会"等社团组织管理工作的通知》（民发〔2002〕59号），严格对"三会"组织的登记审批工作。指出："今后，对申请成立'老乡会''战友会'的，一律不予审批；对申请成立'校友会'（包括'同学会'等类似组织）的，要从严掌握。"这一规定，促进"三会"组织成员以会员或工作人员或顾问身份加入异地商会组织，一定程度地促进了异地商会组织加快成立与发展。

第三个阶段："登记在省"（2003—2011）

2003年1月27日，民政部发出《关于异地商会登记有关问题的意见》（民办函〔2003〕16号），针对前段时间异地商会发展中存在的问题，提出三条意见：

（一）异地商会的登记工作应坚持"登记在省，试点先行"的政策。登记在省，即只能由省、自治区、直辖市民政部门登记省际投资企业组织的协会、商会，地、县级不得建立异地商会。省级异地商会不设地域性分会。异地商会由单位会员组成，不吸收个人会员。违反上述规定的，要予以纠正。

（二）异地商会登记应本着"试点先行"的原则，条件具备的省、自治区、直辖市可先行试点，尚不具备条件的省、自治区、直辖市可以不进行试点。

（三）进行试点工作的省、自治区、直辖市要进一步顺与业务主管单位等方面的关系，加强对异地商会的监督管理，促使其规范建设，健康发展。

该《意见》虽然比较保守，但"登记在省，试点先行"的政策，为异地商会在更大范围内建立与发展提供了政策依据，促进省际异地商会组织发展进入快车道。

2009年5月27日，民政部民间组织管理局发出《关于工商联作为社会团体业务主管单位有关问题的函》（民管函〔2009〕51号），其内容包括三个方面：

（一）国务院已授权全国工商联作为全国性社会团体的业务主管单位。

（二）依据《社会团体登记管理条例》的规定，地方工商联是否作为社会团体业务主管单位，由地方人民政府决定。

（三）各级民政部门要加强同当地工商联的联系，与获得授权的地方工商联相互配合，加强业务指导，积极发挥工商联业务主管单位的职能作用。

第四个阶段："登记到市"（2011—2015）

2011年5月5日，民政部办公厅发出《关于地方工商联作为社会团体业务主管单位有关问题的补充通知》（民办函〔2011〕143号），其中指出：

（一）授权工商联作为社会团体业务主管单位，不涉及现有行业协会商会管理体制的调整。已经由政府有关部门作为业务主管单位的行业协会商会，仍然由原部门负责管理。

（二）行业协会商会，主要依据行业分类标准设置，不以所有制划分，也不存在非公有制经济领域行业协会商会的分类。按照《国务院办公厅关于加快推进行业协会商会改革和发展的若干意见》（国办函〔2007〕36号）的要求，我部鼓励各地结合实际，制定培育扶持跨所有制、面向全体行业协会商会发展的政策。

（三）异地商会的业务主管单位，由各地根据实际确定。相关的业务主管单位，要严格按照法规和政策的规定履行职责，不得跨地域管理本地在外地设立的异地商会。条件成熟的地方，可在地市一级进行异地商会登记的探索。

该《通知》指出："条件成熟的地方，可在地市一级进行异地商会登记的探索"，表明对异地商会登记管理权限进一步放宽，放宽到地市。

第五个阶段："登记到县"（2015年至今）

2015年12月25日，浙江省民政厅发出《浙江省异地商会管理办法（试行）》（浙民民〔2015〕249号），其中规定："县级可成立以县级以上行政区域为原籍地的异地商会"，为异地商会"登记到县"开了头。此后，省、市、县三级异地商会登记管理机制逐步完善。

各级工商联对于推动异地商会组建并主管其业务发挥了重要作用。在各地政府驻外办事机构裁撤，各级政府部门与所管理的协会商会实行脱钩改革之后，异地商会大都纳入工商联组织管理或联系范围，形成中国历史上数量最多、规模最大、覆盖面最广的异地商会组织体系。根据全国工商联会员部调研统计[1]，至2020年，全国范围内各级登记注册的异地商会共有8730家（见表24-1）。

---

[1]全国工商联会员部.关于加强异地商会登记管理工作的研究与思考[G].全国工商联2020年理论研究创新成果评选材料.

表 24-1 全国各级异地商会登记管理情况

序号	地区	商会数量（个）				异地商会与工商联的关系			
		总数	省级登记机关登记	地市级登记机关登记	县级登记机关登记	工商联为业务主管	非工商联业务主管的组织关系		
							管理党建	团体会员	未建立组织关系
1	北京	336	334	0	2	0	0	53	283
2	天津	102	93	0	9	102	0	0	0
3	河北	201	23	169	9	186	0	0	15
4	山西	184	24	146	14	54	56	74	0
5	内蒙古	144	37	86	21	83	3	57	1
6	辽宁	171	33	128	10	35	0	35	101
7	吉林	78	27	46	5	24	0	0	54
8	黑龙江	82	22	58	2	39	0	43	0
9	上海	161	161	0	0	0	0	59	102
10	江苏	519	24	312	183	497	0	10	12
11	浙江	684	48	369	267	628	0	56	0
12	安徽	208	22	137	49	166	0	14	28
13	福建	464	22	321	121	406	0	52	6
14	江西	294	28	162	104	236	0	53	5
15	山东	368	37	299	32	60	40	180	88
16	河南	197	21	170	6	175	0	22	0
17	湖北	273	33	162	78	257	0	0	16
18	湖南	236	25	199	12	105	15	106	10
19	广东	1574	390	1184	0	0	0	529	1045
20	广西	350	28	218	104	108	15	80	147
21	海南	145	83	0	62	51	0	94	0
22	重庆	142	77	0	65	57	35	50	0
23	四川	243	34	152	57	204	0	24	15
24	贵州	255	54	150	51	214	0	0	41
25	云南	475	33	334	108	299	0	176	0
26	西藏	26	17	5	4	26	0	0	0
27	陕西	290	55	230	5	72	0	188	30
28	甘肃	166	25	130	11	114	0	52	0
29	青海	49	35	11	3	49	0	0	0
30	宁夏	65	33	32	0	22	0	43	0
31	新疆	204	35	150	19	116	0	36	52
32	兵团	44	21	23	0	20	0	24	0
	总计	8730	1934	5383	1413	4405	164	2110	2051

从登记层级看，全国范围内，异地商会总数8730家。其中，省级登记管理的1934家，占比22.2%；市级登记管理的5383家，占比61.7%；县级登记管理的1413家，占比16.1%。从各地异地商会与所在地工商联的组织关系来看，由工商联作为业务主管单位的有4405家，占比约50%；非工商联业务主管的异地商会中，工商联吸纳为团体会员的有2110家，占比约24%；工商联管理其党建工作的有164家，占比约2%；此外，未与工商联建立组织关系的有2051家，占比约23.5%。[1]

异地商会的组织特征

异地商会作为中国当代商会组织体系中的一种重要组织形式，除了具有商会共性组织特征之外，还具有独特的组织特征。

第一，地缘共同性

异地商会具有会员籍贯地相同和经商地相同特征。异地商会注重联系乡情、亲情、友情纽带，聚合地缘、血缘、人缘资源，相比其他类型商会而言，其组织情意更浓厚，组织关系更紧密，组织亲和力、凝聚力、号召力和集体行动力更强。调查研究发现，异地商会会员维系乡情、亲情、友情的意识，能够一定程度地有效抑制商会内部矛盾和纠纷；有利于异地商会组织聚合商业资源、人力资源和社会资源，有利于提升商人一致性行动能力和效率。

第二，行业综合性

异地商会聚集有同籍贯地的多行业会员，会员业务具有行业综合性特点，有利于商会组织聚合以"物缘、财缘、业缘"为基础的商业资本，有利于会员之间跨行业开展经济合作交流。如北京福建企业商会的2万多个企业会员，其会员业务涉及建材、物流、茶业、木业、鞋业等20多个行业；再如，南昌鄱阳商会虽只有200多个会员，其会员业务也涉及地产、制造、物流、餐饮等10多个行业，会员之间开展同行业或跨行业经济合作比较活跃。

第三，会员排他性

异地商会会员一般局限于同籍贯地商人，极少接受非同籍贯地的商人入会。例如，上海市浙江商会会员申请资格明确规定：凡浙江籍的在沪经济、服务组织或个

---

[1] 全国工商联会员部.关于加强异地商会登记管理工作的研究与思考[G].全国工商联2020年理论研究创新成果评选材料.

人，承认本会章程，向本会秘书处提出申请，经理事会批准，即可成为本会会员。

第四，会员对象入会比例相对较高

异地商会与同一地区的行业商会相比，会员对象入会比例相对较高，大多占比 80% 以上，集合的会员人数相对较多。例如，上海市福建商会有分支机构 13 个（其中行业分会 10 个，联络委员会 3 个），企业会员多达 30000 多家（2020 年），分布在能源、金融、房地产、建材、航运、制造业、物流、酒店、餐饮业、食品、医疗、互联网等领域。上海市浙江商会企业会员数多达 15000 多家（2020 年），其中拥有上百家海内外上市公司和行业龙头企业。

第五，亲近两地政府

异地商会组织亲近会员籍贯地和经商地两地政府，接受经商地政府的领导，并密切与籍贯地政府的联系。与其他类型商会相比，异地商会多了籍贯地政府关心。异地商会在经商地和籍贯地之间搭建沟通桥梁，发挥经济联系、交流、合作作用。对于经商地而言，异地商会是经济发展、吸纳就业、提供税收的直接贡献者；对于籍贯地而言，异地商会是对外招商引资、支援家乡建设、服务家乡经济社会发展的重要力量。例如，北京温州企业商会党支部，受温州市委托负责管理在京流动党员；广东省湖北商会，经常协助湖北各级政府招商部门组织开展在粤招商引资工作，成为籍贯地政府的重要助手。

第六，融入工商联组织系统

异地商会大都在经商地和籍贯地两地工商联的指导下成立，大都以经商地工商联为其业务主管单位，或以团体会员身份加入经商地工商联；异地商会的领导成员和骨干会员大都为两地工商联组织骨干；异地商会大都成为工商联组织体系的重要组成部分。

异地商会是改革开放以后出现的新型组织产物，其组织历史较短，组织特征及功能不断呈现出新的发展变化趋势。关于异地商会的组织特征与功能有多方面的看法与认识。例如，全国工商联会员部在一份研究报告中指出：异地商会是民营经济发展、区域经济合作、政企沟通、社会治理水平提升等时代因素共同作用的结果，其产生和发展植根于传统地缘关系和思想观念，离不开民营企业和政府部门这两个行为主体，是经济社会现代化进程中对传统社会组织"同乡会"的一种扬弃，是中国特色传统商业文化的一种产物。[1]

---

［1］全国工商联会员部 . 关于加强异地商会登记管理工作的研究与思考［G］. 全国工商联 2020 年理论研究创新成果评选材料 .

异地商会的组织功能

异地商会组织功能与其他类型商会相比，有共性但还有个性，主要包括以下几个方面。

第一，服务理念

例如，上海市福建商会以团结服务会员为宗旨；以"四言四有"（即在商言政、心中有党，在商言商、心中有业，在商言法、心中有规，在商言责、心中有民）为商会建设的基石；以"四个知道一个跟上"（即商会要知道会员企业在哪里、在做什么、有什么困难、需要什么帮助；商会精准服务要跟上）为服务要求；以"四个报告一个依靠"（即会员企业主动向各级商会组织报告自己的企业在哪里？在做什么？有什么困难？有什么问题需要组织帮助解决？对自己解决不了的问题要依靠组织协调帮助解决）主题活动为抓手，服务会员发展。并努力把商会建成"四所学校"（政治学校、经济学校、法律学校、履行社会责任的学校），努力塑造在沪闽商新形象。

第二，服务会员

在基本服务功能方面，大部分异地商会自建或联建服务平台，如商会网站、微信、会刊等，为会员提供"宣传教育、政策动向、法律援助、融资服务、产品展示、商务交流"等方面的服务；在助力会员国际化发展方面，为会员提供出国出访服务，帮助会员充分利用国内、国际两个市场，参加国内、国际经贸活动，举办或参与会展活动和商务投资考察等，与商会会员自行因私出访相比，商会组织出访多为公务出访，公务出访影响力和实效性更大更好；在特色服务功能建设方面，努力做到"会员有所需，商会有所为"。例如，上海市福建商会成立了金融服务中心、国际服务中心、法律服务中心、医疗服务中心、文化教育培训服务中心等机构，全方位为会员提供服务。

第三，服务家乡

动员和组织会员抱团回家乡投资兴业、扶贫捐赠，服务家乡经济建设和社会发展，是异地商会组织的共同特点。如广东省湖北商会（会员达13000家，分支机构44个），自2006年6月成立以来14年间组织所属会员回湖北家乡投资项目达300多个，投资总额超200亿元。商会荣获"首批5A商会""行业自律体系建设示范单位"等多项荣誉，成为广东省较有影响力的异地商会。

第四，服务政府

异地商会同样具有"政府联系民营经济人士的桥梁、纽带、助手"功能，特别在服务地方政府招商引资方面贡献突出。改革开放后，各地政府招商引资力度加大，依托商会招商成为重要渠道。异地商会商路资源广泛，成为地方政府异地招商引资的重要抓手；异地商会在服务政府异地招商引资的同时，组织会员应邀赴外地商务考察，为会员拓展商机，是"两好合一好"的好事，有利互惠共赢。

第五，服务社会

异地商会引导会员履行社会责任，配合工商联组织会员参加或开展"光彩事业""慈善事业""温暖工程""希望工程""招工扶贫""万企帮万村""精准扶贫"等公益行动。企业履行社会责任，既有付出，也有收益。企业履行社会责任，参与公益行动，一方面，有利于支援贫困地区，帮助困难人群；另一方面，有利于优化企业形象，升华企业家精神，有助于企业更好发展。异地商会引导会员履行社会责任，既有利于提升会员群体形象，又有利于提升商会组织形象。

异地商会改革发展典型案例

案例1：上海市浙江商会[1]

上海市浙江商会是上海市工商联和浙江省工商联团体会员。该商会下设女企业家联谊会、产城发展联合会、青年人才联合会、青年企业家协会、法律委员会、医疗人才智库委员会、金融服务委员会、教育专家智库、品牌委员会等9个直属分会，另设组织人事、计划财务、回乡投资等专项委员会。该商会与杭州、宁波、温州、嘉兴、湖州、绍兴、金华、衢州、舟山、台州、丽水等11个地市商会建立有密切的工作联系。上海市浙江商会组织行为规范，运行良好，得到外部监管部门的认可和内部会员群体的认同，产生了较好的示范效应。其组织系统及内设机构见图24-1。

至2020年，上海市浙江商会会员企业达到15000多家，联系服务百万在沪浙商，会员企业遍布现代服务业、制造业、零售和商业贸易、医药、教育、地产、高科技、互联网、金融与投资等诸多行业领域，拥有上百家海内外上市公司和行业龙头企业，会员企业群体年利税超千亿元，形成就业岗位500万多个，直接参与公益慈善事业回报社会捐赠超过10亿元。商会群体经济地位举足轻重，贡献力显著，影响力广泛。

上海市浙江商会，以"新平台、新起点、新使命"为目标，以"开放、合作、创新、发展"为宗旨，以"诚信为本、服务为基、发现商机、创造价值"为服务口号，并积极为会员提供"政策动向、法律援助、回乡投资、产品展示"等方面的服务。该

---

[1]上海市浙江商会［EB/OL］.（2012-04-10）［2023-12-18］. https://www.zccs.org.

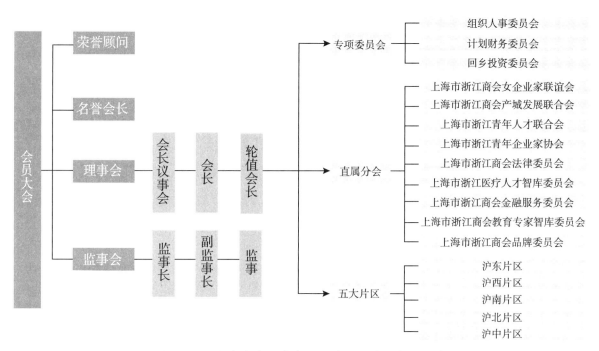

图 24-1　上海市浙江商会组织系统及内设机构示意

商会致力于对内增强凝聚力，对外扩大影响力，"立足上海，反哺浙江，服务全国，放眼世界，建设具有全球视野和国内最具影响力的企业家平台"。商会管理除了完善基本管理制度之外，还创新建立了"轮值会长""执行会长"工作制度及"名誉会长""荣誉顾问"指导机制。

2019 年 1 月 3 日，上海市浙江商会第十次会员大会成功召开，均瑶集团董事长王均金担任第十届理事会会长。商会第十届理事会提出：认真贯彻落实沪浙两地经济发展的战略部署，按照"服务浙商发展，创建百年商会"的总体要求，充分发挥商会自身组织覆盖面广、社会知名度高、对外交往力强、运作机制活等优势，积极应对内外部环境的各种变化，以建设在经济社会活动中有作为、有成效、有担当、有奉献的新型社会组织为目标，扎扎实实推进各项工作，推动商会成为沪浙两地经济发展中的一支重要力量，弘扬浙商精神的一个核心阵地，群团组织改革的一个示范窗口，构建亲清政商关系的一个经典案例，浙商群体互助共赢的事业舞台，向建设"百年商会"的愿景不断前进。

案例 2：广东省湖北商会[1]

广东省湖北商会成立于 2006 年 6 月，是由湖北籍自然人或法人在广东省投资兴

---

[1] 广东省湖北商会 [EB/OL]. (2016-05-05) [2023-12-18]. http://finance.china.com.cn/roll/20160505/3708822.shtml.

办的经行政管理部门登记注册的企业、社会团体、中介组织自愿发起组成的全省性、联合性、非营利性社会团体。商会的登记管理机关是广东省民政厅，业务指导单位是广东省人民政府相关职能部门。商会接受登记管理机关、业务指导单位及行业管理部门和其他部门依法在其职权范围内的监督管理和指导服务。

商会宗旨：遵守国家法律、法规和政策，遵守社会道德风尚，汇聚在广东投资兴业的湖北籍商人智慧和资源、维护会员合法权益、提升湖北商人形象、构筑政商沟通平台、谋求会员共同发展、促进广东湖北两地经济繁荣，并致力于发挥会员所在地及湖北地缘、人缘、人才、信息、经济优势，加强经贸合作与交流，为推动广东湖北两地的经济社会发展作出贡献。

商会业务范围：1.宣传贯彻国家的法律、法规与政策，引导会员坚持依法诚信经营，加强会员自律建设，维护公平竞争的市场经济秩序，努力提高会员整体素质。2.构建会员交流平台，发挥桥梁纽带作用，促进会员交流与合作；协调会员与会员之间、会员与政府之间的关系，为会员排忧解难，依法维护会员合法权益，向政府反映会员的合理诉求。3.开展会员联谊活动，组织会员开展考察、交流、互访、学习、培训等活动，增进相互了解；为会员提供法律、法规和政策咨询，编辑信息刊物，搜集市场信息；协助会员开拓投资融资渠道，帮助会员增强发展能力。4.开展招商引资、经济考察、展览展销、经贸合作等商务服务，谋求会员共同发展，促进广东湖北两地经济发展。5.办理粤鄂两地政府及其相关职能部门授权或者委托的其他事项。6.出版刊物、建立网站，扩大宣传，提高本会影响力。7.积极参与和组织开展社会公益活动。8.在法律允许的范围内，创办经济实体。

商会活动原则：1.商会治理应当符合国家有关法律、法规的规定。2.商会按照登记管理机关核准的章程开展非营利性活动。3.商会建立决策机构、执行机构及监督机构相互监督机制，实行民主选举、民主决策、民主监督。4.商会开展业务活动时，遵循诚实守信、公正公平原则，不弄虚作假，不损害国家、本会和会员利益。5.商会遵循科学办会原则，不从事封建迷信宣传和活动。

至2016年，商会设有35个分支机构（含4个行业协会）；会员单位超过12000家，注册资金总计约500亿元，年总产值总计约5000亿元；年提供就业岗位总计约400万个。近年来，广东省湖北商会积极协助、参与粤鄂两地经贸交流合作，特别是在促成会员企业和广东企业家到湖北投资方面成效显著，投资项目达240多个，投资总额超过1500亿元，帮助4万多人解决就业问题，上缴税收逾10亿元。2016年，广东省湖北商会被广东省民政厅授予首批"5A级社会组织"称号。

案例3：杭州江苏商会[1]

杭州江苏商会成立于2008年，有单位会员200多个。商会坚持"服务会员、服务苏商、服务家乡、服务政府、服务社会"的宗旨，注重强化党建引领，以文化凝聚苏商亲情、以教育汇聚苏商人心、以文明规范苏商行为，各项工作成效明显。商会积极促进苏杭两地经贸合作交流和组织会员回乡投资，有效促进了苏杭两地经济的发展。2008—2018年间，苏商在杭州投资200多亿元，回乡投资近100亿元。

商会创建"五微"服务平台，服务特色鲜明。通过"微阵地"：商会网、微信群、公众号、活动室、阅览室、会刊、简报，让商会处处是课堂；通过"微载体"：学习日、议事日、奉献日，让会员人人受教育；通过"微方式"：小沙龙、小讲堂、云学堂，帮助会员业务交流；通过"微服务"：进企业、访会员、听需求，为会员排忧解难；通过"微关爱"：为会员送法律、送健康。尤其是通过入会宣誓、颁证，让会员感到荣誉和责任。商会连年被上级主管部门评为先进单位，多次被杭州市政府授予创业创新先进商会称号。商会党支部连年被授予先进基层党组织和五星级基层党组织等荣誉称号。

案例4：湖北建立省领导联系省外湖北商会制度[2]

湖北建立省委、省人大、省政府、省政协四大家领导联系省外湖北商会制度，体现出不多见的领导服务商会的工作特色。

2010年4月30日，湖北省委办公厅、省政府办公厅发出《关于建立省领导联系省外湖北商会制度的通知》（鄂办文〔2010〕39号）。

《通知》指出：为了充分发挥省外湖北商会的作用，加强与省外湖北籍企业家的联系，推进湖北与各地的交流与合作，省委、省政府同意建立省领导联系省外湖北商会制度。至2010年，全国19个省、区、市建立有湖北商会23家，这些商会联系着20多万家湖北籍人士创办的企业和1000多万在省外打工和创业的湖北籍人员。建立省领导联系省外湖北商会制度，加强与省外湖北商会的联系，对于宣传湖北，扩大湖北对外影响，对于吸引省外湖北籍人士回家乡投资兴业，开展招商引资，推进湖北与各地的交流与合作等，都具有重要意义。明确19位省委、省人大、省政府、省政协

[1] 杭州江苏商会特色做法［EB/OL］.（2023-09-25）［2023-12-18］.https://www.sohu.com/na/440189677_120291776.

[2] 赵晓勇.从民间草根经济到国家经济支柱［M］.北京：中国文史出版社，2018：219，232.

领导对口联系 19 个省、区、市的 23 家商会。

《通知》明确了联系方式：1. 省领导每年参加一次所联系商会的年会或其他重要会议、活动。2. 省领导到所联系的湖北商会所在省、区、市开会、考察时，看望慰问商会负责人和企业家代表。3. 邀请所联系商会负责人和企业家代表参加湖北省内举办的重大经贸活动。4. 通过其他方式加强与省外湖北商会的联系。

《通知》明确了联系内容：1. 向省外湖北商会和省外湖北籍企业家宣传湖北经济社会发展情况，听取商会和企业家的意见和建议。2. 向省外湖北商会和湖北籍企业家宣传湖北招商引资政策和项目，吸引湖北籍企业家和外地企业家来湖北投资兴业。3. 加强与省外湖北商会所在地党委、政府的联系与沟通，搭建商会与当地党委、政府领导沟通交流的平台。

《通知》还明确了相关事项：1. 省领导工作关系所在单位确定一名厅级领导干部协助联系工作。2. 省委统战部、省工商联、省经协办负责做好省领导联系省外湖北商会的综合协调和服务工作。3. 根据省领导分工的变动和商会的发展情况随时调整。

湖北建立省领导联系省外湖北商会制度，成效是明显的：一是体现了湖北家乡领导对在省外创业发展的民营经济人士及湖北老乡的关心，温暖了"湖北人心"，增添了"家乡情怀"；二是促进了异地商会及所属会员企业的团结和谐，"团结互助、抱团发展"意识与行为更加强烈；三是湖北家乡的领导每年一次到访异地商会，会见当地的相关领导，有利于增进两地领导对异地商会的共同关心支持；四是湖北家乡领导对"省外游子"的关怀，激发了省外湖北商会组织会员投资家乡、回报家乡、建设家乡，为家乡事业发展作贡献的热情；五是通过建立省领导联系省外湖北商会制度，引起湖北各地对省外湖北商会会员回家乡投资建设项目的重视、关心和支持，有利项目投资和工程建设顺利进行、健康发展。

在建立湖北省领导联系省外湖北商会制度的同时，湖北省委统战部、省工商联组织实施了"回归工程"和"民企联村"，积极引导省内外民营经济人士参与新农村建设。在引导组织民营企业参与新农村建设方面有三个关键词："上山，下乡，回归。"上山，即唱山歌、演山戏、富山民、兴山村；下乡，即兴办、发展涉农企业，组织分散农户参与农业产业化经营，出现了一批"企业家村长"；回归，即人回归、心回归、事业回归，人回归就是常回家看看，心回归就是心中有家乡，事业回归就是在外面发展事业的同时，不忘支持家乡的发展。在"全国政协委员和民营企业家携手助推大别山经济社会发展"和"民企携手湖北，共促中部崛起"等重大活动中，省外湖北商会和湖北籍企业家作出了重大贡献。2006—2011年间，省外湖北商会会同湖北省内商会积极引导会员参与湖北省委统战部、省工商联实施组织的"回归工程""温暖工程""民企联村""千企帮千村"等活动，投入建设资金47.9亿元，培训、转移、安置农民工就业27.7万人，帮助3944个村，带动21.8万农户、84.2万农民脱贫致富奔小康。

四、基层商会新发展

伴随着社会主义市场经济的深入发展，中国各地乡村和城镇逐步形成以家庭联产承包为主的农业生产格局，以民营经济为主的经济发展格局，以个体户和私营企业为大多数的市场主体格局和以民营经济人士为大多数的经济人员结构。这样的经济、企业、人员状况，更需要商会组织及其服务。

基层商会的兴起与发展是改革开放与经济发展作用力共同促进的结果，其组织数量、规模和发展速度是前所未有的，会员参会的积极性高涨也是前所未有的。广大市场主体，特别是农业市场主体意识到发展家庭经济和个体私营经济需要依靠经济组织和商会组织的力量；参与现代市场竞争，更要走出"单打独斗"的误区，探索经济合作发展、联系发展新路。实践证明，中小微企业参加基层商会组织的积极性比大企业更高，基层商会成为集聚中小微企业、本土企业的重要组织载体，基层商会组织凝聚力普遍较强，组织活跃度普遍较高。

参照国家行政区域划分办法，一般称全国工商联为全国组织；称省级、市级、县级工商联为地方组织；称乡镇商会、街道商会、园区商会、村级商会等为基层组织，即"基层商会"。基层商会以民营企业和民营经济人士为主体，依照法律、法规接受民政登记管理，接受工商联的指导和服务，是工商联的基层组织和工作依托。基层商会归类于社会团体，大致分为"乡镇（街道）商会""村级商会""园区场地商会""城市开发区商（协）会"四种类型。

乡镇、街道商会新发展

中国乡镇、街道商会的历史可追溯到新中国成立初期发展新民主主义经济时期，在社会主义计划经济时期基本消失。改革开放以后，伴随着社会主义市场经济体制建立，伴随着乡镇、街道集体经济大都转变为民营经济，伴随着乡镇、街道民营经济快速发展，伴随着市场主体持续增多长大，各地乡镇、街道商会陆续恢复或建立，至20世纪90年代初，乡镇、街道商会在全国范围内普遍恢复或建立。乡镇、街道商会是工商联的基层组织，是按照《中国工商业联合会章程》要求并依法登记成立的商会组织。

第一，关于乡镇、街道商会的组织名称

多年以来，乡镇、街道的商会组织名称不统一，有的称"商会"，有的称"工商联"，有的称"县工商联分会"或"县工商联办事处"等。2008年12月，《全国工商联关于加强县级工商联组织建设的若干意见》发出之后，各地乡镇、街道的商会组织名称基本上统一为"乡镇商会"和"街道商会"。

第二，关于乡镇、街道商会的工作环境

目前，全国范围内大多数地区的乡镇、街道商会组织机构建设，都已具备"五有一能"条件，即"有专人负责、有办公场地、有工作经费、有办公设备、有工作计划，能组织开展活动"。经济发达地区或组织规模较大的乡镇、街道商会大都具有独立办公环境和专职工作人员；部分地区的乡镇、街道商会与乡镇、街道行政机关合处办公，有专职或兼职工作人员。

第三，关于乡镇、街道商会管理的政策措施

面对乡镇、街道商会量大、面广、快速发展的新形势，为更好地发挥其积极作用，促进其健康有序发展，国家民政部、全国工商联在调查研究的基础上，于2020年6月15日联合发出《关于加强乡镇、街道商会登记管理工作的通知》，主要精神摘要如下：

1. 乡镇、街道商会登记工作。乡镇、街道商会申请成立登记应当具备《通知》规定的条件，由县级工商联作为业务主管单位，在县级民政部门申请登记。乡镇、街道商会名称按照"县级行政区划名称+乡镇、街道名称+商会"的方式构成。

2. 推动乡镇、街道商会党的组织和工作全覆盖。乡镇、街道商会成立时，要根据《中国共产党章程》等有关规定，同步建立党的组织。暂时不具备组建条件的，可通过选派党建工作指导员、联络员扩大党的工作覆盖。

3. 监督管理责任。县级工商联要加强与商会所在地的乡镇、街道党委（党工委）、政府（办事处）的沟通协调，争取其加大支持商会发展力度，为商会发展提供人员、资金、场地等方面帮助，促进商会在党的统战工作和经济工作中发挥作用。要按照"班子建设好、团结教育好、服务发展好、自律规范好"的标准，推动乡镇、街道商会加强自身建设，对会长、秘书长、监事（长）等人选进行任前考察、备案和履职考核，对会长人选开展综合评价。

4. 建立健全乡镇、街道商会法人治理结构。乡镇、街道商会的会员以所在乡镇、街道内非公有制经济组织（包括个体工商户、农民专业合作社等）为主体，坚持入会自愿、退会自由，不得强制入会。乡镇、街道商会依照《社会组织登记管理条例》和《中国工商业联合会章程》制定章程、完善制度。

5. 规范乡镇、街道商会费用收取及管理，并接受有关部门的监督。

6. 发挥乡镇、街道商会职能作用。乡镇、街道商会履行政治引导、经济服务、诉求反映、权益维护、诚信自律、参与社会治理等职能。

第四，关于乡镇、街道商会组织及工作现状

乡镇、街道商会联系着庞大的会员群体，在关联工农商产业联系发展方面发挥特有的积极作用。乡镇、街道商会是工商联的基层组织和工作依托，接受工商联的指导和服务；工商联的组织意图和工作目标需要乡镇、街道商会贯彻落实到基层会员。关于乡镇、街道商会的研究性资料相对较少，这里重点介绍8个案例。

案例1：福建省所属乡镇、街道商会[1]

福建省是乡镇、街道商会组织建设、活动开展较好的省份。贴近乡镇、街道经济发展实际，深深植根于民间土壤的乡镇、街道商会受到高度重视，作用发挥较好，笔者曾经专程实地考察，印象深刻。

2004年10月，福建省工商联在南安市召开了"首届福建省乡镇、街道商会工作研讨会"，集中总结了乡镇、街道商会工作经验。福建省所属乡镇、街道商会不依靠政府给编制、拨经费，而是倡导"商会是我家，办好靠大家"的理念建立组织、开展活动。至2004年，全省共建立了356个乡镇、街道商会，有些市县的乡镇、街道已全部建立了商会。乡镇、街道商会建立以后，增加了工商联组织层级，夯实了工商联组织基础，拓展了工商联工作领域，联系了大多数非公有制经济人士，积累了许多组织工作经验。这些乡镇、街道商会在做好民营经济人士思想政治工作，为会员提供服务、反映意见、维护权益，参与扶贫助困、助学建校、修桥筑路及融入乡镇、街道经济社会生活各方面，都发挥了其他社会组织不可替代的独特作用，体现了商会会员的精神风貌，展示了商会组织的良好形象。

［1］"首届福建省乡镇、街道商会工作研讨会"召开［EB/OL］.（2004-10-14）［2023-12-18］. http://news.sohu.com/20041014/n222498805.shtml.

例如，1994—2004年10年间，晋江市安海镇商会为发展光彩事业和社会公益事业，集合会员力量，投资、捐资共5600多万元。其中所属同业公会集资53万元，成立了全省第一家镇级见义勇为基金会；建造晋江机场认捐了1200万元；抗击"非典"期间，捐款捐物上千万元。南安市洪濑镇商会设有5个助学基金会，已帮助100多名贫困生上大学；11年间为社会公益事业共捐赠了1500多万元。南靖县奎洋镇商会会员捐资教育、修路、医疗、社会治安、扶贫等公益事业共120多万元。霞浦县牙城镇商会3位会员捐资26万元，资助镇中小学建设。霞浦县水门乡商会组织会员以股份形式投资1300多万元兴建商业新村，促进乡村市场发展。

案例2：浙江省宁波市北仑区所属街道、乡镇商会[1]

浙江省宁波市北仑区共有9个街道、乡镇商会，全部在民政部门登记，由工商联业务主管。9个商会共有会员企业634家，共配备会长、副会长、执常委132名，都由民营企业家担任；商会秘书长、副秘书长由街道、乡镇工业经济科的科长或基层工作经验丰富的同志担任或兼任；多数商会聘用了1~2名专职工作人员。

街道、乡镇商会组织建设情况：2009年以来开展商会"五有五好"规范化创建活动，成效明显：一是办公场所得到落实。各商会办公场所环境整洁、设施齐备，各项规章制度、组织网络上墙公布，统一规范。大碶、霞浦、新碶等商会具备独立的办公场所。二是办公经费显著改善。商会通过"捐、拨、筹"等办法，多渠道筹措商会活动经费，保障商会的日常开支。会长、副会长、执常委等商会领导捐一点，当地政府对商会活动拨一点，建立共同基金等方式筹一点。三是工作台账规范完善。不仅全面反映出商会日常工作的全貌，而且体现了商会在开展活动、维护权益、行业自律、提供服务等方面的工作业绩。

街道、乡镇商会服务工作情况：以"服务立会"为宗旨，在实践中展示了生机和活力，在当好政府参谋助手，服务民营经济方面发挥着越来越大的作用：一是桥梁助手作用。通过座谈会、培训班等形式，为党委、政府与民营经济人士联系沟通搭建平台；积极发挥会员中人大代表和政协委员的作用，通过人大、政协渠道反映企业发展中存在的问题和困难，并为地区经济社会发展积极建言献策。二是引导教育作用。将引导教育工作寓于各项工作之中，通过表彰先进、宣传典型，引导民营经济人士争当优秀社会主义建设者、投身光彩事业、履行社会责任等活动；通过讲座、参观等培训

---

[1] 北仑区所属街道、乡镇商会［EB/OL］.（2012–06–12）［2023–12–18］. http://www.nbgsl.org.cn/art/2012/6/12/art_6786_349512.html.

形式，引导民营经济人士提高综合素质；通过推进企业文化建设，引导会员企业凝聚人心、促进和谐。如组织开展"企业之歌""民企运动会"等活动，充分展现了新时期民营企业和企业家昂扬向上的精神风貌；通过推进商会党建工作，引导民营经济组织深入开展创先争优活动。三是服务帮助作用。按照"服务立会、服务兴会"的理念，为会员提供经贸、咨询、融资等服务，助力企业成长发展。四是回报社会作用。各基层商会鼓励引导广大民营经济人士参与光彩事业和社会公益事业，回报社会，奉献爱心，促进和谐社会建设。

街道、乡镇商会发展中存在的困难和问题：一是因为认识不足，影响了基层商会作用的发挥。有的企业家认为加入商会不能给企业带来直接的经济利益和好处，反而增加了企业的负担（需要交会费），主动加入商会和参与商会活动的热情不高。二是因为会员覆盖面不广导致商会影响力受限。较大企业大都希望参加上级工商联组织，参加基层商会的积极性较低。三是因为服务手段不多导致组织活力不够。有的商会在协调及维护会员企业合法权益方面也常常心有余而力不足，为会员企业办实事、办成事难度较大；有的商会反映企业诉求的声音不响、话语权较弱，使得商会组织活力和凝聚力较弱。

街道、乡镇商会改革对策：商会作为工商联的组织"细胞"，处于最紧密联系广大会员、最直接参与经济活动的第一线，具有直接服务会员发展、促进经济发展的重大作用，应建立有利于基层商会组织功能及作用发挥的工作机制：一是政商沟通机制。党委、政府定期组织有关部门与乡镇商会、街道商会、行业商会、会员企业之间对话沟通，倾听呼声、了解实情。二是合作联动机制。上级工商联指导支持基层商会建立和完善统计分析、调查研究、组织协调等基础性工作体系，帮助基层商会提升工作能力和水平。三是委托授权机制。结合深化行政管理体制改革，将宜于商会承接的行业管理职能逐步转移给商会，如行业准入资质资格初审、等级评定、行业评比等，以促进商会更好发挥作用。四是经费保障机制。适当加大财政扶持力度，帮助基层商会解决资金不足的实际困难。

街道、乡镇商会组织建设对策：一是要加强领导班子，基层商会的领导都是由在行业中有一定代表性和影响力的企业家担任，他们能为商会办实事，为会员谋利益，但部分商会领导的群团工作经验不足，应当有针对性地组织学习、加强培训。同时配备综合素质高、业务能力强且善于与企业家交流的秘书长队伍，并理顺商会工作体制。二是要壮大会员队伍，加大会员发展力度并优化会员结构，注重吸收新社会阶层代表人士及科技创新型企业、农业龙头企业和服务型企业入会，扩大会员的覆盖面。三是要建立会员数据库，全面掌握会员企业的基本情况，有利于更好地服务会员。

案例 3：浙江省余姚市朗霞街道裘皮行业商会[1]

余姚市裘皮商会是一个街道行业商会，努力当好政府助手，充分发挥行业商会组织作用，整合行业资源，聚合会员智慧和力量办大事。一个小小的街道行业商会，竟然深刻地影响了全球的裘皮产业。特色工作包括：

一是搭舞台：裘皮行业发展新平台。余姚市裘皮商会敏锐地从抱团经营着手，以中国裘皮城为依托，通过聚合会员力量建设中国最大的裘皮服装专业交易市场，实现产业群体升级，并以集中提供品牌服务等方式提升整个产业的品牌意识。商会专门在裘皮城内开辟场所，协助有关部门开展金融服务、税务服务、工商服务、法律服务、会计服务、商务服务、品牌服务、中介服务、党群服务和调解服务，"政府想办的事，这里找得到对应的人；商户的需求，足不出'城'，一步到位；消费者的要求，这里一站搞定"。为解决商户普遍存在的贷款难问题，商会先后邀约 7 家银行入驻中国裘皮城，为会员降低融资成本；成立品牌工作指导站，帮助会员做好驰名、著名、知名商标的申报及商标品牌的保护维权与经营运作工作；针对裘皮经营常见的劳资、质量、经营、管理、消费等问题，商会特别成立"老娘舅调解室"，帮助解决各类劳资纠纷、消费纠纷。

二是唱大戏：小小的街道行业商会——余姚市裘皮商会联合中国皮革协会举办中国裘皮服装节。至 2013 年，历经七届探索，中国裘皮服装节已成为集产业招商、经贸洽谈、行业研讨、文化交流和旅游购物为一体的经贸盛会。"现在，丹麦、芬兰、加拿大、美国等国际同行都通过服装节找到了中国国内行业的对接口，大大提高了中国裘皮城的地位，也弘扬了中国裘皮服饰文化，同时'走出去、引进来'的过程，也促进了行业的发展。"通过中国裘皮服装节这台大戏，余姚裘皮产业已经有了质的飞跃。据了解，产业规模由当初的 200 多家企业、5000 多名从业人员、10 亿多元年产值，迅速提高到了 1300 多家生产企业、2.5 万多名从业人员和超过 60 亿元的年产值。不仅如此，在裘皮服装节的传统项目中，"余姚裘皮服饰金牌制作团队技能大比武"

---

[1] 余姚市裘皮商会：一个街道行业商会的大作为［EB/OL］.（2013-12-24）［2023-12-18］. http://www.people.com.cn/24hour/n/2013/1224/c25408-23924958.html.

和"裘皮服饰十大品牌推选",在无形中加快了余姚裘皮产业的转型升级,推动了本土裘皮业的品牌意识养成。

三是树旗帜:党建树立行业发展新风貌。为了正确把握工作方向,进一步提升会员企业之间的凝聚力和向心力,余姚市裘皮商会"围绕发展抓党建,抓好党建促发展",结合行业商会特征,积极探索新时期商会党建工作新途径,开展了以"找点、扩面、供血、搭台、探路"一系列行之有效的工作,促进了以裘皮业为主体的民营经济发展,得到了社会各界的一致好评。商会形成了"纵向到底、横向到边"的党建工作网络,全面覆盖了整个裘皮行业。为进一步加强党建网络建设,做好"创二代"工作,商会还于2013年9月成立了余姚市裘皮商会青年委员会及其党支部,以党组织为旗帜,充分发挥党组织的战斗堡垒作用和企业党员的先锋模范作用。

四是当助手:让商会成为做大产业新推手。拧成一根绳,合成一股劲。在商会的主导下,把中国裘皮城发展成为一个集裘皮服装、皮衣、箱包多样性的市场。此外,商会将引进皮草研究院设计研发中心,推进构建现代产业集群,协助政府建设县域城镇化试验区,助力余姚裘皮产业做大做强。未来的裘皮城,将朝着国内外有影响力的裘皮服装交易中心、裘皮原料交易中心、裘皮服装加工中心和设计研发培训中心方向发展。

案例4:广东省广州市番禺区南村镇总商会[1]

广东省广州市番禺区南村镇总商会成立于2001年6月。至2020年,会员企业发展到1000多家,其中国内主板上市企业3家、新三板挂牌企业4家、香港上市企业2家、美国上市企业2家。会员企业业务涉及主电线电缆、机械制造、灯光音响、服装制鞋、医药化工、房地产、商贸业及电子商务、文化产业等多个行业。

在乡镇级商会中,名称为总商会的实属罕见,其组织和会员的规模及影响力非同一般。该商会的工作业绩及特别之处:

一是政治过硬。2007年8月南村镇总商会党支部成立,2014年4月南村镇商会党委、纪委成立,成为广东省内最早成立党委、纪委的镇街商会之一。目前,南村镇评价南村镇总商会政治过硬,从会员整体素质评价得知:"会员企业遵纪守法,社会信用记录良好;积极响应和参加各级工商联组织的活动";从所获得荣誉可以得知:每年均获番禺区工商联示范性镇(街)商会荣誉称号;2017—2018年,获全国工商

---

[1] 破解乡镇商会发展密码[EB/OL].(2020-05-07)[2023-12-18]. http://www.acfic.org.cn/shanghuijianshe/gdshdt/202005/t20200507_235059.html.

联系统"四好"商会和广东省工商联系统"四好"商会称号。

二是班子得力。商会领导班子整体素质高、能力强。会长王锦荣连续担任四届会长，先后荣获全国优秀企业家、番禺区"创新创业服务领军人才"、广州市"十大廉政人物"荣誉称号；还担任广州市工商联副主席、番禺区工商联常务副主席等职。秘书长罗君亮在商会工作近19年，熟悉统战工作和经济工作，也展现出较强的组织协调能力与合作共事能力。监事长萧锦华积极参加各项会议及活动，切实履行对重大事项、财务工作、会员守法诚信等方面的监督职责。商会领导班子坚持民主办会，坚持民主集中决策；商会领导成员秉承公心和责任心做商会工作，推动商会健康发展。

三是服务到位。在2020年暴发的新冠肺炎疫情期间，商会组织会员抱团发展，为会员企业提供优质高效的法律服务和暖心返岗专车等服务，助力会员企业复工复产。商会利用组织凝聚力整合资源，建立投融资平台，成立创新股权投资基金，为会员企业提供金融指导，提升会员资本运作能力，增强企业竞争力。商会重视培养二代企业家。2013年，商会率先成立了"南村镇总商会青年企业家协会"，先后举办了"心手相牵，根脉永续"两代人真情对话智享会，探讨民营企业的传承问题；并与番禺区青年协会、香港太平山商会、市桥街和洛浦街青俊会开展联谊交流等活动，服务并促进青年企业家成长。

四是义利共生。自2014年起，商会每年举办"小候鸟"暑期成长计划，关注留守儿童问题；发动会员企业组建的村级老年人颐乐站，被广州市社工委确定为社会创新观察项目之一；积极参与扶贫工作，慰问贫困家庭，累计捐款60多万元。并举办"慈善让生活更美好"文艺晚会等活动募集慈善专项资金。2020年，在新冠肺炎疫情期间，商会统筹各方资源，全力做好"引领＋服务"，为企业纾难解困的同时，发动会员企业合力为当地政府职能部门、医疗机构和居民捐赠所需防疫物资口罩48.6万个，手套近2.5万双，消毒水22吨，捐赠抗疫金额达1587万元。商会以"三心"（以爱心关爱会员，以事业心推动发展，以善心回报社会）的服务理念开展工作。以"五有"（有法人治理，有规范运作，有优秀团队，有强执行力，有完善的组织架构）为目标加强组织建设。以"六个推动"（推动政府制定扶持政策，推动职能部门助企解困，推动企业转型升级，推动政府职能转移，推动社会管理创新，推动社会全面和谐）的工作思路打造品牌商会。商会与南村镇派出所、组织人事办、人社服务中心等10多个职能部门签订协议，获得职能授权事项共27项，涵盖企业诚信经营、政策法规宣传教育、企业文化建设、民营经济人士思想政治工作、开展企业调研、科技项目申报、举办招聘会、岗位就业培训、企业流动人员信息采集和管理服务、协助处理企业治安纠纷和突发事件等，走出商会协助政府进行社会管理工作的新路。

近年来，南村镇总商会不仅获得全国、全省工商联系统"四好商会"称号，而且获得"广东省工商联基层组织建设示范点""广东省非公有制经济组织践行社会主义核心价值观示范点""广东省优秀商会示范点""广州市品牌社会组织""广州市 5A 商会""广州市优秀商会示范点""广州市社会组织党建工作示范点""广州市星级党支部""番禺区示范性商（协）会""番禺区首批枢纽型商会""番禺区理想信念教育实践活动优秀商（协）会""番禺区共产党员示范岗""抗击新冠肺炎疫情先进商会组织"等荣誉称号。

案例 5：江苏省昆山市周市镇商会[1]

周市镇商会成立于 2002 年 8 月，共有会员单位近 130 家，涉及制造、建筑、房地产、批发和零售等各行各业。商会会员中拥有深圳创业板上市企业、国家装备制造企业、运动鞋领军企业、中国商业地产十强企业和江苏民企百强企业等知名企业。

商会宗旨：围绕"打造发展型商会、服务型商会、宣传型商会和奉献型商会"目标，在"共赢建会、服务兴会、实力强会、按章律会、文化润会、爱心荣会"六个方面开展富有特色的工作。商会充分发挥职能作用，服务会员企业围绕"转型升级、创新发展"主题，通过体制创新、制度创新、管理创新、技术创新和文化创新，不断提高自身的综合竞争力，实现更大作为。商会努力搭建多种服务平台，向会员宣传最新政策和法规，协助商会内部企业之间配套协作和外向配套协作等，实现会员利益最大化。

商会工作：主要包括代表并维护会员的合法权益，反映会员的意见、要求与建议；为会员提供信息、科技、管理、法律、会计、审计、融资、咨询等服务；开展工商专业培训，帮助会员改进经营管理，提高生产技术和产品质量；组织会员举办和参加各种对内对外展销会、交易会，组织会员出国、出境考察访问，帮助会员开拓国内、国际市场；增进与港、澳、台和世界各地工商社团及经济界人士的友谊，促进经济、技术和贸易合作；承办政府有关部门委托事项。

---

[1] 昆山市周市镇商会网站 [EB/OL].（2016-06-30）[2023-12-18]. https://www.zszsh.com.

2016 年 6 月，周市镇商会举办首届民营企业趣味运动会

商会多次荣获昆山市、苏州市、江苏省统战部和工商联颁发的"先进基层商会、行业商会""商会工作先进集体""优秀基层商会""工商联系统先进基层商会""五好商会""五好乡镇（街道）商会"等荣誉称号。

案例 6：上海市普陀区长风新村街道商会[1]

上海市普陀区长风新村街道商会成立于 2001 年，至 2022 年底共有会员企业 189 家。该商会重视加强制度建设，在商会章程的基础上，先后制定议事制度、财务管理制度、信用承诺制度、政企沟通制度、会长轮值制度等共 17 项制度。这些制度的创新建立为商会各项工作提供了保障。该商会在区委统战部、区工商联指导下，在街道党工委、办事处领导下，紧扣"两个健康"主题，坚持党建引领、坚持制度建设、坚持民主办会、坚持服务会员、坚持创新发展，持续在政治引领、队伍建设、会员发展、自律规范等方面下功夫，为推动地区经济高质量发展积极发挥作用。其特色工作：

一是党建推进会员同心同向同信念。2016 年商会党支部成立后，抓组织全覆盖，引导有条件的企业成立党组织。引导全体会员听党话、感党恩、跟党走。2020 年 11 月，创建"楼委会"党建新品牌。

二是创新服务企业定心齐心有信心。为更好地服务会员，该商会创新搭建政企沟通、法律服务、人才对接、融资服务、专家咨询、政策推广、信息发布和对外交流八

---

[1] 上海市长风新村街道商会 . 中国商会：第 379 期 . 中华工商时报 2023-04-13.

大平台，服务会员需求。在服务企业的同时，商会还充分发挥招商引资桥梁纽带作用以商引商，做好"最佳合伙人"。2020 年以来，商会通过以商引商方式引进企业 76 家，涵盖科技金融、研发服务、智能软件、生命健康等重点行业，其中，包括 12 家上市公司。

三是组织引导会员热心尽力献爱心。该商会十分重视引导会员企业弘扬光彩精神，履行社会责任。在抗击新冠疫情中，该商会在会长带领下纷纷捐款捐物，以实际行动助力疫情防控工作。商会会员企业累计捐款 7000 余万元、口罩 2.5 万余个、羽绒服 2000 余件、大米 25 吨及价值 140 万元的蔬菜礼包。该商会党支部向全体党员发出"守初心、献爱心、党员先行"倡议，会员企业纷纷组建党员志愿者团队，为疫情防控筑起一道坚实的堡垒。

该商会贯彻落实乡村振兴战略，组织参与"万企兴万村"行动，全力以赴为地区经济建设和社会发展作贡献。该商会连续 5 届获评上海市优秀基层商会，并于 2021—2022 年度获评全国"四好"商会。

案例 7：湖北省应城市乡镇商会引导农企兴村[1]

"万企兴万村"行动推进以来，湖北省应城市各乡镇商会坚持商会引领、立足镇情村情、发挥资源优势，以农业产业化龙头企业为重点，推动建立利益联结模式，实现商会企业与农户合作共赢。其做法：

一是提供服务，订单收购。例如，陈河镇商会会长单位、湖北中磐粮油食品有限公司坚持科技兴农、产业带农，以"商会 + 基地 + 农户 + 服务 + 市场"模式，带动周边区域商会会员、合作社会员、农户 4000 余户，实现增收 1000 余万元。该公司持续优化订单服务，与国内领先的种子企业、科研院所合作，以消费需求为导向，建设高标准试验示范种植基地，开展品种比较试验、化肥农药管理试验，探索便利化水稻订单服务模式，让农户通过订单服务种田更轻松、收益更有保障。又如，应城市永盛畜牧有限公司为打消农户无技术、缺资金、怕风险的顾虑，为农户提供"六统一包"（统一提供猪苗、饲料、疫苗、药物、价格、培训，包回收）服务，受到农户欢迎。

二是流转租赁，建立基地。例如，义和镇商会副会长单位、湖北葛蓬岗生态农业股份有限公司，以建设稻虾种养示范区为契机，以发展稻虾产业为抓手，在义和镇新

---

[1] 湖北应城乡镇商会引导农企兴村［N］.中华工商时报，2023−05−30.

村和季伟村流转土地 3680 亩，建成集小龙虾养殖、生态稻谷种植加工、水果蔬菜采摘及餐饮娱乐于一体的农业观光示范园。又如，湖北鲜野生态农业发展股份有限公司在汤池镇方集村流转土地 1700 亩，建成"汤池稻鳖"标准化示范区基地、果蔬种植区、农事体验区、亲子休闲区、食疗养生区、乡村民宿区。再如，湖北应城顺源海发园艺工程有限公司，向农户提供生产资料以及技术指导，实行保护价收购，确保农民利益实现，与 200 多户农户签订花卉种植购销合同，建成月季特色花卉生产示范基地。

三是就业安置，带动发展。例如，应城市龙池农业生态园有限公司直接提供劳动岗位 129 个、间接提供劳动岗位 1700 个；顺源海发园艺工程有限公司通过旅游和农业生产带动 306 人就业（含季节性用工）。又如，永盛畜牧有限公司在做好自身发展的同时，成立了应城市养猪业协会、应城市永盛专业养猪合作社；协会和合作社扶植全市规模以上养猪户 500 多户，协助建设万头猪场 3 家、5000 头猪场 2 家。再如，田店镇商会会长单位、应城市田店运发米业有限公司厂区集粮食收储、加工为一体，引进烘干设备，主导开展种植培训、经营服务等，带动 3000 多农户种植糯稻，户均年增收达 3000 元。

案例 8：江苏省乡镇、街道商会组织覆盖率位居全国前列[1]

江苏作为乡镇企业发源地之一，乡镇、街道商会成立时间早，覆盖面广，工作开展较好，在政治引导、经济服务、诉求反映、权益维护、诚信自律、协同参与社会治理等方面发挥了重要作用，涌现出一批班子建设好、团结教育好、服务发展好、自律规范好的"四好"商会。

2019 年 7 月，国家民政部社会组织登记管理局、全国工商联会员部在江苏省镇江市就乡镇、街道商会登记管理工作开展调研并召开专题座谈会，推进工商联所属商会改革发展，着力解决乡镇、街道商会登记率不高、基础薄弱、管理不规范等问题；并对《关于规范工商联所属乡镇、街道商会登记管理工作的办法（征求意见稿）》广泛听取了意见。该文件的正式出台，"江苏经验"功不可没。

至 2020 年 6 月，江苏全省共有乡镇、街道商会 1195 家，覆盖率达到了 95%，位居全国前列。

---

[1] 江苏助推乡镇、街道商会发展迈上新台阶［EB/OL］.（2020-06-28）［2023-12-18］. http://www.acfic. org.cn/gdgsl_362/ js/jsgslgz/202006/t20200628_239372.html.

村级商会兴起发展

村级商会，是村级个体、集体、合作经济共生、互联、相互作用并催化形成的新型农民商会组织。村级商会，又称农民商会，是农业市场主体为适应市场竞争发展需要集合力量办大事的自觉意识与主动行为的组织化表现形式，是农业改革开放后出现的新鲜事物和时代产物，是继家庭联产承包责任制之后中国农民的又一新的创造。村级商会的组织关联情况，有的独立存在，有的作为乡镇、街道商会的分会，接受民政部门登记管理，接受工商联业务指导。

第一，关于村级商会产生的经济背景[1-2]

1978 年开始的家庭联产承包责任制，1982 年全面推行的以家庭联产承包为主的责任制和统分结合的双层经营体制是我国重大的农业经济制度，极大地调动了农民生产积极性，解放了农业生产力。40 多年来，为促进农民增收、农业经济发展、农村面貌改善发挥了重大作用，是适应我国国情的好的经济制度。但是，以家庭为单位承包经营的耕地面积窄小、分散，不利于集约利用、规模经营，需要大力推进耕地集中连片种植，以利于集约化、规模化生产经营；需要把分散种植经营的个体农户，组织起来，互助合作，构建农业服务体系。因此，社会主义市场经济体制下的农民专业合作社和村级商会相继产生。

农民专业合作社，是指在农村家庭承包经营基础上，农产品的生产经营者或者农业生产经营服务的提供者、利用者，自愿联合、民主管理的互助性经济组织；是在工商行政管理部门注册登记的经济实体和市场主体。村级商会是以村民中的农工商业经营者为主体，以维护权益、协调自律、提供服务为主旨，自愿联合、民主管理的互助性非营利性服务组织；是在民政部门注册登记的社会团体。目前，这两类组织，就组织性质而言，分门别类，前者属于市场主体，直接从事生产经营；后者属于社会团体，服务市场主体，不直接从事生产经营。就组织功能而言，相互渗透，前者归类为市场主体，同时也服务市场主体；后者归类为社会团体，在服务市场主体的同时可兴办市场主体。就管理体系而言，前者接受工商部门行政管理；后者接受民政部门登记管理并纳入工商联组织体系。就发展趋势而言，两类组织性质及职能，相近相同之处

---

［1］江苏助推乡镇、街道商会发展迈上新台阶［EB/OL］.（2020-06-28）［2023-12-20］. http：//www.
acfic.org.cn/gdgsl_362/js/jsgslgz/202006/t20200628_239372.html.

［2］赵晓勇. 从民间草根经济到国家经济支柱［M］. 北京：中国文史出版社，2018：117.

逐渐增多，不同之处逐渐减少。俗话说："上面千条线，下面一根针，上面分得清，下面难分清"，两类组织趋同化发展已成为发展方向。

村级商会的组织作用，主要表现在：助力分散的农业市场主体组织起来，聚合力量高效参与市场经营、竞争发展；助力无劳力农户解决耕地托管、代种，农产品代收、代售，提高土地利用效率，提升农业生产经营能力和水平；助力解决农副产品便捷购销问题，促进农业服务体系发展。村级商会在农业产业化服务、市场化服务、合作化服务的内在需求驱动力作用下自然产生，并逐渐活跃起来，推广开来。调查发现，一些地方，田里"种什么、怎么种"，找商会商量；农田干活缺人手，找商会帮忙；农产品"卖哪里、什么价"，听商会的建议。一些地方，引导分散的家庭农户组织起来，助力农业规模化、产业化、现代化发展，村级商会的促进作用逐渐增强。

实践证明，农业市场主体是村级商会的重要成员，是村级商会组织发展的重要依靠力量。应该正视，实行联产承包责任制的家庭农户是市场主体，农业是我国市场主体最多的产业。我国约 8 亿农民，近 2 亿个家庭农户，即近 2 亿个农业市场主体，这是推动我国市场经济发展最大规模的最重要的最基础的市场主体力量。

第二，关于村级商会的组织特征

村级商会兼有地域商会和行业商会的组织特征，其个性特征主要表现在以下几个方面。

1. 会员属地性。由于村级地域范围较小，商会会员基本上局限在同村范围，少数在外经商办企业的同籍人员和极少数有农副产品生产、加工、经销关系的外村人员加入村级商会。

2. 产业共同性。由于生态自然环境和生产生活习惯大致相近，农业种植品种及副业特色品种大致相同，"一村一品"的种植习惯与"一村一业"的副业特色就是最好的例证。

3. 组织紧密性。由于现代化农业生产需要多环节分工合作与相互帮助，商会会员相互依存度较高；由于会员之间亲情友情关系密切，商会组织关系比较紧密。

4. 经济合作性。有的村级商会兼有社团组织和经济组织双重功能，一方面服务与促进会员经济发展，另一方面集合会员智慧和力量兴办经济实体或以股份制形式发展会员合作经济。

5. 行为集体性。由于村级经济制度包括"家庭联产承包责任制"和"统分结合的双层经营体制"两个方面，由于村级土地包括"承包经营权家庭所有"和"所有权村集体所有"两种管理办法，村级商会组织及会员意识与行为的集体性特色更加鲜明，村级商会兼顾会员个体利益和组织集体利益的特征更加明显。

第三，关于村级商会的运行实践

如果说乡镇、街道商会是工商联的重要工作手臂，村级商会则使得乡镇、街道商会工作手臂进一步伸长，村级商会组织的存在和发展，有利于中国当代商会组织体系健全完善。笔者认为，占我国市场主体绝大多数的家庭农业市场主体应当纳入国家市场主体统计范围；根据群众意愿自发产生的村级商会应当纳入中国当代商会组织体系。明确村级商会为乡镇、街道商会的分会或下级组织，指导其健康发展，明确村级商会成为工商联组织体系的组成部分并进入《中国工商业联合会章程》管理，是客观实际和形势发展的需要。工商联的组织意图和工作目标需要延伸至村级商会。关于村级商会的研究性资料相对较少，这里重点介绍 5 个案例。

案例 1：浙江省余姚市工商联推动组建村级商会[1]

2008 年以来，浙江省余姚市工商联根据新农村建设和城乡统筹发展的新趋势，针对民营经济产业布局和空间布局的新变化，在乡镇街道商会组建全覆盖的基础上，积极探索和推进组建村级商会，把工商联组织延伸到最基层，把工商联工作覆盖到新领域，至 2010 年，全市已组建村级商会 20 个，成为全国范围内成立村级商会组织最早的地区之一。

2008 年 4 月，浙江省余姚市凤山街道剑江村商会（一般认为是全国首家村级商会组织）成立。随后，浙江省余姚市工商联及时总结剑江村的经验，会同余姚市委统战部制定了《关于推进村级商会组建工作的意见》，并召开村级商会组建工作现场会，在全市进行部署和推广。按照"精心指导、积极组建""成熟一家、组建一家"的原则，在"达到一定企业数量、村级党组织重视、企业有共同意愿、有合适的会长人选"等基本条件前提下，市工商联和乡镇街道商会加强指导，共同帮助做好村级商会组建及商会运行的各项工作。

实践证明，村级商会拓展了工商联组织建设的新领域，扩大了工商联发挥作用的空间，显示了新的成效：一是促进了村企共建新农村。村级商会的成立，为组织引导企业参与新农村建设、促进农村经济社会发展注入了新的活力。二是促进了企业健康

---

[1] 浙江省余姚市工商联.组建村级商会拓展组织网络［N］.中华工商时报 2010-09-14.

发展。村级商会成立后，开展企业融资担保服务、建立公共技术服务平台、调解劳动纠纷等服务事项，受到企业欢迎。三是促进了民营经济人士素质提升。村级商会通过邀请专家来村辅导、组织会员外出考察培训等形式，使众多分布于农村的中小企业主和个体工商户增加了接受培训教育的机会，拓展了他们的视野，提高了会员队伍整体素质。四是促进了村级经济社会发展。五是促进了村级农商业发展和商会文化形成。剑江村附近有河姆渡遗址、天下玉苑、丹山赤水、浙东抗日根据地旧址、黄贤森林旅游区等文化旅游景点，有余姚杨梅、余姚榨菜、余姚咸蛋、余姚皮蛋、余姚茭白、余姚甲鱼等农副特产，有余姚剪纸、余姚土布制作、余姚草编、余姚笋干菜腌制等民俗技艺，这些资源优势，结合商会汇聚智慧力量的组织优势，有利于充分开发利用，同时有利于商业文化、商会文化进步发展。

案例 2：浙江省慈溪市宗汉街新界村商会[1]

新界村商会于 2010 年 4 月 28 日成立。成立大会上，有 30 家企业会员参加，选举产生会长 1 名，副会长 5 名，理事 9 名和商会秘书长（由时任村党总支副书记兼任）；聘请村党总支书记为商会名誉会长；并聘请银行、国税、地税、派出所等单位与村级经济社会活动相关人员为商会顾问；《新界村商会章程》明确了商会性质、宗旨、职能、会员条件等事项。

新界村商会性质：是由新界村籍街道商会会员和在新界村范围内创办工业企业、从事经商人士自愿组成的社会团体；是慈溪市宗汉街道商会在新界村的分会组织。

新界村商会宗旨：遵守国家法律、法规和相关政策，弘扬社会主义道德风尚，在宗汉街道党委、政府的领导下，在慈溪市工商联（总商会）的宏观指导下，坚持以经济建设为中心，充分调动和发挥新界村工商业者优势，促进新界村经济发展。

新界村商会职能：1. 宣传党的方针政策和国家的法律、法规，加强思想工作，不断提高会员的基本素质，鼓励、引导会员积极参加光彩事业和其他社会公益事业，弘扬传统美德，扶贫济困，积极回报社会。2. 促进村企合作，努力实现村企双赢，共同推进所在村的社会主义新农村建设。3. 维护会员的合法权益，为会员提供市场信息、法律维权等多种服务。4. 帮助会员改善经营管理，树立文明经商意识，提高产品质量，为会员引进资金、技术、人才牵线搭桥。5. 组织会员参加上级商会的会议和活动，完成好上级商会和村党总支交办的各项工作任务。

---

[1] 慈溪市第六家村级商会成立 [EB/OL].（2010-04-28）[2023-12-18]. http://www.nbgs/.cn.

新界村商会会员条件：1. 新界村籍宗汉街商会会员和在新界村范围内创办工业企业、从事经商人士。2. 有加入商会意愿。3. 拥护商会章程和组织工作规则。4. 在企业发展和经营中具有一定影响，具备良好的职业道德和法治观念，能主动热心地为本会奉献。

案例 3：湖南省浏阳市大瑶镇上升村商会[1]

上升村商会为湖南全省首家村级商会，于 2018 年 9 月 16 日成立，吸纳会员 100 多名。商会宗旨：促进各行业的企业家抱团发展、资源共享、助力乡村振兴。商会经过民政部门登记，有固定的工作人员和办公场所。

上升村商会结合"工业富村、生态强村、文化兴村"三个定位开展工作，已经成为一支乡村振兴的生力军。商会会员都是当地经济发展的"领头羊"、村级事务的支持者、乡风文明的倡导者和凝聚人心的推动者；商会领导班子有信心有决心办好具有特色的村级商会。商会"制定规划、选准项目"，会员与村民齐心合力促进农业经济发展、促进乡村振兴，取得一定绩效。上级（包括市、县、镇）党政领导和工商联对上升村商会给予高度评价，认为上升村商会体现了经济性、社会化、产业化和服务化的特点，商会会员经济成为村级集体经济的重要补充，商会组织及会员成为乡村振兴的中坚力量和村级经济发展的重要推动者。

案例 4：安徽省凤阳县小溪河镇小岗村商会[2]

早在 1978 年，小岗村 18 户农民冒着风险，在土地包干合同书上按下红手印，分田到户、包产到户、包干到户，开启了中国农业生产经营体制改革实验的闸门。41 年后，2019 年 4 月 22 日，在"成立商会就是要做到信息共享，大家受益""小岗村商会要充分发挥牵线搭桥作用，把在小岗发展的民营企业凝聚起来"等朴素思想的指导下，由 30 多家村属民营企业（全村共有民营企业 40 多家）发起，安徽省凤阳县小岗村商会成立，其业务主管单位为凤阳县工商联，登记管理单位为凤阳县民政局。

小岗村商会会员：由在小岗村设立或投资的工商企业、在外地设立或投资工商企业的小岗村籍企业家及与小岗村有经济关联的工商企业和社会团体自愿组成。

小岗村商会性质：地方性、联合性、非营利性的社会团体组织。

---

[1] 长沙晚报. 巧手能手抱团敲开致富门 [EB/OL]. (2018-09-16) [2023-12-18]. http://www.hunan.voc.com.cn.

[2] 小岗村建立了商会 [EB/OL]. (2019-11-08) [2023-12-18]. http://cbt.com.cn/cmlm/201911/t20191108_145219.html.

小岗村商会宗旨：弘扬小岗精神，传承徽商基因，引导会员自觉遵守国家法律、法规和社会道德风尚，不断创新和丰富小岗企业文化内涵，推动企业诚信建设，实现企业间信息互通、资源共享、优势互补。维护会员企业的正当合法权益，为会员服务、为社会服务，全面推动中小企业健康发展及小岗的乡村振兴，为国家和地区经济社会的繁荣与发展贡献小岗智慧和力量。

小岗村商会业务范围：1.向会员宣传、贯彻党和国家的方针、政策，引导和教育会员依法经营，规范企业行为，促进行业自律。2.为会员企业排忧解难、依法维护会员合法权益，协助会员企业提高经营管理水平和创新发展。3.协调会员企业与企业之间、企业与政府之间的关系，促进交流合作，发挥桥梁纽带作用。4.加强与各有关部门、各地商会及工商界人士的联系，促进会员企业与各地商务往来、经济合作、科技合作及信息交流。5.加强会员诚信自律建设，促进会员诚信经营，维护公平竞争和经济秩序。6.引导会员弘扬中华民族传统美德，热心社会公益事业，积极组织会员参与各类公益慈善活动，扶危济困，义利兼顾，发展企业，回馈社会。7.接受政府部门授权或者委托的事项及符合本会宗旨的其他事项。

小岗村是农业农村改革的重要发源地，小岗村商会旨在发挥好桥梁、纽带和助手作用，为小岗村振兴发展作出贡献。

在村委会的支持下，小岗村商会设有固定的办公和活动场所

案例5：浙江省宁波市海曙区古林镇张家潭村商会[1]

2021年5月28日，浙江省宁波市海曙区古林镇张家潭村商会第三届会员大会在

---

[1] 宁波市海曙区古林镇张家潭村商会第三届会员大会圆满举行［EB/OL］.（2021-05-29）［2023-12-20］. https：//www.sohu.com/a/469300541_121035489.

人文底蕴深厚的衢州举行，会员代表共 50 多人出席大会。张家潭村党委书记主持大会。张家潭村商会会长对商会 2020 年的工作情况作了总结，并表示商会将继续为会员企业搭建良好的交流合作平台，不断强化服务观念和创新意识，引进高端人才资源，营造良好营商环境，为张家潭村的经济社会发展作出贡献。大会聘请一位博士为商会的高级顾问，并举行了"全球博士联合会——张家潭村人才工作基地"的授牌仪式。大会邀请宁波市海曙区市场监管局、海曙区古林镇消防站的负责同志作专题演讲。次日，张家潭村商会企业家们一起参加了庆祝中国共产党诞辰 100 周年红色之旅活动，参观了龙游革命烈士陵园，瞻仰革命圣地，缅怀革命烈士，回顾党的奋斗历史，歌颂党的光辉业绩。

园区场地商会兴起发展

园区场地商会主要指以城镇的市场、街区等经营场地集合商人、商户组建的基层场地商会组织。基层场地商会是中国当代商会组织体系的最小单元，又称微型商会，是改革开放以后出现的新事物。改革开放以后，伴随着社会主义市场经济兴起发展，伴随着"大众创业、万众创新""万民经商"热潮兴起，全国各地市场数量之多、市场总体规模之大、市场交易活跃度之高都是前所未有的，因此，园区场地商会应运而生。这里主要介绍位于城市、集镇的专业市场商会和流通市场商会。

第一种类型：集合式专业市场商会

集合多个市场和更多商户成立专业市场商会组织，是大中城市市场商会组织发展趋势之一。因为较大规模的集合式专业市场商会与较小规模的单一专业市场商会相比，汇聚会员人数更多，组织管理水平更高，组织管理成本更低，组织影响力更大，服务会员能力和集中力量办大事的能力更强且人均会费负担更低，受到商会组织者和参与者青睐。同时，大型商会比小型商会更有利于加强指导、管理，得到政府职能部门的重视与支持。

案例：广州专业市场商会[1]

广州是闻名世界的"千年商都"。广州专业市场商会在市政府及有关职能部门的关心支持下，由十几家专业市场开办者倡导组建，由多行业类别的专业市场联合组建，于 2005 年 1 月 19 日正式成立。商会的业务指导单位是广州市经济贸易委员会，

---

[1] 广州专业市场商会介绍 [EB/OL]．（2016-01-16）[2023-12-20]．http://www.gswmcc.com/web/index.php.

同时接受市发改委、交委、工商局、规划局、税务局、公安局、质监局、外经贸局、城管委、民政局等相关职能部门指导。

广州专业市场商会组织覆盖280多家业内知名的专业市场，如南天国际酒店用品批发市场、安华美博城、江南果菜批发市场、花都狮岭（国际）皮具城、长江（国际）轻纺城、白马服装市场、红棉（国际）时装城、华南（国际）鞋业中心、新濠畔鞋材皮革五金批发广场、广州市白云区东旺批发市场、广州白云世界皮具贸易中心、广州国际轻纺城、广东天健国际家居装饰商贸广场、新塘国际牛仔服装纺织城、广州五洲城国际建材中心、鱼珠木材市场、广州国萃花卉市场、黄埔环宇机械城、广州清平中药材市场、中八童装市场等，市场年交易总额超千亿元，为社会提供了数以百万计的就业岗位，在业界享有"千亿商会"的美誉！

商会性质：非营利社会团体。

商会宗旨：遵守国家法律、法规和政策，遵守社会道德风尚，适应建立社会主义市场经济体制的需要，发挥企业与政府之间的桥梁和纽带作用，为企业服务，为政府服务，为社会服务，促进广州专业市场的繁荣和发展。

商会职责：1. 开展调查研究，提出有关经济政策和立法方面的意见和建议。2. 协助政府制定专业市场发展规划、规范、标准、职能及各类认证制度，并组织贯彻实施和进行监督。3. 协调有关部门和企业之间的关系，协调企业经营、合作和争议问题，维护行业和企业的合法权益，维护公平竞争和市场秩序，并规范会员行为。4. 收集、分析、发布有关经济、政策、法律信息，创办网站、刊物，开展贸易中介、市场调查和商务、融资、会计、法律、环保、技术、代办有关证照等咨询服务。5. 开展经济技术交流交往，推动市场升级改造，促进新技术的应用。6. 指导、协助会员企业改善经营管理。7. 举办或参加国内外相关的博览会、招商会和展销会。8. 承办会员要求办理的事项，积极为会员排忧解难。9. 组织会员开展公益活动和有利于专业市场的其他活动。10. 承办政府职能部门委托的有关事宜。

商会服务：行业研究与推广、金融诉求解决、政策传达、关系协调、反映诉求、行业培训、投资合作、人才培育、国际交流等。

多年来，商会以推动广州专业市场行业发展为己任，以会员服务为核心，维护会员合法权益，保护行业发展利益。近年来，商会成立广东现代专业市场研究院、专业市场行业金融服务中心等精细化服务平台，引入专业团队、整合社会资源，形成"产、研、融"复合型发展模式。商会倡导商家致富不忘社会，关注弱势群体，组织开展送温暖献爱心活动，为和谐社会建设出力，赢得良好的社会声誉。

第二种类型：专业性流通市场商会

伴随着商品经济发展，商品流通规模增大，流通市场发展迅速，并朝着专业化方向发展；伴随着市场从业人员增多，商会意识增强，专业性流通市场商会组建与发展成为较普遍现象。

案例：聊城市农产品流通商会[1]

聊城市农产品流通商会是由农产品生产流通企业、农业产销合作组织、农产品采购商、农产品交易市场和从事农产品流通业务的个人及关心农产品流通的各界人士等自愿发起成立的社团组织。商会会员总数超过千个，会员群体经营范围覆盖了粮油副食、蔬菜水果、活鲜水产、冷链产品、干货、贝类、燕窝、冬虫夏草等食品农产品，会员经营占据了聊城市及周边地区60%以上的市场份额，是聊城市食品农产品市场经营行业的中坚力量。商会会员中农民专业合作组织和龙头企业占比80%，直接或间接带动十万多农户的生产经营。

商会宗旨：坚持以会员为本，服务至上，为从事农产品生产、加工和流通业务的个人及组织提供商品信息服务、销售促进服务；构建安全农产品供应保障体系，促进农产品流通领域健康发展。

商会特色工作：1.发挥桥梁和纽带作用，当好政府部门的参谋与助手，就农产品市场问题进行调查研究，提出有关政策建议和意见。2.组织会员就市场规划与建设、体制改革、经营管理等问题交流、研讨与合作，组织推广先进的管理模式。3.应会员要求，就经营管理等方面的问题开展诊断、咨询；并收集分析国内外农产品市场信息，预测市场走势，为会员提供信息服务；组织开展业务技术培训研讨活动，提高会员队伍素质。4.积极开展与国际农产品市场商会（协会）交流与合作，组织市场管理人员赴有关国家考察、学习农产品市场流通建设与营销管理的先进经验与做法。5.以大型农产品批发市场为依托，组织名优农产品及加工新技术、新成果展示展览，帮助会员开拓市场。6.建立农产品经纪人联系网络，并为其搭建联系沟通、磋商合作、交流经验、洽谈贸易的网络平台。7.就市场行业负担与损害等问题展开调查，为会员排忧解难；对会员共同关心的问题，进行协调、撮合，维护会员合法权益和市场行业整体利益。8.严格行业自律，规范市场行为；确保居民吃上"放心农产品"。

[1] 聊城市农产品流通商会 [EB/OL].（2020-11-04）[2023-12-20]. https://baike.so.com/doc/26022135-27194235.html.

商会组织特色：1.会员归属感：把商会办成会员大家庭。2.眼界开阔感：帮助会员获得商机、窍门、经验，大开眼界，受益匪浅。3.顾客信赖感：将"会员牌"挂在店铺，提示会员规范商业行为，告知顾客可靠的诚信度。4.同行认同感：商会会员之间有共同的地域文化、接近的价值观、良好的认同感，有利于消除隔阂，产生合作愿望，赢得信任，获得帮助，交易更顺畅。5.组织依赖感：在同一个商会，会员有什么困难说出来，大家七嘴八舌都帮你出主意、想办法、搭把手，"有困难，找商会"。6.会员优待感：商会免费提供信息服务，帮助宣传产品，直接或者间接地给会员提供商机。7.消费实惠感：会员间购物，或通过商会一起团购，价格更便宜。8.会员荣誉感：经过商会组织考验和规则约束，会员素质得到提高，荣誉感、责任感油然而生。9.品牌意识感：加入商会可共同打造一个品牌，发挥品牌效应。10.会员成就感：加入商会，有利于经营能力和诚信度提高，专业知识增强，朋友增多，做生意顺手，生意越来越好；赚钱多了，回报社会的光荣感增强了。

商会组织优势：包括行业抱团优势、政企沟通优势、资源共享优势、党团活动优势、学习交流优势、组织服务优势、品牌推广优势、公益互助优势等通过组织活动及绩效得以充分体现。

第三种类型：街区（场地）市场商会

集中同一街区（场地）或商城经营的小商户组成微型商会是中国当代商会组织发展新动向。随着改革开放逐步深化，国营商业逐步退出，私营商业逐步发展壮大，商业市场投资经营出现分工合作发展新特征，即大企业投资建设商场、出租商铺，小商户租赁商铺、经营商品。以市场商会聚合小商户共同烘托大市场氛围，并以市场商会组织形式管理会员商户，有利于市场管理并规范经营行为，有利于商业经济健康发展。由于投资建设商场的大企业与租用商位的小商户形成商业经营共同体和经济利益关联体，由大企业牵头组建并从业务上主管的商会，有人称"大企业管理小商会"，别具组织特色。

案例：义乌市中国小商品城商会[1]

义乌市中国小商品城商会成立于2008年8月，是经过义乌市民政局批准登记的社会团体。该商会共吸收会员5000多名，涉及47个行业。由小商品城集团党委书记、董事长任商会会长。

---

[1]义乌市中国小商品城商会荣获全国"四好"商会称号［N］.义乌商报.2021-01-29.第4版.

商会坚定不移地履行商会职能与社会职责，充分发挥商会对市场建设与发展的推动作用，以"共商、共建、共享"的思路谋划全局，带领广大会员积极投身义乌国际贸易综合改革试验区建设，努力做好市场服务工作，为参与实体市场升级，不断提升义乌市场核心竞争力；为义乌市场持续繁荣，建设世界"小商品之都"，打造"世界超市、贸易天堂"贡献一份力量。该商会荣获 2019—2020 年度全国"四好"商会光荣称号。

第四种类型：园区专业市场商会

园区专业市场包括农副产品市场或工业材料市场或建筑材料市场等。伴随着经济社会发展，这类市场经营活跃，长期保持发展势头；这类市场分布较广，地理位置大都位于城郊接合部，是城乡之间、区域之间、产业之间物资交流的重要场所。以园区专业市场内商户经营者为主体组织成立的商会为园区市场商会，有人称其为"1.5 次产业（农业服务业）市场商会"和"2.5 次产业（工业服务业）市场商会"。

案例：郑州市钢铁贸易商会[1]

郑州市钢铁贸易商会成立于 2009 年，目前会员单位有 1000 多家，是郑州市以从事钢铁生产、加工、批发销售为主的企业自愿组成的专业性、行业性、自律性的非营利性民间商会。该商会成立了深加工分会、钢管分会、不锈钢分会，而且还成立了"钢好读书社"、钢雕艺术中心。该商会为建设综合式国际智慧物流港，建设钢铁物流加工配送市场，建设现代化仓储货场及钢构加工生产厂区，建设全省最大、全国领先的钢铁企业园区，建设"花园式钢贸物流园"发挥了服务与促进作用。该商会在党组织建设和慈善公益活动开展等方面做出成绩，荣获 2019—2020 年度全国"四好"商会称号。

城市开发区商（协）会兴起发展

改革开放以后，城市开发区（包括经济开发区、高新技术开发区、经济技术开发区、产业园区等）作为新生事物出现，成为培育新产业、促进产业转型升级、推动区域经济发展的重要载体。开发区，规模有大有小、级别有高有低，其共同点是集聚企业和产业、发展经济。伴随着各地各级各类开发区建立，区内企业逐步集聚，企业共同利益机制逐步形成，开发区商（协）会应企业需求相应产生。开发区商（协）

［1］郑州市钢铁贸易商会举办迎春活动［EB/OL］.（2020-01-07）［2023-12-20］. https：//www.henandaily.cn.

会，以"搭建平台、服务会员、创造商机、促进发展"为主旨，注重加强会员与政府之间的沟通，促进开发区内外经济合作，促进会员经济发展，促进开发区经济发展。

案例 1：天津经济技术开发区商（协）会[1]

天津经济技术开发区内设有开发区国际商会、开发区工商联、开发区私营企业协会、开发区贸促会、开发区外企协会和企业家联合会共 6 家商（协）会，六会秘书处合署办公，负责开展日常工作。六家六类商（协）会组织集中延伸至同一个开发区，形成一个商（协）会工作联合体，服务区内企业会员需求并集合企业会员力量促进经济发展，独具特色。天津开发区商（协）会共有核心会员 1000 多家，包括多家世界 500 强的跨国公司及国有、私营、外商投资等各类大、中、小型企业，企业之间形成了以电子信息、汽车、生物医药、食品饮料、装备制造等为主要特征的产业链和产业集群。

天津开发区商会秉承"搭建平台、创造商机"的宗旨，为会员提供多方位的服务，最具特色的工作是搭建三个平台：一是政企沟通平台，作为政府和企业之间的桥梁和纽带；二是企企交流平台，促进企业之间经济合作；三是会会合作平台，各类商（协）会合作服务会员企业发展。并充分利用三个平台，在维护会员企业的合法权益，反映会员企业诉求和呼声，帮助会员企业创造商机、开拓市场、同国内外经济组织建立友好合作关系等方面彰显工作特色。

案例 2：江苏省开发区协会[2]

江苏省开发区协会是江苏省内依法设立的国家级、省级各类开发区及相关单位和人士参照《江苏省开发区条例》自愿组成的联合性、非营利性社会团体组织。协会于 1994 年 11 月经江苏省民政厅批准登记成立，在江苏省商务厅指导下开展社团活动。

协会宗旨：高举中国特色社会主义伟大旗帜，一切活动遵守法律、法规和国家政策，遵守社会道德风尚，认真贯彻党的方针，全心全意为全省开发区的建设和发展服务，切实维护会员的合法权益，增进江苏开发区与海内外同行间的交流和合作，推动江苏开发区遵循科学发展观全面协调可持续发展。

---

[1] 天津开发区商会 [EB/OL].（2022–12–30）[2023–12–20]. https://baike.baidu.com.

[2] 江苏省开发区协会 [EB/OL].（1994–11–21）[2023–12–20]. https://www.jskfg.org.cn.

协会的业务范围：1.增进全省开发区之间的相互了解和多方面的交流，促进江苏开发区健康发展。2.组织经验交流和理论探讨，研究江苏开发区在发展和管理中重要的理论性、政策性问题，了解各开发区的意见和建议并向有关部门反映。3.推动国际交流与合作，以多种形式促进全省开发区与国内外相关的各类开发区、自由贸易区、出口加工区、科技园等建立友好合作关系，积极开展交流活动，推动相互之间在经济、贸易、科技、人才开发等多方面的合作。4.为会员单位提供包括招商引资、人才培训、信息交流、政策咨询、中介服务、物资协作、商务合作等方面的服务。5.承担政府主管部门和相关部门委托的有关工作。6.开展会员单位要求的其他服务。

江苏省开发区协会与上海市、浙江省、安徽省开发区协会形成长三角开发区协同发展联盟，并发布《长三角开发区合作共建与联动创新倡议》，以"平等互利、友好互助、共同进步"为原则开展合作，以"园区联动、项目联动、产业联动、功能联动"的合作模式助推长三角开发区进一步发展壮大。

案例3：广州市产业园区商会[1]

至2019年，广州市共有工业园区（产业区块）95个，规划用地总面积324平方公里，园区工业总产值占全市工业总产值比重约六成。近年来，广东省和广州市相继出台了《关于推动工业园区高质量发展的实施方案》《广州市产业园区提质增效试点工作行动方案》等政策文件，集中力量打造一批产业高端、用地集约、集群发展、配套完善的特色产业园区；同时，大力推进村级工业园整治提升，加快低效、低端、低质产业退出，探索超大城市制造业转型升级、产城融合发展的新路径。通过不断调整园区产业结构、持续推进园区产业聚集、大力培育园区新兴产业，促进产业园区建设规模扩大、质量提升。

广州市产业园区商会于2015年2月11日成立。

商会秉着"聚产兴园，与企共生；为园区发展服务、为园区企业服务"的立会宗旨，提供10大服务：1.整合资源提供平台服务；2.承接政府转移职能为园区（企业）服务；3.创新开展工作，优化商会服务；4.咨询培训、课题调研服务；5.园区（企业）申报项目服务；6.园区（企业）融资对接服务；7.园区招商引资服务；8.国内外园区考察服务；9.承办会展参展服务；10.名优产品进社区、园区服务。

商会围绕产业园区全生命周期服务体系构建，开展产业规划引导、招商资源整

---

[1] 广州市产业园区商会发布十佳优秀产业园[EB/OL].（2015-02-11）[2023-12-20]. https://finance.sina.com.cn.

合、园区品牌塑造及产业对接交流等工作；发挥园区与政府、园区与园区、园区与企业、企业与企业之间沟通交流的桥梁纽带作用，助力建设示范产业园区、新业态示范园区，促进园区制造业与信息业服务业深度融合，促进产业优化升级，促进产业园区经济高质量发展。

案例4：深圳市产业园区协会[1]

深圳市产业园区协会成立于2017年12月1日，是深圳市从事产业与园区行业相关企业自愿组成的跨行业、综合性组织，会员企业约300家，涉及产业业态涵盖电子信息、精密制造、战略新兴产业、物流商贸、产业金融等。协会成立以来，成功主办了"深圳（国际）高科技产业园区博览会""前沿科技论坛暨贵州省投资环境推介会""产业园区经济发展论坛"等大型活动；成功承办了会员企业与各地战略合作伙伴的各类活动；积极组织"资金扶持政策宣讲会"等各类活动。协会努力搭建政府、园区、企业交流合作的平台，着力打造智慧园区、科技园区、文创园区，助力深圳乃至粤港澳大湾区打造产业园区发展高地。该协会获评2021年深圳市社会组织百年党建优秀案例，2021年荣获深圳市"四好"商会协会称号。

协会理念：搭园区联系之"桥"，扬企业发展之"帆"；协会使命：产业报国，园区兴城；协会愿景：致力于最大效率地利用产业项目、人才团队、政策信息、科研技术、场地设施等资源，促进产业园区健康发展。

案例5：海南洋浦经济开发区商会[2]

海南洋浦经济开发区商会于2021年6月2日成立，是海南省首个园区商会。商会首批会员：吸纳了42家成员企业或单位，涉及石油、化工、大健康等多个领域。

商会宗旨：切实履行商会职能，促进完善园区服务协调机制，建立服务园区发展有效载体，搭建政府与企业间沟通协调的有效平台；积极推进会员企业资源共享、信息互通、优势互补，做园区企业贴心的"娘家人"，推动区域经济和社会发展。

商会愿景：牢牢把握商会建设的政治方向，不断加强商会规范化建设，切实提高商会服务能力，发挥好党和政府联系非公有制经济人士的桥梁纽带作用和政府管理、服务非公有制经济助手作用，引导会员企业创新发展、健康发展。

---

［1］深圳市产业园区协会［EB/OL］.（2017-12-01）［2023-12-20］. http:// www.sipa.org.cn.

［2］海南省首个园区商会成立，当好园区企业的"娘家人"［EB/OL］.（2021-06-03）［2023-12-20］. http://www.ce.cn.

案例6：江苏省淮安经济技术开发区商会[1]

江苏省淮安经济技术开发区商会是淮安经济技术开发区经济发展局主管、在淮安经济技术开发区城乡事业局注册的社会团体。目前商会会员单位，涉及机械制造业、餐饮、建筑、IT、媒体、医药、广告、投资、咨询、教育、服务业等多个行业。该商会是连接开发区企业与政府的纽带和桥梁，是开发区辖区内企业交流、协作、寻求更大发展空间的优良平台，是开发区企业的家。

商会宗旨：团结开发区内企业，加强会员与淮安市内企业、社会法人、政府机构之间的交流，促进开发区企业之间及同行业之间的经济合作，为会员企业提供全方位服务，为促进开发区经济发展和社会进步作贡献，全面打造"淮商"新形象。

商会特色工作：1.围绕开发区党工委管委会中心工作组织开展商会活动。2.按照上级工商联要求创建"五好"（领导班子好、会员发展好、商会建设好、作用发挥好、工作保障好）商会。3.积极搭建平台为会员企业提供服务，定期举办各类专题培训，先后与区检察院、法院、经济发展局联合召开企业法律服务座谈会，协助区检察院建立了领导班子挂钩服务企业的机制。4.发挥协调和行业服务职能作用，组织会员企业外出考察学习和会员企业互访交流，并建立了会员企业集中采购的协作模式。5.致力于推动全区民营经济发展。6.积极引导会员企业参与捐资助学、慈善事业、光彩事业，为促进开发区经济社会又好又快发展作出积极贡献。

淮安经济技术开发区商会荣获2016年度江苏省工商联系统先进单位和先进集体称号；2017年荣获"全省工商联商会组织先进集体"称号。

五、商会联合会新发展

中国的商会联合会组织大致可分为各类商会联合会、异地商会联合会和同籍商人联合会三大类。

各类商会联合会

中国工商联是全国范围内的各级各类商会（包括部分协会）的联合会，是当今全球范围内组织规模最大、组织层级最多、组织覆盖面最广的商会联合会，也是人类历

---

[1] 淮安经济技术开发区商会简介［EB/OL］.（2015-01-09）［2023-12-20］. http://www.hakfqsh.com.

史上最大规模的商会联合组织系统。

中国工商联组织系统包括国家级、省级、市级、县级四级工商联和乡镇级、村级两级商会，共六个组织层级。

全国工商联（All-China Federation of Industry and Commrtce）为国家级组织；省级、市级和县级工商联为地方组织；乡镇级和村级商会为基层组织。

工商联组织结构：包括各级各类商会，并包括部分协会。

工商联会员结构：包括各类工商企业和工商业者，以非公有制企业和非公有制经济人士为主体。

工商联组织性质：各级工商联为人民团体；各级工商联所属商会为社会团体。

工商联组织特征：统战性、经济性、民间性，且三性统一。

工商联工作主题：促进非公有制经济健康发展，促进非公有制经济人士健康成长。

异地商会联合会

异地商会联合会，包括区域内异地商会联合会和跨区域异地商会联合会，分别由区域内异地商会和跨区域异地商会联合组成，并经过批准登记成立。

案例 1：湖南异地商会联合会（跨省跨国联合）[1-2]

2006 年，中共湖南省委、省人民政府出台《关于加强异地商会建设的意见》，国内多个湖南异地商会相继成立。2007 年，首届湘商大会在长沙召开，商会会长们协商一致建立"湖南异地商会联席会议制度"。2013 年 9 月，由十三家商会发起，经湖南省民政厅批准登记，湖南异地商会联合会成立。湖南异地商会联合会是联系国内外各地湖南商会和湖南省内各异地商会的商会联合组织，是具有独立法人地位的全球性、合作性、非营利性社会团体，是全国第一家正式登记成立的省级异地商会联合会。

湖南异地商会联合会主要以湖南各个异地商会作为团体会员，同时也吸收部分有实力、有影响、有社会责任感的企业家作为个人会员，会员涵盖全国各省市区湖南商会，也包括外省市区在湘的异地商会及境外 50 多个国家和地区的湖南商会。湖南异地商会联合会有着广泛的资源优势，联系的会员企业多达 6 万多家，资产过万亿元，联系工商界人士 60 余万人，是湘商用好国际、国内两种资源和两个市场的交流合作

---

[1] 湖南异地商会联合会向全球湘商发出倡议［EB/OL］.（2023-02-02）［2023-12-20］. http://www.hunan.gov.cn.

[2] 湖南异地商会联合会简介［EB/OL］.（2023-11-09）［2023-12-20］. http://www.hnydsh.cn.

平台，是湖南省与外地跨区域合作的桥梁纽带。

立会宗旨：团结湘商、宣传湘商、服务湘商、发展湘商。凝聚湘商力量，宣传湖南、投资湖南，推动和促进省际、国际跨区域经济社会文化交流与合作，促进湖南经济社会全面发展。

商会工作：1.宣传并贯彻执行国家和地方政府的法律、法规，增强政治责任感。2.反映会员的建议和意见，维护会员的合法权益，引导会员依法经营。3.组织举办或参加各类展销会、展示会和经济贸易投资合作洽谈会。4.组织开展会员培训和相互学习、考察等活动，促进会员企业之间深度交流与全面合作。5.协助配合政府有关部门，组织开展跨省、跨境的区域经济合作与交流活动。6.为会员企业提供商务、政务、法务、社会事务等专项专题性咨询服务。7.加强信息交流，宣传报道会员企业单位的重要活动、先进事迹和典型人物，提高会员的知名度，促进会员企业健康发展。8.组织开展商业文明、生态文明、社区文化、社会公益等相关活动。9.办理政府有关部门委托、交办的工作事项。

湖南异地商会联合会实行民主的组织管理制度，完善会员大会（会员代表大会）、理事会、监事会、常务理事会和会长办公会等工作制度；设立秘书处，内设综合部、联络服务部、合作发展部、宣传维权部、企业会员部等办事机构。

案例2：广东省异地商会联合会（省域内横向联合）[1-2]

2013年12月18日，广东省异地商会联合会经过批准注册登记成立。其会员结构：包括100多家在粤异地商会。其主要职能：1.搭建会员与广东省与外省各级政府之间的桥梁，承接政府职能转移工作；推动与港澳及世界先进社会组织交流合作。2.牵线搭桥，促成金融机构与会员合作，为会员企业融资提供帮助。3.推进专业委员会建设，建立专业市场，整合上下游资源，帮助会员寻求商机。4.积极推荐、培育、整合、运作会员企业上市融资。5.建立网络平台，建立网上商城，拓展电子商务。6.推荐优秀企业家参政议政，参选各级党代表、人大代表、政协委员等。7.建立投诉中心，为会员提供法律咨询和维权服务。

案例3：福建省青年闽商联合会（省域内纵向联合）[3]

福建省青年闽商联合会是省委统战部指导，省工商联主管的直属商会。由福建省

［1］广东省异地商会联合会［EB/OL］.（2013-12-18）［2023-12-20］.https:// https://baike.so.com.

［2］广东省异地商会联合会第二届会员代表大会在穗召开［EB/OL］.（2020-11-29）［2023-12-20］. https://baijiahao.baidu.com.

［3］福建省青年闽商联合会成立［EB/OL］.（2017-12-31）［2023-12-20］.http://fjsqsh.com.

非公有制企业新一代接班人、自主创业的年轻的非公有制经济人士及大学生创业者、留学归国创业者中的优秀分子等一群青年闽商才俊自愿结成的非营利性社会组织。

联合会成立于 2017 年 12 月 30 日，全力构建"1+10+X"（省 +10 个市 +X 个县）联合模式，打造省、市、县三级青年闽商联合会组织体系。联合会聚集了鸿星尔克、圣农发展、瑞达精工、申远新材料、九牧卫浴、盼盼食品等一大批知名企业，会员整体经济实力较强，在福建省经济建设中发挥重要作用。至 2023 年，已成立地市青年闽商会 7 个（包括三明、宁德、南平、厦门、龙岩、平潭、漳州青年闽商会）；县区青年闽商会 9 个（包括建瓯、武夷山、浦城、延平、建阳、邵武、松溪、顺昌、集美青年闽商会），共有会员企业 3393 家。

联合会领导班子成员平均年龄 32 岁，男女比率 13∶1，自主创业者占比 50%，企业传承者占比 50%；实体企业占比 88.4%；担任省工商联执委人数占比 13%；担任设区市工商联（总商会）副主席（副会长）人数占比 33%；担任各级工商联执委人数占比 15%；担任各级人大代表、政协委员人数占比 48%；充分体现了领导班子成员综合素质较高。

同籍商人联合会

把分布在世界各地、全国各地的同籍贯地商人组织起来建立商人联合会，并以商人籍贯地简称命名，是中国商会的组织特色。例如，中国古代的商帮："浙商""晋商""徽商""粤商""闽商""楚商"等；中国当代的同籍商人联合会："浙商总会""晋商联合会""徽商联合会""粤商联合会""闽商联合会""楚商联合会"等。这类商会按登记管理级别可分为三个组织层级：省级组织如楚商联合会（湖北省）等；市级组织如黄冈楚商联合会（湖北省黄冈市）等；县级组织如蕲春楚商联合会（湖北省黄冈市蕲春县）等。这类商会由于组织规模较大，组织凝聚力、影响力、作用力较大，对籍贯地（家乡）的贡献力较大，受到商人籍贯地政府高度重视，大力鼓励支持引导其健康发展。

案例 1：浙商总会[2-3]

2015 年 10 月 24 日，浙商总会（又称全球浙商总会）成立。浙商总会是浙江籍

---

［1］浙商总会成立大会在杭州举行［EB/OL］.（2015–10–25）［2023–12–20］. http://china.huanqiu.com.

［2］浙商总会［EB/OL］.（2015–10–24）［2023–12–20］. https://baike.so.com.

商人自愿组成的非营利性、联合性社会团体，着力服务浙商、引领浙商、凝聚浙商，致力于建设成为浙商的"温暖之家"。

浙商总会组织架构：设有会长、执行会长、副会长、监事长、常务理事、理事，会员企业遍布全球，覆盖制造、金融、贸易、医药、教育、地产、高科技、互联网等各个行业。中国境内的浙江商会及境外的浙商团体以团体会员方式申请加入总会，总会已正式审批并授牌浙商总会北京商会、上海商会、澳门联合会、江苏商会、云南商会、福建商会、广东商会、四川商会、香港联合会、湖北商会等团体会员。浙商总会常设秘书处，并设立大健康、青年企业家、金融投资、学习、新旅游、体育产业、影视文化娱乐、互联网、公益慈善事业、国际标准化、新动能、教育等专业委员会。

浙商总会商规：不行贿、不欠薪、不逃税、不侵权。

浙商总会宗旨：遵守法律、法规和国家政策，遵守社会道德风尚，高举爱国主义旗帜，坚持走中国特色社会主义发展道路；弘扬浙商精神，凝聚浙商力量，传承浙商文化，联络浙商感情；团结服务浙商，大力推动在世界各地创业创新闯天下的浙商回归发展，引导浙商"走出去"开展国际合作，实现浙江经济和浙江人经济融合发展，合心合力为国家和浙江经济社会发展服务。

浙商总会职能：1.宣传贯彻执行党和国家的路线、方针、政策及浙江省委、省政府的决策部署，引导浙商回归发展、服务浙商企业转型升级，促进浙商企业健康发展和浙商人士健康成长。2.开展调查研究，反映浙江民营经济和浙商发展动态；反映浙商的意见和建议，为党委、政府决策提供参考和依据。3.联系广大浙商，建立以浙商为主体的社会组织的联系网络和数据库。4.联络广大浙商，激发浙商回归发展的热情；搭建交流平台，促进浙江与省外、境外经济交流与合作。5.开展浙商文化研究，建立各类宣传平台，弘扬新时期浙商精神，提升浙商文化品牌；开展各类教育培训、论坛、联谊等活动，为会员发展提供咨询、信息、技术、法律、经贸等服务。6.加强与政府部门的沟通，反映会员的合理诉求，维护会员的合法权益。7.组织引导会员开展社会公益活动、回报乡梓。8.评比和表彰先进。9.承办世界浙商大会及相关系列活动。10.承担党委、政府有关部门或机构委托、交办的工作事项。

浙商总会工作展望：一是团结好浙商群体，让浙商成为浙江，乃至全国、全球经济转型的积极参与者、推动者。二是传承浙商文化，发扬浙商拼搏精神，在人才培养、制度建设等方面得到大力提升。三是为青年企业家创造未来。

案例2：晋商联合会[1-2]

2005年8月21日，新晋商联合会在太原正式成立，共拥有1048个会员，其中468个机构会员，580个个人会员，分布国内外各地。

新晋商联合会宣言：1.传承与超越：传承中国近代晋商"节俭勤奋，明理诚信，精于管理，勇于开拓"之精神，以弘扬晋商精神、重振晋商雄风为己任，建设新晋商宏大团队，以实现当代晋商复兴超越为宗旨。2.迈步世界舞台：继往开来，自强不息，贸迁四方，兼容并包，融合四海新知，汲取先进科技文化，振兴民族经济，融入全球化进程。3.勇于开拓创新：举贤任能，革故鼎新，勇于超越，构建新晋商文化，以科技创新之动力，育自主核心之技术，提升新晋商国际竞争力。4.坚持诚信务实：求真务实，以诚取信，厚德载物，致力于维护公开、公平、公正的市场秩序，促进经济健康发展、社会和谐进步。5.倡导竞争合作：实施全方位、多视角的国际化竞合战略，以团队精神最大限度地实现资源共享和优势互补，提升社会、经济效益。6.担当社会责任：胸怀民族大义，心系人民福祉，振兴一方经济，造福一方百姓，持续发展，永续经营，担当社会责任，健步走向未来。

在中国近代商业商会史上，晋商"诚信为本，纵横欧亚九千里；以义制利，称雄商场五百年"；在中国当代商业商会发展进程中，晋商"诚信、勤奋、进取、敬业"，重振雄风，再现大作为。

案例3：楚商联合会[3-4]

2013年11月4日，楚商联合会正式成立。楚商联合会是由湖北省内外的湖北商会和湖北籍商人组成的联合组织。

关于楚商定名。与浙商、晋商、徽商、苏商、粤商、闽商、湘商、豫商相比，楚商定名稍晚，主要原因是对名称意见不一。有人认为，"湖北商人简称应与湖北简称同名，定名鄂商即可"；有人不赞成，认为"历史上，称鄂的区域在湖北东南部，在湖北版图占比较小，定名鄂商代表性不强"；有人反对，认为"湖北话'鄂'与'恶'同音，定名鄂商不妥"；还有解字说，"鄂字两个口在讲，一只耳朵在听，偏听则亏，定名鄂商不好"；甚至有的人以行动拒之，"你召开鄂商大会，我不参加"。有人建议，

［1］新晋商联合会在太原正式成立［EB/OL］.（2005-08-22）［2023-12-21］. http://www.people.com.cn.

［2］新晋商联合会［EB/OL］.（2005-08-30）［2023-12-21］. https://baike.so.com.

［3］湖北省首届楚商大会［EB/OL］.（2013-11-05）［2023-12-21］. http://txchushang.com.

［4］湖北省楚商联合会［EB/OL］.（2013-11-08）［2023-12-21］. http://baike.baidu.com.

"湖北商人简称汉商较好，因为汉水贯穿湖北大部，从古至今汉口、汉阳、江汉与湖北关联度极高，且汉水与汉朝、汉族定名也不无关联"；还有人建议，"简称楚商，楚国历史800年，有重商文化与传统"；还有人建议简称荆商（因为荆楚文化）、郢商（因为历史上楚国都城为郢城）等，众说纷纭，意见不一且难以统一。

解难题往往逼出新办法。人们对湖北商人简称定名意见不统一，但关注点同一。为何不因势利导，广泛听取意见，汇聚大众智慧，求得最大共识，以群众性共识为群众性组织定名呢？因此，湖北省工商联先召开专家委员会会议商定方略，再携手《楚天金报》和荆楚网，于2011年7月22日至8月3日，开展了"为湖北商人定名的意义何在"的讨论和"湖北商人简称啥"的征名定名活动，湖北省内外的14万多人参与讨论和投票，征集得到楚商、鄂商、汉商、荆商、九商、鹤商、湖商、衢商、洪商、郢商共10个名称，其中楚商得票最多，湖北商人从此定名楚商。事后，湖北省工商联召开专家委员会会议分析原因：楚商定名活动经历了从"争鸣"到"议名"到"征名"到"定名"四个环节，活动参与人数众多，社会影响广泛，最终"楚商"以绝对优势的票数胜出，是因为社会公众对楚文化中重商文化的青睐，"筚路蓝缕的创业精神、敢为人先的创新精神、兼容并包的开放精神、忠贞不渝的爱国精神"是楚商文化的集中体现。

继楚商定名活动之后，"将楚商之名昭告天下"，广泛达成共识。紧接着，湖北省工商联组织协调于2013年11月4日成立了其成员来自世界各地的楚商理事会。11月5日，全国工商联、中国侨联与湖北省委、省政府共同举办了首届楚商大会，充分发挥了"汇聚楚商力量，共促湖北发展"的经济杠杆作用。

楚商联合会是湖北省工商联主管的经过省民政厅登记成立的由国内外、省内外湖北籍企业家自愿组成的联合性、非营利性社会团体。在充分协商的基础上，选举泰康保险集团股份有限公司创始人、董事长兼CEO陈东升为楚商联合会首任会长；国内外、省内外湖北籍知名企业家代表担任副会长。

楚商联合会宗旨：团结楚商企业家，拥护党的领导，遵守国家法律、法规和社会公德，维护楚商企业合法权益，服务楚商企业发展，集合楚商企业力量办大事。联合会以营造一个家园：楚商企业家的共同家园；打造两个共同体：感情共同体、事业共同体；构建三个平台：政商沟通平台、学习交流平台、事业发展平台；创建四型商会，即服务型、学习型、自律型、品牌型商会的愿景，引导会员守法诚信经营、践行公益慈善、彰显社会责任，不断提升商会影响力、凝聚力，增强会员荣誉感、归属感，树立楚商企业家良好的整体形象，并致力于汇聚智慧力量，服务会员发展、服务湖北发展、服务国家发展、服务楚商事业发展。

2022 年 12 月 8 日，楚商年会在中国汽车城十堰市召开，会上发布了《新时代楚商十堰宣言》：

明大义、勇担当。 弘扬楚商敢为人先、拼搏实干之精神，听党话、跟党走，拥护"两个确立"、做到"两个维护"，扛起强鄂兴楚的重任，实干兴邦、实业兴企，加快发展、共同缔造，助力湖北建成支点、走在前列。

察大势、强创新。 弘扬楚商崇文尚智、开拓创新之精神，敢闯天下路，敢争天下强，聚力优环境、引人才、拓项目，用创新之钥打开无限潜能，助力湖北建设"三高地、两基地"。

创大业、攀高峰。 弘扬楚商开放包容、纵横四海之精神，抢抓发展机遇，敞开胸怀、拥抱世界，乘势而上、克难奋进，开放合作、追求卓越，把实业做实、企业做大、产业做强、基业做久。

行大善、重诚信。 弘扬楚商守法诚信、胸怀天下之精神，唯诚唯信、亲清为尚，义利并重、富而思报，做遵法纪、讲信用、重乡情的宣传者、践行者、引领者。

新时代孕育新希望，新征程呼唤新作为。让我们勠力同心、携手共进，奋力谱写楚商新辉煌，为十堰建设绿色低碳发展示范区、湖北打造全国构建新发展格局先行区加油添力，为全面建设社会主义现代化国家、实现中华民族伟大复兴作出楚商贡献！

部分省、市、区体现商人籍贯地特色的跨区域商会联合会组织成立情况见表 24-2。

表 24-2　部分省、市、区商会联合会成立情况

年份	商会联会成立情况
2003	9 月 15 日，首届中国徽商大会在安徽合肥召开。大会主题是：新时代、新徽商、新安徽。
2004	5 月 18 日，首届世界闽商大会在福州召开。倡议：弘扬闽商精神，共创繁荣发展。闽商精神：高瞻远瞩、知权达变，敢为人先、爱拼会赢，合群团结、豪爽忠义，情系桑梓、慷慨报效。
2006	8 月 28 日，首届豫商大会在河南郑州召开。大会口号：豫商行天下，诚信创财富。
2007	9 月 27 日，首届湘商大会在湖南长沙召开。湘商文化：心忧天下，敢为人先，经世致用，兼容并蓄，实事求是。
2008	5 月 27 日，首届新粤商大会在广东广州召开。新粤商精神：敢为人先，务实创新，开放兼容，利通五洲，达济天下。 10 月 28 日，首届川商大会在四川成都召开。川商精神：创新敬业、合作诚信、执着坚忍、豁达包容。

续表

年份	商会联会成立情况
2009	7月10日，首届渝商大会在重庆召开。渝商精神：重情重义，自强不息。 11月8日，首届鲁商大会在山东济南召开。商业文化：科学管理、诚信经营。
2011	10月24日，首届世界浙商大会在杭州召开。大会主题：创业创新闯天下、合心合力强浙江。
2012	8月19日，首届世界晋商大会在山西太原召开。大会主题：新晋商、新山西、新跨越。
2013	11月5日，首届楚商大会在湖北武汉召开。大会主题：汇聚楚商力量，共促湖北发展。
2014	10月9日，首届贵商发展大会在贵州贵阳召开。大会主题：新贵商，新跨越。
2015	7月6日，首届世界陇商大会在甘肃兰州召开。大会主题：凝结世界陇商力量，促进甘肃经济发展。
2016	6月17日，首届龙商大会在黑龙江省哈尔滨市召开。大会肯定：龙商是促进家乡发展的重要力量，是发展市场经济的主力军和排头兵。 8月25日，内蒙古自治区首届蒙商大会暨民间投资合作洽谈会在包头市召开。宣布成立蒙商协作委员会，并通过《蒙商协作发展倡议书》。 9月13日，首届世界桂商发展大会在南宁召开。大会倡导：家乡好则桂商好，桂商兴助广西兴。
2017	8月19日，首届世界西商大会在陕西西安召开。大会主题："一带一路"，新西安、新经济、新活力。 11月27日，首届世界赣商大会在江西南昌召开。大会主题：情系江西、共谋发展。
2018	9月28日，首届儒商大会在山东济南召开。大会主题：新时代、新动能、新儒商、新愿景。
2019	5月20日，首届苏商发展大会在江苏南京召开。大会主题：聚力新江苏，奋进新时代。

六、中国工商联第十三次全国会员代表大会（2022）

2022年12月11—12日，中国工商联第十三次全国会员代表大会在北京召开，出席会议代表967名。

会议概况及主要精神

12月11日，大会开幕。中共中央政治局常委李强出席开幕会，并代表中共中央、国务院致贺词。[1]

贺词指出：党的十九大以来，以习近平同志为核心的党中央坚持"两个毫不动摇"，出台一系列扶持民营经济发展的改革举措，不断为民营经济发展营造良好环境，

---

[1] 中华全国工商业联合会 [EB/OL].（2023-12-20）. http://www.acfic.org.cn.

我国民营经济规模和实力大幅提升，在推动发展、增加就业、改善民生、促进创新、深化改革、扩大开放等方面发挥了不可替代的重要作用。各级工商联作出了突出贡献。党的二十大为新时代新征程党和国家事业发展、实现第二个百年奋斗目标指明了前进方向、确立了行动指南。

贺词要求：各级工商联要坚持以习近平新时代中国特色社会主义思想为指导，始终坚持党的领导，不断强化思想政治引领，深化理想信念教育，引导广大民营经济人士做合格的中国特色社会主义事业建设者，坚持我国社会主义基本经济制度，牢牢把握"两个毫不动摇"方针，协助党委和政府制定、宣传、落实促进民营经济健康发展的方针政策和法律、法规，扎实推进所属商会党建工作，参与和支持民营企业党建工作；要努力促进民营企业高质量发展，助力高水平科技自立自强，助力高水平对外开放，助力标准化建设，助力统筹发展和安全；要积极引导民营企业促进共同富裕，引导广大民营经济人士践行以人民为中心的发展思想，引导民营企业积极参与"万企兴万村"行动，助力乡村振兴，发挥民营企业在稳就业促增收中的重要作用，构建和谐劳动关系；要推动全面构建亲清政商关系，营造宜商惠企的政策环境、公平透明的法治环境、公平竞争的市场环境、亲商安商的社会环境；要扎实推进自身建设，持续深化所属商会改革，探索推进现代商会制度建设，培育和发展中国特色商会组织，推动统战工作向商会组织有效覆盖。新一届全国工商联领导机构和领导班子要以高度的政治责任感和改革创新精神，坚定信心、扎实工作、奋发有为，不断开创工商联事业发展新局面。

全国政协副主席、全国工商联主席高云龙代表全国工商联第十二届执行委员会作工作报告。报告在全面回顾工商联五年来的工作后指出：工商联要全面贯彻习近平新时代中国特色社会主义思想，深入学习贯彻党的二十大精神，认真落实中央统战工作会议精神，围绕促进"两个健康"主题，充分发挥在民营经济人士思想政治建设中的引导作用、在民营企业改革发展中的服务作用，推动民营经济高质量发展，积极引导广大民营经济人士争当爱国敬业、守法经营、创业创新、回报社会的典范，做合格的中国特色社会主义事业建设者，为全面建设社会主义现代化国家、实现中华民族伟大复兴作出新的更大贡献。

12月12日，全国工商联十三届一次执行委员会在北京召开。会议选举产生了新一届全国工商联领导机构和领导班子，高云龙当选全国工商联第十三届执行委员会主席，徐乐江当选常务副主席，邱小平、安立佳、汪鸿雁、方光华、杨佑兴、丁世忠、白重恩、刘汉元、齐向东、汤亮、寿子琪、何超琼、冷友斌、沈彬、张新、张兴海、张宗真、黄代放、鲁伟鼎、曾毓群、温志芬、燕瑛当选副主席。会议同时选举高云龙为中国民间商会会长，徐乐江、邱小平、安立佳、汪鸿雁、方光华、杨佑兴、马志成、王填、王煜、叶青、李书福、李湘平、吴相君、张荣华、郑志刚、南存辉、秦英林、夏华、黄立、景柱、曾智明、雷军、潘保春为副会长。

会议选举产生了全国工商联第十三届执行委员会执行委员 497 人、常务委员 135 人。

中共中央政治局委员、中央统战部部长石泰峰到会祝贺并讲话。他希望工商联新一届领导班子和领导机构把学习宣传贯彻党的二十大精神作为首要政治任务，坚持以习近平新时代中国特色社会主义思想为指导，坚决落实党对民营经济的全面领导，在巩固共同思想基础、宣传解读党的大政方针、贯彻执行党的领导制度上下功夫。工商联要自觉服从和服务于党的中心任务，引导民营企业和民营经济人士明确方向和使命，积极助力全面建设社会主义现代化国家。全国工商联要着力提升服务促进"两个健康"的能力和水平，始终坚持以队伍建设带动工作提质增效。他强调，要在以习近平同志为核心的党中央坚强领导下，以更加昂扬的精神状态，更加务实的工作作风，不断开创工商联事业新局面，为全面建设社会主义现代化国家、全面推进中华民族伟大复兴作出新的更大贡献。

《中国工商业联合会章程（2022）》修改内容

《中国工商业联合会章程（2022）》为各级工商联（中国民间商会和地方商会）的统一章程，于 2022 年 12 月 12 日经中国工商联第十三次全国代表大会通过。该章程与上届章程相比较，修订内容主要包括：

（一）关于工商联主体会员称谓：由"非公有制企业"和"非公有制经济人士"修改为"民营企业"和"民营经济人士"，更符合民间习惯用语。

（二）关于工商联基层组织：从工商联所属商会的登记管理、业务主管、党组织建设、法人治理体系、指导服务，加强对民营企业和民营经济人士为主体的行业协会商会的联系服务，引导民营经济人士相关组织规范发展等方面作出了明确规定。

（三）关于工商联组织作用：增加了"全面推进工商联工作法治化""工商联党组对所属商会党建工作履行全面从严治党责任"等内容。

（四）关于工商联职能任务：

1. 在加强和改进民营经济人士思想政治工作方面，增强了以常态化、制度化开展理想信念教育和社会主义核心价值观教育，持续开展"党史、新中国史、改革开放史、社会主义发展史"（简称"四史教育"）宣传教育的内容；增加了"引导民营经济人士坚决拥护中国共产党的领导、坚定不移走中国特色社会主义道路"的内容。

2. 在参与政治协商、发挥民主监督作用、积极参政议政方面，突出了引导民营经济代表人士有序参与政治生活和社会事务，提高议政建言水平，积极反映社情民意，推动优化民营企业发展环境、畅通诉求表达通道、及时向党和政府提出相关意见和建议等内容。

3. 在协助政府管理和服务民营经济方面，提出了为民营企业提供"政策咨询、信息、法律、投融资、技术、人才、标准、信用、合规"等方面服务，支持中小微企业发展、促进民营企业加强自主创新、完善中国特色现代企业制度，促进民营经济发展壮大，推动国民经济实现高质量发展，引导民营企业参与乡村振兴、投身"万企兴万村"行动，促进城乡、区域统筹协调发展，促进共同富裕，拓展国际合作、深化民间外交等内容。

4. 在培育和发展中国特色商会组织方面，新提出了"履行业务主管职责，促进所属商会改革发展，推动建立完善现代商会制度，提升商会法治化、规范化水平""推动统一战线工作向商会组织有效覆盖"等内容。

5. 在引导民营企业健康发展方面，特别强调了"依法治企、依法经营、依法维权"，加强合规管理、建设"法治民企"，增强"法治意识、契约精神、守约观念"，弘扬"诚信文化"和"清廉文化"，参与全面构建亲清政商关系等内容。

6. 在引导民营经济人士健康成长方面，明确提出"培育和建设高素质的民营经济人士队伍"，分别阐述了建设民营经济代表人士队伍、会员队伍、更广泛的民营经济人士队伍（简称三支队伍）的工作要求；强调"依托商会发展壮大会员队伍"，强调"做好民营经济代表人士的发现、培养、推荐和管理工作"，强调"注重对年青一代民营经济人士的教育培养，引导他们继承和发扬听党话、跟党走的光荣传统"。

7. 在工商联及所属商会会产制度方面，重申了"依法加强会产管理、经营和保护"。

七、2000—2022年中国个体私营经济发展状况

2002年11月，中国共产党第十六次全国代表大会召开以后，党和国家提出科学发展观，推动经济高效率高质量发展，促进区域、城乡协调发展，构建社会主义和谐社会，为中国个体私营经济健康发展营造了良好的发展环境，进一步促进包括个体私

营经济在内的各类市场主体取得了良好的发展绩效。2000—2022 年，中国个体私营经济分年度发展状况见表 24-3 和表 24-4。

表 24-3　个体私营经济主要数据（2000—2015）

年份	个体工商户				私营企业					
	户数（万户）	年增长（%）	吸纳城镇就业人数（万人）	年增长（%）	户数（万户）	年增长（%）	吸纳城镇就业人数（万人）	年增长（%）	税数（亿元）	年增长（%）
2000	2571.4	−18.6	2136.0	−11.5	176.2	16.8	1268.0	20.4	414.4	62.5
2001	2433.0	−5.4	2131.0	−0.2	202.9	15.1	1527.0	20.4	660.9	59.5
2002	2377.5	−2.3	2269.0	6.5	243.5	38.2	1999.0	30.9	945.6	43.1
2003	2353.2	−1.0	2377.0	4.8	300.6	23.4	2545.0	27.3	1388.3	46.8
2004	2350.5	−0.1	2521.0	6.1	365.1	21.5	2994.0	17.6	1994.8	43.7
2005	2463.0	4.8	2778.0	10.2	430.1	17.8	3458.0	15.5	2716.0	36.1
2006	2595.6	5.4	3012.0	8.4	498.1	15.8	3954.0	14.3	3505.2	29.1
2007	2741.5	5.6	3310.0	9.9	551.3	10.7	4581.0	15.9	4789.9	36.7
2008	2917.3	6.4	3609.0	9.0	657.4	19.2	5124.0	11.9	5899.7	23.2
2009	3197.4	9.6	4245.0	17.6	740.2	12.6	5544.0	8.2	6402.3	8.5
2010	3452.9	7.9	4467.0	5.2	845.5	14.2	6071.0	9.5	8237.3	28.7
2011	3756.5	8.8	5227.0	17.0	967.7	14.5	6912.0	13.9	10152.4	23.2
2012	4059.3	8.1	5643.0	8.0	1085.7	12.2	7557.0	9.3	10807.8	6.5
2013	4436.3	9.3	6142.0	8.8	1253.9	15.5	8242.0	9.1	11684.5	8.1
2014	4984.1	12.4	7009.0	14.1	1546.4	23.3	9857.0	19.6	12545.5	7.4
2015	5407.9	8.5	7800.0	11.3	1908.2	23.4	11180.0	13.4	13012.2	3.7

表 24-4　个体私营经济主要数据（2016—2022）　　　　　　　　单位：万户

年份	市场主体总数		企业		个体工商户		农民专业合作社	
	期末实有	新登记	期末实有	新登记	期末实有	新登记	期末实有	新登记
2016	8705.4	1651.3	2596.1	552.8	5930.0	1068.9	179.4	29.6
2017	9814.8	1924.9	3033.7	607.4	6579.4	1289.8	201.7	27.8
2018	11020.0	2149.6	3474.2	670.0	7328.6	1456.4	217.3	23.1
2019	12339.5	2377.4	3858.3	739.1	8261.0	1621.8	220.1	16.5

续表

单位：万户

年份	市场主体总数		企业		个体工商户		农民专业合作社	
	期末实有	新登记	期末实有	新登记	期末实有	新登记	期末实有	新登记
2020	13840.7	2502.1	4331.4	803.5	9287.2	1681.5	222.1	17.1
2021	15400.0	2887.2	4842.2	904.0	10300.	1970.1	222.4	—
2022	16900.0	2907.6	5282.6	—	11400.	—	223.6	—

资料来源：［1］大成企业研究院编著. 中国民营经济 70 年大事记［M］. 北京：中华工商联合出版社，2019：221–362；［2］2016—2020 年全国市场主体发展基本情况［EB/OL］. http://www.samr.gov.cn/zhghs/tjsj/202003/t20200305_312509.html；［3］2021—2022 年全国市场主体发展基本情况［EB/OL］. https://www.samr.gov.cn/xw/xwfbt/202201/t20220127_339429.html.

从表 24-3 和表 24-4 中数据可以看出，22 年来，我国个体私营经济持续较快发展，成为我国国民经济重要增长点，为发展社会生产力，特别是发展第三产业，增加就业、丰富人民群众的物质文化生活等方面作出了重要贡献。2000—2004 年间，年度个体工商户数量有所下降，主要原因是占较大比例的个体工商户转变为私营企业，相对应的是私营企业数量出现了高增长。截至 2022 年底，全国登记在册的市场主体 1.69 亿户，比 2021 年底增长 10.03%。其中企业 5282.6 万户，个体工商户 1.14 亿户，农民专业合作社 223.6 万户。全国新设市场主体 2907.6 万户，同比增长 0.71%。

个体私营经济从业者中的佼佼者大都加入各级工商联组织，成为骨干会员，发展壮大了工商联会员队伍和组织规模。至 2022 年 7 月底，全国共有县级以上工商联组织 3252 个，各级工商联所属和所联系的商会共有 54589 个，已形成覆盖全国的组织网络。

第二十五章

中国个体劳动者协会和中国国际商会

中国个体劳动者协会和中国国际商会是具有全国性、联合性、非营利性的大型商（协）会组织，是接受民政部门登记管理的社会团体，是中国当代商会组织体系的重要组成部分。

一、中国个体劳动者协会组织特色

中国个体劳动者协会（China Private-Owned Business Association，CPBA）[1]，简称中国个私协会，成立于1986年。中国个私协会是由全国个体工商户、个人独资企业、合伙企业等组织和个人依法自愿组成的全国性、联合性、非营利性社会团体；是党和政府联系广大个体劳动者和相关组织的桥梁纽带；是面向广大个体劳动者和相关组织的"政策法规的普及者、深化改革的推动者、能力素质的提升者、党的建设的组织者"；为助推个体私营经济稳定增长、促进创业、增加就业、改善民生等方面发挥重要作用。

中国个私协会的业务主管单位是国家市场监督管理总局。省、自治区、直辖市及计划单列市的个私协会为中国个私协会的团体会员，接受中国个私协会的指导。

个私协会组织层级与规模

中国个私协会[1]组织按照行政区划设置，分为全国组织（中国个体劳动者协会）、地方组织（包括省级、市级、县级个体劳动者协会和私营企业协会）和基层组织（县

---

[1] 中国个体劳动者协会章程［EB/OL］.（2018-09-14）［2023-12-21］. http://www.zggc.org.cn.

1986 年 12 月 3 日，全国个体劳动者第一次代表大会暨全国先进
个体劳动者表彰大会在北京召开

级以下基层个私协会或分会组织）。下一级个私协会均为上一级个私协会的团体会员，并接受上级个私协会的指导。

中国个私协会会员，包括单位会员和个人会员。单位会员主要包括各级个私协会组织之外，还包括相关理论研究、专业或行业团体组织，与该会建立工作联系与合作的单位，以及其他申请入会的组织。个人会员主要包括个体工商户、个人独资企业、合伙企业等组织的从业者，非公有制经济领域的人士，团体会员的领导机构成员，以及其他申请入会的人员。近年来，农民专业合作社加入个私协会成为组织发展新亮点。例如，广东省韶关市个私协会把农民专业合作社吸收为协会会员，并成立农民专业合作社工作委员会。农民专业合作社是新型农业市场主体，发展较快，与个体私营经济协会有天然的相近关系，其成为个体私营经济协会的最基层组织已成为现实，并成为发展趋势。

中国个私协会与中国工商联两类组织相比较，前者会员对象主要为个体工商户和小微型私营企业；后者会员对象同样包含个体工商户和小微型企业，但同时包含较大规模的私营企业及多种所有制经济成分的工商企业相对较多。实际工作中，中国个私协会与中国工商联会员对象没有严格界限，基于择会自由、入会自由原则，是否入会、加入哪家商（协）会成为市场主体的自主选择。

中国个私协会组织体系较为完备，具有广泛的群众性和代表性；会员队伍庞大、行业分布广泛，下级组织为上级组织的团体会员，已经形成覆盖全国的、较健全的组织网络。至 2022 年，全国县级以上组织共有 3875 个，基层组织或服务机构共有 90188 个；各级会员共有 4681.85 万户，涉及从业人员 1.87 亿人。

个私协会组织职能

中国个私协会的组织职能主要包括：[1]

（一）协助有关部门开展个体工商户、专业市场和小微企业党建工作，扩大非公有制经济领域党组织和党的工作覆盖面，充分发挥党组织在非公有制企业职工群众中的政治核心作用和企业发展中的政治引领作用。

（二）宣传贯彻国家法律、法规和政策，推动普法教育不断深入，促进个体私营经济发展环境不断优化。

（三）开展调查研究，了解个体私营经济发展状况，反映存在的问题和困难，根据授权开展统计分析，组织理论研讨和高层论坛，充分发挥社会组织参与民主协商职能作用，为国家制定相关法律、法规和政策提供参考。

（四）加强社会主义法治和道德教育，引导会员守法诚信、遵守职业道德、参加公益活动、履行社会责任、践行社会主义核心价值观、弘扬中华优秀传统文化、共建"亲""清"新型政商关系；总结推广先进经验，评选表彰先进会员、推荐先进人物参加相关组织或获得相关荣誉，加强和推进会员精神文明建设。

（五）经政府有关部门同意，组织招商引资、商务考察、人才技术交流等活动，发挥个体私营经济在促进地方和区域经济发展、资源节约和生态保护中的作用，促进经济结构调整和经济发展方式转变。

（六）创新服务机制，贴近市场、贴近企业，为会员提供法律政策和管理培训咨询、投资融资、技术支持、企业信息化、对外合作、经营信息、展览展销等服务，支持个体私营企业转型升级科学发展。

（七）建立会员间沟通互助渠道和诉求反映通道，调解会员经营纠纷，反映会员合理诉求；支持会员依法维护财产、创新和自主经营等合法权益，促进企业公平竞争权益保障的不断强化，协助营造依法保护会员合法权益的法治环境。

（八）建设会员之家，关心会员生活，组织文化体育活动，兴办为会员服务的福利事业和经济实体，建设网络平台，依照国家有关规定编辑出版刊物和书籍，利用多种宣传渠道，积极推进个体私营企业文化建设。

（九）开展创业创新就业指导，组织人才引进、用工招聘、岗位技能培训，引导

---

[1] 中国个体劳动者协会章程［EB/OL］.（2018-09-14）［2023-12-21］. http://www.zggc.org.cn.

企业建立和谐劳动关系，发挥个体私营经济在创业创新、就业再就业中的重要作用。

（十）指导单位会员开展工作，加强与单位会员的互助、合作。

（十一）开展国际交流与合作，加强与我国台湾、香港、澳门地区有关组织和社团的联系与合作。

（十二）强化自身建设，坚定理想信念，建立行业组织，完善组织结构，健全规章制度，实行规范管理，加强效能建设，提高协会公信力、凝聚力和影响力。

（十三）承接、承办政府有关部门转移职能和政府购买服务项目，积极参与社会治理，提升公共服务能力和水平。

中国个私协会的发展目标：努力把协会建设成为党和政府信任、会员满意、社会认可，充满生机与活力、有持续发展能力和社会影响力的社团组织。

中国个私协会的领导机构是会员代表大会和理事会。理事会成员共 188 人，其中包括国家市场监管总局、中组部、中宣部、民政部、人社部、司法部、共青团、全国妇联、全国工商联等国家部委和人民团体及部分高等院校的代表参加，这是中国个私协会最具特色的组织特征。国家有关机关团体的代表参加，体现了该组织在"大众创业、万众创新""促进个体私营经济健康发展、促进个体私营经济人士健康成长"工作大局中的重要地位和作用。

个私协会新成员：农民专业合作社

中国农民专业合作社，是 20 世纪末萌芽、21 世纪初兴起的农民经济合作组织。伴随着社会主义市场经济深入发展，伴随着农民经济合作发展方式创新，农民专业合作社展现出强大的组织吸引力和发展力，至 2022 年底，全国共有农民专业合作社 223.6 万个。农民专业合作社组织机制，是继农业家庭联产承包责任制创新后的又一次更高效率的农业生产经营机制创新。至今，农民专业合作社已经发展成为专业化、市场化、资本集约化的农民经济合作组织，该组织探索出一条促进农民增收、农村土地流转和农业规模化经营的新路子。农民专业合作社贴近农民、贴近农业、贴近农村，为"三农"服务并促进"三农"发展，深受广大农民群众欢迎，展现出顽强的生命力和蓬勃朝气，是具有中国特色的新时代农民合作经济组织。

（一）关于合作经济概念和认识

学术界认为：合作经济是个体生产经营者或消费者自愿联合起来共同从事生产经营或消费活动的一种经济形式，以生产经营活动为主。在资本主义社会，合作经济受占统治地位的资本主义所有制制约，合作经济组织是"集体的资本主义机构"。[1]在社会主义社会，合作经济是社会主义公有制经济的组成部分；合作经济组织是社会主义集体经济组织的重要表现形式。

合作经济的最大特点是以组织形式集合个体劳动者和个体投资者、集合生产和经营活动为一体，并以合作经济组织形式作为市场主体参与市场经济活动。合作经济具有互助经济、共有经济、共享经济、集体经济、公有制经济特征。

相对于社会主义计划经济时期的合作经济组织具有稳定的组织结构、稳定的成员关系而言，社会主义市场经济时期的合作经济组织属于"亚稳"组织结构，其成员可以自由进出，成员关系自由选择。相对于个体经济而言，合作经济是一种进步，体现集合力量办大事并依靠经济合作提高经济发展效率。合作经济是公有制经济的雏形，合作经济意识与行为是公有制经济意识与行为的先声、先行和先导，是公有制经济意识与行为的源头和基因。合作经济，脱胎于原始社会的"公社经济"，演变为资本主义社会的"协作经济"，发展成为社会主义计划经济体制下的"集体经济"，改革发展成为社会主义市场经济体制下的以农民专业合作社为主要组织形式的"新型合作经济"。

实践证明：合作经济，适用于资本主义经济制度（如各种跨国、跨地区的经济合作发展组织等），适用于社会主义计划经济制度（如20世纪50年代的中国城乡工农业生产合作社等），同样适用于社会主义市场经济制度（如21世纪初兴起的中国农民专业合作社等）。

就经济发展道路而言，合作经济是国营经济和私营经济之间的第三条经济发展道路。合作经济发展模式，自产生以来，持续不断、经久不衰，为不同所有制宏观经济体制共同认可。在当代中国，保持传统特征的农民专业合作社经济是合作经济发展的初级形式，具有创新特色的混合所有制经济是合作经济发展的高级形式。实践经验告诉我们，单纯的国营经济和单纯的私营经济发展方式都不可取，鼓励、支持、引导多种所有制经济发展并合作发展、共同发展才是国家经济健康发展之路。

（二）关于国际合作经济发展史[2-3]

合作经济是一个全球性的经济概念和经济活动方式。早在19世纪，西方一些国

---

[1] 列宁.论合作社［M］//列宁选集：第4卷.北京：人民出版社，2021：772.

[2] 中共中央宣传部理论局.世界社会主义五百年［M］.北京：学习出版社，党建读物出版社，2014：17-22.

[3] 合作经济（经济学术语）［EB/OL］.（2021-12-05）［2023-12-21］.https://baike.so.com/doc/6538382-6752121.html.

家就开始了合作经济的探索。国际上合作经济发展大体经历了三个阶段：

1. 启蒙探索阶段。19 世纪初，空想社会主义杰出代表人之一罗伯特·欧文提出了合作制思想并开始进行了发展合作经济的早期探索：在生产领域建立合作社，在流通领域组织公平交换市场的合作运动，在欧洲播撒了创办合作工厂的种子；提出：合作公社制度下的社会生活要"把城市和乡村结合起来，把工业和农业结合起来，把脑力劳动和体力劳动结合起来"，消灭三者之间的差别；倡导：教育同生产劳动结合起来，培养全面发展的新人。其启蒙意识与探索行为，为冲破封建专制经济的桎梏，为对抗资本主义原始积累的野蛮，为探索经济发展新方式——合作经济奠定了思想基础并提示了行动方向。

2. 起步发展阶段。1844 年，英国罗虚代尔镇 28 名失业纺织工人组建了罗虚代尔公平先锋社，标志着世界上第一个实用性合作社的诞生。罗虚代尔公平先锋社社员每个人拿出相等股金投入生产，到 20 世纪 30 年代，社员发展到 4 万多人，创办了屠宰场、加工厂，拥有上百家分店。罗虚代尔公平先锋社的成功，主要归功于明晰了"必须汇聚经济合作的力量，必须适应现行的社会经济条件，必须关注和改善社员的切身利益"的办社思想，并坚持其章程规定的"社员入社退社自由，管理充分民主，公平分配盈余"三项基本原则。罗虚代尔公平先锋社的成功，激发了欧美地区劳动者创办合作社的积极性；罗虚代尔公平原则被各国合作社所采纳，形成了国际公认的合作社原则。

3. 国际发展阶段。随着合作社组织持续发展、数量增多，合作社之间也由分散走向联合，并从局部地区的联合发展到全国乃至国际间的联合。例如，法国的合作社联盟，日本、韩国的全国农业协同组合联合会等。又如，1895 年国际合作社联盟在英国伦敦成立，1946 年国际合作社联盟成为获得联合国咨询地位的非政府组织，在联合国经社理事会享有第一咨询地位。当今，国际合作社联盟有来自 120 多个国家的240 多个成员组织，合作社社员遍布全世界。

（三）关于中国合作经济兴起与发展历程

中国合作经济从创办消费合作社开始探索。中国历史上第一个师生消费合作社，是 1918 年 3 月，由北京大学倡导合作思想的胡钧教授及其学生们共同组织创办的以为教职工和学生提供物美价廉的消费品为宗旨的"北大消费公社"。[1]中国历史上第

---

[1] 中国第一个合作社：北京大学消费公社 [EB/OL]. （2013-04-12）[2023-12-21]. https://baike.so.com/doc/6538382-6752121.html.

一个工人消费合作社，是 1922 年 7 月由中国工人阶级创办的以避免商人盘剥、减少银钱兑换缩水，减轻工人经济负担为宗旨的"安源路矿工人消费合作社"。[1]

中国当代合作经济从建立与发展工农业生产合作社起步，其发展经历简述如下：

1. 新民主主义经济时期，合作经济起步发展。例如，从 20 世纪 50 年代初开始，农村建立农业生产合作社、城镇建立手工业生产合作社；集体经济、公私合营经济、国家资本主义经济兴起发展。

2. 社会主义计划经济时期，合作经济普遍发展。例如，城乡工农业生产合作社普及全国；合作经济的高级形式——集体经济、公私合营经济、国家资本主义经济进一步发展。

3. 公有制基础上的有计划的商品经济时期，合作经济转型发展。例如，城乡工农业生产合作社转型转变为乡镇、街道集体企业，合作经济保持发展势头。

4. 社会主义市场经济时期，合作经济进一步转型发展。例如，与家庭联产承包责任制并行的"统分结合的双层经营体制"，在集体土地使用权"承包到户"的同时保留部分"集体使用土地"，由集体管理经营。又如，国有资本或集体资本与民间资本合作形成的混合所有制经济。再如，以承包土地使用权、个体劳动和私人资本入股形成的农民专业合作社经济兴起并快速发展。再如，部分集体所有制经济体（如江苏省江阴市华西村和湖北省天门市健康村等）坚持发展。

纵观四个时期，中国城乡合作经济历经剧烈振荡而不衰，在国民经济构成格局中仍然占有重要地位。历史经验告诉我们：纯而又纯的国有经济不能作为中国经济发展的唯一选择，纯而又纯的私有经济同样不能作为中国经济发展的唯一选择，而实行包括合作经济和集体经济在内的"以公有制经济为主体，多种所有制经济共同发展"的经济发展方针，是有利于中国经济健康发展的正确选择。集体经济是公有制经济的重要组成部分，其本质特征是合作经济。合作经济是个体私营经济要素集合体，其经济合作意识与行为，有利于摒弃狭隘的唯私利益观，树立公私兼顾利益观。合作经济是人类经济行为文明进步的重要表征，应该重视其在国民经济格局中的重要地位，应鼓励、支持、引导合作经济健康发展、创新发展。

（四）关于农民专业合作社联合组织

当前，农民专业合作社联合发展趋势明显，联合组织逐渐涌现，主要表现有三种

---

[1] 安源路矿工人消费合作社［EB/OL］.（2021-11-15）［2023-12-21］. https：//baike.so.com/doc/5383288-5619680.html.

形式。

1. 农民专业合作社联合社。例如，湖北首家农民专业合作社联合社——湖北省天惠种植养殖专业合作社联合社，在武汉东湖高新区登记注册成立。该联合社由天门市天惠农业服务专业合作社、阳新县太子镇东风农场种植养殖专业合作社和武汉天惠生物工程有限公司 3 家共同发起成立，注册资金 1000 万元，经营范围涉及种植、畜牧、水产三大行业；该联合社的组织特点是，其会员汇聚了企业和农民专业合作社两类市场主体。

2. 农民专业合作社联合会。例如，2010 年 7 月，湖北省农民专业合作社联合会在集合 246 家农民专业合作社的基础上成立。

3. 农民专业合作社加入并成为个体私营经济协会团体会员。例如，2008 年，广东省韶关市个体私营经济协会把农民专业合作社吸收为协会团体会员，并成立农民专业合作社工作委员会为其提供针对性工作服务。

当前，农民专业合作社成为中国新经济组织中的新亮点。就组织特征而言，既是合作经济组织（市场主体），又具有商会组织（会员合作）功能；就经济绩效而言，合作发展比个体发展力量更大、效率更高。近年来，自发兴起、蓬勃发展的农民专业合作社，其经济发展绩效，引起人们对合作经济的再次关注和思考。

（五）关于农民专业合作社的法律地位

2017 年 12 月 27 日，全国人大常委会十二届三十一次会议修订《中华人民共和国农民专业合作社法》，规定了农民专业合作社的组织地位和行为方式。该法共 10 章 74 条，其中：

明确了立法宗旨：规范农民专业合作社的组织和行为，鼓励、支持、引导农民专业合作社的发展，保护农民专业合作社及其成员的合法权益，推进农业农村现代化。

明确了组织性质：农民专业合作社"是指在农村家庭承包经营基础上，农产品的生产经营者或者农业生产经营服务的提供者、利用者，自愿联合、民主管理的互助性经济组织"。

明确了组织原则：1. 成员以农民为主体。2. 以服务成员为宗旨，谋求全体成员的共同利益。3. 入社自愿、退社自由。4. 成员地位平等，实行民主管理。5. 盈余主要按照成员与农民专业合作社的交易量（额）比例返还。

明确了组织地位、设立条件、组织要求等事项。

以上法律规定，对于鼓励、支持、引导农民专业合作社健康发展，为我国新农村建设，为促进农业经济高效率、高质量发展发挥了重要作用。

（六）关于农民专业合作社的组织特征分析

1. 在组织构成上，合作社成员以农民为主体，主要由从事农副产品生产、加工、销售等环节的农民、涉农企业联合而成。

2. 在所有制结构上，合作社在不改变家庭承包经营关系的基础上，实现了劳动与劳动、劳动与资本的合作，从而形成了合作经济组织，并一定程度地形成了会员之间的具有集体经济性质的利益共同体。

3. 在收益分配上，经营利润按集体议定的分配方式分配给成员，并注意集体留存以利再生产、再经营，从而形成了新的收益分配制度；且合作社成员内部交易不以盈利为目的，体现了成员之间的互助合作关系。

4. 在管理机制上，合作社实行入社自愿、退社自由，民主选举、民主决策等原则，建构了新的组织管理体制。自愿、自治和民主管理是合作社制度最基本的组织特征。

农民专业合作社在组织特征、组织性质、组织功能等方面与村级商会相比较，有相近、相同和不同之处。相近相同之处：两者都具有群众性、社会性、经济性、互助性、合作性的组织特性；两者都以服务会员发展，维护会员权益，集合会员力量办大事为主要组织职能。不同之处：农民专业合作社归类为经济组织，具有市场主体地位，可直接从事生产经营活动；村级商会归类为社会组织（非营利性社会团体），不具有市场主体地位，不能直接从事生产经营活动。但村级商会因为具有经济功能可以兴办企业，商会成员可以兴办企业或联合投资兴办企业参与生产经营活动。关联之处：农民专业合作社是具有一定社会功能的经济组织；村级商会是具有一定经济功能的社会组织。在实际运行层面，农民专业合作社有的集体从事生产经营，其组织行为类似于股份制或合伙制企业；有的不集体从事生产经营，而是服务会员个体生产经营或组织会员合作经营，其组织行为与村级商会有相似之处。某种程度上可以认为，农民专业合作社是赋予市场主体地位，兼有经济组织和社会组织双重功能的新型组织。就组织服务功能而言，村级农民专业合作社与村级商会有较多的相近相同之处。

中国各类组织（包括经济组织和社会组织等）机构分布，上层数量较多，分类较细，专业性较强；基层数量较少，归类集中，综合性较强。人们常说："上级机构是专科，基层机构是全科""上面千条线，下面一根针"，就是生动比喻。应当正视这一现象，充分发挥村级农民专业合作社与村级商会组织功能互动互通作用，协助村民委员会把农业市场主体组织起来，更好地服务与促进"三农"经济健康发展。关于农民专业合作社和村级商会组织特征及功能作用的研究，应当并已经成为中国当代社会团体组织研究的热点和兴奋点。

从1997年12月全国首个农民专业合作社"浙江小稠村小稠枇杷合作社"自发产生；到2005年初全国首部农民专业合作组织法规《浙江省农民专业合作社条例》颁布实施；到2005年"浙江大红袍果业合作社"经过工商注册登记成立，成为全国首家工商注册的农民专业合作社，农民专业合作社呈现出快速、健康发展势头：2013年，全国依法登记的农民专业合作社达到98.24万个；2014年，达到128.88万个；2016年，达到179.4万个；2017年，达到201.7万个；2018年，达到217.3万个；2019年，达到220.1万个；至2022年，达到223.6万个。农民专业合作社经济保持快速、健康发展势头。

（七）关于农民专业合作社典型案例

案例1：浙江省台州市路桥区桐屿镇小稠村小稠枇杷合作社[1]

一般认为，改革开放以后出现的全国首家农民专业合作社，是在当地政府支持和党员带动下，于1997年12月成立的浙江省台州市路桥区桐屿镇小稠村的小稠枇杷合作社。

20世纪90年代，黄岩罐头食品厂的糖水枇杷一度风靡全国，作为原料基地的小稠村，枇杷从不愁卖。但随着人民生活水平提高，吃新鲜水果的多了，罐头产业整体萎缩，千万果农被推向市场出售鲜果。"当年，村民们拎着篮子，到104国道旁摆摊叫卖"，时任小稠村党委书记邱明生回忆，农民单独经营，效果并不理想。如何做强枇杷产业、提高"中国枇杷之乡"知名度？当时的桐屿镇党委想出了办"枇杷旅游节"的点子，地点就落在小稠村，"圈出一个观光园，一人10块钱，枇杷吃到饱"，一辆辆大客车运来了一批批前来体验采摘游的游客，带走了一筐筐枇杷，枇杷节一炮打响。

门票收益怎么分配？这一问题成为课题，促使人们将股份合作机制嫁接到了农村，促进了具有股份合作机制的小稠枇杷合作社诞生。"我们根据枇杷树数量及土地使用面积作价入股"，小稠村村民任周根还记得当年估值时的热闹场景，"村干部、党员和村民代表围坐一起，枇杷观光园的88户村民根据枇杷树数量及土地使用面积作价入股，小稠枇杷合作社成立，农村村民成了合作社社员"。小稠枇杷合作社成为全国首家农民专业合作社。

---

［1］小枇杷叫响产业链．首家农民专业合作社的前世今生［EB/OL］．（2018-08-07）［2023-12-21］．https://www.sohu.com.

2005 年初，全国首部农民专业合作组织法规《浙江省农民专业合作社条例》实施，"农民真正成了市场主体，就可以贷款融资，扩大经营，在市场上大展拳脚"。枇杷结出"硕果"，离不开"探索"，探索激发了农民的积极性。截至 2017 年底，浙江省农民专业合作社多达 48783 个，成员 126.5 万人，带动农户数 403.9 万户；合作社经营服务总收入 483 亿元。其中 8458 个合作社当年销售额超过 100 万元。

案例 2：湖北省潜江市熊口镇农民专业合作社集群[1]

湖北省潜江市熊口镇，共有 25 个农民专业合作社，集群发展"稻虾产业"，走出一条"产业特色发展、耕地集约利用、村民亦工亦农、公私利益兼顾"的农业农村现代化发展新路。

在发展特色产业方面：发挥农民专业合作社的组织作用，实行"龙头企业 + 合作社 + 农户"经济合作方式，组织农户在水稻田里附加养殖小龙虾，通过"种养结合、稻虾共作"，提高农田收益。

在高效利用耕地方面：发挥农民专业合作社的组织作用，组织农户开展经济合作、产业合作、技术合作、资源合作，提高农业种植、养殖、经营效率和效益。

在集约利用耕地方面：实行"三权"（所有权、承包权、使用权）分置，"迁村腾地、土地流转"；并实行承包耕地"集中整理，按户连片"建设稻虾产业基地，提高了耕地规模利用效率。例如，孙桥村 5、7 组"按户连片"破解土地碎片化难题，在保持原承包土地面积不变的前提下，按每户一块地的标准重新确定承包地块，告别了延续了 35 年的承包耕地田块细碎、利用效率低下的状况。全镇共发展"虾稻共作"面积 7.9 万亩，占耕种面积的 85% 以上；土地流转面积近 4 万亩，其中赵脑、瞄场、吴家垸、剅湾、夏桥 5 个村已经实现整村流转，面积共计 30342 亩；拥有 2 万亩全国稻虾综合种养示范基地 1 个；5000 亩以上连片基地 4 个。

在生产经营模式方面：依托龙头企业，推广"龙头企业 + 合作社 + 农户"模式，在赵脑、瞄场两村建设 2 万亩连片"虾稻共作"现代农业基地，实行"六统一"，即统一种养标准、统一供应农资、统一服务管理、统一收购产品、统一机械施工、统一产品品牌；并实行"六化"，即农业现代化、农民职业化、服务社会化、品种优良化、产品标准化、利益分享化的经营管理模式，提高了农业种植、养殖综合生产效率。

在兼顾公私利益方面：2018 年，虾稻产业基地年产小龙虾 600 万斤，亩均纯收

---

[1] 潜江市农业农村局：潜江 18 家农民专业合作社成立联合社抱团发展［EB/OL］.（2019–01–17）［2023–12–21］. http://nync.hbqj.gov.cn.

入达到 6000 元，是常规水稻种植收入的 4~5 倍。基地实行合作经营，农户和村集体效益同步提升。例如，赵脑村人均年收入从不足 1 万元提高到 1.9 万元，村集体收入增加到 100 万元。

湖北省潜江市熊口镇，利用农民专业合作社把农民组织起来，集中智慧和力量，种稻养虾，并把小龙虾发展成大产业，大幅度提升了农业生产综合效益，并以虾稻产业为支撑，助力乡村振兴发展。通过发展小龙虾食品加工，开发小龙虾甲壳素衍生产品，培育出了全国第一家小龙虾全产业链国家级农业产业化龙头企业——华山科技股份有限公司（集小龙虾养殖、加工、出口为一体的科技生产一体化公司，2018 年公司完成销售收入 5.1 亿元，出口创汇 2100 万美元）。如今潜江市熊口镇"田成方、树成行、路相通、渠相连、虾跳稻长"，村镇容貌焕然一新。2017 年，熊口镇获评全国第二批特色小镇；2018 年，再次入选全国农业产业化示范镇。2019 年 1 月，潜江市农民专业合作社联合社成立。该联合社由市供销合作社领办、创办的 18 家农民专业合作社共同组成，出资总额 500 万元。该联合社的成立，标志着农民专业合作社由"户户合作"转变为更大规模、更高层次的"社社合作"，进一步增强了组织实力和市场竞争力。

案例 3：北京市密云区高岭镇奥金达农民专业合作社[1]

北京奥金达蜂产品专业合作社创建于 2004 年 4 月，注册资金 292.98 万元。合作社位于首都北京重要饮用水源地——密云水库北岸。合作社现有社员 920 户，涉及北京市 3 个区并辐射带动河北省承德地区滦平、丰宁和承德等地农民养蜂，年产蜂蜜 2000 多吨，是一家以蜂蜜养殖经营为特色的综合型农民专业合作社。

该合作社经过多年的努力，改变了传统的一家一户松散生产经营方式，组织广大蜂农，建立优质蜂产品基地，树立质量第一的经营理念，严格实行"五统一"管理方式，即统一技术培训、统一产品（花彤）品牌、统一产品标准、统一质量检测、统一产品销售的经营管理模式，不仅促进蜂产品产业化健康发展，而且为促进密云生态县建设起到了积极作用，社会、经济、环保效益显著。

2008 年，该合作社为北京奥运会提供蜂产品原料，被中国蜂产品协会评为"全国蜂产品合作社示范社"；2009 年，被北京市园林绿化局评为"北京市蜂业生产先进单位"；2010 年，被评为"北京市农民专业合作社示范社"；2011 年，被首都文明建设委员会评为"首都文明单位"；2012 年，被农业部评为首批"全国农民专业合作社示范

---

[1] 北京市密云区农民专业合作社服务中心.北京奥金达蜂产品专业合作社［EB/OL］. http://www.bjmy.gov.cn.

社"；2013 年，被中国蜂产品协会评为"全国蜂产品行业龙头企业"，"花彤"牌蜂蜜被评为北京市著名商标并通过绿色蜂蜜生产加工认证；2014 年，合作社养蜂基地被评为"全国蜂产品安全与标准化生产基地"。当年，合作社实现产品销售收入 2644.9 万元，上缴税费总额 49.1 万元，实现利润 97.6 万元，蜂农二次分红 73.2 万元，养蜂户平均收入达到了 5.3 万元；2015 年，被中国养蜂学会评为成熟蜜基地示范试点，并被评为北京农民专业合作社先进单位；2016 年，被中国蜂产品协会评为"全国蜂产品行业龙头企业"，并被授予"全国蜂产品企业标准化生产优秀厂区""生态原产地保护产品"称号；2018 年，被授予"2018 年度全国（首届）百强农民专业合作社"荣誉称号。

截至 2022 年底，全国农民专业合作社达到 223.6 万家，其中，加强社社联合，通过共同出资、共创品牌、共享收益，组建联合社 1.3 万余家。[1]农民专业合作社坚持以农民为主体，辐射带动全国近一半的农户，服务"三农"发展成效显著。

当今，全国各地农民专业合作社蓬勃发展，广大农民依靠经济合作的力量，发挥生产经营的潜能，分享产业链增值收益，将他们的主动性、创造性，转化成乡村振兴的内在动力。

个私协会特色活动

中国个私协会的特色活动主要包括召开民营经济合作发展促进大会、经贸对接洽谈会、专业专题会议以及深入基层调查研究并组织开展务实高效的现场活动等。

2010 年 10 月 7—8 日，中国个私协会与欧洲企业网、卢森堡商会共同组织的 2010 年中欧中小企业经贸对接洽谈会在上海举行。卢森堡大公国驻华大使柯意赫先生、欧盟委员会企业工业理事司司长马歇尔博士、中国个私协会会长甘国屏、上海市工商行政管理局副局长陈学军等领导出席开幕式并致辞，来自中国、欧盟等 15 个国家（地区）的 220 余家企业、350 多名代表出席了洽谈会。

在这次洽谈会上，30% 以上的参会企业达成了合作意向；更多企业家找到了商机，结交了欧洲企业伙伴，建立了国外联系渠道。会议期间，主办方还分别举办了"怎样和中国人做生意""上海——经济繁荣的中心城市""欧洲企业网——中国进入欧洲市场的途径"三场研讨会，中国个私协会副会长兼秘书长刘小平、欧盟企业工业理事司司长马歇尔博士及企业代表向参会人员介绍了不同市场的经营环境、法律法规

---

[1] 2018 年度全国百强农民专业合作社和十大典型案例公布［EB/OL］.（2018-12-20）［2023-12-21］. http://www.zgnmhzs.cn.

及做生意的经验。

中欧中小企业经贸对接洽谈会，是在欧盟委员会的支持下，于2003年推出旨在为中欧中小企业合作交流搭建的商务平台。借2010上海世博会卢森堡商务周的契机，欧洲企业网、卢森堡商会首次与中国个私协会合作，将这一新颖的商业合作模式带到了亚洲，并选择中国为亚洲活动的第一站。在北京、上海、山东、江苏、广东、浙江、吉林、陕西等省（市）个私协会的支持下，中国个私协会组织企业参加此次活动，取得圆满成功。

中国民营企业合作大会是由中国个体劳动者协会创办的全国性品牌活动，旨在汇聚全国个私协会系统力量，服务广大民营企业投资与经营合作，促进区域经济发展。自2015年开始，大会每年举办一届。

2015年9月19—20日，全国首届民营经济发展合作促进大会在成都举行。[1]大会由中国个私协会、成都市人民政府、四川省工商行政管理局主办；由成都市工商局、四川省个私协会承办。大会以"促进发展，合作共赢"为主题。大会共设立小微企业创业创新报告会、合作洽谈及项目推介、企业形象（产品）展示宣传、投资考察四大板块。大会宗旨：办成集聚合作要素的平台、助力创业创新的载体、展示民营企业形象的窗口，提升服务民营经济发展水平，提高民营企业创业创新能力，为我国经济企稳向好发展作出积极贡献。国家工商总局、中国个私协会、四川省、成都市委市政府领导，四川省和成都市工商局主要负责同志出席了大会。来自全国各地的民营企业、部分地方政府和各地个私协会代表近500人参加了本次盛会。大会期间，主办方对参会企业的产品及服务进行了宣传展示，安排参会企业根据自身发展需求开展洽谈活动，广泛商讨投资、贸易、技术、知识产权、生产性服务等多方面的合作。在大会的合作洽谈会上，来自全国的210多个民营企业家代表在建筑、机械、互联网、化工、商贸等25个行业洽谈合作平台共进行了120场次的行业集中推介，举行了500多场次的"一对一"和"一对多"形式的项目对接洽谈，促成意向合作项目480多个，意向合作项目金额70多亿元。其中，大连丹瑞商贸公司、西安信德建设工程公司等多家公司意向合作项目金额均在1000万元以上。

2022年4月2日，国家市场监管总局发出《关于新形势下发挥个体劳动者私营企业协会作用助推个体私营经济高质量发展的意见》，要求各地市场监管部门指导个

---

[1] 2015全国民营经济发展合作促进大会举办［EB/OL］.（2015-09-21）［2023-12-21］. http://www. zggc. org. cn.

私协会搭建发展平台，创造良好发展环境，助推个体私营经济高质量发展。

《意见》指出，要加强政治引领，发挥个私协会紧密联系个体私营企业的优势，不断加强对个体私营经济从业人员的政治引导和思想教育。不断扩大"小个专"市场主体党的组织和工作"两个覆盖"，使党建工作与企业发展同频共振、互促共进。

《意见》指出，解决实际困难，充分调动个私协会的积极性，有针对性地帮助个体私营企业解决融资难、用工难、转型难等问题，在市场准入、减税降费、科技创新、转型升级、劳动用工等方面提供帮助和支持，增强企业发展内在动力，提高企业活跃度。

《意见》要求，促进就业创业，通过个私协会积极宣传落实国家促进民间投资、支持小微企业和个体工商户创业就业的政策措施，组织个体私营企业开展好"增加一个就业岗位""就业进学校、进企业、进社区"等活动，开展政策咨询、创业指导、就业培训等工作，破解就业结构性矛盾难题。

《意见》要求，提升能力素质，指导个私协会把提升个体私营企业经营者能力素质作为服务工作的着力点，组织开展各种学习培训活动，引导和推动个体私营企业提高现代化管理水平；大力弘扬企业家精神、劳模精神、工匠精神，建立"亲""清"政商关系。

《意见》强调，要推动创新发展，指导个私协会创新服务方式和举措，协力推进深化改革各项举措的落实落地；发挥好中国民营企业合作大会等品牌活动的示范引领作用，搭建常态化服务平台，培育更多服务品牌；组织个体私营企业积极配合做好乡村振兴和经济协作帮扶工作，服务区域经济发展；积极协调地方政府及有关部门做好个体私营企业投资指南，引导资本规范有序流动，引领和激励个体私营企业凭借自身灵活的机制、较强的科技支撑能力，打造强大的创新主体。

2023年11月24日下午，中国个私协会在山东省济南市举办数字经济助力个体工商户高质量发展——数字化专项行动山东站活动。这次活动，有120多位个体工商户、小微企业和平台企业代表参加。全国2246个端口约9000人同步收看活动直播实况。[1]

中国个私协会负责人指出：量大面广的个体工商户是我国产业链供应链消费链的"毛细血管"和市场的"神经末梢"，作为参与和推动实体经济发展的重要力量，在数字技术与实体经济深度融合过程中有着不可忽视的作用。

这次活动旨在因地制宜、按需施策，服务个体工商户和小微企业数字化转型发

---

［1］中国个体劳动者协会在济南举办数字经济助力个体工商户高质量发展推进活动［EB/OL］.（2023–11–25）［2023–12–21］. http://www.zggc.org.cn/index.php?m=article&f=view&id=13044.

展、高质量发展。要求广大个体工商户坚定发展信心、坚守创业初心，结合发展实际和需求，推动自身实现转型升级、创新发展；要求个私协会组织要紧密联系广大个体工商户，听其声、解其难，不断创新工作举措和服务水平，更加关注个体工商户发展质量，促进"小块头"迸发"大能量"。这次活动，充分体现了广大个体私营经营者紧跟时代步伐，创新经营管理方法，用数字技术助力个体工商业经营管理高质量发展的主动意识和积极作为。

目前，中国已经成为个体工商业户经营、交易线上支付最广泛的国家之一。

2024 年 3 月 6 日，中国个私协会在安徽省组织召开部分省市推进个体工商户分型分类精准帮扶工作座谈会。[1]安徽省、上海市、江苏省、浙江省、山东省、福建省个私协会负责人，安徽省、黄山市市场监管局负责人，上海浦东新区、苏州吴江区、山东泰安市、福建龙岩市、浙江嘉兴市、安徽马鞍山市等个私协会联系点单位负责人参加了会议。

会议传达贯彻落实市场监管总局等 15 部门《关于开展个体工商户分型分类精准帮扶提升发展质量的指导意见》，提出通过分型分类的方式，对个体工商户精准帮扶，着力提升个体工商户总体发展质量。具体做好以下几点工作：一是加大工作宣传力度，扩大政策覆盖面，引导个体工商户知晓并参与；二是做好专项调查研究，真正做到"科学分类、精准帮扶、规范引导"；三是积极参与"名特优新"个体工商户的培育和选拔，开展分类培训、定向帮扶工作；四是实施效果评估，专题研究评估的标准、体系；五是加强党建引领，普及党的政策，让个体工商户感受到实实在在的政策红利和获得感。

会议认为，个体工商户是中国重要的经营主体。截至 2023 年底，全国登记在册个体工商户 1.24 亿户，占经营主体总量的 67.4%，支撑了近 3 亿人就业。

二、中国国际商会组织特色

国际商会（International Chamber of Commerce，ICC）[2-3]成立于 1919 年，总部设在巴黎，是世界上重要的民间国际经济合作团体。当今，国际商会在全球 92 个国家

---

[1] 中国个协在皖组织召开部分省市推进个体工商户分型分类精准帮扶工作座谈会 [EB/OL].（2024-03-06）[2024-03-18]. http://www.zggc.org.cn/index.php?m=article&f=view&id=13172.

[2] 中国国际商会 [EB/OL].（2021-05-27）[2024-03-18]. http://www.ccoic.cn.

[3] 国际商会获得联合国大会观察员地位 [N]. 中国贸易报.2016-12-22. 第 07 版.

和地区设有国家和地区委员会，拥有来自 130 多个国家和地区的 600 多万家会员。制定规则、调解纠纷、代言工商是国际商会三大主要业务。国际商会涉及的专业技术和行业议题十分广泛，包括金融服务、信息技术及产业、市场营销、企业责任、环境、运输、竞争法和知识产权等领域。2016 年 12 月，第 71 届联合国大会决议授予国际商会观察员地位。

中国国际商会（China Chamber of International Commerce，CCOIC）[1] 于 1988 年 6 月 28 日经中国国务院批准成立，于 1994 年 11 月 8 日正式加入国际商会理事会。

中国国际商会是代表中国参与国际商会（ICC）工作的国家商会，又称国际商会中国国家委员会（ICC-China）。中国国际商会是由在中国从事国际经贸、投资、合作和相关业务的企业、事业单位、社会团体和其他组织自愿组成的全国性、联合性的非营利性社会组织，其业务主管单位是中国国际贸易促进委员会。

中国国际商会主要职责：促进中外经贸交流与合作，代表中国工商界向国际组织和中外政府部门反映利益诉求，参与国际经贸规则的制定和推广，在企业界积极倡导社会责任与公益事业。

中国国际商会实行会员制。截至 2021 年，中国国际商会会员数量已达 26.1 万家，其中包括国有企业、金融机构及一大批知名民营企业和外资企业。中国国际商会已经成为我国会员数量最多、国际影响力最大的涉外商会组织之一。

中国国际商会设置理事会。现任会长单位为中国国际贸易促进委员会；副会长单位为 102 家大型企业（包括国营、民营和外资企业）；常务理事单位 246 个，包括 177 家企业、48 个区域商会或城市商会、21 个中国国际贸易促进委员会所属行业分会；理事单位 743 个，包括企业和贸促会地市级分支机构等。

中国国际商会内设机构：主要包括办公室、会员发展部、综合业务部、会展部、双边合作部、多边合作部、法律服务部、培训部、国际商会中国国家委员会秘书局、党委等办事机构。商会业务主要包括与中国境内外其他商协会组织开展机制性合作，向会员和其他企业提供国际交流、行业合作、法律咨询、市场信息、会展策划、项目招商和业务培训等服务。

中国国际商会驻外代表处，主要分布在海湾地区、德国、日本、美国、墨西哥、英国、法国、意大利、波兰、澳大利亚、比利时、俄罗斯、韩国、新加坡、印度尼西

---

[1] 中国国际商会［EB/OL］.（2021-05-27）［2024-03-18］. http://www.ccoic.cn.

亚、巴西、哥斯达黎加、哈萨克斯坦、欧盟等国家和地区。

中国国际商会宗旨、价值观及职能[1]

中国国际商会宗旨：1. 根据中国的法律、法规，落实国家战略部署，开展促进中外贸易、投资、商事法律和经济技术合作的活动，为会员开展国际经贸合作搭建平台、提供服务。2. 向中外政府部门和国际组织反映中国工商界的利益诉求及政策建议，参与国际经贸规则的制定和推广，维护公平贸易秩序。3. 依法维护会员合法权益，积极倡导社会责任与公益事业。4. 推动行业自律，促进产业和行业健康发展。

中国国际商会价值观："合作、交流、开放、创新、协调"，努力为会员企业提供一流服务。1. 合作：密切增强与国内外政府部门、商协会、企业之间的沟通合作，促进中外经贸的联系与合作。2. 交流：加强与会员企业、国际组织、对口机构交流，用好多边、双边工商合作机制平台，参与国际经贸规则制定和推广，组织政商对话和工商交流活动，积极代言工商。3. 开放：顺应我国经济深度融入世界经济的趋势，奉行开放共赢的对外战略，促进国内国际要素有序流动、资源高效配置。4. 创新：贯彻创新驱动发展战略，鼓励创新、支持创新、全员创新，创新思维观念、工作方式、服务内容。5. 协调：加强商会系统及会员之间的协调，促进在全球范围内配置资源和要素，推动更高水平"引进来"和更大规模"走出去"。

中国国际商会职能：1. 发挥政府和企业间的桥梁和纽带作用，组织会员与中外政府部门、国际组织、商协会和有关机构沟通，反映会员企业的诉求和意见。2. 参与国际商会等国际组织活动，向其推荐中国工商界人士和专家任职，组织会员和专家参与国际商事规则的制定和修改。向国际商会等国际组织反映意见。3. 与国内外政府部门、贸促机构、商协会、国际组织及企业建立联系，开展交流与合作。接待境外经贸界团组和人士来访，组织会员参与国际交流。4. 受政府委托承办或根据市场和行业发展需要，在境内外举办博览会、展览会、会议、论坛，组织会员参加经贸洽谈、技术交流、商业推介、商务考察、项目对接等活动，协助境外经济合作区和境内产业园区开展推广和招商工作，为会员企业开展国际经贸合作提供服务。5. 开展市场研究和经贸调研，编辑、出版有关出版物，建立数据库、网站和其他信息平台，收集、整理和发布经贸信息，向会员提供信息咨询和资信调查等服务。宣传推介国家对外战略和政

---

[1] 中国国际商会章程（2021）[EB/OL].（2021-05-07）[2024-03-18]. http://www.ccoic.cn.

策、国际经贸规则和惯例，组织商事法律、风险防范等业务培训，帮助会员提高国际化经营能力和核心竞争力。6. 与国际组织、各国政府部门、商协会及法律服务机构合作，建立国际商事法律服务平台。依据中国法律、法规和国际商事惯例，出具商事证明，认证商业单据，签发暂准免税进口单证册，代办领事认证；以仲裁、调解等方式解决企业间国际经贸纠纷；办理共同海损和单独海损理算业务；为会员提供知识产权咨询、代理和争议解决等专业服务；开展对外经贸游说和摩擦应对，组织、帮助和代理会员企业在海外维权，开展法律抗辩、公关游说、舆论引导和行业磋商，帮助会员企业防范风险，维护合法权益。7. 设立海外代表机构，为会员提供对外联络、市场调研、信息交流等服务。8. 致力于本会和各地方、各行业商会的合作，为地方和行业会员提供服务。9. 根据会员要求，提供其他有针对性的服务。10. 承办业务主管单位和政府有关部门委托的相关工作。

中国国际商会获得联合国贸发会观察员地位[1]

2021 年 3 月 2 日，联合国贸易和发展会议（UNCTAD）在瑞士日内瓦召开第 70 届执行理事会会议。会议一致通过决议，授予中国国际商会"联合国贸易和发展会议全面观察员地位"。

新冠肺炎疫情期间，中国国际商会倡导多边主义，积极开展与联合国的合作，践行可持续发展理念。与联合国全球契约组织共同举办两场网络研讨会，探讨气候变化、公共健康与疫情后经济复苏等议题；在第三届中国国际进口博览会上与联合国工业发展组织合作举办配套活动；与联合国开发计划署、普华永道（中国）联合发布《中国企业可持续发展目标实践调研报告》；筹备建立中国国际商会可持续发展委员会，这些工作是联合国贸发会议决议授予中国国际商会全面观察员地位的关键因素。

获得联合国贸发会议全面观察员地位后，中国国际商会正式以非政府组织的身份参与贸发会议的工作，在联合国贸发系统内代表中国工商界直接发声，讲好中国故事。中国国际商会充分发挥中国工商界的资源、专业知识和技术等优势，进一步发掘与联合国贸发会议的合作潜力，推动中国工商界深入参与全球治理体系改革，促进全球贸易投资便利化，落实联合国《2030 年可持续发展议程》，为广大会员单位提供优质服务探索新路径。

［1］中国国际商会多边合作部.中国国际商会获得联合国贸易和发展会议全面观察员地位［EB/OL］.（2021-03-04）［2024-03-18］.https://www.163.com.

中国国际商会特色活动[1]

中国国际商会的特色活动主要包括会议、论坛、展览、培训、组团参加国家和国际经贸活动等方面，其中最具特色的活动举例如下：

例 1：为深度融入共建"一带一路"大格局，着力打造内陆改革开放高地，推动形成以国内大循环为主体、国内国际双循环相互促进的新发展格局，中国贸促会与国家有关部门、中国侨联、全国工商联和地方政府联合主办"丝绸之路国际博览会暨中国东西部合作与投资贸易洽谈会"（简称丝博会，前身为创办于 1997 年的中国东西部合作与投资贸易洽谈会，2016 年经国家批准正式更名为丝博会）。1997—2021 年连续举办五届，累计 120 多个国家和地区的政要、客商参会参展，每年国内国家机关、企业负责人和 31 个省区市团组参会参展；累计展销特色商品达 3 万多种，观众人数超过 60 万人次；累计签订利用外资项目合同总投资额 342 亿美元，国内合作项目合同总投资额 49237 亿元，高新技术成果交易合同额 202 亿元。

例 2：2020 年，遍及全球的新冠肺炎疫情发生以后，中国国际商会扛起疫情防控责任，切实发挥"企业之家"的作用，为企业提供贴心服务，助力企业共同战"疫"。帮助企业实现 24 小时"足不出户、自主打印"原产地证书申办业务；协助企业在线办理出境 ATA 单证册申办、备案、核销等业务；强化公共信息服务，通过移动互联网、新媒体等渠道，发布企业关注的疫情相关内容，并对企业提出的问题，第一时间答疑解惑。此外，及时向会员企业发函，呼吁企业履行社会责任，强化中国企业担当，为疫情严重地区贡献力量，确保疫情期间社会平稳有序；同时，建立服务需求信息反馈渠道，广泛听取和收集会员企业在疫情期间的服务需求、困难和建议，积极向中外政府部门和国际组织反映企业的合法利益诉求及政策建议，竭力做好服务保障。在整个抗疫过程中，中国国际商会全力做好服务保障，与会员企业一道，为疫情防控付出了努力，作出了贡献，受到好评。

例 3：2020 年 4 月 14 日，由中国贸促会主办的中国—拉美（墨西哥）国际贸易数字展览会在北京开幕。这次展览会在线上举行，为期 15 天，旨在帮助企业应对新冠肺炎疫情冲击，拓展国际经贸合作。来自中拉政府、商协会和企业家代表等近 500 人在线参加了开幕式。这次展会紧扣拉美地区特别是墨西哥的市场需求，通过大数

---

[1] 中国国际商会重要活动［EB/OL］.（2023-11-08）［2024-03-18］. http://www.ccoic.cn.

据为企业提供在线洽谈机会和精准配对服务，吸引了中拉商协会、组展机构、企业和国内外媒体的广泛关注。这次展会共有来自中国浙江、广东、湖北等 28 个省、区、市的 2000 多家企业参展，来自墨西哥、巴拿马、哥斯达黎加等 10 多个拉美国家的5000 多家采购商观展。参展企业可以足不出户，在家做外贸、在家找客商、在家拓市场。展会同期举办了中国—拉美（墨西哥）数字贸易研讨会，主题为"数字贸易为中拉经济发展注入新动力"。就疫情之后数字贸易发展提速、缩小南北数字鸿沟、推动展会等传统行业变革等议题开展广泛交流，提出务实建议。

例 4：2020 年 9 月 8 日，由中国贸促会主办，中国国际商会和中国服务贸易协会等单位共同承办的区块链＋服务贸易与应用大会暨中国国际商会区块链创新服务产业委员会成立大会在北京举行。会上，中国国际商会联合中国投资协会数字资产研究中心等相关单位，共同发起成立中国国际商会区块链创新服务产业委员会，致力于推进我国实体产业数字化、数字技术产业化进程，提升我国区块链产业国际竞争力，推动数字经济新发展。

例 5：2020 年 9 月 8 日，在中国国际服务贸易交易会期间，中国国际商会文旅产业项目推介会在北京举行。中国贸促会、中国国际商会重点推介了"飞越魅力中国飞越美丽世界"全球性文化旅游活动及相关文旅产业优质项目，计划在 6 年内，联合国内外 500 个著名旅游城市，举办丰富多彩的飞越美丽城市系列活动。

例 6：2022 年，中国国际商会参与支持金砖国家女性工商联盟中方理事会主办"2022 金砖国家女性领导力论坛暨金砖国家女性创新大赛"。大赛共有 449 名女性参赛，最终评选出 15 位"木兰奖"和 5 位"抗疫特殊贡献奖"获得者。金砖国家驻华使节、政商界代表、获奖选手等以线上或线下方式出席活动。5 月 31 日，全国人大常委会副委员长、全国妇联主席沈跃跃出席颁奖典礼并为大赛获奖选手代表颁奖。她在讲话中指出："希望金砖各国妇女落实领导人共识，为促进金砖国家人民的友谊和经济社会发展作出新的贡献。坚持人民至上，帮助妇女摆脱疫情影响；坚持发展优先，支持妇女创业创新；坚持互学互鉴，深化团结合作，为推动构建人类命运共同体不懈努力。"

例 7：2022 年 11 月 3 日，2022 年 APEC 工商领导人中国论坛在北京举行。本届论坛由中国贸促会、中国国际商会主办，APEC 中国工商理事会承办，论坛主题为"走向绿色经济"，来自 APEC 各经济体工商界、科技界、学术界近 200 名代表在线上、线下参会。

2022 年 11 月 3 日，由中国贸促会、中国国际商会主办，APEC 中国工商理事会
承办的 APEC 工商领导人中国论坛在北京举行

　　中国贸促会会长、中国国际商会会长任鸿斌，商务部部长助理李飞，国家发改委
副秘书长杨荫凯，国家能源局总经济师鲁俊岭，中国大唐集团党组副书记、董事、总
经理刘明胜出席开幕式并致辞；APEC 中国工商理事会主席、ABAC 中国代表宁高宁，
泰王国驻华大使阿塔育·习萨目，泰中促进投资贸易商会主席、正大集团资深副董
事长李绍祝以视频方式在开幕式致辞。任鸿斌在致辞中指出：加入 APEC 的 31 年来，
中国始终秉持"共商共建共享"原则，坚持走"和平发展之路、改革开放之路、多边
主义之路"，积极参与亚太经济技术合作，促进亚太贸易投资自由化、便利化，为亚
太地区的发展注入了强劲动能。面对新一轮科技革命和产业变革掀起的绿色低碳、数
字化热潮，工商界要把握机遇，加强新技术研发与应用，大力推进绿色产业发展，持
续深化国际经贸合作，积极参与全球经济治理。他表示，中国贸促会将认真学习宣传
贯彻中共二十大精神，进一步织密服务企业网、扩大国际朋友圈，在推进高水平对外
开放、参与全球经济治理体系改革和建设、推动构建亚太命运共同体过程中作出新的
更大贡献。论坛还发布了"可持续中国产业发展行动"年度报告。

　　例 8：2023 年 9 月 5—7 日，由中国贸促会和甘肃省人民政府主办、中国国际商
会和甘肃省贸促会承办的丝绸之路国际商协会（敦煌）会议暨甘肃重点产业链对接洽
谈会在敦煌会展中心举行。[1] 会议及活动目的，旨在深化中外企业与地方政府之间的

---

［1］中国国际商会会员发展部. 中外企业"甘肃行"活动在敦煌举行［EB/OL］.（2023-09-08）
［2024-03-18］. https://www.163.com/dy/article/IECIFLBB0514AN1F.html.

合作，共享合作发展新机遇。来自 20 多个国家和地区驻华使节、商协会、贸促机构、商会"甘肃行"会员企业、甘肃相关市州代表约 150 人出席会议。

会上，中国贸促会、中国国际商会副会长张慎峰，甘肃省政协主席庄国泰、白俄罗斯驻华大使尤里·申科，波黑驻华大使西尼沙·贝尔扬致辞。张慎峰在致辞中表示，中国贸促会愿秉持"丝路精神"，积极同"一带一路"沿线国家对口机构、商协会组织发展互利共赢的伙伴关系，共同合作携手打造辐射"一带一路"、面向全球的贸易投资促进体系。

太平洋建设集团等企业及商协会代表，就全球文化产业发展等话题进行了分享。在甘肃重点产业链推介环节，酒泉市、张掖市负责人及相关企业负责人围绕甘肃地区新能源及装备制造、现代农业、绿色化工、文化旅游四大产业链，就相关地区的投资环境和产业发展机遇进行重点介绍，并积极与参会的中外企业进行对接，为促进甘肃特色优势产业企业对外交流与合作牵线搭桥。

活动期间，如新集团、太平洋建设集团、长江三峡、通用技术、蒙牛乳业等近 20 家中外会员企业，30 余位企业家代表赴甘肃敦煌，与当地政府和企业围绕新能源及装备制造、现代农业、绿色化工、文化旅游等重点产业，通过举办重点产业链对接推介会、参加敦煌文博会开幕式暨高峰会议、赴产业园区考察调研等多种形式探讨合作。

活动期间，代表团一行赴敦煌市光电博览园、敦煌光热发电项目、敦煌文旅集团等当地企业及项目园区进行实地考察调研。会议及活动取得圆满成功。

中国国际商会积极搭建平台，提供优质服务，通过开展"宁夏行"等地方行活动，为增进中外企业对地方的了解和经贸合作，为地方经济发展赋能发挥了重要促进作用。

例 9：2023 年 11 月 6 日，第六届中国国际进口博览会配套活动——"新时代外贸高质量发展与贸易便利化论坛"在上海举行。[1] 这次论坛由中国海关总署和中国国际贸易促进委员会主办，旨在深入探讨当前全球贸易形势下外贸高质量发展的新路径，并就贸易便利化、营商环境、跨境电商等热点议题进行交流与讨论。

中国国际贸易促进委员会负责人在致辞中指出，中国贸促会将充分发挥联通政

---

［1］栗翘楚 . 新时代外贸高质量发展与贸易便利化论坛在上海举办［EB/OL］.（2023-11-06）［2024-03-18］. http://finance.people.com.cn/n1/2023/ 1106/c1004-40112251.html.

企、融通内外、畅通供需的功能作用，聚焦贸易投资促进、商事法律服务、参与全球经济治理、应用型智库建设四条业务主线，更好助力各国工商界抢抓市场机遇、投资机遇、增长机遇。

中国海关总署负责人在致辞中指出，今年是全面深入贯彻落实党的二十大精神的开局之年，中国海关紧紧围绕"营造市场化、法治化、国际化一流营商环境"的总体要求，坚持目标导向、问题导向、效果导向，不断提升全国跨境贸易便利化水平。

论坛分别从"规制与营商环境""开放合作与创新升级""智慧海关助力贸易安全便利高效"等多角度展开，来自中国海关总署相关司局代表与企业代表进行了交流发言。

第二十六章

中国港澳台地区商会

香港、澳门、台湾位于中国沿海，是中国经济活跃、发达的地区。中国港澳台地区商会，历史起源较早，现实发展较快，组织体系健全，是中国当代商会组织体系的重要组成部分；中国港澳台地区商会，组织活跃度高、影响力大，为服务与促进中国经济开放发展、合作发展和国际化发展作出了重要贡献。

一、中国香港地区商会组织及其特色

香港，是中华人民共和国特别行政区。香港是一座高度繁荣的自由港和国际大都市，是重要的国际金融中心、贸易中心、航运中心和科教中心，也是全球最自由经济体和最具竞争力城市之一，有"东方明珠"之美誉。

香港是中国商会发源地之一，是华人商会最活跃的地区之一，也是商会组织覆盖程度（包括覆盖行业和商户）最广泛的地区之一。在中国近代，1861年，香港总商会成立；1900年，香港中华总商会成立。此后，香港本地商会和异地商会快速并持续发展。下面介绍部分具有组织代表性、地域特色性的商会组织：

1. 香港总商会[1-2]

香港总商会创建于1861年5月29日，现拥有约4000名会员，包括香港、内地及国际企业，涵盖知名跨国公司和蓬勃发展的中小企业。商会代表并维护商界利益，为会员提供支持、联谊机会，开展培训及商业服务。

---

［1］香港总商会简介［EB/OL］. https：//www.chamber.org.hk/en/about/hkgcc_welcome.aspx.

［2］香港总商会庆祝成立150周年［EB/OL］. http：//www.chinanews.com/ga/2011/05−27/3073515.shtml.

商会在香港行政会议、立法会拥有代表；在 40 多个政府或非政府咨询委员会拥有代表；有三位代表性人物担任过全国政协常委。

商会属下有 21 个行业和功能委员会及多个专题小组，围绕商界的各项议题建言献策。商会通过四大核心功能，包括政策倡议、信息项目、联谊活动、商贸签证服务会员成就辉煌事业。

商会特色活动：a. 举办香港工商业创意奖，促进工商界创意文化发展并表彰优秀企业。b. 组织开展商业案例竞赛活动，鼓励商业模式创新。c. 赞助"好市民奖励计划"，奖励和表彰贡献社会的热心市民。

2011 年 5 月 27 日，商会举办 150 周年会庆活动，时任香港特区行政长官曾荫权、中央驻港联络办公室主任彭清华、外交部驻港特派员公署吕新华特派员等 2000 多位香港政商及各界人士到会祝贺。时任商会主席胡定旭致辞时表示，回顾过去，香港总商会及其会员为香港经济和社会发展各方面作出了重要贡献。活动期间，发行了"香港总商会成立 150 周年"纪念邮票，并举办了免费乘搭电车渡轮日活动。

2. 香港中华总商会[1-2]

香港中华总商会创立于 1900 年，会员人数近 6000 名，其中包括团体会员、商号会员、个人会员及联席会员，会员经营业务遍及工商各业，形成强大广阔的商贸联系网络。

商会宗旨和目标：a. 促进工商业发展，促进繁荣香港。b. 维护香港工商界权益。c. 参与公共事务，表达工商界意见。d. 加强地区和国际间的沟通和联系，促进经济合作。

商会有多位成员曾经出任全国人大代表、全国政协委员、全国政协常委。

商会积极参与社会事务，表达商界意见，在立法会、金融管理局、资讯科技及广播局、教育统筹局及香港贸易发展局、廉政公署、食品委员会、付货人委员会、人力发展委员会、劳工顾问委员会等组织机构均有代表，与香港特区政府各部门经常保持联络，就涉及工商范畴的政策提供咨询意见。

商会与世界各地的商会组织，特别是海外华人工商社团联系密切，与中国内地商

---

［1］香港中华总商会简介［EB/OL］. https：//wwwz.cgcc.org.hk/gb.

［2］香港中华总商会成立 120 周年庆典在港举行［EB/OL］.（2020-10-16）［2024-03-20］. https：// www.chinanews.com.

会的关系更为密切，在推动内地对外贸易及促进国际对华投资方面，一直扮演活跃的角色，为国家"引进来、走出去"双向发展搭建桥梁。该商会自1982年起每年举办"香港工商业研讨班"，协助内地培训经济管理人才。近年来，积极推进香港与内地的经贸合作，对强化与珠三角、长三角的合作尤为着力；并围绕自贸区、"一带一路"、粤港澳大湾区等国家发展策略，适时作出应对，推动香港工商界参与其中。商会积极参与创立及筹办世界华商大会，成为全球华商交流合作的重要平台。

2020年10月15日，商会举办120周年会庆活动。全国政协主席汪洋发函祝贺：风云两甲子，丹心一脉承。香港中华总商会成立以来，始终秉承爱国爱港优良传统和"促进工商发展，繁荣香港"的创会宗旨，积极参与推动香港和祖国内地经济交流合作，团结引领香港工商界人士坚定拥护"一国两制"方针和《中华人民共和国香港特别行政区基本法》，为维护香港繁荣稳定、促进国家改革开放作出了积极贡献。

香港特别行政区长官林郑月娥致词充分肯定了香港中华总商会对香港的贡献。香港中华总商会会长蔡冠深致词说：香港中华总商会是新中国成立后香港第一家升起五星红旗的爱国爱港商会。2018年，中央表彰全国100位"改革先锋"，三位前会长王宽诚（支持国家建设和改革开放的香港工商界优秀代表）、霍英东（为国家改革开放作出杰出贡献的香港著名企业家和社会活动家）和曾宪梓（倾力支持国家改革开放的香港著名企业家）均在其列，彰显国家对香港中华总商会的充分肯定。

3. 香港中华厂商联合会[1-2]

香港中华厂商联合会创立于1934年，拥有会员企业超过3000家。

商会宗旨：a. 促进香港工业与贸易发展。b. 致力于改善营商环境。c. 代表工业界就政府政策的制定与执行发表意见。d. 参与社会发展工作。e. 促进国际间的了解与合作。f. 履行社会责任。

商会文化：香港中华厂商联合会组织创作并制定了会歌："中华厂商，美名远播，出品耀四方。奋发图强，天天向上，遨游五洲洋。香港精神，厂商发扬，胜利在前方。"

---

［1］香港中华厂商联合会简介［EB/OL］. https：//www.cma.org.hk.

［2］香港中华厂商联合会简介［EB/OL］. https：//baike.so.com/doc/7785730-8059825.html.

4. 香港九龙总商会[1]

香港九龙总商会成立于 1938 年，拥有商号及个人会员 200 多家、团体会员 64 个。

商会主旨：促进陆港台澳经贸联系发展，推动两岸四地文化交流；致力于工商业团结互助、增进社会群体利益、谋香港经济发展及社会繁荣；注重与海外各地商会之联络交流。

商会特色活动：为了培养工商界下一代，自 1998 年起，连续 20 多年，由九龙商会举办，香港中文大学协办的"新纪元行政管理精英培训计划"，先后培训了近 2800 名来自两岸四地的大学生。

5. 国际青年商会香港总会[2-3]

香港国际青年商会（原名为"香港青年商会"）成立于 1950 年，是国际青年商会的分支机构，有 2000 多名成员。成员来自各个行业和企业的企业家或管理者，年龄介于 18~40 岁，他们充分利用业余时间为社区和商会自身的发展而工作。主要品牌活动有"香港十大杰出青年选举"等。

商会宗旨：提供发展机会，赋予年轻人创造积极变化的能力。面向个人发展、社会发展、商务发展、国际机会四个方向，定期举办各类青年活动，鼓励青年人积极参与社会服务，培养青年人的领导才能和社会责任感，增进青年友谊，帮助青年成长提高。

6. 香港中华出入口商会[4]

香港中华出入口商会成立于 1954 年，拥有 5000 多个企业和个人会员，凝聚了来自近 60 个行业中大部分与进出口贸易相关的工商界人士。

商会宗旨：a.团结工商界人士。b.促进出入口贸易。c.增进各行各业联系及维护会员利益。d.关心社会事务，维护香港安定繁荣。

商会自成立以来，致力于担当业界及政府之间的桥梁；致力于协助会员发展经贸往来；致力于搭建帮助会员表达意见、收取各种政经信息、彼此联谊交往及回馈社会的平台。同时，通过举办经济论坛、研讨会及发布调查报告、专题研究报告，协助业

---

［1］九龙总商会简介［EB/OL］. http：//www.hkkcc.org.hk/about-kcc.

［2］JCI Hong Kong［EB/OL］. http：//www.jcihk.org/en/general.

［3］国际青年商会香港总会 2018 年度就职典礼［EB/OL］. http：//www.locpg.gov.cn/jsdt/2018-01/09/m_129786346.htm.

［4］香港中华出入口商会［EB/OL］. https：//www.hkciea.org.hk.

界了解政策及营商环境，当好营商参谋。除此以外，商会还积极组织开展企业交流、内地考察、商业教育、专业培训、慈善捐款等活动。商会多位会员分别担任香港特区政府选举委员会委员、全国人大代表、全国政协委员、各省市区级政协委员。

7. 香港新界总商会[1-2]

香港新界总商会创立于1959年5月11日，是香港新界各区域商会的总机构。下属有16个地区商会，会员共计13000多人。

商会宗旨：a. 坚持爱国、爱港、爱乡。b. 促进香港内地经济联系发展。c. 就维护工商界的正当经营和合法权益向特区政府建言献策。d. 加强国内外工商界的交流合作，以谋求共臻繁荣。

商会创立以来，坚定不移地贯彻"一国两制"和《中华人民共和国香港特别行政区基本法》，积极支持特区政府依法施政。致力推动教育和扑灭罪行工作、积极参与地方福利和慈善活动，关注社区，热心公益，务实工作，备受嘉许。商会注重对青少年的教育培训，赞助多所大专院校设立奖学金，以鼓励贫困学生努力学习，贡献国家，回馈社会。商会积极发展青年事务，让更多青年人加入本会，鼓励青年人参政议政；支持及推选爱国爱港人士服务社会，促进优化社会风气。商会一如既往地团结、凝聚工商界人士，务实参与支持社区工作，为促进香港与内地经济、文化交流与合作，为建设祥和繁荣的香港贡献力量。商会历届成员获得多项荣誉，计有：先后担任全国人大常委9人、全国政协常委15人、全国人大代表7人、全国政协委员12人；荣获特区大紫荆勋章2人、金紫荆星章13人、银紫荆星章10人、铜紫荆星章20人、荣誉勋章23人、行政长官社区服务奖状10人；荣获"太平绅士"称号多人。

8. 香港工业总会[3]

香港工业总会成立于1960年，拥有会员2800多名，主要由制造商组成。总会属下还有9个工业协会，即香港化工及药业协会、香港电子业总会、香港资讯科技业协会、香港塑胶业协会、香港模具协会、香港玩具协会、香港贸易服务业协会、香港运输与物流业协会、香港钟表工业协会；并开设9个地区分部，为珠三角港商提供服务。

［1］新界总商会五十金禧年特刊：商会简介［Z/OL］. 2009：4.

［2］新界总商会简介［EB/OL］. http://www.ntgcc.org.hk/hk.

［3］香港工业总会（FHKI）简介［EB/OL］. https://www.industryhk.org/s.

总会宗旨及职能：a. 争取及维护香港工业界的利益。b. 促进贸易、投资、技术改良、人力资源等各方面的发展，提供更多业务拓展机会。c. 代表工商业界向政府反映意见并提出参考建议，代表会员参与立法会、政府高层咨询机构及委员会等工作。d. 扮演会员与世界各地工商界桥梁的角色。e. 举办各类活动，以促进贸易、投资、科技转移和人力培训等。f. 协助会员寻找拓展海内外业务的机会。g. 提供各项顾问及贸易签证服务。

9. 香港珠宝制造业厂商会[1]

香港珠宝制造业厂商会创立于1988年，有注册会员近500家，是一家非营利性社会团体。

商会宗旨及使命：以提升香港珠宝业的国际地位为己任，致力为香港珠宝业界提供多元化的优质服务，促进行业发展；与本港珠宝同业并肩同行，共创美好将来。

商会四大核心价值观：a. 会员为本：为会员提供最优质的服务，组织切合会员需要的活动以促进沟通交流，团结会员；积极开发电子传播媒体，发放最新行业资讯及技术支援，强化作为珠宝业界发展平台的角色。b. 持续发展：着重业界发展的可持续性，开拓亚洲新兴市场，探讨产业链转移，创造商机，并积极举办讲座及课程，提供人才培训。创立"香港珠宝工坊"，提供基础设施和支援服务年轻业者，以传承本地珠宝制作的传统工艺，探索未来发展机遇。c. 卓越营运：商会获ISO9001：2015国际品质管理认证，在严格的内部管理系统和检讨机制下，竭力让各服务范畴都符合优良品质的管理规范。每年主办"JMA香港国际珠宝节"展会深受海内外商家买家欢迎，并获UFI（国际展览联盟）认证。d. 社会责任：作为"同心展关怀"机构，凭着关爱社会及乐于助人的精神，致力支援不同慈善团体服务社会弱势社群，举行一年一度的步行筹款活动，并招募会员身体力行，推动慈善事业，回馈社会，发扬珠宝同业的关爱精神。

10. 香港中国企业协会[2]

香港中国企业协会成立于1991年3月8日，是以在香港注册设立的中国内地独资或合资企业会员为主体的非营利性社会团体。会员近1200家，下设31个行业、专业委员会和地方分会，是香港工商界具有较高知名度和重要影响力的商（协）会组织之一。

---

［1］香港珠宝制造业厂商会［EB/OL］. https://www.jewelry.org.hk/tc/index.php.

［2］香港中国企业协会［EB/OL］. http://www.hkcea.com.

协会宗旨：贯彻"一国两制"方针，促进香港繁荣稳定。

协会职能：a. 促进中国内地和香港与其他国家和地区之间的经贸往来及技术交流与合作。b. 促进中国内地在香港投资及通过香港对其他国家或地区投资，海外在香港及借助香港对中国内地投资。c. 与香港及其他国家或地区的商业团体建立并维持密切联系。d. 促进会员之间的合作及联系。e. 协助会员之间解决商业争议。f. 为会员提供多种形式的服务，增进及维护会员利益。g. 协调并促进会员企业开展社会公益慈善活动，践行企业社会责任。

11. 香港西班牙商会[1-2]

香港西班牙商会成立于1991年，是以促进和加强香港和西班牙双边经济关系为宗旨的非营利性机构，会员包括各种致力于促进香港与西班牙之间商业、经济、工业繁荣的企业和个人。拥有170多个合作伙伴。

商会目标：促进并增加西班牙和香港的双边经济关系，提供广泛的服务，以支持两地的公司发展。

商会使命：a. 促进香港与西班牙之间经济合作交流。b. 增加西班牙企业在香港地区的经济和社会存在。c. 为会员开发商业机会。d. 宣传会员、代表会员。e. 加强和改善香港与西班牙的经济互动关系。f. 促进改善香港与西班牙双边商业贸易。

12. 香港中小型企业联合会[3]

香港中小型企业联合会成立于1996年。会员企业遍及各行各业，其中制造业包括：电子、工业机器、印刷及出版、纺织及制衣、金属制品、珠宝首饰及玩具等；非制造业包括：专业服务（医疗、法律及会计等）、个人及商品服务（饮食及酒店、批发）、零售、金融、数码娱乐、教育及其他类别（建造、运输、资讯科技、进出口贸易）等。

联合会宗旨：a. 维护权益，争取优化有利于会员企业的投资及营商环境。b. 拓展商机，为会员企业建立联系及拓展合作投资发展机会。c. 助力提升会员企业竞争力，通过举办研讨会及讲座，让会员企业在市场策略、组织架构、人才培训及挽留等各环节更能适应市场之不断变化。d. 发挥商会平台作用，提供多元化服务，协助会员企业持续发展。

---

[1] 香港西班牙商会［EB/OL］. https://www.spanish-chamber.com.hk.

[2] 香港西班牙商会［EB/OL］. https://www.cnzsyz.com/hong kong.

[3] 香港中小型企业联合会［EB/OL］. http://www.hksme.hk.

13. 香港林氏总商会[1]

香港林氏总商会成立于2017年5月，是以林姓宗亲为主体的爱国、爱港的非营利商业联谊及促进团体，旨在凝聚香港各界的林姓精英，为社会发展尽一份力，并团结全球各地的林氏宗亲为祖国的发展作出贡献。

香港林氏总商会除积极推动香港社会公益事务、关注青年成长、协助新移民及弱小社群外，还广泛地与香港及全球各地不同的工商、经贸组织进行交流与合作，携手打造跨地域的商务合作及人际网络大平台。林氏宗亲遍布世界各个角落，发挥林氏同根、同祖、同文、同种的优势，以团结合作、互惠互利的态度，共同迎接"一带一路"带来的新机遇。

香港林氏总商会是世界林氏总商会（WLCC，2012年在新加坡成立）的地区分会，其他国家、地区成员包括新加坡林氏总商会、马来西亚林氏总商会、印度尼西亚林氏总商会及世界林氏总商会中国广西、北京、广东、福建等代表处。

商会愿景：联合全球林氏的力量，携手打造成为世界林氏跨地域商业联系及宗亲互助大平台，成为最具有社会正面影响力的商业组织。

商会使命：致力于推动林氏宗亲间的联系及创造商业发展机会；提升林氏宗亲个人领导才能、专业技能、积极及正面的商业思维；促进及推动香港及世界林氏家族的产业、商业、经济、文化、教育和社群发展。

商会核心价值：忠义、承诺、诚信、团结、互助、尊重。

商会功能：a.商业发展：以诚信和团结促进会员之间诚信营商、资源共享、互助互利、共创双赢，打造强而有力的香港林氏商务平台。b.文化教育：以"仁爱、忠义"和"仁、义、礼、智、信"提升会员的商业思维、心理素养、处世之道，并帮助会员建立互信的伙伴关系，推动诚信儒商的形象。c.宗亲情谊：以互助和团结、互联互通的方式，增进香港、祖国、世界各地的林氏宗亲之间的情谊，建立互助、互爱、团结、尊重的林氏大家庭。d.国际事务：以团结和承诺为方法，扩大世界各地的林氏宗亲商务合作和人际交往；拓展世界贸易、工商机会，促进文化、经济、教育等领域交流合作。e.社会公益：以承诺和尊重积极推动香港本地社会公益事务，包括关注青年成长及生涯规划，协助青年创业；关注老人生活质量及健康，为香港安老事业贡献微力，关注和协助新移民及弱小社群；等等。

---

[1] 香港林氏总商会简介［EB/OL］.（2017-05-13）［2024-03-21］. http://wlcchk.org.

14. 香港无线科技商会[1]

香港无线科技商会成立于 2001 年，是非营利机构，有 150 多个来自本地及外地的公司会员，其中包括流动网络营运商、流动器材生产商、软硬件经销商、系统集成商、无线应用开发商、流动供应商等。

商会宗旨：a.代表无线科技行业向政府及国际组织发表意见，维护业界权益。b.推动香港无线科技应用的发展、使用及认知。c.促进业界不同公司间的沟通及合作。d.推广应用无线科技专业标准。

15. 湾仔中西区工商业联合会[2]

湾仔中西区工商业联合会成立于 2009 年 4 月，现有成员 600 多名，其中包括顾问成员、董事局成员、商号会员、个人会员。会员业务包括金融、房地产、进出口贸易等。商会成立了多个专业委员会，包括：青年事务委员会、女企业家委员会、医务委员会、地产及建筑委员会、法律事务委员会及创新资讯科技委员会。

商会理念：以"敦亲睦邻，和谐社会，共创未来"为目的，联系和团结湾仔、中区及西区工商业界友好人士，创立稳健营商平台，进而拓展本港及内地商贸投资活动。

商会活动：组织招商考察、经贸论坛、医疗捐助、关爱社区慈善筹款等，致力于促进本地工商业人士与内地及海外工商业者的交流。2012 年，独家赞助农历新年"龙珠献瑞万家欢 维港新春烟花大会演"；2001 年和 2013 年赞助香港旅游发展局举办"香港龙舟嘉年华"；2015 年举办"一带一路"论坛，为香港参与"一带一路"建设铺路。商会分别与多地多个工商联团体签订友好协议，与两岸四地工商界携手共创商机。

16. 香港中国商会[3]

香港中国商会成立于 2010 年 11 月 16 日，是香港特别行政区政府和社会各界，特别是全国政协、中央统战部、中央驻港联络办、国务院港澳办和侨务办、全国工商联等机构支持，由香港企业、中国内地企业、海外华资企业、海内外华人企业家和专业人士联合成立的非牟利商会组织。该商会凝聚了海内外华人企业家和专业人士积极参与的力量，集合了一支由 50 多位全国人大代表和全国政协委员、近百位海内外知

---

[1] 香港无线科技商会［EB/OL］.（2015-11-17）［2024-03-21］. https：//hkwtia.org.

[2] 湾仔中西区工商业联合会［EB/OL］.（2023-04-03）［2024-03-21］. http：//wcwica.org.hk.

[3] 香港中国商会［EB/OL］.（2010-11-16）［2024-03-21］. https：//www.hkchcc.com.

名政商界人士、专家组成的领导机构和顾问团队。全国政协经济委员会副主任、全国工商联副主席、经纬集团主席陈经纬先生担任商会首届主席兼会长。

商会宗旨："求真务实、共同发展"。

商会服务：a. 协助会员开拓国际市场，参与国际经济交流与合作。b. 为会员提供金融、法律、税务、融资、上市、培训、企业形象推广等服务。c. 为香港企业进入内地投资发展提供协助，为内地各省市在香港及海外招商引资牵线搭桥，提供双向服务。d. 为推动内地与香港企业联合"走出去"发挥积极作用。e. 为世界各国与香港、内地、台湾两岸三地以及海外华商更深入的交流合作发挥沟通和桥梁的作用。f. 为进一步实施国家"走出去""引进来"的发展战略做出不懈努力。

2011年起，香港中国商会发起创办并连年举办以"服务国家、繁荣香港、惠及全球"为宗旨的"中国海外投资年会"，旨在"抓住世界经济结构调整和科技、产业革命孕育重大突破的新机遇，发挥各自优势，创新合作模式，携手参与国际竞争，拓展更大发展空间，推动内地和香港交流合作再上新水准"。中国海外投资年会已成为聚焦中国海外投资的世界级、国际化的交流盛会，致力于积极推动中国企业更加稳健地迈向世界，为全面实施国家对外开放新格局作出新的贡献。

2016年4月25日，由香港中国商会主席、香港经纬集团主席陈经纬先生向国家10所高等院校共捐资港币2亿元，邀请中山大学、暨南大学在广东，复旦大学、同济大学在上海，北京大学、清华大学、中国人民大学、对外经济贸易大学、外交学院、中国传媒大学在北京分别设立"紫荆谷创新创业发展辅导中心"，支持香港中小微企业和青年人、华侨华人企业及后裔年青一代更积极、更有效地在内地发展创业。至今，累计培养港澳台青年人4000多人，其中香港中小企业主及中青年学生1500人。

此外，该商会创办并与有关方面共同举办香港大讲堂，讨论香港市民关心的热点问题及国家和香港的大事，传播正能量；参与举办"北京—香港经济合作研讨会"，推进金融、信息技术及产业等领域合作。该商会秉承"求真务实、共同发展"的创会宗旨，致力于携手全球华商，共拓商机，为促进中国经济和全球经济共同发展，为香港的长期繁荣稳定贡献力量！

中国香港地区部分商会组织及工作特色见表26-1。

表 26-1　中国香港地区部分商会组织及工作特色

序号	商会名称	成立年份	组织及工作特色
1	香港总商会	1861	四大核心功能：政策倡议、信息项目、联谊活动，商贸签证服务。
2	香港中华总商会	1900	自1982年起，每年举办培训课程，协助内地培训经济管理人员。
3	香港中华厂商联合会	1934	促进工业与贸易发展，致力于改善营商环境，参与社会发展工作，履行社会责任，注重商会文化。
4	香港九龙总商会	1938	促进陆港台澳经贸联系发展，推动两岸四地文化交流。
5	国际青年商会香港总会	1950	主要品牌活动："香港十大杰出青年选举"。
6	香港中华出入口商会	1954	香港进出口界最具代表性商会。
7	香港新界总商会	1959	关注社区，热心公益，参与地方福利和慈善活动。
8	香港工业总会	1960	旨在维护香港制造业利益，促进香港制造业发展。
9	香港珠宝制造业厂商会	1988	四大核心价值观：会员为本、持续发展、卓越营运、社会责任。
10	香港中国企业协会	1991	促进香港与中国内地以及其他国家或地区之间的经贸往来及技术交流合作。
11	香港西班牙商会	1991	促进香港和西班牙之间的经济合作交流；为会员开发商业机会。
12	香港中小型企业联合会	1996	维护及争取中小型企业权益，服务与促进中小企业发展。
13	香港林氏总商会	2017	姓氏商会是中国独有的特色商会，该商会通过"商业发展、文化教育、宗亲情谊、社会公益"等功能为林姓宗亲会员个人及企业提供服务。
14	香港无线科技商会	2001	维护业界权益；推动香港无线科技应用、发展；促进业界不同公司间沟通合作。
15	湾仔中西区工商业联合会	2009	赞助"香港龙舟嘉年华"；举办"一带一路"论坛。
16	香港中国商会	2010	举办以"服务国家、繁荣香港、惠及全球"为宗旨的"中国海外投资年会"。

二、中国澳门地区商会组织及其特色

澳门，是中华人民共和国特别行政区。澳门经济以对外贸易、旅游博彩业、建筑地产业和金融业为"四大经济支柱"。

澳门地区，先有行会组织，后发展为商会组织。澳门地区商会，包括本地商人商会和异地商人商会，是华人商会比较活跃的地区之一。下面介绍部分具有组织代表性、地域特色性的商会组织。

1. 澳门中华总商会[1]

澳门中华总商会，原名为"澳门商会"，1912 年 12 月经葡萄牙当局批准注册，1913 年 1 月正式成立，1916 年按照当时的中国政府统一海外和港澳华人组织名称的要求正名为"澳门中华总商会"。商会现有团体会员 90 多个，商号会员约 1500 户，个人会员近 1000 人。

商会宗旨：a. 拥护"一国两制"，团结工商界坚持爱祖国、爱澳门。b. 维护工商界正当权益，做好工商服务工作。c. 促进本地与外地之商业联系。d. 为澳门特别行政区经济繁荣、社会安定效力。

商会服务：a. 签发产品产地来源证明。b. 协助办理商务签证。c. 举办澳门工商业座谈会。d. 商业数据查询服务。e. 定期出版《澳门中华总商会会讯》季刊。

商会综合会务：a. 协助商人拓展贸易，做好工商服务工作，维护工商界正当权益。b. 参政议政及参与公共事务。c. 积极投身社会福利和社会服务工作。d. 筹募基金，兴建新会所大厦，为稳健本会财务而努力。e. 举办文体康乐活动，开展会员福利工作。f. 发展新会员。g. 开展工商界青年及工商界妇女工作。h. 做好接待内地和外国来宾到访工作；组团赴外地访问。i. 举行节日及会庆活动。j. 继续办好各附属部门，为社会提供服务。k. 积极促进区域合作，扩阔发展空间，并推动经济适度多元发展。商会在维护澳门社会整体利益、促进社会稳定、经济发展、推动区域合作等方面，做了大量有益的工作。

2. 澳门建筑置业商会[2-3]

澳门建筑置业商会创立于 1947 年，现有公司会员 175 个，个人会员 167 个，汇聚了澳门建筑行业的中坚力量。

商会下设总务部、联络部、文教部、福利部、康乐部、财务部、交际部等。澳门建筑置业商会会长冯志强 1983 年开设建筑工程学校，截至 1996 年共培养了 2000 多名建筑专业人才。

商会宗旨：拥护"一国两制"，坚持爱祖国、爱澳门，加强同业团结，协调同业

［1］澳门中华总商会［EB/OL］.［2024-03-21］. http://www.acm.org.mo.

［2］澳门建筑置业商会［EB/OL］.［2024-03-21］. http://www.macaudeveloper.com.

［3］澳门建筑置业商会［EB/OL］.［2024-03-21］. https://baike.baidu.com.

关系，联络同业感情，互相帮助发展业务，维护同业正当权益，为澳门特别行政区的社会安定、经济繁荣而努力。

澳门建筑置业商会积极参与由澳门劳工事务局联同公共建设局、澳门工会联合总会、澳门工程师学会、澳门建造商会、澳门建造业总工会、澳门建筑机械工程商会、澳门建筑安全协会、澳门职业安全健康协会、澳门土木及结构工程师学会、澳门工程施工主管协会、澳门建筑师协会、澳门工程顾问商会合办的"建筑业安全施工奖励计划"，旨在提高建造、监理、安全管理人员及工友的工作安全和健康意识，培育良好的安全文化，鼓励采取安全的工作模式，以及透过公开比赛，促进提高安全意识与行为，促进建筑业健康发展。

3. 澳门厂商联合会[1]

澳门厂商联合会成立于1959年，有会员企业约500家，各行各业的主要工厂和大型工厂，均是该会会员。会员产品出口总值，约占全澳出口总值的85%。大部分制造商既是制造商，也是出口商。

商会宗旨："发展澳门工业，谋求会员利益"，做政府与制造商的桥梁，沟通信息，为会员及整体工业界服务。

商会服务：a. 维护厂商的合理权益。b. 就澳门工业发展向政府提供建议。c. 向会员转达政府的法令和通告。d. 代会员撰写、翻译各种文件信函。e. 组织考察团到外地参观访问。f. 对从业人员进行各项在职培训。g. 协助办理到部分国家的商务签证。h. 举办工业展览会。i. 支持救灾扶贫并捐助社会公益。j. 出版宣传刊物等。

商会建立了广泛的外部合作关系，与国内外有关商会和工商技术团体签订了《合作协议书》和《合作备忘录》，开展信息交流、工业促进、职业培训、技术合作、友好往来、相互援助等多方面的合作，让会员得到方便和裨益。

4. 澳门出入口商会[2-3]

澳门出入口商会成立于1965年，现有来自成衣纺织、机械产品、服饰配件、食品饮料等各行业会员200多家，澳门主要出入口商均为其会员，是澳门传统经济社团之一。

商会宗旨：维护、促进、发展澳门出入口贸易。

［1］澳门厂商联合会［EB/OL］.［2024-03-21］. https://baike.so.com/doc/7776386-8050481.html.

［2］澳门出入口商会［EB/OL］.［2024-03-21］. http://www.macauexport.com.

［3］澳门出入口商会成立50周年［EB/OL］.（2015-05-27）［2024-03-21］. http://www.zlb.gov.cn/2015-05/27/c_127848875.htm.

近年来，在澳门特别行政区政府支持下，商会在江门开设"澳门及葡语系国家商品展销中心"，为澳门出入口商品贸易发展发挥了积极推动作用。

5. 澳门餐饮业联合商会[1]

澳门餐饮业联合商会成立于 1967 年。历年来，为加强同业团结，维护同业的正当权益，调解工商纠纷；为发展澳门美食文化作出了贡献。

商会自 1999 年起，成功举办"澳门烹饪交流展示会"；自 2000 年起，连年举办"澳门美食节"，获澳门特别行政区政府、社会各界及民众的赞赏。并成功举办"第三届世界粤菜厨皇大赛（澳门站 2019）"，为弘扬粤菜文化，提高粤菜烹饪厨艺作出了贡献。已连续 17 年举办本行业在职培训课程，培训在职员工达 29208 人次，取得良好的效果。

商会自 2008 年底开始，在澳门特别行政区政府的支持与资助下，展开了"扶助中小微型饮食特色老店计划"，向富有传统特色和经营特点的中小企业给予全方位的扶助及资助，为本土特色饮食文化之保存作出了努力和贡献。

商会成功地团结餐饮业的投资方和从业员，群策群力向市民大众和游客推广澳门餐饮文化，取得了海内外游客及市民的认同。2002 年和 2020 年澳门特别行政区政府分别授予澳门餐饮业联合商会"功绩奖状"和"工商功绩勋章"。

6. 澳门地产业总商会[2]

澳门地产业总商会成立于 1982 年 6 月。商会有商号会员 711 个，属下商会及团体会员 5 个。商会附设机构 5 个，包括慈善基金会（1992）、物业代理商会（1994）、澳门地产专业协会（2004）、澳门地产建设商会（2005）、澳门地产业会董商会（2005）。

商会宗旨：a. 拥护《中华人民共和国澳门特别行政区基本法》，支持"一国两制"。b. 关注社会经济事务，组织和开展各项活动。c. 发挥行业优势，增进交流与合作，促进同业之团结互助。d. 维护会员正当权益。e. 结合地产热点开展讲座及培训。f. 关注澳门地产和建筑业发展，积极向政府建言建议。

商会热心于慈善事业。开设了专属慈善基金会，募集善款回馈社会，与"澳门公益金百万行"群众慈善步行活动共同成长 29 载，为内地贫困地区捐建多所希望学校。

商会关注重大事件，捐款献力。2006 年为北京奥运会场馆水立方建设捐款；2008

[1] 澳门餐饮业联合商会 [EB/OL]. [2024-03-21]. http://www.uafbmm.org.mo/about.

[2] 澳门地产业总商会 [EB/OL]. [2024-03-21]. http://www.realestate.org.mo.

年为汶川大地震救灾捐款；2010年为甘肃舟曲泥石流救灾捐款；2013年为四川芦山地震救灾捐款。

历年来，商会主办或参与举办过的大型活动有："建筑华彩耀濠江"摄影比赛；"植根澳门、建设未来"大型图片及概念展览；与《澳门日报》合办"澳门地产市场问卷调查"等。同时，会内积极开展丰富的文娱康乐活动，促进会员之间的互助沟通。

7. 澳门广告商会[1]

澳门广告商会成立于1999年10月，共有50多名企业会员，大都为从事广告及会展服务行业之商号，包括广告设计、广告制作、商务推广、公关策划、媒体策划、市场调查等业务之公司，并以中小型企业为主。该商会是中国广告协会副会长单位及中国商务广告协会综合代理专业委员会成员、中国广告业大会协办单位。

商会宗旨：加强广告业界沟通和专业交流，共同维护广告业界权益，促进建立全面专业广告市场运作机制，提升澳门广告水平，并开拓更大广告市场发展空间。

商会自成立以来，主办或承办了多项国际及专业化活动，包括：澳门国际贸易投资展览会、澳门国际品牌连锁加盟展等。

8. 澳门建造商会[2]

澳门建造商会成立于2000年2月，会员包括土木、建筑总承建商及专业分包商，为澳门建造行业的中坚力量。商会内设行业发展及工程政策、人力资源管理、持续进修及技术援助、批租地、海外活动及会员康乐、建筑工人援助、青年委员会、会刊及网站共8个功能小组。

商会宗旨：a.团结建造从业人员及商号，相互交流经验，为会员争取合理权益。b.推动从业人员培训及考核制度，改进及提高会员专业水平，从而提高澳门建造业水平及工艺标准化水平。c.建立与政府的沟通渠道，及时反映该会对建造业有关条例的意见。d.联络其他城市或国家同类商号，沟通信息及交流经验，向外推广及发展澳门建造业。e.为澳门的繁荣稳定发展贡献力量。

9. 澳门国际葡语市场企业家商会[3]

澳门国际葡语市场企业家商会于2003年成立。

［1］澳门广告商会助力中国户外广告业大会思辨未来［EB/OL］.［2024-03-21］. http://www.sohu.com.

［2］澳门建造商会［EB/OL］.［2024-03-21］. http://macauca.com/index/index.

［3］澳门中联办走访国际葡语市场企业家商会［EB/OL］.（2015-09-30）［2024-03-21］. http://www.zlb.gov.cn/2015-09/30/c_128284472.htm.

商会宗旨及服务：促进澳门与葡语国家的双边贸易，推动澳门成为中葡经贸合作服务平台。为会员企业提供包括组织参加展览会、商务研讨会、论坛及经贸、金融、投资相关资讯等方面的服务。

商会功能：a. 建设语言平台，发挥葡语教学培训作用。b. 构建文化平台，进行双向文化交流。c. 拓展经济平台，发挥好企业、商会、律师事务所等的作用。d. 利用横琴、中葡论坛秘书处等平台，在促进通关便利化和检验检疫便捷化等方面发挥重要作用。

2018 年 12 月 18 日，该商会与澳门理工学院签署合作协议，确立长远交流合作关系，旨在"促进澳门教育事业，加强中国与葡语国家商贸合作服务平台的联系，联袂服务社会"。

10. 澳门德国商会[1]

澳门德国商会成立于 2004 年 3 月，是在澳门特别行政区政府支持下成立的首个澳门外资企业商会。创会会员包括德国西门子、德国汉莎航空、奔驰、宝马、保时捷、奥迪、德国马牌、HUGO BOSS、DHL 集团等德国知名企业。

该商会荣获澳门工商功绩勋章（2014）；并获得德国政府的认同，获得了德国多家知名企业的信赖和肯定，这也是德国企业纷纷通过商会迈开投资中国步伐的原因。

商会使命：a. 促进澳门与德国经贸、文化往来与发展。b. 为会员及非会员企业提供政策咨询、信息共享、资源整合等方面的服务。c. 协助会员与政府部门沟通及提供商务支持等服务。d. 协助德国企业取得在华业务成功，并引进德国优质企业进驻中国市场。e. 促进澳门乃至中国内地企业与德国企业进行商贸往来。

11. 澳门国际品牌企业商会[2]

澳门国际品牌企业商会成立于 2009 年。商会为"澳门购物节"筹委会成员。

商会宗旨：为国际品牌企业构建参与及交流平台，促进跨界合作，加深海外品牌对澳门企业的认识，支持培育新型品牌，与更多品牌企业一同分享发展成果。

商会服务：a. 建构企业交流平台、加强政商沟通，包括经常举办座谈会、研讨会，参与本地展览及远赴海外参与企业交流。b. 促进零售业及旅游经济发展。c. 协助推动澳门成为世界旅游休闲城市，并为澳门旅游作出贡献。d. 支持发展本地文化事业。

［1］澳门德国商会［EB/OL］.［2024-03-21］. http：//www.germanba.com.

［2］澳门国际品牌企业商会［EB/OL］.［2024-03-21］. http：//www.miba.org.mo.

e. 协助本地业界发展品牌。

商会特色活动：澳门国际品牌企业商会主办、澳门经济与科技发展局协办的"大湾区品牌包装设计比赛"，推动文化、创意与产业一体化，提高澳门品牌知名度。

12. 澳门会展产业联合商会[1]

澳门会展产业联合商会成立于 2012 年 5 月。商号会员约 60 个，由澳门会展产业的各个相关服务公司组成。

商会宗旨：a. 致力于推动澳门会展产业可持续发展，从而提升会展品质并积极构建会展产业商贸交流平台。b. 致力于以会展项目为桥梁，推动澳门会展产业与国际接轨。c. 致力于协助澳门会展产业走向专业化、科学化、全面化、系统化，为澳门会展业带来更多活力。

商会职能及服务：结合会展产业各环节，包括组展策划、顾问服务、设计搭建、交通物流、演艺公关、翻译服务等方面为会员提供服务，共同寻求发展商机。在推动会展业发展的同时，积极构建合作机制，发展多样合作模式，通过引进专业性会展项目至澳门，提升澳门会展旅游的城市形象。

中国澳门地区部分商会组织及工作特色见表 26-2。

表 26-2　中国澳门地区部分商会组织及工作特色

序号	商会名称	成立年份	组织及工作特色
1	澳门中华总商会	1913	拥护"一国两制"，团结工商界爱祖国、爱澳门；维护工商界权益，服务会员发展；促进本地与外地之商业联系；为澳门特别行政区经济繁荣、社会安定效力。
2	澳门建筑置业商会	1947	拥护"一国两制"，坚持爱祖国、爱澳门，加强同业团结、协调同业关系、联络同业感情，互相帮助发展业务，维护同业正当权益，为澳门特别行政区的社会安定、经济繁荣而努力。
3	澳门厂商联合会	1959	发展澳门工业，谋求会员利益；建立广泛的外部合作关系。
4	澳门出入口商会	1965	促进澳门出入口贸易，发展澳门经济，团结同业，协调关系。
5	澳门餐饮业联合商会	1967	连年举办"澳门美食节"，获澳门特别行政区政府、社会各界及民众赞赏。

[1] 澳门会展产业联合商会 [EB/OL].［2024-03-21］. http://www.mceca.org.

续表

序号	商会名称	成立年份	组织及工作特色
6	澳门地产业总商会	1982	热心慈善公益事业，募集善款回馈社会；开展文娱康乐活动，促进会员之间互助沟通。
7	澳门广告商会	1999	主办及承办澳门国际贸易投资展览会和澳门国际品牌连锁加盟展等，受到好评。
8	澳门建造商会	2000	重视商会人力资源能力建设和建筑工人援助。
9	澳门物流货运联合商会	2002	配合政府经济发展方针，协助特区发展跨境合作业务。
10	澳门国际葡语市场企业家商会	2003	促进澳门与葡语国家的双边贸易，推动澳门成为中葡经贸合作服务平台。
11	澳门德国商会	2004	促进澳门与德国发展经贸文化交往；协助德国企业在华业务成功；为会员及非会员企业提供服务。
12	澳门中小型餐饮商会	2008	以行业发展为中心，策划饮食文化形象，经营饮食文化品牌，提升澳门饮食业市场知名度，促使澳门餐饮业享誉国内外。
13	澳门国际品牌企业商会	2009	协助本地业界发展品牌，推动提高澳门品牌国际知名度。
14	澳门会展产业联合商会	2012	致力于协助澳门会展产业走向专业化、科学化、全面化、系统化。

三、中国台湾地区商会组织及其特色

台湾，是中华人民共和国省级行政区。台湾通过改革发展农业经济，升级发展工业经济，转型发展外向型经济，突破发展高新技术经济，特别是推行出口导向型工业化战略，经济快速发展，成为"亚洲经济四小龙"之一。台湾制造业在全球半导体、IT、通信、电子精密制造等领域具有重要地位。

台湾地区的商会，是中国当代商会组织体系的重要组成部分。台湾地区的商会组织覆盖各行各业且专业特色鲜明，会员覆盖全部公司、行号。台湾地区的商会按照工业团体和商业团体分别组建，并分别以《台湾工业团体法》和《台湾商业团体法》规范其组织意识与行为。

《台湾工业团体法（1974）》规定："工业团体，以协调同业关系，增进共同利益并谋划工业之改良推广、促进经济发展"为宗旨；规定工业团体分为两类，即行业类组织——工业同业公会和区域类组织——工业会；规定公营或民营工厂均应加入工业同业公会为会员，"同一区域内之同业组织工业同业公会，以一会为限"。

《台湾商业团体法（1982）》规定："商业团体，以推广国内外贸易，促进经济发展，协调同业关系，增进共同利益"为宗旨；规定商业团体分为四类，即商业同业公会、商业同业公会联合会、输出业同业公会及联合会、区域商业会；规定公营或民营商业之公司、行号均应加入该地区商业同业公会为会员；规定"同一区域内之同类商业同业公会，以一会为限"。

《台湾工业团体法》和《台湾商业团体法》均由政府内政和经济主管部门制定施行细则。

下面介绍部分最具组织代表性、地域特色性、管理规范性特点的商会组织：

1. 台湾工业总会[1]

台湾工业总会，其前身是 1948 年 11 月 11 日在中国大陆南京成立的"中华民国全国工业总会"，1949 年迁往台湾复会。

组织体系：现由 157 个会员协会组成，每个会员协会代表其特定的工业门类，包括钢铁、纺织、IT、化工和汽车工业等，共有 11 万多家会员企业。

组织宗旨：协调同业关系、增进共同利益并谋划工业之改良推广，促进经济发展。

组织任务：a. 工业及相关产业之调查、统计、研究、改良及发展事项。b. 原料来源之调查及协助调配事项。c. 工业及相关产业生产、运销之调查、统计及推广事项。d. 技术合作之联系及推进事项。e. 会员合法权益之维护事项。f. 工业及相关产业业务状况之调查事项。g. 工业及相关产业产品之展览事项。h. 会员与会员代表基本资料之建立及动态调查、登记事项。i. 同业纠纷之调处及劳资纠纷之协助调处事项。j. 劳动生产力之研究、促进与同业员工技能训练及讲习之举办事项。k. 会员公益事业之举办事项。l. 接受机关、团体或会员之委托服务事项。m. 政府经济政策与工业法令之协助推行及研究建议事项。n. 推动产业建立产品碳足迹、温室气体盘查及节能减碳等制度之协助事项。o. 各项社会运动之参加事项。p. 依其他法令规定应办理之事项。

---

[1] 台湾工业总会［EB/OL］.［2024–03–24］. http://www.cnfi.org.tw.

多年来，台湾工业总会坚持不懈地以"创新""服务""同情心"为核心价值，率先推动台湾产业可持续运作和发展。

2. 台湾商业总会[1]

台湾商业总会，其前身是 1946 年 11 月 1 日在中国大陆南京成立的"中华民国商会全国联合会"（会议通过 11 月 1 日为"商人节"），1951 年 9 月 21 日在台湾复会，1973 年 3 月 1 日更名为"商业总会"。

组织体系：包括台湾省商业会 1 个，市商业会 9 个，各业商业同业公会 32 个，各业商业同业公会联合会 101 个，各业输出业同业公会 22 个等各级商业团体 2424 个，公司行号 164.1446 万家。

组织宗旨：推广商业贸易，促进经济发展，协调同业关系，增进共同利益。

组织任务：a. 商业贸易调查、统计及研究、发展事项。b. 国际贸易之联系、介绍及推广事项。c. 政府经济政策与商业法令之协助推行及研究建议事项。d. 商业纠纷之调处及产业自律之推动事项。e. 办理商业、服务业各项职业技能训练、测验及认证事宜。f. 会员商品之广告、展览及商业证明文件之签发事项。g. 会员与会员代表基本资料之建立及动态之调查、登记事项。h. 会员委托证照之申请变更、换领及其他服务事项。i. 会员或社会公益事业之举办事项。j. 会员合法权益之维护事项。k. 接受政府机关、团体之委托服务事项。l. 社会运动之参加事项。m. 商业、服务业之就业服务有关事项。n. 会员之联系合作及辅导事项。o. 政府机关之交办事项。p. 依其他法令规定应办理之事项。

内设功能委员会：包括金融、两岸经贸、国际经贸、观光及餐旅产业、零售批发流通业、交通运输及仓储业、不动产产业、能源产业、卫生医疗服务产业、文化创意产业、能源产业、健康产业、智慧财产及商标推动、环境保护促进、咨询顾问、公共政策、劳资关系、人力资源暨教育训练、商业法规研究等委员会。

经费来源：包括会费收入、政府扶助等方面，如会员入会费、常年会费、会员捐助费、政府机关及团体补助费、事业费（由会员代表大会决议筹集之）、杂项收入、利息收入、委托收益、基金及孳息等。

2023 年 3 月 21—25 日，台湾商业总会大陆经贸交流团到北京参访交流，受到国务院台办、商务部、文化和旅游部、海关总署、银保监会和北京市政府高度重视，予

---

[1] 台湾商业总会［EB/OL］.［2024-03-24］. http://www.roccoc.org.tw.

以热情接待。这次参访交流，为进一步发展两岸经济交流、文化旅游取得实质性成果，见表26-3。[1-2]

表26-3　台湾商业总会大陆经贸交流团五大诉求与大陆有关部门积极回应

编号	五大诉求	获得回应
1	重启两岸观光文化旅游	1. 积极推动两岸直航、三通、旅游。 2. 希望商业总会继续发挥平台作用，助力京台两地拓展更多领域务实合作。 3. 欢迎岛内各界同胞来大陆参访交流与合作，将持续完善增进台胞福祉的制度和政策，让大家愿意来、留得住、发展好。 4. 希望双方共同努力，尽早恢复两岸交流往来正常化，进一步推进两岸文化交流和旅游合作。
2	恢复进口台湾农渔特产品	加速药检和疫检之相关评估作业，以重启台湾农渔特产品输陆。
3	协助食品加工业排除困难	1. 台湾输陆产品外箱标示原产地，可直接标示"台湾"，大陆将规范各地口岸标准一致。 2. 大陆是台湾企业安全、可靠、高效的"供应链之锚"，欢迎台商积极参与进博会、广交会、投洽会、服贸会等展会。
4	重启金融会谈　协助金融产业加速布局	金融要为两岸融合发展提供助力。对于在大陆发展的广大台商，金融机构会一视同仁，提供良好服务。
5	争取台湾优良老店比照大陆老字号得到等同待遇	支持中华老字号和优良老店加强交流合作举办活动，无论是台湾或大陆企业申报老字号，符合条件的都给予承认、同等待遇。

3. 台湾省商业会[3]

台湾省商业会于1946年在改造"台湾商工经济会"的基础上成立。该会秉持"推广国内外贸易、促进经济发展、协调同业关系、增进共同利益"的宗旨，为会员服务，为工商界服务；该会致力于推动两岸经贸交流，为工商业界开拓新视野、新市场；该会拥有岛内14个县商业会、74个本级同业公会联合会等88个会员团体及其所属基层同业组织。

台湾省商业会工作重点：a.宣导政府商业法令和经济政策。b.争取政府授权委办各项商业活动、推动商业现代化。c.反映业者心声、争取商界权益。d.服务中小企业、协调劳资关系、调处会员商业纠纷。e.编印商刊、提供国内外商业资讯。f.签发商品产地证明书及其他商业证明文件。g.办理出国考察访问及接待姊妹商会、外宾访问等

［1］台湾商业总会［EB/OL］.［2024-03-24］. http://www.roccoc.org.tw.

［2］商总访陆带回好消息五大诉求都获正面回应［EB/OL］.（2023-03-28）［2024-03-24］. https://www.CRNTT.com.

［3］台湾省商业会［EB/OL］.［2024-03-24］. https://www.tcoc.org.tw.

事宜。h. 会员团体及会员代表基本资料管理及联系事项。i. 推动社会公益活动。j. 推广珠算教育以发扬传统商业国粹等。

台湾省商业会历史沿革：

在日本统治时期，台湾省商业会的前身为"台湾商工经济会"，以台湾地区产业经济之管理、营运、整备、联络、调查、研究、改良及战时商品议价、日用必需品配给等为主要任务。

在台湾光复时期，1945 年 10 月 25 日，台湾正式归回中国，旋即解散"台湾商工经济会"；1946 年改组为"台湾省商会联合会"。因战后百废待兴，经济建设刚起步，联合会以协助政府调节民生物资、平抑物价为主要任务。

在经济起飞时期，20 世纪 50—70 年代，台湾开始实施土地改革，逐步发展劳力密集型民生轻工业，发展出口导向型工业，台湾省商会联合会逐步健全商业团体组织，协助政府发展经济，开展对外经济合作交流，举办商展，拓展国际贸易。

在工商发展时期，1973 年依照《商业团体法》改名"台湾省商业会"，配合政府推动十大建设，以解决工商业者困境、拓展海外贸易、协助推行商业政令等为主要工作。

在商业转型时期，1980 年以后，台湾省商业会的工作重点在于协助政府推动商业现代化，商业升级、争取业界权益、参与社会公益等事项，并积极拓展大陆商务交流考察等，为商界开发新的市场，对社会、商界贡献良多。

在服务业发展时期，1995 年起，为配合政策并服务更多中小商家，台湾省商业会统合全省各县市商业会成立了中小商业服务中心，展开各项服务工作计划；为扩大服务商家范畴与提供社会商务资讯，陆续建立了"台湾商会联合资讯网""台湾地区县市商业会联网""台湾原产地证明书服务网""珠算全球资讯网""台湾伴手礼"等资讯服务平台，带领各会员团体朝向前瞻性的电子化商会发展。2002 年，台湾省商业会举办"向中小商家投出救生圈座谈会"，产官学界集思广益，为传统中小商业谋求突破困境之道。

在两岸扩大交流时期，2010 年 6 月 29 日，《海峡两岸经济合作框架协议》（ECFA）正式签订后，为促进两岸共同繁荣与发展，台湾省商业会秉持推广商业贸易、促进经济发展、协调同业关系、增进共同利益的宗旨服务工商界。致力于推动两岸经贸交流，推广台湾成功经贸经验，引进大陆经贸投资讯息，为工商业界开拓新视野、新市场。

台湾省商业会直属地方会员团体（县商业会）和本级同业会员团体（同业公会联合会），名录分别见表 26-4 和表 26-5。

表 26-4　台湾省商业会直属地方会员团体（县商业会）名录

序号	商会名称	理事数量（个）	监事数量（个）	同业公会数量（个）
1	宜兰县商业会	21	7	31
2	新竹县商业会	21	7	49
3	苗栗县商业会	21	7	53
4	彰化县商业会	29	11	91
5	南投县商业会	21	7	61
6	云林县商业会	26	9	77
7	嘉义县商业会	15	5	67
8	屏东县商业会	27	9	46
9	台东县商业会	27	8	58
10	花莲县商业会	20	7	62
11	澎湖县商业会	21	7	33
12	基隆市商业会	21	7	84
13	新竹市商业会	21	7	71
14	嘉义市商业会	27	9	70

注：1.理事数量包括理事长、常务副理事长、副理事长和理事；2.监事数量包括监事会召集人、常务监事和监事；3.商会设秘书长（或总干事）。

表 26-5　台湾省商业会本级同业会员团体（同业公会联合会）名录

序号	商会名称	理事数量（个）	监事数量（个）	县级同业分会数量（个）
1	台湾省轮船商业同业公会联合会	7	3	1（基隆市）
2	台湾省电器商业同业公会联合会	15	6	14
3	台湾省糕饼商业同业公会联合会	21	7	14
4	台湾省西药商业同业公会联合会	19	5	14
5	台湾省电影戏剧商业同业公会联合会	9	3	4
6	台湾省自行车商业同业公会联合会	9	3	10
7	台湾省进出口商业同业公会联合会	27	9	13
8	台湾省家畜肉类商业同业公会联合会	27	9	14
9	台湾省豆腐商业同业公会联合会	9	3	4
10	台湾省当铺商业同业公会联合会	21	7	13
11	台湾省酱类商业同业公会联合会	9	3	5
12	台湾省日用杂货商业同业公会联合会	15	5	12
13	台湾省建筑材料商业同业公会联合会	15	5	13
14	台湾省五金商业同业公会联合会	19	7	11

续表

序号	商会名称	理事数量（个）	监事数量（个）	县级同业分会数量（个）
15	台湾省药品调制商业同业公会联合会	9	3	2
16	台湾省汽车货运商业同业公会联合会	27	9	13
17	台湾省金银珠宝商业同业公会联合会	21	7	13
18	台湾省百货商业同业公会联合会	23	7	12
19	台湾省中药商业同业公会联合会	27	9	14
20	台湾省洗衣商业同业公会联合会	15	5	11
21	台湾省烹饪商业同业公会联合会	15	5	8
22	台湾省旅馆商业同业公会联合会	21	7	15
23	台湾省图书教育用品商业同业公会联合会	28	8	15
24	台湾省印刷商业同业公会联合会	15	5	14
25	台湾省机车商业同业公会联合会	25	6	14
26	台湾省家具商业同业公会联合会	27	9	14
27	台湾省土木包工商业同业公会联合会	27	9	14
28	台湾省计程车客运商业同业公会联合会	9	3	13
29	台湾省游览车客运商业同业公会联合会	21	7	15
30	台湾省刻印商业同业公会联合会	9	3	8
31	台湾省制面商业同业公会联合会	21	7	10
32	台湾省布商业同业公会联合会	15	3	7
33	台湾省食油商业同业公会联合会	15	5	9
34	台湾省男子理烫发商业同业公会联合会	21	7	6
35	台湾省女子美容商业同业公会联合会	27	8	13
36	台湾省玻璃商业同业公会联合会	11	3	7
37	台湾省摄影商业同业公会联合会	11	3	8
38	台湾省汽车路线货运商业同业公会联合会	15	5	6
39	台湾省皮革制品商业同业公会联合会	15	5	8
40	台湾省液化气体燃料商业同业公会联合会	15	5	11
41	台湾省涂料油漆商业同业公会联合会	15	6	13
42	台湾省橡胶制品商业同业公会联合会	20	7	5
43	台湾省银行商业同业公会联合会	15	4	14
44	台湾省塑胶制品商业同业公会联合会	15	5	5
45	台湾省汽车保养商业同业公会联合会	15	5	11
46	台湾省化工原料商业同业公会联合会	15	5	4

续表

序号	商会名称	理事数量（个）	监事数量（个）	县级同业分会数量（个）
47	台湾省青果商业同业公会联合会	17	5	7
48	台湾省汽车商业同业公会联合会	19	5	12
49	台湾省汽车货柜货运商业同业公会联合会	9	3	5
50	台湾省汽车材料商业同业公会联合会	11	3	5
51	台湾省船务代理商业同业公会联合会	9	3	2
52	台湾省水果饮品商业同业公会联合会	19	5	10
53	台湾省装潢材料商业同业公会联合会	9	3	9
54	台湾省室内设计装修商业同业公会联合会	27	9	10
55	台湾省小客车租赁商业同业公会联合会	15	5	9
56	台湾省广告工程商业同业公会联合会	19	7	13
57	台湾省旅行商业同业公会联合会	15	5	12
58	台湾省纸器商业同业公会联合会	9	3	4
59	台湾省园艺花卉商业同业公会联合会	21	7	10
60	台湾省蔬菜商业同业公会联合会	9	3	5
61	台湾省废弃物清除处理商业同业公会联合会	15	5	6
62	台湾省不动产开发商业同业公会联合会	33	11	16
63	台湾省清洁服务商业同业公会联合会	9	3	7
64	台湾省不动产中介经纪商业同业公会联合会	21	7	14
65	台湾省葬仪商业同业公会联合会	27	9	11
66	台湾省厨具商业同业公会联合会	21	7	7
67	台湾省景观工程商业同业公会联合会	10	2	4
68	台湾省汽车轮胎商业同业公会联合会	20	7	9
69	台湾省影音节目发行商业同业公会联合会	15	5	3
70	台湾省病媒防治商业同业公会联合会	9	3	3
71	台湾省茶商业同业公会联合会	13	3	6
72	台湾省消防工程器材商业同业公会联合会	15	5	9
73	台湾省酒类商业同业公会联合会	9	3	2
74	台湾省医疗器材商业同业公会联合会	9	3	3

注：1.理事数量包括理事长、常务副理事长、副理事长和理事；2.监事数量包括监事会召集人、常务监事和监事；3.商会设秘书长（或总干事）。

台湾省商业会所属同业公会，组织特色鲜明：组织设置，纵向到底，横向到边，规范完备；组织层级，分为省级同业公会联合会和县级同业分会两个层级且互相关联；组织分工，按行业分工细致，并涉及各行各业；组织功能，联络同业商户，规范同业行为，服务同业发展。特别是按照行业纵向设置"同业公会联合会"的组织意识的行为，有利于协调同业关系，调解同业分歧，汇聚同业力量，促进同业经济健康发展。

4. 世界台湾商会联合总会[1]

世界台湾商会联合总会成立于 1994 年 9 月，是在北美洲、亚洲、欧洲、非洲、中南美洲和大洋洲台湾商会等洲际组织的基础上成立的，是全球范围内受重视的一个世界性的台湾商人民间团体。世界台湾商会联合总会下设六个洲际总会，分布在 71 个国家和地区，共有 176 个地区商会，会员厂商 4 万多家。世界台湾商会联合总会总部设立在中国台湾台北。

世界台湾商会联合总会以全球各洲台湾商会联合总会为会员体；各洲台湾商会联合总会以洲内各国及地区之台湾商会、台商协会或台商联谊会为会员体。世界台湾商会联合总会由六大洲各推举 50 人担任会员代表，加上当然代表组成之，代表规模超过 1000 人。世界台湾商会联合总会设联合理事会和常务理事会，联合理事会由总会长、名誉总会长、副总会长、名誉监事长、咨询委员、资深顾问、顾问及由各洲总会推举理事组成之；常务理事会由总会长、副总会长、名誉总会长及六大洲际总会长组成之。

世界台湾商会联合总会联合理事会职权：a. 审定会员及观察员之资格。b. 章程修改之建议。c. 总会长之选举及罢免。d. 提案及议决提案。e. 议决常务理事会所提议案。f. 议决总会长所提会务发展企划案。g. 审定会内组织及各项规章。h. 选举办法订立及修改。i. 行使总会长所提之秘书长、财务长及各委员会之人事同意权。j. 议决收支预算案及其他重要事项。

世界台湾商会联合总会常务理事会职权：a. 规划会务发展。b. 决定工作预算及经费筹措。c. 执行理事会议决案及依照章程推展会务。d. 理事会休会期间负责处理会务。

世界台湾商会联合总会最具特色的组织制度是实行总会长见习制度，其章程第十三条规定：

为使新任总会长迅速进入状态，以利会务顺利衔接，本会每届总会长提前一年选

---

[1] 世界台湾商会联合总会［EB/OL］.［2024-03-24］. https://www.wtcc.org.tw.

举，就任前先见习一年，该年内职称为总会长当选人，须履行下列责任与义务：一、学习并协助当届总会长处理会务。二、陪同或接受当届总会长指派，代表总会出席相关会议及活动。三、当届总会长不能执行职务或主持会议时，代理总会长职务。四、参与总会各项会议及活动。五、陪同当届总会长或代表其参与各洲总会及各国（地区）商会年会暨理（监）事会议或重要活动。六、参与拜会与接待外宾。七、提出下届工作计划及预算编列。八、执行当届总会长交办之任务。

总会长当选人具有常务理事资格，得出席常务理事会议，就任前一年内仍保留其原职位，按该职位缴纳会费。

对当选总会长实行见习制度，在中外商会历史上实属重大创新，其优点：当选人先锻炼其履职能力，后就职上任，有利其称职履职；其争议之处，认为"会长当选人"先见习一年再就任履职，不符合选举决定产生会长并同时赋予会长职权的通行规则。笔者认为，商会是自治性民间组织，组织建设与管理不必拘泥于固定模式，应倡导把握时局大势，遵循客观规律，体察会员需求，积极改革创新，结合自身组织特点，采取特色性做法，注重实用性效果，有利于商会组织健康发展就好。

世界台湾商会联合总会组织宗旨：a. 促进世界各地区台商之合作，共谋发展工商业及开拓国际市场。b. 加强世界各国台商之联系、互助与联谊，交换工商管理与学术科技之经验。c. 提供世界各国台商的工商及财经资讯，增强区域性经贸合作关系。d. 提升台商之国际地位，并促进台商权益之保障。e. 促进世界各区域社会文化交流，以增进共同了解与经济发展。

世界台湾商会联合总会成立以来，努力为会员谋求最大的福祉，促进发展中国台湾与会员住在国之经贸关系，提升中国台湾国际能见度；并鼓励所属会员踊跃回中国台湾投资，参与经济建设与社会公益，关怀社会弱势群体，以行动回馈家乡。

世界台湾商会联合总会成员包括：亚洲台湾商会联合总会（ASTCC）、大洋洲台湾商会联合总会（TCCO）、欧洲台湾商会联合总会（CTCCE）、非洲台湾商会联合总会（ATCC）、北美洲台湾商会联合总会（TCCNA）、中南美洲台湾商会联合总会（TCCLA）、阿根廷台湾商会（Argentina）、哥斯达黎加台湾商会（Costa Rica）、多米尼加台湾商会（Dominicana）、厄瓜多尔台湾商会（Ecuador）、巴拉圭台湾商会（Paraguay）、秘鲁台湾商会（Peru）。

5. 台湾工商企业联合会[1]

台湾工商企业联合会成立于 1993 年 12 月 10 日，是依法设立的非营利社会团体，是台湾地区具有代表性的工商企业及其领导人所组成的工商团体，旨在促进台湾产业发展，繁荣区域经济。

联合会会员涵盖制造业、商业、金融服务业、服务业等领域，囊括台湾主要企业集团，在台湾商界具有举足轻重地位。联合会的业务重点，在于通过产、官、学界的合作，推动产业国际化，并提升管理水准，促进台商两岸经贸交流，并追求东亚区域的合作与发展。

组织任务：a. 有关工商政策、法规之研讨与建议。b. 汇集工商界对当前经济政策之意见并发表。c. 集合工商界参与台湾经济建设之活动。d. 联系海外投资厂商及工商团体，促进国际经济合作。e. 举办各种增进工商企业经营现代化之教育与训练及研习等相关活动。f. 协调工商界有关之意见，并与政府部门沟通。g. 其他有助于工商业发展之活动。

组织特色：a. 将团体会员、企业会员和个人会员分别分为甲、乙、丙三个等级，并按不同会员级别收取会费。b. 会内设"企业家夫人联谊会"，表明组织工作细致，不仅关心企业家，而且关心企业家家庭，有利于温暖人心，增强组织凝聚力和社会影响力。

该联合会与全国工商联、香港中华厂商联合会、澳门中华总商会保持紧密接触，并参与轮流举办"海峡两岸和香港、澳门经贸合作研讨会"；同时，与海内外工商团体密切合作参加国际会议，与各大学等学术机构共同主办各项产学合作论坛与研讨，并与各国代表性工商团体保持良好的互动。

6. 台湾中药商业同业公会联合会[2]

台湾中药商业同业公会联合会创立于 1986 年 11 月 14 日，会员总数 8415 家，下设 10 个专业委员会：公共事务委员会、两岸交流委员会、进口工作委员会、资讯发展委员会、公关应变委员会、智库研发委员会、教育训练委员会、自律检查委员会、青年工作委员会、法规研议委员会。

组织宗旨：发展中药事业、促进国民健康、协调同业关系、增进共同利益。

组织任务：a. 政府政策及有关法令之协助推行与建议事项。b. 本业业务之调查、

---

[1] 台湾工商企业联合会［EB/OL］. ［2024-03-24］. http://tcci.org.tw.

[2] 台湾中药商业同业公会联合会［EB/OL］. ［2024-03-24］. http://www.ctcma.org.tw.

统计及研究发展事项。c. 同业员工技能训练、业务讲习之举办及专业知识之促进事项。d. 同业营业上弊害之矫正、争执之调处事项。e. 中药典籍搜集编印事项。f. 中药材之分析、研究、检验、公布、展览事项。g. 同业互助合作、合法权益、公益事业之维护事项。h. 辅导会员健全组织及发展业务事项。i. 社会运动之资助及参与事项。j. 依法令规定应办之事项。

台湾中药商业同业公会联合会在"发展中药促进学术研究方面"做了许多工作，发挥了积极作用。

7. 台湾商业联合总会[1]

台湾商业联合总会于 2015 年 9 月成立。拥有团体会员 60 多家，会员代表 200 多人。

组织宗旨：以创新商业思维模式推广商业活动、提升商业服务品质、协调商业同业关系、研究商业行为、服务商业经济活动、促进商业发展。

组织职能：a. 阐扬本会宗旨，增进会务发展。b. 推广商业活动，促进经济繁荣。c. 协助推行政府机关之商业政策及法令。d. 收集、联络及调查各行业之商业行为、商业活动现况及困难，并提出建议方案，以提升商业服务品质。e. 联络本会会员、各类商业组织及商业团体，维系并协调商业同业关系。f. 联络两岸或其他之海外商业组织、商业团体来台参访，促进商业经济交流。g. 推动商业合作及服务业跨业交流。h. 举办各类商业经营之研讨会、座谈会与教育训练等相关活动。i. 汇集商业界有关商业、经济政策之意见，并扮演商业界与政府机关沟通之窗口。j. 接受政府机关或其他组织、团体关于商业、服务业相关活动之委托事项。k. 提供商业人力资源规划、人才培训及认（验）证等相关服务。l. 其他符合本会宗旨，以健全商业发展为目标之事项。

8. 台湾台南女国际青年商会[2]

台湾台南女国际青年商会创立于 1988 年，是一个由台南女性工商企业家组成的社会团体，会员近百人。平日热心公益、经常慰问关怀弱势团体，在台南市政商界享有较高知名度及好评。

商会宗旨：培育优质女性、自我成长、提升个人价值与竞争力。

2019 年 12 月 6 日至 9 日，台湾台南女国际青年商会历任会长参访团一行 9 人到广州参观访问，受到热情接待。参访团团长王丽珠表示，此次访问广州，旨在加强穗

---

［1］台湾商业联合总会［EB/OL］.［2024-03-24］. http://www.tfoc.org.tw.

［2］台湾台南女国际青年商会历任会长参访团访问广州［EB/OL］.（2019-12-10）［2024-03-24］. https://baijiahao.baidu.com.

台两地的交流交往，增进会员对广州经济、社会、文化的了解。参访团一行先后访问了广州科学城、当地台资企业、文化创意产业园暨电影小镇、广州城市规划展览中心、孙中山大元帅府旧址等。

在穗期间，访问团一行还参观了王丽珠女士在广州开设的台湾最知名的健康烘焙品牌之一的"马可先生"面包店和面包工厂。王丽珠表示，希望将台湾健康烘焙的概念引入广州并向广大市民传播。

广州市人大常委会副主任李小勉会见了参访团一行，并向客人介绍了广州市人大的基本情况和广州经济社会建设发展情况。参访团还与广州市台办、广州市台资企业协会和台协青年会等单位负责人进行了交流。

中国台湾地区部分商会组织及工作特色见表26-6。

表26-6 中国台湾地区部分商会组织及工作特色

序号	商会名称	成立年份	组织及工作特色
1	台湾工业总会	1942	以"创新、服务、同情心"为核心价值观，为会员协调经济活动和社会关系，推动台湾产业持续经营与发展。
2	台湾商业总会	1946	推广商业贸易，促进经济发展，协调同业关系，增进共同利益。
3	台湾省商业会	1946	所属同业公会，分为本级联合会和县级分会两个组织层级，分工细致，有利于规范同业行为；推广珠算教育，发扬传统商业国粹。
4	台湾中药商业同业公会联合会	1986	发展中药事业、促进人民健康、协调同业关系、增进共同利益。
5	台湾台南女国际青年商会	1988	由台南女性工商企业家组成的商会。以培育优秀女性企业家自我成长、提升个人价值与竞争力为宗旨。
6	台湾工商企业联合会	1993	会员涵盖制造业、商业、金融服务业、服务业等领域；通过产、官、学界合作，推动产业国际化；内设"企业家夫人联谊会"。
7	世界台湾商会联合总会	1994	世界性的台湾商人商会联合团体。总会会员分布71个国家和地区，176个地区商会，会员厂商4万多家。最具特色的组织制度是实行总会长见习制度。
8	台湾商业联合总会	2015	以创新商业思维模式推广商业活动、提升商业服务品质、协调商业同业关系、研究商业行为、服务商业经济活动、促进商业发展。

四、中国港澳台地区商会共性组织特色

港澳台地区商会是中国当代商会组织体系的重要组成部分，其历史悠久，彰显中国商会组织特色，体现中华民族传统文化、商业文化（商业精神）、抱团发展文化，注重经济、政治、社会等综合功能作用发挥，特别是注重爱国报国、民族情怀、社会责任，注重亲情、友情、乡情并团结互助，注重竞争发展与合作共赢，注重商学并举、培养人才、可持续发展。港澳台地区各类商会组织共性特色主要体现在其组织结构、宗旨、服务和特色文化等方面。

第一，商会性质：港澳台地区各类商会组织都为非营利性社会团体、法人组织，以服务会员、繁荣经济为宗旨。台湾地区商会依据《工业团体法》和《商业团体法》设立；香港地区商会和澳门地区商会大都自愿组织并登记成立。

第二，商会体系：港澳台地区商会组织体系完善，基本覆盖各行各业。其中港澳地区商会组织形式体现多样性、灵活性；台湾地区商会组织形式体现规范性、完整性。例如，台湾省商业会组织架构包括岛内 14 个县商业会、74 个本级同业公会联合会等 88 个会员团体及其所属基层同业组织。其组织覆盖范围"纵向到底，横向到边"，特别是同业公会分为联合会和分会两个组织层级，分工细致完整、联系紧密，对于服务与促进同业健康发展发挥了重要作用。又如，世界台湾商会联合总会共设有北美洲、亚洲、欧洲、非洲、中南美洲和大洋洲共六个洲际总会，其会员厂商 4 万多家分布在 71 个国家和地区，成为全球范围内具有影响力和重要地位的商会联合组织之一。

第三，商会宗旨：港澳台地区各类商会，注重促进工商业发展；注重改善营商环境；注重维护会员合法权益，协调同业关系，增进共同利益；注重代表工商业界就政府政策的制定与执行建言献策；注重参与社会发展工作；注重促进国际间经济合作与交流；注重履行社会责任并热心公益事业。

第四，商会功能：港澳台地区各类商会的共性组织功能，大致分为聚合功能、维权功能、服务功能和集中会员力量办大事的功能。在聚合功能方面，各类商会组织聚合企业和商户的能力较强，会员覆盖面比较高；在维权功能方面，致力于维护会员利益、行业利益和商业共同利益；在服务功能方面，注重搭建服务平台，创新服务方法，提高服务实效，以务实高效多样化的商会服务促进提升组织吸引力；在集中会员力量办大事方面，主要表现在聚合会员智慧和力量，组织或参与重大商务活动和社会公益活动。

第五，商会文化：港澳台地区各类商会注重商会文化建设，把以"重德、重仁、重义、重礼、重智、重信、重情"为主要内容的中华民族传统商业精神与以"诚信、竞争、合作、共赢、共建、共享"为主要内容的中国当代商会意识与行为相结合，维系商会组织健康发展。商会文化大都体现在其组织章程之中，作为立会之本，作为规范商会组织和会员行为之基本准则。注重公共利益和社会利益是商会文化的重要表现，各类商会，特别是组织规模和影响力较大、组织能力和实力较强的商会，在注重为会员企业谋求商业利益的同时，注重履行社会责任，为所在地区谋求公共利益（参与扶危济困、福利事业等），通过履行社会责任，赢得社会公信，赢得商会组织和会员持续健康发展能力。一些商会把宣扬商会个性文化与弘扬中华民族传统文化结合起来，社会影响良好。例如，台湾省商业会，连年持续推广珠算教育以发扬传统商业国粹，为华人商业文化传承与发展作出了有益贡献。一些商会以人才培养方式为中华商业文明作贡献。例如，香港中华总商会，自1982年起举办工商业人才培训班；香港九龙商会，自1998年起，与香港中文大学协办"新纪元行政管理精英培训计划"，培训管理人才，得到相关政府部门和社会公众的高度赞许和认同。一些商会把现代商业文化与传统宗亲文化结合起来实现互助共赢。例如，香港林氏总商会，彰显姓氏特色，透过"商业发展、文化教育、宗亲情谊、国际事务、社会公益"等商会功能为宗亲会员个人及企业提供商业发展机会。

第六，商会交往：港澳台地区各类商会注重放眼世界，参与国际商务合作交流和商会组织交往；注重服务会员发展外向型经济；注重学习、借鉴、吸收世界各国商会文化中的有益成分，在商会组织建设与管理方面中西结合、取长补短、洋为中用、推陈出新，其组织凝聚力、影响力、服务能力和可持续发展能力处于国际先进水平。

第二十七章

在华外国商会和国外华人商会

中国改革开放以后，在经济全球化发展浪潮的影响下，伴随着外国商人、资本、企业进入中国并在中国经商地集聚，在华外国商会有了新发展；同时，伴随着中国商人、资本、企业走出去，并在国外经商地集聚，国外中国商会有了新发展。

一、在华外国商会组织特色

在华外国商会（又称在华外资企业商会、在华外国人商会等），是指在中国境内的外国商业机构及商人依照中国法规并经过中国政府批准登记成立，不从事任何商业活动的非营利性社会团体。在华外国商会，以中国和其商人本国国名并列冠名或以中国城市名和其商人本国国名并列冠名，如中国美国商会、上海美国商会等。

在华外国商会共性组织特色

当代中国实行改革开放以后，来中国投资兴业的外国商业机构及商人逐渐增多，组建商会的要求逐渐高涨，并表现出具体的商会组织意识与行为。为了引导在华外国商会依法组建、规范运行，中华人民共和国国务院发布了《外国商会管理暂行规定（1989）》，其后修订为《外国商会管理暂行规定（2013）》（以下简称《规定》）。

《规定》明确了外国商会的定义：外国商会是指外国在中国境内的商业机构及人员依照本规定在中国境内成立，不从事任何商业活动的非营利性团体。外国商会的名称应当冠其本国国名加上"中国"二字。

《规定》明确了对外国商会的管理宗旨：为了促进国际贸易和经济技术交往，加强对外国商会的管理，保障其合法权益。

《规定》明确了成立外国商会应当具备的条件：a. 有反映其会员共同意志的章程。b. 有一定数量的发起会员和负责人。c. 有固定的办公地点。d. 有合法的经费来源。

《规定》对外国商会的基本行为规范提出了要求：外国商会必须遵守中华人民共和国法律、法规的规定，不得损害中国的国家安全和社会公共利益。外国商会的活动应当以促进其会员同中国发展贸易和经济技术交往为宗旨，为其会员在研究和讨论促进国际贸易和经济技术交往方面提供便利。

《规定》要求：外国商会应当按照国别成立，可以有团体会员和个人会员。团体会员是以商业机构名义加入的会员。商业机构是指外国公司、企业及其他经济组织依法在中国境内设立的代表机构和分支机构。个人会员是商业机构和外商投资企业的非中国籍任职人员以本人名义加入的会员。

《规定》要求：成立外国商会，应当向中国民政部门提出书面申请，依法办理登记。

《规定》还明确中国国际贸易促进委员会为外国商会设立、开展活动和联系中国有关主管机关提供咨询和服务。

《规定》颁布实施以后，促进了在华外国商会的有序建立、有序管理、有序发展。

当今在华外国商会，与中国近代在华洋商会根本不同：中国近代在华洋商会是外国列强军事侵略的副产物、经济侵略的急先锋，它们大都没有依照中国法规并经过中国政府批准登记成立，是法外特权组织。当今在华外国商会都依照中国法规并经过中国政府批准注册登记成立，在中国具有社会团体法人地位，并接受中国有关主管机关的监督和登记机关的管理。当今在华外国商会与中国各类商会相比，其组织性质、组织功能、组织作用基本相同。不同之处在于：其会员，主要是外国在中国境内的商业机构及人员；其职能，注重服务会员在中国发展的同时，并注重服务会员开展中国与其本国之间的经济交流合作。当今在华外国商会，其会员经济活动已经融入中国经济活动体系，成为一支有利于中国和其本国及国际经济合作发展的商业群体力量；当今在华外国商会，成为中国当代商会组织体系的组成部分。

当今在华外国商会的共性组织特色，归纳起来主要表现在以下几个方面：

第一，商会性质：当今在华外国商会都为非营利性社会团体，并经过中国民政部门批准登记成立。

第二，商会类型：当今在华外国商会大都一定程度地具有商人本国商会组织特征，根据商会分类习惯，同样可以分为英美型商会、欧洲型商会（有资料称大陆型商会）和亚洲型商会三类。a. 英美型商会，如上海美国商会、中国美国商会、中国英国商会、上海加拿大商会、中国澳大利亚商会等。这类商会继承了其本国商会纯民间性的特点，与其本国政府部门的关系比较松散，商会自主组建、自主运营。b. 欧洲型商会，如中国法国工商会、中国意大利商会、德国工商总会大中华区（北京、上海、广州、香港和台北）代表处、中国瑞典商会、北京芬兰商会、中国瑞士商会、中国西班牙商会、中国丹麦商会、中国比荷卢商会、中国欧盟商会等，这类商会继承了其本国商会半官方半民间性特点，与其本国政府部门的关系比较紧密，商会从组建到运营持续得到其本国政府部门的关心与支持。c. 亚洲型商会，如中国日本商会、中国韩国商会、中国新加坡商会、中国马来西亚商会、中国菲律宾商会、中国泰国商会等，这类商会与其本国政府部门的关系介于英美型商会和欧洲型商会之间。

第三，商会机构：在华外国商会组织大都是"一国一会"，有的在"一国一会"的基础上设置地区分支机构，即"一国一会＋地区分会"。例如，中国美国商会在北京、天津、大连、沈阳和武汉分别设有办公室；中国法国工商会设有北京、上海、广州、深圳和成都 5 个联络处，在大连、青岛、昆明、珠海等地还有商会的联络员；德国工商总会大中华代表处由北京、上海、广州、香港和台北 5 个代表处共同构成；中国澳大利亚商会总部设在北京，其联络处分布在上海、广州、天津、成都、香港和环渤海经济区；最具特色的是中国比荷卢商会，其会员包括比利时、荷兰和卢森堡三国的在华企业，该商会在北京、上海和广州（珠江三角洲）设立 3 个办事处，它是比荷卢经济共同体在华企业聚会的重要平台。

第四，商会成员：在华外国商会会员结构，以在华投资经营的其本国商人为主体，有的也吸纳部分与该会会员有业务合作关系的他国商人入会。

第五，商会文化：在华外国商会大都继承其本国商会文化，注重吸收中国商会文化，并致力于融汇国际商会文化。

第六，商会宗旨：在华外国商会宗旨的共性部分主要包括：搭建会员企业之间、会员企业与中国企业之间、会员企业与中国当地政府部门之间的桥梁；服务会员企业结交商业伙伴；服务会员企业在中国获得更好的发展环境和更多的发展商机；服务会员企业在中国发展或服务中国企业进入其本国发展；增进其本国与中国经济交流和友好往来。

第七，商会作用：为沟通中国与其本国经贸网络发挥桥梁作用，为中国和其本国经贸活动融入全球经贸网络发挥促进作用，为其本国企业和中国企业跨国发展、合作发展发挥中介作用，为其会员企业与中国政府相关部门之间发挥沟通作用，为其会员企业拓展商机并为中国地方政府商务推介发挥媒介作用。

2021 年 3 月 18 日，在中国人民对外友好协会主办的座谈会[1]上，来自中外 10 多个国家和地区的商界、学界等领域的 400 多名嘉宾进行了交流和研讨。

中国美国商会代表说：商会会员企业非常期待中国通过持续推进"放管服"改革、扩大对外开放，为包括外资企业在内的各类市场主体打造市场化、法治化、国际化的营商环境。作为中美之间的桥梁，中国美国商会将继续推动两国建立更加稳定的经贸关系，为会员企业在华的长久发展创造更加稳定、可预测的商业环境。

中国日本商会代表认为：不久前公布的"十四五"规划和 2035 年远景目标纲要引发各界关注，也是在华外资企业重点研究的课题。"十四五"期间，在具有可预见性的、更好的营商环境下，外资企业能够充分利用机遇，开拓新的领域，与中国一起实现高质量发展。

在华外国商会代表一致表示，作为中国改革开放的贡献者、受益者、见证者，在华外资企业期待与迈向更高水平开放的中国一道分享更多机遇，实现互利共赢和共同发展。

在华外国商会个性组织特色

在华外国商会的个性组织特色主要表现在其组织意识与行为两个方面。组织意识方面，主要包括商会宗旨及价值观等；组织行为方面，主要包括商会服务事项及服务方式等。在华外国商会的个性组织特色，体现其本国商会传统组织特征，但更多的是体现创新。下面介绍 21 家在华外国商会：

1. 上海美国商会（American Chamber of Commerce in Shanghai）[2-3]

上海美国商会创立于 1915 年，被称为"在华美国商业之声"，1949 年由于历史原因中断了运作。1982 年以后，随着第一批美国企业在上海落户，上海美国商会组织意识与行为显现。1987 年，上海美国商会正式成立。目前，上海美国商会拥有来

［1］在华外国商会代表：期待更高水平开放的中国为世界带来更大机遇［EB/OL］.（2021-03-19）［2024-03-25］.http：//www.xinhuanet.com.

［2］上海美国商会［EB/OL］.［2024-03-25］.https：//amcham shanghai.org.

［3］汤蕴懿著.中国特色商会组织体系构建——以上海为视角［M］.上海：上海社会科学院出版社，2016：75.

自 1000 多家企业的 2800 多名会员，企业会员包括世界 500 强公司、中外合资企业及中小型企业，个人会员大都为企业高管。

商会组织使命：坚持贸易自由、市场开放与信息流通；努力营造健康良好的商业环境，起到增进中美商务交往的纽带作用，为会员提供高质量的商务信息和资源，为会员企业成功经营提供支持和服务。

商会服务事项：a. 为会员介绍潜在客户。b. 举办行业研讨会并开展各种培训。c. 为会员提供赴美签证、医疗保险相关服务。d. 与中美两国政府机构沟通等。

商会设立了专门的政府关系和企业社会责任部门，旨在启发、激励和推进会员企业社会责任意识和实践项目，关注慈善公益、社会建设、环境保护、员工健康和安全及公司治理等领域；同时，商会与研究机构、政府部门及国际组织积极合作，为会员企业提供社会责任项目指导和咨询。

商会出版系列调查研究报告，成为企业经营者、政府决策者、媒体及学者参考引用的重要资料，其中包括《中国商业环境白皮书》《制造企业竞争力报告》《海关服务满意度调查报告》《中国汽车行业展望》《中国消费者市场调查报告》《观点（View Point）》等。

上海美国商会的业务范围主要在中国长三角地区，在杭州、苏州等城市设有分会。

2. 中国美国商会（American Chamber of Commerce in China）[1]

中国美国商会于 1991 年 4 月 22 日经中国民政部批准登记成立，是一家非营利、非政府组织。商会会员超过 3300 人，代表着 900 多家在华运营的外资企业。

商会成员：不只是在中国做生意的美国企业与个人，还包括一些与美国做生意的中国企业与个人及其他国家的企业与个人。他们通过参加中国美国商会的活动，建立各种关系，获得各类信息与商业机会。

商会拥有 50 多个产业及专题论坛和专业委员会，提供多种专业服务。例如，商业签证的办理，举办各种牵线搭桥和信息沟通的活动，与中美双方政府部门商议解决美方企业在华从事经贸活动时遇到的困难等。

商会宗旨与使命：a. 商会与中美双方政府有关部门积极合作，为在华从事经贸活动的美国企业提供服务平台。b. 商会参与并促进中美之间的贸易、商业、投资及合作

---

[1] 中国美国商会［EB/OL］.［2024-03-25］. https://www.amchamchina.org.

发展，为中美企业就涉及共同利益的商业问题提供交流平台，并与中国相关组织就共同事项进行紧密合作，起到政府和企业间相互沟通的桥梁作用，有益于推动发展中美两国间具有建设性的商务关系。c. 商会通过为会员提供政策咨询、信息共享、会员联谊及商务支持服务，协助美国企业取得在华业务的成功。

商会每年发布《美国企业在中国白皮书》，介绍中国营商环境和会员企业发展动向。商会50多个工作组每年举办超过250场涉及各种行业形式多样的会员活动。

中国美国商会在北京、天津、大连、沈阳和武汉分别设有办公室。

3. 中国法国工商会（French Chamber of Commerce and Industry in China/CCI France China）[1-2]

中国法国工商会于1992年依据中国法律在北京成立，是非营利性社会团体，是在华法国企业的联合会，在北京、上海、广州、深圳和成都共设有5个联络处，在大连、青岛、昆明、珠海等地还有商会的联络员。该工商会拥有1603名会员；理事会由30位成员组成，任期两年；工作团队由42名具有中法文化背景的专业人士组成，竭诚为会员提供满意的服务。该工商会是法国海外工商联合会（CCI France International）的重要成员之一。

中国法国工商会致力于推动中法商贸交流，主要工作任务围绕四个方面展开：a. 组织形式丰富多样的商务活动，活跃拓展中法商务圈，提供商务交流平台。b. 保护商会会员权益，建立同中国市场经济重要参与者的联系，促进中法企业直接对接合作。c. 为会员提供企业入驻、商务签证、招聘培训等多样服务，协助其快速融入中国市场。d. 致力于帮助中国企业开拓法国市场。

4. 中国英国商会（British Chamber of Commerce in China）[3-4]

中国英国商会起源于1981年在华成立的英国商业协会（当时是由英国公司驻华代表的非正式协会），1993年10月中国英国商会正式注册登记。该商会会员企业多元化，主要来自英国国际化公司；会员企业享受英中贸易协会会员服务。

商会宗旨：致力于促进中英两国经济贸易发展，帮助会员企业在中国市场上茁壮成长，为英国企业在中国运营创造可能的最佳环境，创造更多的商业联系。

---

［1］中国法国工商会［EB/OL］.［2024-03-25］. https：//www.ccifc.org.

［2］中国法国工商会［EB/OL］.［2024-03-25］. https：//baike.baidu.com.

［3］中国英国商会［EB/OL］.［2024-03-25］. https：//www.britishchamber.cn/zh.

［4］中国英国商会［EB/OL］.［2024-03-25］. https：//baike.so.com/doc/7177363-7401393.html.

商会服务：通过会员计划，帮助会员企业了解中国市场机遇，与中国企业交流，并与中国建立商业关系，给予会员公正全面的指导，帮助他们在中国发展或与中国企业做生意。大力发展"中国商业伙伴"项目，鼓励更多的中国企业加入该商会。作为英国商业界在中国的独立之声，发行《英国商务在中国》季刊，反映会员意见并提供信息服务。

5. 中国德国商会（German Chamber of Commerce in China）[1-2]

中国德国商会是德国企业在中国的联合商会。该商会1999年11月5日在北京成立，目前有超过2100家会员企业。该商会由分布在北京、上海、广州、香港和台北的5个代表处共同构成。中国德国商会是中德商界交流的重要平台。

商会宗旨：代表会员企业的利益，代表中德两国间的经贸利益，一方面协助德国中小企业进入中国市场，另一方面为中国企业与德国建立贸易关系牵线搭桥，致力于推动德国企业在中国及中国企业在德国的发展。

商会服务：a. 组织会议和特别活动。b. 为会员企业提供媒体宣传。c. 给会员办理快捷签证服务。d. 提供会员互动网络及信息服务等。

6. 上海加拿大商会（Canadian Chamber of Commerce in Shanghai/Can Cham）[3]

上海加拿大商会前身为加拿大商业论坛（Canadian Business Forum/CBF），于1996年在加拿大驻上海总领事馆的支持下创办成立，于2008年6月正式更名为上海加拿大商会。该商会致力于促进加中两国经济、贸易、文化、教育方面的交流与合作，主要促进和支持加拿大企业及个人在中国东部的商务交流，并促进和支持加拿大商业社团之间的联系以及与中国相关部门之间的交流。商会会员包括中加合资企业和加拿大独资企业，展示出涵盖众多领域的中小企业和极具影响力的知名大型企业在内的多元的加拿大企业文化。

商会使命：a. 推动加拿大和中国之间的贸易投资发展。b. 为加拿大商业团体在中国提供商务交流合作平台。c. 代表并影响加拿大商业团体对于贸易、投资、金融等方面的意见。d. 与理念相同的中国商业组织、商业社区开展合作。e. 与其他商业组织保持联系。

[1] 中国德国商会. AHK 德国海外商会联盟·大中华区[EB/OL].[2024-03-25]. https：//china.ahk.de/cn.

[2] 中国德国商会在京正式成立[EB/OL].（1999-11-09）[2024-03-25]. https：//news.sina.com.cn/1999-11-09/30029.

[3] 上海加拿大商会[EB/OL].[2024-03-25]. http：//www.cancham.asia/about-cancham.

7. 中国澳大利亚商会（China-Australia Chamber of Commerce/Aust Cham）[1-2]

中国澳大利亚商会创建于 1996 年，是代表澳大利亚在华企业的非政府组织，现有企业会员近 3000 家。该商会总部设在北京，其联络处分布在上海、广州、天津、成都、香港和环渤海经济区。

商会使命：有效促进中国和澳大利亚两国间商业贸易交流，促进会员更广泛地建立与利益相关者之间的联系，服务会员企业发展。

商会服务：为会员组织行业论坛等经济交流活动，每年发布《商会白皮书》和《特别建议书》（成为会员沟通的重要渠道），定期与有关政府部门和其他主要利益相关者沟通其成员的意见与需求。

8. 中国瑞士商会（The Swiss Chinese Chamber of Commerce/Swisscham.org）[3-4]

中国瑞士商会于 2000 年 8 月 10 日由中国民政部批准登记成立。根据申请加入商会关系网的企业所属国籍不同，该商会提供两种加入方式：会员和合作伙伴。瑞士企业或拥有瑞士国籍的个人可以会员的方式加入；非瑞士企业或拥有其他国家国籍的个人可以合作伙伴的方式加入。会员和合作伙伴享受完全相同的商会服务，唯一的区别是合作伙伴不能参加区域年度总集会上的选举。商会目前聚集了 600 多名会员。分支机构包括中国北京、上海、华南、西南瑞士商会。

商会服务：为会员搭建了三个服务平台：a. 交流平台，商会代表会员游说瑞士和中国政府有关部门，并服务会员之间就商业问题进行交流。b. 信息平台，为会员提供商业信息和专家见解。c. 展示平台，通过商会沟通渠道提高会员企业知名度，并推广展示企业或产品。

2009 年 11 月 30 日，中国商务部与瑞士联邦经济事务部签署《关于中瑞自贸协定联合可行性研究的联合声明》。2014 年 7 月 2 日，中瑞镇江生态产业园在镇江新区正式开园。该园区着力构建"三基地、三中心"，即生态产业基地、技术研发创新基地、国际高等职业教育示范基地及中瑞精品名品展示交易中心、瑞士钟表检测保养中心和健康服务中心，力争通过 10 年努力，打造成为"中国城镇化和工业化进程中可

［1］中国澳大利亚商会［EB/OL］.［2024-03-25］. https：//austcham.org.

［2］中国澳大利亚商会［EB/OL］.［2024-03-25］. https：//baike.so.com/doc/24834706-25768473.html.

［3］中国瑞士商会［EB/OL］.［2024-03-25］. https：//www.swisscham.org.

［4］陈德铭部长与瑞士经济部长举行会谈，正式启动中瑞自贸协定可行性研究［EB/OL］（2009-12-02）
　　［2024-03-25］. http：//wto.mofcom.gov.cn.

借鉴、可复制的样本"，探索新常态国际合作新模式。此外，联合成立江苏新中瑞联合投资发展有限公司，作为中瑞镇江生态产业园运营的主体。该园区的建立，为中国瑞士商会组织发展、活动开展增色添彩。

9. 中国瑞典商会（The Swedish Chamber of Commerce in China / Swed Cham China）[1]

中国瑞典商会于 1998 年 5 月 10 日在北京正式成立，并在中国民政部登记，是一个非营利性、非政府组织，拥有 240 家瑞典和瑞典相关的会员公司。

商会使命：作为网络和信息流的促进者，会员商业利益的促进者；通过与瑞典驻华大使馆和总领事馆、瑞典商务部等方面的合作，服务会员企业发展，改善中瑞商业关系，提升瑞典品牌。

商会活动：包括研讨会、闭门对话、调查报告及高层会议等。

10. 中国西班牙商会（Spanish Chamber of Commerce in China）[2-3]

中国西班牙商会于 2000 年 6 月在北京被中国官方认可；于 2001 年 2 月被西班牙政府认可，同年成为中国欧盟商会的创始会员；于 2001 年 10 月被纳入西班牙海外官方商会网络（CAMACOES）；于 2014 年 11 月成为西班牙商会联合会成员。该商会在中国范围内有三家代表处，分别位于北京、上海和广东（2002 年 4 月，位于上海的"西班牙企业家协会"并入该商会；2003 年 1 月，该商会在广东设立代表处；2009 年 2 月，该商会广东代表处成为中国南方的代表处）。该商会约有 500 家西班牙企业会员，其中一半以上在上海。

商会宗旨：a. 促进中国和西班牙两国贸易往来。b. 促进中国和西班牙两国企业之间的商业和经济合作关系。c. 为会员服务并维护会员共同利益。

商会服务：a. 组织活动和论坛，讨论影响西班牙和中国公司之间业务的主题，为西班牙企业进入中国市场提供咨询服务。b. 与西班牙驻华商业办事处、欧洲中小企业支持中心及中国有关组织合作。c. 为西班牙企业在中国发展业务服务；为愿意在西班牙发展业务的中国企业提供基本咨询服务。d. 在其成员之间拥有一个专业的供应商网络，为中国和西班牙的企业提供全方位的国际化业务发展支持服务。e. 建立了完善的人力资源信息库，为西班牙和中国企业服务。

---

［1］中国瑞典商会［EB/OL］.［2024-03-25］. https：//www.swedcham.cn.

［2］中国西班牙商会［EB/OL］.［2024-03-25］. http：//www.spanishchamber-ch.com/cms/page_about.do.

［3］西班牙商会会长. 离开中国是巨大错误［EB/OL］.（2023-05-16）［2024-03-25］. http//news.china. com.cn.

2023 年 5 月 17 日，中国西班牙商会会员路易斯·卢比奥在接受《中国日报》采访时表示："中国营商环境成熟稳定，税收法规友好，安全水平较高，政府扶持力度大，助外企在华更容易、更快速地设立业务分支。所以，中国营商环境更稳定。"

11. 中国丹麦商会（Danish Chamber of Commerce in China/DCCC）[1]

中国丹麦商会于 2000 年 10 月获得中国民政部批准正式登记成立（其前身为 1995 年组成的非正式的商务人士聚会组织，1996 年底改组为丹麦商业协会）。中国丹麦商会在北京、上海、广州共设三个分会，旨在为在中国投资或建立业务的丹麦公司提供支持服务及为中国的商业伙伴寻找有关丹麦的商务信息提供参考服务。

12. 中国日本商会（Japanese Chamber of Commerce and Industry in China）[2]

中国日本商会（前身为北京日本商工俱乐部，1980 年 10 月设立），根据中华人民共和国国务院令 1989 年第 36 号《外国商会管理暂行规定》，于 1991 年 4 月 22 日正式成立。商会会员共计 532 个。

商会宗旨：协助会员顺利开展业务，并通过经济交流活动，促进日中关系友好。

商会管理：商会全体会议，选出理事和监事，讨论通过决算和工作报告，制定预算方案，决定工作计划，制定并修改章程等；商会理事会，审议有关商会的运营和工作情况；理事会下设行业分会和委员会等机构（规划、事业、涉外、宣传、调研、社会贡献），各自在其职责范围内开展工作。

商会工作：a. 自 2010 年起，出版发行《中国经济与日本企业白皮书》，向中国政府有关部门提出建议，促进优化营商环境。b. 召开研讨会、专题讨论会、演讲会，为会员提供业务信息。c. 为会员提供纠纷调解、业务咨询服务。d. 单独或联合举办运动会、联欢会等，增进会员间的友谊。e. 发行会员名录，以便会员互换信息和合作开展业务。f. 开展社会贡献活动，从 2007 年开始实施邀请中国大学生访问日本，"走进日企，感受日本"等项目。

13. 中国新加坡商会（Singapore Chamber of Commerce and Industry in China）[3]

中国新加坡商会成立于 2001 年 12 月 25 日，其会员是由在中国的新加坡工商业机构和个人自愿组成，会员人数超过千人。该商会得到新加坡驻华大使馆和新加坡国际企业发展局共同支持；并由中国贸促会推荐，经中国经贸部批准，获得中国民政部

［1］中国丹麦商会［EB/OL］.［2024-03-25］. http://beijing.dccc.com.cn.

［2］中国日本商会［EB/OL］.［2024-03-25］. http://www.cjcci.org/list/485.html.

［3］中国新加坡商会［EB/OL］.［2024-03-25］. https://singcham.com.cn.

颁发社会团体法人登记证书。该商会在北京、福建、广东、广西、江苏、江西、上海、重庆、四川和天津等省（市）设立了工作组。

商会活动：a. 促进会员之间互通商业信息、交流意见。b. 促进发展新加坡与中国及其他国家之间的商务活动。c. 促进会员与中国企业和其他相关团体的相互了解、交往并建立友好关系。d. 促进会员与中国企业及其他商业机构之间开展贸易、投资等经济活动。e. 促进会员与其他企业、商会和相关团体之间开展技术、商务和教育等方面的交往。f. 研究和讨论关于促进新加坡与中国贸易和投资的课题。g. 为会员提供工商业资信服务。h. 为会员与中国政府有关机构之间提供交流渠道。i. 协助调解会员之间或与其他团体之间的矛盾和争议。

14. 中国韩国商会（Korea Chamber of Commerce in China）[1]

中国韩国商会是得到韩国大韩商工会议所的积极协助，得到中国商务部的批准，于1993年7月在中国民政部注册登记成立的非营利性民间商会组织。商会会员企业达6000多个（2011年2月）。

商会宗旨：为在中国的韩国投资者的经营和发展提供各种支援，并协助他们维护合法权益；促进韩国企业对中国的投资，并为中国经济的发展作出积极贡献。

商会职责：a. 增进韩中经济交流和友好往来，促进韩中投资贸易，促进会员企业发展；b. 向会员企业发送重要经济及法律信息，讲解中国经济政策，解答各种疑难问题；c. 促进会员企业间的交流合作；d. 为会员企业提供问卷调查及咨询服务。

15. 中国意大利商会（China-Italy Chamber of Commerce/CICC）[2]

中国意大利商会成立于1991年，是意大利政府（经济发展部）和中国政府（民政部）双方认可的旨在促进意大利商业国际化和在中国推广"意大利制造"的商业组织。该商会在北京、重庆、成都、广州、深圳、上海和苏州设有办事处。商会会员数量达到850个（2022年），包括公共投资和跨国公司、中小企业（包括制造业和商业企业）、服务公司等。至2023年，商会已设立航空航天、能源与环保、食品&饮品、医疗保健、知识产权、创新科技、物流、机械工程、体育旅游工作组和苏州地区工作组和意大利企业在华零售委员会等分支机构。

商会职能：为落户中国的和在中国市场上有业务的意大利公司提供信息、培训和业务交流机会，提供咨询、援助和营销服务。

---

［1］中国韩国商会［EB/OL］.［2024-03-25］. https：//baike.so.com/doc/7850468-8124563.html.

［2］中国意大利商会［EB/OL］.［2024-03-25］. http：//www.cameraitacina.com.

商会服务：a. 共享思想、信息和资源。b. 组织相关活动。c. 向中国和意大利政府机构表达会员需求。d. 帮助有意在中国开展业务的意大利公司。e. 与中国企业界和当地机构建立牢固的关系网络，服务会员企业和商业伙伴参加中国和意大利的商业博览会和社交活动。

16. 北京芬兰商会（Finnish Business Council in Beijing/FBCB）[1]

北京芬兰商会成立于20世纪90年代，是促进芬兰公司在中国贸易和工业领域交流、合作、发展的组织，有约60家企业会员，代表不同行业。该商会与芬兰政府机构合作，促进发展芬兰在中国的业务。

该商会注重维护会员利益，并通过经验和知识共享、网络和协作宣传帮助芬兰企业在中国取得成功。该商会与位于上海（上海芬兰商会成立于1994年，现有150多名会员）、广州和香港的芬兰商会紧密合作，形成服务芬兰企业在中国发展的组织网络。

商会服务：a. 提供信息和经验交流的论坛。b. 代表成员及其利益。c. 为成员安排专题活动和聚会。

17. 中国马来西亚商会（Maycham China）[2]

中国马来西亚商会于2003年8月19日在中国正式注册成立，并获得中国商务部颁发的《外国商会批准证书》和中国民政部颁发的社会团体法人登记证。该商会是一个由在中国境内的马来西亚公司和个人自愿组成的非营利性社会法人组织。

商会宗旨和目标：a. 为会员提供服务；b. 促进中马两国经贸交流；c. 促进和加强两国的经济关系。

18. 中国泰国商会（Thai Chamber of Commerce in China/TCCC）[3]

中国泰国商会于2007年3月14日成立，是由在中国投资的泰资企业自发组建，并经中国民政部和商务部批准正式注册成立的非营利性商会组织。商会会员包括在中国投资的泰国跨国会员企业40多家，从事泰中贸易的泰国、中国中小企业120多家。

泰国政府、泰国商务部及泰国驻华使馆对于中国泰国商会的成立给予了极大的重视。该商会肩负着促进、发展、扩大泰中两国经济贸易合作的重任，更是凝聚在中国的泰国企业的一个重要组织。

商会宗旨和职能：秉承"凝聚、创新、融合"的理念，致力于泰中两国经贸、投

---

［1］北京芬兰商会［EB/OL］.［2024-03-25］. https：//www.fbcbj.org；https：//www.finnchambj.org.

［2］中国马来西亚商会［EB/OL］.［2024-03-25］. http：//www.maycham-china.com.

［3］中国泰国商会［EB/OL］.［2024-03-25］. http：//www.chinathaicham.org.

资的发展，促进两国文化交流，加强政府与企业之间的联系和沟通，构建高层次对话平台，并积极发挥商会作为"中泰政府沟通桥梁企业联系纽带"的重要作用。

19. 中国菲律宾商会（China-Philippines Chamber of Commerce）[1]

中国菲律宾商会于 2005 年 1 月 25 日组建，于 2007 年 7 月 16 日经过中国商务部批准，并于 2008 年 6 月 23 日通过中国民政部准予登记成立，是一个非营利性商会组织。该商会作为在中国唯一代表菲律宾的商会组织，旨在推动中国与菲律宾两国之间的双边贸易和投资。

商会工作目标：a. 为在中国运营的菲律宾企业提供论坛，探讨影响贸易投资事宜。b. 维护会员合法商业利益。c. 协助会员及商业伙伴建立商业网络并提供业务咨询。

20. 中国比荷卢商会（Benelux Chamber of Commerce in China/Ben Cham）[2]

中国比荷卢商会于 2001 年成立，是比利时、荷兰和卢森堡在中国最活跃的商务平台，是唯一一家得到比利时王国、荷兰王国和卢森堡大公国驻华大使馆正式认可和支持的商会，是比荷卢经济共同体在中国企业聚会的主要平台。该商会有超过 350 多名会员，包括来自比利时、荷兰和卢森堡的大企业、中小企业及对在中国发展业务有积极兴趣的个人。该商会自成立以来，一直在稳步发展，目前在北京、上海和广州（珠江三角洲）共有 3 个办事处。作为一个独立的非营利性组织，商会由比荷卢和中国员工组成的全职秘书处管理。所有的业务都由一个活跃的董事会指导。商会通过政府补贴、会员赞助和活动费用维持运转。2010 年 5 月 27 日，该商会收到了 BLCCA（比利时 - 卢森堡海外商会认证计划）颁发的认证证书。

21. 中国欧盟商会（The European Union Chamber of Commerce in China）[3]

中国欧盟商会于 2000 年 10 月 19 日成立，是由 51 家在中国经营的欧洲企业发起，在中国民政部登记的非营利性商会组织。会员总数突破 1700 家，在北京、南京、华南（广州和深圳）、上海、沈阳、西南（成都和重庆）及天津等城市和地区共设有 7 家地区分会。

商会宗旨：作为欧洲企业在中国的独立代言人，为在华欧洲企业寻求更大的市场准入和改善的运营条件。应欧盟及其在中国经营的企业需要，表达商业领域的共同呼声，促进欧盟和中国经济合作发展。

---

［1］中国菲律宾商会［EB/OL］.［2024-03-25］. http：//www.philcham.org.

［2］中国比荷卢商会［EB/OL］.［2024-03-25］. https：//beijing.bencham.org.

［3］中国欧盟商会［EB/OL］.［2024-03-25］. https：//www.europeanchamber.com.cn.

商会职责：为欧盟企业提供有效的沟通和游说渠道，并积极加快在中国市场发展。

商会服务：a. 为会员总结分析商业与市场形势，提供政策与宏观经济发展分析。b. 会见中欧高层与工作层面官员，通过与政府机构的对话有助于实现商会工作目标。c. 通过参与编写《欧盟企业在中国建议书》并提出建议来影响中欧双方政府商务政策制定。d. 通过工作组会议与活动了解重要的最新议题，并与同行业人士交流经验与想法。e. 接受中欧主要媒体采访，回应其对中欧商业发展的持续关注。f. 组织会员参与包括欧盟资助项目、公私伙伴关系、能力建设等交流合作项目并从中受益。g. 会见来自重要的智囊机构、商协会和非政府组织的代表。h. 参加欧盟商会与地方政府会议，就法律、培训、商业需求等事项提出建议。

中国欧盟商会的工作得到欧盟委员会和中国政府的认可，被誉为欧洲在中国经营企业可信赖的、独立的声音。

部分在华外国商会名称、成立时间及组织特色见表 27–1。

表 27–1　部分在华外国商会名称、成立时间及组织特色

序号	商会名称	成立年份	组织特色
1	上海美国商会 American Chamber of Commerce in Shanghai	1915 年创立 1987 年复会	坚持贸易自由、市场开放与信息流通原则，发挥增进中美商务交往的纽带作用，为会员提供商务信息和支持服务。在杭州、苏州等城市设有分会。
2	中国美国商会 American Chamber of Commerce in China	1991	与中美双方政府有关部门积极合作，为在华从事经贸活动的美国企业提供服务平台，促进发展两国经贸关系。在北京、天津、大连、沈阳和武汉设有办公室。
3	中国日本商会 Japanese Chamber of Commerce and Industry in China	1991	协助会员顺利开展业务，并通过经济交流活动促进发展日中友好关系。
4	中国意大利商会 China–Italy Chamber of Commerce	1991	为会员提供信息、培训和业务交流机会，提供咨询、援助和营销服务。在北京、重庆、成都、广州、深圳、上海和苏州设有办事处。
5	中国法国工商会 French Chamber of Commerce and Industry in China	1992	提供多样服务协助法国企业快速融入中国市场，同时致力于帮助中国企业开拓法国市场。在北京、上海、广州、深圳和成都设 5 个联络处，在大连、青岛、昆明、珠海等地还有商会的联络员。
6	中国英国商会 British Chamber of Commerce in China	1993	致力于促进中英两国经济贸易发展；大力发展"中国商业伙伴"项目，并鼓励中国企业加入。

续表

序号	商会名称	成立年份	组织特色
7	中国韩国商会 Korea Chamber of Commerce in China	1993	增进韩中经济交流和友好往来，促进企业合作发展，促进韩中投资贸易。下属地方商会分布在国内 49 个韩国企业投资的聚集地区。
8	中国德国商会 German Chamber of Commerce in China	1999	在北京、上海、广州、香港和台北设立代表处构成整个 DIHK 驻华代表处，推动德国企业在中国及中国企业在德国发展。
9	上海加拿大商会 Canadian Chamber of Commerce in Shanghai	1996	展示多元的加拿大企业文化，服务会员企业发展，推动加拿大和中国贸易投资发展。
10	中国澳大利亚商会 China–Australia Chamber of Commerce	1996	为会员提供行业论坛等经济交流平台，每年发布《商会白皮书》和《特别建议书》，定期与政府和其他主要利益相关者沟通。
11	中国瑞典商会 The Swedish Chamber of Commerce in China	1998	与瑞典驻华大使馆和总领事馆、瑞典商务部合作，服务会员发展，并致力于改善中瑞经贸关系，提升瑞典品牌。
12	北京芬兰商会 Finnish Business Council in Beijing	1990s	通过商会服务、会员协作帮助芬兰企业在中国取得成功。与香港、上海、广州芬兰商会有合作关系。
13	中国瑞士商会 The Swiss Chinese Chamber of Commerce	2000	商会提供两种加入方式：会员（瑞士企业或个人）和合作伙伴（非瑞士企业或个人），会员和合作伙伴享受相同商会服务，区别是合作伙伴无选举权。
14	中国西班牙商会 Spanish Chamber of Commerce in China	2000	服务会员发展，促进中西两国贸易往来，促进中西两国公司之间的商业与经济合作。在北京、上海和广东设有办事处。
15	中国丹麦商会 Danish Chamber of Commerce in China	2000	为会员和希望在中国投资或建立业务的丹麦公司及中国的商业伙伴提供信息和服务。
16	中国欧盟商会 The European Union Chamber of Commerce in China	2000	表达不同商业领域会员企业的共同呼声，促进中欧经济合作发展。在北京、南京、华南（广州和深圳）、上海、沈阳、西南（成都和重庆）及天津等城市和地区设有分会。
17	中国新加坡商会 Singapore Chamber of Commerce and Industry in China	2001	促进会员与中国政府、企业和其他相关团体相互了解并发展友好关系；促进中新两国商务、技术、教育等方面的交往。在北京、福建、广东、江苏、江西、上海、重庆、四川和天津等省（市）设立了工作组。

序号	商会名称	成立年份	组织特色
18	中国比荷卢商会 Benelux Chamber of Commerce in China	2001	比利时、荷兰和卢森堡三国在华企业共同组建，并得到三国驻华使馆共同认可和支持的商会；在北京、上海和广州设立办事处；是比荷卢经济共同体在华企业聚会的平台。
19	中国马来西亚商会 Maycham China	2003	促进中马两国经贸交流，为会员提供服务。
20	中国菲律宾商会 China–Philippines Chamber of Commerce	2005	旨在进一步推动中国与菲律宾两国之间的双边贸易和投资。
21	中国泰国商会 Thai Chamber of Commerce in China	2007	秉承"凝聚、创新、融合"宗旨，致力于泰中两国经贸、投资发展，促进两国文化交流。

说明：1. 表中资料来源于相关商会官方网站；2. 外国驻华贸易中心、贸易委员会、贸易理事会、商业理事会、工商俱乐部、工商代表团、商业论坛等名称的团体和组织未列入表中。

二、国外华人商会组织特色

国外华人商会系指中国籍商人在外国经商办企业并在外国成立的商会，历史上称其为"旅外华商商会""海外华商商会""海外华人商会"或"国外华人商会"，当今习惯称其为"国外华人商会"或"国外中国商会"或"国外中资企业商会"。

国外华人商会的历史溯源

国外华人商会[1-3]［史料多称旅外华商商会，见《中华民国商会法（1929）》第四十一条］的历史可以追溯到 1899 年。一般认为，第一家旅外华商商会是 1899 年 8 月旅日华人在日本横滨成立的"横滨华商会议所"。其后，1902 年，旅美华人成立檀香山华商会；1903 年，澳洲华侨在悉尼成立华商会社；1905 年，新加坡中华商务总会成立；等等。据 1912 年《中国实业杂志》统计，当时共有旅外华商商会 42 处，其中分布在日本神户、大阪、横滨、长崎共 4 处，美洲纽约、旧金山及墨西哥、巴拿马

---

［1］《清商部奏定商会简明章程（1904）》.

［2］《中华民国商会法（1929）》.

［3］马敏主编.中国近代商会通史［M］.北京：社会科学文献出版社，2011：158-180.

等地共 6 处，以及新加坡、澳大利亚、马来西亚、印度尼西亚、泰国、越南、缅甸、菲律宾等地共 29 处。旅外华商商会组织职能的共同点主要表现在"联络华商、自固团体""保护出洋华商、振兴外洋华人商业"。以上介绍的旅外华商商会其中有许多一直延续至今，它们为旅外华商经济发展，为商会所在国和中国经济发展，为中外经济交流合作作出了重要贡献。

中国晚清政府对华人华侨创办旅外华商商会的态度是积极支持的。1904 年初，《清商部奏定商会简明章程》中第二十五条载明："商会亦因时推广。其南洋各商及日本、美国各埠华商较多者，亦即一体酌立总会分会。"究其原因：

第一，对组建旅外华商商会，视作"联络华商、自固团体""保护出洋华商、振兴外洋华人商业"的重要举措。1905 年，清廷商部在关于新加坡中华商务总会的一份奏准中说明：新加坡创设中华商务总会，尤注重与内地破除隔膜，声息相通。将来凡有华商各埠，果能逐渐推广，对振兴外洋商业深有裨益，即内地农工路矿各项要政易得召集华侨资本，次第兴办，关系尤为切要，应即准予立案，以资提倡。[1]164

第二，认为旅外华商商会，有利"保侨保商"。1907 年，清廷外交部致函农工商部函稿中表明旅外华商商会有保护侨民的重要作用："此商会之设，所以有关保侨而非仅仅保商而已。则达商情与我可以，广达众侨情于我亦可以。"[1]165

第三，认为旅外华商商会，有利于沟通海内外商情、官商之情、上下之情，有利于驾驭华商，有利于加强清廷号召力。"总期官商一体，尊卑相顾""西人以商为四民之首，非无见也"，认为商会能够发挥"上传官府之德意，下达商贾之隐情"之作用。[1]167

第四，利用旅外华商商会，联系海外华人特别是上层华人。旅外华商商会成立，在当地申请注册的同时，因为希望得到祖国的关心支持，大都向清廷备案。有的商会在组建时接受清廷商部的指导，商会章程之拟定，其要员（如总理、协理、会董等）人选呈清廷商部认可。此外，旅外华商以求回国往返之便，以及希望故乡亲友得到保护，十分重视与清廷保持联系。[1]179

晚清旅外华商商会的组织功能以振商、保商为主旨，主要包括以下方面：

第一，振兴华商。各地旅外华商商会，特别是组织影响力较大的中华总商会（或中华商务总会）大都以"联络同业，开通商智"[1]168为宗旨；大都注重"联合群情、维持市面、补助商政、调处商事纠纷"等经济职能；有的在商会章程中设立"利弊兴

---

［1］马敏主编.中国近代商会通史［M］.北京：社会科学文献出版社，2011.

除"条款，强调"凡有益于我华人商务之事，自必极力维持，以成美举；若有损我华人商务之事，力可能为，自必竭力铲除以免遗患商业"。

第二，保护华商。其一是保护华商在海外居住地的权利。如1903年，澳洲发生大旱，引发经济危机，百业凋敝。部分激进分子组成"排华排亚联盟"，危言打击华商在澳洲的利益，掀起排华浪潮。对此，悉尼华商会社组成"中华保商会"，号召华人团结，共御外侮。保商会在当地媒体连续发表三封公开信，揭露"排华排亚联盟"对华商的诋毁，强调在尊重人权与法律的澳洲，不能禁止或限制，更不能排斥和歧视华人的商业活动。华人保商会的呼吁与活动得到澳洲民众及澳洲正义团体的支持，致使排华图谋不攻自破，排华运动迅速瓦解。其二是保护海外华商返回中国及在中国国内的权利。如1906年，新加坡中华商务总会成立以后，"为方便该会商人回国，遇事则请地方官员验明身份并予以保护"，建议由商会发牌照给回国华商，特制定《商照章程》，获得清廷商部批准实施。所谓"商照"，乃是商会为方便商人回国所发的凭证，商人领取"商照"，目的在于回国后受到一定的保护，"以安商旅"。海外华商会颁发"商照"，一定程度地承担了清廷海外领事的辅助功能，一方面方便了海外华商出入国境，另一方面密切了清廷与海外华商的联系。[1]172-178

第三，商务调查。如1907年，日本长崎中华商务总会，围绕保商、振商目标，开展10个方面的调查：1.稽查商业如何振兴，鼓励以求进步。2.考察关于商工业之法律当如何便于施行，如何于本埠商工业合宜，禀请官府办理，以求因地制宜而收振兴实效。3.研究中国土货如何可以扩充销路。4.考察日本工艺便于中国同行学习。5.调查商工业之利害信息并公之于众。6.受委托代查商工业事项及稽查商工业各事宜。7.调查外国贸易之关税及中国与外国所定条约、商约及行船章程以应本埠商人询问。8.考察所在地方之国禁及法律以备商人初来此地不知者之询问。9.调查中国、外国之新税与中国每年商务之盛衰。10.清廷农工商大臣及驻日领事官委令代查事项。

第四，沟通商情。如1909年，清廷农工商部指令日本神户、印尼爪哇等地商务总会加强商务调查，并在中外商务交流方面有所作为：[1]175

中国商业今日虽未发达，然亦方兴未艾，华商志向浅小，无甚远图，以故土货仅销本国，其能在外洋独树一帜，殆凤毛麟角。查神户华商出入货物约值银三千余万两，若能力图振兴，尚当不止此数。爪哇一埠，土人智识未开，尤宜乘机进取，考其

---

［1］马敏主编.中国近代商会通史［M］.北京：社会科学文献出版社，2011.

素日喜用之物品，购样回华，尽力揣摩，刻意精制，廉价出售，土人自必乐于购买，仰各商会一体照办云云。

第五，公益善举。旅外华商商会多为当地华人社会的代表，在有关社会公众的福祉和利益方面多有贡献。例如，1905 年 8 月，澳洲悉尼华商会社以"华人反鸦片联盟"名义，谒见时任总理 Alfred Deakin，呼吁澳联邦政府禁烟，并联络当地有关社会团体，获 25 万人签名赞同禁烟，澳洲政府见华侨团体等社会团体及广大民众立志之决，终于当年 12 月颁布法令禁止进口鸦片。[1]

世界华商大会

世界华商大会（World Chinese Entrepreneurs Convention/WCEC），[2] 又称世界华人企业家大会，是旅外华商联络聚会、交往合作、共谋发展的重要平台。自 19 世纪末期旅外华商商会出现以来，商会之间、华商之间的交往与联系比较活跃，需要一个平台促进商会与商会之间、商人与商人之间的联系、交往与合作，"需要有一个平台汇聚商会的言论和力量，并通过商会汇集分布在世界各地的华人企业家的言论和力量"。因此，举办世界华商大会成为全球华商之盛事。

1991 年 8 月，新加坡中华总商会发起并主办了首届世界华商大会。世界华商大会作为一个非政府组织，旨在为海外华人企业家提供一个论坛，关注海外华人企业家所关注的经济和文化问题，促进经济合作与相互了解。

1993 年 11 月，在第二届世界华商大会在中国香港召开。随后，成立大会召集人组织，成员包括新加坡中华总商会、香港中华总商会、泰国中华总商会。召集人组织负责在世界华商大会休会期间，处理一切大会有关事宜。

1999 年 10 月，召集人组织宣布成立"世界华商大会秘书处"。秘书处成员由 3 家召集人组织成员轮流担任，每六年一轮，负责每两年一度的世界华商大会协调及策划，并负责处理世界华商大会休会期间关于大会的一切事宜。

2001 年 9 月，世界华商大会首次在中国内地（南京）举行，大会主题拓展到包括海内外华商共同关注的"弘扬中华民族文化，加强全球范围内华商间的联系与友谊，促进全球华商的交流与合作"，全球范围内华商更加紧密地携起手来，为中华民

---

[1] 马敏主编. 中国近代商会通史［M］. 北京：社会科学文献出版社，2011：177-178.
[2] 世界华商大会［EB/OL］.［2024-03-30］. https://www.wcecofficial.org.

族的伟大复兴和世界和平与发展作出新的更大的贡献。

2011年10月，经3家召集人组织研究决定成立世界华商大会顾问委员会，邀请曾主办过世界华商大会的商会资深代表担任顾问。顾问委员会每年召开一次会议。

中国政府对世界华商大会高度重视，如果世界华商大会在海外召开，一般都有国家领导人和全国工商联领导人出席大会并发表重要讲话；如果世界华商大会在中国内地召开，更是高度重视。例如，2001年9月，第六届世界华商大会在中国南京召开，大会由全国工商联主办，中国海外交流协会、中国贸促会、中华全国归国华侨联合会协办，南京市政府承办。会上，国家主席江泽民致贺信，中国政府总理朱镕基出席中国经济论坛并发表题为《更加开放和繁荣的中国经济》的演讲，全国政协主席李瑞环出席开幕式并致词，全国政协副主席、全国工商联主席经叔平主持开幕式，全国政协副主席、著名企业家霍英东发表题为《炎黄华胄海外子孙》的演讲。国家计划委员会、外经贸部、中国人民银行负责人应邀在大会论坛上发表专题演讲。与会代表和嘉宾围绕"科技进步与经济发展""全球化机遇与挑战""华商对世界经济的贡献与责任"三个专题展开了论坛演讲。

世界华商大会高度重视弘扬中华文化和科技进步。例如，2007年9月，在日本神户、大阪举行的第九届世界华商大会期间，举办了中华文化节，请著名华人科学家杨振宁讲世界科技的走向，请文化名人余秋雨讲中华文化。这次大会，按照组委会主要成员蒋晓松的介绍，一共搭建了五个"台"：一是民间平台，以民间为主导；二是政府后台，得到中国和日本两国政府的支持；三是商家擂台，展演华商精神与文化；四是在日本搭台，搭起一个高层次的、国际性的华人合作平台；五是华人唱台，一个以华人为主体的唱台。如果还要多加一个"台"，就是媒体朋友的捧台。[1]

至2023年，世界华商大会已经举办了16届，每届均各有其特色，都成为全球华商之盛事。历届大会举办时间、地点、主题及规模见表27-2。

表27-2 历届世界华商大会举办情况（1991—2023）

届次	举办年月	主办机构	举办地点	大会主题	会议规模
1	1991.8	新加坡中华总商会	新加坡	联系世界各地华商，加强商业发展	来自30个国家和地区的800多名华商代表参会
2	1993.11	香港中华总商会	中国香港	华商遍四海，五洲创繁荣	来自21个国家和地区的近千名华商代表参会

---

[1] 赵晓勇参加在日本神户、大阪举行的第九届世界华商大会工作笔记。

届次	举办年月	主办机构	举办地点	大会主题	会议规模
3	1995.12	泰国中华总商会	泰国曼谷	加强世界华商联系，共谋经济发展繁荣	来自24个国家和地区的1500多名华商代表参会
4	1997.8	加拿大中华总商会	加拿大温哥华	华粹展北美，商网联全球	来自世界各地的1300多名华商代表参会
5	1999.10	澳洲维多利亚省中华总商会	澳大利亚墨尔本	迎接新千年的挑战	来自30多个国家和地区的600多名华商代表参会
6	2001.9	中华全国工商业联合会	中国南京	华商携手新世纪，和平发展共繁荣	来自77个国家和地区的近5000名华商代表参会
7	2003.7	马来西亚中华工商联合会	马来西亚吉隆坡	寰宇华商一心一德，全球企业共存共荣	来自21个国家和地区的3200多人参会
8	2005.10	韩国中华总商会	韩国首尔	与华商共成长，与世界共繁荣	来自全球华商代表和韩国工商界共3000多人参会
9	2007.9	日本中华总商会	日本神户和大阪	和合共赢，惠及世界	来自33个国家和地区的3600多名华商代表参会
10	2009.11	菲华商联总会	菲律宾马尼拉	加强华商联系，促进世界繁荣	来自22个国家和地区的3000多名华商代表参会
11	2011.10	新加坡中华总商会	新加坡	新格局、新华商、新动力	来自30多个国家和地区的4000多名华商代表参会
12	2013.9	中国侨商投资企业协会	中国成都	中国发展，华商机遇	来自105个国家和地区的3000多名华商代表参会
13	2015.9	印度尼西亚中华总商会	印尼巴厘岛	融聚华商·共赢在印尼	来自全球20多个国家和地区的3000多名华商代表参会
14	2017.9	缅甸中华总商会	缅甸仰光	缅甸经济大开放，开创历史新纪元	来自全球的2000多名华商代表参会
15	2019.10	英国中华总商会	英国伦敦	世界新格局，华商新机遇	来自51个国家的2500多名华商和700多名英国企业家参会
16	2023.6	泰国中华总商会	泰国曼谷	汇华商大智慧，谱华族新篇章	来自全球50多个国家和地区的4500多名华商代表参会

国外华人商会的现实发展

中国实行改革开放以后，中国商人和企业走出去发展逐渐多了起来。伴随着中国商人和企业走出去发展，国外华人商会快速发展。下面介绍部分具有代表性的国外华人商会组织。

1. 美国华人商会（U.S. Chinese General Chamber of Commerce /UCCC）[1]

美国华人商会是 2010 年经美国加利福尼亚州政府批准成立的面向全球华人的非营利性组织。商会总部设在洛杉矶，是美国西部规模最大且最有影响力的华人商会。

商会组织机构：国际品牌调查认证委员会，十二个行业分会，商会会长国际联盟，《美国华商报》编辑部。

商会宗旨："诚信为本，爱心为源"，为在美国和全球的华商提供服务，维护华商的正当权益，建立商务平台，发挥桥梁和纽带作用，促进美中贸易关系的发展和企业之间的交流。

商会主要任务：a. 加强美国华商之间的交流与合作，通过网站、刊物、讲座、研讨会、商务考察等各种渠道和方法，帮助会员获取信息、交流经验、共享资源。b. 通过建立高层次、国际性的人脉资源，为会员提供商机。c. 加强与美国政府和商界的沟通，反映华商的愿望和要求，维护会员合法权益；代表会员与美国政府和商界交涉经济、商务等方面的事宜，为会员争取最大利益。d. 加强与中国政府、商会、企业的联系，通过商会活动，为会员获得重要的商业、政策、法律、法规等信息，帮助会员开发中国市场，协助会员解决在开发中国市场所遇到的问题。e. 提供一个介绍世界各地的华人企业家、展示世界各地华人企业的风采、宣传世界各地华人企业的产品和技术、弘扬中华文化精华的平台；打造一个海纳百川、汇通全球的世界华人商务信息交流中心。

商会重要活动：2011—2014 年间，主办或联合举办了 10 多场大型活动，包括"中美企业家高峰会""中美投资合作论坛""美国华裔青少年中华历史文化知识大赛"及中国浙江省企业家协会访美活动、腾冲美国城项目签约活动、百市人才海外招聘活动等，皆取得圆满成功。其中，2011 年 12 月，由美国华人商会举办，中国云南省侨办、旅游局协办，北京地雅投资集团赞助的"美国华裔青少年中华历史文化知识大赛"，活动主题："传承华夏文化　铸炼中华精魂"，万名华裔青少年选手及 600 多位商界、政界要员参与了此次盛会，活动圆满成功并获得了中国外交部、中国国务院侨办、洛杉矶总领事馆的一致好评。

2. 美国湖北工商总会（Hubei Federation of Industry and Commerce in America）

美国湖北工商总会于 2003 年在纽约发起成立，在旧金山、休斯敦等地设有 6 个

---

[1] 美国华人商会［EB/OL］.［2024-03-30］. http://www.acbausa.org.

分会，会员有 500 多人。

该商会会员群体，同时吸纳经济界和文艺界人士，汇聚了一批优秀的美籍华人企业家和艺术家。商会活动涉及经济文化活动和公益文化活动较多，在促进中美经济合作交流和中美文化传播交流两方面取得明显绩效。

商会首任会长章仲林，祖籍中国武汉，曾经担任武汉歌舞剧院编剧和导演，是商会发起人和组织者，为凝聚会员智慧和力量，开展中美经济文化交流活动付出了艰辛努力并作出积极贡献。

商会副会长梅乾飞（毕业于美国马沙格雷姆学院编导系）是美国天玮国际投资集团公司全资子公司武汉阿特兰德置业发展有限公司总经理，致力于中美经济文化交流，组织中国编钟乐舞赴美演出，组织策划大型科学文化项目——博海学岛（教科文综合发展项目），受到国内外关注。

商会副会长付祖光是旅美华人歌唱家、纽约国际影视公司艺术总监、武汉光亚文化传播公司总经理，投资拍摄的电影《生命罚单》获得第八届迈阿密美洲电影节金灯塔奖——最佳现实题材故事片奖。

商会副会长孙邦春是旅美华人艺术家，是"名满加州的二胡大师"，他将中国二胡引进美国中小学校园，用中国琴声和美国人声交响演绎《二泉映月》，融会贯通中西文化，动人心弦，感人肺腑，时任加州州长施瓦辛格称赞他是"美国的财富、加州的骄傲"。他担任美国武汉联谊会会长，美国旧金山友好城市文教委员会主席，中国武汉歌舞剧院美籍华人院长；他创作并演奏的《送你一个中国梦》《蒙古情》《佛心》《西藏灵》《海上情怀》《海上芭蕾》等二胡系列作品饱含中华民族深情，引入西方文化时尚，融合东西方文化元素，深受东西方听众欢迎。他于 2007 年受聘担任武汉歌舞剧院院长后，策划监制大型舞剧《筑城记》，荣获第八届中国文化艺术节"文华大奖"；他创办的"武歌文化艺术有限责任公司"，是全国首例以中国文艺团体控股、海外知名企业参股的股份制文化产业公司。2010 年，中国国务院侨办授予孙邦春先生"百名华侨华人专业人士'杰出创业'奖"。孙邦春和美籍华人企业家陈稚琼共同努力牵线搭桥引进并嫁接"欧秀""美秀"为"汉秀"，落户中国武汉，当今，中国武汉"汉秀"剧院成为全球最具时尚特征的现代化剧院；他们还牵线搭桥，促进美国旧金山市与中国武汉市、成都市、重庆市建立友好城市，在美国旧金山市政厅举办旧金山—成都美食节。

2006 年 6 月 27 日晚，美国湖北工商总会组织旅居海外华人艺术家在中国湖北剧院为"海外华侨华人专业人士回国（来华）创业成果报告暨高新技术洽谈会"（简称"华创会"）献演专场音乐会。美国湖北工商总会的企业家和邀请的艺术家放下自己繁忙的工作，从世界各地赶来武汉献计、献策、献演，充分体现了海外侨胞爱国、爱乡的赤子之情。

"2017 美国旧金山—中国成都美食节"在美国旧金山市政大厅举行

3. 法国中国工商会（China Chamber of Commerce and Industry in France）[1]

法国中国工商会（又称法国中资企业协会）成立于 2007 年 4 月，其会员由在法中资企业组成。正式会员企业近 50 家，分别来自银行、通信、航空航天、石化、冶金、服装、家电、家居、传媒、建材和旅游等行业，体现了在法中资企业的强劲实力和广泛的代表性。会员在法总投资额约 13 亿欧元，员工总数 2670 人，其中法国员工数 2300 人。

商会宗旨：加强与法国政府机构的沟通，开展与法国工商企业界的合作，维护会员利益，实现共同发展和双赢。

商会会员结构：法国中国工商会第一届理事会单位及人员职务（排序不分先后）：中国银行法国分行行长，中广核欧洲代表处总经理，中航国际欧洲代表处总代表；中国贸促会驻法国代表处首席代表，中国国际航空法国公司总经理，华天中国城酒店总经理，凤凰卫视法国公司总经理，中国工商银行巴黎分行总经理，中国贸促会驻法国代表处首席代表，华为法国公司总经理，中国进出口银行巴黎分行行长，中远法国公

［1］法国中国工商会［EB/OL］.［2024-03-30］. http://www.aecf.france.org.

司总经理。

商会会员：分为正式会员和合作会员。其中合作会员的权利：a. 享受商会提供的某些服务，参加组织的活动。b. 通过商会渠道，向中、法两国政府部门、行业组织反映情况、建议和意见。c. 与商会共同组织目标相关的活动。d. 对商会章程、内部管理制度提出意见和建议。e. 企业名称及相关信息列入商会会员名册。合作会员的义务：a. 遵守中法两国法律、维护两国友好关系。b. 遵守商会的决议，支持商会履行职能。c. 缴纳会费。

商会主要工作：法国中国工商会成立以来，在中国驻法国大使馆商务处的关心和大力支持下，代表会员企业与法国当地政府及有关商协会进行沟通，在维护会员企业合法权益、改善经营环境、促进中法企业交流与合作等方面，取得显著成绩：a. 积极开展组织联络，敦促法国有关机构与部门解决困扰驻法中资企业多年的员工签证问题、社会保险金缴纳问题、短期工作签证问题，改善了中资企业的经营环境。b. 先后多次组织会员考察法国各省区，使会员企业实地了解不同地区的投资环境、服务设施、招商法律及对外国企业的优惠政策，拓展了在法中资企业的发展空间。c. 联系安排法国出口保险机构和知名律师事务所等机构举办多次投资服务讲座，使会员企业及时了解法国政府在劳资、税务、入境签证方面的政策和举措。d. 商会及会员关心支持祖国经济建设和社会发展。

4. 英国中国商会（The China Chamber of Commerce in the United Kingdom / CCCUK）[1-2]

英国中国商会成立于 2001 年，其前身为英国中资企业协会（2015 年更名为英国中国商会）。至 2019 年，英国中国商会拥有企业会员 200 多家。

商会宗旨：代表在英中资企业利益，维护在英中资企业权益，为在英中资企业服务。

商会重要活动：2019 年在伦敦金融城市政厅成功举办"庆祝中华人民共和国成立 70 周年暨第二届中英经贸论坛"。

2020 年 4 月 8 日，英国中国商会为了帮助英国抗击新冠肺炎大流行，捐赠了包括 20 台呼吸机在内的 186.2 万件医疗用品；2023 年 3 月 9 日，英国中国商会 9 家会员企业和个人向英国"护理人员慈善基金会"捐赠善款 52766 英镑，用于新冠疫情期

---

［1］英国中国商会［EB/OL］.［2024-03-30］. https：//baike.baidu.com.

［2］英国中国商会向英国"护理人员慈善基金会"捐赠善款［EB/OL］.（2023-03-10）［2024-03-30］. http：//word.people.com.cn.

间改善社区医疗护理环境。商会会员企业和个人用爱心行动回馈当地社会的善举受到称赞。

5. 英国中华总商会（UK Chinese Business Association）[1-2]

英国中华总商会于 2012 年 12 月 20 日在伦敦成立。该商会是在英华人华侨企业的代表性组织。拥有 60 多家英国地方华人华侨商会组织。

商会宗旨：积极推动并促进英国与中国的商贸合作、经济发展和文化交流。

商会职能：a. 致力于为在英华商办实事、做好事。b. 致力于承担桥梁作用推动中英经贸合作。c. 致力于整合华人的力量，树立华人的形象，提升华人的地位，帮助在英华人华侨发展。d. 致力于履行社会责任，扶持华人的文化教育事业，并积极参与当地社会公益活动。e. 致力于支持为华人社会和当地社会的发展作出贡献。f. 致力于关心和支持中英关系友好发展并为之作出积极贡献。g. 致力于运用群体的智慧和谋略，努力将商会打造成受人尊重，有凝聚力、向心力、影响力的商会组织，成为在英华侨华人企业家的家园。

2019 年 10 月 21—24 日，该商会在伦敦成功举办了以"世界新格局，华商新机遇"为主题的第十五届世界华商大会，大会促进商家签约金额超过 3 亿英镑。该商会还成功举办"中英企业家峰会""中国创业创新大赛"等特色活动；在新冠肺炎疫情期间，组织会员企业积极支援中英两国抗疫，受到两国政府的肯定和各界人士的欢迎。

6. 德国中国商会（China Chamber of Commerce in Germany）[3]

德国中国商会于 2013 年 5 月 10 日在德国首都柏林成立，在汉堡和慕尼黑设有 2 个代表处。商会代表 400 多家会员公司的利益，其中许多是中国经济实力较强的公司。商会骨干会员企业单位包括：宝钢欧洲有限公司、纷美无菌包装制造有限公司、国家电网公司驻欧洲办事处、海南航空柏林办事处、华为技术德国有限公司、开元周游集团、宁德时代新能源科技股份有限公司德国公司、普瑞有限责任公司、潍柴动力（德国）液压科技有限公司、蔚来有限责任公司、一汽慕尼黑研发有限公司、中国电信（德国）有限公司、中国工商银行法兰克福分行、中国国际航空公司欧洲地区总部、中国国际贸易促进委员会中国国际商会驻德代表处、中国建设银行法兰克福分行、中国移动国际公司德国子公司、中远海运（欧洲）有限公司、中铁集装箱欧洲物

---

［1］英国中华总商会［EB/OL］.［2024-03-30］. http://www.ukcba.uk.

［2］英国中华总商会举行 10 周年庆典［EB/OL］.（2023-4-20）［2024-03-30］. http://www.163.com.

［3］德国中国商会［EB/OL］.［2024-03-30］. https://chk-de.org/de.

流有限责任公司等。

商会宗旨及主要任务：a. 代表会员利益。b. 通过组织活动，加强会员之间及与德国经济和社会的交流和联系。c. 面向会员企业提供多元化服务，包括交易会、代表团活动、工作人员招聘、签证事务和市场准入方面的支持。d. 商会学院为高管和员工提供不同主题的培训和研讨会。e. 促进中德经济合作与交流。

商会于 2017 年 10 月成立专家委员会（汽车行业），支持商会在汽车领域开展交流合作，并提出改善中德两国在汽车领域的商业和投资环境及合作等方面的建议。

7. 俄罗斯中国总商会（China General Chamber of Commerce in Russia）[1]

俄罗斯中国总商会于 2006 年 4 月 15 日成立，是得到中国商务部支持、在俄联邦司法部依法注册的第一个华人商会组织。总商会成立后与俄罗斯联邦有关部门和莫斯科市政府建立了稳定的联系，为更好地保护会员的合法权益奠定了重要基础。总商会在俄罗斯法律的框架下，在中国驻俄罗斯联邦大使馆的支持下，为在俄罗斯注册的中资企业服务，维护中资企业的正当权益，为促进中俄经济贸易关系的发展和企业间的交流，发挥重要的桥梁和纽带作用。

商会主要任务：a. 加强会员企业间的交流与合作，定期或不定期通过网站、刊物、讲座、研讨会等多种渠道交流经验、共享资源；并为中资企业在俄开拓业务提供咨询和法律服务。b. 加强与俄罗斯政府、商界的沟通，反映中资企业的愿望和要求，代表会员与俄方交涉经济商务等方面的相关事宜，维护会员的合法权益。c. 举办或组织参加各种旨在促进中资企业与俄罗斯政府、商界交流的活动，促进中俄经济贸易关系的发展。d. 加强与中国各级政府机构、商会、企业的联系，介绍俄罗斯投资环境及相关法律，为中资企业赴俄罗斯发展提供服务。

商会服务事项：a. 通过沟通、联络、信息咨询、救急助困等方式为会员提供服务。b. 加强会员企业间沟通、合作。c. 帮助会员企业更好地融入俄罗斯社会经济生活，求生存，图发展。d. 组织中国企业到俄罗斯参展。

2023 年 2 月 5 日晚，俄罗斯中国总商会联合莫斯科格林伍德国际贸易中心在莫斯科举办"元宵喜乐会"活动，庆祝中国传统节日——元宵佳节，让现场观众感受到了中华民族传统文化的魅力。

---

[1] 俄罗斯中国总商会［EB/OL］.［2024-03-30］. http://www.cgccru.org.

8. 瑞典中国商会（China Chamber of Commerce in Sweden）[1-2]

瑞典中国商会于2017年12月8日成立，是北欧地区第一家中国商会。该商会成立时有会员企业40多家，中国银行、国航、五矿、华为等企业是商会的骨干会员单位。该商会的成立是中瑞关系发展的结果。

商会理念：a."服务会员、合作共赢"。b.用心经营、积极发挥作用，努力成为中瑞商界交流的平台。c.努力在企业、政府和其他社会机构之间发挥桥梁纽带作用。d.努力搭建中瑞两国企业之间的对话与交流平台。e.努力成为促进中瑞双边贸易与投资合作的重要平台。

瑞典政府秉承开放和自由贸易政策，欢迎中国企业到瑞典投资，投资重点集中在新一代交通、智能城市、循环和生物经济、生命科学等领域和相关行业。中国经济的稳定发展，已吸引超过500家瑞典企业在中国投资兴业，与中国开展贸易往来的瑞典企业近万家（2017年数据）。瑞典中国商会与中国瑞典商会在两国企业之间发挥着重要的平台交流作用。

9. 丹麦中国商会（China Chamber of Commerce in Denmark）[3]

丹麦中国商会于2018年5月8日在哥本哈根成立。成立仪式上，德国、瑞典、爱尔兰等周边国家的中国商会发来贺电。商会首批会员有中国大型国有企业、中小型民营企业和研究机构等，投资领域涵盖信息、航运、声学设备、生物科技、食品、绿色能源等，会员经济结构体现了中丹两国经济合作的互补性、多样性和丰富性。中远、华大基因、华为、歌尔声学等众多知名中国企业已经在丹麦投资兴业，中丹两国企业在绿色能源、婴儿食品等领域的合作方兴未艾。

商会宗旨：代表在丹中资企业更好地发声，更好地保护中资企业利益，帮助中资企业融入当地、贡献当地并体现中资企业社会责任，在促进中丹两国之间贸易投资合作、促进丹麦经济增长和就业等方面发挥积极有益作用。

丹麦中国商会的成立，为中丹企业间、行业间信息交流和资源共享搭建了一个新平台；为在丹中资企业与政府部门、相关机构、媒体、公众开展交流和沟通对话架起了一座新桥梁；为在丹中国企业之间、欧洲各国的中国商会之间互鉴互学和联谊服务建设了一个新家园。

［1］瑞典中国商会［EB/OL］.［2024-03-30］. https：//www.khis.se.
［2］瑞典中国商会成立大会［EB/OL］. http：//se.mofcom.gov.cn/article/activities/201702/20170202512785.shtml.
［3］丹麦中国商会正式成立［EB/OL］. http：//www.xinhuanet.com/world/2018-05/09/c_129867647.htm.

10. 加拿大中华总商会（Chinese Entrepreneurs Society of Canada）[1]

加拿大中华总商会于1995年成立，在加拿大联邦政府部门注册登记，是一个非谋利非政治的商会组织。总商会由温哥华地区八个主要华人商会：温哥华华埠商会、列治文亚太商会、日升商会、加拿大华人商业发展会、温哥华香港侨商会、平原独立杂货联合会、台湾商会、中加商会联合创办。

总商会宗旨：a. 通过全球商业网络，促进华商企业发展。b. 通过商业发展，鼓励华商融入加拿大商业社会。c. 为推动与促进加拿大、中国及世界经贸、科技、文化教育的发展与交流作出贡献。

总商会于1997年在加拿大温哥华成功主办了"第四届世界华商大会"，来自全世界20多个国家和地区的1300多位华商代表及加拿大政府官员出席了该次盛会。会议成功召开，得到了参会代表与社会各界广泛好评；同时建立了加拿大、中国香港、新加坡、泰国四地中华总商会之间的友好合作关系。加拿大中华总商会为会员组织了许多商业活动并组织贸易代表团先后出访中国及世界多国；每年组团参加中国商务部主办的"中国国际投资贸易洽谈会"；每年接待访问加拿大的中国各省（市）代表团，为中加经济文化交流与合作作出了重要贡献。

11. 日本中华总商会（Chinese Chamber of Commerce in Japan，CCCJ）[2]

日本中华总商会成立于1999年9月9日，是由在日华侨华人及有中资背景的在日企业法人为主组成的非营利公益团体。该商会会员达320多家，覆盖了在日华侨华人经营的代表性企业；此外，有20个在日华商团体作为加盟会员加入总商会，提高了总商会的代表性；还有约70家有实力的日本企业也作为赞助会员加入总商会，并持续支援总商会的活动。该商会成立以来，大力为会员的商务活动提供支援，与中日两国的经济团体展开广泛交流，建立与世界各地华商团体的友好合作关系。

商会宗旨：促进在日华人企业和中国资本企业的相互合作及与日本企业的交流，加强与世界各国华人组织的合作，从而为会员企业和地区经济的发展作出贡献。

商会服务：a. 促进会员相互交流与和睦。b. 促进日本、中国经济相互交流。c. 促进世界各国的经济团体特别是华侨华人经济团体相互交流。d. 为扩大会员视野和商业机会组织开展海外视察活动。e. 为发展会员事业和提高合规经营钻研和调查。

[1] 加拿大中华总商会［EB/OL］.［2024-03-30］. http://www.cesc-canada.com.

[2] 日本中华总商会［EB/OL］.［2024-03-30］. http://www.cccj.jp.

12. 韩国中华总商会（Chinese Chamber of Commerce in Korea）[1]

韩国中华总商会成立于 2004 年 2 月 26 日，其前身为创立于 1999 年的韩华经济人协会（韩国历史上第一个由外国人组织的社会法人团体）。

商会宗旨：振兴华人华侨经济，联合世界华商经济，促进韩中经济交流发展。

商会服务：作为在韩中资企业与韩国政府的桥梁，为会员提供商务、税务、法律和金融等方面所需要的信息和服务；为会员谋求法律地位及福利水平；加强会员之间的交流；发行有关刊物与研究及调查报告书，构建世界各国华人华侨之间的信息网，并开展促进韩国及世界各国经济团体交流活动。

韩国中华总商会于 2005 年 10 月作为东道主举办第八届世界华商大会。来自全球华商代表和韩国工商界共 3000 多人参会，会议取得圆满成功。

13. 印度尼西亚中华总商会（Indonesian Chinese Entrepreneur Association，ICEA）[2]

印度尼西亚中华总商会成立于 2001 年，是依据印尼法律、法规注册成立的非营利性全国性华裔商业社团组织，在印尼商业社团、华人社团组织中享有良好的社会声誉和广泛的社会影响力。总商会总部设在印尼首都雅加达，并在东爪哇省、西爪哇省、中爪哇省及巴厘省及东西努沙登加拉省设有 4 个分会。总商会的会员企业涉及制造业、矿业、林业、建筑业、银行、保险业、房地产业、纺织业、食品、进出口贸易、零售业、信息通信技术、物流供应链等多个领域与行业。

总商会自成立以来，始终坚持"团结华商企业，推动印尼经济建设"的立会宗旨，秉持"求同存异"的开放态度，广纳印尼社会各界贤达，依托商会平台、发挥会员自身的专业所长，积极投身印尼经济社会建设，用实际行动推动和促进了印尼华商企业、华人企业家与世界各国华商社团、企业之间的交流与合作。

2015 年 9 月，总商会在巴厘岛成功举办第十三届世界华商大会，以"融聚华商·共赢在印尼"为主题，全球各地 3000 多名华商参会。大会得到了印尼政府高度重视，印尼总统梅加瓦蒂女士等国家领导人及印尼贸易部、交通部等多个部门部长莅临大会现场，并在大会主旨论坛、分论坛等活动中发言。

总商会现已成为印尼与世界各国华人、华商、华团经贸交流、商业合作的重要平台，在推动印尼与中国、印尼与东盟及世界许多国家经贸合作、社会文化交流方面发挥重要作用。

---

[1] 韩国中华总商会成立大会 [EB/OL]. http://news.sina.com.cn/o/2004-02-26/21521907034s.shtml.

[2] 印度尼西亚中华总商会 [EB/OL]. https://www.perpit.or.id/cn.

14. 新加坡中华总商会（Singapore Chinese Chamber of Commerce & Industry，SCCCI）[1]

新加坡中华总商会成立于1906年，是一个国际知名度较高的商会组织，也是两年一度的世界华商大会的创办者，分别于1991年8月举办首届世界华商大会及于2011年10月举办第十一届世界华商大会，是获得ISO 9001认证的商会。商会拥有5000多名企业会员，拥有160多个行业商会会员，会员结构包括大型金融和商业组织、跨国公司及来自各行业的中小企业。

商会使命与愿景：a. 促进新加坡工商业繁荣和经济发展。b. 促进新加坡文化和教育活动及社区服务事业发展。c. 为会员提供有影响力的全球商务、文化和教育服务。d. 精益求精地为会员提供优质服务。

15. 泰国中华总商会（Thai –Chinese Chamber of Commerce）[2]

泰国中华总商会于1910年在曼谷成立。商会秉承团结侨众，互助合作，为广大华侨华人谋福祉，促进所在国的经济繁荣、社会进步和社会和谐做了大量卓有成效的工作；为弘扬中华文化，增进泰中友谊，深化泰中经济交流与合作贡献良多。

商会宗旨："团结互助、谋求发展"，团结广大会员、共谋事业发展，构建和谐侨社，积极回馈社会，促进泰国经济社会发展，增进中泰两国友好交流合作。商会不参加政治活动，履行法律规定商会应遵守的条款。

商会服务：a. 促进工商业发展。b. 协助会员在泰国商会法律规定的范围内谋求工商业利益。c. 协助增进会员与相关机构或其他贸易组织机构的交流和合作。d. 收集、整理、研究并发布与工商业有关的统计资料和信息。e. 调解并仲裁会员间商业纠纷。f. 从事社会公益事业。g. 设立经济贸易研究机构。

泰国中华总商会分别于1995年12月和2023年6月举办了第三届和第十六届世界华商大会，会议取得圆满成功。

16. 菲律宾中华总商会（Filipino–Chinese General Chamber of Commerce）[3-4]

菲律宾中华总商会创立于1904年，其前身为"中华商务局"。20世纪初，菲国华侨因民族隔阂、语言不通而备受歧视排斥，亟需一个能为华商华人华侨争取权益并统

［1］新加坡中华总商会［EB/OL］.［2024-03-30］. https：//www.sccci.org.sg.

［2］泰国中华总商会：让青年一代传承中华文化［EB/OL］.［2024-03-30］. http：//www.gqb.gov.cn.

［3］菲律宾中华总商会［EB/OL］.［2024-03-30］. https：//baike.so.com/doc/9859193-10206189.html.

［4］中国驻菲律宾使馆举办首届"领侨之友"颁奖活动［EB/OL］.（2021-01-27）［2024-03-30］. http：//www.chinaqw.com/hdfw/2021/01-27/284249.shtml.

筹全局的组织，该商会肩负了这一历史重任，忠诚为华商华人华侨服务，维护同胞利益。长期以来，商会在历届理事长、理监事的领导下，在全体会员的共同努力下，遵奉菲律宾国策，为菲律宾华人社会做过许多努力和贡献。

商会宗旨：a. 促进华人与菲律宾人融合与友好。b. 积极支持和配合菲律宾政府的经济与社会发展计划。c. 热心慈善和社会公益事业。如组织医疗队到菲律宾全国各地为广大民众义诊送药；逢灾遇难时，走在前列，施诊救灾。d. 为在菲华人排忧解难，维护团结与安定，得到菲律宾政府的高度认同和菲华社会的普遍赞誉。

2021年1月16日，菲律宾中华总商会副会长许海港获得中国驻菲律宾使馆颁发的"领侨之友"优异表现奖。

17. 菲律宾菲华商联总会（Federation of Filipino-Chinese Chambers of Commerce and Industry，Inc.，FFCCCII）[1-2]

菲律宾菲华商联总会创建于1954年3月29日，是菲律宾华侨华人工商界的商会组织。总会会员单位遍布菲律宾各区域，会员们从事贸易、制造业、服务业等领域的经济活动。

总会内设外事、工商、劳资关系、税务和商业宣传、"一带一路"、筹款、福利、调解、农业和自然资源、组织、教育和文化、社会责任、青年与融合、媒体与公共信息、物业管理和科学与信息技术共16个工作委员会。

总会致力于参加所在国家经济建设，促进当地商业增长；致力于为在菲华人社会的团结工作，推行各项社会福利方案作出积极贡献。2019年3月21日，得到菲律宾总统杜特尔特表扬："贵会在奉献资源以改良社会状况，并坚持不懈地大力推展商贸，克服国家所面临的各项挑战等方面，扮演着举足轻重的角色。"

总会宗旨：a. 协调全菲所有菲华工商团体的活动，维持彼此间的和谐关系，仲裁与解决其纠纷或歧见，促进彼此间的合作。b. 与菲律宾政府忠诚合作，支持政府的经济发展及其他方案。c. 致力于促进在菲华人青年参与菲律宾社会活动，促进在菲华侨华人融入当地社会。d. 协助促进菲律宾工商业的发展与成长，鼓励对农业的投资以利于加速农村的发展。e. 协助、维护及增进其所有会员之福利，为其会员之繁荣与利益而努力。f. 搜集、翻译与研究影响其会员的法规并引导会员遵守，鼓励照章纳税。g. 培

［1］菲律宾菲华商联总会［EB/OL］.［2024-03-30］. https：//www.ffcccii.org.

［2］中国驻菲律宾使馆颁发"使馆之友"系列奖项［EB/OL］.（2022-01-22）［2024-03-30］. http：//www.chinaqw.com.

养与巩固华人与菲人之间的和洽关系。h.推进与维持教育、文化、体育、慈善和社会福利方案。

2009年11月，菲律宾菲华商联总会举办第十届世界华商大会，取得圆满成功。

2022年1月21日，菲律宾菲华商联总会获得中国驻菲律宾使馆颁发的"华社抗疫"优异表现奖。

18. 缅甸中华总商会（Myanmar Chinese Chamber of Commerce，MCCC）[1-2]

缅甸中华总商会，前身为创立于1909年的缅甸中华商务总会，1930年更名为缅甸华商商会，2015年再次更名为缅甸中华总商会。

商会宗旨及服务：a.以敦睦同侨、维护侨益为己任，办理涉外事务。b.以商务工作为本，帮助在缅侨胞协调商务纠纷。c.以开展和推进经济业务为中心，为会员提供各项投资讯息和商业咨询等服务。d.以支持发展社会公益事业为责任，促进缅甸经济社会事业繁荣。e.以增进友谊与合作为宗旨，发展中缅人民友谊，推动缅甸华商与世界各国华商之间的交流与合作。

商会总部设立于缅甸第一大商业城市仰光，并在缅甸第二大商业城市曼德勒设有一家分会——缅北中华商会。会员经营业务涉及房地产、建筑、制造业、进出口贸易、印刷、酒店、餐饮、银行、物流、矿业、林业、农业、纺织、食品、旅游、电子科技等。

缅甸中华总商会于2017年9月举办第十四届世界华商大会，大会主题："缅甸经济大开放　开创历史新纪元"，来自全球的2000多名华商代表参会，通过大会建立起缅甸与世界华商之间的经贸联系网。借助东盟及"一带一路"的经济新格局，集思广益，共同探讨全球华商、世界与缅甸经济的未来发展方向和发展空间，大会取得圆满成功。

2023年5月9日，第十届世界华侨华人社团联谊大会举行"华社之光"巡礼活动，10家海外侨团被授予"华社之光"荣誉。缅甸中华总商会上榜，获得褒奖词：博施济众，筑起35万民众的疫苗屏障；通商惠工，书写"胞波"情长的友谊篇章。在"一带一路"上，播撒民心相通的种子；在华校课堂上，架起文化交融的桥梁。过百岁仍老当益壮，饮一江水情谊越流越长。

---

[1] 第十四届世界华商大会在缅甸仰光开幕［EB/OL］.（2017-09-16）［2023-03-30］. http://ydylmgr.acfic.org.cn.

[2] 十家侨团被授予"华社之光"荣誉［EB/OL］.https://www.chinaqw.com/kong/2023/05-09/357679.shtml.

19. 马来西亚中国总商会（Malaysia–China Chamber of Commerce）[1]

马来西亚中国总商会成立于 1990 年，是非官方非营利民间团体。商会在马六甲、霹雳、柔佛、槟城、登嘉楼、沙巴、砂拉越、吉兰丹、彭亨和吉打—玻璃市共 10 个州设有分会，拥有 1800 多个企业会员。会员业务涵盖贸易、制造、金融、农业、旅游、教育、房地产、咨询等行业。总商会设立有青年企业家委员会，团结青年、培养新领导层及协助推广会务。

商会宗旨：a. 维护会员的利益。b. 促进马中两国经贸发展与投资合作。c. 加强与马中两国政府机构及民间工商团体之间的联系。

商会作为推动马中经贸发展的桥梁角色，不仅与马来西亚国际贸易及工业部、财政部、旅游部、原产部等相关政府部门与机构、工商团体及马来西亚中资企业协会保持密切合作，也与中国商务部等相关政府部门与机构、中国驻马大使馆经商处、中国国务院侨办侨联、中国国际贸易促进委员会、中国海外交流协会、中国—东盟博览会秘书处、中国—东盟商务与投资峰会秘书处、中国国际商会、中华全国工商业联合会、中国中小企业国际合作协会、中国外商投资企业协会等组织保持联系。

2002 年，该商会首创"中国—东盟合作论坛"，为中国—东盟 19 亿人口自由贸易区的建构进行探讨；自 2011 年起，每年主办"马中企业家大会"，为促进马中经贸合作发挥了重要作用，得到各界高度认可；自 2014 年起，受广东旅游局委托，成为广东驻马旅游合作推广中心；自 2015 年起，受成都海外交流协会委托，成为成都海外联络处。

20. 澳大利亚中国总商会（China Chamber of Commerce in Australia，CCCA）[2]

澳大利亚中国总商会成立于 2006 年，是在澳中资企业的联合组织，为非营利性社会团体。商会共有 372 家会员单位，分布在新南威尔士州、维多利亚州、西澳大利亚州、昆士兰州和南澳大利亚州。商会总部设在悉尼，并分别在悉尼、墨尔本、珀斯、布里斯班和阿德莱德建有 5 个分会，会员业务涉及能源、矿产、贸易、金融、通信、运输、房地产、制造、旅游、农牧业等多个领域。商会成立了 6 个委员会，分别是法律与合规委员会、航空业委员会、资源与能源委员会、女企业家委员会、对外关系委员会和金融业委员会。

商会宗旨：a. 为会员服务。b. 维护会员合法权益。c. 促进中澳经济贸易关系发展。

d. 促进企业间经济交流。e. 为会员在澳大利亚和中国的业务发展发挥桥梁和纽带作用。

21. 葡萄牙中华总商会（China Chamber of Commerce in Portugal）[1]

葡萄牙中华总商会于 1997 年成立，下设三个分会：中餐业商会、百货业商会和 Madeira 海岛分会。

商会宗旨：a. 维护在葡华人工商业的合法权益，促进在葡华人工商业健康发展。b. 增进在葡华人团结，维护华人社区安定。c. 促进中葡两国经贸、文化交流，加深中葡两国人民的互相了解和友谊。

商会活动：主要包括税务讲座、餐饮文化推广、厨师技能培训、组团回国考察、商贸交流活动等。

商会自成立以来，高举爱国爱乡旗帜，把爱侨助侨、凝聚侨心侨力、弘扬和传承中华优秀文化、推广中文教育当作为义不容辞的责任，为建设和谐侨社、促进中葡两国各项事业的交流与合作发挥了积极作用。商会在葡萄牙社会各界支持下，在中国驻葡萄牙大使馆和国家侨务部门的指导下，在各兄弟侨团和广大旅葡侨胞的关爱和协作中已成长为旅葡侨社的中坚力量，赢得了社会各界的普遍赞誉。

商会配合中国慰问侨胞艺术团体成功举办了数十场大型文艺演出；为宣传北京奥运会、宣传上海世博会等国际盛事、宣传中国春节文化及纪念孙中山 150 周年诞辰等，举办了丰富多彩的文化艺术活动，丰富了广大侨胞的文化生活。商会连续七年获得主办方颁发的"海外最佳组织奖"称号。

22. 西班牙中国商会（China Chamber of Commerce in Spain）[2-3]

西班牙中国商会得到中国商务部支持，于 2012 年 7 月正式在西班牙登记成立，是非营利组织，是西班牙中资企业联系交流的重要平台。该商会由中国工商银行西班牙分行、华为科技西班牙分公司、中兴通讯西班牙分公司、中远伊比利亚公司、中国国际航空公司马德里营业部五家中国企业发起创立。截至 2021 年 4 月，商会共有 61 家会员单位，广泛分布于马德里、巴塞罗那、布尔戈斯、马略卡等地，会员单位涉及金融、电信、航空、海运、酒店、可再生能源、矿业、家电、保险、食品等多个行业。

商会宗旨：a. 支持和巩固会员在西班牙市场的经营发展。b. 维护会员权益。c. 积

---

［1］葡萄牙中华总商会［EB/OL］.［2024-03-30］. http://www.gqb.gov.cn/news/2011/1031/24451.shtml.

［2］西班牙中国商会［EB/OL］.［2024-03-30］. http://es.mofcom.gov.cn.

［3］西班牙中国商会获第三届"知华讲堂奖"［EB/OL］.［2024-03-30］. http://bigs.xinhuanet.com.

极发挥中介与桥梁作用，促进中西双边经贸与投资交流合作。

2017 年 4 月 5 日，由西班牙知名专家和学者组成的信息分析和讨论平台"知华讲堂"向西班牙中国商会颁发第三届"知华讲堂奖"，以表彰西班牙中国商会在促进中西关系发展中作出的杰出贡献。

23. 西班牙巴塞罗那中华总商会（Chinese General Chamber of Commerce in Barcelona, Spain）[1-2]

西班牙巴塞罗那中华总商会成立于 2012 年 9 月 5 日。该商会是以工作生活居住在加泰罗尼亚地区的华侨、华人企业、商铺和其他经济组织及个人组成的非营利性的民间组织。该商会有 200 多个会员单位，会员结构清晰，多为进出口贸易公司、批发商铺及与之配套的运输、汽修、餐饮等行业的商家。

商会宗旨：a. 为会员办实事。b. 帮助会员事业更加有序、规范、健康发展。c. 提供交流与合作、吐露心声、增进了解、加深友谊的平台。d. 推动中西两国经济良性互动，加深经贸往来。e. 构建与当地政府及企业之间交流与合作的平台。f. 积极参与当地的慈善活动，回馈社会。g. 帮助华商更好地融入当地社会文化和生活。

商会自成立以来，会务持续发展、状况良好。商会致力于加强与当地政府沟通协调，尽力解决华商经营中所碰到的问题，如帮助解决"审批营业执照难"等问题，得到广大华商的一致好评。

24. 意大利中国总商会（China Chamber of Commerce in Italy）[3-4]

意大利中国总商会成立于 1997 年 7 月 1 日，其前身是意大利华侨华人贸易总会（2017 年 7 月 1 日成立 20 周年之际，正式更名为意大利中国总商会）。该商会是由从事互联网、物联网、商务、金融、物流的旅意华商和在意大利投资的华侨华人企业和参与"一带一路"建设人士等组成的非营利性社会团体，拥有 119 个团体会员，汇集了意大利各地、各行、各业、各领域比较突出的代表人员，拥有自己的会所。

商会宗旨：a. 遵守中国和所在国的法律、法规，努力为会员服务，维护会员合法权益。b. 向有关部门反映会员的意见和要求，促进商务环境的不断改善。c. 广泛联系国内外工商企业和经济组织，并加强会员与政府机构的沟通及会员之间的交流与合

［1］西班牙巴塞罗那中华总商会［EB/OL］.［2024-03-30］. https://baike.so.com.

［2］巴塞罗那中华总商会成立大会［EB/OL］.［2024-03-30］. https://www.zjsql.com.cn.

［3］意大利中国总商会［EB/OL］.［2024-03-30］. http://www.agcci.com.

［4］意大利中国总商会. 同心逐梦再创辉煌［EB/OL］.［2024-03-30］. http://xby.52hrtt.com/cn.

作。d. 加强培训，帮助会员企业提高管理水平和技术进步，促进会员在国际商务中发挥积极作用。

商会弘扬侨社"团结、互助、服务、奉献"精神，全面深入推进和谐侨社建设，努力深化为侨服务工作，进一步凝聚侨心、汇聚侨智、发挥侨力，同圆共享"中国梦"。其特色工作：a. 商会与其他三家侨团联合组建罗马华助中心（2021 年 2—6 月，意大利罗马华助中心多方协力帮助流落罗马街头同胞回归故乡）。b. 商会是意大利首家 CCTV—4 海外观众俱乐部。c. 商会是协助法院办理海外涉侨案件衔接的工作点。d. "世界浙商地图"海外商会数据库及浙商"共享经济"平台落户该商会。

2019 年，在第九届世界华侨华人社团联谊大会上，意大利中国总商会被授予"华社之光"荣誉称号。

2022 年 8 月 26 日，意大利中国总商会举行第二届会长团成立庆典，得到意大利侨界和中国有关部门和组织的高度关注。中国常驻联合国粮农机构代表、中国驻意使馆代表、中国温州市侨联代表等到会祝贺；中国全国人大华侨委员会办公室、中国全国政协港澳台侨委员会办公室、中国侨联联谊联络部、中华海外联谊会海外联络部发来贺电。

25. 巴布亚新几内亚福建总商会（Fujian General Chamber of Commerce in Papua New Guinea）[1-2]

巴布亚新几内亚是南太平洋西部的一个岛国，旅居华人华侨约 1.2 万人，其中福建人占 87%。巴布亚新几内亚福建总商会成立于 2018 年 5 月，得到中国驻巴布亚新几内亚大使馆和中国福建省侨办、工商联等单位的大力支持。该商会有会员企业 100 多家，主要从事商贸、地产、建筑、渔业等行业。

商会宗旨："团结、共赢、发展、奉献"，团结旅居华人华侨，为他们在巴布亚新几内亚的发展提供优质的服务。

2018 年 11 月 15—18 日，国家主席习近平对巴布亚新几内亚进行国事访问，出席亚太经合组织第二十六次领导人非正式会议，并与建交太平洋岛国领导人举行集体会晤，取得圆满成功。为迎接习主席来访，广大巴新华侨华人特别是巴新福建总商会，积极响应驻巴新使馆号召，配合使馆做了大量细致、具体的工作，为代表团成功

［1］巴布亚新几内亚福建总商会［EB/OL］.［2024-03-30］. http：//ydyimgr.acfic.org.cn.

［2］这个海外闽籍商会有点牛［EB/OL］.（2018-11-28）［2024-03-30］. https：//www.163.com.

访问营造了积极、喜庆、热烈的氛围，发挥了重要、积极的作用，受到代表团好评。11 月 26 日，巴布亚新几内亚福建总商会收到中国驻巴布亚新几内亚使馆发来的一份感谢信，其中载明：

> 借此机会谨向巴新福建总商会严延顺会长及全体会员表示衷心感谢！爱国爱乡是广大在巴新同胞的光荣传统。希望巴新福建总商会在严延顺会长的带领下，再接再厉，为巴新经济社会发展，为巩固和深化中巴新友谊，作出新的、更大的贡献。

这份感谢信，受到社会各界重视，既体现了中国政府对国外华人商会的重视，又反映出国外华人商会对于中外经济、文化交流合作方面所具有的桥梁、纽带和助手作用。

部分国外华人商会（国外中资企业商会）名称、组织及工作特色见表 27-3。

表 27-3　部分国外华人商会名称、成立时间及组织特色

序号	商会名称	成立年份	组织及工作特色
1	菲律宾中华总商会 Filipino-Chinese General Chamber of Commerce	1904	促进华人与菲律宾人融合友好；积极支持和配合菲律宾政府实施经济社会发展计划；热心慈善和社会公益事业。
2	新加坡中华总商会 Singapore Chinese Chamber of Commerce & Industry	1906	世界华商大会的创始者，是获得 ISO 9001 认证的商会。
3	缅甸中华总商会 Myanmar Chinese Chamber of Commerce	1909	促进缅甸经济社会事业繁荣，发展中缅人民友谊，推动缅甸华商与世界各国华商之间的交流合作。
4	泰国中华总商会 Thai - Chinese Chamber of Commerce	1910	为华侨华人谋福祉；为促进所在国经济繁荣社会和谐做工作；为增进泰中友谊、弘扬中华文化作贡献。
5	菲律宾菲华商联总会 Federation of Filipino-Chinese Chambers of Commerce and Industry, Inc.	1954	2019 年 3 月 21 日，获菲律宾总统称赞：贵会在奉献资源以改良社会状况，坚持不懈地大力推展商贸，克服国家所面临的各项挑战等方面，扮演着举足轻重的角色。
6	马来西亚中国总商会 Malaysia - China Chamber of Commerce	1990	促进马中两国经贸发展与投资合作；加强与马中政府机构及民间工商团体的联系；维护会员利益。
7	马来西亚中国经济贸易总商会 Malaysia-China Economic and Trade Chamber of Commerce	1990	促进中马两国双边经济、贸易、投资合作和发展；维护会员利益。

续表

序号	商会名称	成立年份	组织及工作特色
8	美国华人商会 U.S. Chinese General Chamber of Commerce	2010	为在美华商提供服务，维护华商的正当权益，建立商务平台，发挥桥梁和纽带作用，促进美中贸易关系的发展和企业之间的交流。
9	加拿大中华总商会 Chinese Entrepreneurs Society of Canada	1995	促进华商企业发展，鼓励华商融入加拿大商业社会，为促进加拿大与中国经贸交流与发展作贡献。
10	意大利中国总商会 China Chamber of Commerce in Italy	1997	弘扬侨社"团结、互助、服务、奉献"精神，推进和谐侨社建设，努力为侨服务，凝聚侨心、汇聚侨智、发挥侨力，同圆共享"中国梦"。
11	葡萄牙中华总商会 China Chamber of Commerce in Portugal	1997	维护会员合法权益，促进在葡华人工商业健康发展；增进在葡华人团结，维护华人社区安定；促进中葡两国经贸文化交流。
12	日本中华总商会 Chinese Chamber of Commerce in Japan	1999	促进在日华人企业、中资企业与日本企业交流合作，为会员企业和地区经济发展作贡献。吸收加盟会员和赞助会员。
13	印度尼西亚中华总商会 Indonesian Chinese Entrepreneur Association	2001	2015年成功举办了第13届世界华商大会，吸引国内外企业家3000多人出席会议，并得到了印尼政府的大力支持。
14	英国中国商会 The China Chamber of Commerce in the United Kingdom	2001	代表会员利益、维护会员权益、为会员服务。
15	马来西亚中资企业总商会 China Enterprises Chamber of Commerce in Malaysia	2002	维护会员合法利益；推动会员企业之间、中马企业之间联系交流；指导会员企业合法经营并协调解决重大经营问题。
16	美国湖北工商总会 Hubei Federation of Industry and Commerce in America	2003	汇聚美籍华人企业家和艺术家，注重经济与文化相结合，在中美经济与文化交流合作方面取得显著绩效。
17	玻利维亚中国投资商会 Camara de Inversiones Boliviana–China	2003	为中国投资者在玻投资提供服务；为搭接中玻两国贸易桥梁作贡献。
18	韩国中华总商会 Chinese Chamber of Commerce in Korea	2004	努力为增进中韩经济发展、振兴华侨经济做出努力，作出贡献。
19	新西兰湖北经贸文化协会 New Zealand Hubei Economy Trade Culture Association	2005	助推新西兰基督城与中国武汉市建立友好城市、Waimakariri地区与湖北恩施州建立友好地区。积极推动两国经贸文化交流，在中国湖北恩施推介新西兰风情及优质产品；在新西兰基督城推介湖北恩施风情及富硒农产品。

续表

序号	商会名称	成立年份	组织及工作特色
20	俄罗斯中国总商会 China General Chamber of Commerce in Russia	2006	为会员提供政策信息、业务咨询和法律服务；加强企业间沟通；服务会员更好地融入俄罗斯社会经济生活。
21	澳大利亚中国总商会 China Chamber of Commerce in Australia	2006	维护会员的合法权益；促进中澳经济贸易关系发展和企业间交流；为会员在澳大利亚和中国的业务发展发挥桥梁和纽带作用。
22	法国中国工商会 China Chamber of Commerce and Industry in France	2007	加强与法国政府机构的沟通、开展与法国工商企业界的合作，维护会员利益，实现共同发展和双赢。会员分为正式会员和合作会员。
23	澳大利亚中华情国际商会 Love for China International Chamber of Commerce In Australia	2010	该商会由 12 个国家的侨商组成，会员涉及领域广阔，致力于促进澳大利亚和中国之间的商务贸易往来。
24	西班牙中国商会 China Chamber of Commerce in Spain	2012	支持会员在西班牙市场经营发展；维护会员权益；发挥中介与桥梁作用，促进中西双边经贸与投资交流。
25	西班牙巴塞罗那中华总商会 Chinese General Chamber of Commerce in Barcelona，Spain	2012	注重与当地政府沟通协调，尽力解决华商经营中所碰到的问题，服务会员事业有序、规范、健康发展。
26	英国中华总商会 UK Chinese Business Association	2012	为会员办实事、做好事；为建立华人家园、整合华人力量、树立华人形象、提升华人地位，帮助在英华人华侨发展，推动中英贸易合作发挥作用并贡献力量。
27	德国中国商会 China Chamber of Commerce in Germany	2013	促进中德经济合作与交流。
28	瑞典中国商会 China Chamber of Commerce in Sweden	2017	以"服务会员、合作共赢"为理念，努力成为中瑞商界交流的平台，发挥企业、政府和其他社会机构之间的桥梁纽带作用。
29	丹麦中国商会 China Chamber of Commerce in Denmark	2018	在促进丹麦和中国贸易投资合作、促进丹麦经济增长和就业等方面发挥积极有益作用。
30	巴布亚新几内亚福建总商会 Fujian General Chamber of Commerce in Papua New Guinea	—	该商会为迎接中国代表团来访做了大量工作，荣获中国驻巴布亚新几内亚使馆感谢信。

国外华人商会共性组织特色

国外华人商会融汇中外商会文化，结合中外商会组织优点，其共性组织特色主要包括以下方面：

第一，商会称谓：传统称谓主要有三种，"国外华人商会""海外华人商会"和"旅外华商商会"。当今称谓主要有三种，突出商人特色的习惯称其为"国外华人商会"；突出企业特色的习惯称其为"国外中资企业商会"；突出国家特色的习惯称其为"国外中国商会"。

第二，商会性质：国外华人商会组织都为非营利性社会团体，都经过商会所在国所在地管理部门注册登记成立。

第三，商会会员：历史上的传统海外华人商会，其会员大都以小型商户或个体会员组成；当代国外华人商会，其会员大都包括企业会员和个人会员（有的还吸收留学生会员），以企业会员为主（有的是国内大型企业的分公司或分支机构）。当代国外华人商会企业会员成分包括公有制、非公有制、混合所有制及中外合资等多种经济成分；个人会员身份主要包括华人商人和华侨商人及与华人华侨商人有经济合作关系的外籍商业人士。与历史上的传统海外华人商会相比，当代国外华人商会组织规模、经济实力和影响力更大。

第四，商会分布：传统海外华人商会大都分布在亚洲南洋各地，其他地区较少；当代国外华人商会分布范围较广，逐步遍及市场经济开放的国家。国外华人商会组织数量，有的"一国一会"，即一个国家只有一个华人商会；有的"一国多会"，即一个国家有多个华人商会。如在美国，有"美国华人商会""美国湖北工商总会"等；在西班牙，有"西班牙中国商会""西班牙巴塞罗那中华总商会"等；在英国，有"英国中国商会""英国中华总商会"等。

第五，商会宗旨：国外华人商会以服务会员经济发展、服务中外经济和国际经济合作交流为主旨，致力于服务与促进华人华侨工商业和华资企业发展；致力于成为中外商界交流合作的平台；致力于把商会建成华人、华侨、华商和华资企业之家；致力于服务会员融入当地经济社会生活；致力于在中外企业、商会、政府和社会机构之间发挥桥梁纽带作用。例如，葡萄牙中华总商会，致力于维护会员合法权益，促进在葡华人工商业健康发展；增进在葡华人团结，维护华人社区安定；促进中葡两国经贸、文化交流，加深中葡两国人民的互相了解和友谊。又如，英国中华总商会，致力于为在英华商办实事、做好事；致力于建立华人家园、整合华人力量、树立华人形象、提升华人地位，帮助在英华人华侨发展；致力于为推动中英贸易合作发挥作用并贡献力量。

第六，商会功能：国外华人商会组织功能可细分为聚合功能、维权功能、服务功能和集中会员力量办大事的功能。在聚合功能方面，以同籍同乡为纽带，聚合能力较强；在维权功能方面，致力于构建工商经贸交流平台，维护会员合法权益；在服务功能方面，注重搭建服务平台，创新服务方法，提高服务实效；在集中会员力量办大事方面，主要表现在组织重大商务活动和社会公益活动。

第七，商会文化：国外华人商会注重以"爱国报国""仁义礼智信""各美其美、美人之美、美美与共、天下大同"为主题的中华传统文化与以"服务会员、发展经济、友好交往、合作共赢、互通有无、互利互惠"为主题的当代国际商业文化相结合；注重发展"家文化"，努力把商会办成会员之家、华人华侨在异国他乡之家；注重发展"和文化"，和谐会员关系和社会经济关系；注重发展"合文化"，汇聚智慧和力量办大事；注重发展"友文化"，结交朋友并发展友好商业伙伴关系。

第八，商会外部关系：国外华人商会大都注重保持与商会所在国和中国的外交、外贸、商务及相关部门之间的良好沟通关系，大都注重保持与商会所在地政府和所在社区的利益共同体关系，大都注重保持与中国政府驻外使领馆的联系，大都注重保持与中国政府经济部门的联系，大都注重保持与国际经济组织的联系，大都注重发展商会之间、经济组织之间、企业之间、社会成员之间的友好合作关系。

第二十八章

中国当代商会改革发展新趋势

伴随着市场经济兴起与发展，伴随着市场主体增多与发展，伴随着会员群体相应增多与发展，中国当代商会组织十分活跃，其组织层级之多、类别之多、数量之多，组织规模之大、影响力之大、覆盖面之大，组织积极性之高、活跃度之高、关联度之高，在中国商会史和世界商会史上都是空前的。

关于中国当代商会的理论研究与实践探索相伴相随，商会的性质地位、职能作用、基本任务、工作载体及组织体系、组织使命等始终成为商会理论和实际工作者共同关注的课题。2020年，全国工商联把《新时代工商联职责定位系列研究》作为重大课题，制定工作方案，集合研究力量，认真组织实施，大力推动了中国当代商会组织意识与行为的理论研究与实践探索，本章根据作者本人视野和思考参与探讨相关问题。

一、中国工商联及其所属商会组织系统

中国工商联及其所属商会是中国当代商会组织体系（见序图1）中规模最大、覆盖面最大、影响力最大的商会组织系统。至2022年7月，中国工商联形成了由32个省级工商联、346个市级工商联、2832个县级工商联及所属所联系的54598个各类商会组成的组织系统。

回顾中国工商联及其所属商会组织发展史，先有地方性组织，包括省级、市级、县级工商联及其所属商会；后有全国性组织，即全国工商联及中国民间商会。组织形成过程，是在改造并整合中国近代商会、工业会及工商同业商会（公会）的基础上成

立工商联，在联合地方工商联的基础上成立全国工商联，逐步形成中国工商联及其所属商会组织系统。70多年来的实践证明，上下贯通并横向联合的中国当代工商联及其所属商会组织系统与中国近代商会和工业会分设的组织系统相比，更符合中国国情。

当今，中国工商联及其所属商会大致可以归纳为一个组织系统、两种组织性质、四级工商联、六级民间商会及三类特色商会。

一个组织系统：中国工商联及其所属商会组织系统。

两种组织性质：工商联归类为人民团体；其所属商会归类为社会团体。

四级工商联：包括全国工商联，省（市、区）工商联，市（州）工商联，县（市、区）工商联。

六级民间商会：包括中国民间商会（国家商会），省（市、区）商会，市（州）商会，县（市、区）商会，乡镇/街道商会，村/社区商会。

三类特色商会：包括行业商会，异地商会，同籍商人联合会。

一个组织系统

1949年8月，中共中央作出《关于组织工商业联合会的指示》："工商业以合并成立工商业联合会为好。"这一指示精神，一直贯彻至今。事实证明，这一决策对于改造"旧商会""旧工业会""旧商联会"等中国近代商会，发展中国当代商会发挥了重要作用。组织名称"工商业联合会"比"商会""工业会"或"商联会"更符合当代中国国情、中国实际、中国命名习惯，更具中国特色。工商联作为工商业一体化组织，有利于同时吸纳工业和商业会员，有利于工业和商业会员间交流合作，有利于适应同一会员企业在工业和商业方面并行发展或联系发展的新形势。当前，工商联会员，特别是骨干会员中工业和商业兼营者较为普遍。再则，"工商业者""工商联会员"的称谓已经深入人心，比起"商人"的称谓更容易为会员接受、受人尊敬。由此可见"工商"二字的分量重于"商"字。就组织影响力而言，与"民间商会"或"商会"或"总商会"相比，"工商业联合会"组织影响力更大。至今，中国工商联及其所属商会组织体系形成并趋于完善，且管理运行情况良好。

中国工商联是中国共产党领导的以民营企业和民营经济人士为主体，具有统战性、经济性、民间性有机统一基本特征的人民团体和商会组织，是党和政府联系民营经济人士的桥梁和纽带，是政府管理和服务民营经济的助手，是中国人民政治协商会议的重要组成部分。其工作是党的统一战线工作和经济工作的重要内容；其事业是中国特色社会主义事业的重要组成部分。[1]

两种组织性质

根据《工商业联合会组织通则（1952）》，各级工商联是各类工商业者联合组成的人民团体。因为工商联的组织性质为人民团体，并且是"参加中国人民政治协商会议的人民团体"，根据《社会团体登记管理条例》的规定，不属于社会团体登记管理范围；中国工商联所属商会（包括民间商会/总商会、行业商会、异地商会、同籍商人联合会等）归类为社会团体，需要接受社会团体登记管理。简而言之，工商联组织归类为人民团体，商会（包括工商联所属和非所属商会）组织归类为社会团体。

四级工商联

工商联组织依照国家行政区域设置，分为国家级、省级、市级、县级共四个组织层级，分为全国组织和地方组织。其中：全国工商联为全国组织；省（市、区）工商联、市（州）工商联、县（市、区）工商联为地方组织。

六级民间商会

中国工商联所属民间商会组织包括中国民间商会（国家商会）、省（市、区）商会、市（州）商会、县（市、区）商会、乡镇/街道商会和村/社区商会共六个组织层级。

关于中国民间商会名称确定的时间起点：1993年10月13日，在北京召开的全国工商联第七次会员代表大会开幕式上，中共中央政治局委员、国务院副总理李岚清代表中共中央、国务院向大会致贺词并宣布："中共中央、国务院已经批准'中华全国工商业联合会'同时又叫'中国民间商会'"，并明确指出："工商联既是统一战线的人民团体，也是中国的民间商会。"[2]

关于省级、市级、县级商会名称确定及组织设立的时间起点：在批准全国工商联

---

［1］《中国工商业联合会章程（2022）》.

［2］黄孟复主编．中国民营经济史·大事记［M］．北京：社会科学文献出版社，2009：213.

同时又叫中国民间商会的同一时间段，各省级、市级、县级工商联相继增用商会或总商会的牌子。例如，1993年8月27日，湖北省机构编制委员会以鄂机编〔1993〕047号文批复，同意湖北省工商联增用湖北省总商会名称，实行"一个机构，两块牌子"。

关于乡镇/街道商会统一名称的时间起点：乡镇/街道的商会组织大都根据《工商业联合会组织通则（1952）》的规定设立，其组织名称有县工商联分会、县工商联办事处或乡镇/街道工商联、乡镇/街道商会等。2008年12月，中央统战部办公厅发出《关于加强县级工商联工作的若干意见》（中央统战部办公厅通知〔2008〕111号），其中第九条要求加强基层商会组织建设，要求县级工商联加强对基层商会组织的指导，认真研究基层商会的组织形式，帮助乡镇商会、街道商会、社区商会健全领导班子，壮大会员队伍，完善管理制度，协助他们解决突出困难和问题。从此以后，各地逐步统一名称为乡镇或街道商会，但仍然有一些地方习惯沿用乡镇或街道工商联等组织名称。

关于村/社区商会产生的时间起点：很难准确界定村级商会的时间起点，很难准确认定谁是全国第一家村级商会。据新闻媒体报道：2008年4月，浙江省余姚市凤山街道剑江村商会成立；2011年4月，山东省胶南市灵山卫街道北街村商会成立；2012年10月11日，江苏省吴江市盛泽镇黄家溪村商会成立；2014年11月，福建省漳州市长泰县岩溪镇湖珠村商会成立；2017年2月8日，江西省分宜县杨桥镇潭湘村商会成立；等等。以上这些是我国村级商会早期兴起的典型案例。

2019年4月22日，号称"中国改革开放第一村"的凤阳小岗村商会成立。小岗村商会，是由在安徽省凤阳县小溪河镇小岗村设立或投资的工商企业和在外地经商办企业的小岗村籍企业家及其他工商企业和社会团体自愿参加的地方性、非营利性的社会组织。凤阳小岗村商会组织建设规范，从商会标注英文名称"Fengyang Xiaogangcun Chamber of Commerce/FXCC"的意识与行为来看，具有对外开放与国际接轨的格局。商会组织宗旨明确：弘扬小岗精神，传承徽商基因，引导会员自觉遵守国家法律法规和社会道德风尚，不断创新和丰富小岗企业文化内涵，推动企业诚信建设，实现会员企业间信息互通、资源共享、优势互补，维护会员企业的正当合法权益，为会员服务、为社会服务，全面推动中小企业健康发展及小岗的乡村振兴，为国家和地区经济社会的繁荣与发展贡献小岗智慧。小岗村商会的建立，特别是其规范的组织意识与行为，带动并促进村级商会建设与发展形成高潮，成为中国当代商会基层组织发展的一个亮点。

村 / 社区商会，包括农村的村商会和城镇的社区商会等，一并称其为村级商会，是近年来新出现的最基层商会组织，是伴随我国农业经济新发展出现的新的自发性的微型社会团体组织。村级商会是自发产生（非制度设计）的、以涉农企业和农民企业家为主体会员的基层商会组织，是农业市场经济催生的微型社会团体组织，是农民专业合作社的"伴生组织"。农民专业合作社是以农业生产为主、农业生产与市场经营相结合的具有市场主体地位的农业经济组织，而村级商会则是服务市场主体生产经营的社会团体组织。村级商会主要功能表现在维护会员权益，服务会员发展，维护经济秩序，促进会员互助合作共同受益。当前，村级商会与农民专业合作社两类组织的根本区别在于：前者为非营利性的社会团体组织，后者为具有市场主体地位的互助性经济组织；前者以服务经济发展为主旨，后者以从事经济发展为主旨。从运行实践情况来看，村级商会与农民专业合作社两类组织，其组织性质、功能与地位有相互影响、相互渗透、相互借鉴、相互取长补短的发展趋势。

有关村级商会性质、功能、地位的研究及其与农民专业合作社之间的组织关系，逐渐引起政界、商界、学界的重视并纳入课题研究。其中一种观点认为：对于村级商会，应正视这一新生事物，应顺势利导、鼓励支持其健康发展；不要囿于非营利性社团组织的性质定位，一并赋予村级商会社团组织和经济组织双重功能，通过鼓励、支持、引导、服务、监管措施规范其组织行为；纯而又纯的集体经济不适合现代农业农村经济健康发展；同样，纯而又纯的个体私营经济也不适合农业农村经济健康发展，只有兼顾集体利益和个体利益的合作经济是农业农村经济高效发展之路。笔者认为：应该鼓励村级商会探索合作经济发展新路；应该重视村级商会和村级农民专业合作社这两类基层组织改革发展、融合发展；应该正视实行联产承包责任制的农业家庭是市场主体，农业是我国市场主体最多的产业。实践证明，农业市场主体是村级商会的重要成员，是村级商会依存、发展的基础力量。

村级商会是 21 世纪以后出现的新事物，是贴近农村、贴近农业、贴近农民、贴近涉农市场主体、贴近农业经济发展、贴近农工商经济融合发展、贴近城乡经济结合发展最基层的商会组织，应当引起重视、关心并支持其健康发展。可以预见，村级商会将成为我国数量最多的商会群体，在服务与促进"三农"经济发展和乡村振兴的工作大局中发挥重大作用。村级商会应该作为基层商会组织正式纳入中国工商联组织体系。

三类特色商会

三类特色商会包括行业商会、异地商会和同籍商人联合会。

第一类：行业商会

行业商会原来多称为"同业公会"或"同业商会"或"同业委员会"等源自会员角度的习惯性的传统称谓；现在多称为"行业商会"，如同"行业协会"一样，系源自产业视野的通行称谓，在某些场合一并称其为"行业商会协会"或"行业协会商会"。

第二类：异地商会

何为异地商会？如何定义异地商会？政界、学界、商界各有其词，虽有所不同但大致相同。

政界观点，如安徽省《关于加强异地商会建设与管理的指导意见》中指出："异地商会是指外来投资，具有一定规模和实力，且有一定影响力和代表性的企业发起自愿组成的，按照其章程开展活动的非营利性社会组织"；江苏省《关于加强异地商会工作的意见》中指出："异地商会是由异地同籍工商界人士自发组建、以原籍行政区域名称命名、经属地相关部门登记注册的社团组织"；广东省《关于异地商会登记的管理办法》中称异地商会为："由自然人或法人在广东省内投资兴办，经在粤工商行政管理部门登记注册的企业自愿发起组成，以原籍地行政区域名称为基本特征，以推动企业所在地与原籍地经济合作交流为宗旨的非营利性社会团体"；《山东省异地商会管理办法》中指出："异地商会是指外来投资，具有一定规模和实力且有一定影响力、代表性的企业发起自愿组成的，按照其章程开展活动的非营利性社会组织。"浙江省民政厅对异地商会的定义与组织宗旨表述为："异地商会，是指境内同一原籍地的法人或自然人在我省注册设立的企业和个体工商户，依法自愿发起组建，带有原籍地行政区域名称特征的商会类社会团体法人；异地商会以促进当地经济社会发展和区域经贸合作为宗旨，以促进会员交流、规范会员行为、反映会员诉求、提供相关服务、推动经贸合作发展为主要业务。"

国家民政部于 2018 年答复人大代表有关建议时，对异地商会的概念进行了阐释："异地商会是社会主义市场经济发展的必然产物，它是由同一原籍地的外来投资企业和组织在其注册登记地依法自愿成立的，以原籍地行政区域名称命名为基本特征的社会团体。"

学界观点，如华东师范大学学者[1]认为：异地商会是指来自同一行政区域的个体经营者、私营企业等自然人或法人在非籍贯地的某级行政辖区内自发或由当地政府部门牵头组织并通过当地政府相关部门合法登记的会员制的社会团体组织。其目的是维护在外省发展的本省个体经营者及会员企业的利益并为其提供各种服务，支持商会组织设立地的经济社会发展。福州大学学者[2]认为：异地商会是由异地同籍自然人或法人在某级行政辖区内投资兴办的，经本省、市及县（市、区）工商行政管理部门登记注册的企业自愿发起组织，以原籍地行政区域名称命名为基本特征，以促进两地经贸合作为宗旨的联合性、非营利性社会团体。华中师范大学学者[3]认为：异地商会是指以经营者之籍贯为结社标准，以协助同籍商人在异地发展为宗旨，而在经营所在地自愿成立、合法注册的民间经济组织。民政部中国社会组织促进会研究者[4]认为：异地商会是指具有相同原籍（县级以上行政区）的企业和工商业者，因工作或业务的需要，为维护自身利益，在原籍外的另一行政区依照自愿原则成立的民间商会组织。

商界观点，如全国工商联会员部通过广泛深入的调查研究，综合商界意见，在专题文章中对异地商会的组织特征进行了诠释：异地商会是指具有相同籍贯民营经济人士创办经营的民营企业，在其企业共同注册登记地依法自愿成立的，以推动两地区域经济合作交流为主要目的，以原籍地行政区域名称命名为基本特征的社会团体；异地商会是民营经济发展、区域经济合作、政企沟通、社会治理水平提升等时代因素共同作用的结果，其产生和发展植根于传统地缘关系和思想观念，离不开民营企业和政府部门这两个行为主体，是经济社会现代化进程中对传统组织"同乡会"的一种扬弃，是中国特有传统商业文化的一种产物。异地商会组织的会员之间都是"老乡"，是来自同一个登记注册地的同籍贯商人和企业组成的社会组织。

综合多方观点，本书作者将异地商会的定义表述为：异地商会是由异地经商的同籍商人，在经商地依法组织成立并以商人经商地和原籍地行政区域名称并列冠名（经商地在前原籍地在后）为基本特征的商会组织。

异地商会的组织特征：1.异地商会会员主要为离开原籍地异地经商人员。2.异地商会在经商地注册登记成立。3.商会名称以商人经商地（注册登记地）和原籍地行政

[1] 王文静. 中国异地商会发展的空间演化及其机制研究 [D]. 华东师范大学，2014.

[2] 苏文菁主编. 闽商发展史·异地商会卷 [H]. 厦门：厦门大学出版社，2016：56.

[3] 魏文享. 市场中的乡籍网络：异地商会兴起要因分析 [EB/OL]. [2024-03-30]. xuewen.cnki.net.

[4] 张高陵. 中国异地商会的渊源与现状 [EB/OL]. [2024-03-30]. https://wenku.baidu.com.

区域名称并列冠名，且经商地在前、原籍地在后。如上海浙江商会，系指由同在上海经商的原籍地为浙江的商人在上海组建的异地商会。4. 异地商会组织任务大都有商人经商地与原籍地"两地合作交流"等关键词。5. 异地商会组建及活动受到商人经商地和原籍地政府共同重视、关心和支持。6. 除了具有各类商会共同的组织作用之外，异地商会因为服务与促进会员原籍地经济社会发展作用较大，有的成为会员原籍地政府部门的工作"手臂"。7. 异地商会独特的组织意识与行为及其组织作用发挥大都表现在省际、市际、县际，对外延伸至国际经济交往活动之中。

当今，异地商会成为中国当代商会组织体系中组织数量多、会员积极性高、会务工作活跃的特色商会组织。据全国工商联会员部统计，至 2020 年，全国范围内在各级社会组织登记管理机关登记注册的异地商会共有 8730 家。其中，工商联主管和吸收为团体会员的共有 6515 家，占比 74.6%。[1]

异地商会组织的产生与发展源自内生动力和外部推力。

就内生动力而言，因为异地经商办企业的工商从业者希望聚合力量、互相帮衬、抱团发展，以利排忧解难、维护权益、促进发展；因为乡情友情，希望有一个联谊聚会的组织和场所；因为身在他乡，希望以组织的力量展示同籍地商人在经商地的存在与影响；因为责任感和成就感的驱使，希望集合力量为家乡做点大事、作出贡献。

就外部推力而言，商人家乡所在地政府希望通过异地商会把在外地经商办企业的本籍地商人组织起来，抱团发展，有更大的作为，并为家乡振兴发展贡献力量。商人家乡所在地政府的驻外办事机构、对外联络机构、各类联谊机构成为在外地经商办企业的本籍地商人组建异地商会的重要推手。商人经商地政府则希望通过异地商会这一组织形式加强外来商业人口的管理，并集合外来商业力量助力当地经济社会发展。

当今，以地缘、人缘、业缘、物源、财源为纽带的异地商会，其组织层级由省级逐步延伸至市级、县级；组织数量，持续增加；组织活跃度和稳定性相对较高，成为中国当代商会组织体系中最具特色的组成部分。

第三类：同籍商人联合会

把分布在不同地区的同籍地商人组织起来建立商人联合会，并以商人同籍地简称命名，是中国商人及其商会的组织特色。例如，"徽商联合会""粤商联合会""闽商

---

[1] 全国工商联会员部 . 关于加强异地商会登记管理工作的研究与思考［G］. 全国工商联 2020 年理论研究创新成果评选材料 .

联合会""豫商联合会""湘商联合会""楚商联合会"等。这类商会由于组织规模较大，组织凝聚力、影响力、作用力较大，对商人同籍地（家乡）的贡献力较大，受到商人同籍地政府高度重视并大力鼓励支持其健康发展。

二、中国当代商会组织关系

商会组织关系，涉及商会内部、商会外部、商会之间三个方面；商会组织关系，对商会组织的工作效率、运行环境和协同能力产生重要影响。这里介绍涉及中国当代商会组织的十个关系。

商会与政府的关系

商会与政府的关系，可谓密不可分。商会与政府的关系包括方方面面，其中商会组织与政府的关系、商会会员（企业或企业家）与政府官员的关系是最主要的。

就商会组织与政府的关系（即政商组织关系）而言——

《中国工商业联合会章程（2017）》指出：中国工商联是具有"统战性、经济性、民间性"三性特征的"人民团体和商会组织"，是"党和政府联系非公有制经济人士的桥梁纽带"，是"政府管理和服务非公有制经济的助手"，是"中国人民政治协商会议的重要组成部分"；工商联工作是"党的统一战线工作和经济工作的重要内容"；工商联事业是"中国特色社会主义事业的重要组成部分"。这"六个是"，充分表明了中国当代最大规模的商会组织——工商联与政府的密切关系。

第一，从工商联是人民团体看商会与政府的关系

工商联是人民团体。1951 年 10 月 23 日，周恩来在中国人民政治协商会议第一届全国委员会第三次会议上的政治报告中指出："工商业联合会将逐渐成为全体工商界的，即包括各城市各阶层和各行业的并使中小工商业者享有平等权利的组织。"1952年 8 月 1 日，国家政务院通过的《工商业联合会组织通则》明确规定："工商业联合会是各类工商业者组成的人民团体。"至今，工商联是人民团体的组织性质保持不变。《中国工商业联合会章程（2022）》明确规定：工商联应"保持和增强政治性、先进性、群众性，坚决防止机关化、行政化、贵族化、娱乐化倾向"。这表明，工商联始终坚持人民团体的组织本色，以人民大众利益为重，为工商界服务，与人民政府为人民服务的宗旨保持一致性，并努力当好政府的助手，围绕人民大众利益发展人民大众

经济。

因为工商联是人民团体，所以要求工商联在维护会员合法利益的同时，有责任有义务为谋求人民大众利益贡献力量，并致力于维护会员合法利益与人民大众利益的一致性。《中国工商业联合会章程（2022）》明确规定：各级工商联要加强和改进民营经济人士思想政治工作，要引导民营经济人士自觉把自身发展与国家发展结合起来，把个人富裕与共同富裕结合起来，把遵循市场法则与发扬社会主义道德结合起来，弘扬中华传统美德，弘扬时代新风，树立义利兼顾、以义为先理念，致富思源、富而思进，自觉投身光彩事业和其他社会公益慈善事业，积极履行社会责任。这充分表明，工商联组织任务与人民政府工作任务的密切关联性。

第二，从工商联是"党和政府联系非公有制经济人士的桥梁纽带"看商会与政府的关系

在 1952 年 6 月中共中央批准发出的《关于改组工商业联合会的指示》中指出：工商联是各类工商业者联合组织起来的人民团体，只有既代表私营工商业者合法利益，又以《共同纲领》指导他们积极从事合法的生产和经营，才能发挥私人资本的有利于国计民生的积极性，"才能使工商联成为党和人民政府借以团结、教育和改造私营工商业者，并在广大工商业者中享有适当信仰的组织"。这是最早对工商联提出在人民政府和私营工商业者之间发挥桥梁纽带作用方面的要求。

在 2010 年 9 月中共中央、国务院发出的《关于加强和改进新形势下工商联工作的意见》中，正式提出了工商联"是党和政府联系非公有制经济人士的桥梁纽带"的概念，并要求各级工商联组织，一方面，坚持"团结、服务、引导、教育"的方针，引导非公有制经济人士走中国特色社会主义道路；另一方面，密切同非公有制经济人士的联系，深入了解他们的意愿和要求，向党和政府提出相关意见和建议。这是对工商联在人民政府和非公有制经济人士之间发挥桥梁纽带作用提出的更高要求。

第三，从工商联是"政府管理和服务非公有制经济的助手"看商会与政府的关系

在 2010 年 9 月中共中央、国务院发出的《关于加强和改进新形势下工商联工作的意见》中，正式提出了工商联"是政府管理和服务非公有制经济的助手"的概念；并要求各级政府，建立相关重要经济决策委托工商联征询非公有制经济人士意见的制度，吸收工商联参加促进非公有制经济和中小企业发展工作的领导机构和协调机制；还要求工商联为非公有制企业提供信息、法律、融资、技术、人才等方面服务，帮助非公有制企业更好推进结构调整和自主创新，不断增强市场竞争能力、抵御风险能

力、可持续发展能力。实际工作中，各级工商联受各级政府及其部门委托，组织非公有制经济人士开展第三方政策评估，对事关非公有制经济发展的政策措施和工作措施的优化及贯彻落实发挥了助手作用；对政府部门实行"放管服"（简政放权、放管结合、优化服务）改革，坚决打破三门（玻璃门、弹簧门、旋转门），转变政府作风，提高工作效率，发挥了助手作用。

此外，工商联及所属商会及各类商会协会组织，围绕促进非公有制经济健康发展的大目标，在推动经贸交流协作、协调劳动关系、维护合法权益、服务企业发展、参与经济技术规则制定等方面努力发挥政府助手作用，并大有作为。

2019年3月，国务院办公厅发布《关于在制定行政法规规章、行政规范性文件过程中充分听取企业和行业协会商会意见的通知》，表明政府在行政管理、行政决策过程中更加重视协会商会的意见与建议，对于充分发挥协会商会的"官商协商平台"作用，对于改善并优化政商关系意义重大。

第四，从工商联是"中国人民政治协商会议的重要组成部分"看商会与政府的关系

工商联是中国人民政治协商会议的重要界别，中国人民政治协商会议是工商联代表广大非公有制经济人士参与国家政治生活和社会事务的重要渠道。工商联及其界别的政协委员，在中国人民政治协商会议的政治舞台上参与政治协商、民主监督、参政议政。

政治协商是对国家大政方针和地方的重要举措及经济建设、政治建设、文化建设、社会建设、生态文明建设中的重要问题，在决策之前和决策实施之中进行协商。如1954年8月23日，全国政协一届59次常委（扩大）会议对政务院财政经济委员会草拟的《公私合营工业企业暂行条例（草案）》进行协商。全国政协常委会邀请了在京的全国政协委员，中央人民政府委员、政务委员，民建中央、全国工商联负责人，各省、自治区、直辖市政协和民主党派、工商联地方组织负责人，工商界代表人士及公私合营企业有关部门负责人列席会议。在讨论过程中，许多民族资产阶级代表人士、工商业者都提出了积极的意见，并认为制定这个条例非常适时，它不仅给资本主义工商业发展指明了方向，而且对进一步推动资本主义工商业的社会主义改造必将发挥重要作用。会议经协商同意这个条例草案。1954年9月15日，此条例由政务院公布施行。[1]

---

[1] 全国政协办公厅编写组.政协委员手册[M].北京：中国文史出版社，2009：30–31.

民主监督是对国家宪法、法律和法规的实施，重大方针政策、重大改革举措、重要决策部署的贯彻执行情况，涉及人民群众切身利益的实际问题解决落实情况，国家机关及其工作人员的工作等，通过提出意见、批评、建议的方式进行的协商式监督。民主监督，寓于参政议政、政治协商、凝聚共识过程之中。如在每年召开的各级政协大会上，包括工商联及工商联界别委员在内的政协组织和政协委员听取和讨论政府工作报告、人民法院和人民检察院工作报告、国民经济和社会发展情况的报告、财政预算和预算执行情况的报告，并提出意见和建议；在经常性工作中，通过民主监督，助推党和国家重大方针政策和重要决策部署贯彻落实。人民政协开展民主监督旨在发扬民主、集思广益、凝聚共识，达到促进团结、统一思想、科学决策。

参政议政是对政治、经济、文化、社会生活和生态环境等方面的重要问题及人民群众普遍关心的问题，开展调查研究，进行协商讨论，或通过提出提案、建议案、调研报告，反映社情民意或其他形式，向人民政府、人民法院、人民检察院的工作提出意见和建议。工商联作为中国人民政治协商会议的重要界别，在参政议政方面，主要围绕促进形成有利于非公有制经济健康发展和非公有制经济人士健康成长的政策环境、法治环境、市场环境、社会环境，反映诉求、提出建议、促进落实、取得实效。

工商联是"中国人民政治协商会议的重要组成部分"，具有参与政治协商、民主监督、参政议政的组织职能，工商联组织与政府的关系是中国当代商会组织最具特色的政商关系。

第五，从工商联"统战性、经济性、民间性"三性组织特征看商会与政府的关系

经济性和民间性是所有商会的共性组织特征，统战性是工商联的特有组织特征。统战性，既是组织特征，也是组织功能，是授权组织功能，是中国共产党和人民政府授权工商联，用统战工作方法，团结广大非公有制经济人士，构建促进经济发展的统一战线，达到促进非公有制经济健康发展，促进非公有制经济人士健康成长的目的。在发展社会主义市场经济的大背景下，工商联坚持"统战性、经济性、民间性"三性统一的组织特征，充分发挥统战性组织功能作用，有利于凝心聚力，把工商联组织意识与行为统一到建设中国特色社会主义事业的大目标上来；有利于鼓励支持，把非公有制经济人士推举到社会主义现代化建设的大舞台上来；有利于组织引导，把工商联会员集合到社会主义和谐社会建设的大合唱队伍中来，有利于中国特色的工商联组织健康发展。

关于工商联组织"三性"特征，中发〔1991〕15 号文件表述为："工商联作为党

领导下的以统战性为主，兼有经济性、民间性的人民团体"；中发〔2010〕16号文件表述为："统战性、经济性、民间性有机统一，是工商联的基本特征。"这充分体现了伴随着我国社会主义市场经济逐渐深入发展，工商联"三性"组织特征及组织功能与时俱进地优化。

第六，从工商联事业是"中国特色社会主义事业的重要组成部分"看商会与政府的关系

中国共产党和中国政府领导全体中国人民进行的中国特色社会主义事业是建设中国式现代化、全面建设现代化国家、全面推进中华民族的伟大复兴。工商联事业是中国特色社会主义事业的重要组成部分，其重大组织任务是：在中国共产党领导下，高举中国特色社会主义伟大旗帜，坚持马克思列宁主义、毛泽东思想、邓小平理论、"三个代表"重要思想、科学发展观，全面贯彻习近平新时代中国特色社会主义思想，坚持社会主义基本经济制度，坚持"两个毫不动摇"（毫不动摇巩固和发展公有制经济，毫不动摇鼓励、支持、引导非公有制经济发展），坚持推进经济高质量发展，充分发挥在非公有制经济人士思想政治建设中的引导作用，引导广大非公有制经济人士积极投身中国式现代化建设，为全面建设社会主义现代化国家、全面推进中华民族伟大复兴贡献力量。

就商会会员与政府官员的关系（即政商人际关系）而言——

2016年3月4日，国家主席习近平在民建、工商联界别的政协委员联组会上使用"亲""清"二字深刻阐述了政商关系：对领导干部而言，所谓"亲"，就是要坦荡真诚同民营企业接触交往，特别是在民营企业遇到困难和问题情况下更要积极作为、靠前服务，对非公有制经济人士多关注、多谈心、多引导，帮助解决实际困难；所谓"清"，就是同民营企业家的关系要清白、纯洁，不能有贪心私心，不能以权谋私，不能搞权钱交易。对民营企业家而言，所谓"亲"，就是积极主动同各级党委和政府及部门多沟通、多交流，讲真话，说实情，建诤言，满腔热情支持地方发展；所谓"清"，就是要洁身自好、走正道，做到遵纪守法办企业、光明正大搞经营。这一重要讲话为健康发展新型政商关系指出了方向。

2018年11月1日，国家主席习近平在民营企业家座谈会上的讲话[1]中再次提及构建亲清政商关系，指出：

---

[1] 本书编辑组. 习近平谈治国理政：第3卷［M］. 北京：外文出版社，2020：266-267.

各级党委和政府要把构建亲清新型政商关系的要求落到实处，把支持民营企业发展作为一项重要任务，花更多时间和精力关心民营企业发展、民营企业家成长，不能成为挂在嘴边的口号。我们要求领导干部同民营企业家打交道要守住底线、把好分寸，并不意味着领导干部可以对民营企业家的正当要求置若罔闻，对他们的合法权益不予保护，而是要积极主动为民营企业服务。

各相关部门和地方的主要负责同志要经常听取民营企业反映和诉求，特别是在民营企业遇到困难和问题情况下更要积极作为、靠前服务，帮助解决实际困难。对支持和引导国有企业、民营企业特别是中小企业克服困难、创新发展方面的工作情况，要纳入干部考核考察范围。

人民团体、工商联等组织要深入民营企业了解情况，积极反映企业生产经营遇到的困难和问题，支持企业改革创新。要加强舆论引导，正确宣传党和国家大政方针，对一些错误说法要及时澄清。

发展社会主义市场经济呼唤新型政商关系，并以健康的社会引力导向政商关系。倡导为民务实清廉新风，在开展廉洁文化进政府机关的同时开展廉洁文化进商会、进企业活动，引导树立商会正气、商人正气、企业正气，建立廉洁风险防控的制度防线、纪律防线和道德防线；倡导"精事简政、服务至上"，以优质的政府服务改善政商关系，切实把"亲""清"二字体现在全体政府官员和企业家的意识与行为当中；倡导构建便捷顺畅的政商沟通平台，"让政府了解并理解商会和企业，让商会和企业了解并理解政府"，促进政商关系透明化、规范化；倡导重商文化，了解并理解"商会是社会公器"，关心商会事业及会员群体健康发展。

关于新时期最具特色的政商关系的典型案例。例如，湖北建立省级领导联系省外湖北商会的制度，为跨地区沟通政商关系，优化商会及会员发展环境，充分发挥商会的招商引资功能，吸引商会组织会员回家乡投资兴业，收到了"汇聚智慧力量、共促中部崛起"的实效。再如，河北保定，山东烟台，湖北武汉、宜昌、荆州、荆门等地方的农村经过村民公推公选产生一批"企业家村长"，人们称他们为新时期的新型"红顶商人"，他们致富不忘家乡，带领村民脱贫致富奔小康，成为新时期新农村建设的好典型。

商会与会员的关系

商会是会员的组织，是会员之家；会员是商会存在的基础，没有会员就没有商会。商会与会员的关系是相互依存、相互服务与相互依靠的关系。商会的凝聚力、生命力、影响力、发展力都在于服务，在服务会员发展的绩效中实现自我发展。商会与会员的关系，主要涉及以下方面：

第一，商会与会员组织关系双向选择

我国工商联及各类商会与会员之间都是双向选择关系。《中国工商业联合会章程（2022）》规定，"凡承认本章程，自愿参加工商联的一个组织，承诺履行会员义务的团体、企业和个人，可以申请入会"；并规定：工商联"实行会员入会自愿和退会自由的原则"。实际工作中，工商联及各级各类商会有意愿吸收有代表性、有影响力的工商企业和经济人士加入组织，有意愿扩大会员覆盖面；但"实行会员入会自愿和退会自由的原则"始终没变。

第二，商会会员地位平等

《中国工商业联合会章程（2022）》规定，工商联"个人会员面向所有民营经济人士"，工商联吸收会员不以企业资产规模和个人财富等设置入会门槛，只以承认章程为基本条件。实际工作中，工商联及各级各类商会都包括大、中、小型经济规模的工商企业和各类经济人士，各种类型会员的地位都是平等的。这与中国近代商会对会员资格实行会董、会员、会友等级制管理的做法根本不同。

第三，商会会员权利与义务并重

《中国工商业联合会章程（2022）》规定，工商联会员权利包括：1. 选举权、被选举权和表决权；2. 向工商联反映意见、要求和建议；3. 参加工商联组织的参观考察、学习培训等活动；4. 接受工商联提供的服务；5. 要求工商联维护其合法权益；6. 对工商联工作进行监督。工商联会员义务包括：1. 遵守《章程》，执行工商联决议；2. 关心支持工商联工作；3. 按规定交纳会费；4. 参加工商联组织的会议和活动；5. 接受工商联监督；6. 办理工商联委托的事项。

这其中，会员的权利，实际上是工商联的组织义务；会员的义务，实际上是工商联的组织权利。在权利与义务方面，包括组织为会员服务和会员为组织服务两个方面，是商会与会员关系的具体体现。

第四，商会会员分层级管理

工商联会员分为团体会员和个人会员。《中国工商业联合会章程（2022）》规定，"全国工商联和省级工商联只发展团体会员；各级工商联的会员同时也是中国工商业联合会的会员"。地方各级工商联的会员，同时也是上级工商联的会员。这样的规定，有利于提高市、县工商联组织对企业会员和个人会员的吸引力，有利于密切市、县工商联组织与企业会员和个人会员的关系，并一定程度地避免了较大规模的企业会员和较大影响力的个人会员亲近上级工商联组织而疏远本级工商联组织的倾向。

第五，商会服务对象为会员但并不局限于会员

关于商会服务对象，中国各级工商联组织不同于其他商会组织，其服务对象主要是会员，但并不局限于会员，因为其职责是促进地域范围内"非公有制经济健康发展和非公有制经济人士健康成长"。非工商联会员，虽然不是工商联组织成员但也是工商联组织的服务对象。如涉及经济发展环境方面的问题、意见和建议，工商联组织有责任有义务帮助解决或反映。其他类型商会，如行业商会、异地商会服务一般局限于会员。

第六，商会服务方式与内容不尽相同但有共同之处

关于服务方式与内容，各地各类商会不尽相同，但其共同点主要包括以下方面：1.维护会员合法权益，反映会员意见与诉求。2.协调会员关系、通联行业关系、沟通政企关系。3.服务会员需求，包括个性需求和群体需求。4.集中会员力量办大事，包括促进产业进步发展，促进社会进步发展及兴办实业、积累会产、发展公益事业等。总体而言，商会关心会员、服务会员，让会员在服务中受益并有家的归属感，是商会组织长期存在、持续发展的重要原因。

商会与行业的关系

因为行业不同程度地集合了相互关联的企业或商户等市场主体，成为商会依存的某一方面的经济土壤。因为行业的产生与发展，催生了行会，继而催生了商会。

在中国古代，因为早期商业市镇的兴起、商业人口的增加、商业市场的形成及行业分工的出现，产生了中国历史上早期的传统行会。在中国近代，因为商业市场的繁荣、商业竞争的加剧、商业领域的拓展，特别是商户个体或群体参与国际市场竞争，催生了中国近代商会，包括行业性商会（同业公会或行业商会）和联合性商会（工业联合会或商业联合会或工商业联合会）。中国古代的行会、中国近代的商会都与行业的关系密不可分。中国近代商会与中国古代行会相比，更能够"结大群""联商情""聚商力""保利权""强国势"，更能够摒弃陋习，增加理性，适应经济、政治、社会发展新环境。

中国当代商会与行业的关系同样密不可分。中国当代商会对行业的影响，表现在

经济层面，主要是通过意见建议方式，影响政府产业政策；表现在政治层面，主要是代表商人群体参政议政并反映行业利益与诉求；表现在社会层面，主要是通过积极作为表现其行业代表性、社会责任感和组织影响力。此外，表现在技术层面，主要是通过制定或参与制定技术标准和产品标准提升行业技术水平和产业发展能力；表现在市场层面，主要是通过会员群体的产品、服务及其市场占有率展现其行业实力；表现在文化层面，主要是通过其行业价值观展现其商业文明和精神文明。

中国当代商会与行业的关系，突出表现在行业商会（包括行业协会）与政府部门之间的关系方面，二者之间的关系经历了先后两步改革。第一步改革（2007年起）：政会职能分开。主要指政府部门与其所办的行业商会，在隶属关系不变的前提下，政府有关部门职能与所属行业商会职能分开；第二步改革（2015年起）：政会关系脱钩，又称行业商会去行政化改革。主要指政府有关部门与所属行业商会脱离隶属关系。截至2020年12月底，共有728家全国性行业商会和67491家地方行业商会基本完成脱钩改革，完成率分别为92%和96%。通过改革，理顺了行业商会与政府部门之间的关系，初步建立起"政社分开、权责明确、依法自治"的当代行业商会组织新体制，使得行业商会独特优势和功能作用日益显现，有利于更好地发挥政府助手、行业抓手和企业帮手作用。行业商会去行政化改革，促进中国当代新型行业商会产生并蓬勃发展。去行政化改革以后，行业商会与政府部门之间的关系由隶属管理关系转变为服务合作关系，服务合作方式主要表现为政府购买服务与行业商会有偿服务相结合。

实践证明，商会是促进行业发展与商业繁荣的重要力量。各类商会中，行业商会的作用更为明显。行业商会的作用发挥，又在于其广泛的行业代表性，能够广泛集合行业会员群体，汇聚行业智慧和力量，影响并促进行业健康发展。例如，全国工商联旅游业商会，广泛汇聚全国各省（市、区）和港澳地区旅游行业的企业，构建覆盖面广泛的旅游线路及网点服务系统，形成有较大影响力的全国性行业商会组织，从2002年成立至今，持续健康发展。

当前，我国商会对行业的影响力与贡献力在经济方面日益增强，但在技术方面相对薄弱。例如，国家鼓励商会参与国家标准化体系建设，参与制定技术类或产品类标准，但实际上，商会参与能力及有效参与度不够。再如，商会兴办实业及经济收益能力普遍较弱，商会活动经费主要靠收取会费；因为经费困难影响商会活动开展或会员反映会费负担过重的现象时有发生，影响企业入会积极性。

商会与商会的关系

中国当代商会与商会的关系，主要包括商会组织隶属管理关系、商会纵向组织层级关系、商会横向组织合作关系和商会组织外部友好交往关系四个方面。

第一，商会组织隶属管理关系

经过多轮改革调整，中国当代各类各级商会的组织隶属管理关系逐渐清晰并稳定下来。例如，各级工商联都有直属商会，其中全国工商联当前有31个直属商会（以行业商会为主）；省级、市级、县级工商联都有数量不等的直属商会（包括行业商会和异地商会）等。这类行业商会和异地商会与工商联的组织关系，在改革开放以后由不具有独立法人地位的工商联内设组织转变为具有独立法人地位的工商联隶属组织。就工商联与所属行业商会和异地商会的关系而言，相互依存、联系紧密。行业商会和异地商会是工商联重要的组织基础，工商联则是以行业商会和异地商会为骨干会员的联合体；行业商会和异地商会是工商联联系企业会员和个人会员的桥梁和纽带，工商联则是行业商会和异地商会联系政府及其部门的桥梁和纽带；行业商会和异地商会是工商联的工作手臂，工商联则是行业商会和异地商会的组织依靠；行业商会和异地商会依靠工商联向政府反映经济诉求，工商联则依靠行业商会和异地商会开展经济活动。

第二，商会组织纵向层级关系

例如，中国工商联分为全国组织（全国工商联）和地方组织（省级、市级、县级工商联）共四个组织层级；中国工商联所属商会分为全国组织（中国民间商会）、地方组织（省级、市级、县级商会）和基层组织（乡镇/街道商会、村/社区商会）共六个组织层级。上下级组织关系：1.组织包容关系，下级工商联及其所属商会是上级工商联的团体会员，地方工商联及其所属商会是全国工商联的团体会员。2.工作指导关系，上级工商联对下级工商联实行工作指导。3.工商联的组织原则是民主集中制，上级组织决策重视汇聚下级组织意见。

第三，商会组织横向合作关系

中国个体劳动者协会与全国工商联之间具有较紧密的组织合作关系和工作合作关系。全国工商联会员部为中国个体劳动者协会常务理事单位，这样的组织关系，旨在有利于两个组织之间在服务会员方面开展合作。

1994年11月8日，国际商会理事会正式通过决议，接纳由中国国际商会牵头，由全国工商联等 171 家单位（包括团体和企业）组成的国际商会中国国家委员会。这样的组织结构、网络关系，有利于各类商会组织联合起来开展国际间商会活动和经济交往。

地方各级工商联和商会之间合作关系密切。每年各地由政府主办、由商会为主承办的经济或商贸活动，一地商会承办，各地商会支持；一地商会负责招商引资，各地商会组织商人参加。例如，在各地分别召开的徽商大会、晋商大会、豫商大会、湘商大会、楚商大会等重大的地方经济和商会活动中，多地工商联和商会积极组织企业家会员参加，一方面支持大会成功举办，另一方面促进区域经济交流合作发展。

第四，商会组织外部友好交往关系

当前，全国工商联同世界上 100 多个国家和地区的 400 多个组织、机构、商会建立了广泛联系和友好合作关系。省级、市级、县级工商联都不同程度地与国外的商会组织及相关机构建立了较广泛的工作联系和友好合作关系。工商联的职能作用，拓展到为民间外交服务、为对外经贸合作服务、为会员开拓国际市场服务。

近年来，国内外商会与商会之间建立交流关系、合作关系、友好关系的现象增多，对于携手发挥商会组织群体效能，集约提升商会组织工作绩效和服务能力，更大范围扩大服务对象，更高效率服务会员发展发挥了重要作用。笔者特别倡导友好商会之间建立"商会工作合作机制"和"商会会员互惠服务机制"。

所谓"商会工作合作机制"，是指各级各类商会组织，打破地域、类别、层级的界限开展工作合作、工作联动或工作一致性行动，并通过商会组织之间的工作合作机制，推动商会会员之间建立经济、技术、商贸伙伴关系，达到有利商会组织提升工作服务效能和商会会员提升经济发展效率的双重目的。例如，实际工作中，甲乙两地商会会员间开展经技商贸合作，需要相互了解会员资讯或作尽职调查，可利用商会工作合作机制提供帮助。又如，甲乙两地商会异地开展招商引资活动，可利用商会工作合作机制相互提供帮助。

所谓"商会会员互惠服务机制"包括两种形式：其一是，具有商会工作合作机制的两个商会的会员，互惠享有会员权利；其二是，具有商会工作合作机制的两个商会的会员，互惠得到商会服务。

伴随投资经营全球化、全国统一大市场发展的大趋势，商会会员异地投资经营的案例增多，希望在异地得到商会服务的需求也增多。具有友好合作关系的商会之间建立"商会工作合作机制"和"商会会员互惠服务机制"作用重大、意义重大。当前，关于商会之间建立友好合作关系及开展互惠合作服务的案例，就国内范围而言，市级、县级商会组织之间相对较多，积极性相对较高；就国际范围而言，中国商会与外国商会组织之间逐年增多，华人商会组织之间逐年增多，中外友好城市的商会组织之间逐年增多。

竞争与合作是商会关系的永恒话题。在市场主体自主抉择是否加入商会、自主选择加入哪家商会的背景下，商会竞争当以"服务竞争"为主旋律；在经济联系发展、合作发展的环境中，商会合作应当更加广泛、更加高效。

工商联与民间商会的关系

1993 年 10 月，中共中央、国务院批准"中华全国工商业联合会"，同时又称"中国民间商会"；并指出"工商联既是统一战线的人民团体，也是中国的民间商会"。随后，各地省级、市级、县级工商联经过当地政府批准同时又称民间商会。

1993—2001 年，全国各级工商联与民间商会的关系，形成"一个组织机构，两个组织名称"：全国工商联同时又称中国民间商会；地方工商联同时又称地方民间商会。

2001 年以后，按照《社会团体登记管理条例》的规定，中国民间商会和地方民间商会组织性质明确为社会团体，并需要接受民政部门登记管理。中国民间商会于2001 年完成注册登记；[1]其后，各地各级民间商会相继完成注册登记。从此，工商联和民间商会分类为两种不同性质的组织，工商联是人民团体，不需要接受民政注册登记；民间商会是社会团体，需要接受民政注册登记。

2002 年 11 月 27 日，全国工商联第九次会员代表大会修改通过的《中国工商业联合会章程（2002）》"总则"表述："中国工商业联合会是中国共产党领导的中国工商界组成的人民团体和民间商会"。

2007 年 11 月 19 日，全国工商联第十次会员代表大会修改通过的《中华全国工商业联合会章程（2007）》"总则"表述："中华全国工商业联合会是中国共产党领导的中国工商界组成的人民团体和商会组织"；第三十一条表述：中国民间商会"会长由工商业联合会主席兼任，副会长原则上由工商业联合会专职副主席、上一届工商业联合会部分兼职副主席和符合条件的非公有制经济代表人士兼（担）任，会长、副会长由工商业联合会执行委员会选举产生。中国民间商会副会长中的非公有制经济代表人士原则上不连续任职，地方民间商会组织的副会长连续任职原则上不超过两届"。

---

[1] 本书编写组.中华全国工商业联合会简史[M].北京：中华工商出版社，2013：204.

从此，实行工商联兼职副主席与民间商会兼职副会长职位分设。因此，形成一个组织体系：工商联和民间商会一体化运行；两个组织名称：工商联和民间商会；两种组织性质：工商联为人民团体，民间商会为社会团体；两套领导班子：工商联领导班子和民间商会领导班子，其中，工商联主席和专职副主席分别兼任民间商会专职会长和副会长。

2022 年 12 月 12 日，全国工商联第十三次会员代表大会修改通过的《中国全国工商业联合会章程（2022）》"总则"表述："中国工商业联合会（简称工商联）是中国共产党领导的以民营企业和民营经济人士为主体，具有统战性、经济性、民间性有机统一基本特征的人民团体和商会组织"；第九条表述："全国工商联又称中国民间商会；地方工商联又称地方（总）商会"。

时至今日，工商联与所属民间商会组织，已经由当初表示同一个商会组织，演变成为会员群体相同、工作任务相同，但组织名称不相同、组织性质不相同和领导班子成员不完全相同的商会组织。展开分析，工商联与所属民间商会组织异同主要表现在以下五个方面：

第一，组织名称不同

工商联与民间商会是两个不同的组织名称。在 1993 年、1997 年、2002 年全国工商联代表大会通过的《中国工商业联合会章程》中，都表述各级工商联是"人民团体和民间商会"；其后，在 2007 年、2012 年、2017 年、2022 年全国工商联代表大会通过的《中国工商业联合会章程》中，都表述各级工商联是"人民团体和商会组织"。

《中国工商业联合会章程（1993）》中，第一条表述为："中国工商业联合会是中国工商业界组织的人民团体和民间商会"。第六条进一步表述为："中华全国工商业联合会同时也是中国民间商会；省、自治区、直辖市、市、县、区工商业联合会同时也是省、自治区、直辖市、市、县、区民间商会"。实际工作中，全国工商联同时使用"中国民间商会"称谓；多数地方工商联同时使用"总商会"或"商会"称谓。全国工商联同时使用"中国民间商会"称谓，其本意在于突出工商联组织的民间性特征；多数地方工商联同时使用"总商会"或"商会"称谓，认为"总商会"称谓更能突出区域内各类商会的总体组织特征；认为"商会"称谓比"民间商会"称谓更简洁、更符合语言习惯。

《中国工商业联合会章程（2022）》在开篇语中表述为："中国工商业联合会（简称工商联）是中国共产党领导的以民营企业和民营经济人士为主体，具有统战性、经济性、民间性有机统一基本特征的人民团体和商会组织……"，其中以"商会组织"代替了"民间商会"的表述。

"民间性"是商会的天然属性，是古今中外商会组织的共同属性。各级工商联在具有"统战性"和"经济性"特征的同时，具有"民间性"特征是不争的事实。较多的人认为，"中国商会"的称谓比"中国民间商会"的称谓更好，减少了赘述，更符合语言习惯和称谓习惯。多年来，有关将"中国民间商会"更名为"中国商会"或"中华全国总商会"的建议，不无道理。

第二，组织性质不同

工商联是人民团体，是中国人民政治协商会议的重要组成单位。因为工商联是人民团体，体现"人民性""统战性"的组织特征；因为工商联是中国人民政治协商会议的重要组成单位并被赋予一定的政治职能。如"政治协商、民主监督、参政议政"等，这是具有人民团体组织性质的工商联与具有社会团体组织性质的民间商会的根本区别。

因为工商联是人民团体，不属于社会团体登记管理范围；而民间商会（或总商会）与其他各类商会组织一样，属于社会团体登记管理范围。

第三，领导班子不完全相同

1993年10月至2007年11月，各级工商联和民间商会（或总商会）组织特征表现为"同素同构"体，即共同的会员群体，完全相同的领导班子。2007年11月，全国工商联第十次会员代表大会以后，实行工商联领导班子与民间商会领导班子分设，各级工商联和民间商会领导班子结构表现为"同素异构"体，即共同的会员群体，不完全相同的领导班子，即工商联和民间商会两个领导班子中，专职主席、专职副主席与专职会长、专职副会长组成相同；但兼职副主席与兼职副会长组成不同。

工商联与民间商会，虽然领导班子不完全相同，但工作协调一致。《中国工商业联合会章程（2022）》第十八条规定："中国民间商会、地方（总）商会设会长、副会长。会长由工商联主席兼任，副会长原则上由工商联专职副主席、民营经济代表人士兼（担）任。会长、副会长由工商联执行委员会选举产生，是同级工商联常务委员会组成人员。副会长中的民营经济代表人士列席同级工商联主席会议，并根据安排向主席会议述职。"并规定："中国民间商会副会长中的非公有制经济代表人士原则上不连续任职，地方商会副会长中的民营经济代表人士连续任职原则上不超过两届。"

第四，组织影响力不同

自 1949 年 8 月中共中央发出《关于组织工商业联合会的通知》后，全国各地在改造旧商会、旧工业会、旧商联会的基础上成立工商联。其意义：一是改旧立新；二是工商联组织性质和组织形式更符合中国国情。至今，工商联组织名称明确表示工商双重内涵、体现联合特征和人民团体性质，其组织规模、组织代表性、组织知名度、组织影响力比民间商会、商会或总商会更大。

第五，组织职能与任务共同

工商联与民间商会虽然组织名称、组织性质、组织构成、组织影响力有所不同，但组织职能与任务共同。根据《中国工商业联合会章程（2022）》（中国各级工商联、中国民间商会和地方商会的统一章程）规定，工商联和民间商会组织的共同职能与任务是：1. 加强和改进民营经济人士思想政治工作。2. 参与政治协商，发挥民主监督作用，积极参政议政。3. 协助政府管理和服务民营经济。4. 培育和发展中国特色商会组织。5. 培育和建设高素质的民营经济人士队伍。6. 参与协调劳动关系，协同社会治理，促进社会和谐稳定。7. 引导民营企业和民营经济人士依法治企、依法经营、依法维权。8. 依法加强会产管理、经营和保护。

工商联上下级组织关系

工商联上下级组织关系主要包括三个方面：一是组织联合与包容关系；二是工作指导关系；三是会员管理关系。

第一，组织联合与包容关系

《中国工商业联合会章程（2022）》规定：工商联会员包括团体会员、企业会员和个人会员。"具有法人资格的境内各类工商社团和其他有关社会组织，入会申请经批准后，为团体会员。""各类企业入会申请经批准后，为企业会员。""民营经济人士入会申请经批准后，为个人会员。与工商联工作有联系的有关人士可以申请成为个人会员；与工商联建立工作联系的单位代表，经协商，可被邀请作为个人会员；原工商业者均为个人会员。"并规定"工商联所属商会为工商联团体会员"。"各级工商联的会员，同时也是中国工商业联合会的会员。"地方各级工商联的会员，同时也是上级工商联的会员。并"实行会员入会自愿和退会自由的原则。不以企业资产规模和个人财富等设置入会门槛"。这样的规定，充分体现了工商联组织的联合关系，包括人的联合、企业的联合、团体的联合和商会的联合；充分体现了工商联组织的包容关系，包括大中小微企业和各类工商业者在承认并遵守章程的前提下均可加入工商联成为会员。

第二，工作指导关系

《中国工商业联合会章程（2022）》规定："工商联的组织原则是民主集中制。上级工商联对下级工商联具有指导关系。"上级工商联对下级工商联工作的指导主要包括：一是政治指导，确保工商联组织坚持正确的政治方向、政治原则；二是工作方法指导，上级工商联通过年度工作计划，指导下级工商联明晰工作重点；三是工作交流指导，搭建并拓宽上下级工商联之间、同级工商联相互之间交流和沟通的渠道与平台；四是工作计划指导，上级工商联根据党委政府不同时期的中心工作制订工作计划，提供下级工商联参考，以利上下级工商联之间形成工作合力；五是工作调研指导，围绕重点工作开展调研，以利于发现问题、研究问题、解决问题；六是培训指导，上级工商联通过各类教育培训帮助下级工商联培养人才，优化工作方法，提升组织工作能力。

第三，会员管理关系

《中国工商业联合会章程（2022）》规定："全国工商联和省级工商联只发展团体会员。"实际工作中，全国工商联和省级工商联主要负责指导下级工商联和基层商会开展工作；管理本级团体会员，即直属商会组织（如行业商会、异地商会、商会联合会等）；不直接管理个体会员。各级工商联的会员，同时也是全国工商联的会员。

工商联所属商会各层级关系

中国工商联所属商会包括中国民间商会、省（市、区）商会、市（州）商会、县（市、区）商会、乡镇/街道商会和村/社区商会共六个层级，六级商会组织之间，上级组织对下级组织具有工作指导关系、示范引导关系、上下协作关系和广泛协作关系。

第一，工作指导关系

工商联所属商会层级之间的工作指导关系是伴随工商联层级之间的工作指导关系产生的。因为同级工商联与民间商会（商会）工作协调一致或称"工作一体化"，伴随着上级工商联对下级工商联具有工作指导关系，相应产生上级工商联所属商会对下级工商联所属商会具有工作指导关系，特别是县（市、区）商会对乡镇/街道商会的工作指导关系及乡镇/街道商会对村/社区商会的工作指导关系更为密切。

第二，示范引导关系

"上行下效"的传统意识，同样表现在当代商会组织意识与行为当中，上级商会的组织意识与行为对下级商会的组织意识与行为产生重要影响。一般而言，上级商会（包括所属行业商会等）组织规模相对较大、组织管理相对规范，对下级商会（包括所属行业商会等）的示范作用和引导作用明显。

第三，上下协作关系

目前，从中国民间商会到地方（总）商会都有直属行业商会，虽然行业商会之间没有上下级别之分，但存在上下层次之分，不同层次的行业商会之间存在业务联系和协作关系。例如，中国民间商会现有直属行业商会31个，其会员覆盖全国各地，包括地方行业商会的骨干会员，与地方行业商会业务关系密切。

第四，广泛协作关系

不同地区不同类别不同层次的商会组织在中国当代商会组织体系中，相互联系、协作、交流、合作十分活跃。例如，中国工商联与中国国际商会和中国个体劳动者协会之间存在组织合作关系、工作协作关系及会员业务合作关系。又如，全球性的"世界华商大会"，地域性的"浙商大会""徽商大会""晋商大会"等通过商会组织网络汇聚华商智慧，共商发展大计，相互交流合作，谋求共同受益。

异地商会的外部关系

异地商会组织按登记管理层级分类，大致可分为省级、市级、县级共三个层级。据全国工商联统计资料，至2020年底，全国各地登记管理的异地商会总数为8730个。异地商会的外部关系主要包括四个方面：

第一，异地商会与注册登记地工商联的关系

2009年5月27日，民政部民间组织管理局发出《关于工商联作为社会团体业务主管单位有关问题的函》（民管函〔2009〕51号），明确全国工商联作为全国性社会团体的业务主管单位。

2018年6月25日，中共中央办公厅、国务院办公厅发出《关于促进工商联所属商会改革和发展的实施意见》，要求各级工商联"在同级党委和政府的领导下，探索对异地商会的归口管理"。

当前，异地商会与注册登记地（商会组织所在地、会员经商地）工商联的关系有三种模式，即隶属管理模式、团体会员模式和工作联系模式。

一是隶属管理模式。一些地方的异地商会明确由工商联作为业务主管单位，隶属工商联管理，如天津、河北、内蒙古、河南、江苏、福建、江西、浙江、湖北、安徽、四川、贵州、云南、西藏、甘肃、青海、新疆等 17 个省、市、自治区的工商联与区域内异地商会建立了隶属管理关系。

二是团体会员模式。一些地方的异地商会虽然隶属其他部门主管，但作为工商联团体会员与工商联建立组织关系，如黑龙江、海南、湖南、陕西、宁夏及新疆生产建设兵团等地的工商联与区域内异地商会建立了团体会员关系。

三是工作联系模式。对没有与工商联建立隶属管理关系、团体会员关系的异地商会，工商联积极与它们建立工作联系，邀请它们出席相关会议、参加相关活动，并应要求提供相关服务。

实际工作中，异地商会与行业商会一样已经成为工商联重要的组织基础和工作手臂，成为工商联联系会员、管理会员、服务会员的组织载体，成为推动经济交流、经济合作、经济发展的重要力量。例如，湖北省工商联对待异地商会的态度是：尊重异地商会是否选择工商联作为主管单位的自主权，不管它们与工商联有没有隶属关系，工商联都有责任有义务与它们建立工作联系并为它们服务。实践证明，这种做法，有利于把更多的异地商会纳入工商联的组织体系之中，或把它们团结在工商联组织周围。多年以来，湖北省内异地商会成为"建设发展湖北，共促中部崛起"的重要力量，为湖北经济社会发展作出了重要贡献。

第二，异地商会与会员原籍地工商联的关系

异地商会与会员原籍地（又称会员家乡所在地）工商联的关系主要表现为工作联络关系。

异地商会与会员原籍地工商联没有隶属管理关系，但工作联络关系密切，许多地方工商联建立专门联络机制、安排专门联络人员、制订专门工作计划联络由本籍地商人在外地组建的域外异地商会。原籍地工商联重大活动，如召开会员代表大会、开展招商引资活动等都邀请域外异地商会派员参加或列席参加，涉及域外异地商会会员与家乡联络事宜，积极协助办理。还有的会员原籍地工商联组织吸收域外异地商会会长担任副会长或常、执委委员。

异地商会与会员原籍地工商联的关系紧密。如上海市浙江商会，与浙江省工商联及浙江省内杭州、宁波、温州、嘉兴、湖州、绍兴、金华、衢州、舟山、台州、丽水等 11 个市级工商联保持密切联系。又如广东省湖北商会，连续四年被会员原籍地湖北省工商联、湖北省总商会评为"招商引资突出贡献奖"单位；被湖北省委统战部、湖北省光彩事业促进会授予"情系老区人民、支持老区发展"荣誉称号。再如，湖北省贵州商会得到授权，挂上了贵州省工商联经济联络处的招牌，承担湖北与贵州两地经济联络职能。

第三，异地商会与会员原籍地和商会所在地两地政府的关系

异地商会与会员原籍地和商会所在地两地政府的关系都很密切，这是其组织特殊性和组织优势所在。一方面，情系"两地"、投资"两地"、为促进"两地"经济发展贡献力量并受到两地政府重视，是异地商会组织不同于其他商会组织所独有的特点，异地商会组织存在与发展有来自会员的内在动力和来自两地政府的外部推力；另一方面，异地商会的组织影响力和经济贡献力受到两地政府重视。

自20世纪80年代中国当代异地商会产生以来，在40多年时间内，中国异地商会组织群体意识与行为是健康的、积极的、向好的，其组织作用、组织贡献、组织影响力是突出的。

例如，上海市浙江商会组织宗旨为：贯彻落实沪浙两省市发展战略，以建设商会"新平台、新起点、新机制"为目标，秉承"开放、合作、创新、发展"的宗旨，对内增强凝聚力，对外扩大影响力，立足上海，反哺浙江，服务全国，放眼世界，致力于建设具有全球视野和国内最具影响力的企业家平台。商会充分发挥组织覆盖面广、社会知名度高、对外交往力强、运作机制活等优势，创新开展服务性与促进性工作，逐步建设成为在经济社会活动中有作为、有成效、有担当、有奉献的新型社会组织，成为在沪浙商群体互助共赢的事业舞台。

又如，广东省湖北商会组织宗旨为：凝聚在粤楚商精英、整合在粤楚商资源、维护会员合法权益、提升湖北商人形象、构筑政商沟通平台、谋求会员共同发展、促进鄂粤经济繁荣。发挥商会所在地广东和湖北家乡地缘、人缘、人才、信息、经济优势，加强经贸合作与交流，为推动鄂粤两地的经济发展作出贡献。广东省湖北商会重视加强商会党建工作，于2013年成立"广东省湖北商会党委"，并制定了《广东省湖北商会党组织建设方案》《广东省湖北商会党组织建设工作流程》，组织开展党员活动和党的群众路线教育实践活动，受到好评。广东省湖北商会以"立足广东，凝聚乡情、服务会员、沟通政企、奉献社会、回归创业、促进合作"为工作指南，为广东、湖北两地经贸合作发展作出了贡献，受到广东、湖北两地政府的好评。广东省湖北商会成立了维权委员会，并组建了由30多名律师参与的法律顾问团，与湖北省人民政

府驻深圳办事处联合组建农民工维权中心，为会员企业和在广东务工的湖北老乡提供免费法律援助。多年来，为会员企业解决经营过程中出现的诸如税务、工商、消防、安监、劳动争议、追讨工程款等方面的问题 90 多起，解答会员企业法律咨询 200 多宗，为在广东务工的湖北老乡讨薪、索回赔偿、解决纠纷 100 多起。

再如，北京市温州企业商会党支部，受温州市委委托负责管理在京流动党员。湖北省晋商商会与原籍地山西有关政府部门签订协议，以购买服务方式，承担经济联络、招商引资等职能。

自 2010 年起，湖北省建立省领导联系省外湖北商会制度，做五件事：1. 宣传湖北经济社会发展情况，听取意见、建议；2. 号召商会组织企业家回湖北投资兴业；3. 加强两地（商会所在地与商人原籍地）领导之间的联系，并搭建两地沟通交流的平台；4. 邀请省外湖北籍企业家列席参加省政协会议；5. 每年出席一次省外湖北商会的活动，接待一次回乡湖北籍企业家，听取一次所联系的商会工作汇报。通过上述工作，极大地调动了省外湖北商会及会员参与湖北经济社会发展、促进两地经济合作交流的积极性，收到了"汇聚智慧力量、共促湖北发展"的实效。

第四，异地商会特别注重发展友好社会关系

异地商会特别注重发展友好社会关系，包括与同类和其他商会组织之间的关系，与会员企业的关系，与其他同籍人士的关系，与所在社区组织的关系，与社会各界的关系等；注重提升会员群体素质，增强商会组织竞争能力；注重"身在他乡、抱团发展"，集中力量办大事；注重优化会员发展环境和商会组织形象。这些都是异地商会社会关系比较和谐，外部关系比较广泛的重要原因。

例如，广东省湖北商会努力建设学习型商会，与武汉大学广东（深圳）研究院合作创办武汉大学楚商学院，开创了异地商会办学、联合办学的先河。武汉大学楚商学院以"服务楚商、培育楚商、提升楚商竞争力和发展力"为指导思想，以办成"最懂企业家"的新型学习机构为工作要求，"结合实际、融通理论，突出商会主题、教学商会经济"，别具特色，绩效明显，得到广泛称赞。2013 年 9 月 25 日，武汉大学楚商学院成立并揭牌时，湖北省政府副省长及有关部门主要负责人，武汉大学校党委副书记及有关专家、教授，广东省工商联领导及相关负责人出席祝贺。至今，该学院运行情况良好，先后在广东深圳、珠海、广州等地授课，每到一地，除了学校学员听课以外，还邀请当地商会会员旁听，并举行多场交流互动，学校学员和商会会员们普遍反映受益良多。

多年来，广东省湖北商会积极参与慈善事业、履行社会责任；心系湖北老乡、开展公益活动。如2013年底至2014年初，联合新华社、《新快报》、湖北电视台策划开展了系列公益活动——"暖冬行"，包括"爱心返乡计划""平安回家计划""幸福过年计划""送温暖计划""捐赠科普图书计划"5项内容，为在广东务工的湖北老乡和湖北籍贫困大学生共2000多人提供免费回乡火车票，为100多名自驾回乡的湖北籍企业家提供免费车辆检测，帮助他们平安回家、温馨过年；并为300多名留守广东的湖北籍农民工及家属提供免费团年饭，向商会所在地敬老院送过年物资，向湖北省部分地区的中小学生捐赠《青少年公共安全预防与自救》图书。"暖冬行"活动的开展受到广东、湖北两地新闻媒体及社会各界人士的广泛好评。

异地商会在两地（商会所在地与商人原籍地）经济联系发展、合作发展方面表现出来的桥梁纽带助手作用是突出的。存在的困惑与问题方面，主要表现在有的原籍地政府部门将异地商会作为"办事处"，安排工作和接待任务，过度干预异地商会组织行为，不同程度地增加了异地商会的工作和经济负担等。

行业商会与行业协会的关系

大体而言，行业协会组织名称是计划经济时期的产物，行业商会组织名称是市场经济时期的产物，但组织性质和组织功能大体相同，伴随着计划经济向市场经济转变，伴随着行业协会与行政机关脱钩改革完成，行业商会与行业协会的组织关系朝着竞争、合作、相互融合方向发展。

第一，关于行业商会与行业协会组织特征异同点

行业商会与行业协会组织特征大同小异。两者都属于行业组织，都致力于服务与促进行业发展，其组织性质、组织职能基本相同；但组织产生背景、组织功能和会员构成有所不同；组织发展方向趋同。

就行业组织产生背景而言，中国的行业商会是传统组织，历史悠久，从古至今经历了封建社会演变、半殖民地半封建社会改良和社会主义社会改造，并适应现代市场经济需求产生与发展；中国的行业协会是现代组织，大都伴随公有制经济产生、面向市场经济改革发展。大体而言，行业商会大都是市场经济的产物，非公有制经济领域的行业组织大都习惯称其为商会；行业协会大都是计划经济的产物，公有制经济领域的行业组织大都习惯称其为协会。当前，在行业商会协会改革发展的新形势下，二者组织性质、组织功能朝着趋同化方向发展。

就行业组织名称而言，工商联支持成立的或与工商联联系紧密的行业组织大多数冠名为行业商会。行政机关支持成立的或与行政机关联系紧密的行业组织大多数冠名为行业协会。2015—2017 年，与行政机关脱钩的 171 家全国性行业协会商会名单中，冠名为协会的 159 家，冠名为商会的 4 家，冠名为联合会的 5 家，冠名为促进会的 3 家。此外，具有国际间商务活动的行业组织大都选择冠名商会。关于行业组织冠名选择商会或协会，大都由行业组织自主决定，在注册登记时确定。

就当前行业组织基本职能而言，与工商联联系紧密的行业商会和与行政机关联系紧密的行业协会的共同点都是服务会员发展并促进行业发展。

就当前行业组织具体职能而言，与工商联联系紧密的行业商会承担政府转移职能相对较少；与行政机关联系紧密的行业协会承担政府转移职能相对较多。与工商联联系紧密的行业商会职能大都局限在经济领域；与行政机关联系紧密的行业协会职能大都表现在经济、技术等多个领域。与工商联联系紧密的行业商会更注重工商联组织所具有的参政议政的政治性优势、多领域交流合作的经济性优势和联系广泛的民间性优势；与行政机关联系紧密的行业协会更注重承接政府部门转移职能，沟通政府部门服务与市场需求关系。

就当前行业组织会员结构而言，与工商联联系紧密的行业商会会员中非公有制企业占比较大，个人会员以个体工商户主和民营企业家为主；与行政机关联系紧密的行业协会会员中公有制企业占比较大，个人会员包括国营企业负责人或管理者，还包括工程技术类、经济管理类专业人士等。

第二，关于行业商会与行业协会组织相互关系发展趋势

伴随着市场经济深入发展；伴随着混合所有制经济快速发展；伴随着行业组织会员结构多样化、会员跨产业经营及经营方向多元化；伴随着行业组织之间的联系、交往、合作日益频繁，各类各种行业组织界限逐渐模糊、组织关系更为密切；伴随着全国性和地方行业协会商会与行政机关脱钩改革基本完成；伴随着行业协会与行业商会的组织性质、组织功能、会员结构朝着趋同性方向发展，行业商会与行业协会的关系主要表现为竞争关系、合作关系并表现出融合发展趋势。

一是竞争关系。行业协会商会实行市场化改革以后，一方面，有利于行业商会与行业协会在政府购买服务事项方面平等参与服务竞争；另一方面，有利于促进行业协会与行业商会在市场经济领域开展服务竞争。

二是合作关系。行业协会商会与行政机关脱钩改革完成以后，因为行业协会与行

业商会的组织性质、组织功能、会员结构趋同，有利于两类组织之间建立并发展合作关系，围绕行业整体利益组织开展一致性行动，共同承担行业促进职能，包括：1. 沟通职能：作为政府与企业之间的桥梁，向政府传达企业的共性要求，同时协助政府制定和实施行业发展规划、产业政策。2. 协调职能：通过制定并执行行规行约和技术标准，协调行业、企业经济技术行为。3. 监督职能：通过对本行业产品生产和服务质量的竞争手段、经营作风进行监管监督，维护行业信誉。4. 公正职能：受政府委托，进行资格审查，发放产地证、质量检验证等。5. 统计职能：对本行业的基本情况进行统计、分析并发布结果。6. 研究职能：开展对本行业国内外发展现状的基础调查，研究本行业面临的问题，提出建议，供企业和政府参考。7.服务会员职能：包括信息服务、教育与培训服务、咨询服务、举办展览、组织会议等。当前，有关"强化党建引领、完善综合监管、加强引导扶持，提升服务功能"的工作导向，更加有利于行业协会和行业商会共同发挥行业组织优势和积极作用。

三是融合趋势。当前，两类组织最大的区别：1. 会员结构不同，行业商会会员大都为非公有制企业；行业协会会员大都包含公有制企业。2. 与政府行业主管部门合作业务范围不同，行业商会大多局限在经济方面；行业协会大多表现在经济、技术等多方面，如行业协会在协助政府制定和实施行业发展规划、产业政策、技术标准及技术咨询等方面更有优势。3. 与行业商会相比，行业协会在协调会员与政府部门之间的关系方面更有优势。从发展眼光来看，行业商会与行业协会从组织性质、会员结构、业务范围等方面逐渐趋同，两类组织的界限逐渐模糊，两类组织合作发展、融合发展已成趋势。

行业商会协会的外部关系

行业商会协会，是促进经济建设和社会发展的重要力量，是中国当代商会组织体系最活跃的组织部分。根据《社会团体登记管理条例》，行业商会协会归类为社会团体，成立时应当经其业务主管单位审查同意，并依照条例的规定进行登记。根据这一规定，行业商会协会需要接受业务主管单位（业务管理）和登记管理机关（登记管理）双重管理。行业商会协会的登记管理机关为政府民政部门；业务主管单位为工商联或政府行业主管部门（2016 年以后改革调整为政府综合监管部门）。因此，行业商会协会的外部关系，涉及与登记管理机关的关系，与业务主管或综合监管单位的关系。

第一，行业商会协会与登记管理机关（政府民政部门）的关系

行业商会协会与登记管理机关（政府民政部门）的关系主要包括三个方面：

一是接受登记管理。行业商会协会按照登记管理要求明确并规范组织名称、住所、宗旨、业务范围、活动地域、法定代表人、活动资金来源与用途、业务主管单位及运行规则（章程等）；登记机关通过登记管理规范行业商会协会的组织意识与行为。

二是接受年度审查。行业商会协会按照登记管理机关年度审查要求适时调整并规范行业商会协会组织意识与行为。

三是接受跟踪评估。行业商会协会接受由社会团体登记管理机关主导的社会组织评估管理。2007 年，国务院《关于加快推进行业协会商会改革和发展的若干意见》中提出"加快建立评估机制""建立行业协会综合评价体系，定期跟踪评估"；同年，民政部发布《关于推进民间组织评估工作的指导意见》；随后，全国各地开展了对行业商会协会组织评估工作。例如，广东省于 2009 年 7 月开始在全省范围内对社会组织进行评估，评估内容包括：依法办会、规范运作、能力建设、发挥作用、社会评价共五个方面，首批评出 3A 以上等级的行业商会协会和基金会共 35 家，5A 等级的商会协会共 10 家。[1]

第二，行业商会协会与业务主管单位工商联的关系

工商联所属行业商会协会组织中，名称为行业商会的占比较多（95% 以上）。行业商会协会与工商联的关系，由来已久、密不可分，主要表现在组织关系与工作关系两个方面。

一是组织关系。行业商会协会已经成为工商联的组织基础和重要组成部分。其演变过程可细分为五个阶段：第一个阶段，1949 年 8 月至 1952 年 8 月，在改造旧同业公会（行业商会）的基础上成立工商联，行业商会作为工商联的所属基层组织，工商联（总商会）主要通过行业商会（同业公会）发展会员。这一做法，在大中城市具有代表性。例如，上海工商联筹备和成立之初，会员主要由各工商同业公会（行业商会）及其会员企业构成。这一时期，行业商会是工商联最重要的组织基础。第二个阶段，1952 年 8 月至 1956 年 12 月，行业商会（同业公会）成为"工商联领导下的专业性组织"，其主要任务是联系、管理、服务同行业会员。第三个阶段，20 世纪 50 年代后期至 80 年代末期，对资本主义工商业进行社会主义改造完成以后，行业商会

---

[1] 胡辉华.行业协会商会成长的内在机制［M］.北京：社会科学文献出版社，2019：14.

组织活动趋向停止，"文化大革命"期间工商联组织停止活动，行业商会（同业公会）基本消亡，行业协会取而代之并快速发展。第四个阶段，20世纪90年代以后，行业商会再次兴起与行业协会并行发展。行业商会大都隶属工商联管理，行业协会大都隶属行政机关管理。此时，工商联所属行业商会大都为工商联内设的非法人组织。第五个阶段，《社会团体登记管理条例（1998）》发布以后，前期工商联所属行业商会和行政机关所属行业协会都接受民政部门登记管理，转变为具有独立法人地位的社会团体组织；新成立行业商会协会应当经业务主管单位审查同意并接受民政部门登记管理，并进一步规范组织运行和管理行为。

二是工作关系。因为行业商会协会是工商联的重要工作手臂，从组织意识与工作行为与工商联保持一致。工商联组织开展政策推行、行业调查、行业治理、信息传达等方面的工作，大都有赖于行业商会协会贯彻执行。例如，工商联组织开展"非公有制经济人士理想信念教育"等政治性活动，组织开展"招商引资、促进发展"等经济性活动，组织开展"扶贫帮困""送温暖、献爱心""光彩事业"等社会性活动，行业商会协会组织及成员都积极带头、踊跃参加，多有绩效、多有贡献。

当今，工商联与所属行业商会协会的关系，就组织形式而言是整体与局部的关系、联合体与个体的关系；就法律地位而言，是各自拥有组织权与自治权的独立法人；就工作行为而言，是上级对下级的业务主管关系。同时，工商联与部分非所属行业商会协会建立了组织联系和工作指导关系。

第三，行业协会商会与政府综合监管部门的关系

行业协会商会与相关行政机关的关系分为两个阶段，第一个阶段，2015年以前，由单一相关行政部门"业务主管"；第二个阶段，自2015年起，开始实行由多个相关行政部门"综合监管"。

2015年7月8日，中共中央办公厅、国务院办公厅发出关于《行业协会商会与行政机关脱钩总体方案》（中办发〔2015〕39号），随后，国家发展改革委员会等有关部门先后发出《行业协会商会综合监管办法（试行）》（发改经体〔2016〕2657号）、《关于做好全面推开地方行业协会商会与行政机关脱钩改革工作的通知》（联组办〔2019〕3号）和《关于全面推开行业协会商会与行政机关脱钩改革的实施意见》（发改体改〔2019〕1063号）等重要文件，经过5年工作，至2020年底，共有728家全国性行业协会商会和67491家地方行业协会商会按照"五分离、五规范"的要求基本

完成了脱钩改革，完成率分别为 92% 和 96%。[1]

实行社会化、市场化、去行政化改革后的行业协会商会，与行政机关的关系由单一行政部门"业务主管"改变为多个行政部门"综合监管"。参与综合监管的包括发展改革委、国资委、民政、财政、人力资源和社会保障等部门，按照"各司其职、信息共享、协同配合、分级负责、依法监管"的要求，建立了行业协会商会综合监管体系和管理办法。

实行社会化、市场化、去行政化改革后的行业协会商会，与行政机关的关系由隶属关系或挂靠关系转变为工作指导关系或业务合作关系，主要包括接受行业指导、接受综合监管、承接政府购买服务和交办事项、争取政策参与四个方面。

一是接受行业指导。一般认为，行业协会商会与行政机关脱钩以后仍有必要接受行政机关的行业指导，保持良好的"政商关系""政会关系"，并发展与行政机关的新型合作关系，有利于行业共同利益，有利于行业健康发展；行业协会商会应当认真接受并主动争取行政机关有关行业政策、信息、市场、资源、行情、行规等方面的业务指导。

二是接受综合监管。大多数行业协会商会认为，接受综合监管比接受分别监管方式更好；接受综合监管，有利于行业协会商会规范行为，提升素质；接受综合监管的过程，也是"政会沟通"的过程，有利于反映意见、建议和诉求。例如，深圳市成立"行业协会服务署"，综合取代原来多个政府部门主管行业协会商会的职能，提高了服务效能。

三是承接政府购买服务和交办事项。《关于全面推开行业协会商会与行政机关脱钩改革的实施意见》中明确指出：行政机关"要通过购买服务等方式支持本行业领域内行业协会商会发展"，这一改革举措，有利于政府转变职能，购买服务；同时有利于促进行业协会商会提升自身素质，增强提供服务的能力，调动提供服务的积极性。关于行政机关购买服务的方式多种多样，其中广东省东莞市采取的方式具有代表性，其具体做法包括"委托—购买""移交—替代""授权—补助"三种模式（资料来源：东莞社会科学研究院，2015）。所谓"委托—购买"模式：将事务性、辅助性行政事项由行政机关以购买服务方式委托行业协会商会代理；所谓"移交—替代"模

---

[1] 民政部：行业协会商会与行政机关脱钩改革目标任务基本完成 [EB/OL].（2021-02-03）[2024-03-30]. http://m.news.cctv.com/2021/02/23/ARTIuAZ1ksrgvF1mnf1gJRcG210223.shtml.

式：行政机关根据行业协会商会的业务范围和实际行为表现评价其承接公共服务事项的能力，将有关职能移交给行业协会商会，行使行政机关授权职权；所谓"授权—补助"模式：通过法律、法规授权行业协会商会代理某项行政职能，并适当补助工作经费。三种模式，采用较多的是"委托—购买"模式，其他两种模式采用较少。当前，推进行政机关"通过购买服务等方式支持本行业领域内行业协会商会发展"的相关工作在全国范围内展开，实际工作中仍然存在制约因素：在行政机关方面，有的思想比较保守，转移出去的职能数量较少、范围较窄，且多为辅助性、服务性、边缘性（行政管理范畴与市场调节范畴之间）职能及服务性、单一性、具体性事项；在行业协会商会方面，有的因为自身素质较低，承接能力不足；在工作绩效衡量方面，有的监管和评价机制尚待健全。伴随着行政体制深化改革，行政机关简政放权，行业协会商会承接政府购买服务和交办事项的机会将会增多，发展势头良好，各地涌现出许多好的案例。例如：至 2007 年底，浙江省应脱钩的 1300 多家行业协会商会全面完成与行政机关脱钩改革后，浙江省经贸委将部分资质认可或等级评定、行业性创优奖励活动、新产品新技术认证及推广等事项移交给具备相应条件的行业协会商会；杭州市政府第三轮行政审批制度改革，明确 9 个部门应当向行业协会商会移交包括行业信息统计、运行分析、行业技术及服务标准制定、生产经营许可证发放等 17 项职能。又如：湖北省服装行业商会，承担政府有关部门交办的组织"服装行业缝纫技能大赛"；湖北省激光行业商会，经政府有关部门许可，举办激光操作技师职业资格培训并颁发国家认可的职业资格证书等事项，因为任务完成出色，获得业界好评。再如：浙江省余姚市裘皮城商会，经政府有关部门授权，成立工商税务协管代征办公室，设立税务代收代缴服务窗口，协调税务部门与企业之间征税纳税关系，承担定额税收征管相关服务工作。

四是争取政策参与。主要包括参与行业政策制定、提出行业政策建议、监督行业政策执行三种表现形式。行业协会商会与政府相关部门互动合作，作用明显，贡献突出。2007 年 5 月 13 日，国务院办公厅发出《关于加快推进行业协会商会改革和发展的若干意见》（国办发〔2007〕36 号），对行业协会商会政策参与指明了方向并提出了要求，其中指出：各级人民政府及其部门要进一步转变职能，把适宜于行业协会商会行使的职能委托或转移给行业协会商会。在出台涉及行业发展的重大政策措施前，应主动听取和征求有关行业协会商会的意见和建议。要求行业协会商会充分发挥桥梁和纽带作用，努力适应新形势的要求，改进工作方式，深入开展行业调查研究，积极向政府及其部门反映行业、会员诉求，提出行业发展和立法等方面的意见和建议，积极参与相关法律法规和产业政策的研究、制定，参与制订、修订行业标准和行业发展规划、行业准入条件，完善行业管理，促进行业发展。

关于参与行业政策制定的案例：浙江省皮革行业协会于 2010 年受政府相关部门委托，起草《浙江省皮革行业"十二五"发展规划》和产品标准；浙江省余姚市裘皮城商会参与了中国商业联合会发起的两个国家标准（《批发市场分类及等级评估》《批发商交易行为规范》）的制定工作，参与了国际毛皮协会发起的《国际毛皮行业标准》的制定工作。

关于提出行业政策建议的案例：浙江省软件行业协会向政府提出相关产业发展规划建议；上海市室内环境净化行业协会充分利用自身专业优势，先后调研发布《上海市儿童房装修污染调查报告》《上海市车内空气质量调查报告》《上海市商务楼室内空气环境调查报告》等 10 多个专项调查报告，不仅为政府相关部门在制定政策时提供了参考依据，而且让上海市民更加了解室内环境净化的重要性和预防措施。

关于监督行业政策执行的案例：《中国药品流通行业发展报告（2020）》中指出：要引导行业向信息化、标准化、集约化、智慧化方向发展。《药品管理法》强调药品行业协会要"加强行业自律，建立健全行业规范，推动行业诚信体系建设，引导和督促会员依法开展药品生产经营活动"；政府可以通过购买服务方式指定"第三方"（包括体制外的专业技术机构）参与药品治理，为社会机构参与行业监督给出法律空间，为监督行业政策执行指出"社会共治"新路。

三、中国当代商会改革发展相关问题分析与思考

2020 年 11 月 16 日，全国工商联办公厅发出《新时代工商联职责定位系列研究工作方案》，旨在总结工商联工作实践经验，研究提出关于新时代工商联性质定位、基本任务、职能作用、组织体系、工作载体等新阐述、新观点，为创新开展工商联工作提供具有可操作性的建议和参考。全国工商联带头行动，影响并推动政界、学界、商界共同参与商会问题研究，形成理论与实践相结合的研究氛围。

关于商会共性组织特征

一般认为，商会只具有经济性和民间性两种组织特征，实际上有三种，即经济

性、民间性和政治性。对于商会具有经济性和民间性组织特征，具有广泛的共识；对于商会是否具有、是否应该具有政治性组织特征，一直存在争论。实际上，政治性组织特征伴随经济性和民间性组织特征在古今中外的商会组织中都有不同程度的表现。

经济性，是商会组织的本质属性，如果没有经济性特征，就不能言商，不能称其为商会，古今中外的商会概莫能外。商人们主要因为经济利益集合在一起组成商会。商会的经济性组织特征主要体现在辅助经商、致力培商、合力兴商，沟通官商、聚合商力，振兴商业等方面。商会以商人为会员主体，以经济工作为中心，以服务经济人士、服务经济活动、服务经济发展为主旨，经济性当是最典型的组织特征。经济性体现商会组织的经济地位。

民间性，是商会组织的天然属性。中国商会根源于"会馆""会所""公所""公会""行会""行帮""商帮"等中国传统的民间经济组织；起始于鸦片战争以后，中国商人和有识之士，为反抗帝国主义列强经济侵略，在"中外商战"思想的影响下，组织起来成立的中国近代商会组织；发展于中华人民共和国成立以后在改造旧商会的基础上建立起来的中国当代商会组织。关于商会的社会属性问题大致存在"官办机构""半官方机构""民间商人社团""官督商办社团"四种不同的观点，[1]其中对"民间商人社团"的观点及其组织形式的认同占主流。因为商会组织的经济地位突出，其社会地位彰显特色。关于中国近代商会组织社会地位及其特征的研究较多，相关的理论如"商会与国家关系"论，"资产者公共领域"论，"第三领域"论，"民间社会"论，"市民社会"论，以及"国家权力机关之外的社会权力体系"论，"在野市政权力网络"论，"商会中心主义"论等。关于中国当代商会组织的社会属性，也有"官办商会"与"民办商会"之说，如有人称政府主导组建的具有人民团体组织性质的工商联组织为"官办商会"；称商人自主组建的具有社会团体组织性质的各类行业商会、异地商会组织等为"民办商会"。但无论是所谓"官办商会"或"民办商会"，从商会主体会员身份、组织结构、组织职能、组织意识与行为方式等多方面综合分析来看都没有脱离民间性组织特征。

政治性，商会是否具有、是否应该具有政治性组织特征一直是争论的话题。有人认为，"商会应该多做经济工作，少做政治工作"；有人认为，"商会在商言商，不问政

---

[1] 马敏主编.中国近代商会通史［M］.北京：社会科学文献出版社，2011：7–40.

治"；还有人认为，"亲近商事，远离政治"。古希腊哲学家亚里士多德有句名言："人是天生的政治动物"；众多的观点认为：生活在充满政治意识与行为的人类社会里，"人是不能不政治的"。[1] 从古典政治经济学观察分析"物与物之间的关系"，到马克思主义政治经济学进一步揭示与其相关联的"人与人之间的关系"，都说明经济与政治的密切关系。"马克思认为经济制度是政治上层建筑借以树立起来的基础"。[2]

商会是法人，也如人，如人一样有政治意识与行为。商会会员政治性意识与行为必然影响到商会组织意识与行为。商会组织及其成员在追求经济利益、重视社会地位与社会影响的同时，具有政治立场、政治诉求和政治利益，并因为政治立场、政治诉求和政治利益体现出独具特色的政治参与意识与行为。

国外商会的政治性组织特征，主要表现在立法参与等方面。例如，《俄罗斯联邦工商会法（1993）》中规定："俄联邦工商会根据俄联邦宪法享有立法动议权""俄联邦工商会参与制定涉及企业家利益的俄联邦法律草案、俄联邦部长会议（政府）决议、俄联邦各部委的决定"；再如，《日本商工会议所法（1981）》中规定："商工会议所不得为特定的政党利用"，以限制性条文约束商工会议所的政治参与度。

在中国近代，关于商会的政治性意识与行为，有以下历史事件应当记忆：

第一个历史事件，是发生在 1912—1914 年间的"国会议席之争"，[3]103 即商界争取国会议席活动，这是中国近代商会独立从事的事关商会参政权利的重大政治参与活动。1912 年 8 月，北洋政府颁布《参议院议员选举法》和《众议院议员选举法》，不给商会分配议员名额。两项选举法颁布后，立即遭到以商会为代表的工商界的强烈反对，以各商会为首的工商界掀起第一次争取国会议席活动，要求参与国家商政，未果。1914 年，以各商会为首的工商界掀起第二次争取国会议席活动，要求商政、国政并参，取得成效：在 1914 年 1 月 26 日公布的《约法会议组织条例》中，分配给全国商联会 4 个议员名额，约占议员总数 60 名的 7%，比每省 2 个名额多 1 倍，使商会第一次获得法定的参政权。

第二个历史事件，是发生在 1917—1924 年间的商教两界组织"国是会议"[3]107–108 参政活动。1917 年 6 月，军阀张勋复辟帝制，将国会解散，由此引发护法运动，部

［1］徐文秀：人是不能不政治的［EB/OL］.［2024–03–30］. http://theory.people.com.cn/n1/2018/0207/c40531–29811054.html.

［2］中共中央马恩列斯著作编译局 . 列宁选集：第 2 卷［M］. 北京：人民出版社，2012：311–312.

［3］虞和平 . 商会史话［M］. 北京：社会科学文献出版社，2011.

分国会议员南下组成"非常国会"；1918 年 8 月，北方政府另组"安福国会"，出现南北两个国会对峙的局面。这引起工商界人士对强权政治深感厌恶，对议会政治丧失信心，对军阀政府和国会不抱希望。于是，主张不要国会，由人民直接参与决定国家事务的"直接民权论"和"国民自决论"一时盛行于民主人士和工商界人士之中。1921 年 10 月，全国商会联合会和全国教育会联合会在上海联合举行商教联席会议，会议作出决议，其中包括："通电各省议会等团体，联合组织国是会议。"所谓国是会议，就是协商国家大政方针的机构，"它以解决国家统一、废督裁兵、制定宪法、地方自治等重大内政问题为目的；以共和国家主权在民为依据；以联合全国各省议会、各省商会、教育会、农会、银行公会、律师公会、报界联合会、公会八界团体共同集议为方式，试图组成一个较大之组织，广泛吸收民意，群策群力挽救国家危亡，集思广益谋划国家要政；以互助合作的精神，筹谋救亡的大计。"[1]108–109 国是会议的发起者们调子唱得很高，但没能得到多数民众认同。

1922 年 5 月 7 日，八界团体联合召集的国是会议在上海总商会召开，会议发表了两个宣言，制定了一个《中华民国宪章草案》。其中，在较大程度上反映了工商界的政治要求。在军阀横行的时代里，以商会为代表的工商界希望联合社会各界，"发起国是会议，旨在联合全国有力团体，解决国家之根本问题"的做法是荒唐可笑的，既不可能实现，也不可能有效。事实上，盛极一时的国是会议运动于 1924 年以后逐渐消失。[1]110–112

第三个历史事件，是发生在 1923 年间的"商人政府的尝试"。[1-2] 1923 年 6 月 13 日，直系军阀曹锟发动政变，将总统黎元洪驱逐出京，并公然贿选总统，激怒包括工商界在内的社会各界，上海各路商界总联合会于当日发表《对政潮重要宣言》，公开表示反对。6 月 16 日，上海各路商界联合会及 25 个省区的旅沪同乡会举行联席会议，决定以"民治运动"为应付时局之目标，并要求上海总商会出面领导各团体一致进行。按照商界人士的设计，成立"民治委员会"，其性质：即所谓"是一种以商人为主体的民主政府"。其所谓主要任务：1. 在中央政府中断期间，由民治委员会代表国家行使外交权力。2. 管理国家财政。3. 解决国内一切政治纠纷。4. 监督各省行政。5. 依法组织国会。显然，商人们企图自组商人政府，取代军阀政府，达到了商人参政的最高程度。7 月 4 日，"民治委员会"成立大会在上海总商会议事厅召开，会议提出：本

［1］虞和平．商会史话［M］．北京：社会科学文献出版社，2011．
［2］中国商会历史长河中的三大尝试［EB/OL］．（2019–04–15）［2024–03–30］．https://www.sohu.com.

会以达到民治为目标，以发起运动为先导，以上海商界开其先，希望各省区、各界人士继其后，结合全国人民为一大团体，挽已倒之狂澜。[1]112-114 "民治委员会"的成立，博得了工商界和社会民主革命人士的赞扬；引起正致力于人民民主革命的中国共产党人的高度重视。7 月 11 日，毛泽东在《向导》周报上发表《北京政变与商人》[1-3] 的文章，称"民治委员会"之举是"商人出来干预政治的第一声"，是"商人们三年不鸣，一鸣惊人的表示"；并指出："这次政变发生了，惊动了老不注意政治的商人忽然抬起头来注意政治。""中国现在的政治问题，不是别的问题，是简单一个国民革命问题：用国民的力量打倒军阀并打倒和军阀狼狈为奸的外国帝国主义，这是中国国民历史的使命"。[3] 而国民中的商人，在国民革命中应该担负迫切而重要的工作。文章指出：唯有号召全国商人、工人、农人、学生、教职员，乃至各种各色凡属同受压迫的国民，建立严密的联合战线，这个革命才可以成功。他号召商人们团结起来，团结越广，声势越壮；希望商人与工农学各界相联合，将反对军阀列强的斗争进行到底。[1]115 当时的中共中央在"第二次对于时局的主张"中提出，"如果国民党不能承担政治建设的责任，那么民治委员会即应起来肩此巨任，号召国民会议，以图开展此救国救民的新局面"。[1]115 但是，"民治委员会"成立之后，没有按照原先设定的民主政府模式去做，辜负了商界和社会各界的希望，被指责为"绅治""商治"。"民治委员会"终因外界的批评、内部的涣散、委员间的纷争、无所成就而宣告结束。[1]115-116

除了三大历史事件之外，在中国近代，商会在参与政治事务与社会管理活动方面还有许多重要案例：

例如：1905 年，上海商务总会和沪南商会的一些重要成员倡议创设上海总工程局，从整顿市政入手建立自治之基础，得到清朝政府上海道台的赞同并批准。当年 11 月 11 日，上海城厢内外总工程局（清末民初上海绅商组织和控制的地方自治机构）正式成立，由上海道台授权办理所有马路、电灯及城厢内外警察等一切事宜的权限，使之成为一个除地方当局之外的代行部分行政职权的地方治理组织。至 1909 年 1 月，清政府颁布《城镇乡地方自治章程》后，地方自治纳入国家行政体制改革

［1］虞和平.商会史话［M］.北京：社会科学文献出版社，2011.

［2］中国商会历史长河中的三大尝试［EB/OL］.（2019-04-15）［2024-03-30］.https：//www.sohu.com.

［3］当记者曾是青年毛泽东的志向［EB/OL］.（2015-11-07）［2024-03-30］.http：//dangshi.people.com.cn/n/2015/1107/c85037-27788817.html.

轨道。

又如，苏州商务总会于1909年6月在市中心商业区观前街地区成立"市民公社"（一般指介于国家和个人之间的广阔领域，是国家权力体制外自发形成的由相对独立存在的组织或团体构成的一种自治组织，具有独立性和制度性特点），负责管理该地区的卫生、保安等事宜。

再如，1910年6月16日，全国各地及南洋的商会代表向清朝政府递交请愿书，包括：《各省直商会代表沈懋昭等呈请代奏书》《江苏苏州商务总会代表杭祖良、上海商务总会代表沈懋昭请速开国会书》《南洋雪兰莪26埠总商会国会请愿代表兼澳洲华侨代表陆乃翔上政府书》。其中第一份请愿书从四个方面呼吁建立国会、发展实业及论述相互关系，并提出相关要求与建议：1. 世界各强国都设有国家银行，作为全国的金融机关和国家的金库；中国亦应设立国家银行，作为全国的金融总机关，由代表全国人民的国会监督。2. 一国商业的兴衰与国家的商业政策关系重大，而商业政策的制定与执行必须要有国会的协赞和监督。3. 商业发展与否，税法至关重要，税法应由国会决议。4. 对外贸易的胜败与进出口关税直接相关，税额应由国会决定。[1]63-64

还如，1911年10月10日辛亥革命爆发以后，各地商会在快速发展的革命形势下支持革命。上海商务总会所辖商团数百人全副武装，枪械精良，参与反清战斗。上海商务总会为革命军和军政府筹借经费300万元；武昌商务总会为民军提供伙食费5万元，汉口商务总会向民军司令部助饷30万元，向商界募集军政经费7万余元。此外，广州、苏州商务总会开展了动员各业商人捐款为起义军募集军饷的活动。商会支持和参与辛亥革命，虽然有自己的利益所在，态度也各有不同，但是他们的支持和参与，无疑是帮助革命取得成功的一个积极因素。[1]66-69

在中国当代，工商联组织的"政治性"特征，主要体现在"人民团体"组织定位和"统战性"组织特征两个方面，"人民团体"体现工商联组织的政治地位；"统战性"体现工商联组织的政治工作职能，是政治工作职能的特殊表现形式。

就"人民团体"政治地位而言，工商联是中国人民政治协商会议的重要组成单位，从1949年9月21日正式使用的中国人民政治协商会议的会徽含义[2]得知：其中"四面红旗表示当时的四个阶级（即工人阶级、农民阶级、小资产阶级、民族资产阶

---

［1］虞和平. 商会史话［M］. 北京：社会科学文献出版社，2011.

［2］全国政协办公厅. 政协委员手册［M］. 北京：中国文史出版社，2009：6.

级）的大联合"。小资产阶级、民族资产阶级与工人阶级、农民阶级同属于人民范畴。当时，各级工商联组织以小资产阶级和民族资产阶级成员为会员主体，各级工商联自成立之日起就明确为"人民团体"，这是工商联组织政治地位最重要的表现形式。

就"统战性"政治工作职能而言，主要体现在工商联是中国共产党领导的统一战线组织，决定了工商联的政治方向、政治地位和政治功能；主要体现在工商联组织任务是团结、凝聚、引导、服务非公有制企业和非公有制经济人士，促进非公有制经济健康发展和非公有制经济人士健康成长。促进"两个健康"，是涵盖经济建设、政治建设、文化建设、社会建设、生态文明建设和党的建设的全领域的时代课题，是工商联统战性政治工作职能的鲜明体现。

关于工商联会员结构

组织现状：

《中国工商业联合会章程（2022）》对会员的规定："凡承认本章程，自愿参加工商联的一个组织，承诺履行会员义务的团体、企业和个人，可以申请入会。"并说明：1. 工商联会员以民营企业和民营经济人士为主体、具有法人资格的境内各类工商社团和其他有关社会组织，入会申请经批准后，为团体会员。工商联所属商会为工商联团体会员，商会会员同时也是中国工商联的会员。2. 各类企业入会申请经批准后，为企业会员。企业会员的主体是民营企业，主要包括由内地自然人或民营资本独资、控股或拥有实际控制权，按照《公司法》《个人独资企业法》《合伙企业法》规定，依法设立的营利性经济组织；由港澳自然人或工商资本在内地依法设立的独资、控股或拥有实际控制权的营利性经济组织等。3. 民营经济人士入会申请经批准后，为个人会员。"个人会员面向所有民营经济人士"；与工商联工作有联系的有关人士可以申请成为个人会员；与工商联建立工作联系的单位代表，经协商，可被邀请作为个人会员；原工商业者均为个人会员。

实际工作中，工商联会员结构及其经济成分，以非公有制企业和非公有制经济人士为主体，公有制经济成分的企业和企业家会员极少，几乎为零。

研讨课题：

面对行业协会商会与行政机关脱钩改革的新形势，是否应当重视吸收改革后与行政机关脱钩的行业协会商会组织加入工商联组织系统；是否应当重视吸收改革后与行政机关脱钩的行业协会商会会员加入工商联会员队伍；工商联会员结构，在"以民营企业和民营经济人士为主体"的大格局下，是否应当重视吸收自愿加入工商联组织的公有制、混合所有制经济成分的企业会员和个人会员；是否应当将工商联"个人会员面向所有民营经济人士"的章程规定调整为工商联"个人会员面向所有经济人士"。

分析与思考：

因为工商联组织依存或关联的经济环境发生了变化，其组织结构与会员成分应该相应变化。得益于改革开放和坚定不移贯彻执行"两个毫不动摇"的经济发展方针，我国公有制和非公有制经济双轮驱动、互相促进，共同推进国民经济持续快速发展。当前，公有制和非公有制经济总量大体相当，以至于出现"半壁江山"之说。中共十八届三中全会提出在坚持"两个毫不动摇"的基础上"积极发展混合所有制经济"。积极发展混合所有制经济旨在发挥社会主义制度集中力量办大事和市场经济高效配置经济资源双重优势，发挥不同所有制资本结合的力量推进国民经济高效率发展。当前，混合所有制经济已经成为公有制和非公有制经济发展路径之间的第三条经济发展路径。当前，公有制、非公有制、混合所有制三种经济成分共同构成我国国民经济新体系。同时，因为不同所有制企业之间广泛开展股份合作、经营合作，形成经济共同体或利益关联体，各自经营意识与行为相互影响、渗透，不同经济属性的市场主体分类界限逐渐模糊。淡化市场主体不同经济属性，强化市场主体共性特征，实行市场主体统一管理、系统服务已成为发展趋势。

面对新形势，工商联会员结构及其经济成分应该相应变化，应该与时俱进地把包括非公有制、混合所有制、公有制三种经济成分在内的企业和企业家纳入其会员范围，以利于不同所有制属性的企业和企业家会员在工商联组织体系及组织活动中开展交流与合作；以利于与行政机关脱钩后的行业协会商会及其会员融入工商联组织体系之中。

回顾工商联会员结构变化过程，主要经历了三个阶段。

第一个阶段：工商联会员结构包含"五种经济成分"[1]

1952年8月1日，政务院通过的《工商业联合会组织通则》中规定工商联会员结构：

（一）市、县工商业联合会以本市、县区域内的国营、私营及公私合营之工商企业、合作社或合作社联合社为会员；手工业者、行商、摊贩得个别地或集体地加入

---

[1] 五种经济成分：国营经济、合作社经济、农民和手工业的个体经济、私人资本主义经济、国家资本主义经济。

市、县工商业联合会为会员；

（二）省工商业联合会以县、省辖市及相当于县一级的工商业联合会、国营企业省级机构及省合作社联合总社为会员；

（三）全国工商业联合会以省、中央及大行政区直辖市及相当于省一级的工商业联合会、国营企业的全国总机构、全国合作社联合总社为会员；

（四）对工商界有特殊贡献的人士，得被邀请参加各级工商业联合会为会员。

这一决定，促进工商联会员结构由个体经济和私人资本主义经济"两种经济成分"向个体、私营、公私合营（国家资本主义经济）、合作社营、国营"五种经济成分"转变，这是工商联组织职能及会员结构的第一次重大调整。事实证明，这样的会员结构，符合中国国情，有利于工商联组织汇聚"五种经济成分"相结合的经济力量，服务与促进国家经济高效率发展。

第二个阶段：工商联会员结构"5+3"，即"五种经济成分＋三资企业"[1]

1987年5月15日，中共中央书记处会议在审议中央统战部《关于工商联吸收新会员，进一步发挥积极作用》的请示报告时，对工商联工作作出指示：

（一）工商联是我国民间的对内商会，也是对外商会，在对内搞活、对外开放中，应发挥更加积极的作用。

（二）工商联吸收新会员可以按照现在的路子先搞试验（注：根据自愿原则，不少地区工商联吸收了一些国营企业、集体企业、"三资"企业、乡镇企业、私营企业者、个体工商户代表，不同地区，各有侧重）。外国商人参加工商联问题可以研究。你不让他参加，他要自己搞商会。到工商联是个好办法，不然外国商人同我国政府没有一个纽带。

（三）我国经济是以社会主义公有制为主体的多种经济，参加工商联相当大的一部分是个体户。单靠工商局管不住，工商联应配合做工作。工商联工作要适应新的情况，要有新的经验。要加强私营企业者的工作，使他们做一个合法的经营者，通过各种形式的经营为社会主义经济建设作出贡献。

这一指示，促进工商联会员结构在"五种经济成分"的基础上增加了"三资企业"，并促进工商联组织由"对内商会"向"对内、对外商会"转变。这是工商联组

---

[1] 三资企业：指经中国政府批准，在中国境内设立的中外合资经营企业、中外合作经营企业、外商独资经营企业三类外商投资企业。

织职能和会员结构的第二次重大调整。

第三个阶段：工商联会员结构调整为"2+3+1"，即私营企业和个体工商户＋"三胞"投资企业[1]＋乡镇企业

1991年7月6日，中共中央在批转中央统战部《关于工商联若干问题的请示的通知》中指出：

在我国，非公有制经济成分作为公有制经济的有益补充，将在相当长的历史时期内存在和发展。现在亟需有一个党领导的、主要是做非公有制经济代表人士思想政治工作的人民团体，对私营企业主、个体工商户和台湾同胞、港澳同胞、海外侨胞投资者介绍党的方针、政策，进行爱国、敬业、守法的教育，并维护他们的合法权益，反映他们的正确意见。工商联作为党领导下的以统战性为主，兼有经济性、民间性的人民团体，可以配合党和政府承担这方面的任务，成为党和政府联系非公有制经济的一个桥梁。工商联的主要工作对象是私营企业、个体工商户、"三胞"投资企业和部分乡镇企业，而不是国营企业。

作出这样的决定，是因为当时公有制经济成分的国营企业都有国家产业经济部门管理并已经成立协会类组织；而非公有制经济成分的"私营企业、个体工商户、'三胞'投资企业和部分乡镇企业"特别需要管理服务，这方面的任务明确由工商联承担。这一决定，明确了工商联会员结构以私营企业、个体工商户、"三胞"投资企业和部分乡镇企业为主体，而不是国营企业；随后，进一步明确了工商联的工作主题，即"促进非公有制经济健康发展和非公有制经济人士健康成长"，这是工商联组织职能和会员结构的第三次重大调整。

实践证明，以上三次会员结构调整都符合中国国情，符合与时俱进的工商联工作主题，为工商联广泛汇聚会员智慧和力量，服务与促进国家经济高效率发展发挥了重要作用，作出了重要贡献。

在1953—1993年40年间制定的《中国工商业联合会章程》中，明确规定的工商联会员都包括国营企业；1993年以后，虽然吸收企业会员的重点是私营企业和"三胞投资企业"及非公有制经济成分的有关企业，但"与工商联有历史联系、业务联系的中小型国营企业仍然可以参加为企业会员"。

在《中国工商业联合会章程（1997）》中，提出："具有法人资格的各类企业，经

---

[1]　"三胞"投资企业：台湾同胞、港澳同胞、海外侨胞投资企业。

申请后，均可参加本会为企业会员"；并提出"吸收企业会员的重点是私营企业、台港澳侨投资企业、乡镇企业及包含非公有制经济成分的企业"。《中国工商业联合会章程（1997）》与《中国工商业联合会章程（1993）》相比，减少了"与工商联有历史联系、业务联系的中小型国有企业仍然可以参加为企业会员"的表述。分析原因：一是因为当时非公有制经济在国民经济中占比较低（不足40%），需要特别重视组织引导支持；二是因为公有制企业当时大都已纳入国家产业经济部门管理。

《中国工商业联合会章程（2022）》与《中国工商业联合会章程（1997）》相比，进一步减少了"乡镇企业"的表述。但仍然重申"凡承认本章程，自愿参加工商联的一个组织，承诺履行会员义务的团体、企业和个人，可以申请入会"，为公有制企业和公有制经济人士加入工商联仍然敞开着大门。

当今，非公有制经济与公有制经济具有"相等体量、同等地位、平等待遇"；且国家产业经济部门大部分已经裁撤，行业协会与行政机关脱钩改革基本完成，工商联更应当为行业协会及所属企业、为公有制企业和公有制经济人士敞开组织大门，欢迎并吸引他们入会。

工商联组织发展趋势，应进一步拓宽会员覆盖面，应特别重视面向与行政机关脱钩后的行业协会组织及其所联系的工商企业和个人发展会员，面向所有中国工商企业和经济组织发展会员，在会员结构与组织面向方面更符合中国国情并与国际接轨，以利工商联组织具有更加广泛的代表性和影响力。可以预见，工商联跨所有制发展会员，工作主题逐渐由"促进非公有制经济健康发展和非公有制经济人士健康成长"拓宽为"促进经济健康发展和经济人士健康成长"成为发展趋势。这样，更有利于工商联在经济服务方面当好政府助手，为服务与促进国民经济高质量发展发挥更大的组织作用。

关于工商联人民团体组织地位

组织现状：

《工商业联合会组织通则（1952）》中指出："工商业联合会是各类工商业者联合组成的人民团体。"《中国共产党统一战线工作条例（2020）》中表述："工商联是党领导的以民营企业和民营经济人士为主体的，具有统战性、经济性和民间性有机统一基本特征的人民团体和商会组织。"人民团体的组织定位，决定了工商联的组织性质、组织宗旨、组织责任和工作方向，这是当代中国工商联与旧中国的商会和资本主义国家的商会的根本区别，也是中国工商联与中国其他商会组织的重大区别。

研讨课题：

关于工商联人民团体组织定位的重大意义；人民团体的组织定位与工商联"统战性、经济性、民间性"组织特征的关系；人民团体的组织定位对工商联组织宗旨及工作方向、工作意识与行为产生的重大影响。

分析与思考：

第一，人民团体的组织定位，是当代中国工商联与旧中国的商会和资本主义国家的商会的根本区别

一般认为，"商会是资本主义社会和旧中国工商业资本家为维护其利益而组织的社会团体"；[1]而新中国成立的工商联属于人民团体，在人民性思想的指导下，工商联组织除了吸收大型工商企业会员之外，更多的是吸收中小型工商企业和个体工商户及工商业经济人士为会员，使得工商联组织体现人民性特征，成为面向全体工商界的广泛的大众化的组织。正如 1951 年 10 月 23 日，周恩来总理在中国人民政治协商会议第一届全国委员会第三次会议上的政治报告中所讲到的："私营工商业内部的经济改组已经开始。工商业联合会将逐渐成为全体工商界的，即包括各城市、各阶层和各行各业的并使中小工商业者享有平等权利的组织。"[2]这是当代中国工商联与资本主义国家和旧中国以资本家为会员主体的商会组织的根本不同。

赋予工商联人民团体的组织定位，有利于构建广泛的促进经济发展的统一战线，有利于社会主义市场经济健康发展，并有利于坚持社会主义市场经济发展方向，预防资本主义市场经济病。人民团体的组织定位，要求工商联遵循人民利益之上的组织宗旨，引导会员及广大民营经济人士自觉"把自身企业的发展与国家的发展结合起来，把个人富裕与全体人民的共同富裕结合起来，把遵循市场法则与发扬社会主义道德结合起来"；引导会员及广大民营经济人士弘扬中华传统美德，弘扬时代新风，树立义利兼顾、以义为先理念，致富思源、富而思进，自觉投身社会公益慈善事业，积极履行社会责任。

第二，人民团体的组织定位，是中国工商联与中国其他商会组织的重大区别

中国工商联的组织性质为人民团体，中国其他各类商会的组织性质为社会团体。

---

［1］辞海编辑委员会.辞海［M］.上海：上海辞书出版社，1999：436.

［2］孙晓华主编.中国工商业联合会 50 年概览（上卷）［M］.北京：中华工商联合出版社，2003：17.

因为人民团体组织定位，使得工商联提升了政治地位，成为人民政协的重要界别，赋予"政治协商、民主监督、参政议政"职能，为工商界经济人士反映意见和诉求，围绕国家大事"建言献策""献计出力"畅通了渠道。人民团体的组织定位与"统战性、经济性、民间性"有机统一的基本特征共同构成中国工商联独特而显著的组织特征。

关于工商联人民团体组织定位和统战性组织特征，早期资料参见李维汉于 1950 年 3 月 21 日在中共中央统一战线工作会议上以《人民民主统一战线的新形势和新任务》为题的工作报告，其中说明：[1]

人民团体、民主党派、人民民主政权机关和政治协商机关，都是统一战线工作的重要环节。

人民团体方面，它们的性质、任务和组织形式虽各有不同，但都负有统一战线工作的任务。

工商联是重要的人民团体，并且是我们在私营工商业者中进行统一战线工作的重要环节之一。党和政府要经过它去团结教育工商业者执行《共同纲领》和人民政府的政策、法令，尤其参加工商联的公营企业的干部，应当积极地进行这方面的工作。

工商联人民团体的组织定位与统战性组织特征关系密切。某种程度上可以理解为，工商联统战性组织特征基于人民团体组织定位，因为人民团体组织地位赋予统战工作任务。人民团体是工商联的根本性组织特征，统战性是工商联的工作性、方法性组织特征，工商联因为是人民团体成为"统一战线工作的重要环节"。

第三，人民团体组织定位，要求工商联组织既注重做经济服务工作，又注重做思想政治工作

在新民主主义经济时期，在对资本主义工商业进行社会主义改造的工作中，既注重"企业的改造"，又注重"人的改造"；在社会主义市场经济时期，既注重"促进非公有制经济健康发展"，又注重"引导非公有制经济人士健康成长"。

第四，人民团体组织定位，要求工商联组织全面加强思想政治建设

《中国工商业联合会章程（2022）》指出：工商联坚持"信任、团结、服务、引导、教育"的方针，坚持"政治建会、团结立会、服务兴会、改革强会"，保持和增强"政治性、先进性、群众性"，坚决防止"机关化、行政化、贵族化、娱乐化"倾向，全面推行工商联工作法治化，不断增强"凝聚力、影响力、执行力"，充分发挥

---

[1]李维汉.统一战线问题与民族问题［M］.北京：中共党史出版社，2016：62.

在民营经济人士思想政治建设中的引导作用，在民营企业改革发展中的服务作用，引导广大民营经济人士为全面建设社会主义现代化国家团结奋斗。

第五，人民团体组织定位，要求工商联会员企业与员工构建利益共同体

员工是企业成员的大多数，促进非公有制企业健康发展必须维护好、实现好、发展好他们的利益。应当要求工商联会员"企业关爱员工、员工关爱企业"，要求维护企业全员合法利益，要求必须尊重劳动，必须尊重普通员工在企业中的应有地位和劳动尊严，要求和谐劳动关系，努力构建社会主义和谐企业，努力做到靠劳动参与分配者和靠资本参与分配者共同发展，努力为促进共同富裕作贡献。这里介绍一张特别珍贵的历史照片：1956年1月15日，北京市各界在天安门广场举行的庆祝社会主义改造胜利联欢大会上，公私合营工业职工代表、公私合营商业店员代表、农民代表、手工业者代表、工商业者代表组成了向党中央和毛主席献报喜信的报喜队。这张照片，充分体现了公私合营企业中工商业者与普通劳动者之间的和谐关系和共同受重视程度；并提示我们，作为具有人民团体组织性质，作为人民政协的重要界别，作为具有统战性、经济性、民间性组织特征的工商联组织，在社会主义市场经济条件下，坚持人民团体组织定位和组织宗旨的重要性。工商联作为人民团体的组织定位，既应体现在其组织宗旨和组织构成方面，也应体现在其会员企业的组织意识与行为当中。

1956年1月15日，北京市各界在天安门广场举行庆祝社会主义改造胜利联欢大会。公私合营工业职工代表王辉、公私合营商业店员代表高殿英、农民代表李宗和、手工业者代表徐淑琴、工商界代表乐松生组成向党中央和毛主席献报喜信的报喜队

第六，人民团体组织定位，决定了工商联的政治地位与其他商会组织有所不同

因为人民团体组织定位，工商联组织免于社会团体登记管理，工商联机关纳入公务员管理序列；因为人民团体组织定位，工商联组织中有代表人士担任各级人大代表和政协委员，还有代表人士参与各级政府或政协工作并担任领导职务，参与管理国家事务和社会事务。

第七，因为人民团体组织定位，党和政府赋予工商联桥梁、纽带、助手功能

《中国工商业联合会章程（2022）》规定："工商联是党和政府联系民营经济人士的桥梁纽带，是政府管理和服务民营经济的助手。"因为人民团体组织定位，要求工商联促进会员经济健康发展的同时，促进区域民营经济健康发展；要求工商联促进会员健康成长的同时，促进区域内全体民营经济人士健康成长。因为人民团体组织定位，对于工商联会员树立国家主人翁地位、"自己人"地位，并激发全体工商经济人士参与社会主义建设的热情并贡献聪明才智发挥了重大作用。因为人民团体组织定位，对于充分发挥工商联组织作用，推进工商联事业健康发展发挥了至关重要的作用。

关于工商联统战性组织特征

组织现状：

工商联是统一战线组织。《关于人民代表大会制实行后统一战线组织问题的意见（1953）》中表述：全国工商联为"参加全国统一战线组织的单位"。《中国共产党统一战线工作条例（2020）》中表述："工商联是党领导的以民营企业和民营经济人士为主体的，具有统战性、经济性和民间性有机统一基本特征的人民团体和商会组织。"《中国工商业联合会章程（2022）》中表述：工商联"是中国共产党领导的以民营企业和民营经济人士为主体，具有统战性、经济性、民间性有机统一基本特征的人民团体和商会组织"。工商联具有"三性"组织特征，"三性"之中，经济性和民间性是古今中外商会的共性组织特征，统战性是工商联特有的组织特征。

研讨课题：

关于统一战线的起源与发展；关于不同时期工商联统战性功能作用；关于工商联统战性组织特征的主要表现形式；关于坚持统战性、经济性、民间性有机统一；关于工商联坚持统战性组织特征的重要意义；关于统战工作对象与统战工作者身份问题。

分析与思考：

对于中国工商联组织为什么具有统战性特征，许多人、许多组织，特别是外国

人、外国商会组织不理解，他们认为统战工作是无产阶级对资产阶级的政治策略，工商联具有统战性，组织宗旨和任务是以政治性为主，是官方组织而不是民间组织；也有的工商界代表人士认为"作为统战工作者的感觉较好，作为统战工作对象的感觉不够好"；为消除以上误解，有必要对统一战线的历史由来和现实特点作简要介绍。

第一，关于统一战线的起源与发展

统一战线（United Front）是国际语言，又称"统一阵线"，或称"联合战线"和"联合阵线"。统一战线是指不同社会政治力量在一定条件下，为了一定的共同目标而建立的政治联合或联盟。统一战线是国际共产主义运动的政治策略，是国际无产阶级革命取得胜利并巩固社会主义国家政权的成功经验。

国际统一战线的起源：

1840年10月17日，恩格斯以弗·奥的署名，在第249号《知识界晨报》上发表文章《唯物论和虔诚主义》，其中写道："在同宗教的黑暗势力进行斗争的任何情况下，我们都应该结成统一战线。"这是恩格斯第一次使用统一战线概念，并提出运用统一战线政治策略开展反对宗教封建势力的斗争。1892年3月8日，恩格斯在致德国社会民主党领导人倍倍尔的信中指出：无产阶级政党在领导工人运动中，要善于运用革命策略，"如果射击开始过早，就是说，在那些老党还没有真正闹得不可开交以前就开始，那就会使他们彼此和解，并结成统一战线来反对我们"。这是恩格斯再次使用统一战线概念，指导无产阶级政党以统一战线策略预防反动势力结成政治联盟。恩格斯作为统一战线思想的创立者之一，明确提出和使用统一战线概念，并从正反两个方面阐明统一战线的内涵及方针。[1]1-2

1919—1922年间，列宁曾多次使用统一战线概念，提出："无产阶级的领导权是民主革命彻底胜利以及统一战线取得成功的决定性条件和根本保证。而无产阶级要实现对民主革命的领导权，就必须建立工农联盟""建立工人阶级统一战线，实现工人阶级行动的统一"等新概念。[2]

中国统一战线的发展：

在中国，统一战线是新民主主义革命取得胜利和社会主义建设取得成就的重要法宝。

---

[1] 中央统战部研究室.统一战线100个由来［M］.北京：华文出版社，2010.

[2] 马克思，恩格斯，列宁关于统一战线的基本观点［EB/OL］.（2005-05-27）［2024-03-30］.http://www.gov.cn/test/2005-05-27/content_1574.htm.

中国共产党在领导中国革命、建设和改革事业的过程中，把马克思列宁主义统一战线理论同中国实际相结合，成功地发挥了统一战线在革命、建设和改革中的重要法宝作用，并在实践中进一步发展了统一战线概念及内涵。关于不同时期中国统一战线的概念及内涵梳理如下：

1. 民主的联合战线。1922 年 5 月 23 日，陈独秀在广州参加第一次全国劳动大会后，在《广东群报》上发表《共产党在目前劳动运动中应取的态度》一文中指出：中国共产党"在劳动运动的工作上，应该互相提携，结成一个联合战线（United Front），才免得互相冲突，才能够指导劳动界作有力的战斗"。同一时期，中国共产党其他领导人毛泽东、蔡和森、恽代英等也都相继在不同场合使用过联合战线或民主联合阵线的概念或含义。中共"二大"正式将建立"民主的联合战线"写进党的文件。[1]3

2. 民族统一战线。1925 年 8 月 18 日，瞿秋白在《"五卅"后反帝国主义联合战线的前途》一文中指出："反帝国主义的民族统一战线已经成为事实。所以'五卅'以后反帝国主义运动确已进入了革命行动的时期，废除不平等条约的要求，也已经不仅是宣传上的口号，而成了群众斗争的实际目标了。""民族统一战线"也成为党的领导人的主要表述用语。[1]3

3. 下层群众的统一战线。1930 年 9 月，中共六届三中全会（扩大）提出：必须实行"下层群众的统一战线"的策略，就是在一切斗争尤其是日常部分要求的斗争之中，共产党应当和非共产党的一般下层群众团结起来进行斗争。[2]

4. 民族革命统一战线。1935 年 12 月 27 日，毛泽东在《论反对日本帝国主义的策略》一文中指出："党的基本的策略任务是什么呢？不是别的，就是建立广泛的民族革命统一战线。"[3]152"只有统一战线的策略才是马克思列宁主义的策略，关门主义的策略则是孤家寡人的策略。"[3]155

5. 统一战线。1939 年 10 月 4 日，毛泽东在《〈共产党人〉发刊词》中说："十八年的经验，已使我们懂得：统一战线，武装斗争，党的建设，是中国共产党在中国革

[1] 中央统战部研究室.统一战线 100 个由来［M］.北京：华文出版社，2010.

[2] 统战新语：工农民主统一战线是怎么建立的［EB/OL］.（2018-06-11）［2024-03-30］.http://zhouenlai.people.com.cn/n1/2018/0611/c409117-30050676.html.

[3] 毛泽东.论反对日本帝国主义的策略（1935 年 12 月 27 日）［M］//毛泽东选集：第 1 卷.北京：人民出版社，1991.

命中战胜敌人的三个法宝，三个主要的法宝。"[1]606

6. 抗日统一战线。1940 年 3 月 11 日，毛泽东在《目前抗日统一战线中的策略问题》一文中指出："抗日战争胜利的基本条件，是抗日统一战线的扩大和巩固。"[2]745

7. 工农民主的民族统一战线。1945 年 4 月，周恩来在中国共产党第七次代表大会上作《论统一战线》发言中，把土地革命时期的统一战线称为"反封建压迫、反国民党统治的工农民主的民族统一战线"。[3]4

8. 各界人民的统一战线。1945 年 8 月 9 日，毛泽东发表《对日寇的最后一战》声明，提出：中国民族解放战争的新阶段已经到来了，要坚持"各界人民的统一战线"，制止内战危险，努力促成民主联合政府的建立。[3]4

9. 全民族的统一战线。1947 年 2 月 1 日，毛泽东在《迎接中国革命的新高潮》一文中，提出建立"包括工人、农民、城市小资产阶级、民族资产阶级、开明绅士、其他爱国分子、少数民族和海外华侨在内的极其广泛的全民族的统一战线"。[3]4

10. 人民民主统一战线。1949 年 7 月 6 日，周恩来在中华全国文学艺术工作者代表大会上的政治报告中，第一次提出了"人民民主统一战线"概念，指出："人民解放战争的胜利，依靠人民解放军，依靠农民、工人、革命知识分子和一切爱国民主人士所形成的人民民主统一战线。"[3]4

11. 反封建统一战线。1950 年 6 月 23 日，毛泽东《在全国政协一届二次会议上的讲话》中指出："战争和土改是在新民主主义的历史时期内考验全中国一切人们、一切党派的两个'关'。""现在是要过土改一关，我希望我们大家都和过战争关一样也过得很好。大家多研究，多商量，打通思想，整齐步伐，组成一条伟大的反封建统一战线，就可以领导人民和帮助人民顺利地通过这一关。"[4]

12. 反对帝国主义侵略的统一战线。1950 年 12 月 2 日，毛泽东主席复电天津市工商联主席李烛尘等，对天津市工商界 42989 名爱国同胞举行的"抗美援朝保家卫国

［1］毛泽东.《共产党人》发刊词（1939 年 10 月 4 日）［M］// 毛泽东选集：第 2 卷. 北京：人民出版社，1991：606.

［2］毛泽东. 目前抗日统一战线中的策略问题（1940 年 3 月 11 日）［M］// 毛泽东选集：第 2 卷. 北京：人民出版社，1991：745.

［3］中央统战部研究室. 统一战线 100 个由来［M］. 北京：华文出版社，2010.

［4］毛泽东. 在全国政协一届二次会议上的讲话（1950 年 6 月 14 日、23 日）［M］// 毛泽东文集：第 6 卷. 北京：人民出版社，2009：80.

示威大游行大会"表示支持，并指出："我希望全中国一切爱国的工商业家和人民大众一道，结成一条比过去更加巩固的反对帝国主义侵略的统一战线。"[1]

13. "三反"斗争的统一战线。1952 年 1 月 5 日，毛泽东在关于"三反"斗争报告的批语中指出："在这个斗争中，对民主党派和各界民主人士应酌予照顾，注意组织'三反'斗争的统一战线。"[2]

14. 革命统一战线。1978 年 3 月 5 日，第五届全国人民代表大会第一次会议通过的《中华人民共和国宪法》序言中指出："我们要巩固和发展工人阶级领导的，以工农联盟为基础的，团结广大知识分子和其他劳动群众，团结爱国民主党派、爱国人士、台湾同胞、港澳同胞和国外侨胞的革命统一战线。"[3]5

15. 爱国统一战线。1979 年 9 月 1 日，邓小平在听取第 14 次全国统战工作会议情况汇报时，指出："新时期统一战线，可以称为社会主义劳动者和爱国者的联盟……现阶段的统一战线可以提革命的爱国的统一战线……这样范围就宽了，具有广泛的性质。"[3]5 1981 年 6 月，中共十一届六中全会通过的《中国共产党中央委员会关于建国以来党的若干历史问题的决议》中指出，"一定要毫不动摇地团结一切可以团结的力量，巩固和扩大爱国统一战线"。[3]5 2004 年 3 月 14 日，第十届全国人民代表大会第二次会议通过的《中华人民共和国宪法修正案》中明确指出："社会主义的建设事业必须依靠工人、农民和知识分子，团结一切可以团结的力量。在长期的革命和建设过程中，已经结成由中国共产党领导的，有各民主党派和各人民团体参加的，包括全体社会主义劳动者、社会主义事业的建设者、拥护社会主义的爱国者和拥护祖国统一的爱国者的广泛的爱国统一战线，这个统一战线将继续巩固和发展。"[3]5

2020 年 12 月 21 日，中共中央发布修订后的《中国共产党统一战线工作条例》中指出："统一战线，是指中国共产党领导的、以工农联盟为基础的，包括全体社会主义劳动者、社会主义事业的建设者、拥护社会主义的爱国者、拥护祖国统一和致力于中华民族伟大复兴的爱国者的联盟。"并指出："统一战线是中国共产党凝聚人心、汇聚力量的政治优势和战略方针，是夺取革命、建设、改革事业胜利的重要法宝，是

［1］孙晓华主编．中国工商业联合会 50 年概览（上卷）［M］．北京：中华工商联合出版社，2003：10.

［2］毛泽东．关于"三反""五反"（1951 年 11 月—1952 年 5 月）［M］// 毛泽东文集：第 6 卷．北京：2009：192.

［3］中央统战部研究室．统一战线 100 个由来［M］．北京：华文出版社，2010.

增强党的阶级基础、扩大党的群众基础、巩固党的执政地位的重要法宝，是全面建设社会主义现代化国家、实现中华民族伟大复兴的重要法宝。"

关于统一战线的法宝作用，毛泽东曾经作出生动的比喻。1939 年 7 月 9 日，毛泽东在延安给准备开赴前线的华北联大学员作报告时将统一战线比作法宝，他说：当年姜子牙下昆仑山，元始天尊赠予他"杏黄旗""打神鞭""方天印"三样法宝。现在你们出发上前线，我也赠你们三件法宝，这就是：统一战线、武装斗争、党的建设。这是毛泽东将统一战线比作法宝的最早记载。[1]6 在 1950 年 3 月召开的第一次全国统一战线工作会议期间，毛泽东用"一根头发与一把头发"的比喻，[1]135 形象地揭示了统一战线的深刻内涵和辩证关系，生动地说明了统一战线汇聚智慧和力量的重要作用。

第二，关于不同时期工商联统战性功能作用

统战性与经济性、民间性共同构成工商联的基本组织特征。统战性，主要体现在工商联是"工商界爱国统一战线的组织"，是"中国人民政治协商会议的重要组成部分"，是"党和政府联系非公有制经济人士的桥梁纽带"，是"政府管理和服务非公有制经济的助手"。统战性，决定了工商联的政治方向、政治地位和政治功能。因为统战性，工商联工作是"党的统一战线工作和经济工作的重要内容"，工商联事业是"中国特色社会主义事业的重要组成部分"。

工商联，自成立之日起就明确为人民团体，具有统战性组织功能。工商联统战性职能作用发挥在不同的经济时期有所不同。

新民主主义经济时期（1949—1956），是工商联统战性功能作用充分发挥时期。在这一时期，工商联统战性组织特征突出，其组织工作任务主要体现在协助人民政府进行"两个改造"，即"人的改造"和"企业的改造"。在"人的改造"方面，把资本主义工商业者改造成为社会主义劳动者；在"企业的改造"方面，把资本主义工商企业改造成为公私合营企业。在实际工作中，各级工商联围绕"两个改造"工作开展和工作目标的实现，以统战工作方法，广泛汇聚智慧和力量，构建促进经济发展的统一战线，促进"国营经济、合作社经济、农民和手工业者的个体经济、私人资本主义经济、国家资本主义经济"五种经济成分在国营经济领导下共同发展。特别值得一提的是，各级工商联组织工商业者家属参加学习、开展活动，帮助自己的亲人积极参与公

---

[1] 中央统战部研究室. 统一战线 100 个由来 [M]. 北京：华文出版社，2010.

私合营，对顺利完成对资本主义工商业的社会主义改造，高效发展新民主主义经济，发挥了积极促进作用。在这一时期，工商联组织统战性功能、经济性功能、民间性功能作用都得到充分发挥。

社会主义计划经济时期（1956—1978），是工商联统战性功能强化时期。在这一时期，因为"企业的改造"基本完成，工商联指导工商企业发展生产、改善经营的作用逐渐削弱；工商联的工作任务主要集中在"人的改造"方面，组织工商业者进行"自我学习、自我教育、自我改造，为社会主义建设服务"。在这一时期，工商联组织统战性功能强化，经济性功能弱化，民间性功能保持。

公有制基础上的有计划的商品经济时期（1978—1992），是工商联统战性功能为主时期。1991 年 7 月 6 日，中共中央发出《关于批转中央统战部〈关于工商联若干问题的请示〉的通知》（中共中央〔1991〕15 号文件），其中指出：工商联是党和政府联系非公有制经济的一个桥梁，是党领导下的"以统战性为主，兼有经济性、民间性的人民团体"，这是工商联"三性"组织特征首次以中共中央文件形式正式确定。在这一时期，工商联组织统战性功能为主，经济性功能恢复，民间性功能保持。

社会主义市场经济时期（1992 年至今），是工商联统战性、经济性、民间性功能有机统一时期。2010 年 9 月 16 日，中共中央、国务院发出《关于加强和改进新形势下工商联工作的意见》（中发〔2010〕16 号），其中指出："统战性、经济性、民间性有机统一，是工商联的基本特征。统战性主要体现在工商联是党领导的统一战线组织，决定了工商联的政治方向、政治地位和政治功能。经济性主要体现在工商联由工商界及其人士组成，直接服务于经济建设。民间性主要体现在工商联具有商会性质和职能，其组织方式和工作机制不同于政府机构。工商联工作要牢牢把握统战性，充分发挥经济性，切实体现民间性。"2020 年 12 月 21 日，中共中央发布修订后的《中国共产党统一战线工作条例》，指出："工商联是党领导的以民营企业和民营经济人士为主体的，具有统战性、经济性和民间性有机统一基本特征的人民团体和商会组织。"以上两个重要文件都明确指出，工商联具有"统战性、经济性和民间性有机统一"的基本特征。

工商联具有统战性组织功能，并具有"统战性、经济性和民间性有机统一"的基本特征，有利于最广泛地汇聚智慧和力量，构建促进社会主义市场经济发展的统一战线，促进多种所有制经济健康发展和多种所有制经济人士健康成长。

第三，关于工商联统战性组织特征的主要表现形式

一是政治表现形式，有人称之为政治统战。主要表现为领导广大工商业者遵守国家的宪法、法律和政策法令，团结工商业者发扬爱国主义精神，调动参加社会主义建设的积极性。如在新民主主义经济时期，各级工商联团结广大工商业者"听毛主席的话，跟共产党走，走社会主义道路"，为恢复国民经济并争取国家经济繁荣贡献力量；在社会主义计划经济时期，各级工商联团结广大工商业者"发扬爱国主义精神，积极参加社会主义建设"；在公有制基础上的有计划的商品经济时期，各级工商联团结广大工商业者"坚定不移跟党走，尽心竭力为四化"，已经"成为联系一部分社会主义劳动者和拥护社会主义的爱国者的政治联盟和人民团体，成为进一步为社会主义服务的重要力量"；[1] 在社会主义市场经济时期，各级工商联组织开展理想信念教育，引导非公有制经济人士增强"四信"，即"对中国特色社会主义的信念、对党和政府的信任、对企业发展的信心、对社会的信誉"，自觉做爱国敬业、守法经营、创业创新、回报社会的表率和践行"亲""清"新型政商关系的典范，在全面建设社会主义现代化强国的新征程上贡献智慧和力量。

二是经济表现形式，有人称之为经济统战。主要表现为发挥工商联的组织作用，调动工商界的积极因素，组织推动工商业者参加社会主义经济建设。如在新民主主义经济时期，各级工商联组织广大工商业者认真贯彻"公私兼顾、劳资两利、城乡互助、内外交流"的新经济政策，积极促进五种经济成分（国营经济、合作社经济、私人资本主义经济、农民和手工业的个体经济、国家资本主义经济）共同发展，作出了历史性贡献。在社会主义市场经济时期，为促进混合所有制经济发展，促进个体私营经济健康发展作出了重要贡献。

三是社会表现形式，有人称之为社会统战。主要表现为发挥工商联的组织作用，调动工商界的积极因素，组织推动工商业者参与发展社会主义事业。如在社会主义市场经济时期，各级工商联引导广大非公有制经济人士弘扬中华传统美德，弘扬时代新风，树立"义利兼顾、以义为先，致富思源、富而思进"理念，积极参与"光彩事业""万企帮万村""精准扶贫行动""万企兴万村"和其他社会公益慈善事业，积极履行社会责任。

---

[1] 邓小平. 各民主党派和工商联是为社会主义服务的政治力量（1979.10.19）[M]// 中国工商业联合会50年概览（上卷）. 北京：中华工商联合出版社，2003：326.

第四，关于坚持统战性、经济性、民间性有机统一

坚持统战性、经济性、民间性有机统一，是工商联组织的基本特征。如何牢牢把握统战性，充分发挥经济性，切实体现民间性，是事关工商联组织科学管理、工作开拓创新、事业健康发展的重大课题。

在推进社会主义现代化建设的新形势下，工商联肩负着为坚持改革开放、推动科学发展、促进社会和谐凝心聚力的现实任务，肩负着促进非公有制经济健康发展和非公有制经济人士健康成长的重大责任，肩负着最广泛地团结非公有制经济人士积极参与国家现代化建设的历史使命。

一是把握统战性，促进非公有制经济人士健康成长。应当引导非公有制经济人士坚定走中国特色社会主义道路的信念，树立"爱国、敬业、诚信、守法、贡献"的精神风范，做合格的中国特色社会主义事业建设者；应当引导非公有制经济人士特别是代表人士树立国家视野、民族情怀，正确处理好个人和企业利益与国家和民族利益之间的关系；应当引导非公有制经济人士树立经济责任、环境责任、社会责任意识，努力做到人与企业和谐发展、靠劳动参与分配者与靠资本参与分配者共同发展、企业核心竞争力与产品竞争力同步发展、企业环境保护能力与生产发展能力统筹发展、企业社会贡献力与生产发展能力相互促进发展；应当引导非公有制经济人士树立科学发展、和谐发展、高质量发展、高效率发展意识与行为，促进非公有制经济人士健康成长；应当努力当好政府助手，助力营造有利于非公有制经济人士诞生、成长、发展的土壤和环境，并把他们推举到社会主义现代化建设的大舞台上来，为我国社会主义现代化建设汇聚智慧和力量。这些既是社会主义民主政治建设的重要内容，也是工商联组织统战性质的具体体现。

二是把握经济性，促进非公有制经济健康发展。应当坚持"毫不动摇地巩固和发展公有制经济"与"毫不动摇地鼓励、支持和引导非公有制经济发展"并重的经济发展方针。改革开放以来，我国非公有制经济市场主体从无到有，规模从小到大，至 2022 年底，我国登记在册的市场主体达到 1.69 亿户。其中，企业数量达到 5282.6 万户，个体工商户达到 1.14 亿户。至 2023 年 3 月底，我国登记在册的"四新经济"（新技术、新产业、新业态、新模式）民营企业超过 2000 万户，成为推动非公有制经济发展的新动能。[1]

---

[1] 财经头条：对"四新经济"民企发展更要着眼于"培育"［EB/OL］.［2024-03-30］. https://cj.sina.com.cn.

工商联是政府管理和服务非公有制经济的助手，应当围绕党和国家的工作大局，围绕科学发展，围绕转变经济发展方式，围绕高效率、高质量发展非公有制经济动脑筋、下功夫、求实效；应当在努力"办好服务台，当好服务员"服务会员发展的同时，汇聚会员集体智慧和力量，集中研讨事关促进区域非公有制经济发展的重大课题。2011年，湖北省工商联组织全国、省、市三级工商联界别的政协委员，会同美国湖北商会、加拿大中国商会，集中研讨"创新发展特色经济，培育非公有制经济发展兴奋点"的重大课题，集中研讨湖北非公有制经济发展的兴奋点在哪里？如何培育非公有制经济发展兴奋点？经过研讨，得出结论：竞争与合作是区域经济发展的两大特征，希望不断保持区域经济发展的活力与动力，就应该努力创造经济兴奋点。经济兴奋点就是经济竞争力、经济吸引力、经济创造力和经济发展力。经济兴奋点就是特色经济，以特色资源、特色项目、特色服务让投资者感兴趣、愿意来、留得住、能发展。经济兴奋点应当从地方政府优化环境招商引资和企业家群体聚合优势投资兴业双向努力共同创造，省、市、县三级工商联为地方政府和企业家群体双向提供桥梁、纽带、助手服务。各级工商联在服务非公有制经济发展方面，要努力当好本级政府的助手，也要尽力当好下级政府的助手。结合国家推动实施"中部崛起"经济发展战略，建议政府支持企业和企业集团携手发展特色经济、共享经济、合作经济、混合所有制经济，努力创造中部市场兴奋点、投资兴奋点、文化兴奋点和旅游兴奋点。湖北省工商联积极组织国内外友好商会和省内外非公有制经济人士，服务与促进"大武汉博海学岛""大武汉水舞剧院""大武汉汽车乐园""大武汉市场集群"四大工程项目建设，服务与促进激光、服装、家具、医药四个千亿元规模产业进一步做大做强，服务与促进"仙桃中加科技城""临空经济区产业园""汉川沉湖生态农业园""武汉文化大观园"四大科学文化产业园区建设。经过10年努力，半数以上项目投资建成达产，实现预期经济社会效益目标。

三是把握民间性，充分发挥非公有制经济人士在构建社会主义和谐社会中的重要作用。近年来，非公有制经济人士队伍不断发展壮大，他们是社会建设和社会管理的重要力量，他们有经济实力、有社会影响力、有爱国为民情怀、有感恩奉献促进共同富裕的高尚风范，是和谐社会建设的生力军，必须充分发挥他们的重大作用。在构建社会主义和谐社会的大背景下，各级工商联及所属商会应当注重积极引导非公有制经济人士构建和谐企业，引导他们注重和谐企业与人与社会的关系，在企业内部，正确处理好投资者、管理者、普通劳动者三者之间的利益关系；在企业外部，正确处理好企业与利益相关者包括政府、所在社区、消费者、经济技术伙伴之间的关系，做负责任的企业，做到企业与人与社会相互依存、共同受益、和谐发展；应当注重引导非公有制经济人士建设企业诚信，通过建设企业诚信，优化企业文化、企业责任、企业形象，提升企业生产、经营、管理水平，提高企业持久的竞争力、影响力、发展力，增强企业发展的速度、效益、后劲。在构建社会主义和谐社会的大合唱中，湖北省工商联积极引导非公有制经济人士参加新农村建设，在全国率先开展"千企帮千村"对口扶贫，推进"光彩事业"和"回归工程"，工作成效显著。在湖北省内，有 20 多位籍贯农村的有经济实力、有社会影响的优秀民营企业家（包括在外县、外市、外省生产经营的民营企业家）当选为家乡所在地"企业家村长"。其中最著名的当数湖北民营企业家、武汉当代科技产业集团股份有限公司董事长、经济学博士艾路明，于 1995 年当选为武汉市九峰乡新洪村党支部书记兼村长，成为中国第一个同时具有企业家和博士身份的村长。这一批新时代的"企业家村长"，热爱家乡、报效家乡，把企业生产经营经验与"三农"产业优势结合起来，把农民组织起来，在坚持家庭联产承包责任制的基础上发展集体经济、合作经济和特色经济，为更新农村面貌，帮助农民脱贫致富奔小康，推进乡村振兴作出了重要贡献。2008—2012 年间，湖北省工商联会同省委统战部，在全国率先开展"千企帮千村"对口扶贫，大力推进"回归工程"，组织 2444 位民营企业家回家乡参与新农村建设，带回资金 47.9 亿元，就地培训、转移、安置 27.7 万农民工就业，帮助 3944 个村，带动 21.8 万农户、84.2 万农民脱贫致富奔小康。此外，在创新社会管理的新形势下，各级各地工商联及所属商会聚合组织力量，增强组织功能，围绕中心，服务大局，积极引导非公有制经济人士感恩社会、服务社会、回报社会。组织非公有制经济人士参与光彩事业、温暖工程、感恩行动，参与劳务经济开发和招工扶贫安置就业等一系列具有中国特色的符合人类文明进步发展大势的"减少贫困、共同富裕"行动，为构建社会主义和谐社会，为实现"人类减贫千年目标"作出了重要贡献。在构建社会主义和谐社会的大合唱中，广大非公有制经济人士有付出，更有收获。如 2012 年 5 月，在全国政协经济委员会和湖北省政协的带领下，来自全国各地工商界的政协委员积极参加"全国政协委员携手助推大别山经济社会发展"活动，努力为大别山革命老区扶贫开发贡献一份力量，受到革命老区人民的欢迎，产生了良好的经济效益和社会效益。政协委员和企业家们在活动中接受了革命传统教育，感受到了革命老区人民的深情厚谊，增添了和谐意识与为民情怀，提升了精神境界。

　　统战性、经济性、民间性是一个有机的统一体，相互依存、相互促进、不可分割，是工商联组织的独特优势所在。不讲统战性，工商联就没有政治优势；不讲经济性，工商联就失去依存基础；不讲民间性，工商联就缺乏组织活力。工商联的一切工作，都要牢牢把握统战性，充分发挥经济性，切实体现民间性，始终坚持"三性"有机统一，充分发挥工商联的独特优势和作用，不断推进工商联事业向前发展。

　　工商联具有统战性组织特征，是基于人民团体的组织地位。工商联具有统战性组织职能是因为党和政府授权（中发〔1991〕15 号、中发〔2010〕16 号文件等）获得。经过民政部门登记为社会团体的工商联所属商会或非工商联所属商会是否具有统战性组织特征的问题一直存在争议。在中共中央于 2020 年 12 月 21 日发布的《中国共产党统一战线工作条例》第七章二十八条中指出："培育和发展中国特色商会组织，推动统一战线工作向商会组织有效覆盖。"由此可见，更加广泛地授权商会组织做统一战线工作，构建更加广泛的促进经济发展的统一战线，成为发展趋势。

　　第五，关于工商联坚持统战性组织特征的重要意义

　　坚持统战性，就是坚持政治性，坚持做人的思想政治工作。对于政治的理解，毛泽东主席在延安时曾经有过一段简明扼要但十分精辟的论述，他说："政治就是把支持我们的人搞得多多的，把反对我们的人搞得少少的。"[1]做任何工作都离不开做争取人心的事，人心是最大的政治。当前，在发展社会主义市场经济的新形势下，我们需要把参与发展社会主义市场经济的人"搞得多多的"，把参加工商联组织的会员"搞得多多的"，通过工商联组织工作，构建促进经济发展的统一战线，更高效率、更高质量地促进非公有制经济健康发展，促进非公有制经济人士健康成长。

　　坚持统战性，有利于坚持党的领导。工商联是中国共产党领导的具有统战性质的人民团体，这决定了工商联的政治地位、政治方向，要求工商联各级组织，必须坚持党的领导，在政治上与党中央保持一致性。

　　坚持统战性，有利于工商联组织的政治参与。工商联是人民政协的重要界别，具有政治协商、民主监督、参政议政职能。工商联能够通过党委政府召开的各种党外人士协商会、座谈会、通报会等多种形式表达政治态度、意见和建议。坚持统战性，有利于畅通非公有制经济人士有序政治参与渠道，并规范政治参与行为。坚持统战性，有利于工商联加强思想政治工作，对商会组织加强管理或联系；有利于以工商联组织

―――――――――

[1] 徐文秀. 人"是不能不政治的"[EB/OL].〔2024-03-30〕. http://theory.people.com.cn.

为主体的中国当代商会组织体系健康发展。

坚持统战性，有利于工商联成员的政治参与。从目前情况来看，全国、省（市、区）、市（州）、县（市、区）工商联会员担任人大代表、政协委员的人数超过了以往任何时期，有的还担任各级人大和地方政府及政府机关的重要职务。通过调查研究得知，非公有制经济人士个体要求包括经济、政治、社会三个方面，在经济地位上升以后，对政治地位和社会地位要求的迫切度持续上升，希望在政治参与和社会参与方面有所作为。坚持统战性，有利于工商联组织对会员加强教育引导，引导会员队伍健康成长。

第六，关于统战对象与统战工作者身份问题

工商联会员，特别是具有企业家身份的工商联领导班子成员常谈及一个问题：工商联具有统战性组织特征，那我们是统战对象还是统战工作者？回答这个问题，必须清晰认识当今统一战线的重要任务之一是最广泛地汇聚智慧和力量，构建促进经济发展的统一战线。为此，作为工商联成员，都有责任有义务积极参与并维护这个统一战线。作为工商联领导班子成员，包括企业家身份的领导成员，既是统战工作对象又是统战工作者，一方面，应该与广大非公有制经济人士一样，接受统一战线思想教育；另一方面，应该与非企业家身份的领导干部一道，充分运用统一战线工作方法，做好团结会员、凝集人心的工作，围绕促进非公有制经济健康发展和非公有制经济人士健康成长的大目标，"同心同德、同心同向、同心同行"。

关于工商联组织包容性和服务延展性

所谓工商联组织包容性，主要指工商联对会员资格要求的宽窄度；所谓工商联服务延展性，主要指工商联服务对象延展至会员范围之外。

组织现状：

工商联会员资格："凡承认本章程，自愿参加工商联的一个组织，承诺履行会员义务的团体、企业和个人，可以申请入会。"当前，工商联会员数量在市场主体总量中占比需要进一步提高。

工商联最重要的组织任务是："促进非公有制经济健康发展和非公有制经济人士健康成长。"工商联服务对象是会员但并不局限于会员。

研讨课题：

如何发挥"会员群众性"与"代表人士先进性"相结合的组织优势，进一步扩大工商联会员覆盖面；如何延长工作手臂、拓宽服务范围，进一步增强工商联组织吸引力、凝聚力和影响力。

分析与思考：

第一，关于工商联会员资格和入会自由

会员是工商联的组织基础，会员群体数量体现工商联组织规模，会员群体素质决定工商联组织优势，会员群体健康发展决定工商联事业健康发展。有人曾经提问："工商联的组织优势在哪里？"笔者回答：在于会员，在于拥有较大规模的具有组织向心力和凝聚力的会员群体，在于会员群体的经济创造力和发展力及会员群体在区域经济格局中的影响力和贡献力。工商联要增强组织吸引力、凝聚力、影响力，其工作出发点和落脚点必须以会员为中心；必须大力发展会员，扩大组织规模；必须重视联系会员，密切组织关系；必须依靠会员，推进组织工作；必须团结会员，实现组织目标。

在入会自由、择会自由的宽松环境下，会员加入工商联组织的动机多种多样，集中而言，主要包括四个方面：一是依靠工商联组织排忧解难、沟通关系，主要包括企业与政府的关系、企业与行业的关系、企业与企业的关系等；二是通过工商联组织结交商业伙伴，增加商业合作机会；三是通过工商联组织反映意见、建议和诉求；四是通过工商联组织提升企业及企业家经济和社会影响力。

工商联吸收会员，必须在了解会员、理解会员、服务会员三方面动脑筋、想办法、下功夫、求实效。工商联要增强组织吸引力、凝聚力、影响力，一切工作必须以会员为中心，尽最大努力把工商企业和经济人士以会员身份纳入工商联组织之中，并尽最大努力将非会员身份的工商企业和经济人士团结联系在工商联组织周围。

就会员资格而言，工商联实行资格放宽、入会自由的会员组织原则。《中国工商业联合会章程》规定的入会条件：承认章程、自愿参加、履行会员义务，即可申请入会。是否加入工商联，由工商经济人士自主决定。工商联实行资格放宽、入会自由的会员组织原则，是顺应时代潮流，伴随社会进步而进步的正确选择，有利于尊重工商企业和经济人士的主观意愿并发挥工商联会员的主观能动性，有利于增强工商联组织凝聚力。

就入会自由而言，包括工商联在内的中国当代各类商会组织与会员的关系都是双向选择与自由选择的关系，工商企业或工商经济人士可自主选择入会或不入会，可自主选择加入哪一类商会。

回顾历史则不然。例如，在近代中国，国民政府颁布的《商会法（1929）》第九条对工商业户加入商会的规定为：商会会员分列公会会员、商店会员两种，"均得举派代表出席商会"；第十二条规定为："商业的法人或商店，别无同业，或虽有同业而无同业公会之组织者，得为商会之商店会员"。[1]250《工商同业公会法（1929）》第一条对工商业户加入公会的规定为："凡在同一区域内经营各种正当之工业或商业者，均得依法设立同业公会""同业之公司、行号，均得为同业公会之会员"。[1]2531937年5月，国民党中执委民众训练部制定了《不加入同业公会及不缴纳会费之公司、行号制裁办法》，内容如下：[2]1168

其一，各业商店均应依法加入本业同业公会；其二，各同业公会对于会员入会手续务求简单、迅速，入会会费应尽量减少，由各同业公会拟定专案，呈请当地党政机关核定后施行；其三，未加入同业公会之商店，由各同业公会限期若干日正式加入，逾期仍不遵办者，即予警告，自警告之日起15日内仍不接受，即报由商会转呈主管商署依法处罚，罚办后仍不入会者呈请勒令停业；其四，不缴纳会费之同业，逾期若干日即由各该公会予以劝告，再逾期若干日则予警告，警告后逾期若干日仍不缴纳者，报由商会转呈主管官署罚办。

中国近代商会组织史，经历了从最初的商户自主加入同业公会、同业公会自主加入商会，发展到商户必须加入同业公会、同业公会必须加入商会；并明确"同业公会为商会之基础，商会为各同业公会之统筹"[2]1168的演变过程。

与中国近代商会组织的强制性入会管理办法相比，中国当代各类商会组织实行放宽会员资格和入会自由的会员管理办法，充分体现出时代进步性和先进性。放宽会员资格和入会自由，对于更加广泛地团结非公有制经济人士，对于建立并提升中国当代商会组织在广大非公有制经济人士心目中的重要地位，对于增强中国当代商会组织吸引力、凝聚力、影响力具有重要意义。

第二，关于工商联会员群众性和代表人士先进性

工商联应当坚持会员群众性与代表人士先进性相结合的组织原则。工商联会员队伍不仅应该包含成功的企业家，而且应该包容一度失足的企业家；应该包含大量的优秀会员，同时也应该包容曾经有某些毛病或问题的"特别会员"。工商联最重要的组织任务之一是"引导非公有制经济人士健康成长"，其中应当包括教育引导曾经有某些毛病或问题的"特别会员"，帮助他们走上健康成长之路。

---

[1]谈萧.近代中国商会法制度演化与转型秩序[M].北京：法律出版社，2017.

[2]马敏主编.中国近代商会通史[M].北京：社会科学文献出版社，2015.

关于刑满释放人员是否能够加入工商联或重新回到工商联组织中来，一直是多方争议的问题。笔者认为，工商联关心成功的企业家，也应当关心一度失足的企业家。如果刑满释放人员愿意回到工商联组织，应当欢迎。对一度失足的企业家给予会员待遇，并特别予以关心帮助，对于帮助他们自立自新，对于防止因为企业家会员个人问题影响企业倒闭现象的发生，工商联组织应当有所作为。例如，湖北省工商联，在因为会员企业法定代表人涉案羁押引起企业危机时期，深入该企业召集会议，要求企业董事会成员集体担起责任，并推选一人牵头负责，维持企业正常运转，直至企业法定代表人回归企业。又如，湖北省工商联，在因为会员企业法定代表人涉案羁押引起企业危机时期，利用会员企业家群体相互帮助的力量，帮助危机企业维持运转、渡过难关。通过工商联组织帮扶行为，克服会员企业危机，防止因企业家失足导致企业倒闭的现象发生，维持企业生存发展，作用重大，意义重大。

近年来，有刑满释放人员重新回归工商联组织，体现了工商联组织包容性，体现了工商联组织所具有的健康的社会引力。所谓社会引力，是指社会成员之间共同意识与行为的引导力量；所谓健康的社会引力，是指社会各类人群在同一社会环境下同心同德、同心同向、同心同行的凝聚力量。构建社会主义和谐社会呼唤健康的社会引力，引导社会成员向好向上。工商联是人民团体，有责任有义务为构建社会主义和谐社会做工作，有责任有义务培养一大批优秀的企业家群体，包括各类劳动模范、优秀的中国特色社会主义事业建设者；同时，有责任有义务帮助一度失足的企业家顺利、体面地回归工商联组织并教育引导他们健康成长。对于一切符合"社会主义劳动者"条件的、一切承认工商联章程"承诺履行会员义务的团体、企业和个人"，都欢迎加入工商联组织，成为会员。各级工商联都应该大力推行"组织关爱"，从源头、从基层关爱工商从业人员中的弱势群体，让中华民族大爱行为美体现在工商联组织意识与行为之中，从整体上促进非公有制经济人士队伍健康成长。

第三，关于工商联组织局限性与工作开放性

所谓工商联组织局限性，是指"入会自由"原则下，工商联实际会员数量在市场主体总数中占比较低的现象。根据国家市场监督管理总局公布的市场主体数据和全国工商联统计的会员数据可比资料分析：2016年底，全国共有企业2596.1万个，其中私营企业2309.2万个。全国各级工商联共有企业会员260.3万个，在全国企业总数中占比约为10.0%；其中私营企业会员227.3万个，在全国私营企业总数中占比9.8%。2016年底，全国共有个体工商户59300万个；全国各级工商联共有个体工商户会员

167.4 万个，在全国个体工商户总数中占比为 2.82%。[1]通过以上数据分析，可见工商联组织的会员覆盖面较小，如果按照"商会只为会员服务"的一般性原则，工商联实际工作对象（工商联会员总数）与理论工作对象（市场主体总数）相比数量较少，工商联服务工作面较小。

所谓工商联工作开放性，是指工商联服务对象以会员为主，但并不局限于会员；工商联服务领域以非公有制经济领域为主，但并不局限于非公有制经济领域的开放性工作原则。党和国家赋予工商联最重要的任务是促进"两个健康"，所谓"促进非公有制经济健康发展"，不只是促进所属会员所涉及的非公有制经济健康发展，而是指促进区域范围内非公有制经济全面健康发展；所谓"促进非公有制经济人士健康成长"，不只是促进所属会员健康成长，而是指促进区域范围内全体非公有制经济人士健康成长。因此，工商联的组织工作范围和工作对象，不应局限于会员和会员经济，而是主要以区域内非公有制经济领域为工作范围，以区域内非公有制经济人士群体为工作对象。这是工商联作为人民团体必须兼顾人民大众利益和会员利益并追求人民大众利益和会员利益一致性的组织特征；这是中国工商联不同于国外商会或中国传统商会组织的根本区别，也是不同于中国当代其他商会组织的重要区别。

第四，关于工商联会员结构与组织状况

中国工商联组织发展史从中华人民共和国成立至今 70 多年，其会员结构伴随不同时期（包括新民主主义经济时期、社会主义计划经济时期、公有制基础上的有计划的商品经济时期、社会主义市场经济时期）经济体制改革发展变化而变化。不同时期工商联会员结构与组织状况见表 28-1。

表 28-1　不同时期工商联会员结构与组织状况

时期	政策及章程	工商联会员结构及组织状况
新民主主义经济时期	《中共中央关于组织工商业联合会的指示》（1949.8）	指示内容：工商业以合并成立工商业联合会为好。公营企业的主持人员亦应参加进去一些，以便教育和团结私人工商业家；但公家人员参加者不要太多，以免私营企业家因公家人占多数不便讲话而裹足不前。工商业联合会的重心应是私营企业，工业较商业的比重应逐步增加；公营企业主持人之参加，在各地亦应随各地工商业之发展逐步增加，以便不占多数而能起有效的推动作用。 会员结构：私营企业家（占多数）+公营企业主持人。

---

[1] 2016 年底，全国工商联会员组织发展情况通报［EB/OL］.［2024-03-30］. http://guoqing.china.com.cn.

时期	政策及章程	工商联会员结构及组织状况
新民主主义经济时期	《工商业联合会组织通则》（1952）	通则规定：工商联会员：1.市、县工商联以本市、县区域内的国营、私营及公私合营之工商企业、合作社或合作社联合社为会员；手工业者、行商、摊贩得个别地或集体地加入市、县工商联为会员。2.省工商联以县、省辖市及相当于县一级的工商联、国营企业省级机构及省合作社联合总社为会员。3.全国工商联以省及相当于省一级的工商联、国营企业的全国总机构、全国合作社联合总社为会员。4.对工商界有特殊贡献的人士，得被邀请参加各级工商联为会员。 会员结构：国营、私营、公私合营之工商企业＋合作社或联社＋手工业者、行商、摊贩＋特邀人士。 组织状况：至1952年底，全国已成立地方工商联（或筹委会）1045个单位，占全部行政区划总数的44.5%。其中，属于大行政区、直辖市的有12个单位，属于省辖市和专区辖市的有116个单位，属于县级的有894个单位。
	《中华全国工商业联合会章程（1953）》	章程规定：全国工商联会员：1.省及相当于省一级的工商联。2.国营企业全国总机构、全国合作社联合总社、公私合营企业全国性总机构。3.经本会特邀的人士。 会员结构：私营企业＋国营企业＋合作社＋公私合营企业＋私营工商业者＋公私合营企业私方人员＋特邀人士。 组织状况：至1955年底，全国各省、市、县已建立工商联组织2032个，占全国行政区划总数的88%。
	《工商业联合会章程（1956）》	章程规定：工商联会员包括企业会员、团体会员和个人会员：1.全国工商联以省、自治区、直辖市工商联、国营企业、合作社的全国总机构及公私合营企业的全国性总机构为会员。2.省、自治区工商联以市、县及相当于市、县一级的工商联及国营企业、合作社和公私合营企业的省级机构为会员。3.直辖市、市、县工商联以本区域内的国营企业、合作社联合社（或合作社）、合作商店、公私合营企业和私营企业为会员；凡在国营企业、合作社、合作社联合社工作的原来的私营工商业者和公私合营企业在职的与不在职的私方人员，都可以参加工商联作为会员；手工业者和摊贩可以个人或集体地加入工商联为会员。4.对工商界有密切联系的或有特殊贡献的人士，可以被邀请参加各级工商联为会员。 会员结构：国营企业＋合作社＋公私合营企业＋手工业者和摊贩＋公私合营企业私方人员＋特邀人士。 组织状况：至1956年10月，全国有省级组织27个（有的省级行政区合并），164个省（自治区）辖市中大都建立了组织，2110个县建立组织1928个。 个体私营经济状况：1956年底，私营工业人数的99%、私营商业人数的85%实现了全行业的公私合营，我国对资本主义工商业的社会主义改造基本完成。

续表

时期	政策及章程	工商联会员结构及组织状况
社会主义计划经济时期	《工商业联合会章程（1960）》	章程规定：工商联会员，包括企业会员、团体会员和个人会员：1.凡国营企业、合作社、合作社联合社、公私合营企业都可以分别参加同级工商联为会员。2.手工业者和摊贩可以个别地或集体地加入工商联为会员。3.凡在国营企业、合作社、合作社联合社、合作商店和其他企业等机构工作的原来的私营工商业者和公私合营企业在职与不在职的私方人员，都可以参加工商联为会员；对工商界有密切联系的或有特殊贡献的人士，可以被邀请参加各级工商联为会员。市、县工商联的会员，都是本省、自治区、直辖市工商联的会员；也是全国工商联的会员。 会员结构：国营企业＋合作社＋合作社联社＋公私合营企业＋手工业者和摊贩＋公私合营企业私方人员＋特邀人士。 会员数量：至 1966 年"文化大革命"开始以前，全国工商联系统会员包括原工商业者、小商小贩、小手工业者、小业主在内的老会员约 86 万人。 个体私营经济状况：1978 年底，全国城镇个体工商业从业人员为 14 万人。
公有制基础上的有计划的商品经济时期	《中国工商业联合会章程（1979）》	章程规定：中国工商业联合会是中国共产党领导下工商界组织的人民团体，主要由工商界的社会主义劳动者、拥护社会主义的爱国者和拥护祖国统一的爱国者组成。 会员结构：工商界的社会主义劳动者＋拥护社会主义的爱国者＋拥护祖国统一的爱国者。 个体私营经济状况：1979 年底，全国城镇个体工商业从业人员为 31.1 万人。
	《中国工商业联合会章程（1983）》	章程规定：中国工商联会员包括个人会员、企业会员和团体会员：与本会工作有密切联系的单位，可以通过协商，派人参加工商联为会员；本会筹办的和与有关单位合办的及协助举办的集体企业，可以参加工商联为企业会员；城镇集体企业协会或联合会，可以通过协商参加工商联为团体会员；与工商界有密切联系的或对工商界有特殊贡献的人士，可以邀请参加工商联为会员。 会员结构：个人会员＋企业会员＋团体会员，主要包括原工商业者、经营工商业的人员、集体企业、有关单位代表和特邀人士。 组织状况：至 1983 年 3 月，全国共有工商联组织 280 个，个人会员 5.2 万多人。 个体私营经济状况：1983 年底，全国注册登记的个体工商户 590.1 万户，从业人员 746.5 万人。

时期	政策及章程	工商联会员结构及组织状况
公有制基础上的有计划的商品经济时期	《中国工商业联合会章程（1988）》	章程规定：本会会员有企业会员、团体会员和个人会员。1.国营企业、集体企业、合作企业、乡镇企业、私营企业、企业集团、经济联合体、中外合资经营企业、中外合作经营企业、外商独资企业等可以参加为企业会员。2.供销合作社、同业公会、行业协会、私营企业协会、个体劳动者协会、外商公会、外商投资企业协会（或联谊会）、与本会工作有联系的经济团体等可以参加为团体会员。3.过去与现在的工商企业经营者、个体工商户的代表性人士，可以参加为个人会员。4.与本会工作有联系的经济工作者、经济理论工作者和其他有关人士，台湾同胞、港澳同胞、海外侨胞中工商界知名人士，可以参加或邀请为个人会员。5.与本会工作有联系的单位，可以通过协商，派人参加为会员；地方各级工商联的会员，也是上级工商联的会员。 会员结构：企业会员（国营、集体、合作、乡镇、私营、企业集团、经济联合体、中外合资经营、中外合作经营、外商独资企业等）+团体会员（供销合作社、同业公会、行业协会、私营企业协会、个体劳动者协会、外商公会、外商投资企业协会或联谊会等经济团体）+个人会员（原工商业者、经济、理论工作者及"三胞"工商界人士）。 吸收新会员：1984年至1988年9月，工商联已经吸收78277个新会员，其中企业会员38522个（包括国营企业13823个，集体企业16341个，乡镇企业6262个，私营企业339个，"三资"企业737个，联营等其他企业1020个），团体会员2742个，个人会员37013个。 组织状况：至1992年6月，全国县级以上工商联组织1921个，其中省级组织30个，市级组织216个，县级组织1606个。 个体私营经济状况：1992年底，全国注册登记的个体工商户1533.9万户，从业人员2467.7万人；全国注册登记的私营企业13.9万户，从业人员231.9万人。

续表

时期	政策及章程	工商联会员结构及组织状况
社会主义市场经济时期	《中国工商业联合会章程（1993）》	章程规定：中国工商联会员分企业会员、团体会员和个人会员。1.企业会员包括私营企业、港澳台侨投资企业、外商投资企业、联营企业、股份制企业、乡镇企业、集体企业、国有企业及其他经济类型的企业等。2.团体会员包括私营企业协会、民间企业家公会、民营科技实业家协会、个体劳动者协会、乡镇企业协会、台胞投资企业协会、外商投资企业协会、外商公会、民间同业公会、与工商联工作有联系的社会经济团体等。3.个人会员包括原工商业者、工商企业的经营者和投资者、个体工商户的代表性人士、与工商联工作有联系的经济工作者、经济理论工作者、法律工作者和其他有关人士，台湾同胞、港澳同胞和国外侨胞中工商界知名人士，可以参加或被邀请为个人会员；与工商联工作有联系的单位，可以通过协商，派人参加或被邀请为个人会员。实行会员入会自愿和退会自由的原则。 会员结构：团体会员＋企业会员＋个人会员，以非公有制企业为重点，包括乡镇企业。 组织状况：至 1993 年 10 月，全国县级以上工商联组织 2299 个；会员 67 万个，其中非公有制经济成分会员占比 53.7%；非公有制经济代表人士 2259 人。 个体私营经济状况：1993 年底，全国注册登记的个体工商户 1766.9 万户，从业人员 2939.3 万人；全国注册登记的私营企业 23.8 万户，从业人员 372.6 万人。
	《中国工商业联合会章程（1997）》	章程规定：中国工商联会员分为企业会员、团体会员和个人会员。1.具有法人资格的各类企业，经申请批准后，均可参加本会为企业会员。吸收企业会员的重点是私营企业、台港澳侨投资企业、乡镇企业及包含非公有制经济成分的企业。2.具有法人资格的工商及有关社团，经申请批准后，均可参加本会为团体会员。3.原工商业者均为本会个人会员；工商企业的投资者和经营者、个体工商户的代表性人士等，经申请批准后，均可参加本会为个人会员；与工商联工作有联系的经济工作者、经济理论工作者、法律工作者和其他有关人士，台湾同胞、香港同胞、澳门同胞和海外侨胞中工商界知名人士，可以参加或被邀请为本会个人会员。与工商联建立工作联系的单位，可以通过协商，派代表参加或被邀请为本会个人会员。 会员结构：团体会员＋企业会员＋个人会员，以非公有制企业为重点，包括乡镇企业。 组织状况：至 1997 年第三季度，全国县级以上工商联会员 116.7 万个，其中老会员 24.5 万个，新会员 92.2 万个；非公有制经济成分会员 68.5 万个，占比 53.7%；股份制企业会员发展到 5751 个。 个体私营经济状况：1997 年底，全国注册登记的个体工商户 2850.9 万户，从业人员 5441.9 万人；全国注册登记的私营企业 96.1 万户，从业人员 1349.3 万人。

时期	政策及章程	工商联会员结构及组织状况
社会主义市场经济时期	《中国工商业联合会章程（2002）》	章程规定：凡承认本会章程，履行会员义务的企业、团体和个人，可成为中国工商联的企业会员、团体会员和个人会员。1. 各类企业，经申请批准后，均可参加本会为企业会员。会员的主体是非公有制企业，其中包括私营企业、民营科技企业、港澳台侨投资企业、非公有制经济成分为主的股份制公司和社会中介服务机构等。2. 具有法人资格的工商社团和其他有关社会团体，经申请批准后，均可参加本会为团体会员。3. 原工商业者均为本会个人会员；工商企业的投资者和经营者、个体工商户等，经申请批准后，均可参加本会为个人会员；与工商联工作有联系的有关人士、香港同胞、澳门同胞、台湾同胞和海外侨胞中工商界知名人士，可以参加或被邀请为本会个人会员；与工商联建立工作联系的单位，可以通过协商，派代表参加或被邀请为本会个人会员。 会员结构：团体会员＋企业会员＋个人会员，以非公有制经济人士为主体。 组织状况：至 2002 年，工商联县级以上组织 3062 个，乡镇（街道）商会、市场商会、异地商会、开发区商会、联谊会等基层组织 18842 个；各级工商联组建行业组织 3557 个。会员总数超过 161 万人。 个体私营经济状况：2002 年，全国注册登记的个体工商户 2377.5 万户，从业人员 4742.9 万人；全国注册登记的私营企业 243.5 万户，从业人员 3247.5 万人。
	《中国工商业联合会章程（2007）》	章程规定：凡承认本会章程，履行会员义务的企业、团体和个人，可以申请加入本会。1. 各类企业入会申请经批准后，为本会企业会员。企业会员的主体是非公有制企业，其中包括私营企业、民营科技企业、港澳台侨投资企业、非公有制经济成分为主的有限责任公司和股份有限公司及中介服务机构等。2. 具有法人资格的工商社团和其他有关社会组织，入会申请经批准后，为本会团体会员。3. 工商企业的投资者和经营者、个体工商户等，入会申请经批准后，为本会个人会员；与本会工作有联系的有关人士、香港同胞、澳门同胞、台湾同胞和海外侨胞中的工商界人士，可以申请或被邀请成为本会个人会员；与本会建立工作联系的单位，可以通过协商，选派代表作为个人会员参加本会；原工商业者均为本会个人会员。 会员结构：团体会员＋企业会员＋个人会员，以非公有制经济人士为主体。 组织状况：至 2007 年 9 月，全国工商联会员总数增加到 213.9 万个，其中企业会员达到 78.2 万个；地方工商联组织达到 3296 个；各级行业商会组织达到 8611 个；乡镇（街道）商会、异地商会、市场商会和开发区商会等基层组织达 2.3 万个。 个体私营经济状况：2007 年，全国注册登记的个体工商户 2741.5 万户，从业人员 5496.2 万人；全国注册登记的私营企业 551.3 万户，从业人员 7253.1 万人。

时期	政策及章程	工商联会员结构及组织状况
社会主义市场经济时期	《中国工商业联合会章程（2012）》	章程规定：凡承认本章程，自愿参加工商联的一个组织，承诺履行会员义务的企业、团体和个人，可以申请入会。1.各类企业入会申请经批准后，为企业会员。企业会员的主体是非公有制企业，主要包括私营企业、非公有制经济成分控股的有限责任公司和股份有限公司、港澳投资企业等。2.具有法人资格的行业协会、行业商会、异地商会、私营企业协会、个体劳动者协会等工商社团和其他有关社会组织，入会申请经批准后，为团体会员；工商联所属商会为团体会员。3.非公有制企业主要出资人和经营者、个体工商户等，入会申请经批准后，为个人会员；与工商联工作有联系的有关人士、在内地投资的港澳工商界人士，可以申请成为个人会员；与工商联建立工作联系的单位代表，经协商，可被邀请作为个人会员入会；原工商业者均为个人会员。 会员结构：团体会员＋企业会员＋个人会员，以非公有制经济人士为主体。 组织状况：2012 年，全国工商联会员已达 294 万人，比 5 年前增长 37.4%。 个体私营经济状况：2012 年，全国注册登记的个体工商户 4059.3 万户，从业人员 5643 万人；全国注册登记的私营企业 1085.7 万户，从业人员 7557 万人。
	《中国工商业联合会章程（2017）》	章程规定：凡承认本章程，自愿参加工商联的一个组织，承诺履行会员义务的团体、企业和个人，可以申请入会。1.以非公有制企业和非公有制经济人士为主体、具有法人资格的境内各类工商社团和其他有关社会组织，入会申请经批准后，为团体会员。工商联所属商会为工商联团体会员。2.各类企业入会申请经批准后，为企业会员。企业会员的主体是非公有制企业。3.非公有制企业主要出资人和经营者、个体工商户等，入会申请经批准后，为个人会员；与工商联工作有联系的有关人士、在内地投资的港澳工商界人士，可以申请成为个人会员；与工商联建立工作联系的单位代表，经协商可被邀请作为个人会员；原工商业者均为个人会员。 会员结构：团体会员＋企业会员＋个人会员，以非公有制经济人士为主体。 组织状况：2018 年底，全国共有县级以上工商联组织 3416 个，各级工商联所属商会共有 48916 个，已形成覆盖全国的组织网络。 个体私营经济状况：2017 年，全国注册登记的私人控股企业法人 1620.41 万个。

续表

时期	政策及章程	工商联会员结构及组织状况
社会主义市场经济时期	《中国工商业联合会章程（2022）》	章程规定：凡承认本章程，自愿参加工商联的一个组织，承诺履行会员义务的团体、企业和个人，可以申请入会。1. 以民营企业和民营经济人士为主体、具有法人资格的境内各类工商社团和其他有关社会组织，入会申请经批准后，为团体会员。工商联所属商会为工商联团体会员，商会会员同时也是中国工商联的会员。2. 各类企业入会申请经批准后，为企业会员。企业会员的主体是民营企业。3. 民营经济人士入会申请经批准后，为个人会员。与工商联工作有联系的有关人士可以申请成为个人会员；与工商联建立工作联系的单位代表，经协商，可被邀请作为个人会员；原工商业者均为个人会员。并规定：实行会员入会自愿和退会自由的原则。不以企业资产规模和个人财富等设置入会门槛。全国工商联和省级工商联只发展团体会员。各级工商联的会员，同时也是中国工商联的会员。 会员结构：团体会员＋企业会员＋个人会员，以民营经济人士为主体。 组织状况：2022 年 7 月，全国共有县级以上工商联组织 3252 个，各级工商联所属所联系的商会共有 54589 个，已形成覆盖全国的组织网络。 个体私营经济状况：2022 年底，全国市场主体 1.69 亿户，其中企业 5282.6 万户，个体工商户 1.14 亿户。

关于小微企业会员代表参加工商联领导班子

组织现状：

当前，工商联企业家副主席（总商会副会长）群体中大都是大型企业的代表，常务委员、执行委员群体中大都是大中型企业的代表，极少有或基本没有小微企业（包括个体工商户）的代表。

研讨课题：

工商联企业家副主席（总商会副会长）、常务委员、执行委员当中是否应当有一定比例的小微企业（包括个体工商户）的代表；如果应当有，怎样从小微企业（包括个体工商户）会员中遴选优秀的代表人士进入各级工商联（总商会）领导班子。

分析与思考：

在古今中外各类商会组织中，因为大型企业会员经济体量较大，经济贡献力和社会影响力较大，他们大都是商会骨干会员和商会领导班子的主体成员；而小微企业则

"加入商会易，进入领导班子难"。笔者多次呼吁"工商联领导班子成员中应当有小微企业的代表"，因为小微企业是"企业群体的大多数"，是"工商从业者群体的大多数"，是"企业家群体的大多数"，是"工商联会员群体的大多数"，是"工商联体现人民团体组织性质的重要方面"。

调研中，小微企业会员反映："我们是工商联会员，但基本没有代表人物进入工商联领导班子，基本没有机会参加工商联组织召开的执委会、常委会、主席会等重要会议，工商联是大企业的俱乐部，不太重视我们小微企业。我们在工商联组织中处于从属地位而体会不到主人翁地位的感觉。"因此小微企业群体的大多数选择参加个体私营经济协会，而不是选择参加工商联。

调研后分析得知：各级工商联遴选企业家副主席、常务委员和执行委员，除了思想政治条件要求之外，还重在考虑三个条件，即企业规模（经营收入）、企业贡献（纳税）、企业责任（社会捐赠等）。这是小微型企业代表难以进入工商联领导班子的重要原因。

笔者认为，应该打破古今中外商会以企业规模大、贡献大、影响大为绝对标准遴选商会领导班子成员的传统惯例，在工商联领导班子成员中适当安排小微企业代表名额，按照不同层次、不同类别的会员群体遴选代表人士进入工商联领导班子。其理由：

第一，就组织性质而言，工商联是人民团体，中小工商业者享有平等权利

1951 年 10 月 23 日，周恩来在中国人民政治协商会议第一届全国委员会第三次会议上的政治报告中指出："工商业联合会将逐渐成为全体工商界的，即包括各城市、各阶层和各行各业的并使中小工商业者享有平等权利的组织。"这样的组织意识应该全面贯彻落实到工商联组织行为当中，应该在工商联领导班子中为中小工商业者的代表安排一定数量的席位。《中国工商业联合会章程（2022）》中明确表述：工商联组织应"保持和增强政治性、先进性、群众性，坚决防止机关化、行政化、贵族化、娱乐化倾向"，"不断增强凝聚力、执行力、影响力"。防止工商联组织"贵族化"倾向，重在优化人事安排方案。在工商联领导班子、常委会和执委会班子中为小微企业代表安排席位，并重视选拔其优秀代表人士进入各个层次的领导班子，有利于提升小微企业会员群体在各级工商联组织中的代表性、话语权和影响力；有利于让大、中、小、微型工商企业会员在工商联组织中感受到"地位平等、待遇平等、规则平等、机会平等"；有利于全面增强会员对工商联组织服务满意度；有利于调动小微企业加入工商

联组织的积极性；有利于进一步扩大工商联组织规模和会员覆盖面。

第二，就市场主体贡献而言，既要看个体贡献，更要看群体贡献

就个体贡献而言，小微企业的贡献不及大中型企业，但就群体贡献而言，小微企业的贡献不亚于大中型企业。因为小微企业数量众多，其总量在全国市场主体总数中占比达到80%以上，其在"城乡互助、内外交流、繁荣市场、安置就业"等方面的作用重大。因为小微企业在工商联会员数量上占大多数，应该重视提升其在工商联组织中的群体地位。

第三，就组织代表性而言，工商联应进一步扩大会员覆盖面

扩大会员覆盖面，有利于工商联更高效率地发挥组织作用，更高效率地促进非公有制经济健康发展和非公有制经济人士健康成长。重视小微企业代表人士在工商联组织中代表性地位，有利于吸引更多的小微企业参加工商联组织，扩大工商联组织覆盖面。保持工商联"会员群众性"，重在进一步发展壮大会员队伍；增强工商联"代表人士先进性"，应当包括小微企业代表人士在内的全体非公有制经济代表人士的先进性。各级工商联组织应当充分发挥小微企业代表人士的模范带头作用和优秀会员影响力，以利于把更多的非公有制经济人士吸收进来并团结在工商联组织之中。

关于工商联"两个健康"工作主题

"两个健康"，又称"两个促进"，即促进非公有制经济健康发展；促进非公有制经济人士健康成长，是中国工商联的工作主题。

工作现状：

各级工商联把"两个健康"作为工作主题，并作为工作目标、工作任务、工作职责、工作要求和一切工作的出发点和落脚点。

研讨课题：

"两个健康"的内涵；"两个健康"的相互关系；"两个健康"促进工作如何进一步深入发展并创新发展。

分析与思考：

改革开放以后，我国个体私营等非公有制经济经历了从"起步发展"向"快速发展"向"健康发展"的转变；工商联工作经历了从促进"两个改造"（把私营工商企业改造成为公私合营企业，把工商业者改造成为社会主义劳动者）向促进"两个健

康"（非公有制经济健康发展和非公有制人士健康成长）的转变。

中国当代工商联与中国旧商会和外国商会最大的不同之处，在于其工作职责与方法：既注重做经济工作，又注重做思想政治工作；既注重做企业的工作，又注重做人的工作，并致力于通过做人的工作以利于更高效地做企业的工作；既关心"服务会员经济发展"，又关心"服务国家和区域经济发展"；既关心"会员队伍健康成长"，又关心全体"非公有制经济人士队伍"健康成长。从 20 世纪 50 年代的促进"两个改造"到 20 世纪 80 年代初期开始的促进"两个健康"，始终注重"人的发展"和"经济的发展"之间的重要关系。"两个健康"并列提出，强调了二者之间相辅相成的内在关系和相互促进的外部关系，即通过促进非公有制经济人士健康成长，以利于促进非公有制经济健康发展；在促进非公有制经济健康发展的同时，促进非公有制经济人士健康成长。

"两个健康"，是针对非公有制经济发展要求和非公有制经济人士成长要求而言，旨在提高非公有制经济发展质量，旨在优化非公有制经济人士队伍。中共中央统战部是"两个健康"理论的重要贡献者，最早将"两个健康"作为非公有制经济领域统战工作指导思想提出。这一指导思想得到中共中央和国务院的肯定，逐步形成党和国家事关非公有制经济领域的大政方针。"两个健康"工作指导思想形成过程见表 28-2。

表 28-2 "两个健康"指导思想形成过程

日期	文件依据及重要讲话
1981.10.17	中共中央、国务院作出《关于广开就业门路，搞活经济，解决城镇就业问题的若干决定》，肯定了"在国家统筹规划和指导下，实行劳动部门介绍就业、自愿组织起来就业和自谋职业相结合"的方针，并指出：今后着重开辟在集体经济和个体经济中的就业渠道，并增加自谋职业的渠道。
1982.2	中国民主建国会、全国工商联向中央提交了贯彻执行上述《决定》的"几点意见"。中共中央办公厅、国务院办公厅将该"几点意见"转发中央统战部，其中提出"要进一步调整政策，改革制度，以利于集体经济和个体经济的健康发展"。这是首次提出"健康发展"的概念。
1989.3	中央统战部印发《关于开展私营企业统战工作的几点意见》，提出："开展私营企业统战工作的指导思想是：鼓励、引导私营企业健康发展；团结、教育私营企业者，为繁荣社会主义商品经济服务。"
1996.1	时任中央统战部部长王兆国在全国统战部长会议上的讲话中指出："做好非公有制经济代表人士的思想政治工作，直接关系到党的经济体制改革伟大战略的实施，关系到非公有制经济的健康发展。"这是从统一战线角度正式表述"非公有制经济健康发展"的提法。

续表

日　期	文件依据及重要讲话
2000.12	江泽民在第19次全国统战工作会议开幕式上发表重要讲话，其中指出：对个体私营等非公有制经济要继续鼓励、引导，使之健康发展，充分发挥积极作用。同时，我们应本着"团结、帮助、引导、教育"的方针，着眼于非公有制经济健康发展和非公有制经济人士健康成长，帮助他们树立在党的领导下走建设有中国特色社会主义道路的信念，做到爱国、敬业、守法，在加快自身企业发展的同时，也要开展"致富思源、富而思进"活动，帮助更多的人走上富裕之路。这是首次表述"非公有制经济人士健康成长"的提法，并首次并列提出"非公有制经济健康发展和非公有制经济人士健康成长"。
2006.7	《中共中央关于巩固和壮大新世纪新阶段统一战线的意见》（中发〔2006〕15号）提出："要重视发挥工商联在促进非公有制经济人士健康成长和促进非公有制经济健康发展中的作用。"这是首次围绕"两个健康"提出"两个促进"，"两个促进"符合工商联组织工作特点。
2010.3	在全国"两会"期间，胡锦涛在全国政协民建、工商联界别委员联席讨论会上强调："各级党委要加强和改善对新形势下工商联工作的领导，充分发挥工商联组织职能作用，帮助工商联更好团结、凝聚、引导、服务非公有制企业和非公有制经济人士，进一步促进非公有制经济健康发展和非公有制经济人士健康成长。"
2010.12	《中共中央、国务院关于加强和改进新形势下工商联工作的意见》（中发〔2010〕16号）中明确提出，把"促进非公有制经济健康发展和非公有制经济人士健康成长"作为工商联工作指导思想的重要内容。
2020.12	中共中央印发修订后的《中国共产党统一战线工作条例》，其中指出："工商联是党领导的以民营企业和民营经济人士为主体的，具有统战性、经济性和民间性有机统一基本特征的人民团体和商会组织。工商联围绕促进非公有制经济健康发展和非公有制经济人士健康成长的主题履行职责、发挥作用。""两个健康"正式明确为工商联工作主题。

　　"两个健康"的提出，对于从质与量双重角度促进非公有制经济健康发展，促进非公有制经济人士健康成长；对于做好非公有制经济领域统战工作，巩固党的阶级基础和执政基础、扩大党的群众基础，具有重大而深远的意义。

　　"两个健康"工作，事关改革大局、开放大局、发展大局、稳定大局。促进"两个健康"，逐步成为中国工商联各级组织的指导思想、基本任务和一切工作的出发点和落脚点。关于"两个健康"的理论研究与实践探索持续深入，其关注点主要包括以下四个方面：

　　第一，促进"两个健康"的工作领域与工作对象

　　促进"两个健康"的工作领域和工作对象，即非公有制经济和非公有制经济人士。

何为非公有制经济？非公有制经济，相对公有制经济而言，是公有制经济（主要包括国有经济和集体经济）以外的经济成分的统称。1998 年 9 月 2 日，国家统计局印发《关于统计上划分经济成分的规定的通知》（国统字〔1998〕204 号），其中对经济成分分类作出了明确规定，指出：公有经济是指资产归国家或公民集体所有的经济成分，包括国有经济（是指资产归国家所有的经济成分）和集体经济（是指资产归公民集体所有的经济成分）。非公有经济是指资产归我国内地公民私人所有、港澳台商所有或归外商所有的经济成分，包括私有经济（是指资产归我国内地公民私人所有的经济成分）、港澳台经济（是指资产归港澳台商所有的经济成分）和外商经济（是指资产归外商所有的经济成分）。

何为非公有制经济人士及非公有制经济代表人士？非公有制经济人士，系指非公有制经济从业人员；非公有制经济代表人士，系指非公有制经济从业人员中的代表性人物。1991 年 7 月 6 日，中共中央发出的《关于批转中央统战部〈关于工商联若干问题的请示〉的通知》中指出：在我国，非公有制经济成分作为公有制经济的有益补充，将在相当长的历史时期内存在和发展。现在亟需有一个党领导的、主要做非公有制经济代表人士思想政治工作的人民团体。工商联作为党领导下的以统战性为主，兼有经济性、民间性的人民团体，可以配合党和政府承担这方面的任务，成为党和政府联系非公有制经济的一个桥梁。工商联的主要工作对象是私营企业、个体工商户、"三胞"投资企业和部分乡镇企业，而不是国营企业。工商联要配合党和政府对非公有制经济代表人士进行"团结、帮助、引导、教育"。通过工作，在他们中逐渐培养起一支坚决拥护党的领导的积极分子队伍。这是首次以中共中央文件形式使用"非公有制经济代表人士"的称谓。2000 年 12 月 4 日，江泽民在第 19 次全国统战工作会议上讲话中指出：我们应本着"团结、帮助、引导、教育"的方针，着眼于非公有制经济健康发展和非公有制经济人士健康成长。[1] 根据这一指示精神，工商联的主要工作对象由"非公有制经济代表人士"拓宽到"非公有制经济人士"。此后，"非公有制经济代表人士"和"非公有制经济人士"的提法一直沿用至今。

2020 年 12 月 21 日，中共中央发布的《中国共产党统一战线工作条例》第二十九条指出：

---

[1] 黄孟复主编.中国民营经济史·大事记［M］.北京：社会科学文献出版社，2009：241.

工商联是党领导的以民营企业和民营经济人士为主体的，具有统战性、经济性和民间性有机统一基本特征的人民团体和商会组织。工商联围绕促进非公有制经济健康发展和非公有制经济人士健康成长的主题履行职责、发挥作用。

这一表述，说明了"两个健康"的具体内容和工商联促进"两个健康"的工作主题及职责。

这一表述，同时包含"民营企业和民营经济人士""非公有制经济和非公有制经济人士"两种提法。多年来，这两种提法同时存在，前者多为民间语言，后者多为官方语言。到底哪一种更好，一直存在争论：一说认为，"民营企业和民营经济人士"的说法广泛流行，通俗易懂；另一说认为，"非公有制经济和非公有制经济人士"的表述更为准确、规范。一说认为，"非公有制"经济主要指所有制概念，而"民营"经济主要指经营方式概念，二者有关联，但各自含义并不完全相同；另一说认为，以"民营经济"代替"私营经济"，"民营企业"代替"私营企业"，"民营经济人士"代替"私营企业主"，这样的提法更符合从业人员的意愿（民营比私营好）。"民营经济"与"非公有制经济"，"民营经济人士"与"非公有制经济人士"两种提法在同一语言环境中出现并在正式文件中并列使用，体现了民间语言与官方语言之间的融会贯通，并平息了争论。

第二，以民营企业为主要服务对象，促进非公有制经济健康发展

工商联组织的工作主题之一是促进非公有制经济健康发展。促进非公有制经济健康发展，工作途径和方法多种多样，笔者认为，重在以企业为中心，促进民营企业树立健康发展意识与行为。民营企业包括大中小微企业，应该更新观念：认识个体工商户也是企业，正视个体工商户就是企业，建议适当的时候将个体工商户更名为企业。

民营企业的作用与地位，与其他类型企业一样，是社会肌体的活力细胞、经济发展的动力之源、技术进步的推进器、经济社会资源的配置器，从深度和广度上关联人们生产和生活，关联人类经济社会发展。

民营企业行为，包括企业责任、企业规则、企业诚信、企业正气、企业变革等方面，本文倡导研究与探讨。

关于企业责任行为：

企业责任是一种企业与人与社会与环境共同受益、和谐发展的平衡意识与理智行为，是包括企业经济责任（对股东和员工负责）、企业社会责任（对利益相关者和社

会公众负责）和企业环境责任（对生态和未来负责）在内的综合责任意识与行为。

积极创导与实践的中国企业责任观：树立科学发展观，实施可持续发展战略，建立环境友好型、资源节约型社会，发展循环经济，推广清洁生产，建设小康社会，构建和谐社会，实践和追求"爱国、敬业、诚信、守法、贡献"的建设者精神，发扬"致富思源，富而思进，义利兼顾，以义为先，扶危济困，共同富裕"的光彩精神，为国家现代化建设贡献智慧和力量，是对中国当代企业责任观的诠释。

一些企业意识到，科学发展企业必须科学地处理好企业与人的关系，处理好投资者、管理者、普通劳动者三者之间的关系，让他们在政治地位、经济保障、民主权利等方面有公平的待遇，从意识与行为上都成为企业的主人；一些企业倡导"致富思源""投身光彩事业""关心弱势群体""先富帮后富""先富者为共同富裕带头作贡献""为实现共同富裕贡献企业力量"，并推出"共同富裕企业行动纲领""企业全员收入增长计划"；一些企业开展"资源回收利用""发展循环经济""实行产品生命后期管理""自然之友""美景行动"，致力于"建设环境友好型企业""做负责任的企业公民"，收到切实保护环境、提升经济效益、优化企业形象等功效。

泛海集团的"一二三四经"，即一是发展好企业，二是履行纳税义务，三是扩大就业，四是在社会需要的时候挺身而出，其社会责任意识在民营企业界引起广泛共鸣；泰康人寿集团以优化保险金融产品和服务，帮助人们安排健康新生活为社会责任；百步亭集团开发建设"最佳人居环境"社区，受到老百姓称赞；万达集团定向帮助贵州丹寨精准脱贫力度大、效果好；格林美集团致力于变工业和生活废弃品为再生资源；阳光凯迪新能源集团利用草木类废料等生物质能发电；华新水泥集团利用工业和生活垃圾生产建材，为环保产业探索出发展新路；等等。更为可喜的是，什么是企业责任、怎样履行企业责任的大讨论在一定范围内的社会各界展开，企业责任逐步成为民营企业群体的共同意识与自觉行为。

劲牌公司是全国范围内最早发布《企业社会责任报告》的民营企业之一，把履行企业社会责任作为企业修养、企业文化、企业价值观，作为企业行为哲学和处世准则，以企业全员认同、经得起历史考验、有利于企业健康发展为宗旨，收到和谐企业团队、科学发展企业、有益于小康社会建设等多重功效。

关于企业规则行为：

1993年，中共十四届三中全会通过的《关于建立社会主义市场经济体制若干问题的决定》中明晰了现代企业制度的四个基本特征："产权清晰、权责明确、政企分开、管理科学"，不仅成功引领了国有企业建立现代企业制度，而且也为民营企业建立现代企业制度提供了有益借鉴，为民营企业理顺资产关系、权责关系，科学管理企业并优化企业行为，提供了有益借鉴。

关于民营企业或民间资本控股的混合所有制企业的现代企业制度的基本要义，笔者认为，应该在四大基本特征的基础上有所加减，即"产权清晰、权责明确、管理科学、决策民主、富有效率、企业责任"。企业所有权与经营权分开，企业家个人资产与企业资产分开，建立职工利益与企业利益共同体，是民营企业现代企业制度之要义。

科学的企业规则有利于提升企业能力，包括科学管理能力、经济合作能力、技术创新能力、产品生产能力、市场竞争能力和健康发展能力。健康发展企业，要求企业与人和谐发展、靠劳动参与分配者与靠资本参与分配者共同发展、企业核心竞争力与产品竞争力同步发展、企业环境保护能力与生产发展能力统筹发展、企业社会形象竞争力与市场经济竞争力相互促进发展，这五条应该成为导向企业规则的指导思想。

华为公司等在企业内部推行"工者有其股"，构建企业与员工利益共同体，激励企业全员共同奋斗、共同受益；红桃 K 集团用人过三关，即"元老关、亲情关、自我关"，促进传统企业向现代企业转变、家族企业向公司制企业转变；吉利集团通过引入"各美其美、美人之美、美美与共"的人文理念优化企业文化，制定"共同富裕计划行动纲领"导向企业规则，健康发展。

多年来，商务部研究院、北京新世纪跨国公司研究所等机构坚持不懈地开展跨国公司合规行为研究并推进中国企业合规行为辅导，取得重要绩效。"合规"一词源自英文"Compliance"，主要有三层含义：a. 遵守法规，即遵守"公司总部所在国和经营所在国的法律、法规及监管规定"；b. 遵守规制，即遵守"企业内部规章，包括企业的商业行为准则"；c. 遵守规范，即遵守"职业操守和道德规范"等。蒋姮、王志乐合著的《合规——全球公司发展新趋势》[1]中介绍了中国海油、中联重科、中国平安、东方航空、西门子、百威英博、达能、富士胶片、斯必克、微软、英特尔、连云港地税局等优秀企业和企业服务机构的合规管理案例，以合规文化丰富了企业规则的内涵。《中国工商业联合会章程（2022）》第三条第（一）款专门规定为企业提供合规等方面的服务；第七条第（二）款专门规定引导民营企业加强合规管理，建设"法治民企"。推动依法规范和引导民营资本健康发展，促进公平竞争。

---

[1] 蒋姮，王志乐. 合规——全球公司发展新趋势 [M] 北京：中国经济出版社，2012：1.

以现代企业制度规范并优化民营企业行为，事关民营企业健康发展和国家经济高质量发展工作大局，应引起重视。笔者认为，国家有关部门应更加重视加强专项指导并引导民营企业建立现代企业制度，以现代的企业制度、科学的企业规则促进民营企业提升综合素质和健康发展能力。引导民营企业，特别是大型民营企业建立现代企业制度很有必要，但不搞"一刀切""一阵风""一个版本""一个模式"，重在切合实际，企业自觉，主动作为。

关于企业诚信行为：

诚信是企业品格，因为企业是法人，也如人，如人一样有品格；诚信是企业品牌，是企业信誉之基石、产品质量之保障、开拓市场之上策；诚信是企业责任，建议更多的企业发布《企业社会责任报告》，向社会昭示企业诚信和责任；诚信是企业生存之基、发展之要、竞争之力，是企业永葆青春活力的保健良方。

企业诚信，关系企业文化、企业形象；关系企业日常的生产、经营、管理；关系企业持久的竞争力、影响力、发展力；关系企业发展的速度、效益、后劲。晚清"商圣"胡雪岩作《戒欺文》，公示"凡百贸易，均着不得欺字"，"余存心济世，誓不以劣品弋取厚利"，以诚信不欺，赢得世人称颂。湖北"信义兄弟死生接力送薪"，为的是按时兑现农民工工资，表现出现代企业家高尚的社会信义和现代企业诚信，其感人事迹感动中国。

企业诚信关乎企业形象，关乎企业生命。建设企业诚信，坚守企业诚信，应该成为企业主动意识与自觉行为。企业诚信是社会诚信的根基，和谐社会呼唤企业诚信。

关于企业正气行为：

"蓬勃朝气、浩然正气、昂扬锐气"是自然人的高尚气节，也应成为企业法人的高尚品格。守正出奇，只有守住企业道德、规则、责任之正，方能出高效生产、经营、管理之奇。企业正气是社会正气的重要表征，是企业调节自我、适应环境、抗邪防病、健康发展的精神力量，是医治道德失范、信用缺失、法治意识淡漠等疾病，建设企业行为美的保健良方。报国的理想信念、现代的企业制度、坚定的企业诚信、光彩的社会责任是企业正气行为四要素。

"爱国、敬业、创新、诚信、守法、贡献"，是形成共识的中国民营企业正气观，应该大力弘扬与倡导。树立企业正气，有利于民营企业健康发展、民营经济健康发展、民营企业家群体健康成长。就企业个体而言，市场竞争取胜必须树立企业正气；就企业群体而言，汇聚中国经济发展正能量必须汇聚企业正气。

建立企业廉洁风险防控的制度防线、纪律防线、道德防线有利于企业安全、健康与发展，有利于树立企业正气。华为公司以"董事会自律宣言宣誓"形式树立企业正气，为社会各界称赞。湖北省人民检察院与省工商联联合建立涉及民营企业的预防受贿行贿犯罪的工作机制，湖北省纪委、组织部、统战部、政法委、工商联、监察厅、工商局、预防腐败局联合推进廉洁文化进企业，湖北省政法委发布关于优化法治环境促进经济发展 16 条意见，湖北省委、省政府支持开展"百家民营企业评行风"等，收到了促进政府改进公共服务、促进树立企业正气的功效。只有企业遵守包括人权、劳工标准、环境、反腐败四个方面的十项全球契约原则与政府践行"反腐倡廉"的诺言相结合，才能切实加强廉洁社会建设，有利于树立企业正气和社会正气。

树立企业正气，必须增强企业法治意识。民营企业是法治建设的受益者，也应该成为法治建设的贡献者。笔者多次建议出台商业行为法，规范市场主体行为和市场竞争行为；建议加强为市场主体提供法律服务，奠定市场主体法治行为基础并优化市场主体法治环境。

关于企业变革行为：

党的十九大报告发出了"推动经济发展质量变革、效率变革、动力变革"的动员令。企业是市场主体，是经济体系的基础单元，推动经济高质量发展重在落实到企业，重在提升企业组织创新能力、技术创新能力、市场竞争能力和经济发展能力。

在众多企业变革行为当中，发展混合所有制经济落实到企业并健康发展混合所有制企业当是重头戏。我国的混合所有制经济起源于对资本主义工商业实行社会主义改造形成公私合营企业（新民主主义经济时期），恢复于城乡居民个人投资参与集体企业改制（公有制基础上的有计划的商品经济时期），拓展于民间资本参与国有企业改制或国有企业改制为民营企业时保留部分国有产权（社会主义市场经济发展初期），发展到民间资本与国有资本合资形成混合所有制企业（社会主义市场经济深入发展时期）。

混合所有制经济是公有制经济和非公有制经济发展路径之间的第三条经济发展路径，重在经济合作发展、讲求资本结合效率，有利于集中优势资源办大事，在当前宏观经济形势和市场竞争机制下，应大力提倡并着力推动发展。

中共十八届三中全会决定，鼓励"积极发展混合所有制经济"，鼓励发展"国有资本、集体资本、非公有资本等交叉持股、相互融合的混合所有制经济"，并"鼓励发展非公有资本控股的混合所有制企业"，拓宽了混合所有制经济发展路径。发展混合所有制经济，有利于发挥社会主义制度与市场经济制度结合优势，提高国民经济发展效率。社会主义制度的优势是集中力量办大事，市场经济制度的优势是高效配置资源，通过发展混合所有制经济集合两大制度优势，发挥不同所有制资本结合、经济结合的力量，促进企业发展动力变革、效率变革、质量变革，促进不同所有制经济发展优势互补、激发活力、形成合力，提升市场主体发展效率和国家市场经济竞争能力。

当代企业变革行为，是关联企业经济、行业经济、区域经济和国家经济发展的风向标和晴雨表，应当关注、重视并引导其健康发展。

第三，以民营企业家为主要服务对象，促进非公有制经济人士健康成长

工商联组织的另一个工作主题是促进非公有制经济人士健康成长。2010年9月16日，中共中央、国务院发出《关于加强和改进新形势下工商联工作的意见》（中发〔2010〕16号），其中指出：

充分发挥工商联在非公有制经济人士思想政治工作中的引导作用。引导非公有制经济人士爱国、敬业、诚信、守法、贡献，做合格的中国特色社会主义事业建设者，是工商联的重要职责。

充分发挥工商联在非公有制经济人士参与国家政治生活和社会事务中的重要作用。引导非公有制经济代表人士增强大局意识和责任意识，帮助其提高参政议政能力和水平，积极反映社情民意，有序参与政治生活和社会事务。

各级政府要注重发挥工商联参政议政、民主监督的优势，建立相关重要经济决策委托工商联征询非公有制经济人士意见的制度，做出相关决策应充分听取非公有制经济人士意见和建议。

《意见》把非公有制经济人士的政治地位、经济地位和社会地位提到了一个新的高度，并要求充分发挥工商联在非公有制经济人士思想政治工作中的引导作用。在贯彻落实《意见》的过程中，各级工商联组织创造性地开展工作，通过教育培训、代表人士队伍建设、典型示范、加强宣传、营造良好舆论环境、倡导践行社会主义核心价值观等方式发挥引导作用，收到明显成效。

2020年6月18日，全国工商联召开民营经济人士理想信念教育工作推进会议，提出面对新形势、新挑战，必须更加重视理想信念教育，要着眼于企业生存发展面临的突出问题和企业家的操心事、烦心事，搞好工商联组织服务；要持续推进企业诚信体系建设，支持民营企业依法经营、依法治企、依法维权；要引导年青一代民营企业

家肩负起民族复兴的时代重任；要坚持"身近"和"心近"，密切加强工商联组织与民营经济人士的联系；要加强舆论引导，让党的声音真正走进民营企业家心里，讲好企业家故事，增强理想信念教育活动的实效性。会议号召广大民营经济人士听党话，跟党走，走新时代中国特色社会主义道路，为国家现代化建设贡献力量。

2020年12月21日，中共中央发布《中国共产党统一战线工作条例》，其中第二十八条指出：

全面贯彻信任、团结、服务、引导、教育的方针，深入开展理想信念教育，引导非公有制经济人士爱国、敬业、创新、守法、诚信、贡献，做合格的中国特色社会主义事业建设者。

建立健全政企沟通协商制度。了解反映非公有制经济人士诉求，帮助其依照法定程序维护合法权益。畅通非公有制经济人士有序政治参与渠道，引导规范政治参与行为。

该条例从引导方针上新增加了"信任"的表述，从引导方向上新增加了"创新"的表述。该条例的颁布实施，为促进非公有制经济人士健康成长提出了新的工作指南。

《中国工商业联合会章程（2022）》规定了各级工商联组织加强和改进民营经济人士思想政治工作的职责和任务，主要包括三个方面：1.常态化、制度化开展理想信念教育和社会主义核心价值观宣传教育，持续开展党史、新中国史、改革开放史、社会主义发展史宣传教育（简称"三项专题教育"），引导民营经济人士坚决拥护中国共产党的领导、坚定不移走中国特色社会主义道路，加强自我学习、自我教育、自我提升，学习贯彻党和国家的方针政策，弘扬企业家精神，爱国、敬业、创新、守法、诚信、贡献，做合格的中国特色社会主义事业建设者。2.引导民营经济人士自觉把自身发展与国家发展结合起来，把个人富裕与共同富裕结合起来，把遵循市场法则与发扬社会主义道德结合起来（简称"三个结合"），弘扬中华传统美德，弘扬时代新风，树立义利兼顾、以义为先理念，致富思源、富而思进，自觉投身光彩事业和其他社会公益慈善事业，积极履行社会责任。3.按照同级党委安排参与民营企业党建工作，引导民营经济人士重视企业党建工作、在企业建立工会等群团组织，为其开展活动、发挥作用提供必要条件，加强企业文化建设（简称"三项建设"，即党的建设、工会建设、文化建设）。"三项专题教育""三个结合""三项建设"构成完整的思想政治工作目标和要求，为促进民营经济人士健康成长指引了工作方向。

第四，以人的健康成长和经济健康发展为结合点，统筹"两个健康"的关系

促进"两个健康"是工商联的工作主题。"两个健康"相互联系、相互渗透、相互促进、相辅相成，既通过引导非公有制经济人士健康成长，作用于促进非公有制经济健康发展；又通过促进非公有制经济健康发展，作用于引导非公有制经济人士健康成长。引导与促进是一对工作逻辑，人的健康成长与经济的健康发展是一对功效逻辑，两对逻辑关系紧密相连，共同构成工商联组织意识与行为的重要指导思想。

中国当代工商联在服务会员发展方面与中国旧商会和国外商会最大的不同点在于以下三个方面：1.中国当代工商联不仅关注企业发展，而且关注人的发展，致力于促进"人和企业共同发展"。其服务意识与行为表现在"企业要健康发展，人要健康成长"。各级工商联组织全面贯彻"信任、团结、服务、引导、教育"的方针，引导民营经济人士爱国、敬业、创新、守法、诚信、贡献，做合格的中国特色社会主义事业建设者。2.中国当代工商联不仅关心会员本人发展，而且从会员企业可持续发展的角度考虑，关心会员的下一代健康发展。针对会员企业家新老交接的实际，各级工商联专题研究部署年青一代企业家健康成长工作。如全国工商联成立青年企业家委员会，举办一年一度的全国青年企业家峰会，在井冈山、延安、西柏坡、福建古田等地举办年青一代民营经济人士理想信念教育培训班，其用意就是为了激发年青一代民营经济人士的创新创业精神，坚定"听党话、跟党走、走中国特色社会主义道路"的信念。3.中国当代工商联不仅关心民营企业家，而且关心企业员工，关心企业和谐发展。和谐的企业发展观要求企业必须坚持以人为本。要求民营企业家：要关爱员工，要致力于促进企业利益与员工利益和谐发展；要真正做到发展依靠员工，发展成果由员工共享；要充分尊重和切实维护员工工资报酬、休假、健康安全、保险待遇、人格尊严等合法权益，和谐企业劳动关系。

从20世纪50年代初期完成的"两个改造"（即对私营工商企业和对私营工商业者的社会主义改造）工作到20世纪80年代开始的"两个健康"（即促进非公有制经济健康发展和非公有制经济人士健康成长）促进工作，必将载入中国工商联组织工作史册，后者比前者工作持续时间更长，产生的经济、政治、社会效益及影响更大、更深远。

促进"两个健康"，是中国工商联各级组织当前和今后一段时期重大的指导思想、基本任务和一切工作的出发点和落脚点。随着国家政治体制和经济体制改革不断深

入，随着"行业协会商会与行政机关脱钩改革"工作全面完成，从逐步淡化经济所有制分类管理的发展趋势分析，笔者预言：工商联促进"两个健康"的工作领域和工作对象将进一步拓宽，即由"促进非公有制经济健康发展、促进非公有制经济人士健康成长"，拓宽为"促进经济健康发展、促进经济人士健康成长"。

四、加强和改善对工商联工作的领导和指导

2010 年 9 月 16 日，中共中央、国务院发布《关于加强和改进新形势下工商联工作的意见》（中发〔2010〕16 号）（以下简称 2010 年中央 16 号文件），其中提出"加强和改善对工商联工作的领导"，主要内容包括四个方面：加强党委对工商联工作的统一领导；加强政府对工商联工作的指导和支持；落实党委统战部领导工商联党组和指导工商联工作的职责；发挥工商联党组领导作用。

关于党委对工商联工作的统一领导

2010 年中央 16 号文件要求："各级党委要把加强和改进新形势下工商联工作摆上重要议事日程，及时研究和解决工商联工作中的重大问题，落实党委领导班子抓工商联工作责任"；要求"重视工商联党组协助开展非公有制经济组织党建工作"；并要求"加强对工商联工作和非公有制经济的宣传，加大工商联机关干部教育培训、轮岗交流、选拔使用等工作力度"。这些规定，对于加强工商联组织建设，发挥好桥梁、纽带和助手作用提供了有力保障。

《中国共产党统一战线工作条例（2020）》要求："统战部、工商联按照同级党委安排，参与民营企业党建工作。工商联党组应当支持和配合做好所属会员企业党组织组建工作。""工商联党组对所属商会党建工作履行全面从严治党主体责任。"

《中国工商业联合会章程（2022）》明确规定：工商联是中国共产党领导的以民营企业和民营经济人士为主体，具有统战性、经济性、民间性有机统一基本特征的人民团体和商会组织。实践证明：加强中国共产党的领导，是中国工商联的组织特色和组织优势，是中国工商联各级组织意识与行为与时俱进并持续健康发展的根本保障。

关于如何加强党委对工商联工作的统一领导，重点要把握四个方面：1. 充分认识加强党委对工商联工作统一领导的重要性。2. 明确各级党委抓工商联工作的主要内容。3. 各级党委要积极为工商联履行职责、发挥作用创造良好条件。4. 各级党委要加大工

商联机关干部教育培训、轮岗交流、选拔使用等工作力度。[1]150-151

关于政府对工商联工作的指导和支持

2010年中央16号文件要求："各级政府要按照党和国家关于工商联工作的方针政策，加强对工商联工作的指导和支持，为工商联充分发挥作用创造条件"；要求"建立政府联系工商联的工作制度，政府领导班子中要有专人负责联系工商联"；要求"与非公有制经济发展有关的政府部门要加强同工商联的联系和业务协作，及时向工商联通报有关重要信息"；要求"政府召开全体组成人员会议和常务会议可根据会议内容需要安排工商联负责人列席，召开经济方面的重要工作会议和有关部门工作会议可视情安排工商联负责人参加"；要求"工商联办公经费和考察调研、教育培训等专项经费列入同级财政预算"。这些规定，极大地优化了工商联的工作环境与工作条件，特别是工商联工作经费列入财政预算，不仅可靠地保障了工商联组织运转，而且减轻了历史惯例形成的工商联会员的会费负担，这也是工商联与其他商会（包括行业商会、异地商会等）的不同之处。

关于各级政府如何加强对工商联工作的指导和支持，为工商联充分发挥作用创造条件，重点把握四个方面：1.充分认识加强政府对工商联工作指导支持的重要性和必要性。2.要建立政府联系工商联的工作制度。3.要形成工商联参加政府有关重要会议的制度安排。4.要把工商联办公经费和考察调研、教育培训等专项经费列入同级财政预算。[1]153-156

关于党委统战部领导工商联党组和指导工商联工作

2010年中央16号文件指出："统战部作为党委主管统战工作的职能部门，受同级党委委托，领导工商联党组。要经常研究经济领域统战工作和工商联工作，协助党委制定并贯彻落实有关工商联工作的各项方针政策，加强工商联领导班子建设。在党委统一领导下，加强对非公有制经济人士工作和工商联工作的指导和协调。"并规定："工商联党组书记由党委统战部分管经济领域统战工作的副部长担任。"并要求："完善各级统战部领导工商联党组和指导工商联工作的机制，支持工商联创造性开展工

---

[1]中央统战部，全国工商联.《中共中央、国务院关于加强和改进新形势下工商联工作的意见》学习问答［M］.北京：中华工商联合出版社，2011.

作。"实践证明，这些规定和要求，对于党委统战部领导工商联党组和指导工商联工作发挥了重要作用，对于明确并理顺各级统战部与工商联的组织关系、工作关系发挥了重要作用，对于工商联党组工作和会务工作规范化建设发挥了重要作用。

关于党委统战部对工商联党组的领导，主要是思想、政治和组织的领导，其工作主要包括三个方面：1. 坚持党管干部原则。要在对党组成员的任免、对领导干部的管理中，把政治素质好、道德品质好、工作能力强、群众信得过的优秀人才选拔进入工商联党组。工商联党组书记由党委统战部分管经济领域统战工作的副部长担任，并将主要精力放在工商联工作上。2. 建立健全党委统战部与工商联党组工作联系制度，推动工商联党组贯彻落实党的路线、方针和政策，坚持工商联工作的政治方向。加强对会员的团结教育工作，充分发挥工商联党组的领导作用。3. 推动工商联党组成员搞好与党外领导干部合作共事。[1]160-161

关于党委统战部对工商联工作的指导，主要是政策指导，掌握工商联工作的基本面。包括三个方面：1. 对工商联参政议政、思想政治工作和非公有制经济代表人士队伍建设等方面的指导。2. 加强对工商联工作的指导与协调，经常研究经济领域统战工作和工商联工作。3. 完善指导工商联工作的机制，支持工商联创造性地开展工作。[1]161

关于发挥工商联党组领导作用

1988 年 8 月，中共中央批准设立全国工商联党组。[2]

2010 年中央 16 号文件规定："工商联党组要切实履行职责，保证党的理论和路线方针政策、党委决策部署的贯彻落实，把握工商联工作正确方向"；要求"健全工商联党组议事规则和决策程序，提高党组科学决策、民主决策、依法决策水平"；要求"按照干部管理权限，做好工商联干部人事工作"；要求"加强对工商联会员代表大会、执委会、常委会工作的指导，支持其按照工商联章程行使职权、开展工作"；要求"正确处理党员干部和党外干部的工作关系，支持工商联主席工作，发挥党外干部作用，搞好合作共事"。

工商联党组的领导作用主要体现在以下 6 个方面：1. 贯彻执行党的路线、方针、政策。2. 讨论决定工商联的重大问题。3. 做好干部管理工作。4. 团结党外干部和群众。

---

[1] 中央统战部，全国工商联.《中共中央、国务院关于加强和改进新形势下工商联工作的意见》学习问答 [M]. 北京：中华工商联合出版社，2011.

[2] 徐乐江. 党领导民营经济发展和工商联工作的重大成就和历史经验 [N]. 学习时报 2021–12–06 第 1 版.

5.完成党和国家交给的任务。6.领导工商联机关和直属单位党组织的工作。[1]

关于商会和民营经济领域党建工作

2009 年 9 月至 2010 年 2 月，中央统战部、国家工商总局、全国工商联共同组织开展"深入学习实践科学发展观"活动，引导企业转变经济发展方式，科学发展企业。通过活动深入开展，推动了全国非公有制经济组织党建工作：至 2010 年 1 月，在学习实践活动中新建党组织 1.2 万个，正在筹建中的 2.4 万个，发展新党员 6.5 万人；并通过"双找活动"，帮助 7.3 万名"口袋党员"建立了组织关系，促进了党员组织生活正常化和基层党组织工作健康发展。[2]

2012 年 5 月，中共中央办公厅印发《关于加强和改进非公有制企业党的建设工作的意见（试行）》（中办发〔2012〕11 号）。《意见》指出：非公有制企业是发展社会主义市场经济的重要力量。加强和改进非公有制企业党的建设工作，是坚持和完善我国基本经济制度、引导非公有制经济健康发展、推动经济社会发展的需要，是加强和创新社会管理、构建和谐劳动关系、促进社会和谐的需要，是增强党的阶级基础、扩大党的群众基础、夯实党的执政基础的需要，是以改革创新精神提高党的基层组织建设科学化水平、全面推进党的建设新的伟大工程的需要。《意见》重点提出非公有制企业党的建设工作要扩大"两个覆盖"。[3]

关于扩大组织覆盖：有 3 名以上正式党员、条件成熟的，要单独建立党组织。暂不具备单独组建条件的，要以开发区（园区）、乡镇（街道）、村（社区）、专业市场、商业街区、商务楼宇等为单位，组建区域性党组织，或依托行业协会（商会）、个体私营企业协会和龙头企业、专业经济合作组织组建行业性党组织。联合党组织中具备单独组建条件的，要及时单独建立党组织。发挥党员服务中心、党建工作站"孵化器"作用，为建立党组织创造条件。

---

[1]中央统战部，全国工商联.《中共中央、国务院关于加强和改进新形势下工商联工作的意见》学习问答［M］.北京：中华工商联合出版社，2011：161.

[2]"双找活动"，系指党组织"找"党员、党员"找"党组织。"口袋党员"，系指转出组织关系后，党员把组织关系介绍信装进口袋，自己留存，未到转入地党组织报到，转出地将此名党员档案转至转入地，但转入地党组织由于无法联系该名党员，无法对该党员实施教育、服务和管理。见本书编写组.中华全国工商业联合会简史（1953—2013）［M］.北京：中华工商联合出版社，2013：272.

[3]指党的组织覆盖和工作覆盖。

关于扩大工作覆盖：对未建立党组织的非公有制企业，可通过选派党建工作指导员、确定党建工作联络员等方式，积极开展党的工作，推动企业建立党组织。对兼并重组的企业，注意保持党的工作连续性，妥善做好职工群众的分流安置和思想稳定工作。积极协调有关职能部门，推动党的政策进企业、政府服务进企业、先进文化进企业。

2018 年 11 月 27 日，全国工商联成立"直属商会与非公党建工作委员会"，推动商会党建工作"破题"、非公有制企业党建工作提效，提高党的建设质量，为促进"两个健康"提供坚强的政治、思想和组织保障。会议要求非公有制经济领域党组织发挥政治引领作用，做到"守方向、聚人心、促发展"；要求所属商会党组织发挥政治领导作用，做到"把方向、议大事、促落实"。

全国工商联以上率下、示范引领，带动了各地各级工商联高度重视并大力推进商会和民营经济领域党建工作。

例如，江苏省工商联把商会党建作为推动党的决策部署在民营经济领域贯彻落实、保障商会改革发展行稳致远的有力抓手。2018 年，江苏省总商会党委成立，实现了商会党建工作由工商联党组归口管理；并推动各设区市建立总商会党委，形成了上下联动、齐抓共促的党建工作格局；并制定了《关于加强和改进工商联所属商会党的建设工作的实施意见（试行）》《商会党组织建设规范化工作手册》等指导性文件，推动商会党组织建设规范化。至 2019 年底，江苏省所属 13 个市建立总商会党委，省工商联直属商会党组织覆盖率达 100%，全省各级工商联所属商会党组织覆盖率达50%。通过开展民营经济党组织负责人培训，召开商会党建工作推进会、"两个覆盖"推进会及开展理想信念教育活动，引导广大民营企业家听党话、跟党走、走中国特色社会主义道路。江苏全省各地按照"抓党建促会建"的思路，摸索出符合商会实际、具有商会特色的党建工作模式。例如：无锡市总商会党委通过开展"组织联合、服务联动、活动联办、阵地联建、品牌联创"活动，形成民营经济党建工作新格局。徐州市商会探索商会党员"一方隶属、多重管理、重在发挥作用"党建工作模式，使商会党组织的影响力、凝聚力不断提升。南京市金华商会通过开展"安家落户、社会责任、领导班子建设"，牢牢把握商会发展政治方向。无锡市惠山区洛社镇商会通过"搭建多个平台，细化服务内容"，走出一条乡镇商会特色党建之路。苏州市光电缆商会以支部建设为切入点，同时加强商会党建和商会会员企业党建工作，以党建引领企业健康发展，取得良好绩效。

2020年度全国工商联直属商会与非公党建工作委员会工作会议提出：加强工商联商会党建工作，深入开展商会党建工作制度体系的探索研究和实践总结，推动工商联商会党建工作由"有形覆盖"向"有效覆盖"转变，助力国家治理体系和治理能力现代化建设，促进"两个健康"。强调商会党建与会员企业党建密不可分，商会党组织支持和指导会员企业党建，应聚焦"五个引领"，即政治引领、理想信念教育引领、行业健康发展引领、会员企业党员出资人引领、典型引领，并努力做好"三个保障"，即组织保障、机制保障和领导管理保障。

在全国范围内，商会和民营经济领域党建工作方法和工作经验丰富多彩。例如，1."三进三合"工作方法："三进"，即党建要求进招商协议、党组织设置进公司章程、党的工作进企业管理规定，从源头上做到党建工作全覆盖；"三合"，即推动党建资源与群团资源整合、党建服务与政务服务融合、党建成效与企业发展目标契合，从根本上解决党建工作与生产经营脱节的现象。2."四性"理想信念教育：即增强民营经济人士对中国特色社会主义的信念、对党和政府的信任、对社会的信誉、对企业发展的信心。3."四有四无"活动：即关键岗位有党员，创业创新有党员，困难面前有党员，会员维权有党员；党员身边无欺诈，党员身边无违规，党员身边无困难，党员身边无投诉。4."七色彩虹"工程：即红色（代表先进）先锋工程；橙色（代表温暖）暖心工程；金色（代表光荣）奉献工程；绿色（象征和谐）服务工程；青色（代表青年）成长工程；蓝色（代表纯洁）廉洁工程；紫色（代表勇气）创新工程。5."一引五解"工作目标：加强思想引领，帮助会员在政治上解疑、思想上解惑、精神上解忧、文化上解渴、心理上解压，有效激发出商会组织动力、活力与潜力。6.全国工商联女企业家商会党支部在会员企业党组织、团体会员党组织中开展"巾帼心向党5个100"系列活动，包括"百家企业升国旗、百家企业上党课、百家企业志愿行、百家企业赞家乡、百家企业读家书"，弘扬爱国、爱党、爱人民、爱家乡、爱家庭的新时代主旋律。通过丰富多彩的商会党建和民营企业党建工作，引导各级各类商会组织健康发展，引导民营经济人士健康成长。

2020年12月21日，中共中央发布《中国共产党统一战线工作条例》，其中专题指出："统战部、工商联按照同级党委安排，参与民营企业党建工作。工商联党组应当支持和配合做好所属会员企业党组织组建工作。工商联党组对所属商会党建工作履行全面从严治党主体责任。"这一规定，为工商联党建工作、商会党建工作、民营企业党建工作提出了新要求，指引了工作方向。

加强中国共产党对民营经济工作的领导、对工商联工作的领导、对各类商会工作的领导、对会员企业工作的领导，是中国当代商会具有优势的组织特色、制度特色和工作特色，对于促进民营经济健康发展、促进民营经济人士健康成长，推进工商联事业进步发展，意义重大、作用重大、成效重大，必须坚持好、巩固好、发展好。加强中国共产党对民营经济工作的领导、对工商联工作的领导、对各类商会工作的领导、对会员企业工作的领导，应当在思想上、政治上、行动上坚定信念、坚持不懈、坚持进步与发展，以利于构建最广泛的经济统一战线，引导工商联及各类商会组织和会员与中国共产党"同心同德、同心同向、同心同行"，以利于最广泛地汇聚智慧和力量，促进中国特色的社会主义市场经济健康发展、科学发展，高效率发展、高质量发展。

附　录

附录 1

中国民营经济记事年表（1949—2023）

年份	经济政策及发展状况
1949	4 月 15 日，毛泽东论述：我们的经济政策可以概括为一句话，叫作"四面八方"。"四面"即公私、劳资、城乡、内外。其中每一面都包括两方，所以合起来就是"四面八方"。"要处理好'四面八方'的关系，实行公私兼顾、劳资两利、城乡互助、内外交流的政策"。[1] 9 月 29 日，全国政协通过《共同纲领》。确立中华人民共和国经济建设的根本方针是以"公私兼顾、劳资两利、城乡互助、内外交流"的经济政策，达到发展生产、繁荣经济的目的。调剂国营经济、合作社经济、农民和手工业者的个体经济、私人资本主义经济和国家资本主义经济五种经济成分在国营经济领导之下分工合作，各得其所，以促进整个社会经济的发展。凡有利于国计民生的私营经济事业，人民政府应鼓励其经营的积极性，并扶持其发展。 9 月底，全国有私营工业企业 12.3 万户、职工 164 万人，职工人数占全国职工人数的54.6%；生产总值 68 亿元，占全国工业总产值的 63.2%。 10 月，私营工业产值在全国工业总产值中占比 63.3%。私营工业和公私合营工业产值约70 亿元。 年底，国营工业（包括公私合营工业）资金 70.9 亿元，占比 78.3%；私营工业资金 20.1亿元，占比 21.7%。
1950	12 月 29 日，政务院第 65 次政务会议通过《私营企业暂行条例》。 年底，全国共有商业人员 822 万人，其中社会主义商业 40 万人，小商小贩 674 万人，资本主义商业 107 万人。私营商业在社会商品批发总额中占比 76.1%，在零售总额中占比 85%。
1951	3 月 30 日，政务院公布《私营企业暂行条例》。 年底，商业零售方面的公私比重：国营和合作社商业占比 19%；私营商业占比 81%。
1952	11 月 12 日，中共中央发出《关于调整商业的指示》，提出在国营经济和合作经济巩固了主要阵地的前提下，调整公私商业的方案，应该是保持目前私营商业的一般营业额，不使其下降。 年底，全国总农户数为 11368.3 万户，参加互助合作组织农户数为 4452.3 万户，占比39.16%；私营工业总产值 118.9 亿元；私营商业在全国商业零售业占比 57.2%。 年底，全国国营企业固定资产原值为 240.6 亿元，其中大部分为没收官僚资本企业的资产（不包括土地价值在内），除去已使用年限折旧后净值为 167.1 亿元。 年底，私营工业产值在全国工业总产值中占比从 63.3% 下降到 39%，私营商业则从76.1% 下降到 36.3%。

[1] 黄孟复主编 . 中国民营经济史·大事记 [M]. 北京：社会科学文献出版社，2009：2.

续表

年份	经济政策及发展状况
1953	6月15日，毛泽东首次提出党在过渡时期的总路线的基本内容；8月，作了比较完整的文字表述：从中华人民共和国成立，到社会主义改造完成，这是一个过渡时期。党在这个过渡时期的总路线和总任务，是要在一个相当长的时期内，逐步实现国家的社会主义工业化，并逐步实现国家对农业、对手工业和对资本主义工商业的社会主义改造。（简称"一化三改"）[1] 11月11日，《人民日报》发表社论《进一步把私营工商业纳入国家资本主义的轨道》。 年底，在资本主义工商业改造方面，公私合营工业在全国工业总产值中占比5.6%，资本主义工业按产值计算，已有20%左右实行了公私合营；加工订货产值达81亿元，比1952年增加22亿元，占私营工业总产值的比重由49.6%增加到53.6%；私营商业批发额比1952年增长16.4%，零售额增长144%。
1954	1月4日，中共中央批转中财委《关于一九五四年扩展公私合营工业计划会议的报告》和《关于有步骤地将十个工人以上的资本主义工业企业基本上改造为公私合营企业的意见》。 7月13日，中共中央下发《关于加强市场管理和改造私营商业的指示》，根据中央的指示，各地按照不同情况，对私营批发商采取了"留、转、包"等不同的改造步骤。"留"，即凡为国营商业所需要者，可以为国营商业代理批发业务；"转"，即凡有条件转业者，辅导其转业；"包"，是指对无法继续经营者，其职工和资方代理人可经过训练，由国营商业录用。 9月20日，全国人大一届一次会议通过《中华人民共和国宪法》，第十条规定："国家对资本主义工商业采取利用、限制和改造的政策。" 12月31日，陈云在国务院召开的关于私营工商业问题座谈会上提出私营经济生产方针，即在国营经济的领导下，在保证社会主义成分不断稳步增长的条件下，对国营、合作社营、公私合营、私营工业实行统筹兼顾、各得其所的方针，进行合理安排，把四种工业都纳入国家计划轨道。[2] 年底，私营商业在全国商业零售业占比25.6%；批发贸易国营基本代替私营。农村私商估计还有241万户，350万人。个体手工业产值增长11%；手工业生产合作社产值增长76%，从业人数达121万人，比1953年增长2.5倍。
1955	1月6日，全国计划会议召开，要求统筹安排农业、资本主义工商业和个体手工业的社会主义改造。 2月4日，《人民日报》发表社论《经过互助合作道路，改造农村小商小贩》。 3月10日，《人民日报》发表社论《积极利用和改造私商》。 4月12日，中共中央发出《关于进一步加强市场领导、改造私商、改进农村购销工作的指示》。 5月25日，《人民日报》发表社论《认真办好公私合营企业》。 5月底，公私合营工商企业有近2000家。 6月底，已经实行公私合营的工厂有1900多户，其产值相当于资本主义工业总产值的58%。其余的12万多户只占42%。 8月，纯粹私营商业在社会商品零售总额中的比重，在32个大中城市占25%，在农村集镇占18%。 11月22日，《人民日报》发表社论《统一认识，全面规划，认真地做好改造资本主义工商业的工作》。 12月13日，新华社报道，全国500人以上的大型私营工厂已经基本上实行了公私合营。 年底，全国公私合营工业企业已经达到3193家，产值占私营、公营工业全部产值的49.7%；500人以上的大型私营工厂已经基本上实行了公私合营。

［1］中共中央党史研究室．中国共产党历史第二卷（1949—1978）［M］．北京：中共党史出版社，2011：185．

［2］黄孟复主编．中国民营经济史·大事记［M］．北京：社会科学文献出版社，2009：43．

续表

年份	经济政策及发展状况
1956	2月8日，国务院第二十四次全体会议通过了《关于目前私营工商业和手工业的社会主义改造若干事项的决定》《关于在公私合营企业中推行定息办法的规定》《关于私营企业实行公私合营时对财产清理估价的几项主要问题的规定》。 3月，中共中央批转第二次全国扩展公私合营工业计划会议的报告，确定实行"统筹兼顾、合理安排"的方针。 4月14日，《人民日报》发出社论《深入地改造农村私营商贩》。 4月28日，《人民日报》发出社论《慎重地改造城市小商店》。 9月15—27日，中共八大会上，肯定陈云提出的"三个主体、三个补充"的思想，即在国家和集体经营、计划生产和国家市场为主体的情况下，要有一定数量的个体经营、自由生产和自由市场为补充。 年底，全国农业生产合作社75.6万个，手工业生产合作社和生产合作小组10万多个，96.3%的农户和92%的手工业劳动者加入合作社。全国私营工业人数的99%和私营商业人数的85%实行了全行业的公私合营。公私合营工业总产值达191.1亿元，较上年这些企业的总产值增加了32%。 年底，基本上实现了对农业、手工业和资本主义工商业的社会主义改造，社会主义经济制度在我国已经建立起来。 1956年同1952年相比，国营经济由19.1%上升到32.2%，合作社经济由1.5%上升到53.4%，公私合营经济由0.7%上升到7.3%，个体经济由71.8%下降到7.1%，资本主义经济由6.9%下降到接近于0。在农村，已基本上实现土地公有，全国1.1亿农户中有96.3%加入了农业生产合作社，建立起集体经济。绝大多数手工业者加入了手工业集体经济组织。 1956年，农业总产值为583亿元，比上年增长5.0%；工业总产值（包括手工业）在工农业总产值中占比51.3%。私营工业和公私合营工业产值从1949年的70.9亿元增加到191亿元。
1957	2月27日，国务院批转《关于工商行政部门1957年主要工作安排的报告》，要求各地在开放部分农副产品自由市场后，对市场管理工作做到"管而不死"，对新开业的或遗留下来的个体户和"资本主义户"进行登记管理，并贯彻"利用、限制和改造"的政策。 12月21日，国务院发布《关于正确对待个体农户的指示》，提出：为了加强对这些个体农户的"团结教育、改造和管理"，可以委托农业合作社按照不同情况分别进行教育和加强领导。 年底，全国还有3%左右的个体农户。
1958	4月2日，中共中央发出《关于继续加强对残存的私营工业、个体手工业和对小商小贩进行社会主义改造的指示》，规定：对于资本主义性质的工业，原则上不允许继续存在；对于依靠手工业为生、为国民经济所需要的个体手工业户，有组织成为手工业合作社条件的，应当在自愿的原则下进一步组织起来；对于小商小贩和行商应普遍进行一次审查，对于有严重违法行为的应坚决予以取缔。没有严重违法行为的，亦应限制他们的活动范围在一定的经营地区内。 8月29日，中共中央通过了《关于在农村建立人民公社问题的决议》。 11月初统计，全国99.1%的农民，12690多万户，组成26500个人民公社，平均每个公社4756户。

续表

年份	经济政策及发展状况
1959	5月7日，中共中央下发《关于分配私人自留地以利发展猪、鸡、鹅、鸭的指示》。 6月1日，中共中央下发《关于社员私养家禽、家畜和自留地等四个问题的指示》，指出：1. 允许社员私人喂养家禽家畜。2. 恢复自留地制度。3. 鼓励社员利用零星空闲的时间，把屋旁、村旁、水旁、路旁的零星土地充分利用起来，这些土地上长的庄稼谁种谁收，不征公粮，不派统购任务，愿吃、愿存、愿卖完全由社员自由支配。4. 屋前、屋后的零星树木（包括竹木果树）仍然归还社员私有。
1960	3月9日，中共中央发出《关于城市人民公社问题的批示》，认为：对于城市人民公社的组织试验和推广，应当采取积极的态度，从实际情况出发。实际试验中，城市人民公社是以职工家属及其他劳动人民为主体，吸收其他自愿参加的人组织起来的。它是以组织生产为中心内容，同时组织各种集体生活的福利和服务事业。
1961	1月15日，中共中央发布《关于目前农副产品收购工作中几个政策问题的规定》，其中指出：农产品的收购工作，应当兼顾国家、集体、个人三方面的利益，正确发挥生产队、生产小队、社员个人的积极性。 6月19日，中共中央发出《关于城乡手工业若干政策问题的规定（试行草案）》（简称手工业35条），指出：我国的手工业，在整个社会主义阶段应该有三种所有制：全民所有制、集体所有制、社会主义经济领导下的个体所有制。
1962	3月2日，《人民日报》发表社论《正确执行党的政策，积极发展手工业生产》。
1963	3月3日，中共中央、国务院发出《关于严格管理大中城市集市贸易和坚决打击投机倒把的指示》。
1964	4月13日，中共中央、国务院发出《关于进一步开展代替私商工作的指示》。
1965	9月5日，中共中央、国务院发出《关于大力发展农村副业生产的指示》。 全国城镇个体工商业者171万人。
1966	5月7日，毛泽东看了原总后勤部《关于进一步搞好部队农副业生产的报告》后作出《五七指示》。[1] 全国城镇个体工商业者156万人。
1967	1月11日，中共中央发出《关于反对经济主义的通知》，要求各地各部门要立即制止在"文化大革命"中大闹经济主义的倾向，集体所有制的企业、手工业合作社、合作商店等，现在都不要改变为国家所有制。 全国城镇个体工商业者141万人。
1968	1月18日，中共中央发布《关于进一步打击反革命经济主义和投机倒把活动的通知》，强调：要切实加强市场管理，坚决打击投机倒把活动。坚决取缔无证商贩和无证个体工商户。 全国城镇个体工商业者126万人。
1969	7月1日，《红旗》杂志发表文章：《政治统帅经济，革命统帅生产》。 全国城镇个体工商业者111万人。

---

[1] 黄孟复主编.中国民营经济史·大事记[M].北京：社会科学文献出版社，2009：111.

续表

年份	经济政策及发展状况
1970	10月5日，国务院《关于北方地区农业会议的报告》中提出：关于自留地制度，"一般不要动"；既要坚决肃清"物质刺激""工分挂帅"的余毒，又要坚持"按劳分配"的原则，反对平均主义。 全国城镇个体工商业者96万人。
1971	12月16日，中共中央作出《关于农村人民公社分配问题的指示》，强调：农业要全面发展，不能把党的政策允许的多种经营当作资本主义去批判，规定了有利于集体增产、个人增收、减轻农民负担和使分配兑现的一些具体政策。
1972	3月4日，商业部发出《关于进一步加强合作商店社会主义改造几个政策问题的意见（修改稿）》，认为：合作商店的性质是"社会主义劳动群众集体所有制经济，但还保留着私有制因素"。对合作商店实行社会主义改造的方针，也由过去的利用、限制、改造，改为"采取加强领导、积极改造的方针，进一步调动它们的积极性，更好地为社会主义革命和社会主义建设服务"。 全国城镇个体工商业者66万人。
1978	7月17日，《人民日报》报道，芜湖市小商品生产得到恢复和发展，品种达200多种。 11月，安徽省凤阳县梨园公社小岗村18户农民签订《"包干到户"合同书》：其收成，交给国家的、留给集体的固定下来，其余都是自己的。从此，开启了农村家庭联产承包责任制改革的序幕。 12月22日，中共十一届三中全会公报指出："社员自留地、家庭副业和集市贸易是社会主义经济的必要补充部分，任何人不得乱加干涉。" 年底，全国城镇个体工商业从业人员14万人。
1979	1月17日，邓小平约请五位老工商业者座谈，提出"钱要用起来、人要用起来"，为改革开放服务。 4月28日，中共中央工作会议提出"调整、改革、整顿、提高"八字方针。 7月8日，《中外合资经营企业法（1979）》正式公布。 年底，全国城镇个体工商业从业人员31.1万人。
1980	4月10日，中国第一家中外合资企业——北京航空食品有限公司获批成立。 9月27日，中共中央发出《关于进一步加强和完善农业生产责任制的几个问题的通知》。 12月11日，温州姑娘章华妹从温州市工商行政管理局领取改革开放以后中国第一份个体工商户营业执照：工商证字第10101号。 年底，全国城镇个体工商业从业人员80.6万人。
1981	6月27日，中共十一届六中全会审议通过《关于建国以来党的若干历史问题的决议》，其中指出："国营经济和集体经济是我国基本的经济形式，一定范围内的劳动者个体经济是公有制经济的必要补充。" 年底，全国登记注册的个体工商户182.8586万户，从业人员227.4947万人，注册资金4.5840亿元；实现营业额21.1399亿元。
1982	9月1日，中共十二大报告中指出：在农村和城市，都要鼓励劳动者个体经济在国家规定的范围内和工商行政管理下适当发展，作为公有制经济的必要的、有益的补充。 年底，全国登记注册的个体工商户263.6813万户，从业人员319.8693万人，注册资金8.2539亿元；实现营业额100.7009亿元。

年份	经济政策及发展状况
1983	1月12日，邓小平同国家计委、国家经委和农业部门负责同志谈话，指出：农村、城市都要允许一部分人先富起来，勤劳致富是正当的。一部分人先富起来，一部分地区先富起来，是大家都拥护的新办法，新办法比老办法好。 年底，全国登记注册的个体工商户590.0856万户，从业人员746.4542万人，注册资金30.6764亿元；实现营业额210.9389亿元。
1984	7月，武汉市在全国率先放开蔬菜市场，变统购包销为多渠道经营，变计划上市为市场调节、变计划价格为浮动价格，变蔬菜收购站为交易站，零售菜场货源由分配式或采购式变为产销直接见面、对手成交。全民、集体、个体一起上，实行多渠道经营。 10月20日，中共十二届三中全会通过《中共中央关于经济体制改革的决定》，其中指出：特别是在以劳务为主和适宜分散经营的经济活动中，个体经济应该大力发展。同时，要在自愿互利的基础上广泛发展全民、集体、个体经济相互之间灵活多样的合作经营和经济联合，有些小型全民所有制企业还可以租给或包给集体或劳动者个人经营。 10月22—23日，邓小平在中共中央顾问委员会上把"傻子瓜子"上升到发展个体私营经济的高度上，说：让"傻子瓜子"经营一段时间，怕什么？ 年底，全国登记注册的个体工商户930.4134万户，从业人员1303.1377万人，注册资金100.1103亿元，实现营业额210.9389亿元。
1985	4月13日，改革开放后中国第一个私营企业执照以国务院特批形式颁发，国家工商行政管理总局局长任仲林向大连市工商局发布命令，授权他们向姜维颁发改革开放后全国首个私营企业执照。 年底，全国登记注册的个体工商户1171.4351万户，从业人员1766.2305万人，注册资金164.2021亿元，实现营业额750.5896亿元。
1986	1月1日，中央1号文件指出：我国农村已开始走上有计划发展商品经济的轨道。 8月27日，改革开放后中国首家民营金融企业——上海爱建金融信托投资公司开业。其经营方式："自营、代理、咨询"；经营范围："金融、信托、投资"。 10月11日，国务院发布《关于鼓励外商投资的规定》。 12月5日，国务院颁布《关于深化改革增强企业活力的若干规定》，指出：各地可以选择少数有条件的全民所有制大中型企业，进行股份制试点。 年底，全国登记注册的个体工商户1211.1463万户，从业人员1845.8723万人，注册资金179.7168亿元，实现营业额914.2197亿元。
1987	1月22日，中共中央发出《把农村改革引向深入的通知》，指出：对农村各类自营专业户、个体经营者要实行长期稳定的方针，保护其正当经营和合法权益。 8月5日，国务院发布《城乡个体工商户管理暂行条例》。 11月7日，温州市人民政府发布《关于农村股份合作企业若干问题的暂行规定》。 12月1日，深圳举行首次土地使用权公开拍卖。 年底，全国登记注册的个体工商户1372.5万户，从业人员2158.3万人，注册资金236亿元，实现营业额1034亿元。

续表

年份	经济政策及发展状况
1988	4月12日，全国人大七届一次会议通过《中华人民共和国宪法修正案（1988年）》，第十一条增加规定："国家允许私营经济在法律规定的范围内存在和发展。私营经济是社会主义公有制经济的补充。国家保护私营经济合法的权利和利益，对私营经济实行引导、监督和管理。" 6月25日，国务院颁布《中华人民共和国私营企业暂行条例》。 年底，全国登记注册的个体工商户1452.7万户，从业人员2304.9万人，注册资金311.9亿元，实现产值和营业额2731.2亿元；全国登记私营企业4.0634万户，从业人员72.3782万人，注册资金32.8575亿元。
1989	11月9日，中共十三届五中全会审议并通过了《关于进一步治理整顿和深化改革的决定》，指出：在坚持公有制为主体的前提下发展多种经济成分。我国个体经济、私营经济是对社会主义经济有益的、必要的补充。应当运用经济的、行政的和法律的手段，加强管理和引导，鼓励它们在国家允许的范围内继续发展，发挥它们在发展社会生产、方便人民生活和扩大劳动就业等方面的积极作用，限制它们不利于社会主义经济发展的消极方面。 年底，全国登记注册的个体工商户1247.1万户，从业人员1941.4万人，注册资金347.4亿元，实现产值和营业额3055.4亿元；全国登记私营企业9.0581万户，从业人员164.0051万人，注册资金84.4776亿元，实现产值和营业额169.9亿元。
1990	2月12日，农业部颁发《农民股份合作企业暂行办法》。 11月10日，国务院发出《关于打破地区间市场封锁，进一步搞活商品流通的通知》。 年底，全国登记注册的个体工商户1328.3万户，从业人员2092.8万人，注册资金397.4亿元，实现产值和营业额3409.9亿元；全国登记私营企业9.8141万户，从业人员170.2万人，注册资金95.2亿元，实现产值和营业额216.3亿元。
1991	3月16日，国务院发布国发〔1991〕12号文，批准武汉东湖新技术开发区等26个开发区为国家级高新技术产业开发区。 7月3日，深圳证券交易所正式开业。 年底，全国登记注册的个体工商户1416.8万户，从业人员2258万人，注册资金488.2亿元，实现产值和营业额4105.9亿元；全国登记私营企业10.8万户，从业人员183.9万人，注册资金123.2亿元，实现产值和营业额272.2亿元。
1992	1月18日至2月22日，邓小平南方谈话，提出姓"资"还是姓"社"的判断标准：是否有利于发展社会主义社会的生产力，是否有利于增强社会主义国家的综合国力，是否有利于提高人民的生活水平。社会主义的本质，是解放生产力，发展生产力，消灭剥削，消除两极分化，最终达到共同富裕。 3月9日，国务院正式批准设立洋浦经济开发区。 7月20日，云南省政府决定建立云南民办科技园（全国第一个）。 10月12日，中共十四大报告指出："我国经济体制改革的目标是建立社会主义市场经济体制，以利于进一步解放和发展生产力。""社会主义市场经济体制是同社会主义基本制度结合在一起的。在所有制结构上，以公有制包括全民所有制和集体所有制经济为主体，个体经济、私营经济、外资经济为补充，多种经济成分长期共同发展，不同经济成分还可以自愿实行多种形式的联合经营。" 年底，全国登记注册的个体工商户1533.9万户，从业人员2467.7万人，注册资金600.9亿元，实现产值和营业额5026.4亿元；全国登记私营企业13.9万户，从业人员231.9万人，注册资金221.2亿元，实现产值和营业额409.4亿元。

续表

年份	经济政策及发展状况
1993	3月28日，全国人大八届一次会议通过《中华人民共和国宪法修正案（1993年）》，"国家实行社会主义市场经济"正式写进宪法。 4月28日，国家工商行政管理总局发布《关于促进个体私营经济发展的若干意见》，其中指出：除国家法律、法规明令禁止个体工商户、私营企业经营的行业和商品外，其他行业和商品都允许经营。允许个体工商户、私营企业根据自身条件从事跨行业经营或综合经营；支持个体工商户、私营企业跨地区、跨行业、跨所有制开展横向经济联合、相互参股经营。个体工商户、私营企业可以租赁、承包、购买国有、集体企业；支持私营企业举办中外合资经营、中外合作经营企业和从事"三来一补"业务，鼓励个体工商户从事边民互市贸易。 11月5日，中共中央、国务院发布《关于当前农村经济发展的若干政策措施》，其中指出："以家庭联产承包为主的责任制和统分结合的双层经济体制，是我国农村经济的一项基本制度，要长期稳定，并不断完善。" 11月14日，中共十四届三中全会发布《中共中央关于建立社会主义市场经济体制若干问题的决定》，其中指出：建立社会主义市场经济体制，就是要使市场在国家宏观调控下对资源配置起基础性作用。必须坚持以公有制为主体、多种经济成分共同发展的方针。国家要为各种所有制经济平等参与市场竞争创造条件，对各类企业一视同仁。 年底，全国登记注册的个体工商户1766.9万户，从业人员2939.3万人，注册资金854.9亿元，实现产值和营业额7405.9亿元；全国登记私营企业23.8万户，从业人员372.6万人，注册资金680.5亿元，实现产值和营业额921.4亿元。
1994	3月4日，劳动部、公安部、全国总工会发出《关于外商投资企业和私营企业劳动管理切实保障职工合法权益的通知》。 年底，全国登记注册的个体工商户2186.6万户，从业人员3775.9万人，注册资金1318.6亿元，实现产值和营业额11972.1亿元；全国登记私营企业43.2万户，从业人员648.4万人，注册资金1447.8亿元，实现产值和营业额2425.1亿元。
1995	5月6日，中共中央、国务院发布《关于加速科学技术进步的决定》，其中指出："民营科技企业是发展我国高技术产业的一支有生力量，要继续鼓励和引导其健康发展。" 年底，全国登记注册的个体工商户2528.5万户，从业人员4613.6万人，注册资金1813.1亿元，实现产值和营业额17119.1亿元；全国登记私营企业65.5万户，从业人员956.0万人，注册资金2621.7亿元，实现产值和营业额4800.8亿元。
1996	1月12日，工商联牵头组建的由非公有制企业入股的全国性股份制商业银行——中国民生银行在北京正式成立（股东59家，股本总额13.8亿元）。 1月，经国家科委批准，中国民营科技交易市场在北京中关村建成。 5月4日，劳动部、国家工商管理局、中国个体劳动者协会发布《关于私营企业和个体工商户全面实行劳动合同制度的通知》。 10月29日，全国人大八届二十二次常委会通过《中华人民共和国乡镇企业法》。 年底，全国登记注册的个体工商户2703.7万户，从业人员5017.1万人，注册资金2165.4亿元，实现产值和营业额21799.2亿元；全国登记私营企业81.9万户，从业人员1171.1万人，注册资金3752.4亿元，实现产值和营业额6961.9亿元。

续表

年份	经济政策及发展状况
1997	9月12日，中共十五大报告指出："公有制为主体、多种所有制经济共同发展，是我国社会主义初级阶段的一项基本经济制度。""非公有制经济是我国社会主义市场经济的重要组成部分。对个体、私营等非公有制经济要继续鼓励、引导，使之健康发展。" 年底，全国登记注册的个体工商户2850.9万户，从业人员5441.9万人，注册资金2574.0亿元，实现产值和营业额26786.3亿元；全国登记私营企业96.1万户，从业人员1349.3万人，注册资金5140.1亿元，实现产值和营业额8873.9亿元。
1998	10月14日，中共十五届三中全会通过《中共中央关于农业和农村工作若干重大问题的决定》，其中指出：以公有制为主体、多种所有制经济共同发展的基本经济制度，以家庭承包经营为基础、统分结合的经营制度，以劳动所得为主和按生产要素分配相结合的分配制度，必须长期坚持。 年底，全国登记注册的个体工商户3120.2万户，从业人员6114.4万人，注册资金3120.3亿元，实现产值和营业额33226.6亿元；全国登记私营企业120.1万户，从业人员1709.1万人，注册资金7198.1亿元，实现产值和营业额14236.3亿元。
1999	3月15日，全国人大九届二次会议通过《中华人民共和国宪法修正案（1999年）》，指出："国家在社会主义初级阶段，坚持公有制为主体、多种所有制经济共同发展的基本经济制度，坚持按劳分配为主体、多种分配方式并存的分配制度。""在法律规定范围内的个体经济、私营经济等非公有制经济，是社会主义市场经济的重要组成部分。""国家保护个体经济、私营经济合法的权利和利益。国家对个体经济、私营经济实行引导、监督和管理。" 8月30日，全国人大九届十一次常委会通过了《中华人民共和国个人独资企业法》。 年底，全国登记注册的个体工商户3160.1万户，从业人员6240.9万人，注册资金3439.2亿元，实现产值和营业额40363.4亿元；全国登记私营企业150.9万户，从业人员2021.6万人，注册资金10287.3亿元，实现产值和营业额19026.8亿元。
2000	1月13日，国家工商总局颁布《个人独资企业登记管理办法》。 12月4日，江泽民在全国统战工作会议上提出"两个健康"：我们要本着"团结、帮助、引导、教育"的方针，着眼于非公有制经济健康发展和非公有制经济人士健康成长。 12月8—12日，首届中国民营企业交易会在昆明举行。 年底，全国登记注册的个体工商户2571.4万户，从业人员5070万人，注册资金3315.3亿元，实现产值和营业额38367.0亿元；全国登记私营企业176.2万户，从业人员2406.5万人，注册资金13307.7亿元，实现产值和营业额26437.4亿元。
2001	12月11日，国家计委发出《关于印发促进和引导民间投资的若干意见的通知》。 年底，全国登记注册的个体工商户2433.0万户，从业人员4760.3万人，注册资金3435.8亿元，实现产值和营业额38467.1亿元；全国登记私营企业202.9万户，从业人员2713.7万人，注册资金18212.2亿元，实现产值和营业额34102.5亿元。
2002	11月8日，中共十六大报告指出：必须毫不动摇地巩固和发展公有制经济。必须毫不动摇地鼓励、支持和引导非公有制经济发展。 年底，全国登记注册的个体工商户2377.5万户，从业人员4742.9万人，注册资金3782.4亿元，实现产值和营业额41024.8亿元；全国登记私营企业243.5万户，从业人员3247.5万人，注册资金24756.2亿元，实现产值和营业额37636.6亿元。

年份	经济政策及发展状况
2003	10月14日，中共十六届三中全会通过《中共中央关于完善社会主义市场经济体制若干问题的决定》，其中指出：放宽市场准入，允许非公有资本进入法律、法规未禁入的基础设施、公用事业及其他行业和领域。要依法保护各类产权，健全产权交易规则和监管制度，推动产权有序流转，保障所有市场主体的平等法律地位和发展权利。 年底，全国登记注册的个体工商户2353.2万户，从业人员4299.1万人，注册资金4187.0亿元，实现产值和营业额44987.3亿元；全国登记私营企业300.6万户，从业人员4299.1万人，注册资金35304.9亿元，实现产值和营业额49338.1亿元。
2004	12月24日，第一届全国非公有制经济人士优秀中国特色社会主义事业建设者表彰大会在北京召开。百名非公有制经济人士被授予全国"优秀中国特色社会主义事业建设者"荣誉称号。 年底，全国登记注册的个体工商户2350.5万户，从业人员4587.1万人，注册资金5057.9亿元，实现产值和营业额40032.4亿元；全国登记私营企业365.1万户，从业人员5017.3万人，注册资金47936.0亿元，实现产值和营业额61620亿元。
2005	2月24日，国务院发布《关于鼓励支持和引导个体私营等非公有制经济发展的若干意见》（非公经济36条）。 2月，全国工商联与中央纪委、中组部、国资委、监察部、全国总工会联合制定了《企业民主管理条例》。 6月17日，国家质量监督检疫总局发布《关于鼓励支持和引导个体私营等非公有制企业实施以质取胜战略的意见》。 7月15日，中国民用航空总局颁布《国内投资民用航空业规定（试行）》。 7月22日，铁道部发出《关于鼓励支持和引导非公有制企业参与铁路建设经营的实施意见》。 8月8日，国务院颁布《关于非公有资本进入文化产业的若干决定》。 8月10日，商务部和中国出口信用保险公司联合下发《关于出口信用保险专项优惠措施支持个体私营等非公有制企业开拓国际市场的通知》。 年底，全国登记注册的个体工商户2463.9万户，从业人员4900.5万人，注册资金5809.5亿元，实现产值和营业额53934.2亿元；全国登记私营企业430.1万户，从业人员5824.0万人，注册资金61331.1亿元，实现产值和营业额73296.7亿元。
2006	10月31日，全国人大十届二十四次常委会通过《中华人民共和国农民专业合作社法》。 年底，全国登记注册的个体工商户2595.6万户，从业人员5159.7万人，注册资金6469亿元；全国登记私营企业498.1万户，从业人员6586.3万人，注册资金76029亿元。

续表

年份	经济政策及发展状况
2007	2月27日，国防科工委发出《关于非公有制经济参与国防科技工业建设的指导意见》。 2月，中国银监会宣布：四川、吉林、青海的5家农村银行业金融机构已经获批，将陆续挂牌营业。5家机构分别是：四川仪陇惠民村镇银行有限责任公司、四川仪陇惠民贷款有限责任公司，吉林东丰诚信村镇银行股份有限公司、梨树闫家村百信农村资金互助社，青海乐都雨润镇兴乐农村资金互助社。 3月15日，国家发改委和国家开发银行联合发出《关于深化中小企业贷款与信用担保体系建设工作的指导意见》。 3月16日，全国人大十届五次会议通过《中华人民共和国物权法》和《中华人民共和国所得税法》。 5月10日，商务部、财政部、中国人民银行、全国工商联联合发出《关于鼓励、支持和引导非公有制企业对外投资合作的若干意见》。 7月18日，中国银监会发布《银行开展小企业授信工作指导意见》。 10月15日，中共十七大报告指出："坚持和完善公有制为主体、多种所有制经济共同发展的基本经济制度，毫不动摇地巩固和发展公有制经济，毫不动摇地鼓励、支持、引导非公有制经济发展，坚持平等保护物权，形成各种所有制经济平等竞争、相互促进新格局。" 年底，全国登记注册的个体工商户2741.5万户，从业人员5496.2万人，注册资金7350.8亿元；全国登记私营企业603.1万户，从业人员7253.1万人，注册资金9.4万亿元。
2008	2月21日，《深圳市重点民营企业贷款风险补偿暂行办法》出台。 5月8日，银监会正式公布《关于小额贷款公司试点的意见》。 5月21日，国务院法制办和全国工商联联合下发《关于进一步做好非公有制企业民商事纠纷仲裁工作的意见》。 年底，全国登记注册的个体工商户2917.3万户，从业人员5776.4万人，注册资金9006.0亿元；全国登记私营企业657.4万户，从业人员7904.0万人，注册资金11.7万亿元。
2009	1月14—25日，为应对国际金融危机对中国实体经济的影响，国务院常务会议分次审议并原则通过"钢铁、汽车、船舶、石化、纺织、轻工、有色金属、装备制造、电子信息、物流业"十大产业振兴规划。 2月13日，纪念改革开放30年中国民营科技创新发展总结大会暨2009年中国民营经济形势分析预测高峰论坛在北京人民大会堂开幕。 5月1日，我国《首次公开发行股票并在创业板上市管理暂行办法》正式生效。 9月22日，国务院《关于进一步促进中小企业发展的若干意见》正式出台。 10月21日，国家工商总局发布《关于进一步促进个体私营经济发展的若干意见》。 年底，全国登记注册的个体工商户3197.4万户，从业人员6585.4万人，注册资金1.09万亿元；全国登记私营企业740.2万户，从业人员8607.0万人，注册资金14.6万亿元。
2010	5月13日，国务院发布《关于鼓励和引导民间投资健康发展的若干意见》。 年底，全国登记注册的个体工商户3452.9万户，从业人员7007.6万人，注册资金1.34万亿元；全国登记私营企业845.2万户，从业人员9407.6万人，注册资金19.2万亿元。

年份	经济政策及发展状况
2011	1月4日，国家发改委发布《反价格垄断规定》和《反价格垄断行政执法程序规定》，指出：以加强反价格垄断执法，培育市场竞争文化，促使相关企业和市场主体自觉规范经营行为，维护社会主义市场经济秩序。 1月27日，财政部、国家税务总局联合下发《关于继续实施小型微利企业所得税优惠政策的通知》。 4月16日，国务院正式发布《个体工商户条例》。 6月7日，银监会发布《关于支持商业银行进一步改进小企业金融服务的通知》。 年底，全国登记注册的个体工商户3756.5万户，从业人员7945.3万人，注册资金1.62万亿元；全国登记私营企业967.7万户，从业人员1.04亿人，注册资金25.8万亿元。
2012	4月19日，国务院印发《关于进一步支持小型微型企业健康发展的意见》。 5月26日，银监会出台《关于鼓励和引导民间资本进入银行业的实施意见》。 6月4日，国家工商总局出台《关于充分发挥工商行政管理职能作用，鼓励和引导民间投资健康发展的意见》。 6月5日，国家旅游局出台《关于鼓励和引导民间资本投资旅游业的实施意见》。 6月8日，住房与城乡建设部出台《关于进一步鼓励和引导民间资本进入市政公用事业领域的实施意见》。 6月15日，国土资源部、全国工商联出台《关于鼓励和引导民间资本投资国土资源领域的意见》。 6月18日，教育部出台《关于鼓励和引导民间资本进入教育领域促进民办教育健康发展的实施意见》。 同日，商务部出台《关于鼓励和引导民间资本进入商贸流通领域的实施意见》。 同日，国家能源局出台《关于鼓励和引导民间资本进一步扩大能源领域投资的实施意见》。 6月19日，水利部出台《关于印发鼓励和引导民间资本参与农田水利建设实施细则的通知》和《关于印发鼓励和引导民间资本参与水土保持工程建设实施细则的通知》。 6月20日，工信部发出《关于鼓励和引导民间资本进入国防科技工业领域的实施意见》。 6月27日，工信部出台《关于鼓励和引导民间资本进一步进入通信业的实施意见》。 7月24日，民政部出台《关于鼓励和引导民间资本进入养老服务领域的实施意见》。 8月22日，国务院常务会议决定取消和调整314项部门行政审批事项。 12月26日，国务院第228次常务会议通过《征信管理条例》。 年底，全国登记注册的个体工商户4059.3万户，从业人员8628.3万人，注册资金1.98万亿元；全国登记私营企业1085.7万户，从业人员1.13亿人，注册资金31.1万亿元。
2013	1月1日，全国中小企业股份转让系统（新三板）在北京金融街正式揭牌，新三板由区域性转变为面向全国正式运行。 8月12日，国务院办公厅发布《关于金融支持小微企业发展的实施意见》。 8月17日，国务院正式批准设立中国（上海）自由贸易试验区。 11月12日，中共十八届三中全会公报指出：要紧紧围绕使市场在资源配置中起决定性作用深化经济体制改革，坚持和完善基本经济制度，加快完善现代市场体系、宏观调控体系、开放型经济体系，加快转变经济发展方式，加快建设创新型国家，推动经济更有效率、更加公平、更可持续发展。 年底，全国市场主体6062.38万户。其中私营企业1253.86万户，外资企业44.60万户，个体工商户4436.29万户，农民专业合作社98.24万户。

续表

年份	经济政策及发展状况
2014	10月23日，中共十八届四中全会公报指出：加强重点领域立法，加快完善体现权利公平、机会公平、规则公平的法律制度，保障公民人身权、财产权、基本政治权利等各项权利不受侵犯，保障公民经济、文化、社会等各方面权利得到落实。 11月20日，国务院发布《关于扶持小型微型企业健康发展的意见》。 11月26日，国务院发布《创新重点领域投融资机制鼓励社会投资的意见》。 年底，全国市场主体6932.22万户。其中私营企业1546.37万户，个体工商户4984.06万户，农民专业合作社128.88万户。
2015	5月8日，国务院发布《中国制造（2025）》。 5月10日，国务院发布《关于取消非行政许可审批事项的决定》。 5月15日，国务院发布《2015推进简政放权、放管结合转变政府职能工作方案》。 5月19日，国务院办公厅转发《财政部、发展改革委、人民银行关于在公共服务领域推广政府和社会资本合作模式指导意见的通知》。 6月11日，国务院发布《关于大众创业万众创新若干政策措施的意见》。 6月25日，中国首批民营银行试点之一浙江网商银行在杭州正式宣布开业。 7月4日，国务院发布《关于积极推进"互联网+"行动的指导意见》。 9月4日，国务院发布《关于国有企业发展混合所有制经济的意见》。 10月20日，国家发改委、全国工商联在北京共同召开政府和社会资本合作（PPP）项目推介会。 年底，全国市场主体7746.9万户。其中私营企业1437.54万户，外商投资企业2.0万户。
2016	2月19日，最高人民检察院发布《关于充分发挥检察职能保障和促进非公有制经济健康发展的意见》。 7月4日，国务院办公厅发布《关于进一步做好民间投资有关工作的通知》。 8月3日，工业和信息化部发布《促进中小企业国际化发展五年行动计划（2016—2020）》。 11月4日，中共中央、国务院发出《关于完善产权保护制度依法保护产权的意见》。 年底，全国市场主体8705.4万户（新登记1651.3万户）。其中企业2596.1万户（新登记552.8万户），个体工商户5930.0万户（新登记1068.9万户），农民专业合作社179.4万户（新登记29.6万户），个体私营经济从业人员3.1亿人。
2017	1月12日，国务院发出《关于扩大对外开放积极利用外资若干措施的通知》。 8月8日，国务院发出《关于促进外资增长若干措施的通知》。 10月18日，中共十九大报告指出：我国经济已由高速增长阶段转向高质量发展阶段，正处在转变发展方式、优化经济结构、转换增长动力的攻关期，建设现代化经济体系是跨越关口的迫切要求和我国发展的战略目标。激发和保护企业家精神，鼓励更多社会主体投身创新创业。全面实施市场准入负面清单制度，清理废除妨碍统一市场和公平竞争的各种规定和做法，支持民营企业发展，激发各类市场主体活力。 年底，全国市场主体9814.8万户（新登记1924.9万户）。其中，企业3033.7万户，个体工商户6579.4万户（新登记1289.8万户），农民专业合作社201.7万户（新登记27.8万户），分别占30.9%、67.0%、2.1%。平均每千人拥有市场主体71户。个体私营经济从业人员3.4亿人。

续表

年份	经济政策及发展状况
2018	3月5日，国务院《政府工作报告》指出：支持民营企业发展，坚持"两个毫不动摇"。坚持权利平等、机会平等、规则平等，全面落实支持非公有制经济发展的政策措施，认真解决民营企业反映的突出问题，坚决破除各种隐性壁垒。构建亲清新型政商关系，健全企业家参与涉企政策制定机制。激发和保护企业家精神，增强企业家信心，让民营企业在市场经济浪潮中尽显身手。 3月16日，全国市场主体过亿户，达到1.0024亿户。 6月10日，国务院发出《关于积极有效利用外资推动经济高质量发展若干措施的通知》。 8月18日，中国银保监会发布《关于进一步做好信贷工作提升服务实体经济质效的通知》。 9月6日，首届中非民营经济合作高峰论坛在杭州举办。 10月8日，第四届军民融合发展高技术装备成果展览在中国人民革命军事博物馆举办。 11月19日，国家税务总局发布《关于实施进一步支持和服务民营经济发展若干措施的通知》。 12月18日，庆祝改革开放40周年大会在人民大会堂举行。中共中央、国务院表彰100位"改革先锋"。其中，马万祺、马云、马化腾、王宽城、刘永好、李书福、李东生、李彦宏、步鑫生、何享健、张瑞敏、郑举选、南存辉、柳传志、倪润峰、鲁冠球、曾宪梓、霍英东共18位民营企业家上榜。 年底，全国市场主体11020.0万户（新登记2149.6万户）。其中，企业3474.2万户（新登记670万户）；个体工商户7328.6万户（新登记1456.4万户），农民专业合作社217.3万户（新登记23.1万户）。
2019	4月6日，中共中央办公厅、国务院办公厅发布《关于促进中小企业健康发展的指导意见》，从指导思想、营造良好发展环境、破解融资难融资贵问题、完善财税支持政策、提升创新发展能力、改进服务保障工作、强化组织领导和统筹协调共七个方面出台了23条政策措施和工作措施。 6月20日，河南洛阳市政府联合中国科学院、中国工程院、河南省科技厅共同举办"2019科技助力民营经济高质量发展院士洛阳行"活动。 6月25日，国务院召开全国深化"放管服"改革优化营商环境会议。 9月20日，杭州市召开全面实施"新制造业计划"动员大会，会上发布了"政府事务代表"制度。在充分尊重企业意愿的基础上，杭州将向第一批100家重点企业派驻100名机关干部作为政府事务代表。 10月22日，国务院公布《优化营商环境条例》。 12月4日，中共中央、国务院发出《关于营造更好发展环境支持民营企业改革发展的意见》。 年底，全国市场主体12339.5万户（新登记2377.4万户）。其中，企业3858.3万户（新登记739.1万户），个体工商户8261.0万户（新登记1621.8万户），农民专业合作社220.1万户（新登记16.5万户）。个体私营经济从业人员达4.04亿人。

续表

年份	经济政策及发展状况
2020	3月30日，中共中央、国务院发布《关于构建更加完善的要素市场化配置体制机制的意见》。 5月11日，中共中央、国务院发出《关于新时代加快完善社会主义市场经济体制的意见》，提出：坚持和完善社会主义基本经济制度的战略部署，在更高起点、更高层次、更高目标上推进经济体制改革及其他各方面体制改革，构建更加系统完备、更加成熟定型的高水平社会主义市场经济体制。 7月21日，国务院办公厅发出《关于进一步优化营商环境更好服务市场主体的实施意见》。 9月10日，国务院办公厅印发《关于深化商事制度改革进一步为企业松绑减负激发企业活力的通知》。 9月14日，国务院发出《关于实施金融控股公司准入管理的决定》。 9月15日，中共中央办公厅发出《关于加强新时代民营经济统战工作的意见》，为进一步加强党对民营经济统战工作的领导，更好把民营经济人士的智慧和力量凝聚到实现中华民族伟大复兴的目标任务上来，提出28条意见。首次正式使用"民营经济人士"和"民营经济代表人士"称谓。 年底，全国市场主体13840.7万户（新登记2502.1万户）。其中，企业4331.4万户（新登记803.5万户），个体工商户9287.2万户（新登记1681.5万户），农民专业合作社222.1万户（新登记17.1万户）。
2021	2月10日，《中华工商时报》发布"2020年中国民营经济十大新闻事件"： 1.广大民营企业积极投身抗击新冠疫情阻击战。2020年初新冠疫情发生后，各级工商联紧急行动，民营企业参与抗疫斗争，复工复产，防控救助，全国11万家民营企业，捐款172亿元，捐物价值119亿元。2.商会改革发展迈向新阶段。3.7月21日，习近平总书记主持召开企业家座谈会并发表重要讲话。4.创业板迈入注册制时代。5.9月15日，中共中央办公厅印发《关于加强新时代民营经济统战工作的意见》。6.国家发展改革委、科技部、工信部、财政部、人社部、人民银行等六部委联合发布《关于支持民营企业加快改革发展与转型升级的实施意见》。7.全国工商联与最高法、最高检、公安部、司法部共推民营企业法治建设。8.强化反垄断，营造公平竞争制度环境。9.习近平赞扬张謇是中国民营企业家的先贤和楷模。10.民营企业积极参与"万企帮万村"。 8月25日，国务院公布《中华人民共和国市场主体登记管理条例》，以利于市场主体进一步优化登记流程，压缩登记环节，精简申请材料，提升登记便利化程度，降低制度性成本，减轻企业负担，为培育壮大市场主体和促进公平竞争提供法治保障。 12月14日，国务院发布《"十四五"市场监管现代化规划》，提出六项重点任务：1.持续优化营商环境，充分激发市场主体活力。2.加强市场秩序综合治理，营造公平竞争市场环境。3.维护和完善国内统一市场，促进市场循环充分畅通。4.完善质量政策和技术体系，服务高质量发展。5.坚守安全底线，强化消费者权益保护。6.构建现代化市场监管体系，全面提高市场综合监管效能。 2021年底，全国登记在册的市场主体达到1.54亿户，同比增长11.1%。其中，企业4842.3万户，个体工商户1.03亿户。农民专业合作社222.4万户。

年份	经济政策及发展状况
2022	4月10日，中共中央、国务院印发《关于加快建设全国统一大市场的意见》，提出：加快建设高效规范、公平竞争、充分开放的全国统一大市场，全面推动我国市场由大到强转变，为建设高标准市场体系、构建高水平社会主义市场经济体制提供坚强支撑。 4月11日，证监会、国资委、全国工商联联合发布《关于进一步支持上市公司健康发展的通知》。拿出12条措施，释放维稳信号，旨在克服新冠肺炎疫情影响，稳定企业信心、稳定投资者信心、稳定政策预期。 9月7日，国务院办公厅发出《关于进一步优化营商环境降低市场主体制度性交易成本的意见》。 10月25日，国务院发布《促进个体工商户发展条例》，聚焦当前个体工商户发展中面临的突出困难，作出有针对性的制度安排，促进个体工商户健康发展。 年底，全国登记在册的市场主体达到1.69亿户，同比增长10.03%。其中企业5282.3万户，个体工商户1.14亿户，农民专业合作社223.6万户。
2023	7月14日，中共中央、国务院发布《关于促进民营经济发展壮大的意见》，提出：民营经济是推进中国式现代化的生力军，是高质量发展的重要基础，是推动我国全面建成社会主义现代化强国、实现第二个百年奋斗目标的重要力量。要求：以习近平新时代中国特色社会主义思想为指导，深入贯彻党的二十大精神，坚持稳中求进工作总基调，完整、准确、全面贯彻新发展理念，加快构建新发展格局，着力推动高质量发展，坚持社会主义市场经济改革方向，坚持"两个毫不动摇"，加快营造市场化、法治化、国际化一流营商环境，优化民营经济发展环境，依法保护民营企业产权和企业家权益，全面构建亲清政商关系，使各种所有制经济依法平等使用生产要素、公平参与市场竞争、同等受到法律保护，引导民营企业通过自身改革发展、合规经营、转型升级不断提升发展质量，促进民营经济做大做优做强，在全面建设社会主义现代化国家新征程中作出积极贡献，在中华民族伟大复兴历史进程中肩负起更大使命、承担起更重责任、发挥出更大作用。

附录2

中国民营企业记事年表（1949—2023）

年份	企业行为记事
1949	9月，民族工商业者代表人物、上海商业储蓄银行汉口分行行长、爱国民主人士周苍柏主动将一私家园林海光农圃捐献给国家，修建人民公园（武汉东湖公园）。 12月14日，上海市公营银行及私营银行、钱庄、信托公司等金融单位，为满足厂商借款要求，联合组成"上海市公私营金融业联合放款处"，推选中国人民银行上海市分行为联合放款处委员会主席，进行生产贷款。 同日，天津市私营行庄组织银团试办折实存款、放款业务。
1950	年初，私营企业四川畜产公司与政府达成协议，实行公私合营。 2月1日，北京市证券交易所成立，申请成为上市股票经纪人的有44家，其中行庄申请作为法人经纪人者共计8家，个人申请者计36人。 7月，上海市成立私营金融业第一联营集团和私营金融业第二联营集团，两个联营集团共有12家行庄参加。随后天津也成立类似的联营集团。 7月，轻工业部、华东工业部批准中国标准铅笔厂股份有限公司（1935年于上海成立）公私合营。 8月18日，北京市公私合营兴业投资公司正式成立，这是新中国第一家公私合营的金融机构，其宗旨是集中社会余资投向首都经济建设。第一期募集的100万元股本中，除了30万元为中国人民银行投资外，其余70万元为私股，来自社会各阶层的700余户。 11月30日，天津市42989名工商业者举行声势浩大的"天津市工商界抗美援朝、卫国保家示威大游行"。
1951	2月，公私合营华南企业股份有限公司成立，这是中国第一家吸收华侨和港澳工商界人士投资的公私合营企业。
1952	1月，南通大生纱厂实行公私合营。 6月，天津永利化学公司实行公私合营。 9月1日，民生轮船公司正式公私合营，更名为公私合营民生轮船公司。
1953	1月，中华造船机器厂公私合营。
1954	7月，天津近代化学厂公私合营。 8月，同仁堂药店公私合营。

续表

年份	企业行为记事
1955	上海申新纺织印染公司公私合营。 汉口汉昌皂烛厂公私合营。
1956	1月10日，北京市实现全行业公私合营。 1月15日，天津市实现全行业公私合营。
1962	年初，上海市工商联发起，51位工商界人士捐款437万元设立工商界民办学校基金，成立"工商界教育基金委员会"，并制定《上海工商界民办学校基金的管理及拨付的有关规定》，为20世纪50年代末至60年代初，上海市、区工商联动员工商界人士捐款兴办的2所职业学校、1所高中补习学校和18所民办中学的持续运转提供资金支持。
1979	9月22日，上海市工商界爱国建设公司成立。公司资本来源采用的是认款制，即股份制的雏形（1992年，爱建发行股票，改制成为股份有限公司） 10月4日，中国国际信托投资公司在北京正式成立，荣毅仁出任第一任董事长。
1980	4月10日，中国第一家中外合资企业——北京航空食品有限公司获批准成立（5月1日在北京正式挂牌营业）。首批被批准的中外合资企业还有中国迅达电梯有限公司、新疆天山毛纺织品有限公司、北京建国饭店、北京长城饭店、天津王朝葡萄酒公司等。 10月23日，全国第一个民办科技机构——北京等离子体学会先进技术发展服务部创立。 12月11日，浙江温州姑娘章华妹，从温州市工商行政管理局领取改革开放以来中国第一份个体工商户营业执照：工商证字第10101号。
1981	2月，中国国际信托投资公司在日本成功发行100亿日元的债券，帮助化解了当时江苏仪征化纤工程投资不足的困难。这一集资创举被称为"仪征模式"。
1982	12月4日，《光明日报》刊登两条消息。一条是《个体经营的"傻子瓜子"价廉物美信誉高，国营企业的"迎春瓜子"面临挑战赶上去》；另一条是《"傻子"年广久向阜阳灾区捐款五千元》，副标题是：个体劳动致富争为社会作贡献。
1983	温州创建"东方第一纽扣市场"：永嘉桥头纽扣市场。
1984	中国国际信托投资公司，1月在日本发行300亿日元公募债券；8月，在中国香港发行3亿港元公募债券；9月，在联邦德国发行1.5亿西德马克公募债券；12月，在日本发行1亿美元债券。中国国际信托投资公司在海外发行债券之举受到国内许多企业效仿。 5月16日，北京四通新兴产业开发公司创立。 7月，正泰集团股份有限公司创立。 年内，温州26个农民自愿入股创办全国最早的股份合作制企业之一：瓯海登山鞋厂。
1985	2月，上海市工商联聚合工商界力量创办了上海工商学院（全国第一所重点培养外经贸管理人才的民办大学）。 4月13日，国家工商总局授权大连市工商局向大连光彩实业有限公司颁发改革开放后第一个私营企业执照。
1986	8月27日，改革开放后全国第一家民营金融企业：上海爱建金融信托投资公司正式成立。 温州创办由集体、个人集资入股的股份制城市信用社：鹿城城市信用社和东风城市信用社。
1987	深圳华为技术有限公司成立。 杭州娃哈哈集团有限公司成立。

年份	企业行为记事
1988	大连万达集团股份有限公司成立。 温州起草中国第一份股份合作制企业章程：《桥墩门啤酒厂章程》。 8 月，台湾知名实业家应昌期创办的第一届"应氏杯"世界职业围棋锦标赛在北京举行，引起国内外媒体关注，称其为"围棋界的奥林匹克运动会"。 9 月，北京科海高技术（集团）公司承包了北京市海淀区建筑工程公司，这是北京中关村第一个民营企业承包国营企业的案例。 10 月 18 日，北京新火花机床公司成立（全国首家民营科技机床公司）。
1991	12 月 29 日，温州天龙包机实业有限公司成立。 温州人创办第一个私人跨国农业公司：美国明尼苏达州康龙农业开发有限公司。
1992	5 月 15 日，北京四通公司被批准为北京新技术产业开发试验区第一家股份制企业。 6 月 22 日，山东成立第一家民办科技企业：山东通达经济技术集团公司。 8 月，武汉楚天光电子公司研制的激光产品在美国硅谷与美、英、德、日等主要激光生产厂商竞标成功，开创了我国激光设备出口发达国家的先例。 10 月，希望集团成立。 12 月 12 日，北大方正集团公司成立。
1993	2 月 18 日，经呼和浩特市体改委批准，市回民奶食品总厂整体进行股份制改造，成立内蒙古伊利实业股份有限公司。 12 月 28 日，南德集团投资的"航向 1 号"电视直播卫星在俄罗斯拜科努尔发射场发射成功。
1994	1 月 10 日，万向钱潮股票在深圳证券交易所上市。 2 月 14 日，联想股票在香港上市。 4 月 23 日，10 位非公有制企业家（方小文、王力、王命兴、刘永好、王思远、张芝庭、张江平、范建忠、周晋峰、韩伟）向工商联常委和执委中的企业家发出以"让我们投身到扶贫的光彩事业中来"为题的光彩事业倡议书。
1995	湖北民营企业家、武汉当代科技产业集团股份有限公司董事长、经济学博士艾路明当选武汉市九峰乡新洪村党支部书记兼村长，成为中国第一个同时具有企业家和博士身份的村长。
1996	1 月 12 日，中国民生银行在北京正式成立。这是我国首家主要由民营企业入股的全国性股份制商业银行。 1 月 25 日，伊利股票首次成功向社会公开发行。3 月 12 日，伊利股票在上海证券交易所挂牌上市。 1 月，经国家科委批准，中国民营科技交易市场在北京中关村建成。 11 月，中国光彩事业促进会正式成立。
1997	年内，全国私营企业抽样调查结果（调查时点为 1996 年底）显示：私营企业资产规模平均为 115 万元，雇工人数平均为 50 人，产值（营业额）平均为 355 万元，纳税平均为 12.8 万元。
1998	3 月 11 日，四川新希望农业股份有限公司股票在深圳证券交易所正式上市。 3 月 23 日，《华为公司基本法》（共计六章 103 条）在公司内部颁布实施。 11 月 11 日，腾讯计算机系统有限公司成立。

续表

年份	企业行为记事
1999	1月13日，蒙牛乳业有限公司成立。 2月，腾讯QQ诞生。 5月，信中利投资公司注册成立。 9月9日，阿里巴巴集团正式成立。
2000	1月，百度在线网络技术（北京）有限公司成立。 10月24日，中国银监会发出《关于同意筹建民生人寿保险股份有限公司的批复》（保健复〔2000〕286号）。 11月29日，万向创业投资股份有限公司正式成立。 12月8—12日，首届中国民营企业交易会在昆明举行。 12月19日，中国民生银行A股股票在上海证券交易所挂牌上市。
2001	2月，湖北福星科技股份有限公司等一批民营企业被国家科技部认定为"国家火炬计划高新技术企业"。 8月27日，贵州茅台股票在上海证券交易所上市，股票代码是600519，发行价是31.39元每股。 百步亭集团建设的"百步亭社区"获首届"中国人居环境范例奖"。 湖北华山水产食品有限公司成立，先后通过美国、欧盟、俄罗斯和韩国卫生注册，获得ISO9001国际质量体系和英国BRC认证，是国内唯一一家获得欧盟甲壳素系列产品注册的企业。
2002	8月18日，中国东方航空武汉有限责任公司成立。这是中国第一家吸纳民间资本和高科技产业加盟的新型航空股份公司。 11月8日，联想集团董事长柳传志、浙江飞跃集团董事长邱继保、江苏沙钢集团董事长沈文荣、重庆南方集团董事长孙甚林、江苏远东集团有限公司董事长蒋锡培等一批民营企业家首次作为党代表出席中国共产党第十六次全国代表大会。
2003	1月11日，重庆力帆实业集团董事长、重庆市工商联会长尹明善当选重庆市政协副主席，成为改革开放后首位进入省级政协领导班子的民营企业家。 1月21日，浙江传化集团董事长、浙江省工商联会长徐冠巨当选为浙江省政协副主席。 3月24日，浙江吉利控股集团有限公司成立。 6月18日，民生人寿保险股份有限公司开业。
2004	3月26日，联想集团与国际奥委会签署合作协议，成为国际奥委会全球合作伙伴。 3月，上海复星集团（持股60%）与南京钢铁集团成立南京钢铁联合公司。 6月10日，"蒙牛乳业"股票在香港联交所主板上市。 6月17日，民营航空公司——"鹰联航空"在四川成立。 7月21日，"苏宁电器"股票在深圳证券交易所上市。 11月1日，民营航空公司——"春秋航空"在上海成立。 12月8日，联想正式收购IBM全球PC业务。 12月24日，100名非公有制经济人士在北京接受中央统战部、国家发改委、人事部、国家工商总局、全国工商联联合表彰，被授予第一届"中国特色社会主义事业优秀建设者"称号。

续表

年份	企业行为记事
2005	2月3日，合众人寿保险股份有限公司正式开业。 6月23日，"万科"被国家工商行政管理总局认定为"驰名商标"。 6月29日，民营石油企业——长联石油控股公司在北京成立。 8月5日，百度股票在美国纳斯达克股票交易市场挂牌上市。 8月11日，阿里巴巴和雅虎公司同时在北京宣布：阿里巴巴收购雅虎中国全部资产，同时得到雅虎10亿美元投资，并享有雅虎品牌在中国的无期限使用权；雅虎获得阿里巴巴35%的投票权和40%的经济收益权。 当年，富士康科技集团首度跻身《财富》全球500强（居第371位）；位居中国企业出口200强榜首；成为全球第一大手机代工厂。
2006	3月24日，中兴通信、蒙牛乳业集团、联想集团、北大方正、浙江吉利集团、招商银行等10家企业当选为"2005中国最具创造力企业"。 7月28日，浙江首个民营资本控股的通用机场"建德千岛湖通用机场"竣工并试飞。 9月7日，新东方教育科技集团股票在美国纽约证券交易所挂牌上市。 12月，第二届全国非公有制经济人士"优秀中国特色社会主义事业建设者"表彰大会在北京召开。99名非公有制经济人士被授予全国"优秀中国特色社会主义事业建设者"荣誉称号。 年度统计，我国有独立设置的民办高校278所，在校生达到133.8万人。
2007	9月28日，我国首条民营资本参建的铁路：衢（州）常（山）铁路正式投入运营。衢常铁路全长42.613千米，总投资8.013亿元。 11月1日，巨人网络股票在美国纽约证券交易所挂牌上市。 11月6日，阿里巴巴股票在香港联合交易所挂牌上市。 12月10日，农村金融机构——汇丰村镇银行在湖北省随州市成立。
2008	4月14日，著名的爱国人士，香港实业家、慈善家邵逸夫先生荣获"中华慈善终身荣誉奖"。（2014年1月14日《中华工商时报》报道："邵逸夫迄今赠款额近47.5亿港币，建各类项目6013个"） 5月19日，泛海集团有限公司党委书记、董事长卢志强，以一名普通党员身份缴纳1000万元的"特殊党费"，帮助汶川地震灾区抗震救灾。 8月8—24日，第29届奥林匹克运动会在北京举行。联想集团成为本届奥运会的主要赞助商，李宁集团董事长李宁点燃开幕式主火炬。
2009	10月23日，证监会举行创业板开板仪式，宣布创业板市场正式启动，首批28家公司集中在深交所挂牌上市，其中一半为民营企业。 11月6日，第三届全国非公有制经济人士"优秀中国特色社会主义事业建设者"表彰大会在北京召开。100名非公有制经济人士被授予全国"优秀中国特色社会主义事业建设者"荣誉称号。 12月30日，中国民生银行中小企业金融事业部正式在上海开业。
2010	3月4日，国家主席胡锦涛在全国政协民建、工商联界别委员联组会上发表重要讲话，要求民营企业在加快发展方式转变、保障和改善民生、提升自身素质三个方面争取有更大作为。[1] 8月2日，吉利控股集团正式完成对沃尔沃轿车公司的全部股权收购。 8月20日，深圳研祥集团在特种计算机行业市场占有率进入世界三强。 11月2日，中国最大的医药物流民营企业、九州通医药集团股份有限公司股票"九州通"在上海证券交易所上市。

---

[1] 赵晓勇.从民间草根经济到国家经济支柱.[M].北京：中国文史出版社，2018:168.

续表

年份	企业行为记事
2011	1月21日，腾讯公司正式推出为智能终端提供即时通讯服务的免费应用程序——微信。此后，随着微信朋友圈和公众号平台先后上线，微信用户数量持续增长，逐步成为移动互联网最重要的通信社区和自媒体平台。 2月14日，湖北民营企业家、信义兄弟孙水林、孙东林被评选为"2010感动中国人物"。 6月6日，中国泰康人寿保险公司董事长兼CEO陈东升向母校武汉大学捐赠1亿元建艺术博物馆。 9月9日，由金马·凯旋集团建设的"中国家具CBD"在武汉建成开业。
2012	3月22日，第1001所"香江爱心图书室"在云南大理建成，这是香江集团在"企业爱心"道路上迈出的新一步。 3月30日，中国民生银行香港分行正式开业。 5月15日，联合国教科文组织（UNESCO）总干事伊琳娜·博科娃与浙江盘石信息技术有限公司董事长兼CEO田宁签订协议，双方正式成为战略合作伙伴。浙江盘石成为首个牵手联合国教科文组织的中国互联网企业。 9月3日，福布斯中文版发布《中国现代家族企业调查报告》，称A股上市的民营企业中家族企业占比接近一半。其中，已完成二代接班的占7%。 12月6日，无锡民营企业马克思主义研究会成立。
2013	1月1日，全国中小企业股份转让系统（新三板）在北京金融街正式揭牌，新三板由区域性转变为面向全国正式运行。 4月11日，深圳美丽集团捐资修建的全国最大的县级博物馆之一云梦县祥山博物馆正式开放。 7月30日，国家工商总局发布《全国内资企业生存时间分析报告》，显示：近5成企业年龄在5年以下。截至2012年底，我国实有企业1322.54万户，其中存续5年以下的企业625.77万户，占比49.4%。企业存活率与企业注册规模成正比，企业规模越大，存活率越高。房地产、租赁、商务服务行业的企业生存危险期在1~2年，批发和零售行业的企业生存危险期在1年之内。 9月，李嘉诚基金会捐资1.3亿美元，支持以色列理工学院与汕头大学合作创建广东以色列理工学院。
2014	1月9日，民政部与全国工商联联合发出《关于鼓励支持民营企业积极投身公益慈善事业的意见》。 3月11日，银监会公布了首批民营银行试点名单。 5月19日，浙江传化公路港物流发展有限公司成立，布局发展智能物流公路港。 5月22日，京东集团在美国纳斯达克挂牌上市。 6月1日，由全国工商联组织调研编制的我国首份《中国民营企业社会责任研究报告》出版发行。 8月21日，经国务院批准、全国工商联发起、59家知名民营企业联合成立中国民生投资股份有限公司，简称"中民投"（总部上海）。公司注册资本500亿元。 8月29日，万达、百度、腾讯宣布共同出资在香港注册成立万达电子商务公司。 9月19日，阿里巴巴股票在美国纽约证券交易所上市。股票代码为BABA，发行价格为68美元每股，首日市值2314亿美元。 11月20日，国务院发布《关于扶持小型微型企业健康发展的意见》。 11月26日，国务院发布《创新重点领域投融资机制鼓励社会投资的意见》。 12月，小米手机2014年度销售6112万台，增长227%，销售量中国市场第一。

续表

年份	企业行为记事
2015	1 月 4 日，全国首家互联网银行——深圳前海微众银行开业。 1 月 21 日，春秋航空正式登录上海证券交易所，成为第一家民营航空上市公司。 3 月 19 日，世界知识产权组织（WIPO）发布最新报告：2014 年度中国公司在《专利合作条例》（PCT）框架下共提交了 255539 件国际专利申请，年增长率为 18.7%。华为技术有限公司以 3442 件申请数成为 2014 年度最大申请人。 7 月，海航集团首次登榜《财富》世界 500 强。 11 月 10 日，《中国家族企业传承报告在北京发布》。 12 月 16 日，第二届世界互联网大会在浙江省乌镇开幕。 12 月，卓尔公益基金会累计向武汉大学捐赠 1 亿元，支持该校教育发展。
2016	1 月 12 日，万达集团并购美国传奇影业公司签约仪式在北京举行，交易金额约 35 亿美元。 2 月 19 日，最高人民检察院发布《关于充分发挥检察职能保障和促进非公有制经济健康发展的意见》。 6 月 7 日，海尔集团以现金购买方式并购通用家电业务，交易金额 54 亿美元。 6 月，劲牌公司"保健酒智能制造项目"入围 2016 年国家智能制造试点示范项目名单，在全国首先实现白酒生产机械化、自动化、智能化、信息化。 10 月 7 日，由福耀玻璃集团投资的全球最大汽车玻璃单体工厂正式在美国俄亥俄州竣工投产。 10 月 20 日，小米科技创始人雷军捐资 1 亿元给武汉大学建设科技楼。
2017	5 月 15 日，国美电器正式更名为国美零售。 7 月 12 日，凯迪生态环境科技股份有限公司位列"2016 中国生物质发电企业排名"第一。 9 月 8 日，中共中央、国务院发布《关于营造企业家健康成长环境弘扬优秀企业家精神更好发挥企业家作用的意见》。 11 月 2 日，首架武汉造通用飞机"卓尔领航者 SL600"下线。 11 月 9 日，信中利国际控股有限公司董事长汪潮涌向母校华中科技大学捐赠 1 亿元人民币，并签约与母校共建科技成果转化与校友创业基金。 11 月 28 日，国家发改委发布《关于鼓励民间资本参与政府和社会资本合作（PPP）项目的指导意见》。 12 月 28 日，山东省首家民营企业联合投资集团——青岛西海岸新区民营企业联合投资集团有限公司揭牌成立。
2018	3 月 16 日，国家工商总局为我国第 1 亿个市场主体——北京百炼智能科技有限公司颁发营业执照。 4 月 25 日，小米公司宣布："小米硬件综合净利率不超过 5%。如有超出的部分，将超出部分全部返还给用户。" 4 月 27 日，十九大党代表、全国优秀党务工作者、红豆集团董事长周海江当选无锡民营企业马克思主义研究会会长，提出："听党话、跟党走，看绿灯、走正道"，不断发挥党组织在企业的政治核心和政治引领作用。 5 月 4 日，《人民日报》文章"植入薄膜芯片 瓦片也能发电"，报道汉能集团发电瓦产品：新一代单玻汉瓦。 5 月 30 日，科技部、全国工商联发布《关于推动民营企业创新发展的指导意见》。

续表

年份	企业行为记事
2018	5月31日，最高人民法院公开宣判张文中案：撤销原审判决，张文中无罪。 7月26日，拼多多股票在美国纳斯达克上市。拼多多选择在上海、纽约两地同时敲钟，这在纳斯达克历史上尚属首次。 7月31日，《福布斯》杂志发布2018中国慈善榜，上榜的100位企业家（企业）捐赠总额为173.1亿元，与2017年的103.8亿元相比，大幅上涨66%。恒大集团董事局主席许家印以42.1亿元的捐赠额名列第一。 9月6日，首届中非民营经济合作高峰论坛在杭州举办。 10月8日，第四届军民融合发展高技术装备成果展览在中国人民革命军事博物馆举办。 10月16日，全国工商联、国务院扶贫办、中国光彩会、中国农业发展银行联合举办"万企帮万村"精准扶贫行动先进民营企业表彰大会暨扶贫日论坛，授予北京圣火科贸有限公司等100家民营企业为全国"万企帮万村"先进民营企业荣誉称号。 10月24日，全国工商联在北京举行新闻发布会，发布由中央统战部、全国工商联共同推荐宣传的"改革开放40年百名杰出民营企业家"名单：丁佐宏、万隆、马云、马化腾、马有福、王伟、王填、王文京、王正华、王召明、王传福、王均金、王林祥、王建沂、牛宜顺、尹明善、左宗申、叶青、史贵禄、冯小华、尼玛扎西、年广九、乔秋生、任正非、刘汉元、刘永好、刘延云、刘庆峰、刘羽桐、刘积仁、米恩华、汤亮、许连捷、许家印、远勤山、严琦、苏志刚、李飚、李书福、李东生、李占通、李彦宏、李彦群、李振国、李黑记、李湘平、杨宗祥、吴少勋、吴以岭、邱亚夫、何享健、余渐富、冷友斌、汪力成、沈文荣、张新、张一鸣、张芝庭、张华荣、张近东、张果喜、张建宏、张彦森、陈东升、陈志列、陈泽民、茅永红、林印孙、金生光、周海江、周群飞、郑跃文、宗庆后、南存辉、柳传志、钟建国、俞敏洪、徐冠巨、涂建华、陶华碧、黄立、曹和平、曹德旺、常兆华、崔根良、阎志、梁稳根、彭凡、韩伟、景柱、傅军、傅光明、鲁冠球、谢志强、雷军、雷菊芳、樊建川、薛荣、魏立华、魏建军。 12月18日，庆祝改革开放40周年大会在人民大会堂举行。中共中央、国务院表彰100位"改革先锋"。其中，马万祺、马云、马化腾、王宽城、刘永好、李书福、李东生、李彦宏、步鑫生、何享健、张瑞敏、郑举选、南存辉、柳传志、倪润峰、鲁冠球、曾宪梓、霍英东共18位民营企业家上榜。
2019	6月23日，苏宁集团宣布48亿元收购家乐福中国80%的股权。 6月25日，第十六届中国国际中小企业博览会重要活动——"中小微企业日"大会在广州召开。 6月26日，国务院常务会议决定开展深化民营和小微企业金融服务综合改革试点。一是深化市场利率改革；二是支持中小微企业通过债券、票据等融资；三是实施好小微企业融资担保降费奖补政策。 6月27日，上海首批44家民营企业总部诞生。 11月19日，卓尔公益基金会向华中科技大学捐赠1亿元，支持学校科学研究及教育发展。 12月4日，中共中央、国务院发出《关于营造更好发展环境支持民营企业改革发展的意见》。

续表

年份	企业行为记事
2020	4 月 7 日，世界知识产权组织发表新闻公报：2019 年度中国提交了 58990 件专利申请，成为该组织《专利合作条约》（PCT）框架下国际专利申请量最多的国家。中国华为技术有限公司以 4411 件申请量连续第三年成为企业申请人第 1 名。中国广东欧珀移动通信有限公司以 1927 件申请量成为企业申请人第 5 名。 9 月 10 日，国务院办公厅日前印发《关于深化商事制度改革进一步为企业松绑减负激发企业活力的通知》。 9 月 14 日，国务院发出《关于实施金融控股公司准入管理的决定》。 11 月 17 日，深圳市智信新信息技术有限公司等企业刊发联合声明，称已与华为投资控股有限公司签署了收购协议，完成对荣耀品牌相关业务资产的全面收购；26 日，在送别会上，任正非对荣耀说："做华为最强对手，分手后就不要藕断丝连。" 11 月 26 日，中国互联网协会已累计组织中国电信、中国移动、中国联通、阿里、腾讯、百度、京东、360、爱奇艺等 133 家基础电信企业和重点互联网企业签署了《自律公约》。 11 月 30 日，由武汉市政府主办，黄陂区政府、卓尔智联集团、汉口北集团承办的"2020 全球数字贸易大会"暨第十一届"汉交会"在武汉召开，50 多个国家外交使节和采购团及 100 家产业互联网企业、100 家国际贸易企业、100 家批发市场、100 多家知名企业负责人、上百家行业协会代表、5000 多个品牌参会，助力武汉打造"双循环"格局下的重要市场枢纽。 至 2020 年底，全国参与"万企帮万村"的民营企业 12.7 万家，精准帮扶 13.91 万个村，产业投入 1105.9 亿元，公益投入 168.64 亿元，安置就业 90.04 万人，技能培训 130.55 万人，共带动和惠及 1803.85 万建档立卡贫困人口，取得良好的政治、经济、社会效益。
2021	2 月 24 日，吉利和沃尔沃达成合并合作方案。在汽车"新四化"（电气化、智能化、网联化、共享化）方面深化合作，将在动力总成、三电技术、高度自动驾驶等业务领域进行合并合作，持续推动科技创新。双方以股权合并形式将动力总成业务合并成立新公司，重点开发新一代双电机混合动力系统和高效内燃发动机。 5 月 11 日，河仁慈善基金会宣布：捐赠 100 亿元，共同探索建设新型公办理工类大学（暂名"福耀科技大学"）。选址福州大学城地区。 5 月 21 日，广东在"万企帮万村"之后将组织开展"万企兴万村"行动。 7 月 3 日，吉利控股集团董事长李书福和员工代表吕义聪，共同发布共同富裕计划行动纲领，进一步完善和实施包括全员收入增长计划、全员家庭健康保险计划、全员职业提升计划等一系列举措，致力于提升全员职业尊严，培育全员敬业精神，带动全产业链可持续发展，实现产业共富。 8 月 21 日，腾讯公司宣布，为践行企业发展使命，在高质量发展中促进共同富裕，继投入 500 亿元启动"可持续社会价值创新"战略后，再次增加 500 亿元资金，启动"共同富裕专项计划"，并深入结合自身的数字和科技能力，在诸如乡村振兴、低收入人群增收、基层医疗体系完善、教育均衡发展等民生领域提供持续助力。 8 月 22 日，泰康保险集团捐赠 10 亿元支持武汉大学建设一流医学和生命科学学科。 9 月 1 日，中国光彩事业促进会发布《新时代光彩事业的新方位新使命》，提出：1. 准确把握社会主要矛盾的新变化，推动光彩事业更好发挥在实现共同富裕中的促进作用。2. 深刻把握社会治理格局的新变化，推动光彩事业更好发挥在创新社会治理中的协同作用。3. 深刻把握民营经济人士队伍的新变化，推动更好发挥光彩事业在民营经济人士思想政治建设中的载体作用。

续表

年份	企业行为记事
2022	3月，高德红外董事长黄立向母校华中科技大学捐款1亿元，用于支持学校建设发展。 4月3日，比亚迪汽车正式宣布：至2022年3月起，停止燃料汽车的整车生产，成为全球首家正式宣布停产燃油汽车的传统车企。 8月11日，山东魏桥创业集团宣布：每年将向山东滨州理工大学捐赠5亿元，持续20年投入资金100亿元，助力这所产学研联动大学成长。 截至11月22日，中国民营上市公司数量达3168家，累计IPO融资2.15万亿元，占比45.36%，累计再融资4.42万亿元，占比34.94%。 12月5日，国家知识产权局知识产权发展研究中心发布《中国民营企业发明专利授权量报告（2021）》。报告显示，华为、腾讯、OPPO位列2021年民营企业发明专利授权量排名前三。 12月23日，农民日报社和全国农业企业发展联盟共同发布《2022中国农业企业500强》。中粮集团以6649亿元营收位居榜首，新希望、北京首农食品、万洲国际、北大荒农垦集团、伊利实业营收规模均在1000亿元以上。
2023	10月17日，"一带一路"企业家大会在北京举行。大会主题为"高质量共建'一带一路'，携手实现共同发展繁荣"。大会由中国贸促会、国务院国资委和全国工商联共同主办。来自82个国家和地区的367家企业或机构、有关国际组织、经济机构的中外工商界代表约1200余人出席会议。大会发布《"一带一路"企业家大会北京宣言》，主要包括坚持开放合作、深化互联互通、坚持绿色发展、推进数字经济合作、坚持合规经营和履行社会责任共五点倡议。 11月29日，小米集团创始人、董事长兼首席执行官雷军向母校武汉大学捐赠13亿元，支持学科基础研究，支持计算机领域科技创新，支持大学生培养。

附录 3

中国民间商会记事年表（1834—2023）

年份	商会成立、发展状况及促进政策
1834—1923	在华洋商会： 1834 年，英国商人在广州设立英国商会。 1836 年，在广州的外国商人联合组成广州洋商总会。 1847 年，在上海的外国商人联合组成上海洋商总会。 1861 年，在香港的 60 家外商行号组成香港洋商总会。 1887 年，在天津的外国商人联合组成天津洋商总会。 至 1904 年，外国商人在广州、上海、香港、天津共建立 6 个洋商商会。 至 1923 年，外国商人在中国各通商口岸共建立 61 个洋商商会。
1861	5 月 29 日，香港总商会成立。
1900	香港中华总商会成立。
1902	2 月 22 日，上海商业会议公所成立。
1903	天津、汉口、广州相继创设商业会议公所或商务公所。
1904	1 月，清政府制定并颁行《商会简明章程二十六条》。 5 月，上海商业会议公所改组为上海商务总会。 同月，京师商务总会成立。 10 月，清政府商部批准天津商务会议公所改设为天津商务总会。 同月，重庆商务总会正式创设。 当年，全国设立商务总会 7 个，商务分会 23 个。
1905	广州商业会议公所改设为商务总会。 厦门、苏州、湖南设立商务总会。
1906	年内，清政府批准成立京师商务总会。会首称"总理""协理"（其后 42 年间，"京师商务总会"先后更名为"京师总商会""北平特别市商会""北平市商会整理委员会"；分解为"北平市工业会"和"北平市商会"；"北平市商会整理委员会"）。 汉口商业会议公所改设为商务总会。 宁波、芜湖设立商务总会。 黑龙江省商务总会成立。

续表

年份	商会成立、发展状况及促进政策
1907	4月，上海商务总会颁布《禀定章程九十二条》。 保定、吉林、广西梧州、九江、烟台、皖北正阳关商务总会设立。
1908	张家口、长春、成都、山海关商务总会成立。
1904—1908	杭州、福州、汕头、营口、江宁、河南、江西、奉天商务总会成立。
1909	武昌商务总会成立。
1911	清政府颁布《农工商部奏定工会简明章程》。
1912	2月，上海商务总会更名为上海总商会。 6月，上海总商会和汉口总商会发起组建全国商联会，得到包括天津、奉天、重庆、广州等地总商会的响应。 11月13日，41个商会代表聚会成立中华全国商会联合会，由上海总商会总理出任会长。商联会本部设于北京，中心事务所设于上海，各省设立分事务所。全国加入商会的商号19.6万家，商会会员近20万人。 至1912年，海外华侨集聚之地，华侨商人建立的海外中华商会达到39个，分布于日本的长崎、大阪、神户、横滨，美国的纽约、旧金山，加拿大的渥太华、温哥华及俄国、墨西哥、巴拿马、新加坡、马来亚、印度尼西亚、缅甸、泰国、越南、菲律宾等国。 至1912年，全国商会总数达到969个。
1913	1月，澳门商会成立（1916年正名为澳门中华总商会）。 至1913年，全国设立的商会共有1079个，其中商务总会52个，商务分会1027个。
1914	3月，中华全国商会联合会（简称全国商联会）正式成立（1912年12月20日中华民国国民政府工商部批准设立，1913年1月18日任职启印，1914年3月15日在上海召开第一次代表大会正式宣告成立）。 年内，中华民国北洋政府农商部发文，规定将"工业会"并入"商会"之中，从而使商会明确成为工商两界的组织。
1915	12月，《中华民国商会法（1915）》颁布，规定"各地最高行政长官所在地及工商业总汇之各大商埠得设立商会""各地方行政长官所在地或所属地工商业繁盛者得设立商会"。
1916	澳门商会正式定名为澳门中华总商会。 义乌县商会成立。
1917	12月，上海和各地纱厂联合组成的华商纱厂联合会成立。
1918	全国商会总数增加至1500多个。
1926	1月，国民党第二次全国代表大会通过《商民运动决议案》，1926—1929年为商民协会与商会同时并存时期。
1927	12月17日，上海总商会、上海县商会、上海闸北商会共同发起成立商会联合会。
1929	4月22日，发生上海总商会被砸"闭门"事件。 5月25日，上海市民协会正式宣告结束。 8月15日，《中华民国商会法（1929）》颁布。 8月17日，《中华民国工商同业公会法（1929）》颁布。

续表

年份	商会成立、发展状况及促进政策
1930	1月，《中华民国商会法实行细则》颁布。 6月22日，上海市商会成立（原上海总商会整顿后形成），在政治上受上海市党部民众训练委员会领导，在行政上受上海市政府所属社会局领导，重大事宜由市政府核转中央政府有关部门备案或批复。
1931	5月3日，国际商会中国分会正式成立，中国商会正式成为国际商会成员之一。 7月，《上海市商会章程（1931）》出台。
1932	1月，《上海市同业公会章程通则（1932）》出台。
1934	香港中华厂商联合会创立。
1936	6月，经中华民国国民政府核准，上海、天津、南京、青岛等地共成立同业公会49个。
1937	1月，延安县商会在中国共产党直接领导下成立，商会内设组织股、宣传股、总务股、调节股；下设27个工商小组。
1938	1月13日，《中华民国商会法（1938）》和《中华民国商业同业公会法（1938）》颁布。
1943	春季，国民党中央通令西南各省成立省商会联合会。
1945	12月13日，东北解放区：辽宁省大连市总商会在改造旧商会的基础上成立。 12月，东北解放区：吉林省柳河县工商联成立。
1946	4月26日，青岛市商会成立。 4月，东北解放区：吉林省扶余县工商联成立。 6月23日，上海市商会召开第9次（抗日战争后第一次）会员代表大会。 10月1日，天津市商会召开抗日战争后第一次会员代表大会。 11月1日，中华民国商会联合会（简称商联会）在南京召开成立大会，宣告正式成立。共有51家商会416名代表（包括各省市商会、港澳商会和海外华商代表）参加了大会。 年内，台湾省商业会成立。
1947	7月9日，全国商联会联合全国工业协会、全国邮政工会等团体成立全国职业团体联谊会。 10月27日，《中华民国工业会法（1947）》颁布，将工业企业会员从商会中分出，另成立"工业会"。
1948	11月，中华民国全国工业总会成立。
1949	1月，解放区：河南开封市在旧商会基础上改组成立开封市工商联。 2月，毛泽东在西柏坡谈道，新中国成立后要成立全国性工商联组织。 8月，中共中央发出《关于组织工商业联合会的指示》，指出：工商业以合并成立工商业联合会为好。我公营企业的主持人员亦应参加进去一些，以便教育和团结私人工商业家；但公家人员参加者不要太多，以免私营企业家因公家人占多数不便讲话而裹足不前。工商业联合会的重心应是私营企业，工业较商业的比重应逐步增加；公营企业主持人之参加，在各地亦应随各地工商业之发展逐步增加，以便不占多数而能起有效的推动作用。

续表

年份	商会成立、发展状况及促进政策
1950	3月，李维汉在第一次全国统战工作会议上指出：工商联是重要的人民团体，并且是我们在私营工商业者中进行统一战线工作的重要环节之一。党和政府要经过它去团结教育工商业者执行《共同纲领》和人民政府的政策、法令。 4月，天津市工商联成立。 11月30日，天津市工商联组织全市42989名工商业者举行声势浩大的"天津市工商界抗美援朝、卫国保家示威大游行"。
1951	2月28日，中共中央发出《关于进一步加强统一战线工作的指示》，其中指出：必须加强工商业联合会的工作。 2月，上海市工商联成立。 6月，北京市工商联成立。 10月，全国政协为协商组织中华全国工商业联合会，推定陈叔通、李维汉、章乃器3人共同负责筹备工作（筹备工作分三步进行：组建代表处；产生筹备委员会；召开全国工商界代表大会）。 11月，杭州市工商联成立。 12月，湖北省工商联成立。
1952	1月，重庆市工商联成立。 6月20日，全国工商联筹备代表大会在北京召开。 8月1日，政务院147次政务会议通过了《工商业联合会组织通则（1952）》，规定工商联的基本任务：1.领导工商业者遵守《共同纲领》及人民政府的政策法令；2.指导私营工商业者在国家总的经济计划下，发展生产，改善经营；3.代表私营工商业者的合法利益，向人民政府或有关机关反映意见，提出建议，并与工会协商有关劳资关系问题；4.组织工商业者进行学习、改造思想和参加各种爱国运动。并规定依照行政区域在全国、省、市（县）分别建立各级工商联组织。 9月16日，中共中央批准中央统战部《关于改组工商业联合会的指示》，明确了"关于改组工商联、同业公会、工商联区办事处及有关工商联工作的若干根本性问题"。 10月，山西省工商联成立。 11月，江西省工商联成立。 12月，浙江省工商联筹委会成立。
1953	3月，广东省工商联筹备委员会成立。 5月，福建省工商联成立。 同月，宁夏回族自治区工商联成立。 8月，四川省工商联成立。 10月23日，全国工商联第一次会员代表大会在北京召开，全国工商联正式成立，会议号召为实行国家总路线正确地发挥私营工商业的积极作用而奋斗。 12月，安徽省工商联成立。 年内，黑龙江省工商联成立。

续表

年份	商会成立、发展状况及促进政策
1954	1月，河南省工商联成立。 同月，河北省工商联成立。 同月，云南省工商联成立。 同月，甘肃省工商联成立。 3月，江苏省工商联成立。 5月，广西壮族自治区工商联成立。 10月，青海省工商联成立。 12月，山东省工商联成立。 同月，湖南省工商联成立。 年内，香港中华出入口商会成立。
1955	3月，辽宁省工商联成立。 同月，陕西省工商联成立。 同月，新疆维吾尔自治区工商联成立。 5月，贵州省工商联成立。 6月，内蒙古自治区工商联成立。 同月，吉林省工商联成立。
1956	1月10日，北京实现全行业公私合营，成为全国第一个实现全行业公私合营的城市。 2月，广东省工商联正式成立（1953年3月筹备）。 5月，浙江省工商联正式成立（1952年12月筹备）。 12月7日，毛泽东在同民建和工商联负责人谈话时指出，"工商联可以长期共存，互相监督。定息取消了，资本家也还要改造"。 12月10日，全国工商联第二次会员代表大会召开，会议号召充分发挥积极作用为我国伟大的社会主义建设而奋斗。
1960	2月10日，中国民建第二次全国代表大会和全国工商联第三次会员代表大会同时举行，会议号召全国工商业者为祖国的社会主义建设作出更多的贡献。 年内，香港工业总会成立。
1966	"文化大革命"期间，全国工商联机关，因为受到"造反派"冲击，按照中央统战部的通知，8月24日，全国工商联停止办公。
1972	7月16日，台湾省公布《商业团体法（1972）》，对商业同业公会、商业同业公会联合会、输出业同业公会及联合会、商业会等商业团体的设立及组织宗旨等作出法律规定。
1974	12月28日，台湾省公布《工业团体法（1974）》，对工业同业公会、工业会等工业团体的设立及组织宗旨等作出法律规定。
1977	12月24日，全国工商联临时领导小组成立，全国工商联开始恢复办公。
1978	5月13日，全国工商联临时领导小组和民建中央临时领导小组联合召开会议，决定在领导小组之下，成立民建、工商联临时工作委员会，负责两个机关日常工作。

续表

年份	商会成立、发展状况及促进政策
1979	1月17日，邓小平宴请全国工商联领导人和原工商业代表人物荣毅仁、胡厥文、胡子昂、周叔弢、古耕虞（"五老火锅宴"），强调要发挥原工商业者的作用，"钱要用起来，人要用起来"，为改革开放服务；并提出要把工商联工作和改革开放挂起钩来。 10月11日，中国民建第三次全国代表大会和全国工商联第四次会员代表大会在北京同时举行，会议提出"坚定不移跟党走，尽心竭力为四化"。
1981	2月，全国工商联副主任委员荣毅仁出任董事长（1979年10月4日）的中国国际信托投资公司在日本成功发行100亿日元的债券，帮助化解了当时江苏仪征化纤工程投资不足的困难，这一集资创举被称为"仪征模式"。
1983	4月11日，中国光大集团有限公司（又名光大实业公司）成立，全国工商联副主任委员王光英出任董事长兼总经理。 11月8日，中国民建第四次全国代表大会和全国工商联第五次会员代表大会在北京同时举行，会议提出：核心任务是经济建设，工商联应贡献自身力量。
1986	4月28日，深圳市工商联成立。 12月5日，中国个体劳动者协会在北京成立。会员由全国个体工商户、个人独资企业、合伙企业的个体劳动者组成。
1988	6月，中国国际商会经国务院批准成立。 8月，中共中央批准中央统战部《关于全国工商联成立党组的报告》，同意成立全国工商联党组，并明确党组的工作受中央统战部指导。 同月，重庆市工商联和重庆市中区工商联联合创办大通金融服务部（后改名为大通城市信用社，再后归并重庆市商业银行） 11月27日，全国工商联第六次会员代表大会在北京举行，会议提出：认清形势，明确任务，开创工商联工作的新局面。 年底，全国首个具有独立法人团体资格的外商组织"广东外商公会"在广州成立。
1989	6月2日，为进一步发挥对内、对外商会的作用，与国际接轨，开创工作新局面，广东省工商联第六届会员代表大会作出了"关于广东省工商业联合会同时又称广东省总商会的决定"，成立广东省总商会，开辟了全国范围内在工商联组织基础上成立总商会的先河（2000年1月5日，广东省总商会正式注册登记为社会法人团体）。 6月14日，国务院公布《外国商会管理暂行规定（1989）》（国务院令第36号）。 10月13日，国务院颁布《社会团体登记管理条例（1989）》。
1991	6月，海南省工商联成立。 7月6日，《中共中央批转中央统战部〈关于工商联若干问题的请示〉的通知》（中发〔1991〕15号）发布。 8月，首届世界华商大会在新加坡举行，来自30个国家和地区的800多名华商参会，大会主题："联系世界各地华商，加强商业发展。"
1993	10月13日，全国工商联第七次会员代表大会在北京召开，会上宣布："中华全国工商业联合会同时又叫中国民间商会"，会议号召：为社会主义祖国的繁荣昌盛努力作出新贡献。 11月，第二届世界华商大会在中国香港举行，来自21个国家和地区的近千名华商代表参会，大会主题："华商遍四海，五洲创繁荣。" 12月，台湾工商企业联合会成立。

年份	商会成立、发展状况及促进政策
1994	9 月，西藏自治区工商联成立。 同月，世界台湾商会联合总会成立。 12 月 6 日，中央统战部和全国工商联在北京成立"光彩事业推动委员会"。
1995	2 月 19 日，全联珠宝业商会在北京成立。 4 月 9 日，全联美容业公会在北京成立。 12 月，第三届世界华商大会在泰国曼谷举行，来自 24 个国家和地区的 1500 多名华商参会，大会的主题："加强世界华商联系，共谋经济发展繁荣。"
1996	1 月 12 日，工商联牵头组建的中国民生银行在北京正式成立，全国工商联主席经叔平担任董事长。 4 月 18 日，江泽民为光彩事业题词："发扬中华民族传统美德，促进共同富裕。" 11 月，中国光彩事业促进会成立。
1997	3 月，国家经贸委发布《关于选择若干城市进行行业协会试点的方案》。 8 月，第四届世界华商大会在加拿大温哥华举行，来自世界各地的 1300 多名华商参会，大会的主题："华粹展北美，商网联全球。" 11 月 3 日，全国工商联第八次会员代表大会在北京召开，会议主题：贯彻党的十五大精神，推进非公有制经济发展，倡导光彩精神。
1998	6 月 12 日，民政部发出《民政部主管的社会团体管理暂行办法》（民社发〔1998〕6 号）。 7 月，中国光彩事业促进会与联合国区域发展中心、国务院发展研究中心在北京联合召开了"1998 社会扶贫国际研讨会"。
1999	3 月，联合国经济社会事务部派出考察小组专程来华对光彩事业项目进行了实地考察。 5 月，中国光彩事业促进会分别派出代表团出席了在泰国曼谷召开的"金融危机的社会影响"国际研讨会和在肯尼亚召开的"关于亚洲社会政策改革经验及其对非洲的重大意义"国际研讨会，并作了发言。 10 月 26 日，我国发现的一颗小行星被命名为"光彩事业星"。浩瀚星空中，"光彩事业星"熠熠生辉，亦如光彩事业在扶贫工作中散发着璀璨的光芒。 10 月，国家经贸委发布《关于加快培育和发展工商领域协会的若干意见（试行）》（国经贸产业〔1999〕1016 号）。 同月，第五届世界华商大会在澳大利亚墨尔本举行，来自 30 多个国家和地区的 600 多名华商参会，大会的主题："迎接新千年的挑战。"
2000	2 月 23 日，民政部发出《关于重新确认社会团体业务主管单位的通知》（民发〔2000〕41 号）。 6 月 26 日至 7 月 1 日，中国光彩事业促进会副会长胡德平率团赴日内瓦参加联合国关于社会发展的特别联大会议，并在大会上发表题为《光彩事业的文化理念》的演讲，第一次在联合国舞台上阐述了中国光彩事业的实践和文化理念，引起各国代表热烈反响。 10 月 18 日，联合国经社理事会正式会议授予中国光彩事业促进会特别咨商地位。

续表

年份	商会成立、发展状况及促进政策
2001	3月，江泽民在全国政协九届四次会议民建、工商联界委员联组会上对非公有制经济人士提出"三个结合"的要求，即"把自身企业的发展与国家的发展结合起来，把个人富裕与全体人民共同富裕结合起来，把遵循市场法则与发扬社会道德结合起来"。 9月，第六届世界华商大会在中国南京举行，来自77个国家和地区的近5000多名华商代表出席大会，大会的主题："华商携手新世纪，和平发展共繁荣。"
2002	11月23日，全国工商联第九次会员代表大会在北京召开，会议提出：按照"三个代表"要求开创工商联工作新局面。
2003	1月11日，重庆力帆实业集团董事长、重庆市工商联会长尹明善当选重庆市政协副主席，成为改革开放后首位进入省级政协领导班子的民营企业家。 1月21日，浙江传化集团董事长、浙江省工商联会长当选浙江省政协副主席。 1月27日，民政部办公厅发出《关于异地商会登记有关问题的意见》（民办函〔2003〕16号）。 6月18日，全国工商联牵头组建的民生人寿保险股份有限公司成立，全国工商联副主席王以铭任董事长。 7月，第七届世界华商大会在马来西亚首都吉隆坡举行，来自21个国家和地区的3200多人参会，大会的主题："寰宇华商一心一德，全球企业共存共荣。" 9月，首届中国徽商大会在安徽合肥召开。 10月6日，中国光彩事业促进会被联合国贸发会议授予特约观察员身份，并与联合国非政府组织经社理事会、联合国计划开发署建立了密切联系。
2004	5月，首届世界闽商大会在福建福州召开。 6月，首届中国网商大会在浙江杭州召开。 11月5日，香港霍英东集团行政总裁霍震寰担任香港总商会第44届会长。 12月24日，中央统战部、国家发改委、人事部、国家工商总局、全国工商联在北京联合召开第一届全国非公有制经济人士"优秀中国特色社会主义事业建设者"表彰大会。100名非公有制经济人士被授予第一批全国"优秀中国特色社会主义事业建设者"荣誉称号。
2005	1月17日，国务院法制办公室和全国工商联联合发布《关于做好非公有制企业民商事纠纷仲裁工作的意见》。 6月，首届潮商大会在广东汕头召开。 8月31日，中共湖北省委、湖北省人民政府发出《关于进一步加强工商联工作的意见》（鄂发〔2005〕16号），明确规定工商联作为非公有制经济领域内的行业商会（协会）、同业公会、异地商会的业务主管单位。 10月，第八届世界华商大会在韩国汉城举行，来自世界各地华商代表和韩国工商界共3000多人参会，大会主题："与华商共成长，与世界共繁荣。" 12月28日，中国光彩事业基金会成立。 12月，广东省人大常委会公布《广东省行业协会条例》。

续表

年份	商会成立、发展状况及促进政策
2006	2 月 15 日，广东省委、省政府发布《关于发挥行业协会商会作用的决定》。 5 月，全国工商联九届八次常委会审议通过了《全国工商联关于组织、引导和支持民营企业参与社会主义新农村建设的意见》。 7 月，中共中央发出《关于巩固和壮大新世纪新阶段统一战线的意见》，其中指出：要重视发挥工商联促进非公有制经济人士健康成长和促进非公有制经济健康发展的作用。 8 月 28 日，首届豫商大会在河南郑州召开。 12 月，第二届全国非公有制经济人士"优秀中国特色社会主义事业建设者"表彰大会在北京召开。99 名非公有制经济人士被授予第二批全国"优秀中国特色社会主义事业建设者"荣誉称号。
2007	2 月 8 日，全联科技装备业商会成立。 5 月 10 日，商务部、财政部、中国人民银行、全国工商联联合发出《关于鼓励、支持和引导非公有制企业对外投资合作的若干意见》。 5 月 13 日，国务院办公厅发出《关于加快推进行业协会商会改革和发展的若干意见》（国办发〔2007〕36 号）。 9 月，首届湘商大会在湖南长沙召开。 同月，第九届世界华商大会在日本神户举行，来自世界 33 个国家和地区的 3600 多名华商代表参会，大会主题："和合共赢，惠及世界。" 11 月 17 日，全国工商联第十次会员代表大会在北京召开，会议提出：坚定不移走中国特色社会主义道路，努力开创工商联工作新局面。
2008	5 月，首届新粤商大会在广东广州召开。 6 月，香港利丰集团荣誉主席冯国经被推选为国际商会（ICC）主席（国际商会历史上第一位亚洲籍主席）。 10 月，中央统战部办公厅转发了《全国工商联关于加强县级工商联组织建设的若干意见》。 同月，首届川商大会在四川成都召开。 11 月，中央统战部和全国工商联联合下发了《关于加强和改进非公有制经济人士思想政治工作的意见》。
2009	7 月 22 日，湖北省委办公厅、省政府办公厅发出《关于加强县级工商联工作的意见》（鄂办发〔2009〕40 号），明确了加强县级工商联和乡镇商会工作的政策措施。 7 月，首届渝商大会在重庆召开。 11 月 4 日，首届全球秦商大会在西安召开，大会主题：交流、合作、发展、共赢。 11 月，首届鲁商大会在山东济南召开。 同月，第十届世界华商大会在菲律宾马尼拉举行，来自全球 22 个国家和地区的 3000 多名华商代表参加大会，大会主题："加强华商联系，促进世界繁荣。" 同月，第三届全国非公有制经济人士"优秀中国特色社会主义事业建设者"表彰大会在北京召开。100 名非公有制经济人士被授予第三批全国"优秀中国特色社会主义事业建设者"荣誉称号。

年份	商会成立、发展状况及促进政策
2010	3月4日，国家主席胡锦涛在全国政协民建、工商联界别委员联组会上发表重要讲话，要求各级党委、政府进一步加强和改进对新形势下工商联工作的领导，充分发挥工商联的独特优势和作用。 3月，湖北省委办公厅、省政府办公厅发出《关于建立省领导联系省外湖北商会制度的通知》（鄂办文〔2010〕39号）。 9月16日，中共中央、国务院发布《关于加强和改进新形势下工商联工作的意见》（中发〔2010〕16号），指出：统战性、经济性、民间性有机统一，是工商联的基本特征。统战性主要体现在工商联是党领导的统一战线组织，决定了工商联的政治方向、政治地位和政治功能。经济性主要体现在工商联由工商界及其人士组成，直接服务于经济建设。民间性主要体现在工商联具有商会性质和职能，其组织方式和工作机制不同于政府机构。工商联工作要牢牢把握统战性，充分发挥经济性，切实体现民间性。 11月16日，香港中国商会成立。 11月，湖北省人民检察院、湖北省工商联联合发布《关于共同做好涉及非公有制企业的受贿、行贿犯罪预防工作的指导意见》。
2011	10月24日，首届世界浙商大会在浙江杭州召开。 10月，第十一届世界华商大会在新加坡举行，来自世界30多个国家和地区的4000多名华商代表参会，会议主题：新格局、新华商、新动力。 12月15日，全国工商联批准《全国工商联直属行业商会章程示范文本》。
2012	5月，全国工商联发出《推动解决县级工商联建设中的突出问题工作实施方案》，制定了县级工商联"一个设立、五个有"的工作目标。 8月，首届世界晋商大会在山西太原召开。 11月30日，香港旭日集团董事长杨钊被推选为香港中华总商会第48届会长。 12月7日，全国工商联第十一次会员代表大会在北京召开，会议提出：高举伟大旗帜，促进两个健康，为全面建成小康社会作出新贡献。 12月，香港荣利集团董事局主席卢文端当选全国工商联第11届副主席。
2013	1月，全国工商联与人力资源和社会保障部联合发出《关于加强非公有制企业劳动争议预防调解工作的意见》。 3月28日，民政部发出《关于开展行业协会行业自律与诚信创建活动的通知》（民函〔2013〕111号）。 4月20日，全国工商联和中国光彩会联合发出《关于积极参与四川雅安抗震救灾工作的紧急通知》。 4月，全国工商联与国务院扶贫办联合发出《关于共同推进民营企业参与新一轮农村扶贫开发的意见》。 9月，第十二届世界华商大会在中国成都举行，共有来自105个国家和地区的3000多名中外代表参会，大会主题："中国发展，华商机遇。" 11月5日，首届楚商大会在湖北武汉召开，大会主题："汇聚楚商力量，共促湖北发展。"

续表

年份	商会成立、发展状况及促进政策
2014	1 月 9 日，民政部和全国工商联联合发出《关于鼓励支持民营企业积极投身公益慈善事业的意见》。 2 月 17 日，民政部发出《关于公开行政审批事项的公告》，其中保留实施的行政审批事项包括《外国商会成立、变更、注销登记及修改章程核准》，项目编码 08001。 6 月 1 日，由全国工商联组织调研编制的我国首份《中国民营企业社会责任研究报告》出版发行。 7 月 25 日，民政部、财政部发出《关于取消社会团体会费标准备案、规范会费管理的通知》（民发〔2014〕166 号）。 10 月 17 日，全国工商联、中国光彩会发出《关于组织民营企业进一步加大社会扶贫力度的通知》。 10 月 31 日，民政部、中央编办、发展改革委、工业和信息化部、商务部、人民银行、工商总局、全国工商联共同发出《关于推进行业协会商会诚信自律建设工作的意见》（民发〔2014〕225 号）。 10 月，首届贵商发展大会在贵州贵阳召开。
2015	1 月 9 日，民政部与全国工商联联合发出《关于鼓励支持民营企业积极投身公益慈善事业的意见》。 7 月 6 日，首届世界陇商大会在甘肃兰州召开。 7 月 8 日，中共中央办公厅、国务院办公厅印发《行业协会商会与行政机关脱钩总体方案》。 9 月，第十三届世界华商大会在印尼巴厘岛举行，来自世界 20 多个国家和地区的近 3000 名华商代表参会，大会主题："融聚华商，共赢在印尼。" 10 月 20 日，国家发改委、全国工商联在北京共同召开政府和社会资本合作（PPP）项目推介会。
2016	6 月，首届中国龙商代表大会在黑龙江哈尔滨召开。 8 月，首届蒙商大会暨民间投资合作洽谈会在内蒙古包头召开。 9 月，首届世界桂商发展大会在广西南宁召开。
2017	8 月，首届世界西商大会在陕西西安召开。 9 月，第十四届世界华商大会在缅甸仰光举行，来自全球的 2000 多位华商代表参会，大会主题："缅甸经济大开放，开创历史新纪元。" 10 月 18 日，中共十九大报告中指出：构建亲清新型政商关系，促进非公有制经济健康发展和非公有制经济人士健康成长。 11 月 24 日，中国工商联第十二次全国代表大会在北京召开，会议提出：努力开创新时代工商联工作新局面，为实现党的十九大确定的目标任务接力奋斗，会议部分修改了《中国工商业联合会章程》。 11 月，首届世界赣商大会在江西南昌召开。

年份	商会成立、发展状况及促进政策
2018	4月3日，国家协调劳动关系三方会议（三方四家，即人社部、全国总工会、中国企联、全国工商联）第23次会议在北京举行，提出准确把握新时代构建和谐劳动关系新要求，推动构建中国特色协调劳动关系。 4月17日，全国工商联、司法部发出《关于推进商会人民调解工作的意见》。 6月25日，中共中央办公厅、国务院办公厅印发《关于促进工商联所属商会改革和发展的实施意见》。 9月，首届儒商大会在山东济南召开。 11月12日，中国农村改革主要发源地安徽省凤阳县小岗村商会获批成立。 12月20日，全国工商联、人力资源和社会保障部、中华全国总工会三方联合举行"全国就业与社会保障先进民营企业暨关爱员工实现双赢表彰大会"，84家民营企业荣获"全国就业与社会保障先进民营企业"称号；29家民营企业工会荣获"全国双爱双评先进企业工会"称号；25位同志荣获"全国关爱员工优秀民营企业家"称号；31位同志荣获"全国热爱企业优秀员工"称号。 年底，中国国际商会会员数量已达18万多家，其中包括国有企业、全国性金融机构及一大批知名民营企业和外资企业。中国国际商会已经成为我国会员最多、国际影响力最大的涉外商会组织之一。
2019	1月14日，最高人民法院、全国工商联联合发出《关于发挥商会调解优势 推进民营经济领域纠纷多元化解机制建设的意见》。 3月1日，国务院办公厅发出《关于在制定行政法规规章行政规范性文件过程中充分听取企业和行业协会商会意见的通知》，指出：推进政府职能转变和"放管服"改革，保障企业和行业协会商会在制度建设中的知情权、参与权、表达权和监督权，营造法治化、国际化、便利化的营商环境。 5月20日，第二届江苏发展大会暨首届全球苏商大会在南京举行。大会主题："聚力新江苏，奋进新时代。" 6月14日，国家发展改革委、民政部、中央组织部、中央编办、中央和国家机关工委、外交部、财政部、人力资源和社会保障部、国资委、国管局共10部门发布《关于全面推开行业协会商会与行政机关脱钩改革的实施意见》（发改体改〔2019〕1063号）。 6月18日，第六届世界闽商大会在福建福州召开。 7月26日，安徽省十三届人大常委会第十一次会议审议通过《安徽省商会条例》，适用于该省行政区域内商会的登记、运行、管理和服务。 10月22日，第十五届世界华商大会在英国伦敦举行，来自51个国家的2500多名华商和700多名英国企业家参加了大会，大会主题："世界新格局，华商新机遇。"
2020	3月31日，全国工商联办公厅发出《关于开展2019—2020年度全国"四好"商会认定工作的通知》，"四好"商会标准：政治引领好、队伍建设好、服务发展好、自律规范好。 6月15日，民政部、全国工商联发布《关于加强乡镇、街道商会登记管理工作的通知》，规定："做好乡镇、街道商会登记工作，推动乡镇、街道商会党的组织和工作全覆盖，发挥乡镇、街道商会职能作用。"这一文件对于促进乡镇、街道商会规范健康发展具有十分重要的意义。 7月2日，国务院办公厅发出《关于进一步规范行业协会商会收费的通知》（国办发〔2020〕21号）。

续表

年份	商会成立、发展状况及促进政策
2020	9月15日，中共中央办公厅发出《关于加强新时代民营经济统战工作的意见》，其中指出：工商联及所属商会是民营经济统战工作的重要组织依托。要深入推进工商联改革和建设，培育和发展中国特色商会组织，推动统战工作向商会组织有效覆盖。探索在工商联所属商会党组织中建立统战工作联络员制度。 9月16日，国家主席习近平对做好新时代民营经济统战工作作出重要指示。 11月23—24日，全国工商联商会工作会议在南京举行，会议要求，以促进"两个健康"为工作主题，以"四会建设"为总体要求，以培育"四好商会"为载体，统筹推进商会的思想政治建设、组织体系建设、服务能力建设和制度机制建设，切实履行工商联指导、引导、服务商会职能，标志着商会改革发展进入一个新阶段。 12月21日，中共中央发布修订后的《中国共产党统一战线工作条例》，其中第二十九条指出："工商联是党领导的以民营企业和民营经济人士为主体的，具有统战性、经济性和民间性有机统一基本特征的人民团体和商会组织。工商联围绕促进非公有制经济健康发展和非公有制经济人士健康成长的主题履行职责、发挥作用。"
2021	3月2日，联合国贸易和发展会议（UNCTAD）授予中国国际商会"联合国贸易和发展会议全面观察员地位"。 4月27日，武汉市工商联所属商会综合党委揭牌成立。 5月20日，山东青岛推进"活力商会"建设。 9月1日，中国光彩事业促进会发布《新时代光彩事业的新方位、新使命》，提出：1.准确把握社会主要矛盾的新变化，推动光彩事业更好发挥在实现共同富裕中的促进作用；2.深刻把握社会治理格局的新变化，推动光彩事业更好发挥在创新社会治理中的协同作用；3.深刻把握民营经济人士队伍的新变化，推动更好发挥光彩事业在民营经济人士思想政治建设中的载体作用。
2022	4月11日，证监会、国资委、全国工商联联合发布《关于进一步支持上市公司健康发展的通知》，拿出12条措施，释放维稳信号，旨在克服新冠肺炎疫情影响，稳定企业信心、稳定投资者信心、稳定政策预期。 5月23日，第十届全球湘商大会以线上、线下结合的方式在湖南株洲举行，大会主题："心怀天下，建功三湘。" 6月7日，民政部办公厅发布《关于充分发挥行业协会商会作用为全国稳住经济大盘积极贡献力量的通知》。 7月5日，武汉市餐饮协会、武汉市城市及时配送协会、饿了么武汉、美团武汉4个单位共同发起联合成立武汉市网约配送行业党建联盟。 至7月底，全国共有县级以上工商联组织3252个，各级工商联所属商会共有54589个，已形成覆盖全国的组织网络。全国工商联同世界上100多个国家和地区的400多个组织、机构、商会等建立了广泛联系和友好合作。 8月10日，中国贸促会、中国国际商会发布声明，反对美国"芯片与科学法案"不当干预和限制全球工商界经贸与投资合作。 12月11日，中国工商联第十三次全国代表大会在北京召开，会议提出为全面建设社会主义现代化国家、全面推进中华民族伟大复兴而团结奋斗。

续表

年份	商会成立、发展状况及促进政策
2023	6月，第十六届世界华商大会在泰国曼谷举行，来自全球50多个国家和地区的4500多名华商代表参会。大会主题：汇华商大智慧，谱华族新篇章。 9月7日，2023国际商协会大会由安徽省人民政府、中国国际商会在合肥共同举办。大会主题"开放汇合力　携手共发展"。来自英国、法国、德国、波兰、意大利、塞尔维亚、瑞士、韩国、日本、斯里兰卡、加拿大、哥伦比亚、阿联酋、菲律宾、新加坡、马来西亚、澳大利亚以及我国长三角和中部地区国际商会联盟、粤港澳大湾区企业家联盟、贸促会系统等境内外商协会、企业家代表300多人参会。大会围绕如何更好发挥商协会作用，拓宽功能平台、释放合作空间开展了工作研讨；围绕发挥国际商协会作用，赋能开放经济高质量发展进行了交流。会议期间，与会商协会代表分赴合肥、芜湖、淮南等市开展商务考察和合作交流。 10月24日，中华全国工商业联合会成立70周年庆祝大会在北京举行。[1]中共中央总书记、国家主席、中央军委主席习近平发来贺信，代表党中央致以热烈祝贺，向工商联系统全体干部职工和全国广大民营经济人士致以诚挚问候。习近平在贺信中指出，工商联工作是党的统一战线工作和经济工作的重要组成部分。70年来，工商联始终坚持党的领导，围绕服务党和国家中心工作，在建设新中国、推进改革开放、奋进新时代的伟大实践中作出了重要贡献。习近平希望工商联深入学习贯彻新时代中国特色社会主义思想和党的二十大精神，切实担负起新时代新征程党赋予的使命任务，在加强思想政治引领、促进非公有制经济健康发展和非公有制经济人士健康成长、扎实推动民营经济高质量发展上下功夫，提振信心、凝聚人心，把广大民营经济人士更加紧密地团结在党的周围，不断开创工商联事业发展新局面。希望广大民营经济人士切实贯彻新发展理念，大力弘扬企业家精神，争做爱国敬业、守法经营、创业创新、回报社会的典范，为全面建设社会主义现代化国家、全面推进中华民族伟大复兴贡献力量。

---

[1] 习近平致信祝贺中华全国工商业联合会成立70周年［EB/OL］.（2023-10-24）［2024-03-30］.http：// www.acfic.org.cn/szyw/202310/t20231024_196972.html.

主要参考文献

1. 马克思.资本论（一至三卷）[M].北京：人民出版社，2021.

2. 马克思恩格斯选集（一至四卷）[M].北京：人民出版社，2021.

3. 列宁选集（一至四卷）[M].北京：人民出版社，2021.

4. 毛泽东选集（一至四卷）[M].北京：人民出版社，1991.

5. 毛泽东文集（一至八卷）[M].北京：人民出版社，1999.

6. 邓小平文选（一至三卷）[M].北京：人民出版社，1993.

7. 习近平谈治国理政（一至三卷）[M].北京：外文出版社，2020.

8. 陈云文选（1926—1985）[M].北京：人民出版社，1986.

9. 李维汉.统一战线与民族问题[M].北京：中共党史出版社，2016.

10. 中共中央党史研究室.中国共产党历史第二卷（1949—1978）[M].北京：中共党史出版社，2011.

11. 中共中央党史研究室.中国共产党的九十年[M].北京：中共党史出版社、党建读物出版社，2016.

12. 黄孟复主编.中华全国工商业联合会50年大事记（1953—2003）[M].北京：中华工商联合出版社，2003.

13. 黄孟复主编.中国民营经济史·大事记[M].北京：社会科学文献出版社，2009.

14. 黄孟复主编.中国民营经济史·纪事本末[M].北京：中华工商联合出版社，2010.

15. 孙晓华主编.中国工商业联合会50年概览（上、下卷）[M].北京：中华工商联合出版社，2003.

16. 本书编写组.中华全国工商业联合会简史（1953—2013）[M].北京：中华工商联合出版社，2013.

17. 郑有贵主编.中华人民共和国经济史（1949—2019）[M].北京：当代中国出版社，2019.

18. 张士义.中国共产党历史简明读本[M].北京：红旗出版社，2017.

19. 高尚全.民营经济论[M].北京：人民出版社，2020.

20. 中国共产党新闻网.中国共产党大事记[EB/OL].http://cpc.people.com.cn.

21. 中国共产党新闻网.中华人民共和国大事记[EB/OL].http://cpc.people.com.cn.

22. 共和国商务大事记[EB/OL].http://history.mofcom.gov.cn.

23. 中华全国工商业联合会[EB/OL].http://www.acfic.org.cn/.

24. 光彩网/全国个私协会官方网站[EB/OL].http://www.zggc.org.cn/.

25. 中国国际商会[EB/OL].http://ccoic.cn/ecms.

26. 全国人大常委会办公厅联络局编.人大代表手册[M].北京：中国民主法制出版社，2003.

27. 全国政协办公厅编写组编.政协委员手册[M].北京：中国文史出版社，2007.

28. 中共中央统战部，全国工商联编.中共中央、国务院《关于加强和改进新形势下工商联工作的意见》学习问答[M].北京：中华工商联合出版社，2011.

29. 黄孟复，全哲洙主编.工商联历史人物传[M].北京：中华工商联合出版社，2012.

30. 中共中央统战部研究室编.新世纪新阶段统一战线[M].北京：华文出版社，2006.

31. 马敏，肖芃，苏州市档案馆，华中师范大学中国近代史研究所合编.苏州商会档案续编（第一辑）（1949—1941）[M].武汉：华中师范大学出版社，2017.

32. 汤蕴懿.中国特色商会组织体系构建——以上海为视角[M].上海：上海社会科学院出版社，2016.

33. 朱英.近代中国商会、行会及商团新论[M].北京：中国人民大学出版社，2008.

34. 谈萧.近代中国商会法制度演化与转型秩序[M].北京：法律出版社，2017.

35. 中华工商联合出版社编.中国梦与民营企业家[M].北京：中华工商联合出版社，2013.

36. 许庆军.走进义乌——中国小商品城探秘[M].北京：中共党史出版社，2006.

37. 张铁军，王国斌.当代中国民间商会发展研究[M].甘肃：甘肃科学技术出版社，2012.

38. 浦文昌，荣敬本，王安岭，汤可可，高新军，赖海荣，陆南屏合著.市场经济与民间商会（培育发展民间商会的比较研究）[M].北京：中央编译出版社，2003.

39. 魏静.商会法律制度研究（以商会自治为视觉）[M].北京：法律出版社，2012.

40. 浦文昌主编.建设民间商会（市场经济与民间商会理论研讨会论文集）[M].陕西：西北大学出版社，2006.

41. 陈晋.新中国极简史（1949—2019的年度故事）[M].北京：中国青年出版社，2019.

42. 马敏主编.中国近代商会通史（全四卷）[M].北京：社会科学文献出版社，2015.

43. 张志勇.民营企业四十年[M].北京：经济日报出版社，2019.

44. 庄聪生.中国民营经济四十年[M].北京：民主与建设出版社、湖南人民出版社，2019.

45. 章立凡.章乃器文集（上、下卷）[M].北京：华夏出版社，1997.

46. 吴石川.中国民间商会探索[M].北京：中国文史出版社，2011.

47. 郁建兴等."最多跑一次"改革——浙江经验中国方案[M].北京：中国人民大学出版社，2019.

48. 全国政协文史和学习委员会，浙江省政协文史资料委员会，温州市政协合编.民营经济的兴起与发展[M].北京：中国文史出版社，2008.

49. 全哲洙主编.怎么转——转型的力量[M].北京：中华工商联合出版社，2012.

50. 全哲洙主编.怎么转——转型的智慧[M].北京：社会科学文献出版社，2012.

51. 吴仁宝文集编辑委员会编.吴仁宝文集[M].北京：新华出版社，2011.

52. 庄聪生.聚焦中国民营经济热点[M].北京：社会科学文献出版社，2011.

53. 保育钧.再呼唤——民营经济：中国的变革与发展[M].北京：中华工商联合出版社，2010.

54. 杭州市工商业联合会编.杭州市工商业联合会（商会）志.浙内图准字（2003）第100号，2003.

55. 魏杰.社会主义市场经济通论[M].北京：中国人民大学出版社，1993.

56. 民营经济力量璀璨中国梦想编委会编.民营经济力量璀璨中国梦想（100位对民族产业贡献卓著的民营功勋企业家）[M].北京：中国工商杂志社，华商韬略（北京）国际文化传媒中心，中华工商联合出版社荣誉出品，2014.

57. 中华全国工商业联合会编.中华全国工商业联合会年鉴（2012）[M].北京：社会科学文献出版社，2013.

58. 胡辉华等.行业协会商会成长的内在机制[M].北京：社会科学文献出版社，2019.

59. 沈永东.中国行业协会商会政策参与[M].杭州：浙江大学出版社，2019.

60. 全国工商联研究室，国家发改委中小企业司，国务院研究室公交贸易司合编.创造公平竞争的法治环境、政策环境、市场环境[M].北京：中华工商联合出版社，2006.

61. 大成企业研究院编.中国民营经济70年大事记[M].北京：中华工商联合出版社，2019.

62. 全国工商联编.2011年中国中小企业调研报告[M].北京：中华工商联合出版社，2011.

63. 中华全国工商业联合会编.中国民营经济发展报告（2003）[M].北京：社会科学文献出版社，

2004.

64. 中华全国工商业联合会编 . 中国民营经济发展报告（2012—2013）［M］. 北京：社会科学文献出版社，2013.

65. 江良高，赵剑波主编 . 行业商会大有作为［M］. 南京：南京大学出版社，2009.

66. 虞和平 . 商会史话［M］. 北京：社会科学文献出版社，2011.

67. 郁建，周俊，张建民 . 全面深化改革时代的行业协会商会发展［M］. 北京：高等教育出版社，2014.

68. 张经 . 行业协会商会平话［M］. 北京：中国工商出版社，2007.

69. 夏汛鸽 . 民营经济调研述评（2017—2019）［M］. 北京：中国经济出版社，2019.

70. 陈世昌 . 台湾战后七十年［M］. 北京：国际文化出版社，2019.

71. ［法］托克维尔 . 论美国的民主（上、下卷）［M］. 北京：商务印书馆，2018.

72. 中国医药商业协会，邓金栋，温再兴主编 . 中国药品流通行业发展报告（2020）［M］. 北京：社会科学文献出版社，2020.

73. 苏文菁主编 . 闽商发展史·异地商会卷［M］. 福州：厦门大学出版社，2016.

74. 苏文菁主编 . 闽商发展史·海外卷［M］. 福州：厦门大学出版社，2016.

75. 陈清泰主编，黄素和，连一民副主编 . 商会发展与制度规范［M］. 北京：中国经济出版社，1995.

76. 李莉，陈秀峰，刘勇，赵家明 . 当代中国非营利组织的社会资本研究［M］. 武汉：湖北人民出版社，2016.

77. 李瑞祥 . 城市人民公社运动研究［M］. 长沙：湖南人民出版社，2006.

78. 徐光春主编 . 马克思主义大辞典［M］. 武汉：长江出版传媒，崇文书局，2018.

79. 中共中央宣传部理论局 . 世界社会主义五百年［M］. 北京：学习出版社，党建读物出版社，2014.

80. 全哲洙主编 . 怎么转——转型的启示 / 民营企业转变经济发展方式优秀案例 No.2［M］. 北京：中华工商联合出版社，2013.

81. 全哲洙主编 . 怎么转——转型的启示 / 民营企业转变经济发展方式优秀案例 No.3［M］. 北京：中华工商联合出版社，2014.

82. 国是建言编辑部编 . 国是建言精选第十一辑［M］. 北京：中国文史出版社，2012.

83. 中华全国工商业联合会，中国民（私）营经济研究会主编 . 中国私营经济年鉴（2000 年版）［M］. 北京：华文出版社，2000.

84. 中华全国工商业联合会，中国民（私）营经济研究会主编 . 中国私营经济年鉴（2004—2006.6）［M］. 北京：中华工商联合出版社，2007.

85. 中华全国工商业联合会，中国民（私）营经济研究会主编 . 中国私营经济年鉴（2006.6—2008.6）［M］. 北京：中华工商联合出版社，2009.

86. 蒋姮，王志乐 . 合规——全球公司发展新趋势［M］. 北京：中国经济出版社，2012.

87. 吴志红 . 为了共同富裕——"万企帮万村"［M］. 北京：中华工商联合出版社，2022.

88. 《工商业联合会组织通则》（1952 年 8 月 1 日政务院第 147 次政务会议通过）.

89. 《上海商业会议公所章程（1902）》（清光绪二十八年颁布）.

90. 《清商部奏定商会简明章程（1904）》（清光绪二十九年颁布）.

91. 《上海商务总会章程（1907）》（清光绪三十三年颁布）.

92. 《中华民国商会法（1915）》（民国 4 年 12 月 4 日农商部颁布）.

93. 《中华民国商会法（1929）》（民国 18 年 8 月 15 日国民政府颁布）.

94. 《中华民国工商同业公会法（1929）》（民国 18 年 8 月 17 日国民政府颁布）.

95. 《上海市商会章程（1931）》（会员大会议决，呈请上海市党部核准并呈报上海市政府核转工商部备案后实行）．

96.《上海市同业公会章程通则（1931）》（会员大会议决，呈请上海市社会局核准备案实行）．

97.《中华民国商会法（1938）》（民国 27 年 1 月 13 日颁布）．

98.《中华民国商业同业公会法（1938）》（民国 27 年 1 月 13 日颁布）．

99.《中华民国工业会法（1947）》（民国 36 年 10 月立法院会议通过）．

100. 台湾省《商业团体法》（1972 年 7 月 26 日公布；1982 年 12 月 15 日修订）．

101. 台湾省《工业团体法》（1974 年 12 月 28 日公布）．

102.《法国工商会法》（1898 年 4 月 9 日）．

103. 法国《关于商会组织法及商会会员和商事裁判员选举法》（1988 年 3 月 28 日第 88-291 政令）．

104.《德国工商会法》（1956 年 12 月 18 日）．

105.《日本商工会议所法》（昭和二十八年八月一日法律第一百四十三号公布；昭和五十六年法律第七十五号最后修改）．

106.《韩国商工会议所法》（1952 年 12 月 20 日公布；1976 年 12 月 31 日修订：法律第 2995 号）．

107.《俄罗斯联邦工商会法》（1993 年 7 月 7 日第 5340-1 号）．

108.《国际商会章程（1992）》（1992 年 5 月 12 日通过／国际商会成立于 1919 年）．

109.《中国个体劳动者协会章程》（经民政部 2018 年 9 月 14 日核准生效）．

110.《安徽省商会条例》（2019 年 7 月 26 日安徽省十三届人大常委会第十一次会议审议通过）．

111.《中国国际商会章程》（2021 年 5 月 27 日经第九届会员代表大会审议通过）

112.《中国工商业联合会章程》（中国工商业联合会第十三次全国代表大会部分修订，2022 年 12 月 12 日通过）

113. The American Chamber of Commerce in the People's Republic of China /Am Cham China［EB/OL］. https：//www.amchamchina.org/.

114. French Chamber of Commerce and Industry in China/CCI France China［EB/OL］. https：//www.thebeijinger.com/directory/french-chamber-commerce-and-industry-china.

115. british chamber of commerce in china［EB/OL］. https：//www.britishchamber.cn/zh/.

116. The German Chamber of Commerce in China，South & Southwest China［EB/OL］. https：//www.life of Guangzhou.com/.

117. The German Chamber of Commerce in China − North China［EB/OL］. https：//yoopay.cn/host/19803237.

118. The Canadian Chamber of Commerce in Shanghai/Can Cham［EB/OL］. http：//www.cancham.asia/.

119. China−Australia Chamber of Commerce/Aust Cham［EB/OL］. https：//austcham.org/.

120. Swiss Chinese Chamber of Commerce［EB/OL］. http：//www.chinagoabroad.com/en/contributor/the-swiss-chinese-chamber-of-commerce.

121. Swedish Chamber of Commerce in China/Swed Cham China［EB/OL］. https：//www.swedcham.cn/.

122. Spanish Chamber of Commerce in China［EB/OL］. http：//www.spanishchamber-ch.com/cms/page_about.do.

123. Dinish Chamber of Commerce in China/DCCC［EB/OL］. http：//beijing.dccc.com.cn/.

124. The Japanese Chamber of Commerce and Industry in China［EB/OL］. http：//www.cjcci.org/list/104.html？h=1.

125. Singapore Chamber of Commerce and Industry in China［EB/OL］. https：//baike.so.com/doc/1860978-1968240.html.

126. The Korea Chamber of Commerce in China［EB/OL］. https：//baike.so.com/doc/7850468-8124563.

html.

127. China-Italian Chamber of Commerce［EB/OL］. https：//www.cameraitacina.com/.

128. Finnish Business Council in Beijing/FBCB［EB/OL］. https：//www.fbcbj.org/.

129. Maycham China［EB/OL］. https：//www.maycham-china.com/.

130. Thai Chamber of Commerce in China［EB/OL］. http：//Beijing.lps-china.com/partners/thai-chamber-of-commerce-in-china/.

131. Philippines chamber of Commerce in China［EB/OL］. https：//baike.baidu.com/item/.

132. Benelux Chamber of Commerce in China/Ben Cham［EB/OL］https：//www.bencham.org/.

133. European Union Chamber of Commerce in China［EB/OL］. https：//www.europeanchamber.com.cn/en/home.

134. 黄利新，覃政力.社会主义改造中的广州市工商界青年积极分子研究［EB/OL］（2019-01-25）［2019-04-24］. http://www.hprc.org.cn/gsyj/llzd/mkszgh/201904/t20190424_4869041.html.

135. 张晓山，苑鹏.合作经济理论与中国农民合作社的实践［M］.北京：首都经济贸易大学出版社，2018.

136. 中国民主党派陈列馆［EB/OL］. http：//www.teyuan.org/Html/News/2011/1229/2115.htm.

137. 浦文昌等.中国商会法立法研究及中外资料汇编［M］.北京：全国百佳出版社、中国编译出版社，2010.

138. 季晓东.当代大趋势与特色商会［M］.北京：中国原子能出版社，2016.

139. 王亚平.360°看人大/中国根本政治制度的历史、现状和未来［M］.北京：中国民主法制出版社，2023.

140. 赵晓勇.政协委员履职风采［M］.北京：中国文史出版社，2017.

141. 赵晓勇.从民间草根经济到国家经济支柱［M］.北京：中国文史出版社，2018.

后 记

笔者从 2002 年至今，先后在湖北省工商联（总商会）副主席（副会长）、主席（会长），全国工商联常务委员、法律委员会副主任、智库委员，华中师范大学中国商会研究院研究员岗位或职位上接续工作了 22 年；曾受聘担任香港中国商会荣誉会长、华中师范大学中国商会研究院名誉院长。笔者有两次参加世界华商会大会，深入学习了解香港地区商会，以及考察法国、德国、瑞典、芬兰、丹麦、挪威、西班牙、美国、日本、韩国、新加坡、印度尼西亚等国商会组织或会员企业的经历，对商会工作有特别的感情；有过在国有企业、工会组织、县级和市级政府工作的经历，对企业和经济工作有特别的感情；有过县级人大常委会副主任、省级人大常委会委员和全国政协常务委员的履职经历，对工商联组织及成员参与国家民主政治和经济社会事务有深切的体会。受情感、责任、经历和工作动力的驱使，历时 8 年，在系统整理中外商会史料和本人工作资料、持续研究中国当代商会组织意识与行为的基础上努力完成《中国当代商会》一书。

感谢全国工商联原常务副主席孙安民等，中国民间商会原副会长刘志强等，中国民营经济研究会原副会长季晓东等，全国工商联研究室张明凡、徐海波、高阳等，全国工商联智库委员会沈丽霞、夏汛鸽、张淑敏、房安文、郭金等，人民政协报吴志红等，中华工商时报傅春荣等，商务部研究院蒋姮等，北京新世纪跨国公司研究所王志乐等，中国管理科学研究院行业发展研究所陈新等，《丝路百科》杂志社杨东平等，国家统计局湖北调查队夏泽宽等，湖北省委省政府台湾事务办公室刘凯春等、湖北省对外友好协会邵元洲等，武汉大学李光等，中南财经政法大学叶青等，嘉宾商学院王倩等，华中师范大学中国商会研究院马敏、朱英、郑成林、袁方成、梅德平、余立国、范永康、孙文、孙邦春、游林、陈纯星、刘国梁、何正亮、黄智刚、胡丹、冯正安、杨杨、张小建、汤学兵、邓隆飞、杨飞、徐兰芳等，上海市工商联王志雄等，天津市工商联张元龙、黎昌晋等，福建省工商联陈锋等，云南省工商联杨炎平等，贵州省工商联李汉宇、郑楚平等，广西壮族自治区工商联磨长英等，武汉统战理论研究会刘彩木等，武汉市工商联余元九等，美国湖北工商总会章仲林、刘刚、陈俊华、梅乾飞、张辉、孙邦春、陈稚琼、付祖光、蔡文祥等，澳大利亚楚商联合会邝远平等，新西兰湖北经贸文化协会秦工等，湖北省留学归国人员创业投资企业商会陶兵林等，武汉音乐学院贺磊明、江丽霞等，《国际融资》杂志社李路阳等，湖北人民出版社徐艳等，武汉理工大学出版社李兰英、雷红娟等，湖北省国际文化交流中心各位理事等多方面专家、学者和同志们，为本书的策划和撰写从历史和现实的角度给予了指导和帮助；感谢杭州市总商会、深圳市总商会、全国工商联旅游商会、女企业家商会，香港中华总商会、香港中国商会，加拿大中国商会、阿联酋湖北商会、法中合作促进中心、法国巴黎 HEC 商学院，楚商、晋商、粤商、浙商、苏商、徽商、闽商、豫商、湘商等商会联合会，上海浙江商会、北京湖北商会、广东湖北商会、湖北福建商会、湖北晋商商会等异地商会，湖北省文化产业商会、服装商会、餐饮商会、激光协会等行业商会协会，为本书贡献了宝贵资料和优秀案例；感谢湖北省委统战部、湖北省工商联对笔者从事工商联工作的大力支持；感谢中央统战部、全国工商联为笔者提供深入考察香港商会、了解澳门和台湾商会、多次考察国外商会的机会；感谢华中师范大学邓宗琦、张立荣、王端、胡原、董泽芳、姚锐敏、刘筱红、游光富等导师早年引导笔者步入管理学专业，为笔者从事商会工作与研究奠定了人文和管理知识基础。

感谢湖北省人大法制委员会主任委员王亚平，中共湖北省委宣传部原副部长余立国，长江国际互助读书会邓隆飞、杨枫、陈珺，平安信托赵青审读书稿。

感谢中国文史出版社多次审阅书稿，感谢责编、设计、校对、印刷等方面同志为本书付出了辛勤劳动。

赵晓勇

2024 年 5 月